شىنجاڭ ستاتىستىكا يىللىق توپلىمى

新疆统计年鉴

XINJIANG STATISTICAL YEARBOOK

1996 年 -يىل

ش ئۇ ئا ر ستاتىستىكا ئىدارىسى تۈزدى
جۇڭگو ستاتىستىكا نەشرىياتى

新疆维吾尔自治区统计局编
中国统计出版社

(京)新登字041号

图书在版编目(CIP)数据

新疆统计年鉴 1996/新疆区统计局编．—北京：中国统计出版社，1996.8

ISBN 7—5037—2132—4

Ⅰ.新… Ⅱ.新… Ⅲ.统计资料—中国—新疆—1996—年鉴 Ⅳ.C832.45—54

新疆统计年鉴(1996年)

新疆维吾尔自治区统计局编

中国统计出版社出版

(北京复外三里河月坛南街38号100826)

新疆生产建设兵团印刷厂印刷

*

787×1092毫米 16开本 印张36.25 160万字

1996年7月第1版 1996年7月第1次印刷

印数：1—1500册

*

ISBN7—5037—2132—4/C·1225

国内定价：96.00元 国外定价：50.00美元

تەھرىر ئىزاھاتى

«شىنجاڭ ستاتىستىكا يىللىق توپلىمى ـ1996» (ئۇيغۇرچە نەشرى) شىنجاڭ ئۇيغۇر ئاپتونوم رايونلۇق ستاتىستىكا ئىدارىسى تۇنجى قېتىم ئۇيغۇرچە-خەنزۇچە شەكىلدە نەشر قىلغان شىنجاڭنىڭ ئىقتىسادىي تەرەققىياتى ۋە ئىجتىمائىي تەرەققىيات ئەھۋالىنى ئومۇميۈزلۈك ئەكس ئەتتۈرۈدىغان ماتېرىيال خاراكتېرىدىكى يىللىق توپلام. بۇ «توپلام»نىڭ نەشر قىلىنىشى كەڭ ئاز سانلىق مىللەت كادىرلىرىنىڭ شىنجاڭنىڭ رايون ئەھۋالىنى، شىنجاڭنىڭ ئىقتىسادىي ئايلىنىش ئەھۋالىنى ئىگىلەپ، ئىقتىسادقا ماكرو جەھەتتە يېتەكچىلىك قىلىشى ئۈچۈن تەپسىلى، مول ماتېرىيال يەتكۈزۈپ بېرىدۇ. بۇ توپلام مەملىكەت بويىچە ستاتىستىكا يىللىق توپلىمىنى سىستېمىلاشتۇرۇش، قېلىپلاشتۇرۇش تەلىپىگە ئۇيغۇن بولۇپ، شىنجاڭنىڭ ئالاھىدىلىكى گەۋدىلەندۈرۈلگەن ، ئەمەلىيەتتە قوللىنىشچانلىقى ۋە تارىخىدىن خاتىرە قالدۇرۇش قىممىتى يۇقىرى. بۇ توپلام ئالدىنقى يىللاردىكى «توپلام»بىلەن باغلىنىشلىق بولۇپ، سانلاردا ئۆزگىرىش بولغان بولسا مۇشۇ توپلامدىكىسىنى ئاساس قىلىشىڭلارنى سورايمىز.

2. «توپلام» 18 قىسىمغا بۆلۈنگەن . 1) مەمۇرىي رايونلار ھەم تەبىئىي بايلىق؛ 2) ئومۇمىي ئۇنۇم قىسمى؛ 3) ئاھالە، ئەمگەك كۈچى ۋە ئىش ھەققى؛ 4) مۇقىم مۈلۈككە سېلىنغان مەبلەغ؛ 5) مالىيە؛ 6) باھا؛ 7) خەلق تۇرمۇشى؛ 8) يېزا ئىگىلىك؛ 9) سانائەت؛ 10) بىناكارلىق؛ 11) ترانسپورت، پوچتا-تېلېگراف؛ 12) توپ-پارچە سودا، يېمەك-ئىچمەك؛ 13) ئېنېرگىيە، ماددىي ئەشيا؛ 14) تاشقى سودا-ئىقتىساد، ساياھەت؛ 15) پۇل مۇئامىلە، سۇغۇرتا؛ 16) مائارىپ، پەن-تېخنىكا، مەدەنىيەت؛ 17) تەنتەربىيە، سەھىيە ھەم باشقىلار؛ 18) شەھەرلەرنىڭ ئومۇمىي ئەھۋالى . ھەر قىسىمنىڭ ئاخىرىدا "ئاساسلىق ستاتىستىكا كۆرسەتكۈچلىرىنىڭ ئىزاھاتى"بېرىلگەن .

3. بۇ "توپلام" دا دۆلەتنىڭ قانۇنىي ئۆلچەم بىرلىكلىرى قوللىنىلغان.

4. "توپلام"نىڭ ھەرقايسى ئالاقىدار سانلىرى ستاتىستىكا ئۆلچىمى ۋە ھېسابلاش باھاسى قاتارلىق سەۋەبلەر تۈپەيلىدىن ئانچە ئوخشىشىپ كەتمەيدۇ. بۇ توغرىدا جەدۋەل ئاستىدا ئىزاھات بەردۇق. ئىشلەتكەندە نەزەردىن ساقىت قىلماسلىقنى سورايمىز.

1995-يىللىق ئاھالىگە ئائىت سانلار نۇسخا ئېلىپ تەكشۈرۈش ئارقىلىق ئىگىلەنگەن سانلار.

5. "#" بەلگىسى «بۇنىڭ ئىچىدە» دىگەننى، «قۇرۇق» بەلگىسى يوق ئىكەنلىكىنى ياكى شۇ كۆرسەتكۈچ ئىگىلەنمىگەنلىكىنى «…»بەلگىسى پۈتۈنلىنىدىغان ئونلۇق كەسىرخانىسىغا توشمايدىغانلىقىنى بىلدۈرىدۇ.

6. بۇ «توپلام» نى تەھرىرلەش، تەرجىمە قىلىش جەريانىدا رىشىت شېھىت، ئەنۋەر غېنى ۋە ئايبەك ھاجىيوپ قاتارلىق يولداشلارنىڭ زور كۈچ بىلەن قوللىشىغا ئېرىشتۇق. شۇنىڭ بىلەن بىرگە ئاپتونوم رايون ئىچى-سىرتىدىكى نۇرغۇن ئورۇنلار ۋە يولداشلارنىڭ كۈچلۈك قوللىشىغا ئېرىشتۇق . بۇ ئورۇن ۋە يولداشلارغا چىن كۆڭلىمىزدىن رەخمەت ئېيتىمىز. سەۋىيەمىز چەكلىك ھەم ۋاقىت قىس بولغاچقا خاتالىق ۋە يېتەرسىزلىكلەر بولۇشى مۇمكىن. ھەر دەرىجىلىك رەھبەرلەر، ھەر ساھەدىكى زاتلار ۋە ستاتىستىكا سېپىدىكى كەسپداشلارنىڭ تەنقىت قىلىشى ۋە كۆرسىتىپ بېرىشىنى ئۈمۈت قىلىمىز.

编 者 说 明

一、《新疆统计年鉴－1996》(维汉版)，是新疆维吾尔自治区统计局首次以维汉文形式全面反映新疆经济和社会发展情况的资料性年刊。这部《年鉴》的出版将为广大的少数民族干部了解新疆区情、掌握新疆经济运行情况、宏观指导经济提供了详细、丰富的资料。

本书符合全国统计年鉴系列化、规范化要求，突出了新疆特色，具有很强的实用性和存史价值。本书与以前年份出版的《年鉴》是衔接的，如出现数字变动，均以本书为准。

二、本《年鉴》内容分为十八个部分，即(一)行政区划及自然资源；(二)综合；(三)人口、劳动力和工资；(四)固定资产投资；(五)财政；(六)物价；(七)人民生活；(八)农业；(九)工业；(十)建筑业；(十一)运输和邮电；(十二)批发零售贸易、餐饮业；(十三)能源、物资；(十四)外贸、外经、旅游；(十五)金融、保险；(十六)教育、科技、文化；(十七)体育、卫生及其他；(十八)城市概况，篇末均附有《主要统计指标解释》。

三、本《年鉴》所使用的计量单位均采用国家法定计量单位。

四、本《年鉴》各部分相关数据，由于统计口径和计算价格等原因，有的资料不尽相同，我们在表的一端加了注释，使用时请注意。

表中 1995 年人口数据均为抽样调查数。

五、本《年鉴》使用符号说明：

“#”表示其中项；

“…”表示不足小数位的数据；

“空”表示没有或未掌握该指标数据。

六、本《年鉴》在编辑翻译过程中得到了热西提·谢依提、艾尼瓦尔·艾尼和阿依别克·哈吉也夫等同志的大力支持，同时得到自治区内外许多单位和同志们的大力支持，在此深表谢意。由于我们水平有限，加之时间仓促，错误和不足之处不少，敬请各级领导，各界人士和统计战线上的同仁，不吝批评指正。

مۇندەرىجە

ئاھالە، ئەمگەك كۈچى ۋە ئىش ھەققى

مۇقىم مۈلۈككە سېلىنغان مەبلەغ

مالىيە

مال باھا

خەلق تۇرمۇشى

يېزا ئىگىلىك

بىناكارلىق

ترانسپورت-پوچتا

توپ-پارچە سودا ۋە يېمەك-ئىچمەك

ئېنېرگىيە، ماددىي-ئەشيا

تاشقى ئىقتىساد-سودا، ساياھەت

پۇل مۇئامىلە ۋە سۇغۇرتا

مائارىپ، پەن-تېخنىكا ۋە مەدەنىيەت

تەنتەربىيە، سەھىيە ۋە باشقىلار

شەھەرلەرنىڭ ئومۇمىي ئەھۋالى

目录

14

目录

目　录

目录

九、工业

目 录

十、建筑业

十一、运输、邮电

十二、批发零售贸易和餐饮业

目录

目 录

目 录

英文目录

CONTENTS IN BRIEF

SPECIAL ARTICLES

STATISTICS

ئالاھىدە ماقال

特　　载

Especial Adoption

شىنجاڭ ئۇيغۇر ئاپتونوم رايونىنىڭ 1995-يىللىق خەلق ئىگىلىكى تەرەققىياتى ۋە ئىجتىمائىي تەرەققىياتى توغرىسىدىكى ستاتىستىكا ئاخباراتى

شىنجاڭ ئۇيغۇر ئاپتونوم رايونلۇق ستاتىستىكا ئىدارىسى

1995-يىلى ئاپتونوم رايونلۇق پارتكوم ۋە خەلق ھۆكۈمىتى شىنجاڭدىكى ھەر مىللەت خەلقىنى پارتىيىنىڭ «پۇرسەتنى چىڭ تۇتۇش، ئىسلاھاتنى چوڭقۇرلاشتۇرۇش، ئىشىكنى ئېچىۋېتىش دائىرىسىنى كېڭەيتىش، تەرەققىياتنى ئىلگىرى سۈرۈش، مۇقىملىقنى ساقلاش» فاڭجېنىنى ئەستايىدىل ئىزچىللاشتۇرۇشقا، دۆلەتنىڭ مۇۋاپىق ھالدا قىسىشتىن ئىبارەت مالىيە، پۇل سىياسىتىنى قەتئىي ئىجرا قىلىشقا يېتەكلىگەنلىكىدىن، ماكرولۇق تەڭشەش-تىزگىنلەش ۋە ئىسلاھات ئېلىپ بېرىش، ئىشىكنى ئېچىۋېتىش جەھەتتە كۆرۈنەرلىك نەتىجىلەر قولغا كەلتۈرۈلدى، خەلق ئىگىلىكىنىڭ داۋاملىق، مۇقىم، ساغلام راۋاجلىنىشى ساقلاپ قېلىندى. پۇل پاخاللىقى دەسلەپكى قەدەمدە تىزگىنلەندى، مال باھاسىنىڭ ئۆرلەش دەرىجىسى كۆرۈنەرلىك ھالدا تۆۋەنلىدى؛ يېزا ئىگىلىك ئىشلەپچىقىرىشىدىن يەنە مول ھوسۇل ئېلىنىپ، ئاشلىق، پاختا مەھسۇلاتىدا يەنە يېڭى رېكورت يارىتىلدى؛ سانائەت ئىشلەپچىقىرىشى داۋاملىق تېز سۈرئەت بىلەن ئاشتى؛ دۆلەت كارخانىلىرى ئىسلاھاتىنى مەركەز قىلغان تۈرلۈك ئىقتىسادىي تۈزۈلمە ئىسلاھاتىدا يېڭى تەرەققىياتلار قولغا كەلتۈرۈلدى؛ تاشقى سودا ۋە تاشقى مەبلەغدىن پايدىلىنىش يەنىمۇ كېڭەيدى؛ شەھەر-يېزا ئاھالىلىرىنىڭ كىرىمى كۆرۈنەرلىك ھالدا كۆپەيدى، خەلق تۇرمۇشى داۋاملىق ياخشىلاندى؛ تۈرلۈك ئىجتىمائىي ئىشلار يەنىمۇ راۋاجلاندى. 1995-يىلى 8-بەش يىللىق پىلان يولغا قويۇلغاندىن بويان ئاپتونوم رايونىمىزنىڭ ئىقتىسادىي تەرەققىياتى ۋە ئىجتىمائىي تەرەققىياتى ئەڭ ياخشى بولغان بىر يىل. يىللىق ئىچكى ئىشلەپچىقىرىش ئومۇمىي قىممىتى 83 مىليارد 500 مىليون يۈەنگە يېتىپ، ئالدىنقى يىلدىكىدىن 10% ئېشىپ، ئىقتىسادىي ئومۇمىي مىقدارى بويىچە 1980-يىلدىكىدىن ئىككى قاتلاشتىن ئىبارەت ستراتېگىيىلىك نىشان مۆددەتتىن بۇرۇن ئىشقا ئاشۇرۇلدى. بۇنىڭ ئىچىدە: 1-كەسىپنىڭ قوشۇلما قىممىتى 25 مىليارد يۈەنگە يېتىپ، 9.2% ئاشتى؛ 2-كەسىپنىڭ قوشۇلما قىممىتى 34 مىليارد 600 مىليون يۈەنگە يېتىپ، 14.1% ئاشتى؛ 3-كەسىپنىڭ قوشۇلما قىممىتى 28 مىليارد 100 مىليون يۈەنگە يېتىپ، 10 % ئاشتى. ئىقتىسادىي تەرەققىياتتىكى ئاساسىي مەسىلىلەر: مال باھاسىنىڭ ئۆرلەش دەرىجىسى يەنىلا بىر قەدەر يۇقىرى، ئىقتىسادنىڭ ئېشىشىدىكى قۇرۇلما ۋە ئۈنۈم مەسىلىسى تېخى تازا ياخشى ھەل بولمىدى، يېزا ئىگىلىكىنىڭ ئۇلى ئاجىز، مالىيە ئەھۋالى قىيىن.

1. يېزا ئىگىلىكى

دېھقانچىلىق، ئورمانچىلىق، چارۋىچىلىق، بېلىقچىلىق ئومۇمىيۈزلۈك راۋاجلاندى. پۈتۈن يىلدا دېھقانچىلىق، ئورمانچىلىق، چارۋىچىلىق، بېلىقچىلىق ئومۇمىي مەھسۇلات قىممىتى 40 مىليارد 600 مىليون يۈەن (1990-يىللىق ئۆزگەرمەس باھا بويىچە ھېسابلانغاندا 21 مىليارد 600 مىليون يۈەن) گە يېتىپ، ئالدىنقى يىلدىكىدىن 7.1% ئاشتى؛ بۇنىڭ ئىچىدە: دېھقانچىلىق مەھسۇلات قىممىتى 31 مىليارد 500 مىليون يۈەنگە يېتىپ، 7%، ئورمانچىلىق مەھسۇلات قىممىتى 560 مىليون يۈەنگە يېتىپ، 11.53% تۆۋەنلىدى، چارۋىچىلىق مەھسۇلات قىممىتى 8 مىليارد 200 مىليون يۈەنگە يېتىپ، 9%، بېلىقچىلىق مەھسۇلات قىممىتى 270 مىليون يۈەنگە يېتىپ، 27% ئاشتى.

دېھقانچىلىق ئىشلەپچىقىرىشىدىن يەنە مول ھوسۇل ئېلىندى.

ئاساسلىق دېھقانچىلىق مەھسۇلاتلىرىنىڭ مەھسۇلات مىقدارى تۆۋەندىكىچە:

	1995-يىلى	ئالدىنقى يىلدىكىدىن ئاشقىنى%
ئاشلىق	7 مىليون 300 مىڭ توننا	9.6
بۇنىڭ ئىچىدە: دانلىق زىرائەت	7 مىليون 160 مىڭ توننا	11.4
پۇرچاق	130 مىڭ توننا	−44.2
يافلىق دان	490 مىڭ توننا	−2.7
بۇنىڭ ئىچىدە: قىچا	150 مىڭ توننا	−18.2
پاختا	935 مىڭ توننا	−6.0
قىزىلچا	2 مىليون 880 مىڭ توننا	−3.7
مېۋە-چېۋە	1 مىليون 110 مىڭ توننا	3.6

ئورمانچىلىق ئىشلەپچىقىرىشى مۇقىم راۋاجلاندى، «ئۈچ شىمال» ئىھاتە ئورمىنى قۇرۇلۇشىدا نەتىجە كۆرۈنەرلىك بولدى. پۈتۈن يىلدا بەرپا قىلىنغان ئورمان كۆلىمى 55 مىڭ گېكتار بولۇپ، ئالدىنقى يىلدىكىدىن 10% ئازايدى. «ئۈچ شىمال» ئىھاتە ئورمىنى سېستىمىسىنىڭ 2-قارارلىق قۇرۇلۇشىدا (1986-يىلدىن 1995-يىلغىچە) جەمئىي ئورۇندالغان ئورمان بىنا قىلىشتا ساقلىنىپ قالغان كۆلەم 949 مىڭ 700 گېكتار، بۇنىڭ ئىچىدە: سۈنئىي بىنا قىلىنغان ئورمان 314 مىڭ 800 گېكتار، تاغ، قۇملۇقلارنى قورشاپ يېتىشتۈرۈلگەن ئورمان 644 مىڭ گېكتار، پارچە-پۇرات تىكىلگەن كۆچەت 445مىليون تۈپ بولۇپ، ئاپتونوم رايونىمىزنىڭ دېھقانچىلىق-چارۋىچىلىق ئىشلەپچىقىرىشىدىن يىلمۇ-يىل مول ھوسۇل ئېلىش ئۈچۈن ياخشى ئېكولوگىيىلىك مۇھىت يارىتىپ بېرىشكە ھەقىقىي تۈردە كاپالەتلىك قىلىندى. ئورمان بىلەن قاپلىنىش نىسبىتى 1.57% گە كۆتۈرۈلدى.

چارۋىچىلىق ئىشلەپچىقىرىشى ئومۇمىيۈزلۈك ئاشتى. 1995-يىلى چارۋىنىڭ كۆپىيىپ قاتارغا قوشۇلغان سانى، قوتاندىن چىققان چارۋا سانى، يىل ئاخىرى چارۋىنىڭ قوتاندىكى سانى، گۆشنىڭ ئومۇمىي مەھسۇلات مىقدارى جەھەتلەردە تارىختىكى ئەڭ ياخشى سەۋىيە يارىتىلدى، بولۇپمۇ، دېھقانچىلىق رايونلىرى چارۋىچىلىقى ئىلگىرى كۆرۈلمىگەن تېز سۈرئەتتە راۋاجلاندى.

ئاساسلىق چارۋىچىلىق مەھسۇلاتلىرى ۋە قوتاندىكى چارۋا مالنىڭ سانى تۆۋەندىكىچە:

	1995-يىلى	ئالدىنقى يىلدىكىدىن ئاشقىنى %
گۆش	520 مىڭ توننا	23.4
بۇنىڭ ئىچىدە: چوشقا، كالا، قوي گۆشى	460 مىڭ توننا	22.0
كالا سۈتى	450 مىڭ توننا	11.0
قوي يۇڭى	54 مىڭ 500 توننا	4.0
يىللىق قوتاندىن چىقىرىلغان كالا، قوي سانى	17 مىليون 100 مىڭ تۇياق	11.0
يىل ئاخىرىدىكى قوتاندىكى چارۋا مال سانى	37 مىليون 243 مىڭ تۇياق	3.4
بۇنىڭ ئىچىدە: چوڭ چارۋا	5 مىليون 800 مىڭ تۇياق	1.4
چوشقا	1 مىليون 353 مىڭ تۇياق	12.0
قوي	30 مىليون 90 مىڭ تۇياق	3.6

بېلىقچىلىق ئىشلەپچىقىرىشى يەنە يېڭى بالداققا ئۆرلىدى. پۈتۈن يىللىق سۇ مەھسۇلاتلىرىنىڭ مىقدارى 44 مىڭ تونىنغا يېتىپ، ئالدىنقى يىلدىكىدىن %25.8 ئاشتى.

يېزا، بازار كارخانىلىرى تېز سۈرئەت بىلەن راۋاجلاندى. پۈتۈن يىلدا يېزا، بازار كارخانىلىرىنىڭ ئومۇمىي مەھسۇلات قىممىتى 13 مىليارد 630 مىليون يۈەنگە (ئۆزگەرمەس باھا بويىچە ھېسابلاندى) يېتىپ، ئالدىنقى يىلدىكىدىن %25.3 ئاشتى، بۇنىڭ ئىچىدە: سانائەت ئومۇمىي مەھسۇلات قىممىتى 6 مىليارد 960 مىليون يۈەنگە يېتىپ، %32.6 ئاشتى. يېزا، بازار كارخانىلىرىنىڭ ئىشلەپچىقىرىش ۋەزىيىتى ياخشى، مەھسۇلات قىممىتى بىلەن ئۈنۈم ماس قەدەمدە ئېشىپ ئورۇنلاندى.

يېزا ئىگىلىك ئىشلەپچىقىرىش شارائىتى داۋاملىق ياخشىلاندى. يىل ئاخىرى ئاپتونوم رايونىمىز بويىچە يېزا ئىگىلىك ماشىنىلىرىنىڭ ئومۇمىي قۇۋۋىتى 6 مىليون 538 مىڭ كىلوۋاتقا يېتىپ، ئالدىنقى يىلنىڭ ئاخىرىدىكىدىن %4.0 ئاشتى؛ چوڭ، ئوتتۇرا تىپتىكى تراكتور 50 مىڭ دانىگە يېتىپ، %1.4 ئاشتى؛ كىچىك تىپتىكى تراكتور ۋە قول تراكتورى 178 مىڭ دانىگە يېتىپ، %10.6 ئاشتى؛ سۇغىرىش-سۇ چىقىرىۋېتىش ماشىنىلىرىنىڭ قۇۋۋىتى 480 مىڭ 300 كىلوۋاتقا يېتىپ، %15.9 تۆۋەنلىدى؛ يېزا ئىگىلىكىدە ئىشلىتىلىدىغان يۈك ئاپتوموبىلى 13 مىڭ 900 گە يېتىپ، %16.0 ئاشتى؛ ئىشلىتىلگەن خىمىيىۋى ئوغۇت مىقدارى (ساپ ئوغۇتقا سۇندۇرۇلدى) 714 مىڭ توننا بولۇپ، %24.6 ئاشتى؛ يېزىلاردا ئىشلىتىلگەن توك مىقدارى 1 مىليارد 600 مىليون كىلوۋات سائەت بولۇپ، %13.1 ئاشتى؛ ئېتىز-ئېرىق سۇ ئىنشائاتى قۇرۇلۇشى يەنىمۇ كۈچەيتىلدى. جايلار ئېرىق-ئۆستەڭلەردە سۇ سىڭىشىنىڭ ئالدىنى ئېلىشنى مۇھىم نۇقتا قىلغان سۇ تېجەش، كۆپەيتىش قۇرۇلۇشىنى ئومۇمىيۈزلۈك ھالدا قانات يايدۇردى.

يېزا ئىگىلىك ئىشلەپچىقىرىشىدا ساقلىنىۋاتقان مەسىلىلەر: يېزا ئىگىلىكىنىڭ ئۇل ئەسلىھەلىرى ئاجىز، يېزا ئىگىلىكىگە سېلىنغان سېلىنما يېتەرلىك ئەمەس.

2. سانائەت ۋە بىناكارلىق

سانائەت ئىشلەپچىقىرىشى داۋاملىق تېز سۈرئەت بىلەن ئاشتى. پۈتۈن يىلدا ئورۇندالغان سانائەت ئومۇمىي مەھسۇلات قىممىتى 80 مىليارد 426 مىليون يۈەن (1990-يىلدىكى ئۆزگەرمەس باھا بويىچە ھېسابلانغاندا 42 مىليارد 23 مىليون يۈەن) بولۇپ، ئالدىنقى يىلدىكىدىن %14 ئاشتى. سانائەتنىڭ ئومۇمىي تەرەققىيات سۈرئىتى تېزلىتىلدى. ئىقتىسادىي تەركىپتىن قارىغاندا، دۆلەت كارخانىلىرىنىڭ %12.5، كوللېكتىپ كارخانىلىرىنىڭ %18.2 ئاشتى؛ بۇنىڭ ئىچىدە: يېزا باشقۇرغان كارخانىلارنىڭ %10.7، خۇسۇسىي كارخانىلارنىڭ 6.2 ھەسسە، پاي تۈزۈمىدىكى كارخانىلارنىڭ %19.9، جۇڭگو بىلەن چەتئەل شېرىكلەشكەن ھەمكارلاشقان ئىگىلىكىنىڭ ۋە تاشقى مەبلەغ كارخانىلىرىنىڭ %1.6، يەككە كارخانىلارنىڭ %43.0 ئاشتى؛ تەۋەلىك مۇناسىۋىتىدىن قارىغاندا، بىڭتۇەن كارخانىلىرىنىڭ %14.3، مەركەزگە قاراشلىق باشقا كارخانىلارنىڭ %16.5، ئاپتونوم رايونغا قاراشلىق كارخانىلارنىڭ %8.2، ۋىلايەت، ئوبلاست، شەھەرلەرگە قاراشلىق كارخانىلارنىڭ %22.7 ئاشتى. چوڭ، ئوتتۇرا كارخانىلارنىڭ %12.5 ئاشتى، بۇنىڭ ئىچىدە: دۆلەت ئىلكىدىكى چوڭ، ئوتتۇرا كارخانىلارنىڭ %18.9 ئاشتى، بىر قەدەر تېز ئېشىش يۈزلىنىشى ساقلاپ قېلىندى. پۈتۈن يىلدا سانائەتنىڭ قوشۇلما قىممىتى 25 مىليارد 800 مىليون يۈەن ئورۇندىلىپ، %17.3 ئاشتى؛

يېنىك سانائەت بىلەن ئېغىر سانائەت ماسلاشقان ھالدا راۋاجلاندى. پۈتۈن يىلدا يېزا ۋە يېزىدىن يۇقىرى سانائەت كارخانىلىرىنىڭ يېنىك سانائەتتە ئورۇندالغان ئومۇمىي مەھسۇلات قىممىتى 33 مىليارد 924 مىليون يۈەنگە يېتىپ، ئالدىنقى يىلدىكىدىن %14.9 ئاشتى؛ ئېغىر سانائەتتە ئورۇندالغان ئومۇمىي مەھسۇلات قىممىتى 40 مىليارد 926 مىليون يۈەنگە يېتىپ، %15.0 ئاشتى. يېنىك سانائەت بىلەن ئېغىر سانائەتنىڭ ئېشىش دەرىجىسىدىكى پەرق كۆرۈنەرلىك ھالدا كىچىكلىدى.

سانائەت مەھسۇلاتلىرىنى ئىشلەپچىقىرىش بىلەن سېتىشنى تۇتاشتۇرۇش ئاساسەن نورمال بولدى. پۈتۈن يىلدا يېزا ۋە يېزىدىن يۇقىرى سانائەت كارخانىلىرىنىڭ جەمئىي مەھسۇلات سېتىش نىسبىتى %94.7 بولۇپ، ئالدىنقى يىلدىكىدىن %0.6 تۆۋەنلىدى. ئېغىر سانائەتنىڭ ئىشلەپچىقىرىش-سېتىش نىسبىتى يېنىك سانائەتنىڭكىدىن يۇقىرى بولدى. بۇنىڭ ئىچىدە: ئېغىر سانائەتنىڭ ئىشلەپچىقىرىش-سېتىش نىسبىتى %98.3، يېنىك سانائەتنىڭ ئىشلەپچىقىرىش-سېتىش نىسبىتى پەقەت %90.3 بولدى، بۇنى ئاساسلىقى بۇيىل كېيىنكى يېرىم يىلدا بازار ئەھۋالىدا ئۆزگىرىش بولۇپ، قىسمەن يېنىك سانائەت مەھسۇلاتلىرى ۋە توقۇلما مەھسۇلاتلار، مەسىلەن: ساپ پاختا، پاختا يىپ، پاختا رەخت، شېكەر، ئوزۇقلۇق ئۆسۈملۈك مېيى قاتارلىق مەھسۇلاتلارنىڭ سېتىلىشى تۆۋەنلەپ كەتكەنلىكى كەلتۈرۈپ چىقاردى.

مەھسۇلاتلارنىڭ قۇرۇلمىسى تەڭشەلدى. بىر يىلدىن بۇيان ئاپتونوم رايونىمىزدىكى سانائەت كارخانىلىرى «بازىرى ئىتتىكلىرىنى ئاشۇرۇش، ئادەتتىكىلىرىنى چەكلەش، كاساتلىرىنى توختىتىش» تىن ئىبارەت ئىگىلىك تاكتىكىسى بويىچە، مەھسۇلاتلارنىڭ قۇرۇلمىسىنى پائال تەڭشەپ،

مۇئەييەن نەتىجىلەرنى قولغا كەلتۈردى، بازارنىڭ تەڭشەش رولى يەنىمۇ كۈچەيدى، كۆپ ساندىكى يېنىك سانائەت مەھسۇلاتلىرى ۋە توقۇلما مەھسۇلاتلار، ئېنېرگىيە، خىمىيۋى سانائەت مەھسۇلاتلىرى ۋە يېزا ئىگىلىكىگە ياردەم بېرىلىدىغان مەھسۇلاتلارنىڭ ئىشلەپچىقىرىلىشى بىر قەدەر تېز ئاشتى، ماشىنسازلىق، مېتاللىچىلىق قاتارلىق ساھەلەر مەھسۇلات ئىشلەپچىقىرىشنى ئاستىلاتتى، قىسمەن مەھسۇلاتلارنىڭ ئىشلەپچىقىرىلىشى تۆۋەنلىدى.

ئاساسلىق سانائەت مەھسۇلاتلىرىنىڭ مىقدارى تۆۋەندىكىچە:

	1995-يىلى	ئالدىنقى يىلدىكىدىن ئاشقىنى %
يىپ	244 مىڭ 700 توننا	23.8
رەخت	304 مىليون 600 مىڭ مېتىر	8.1
يۇڭ رەخت	12 مىليون 610 مىڭ مېتىر	−6.7
يۇڭ ئەدىيال	80 مىڭ دانە	−52.0
يىپەك توقۇلمىلار	4 مىليون 210 مىڭ مېتىر	−4.8
قەغەز ۋە قاتتىق قەغەز	180 مىڭ 400 توننا	23.8
شېكەر	301 مىڭ 800 توننا	6.3
تۇز	259 مىڭ 800 توننا	−35.9
ھاراق	249 مىڭ 500 توننا	13.7
كونسېرۋا	90 مىڭ 600 توننا	39.8
سۈت مەھسۇلاتلىرى	9800 توننا	−1.4
قاپلىق تاماكا	136 مىڭ ساندۇق	6.4
خۇرۇم ئاياق	1 مىليون 510 مىڭ كىشلىك	21.5
بىرىكمە كىر يۇيۇش سۇيۇقلۇقى	20 مىڭ 700 توننا	−4.6
تېلېۋىزور	24 مىڭ 800 دانە	−48.0
بۇنىڭ ئىچىدە: رەڭلىك تېلېۋىزور	5900 دانە	−66.4
كۆمۈر	27 مىليون 207 مىڭ 400 توننا	3.3
نېفىت	12 مىليون 678 مىڭ 300 توننا	9.6
پىششىقلانغان نېفىت	6 مىليون 900 مىڭ توننا	7.1
توك	12 مىليارد 43 مىليون كىلوۋات سائەت	13.4
چويۇن	695 مىڭ 300 توننا	1.6
پولات	705 مىڭ 900 توننا	6.3
پولات ماتېرىياللىرى	665 مىڭ 500 توننا	15.3
10 خىل رەڭلىك مېتال	29 مىڭ 300 توننا	−11.5
سېمونت	4 مىليون 898 مىڭ 800 توننا	9.3
تاختا ئەينەك	515 مىڭ ساندۇق	3.5
ياغاچ	283 مىڭ كۆپ مېتىر	−2.6
گۈڭگۈرت كىسلاتاسى	88 مىڭ 500 توننا	24.0
ساپ ئىشقار	45 مىڭ توننا	1.1 ھەسسە
خىمىيۋى ئوغۇت (%100 گە سۇندۇرۇلغان)	383 مىڭ 300 توننا	10.9
سۇلياۋ بۇيۇملار	100 مىڭ 700 توننا	33.3
بالون	606 مىڭ 100 دانە	26.4
كىچىك تراكتور	30 مىڭ 400 دانە	34.3

كومباين 1500 دانه 1.48 ھەسسە

سانائەتنىڭ ئىقتىسادىي ئۈنۈمى ياخشىلاندى. پۈتۈن يىلدا مۇستەقىل ھېسابات قىلىدىغان سانائەت كارخانىلىرىنىڭ ئىقتىسادىي ئۈنۈم ئۇنىۋېرسال كۆرسەتكۈچى %69.71 بولۇپ، ئالدىنقى يىلدىكىدىن %3.47 ئاشتى، بۇنىڭ ئىچىدە: مەبلەغنىڭ پايدا، باج نىسبىتى ئالدىنقى يىلدىكى %4.35 دىن %4.44 گە كۆتۈرۈلدى، تەننەرخ خىراجىتىنىڭ پايدا نىسبىتى ئالدىنقى يىلدىكى %0.19 دىن %0.40 گە تۆۋەنلىدى، كۆچمە مەبلەغنىڭ ئوبوروت قېتىم سانى ئالدىنقى يىلدىكى 1.08 قېتىمدىن بۇ يىل 1.13 قېتىمغا تېزلەتتىلدى، ئومۇمىي خادىم ئەمگەك ئۈنۈمدارلىقى ئالدىنقى يىلدىكى كىشى بېشىغا 11 مىڭ 500 يۈەن بولۇشىدىن بۇ يىل كىشى بېشىغا 13 مىڭ 300 يۈەندىن توغرا كېلىشكە كۆپەيدى. سانائەت مەھسۇلاتلىرىنىڭ سېتىلىش نىسبىتى ئالدىنقى يىلدىكى %95.3 دىن بۇ يىل %94.7 گە تۆۋەنلىدى. سانائەتنىڭ قوشۇلما قىممىتى ئالدىنقى يىلدىكى %34.7 دىن بۇ يىل %35.8 گە كۆتۈرۈلدى. لېكىن سانائەت مەھسۇلاتلىرىنىڭ ئىسكىلاتتا بېسىلىپ قېلىشى كۆپەيدى، كارخانىلارنىڭ زىيان تارتىش دائىرىسى بىر قەدەر چوڭ، ئۆز ئارا قەرز ئېغىر، سانائەت ئىقتىسادىي ئۈنۈمىنىڭ ئومۇمىي سەۋىيىسىنى يەنىمۇ ئۆستۈرۈشكە توغرا كېلىدۇ. بولۇپمۇ يەرلىك خامچوت ئىچىدىكى دۆلەت سانائەت كاخانىلىرىنىڭ ئۈنۈمى داۋاملىق تۆۋەنلىدى، قىسمەن دۆلەت كارخانىلىرىنىڭ ئىشلەپچىقىرىش-ئىگىلىك ئەھۋالى يەنىلا بىرقەدەر قىيىن.

بىناكارلىق ئىشلەپچىقىرىشى مۇقىم راۋاجلاندى. پۈتۈن جەمئىيەت بويىچە بىناكارلىقنىڭ قوشۇلما قىممىتى 8 مىليارد800 مىليون يۈەنگە يېتىپ، ئالدىنقى يىلدىكىدىن %5.0 ئاشتى. دۆلەت بىناكارلىق كارخانىلىرىنىڭ ئۆي-ئىمارەت قۇرۇلۇش كۆلىمى 8 مىليون 510 مىڭ كۋادرات مېتىر بولۇپ، %5.7 ئاشتى؛ ئۆي-ئىمارەت قۇرۇلۇشىنىڭ پۈتكەن كۆلىمى 3 مىليون 435 مىڭ كۋادرات مېتىر بولۇپ، %6.2 تۆۋەنلىدى. ئومۇمىي خادىم ئەمگەك ئۈنۈمدارلىقى كىشى بېشىغا 36 مىڭ 900 يۈەندىن توغرا كېلىپ ئەمەلىيەتتە %8.2 يۇقىرى كۆتۈرۈلدى؛ دۆلەت بىناكارلىق كارخانىلىرىدا خېرىدار چاقىرىپ ھۆددىگە بېرىش يولىغا قويۇلغان بىرلىك قۇرۇلۇش 538، كۆلىمى 1 مىليون 329 مىڭ كۋادرات مېتىر. لېكىن ئاپتونوم رايونىمىزدىكى قىسمەن بىناكارلىق كارخانىلىرىنىڭ قۇرۇلۇش ۋەزىپىسى يېتەرلىك ئەمەس، ئۈنۈمى تۆۋەن سەۋىيىدە تۇرماقتا.

گېئولوگىيىلىك چارلاپ تەكشۈرۈشتە يېڭى نەتىجىلەر قولغا كەلتۈرۈلدى. پۈتۈن يىلدا يېڭىدىن 7 ئورۇندا تېخىمۇ ئىلگىرىلەپ ئىشلەش قىممىتىگە ئىگە كان مەھسۇلاتلىرى بازىسى بايقالدى، بۇنىڭ ئىچىدە ئالتۇن كان 3، يەر ئاستى سۈيى 4، 3كان رايونىدا مۇھىم يېڭى ئىلگىرىلەش قولغا كەلتۈرۈلدى، بۇنىڭ بىرى ئالتۇن كان، ئىككىسى مىس كان، تەپسىلى چارلاپ تەكشۈرۈشكە تاپشۇرۇلغان بازار (كۆمۈر كان) بىر ئورۇن، ئالتۇن، مىس، كۆمۈر، يەر ئاستى سۈيى قاتارلىق يېڭىدىن كۆپەيتىلگەن كان مەھسۇلاتلىرىنىڭ زاپىسى ئېنىقلاشقا تاپشۇرۇلدى.

3. مۇقىم مۈلۈككە سېلىنغان مەبلەغ

مۇقىم مۈلۈككە سېلىنغان مەبلەغ ئاشتى. پۈتۈن يىلدا جەمئىيەت بويىچە مۇقىم مۈلۈككە سېلىنغان مەبلەغ 33 مىليارد 334 مىليون يۈەن بولۇپ، ئالدىنقى يىلدىكىدىن %16.8 ئاشتى، ئېشىش دەرىجىسى ئالدىنقى يىلدىكىدىن %8.5 تۆۋەنلىدى. بۇنىڭ ئىچىدە: دۆلەت ئورۇنلىرى سالغان مەبلەغ 26 مىليارد328 مىليون يۈەن بولۇپ، ئالدىنقى يىلدىكىدىن %9.6 ئاشتى؛ كوللېكتىپ ئىگىلىكى سالغان مەبلەغ 2 مىليارد 28 مىليون يۈەن بولۇپ، %40.8 ئاشتى؛ شەھەر-يېزىدىكى شەخسلەر سالغان مەبلەغ 2 مىليارد 582 مىليون يۈەن بولۇپ، %26.3 ئاشتى. بۇ يىلدا سېلىنغان مەبلەغنىڭ ئېشىش نىسبىتى ئىقتىسادنىڭ ئېشىش نىسبىتىدىن خېلى تۆۋەن، بۇ ئاپتونوم رايونىمىزدا مۇقىم مۈلۈككە مەبلەغ سېلىش دەرىجىسىنىڭ يەنىلا يېتەرلىك ئەمەسلىكىنى ئىسپاتلايدۇ.

دۆلەت ئورۇنلىرى سالغان مەبلەغ ئىچىدە، ئاساسىي قۇرۇلۇشقا سېلىنغان مەبلەغ 17 مىليارد 352 مىليون يۈەن بولۇپ، %1.7 تۆۋەنلىدى، بۇنىڭ ئىچىدە: يەرلىك تۈرلەرگە سېلىنغان مەبلەغ 5 مىليارد469 مىليون يۈەن ئورۇندىلىپ، %21.8 ئاشتى؛ يېڭىلاش ئۆزگەرتىشكە سېلىنغان مەبلەغ 5 مىليارد 391 مىليون يۈەن ئورۇندىلىپ، %27.4 ئاشتى، بۇنىڭ ئىچىدە: يەرلىك تۈرلەرگە سېلىنغان مەبلەغ 1 مىليارد 670 مىليون يۈەن ئورۇندىلىپ، %19.5 ئاشتى؛ دۆلەت ئورۇنلىرىنىڭ باشقا جەھەتكە سالغان مەبلىغى 1 مىليارد 964 مىليون يۈەن بولۇپ، %28.8 تۆۋەنلىدى؛ ئۆي-زېمىنغا سېلىنغان مەبلەغ 728 مىليون يۈەن بولۇپ %45.0 ئاشتى.

بۇ يىلدا يېڭىدىن قۇرۇلۇش باشلىغان تۈرلەر كۆپەيدى. پۈتۈن يىلدا ئاساسىي قۇرۇلۇش، يېڭىلاش، ئۆزگەرتىش بويىچە يېڭىدىن ئىش باشلىغان 50 مىڭ يۈەندىن يۇقىرى تۈر 4186 بولۇپ، ئالدىنقى يىلدىكىدىن 575 كۆپەيدى. پۈتكۈزۈلۈپ ئىشلەپچىقىرىشقا كىرىشتۈرۈلگەن چوڭ، ئوتتۇرا تىپتىكى ئاساسىي قۇرۇلۇش تۈرى 4.

مەبلەغ سېلىش قۇرۇلمىسى داۋاملىق ياخشىلاندى، مەبلەغ نۇقتىلىق ھالدا ئۇل كەسىپلەر ۋە ئۇل ئەسلىھەلەر قۇرۇلۇشىغا سېلىندى. ئاساسىي قۇرۇلۇشقا، يېڭىلاش-ئۆزگەرتىشكە، باشقا جەھەتلەرگە سېلىنغان مەبلەغ ۋە ئۆي-زېمىنغاسېلىنغان مەبلەغنى ئۈچ كەسىپ قۇرۇلمىسىغا بۆلۈپ قارىغاندا، 1-كەسىپ (دېھقانچىلىق، ئورمانچىلىق، چارۋىچىلىق، بېلىقچىلىق، سۇ ئىنشائاتى) كە سېلىنغان مەبلەغ 1 مىليارد 227 مىليون يۈەن بولۇپ، ئالدىنقى يىلدىكىدىن %40.7 ئېشىپ، بارلىق سېلىنغان مەبلەغ ئىچىدە ئىگىلىگەن سالمىقى %4.6 بولدى. 2-كەسىپكە سېلىنغان مەبلەغ 17 مىليارد 145 مىليون يۈەن بولۇپ، %1.0 تۆۋەنلەپ، بارلىق سېلىنغان مەبلەغ ئىچىدە ئىگىلىگەن سالمىقى %64.8 بولدى. بۇنىڭ ئىچىدە ئېنېرگىيە سانائىتىگە سېلىنغان مەبلەغ 2-كەسىپكە سېلىنغان مەبلەغنىڭ %67.2 نى ئىگىلەيدۇ؛ ئېنېرگىيە سانائىتىگە سېلىنغان مەبلەغ ئىچىدە نېفىت سانائىتىگە سېلىنغان مەبلەغ 10 مىليارد 479 مىليون يۈەن بولۇپ، %2.5 تۆۋەنلىدى؛ ئېلېكتر كۈچى، كۆمۈر گازى ھەم سۇ ئىشلەپچىقىرىش ۋە تەمىنلەشكە سېلىنغان مەبلەغ 763 مىليون يۈەن بولۇپ، %40.2 تۆۋەنلىدى؛ كۆمۈر سانائىتىگە سېلىنغان مەبلەغ 288 مىليون يۈەن بولۇپ، %16.6 ئاشتى. 3-كەسىپكەسېلىنغان مەبلەغ 8 مىليارد 288 مىليون يۈەن بولۇپ، %24.9 ئېشىپ، بارلىق سېلىنغان مەبلەغ ئىچىدە ئىگىلىگەن سالمىقى %31.1 بولدى. بۇنىڭ ئىچىدە: قاتناش، پوچتا-تېلېگراف، خەۋەرلىشىشكە سېلىنغان مەبلەغ 2 مىليارد 617 مىليون يۈەن بولۇپ، %49.0 ئاشتى.

نۇقتىلىق تۈرلەرنىڭ قۇرۇلۇشى يەنىمۇ كۈچەيتىلدى. ئاپتونوم رايون پىلانىغا كىرگۈزۈلگەن 30 نۇقتىلىق تۈرگە سېلىنغان مەبلەغ جەمئىي 9 مىليارد540 مىليون يۈەن ئورۇندىلىپ، يىللىق پىلانىنىڭ %89.8 ئورۇندالدى. بۇنىڭ ئىچىدە: ئىشلەپچىقىرىشقا كىرىشتۈرۈلگەن 7 تۈردىن خوتۈيەنچى ئېلېكتىر ئىستانسىسىنىڭ 4-قاتارلىق كېڭەيتىش قۇرۇلۇشىدىن باشقا تۈرلەردە ئىشلەپچىقىرىشقا كىرىشتۈرۈش نىشانى ئىشقا ئاشۇرۇلدى. ئايرىم-ئايرىم ھالدا مۇنداق 6 تۈر ئىشلەپچىقىرىشقا كىرىشتۈرۈلدى: لەنجۇ-شىنجاڭ تۆمۈر يولى قوش لىنىيە قۇرۇلۇشى، ئاشلى ئالتۇن كانى، مايتاغ ئېتىلىن قۇرۇلۇشى، ئۈرۈمچى نېفىت خىمىيە زاۋۇتى پولى ئېستېر 2-قاتارلىق قۇرۇلۇشى، ئۈرۈمچى كان ئىشلىرى ئىدارىسى ۋېيخۇلىياڭ كۆمۈر كانىنى كېڭەيتىش قۇرۇلۇشى، قۇمۇل كان ئىشلىرى ئىدارىسى بىيچۈەن يانتۇ قۇدۇق. تارىم، تۇرپان-قۇمۇل، جۇڭغاردىن

ئىبارەت 3 چوڭ ئۈيمانلىقتىكى نېفىت-گازنى چارلاپ تەكشۈرۈشتە يېڭى ئىلگىرلەش قولغا كەلتۈرۈلدى، بۇ يىلدا يېڭىدىن كۆپەيگەن نېفىت قېزىش ئىقتىدارى 1 مىليون 829 مىڭ توننا. بۇنىڭدىن باشقا ئاسىيا-ياۋرۇپا ئوپتىك كابېل قۇرۇلۇشىنىڭ دۆلەت ئىچىدىكى قىسمى پۈتۈپ لىنىيە بويىچە تۇتاشتۇرۇلدى، تەكلىماكاننى كېسىپ ئۆتىدىغان قۇملۇق تاشيولى پۈتۈپ قاتناش باشلاندى. لېكىن مەبلەغ ئۆز ۋاقتىدا ئەمەللەشمىگەچكە، قىسمەن نۇقتىلىق تۈرلەرنىڭ قۇرۇلۇش سۈرئىتى تەسىرگە ئۇچرىدى.

ئاساسىي قۇرۇلۇش ئارقىلىق يېڭىدىن قوشۇلغان ئاساسلىق ئىشلەپچىقىرىش مىقدارى: كۆمۈر قېزىش 150 مىڭ توننا، گېنېراتورلار گۇرۇپپىسىنىڭ سىغىمچانلىقى 150 مىڭ كىلوۋات، نېفىت قېزىش 1 مىليون 830 مىڭ توننا، ئېتىلېن 140 مىڭ توننا، ئېتىل پارا 75 مىڭ توننا، پارا-كىسلول 55 مىڭ توننا، يېڭىدىن ياسالغان تاش يول 517 كىلومېتىر، كۆپەيتىپ قۇرۇلۇپ پويىز قاتناشقا تاپشۇرۇپ بېرىلگەن تۆمۈر يول قوش لىنىيىسى 439 كىلومېتىر، شەھەر ئىچى تېلېفونىنىڭ سىغىمچانلىقى 40 مىڭ دانە، ئۇزارتىلغان ئۇزۇن يوللۇق ئوپتىك كابېل 832 كىلومېتىر، ئېچىلغان بوز يەر 230 مو، ئۆزگەرتىلگەن تۆۋەن ھوسۇللۇق ئېتىز 343 مىڭ مو.

4. قاتناش ۋە پوچتا-تېلېگراف

قاتناش- تىرانسپورت ئىشلەپچىقىرىشى داۋاملىق ئاشتى. بۇيىل لەنجۇ-شىنجاڭ تۆمۈر يولى قوش لىنىيىسىنىڭ پويىز قاتناشقا تاپشۇرۇپ بېرىلىشى ۋە ياۋرۇپا-ئاسىيا ئوپتىك كابېل قۇرۇلۇشى دۆلەت ئىچىدىكى قىسمىنىڭ پۈتۈپ لىنىيە بويىچە تۇتاشتۇرۇلىشىغا ئەگىشىپ، شىنجاڭنىڭ ئىقتىسادىي تەرەققىياتىنى چەكلەپ تۇرغان تىرانسپورت، خەۋەرلىشىش شارائىتى زور دەرىجىدە ياخشىلاندى. پۈتۈن يىلدا ئورۇندالغان قوشۇلما قىممەت 5 مىليارد 400 مىليون يۈەن بولۇپ، ئالدىنقى يىلدىكىدىن %7.5 ئاشتى.

تىرانسپورت ئىشلەپچىقىرىشىنىڭ ئورۇندىلىش ئەھۋالى

	1995-يىلى	ئالدىنقى يىلدىكىدىن ئاشقىنى %
يۈك توشۇش مىقدارى	400 مىليون 490 مىڭ توننا	0.8
تاشيول	363 مىليون 970 مىڭ توننا	0.4
تۆمۈر يول	27مىليون 330 مىڭ توننا	17.9
ھاۋا تىرانسپورتى	2 مىڭ توننا	تەڭپۇڭ بولدى
نېفىت، گاز ئاققۇزۇش تۇربا يولى	9مىليون170مىڭ توننا	4.1
يۈك ئوبوروت مىقدارى	40 مىليارد 763 مىليون توننا-كىلومېتىر	9.9
تاش يول	15مىليارد 295 مىليون توننا-كىلومېتىر	2.1
تۆمۈر يول	24مىليارد 88 مىليون توننا-كىلومېتىر	16.0
ھاۋا تىرانسپورتى	57مىليون توننا-كىلومېتىر	14.0
نېفىت-گاز ئاققۇزۇش تۇربا يولى	1مىليارد 322 مىليون توننا-كىلومېتىر	1.7
يولۇچى توشۇش مىقدارى	324مىليون240مىڭ ئادەم	2.2
تاشيول	316 مىليون 300 مىڭ ئادەم	2.2
تۆمۈر يول	6مىليون 720مىڭ ئادەم	0.3
ھاۋا تىرانسپورتى	1مىليون 220مىڭ ئادەم	15.1
يولۇچى ئوبوروت مىقدارى	23مىليارد980 مىليون ئادەم-كىلومېتىر	2.6
تاشيول	15 مىليارد 213 مىليون ئادەم-كىلومېتىر	0.9
تۆمۈر يول	5مىليارد800مىليون ئادەم-كىلومېتىر	تەڭپۇڭ بولدى
ھاۋا تىرانسپورتى	2مىليارد 968 مىليون ئادەم-كىلومېتىر	18.7

پوچتا-تېلېگراف، خەۋەرلىشىش كۆلىمى ۋە تور-نۇقتىلىرى كېڭىيىپ، يۇقىرى سۈرئەت بىلەن ئېشىش ساقلاپ قېلىندى. پۈتۈن يىلدا ئورۇندالغان پوچتا-تېلېگراف كەسپىي ئومۇمىي مىقدارى 902 مىليون يۈەن بولۇپ، ئالدىنقى يىلدىكىدىن %60.8 ئاشتى. جامائەت خەۋەرلىشىش ئىقتىدارى داۋاملىق ئاشتى، شەھەرلىك تېلېفون ئىدارىسىنىڭ كوممۇتاتورىنىڭ ئومۇمىي سىغىمچانلىقى 836 مىڭ 300 توچكىغا يېتىپ، %76.6 ئاشتى؛ ئۇزۇن يوللۇق تېلېفون لىنىيىسى 20 مىڭ سىم يولىغا يەتتى. شەھەر ئىچى تېلېفون ۋە يېڭى خەۋەرلىشىش قوراللىرىنىڭ راۋاجلىنىشى تېز بولدى. تېلېفوننىڭ يىل ئاخىرىدىكى سانى 539 مىڭ 200 گە يەتتى، ئاپتونوم رايون بويىچە كۆچمە تېلېفون ئابونچى 26 مىڭ 900 گە يەتتى، سىمسىز چاقىرغۇ ئابونچى 124 مىڭغا يەتتى، ئاپتونوم رايون بويىچە 16 ۋىلايەت، ئوبلاست، شەھەرنىڭ ھەممىسى مەملىكەت بويىچە ئۇزۇن يوللۇق ئاپتوماتىك بىۋاستە بۇرايدىغان تېلېفونى تورىغا كىردى. پوچتا كەسپىدە ھېسابلاش ماشىنىسىنى باشقۇرۇش سەۋىيىسىدە يېڭى يۈكسىلىش بولدى.

5. ئىچكى سودا ۋە بازار مال باھاسى

ئىستېمال بۇيۇملىرى بازارلىرى ئاۋات-جانلىق، مال مەنبەسى تولۇق، تەمىنلەش-تەلەپ ئومۇمىي مىقدارى ئاساسىي جەھەتتىن تەڭپۇڭ،

ئاھالىلارنىڭ ئىستېمال پسخىكىسى نورمال بولدى. پۈتۈن يىلدا ئىجتىمائىي ئىستېمال بۇيۇملىرىنىڭ پارچە سېتىلىش ئومۇمىي سوممىسى 25 مىليارد 360 مىليون يۈەن بولۇپ، ئالدىنقى يىلدىكىدىن %28.7 ئاشتى، بۇنىڭدىن باھا ئامىلىنى چىقىرىۋەتكەندە، ئەمەلىيەتتە %10.3 ئاشتى. بۇنىڭ ئىچىدە: شەھەرلەرنىڭ 14 مىليارد570 مىليون يۈەن بولۇپ، %27.8 ئاشتى. يېزىلارنىڭ 10 مىليارە 790 مىليون يۈەن بولۇپ، %29.9 ئاشتى. پۈتۈن يىلدا دېھقانلارنىڭ غەيرى يېزا ئىگىلىك ئاھالىلىرىگە پارچە ساتقان سوممىسى 3 مىليارد 334 مىليون يۈەن بولۇپ، ئالدىنقى يىلدىكىدىن %49.2 ئاشتى. توپ، پارچە سېتىش سودىسىنىڭ قوشۇلما قىممىتى 7 مىليارد 900 مىليون يۈەن بولۇپ، ئالدىنقى يىلدىكىدىن %12.5 ئاشتى.

ئىقتىسادىي تىپقا ئايرىپ قارىغاندا، غەيرى دۆلەت سودىسى تېخىمۇ جانلىق بولۇپ، بازاردا ئىگىلىگەن سالمىقى يەنىمۇ كېڭەيدى. غەيرى دۆلەت سودىسىنىڭ ئىستېمال بۇيۇملىرىنى پارچە سېتىشى ئالدىنقى يىلدىكىدىن %23.4 ئېشىپ، ئىجتىمائىي ئىستېمال بۇيۇملىرىنىڭ پارچە سېتىلىش ئومۇمىي سوممىسىدا ئىگىلىگەن سالمىقى ئالدىنقى يىلدىكى %53.8 دىن %56.1 گە تۆۋەنلىدى؛ دۆلەت سودىسىنىڭ ئالدىنقى يىلدىكىدىن %35.4 ئېشىپ، ئىگىلىگەن سالمىقى ئالدىنقى يىلدىكى %46.2 دىن %43.9 گە تۆۋەنلىدى.

ئىشلەپچىقىرىش ۋاستىلىرى بازىرى سۇسلىشىشتىن تەدرىجىي مۇقىم ئېشىشقا بۇرالدى. سېتىۋېلىشنىڭ مىقدارى ۋە سېتىلىش مىقدارى كېڭەيدى، تەمىنلەش-تەلەپ ئاساسەن تەڭپۇڭ بولدى، قىسمەن بۇيۇملارنىڭ ئىسكىلات زاپىسى تۆۋەنلىدى. پۈتۈن يىلدا ناھىيە ۋە ناھىيەدىن يۇقىرى ماددى ئەشيا، تەمىنات-سودا كارخانىلىرىنىڭ سېتىۋېلىش ئومۇمىي سوممىسى 3 مىليارد 150 مىليون يۈەن بولۇپ، ئالەىنقى يىدىكىدىن %21.2 ئاشتى؛ سېتىش ئومۇمىي سوممىسى 3 مىليارد 530 مىليون يۈەن بولۇپ، %18.6 ئاشتى؛ ئىسكىلات زاپىسى ئومۇمىي سوممىسى 550 مىليون يۈەن بولۇپ، %11.8 تۆۋەنلىدى. لېكىن كۆپ ساندىكى ماددى ئەشيا، تەمىنات-سودا كارخانىلىرىنىڭ ئۈنۈمى ياخشى ئەمەس، زىيان تارتىش يەنىلا ئېغىر.

مال باھا ئىسلاھاتى يەنىمۇ چوڭقۇرلىشىپ، مال باھاسىنىڭ ئۆرلەش دەرىجىسى كۆرۈنەرلىك ھالدا تۆۋەنلىدى. 1995-يىلى ئاپتونوم رايونىمىز دۆلەتنىڭ بىر تۇتاش ئورۇنلاشتۇرۇشىغا ئاساسەن ئاشلىق، پاختا، قىزىلچا، خىمىيىۋى ئوغۇت، تۆمۈر يول يولۇچى يوشۇش باھاسىنى تەڭشەپ، ئۆل كەسىپلەر، ئۆل مەھسۇلاتلارنىڭ باھاسى تۆۋەنرەك بولۇش زىددىيىتىنى ئىنتايىن زور دەرىجىدە پەسەيتتى. مال باھاسىنىڭ ئۆرلەپ كېتىشىنى چەكلەش ئۈچۈن، ئاپتونوم رايونىمىز بىر قاتار تەدبىرلەرنى قوللاندى، مەسىلەن: «ئاشلىق»قا ئوبلاست باشلىقى، ۋالىلار مەسئۇل بولۇش تۈزۈمى، «كۆكتات ۋە قوشۇمچە يېمەكلىك» كە شەھەر باشلىقلىرى مەسئۇل بولۇش تۈزۈمىنى يولغا قويۇپ، يېزا ئىگىلىك مەھسۇلاتلىرىنىڭ بازاردا تەمىنلىنىشىگە كاپالەتلىك قىلىش؛ ئوبوروت تۈزۈلمە ئىسلاھاتىنى چوڭقۇرلاشتۇرۇپ، ئاشلىق، پاختا، خىمىيىۋى ئوغۇت قاتارلىق مۇھىم تاۋارنىڭ شىنجاڭدىن چىقىشىنى كونترول قىلغان ئاساستا باشقۇرۇشنى يولغا قويۇش؛ باھانى نازارەت قىلىش-باشقۇرۇشنى كۈچەيتىش ۋاھاكازا. ئۇنىڭ ئۈستىگە ئاپتونوم رايونىمىز دۆلەتنىڭ مۇۋاپىق ھالدا قىسىشتىن ئىبارەت مالىيە، پۇل سىياسىتىنى ئىجرا قىلغانلىقى، مەبلەغ سېلىشنىڭ ئېشىش دەرىجىسى تۆۋەنلىگەنلىكى پۇل تارقىتىش ئۈنۈملۈك ھالدا تىزگىنلەنگەنلىكى ئۈچۈن، ئاپتونوم رايونىمىزدا مال باھاسىنىڭ ئۆرلەش دەرىجىسى يىل بېشىدىن باشلاپلا پەيدىن پەي تۆۋەنلەشكە باشلىدى، پۇل پاخاللىقى دەسلەپكى قەدەمدە تىزگىنلەندى. پۈتۈن يىلدا پارچە سېتىلىدىغان مال باھاسىنىڭ ئۆرلەش دەرىجىسى ئالدىنقى يىلدىكى %25.7 دىن %16.7 گە تۆۋەنلىدى، ئاھالىلارنىڭ ئىستېمال باھاسىنىڭ ئۆرلەش دەرىجىسى ئالدىنقى يىلدىكى %26.7 دىن %19.7 گە تۆۋەنلىدى. لېكىن ئالدىنقى يىل مال باھاسى ئۆرلەپ كېتىشىنىڭ قالدۇق تەسىرى ۋە بۇ يىل باھا تەڭشەشنىڭ باغلىنىشلىق تەسىرى قاتارلىق ئامىللارنىڭ چەكلىمىسىگە ئۇچرىغانلىقتىن، بۇ يىل بازار مال باھاسى داۋاملىق بىر قەدەر يۇقىرى خاندا تۇرماقتا، پۇل پاخاللىقى بېسىمى يەنىلا بىر قەدەر چوڭ.

1995-يىلى تۈرلۈك باھانىڭ ئالدىنقى يىلدىكىدىن ئۆرلەش دەرىجىسى (%)

1. تاۋارلارنىڭ پارچە سېتىلىش باھاسى	16.7
بۇنىڭ ئىچىدە: شەھەرنىڭ	15.7
يېزىنىڭ	18.3
2. ئاھالىلارنىڭ ئىستېمال باھاسى	19.7
بۇنىڭ ئىچىدە: شەھەرنىڭ	18.4
يېزىنىڭ	22.5
بۇنىڭ ئىچىدە: يېمەكلىك	24.9
ئاشلىق	34.3
ياغ تۈردىكىلەر	12.1
گۆش، ئۆي قۇشلىرى ۋە ئۇلاردىن ئىشلەنگەن مەھسۇلاتلار	28.2
تۇخۇم	17.0
سۇ مەھسۇلاتلىرى	14.6
كۆكتات	25.4
كىيىم-كېچەك	17.2
ئائىلە سايمانلىرى ۋە لازىمەتلىكلىرى	9.7
تېببىي داۋالاش ۋە ساقلىقنى ساقلاش	14.3

قاتناش ۋە خەۋەرلىشىش قوراللىرى	1.1
كۆڭۈل ئېچىش، مائارىپ، مەدەنىيەت بۇيۇملىرى	6.9
تۇرالغۇ ئۆي	21.2
مۇلازىمەت تۈرلىرى	19.8
3. يېزا ئىگىلىك ئىشلەپچىقىرىش ۋاستىلىرىنىڭ پارچە سېتىلىش باھاسى	26.6
4. دېھقانچىلىق مەھسۇلاتلىرىنى سېتىۋېلىش باھاسى	29.1
5. ئېنېرگىيە، يېقىلغۇ، قۇۋۋەت سېتىۋېلىش باھاسى	16.9
6. سانائەت مەھسۇلاتلىرىنىڭ زاۋۇت باھاسى	17.2
7. مۇقىم مۈلۈككە سېلىنغان مەبلەغ باھاسى	6.2

6. تاشقى ئىقتىساد

تاشقى سودا تېز ئاشتى. پۈتۈن يىلدا تاشقى سودا ئىمپورت-ئېكسپورت ئومۇمىي سوممىسى 1 مىليارد 428 مىليون ئامېرىكا دوللىرىغا يېتىپ، سېلىشتۇرۇشقا بولىدىغان ئۆلچەم بويىچە ھېسابلىغاندا (پاختىدا ئېكسپورت قىلىشنى ئىمپورت قىلىشقا ئۆزگەرتىشتىن ئالدىنقى يىلىدىكىدىن %37.2 ئېشىپ، تارىختىكى ئەڭ يۇقىرى سەۋىيە يارىتىلدى. بۇنىڭ ئىچىدە: ئېكسپورت ئومۇمىي سوممىسى 769 مىليون ئامېرىكا دوللىرىغا يېتىپ، سېلىشتۇرۇشقا بولىدىغان ئۆلچەم بويىچە ھېسابلىغاندا، %33.4 ئاشتى؛ پاختا يىپ، پاختا رەخت قاتارلىق مىقدارى كۆپ تايانچلىق مەھسۇلاتلارنى ئېكسپورت قىلىش مىقدارى ئالدىنقى يىلدىكىدىن بىر قەدەر زور دەرىجىدە ئاشتى؛ ئىمپورت ئومۇمىي سوممىسى 659 مىليون ئامېرىكا دوللىرى بولۇپ، %41.9 ئاشتى، ئاپتونوم رايونىمىزدا قىس بولغان خىمىيىۋى ئوغۇت، خىمىيىۋى سانائەت خام ئەشياسى، پولات ماتېرىيالى قاتارلىق دەسلەپكى مەھسۇلاتلارنى ئىمپورت قىلىش كۆرۈنەرلىك ھالدا كۆپەيدى.

ئىمپورت-ئېكسپورت قىلىش سودىسىدا، ئادەتتىكى سودا داۋاملىق ئاشتى. پۈتۈن يىلدا ئادەتتىكى سودا سوممىسى 622 مىليون ئامېرىكا دوللىرى بولۇپ، ئالدىنقى يىلدىكىدىن %43.4 ئاشتى؛ بۇنىڭ ئىچىدە: ئىمپورت قىلىش سوممىسى 440 مىليون ئامېرىكا دوللىرى بولۇپ، %17.0 ئاشتى. مال ئالماشتۇرۇش سودىسىدا ئالدىنقى يىلدىكى تۆۋەنلەش ۋەزىيىتى ئۆزگىرىپ، بىر قەدەر يۇقىرى سۈرئەتتە ئېشىش ئەھۋالى كۆرۈلدى، پۈتۈن يىلدا مال ئالماشتۇرۇش سودىسى ئومۇمىي سوممىسى 694 مىليون ئامېرىكا دوللىرى بولۇپ، %35.5 ئاشتى، بۇنىڭ ئىچىدە: ئىمپورت قىلىش سوممىسى 419 مىليون ئامېرىكا دوللىرى بولۇپ، %53.2 ئاشتى.

تاشقى مەبلەغدىن پايدىلىنىش يەنىمۇ كېڭەيدى. پۈتۈن يىلدا يېڭىدىن ئىمزالانغان تاشقى مەبلەغدىن پايدىلىنىش توختامى 140، توختامدىكى سومما 420 مىليون ئامېرىكا دوللىرى؛ ئەمەلىيەتتە پايدىلىنىلغان تاشقى مەبلەغ 547 مىليون ئامېرىكا دوللىرىغا يېتىپ، ئالدىنقى يىلدىكىدىن 1.2 ھەسسە ئاشتى؛ بۇنىڭ ئىچىدە چەتئەل سودىگەرلىرى بىۋاستە سالغان مەبلەغ 67 مىليون ئامېرىكا دوللىرى بولۇپ، %38.3 ئاشتى، 1995-يىلىنىڭ ئاخىرى، شىنجاڭدا تىزىمغا ئالدۇرغان چەتئەل سودىگەرلىرى مەبلەغ سالغان كارخانا 665 كە يېتىپ، ئالدىنقى يىلىنىڭ ئاخىرىدىكىدىن 48 كۆپەيدى.

ئىچكى جەھەتتە بىرلىشىش مەبلەغ كىرگۈزۈشتە يېڭى نەتىجىلەر قولغا كەلتۈرۈلدى. پۈتۈن يىلدا يېڭىدىن ئىمزالانغان ئىچكى جەھەتتە بىرلىشىش توختامدىكى ئومۇمىي سومما 5 مىليارد 248 مىليون يۈەن بولۇپ، ئالدىنقى يىلدىكىدىن %24.8 ئاشتى؛ باشقا ئۆلكە، رايون، شەھەرلەردىن ئەمەلىيەتتە كىرگۈزۈلگەن مەبلەغ 1 مىليارد 391 مىليون يۈەنگە يېتىپ، %69.6 ئاشتى.

خەلقئارا ساياھەتچىلىكتە ياخشى نەتىجىلەر قولغا كەلتۈرۈلدى. بۇيىل ئاپتونوم رايونىمىز بويىچە جەمئىي كۈتۈۋېلىنغان چەتئەلدىن، تەيۋەن، شياڭگاڭ، ئاۋمېندىن ۋە جۇڭگو مۇھاجىرلىرىدىن بولغان ساياھەتچىلەر جەمئىي 203مىڭ 600 ئادەم قېتىمغا يېتىپ، ئالدىنقى يىلدىكىدىن %25.7 ئېشىپ ، ئالدىنقى يىلدىكى تۆۋەنلەش ۋەزىيىتى ئۆزگەرتىلدى؛ ساياھەتچىلىكتىن قىلىنغان تاشقى پېرېۋوت كىرىمى 52 مىليون 680 مىڭ ئامېرىكا دوللىرىغا يېتىپ، %23.2 ئاشتى.

7. مالىيە، پۇل مۇئامىلە ۋە سۇغۇرتا

مالىيە كىرىمى مۇقىم ئاشتى. پۈتۈن يىلدا مالىيە كىرىمى 3 مىليارد 830 مىليون يۈەن ئورۇندىلىپ، ئالدىنقى يىلدىكىدىن %33.3 ئاشتى؛ مەركەزگە ئايرىلغان «ئىككى باج»كىرىمى 3 مىليارد 38 مىليون يۈەن ئورۇندىلىپ، %19.0 ئاشتى. يەرلىك مالىيە چىقىمى 9 مىليارد 600 مىليون يۈەن بولۇپ، %35.0 ئاشتى. بۇ يىل مالىيىدە يېڭىدىن كۆپەيگەن قىزىل رەقەم ئاساسەن خام چوت ئىچىدە تىزگىنلەندى، لېكىن ئىش ھەققى ۋە ھۆكۈمەت ئىش خىراجىتى چىقىمىنىڭ ئېشىشى بىر قەدەر تېز بولغاچقا، بۇ يىل مەبلەغنى تەڭشەش تېخىمۇ قىيىن بولدى.

پۇل مۇئامىلە ۋەزىيىتى مۇقىم بولدى. پۇل مۇئامىلە ئورگانلىرىنىڭ ئامانەت پۇلىنىڭ ئېشىشى بىر قەدەر تېز بولدى، مۇۋاپىق ھالدا قىسىشتىن ئىبارەت پۇل سىياسىتىنىڭ ئىجرا قىلىنىشى بىرقەدەر ياخشى، قەرز پۇل قۇرۇلمىسى مۇئەييەن دەرىجىدە تەڭشەلدى، كىرىدىت مەبلىغى نوقتىلىق ھالدا نوقتىلىق قۇرۇلۇش تۈرلىرى، بازىرى بار ۋە ئۈنۈمى بار سانائەت كارخانىلىرىنىڭ ئىشلەپچىقىرىشىغا مەدەت بېرىشكە ۋە ئاشلىق، پاختا سېتىۋېلىشقا ئىشلىتىشكە قارىتىلدى.

يىل ئاخىرى پۇل مۇئامىلە ئورگانلىرىدىكى تۈرلۈك ئامانەت پۇلىنىڭ قالدۇقى 83 مىليارد 842 مىليون يۈەنگە يېتىپ، ئالدىنقى يىلىنىڭ ئاخىرىدىن 19 مىليارد 845مىليون يۈەن، يەنى %31.0 ئاشتى، بۇنىڭ ئىچىدە: كارخانىلارنىڭ ئامانەت پۇل قالدۇق سوممىسى 27 مىليارد 424 مىليون يۈەن بولۇپ، ئالدىنقى يىلىنىڭ ئاخىرىدىكىدىن 6 مىليارد 62 مىليون يۈەن، يەنى %28.4 ئاشتى؛ شەھەر-يېزا ئاھالىلىرىنىڭ ئامانەت پۇل قالدۇق سوممىسى 47 مىليارد 718 مىليون يۈەن بولۇپ، ئالدىنقى يىلىنىڭ ئاخىرىدىكىدىن 12 مىليارد 960 مىليون يۈەن، يەنى %37.3 ئاشتى.

تۈرلۈك قەرز پۇلىنىڭ قالدۇق سوممىسى 84 مىليارد 338 مىليون يۈەن بولۇپ، ئالدىنقى يىلىنىڭ ئاخىرىدىكىدىن 21 مىليارد 89 مىليون

يۈەن. يەنى %33.3 ئاشتى، بۇنىڭ ئىچىدە: قىسقا مۇددەتلىك قەرز پۇل 59 مىليارد 698 مىليون يۈەن بولۇپ، %36.6 ئاشتى؛ ئوتتۇرا، ئۇزاق مۇددەتلىك قەرز پۇل 18 مىليارد 303 مىليون يۈەن بولۇپ، %18.7 ئاشتى. پۇل تارقىتىش ئۈنۈملۈك ھالدا تىزگىنلەندى، پۈتۈن يىلدا پۇل تارقىتىش ئالدىنقى يىلدىكىدىن %10.7 تۆۋەنلىدى.

سوغۇرتا ئىشلىرى بىر قەدەر تېز تەرەققىي قىلدى. پۈتۈن يىلدا ئاپتونوم رايون بويىچە ھۆددىگە ئېلىنغان خەۋپسىزلەندۈرۈش ئومۇمىي سوممىسى 111 مىليارد 322 مىليون يۈەن (خەلق سوغۇرتا ئۆلچىمى) بولۇپ، ئالدىنقى يىلدىكىدىن %22.7 ئاشتى. بۇنىڭ ئىچىدە: تۇرلۇك مال-مۈلۈكنى خەۋپسىزلەندۈرۈش بويىچە ھۆددىگە ئېلىنغان ئومۇمىي سومما 94 مىليارد 442 مىليون يۈەن بولۇپ، %16.3 ئاشتى، ئاپتونوم رايون بويىچە 6364 كارخانا مال-مۈلۈك سوغۇرتىغا قاتناشتى، 599 مىڭ 900 ئۆيلۈك ئاھالە ئائىلە مال-مۈلۈك سوغۇرتىغا قاتناشتى؛ جىسمانىي سوغۇرتىدا ھۆددىگە ئېلىنغان ئومۇمىي سومما 16 مىليارد 880 مىليون يۈەن، ئاپتونوم رايون بويىچە 2 مىليون 108 مىڭ كىشى جىسمانىي سوغۇرتىغا قاتناشتى. پۈتۈن يىلدا مال-مۈلۈكنى خەۋپسىزلەندۈرۈش بويىچە تۆلىگەن پۇل سوممىسى 238 مىليون يۈەن، جىسمانىي خەۋپسىزلەندۈرۈش بويىچە بېرىلگەن سومما 41 مىليون يۈەن. سوغۇرتا كىرىمى 687 مىليون يۈەن بولۇپ، %27.6 ئاشتى.

8. پەن-تېخنىكا

پەن-تېخنىكا ئىشلىرى يەنىمۇ راۋاجلاندى. پۈتۈن يىلدا ئاپتونوم رايون بويىچە جەمئىي تىزىملانغان ئاپتونوم رايون دەرىجىلىك مۇھىم پەن-تېخنىكا نەتىجىسى 222 تۈر، ئۈچ تۈرلۈك پەن-تېخنىكا نەتىجىسى دۆلەت پەن-تېخنىكا نەتىجىسى مۇكاپاتىغا ئېرىشتى. ئاساسلىق پەن-تېخنىكا نەتىجىلىرى: شىنجاڭ قوغۇنىنىڭ يېڭى سورتىنى تاللاپ يېتىشتۈرۈش ۋە كېڭەيتىش، ئاقسىل كېسىلىنىڭ A تىپلىق توخۇ تۆرەلمىسىدىن ئۆتكۈزۈلگەن ئاجىز ۋىرۇسلىق بۆجەن تىياكسىيە ۋاكسىنىسىنى تەتقىق قىلىش ۋە قوللىنىش، ئۇيغۇر خەلقىنىڭ چاچ، قاش چىقىرىش دورىسىنىڭ رولىنى تەتقىق قىلىش ۋە ھوسما ئالىي دەرىجىلىك قاش چىقىرىش قەلىمىنى ئېچىش، تەتقىق قىلىش ۋاھاكازا.

پەن-تېخنىكا قوشۇنى زورايدى. يىل ئاخىرى ئاپتونوم رايونىمىز بويىچە كارخانا، كەسپىي ئورۇنلاردىكى كەسپىي تېخنىك خادىملار 430 مىڭغا يەتتى، ئاپتونوم رايون بويىچە ناھىيە دەرىجىدىن يۇقىرى دۆلەت ئىگىلىكىدىكى مۇستەقىل تەتقىقات ئېچىش ئورگىنى 134گە، ئالىي مەكتەپلەر باشقۇرغان پەن-تەتقىقات ئورگىنى 37 گە، چوڭ، ئوتتۇرا سانائەت كارخانىلىرى باشقۇرغان پەن-تەتقىقات ئورگىنى 70 گە، خەلق باشقۇرغان پەن-تەتقىقات ئورگىنى 460 گە يەتتى؛ پەن-تېخنىكا پائالىيىتى بىلەن شۇغۇللىنىۋاتقان خادىملار 5100 گە يەتتى، بۇنىڭ ئىچىدە: ئالىم ۋە ئىنژېنېر 2500 گە يەتتى.

پەن-تېخنىكا خىراجىتى سېلىنمىسى كۆپەيدى. پۈتۈن يىلدا ئاپتونوم رايونىمىزدىكى پەن-تېخنىكا ئورگانلىرى، ئالىي مەكتەپلەر ۋە چوڭ، ئوتتۇرا سانائەت كارخانىلىرى قاتارلىق ئورۇنلارنىڭ پەن-تېخنىكا پائالىيىتىگە ئىشلەتكەن خىراجەت چىقىمى 480 مىليون يۈەنگە يەتتى، بۇنىڭ ئىچىدە: تەتقىقات ۋە تەرەققىياتقا ئىشلەتكەن خىراجەت چىقىمى 100 مىليون يۈەنگە يەتتى.

سۈپەت تەكشۈرۈش، ئۆلچەملەشتۈرۈش قۇرۇلۇشى، پاتېنت ھوقۇقىغا ئىلتىماس قىلىش ۋە ھاۋارايىنى ئالدىن مەلۇم قىلىش بويىچە خىزمەت قىلىش يەنىمۇ مۇكەممەللەشتى. يىل ئاخىرى ئاپتونوم رايون بويىچە جەمئىي بار ۋىلايەت دەرىجىدىن يۇقىرى سۈپەت نازارەت قىلىش، تەكشۈرۈش ئورگىنى 32گە يەتتى، بۇنىڭ ئىچىدە: دۆلەت تەكشۈرۈش مەركىزى 1، جەمئىي تۈزۈلگەن ۋە تۈزۈتۈلگەن دۆلەت ۋە ئاپتونوم رايون دەرىجىلىك ئۆلچەم 478، بۇنىڭ ئىچىدە: بۇ يىل يېڭىدىن تۈزۈلگىنى 65. يىل ئاخىرى ئاپتونوم رايونىمىزدا بار پاتېنت ۋاكالەت ئورگىنى 6، پۈتۈن يىلدا قوبۇل قىلىنغان پاتېنت ئىلتىماسى 609، پاتېنت ھوقۇقى بېرىلگىنى 312. يىل ئاخىرى ئاپتونوم رايونىمىزدىكى ھاۋارايى ئىستانسىلىرى، پونكىتلىرى 123 كە يەتتى، يېزا ھاۋارايى پەن-تېخنىكىسى جەھەتتە مەلۇم قىلىش تور-نۇقتىلىرى 342گە، ھاۋارايى رادارى 29 غا، ھاۋارايىغا سۈنئىي تەسىر كۆرسىتىش مەشغۇلاتى ئېلىپ بارىدىغان زەمبىرەك 620 گە يەتتى. كارتوگرافىيە تارماقلىرى ئۆلچەپ-سىزغان ھەر خىل نىسبەتتىكى خەرىتە 5052 پارچە، ئاشكارا نەشر قىلىنغان خەرىتە 22 خىل.

تېخنىكا بازىرى تېخىمۇ جانلاندى. پۈتۈن يىلدا ئاپتونوم رايونىمىز بويىچە جەمئىي ئىمزالانغان تېخنىكا توختامى 807 نۇسخا، پۈتۈشكەن سوممىسى 201 مىليون يۈەن بولۇپ، ئالدىنقى يىلدىكىدىن %10.0 ئاشتى. بۇنىڭ ئىچىدە: تېخنىكا سودىلىشىش سوممىسى 119 مىليون يۈەنگە يەتتى.

《ئۇچقۇن پىلانى》نىڭ نەتىجىسى كۆرۈنەرلىك بولدى. بۇ يىل ئۇچقۇن پىلانىغا دۆلەت دەرىجىلىك ۋە ئاپتونوم رايون دەرىجىلىك تۈردىن جەمئىي 16 سى ئورۇنلاشتۇرۇلۇپ، جەمئىي 362 مىليون يۈەن مەبلەغ سېلىندى. بۇنىڭ ئىچىدە: دۆلەت ئۇچقۇن پىلانىغا ئاجىراتقان مەخسۇس مەبلەغ 600 مىڭ يۈەن، بانكا قەرز پۇلى 72 مىليون 520 مىڭ يۈەن، مالىيىدىن ئاجىرىتىلغان مەخسۇس مەبلەغ 3 مىليون يۈەن، توپلانغان باشقا سېلىنما 286 مىليون يۈەن. بۇ تۈرلەر تاماملانغاندىن كېيىن، يىللىق مەھسۇلات قىممىتىنى يېڭىدىن 1مىليارد 108 مىليون يۈەن كۆپەيتكىلى، پايدا-باجنى 237 مىليون يۈەن كۆپەيتكىلى بولىدۇ، سېلىنما ھاسىلات سېلىشتۇرمىسى 1.3:1، مەھسۇلات قىممىتى، پايدا باج نىسبىتى %21.4كە يېتىدۇ؛ تۈرگە سېلىنغان مەبلەغ 7-بەش يىللىق پىلان مەزگىلىدە ئومۇمىي سېلىنغان مەبلەغنىڭ 2.64 ھەسسىسىگە تەڭ، 8-بەش يىللىق پىلان مەزگىلىدىكىنىڭ %37.5 نى ئىگىلەيدۇ. ئۇچقۇن پىلانى تەربىيىلەش خىراجىتىگە جەمئىي 250 مىڭ يۈەندىن كۆپرەك مەبلەغ ئورۇنلاشتۇرۇلۇپ، ئۇچقۇن پىلانى جەھەتتىكى باشقۇرۇش ۋە تېخنىكا خادىملىرىدىن 60 مىڭ ئادەم قېتىم تەربىيىلىنىپ، ئۇچقۇنتۇرلىرىنى يولغا قويۇش ۋە كېڭەيتىش ئۈچۈن پۇختا ئىختىساسلىق خادىملار ئاساسىي سېلىندى.

9. مائارىپ، مەدەنىيەت ۋە سەھىيە، تەنتەربىيە

مائارىپ ئىشلىرى يېڭى تەرەققىياتلارغا ئېرىشتى. ئادەتتىكى ئالىي مەكتەپ مائارىپىنىڭ كۆلىمى ئاساسەن مۇقىم بولدى. ئاپتونوم رايونىمىز بويىچە ئاسپىرانتلىققا قوبۇل قىلىنغان ئوقۇغۇچى 180 نەپەرگە، مەكتەپتە ئوقۇۋاتقان ئاسپىرانت 509 نەپەرگە يەتتى. ئادەتتىكى ئالىي مەكتەپلەرگە قوبۇل قىلىنغان تولۇق كۇرس، مەخسۇس كۇرس ئوقۇغۇچىلىرى 12 مىڭ 300 نەپەر بولۇپ، ئالدىنقى يىلدىكىدىن 200 نەپەر كۆپەيدى. مەكتەپتىكى ئوقۇغۇچىلار 44 مىڭ 900 نەپەر بولۇپ، 1200 نەپەر كۆپەيدى. ئوتتۇرا دەرىجىلىك كەسپ تېخنىكا مائارىپى داۋاملىق راۋاجلاندى. ھەر خىل ئوتتۇرا دەرىجىلىك كەسپ تېخنىكا مەكتەپلىرىدە ئوقۇۋاتقان ئوقۇغۇچىلار 162 مىڭ 800 نەپەر (تېخنىك ئىشچىلار مەكتەپلىرىدە ئوقۇۋاتقان 40 مىڭ 100 نەپەر ئوقۇغۇچىنى ئۆز ئىچىگە ئالىدۇ) بولۇپ، تولۇق ئوتتۇرا دەرىجىلىك مەكتەپلەردە ئوقۇۋاتقان ئوقۇغۇچىلار ئومۇمىي سانىنىڭ (304مىڭ 100 نەپەر) %53.5 نى ئىگىلەيدۇ.

9يىللىق مەجبۇرىي مائارىپنى ئومۇملاشتۇرۇشتا يېڭى نەتىجىلەر قولغا كەلتۈرۈلدى. ئاپتونوم رايونىمىز بويىچە ئادەتتىكى تولۇقسىز ئوتتۇرا مەكتەپلەردە ئوقۇۋاتقان ئوقۇغۇچىلار 608 مىڭ 500 نەپەرگە، باشلانغۇچ مەكتەپلەردە ئوقۇۋاتقان ئوقۇغۇچىلار 2 مىليون 201 مىڭ 300 نەپەرگە يېتىپ ئالدىنقى يىلدىكىدىن ئايرىم-ئايرىم ھالدا 22 مىڭ 800 نەپەر ۋە 95 مىڭ 400 نەپەر كۆپەيدى. يەتتە ياشتىن 12 ياشقىچە بولغان ئوقۇش

يېشىدىكى بالىلارنىڭ مەكتەپكە كىرىش نىسبىتى %97.0 بولۇپ، ئالدىنقى يىلدىكىدىن سەل تۆۋەنلىدى. باشلانغۇچ مەكتەپنى پۈتتۈرگەن ئوقۇغۇچىلارنىڭ يۇقىرى مەكتەپكە كىرىش نىسبىتى ئالدىنقى يىلدىكى %83.6 دىن %85.7 گە كۆتۈرۈلدى، ئادەتتىكى تولۇقسىز ئوتتۇرا مەكتەپ ئوقۇغۇچىلىرىنىڭ ئوقۇشتىن توختاش نىسبىتى %5.8 بولۇپ، ئالدىنقى يىلدىكىدىن %1.4 تۆۋەنلىدى؛ باشلانغۇچ مەكتەپ ئوقۇغۇچىلىرىنىڭ ئوقۇشتىن توختاش نىسبىتى %2.5 بولۇپ، %0.5 ئۆرلىدى، ئوتتۇرا، باشلانغۇچ مەكتەپلەرنىڭ ئوقۇش شارائىتى داۋاملىق ياخشىلاندى.

چوڭلار ئالىي مەكتەپ ئوقۇشتارىخى مائارىپى داۋاملىق راۋاجلاندى، كۆپ خىل شەكىلدىكى تېخنىكىلىق تەربىيىلەش جۇشقۇن قانات يايدۇرۇلدى. ئاپتونوم رايون بويىچە چوڭلار ئالىي مەكتەپلىرىگە قوبۇل قىلىنغان تولۇق كۇرس ۋە مەخسۇس كۇرس ئوقۇغۇچىلىرى 20 مىڭ 700 نەپەر (ئادەتتىكى ئالىي مەكتەپلەرنىڭ سىرتتىن ئوقۇيدىغان ئوقۇغۇچىلىرى ۋە ئىشتىن سىرتقى ئالىي مەكتەپ ئوقۇغۇچىلىرىنى ئۆز ئىچىگە ئالىدۇ) بولۇپ، ئالدىنقى يىلدىكىدىن %6.7 تۆۋەنلىدى؛ مەكتەپتىكى ئوقۇغۇچىلار 56 مىڭ 100 نەپەر بولۇپ، %10.7 ئاشتى؛ چوڭلار ئوتتۇرا تېخنىكوملىرىدا ئوقۇۋاتقان ئوقۇغۇچىلار 55 مىڭ 300 نەپەر بولۇپ، %1.3 ئاشتى؛ چوڭلار تېخنىكىلىق تەربىيىلەش مەكتەپلىرىدە ئوقۇۋاتقان ئوقۇغۇچىلار 849 مىڭ 500 نەپەر، چوڭلار ئوتتۇرا، باشلانغۇچ مەكتەپلىرىدىكى ئوقۇغۇچىلار 211 مىڭ 300 نەپەر. پۈتۈن يىلدا جەمئىي 101 مىڭ 600 ئادەم ساۋاتلىق قىلىندى.

مەدەنىيەت ئىشلىرى ساغلام راۋاجلاندى، مەدەنىيەت بازىرىنى باشقۇرۇش كۈچەيتىلدى، «سېرىق مەزمۇندىكى نەرسىلەرنى تازىلاش، قانۇنسىز نەشىر بۇيۇملىرىغا زەربە بېرىش» دەرىجىسى كۈچەيتىلدى. يىل ئاخىرى ئاپتونوم رايونىمىز بويىچە سەنئەت ئۆمىكى 87 گە، مەدەنىيەت يۇرتى 92 گە، ئاممىۋى كۇتۇپخانا 66 گە، موزېي 12 گە، ئارخىپخانا 134 گە، رادىئو ئىستانسىسى 30 گە، ئوتتۇرا، قىسقا دولقۇنلۇق رادىئو ئىستانسىلىرى ۋە ئۇلاپ ئاڭلىتىش ئىستانسىلىرى 38 گە، تېلېۋىزىيە ئىستانسىسى 26 گە، بىر كىلوۋاتتىن يۇقىرى تېلېۋىزىيە تارقىتىش ئىستانسىسى ۋە ئۇلاپ تارقىتىش ئىستانسىسى 52 گە يەتتى. ئاپتونوم رايون بويىچە رادىئونىڭ قاپلاش نىسبىتى %78.4 گە، تېلېۋىزىيىنىڭ قاپلاش نىسبىتى %80.5 گە يەتتى. تۈرلۈك كىنو قويۇش ئورۇنلىرى 867 گە يەتتى، 40 مىڭ مەيدان كىنو قويۇلدى، كىنو كۆرگۈچىلەر 3 مىلتون 192 مىڭ 900 ئادەم قېتىمغا يەتتى. پۈتۈن يىلدا بەش ھېكايە فىلىم ئىشلەندى، 710 چاس كىنو-تېلېۋىزىيە فىلىمى ئاز سانلىق مىللەتلەر تىلىغا تەرجىمە قىلىندى. 153 ھەر خىل يېڭى فىلىم تارقىتىلدى. پۈتۈن يىلدا جەمئىي نەشر قىلغان ھەر خىل گېزىت 198 مىليون 560 مىڭ نۇسقىغا، نەشر قىلىنغان ژورنال 10 مىليون نۇسقىغا، نەشر قىلىنغان كىتاپ 56 مىليون 480مىڭ پارچىغا يەتتى، بۇنىڭ ئىچىدە: ئاز سانلىق مىللەت يېزىقىدا نەشر قىلىنغىنى ئايرىم -ئايرىم ھالدا ئومۇمىي سانىنىڭ %42، %68 ۋە%52نى ئىگىلەيدۇ.

تىببىي داۋالاش، ساقلىقنى ساقلاش شارائىتى داۋاملىق ياخشىلاندى. يىل ئاخىرى ئاپتونوم رايونىمىز بويىچە سەھىيە ئاپاراتلىرى 3932 گە يەتتى، بۇنىڭ ئىچىدە: دوختۇرخانا 1292 گە يېتىپ ئالدىنقى يىلدىن 19 كۆپەيدى؛ دوختۇرخانىدىكى كېسەل كارۋىتى 67 مىڭغا يېتىپ، ئالدىنقى يىلدىكى بىلەن ئاساسەن تەڭلەشتى. كەسپىي سەھىيە تېخنىك خادىملىرى 92 مىڭغا يېتىپ، %2.2 كۆپەيدى، بۇنىڭ ئىچىدە: دوختۇرلار 39 مىڭ 600 گە يېتىپ (29 مىڭ نەپەر جۇڭگۇچە، ياۋروپاچە داۋالاش ۋراچىنى ئۆز ئىچىگە ئالىدۇ) %2.3 كۆپەيدى؛ باش سېستىرا، سېستىرا 26 مىڭغا يېتىپ، ئالدىنقى يىلدىكى بىلەن ئاساسەن تەڭلەشتى. سەھىيە تېخنىكا خادىملىرى ئىچىدە ئازسانلىق سەھىيە تېخنىك خادىملىرى 30مىڭ 700 بولۇپ، ئومۇمى سانىنىڭ %33.4 نى ئىگىلىدى.

تەنتەربىيە ئىشلىرىدا يېڭى نەتىجىلەر قولغا كەلتۈرۈلدى. پۈتۈن يىلدا موھىم خەلقارالىق مۇسابىقىدە ئاپتونوم رايونىمىز تەنھەركەتچىلىرى بىر قېتىم كوللېكتىپ 2-لىككە ئېرىشتى، مەملىكەت بويىچە رەسمىي مۇسابىقىلەردە 11 قېتىم 1-لىك، 9 قېتىم 2-لىك، 6قېتىم 3-لىك قولغا كەلتۈرۈلدى، بىرئادەم ئىككى قېتىم مەملىكەت رېكورتىنى بۇزۇپ تاشلىدى، تۆت ئادەم بىر كوماندا سەككىز قېتىم بەش ئاپتونوم رايون رېكورتىنى بۇزۇپ تاشلىدى. مەملىكەتلىك 3-نۆۋەتلىك شەھەرتەنھەركەت يىغىنىدا ئۈرۈمچى شەھرى ئىككى ئالتۇن مېدالغا ئېرىشتى. مەملىكەتلىك 5-نۆۋەتلىك ئاز سانلىق مىللەتلەر ئەنئەنىۋى تەنتەربىيە تەنھەركەت يىغىنىدا، ئاپتونوم رايونىمىز ئۈچ 1-لىككە ئېرىشتى. «ئومۇمىي خەلق چېنىقىش پىلانى پىروگىراممىسى» نىڭ يېتەكچىلىكىدە، ئاممىۋى تەنتەربىيە شەھەر-يېزىنىڭ ھەر قايسى جايلىرىدا كەڭ، تەرتىپلىك قانات يايدۇرۇلدى.

10. ئاھالە ۋە خەلق تۇرمۇشى

1995-يىلى ئاپتونوم رايونىمىز بويىنچە %1 ئاھالىنى نۇسخا ئېلىپ تەكشۈرۈش نەتىجىسى بويىچە سۈرۈپ ھېسابلاشقا قارىغاندا، پۈتۈن يىل ئاھالىنىڭ تۇغۇلۇش نىسبىتى ‰18.90، ئۆلۈش نىسبىتى ‰6.45، ئاھالىنىڭ تەبىئىي كۆپىيىش نىسبىتى ‰12.45 بولدى. يىل ئاخىرى ئاپتونوم رايونىمىزنىڭ ئومۇمىي ئاھالىسى 16 مىليون 613 مىڭ 500 ئادەم كۆپەيدى، ئومۇمىي ئاھالە ئىچىدە: ئاز سانلىق مىللەت ئاھالىسى 10 مىليون 316 مىڭ 600 بولۇپ، ئاپتونوم رايونىمىزنىڭ ئاھالە ئومۇمىي سانىنىڭ %62.1 نى ئىگىلەيدۇ.

ئىشقا ئورۇنلاشتۇرۇش خىزمىتى مۇقىم راۋاجلاندى. ھەر خىل ئىشقا تونۇشتۇرۇش ئورۇنلىرى تەرەققىي قىلىپ 360 قا يەتتى، پۈتۈن يىلدا شەھەر، بازارلاردا 105 مىڭ ئادەم يېڭىدىن ئىشقا ئورۇنلاشتۇرۇلدى. شەھەر بازارلاردا يىل ئاخىرىدىكى ئىشسىزلىق نىسبىتى %3.9 بولدى. يىل ئاخىرىدىكى بارلىق ئىشچى-خىزمەتچىلەر سانى 3 مىليون 99 مىڭ ئادەم بولۇپ، ئالدىنقى يىلنىڭ ئاخىرىدىكىدىن 12 مىڭ ئادەم كېمەيدى. بۇنىڭ ئىچىدە: توختام تۈزۈمىدىكى ئىشچى-خىزمەتچى 533 مىڭغا يېتىپ، 73 مىڭ ئادەم كۆپەيدى. شەھەر بازارلاردىكى خۇسۇسى كارخانىلاردا ئىشلەۋاتقان خادىملار ۋە يەككە ئىگىلىكچىلەر 274 مىڭ ئادەمگە يېتىپ، 25 مىڭ ئادەم كۆپەيدى.

شەھەر-يېزا ئاھالىلىرىنىڭ كىرىمى بىر قەدەر تېز ئاشتى، بۇيىل 8-بەش يىللىق پىلان مەزگىلىدىكى ئېشىش دەرىجىسى تېز بولغان بىر يىل بولدى. نۇسخا ئېلىپ تەكشۈرۈشكە ئاساسلانغاندا، پۈتۈن يىلدا شەھەرلەردىكى ئاھالىلارنىڭ كىشى بېشىغا توغرا كېلىدىغان تۇرمۇش خىراجىتى كىرىمى 3841.03 يۈەنگە يېتىپ، ئالدىنقى يىلدىكىدىن %33.32 ئاشتى، باھا ئامىلىنى چىقىرىۋەتكەندە، ئەمەلىيەتتە %12.6 ئاشتى. لېكىن شەھەر-يېزا ئاھالىلىرىنىڭ ھەر قايسى قاتلاملىرى ئوتتۇرىسىدا كىرىم يەنىلا تەڭپۇڭ ئەمەس، بىر قىسىم ئاھالىلارنىڭ ئەمەلىي كىرىم سەۋىيىسى تۆۋەنلەپ كەتتى، تۇرمۇشى بىر قەدەر قىيىن، يېزىلاردا ئاھالىلارنىڭ كىشى بېشىغا توغرا كېلىدىغان ساپ كىرىمى تۇنجى قېتىم مىڭ يۈەنلىك ئۆتكەلدىن ھالقىپ، 1136 يۈەنگە يېتىپ، ئالدىنقى يىلدىكىدىن %21.5 ئاشتى، باھا ئامىلىنى چىقىرىۋەتكەندە، ئەمەلىيەتتە %10.0 ئاشتى. دېھقانلارنىڭ ئومۇمىي كىرىم سەۋىيىسى بىر قەدەر تېز ئۆسكەن، 1995-يىلى يەنە 150 مىڭ ئادەم نامراتلىقتىن قۇتۇلغان بولسىمۇ، لېكىن يېزىلاردا نامراتلىقتىن قۇتۇلدۇرۇش ۋەزىپىسى يەنىلا ئىنتايىن مۇشكۈل.

ئىشچى-خىزمەتچىلەرنىڭ ئىش ھەققى ئۆستى. پۈتۈن يىلدا بارلىق ئىشچى-خىزمەتچىلەرنىڭ ئىش ھەققى ئومۇمىي سوممىسى 15 مىليارد 840 مىليون يۈەنگە يېتىپ، ئالدىنقى يىلدىكىدىن %19.3 ئاشتى؛ ئىشچى-خىزمەتچىلەرنىڭ ئوتتۇرىچە پۇل ئىش ھەققى 5348 يۈەنگە يېتىپ، %25.78 ئاشتى، باھا ئامىلىنى چىقىرىۋەتكەندە، ئەمەلىيەتتە %6.3 ئاشتى.

يېزىلاردىكى سۇنى ياخشىلاش خىزمىتىدە نەتىجە كۆرۈنەرلىك بولدى. ستاتىستىكىغا ئاساسلانغاندا (خوتەن ناھىيىسىنى ئۆز ئىچىگە ئالمايدۇ)، پۈتۈن يىلدا ئاپتونوم رايونىمىز بويىچە سۇ ياخشىلاش قۇرۇلۇشىدىن 121 تۈر، سۇ زاۋۇتىدىن 195 ى پۈتكۈزۈلدى، 215 دانە ماشىنىلاشقان

قۇدۇق قېزىلدى، 137 سۇ مۇنارى ياسالدى، 2734 كىلومېتىر تۇربا يولى ياتقۇزۇلدى. 343 چوڭقۇر قۇدۇققا قول ناسوسى قۇراشتۇرۇلدى، بۇ ئارقىلىق 320 مىڭ ئادەم، 860 مىڭ تۇياق چارۋىنىڭ سۇ ئىچىش مەسىلىسى ھەل قىلىندى. خوتەن ناھىيىسىنىڭ سۇ ياخشىلاش قۇرۇلۇشىدا خۇشاللىنارلىق نەتىجىلەر قولغا كەلتۈرۈلدى. پارتىيە مەركىزى كومىتېت، گوۋۇيۈەن، ئاپتونوم رايونلۇق پارتكوم، ئاپتونوم رايونلۇق خەلق ھۆكۈمىتى ۋە جەمئىيەتتىكى ھەر ساھەنىڭ غەمخورلۇق قىلىشى ۋە ياردەم بېرىشى ئارقىسىدا، بىر يىلغا يەتمىگەن ۋاقىت ئىچىدە، خوتەن ناھىيىسىنىڭ قۇدۇق قېزىپ سۇ ياخشىلاش ۋەزىپىسى سۈپەتكە، سانىغا كاپالەتلىك قىلىنىپ ئورۇندالدى، بۇنىڭ بىلەن خوتەن ناھىيىسىدىكى 150مىڭ خەلق، 300مىڭ تۇياق چارۋا پاكىزە سۇ ئىچىش ئىمكانىيىتىگە ئىگە قىلىنىپ، ئەۋلاتمۇ-ئەۋلات «كۆل سۈيى»ئىچىش تارىخىغا خاتىمە بېرىلدى.

ئىجتىمائىي پاراۋانلىق ئىشلىرى كۆڭدىن كۆڭگە راۋاجلاندى. يىل ئاخىرى ئاپتونوم رايونىمىز بويىچە تۈرلۈك ئىجتىمائىي پاراۋانلىق ئورۇنلىرىدىكى كارۋات 8441 گە، قوبۇل قىلىنغان ئادەم 6366 گە يەتتى. كوللېكتىپنىڭ بېقىشىدىن بەھرىمان بولىۋاتقان تارقاق ياشاۋاتقان ئىگە-چاقىسىز قېرىلار، مېيىپلار ۋە بالىلار 15968 گە يەتتى، پۈتۈن يىلدا شەھەر-يېزىلاردىكى دۆلەتنىڭ ياردىمىگە ئېرىشكەن ھەر خىل ئىجتىمائىي قۇتقۇزۇش ئوبيېكتلىرى 196مىڭ ئادەم قېتىمغا يەتتى. ئاپتونوم رايون بويىچە %20.9 يېزا، بازاردا يېزا ئىجتىمائىي كاپالەتلەندۈرۈش تورى قۇرۇلدى؛ شەھەر-بازارلاردا ئىجتىمائىي مۇلازىملىق تورىمۇ خېلى زور دەرىجىدە تەرەققى قىلدى، ھەر خىل ئىجتىمائىي مۇلازىملىق مۇئەسسەسىدىن 1501 ى قۇرۇلدى.

مۇھىت ئاسراش ئىشلىرى كۈچەيتىلدى. يىل ئاخىرى ئاپتونوم رايونىمىز بويىچە مۇھىت ئاسراش سىستېمىسىدا ئىشلەۋاتقان ئىشچى-خىزمەتچىلەر 1668 گە، ھەر دەرىجىلىك مۇھىتنىڭ بولغىنىشىنى ئۆلچەپ تەكشۈرۈش پونكىتى 36 گە، مۇھىتنىڭ بولغىنىشىنى ئۆلچەپ تەكشۈرۈش خادىملىرى 1014گە يەتتى. ئاپتونوم رايون بويىچە تەبىئى مەنزىرىسى قوغدىلىدىغان رايون 20، بۇنىڭ ئىچىدە: دۆلەت دەرىجىلىك تەبىئى مەنزىرىسى قوغدىلىدىغان رايون ئۈچ، ئاپتونوم رايون دەرىجىلىك تەبىئى مەنزىرىسى قوغدىلىدىغان رايون 17 ئاپتونوم رايون بويىچە كۆلىمى 211كۋادرات كىلومېتىر كېلىدىغان 71 ئىس-تۈزانلارنى كونتىرول قىلىش رايونى قۇرۇلدى؛ كۆلىمى 145.6 كۋادرات كىلومېتىر كېلىدىغان 44 مۇھىتتىكى شاۋقۇم-سۈرەنلەرنى ئۆلچەمگە يەتكۈزۈش رايونى قۇرۇلدى. پۈتۈن يىلدا مۇھىتنىڭ بۇلغىنىشىنى قەرەللىك ياخشىلاش تۈرىدىن 100 ئورۇنلاندى، بۇنىڭغا جەمئىي 22 مىليون 270 مىڭ يۈەن مەبلەغ سېلىندى.

11. ئىشلەپچىقىرىش قۇرۇلۇش بىڭتۈەنى

ئىشلەپچىقىرىش قۇرۇلۇش بىڭتۈەنىنىڭ خەلق ئىگىلىكى، پەن-تېخنىكا ۋە ئىجتىمائىي تەرەققىيات ئىشلىرىنىڭ داۋاملىق، ساغلام، مۇقىم راۋاجلىنىشى ساقلاندى، پۈتۈن يىلدا ئىچكى ئىشلەپچىقىرىش ئومۇمىي قىممىتى 12 مىليارد 200مىليون يۈەنگە يېتىپ، ئالدىنقى يىلدىكىدىن %10.6 ئاشتى.

يېزا ئىگىلىك ئىشلەپچىقىرىشىدا يېزا ئىگىلىكىنىڭ ئۇللۇق ئورنىنى كۈچەيتىش، دېھقانچىلىق مەيدانلىرى ئىسلاھاتىنى چوڭقۇرلاشتۇرۇش، يېزا ئىگىلىكىنى پەن-تېخنىكىغا تايىنىپ گۈللەندۈرۈش، قۇرۇلمىنى تەڭشەش، «ئىككى يۇقىرى، بىر ئەلا»يېزا ئىگىلىكىنى راۋاجلاندۇرۇش جەھەتتە يېڭى نەتىجىلەر قولغا كەلتۈرۈلدى. پۈتۈن يىلدا يېزا ئىگىلىك ئومۇمىي مەھسۇلات قىممىتى 10 مىليارد 555 مىليون يۈەنگە يېتىپ، ئالدىنقى يىلدىكىدىن %15.6 ئاشتى؛ ئاشلىق مەھسۇلاتى 1 مىليون 450 مىڭ توننىغا يېتىپ، %31.2 ئاشتى؛ پاختا مەھسۇلاتى 382 مىڭ توننىغا يېتىپ، %14.7 ئاشتى؛ ياغلىق دان مەھسۇلاتى 150 مىڭ توننىغا يېتىپ، %17.7 ئاشتى؛ قىزىلچا مەھسۇلاتى 1 مىليون 280 مىڭ توننىغا يېتىپ، %19.0 ئاشتى؛ چارۋىنىڭ يىل ئاخىرىدىكى سانى 3 مىليون 278 مىڭ تۇياققا يېتىپ، %5.9 ئاشتى؛ گۆشنىڭ ئومۇمىي مەھسۇلاتى 67 مىڭ توننىغا يېتىپ، %13.2 ئاشتى؛ يېزا-بازار كارخانىلىرىنىڭ ئېشىش ھەجمى چوڭ بولدى، ئىجتىمائىي ئومۇمىي مەھسۇلات قىممىتى ئالدىنقى يىلدىكىدىن %28.7 ئاشتى. سانائەت ئىشلەپچىقىرىشىدا بىر قەدەر يۇقىرى ئېشىش سۈرئىتى ساقلاپ قېلىندى. سانائەت ئومۇمىي مەھسۇلات قىممىتى 13 مىليارد 246 مىليون يۈەنگە يېتىپ ئالدىنقى يىلدىكىدىن %13.2 ئاشتى، بۇنىڭ ئىچىدە يېنىك سانائەت %14.5، ئېغىر سانائەت %7.7 ئاشتى. سانائەت مەھسۇلاتلىرىنى ئىشلەپچىقىرىش-سېتىش نىسبىتى %93.5 گە يەتتى. ئاساسلىق سانائەت مەھسۇلاتلىرىنىڭ مىقدارى ئىچىدە، ساپ پاختا پىششىقلاش مىقدارى %21.9، رەخت %10.2، يىپ %23.3، كونسېرۋا %47.8، كۆن-خۇرۇم %18.2، ئارلاشمايەم-بوغۇز %13.4، توك مىقدارى %10.0، گۈڭگۈرت كىسلاتاسى %13.6 ئاشتى.

پۈتۈن يىلدا مۇقىم مۈلۈككە مەبلەغ سېلىش 3 مىليارد 700 مىليون يۈەن ئورۇندىلىپ، ئالدىنقى يىلدىكىدىن %38.8 ئاشتى، بىناكارلىق قۇرۇلۇش مەھسۇلات قىممىتى 2 مىليارد 900 مىليون يۈەنگە يېتىپ، %13.7 ئاشتى

پۈتۈن يىلدا ئىجتىمائىي ئىستېمال بۇيۇملىرىنىڭ پارچە سېتىلىش ئومۇمىي سوممىسى 3 مىليارد 600 مىليون يۈەنگە يېتىپ، ئالدىنقى يىلدىكىدىن %13.6 ئاشتى.

تاشقى سودا ئىشلىرىنىڭ تەرەققىياتى بىر قەدەر تېز بولدى، پۈتۈن يىلدا ئورۇندالغان ئىمپورت-ئېكسپورت ئومۇمىي سوممىسى 201 مىليون ئامېرىكا دوللىرىغا يېتىپ، ئالدىنقى يىلدىكىدىن %42.6 ئاشتى.

ئىشچى-خىزمەتچىلەرنىڭ تۇرمۇشى كۆرۈنەرلىك ھالدا ياخشىلاندى، باھا ئامىلىنى چىقىرىۋەتكەندە، بارلىق ئىشچى-خىزمەتچىلەرنىڭ ئوتتۇرىچە ئىش ھەققى ئالدىنقى يىلدىكىدىن %11.2 ئاشتى.

پەن-تېخنىكا، مەدەنىيەت، مائارىپ، سەھىيە، پىلانلىق تۇغۇت، تەنتەربىيە، مۇھىت ئاسراش قاتارلىق ئىجتىمائىي ئىشلاردىمۇ مۇناسىپ تەرەققىياتلار بولۇپ، يېڭى نەتىجىلەر قولغا كەلتۈرۈلدى.

ئەسكەرتىش:

ئاخباراتتىكى دۆلەت ئىچى ئىشلەپچىقىرىش ئومۇمىي مەھسۇلات قىممىتى ۋە تۈرلۈك ئومۇمىي مەھسۇلات قىممىتىگە دائىر سانلىق ئاساسلاردا، مۇتلەق سان ھازىرقى باھا بويىچە ھېسابلاندى، ئېشىش سۈرئىتى سېلىشتۇرۇشقا بولىدىغان باھا بويىچە ھېسابلاندى.

1996-يىل 1-ئاينىڭ 25-كۈنى

新疆维吾尔自治区
1995年国民经济和社会发展
统 计 公 报

1995年，自治区党委和人民政府带领新疆各族人民认真贯彻执行党的“抓住机遇、深化改革、扩大开放、促进发展、保持稳定”的方针，坚决执行国家适度从紧的财政、货币政策，宏观调控和改革开放取得明显成效，国民经济保持了持续、稳定、健康的发展势头。通货膨胀得到初步抑制，物价涨幅明显回落；农业生产又获丰收，粮棉产量再创新纪录；工业生产持续快速增长；以国有企业改革为中心的各项经济体制改革取得新进展；对外贸易和利用外资进一步扩大；城乡居民收入显著增加，人民生活继续改善；各项社会事业进一步发展。1995年是“八五”以来自治区经济和社会发展最好的一年。全年国内生产总值835亿元，比上年增长10%，提前实现了经济总量比1980年翻两番的战略目标。其中第一产业增加值250亿元，增长9%；第二产业增加值346亿元，增长14.1%；第三产业增加值281亿元，增长10%。经济发展中的主要问题是：物价涨幅依然较高，经济增长中结构和效益问题还没有得到很好解决，农业基础薄弱，财政状况困难。

一、农　　业

农林牧渔业全面发展。全年农林牧渔业总产值406亿元（按1990年不变价格计算216亿元），比上年增长7.1%。其中农业产值315亿元，增长7%；林业产值5.6亿元，下降11.53%；牧业产值82亿元，增长9%；渔业产值2.7亿元，增长27%。

农业生产又夺丰收。主要农产品产量中，粮食总产创我区历史最高水平；棉花总产、单产、品级、人均占有量、商品量蝉联全国之冠，成为名副其实的全国最大的商品棉生产基地；油料产量与上年基本持平，甜菜产量略有减少，水果产量继续增加。

主要农产品产量如下：

	1995年	比上年增长%
粮　食	730万吨	9.6
其中：谷　物	716万吨	11.4
豆　类	13万吨	−44.2
油　料	49万吨	−2.7
其中：油菜籽	15万吨	−18.2
棉　花	93.5万吨	6.0
甜　菜	288万吨	−3.7
水　果	111万吨	3.6

林业生产稳步发展，“三北”防护林建设成效显著。全年造林面积55千公顷，比上年减少10%。“三北”防护林体系二期工程（1986－1995年）累计完成造林保存面积949..7千公顷，其中人工造林314.8千公顷，封山封沙育林644.0千公顷，零星植树4.45亿株，为确保我区农牧业连年丰收创造了良好的生态环境。森林覆盖率提高到1.57%。

畜牧业生产全面增长。当年牲畜繁殖成活数、出栏牲畜、年末牲畜存栏数、肉类总产量均创历史最好水平，尤其是农区畜牧业以前所未有的强劲势头向前发展。

主要畜产品产量和牲畜存栏头数如下：

	1995年	比上年增长%
肉　类	52万吨	22.4
其中：猪牛羊肉	46万吨	22.0
牛　奶	45万吨	11.0
绵羊毛	5.45万吨	4.0
年内猪牛羊出栏头数	1710万头	11.0
年末牲畜存栏头数	3724.3万头	3.4

其中:大牲畜	580万头	1.4
猪	135.3万头	12.0
羊	3009万只	3.6

渔业生产又上新台阶。全年水产品产量4.4万吨,比上年增长25.8%。

乡镇企业快速增长。全年乡镇企业总产值136.3亿元(不变价格),比上年增长25.3%,其中,工业总产值69.6亿元,增长32.6%。乡镇企业生产经营形势良好,做到了产值与效益的同步增长。

农业生产条件继续改善。年末全区农业机械总动力653.8万千瓦,比上年末增长4.6%;大中型拖拉机5万台,增长1.4%;小型和手扶拖拉机17.8万台,增长10.6%;排灌动力机械48.03万千瓦,下降15.9%;农用载重汽车1.39万辆,增长16.0%;化肥施用量(折纯)71.4万吨,增长24.6%;农村用电量16亿千瓦小时,增长13.1%。农田水利建设进一步加强,各地普遍开展了以渠道防渗为重点的节水、增水工程建设。

农业生产存在的主要问题是:农业基础设施薄弱,农业投入不足。

二、工业和建筑业

工业生产持续快速增长。全年完成工业总产值804.26亿元(按1990年不变价格计算420.23亿元),比上年增长14.6%。工业整体发展速度加快。从经济成份看,国有企业增长12.5%;集体企业增长18.2%,其中乡办企业增长10.7%;私营企业增长2.6倍,股份制企业增长19.9%;中外合资、合作经营和外资企业增长1.6%;个体企业增长43.0%。从隶属关系看,兵团企业增长14.3%;其他中央企业增长16.5%;自治区属企业增长8.2%;地州市属企业增长22.7%。大中型企业增长12.5%,其中国有大中型企业增长18.9%,保持了较快增长势头。全年完成工业增加值258亿元,增长17.3%。

轻重工业协调发展。全年乡及乡以上工业企业轻工业完成总产值339.24亿元,比上年增长14.9%;重工业完成总产值409.26亿元,增长15.0%。轻重工业增幅差距明显缩小。

工业产销衔接基本正常。全年乡及乡以上工业企业累计产品销售率为94.7%,比上年下降0.6个百分点。重工业产销率高于轻工业。其中重工业产销率为98.3%,轻工业产销率仅为90.3%,主要是由于今年下半年市场行情变化,部分轻纺产品,如皮棉、棉纱、棉布、糖、食用植物油等的销售出现下降造成的。

产品结构有所调整。一年来我区工业企业依照“增畅、限平、停滞”的经营策略,积极调整产品结构,取得一定成效,市场调节作用进一步增强,多数轻纺产品、能源、化工及支农产品生产增长较快,机械、冶金等行业产品生产放慢,部分产品生产下降。

主要工业产品产量如下:

	1995年	比上年增长%
纱	24.47万吨	23.8
布	30460万米	8.1
呢绒	1261万米	－6.7
毛毯	8万条	－52.0
丝	421吨	－4.8
机制纸及纸板	18.04万吨	23.8
糖	30.18万吨	6.3
原盐	25.98万吨	－35.0
饮料酒	24.95万吨	13.7
罐头	9.06万吨	39.8
乳制品	0.98万吨	1.4
卷烟	13.60万箱	6.4
皮鞋	151万双	21.5
合成洗涤剂	2.07万吨	－14.6
电视机	2.48万台	－48.0
其中:彩色电视机	0.59万台	－66.4
原煤	2720.74万吨	3.3
原油	1267.83万吨	9.6
原油加工量	690万吨	7.1
发电量	120.43亿千瓦小时	13.4
生铁	69.53万吨	1.6
钢	70.54万吨	6.3
钢材	66.55万吨	15.3

十种有色金属	2.93 万吨	-11.5
水　泥	489.88 万吨	9.3
平板玻璃	51.50 万重量箱	3.5
木　材	28.30 万立方米	-2.6
硫　酸	8.85 万吨	24.0
纯　碱	4.50 万吨	1.1 倍
化肥(折 100%)	38.33 万吨	10.9
塑料制品	10.07 万吨	33.3
轮胎外胎	60.61 万条	26.4
小型拖拉机	3.04 万台	34.3
联合收割机	1500 台	1.5 倍

工业经济效益有所改观。全年独立核算工业企业经济效益综合指数为 69.71%,比上年提高 3.47 个百分点,其中资金利税率由上年的 4.35%提高到 4.44%,成本费用利润率由上年的-0.19%下降为-0.40%,流动资金周转次数由上年的 1.08 次加快到今年的 1.13 次,全员劳动生产率由上年的 1.15 万元/人增加到今年的 1.33 万元/人,工业产品销售率由上年的 95.3%下降到今年的 94.7%,工业增加值率由上年的 34.7%提高到今年的 35.8%。但工业产品库存积压增多,企业亏损面较大,相互拖欠严重,工业经济效益总体水平仍有待进一步提高,尤其是地方预算内国营工业企业效益持续下滑,部分国有企业生产经营还比较困难。

建筑业生产稳步发展。全社会建筑业增加值 88 亿元,比上年增长 5.0%。国有建筑企业房屋建筑施工面积 851.0 万平方米,增长 5.7%;房屋建筑竣工面积 343.5 万平方米,下降 6.2%;全员劳动生产率为 3.69 万元/人,实际提高 8.2%;国有建筑企业实行投标承包的单位工程 538 个,面积为 132.9 万平方米。但区内部分建筑企业施工任务不足,效益仍在低水平上徘徊。

地质勘查取得新成果。全年新发现有进一步工作价值的矿产基地 7 处,其中金矿 3 处,地下水 4 处。取得重大新进展的矿区 3 处,其中金矿 1 处,铜矿 2 处。提交可供详查的基地(煤矿)1 处,提交新增矿产探明储量的矿种有:金、铜、煤、地下水等。

三、固定资产投资

固定资产投资有所增长。全年全社会固定资产投资 333.34 亿元,比上年增长 16.8%,增幅比上年回落 8.5 个百分点。其中国有单位投资 263.28 亿元,比上年增长 9.6%;集体经济项目投资 20.28 亿元,增长 45.8%;城乡居民个人投资 25.82 亿元,增长 26.3%。本年投资增长率远低于经济增长率,表明我区固定资产投资力度仍显不足。

在国有单位投资中,基本建设投资 173.52 亿元,下降 1.7%,其中地方项目完成投资 54.69 亿元,增长 21.8%;更新改造投资 53.91 亿元,增长 27.4%,其中地方项目完成 16.7 亿元,增长 19.5%;国有其他投资 19.64 亿元,下降 28.8%;房地产投资 7.28 亿元,增长 45.0%。

本年新开工项目增多。全年基本建设、更新改造新开工 5 万元以上项目 4186 个,比上年增加 575 个。建成投产大中型基本建设项目 4 个。

投资结构继续改善,资金重点投向基础产业和基础设施建设上。基本建设、更新改造、其它投资及房地产投资分三次产业结构看,第一产业(农林牧渔水利业)投资 12.27 亿元,比上年增长 40.7%,占全部投资的比重为 4.6%。第二产业投资 171.45 亿元,下降 1.0%,占全部投资的比重为 64.8%,其中能源工业投资占第二产业投资的 67.2%;在能源工业投资中,石油工业投资 104.79 亿元,下降 2.5%;电力、煤气及水的生产和供应业投资 7.63 亿元,下降 40.2%;煤炭工业投资 2.88 亿元,增长 16.6%。第三产业投资 82.88 亿元,增长 24.9%,占全部投资的比重为 31.1%,其中交通邮电通信业投资 26.17 亿元,增长 49.0%。

重点项目建设进一步加强。列入自治区计划的 30 个重点建设项目共完成投资 95.4 亿元,完成年计划的 89.8%,其中 7 个投产项目除红雁池电厂四期扩建外,其它均已实现投产目标。6个投产项目分别是兰新铁路复线、阿希金矿、独山子乙烯、乌石化聚酯二期、乌鲁木齐矿务局苇湖梁煤矿扩建、哈密矿务局北泉斜井。塔里木、吐一哈、准噶尔三大盆地油气勘探取得新进展,当年新增原油开采能力182.9万吨。此外,亚欧光缆国内段全线贯通,横贯塔克拉玛干的沙漠公路建成通车。但由于资金到位不及时,使部分重点项目建设进度受到影响。

基本建设新增加的主要生产能力有:煤炭开采15万吨,发电机组容量15万千瓦,石油开采183万吨,乙烯14万吨,对苯二甲酸7.5万吨,对二甲苯5.5万吨,新建公路517公里,增建铁路复线交付运营里程439公里,市内电话装机容量4万门,长途光缆823延长公里,开垦荒地23万亩,改造低产田34.3万亩。

四、交通和邮电

交通运输生产持续增长。今年随着兰新铁路复线的投入运营和亚欧光缆国内段的全线贯通,制约新疆经济发展的运输通信条件大为改善。全年完成增加值54亿元,比上年增长7.5%。

运输生产完成情况如下:

	1995年	比上年增长%
货运量	40049万吨	0.8
公路	36397万吨	-0.4
铁路	2733万吨	17.9
民航	2.0万吨	持平
管道	917万吨	4.1
货物周转量	407.63亿吨公里	9.9
公路	152.95亿吨公里	2.1
铁路	240.88亿吨公里	16.0
民航	0.57亿吨公里	14.0
管道	13.22亿吨公里	1.7
客运量	32424万人	2.2
公路	31630万人	2.2
铁路	672万人	0.3
民航	122万人	15.1
旅客周转量	239.8亿人公里	2.6
公路	152.13亿人公里	0.9
铁路	58.0亿人公里	持平
民航	29.68亿人公里	18.7

邮电通信上规模,扩网点,保持高速增长。全年完成邮电业务总量9.02亿元,比上年增长60.8%。公众通信能力继续增强,市话局用交换机总容量达到83.63万门,增长76.6%;长途电话电路达到2万条。市内电话和新的通信工具发展迅猛。本地电话年末到达户数53.92万户,全区移动电话用户已达2.69万户,无线寻呼用户12.4万户,全区16个地州市全部进入全国长途自动直拨网。邮政业务计算机管理水平有了新的提高。

五、国内商业和市场物价

消费品市场繁荣活跃,货源充足,供求总量基本平衡,居民消费心理平稳。全年社会消费品零售总额253.6亿元,比上年增长28.7%,扣除价格因素,实际增长10.3%。其中城市145.7亿元,增长27.8%;农村107.9亿元,增长29.9%。全年农民对非农业居民零售额33.34亿元,比上年增长49.2%。批发零售贸易业增加值79亿元,比上年增长12.5%。

分经济类型看,非国有商业更为活跃,所占市场份额进一步扩大。非国有商业消费品零售比上年增长23.4%,在社会消费品零售总额中的比重由上年的56.1%下降到53.8%;国有商业比上年增长35.4%,所占比重由上年的43.9%下降到46.2%。

生产资料市场逐渐由疲软转向平稳增长。购进量、销售量扩大,供求基本平衡,部分品种库存下降。全年县及县以上物资供销企业购进总额31.5亿元,比上年增长21.2%;销售总额35.3亿元,增长18.6%;库存总额5.5亿元,下降11.8%。但多数物资供销企业效益不佳,亏损仍然严重。

价格改革进一步深化,物价涨幅有较明显回落。1995年,自治区根据国家统一部署调整了粮食、棉花、甜菜、化肥、铁路客运等价格,极大地缓解了基础产业、基础产品价格偏低的矛盾。为遏制物价上涨，自治区采取了一系列措施如实行了“米袋子”州长、专员负责制，“菜蓝子”市长负责制，保证了农产品的市场供应；深化流通体制改革，对粮食、棉花、化肥等重要商品实行有控制的出疆管理；加强价格监管等等。加之自治区执行国家适度从紧的财政、货币政策，投资增幅回落，货币发行得到有效控制等有利因素，使我区物价涨幅自年初以来逐渐回落，通货膨胀得到初步抑制。全年零售物价涨幅由上年的25.7%回落到16.7%，居民消费价格涨幅由上年的26.7%回落到19.7%。但由于受上年物价上涨的滞后影响和本年价格调整连带效应等因素的制约，本年市场物价继续在较高价位上运行，通货膨胀压力仍比较大。

1995年各类价格比上年上涨幅度(%)

1、商品零售价格	16.7
其中：城　市	15.7
农　村	18.3
2、居民消费价格	19.7
其中：城　市	18.4
农　村	22.5
其中：食　品	24.9
粮　食	34.3
油脂类	12.1
肉禽及其制品	28.2
蛋　类	17.0
水产品	14.6
菜　类	25.4
衣　着	17.2
家庭设备及用品	9.7
医疗保健	14.3
交通和通讯工具	1.1
娱乐教育文化用品	6.9
居　住	21.2
服务项目	19.8
3、农业生产资料零售价格	26.6
4、农产品收购价格	29.1
5、原材料、燃料、动力购进价格	16.9
6、工业品出厂价格	17.2
7、固定资产投资价格	6.2

六、对外经济

对外贸易快速增长。全年外贸进出口总额14.28亿美元，按可比口径计算(扣除棉花以出顶进)，比上年增长37.2%，创历史最高水平。其中出口总额7.69亿美元，按可比口径计算，增长33.4%，棉纱、棉布等大宗骨干产品出口量比上年有较大增长；进口总额6.69亿美元，增长41.9%，区内紧缺的化肥、化工原料、钢材等初级产品进口明显增加。

在进出口贸易中，一般贸易持续增长。全年一般贸易额6.22亿美元，比上年增长43.4%，其中出口4.40亿美元，增长17.0%。易货贸易扭转了上年下滑局面，呈现较高增速，全年易货贸易额6.94亿美元，增长35.5%，其中进口4.19亿美元，增长53.2%。

利用外资进一步扩大。全年新签利用外资协议合同140个，合同金额4.20亿美元；实际利用外资5.47亿美元，比上年增长1.2倍；其中外商直接投资0.67亿美元，增长38.3%，到1995年末，在疆注册的外商投资企业已达665户，比上年末增加48户。

内联引资取得新成果。全年新签内联合同总金额52.48亿元，比上年增长24.8%；实际引进区外资金13.91亿元，增长69.6%。

国际旅游业取得好成绩。今年我区共接待外国、台湾、港澳和华侨旅游者达20.36万人次，比上年增长25.7%，扭转了上年下滑局面；旅游外汇收入5268万美元，增长23.2%。

七、财政、金融和保险业

财政收入稳步增加。全年地方财政收入完成38.3亿元，比上年增长33.3%；上划中央“两税”收入完成30.38亿元，增长19.0%。地方财政支出96亿元，增长35.0%。当年财政新增赤字基本控制在预算以内，但因工资及公务费支出增长较快，木年资金调度更趋困难。

金融形势稳定。金融机构存款增长较快，适度从紧的货币政策执行较好，贷款结构得到一定调整，信贷资金重点支持重点建设项目、有市场和有效益的工业企业生产和用于粮棉收购。

年末金融机构各项存款余额838.42亿元，比上年末增加198.45亿元，增长31.0%，其中企业存款余额274.24亿元，比上年末增加60.62亿元，增长28.4%；城乡居民储蓄存款余额477.18亿元，比上年末增加129.60亿元，增长37.3%。各项贷款余额843.38亿元，比上年末增加210.89亿元，增长33.3%，其中短期贷款596.98亿元，增长36.6%；中长期贷款183.03亿元，增长18.7%。货币投放得到有效控制，全年货币投放比上年下降10.7%。

保险事业取得较快发展。全年全区承保总额1113.22亿元(人保口径)，比上年增长22.7%。其中各类财产险承保总额944.42亿元，增长16.3%，全区有6364户企业参加了企业财产保险，有59.99万户居民参加了家庭财产保险；人身险承保总额168.80亿元，全区有210.8万人参加了人身保险。全年财产险赔款金额2.38亿元，人身险给付金额0.41亿元。保费收入6.87亿元，增长27.6%。

八、科学技术

科技事业进一步发展。全年全区共登记自治区级重大科技成果222项，有3项科技成果获国家科技成果奖。主要科技成果有：新疆甜瓜系列新品种选育推广、口提疫A型鸡胚化弱毒乳兔反应苗的研究与应用、维吾尔民间生发生眉药作用机理的研究及奥斯曼高级生眉笔开发研究等。

科技队伍扩大。年末全区企事业单位专业技术人员43万人，全区县级以上国有独立研究开发机构134个，高等院校办科研机构37个，大中型工业企业办科研机构70个，民办科研机构460个；从事科技活动人员5100人，其中科学家和工程师2500人。

科技经费投入增加。全年全区科技机构、高等院校和大中型工业企业等单位用于科技活动的经费支出为4.8亿元，其中用于研究与发展经费支出1.0亿元。

质量检测、标准化建设、专利申请和天气预报服务进一步完善。年末全区共有地区级以上质量监督检验机构32个，其中国家检测中心1个。累计制定、修订国家及自治区标准478个，其中本年新制定65个。年末全区有专利代理机构6个，全年共受理专利申请609件，授权专利312件。年末全区有气象台站123个，农村气象科技警报网点342个，气象雷达29部，人工影响天气作业高炮620门。测绘部门测绘各种比例尺地图5052幅，公开出版地图22种。

技术市场更加活跃。全年全区共签订技术合同807份，成交金额2.01亿元，比上年增长10.0%，其中技术交易额1.19亿元。

“星火计划”成效显著。全年星火计划共安排国家级和自治区项目16项，总投资3.62亿元，其中国家星火专款60万元，银行贷款7252万元，财政专款300万，筹集其它投入2.86亿元，项目完成后，可新增年产值11.08亿元，新增利税2.37亿元，投入产出比为1:3.1，产值利税率达21.4%；项目投资额是“七五”期间总投资额的2.64倍，占“八五”期间的37.5%。星火培训共计安排经费25万余元，培训各类星火计划管理及技术人才6万余人次，为星火项目的实施与推广奠定了坚实的人才基础。

九、教育、文化和卫生、体育

教育事业取得新进展。普通高等教育的规模基本稳定。全区招收研究生180人，在校研究生509人。普通高等学校招收本、专科学生1.23万人，比上年增加0.02万人；，在校学生4.49万人，增加0.12万人。中等职业技术教育继续发展。各类中等职业技术学校在校学生16.28万人(含技工学校学生4.01万人)，占高中阶段在校学生总数30.41万人的53.5%。

普及九年义务教育取得新成绩。全区普通初中在校学生60.85万人，小学在校学生220.

13万人，分别比上年增加2.28万人和9.54万人。小学7—12周岁学龄儿童入学率为97.0%，比上年略有下降。小学毕业生升学率由上年的83.6%提高到85.7%，普通初中学生辍学率为5.8%，比上年下降1.4个百分点；小学学生辍学率为2.5%，上升0.5个百分点。中、小学办学条件继续得到改善。

成人高等学历教育持续发展，多种形式的技术培训蓬勃展开。全区成人高等学校招收本、专科学生（含普通高校的函授、夜大）2.07万人，比上年下降6.7%；在校学生5.61万人，增长10.7%；成人中等专业学校在校学生5.53万人，增长1.3%；成人技术培训学校在校学生84.95万人；成人中小学在校学生21.13万人。全年共扫除文盲10.16万人。

文化事业健康发展，文化市场管理加强，“扫黄打非”力度加大。年末全区共有艺术表演团体87个，文化馆92个，公共图书馆66个，博物馆12个，档案馆134个，广播电台30座，中短波广播发射台和转播台38座，电视台26座，1千瓦以上电视发射台和转播台52座，全区广播人口覆盖率78.4%，电视人口覆盖率80.5%。各类电影放映单位867个，放映4万场，观众人数319.29万人次。全年生产故事片5部，译制少数民族语影视片710本，发行各种新片153部。全年共出版各种报纸19856亿份，出版杂志1000万册（张），出版图书5648万册（张），其中少数民族文字分别占总数的42%、68%和52%。

医疗卫生条件继续改善。年末全区共有卫生机构3932个，其中医院1292个，比上年增加19个；医院共有病床6.7万张，与上年基本持平。专业卫生技术人员9.2万人，增长2.2%，其中医生3.96万人（含中、西医师2.9万人），增长2.3%；护师、护士2.6万人，与上年基本持平。在卫生技术人员中，少数民族卫生技术人员3.07万人，占总数的33.4%。

体育事业取得新成绩。全年在重大国际比赛中，我区运动员获团体亚军1个，在全国正式比赛中获11个第一名、9个第二名、6个第三名，1人2次打破2项全国纪录，4人1队8次打破5次自治区纪录。在第三届全国城市运动会上，乌鲁木齐市获得2枚金牌。在第五届全国少数民族传统体育运动会上，我区荣获3个冠军。群众体育在《全民健身计划纲要》的指导下，在城乡各地广泛有序地展开。

十、人口与人民生活

据1995年全区1%人口抽样调查推算，全年人口出生率18.90‰，死亡率6.45‰，人口自然增长率12.45‰。年末全区总人口1661.35万人，比上年末增加28.65万人。在总人口中，少数民族人口1031.16万人，占全区人口总数的62.1%。

劳动就业工作稳步发展。各类职业介绍所发展到360个，全年城镇新安置就业人员10.5万人，年末城镇失业率为3.9%。年末全部职工人数309.9万人，比上年末减少1.2万人，其中合同制职工达53.3万人，增加7.3万人。城镇私营企业从业人员和个体劳动者27.4万人，增加2.5万人。

城乡居民收入增长较快，是“八五”时期增长幅度最快的一年。据抽样调查，全年城市居民人均生活费收入达3841.03元，比上年增长33.32%，扣除价格因素，实际增长12.6%。但城乡居民各阶层之间收入仍不平衡，一部分居民实际收入水平下降，生活比较困难。农村居民人均纯收入首次突破千元大关，达到1136元，比上年增长21.5%，扣除价格因素，实际增长10.0%。农民整体收入水平虽然提高较快，1995年又有15万人脱贫，但农村脱贫任务还十分艰巨。

职工工资有所提高。全年全部职工工资总额158.4亿元，比上年增长19.3%；职工平均货币工资5348元，增长25.78%，扣除价格因素，实际增长6.3%。

农村改水工作成效显著。据统计（不含和田县），全年全区竣工改水工程121项，建成水厂195座，打机井215眼，修建水塔137座，铺设管道2734公里，安装深井手动泵343眼，解决了32万人、86万头牲畜的饮水问题。和田县改水工程取得可喜成果。在党中央、国务院、自治区党委、自治区人民政府和社会各界的关心和帮助下，在不到1年的时间里，保质保量地完成了和田县打井改水任务，使和田县15万人民、30万头牲畜喝上了清洁水，结束了世世代代饮用“涝坝水”的历史。

社会福利事业日益发展。年末全区各类社会福利机构床位达8441张，收养6366人。享受集体供养的散居孤老、残幼15968人。全年城乡各种社会救济对象得到国家救济的达19.6万人次。全区已有20.9%的乡镇建立了农村社会保障网络；城镇社会服务网络也有较大发展，已建立起各种社区服务设施1501个。

环境保护事业有所加强。年末全区环境保护系统共有职工1668人，各级环境监测站36个，环境监测人员1014人。全区自然保护区20个，其中国家级自然保护区3个，自治区级自然保护区17个。全区建成了71个烟尘控制区，面积达211平方公里；建成了45个环境噪声达标区，面积达145.6平方公里。全年完成环境污染限期治理项目100个，总投资2227万元。

十一、生产建设兵团

生产建设兵团的国民经济、科技和社会发展事业保持了持续、健康、稳定的发展势头，全年国内生产总值122亿元，比上年增长10.6%。

农业生产在加强农业基础地位、深化农场改革、实施科技兴农、调整结构、发展两高一优农业方面取得了新的成就。全年农业总产值105.55亿元，比上年增长15.6%；粮食产量145万吨，增长31.2%；棉花产量38.2万吨，增长14.7%；油料产量15.0万吨，增长17.7%；甜菜产量128.0万吨，增长19.0%；牲畜年末存栏327.8万头，增长5.9%；肉类总产量6.7万吨，增长13.2%；乡镇企业增势强劲，社会总产值比上年增长28.7%。工业生产保持了较高的增长。工业总产值132.46亿元，比上年增长13.2%，其中轻工业增长14.5%，重工业增长7.7%。工业产品产销率达93.5%。主要工业产品产量中，皮棉加工量增长21.9%，布增长10.2%，纱增长23.3%，罐头增长47.8%，皮革增长18.2%，配混合饲料增长13.4%，发电量增长10.0%，硫酸增长13.6%。

全年完成固定资产投资37亿元，比上年增长38.8%，建筑业施工产值29亿元，增长13.7%。

全年社会消费品零售总额36亿元，比上年增长13.6%。

外贸事业发展较快，全年完成进出口总额2.01亿美元，比上年增长42.4%。

职工生活得到明显改善，全部职工平均工资扣除价格因素比上年增长11.2%。

科技、文化、教育、卫生、计划生育、体育、环境保护等社会事业也有相应的发展，取得了新的成绩。

注：公报中国内生产总值和各项总产值数据，绝对数按现价计算，增长速度按可比价格计算。

1

مەمۇرى رايون ھەم تەبئىي بايلىق

行政区划及自然资源

Administrative Division and Natural Resources

مەمۇرى رايونلارغا ئايرىلىش

1—1 行政区划

（ 1995-يىل 年）

ۋىلايەت، ئوبلاست، شەھەرلەرنىڭ نامى 地、州、市名称	ۋىلايەت، ئوبلاستلار سانى 地、州数			شەھەرلەرسانى 市数			شەھەرگە قاراشلىق رايونلار سانى 市辖区数	ناھىيە سانى 县数			يېزا-بازارسانى 乡镇数			
	جەمئىي 合计	ۋىلايەت 地区	ئوبلاست 自治州	جەمئىي 合计	ئاپتونوم رايونغا قاراشلىق شەھەرلەر 区辖市	ۋىلايەت، ئوبلاستقا قاراشلىق شەھەرلەر 地州辖市		جەمئىي 合计	ناھىيە 县	ئاپتونوم ناھىيە 自治县	جەمئىي 合计	بازار 镇	يېزا 乡	مىللى يېزا 民族乡
总计 جەمئىي	**13**	**8**	**5**	**17**	**3**	**14**	**11**	**70**	**64**	**6**	**844**	**159**	**685**	**42**
乌鲁木齐市 ئۈرۈمچى شەھرى				1	1		7	1	1		21	1	20	
克拉玛依市 قاراماي شەھرى				1	1		4				2		2	
石河子市 شىخەنزە شەھرى				1	1						1		1	
吐鲁番地区 تۇرپان ۋىلايىتى	1	1		1		1		2	2		26	10	16	1
哈密地区 قۇمۇل ۋىلايىتى	1	1		1		1		2	1	1	37	5	32	3
昌吉州 سانجى ئوبلاستى	1		1	2		2		6	5	1	74	28	46	12
伊犁州 ئىلى ئوبلاستى	3	3		4		4		20	18	2	214	46	168	17
奎屯市 كۈيتۇن شەھرى				1		1								
伊犁地区 ئىلى ۋىلايىتى	1	1		1		1		8	7	1	97	17	80	10
塔城地区 تارباغاتاي ۋىلايىتى	1	1		1		1		6	5	1	67	21	46	5
阿勒泰地区 ئالتاي ۋىلايىتى	1	1		1		1		6	6		50	8	42	2
博州 بۆرتالا ئوبلاستى	1		1	1		1		2	2		16	6	10	
巴州 بايىنغولىن ئوبلاستى	1		1	1		1		8	7	1	83	12	71	1
阿克苏地区 ئاقسۇ ۋىلايىتى	1	1		1		1		8	8		80	9	71	2
克州 قىزىلسۇ ئوبلاستى	1		1	1		1		3	3		37	5	32	1
喀什地区 قەشقەر ۋىلايىتى	1	1		1		1		11	10	1	167	26	141	3
和田地区 خوتەن ۋىلايىتى	1	1		1		1		7	7		86	11	75	2

ئەسكەرتىش: ئىلى قازاق ئاپتونوم ئوبلاستى كۈيتۇن شەھرى، ئىلى ۋىلايىتى، تارباغاتاي ۋىلايىتى ۋە ئالتاي ۋىلايىتىنىڭ سانلىرىنى ئۆز ئىچىگە ئالىدۇ.

注：伊犁州包括所辖奎屯市、伊犁地区、塔城地区、阿勒泰地区的数字。

ناھىيەدىن يۇقۇرى مەمۇرى رايونلارغا ئايرىلىش جەدۋىلى

1—2　县级以上行政区划一览表

(1995 年-يىل)

地区名称 رايونلار		شەھەر، ناھىيە (شەھەرگە قاراشلىق رايونلار) نامى 市县(市辖区)名称
ئۈرۈمچى شەھىرى 乌鲁木齐市		تيانشان رايونى، سايباغ رايونى، يېڭى شەھەر رايونى، شىمىگو رايونى، تۇدۇڭخابا رايونى، دۇڭشەن رايونى، نەنسەن كان رايونى، ئۈرۈمچى ناھىيىسى 天山区、沙依巴克区、新市区、水磨沟区、头屯河区、东山区、南山矿区、乌鲁木齐县
قاراماي شەھىرى 克拉玛依市		قاراماي رايونى، مايتاغ رايونى، جەرەنبۇلاق رايونى، ئورقۇ رايونى 克拉玛依区、独山子区、白碱滩区、乌尔禾区
شىخەنزە شەھىرى 石河子市		
تۇرپان ۋىلايىتى 吐鲁番地区		تۇرپان شەھىرى، پىچان، توقسۇن 吐鲁番市、鄯善县、托克逊县
قۇمۇل ۋىلايىتى 哈密地区		قۇمۇل شەھىرى، باركۆل ، ئاراتۇرۇك 哈密市、巴里坤哈萨克自治县、伊吾县
سانجى خۇيزۇ ئاپتونوم ئوبلاستى 昌吉回族自治州		سانجى شەھىرى، فۇكاڭ شەھىرى، مىچۇەن، قۇتۇبى، ماناس، گۇچۇڭ، جىمسار، مۇرى 昌吉市、阜康市、米泉县、呼图壁县、玛纳斯县、奇台县、吉木萨尔县、木垒哈萨克自治县
ئىلى قازاق ئاپتونوم ئوبلاستى 伊犁哈萨克自治州	كۈيتۇن شەھىرى (ناھىيە دەرىجىلىك) 奎屯市(县级)	
	ئىلى ۋىلايىتى 伊犁地区	غۇلجا شەھىرى، غۇلجا ناھىيىسى، چاپچال، قورغاس، توققۇز تارا، كۈنەس، موڭغۇلكۈرە، تېكەس، نىلقا 伊宁市、伊宁县、察布查尔锡伯自治县、霍城县、巩留县、新源县、昭苏县、特克斯县、尼勒克县
	تارباغاتاي ۋىلايىتى 塔城地区	چۆچەك شەھىرى، دۆربىلجىن، شىخو، ساۋەن، تولى، چاغانتوقاي، قوبۇقسار 塔城市、额敏县、乌苏县、沙湾县、托里县、裕民县、和布克赛尔蒙古自治县
	ئالتاي ۋىلايىتى 阿勒泰地区	ئالتاي شەھىرى، بۇرچىن، كۆكتوقاي، بۇرۇلتوقاي، قابا، چىڭگىل، جېمىنەي 阿勒泰市、布尔津县、富蕴县、福海县、哈巴河县、青河县、吉木乃县
بۆرتالا موڭغۇل ئاپتونوم ئوبلاستى 博尔塔拉蒙古自治州		بۆرتالا شەھىرى، جىڭ، ئارشاڭ 博乐市、精河县、温泉县
بايىنغولىن موڭغۇل ئاپتونوم ئوبلاستى 巴音郭楞蒙古自治州		كورلا شەھىرى، بۈگۈر، لوپنور، چاقىلىق، چەرچەن، يەنجى، خېجىڭ، خوشۇت، باغراش 库尔勒市、轮台县、尉犁县、若羌县、且末县、焉耆回族自治县、和静县、和硕县、博湖县
ئاقسۇ ۋىلايىتى 阿克苏地区		ئاقسۇ شەھىرى، ئاقسۇ كونا شەھەر ناھىيىسى، كۇچا، شايار، توقسۇ، باي، ئۇچتۇرپان، ئاۋات، كەلپىن 阿克苏市、温宿县、库车县、沙雅县、新和县、拜城县、乌什县、阿瓦提县、柯坪县
قىزىلسۇ قىرغىز ئاپتونوم ئوبلاستى 克孜勒苏柯尔克孜自治州		ئاتۇش شەھىرى ، ئاقتۇ، ئاقچى، ئۇلۇغچات 阿图什市、阿克陶县、阿合奇县、乌恰县
قەشقەر ۋىلايىتى 喀什地区		قەشقەر شەھىرى، قەشقەر كونا شەھەر ناھىيىسى، قەشقەر يېڭىشەھەر ناھىيىسى، يېڭىسار، پوسكام، يەكەن، قاغىلىق، مەكىت، يوپۇرغا، پەيزىۋات، مارالبېشى، تاشقورغان 喀什市、疏附县、疏勒县、英吉沙县、泽普县、莎车县、叶城县、麦盖提县、岳普湖县、伽师县、巴楚县、塔什库尔干塔吉克自治县
خوتەن ۋىلايىتى 和田地区		خوتەن شەھىرى، خوتەن ناھىيىسى، قاراقاش، گۇما، لوپ، چىرا، كېرىيە، نىيە 和田市、和田县、墨玉县、皮山县、洛浦县、策勒县、于田县、民丰县

تەبىئىي بايلىق

1—3 自然资源

指标	كۆرسەتكۈچلەر	-يىل 1995年
自然资源状况	**تەبىئىي بايلىق ئەھۋالى**	
经纬度	مېرىدىئان ۋە پاراللېل	
东经	شەرقى مېرىدىئان	73°40′～96°23′
北纬	شىمالى پاراللېل	34°25′～49°10′
气候	**ھاۋا كېلىماتى**	
年平均气温	يىللىق ئوتتۇرىچە تېمپېراتۇرا	
北疆(摄氏度)	شىمالى شىنجاڭ(سېلتسىيە گرادۇس)	9.2
南疆(摄氏度)	جەنۇبى شىنجاڭ(سېلتسىيە گرادۇس)	11.5
年平均降水量	يىللىق ئوتتۇرىچە ھۆل-يېغىن مىقدارى	
北疆(毫米)	شىمالى شىنجاڭ(مىللى مېتر)	181.9
南疆(毫米)	جەنۇبى شىنجاڭ(مىللى مېتر)	62.4
土地资源	**يەر بايلىقى**	
土地总面积(万平方公里)	يەر ئومۇمىي كۆلىمى (تۈمەن كۋادرات كىلو مېتر)	166.04
山地(万平方公里)	تاغلىق(تۈمەن كۋادرات كىلو مېتر)	63.71
平原(万平方公里)	تۈزلەڭلىك (تۈمەن كۋادرات كىلو مېتر)	74.68
#沙漠(万平方公里)	قۇملۇق(تۈمەن كۋادرات كىلو مېتر)	37.60
戈壁(万平方公里)	چۆللۈك(تۈمەن كۋادرات كىلو مېتر)	6.50
丘陵(万平方公里)	تۆپىلىك (تۈمەن كۋادرات كىلو مېتر)	8.58
高原(万平方公里)	ئېگىزلىك(تۈمەن كۋادرات كىلو مېتر)	8.31
山间盆地(万平方公里)	تاغ ئارىسىدىكى ئويمانلىق(تۈمەن كۋادرات كىلو مېتر)	10.73
耕地面积(公顷)	تېرىلغۇ يەر كۆلىمى (گېكتار)	3 841 054
果园面积(公顷)	باغ كۆلىمى(گېكتار)	135 322
#桑园面积(公顷)	ئۈجمىلىك كۆلىمى (گېكتار)	1 931
可利用荒地面积(公顷)	پايدىلىنىشقا بولىدىغان بوزيەر كۆلىمى (گېكتار)	10 226 375
林业用地面积(公顷)	ئورمانچىلىققاپايدىلىنىدىغان يەر كۆلىمى (گېكتار)	6 700 285
#有林地面积(公顷)	#ئورمان بار يەر كۆلىمى (گېكتار)	2 039 806
牧业用地面积(公顷)	چارۋىچىلىققاپايدىلىنىدىغان يەر كۆلىمى (گېكتار)	49 940 623
森林蓄积量(亿立方米)	ئورماننىڭ زاپاس مىقدارى(يۈزمىليون كۇب مېتر)	2.76
森林覆盖率(%)	ئورماننىڭ قاپلاش نىسبىتى (%)	1.68
水资源	**سۇ بايلىقى**	
1、水资源年径流量(亿立方米)	1. سۇ بايلىقىنىڭ يىللىق ئېقىش مىقدارى(يۈز مىليون كۇب مېتر)	884
#地表水(亿立方米)	#يەر يۈزى سۈيى(يۈز مىليون كۇب مېتر)	793
地下水(亿立方米)	يەر ئاستى سۈيى(يۈز مىليون كۇب مېتر)	572
重复计算量(亿立方米)	تەكرار ھېسابلىنىش مىقدارى (يۈز مىليون كۇب مېتر)	481
2、淡水面积(万公顷)	2. تاتلىق سۇ كۆلىمى (تۈمەن گېكتار)	66.67
#可养殖面积(万公顷)	#باقمىچىلىق قىلىشقا بولىدىغان كۆلىمى، (تۈمەن گېكتار)	26.67
#已养殖面积(万公顷)	بېقىلىۋاتقان كۆلىمى (تۈمەن گېكتار)	7.35
3、水力资源蕴藏量(万千瓦)	3. سۇ كۈچى بايلىقىنىڭ زاپاس مىقدارى، (تۈمەن كىلوۋات)	3 355
主要矿产资源保有储量	**ئاساسلىق كان مەھسۇلاتلىرى بايلىقىنىڭ زاپاس مىقدارى**	
铁矿(矿石千吨)	تۆمۈر كان(رودا مىڭ توننا)	708 054
铬矿(矿石千吨)	خروم كېنى(رودامىڭ توننا)	1 645
铜矿(铜吨)	مىس كېنى(مىس توننا)	1 187 959
铅矿(铅吨)	قوغۇشۇن كېنى(قوغۇشۇن توننا)	375 636
锌矿(锌吨)	سىنىك كېنى(سىنىك توننا)	307 294
铝矿(矿石千吨)	ئاليۇمىن كېنى(رودا مىڭ توننا)	525
镍矿(镍吨)	نىكېل كېنى(نىكېل توننا)	914 039
煤(千吨)	كۆمۈر (مىڭ توننا)	95 271 443
耐火粘土(矿石千吨)	ئوتقاچىداملىق سېغىز توپا(رودا مىڭ توننا)	6 955
钠硝石(矿石千吨)	ناترىيلىق سېلىترا(رودا مىڭ توننا)	59 304
芒硝	گلائۇبېر تۇزى	
#矿石(千吨)	#رودا (مىڭ توننا)	130 572
盐矿	تۇز كېنى	
#氯化钠(千吨)	#ناترىي خلورىد(مىڭ توننا)	1 183 463
石棉(石棉千吨)	تاش پاختا(تاش پاختا مىڭ توننا)	2 750
云母(工业原料云母吨)	چېرىمتال(سانائەت خام ئەشياسى چېرىمتال توننا)	40 465
蛭石(矿石千吨)	ۋېرمىكۇلىت(رودا مىڭ توننا)	10 161
水泥用灰岩(矿石万吨)	سېمونتقا ئىشلىتىلىدىغان ھاك تېشى(رودا تۈمەن توننا)	93 448
膨润土(矿石千吨)	چاقچۇق توپىسى(رودا مىڭ توننا)	343 960
饰面用花岗岩(矿石万立方米)	زىننەتلەشكە ئىشلىتىلىدىغان گرانىت تاش(رودا تۈمەن كۇب مېتر)	67

ئاساسلىق تاغ تىزمىلىرنىڭ ئاساسىي ئەھۋالى

1—4 主要山脉基本情况

تاغ نامى 山名	چوققا ئېگىزلىكى (مېتر) 山峰高程(米)	قارنىڭ قېلىنلىغى (مېتر) 雪线高程(米)	مۇزلۇق كۆلىمى (كۋادرات كىلو مېتر) 冰川面积(平方公里)	مۇزلۇق زاپىسى (يۈز مىليون كۇپ مېتر) 冰川储量(亿立方米)	مۇزلۇقنىڭ يىللىق ئېرىش مىقدارى (يۈزمىليونكۇپمېتر) 冰川年融水量(亿立方米)
合计 جەمئىي			23 020	21 349	178.6
天山 تيانشان تېغى	7 444	3600—4400	9 195	10 106	95.9
阿尔泰山 ئالتاي تېغى	4 374	3000—3200	293	165	38.5
昆秘山 كوئېنلون تېغى	7 723	4700—5800	8 988	3 889	44.5
喀喇昆仑山 قاراقۇرۇم تېغى	8 611	5100—5400	2 023	4 897	20.0
帕米尔 پامىر	7 719	5500—5700	2 521	2 289	14.35

ئاساسلىق كۆللەرنىڭ ئاساسىي ئەھۋالى

1—5 主要湖泊基本情况

كۆل نامى 湖泊名称	كۆل سۈيىنىڭ كۆلىمى (كۋادرات كىلو مېتر) 湖水面积(平方公里)	كۆل يۈزىنىڭ ئېگىزلىكى (مېتر) 湖面高程(米)	سۇ سۈپىتىنىڭ تۈرى 水质类型
博斯腾湖 باغراش كۆلى	1 001	1 048	微咸
乌仑古湖 ئۇلۇڭگۇر كۆلى	793	468	盐
赛里木湖 سايرام كۆلى	1 457	2 073	咸
艾比湖 ئېبىنۇر كۆلى	824	189	盐

ئاساسلىق دەريا ئېقىنلىرىنىڭ ئاساسىي ئەھۋالى

1—6 主要河流基本情况

دەريا ئېقىنلار نامى 河流名称	ئېقىش كۆلىمى (كۋادرات كىلومېتر) 流域面积(平方公里)	دەريا ئۇزۇنلىقى (كىلومېتر) 河长(公里)	يىللىق ئېقىش مىقدارى (يۈز مىليون كۇپ مېتر) 年径流量(亿立方米)
额尔齐斯河 ئېرتىش دەرياسى	24 246	496	30
伊犁河 ئىلى دەرياسى	49 186	476	92
玛纳斯河 ماناس دەرياسى	4 637	160	11
开都河 قاراشەھەر دەرياسى	19 022	530	29
渭干河 ئۆگەن دەرياسى	16 660	256	26
阿克苏河 ئاقسۇ دەرياسى	43 123	532	72
喀什噶尔河 قەشقەر دەرياسى	13 700	213	26
叶尔羌河 يەكەن دەرياسى	50 248	528	66
和田河 خوتەن دەرياسى	19 983	509	16

ئاساسلىق شەھەرلەرنىڭ ئوتتۇرىچە تېمپېراتۇرىسى

1—7 主要城市平均气温

(1995 年 -يىل)　　　　　　　　单位:摄氏度 بىرلىكى: سېلىتسىيە گرادۇس

شەھەر نامى 城市名		1-ئاي 一 月	2-ئاي 二 月	3-ئاي 三 月	4-ئاي 四 月	5-ئاي 五 月	6-ئاي 六 月	7-ئاي 七 月
乌鲁木齐市	ئۈرۈمچى	−13.3	−7.2	−0.4	10.8	16.4	22.8	23.7
克拉玛依市	قاراماي	−16.2	−7.8	0.8	14.7	19.1	26.4	27.6
石河子市	شىخەنزە	−16.8	−8.4	1.5	13.9	18.7	24.8	25.4
吐鲁番市	تۇرپان	−7.2	2.5	9.4	19.5	25.9	30.0	31.0
哈密市	قۇمۇل	−11.4	−1.7	4.2	13.1	19.4	24.1	25.0
昌吉市	سانجى	−14.9	−8.1	0.8	13.0	18.6	24.8	25.6
阜康市	فۇكاڭ	−17.5	−10.1	−0.1	12.8	18.4	24.3	24.8
伊宁市	غۇلجا	−10.4	−3.6	4.3	13.2	17.4	22.8	23.2
塔城市	چۆچەك	−10.2	−3.7	0.4	11.4	15.4	21.1	23.0
阿勒泰市	ئالتاي	−15.5	−9.0	−2.8	8.6	13.6	19.0	21.8
博乐市	بۆرتالا	−18.3	−10.0	−0.2	12.4	17.2	22.7	23.6
库尔勒市	كورلا	−9.3	−0.2	6.5	13.8	21.8	25.3	25.3
阿克苏市	ئاقسۇ	−11.8	−1.9	6.3	13.4	20.5	23.5	23.9
阿图什市	ئاتۇش	−8.7	0.3	7.2	13.2	21.9	25.1	27.1
喀什市	قەشقەر	−8.8	−0.2	6.8	12.6	20.1	23.3	25.2
和田市	خوتەن	−8.3	0.2	7.7	14.2	21.8	24.6	25.6

شەھەر نامى 城 市 名		8-ئاي 八 月	9-ئاي 九 月	10-ئاي 十 月	11-ئاي 十一月	12-ئاي 十二月	يىللىق ئوتتۇرىچە 全年平均
乌鲁木齐市	ئۈرۈمچى	22.8	18.8	7.9	−0.1	−9.7	7.7
克拉玛依市	قاراماي	25.8	21.1	10.6	0.3	−12.0	9.2
石河子市	شىخەنزە	23.9	19.1	8.7	0.1	−12.5	8.2
吐鲁番市	تۇرپان	29.7	24.3	13.9	2.9	−6.2	14.6
哈密市	قۇمۇل	23.7	18.9	9.2	0.5	−10.6	9.5
昌吉市	سانجى	24.7	20.1	9.0	−0.2	−11.1	8.5
阜康市	فۇكاڭ	23.6	19.5	8.7	−0.6	−13.0	7.6
伊宁市	غۇلجا	22.5	18.2	9.3	4.2	−7.2	9.5
塔城市	چۆچەك	22.2	17.4	8.1	2.7	−7.6	8.4
阿勒泰市	ئالتاي	20.1	15.5	6.8	−0.9	−11.0	5.5
博乐市	بۆرتالا	22.2	17.6	7.8	−0.3	−12.3	6.9
库尔勒市	كورلا	25.6	19.3	10.0	1.9	−6.3	11.1
阿克苏市	ئاقسۇ	23.2	17.2	10.3	2.4	−6.0	10.1
阿图什市	ئاتۇش	26.7	19.6	12.8	4.4	−4.1	12.1
喀什市	قەشقەر	24.3	18.3	11.3	3.8	−4.7	11.0
和田市	خوتەن	25.6	18.5	12.4	4.5	−3.2	12.0

ئاساسلىق شەھەرلەرنىڭ ھۆل يېغىن مىقدارى
1—8　主要城市降水量

(1995-يىل 1995年)　　　　单位:毫米 بىرلىكى: مىللى مېتىر

城市名 شەھەر نامى		1-ئاي 一月	2-ئاي 二月	3-ئاي 三月	4-ئاي 四月	5-ئاي 五月	6-ئاي 六月	7-ئاي 七月
乌鲁木齐市	ئۈرۈمچى	3.6	16.1	20.3	15.4	49.1	8.8	32.7
克拉玛依市	قاراماي	1.9	1.6	8.4	1.0	28.1	10.5	21.4
石河子市	شىخەنزە	4.6	6.4	11.3	8.3	28.3	8.4	50.7
吐鲁番市	تۇرپان	0.0	1.4		0.0	0.0	0.9	1.8
哈密市	قۇمۇل	0.2	0.5	1.1	5.8	14.2	0.9	8.9
昌吉市	سانجى	1.4	9.5	13.6	3.6	26.9	15.5	28.9
阜康市	فۇكاڭ	3.0	8.3	16.2	10.4	22.6	19.5	58.0
伊宁市	غۇلجا	6.1	8.8	23.0	0.0	11.8	1.4	30.0
塔城市	چۆچەك	3.2	14.1	14.3	0.2	28.3	2.9	30.1
阿勒泰市	ئالتاي	0.9	4.7	3.5	2.9	31.5	28.6	47.7
博乐市	بۆرتالا	2.8	2.3	13.9	4.3	10.9	9.6	61.9
库尔勒市	كورلا	5.2	1.7	0.0	0.6	1.6	1.7	5.9
阿克苏市	ئاقسۇ	3.7	14.5		0.0	3.0	3.9	15.3
阿图什市	ئاتۇش	0.0	0.0	1.9	61.1	11.1	0.7	11.1
喀什市	قەشقەر	0.5	0.0	1.6	40.5	3.6	3.8	6.4
和田市	خوتەن	1.0	1.1		2.1	0.1	0.6	0.2

城市名 شەھەر نامى		8-ئاي 八月	9-ئاي 九月	10-ئاي 十月	11-ئاي 十一月	12-ئاي 十二月	پۈتۈن يىلدا 全年
乌鲁木齐市	ئۈرۈمچى	23.1	2.7	40.2	13.0	15.7	240.7
克拉玛依市	قاراماي	32.4	7.1	1.3	1.8	3.8	118.3
石河子市	شىخەنزە	45.7	1.1	24.4	10.1	9.5	208.8
吐鲁番市	تۇرپان	0.5	3.9	0.2	0.0	2.7	11.4
哈密市	قۇمۇل	6.8	6.7	5.5	6.5	5.2	62.3
昌吉市	سانجى	21.5	4.8	36.9	14.3	10.9	187.8
阜康市	فۇكاڭ	35.5	3.6	35.1	10.7	7.8	230.7
伊宁市	غۇلجا	7.5	6.0	39.2	4.1	16.5	154.4
塔城市	چۆچەك	29.2	4.7	38.8	11.6	19.1	196.5
阿勒泰市	ئالتاي	18.3	10.9	20.9	11.5	10.0	191.4
博乐市	بۆرتالا	10.9	2.0	23.5	9.8	5.3	157.2
库尔勒市	كورلا	1.6	26.8	11.3		6.3	62.7
阿克苏市	ئاقسۇ	5.2	37.0	10.2		0.6	93.4
阿图什市	ئاتۇش	1.2	10.6	9.6		3.0	110.3
喀什市	قەشقەر	0.8	3.0	5.0		3.1	68.3
和田市	خوتەن	0.0	20.6	3.0		0.0	28.7

ئاساسلىق شەھەرلەرنىڭ قۇياش نۇرى چۈشۈش سائەت سانى
1—9　主要城市日照时数

(1995年 -يىل)　　　　单位:小时 بىرلىكى: سائەت

城市名 شەھەر نامى		1-ئاي 一月	2-ئاي 二月	3-ئاي 三月	4-ئاي 四月	5-ئاي 五月	6-ئاي 六月	7-ئاي 七月
乌鲁木齐市	ئۈرۈمچى	116.4	150.3	220.9	273.9	268.7	316.1	288.8
克拉玛依市	قاراماي	174.7	152.2	276.6	329.2	281.2	346.2	270.4
石河子市	شىخەنزە	139.2	128.2	267.9	316.8	301.5	349.5	320.4
吐鲁番市	تۇرپان	148.7	203.0	257.5	302.6	294.3	291.6	309.1
哈密市	قۇمۇل	198.2	216.4	270.5	298.3	336.9	352.7	329.3
昌吉市	سانجى	151.7	146.9	254.7	288.9	291.4	329.0	293.7
阜康市	فۇكاڭ	152.4	141.5	267.2	295.6	312.5	347.7	308.2
伊宁市	غۇلجا	189.7	180.5	246.0	327.6	311.8	351.2	338.8
塔城市	چۆچەك	208.1	200.0	252.5	357.7	331.9	384.1	335.3
阿勒泰市	ئالتاي	203.3	191.7	263.8	313.1	300.6	359.4	320.7
博乐市	بۆرتالا	169.2	145.0	196.4	291.8	262.2	305.8	286.7
库尔勒市	كورلا	154.5	199.9	238.1	242.5	275.5	296.9	254.5
阿克苏市	ئاقسۇ	210.1	226.0	225.0	292.3	301.8	326.6	328.0
阿图什市	ئاتۇش	167.6	201.4	124.0	198.4	247.4	250.7	313.3
喀什市	قەشقەر	142.4	192.2	120.2	162.7	254.2	263.8	306.7
和田市	خوتەن	153.7	186.0	130.2	196.0	202.1	253.6	260.7

城市名 شەھەر نامى		8-ئاي 八月	9-ئاي 九月	10-ئاي 十月	11-ئاي 十一月	12-ئاي 十二月	پۈتۈن يىلدا 全年
乌鲁木齐市	ئۈرۈمچى	318.2	253.5	226.7	155.5	65.3	2 654.3
克拉玛依市	قاراماي	313.9	283.1	247.3	167.7	115.0	2 957.5
石河子市	شىخەنزە	348.6	283.8	244.2	177.2	119.5	2 996.8
吐鲁番市	تۇرپان	300.6	245.9	248.6	204.4	141.3	2 947.6
哈密市	قۇمۇل	319.9	259.1	249.2	231.2	197.6	3 259.3
昌吉市	سانجى	323.6	241.4	217.4	161.4	111.7	2 811.8
阜康市	فۇكاڭ	327.0	261.1	236.8	171.0	74.0	289.5
伊宁市	غۇلجا	342.1	291.7	240.4	220.0	193.3	3 233.1
塔城市	چۆچەك	351.2	296.8	234.9	185.7	151.2	3 289.4
阿勒泰市	ئالتاي	313.3	309.6	246.9	199.2	153.9	3 175.5
博乐市	بۆرتالا	319.2	265.1	194.7	132.4	96.9	2 665.4
库尔勒市	كورلا	277.2	249.4	257.5	239.0	165.2	2 850.2
阿克苏市	ئاقسۇ	318.8	253.7	245.3	238.2	170.8	3 136.6
阿图什市	ئاتۇش	294.2	261.5	227.6	217.6	165.6	2 669.2
喀什市	قەشقەر	322.2	280.4	242.4	235.7	192.5	1 273.2
和田市	خوتەن	241.6	227.5	235.5	243.4	183.3	2 513.6

主要统计指标解释

ئاساسلىق ستاتىستىكا كۆرسەتكۈچلىرىنىڭ ئىزاھاتى

ئورمان كۆلىمى: بۇ غوللۇق دەرەخ ۋە بامبۇك ئۆسكەن، بۆك قاپلاش دەرىجىسى 0.3دىن يۇقۇرى (0.3نى ئۆز ئىچىگە ئالمايدۇ) بولغان ئورمانلىق كۆلىمىنى كۆرسىتىدۇ. ئۇ ئورمان بايلىقىنىڭ ئومۇمىي كۆلىمىنى ئەكس ئەتتۈرىدىغان مۇھىم كۆرسەتكۈچ. ئورمان كۆلىمى تەبىئى ئورمان كۆلىمى ۋە سۈنئىي ئورمان كۆلىمىنى ئۆز ئىچىگە ئالىدۇ، ئەمما چاتقاللىق ۋە شالاڭ ئورمان كۆلىمىنى ئۆز ئىچىگە ئالمايدۇ.

ئورمان بىلەن قاپلاش نىسبىتى: بۇ ئادەتتە ئورمان كۆلىمىنىڭ يەر كۆلىمىدە ئىگىلىگەن نىسبىتىنى كۆرسىتىدۇ، ئادەتتە پىرسەنت بىلەن ئىپادىلىنىدۇ. ئەمما دۆلەت ئورماننىڭ قاپلاش نىسبىتىنى ھېسابلىغاندا ئورمان كۆلىمى يەنە چاتقاللىق كۆلىمى ۋە ئېتىز-ئېرىق ئىھاتە ئورمىنى ئىگىلىگەن يەر كۆلىمىنى شۇنىڭدەك ئەتراپتىكى دەرەخلەرنىڭ قاپلاش كۆلىمىنى ئۆز ئىچىگە ئالىدۇ. ئورمان بىلەن قاپلاش نىسبىتى بىر دۆلەت ياكى رايوننىڭ ئورمان بايلىقى ۋە كۆكەرتىش سەۋىيىسىنى ئەكس ئەتتۈرىدىغان مۇھىم كۆرسەتكۈچ.

ھېسابلاش فورمۇلاسى:

ئورماننىڭ قاپلاش نىسبىتى (%) = ئورمان كۆلىمى ÷ ئومۇمىي يەر كۆلىمى × 100%

بۇ «يىللىق توپلام»دا كۆرسىتىلگەن ئورماننىڭ قاپلاش نىسبىتى، ئورمان بار يەر كۆلىمى بويىچە ھېسابلانغان.

ئۆسۈۋاتقان دەرەخنىڭ ئومۇمىي زاپاس مىقدارى: بۇ ئورمان كۆلىمى يەرلىرىدىكى دەرەخ زاپىسىنىڭ ئومۇمىي مىقدارىنى كۆرسىتىدۇ. ئۇ ئورمان زاپىسى، تارقاق ئۆسكەن دەرەخ كۆلىمى ۋە ئەتراپتىكى دەرەخ كۆلىمىنى ئۆز ئىچىگە ئالىدۇ.

ئورماننىڭ زاپاس مىقدارى: بۇ ئورمان كۆلىمىدە ئۆسۈۋاتقان دەرەخ غولىنىڭ ماتېرىياللىق ھەجمىنىڭ ئومۇمىي مىقدارىنى كۆرسىتىدۇ. ئۇ بىر دۆلەت ياكى بىر رايوننىڭ ئورمان بايلىقى ئومۇمىي كۆلىمى ۋە سەۋىيىسىنى ئەكس ئەتتۈرىدىغان مۇھىم كۆرسەتكۈچ.

ئوتلاق كۆلىمى: بۇ چارۋا رايونلىرىدىكى چارۋا بېقىشقا ياكى ئوت ئورۇشقا ئىشلىتىلىدىغان، ئۆسۈملۈك قاپلاش دەرىجىسى 5%دىن يۇقۇرى بولغان ئوتلاق، چۆپلۈك يانتۇلۇق، چۆپلۈك تاغ كۆلىمى قاتارلىقلارنى كۆرسىتىدۇ. ئۇ تەبىئى ۋە سۈنئىي تېرىلغان ياكى ياخشىلانغان ئوتلاق كۆلىمىنى ئۆز ئىچىگە ئالىدۇ.

تاتلىق سۇ ئومۇمىي كۆلىمى: بۇ دەريا، كۆل، سۇ ئامبارلىرى قاتارلىق ھەر خىل ئېقىن سۇ ۋە زاپاس سۇلارنىڭ سۇ يۈزى ئىگىلىگەن يەر كۆلىمىنى كۆرسىتىدۇ.

كاندا ساقلانغان زاپاس مىقدارى: بۇ تەكشۈرۈپ ئېنىقلانغان كان مەھسۇلاتلىرى زاپىسىدىن (سانائەت زاپىسى ۋە كەلگۈسى زاپىسىنى ئۆز ئىچىگە ئالىدۇ) ئېچىلغان قىسمى بىلەن يەر ئاستىدا زىيانغا ئۇچرىغان مىقدارىنى چىقىرىۋەتكەندىن كېيىنكى يىل ئاخىرىدىكى ئەمەلىي زاپىسىنى كۆرسىتىدۇ. ئۇ دۆلەتنىڭ كان مەھسۇلاتلىرى بايلىقىنىڭ ھازىرقى ھالىتىنى ئەكس ئەتتۈرىدۇ.

森林面积　指生长着乔木和竹林，郁闭度在0.3以上(不包括0.3)的林地面积，即有林地面积。它是反映森林资源总面积的重要指标。森林面积包括天然林面积和工林面积，但不包括灌木林地和疏林地面积。

森林覆盖率　通常是指森林面积占土地总面积之比，一般用百分数表示。但国家规定在计算森林覆盖率时，森林面积还包括灌木林面积、农田林网树占地面积以及四旁树木的覆盖面积。森林覆盖率，是反映一个国家或地区森林资源和绿化水平的重要指标。

计算公式：森林覆盖率(%)$=\frac{\text{森林面积}}{\text{土地总面积}}\times 100\%$

本《年鉴》内所列森林覆盖率是按有林地面积计算的。

活立木总蓄积量　指森林面积土地上树木蓄积的总量。包括森林蓄积、散生木蓄积和四旁树蓄积。

森林蓄积量　指森林面积上生长着的林木树干材积总量。它是反映一个国家或地区森林资源总规模和水平的重要指标。

草地面积　指牧区用于放牧牲畜或割草，植被盖度在5%以上的草原、草坡、草山等面积。包括天然的和人工种植或改良的草地面积。

淡水总面积　指江、河、湖泊、塘堰、水库等各种流水或蓄水的水面占地面积。

矿产保有储量　指探明的矿产储量(包括工业储量和远景储量)扣除已开采部分和地下损失量后的年底实有储量。它反映国家矿产资源的现状。

2

ئۇنۇۋېرسال قىسمى

综　合

General Survey

ھەر قايسى تارماق ئاپپاراتلىرىنىڭ سانى

2—1 各部门机构数

部门	تارماقلار	1995年 يىل
农村基层单位	**يېزا ئاساسىي قاتلام ئورۇنلىرى**	
基层组织(个)	**ئاساسىي قاتلام تەشكىلاتلىرى**	
乡政府	يېزىلىق ھۆكۈمەت	685
镇政府	بازارلىق ھۆكۈمەت	159
村民委员会(个)	كەنت ئاھالىلار كومىتېتى	8 943
乡村户数(万户)	يېزا، كەنت ئائىلە سانى (تۈمەن ئائىلە)	181.18
国营农场	دۆلەت ئىگىلىكىدىكى دېھقانچىلىق مەيدانلىرى	599
乡镇企业(个)	**يېزا-بازار كارخانىلىرى**	**281 130**
农业企业	يېزائىگىلىك كارخانىسى	1 861
工业企业	**سانائەت كارخانىلىرى**	**52 339**
建筑企业	بىناكارلىق كارخانىسى	7 844
交通运输企业	قاتناش-ترانسپورت كارخانىسى	79 712
商业饮食服务业企业	سودا، يېمەك-ئىچمەك مۇلازىمەت كارخانىسى	139 374
工业企业(个)	سانائەت كارخانىسى (دانە)	51 084
乡及乡以上工业	يېزا ۋە يېزىدىن يۇقىرى سانائەت	8 366
国有工业	دۆلەت ئىگىلىكىدىكى سانائەت	3 462
集体工业	كوللېكتىپ ئىگىلىكتىكى سانائەت	4 597
私营工业	خۇسۇسىي ئىگىلىكتىكى سانائەت	6
其他工业	باشقا سانائەت	301
建筑施工企业(个)	**بىناكارلىق قۇرۇلۇش كارخانىسى**	**557**
附营施工单位	قوشۇمچە ئىگىلىكتىكى قۇرۇلۇش ئورۇنلىرى	371
运输邮电业(个)	**ترانسپورت، پوچتا-تېلېگراف**	
铁路	تۆمۈر يول	4
公路	تاش يول	279
民航	خەلق ئاۋىئاتسىيە	1
邮电局所	پوچتا-تېلېگراف ئىدارە، ئورۇنلىرى	1 565
批发零售贸易业、餐饮业(个)	**توپ، پارچە سېتىش سودىسى، يېمەك-ئىچمەك كەسپى**	
批发贸易业	توپ تارقىتىش سودىسى	2 322
零售贸易业	پارچە سېتىش سودىسى	2 317
餐饮业	**يېمەك-ئىچمەك كەسپى**	**202**
卫生(个)	**سەھىيە**	
#医院	# دوختۇرخانا	1 292
疗养院	ساناتورىيە	8
门诊部、所	ئامبۇلاتورىيە	2 247
卫生防疫站	سەھىيە كېسەللىكلەرنىڭ ئالدىنى ئېلىش پونكىتى	216
妇幼保健站、所	ئانا، بالىلار ساقلىقىنى ساقلاش پونكىتى، ئورۇنلىرى	69
社会福利(个)	**ئىجتىمائىي پاراۋانلىق**	
社会福利事业单位	ئىجتىمائىي پاراۋانلىق ئىشلىرى ئورۇنلىرى	565
社会福利企业单位	ئىجتىمائىي پاراۋانلىق كارخانا ئورۇنلىرى	426
教育事业(个)	**مائارىپ ئىشلىرى**	
普通高等学校	ئادەتتىكى ئالىي مەكتەپلەر	21
中等学校	ئوتتۇرا تېخنىكوم مەكتەپلىرى	2 121
#普通中学	# ئادەتتىكى ئوتتۇرا مەكتەپلەر	1 792
小学	باشلانغۇچ مەكتەپلەر	7 086
幼儿园	بالىلار باغچىسى	880
文化事业(个)	**مەدەنىيەت ئىشلىرى**	
群众艺术馆	ئاممىۋى سەنئەت سارايلىرى	15
文化馆	مەدەنىيەت سارايلىرى	107
文化站	مەدەنىيەت پونكىتلىرى	862
图书馆	كۇتۇپخانا	66
出版、发行事业(个)	نەشر قىلىش، تارقىتىش ئىشلىرى	
出版社	نەشرىيات	10
书店	كىتابخانا	101
广播电视(座)	**رادىئو-تېلېۋىزىيە (ئورۇن)**	
广播电台	رادىئو ئىستانسىسى	30
电视台	تېلېۋىزىيە ئىستانسىسى	26
科学研究(个)	**پەن تەتقىقات**	**133**
自然科学	**تەبىئىي پەن**	**115**
科技情报和文献	پەن-تېخنىكا ئاخباراتى ۋە ماتېرىيالى	9
社会、人文科学领域	ئىجتىمائىي ۋە گۇمانىتارلىق ئىلمى ساھەلىرى	5
县级独立研究与开发机构	ناھىيىدىن يۇقىرى مۇستەقىل تەتقىقات ۋە تەرەققىيات ئاپپاراتلىرى	4
艺术事业(个)	**سەنئەت ئىشلىرى**	
艺术表演团体	ئويۇن قويۇش ئۆمەكلىرى	87
艺术表演场所	ئويۇن قويۇش سورۇنلىرى	26

خەلق ئىگىلىكىنىڭ ئاساسلىق نىسبەت مۇناسىۋىتى

2—2 国民经济主要比例关系

单位：% بىرلىكى:

指 标	كۆرسەتكۈچلەر	1994	1995
国内生产总值比例	**ئىچكى ئىشلەپچىقىرىش ئومۇمىي قىممىتى نىسبىتى**		
第一产业	1-كەسىپ	27.87	29.98
第二产业	2-كەسىپ	39.39	36.25
第三产业	3-كەسىپ	32.74	33.77
固定资产投资总额资金来源比例	**مۇقىم مۈلۈككە سېلىنغان مەبلەغ ئومۇمىي سوممىسىنىڭ كېلىش مەنبەسى نىسبىتى**		
国家预算内	دۆلەتنىڭ خام چوتى ئىچىدىكى	2.86	2.94
国内贷款	دۆلەت ئىچىدىن ئېلىنغان قەرز پۇل	22.77	24.57
利用外资	پايدىلانغان چەتئەل مەبلىغى	18.63	9.23
自筹和其他	ئۆزى توپلىغان ۋە باشقا مەبلەغ	55.74	63.26
#国有单位固定资产投资中	دۆلەت ئىگىلىكىدىكى ئورۇنلارنىڭ مۇقىم مۈلۈككە سالغان مەبلەغ ئىچىدە		
能源工业	ئېنېرگىيە سانائىتى	48.40	35.5
运输邮电业	ترانسپورت، پوچتا-تېلېگراف كەسپى	7.30	10.3
地方财政收入占国内生产总值比例	**يەرلىك مالىيە كىرىمىنىڭ ئىچكى ئىشلەپچىقىرىش ئومۇمىي قىممىتىدە ئىگىلىگەن نىسبىتى**	**4.26**	**4.6**
农林牧渔业总产值比例	**دېھقانچىلىق، ئورمانچىلىق، چارۋىچىلىق، بېلىقچىلىق ئومۇمىي مەھسۇلات قىممىتىنىڭ نىسبىتى**		
农业	دېھقانچىلىق	76.28	77.64
林业	ئورمانچىلىق	1.95	1.39
牧业	چارۋىچىلىق	21.11	20.29
渔业	بېلىقچىلىق	0.66	0.68
工业总产值比例	**سانائەت ئومۇمىي مەھسۇلات قىممىتىنىڭ نىسبىتى**		
轻工业	يېنىك سانائەت	43.10	45.89
重工业	ئېغىر سانائەت	56.90	54.11
货运量比例	**يۈك توشۇش مىقدارى نىسبىتى**		
铁路	تۆمۈر يول	5.83	6.82
公路	تاش يول	91.95	90.88
管道	تۇرۇبا يولى	2.22	2.30
空运	ھاۋاترانسپورتى		
货运周转量比例	**يۈك ئوبوروت مىقدارى نىسبىتى**		
铁路	تۆمۈر يول	55.98	59.09
公路	تاش يول	40.38	37.52
管道	تۇرۇبا يولى	3.51	3.24
空运	ھاۋا ترانسپورتى	0.13	0.14
客运量比例	**يولۇچى توشۇش مىقدارى نىسبىتى**		
铁路	تۆمۈر يول	2.11	2.07
公路	تاش يول	97.55	97.55
空运	ھاۋاترانسپورتى	0.33	0.38
客运周转量比例	**يولۇچى ئوبوروت مىقدارى نىسبىتى**		
铁路	تۆمۈر يول	24.84	24.19
公路	تاش يول	64.47	63.44
空运	ھاۋا ترانسپورتى	10.69	12.38

خەلق ئىگىلىكى ئاساسىي كۆرسەتكۈچلىرى

2—3 国民经济主要指标

指　　标	كۆرسەتكۈچلەر	1994	1995
年底总人口(万人)	**يىل ئاخىرىدىكى ئومۇمىي ئاھالە سانى (تۈمەن نەپەر)**	**1 632.70**	**1 661.35**
从业人员	ئىشتىكى خادىملار	657.54	676
#职工人数	#ئىشچى-خىزمەتچىلەر سانى	311.07	311.93
国内生产总值(亿元)	**ئىچكى ئىشلەپچىقىرىش ئومۇمىي قىممىتى (يۈز مىليون يۈەن)**	**673.68**	**834.57**
固定资产投资(亿元)	**مۇقىم مۈلۈككە سېلىنغان مەبلەغ (يۈزمىليون يۈەن)**		
1、全社会固定资产投资	1. پۈتۈن جەمئىيەت مۇقىم مۈلۈككە سالغان مەبلەغ	285.48	333.34
2、国有单位固定资产投资	2. دۆلەت ئىگىلىكىدىكى ئورۇنلارنىڭ مۇقىم مۈلۈككە سالغان مەبلىغى	240.16	263.27
#基本建设	#ئاساسىي قۇرۇلۇش	165.54	173.52
更新改造	يېڭىلاش، ئۆزگەرتىش	42.31	61.09
其他	باشقا	32.31	28.66
3、集体单位固定资产投资	3. كوللېكتىپ ئورۇنلارنىڭ مۇقىم مۈلۈككە سالغان مەبلىغى	13.91	20.28
城镇	شەھەر-بازارلار	6.87	11.08
农村	يېزىلار	7.04	9.2
地方财政收支(万元)	**يەرلىك مالىيە كىرىم-چىقىمى (تۈمەن يۈەن)**		
1、地方财政收入	1. يەرلىك مالىيە كىرىمى	286 989	382 818
2、地方财政支出	2. يەرلىك مالىيە چىقىمى	710 962	964 021
3、中央补助收入	3. مەركەزنىڭ قوشۇمچە ياردەم كىرىمى	295 297	522 571
物价总指数(上年=100)	**مال باھا ئومۇمىي كۆرسەتكۈچى (ئالدىنقى يىلدىكى =100)**		
1、农副产品收购价格总指数	1. يېزا ئىگىلىك قوشۇمچە مەھسۇلاتلىرىنى سېتىۋېلىش باھاسى ئومۇمىي كۆرسەتكۈچى	149.3	129.1
2、零售物价总指数	2. پارچە سېتىش باھاسى ئومۇمىي كۆرسەتكۈچى	125.7	116.7
工资	**ئىش ھەققى**		
职工工资总额(亿元)	ئىشچى خىزمەتچىلەرنىڭ ئىش ھەققى ئومۇمىي سوممىسى (يۈزمىليون يۈەن)	132.75	167.73
职工平均货币工资(元)	ئىشچى-خىزمەتچىلەرنىڭ ئوتتۇرىچە پۇل ئىش ھەققى (يۈەن)	4 252	5 348
农业	**يېزا ئىگىلىك**		
1、农林牧渔业总产值(亿元)	1. دېھقانچىلىق، ئورمانچىلىق، چارۋىچىلىق، بېلىقچىلىق ئومۇمىي مەھسۇلات قىممىتى (يۈز مىليون يۈەن)	306.47	405.73
2、主要农产品产量(万吨)	2. ئاساسلىق يېزا ئىگىلىك مەھسۇلاتلىرى مىقدارى (تۈمەن توننا)		
粮食	ئاشلىق	666.17	730
棉花	پاختا	88.21	93.5
油料	مايلىق دان	50.76	49.41
甜菜	قىزىلچا	299.24	288.14
果用瓜	قوغۇن-تاۋۇز	77.12	68.75
猪牛羊肉	چوشقا، كالا، قوي گۆشى	37.69	45.99
水产品	سۇ مەھسۇلاتلىرى	3.53	4.44
工业	**سانائەت**		
1、工业总产值(亿元)	سانائەت ئومۇمىي مەھسۇلات قىممىتى (يۈزمىليون يۈەن)	590.52	804.26
2、主要工业产品产量	2. ئاساسلىق سانائەت مەھسۇلاتلىرى مىقدارى		
纱(万吨)	يىپ (تۈمەن توننا)	19.76	24.47
布(万米)	رەخت (تۈمەن مېتر)	2.82	30 460
毛线(吨)	يۇڭ يىپ (توننا)	2 570	2 286
呢绒(万米)	يۇڭ توقۇلما (تۈمەن مېتر)	1 352	1 261
机制纸及纸板(万吨)	ماشىنىدا ئىشلەنگەن قەغەز ۋە تاختا قەغەز (تۈمەن توننا)	14.57	18.04
原盐(万吨)	تۇز (تۈمەن توننا)	39.94	25.98
糖(万吨)	شېكەر (تۈمەن توننا)	28.39	30.18
皮革(万张)	كۆن-خۇرۇم (تۈمەن دانە)	67	66.37
电视机(万台)	تېلېۋىزور (تۈمەن دانە)	4.77	2.48
#彩电(万台)	#رەڭلىك تېلېۋىزور (تۈمەن دانە)	1.75	0.59
原煤(万吨)	كۆمۈر (تۈمەن توننا)	2 633.29	2 720.74
原油(万吨)	نېفىت (تۈمەن توننا)	1 156.62	1 267.83

2－3 续表 1 داۋامى

指标	كۆرسەتكۈچلەر	1994	1995
发电量(亿千瓦小时)	توك تارقىتىش مىقدارى (يۈز مىليون كىلوۋات سائەت)	106.17	120.43
钢(万吨)	پولات (تۈمەن توننا)	66.39	70.59
成品钢材(万吨)	تەييار پولات ماتېرىيالى (تۈمەن توننا)	57.71	66.55
水泥(万吨)	سېمونت (تۈمەن توننا)	448.26	489.88
3、国有独立核算工业企业主要财务指标(亿元)	3. دۆلەت ئىگىلىكىدىكى مۇستەقىل ھېسابات قىلىدىغان سانائەت كارخانىلىرىنىڭ ئاساسلىق مالىيە كۆرسەتكۈچلىرى (يۈز مىليون يۈەن)		
年底固定资产原值	يىل ئاخىرىدىكى مۇقىم مۈلۈكنىڭ ئەسلى قىممىتى	570.84	749.10
年底固定资产净值	يىل ئاخىرىدىكى مۇقىم مۈلۈكنىڭ ساپ قىممىتى	420.09	512.25
利润和税金总额	پايدا ۋە باج ئومۇمىي سوممىسى	27.85	31.28
运输邮电	**ترانسپورت، پوچتا-تېلېگراف**		
1、货物周转量(亿吨公里)	1. يۈك ئوبوروت مىقدارى (يۈزمىليون توننا كىلومېتىر)	370.89	407.63
铁路	تۆمۈر يول	207.63	240.88
公路	تاش يول	149.76	152.95
管道	تۇرۇبا يولى	13.00	13.22
空运(万吨公里)	ھاۋاترانسپورتى (تۈمەن توننا كىلومېتىر)	5 000	5 744
2、旅客周转量(亿人公里)	2. يولۇچى ئوبوروت مىقدارى	233.82	239.8
铁路	تۆمۈر يول	58.08	58
公路	تاش يول	150.74	152.13
空运	ھاۋا ترانسپورت	25.00	29.68
3、邮电业务总量(万元)	3. پوچتا-تېلېگراف كەسپى ئومۇمىي مىقدارى (تۈمەن يۈەن)	56 082.00	90 226
4、函件(万件)	4. خەت-چەك (تۈمەن پارچە)	9 947.2	9 041.8
5、报刊期发数(万份)	5. گېزىت، ژورناللارنىڭ قەرەللىك تارقىتىلىش سانى (تۈمەن سان)	200.4	478.1
国内商业(万元)	**ئىچكى سودا (تۈمەن يۈەن)**		
社会消费品零售总额(亿元)	ئىجتىمائىي ئىستېمال بۇيۇملىرىنىڭ پارچە سېتىلىش ئومۇمىي سوممىسى (يۈز مىليون يۈەن)	197.11	2 253.65
外贸、外经和旅游	**تاشقى سودا، تاشقى ئىقتىساد ۋە ساياھەتچىلىك**		
1、外贸进出口总额(万美元)	1. تاشقى سودا ئىمپورت-ئېكسپورت ئومۇمىي سوممىسى (تۈمەن ئامېرىكا دوللىرى)	104 053	142 798
出口额	ئېكسپورت سوممىسى	57 612	76 880
进口额	ئىمپورت سوممىسى	46 441	65 918
2、利用外资(万美元)	2. پايدىلانغان چەتئەل مەبلىغى (تۈمەن ئامېرىكا دوللىرى)		
签订利用外资协议额	ئىمزالانغان چەتئەل مەبلىغىدىن پايدىلىنىش كېلىشىمنامىسى سوممىسى	19 122	42 039
实际利用外资额	ئەمەلىيەتتە پايدىلىنىدىغان چەتئەل مەبلىغى سوممىسى	14 542	54 699
#外商直接投资	#چەتئەل سودىگەرلىرىنىڭ بىۋاسىتە سالغان مەبلىغى	4 829	6 678
3、国际旅游	3. خەلقئارا ساياھەتچىلىك		
旅游人数(人)	ساياھەتچىلەر سانى (نەپەر)	161 904	203 579
旅游外汇收入(万美元)	ساياھەتچىلىكتىن كىرگەن تاشقى پېرېۋوت كىرىمى (ئامېرىكا دوللىرى)	4 276	5 268
教育文化	**مائارىپ مەدەنىيەت ئىشلىرى**		
1、在校学生数(万人)	1. مەكتەپتىكى ئوقۇغۇچىلار سانى (تۈمەن نەپەر)		
高等学校	ئالىي مەكتەپلەر	4.37	4.49
中等专业学校	ئوتتۇرا تېخنىكوملار	7.39	6.86
普通中学	ئادەتتىكى ئوتتۇرا مەكتەپلەر	72.36	74.98
小学	باشلانغۇچ مەكتەپ	210.59	220.13
2、出版数量	2. نەشر قىلىش مىقدارى		
图书(万册)	كىتاب (تۈمەن پارچە)	5 636.5	5 653
杂志(万册)	ژورنال (تۈمەن نۇسخا)	1 010.5	972
报纸(万份)	گېزىت (تۈمەن نۇسخا)	19 667	18 700
卫生	**سەھىيە**		
医院床位数(万张)	دوختۇرخانىلاردىكى كارۋات سانى (تۈمەن دانە)	6.67	6.67
卫生技术人员(万人)	سەھىيە تېخنىك خادىملار (تۈمەن نەپەر)	9.04	9.20
#医生(万人)	#دوختۇر (تۈمەن نەپەر)	3.87	3.96

خەلق ئىگىلىكى ئاساسىي كۆرسەتكۈچلىرىنىڭ ئېشىش كۆرسەتكۈچى

2—4　国民经济主要指标增长指数

指标	كۆرسەتكۈچلەر	1995-يىلى تۈۋەندىكى ھەر قايسى يىللارغا قارىغاندا% 1995年为以下各年的% 1978	1980	1985	1990	1994	ئوتتۇرچە ئاشقىنى 平均增长（%）
人口	**ئاھالە**						
年底总人口	يىل ئاخىرىدىكى ئومۇمىي ئاھالە	134.74	129.47	122.06	108.64	101.75	1.8
劳动力	ئەمگەك كۈچى						
从业人员	ئىشتىكى خادىملار	137.61	133.50	119.47	109.44	102.81	1.9
#职工人数	#ئىشچى-خىزمەتچىلەر سانى	137.34	127.63	116.58	103.79	100.28	1.9
国内生产总值	**ئىچكى ئىشلەپچىقىرىش ئومۇمىي قىممىتى**	**599.04**	**497.54**	**276.69**	**174.55**	**110.30**	**11.1**
固定资产投资	**مۇقىم مۈلۈككە سېلىنغان مەبلەغ**						
1、全社会固定资产投资	1. پۈتۈن جەمئىيەت مۇقىم مۈلۈككە سالغان مەبلەغ			749.42	375.47	116.77	
2、国有单位固定资产投资	2. دۆلەت ئىگىدارچىلىقىدىكى ئورۇنلارنىڭ مۇقىم مۈلۈككە سالغان مەبلىغى			668.03	348.93	109.62	
#基本建设	#ئاساسىي قۇرۇلۇش			652.82	361.52	104.82	
更新改造	ئۆزگەرتىش، يېڭىلاش			999.84	400.06	144.39	
其他	باشقا			427.12	235.30	88.70	
3、集体单位固定资产投资	3. كوللېكتىپ ئورۇنلارنىڭ مۇقىم مۈلۈككە سالغان مەبلىغى			965.71	431.49	145.79	
城镇	شەھەر-بازارلار			1 178.72	419.70	161.28	
农村	يېزىلار			793.10	446.60	130.68	
地方财政收支	**يەرلىك مالىيە كىرىم-چىقىمى**						
1、地方财政收入	1. يەرلىك مالىيە كىرىمى	837.46	1 483.72	706.42	277.10	133.30	13.3
2、地方财政支出	2. يەرلىك مالىيە چىقىمى	566.54	594.52	337.05	202.45	135.6	10.7
3、中央补助收入	3. مەركەزنىڭ قوشۇمچە ياردەم كىرىمى	366.24	307.76	170.50	145.14	119.75	7.9
物价总指数	**مال باھا ئومۇمىي كۆرسەتكۈچى**						
1、农副产品收购价格总指数	1. يېزا ئىگىلىك قوشۇمچە مەھسۇلاتلىرىنى سېتىۋېلىش باھاسى ئومۇمىي كۆرسەتكۈچى	620.07	500.52	370.00	227.99	129.10	11.3
2、零售物价总指数	2. پارچە سېتىش باھاسى ئومۇمىي كۆرسەتكۈچى	380.68	353.25	306.80	192.91	116.70	8.2
工资	**ئىش ھەققى**						
职工工资总额	ئىشچى-خىزمەتچىلەرنىڭ ئىش ھەققى ئومۇمىي سوممىسى	1 052.26	789.69	494.63	250.79	126.35	14.8
职工平均货币工资	ئىشچى-خىزمەتچىلەرنىڭ ئوتتۇرچە پۇل ئىش ھەققى	745.89	606.35	418.79	235.39	125.78	12.5
农业	**يېزا ئىگىلىك**						
1、农林牧渔业总产值	1. دېھقانچىلىق، ئورمانچىلىق، چارۋىچىلىق، بېلىقچىلىق ئومۇمىي مەھسۇلات قىممىتى	421.30	363.46	223.59	138.70	107.12	8.8
2、主要农产品产量	2. ئاساسلىق يېزا ئىگىلىك مەھسۇلاتلىرىنىڭ مىقدارى						
粮食	ئاشلىق	197.34	189.10	147.02	107.87	109.60	4.1
棉花	پاختا	1 700.00	1 180.56	497.87	199.45	106.0	18.1
油料	مايلىق دان	478.32	280.90	144.26	126.82	97.34	9.6
甜菜	قىزىلچا	1 760.17	748.03	708.13	128.42	96.29	18.4
果用瓜	قوغۇن-تاۋۇز	156.07	123.47	67.35	73.62	89.15	2.7
猪牛羊肉	چوشقا، كالا، قوي گۆشى	476.57	384.20	265.99	165.61	122.02	9.6

2—4 续表 1 داۋامى 1

指标	كۆرسەتكۈچلەر	1995年为以下各年的% 1995-يىلى تۆۋەندىكى ھەر قايسى يىللارغا قارىغاندا% 1978	1980	1985	1990	1994	平均增长(%) ئوتتۇرىچە ئاشقىنى
水产品	سۇ مەھسۇلاتلىرى	778.95	672.73	493.33	191.38	125.78	12.8
工业	سانائەت						
1、工业总产值	1. سانائەت ئومۇمىي مەھسۇلات قىممىتى	670.93	570.05	304.08	176.44	114.6	11.8
2、主要工业产品产量	2. ئاساسلىق سانائەت مەھسۇلاتلىرىنىڭ مىقدارى						
纱	يىپ	873.93	782.43	625.83	240.14	123.84	13.6
布	رەخت	195.51	180.47	143.87	101.67	108.16	4.0
毛线	يۇڭ يىپ	184.50	141.64	95.41	104.91	88.95	3.7
呢绒	يۇڭ توقۇلما	665.90	525.24	185.44	102.52	93.27	11.8
机制纸及纸板	ماشىنىدا ئىشلەنگەن قەغەز ۋە تاختا قەغەز	906.53	757.98	434.70	198.46	123.82	13.8
原盐	تۇز	50.24	68.05	74.04	16.34	65.05	—4.0
糖	شېكەر	1 450.96	681.26	420.33	179.22	106.31	17.0
皮革	كۆن-خۇرۇم	162.66	177.44	83.80	64.18	99.05	2.9
电视机	تېلېۋىزور			40.66	19.34	51.99	
#彩电	# رەڭلىك تېلېۋىزور			14.39	11.39	33.71	
原煤	كۆمۈر	252.15	239.32	170.02	129.55	103.32	5.6
原油	نېفىت	359.11	324.60	254.07	182.42	109.62	7.8
发电量	توك تارقىتىش مىقدارى	568.86	510.72	316.00	172.56	113.43	10.8
钢	پولات	834.42	657.29	356.71	193.46	106.33	13.3
成品钢材	تەييار پولات ماتېرىيالى	974.40	774.75	397.80	233.67	115.32	14.3
水泥	سېمونت	626.82	538.96	243.65	171.88	109.28	11.4
3、国有独立核算工业企业主要财务指标	3. دۆلەت ئىگىدارچىلىقىدىكى مۇستەقىل ھېسابات قىلىدىغان سانائەت كارخانىلىرىنىڭ ئاساسلىق مالىيە كۆرسەتكۈچلىرى						
年底固定资产原值	يىل ئاخىرىدىكى مۇقىم مۈلۈكنىڭ ئەسلى قىممىتى	1 661.71	1 516.70	762.68	348.09	131.23	18.0
年底固定资产净值	يىل ئاخىرىدىكى مۇقىم مۈلۈكنىڭ ساپ قىممىتى	1 901.45	1 849.95	827.14	332.54	121.94	18.9
利润和税金总额	پايدا ۋە باج ئومۇمىي سوممىسى	495.72	508.62	283.85	227.66	112.32	9.9
运输邮电	ترانسپورت، پوچتا-تېلېگراف						
1、货物周转量	1. يۈك ئوبوروت مىقدارى	381.09	336.48	233.25	155.40	109.90	8.2
铁路	تۆمۈر يول	355.54	357.55	236.12	170.67	116.03	7.7
公路	تاش يول	476.93	333.20	249.60	141.46	102.10	9.6
管道	تۇربا يولى	185.41	165.87	115.46	102.96	101.69	3.7
空运	ھاۋا ترانسپورتى	5 855.25	4 168.35	5 523.07	280.47	114.88	27.0
2、旅客周转量	2. يولوچىلار ئوبوروت مىقدارى	950.57	786.58	379.71	231.05	102.57	14.2
铁路	تۆمۈر يول	423.32	308.44	175.15	153.03	100.00	8.9
公路	تاش يول	1 388.43	1 405.09	522.39	276.13	100.95	16.7
空运	ھاۋا ترانسپورتى	5 396.36	3 575.91	3 411.49	276.61	118.72	26.4

2—4 续表 2 داۋامى

指标 كۆرسەتكۈچلەر		1978	1980	1985	1990	1994	平均增长 (%) ئوتتۇرىچە ئاشقىنى
		1995-يىلى تۆۋەندىكى ھەر قايسى يىللارغا قارىغاندا% 1995年为以下各年的%					
3、邮电业务总量	3. پوچتا-تېلېگراف كەسپى ئومۇمىي مىقدارى	1 902.39	1 731.26	1 131.98	519.38	160.88	18.9
4、函件	خەت-چەك	186.71	153.49	128.57	122.51	90.90	3.7
5、报刊期发数	5. گېزىت، ژۇرناللارنىڭ قەرەللىك تارقىتىلىش سانى	213.63	145.05	82.59	59.34	102.42	4.6
国内商业	**ئىچكى سودا**						
社会消费品零售总额	ئىجتىمائىي ئىستېمال بۇيۇملىرىنى پارچە سېتىش ئومۇمىي سوممىسى	1 158.88	863.92	442.00	243.17	128.68	15.5
外贸、外经和旅游	**تاشقى سودا، تاشقى ئىقتىساد ۋە ساياھەتچىلىك**						
1、外贸进出口总额	1. تاشقى سودا ئىمپورت-ئېكسپورت ئومۇمىي سوممىسى	6 806.87	4 518.92	489.08	348.08	137.24	27.3
出口额	ئېكسپورت سوممىسى	8 204.91	4 495.91	426.64	229.29	133.44	29.6
进口额	ئىمپورت سوممىسى	4 678.35	4 546.07	589.76	879.49	141.94	25.4
2、利用外资	2. پايدىلىنىلغان چەتئەل مەبلىغى						
签订利用外资协议额	ئىمزالانغان چەتئەل مەبلىغىدىن پايدىلىنىش كېلىشىم سوممىسى		6 994.84	875.08	941.94	218.70	
实际利用外资额	ئەمەلىيەت پايدىلىنىلغان چەتئەل مەبلىغى		50 182.57	10 559.65	716.99	376.14	
#外商直接投资	#چەتئەل سودىگەرلىرى بىۋاستە سالغان مەبلىغى			4 253.50	936.61	138.29	
3、国际旅游	3. خەلقئارا ساياھەتچىلىك						
旅游人数	ساياھەتچىلەر سانى	231 339.77	5 287.77	876.21	255.01	125.74	57.7
旅游外汇收入	ساياھەتتىن كىرگەن تاشقى پېرېۋوت كىرىمى	114 543.48	3 010.86	944.27	434.74	123.22	51.3
教育文化	**مائارىپ، مەدەنىيەت ئىشلىرى**						
1、在校学生数	1. مەكتەپتىكى ئوقۇغۇچىلار						
高等学校	ئالىي مەكتەپلەردىكى	439.12	313.94	169.50	143.64	102.82	9.1
中等专业学校	ئوتتۇرا تېخنىكوملاردىكى	289.44	161.90	206.27	140.15	92.78	6.5
普通中学	ئادەتتىكى ئوتتۇرا مەكتەپلەردىكى	92.98	91.09	78.48	86.87	103.62	−0.4
小学	باشلانغۇچ مەكتەپلەردىكى	108.50	107.09	111.95	118.52	104.53	0.5
2、出版数量	2. نەشر قىلىنغان مىقدارى						
图书	كىتاب	179.39	149.18	113.61	117.92	100.29	3.5
杂志	ژۇرنال	4 136.17	699.78	180.84	145.73	96.19	24.5
报纸	گېزىت	169.02	203.35	165.07	133.12	95.08	3.1
卫生	**سەھىيە**						
医院床位数	دوختۇرخانىلاردىكى كارۋات سانى	170.23	141.20	120.61	109.87	99.95	3.2
卫生技术人员	سەھىيە تېخنىك خادىملار سانى	180.27	158.81	133.45	115.25	101.76	3.5
#医生	#دوختۇرلار	234.56	192.28	154.10	117.67	102.48	5.1

ئوتتۇرچە ھەر كۈنلۈك ئاساسلىق ئىجتىمائىي ئىقتىساد پائالىيىتى
2—5 平均每天主要社会经济活动

指标	كۆرسەتكۈچلەر	1994	1995
每天创造的财富	**ھەر كۈنلۈك يارىتىلغان بايلىق**		
国内生产总值(万元)	ئىچكى ئىشلەپچىقىرىش ئومۇمىي قىممىتى (تۈمەن يۈەن)	18 456.86	22 864.96
农林牧渔业总产值(万元)	دېھقانچىلىق، ئورمانچىلىق، چارۋىچىلىق، بېلىقچىلىق ئومۇمىي قىممىتى (تۈمەن يۈەن)	8 396.44	11 115.98
工业总产值(万元)	سانائەت ئومۇمىي مەھسۇلات قىممىتى (تۈمەن يۈەن)	16 178.63	22 034.65
地方财政收入(万元)	يەرلىك مالىيە كىرىمى (تۈمەن يۈەن)	777.96	1 048.82
布(万米)	رەخت (تۈمەن مېتر)	77.18	83.45
机制纸及纸板(吨)	ماشىنىدا ئىشلەنگەن قەغەز ۋە تاختا قەغەز (توننا)	399.18	494.25
原煤(万吨)	كۆمۈر (تۈمەن توننا)	7.21	7.45
原油(万吨)	نېفت (تۈمەن توننا)	3.17	3.47
发电量(万千瓦小时)	تارقىتىلغان توك مىقدارى (تۈمەن كىلوۋات سائەت)	2 908.77	3 299.45
钢(吨)	پولات (توننا)	1 818.90	1 933.97
成品钢材(吨)	تەييار پولات ماتېرىيالى (توننا)	1 581.10	1 823.29
水泥(吨)	سېمونت (توننا)	12 281.1	13 421.37
全区每天消费量	**ئاپتونوم رايون بويىچە ھەر كۈنلۈك ئىستېمال مىقدارى**		
城乡居民消费总额(万元)	شەھەر، يېزا ئاھالىسىنىڭ ئىستېمال ئومۇمىي سوممىسى (تۈمەن يۈەن)	7 700.15	10 236.54
每人平均消费额(元)	ھەر كىشىنىڭ ئوتتۇرىچە ئىستېمال سوممىسى (يۈەن)	4.76	6.22
每天其他经济活动	**ھەر كۈنلۈك باشقا ئىقتىسادىي پائالىيەتلەر**		
货物运输量(万吨)	يۈك توشۇش مىقدارى (تۈمەن توننا)	108.90	109.72
旅客运输量(万人)	يولوچى توشۇش مىقدارى (تۈمەن نەپەر)	86.93	88.83
出版图书(万册)	نەشر قىلىنغان كىتاپ (تۈمەن پارچە)	15.44	54.19
出版杂志(万份)	نەشر قىلىنغان ژۇرنال (تۈمەن نۇسخا)	2.77	2.66
出版报纸(万份)	نەشر قىلىنغان گېزىت (تۈمەن نۇسخا)	53.88	51.23
邮寄函件(万件)	پوچتىدىن ئەۋەتىلگەن خەت-چەك (تۈمەن پارچە)	27.25	24.77
每天人口变动与婚姻	**ھەر كۈنكى ئاھالىنىڭ ئۆزگىرىش ۋە نىكاھلىنىش ئەھۋالى**		
出生(人)	تۇغۇلغان (نەپەر)	923.48	852.84
死亡(人)	ئۆلگەن (نەپەر)	329.56	291.05
结婚(对)	نىكاھلانغان (جۈپ)	494.74	455.79
离婚(对)	ئاجراشقان (جۈپ)	77.81	146.62

注:本表价值指标均按当年价计算。

ئەسكەرتىش: بۇ جەدۋەلدىكى سانلار شۇ يىلقى باھا بويىچە ھېسابلانغان.

كىشى بېشىغا توغرا كېلىدىغان خەلق ئىگىلىكى ئاساسىي كۆرسەتكۈچلىرى

2—6 人均国民经济主要指标

指标	كۆرسەتكۈچلەر	1994	1995
国内生产总值(元/人)	ئىچكى ئىشلەپچىقىرىش ئومۇمىي قىممىتى (يۈەن/ئادەم)	3 953	4 819
工农业总产值(元/人)	سانائەت، يېزا ئىگىلىك ئومۇمىي مەھسۇلات قىممىتى (يۈەن/ئادەم)	5 540	7 346
工业总产值	سانائەت ئومۇمىي مەھسۇلات قىممىتى	3 647	4 883
农业总产值	يېزا ئىگىلىك ئومۇمىي مەھسۇلات قىممىتى	1 893	2 463
固定资产投资总额(元/人)	مۇقىم مۈلۈككە سېلىنغان مەبلەغ ئومۇمىي سوممىسى(يۈەن/ئادەم)	1 763.32	2 024
#国有基本建设投资额	#دۆلەت ئىگىلىكىدىكى ئاساسىي قۇرۇلۇشقا سېلىنغان مەبلەغ سوممىسى	1 022.52	1 054
地方财政收入(元/人)	يەرلىك مالىيە كىرىمى	177.27	232.43
地方财政支出(元/人)	يەرلىك مالىيە چىقىمى	439.14	585.32
耕地面积(亩/人)	تېرىلغۇ يەر كۆلىمى (مو/ئادەم)	2.87	2.82
粮食产量(公斤/人)	ئاشلىق مەھسۇلات مىقدارى (كىلوگرام / ئادەم)	411.50	443.23
棉花	پاختا	54.5	56.77
油料	مايلىق دان	31.40	30.0
甜菜	قىزىلچا	184.80	174.9
猪牛羊肉产量	چوشقا، كالا، قوي گۆشى مەھسۇلات مىقدارى	23.3	27.92
水产品产量	سۇ مەھسۇلاتلىرى مىقدارى	2.2	2.70
水果产量	مېۋە مەھسۇلات مىقدارى	66.4	69.42
#果用瓜	#قوغۇن-تاۋۇز	47.2	41.74
布(米/人)	رەخت (مېتر/ئادەم)	17.40	18.49
机制纸及纸板(公斤/人)	ماشىنىدا ئىشلەنگەن قەغەز ۋە تاختا قەغەز	9.0	10.95
纱	يىپ	12.20	14.86
原煤	كۆمۈر	1 627	1 652
原油	نېفىت	714	769.8
发电量(千瓦小时/人)	توك تارقىتىش مىقدارى (كىلوۋات سائەت / ئادەم)	656	731.2
水泥(公斤/人)	سېمونت	277	297.44
社会消费品零售总额(元/人)	ئىجتىمائىي ئىستېمال بۇيۇملىرىنىڭ پارچە سېتىلىش ئومۇمىي سوممىسى (يۈەن /ئادەم)	1 217.49	1 540.06
外贸出口总额(美元/人)	تاشقى سودا ئېكسپورت ئومۇمىي سوممىسى (دوللار/ئادەم)	35.59	46.68
高等学校在校学生数(人/万人)	ئالىي مەكتەپلەردە ئوقۇۋاتقان ئوقۇغۇچىلار سانى (ئادەم /تۈمەن ئادەم	26.76	27.03
中等专业学校在校学生数	ئوتتۇرا تېخنىكوملاردا ئوقۇۋاتقان ئوقۇغۇچىلار سانى (ئادەم /تۈمەن ئادەم)	45.28	41.29
普通中学在校学生数	ئادەتتىكى ئوتتۇرا مەكتەپلەردە ئوقۇۋاتقان ئوقۇغۇچىلار سانى (ئادەم/تۈمەن ئادەم،	443.19	451.32
医院床位数(张/万人)	دوختۇرخانىلاردىكى كارۋات سانى (دانە/تۈمەن ئادەم)	40.87	40.1
卫生技术人员数(人/万人)	سەھىيە تېخنىك خادىملار سانى (ئادەم/تۈمەن ئادەم)	55.39	55.4
#医生	#دوختۇرلار	23.69	23.9
城乡居民储蓄存款余额(元/人)	شەھەر-يېزا ئاھالىلىرىنىڭ ئامانەت قويغان پۇل قالدۇقى (يۈەن /ئادەم)	2 129.67	2 872.25

ئومۇمىي ھاسىلات ۋە ئۇنىڭ كۆرسەتكۈچى

2—7 总产出及其指数

يىللار 年 份	ئومۇمىي ھاسىلات 总产出	1.كەسىپ 第一产业	2.كەسىپ 第二产业	سانائەت 工 业	بىناكارلىق قۇرۇلۇش 建筑业	3.كەسىپ 第三产业	#ترانسپورت، ئىسكىلاتتا ساقلاش ۋە پوچتا.تېلېگراف #运输、仓储及邮电业	#توپ تارقىتىش ۋە پارچە سېتىش سودىسى، يېمەك.ئىچمەك كەسپى #批发和零售贸易、餐饮业
مۇتلەق سان (يۈزمىليون يۈەن) 绝对数(亿元)								
1978	81.90	20.97	43.14	33.90	9.24	17.79	6.16	3.26
1979	90.69	24.58	46.76	36.71	10.05	19.35	6.09	4.18
1980	105.82	30.89	51.27	40.71	10.56	23.66	6.52	6.05
1981	119.24	35.08	54.47	43.59	10.88	29.69	7.03	7.25
1982	113.14	38.76	60.95	49.63	11.32	33.43	7.59	8.49
1983	151.94	43.39	71.65	58.67	12.98	36.90	8.30	9.45
1984	174.86	49.89	82.37	67.22	1.15	42.60	9.60	13.70
1985	214.53	56.57	107.57	86.78	20.79	50.39	9.98	13.70
1986	250.92	65.52	120.90	97.71	23.19	64.50	12.38	17.35
1987	294.97	81.63	139.87	115.64	24.23	73.47	14.77	19.76
1988	385.84	108.46	182.22	149.09	33.13	95.16	18.01	26.72
1989	459.77	121.50	223.83	187.41	36.42	114.44	21.18	36.97
1990	576.42	144.60	262.94	219.92	43.02	168.82	37.22	61.11
1991	750.38	162.01	345.42	280.59	64.83	242.95	45.05	86.26
1992	891.23	172.42	437.23	317.22	120.01	281.58	56.57	110.32
1993	1 165.38	198.20	636.68	448.40	188.28	330.50	66.40	129.48
1994	1 559.46	306.47	804.98	590.52	214.46	448.01	83.73	172.30
1995	2 047.91	415.19	1 047.31	804.27	243.04	585.41	124.30	218.04
ھالقىسمان سېلىشتۇرما كۆرسەتكۈچ (%) 环比指数(%)								
1979	106.8	106.5	107.8	105.8	115.2	105.1	99.0	118.7
1980	107.9	108.8	105.6	111.2	86.2	112.0	116.1	140.2
1981	110.7	109.9	105.0	105.5	102.9	123.6	109.0	118.9
1982	110.8	109.4	110.3	112.4	100.9	113.1	109.1	121.0
1983	111.7	109.7	114.5	115.1	111.6	108.7	107.6	110.5
1984	112.0	111.2	112.5	112.8	111.2	112.0	113.2	111.8
1985	115.3	110.9	121.8	121.8	122.1	108.2	104.0	116.3
1986	109.4	112.4	108.8	109.8	104.0	107.4	108.9	110.7
1987	110.9	111.7	108.8	111.9	91.7	114.5	125.4	113.8
1988	113.3	106.6	117.3	116.5	122.2	113.1	116.2	113.4
1989	108.7	104.7	108.5	110.4	96.2	113.5	122.7	109.2
1990	113.9	115.1	109.4	109.1	111.4	121.6	95.6	98.0
1991	115.1	107.5	117.4	115.5	131.8	118.1	118.0	125.1
1992	113.9	105.5	115.3	10.6	157.5	118.7	127.9	112.6
1993	111.7	102.5	113.5	110.8	122.5	116.6	122.3	108.5
1994	109.6	110.9	109.7	110.9	106.4	108.5	103.8	105.9
1995	112.3	109.3	113.1	114.6	108.6	112.9	130.4	108.4
مۇقىم ئاساسلىق كۆرسەتكۈچ (%) 定基指数(%)								
1978	100.0	100.0	100.0	100.0	100.0	100.0	100.0	100.0
1979	106.8	106.5	107.8	105.8	115.2	105.1	99.0	118.7
1980	115.2	115.9	113.8	117.6	99.3	117.7	114.9	166.4
1981	127.5	127.4	119.5	124.1	102.2	145.5	125.2	197.8
1982	141.3	139.4	131.8	139.5	103.1	164.6	136.6	239.3
1983	157.8	152.9	150.9	160.6	115.1	178.9	147.0	264.4
1984	176.7	170.0	169.8	181.2	128.0	200.4	166.4	295.6
1985	203.7	188.5	206.8	220.7	156.3	216.8	173.1	343.8
1986	222.8	211.9	225.0	242.3	162.6	232.8	188.5	380.6
1987	247.1	236.7	244.8	271.1	149.1	266.6	236.4	433.1
1988	280.0	252.3	287.2	315.8	182.2	301.5	274.7	491.1
1989	304.4	264.2	311.6	348.6	175.3	342.2	337.1	536.3
1990	346.7	304.1	340.9	380.3	195.3	416.1	322.3	525.6
1991	399.0	326.9	400.2	439.2	257.4	491.4	380.3	657.5
1992	454.6	344.9	461.4	477.0	405.4	583.3	486.4	740.3
1993	507.8	353.5	523.7	528.5	496.6	680.1	594.9	803.2
1994	556.5	392.0	574.5	586.1	528.4	737.9	617.5	850.6
1995	624.9	428.5	649.9	671.7	573.8	833.1	805.2	922.1

ئىچكى ئىشلەپچىقىرىش ئومۇمىي قىممىتى ۋە كۆرسەتكۈچى

2—8 国内生产总值及其指数

يىللار 年 份	ئىچكى ئىشلەپچىقىرىش ئومۇمىي قىممىتى 国内生产总值	1.كەسىپ 第一产业	2.كەسىپ 第二产业	# سانائەت #工业	# بىناكارلىق قۇرۇلۇش #建筑业	3.كەسىپ 第三产业	# ترانسپورت پوچتا،تېلېگراف، ئىسكىلاتتا ساقلاش كەسپى #运输邮电仓储业	# سودا #商业	كىشى بېشىغا توغرا كېلىدىغان ئىچكى ئىشلەپچىقىرىش ئومۇمىي قىممىتى(يۈەن) 人均国内生产总值(元)
مۇتلەق سان (يۈز مىليون يۈەن) 绝对数(亿元)									
1978	39	14	18	14	4	7	1	2	313
1979	46	16	21	17	4	8	2	2	359
1980	53	22	21	17	4	10	2	3	410
1981	59	25	22	18	4	12	2	3	450
1982	65	28	23	18	5	14	3	4	488
1983	79	33	29	23	6	17	3	5	583
1984	90	37	32	26	6	21	4	6	661
1985	112	43	40	32	8	29	5	9	820
1986	129	46	46	37	9	37	6	10	924
1987	149	56	51	41	10	42	8	12	1 053
1988	193	72	66	54	12	55	12	16	1 347
1989	217	78	74	60	14	65	13	18	1 493
1990	274	95!	84	68	16	95	20	28	1 799
1991	336	112	108	84	24	116	23	37	2 101
1992	402	115	147	106	41	140	28	40	2 477
1993	506	129	217	156	61	161	32	44	3 019
1994	674	188	265	190	75	221	42	59	3 953
1995	835	250	303	219	84	282	55	76	4 .819
ھالقىسىمان سېلىشتۇرما كۆرسەتكۈچ (%) 环比指数(%)									
1979	112.3	109.9	111.6	111.3	112.6	120.7	121.9	117.2	
1980	107.2	106.0	104.4	108.4	93.1	116.6		115.8	125.5
1981	108.5	115.3	99.4	99.1	100.2		113.4	119.4	117.9
1982	109.8	111.3	104.2	104.7	102.8		117.1	119.1	119.8
1983	113.4	112.2	111.8	112.4	110.0		118.7	113.0	108.8
1984	114.0	113.6	114.6	115.1	112.8		114.1	100.2	109.2
1985	116.9	112.9	116.7	116.1	119.0		125.0	100.2	126.6
1986	111.5	108.3	109.1	111.0	102.6	120.7	124.9	110.1	
1987	109.7	110.7	104.8	108.6	91.2	114.7	119.1	111.1	
1988	109.6	103.3	114.9	113.6	120.3	112.9	118.8	114.7	
1989	105.9	101.8	104.5	106.9	94.5	113.5	112.7	107.6	
1990	111.7	116.0	106.8	106.4	108.5	112.0	106.7	104.4	
1991	114.4	111.2	117.0	113.1	134.9	115.7	129.0	104.7	
1992	113.1	105.5	119.4	112.6	145.5	115.7	125.7	112.6	
1993	110.3	101.1	114.0	111.3	122.1	116.7	115.4	122.4	
1994	110.9	111.2	110.2	111.1	107.9	111.2	111.5	106.5	
1995	110.3	109.0	111.7	113.6	106.6	110.0	116.6	109.9	
مۇقىم ئاساسلىق كۆرسەتكۈچ (%) 定基指数(%)									
1978	100.0	100.0	100.0	100.0	100.0	100.0	100.0	100.0	
1979	112.3	109.9	111.6	111.3	112.6	120.7	121.9	117.2	
1980	120.4	116.5	116.6	120.7	104.8	140.8	141.1	147.1	
1981	130.6	134.2	115.8	119.6	105.0	159.6	169.5	173.4	
1982	143.3	149.3	120.7	125.2	107.9	186.9	200.7	207.7	
1983	162.5	167.5	135.0	140.1	118.7	221.8	226.8	225.9	
1984	185.3	190.2	154.7	161.9	133.9	253.0	227.2	246.7	
1985	216.5	214.6	180.6	188.0	159.3	316.2	227.7	312.2	
1986	241.3	232.5	197.0	208.7	163.4	381.7	284.4	343.6	
1987	264.7	257.4	206.5	226.5	149.1	437.7	338.7	381.7	
1988	290.1	265.9	237.2	257.4	179.4	494.1	402.5	437.6	
1989	307.2	270.7	247.8	275.2	169.6	560.6	453.6	470.8	
1990	343.2	314.0	264.7	292.8	184.1	627.9	484.0	491.7	
1991	392.6	349.2	309.7	331.2	248.3	726.7	624.2	514.9	
1992	444.1	368.4	369.9	372.9	361.0	840.8	784.5	580.0	
1993	489.9	372.3	421.7	415.0	440.8	981.4	905.1	709.8	
1994	543.3	414.0	464.7	461.1	475.6	1 091.3	1 009.2	755.9	
1995	599.3	451.3	519.1	523.8	507.0	120.0	1 176.7	830.7	

注:本表绝对数按当年价格计算。

ئەسكەرتىش: بۇ جەدۋەلدىكى سانلار شۇ يىلقى باھا بويىچە ھېسابلانغان.

ئومۇمىي ھاسىلات ۋە ئىچكى ئىشلەپچىقىرىش ئومۇمىي قىممىتىنىڭ قۇرۇلمىسى

2—9 总产出及国内生产总值构成

بىرلىكى % 单位：%

يىللار 年份	ئومۇمىي ھاسىلات 总产出	1-كەسىپ 第一产业	2-كەسىپ 第二产业	سانائەت 工业	بىناكارلىق قۇرۇلۇش 建筑业	3-كەسىپ 第三产业	# ترانسپورت، ئىسكىلاتتاسا قلاش، ۋە پوچتا تېلېگراف #运输、仓储及邮电业	توپ تارقىتىش، پارچە سېتىش سودىسى، يېمەك ئىچمەك #批发和零售贸易、餐饮业
				总产出				
1978	100	25.6	52.7	78.6	21.4	21.7	34.7	18.4
1979	100	27.1	51.6	78.5	21.5	21.3	31.5	21.6
1980	100	29.2	48.5	79.4	20.6	22.3	27.5	25.6
1981	100	29.4	45.7	80.0	20.0	24.9	23.7	24.4
1982	100	29.1	45.8	81.4	18.6	25.1	22.7	25.4
1983	100	28.6	47.1	81.9	18.1	24.3	22.5	25.6
1984	100	28.5	47.1	81.6	18.4	24.4	22.5	25.6
1985	100	26.4	50.1	80.7	19.3	23.5	19.8	27.2
1986	100	26.1	48.2	80.8	19.2	25.7	19.2	26.9
1987	100	27.7	47.4	82.7	17.3	25.9	201	26.9
1988	100	28.1	47.2	81.8	18.2	24.7	18.9	28.1
1989	100	26.4	48.7	83.7	16.3	24.9	18.5	32.3
1990	100	24.1	43.8	83.6	16.4	32.1	19.3	31.7
1991	100	21.6	46.0	81.2	18.8	32.4	18.5	35.5
1992	100	19.3	49.1	72.6	27.4	31.6	20.1	39.2
1993	100	17.0	54.6	70.4	29.6	28.4	20.1	39.2
1994	100	19.7	51.6	73.4	26.6	28.7	18.7	38.5
1995	100	20.3	51.1	76.8	23.2	28.6	21.2	37.2
				国内生产总值				
1978	100	35.8	47.0	78.9	21.1	17.2	17.5	30.7
1979	100	35.8	47.0	80.1	19.9	17.2	19.2	29.7
1980	100	40.4	40.3	81.5	18.5	19.3	18.6	28.3
1981	100	42.3	37.7	80.1	19.9	20.0	19.0	28.8
1982	100	43.1	35.8	79.9	20.1	21.1	18.3	27.8
1983	100	41.8	37.1	80.2	19.8	21.1	18.1	28.6
1984	100	40.9	35.3	80.4	19.6	23.8	18.7	29.4
1985	100	38.2	36.1	79.4	20.6	25.7	15.9	31.1
1986	100	35.6	35.4	80.6	19.4	29.0	16.0	28.0
1987	100	37.8	33.9	81.8	18.2	28.3	18.4	29.6
1988	100	37.5	34.3	81.1	18.9	28.2	21.3	29.6
1989	100	35.9	34.0	81.6	18.4	30.1	19.7	26.8
1990	100	34.5	30.5	81.5	18.5	35.0	20.6	28.9
1991	100	33.3	32.1	77.9	22.1	34.6	19.5	31.8
1992	100	28.5	36.7	72.0	28.0	34.8	20.2	28.4
1993	100	25.1	43.0	71.8	28.2	31.9	19.7	27.2
1994	100	27.9	39.4	71.8	28.2	32.7	19.1	26.6
1995	100	30.0	36.2	72.4	27.6	33.8	19.6	26.9

注：本表按当年价格计算。

ئەسكەرتىش: بۇ جەدۋەلدىكى سانلار شۇ يىلقى باھا بويىچە ھېسابلانغان.

ساھەلەرگە ئايرىلغان ئىچكى ئىشلەپچىقىرىش ئومۇمىي قىممىتى ۋە قۇرۇلمىسى

2—10 分行业国内生产总值及构成

(1995 年) 1995-يىل

指标 كۆرسەتكۈچلەر	增加值 قوشۇلغان قىممەت	劳动者报酬 ئەمگەكچىلەر ئىش ھەققى	固定资产折旧 مۇقىم مۈلۈك ئامورتىزا تسىيىسى	生产税净额 ئىشلەپچىقىرىش بېجى ساپ سوممىسى	营业盈余 تىجارەت پايدا ئېشىندىسى
国内生产总值 ئىچكى ئىشلەپچىقىرىش ئومۇمىي قىممىتى	8 345 709	4 613 531	1 210 745	819 638	1 701 795
第一产业 1-كەسىپ	2 501 687	1 758 747	105 506	49 599	587 835
1、农业 1. يېزائىگىلىك	2 501 687	1 758 747	105 506	49 599	587 835
第二产业 2-كەسىپ	3 025 644	1 386 260	691 608	506 025	441 751
2、工业 2. سانائەت	2 190 142	776 444	649 079	449 530	315 089
3、建筑业 3. بىناكارلىق	835 502	609 816	42 529	56 495	126 662
第三产业 3-كەسىپ	2 818 378	1 468 524	413 631	264 014	672 209
4、农林牧渔服务业 4. دېھقانچىلىق، ئورمانچىلىق، چارۋىچىلىق، بېلىقچىلىق مۇلازىمەت كەسپى	40 665	33 012	7 653		
5、地质勘探业、水利管理业 5. گېئولوگىيىلىك قېدىرىپ تەكشۈرۈش، سۇ ئىنشائاتلىرىنى باشقۇرۇش كەسپى	73 048	57 699	15 349		
6、交通运输、仓储、邮电通讯业 6. قاتناش-ترانسپورت، ئىسكىلاتتا ساقلاش، پوچتا-تېلېگراف، خەۋەرلىشىش كەسپى	553 423	292 495	161 148	44 433	55 347
交通运输业和仓储业 قاتناش-ترانسپورت كەسپى بىلەن ئىسكىلاتتا ساقلاش كەسپى	442 358	248 629	107 923	36 406	49 400
邮电通讯业 پوچتا-تېلېگراف، خەۋەرلىشىش كەسپى	111 065	43 866	53 225	8 027	5 947
7、批发和零售贸易、餐饮业 7. توپ ۋە پارچە سېتىش سودىسى، يېمەك-ئىچمەك كەسپى	757 404	314 927	77 545	160 323	204 609
批发和零售贸易业 توپ ۋە پارچە سېتىش سودىسى كەسپى	681 351	301 052	77 110	149 418	153 771
餐饮业 يېمەك-ئىچمەك كەسپى	76 053	13 875	435	10 905	50 838
8、金融保险业 8. پۇل مۇئامىلىسى، سۇغۇرتا كەسپى	547 478	73 920	20 901	40 830	411 827
金融业 پۇل مۇئامىلە كەسپى	124 935	70 058	19 266	38 173	—2562
保险业 سۇغۇرتا كەسپى	11 267	3 862	1 635	2 657	3 113
其他 باشقا	411 276				411 276
9、房地产业 9. ئۆي-جاي كەسپى	56 347	4 389	47 894	1 226	2 838
房地产管理业 ئۆي-جاي باشقۇرۇش كەسپى	1 098	1 098	21	36	67
房地产开发业 ئۆي-جاي تەرەققىيات كەسپى	10 170	3 291	2 794	1 190	2 895
城市居民自有住房 شەھەر ئاھالىلىرىنىڭ ئۆزلىرىنىڭ ئۆيى	6 125		6 125		
农村居民自有住房 يېزا ئاھالىلىرىنىڭ ئۆزلىرىنىڭ ئۆيى	38 954		38 954		
10、社会服务业 10. ئىجتىمائىي مۇلازىمەت كەسپى	161 178	125 484	23 034	14 866	—2206
11、卫生、体育、社会福利事业 11. سەھىيە، تەنتەربىيە، ئىجتىمائىي پاراۋانلىق ئىشلىرى	81 198	74 111	6 970	102	15
12、教育、文艺、广播电影电视事业 12. مائارىپ، مەدەنىيەت-سەنئەت، رادىئو، كىنو، تېلېۋىزىيە ئىشلىرى	230 931	210 175	20 359	381	16
13、科学研究和综合技术服务业 13-پەن-تەتقىقات ۋە ئۇنىۋېرسال تېخنىكا مۇلازىمەت كەسپى	30 330	22 690	6 024	1 853	—237
14、国家政党机关、社会团体 14. دۆلەتنىڭ ھۆكۈمەت، پارتىيە ئورگانلىرى، ئىجتىمائىي تەشكىلاتلار	213 416	186 662	26 754		
15、其他 15. باشقىلار	72 960	72 960			

注:本表按当年价格计算。

ئەسكەرتىش: بۇ جەدۋەلدىكى سانلار شۇ يىلقى باھا بويىچە ھېسابلانغان.

سانائەت، يېزا ئىگىلىك ئومۇمىي مەھسۇلات قىممىتى ۋە كۆرسەتكۈچلىرى

2—11 工农业总产值及其指数

يىللار 年 份	سانائەت، يېزا ئىگىلىك ئومۇمىي مەھسۇلات قىممىتى 工农业总产值	يېزا ئىگىلىكى 农 业	سانائەت 工 业	يېنىك سانائەت 轻 工 业	ئېغىر سانائەت 重 工 业
绝对数(亿元) (يۈز مىلىيون يۈەن) مۇتلەق سان					
1978	55	21	34	14	20
1979	61	24	37	15	22
1980	72	31	41	17	24
1981	79	35	44	20	24
1982	88	39	49	24	25
1983	102	43	59	28	31
1984	117	50	67	30	37
1985	143	56	87	39	48
1986	163	65	98	44	54
1987	197	829	115	53	62
1988	258	109	149	71	78
1989	309	122	187	89	98
1990	365	145	220	109	111
1991	443	162	281	139	142
1992	489	172	317	146	171
1993	646	198	448	172	276
1994	897	306	591	255	336
1995	1 219	415	804	369	435
环比指数(%) (%) زەنجىرسىمان كۆرسەتكۈچ					
1979	106.1	106.5	105.8	105.3	106.1
1980	110.2	108.9	111.2	113.4	109.7
1981	107.4	109.9	105.5	119.2	95.8
1982	111.1	109.4	112.4	114.8	110.4
1983	112.8	109.7	115.1	113.2	116.9
1984	112.1	111.2	112.8	110.9	114.5
1985	117.3	110.9	121.8	120.1	123.2
1986	110.8	112.4	109.8	113.4	106.7
1987	111.8	111.7	111.9	113.8	110.2
1988	112.6	106.6	116.5	116.8	116.3
1989	108.2	104.7	110.4	109.8	110.9
1990	111.3	115.1	109.4	110.9	107.5
1991	112.5	107.5	115.5	118.9	112.0
1992	107.4	105.5	108.6	104.7	112.8
1993	107.5	110.2	110.8	110.7	110.8
1994	110.9	110.9	110.9	114.2	107.7
1995	112.7	109.3	114.6	114.2	115.0
定基指数(%) (%) مۇقىم ئاساسلىق كۆرسەتكۈچ					
1978	100.0	100.0	100.0	100.0	100.0
1979	106.1	106.5	105.8	105.3	106.1
1980	116.9	115.9	117.6	119.3	116.4
1981	125.5	127.4	124.1	142.3	111.5
1982	139.4	139.4	139.5	163.3	123.0
1983	157.3	152.9	160.6	184.8	143.8
1984	176.3	169.9	181.1	204.9	164.7
1985	206.8	188.4	220.5	246.0	202.9
1986	229.1	211.7	242.1	278.9	216.6
1987	256.1	236.4	270.8	317.4	238.6
1988	288.3	251.9	315.6	370.8	277.4
1989	312.1	263.8	348.3	407.2	307.5
1990	347.4	303.7	380.1	451.5	330.6
1991	390.7	326.5	438.8	536.7	370.3
1992	419.6	344.5	476.5	561.9	417.7
1993	451.5	379.6	528.0	622.0	462.8
1994	500.7	421.0	585.6	710.3	498.4
1995	564.3	460.2	671.1	811.2	573.2

سانائەت، يېزا ئىگىلىكىنىڭ ئومۇمىي مەھسۇلات قىممىتىنىڭ قۇرۇلمىسى
2—12 工农业总产值构成

بىرلىكى: % 单位:%

يىللار 年 份	سانائەت، يېزا ئىگىلىكى ئومۇمىي مەھسۇلات قىممىتىنى 100 قىلغاندا 以工农业总产值为100		سانائەت ئومۇمىي مەھسۇلات قىممىتىنى 100قىلغاندا 以工业总产值为100	
	يېزا ئىگىلىكى ئومۇمىي مەھسۇلات قىممىتى 农业总产值	سانائەت ئومۇمىي مەھسۇلات قىممىتى 工业总产值	يېنىك سانائەت ئومۇمىي مەھسۇلات قىممىتى 轻工业总产值	ئېغىر سانائەت ئومۇمىي مەھسۇلات قىممىتى 重工业总产值
1978	38.2	61.8	41.6	58.4
1979	40.1	59.9	41.0	59.0
1980	43.1	56.9	41.5	58.5
1981	44.6	55.4	45.1	54.9
1982	43.9	56.1	48.3	51.7
1983	42.5	57.5	46.7	53.3
1984	42.6	57.4	44.7	55.3
1985	39.5	60.5	44.4	55.6
1986	40.1	59.9	45.4	54.6
1987	41.4	58.6	46.2	53.8
1988	42.1	57.9	47.6	52.4
1989	39.5	60.5	47.6	52.4
1990	39.7	60.3	49.3	50.7
1991	36.6	63.4	49.5	50.5
1992	35.2	64.8	46.1	53.9
1993	30.7	69.3	38.4	61.6
1994	34.1	65.9	43.1	56.9
1995	34.0	66.0	45.9	54.1

ئومۇمىي ئىستېمال ۋە ئومۇمىي سېلىنغان مەبلەغ
2—13 总消费和总投资

بىرلىكى: تۈمەن يۈەن 单位:万元

指 标	كۆرسەتكۈچلەر	1994年 يىل-	1995年 يىل-
总消费	**ئاھالىلەر ئىستېمالى**	**3 752 048**	**4 975 599**
居民消费	ئاھالىلار ئىستېمالى	2 810 553	3 736 336
1、农业居民	1. يېزا ئىگىلىك ئاھالىلىرى	1 096 179	1 495 082
自给性消费	ئۆزىنى تەمىنلەش ئىستېمالى	511 230	732 186
商品性消费	تاۋارلاشقان ئىستېمال	447 161	562 647
文化生活服务性消费	مەدەنىيەت تۇرمۇش مۇلازىمىتى ئىستېمالى	106 353	116 028
住房及水电消费	تۇرالغۇ ئۆي ۋە سۇ، توك ئىستېمالى	31 435	84 221
#住房	# تۇرالغۇ ئۆي	22 543	39 514
2、非农业居民	2. غەيرى يېزا ئىگىلىك ئاھالىلىرى	1 714 374	2 241 254
商品性消费	تاۋارلاشقان ئىستېمال	1 240 239	1 579 156
文化生活服务性消费	مەدەنىيەت تۇرمۇش مۇلازىمىتى ئىستېمالى	433 325	609 261
住房及水电消费	تۇرالغۇ ئۆي ۋە سۇ، توك ئىستېمالى	40 810	52 837
#住房	# تۇرالغۇ ئۆي	19 568	24 191
社会消费	ئىجتىمائىي ئىستېمال	941 495	1 239 263
总投资	**ئومۇمىي سېلىنغان مەبلەغ**	**4 875 542**	**5 608 770**
第一产业	1.كەسىپ	596 519	740 460
第二产业	2.كەسىپ	2 155 464	2 065 236
第三产业	3.كەسىپ	2 123 559	2 803 072

ئومۇمىي ئىستېمال ۋە ئومۇمىي سېلىنغان مەبلەغ ۋە ئۇنىڭ نىسبىتى

2—14 总消费和总投资的比例

يىللار 年 份	ئىچكى ئىشلەپچىقىرىش ئومۇمىي قىممىتىنىڭ ئىشلىتىلگەن سوممىسى (تۈمەن يۈەن) 国内生产总值使用额(万元)	ئومۇمىي ئىستېمال (تۈمەن يۈەن) 总消费(万元)	ئومۇمىي سېلىنغان مەبلەغ (تۈمەن يۈەن) 总投资(万元)	ئىستېمال نىسبىتى 消费率(%)	مەبلەغ سېلىش نىسبىتى 投资率(%)
1965	253 498	176 244	77 254	69.5	30.5
1970	282 798	201 773	81 025	71.3	28.7
1975	387 158	260 614	126 544	67.3	32.7
1980	677 161	445 646	231 515	65.8	34.2
1985	1 462 277	877 988	584 289	60.0	40.0
1986	1 639 755	1 037 162	602 593	63.3	36.7
1987	1 872 514	1 173 098	699 416	62.6	37.4
1988	2 411 678	1 428 627	983 051	59.2	40.8
1989	2 745 149	1 566 708	1 178 441	57.1	42.9
1990	3 293 364	1 881 697	1 411 667	57.1	42.9
1991	3 902 612	2 211 130	1 691 482	56.7	43.3
1992	4 976 879	2 484 290	2 492 589	49.9	50.1
1993	6 569 110	3 007 549	3 561 561	45.8	54.2
1994	8 627 590	3 752 048	4 875 542	43.5	56.5
1995	10 584 369	4 975 599	5 608 770	47.0	53.0
1-بەش يىللىق پىلان "一五"时期	615 919	453 281	162 638	73.6	26.4
2-بەش يىللىق پىلان "二五"时期	1 124 741	760 816	363 925	67.7	32.3
1963—1965	696 383	502 397	193 986	72.1	27.9
3-بەش يىللىق پىلان "三五"时期	1 257 141	950 680	306 461	75.6	24.4
4-بەش يىللىق پىلان "四五"时期	1 710 017	1 193 047	516 970	69.8	30.2
5-بەش يىللىق پىلان "五五"时期	2 599 871	1 722 272	877 599	66.2	33.8
6-بەش يىللىق پىلان "六五"时期	5 156 986	3 243 168	1 913 818	62.9	37.1
7-بەش يىللىق پىلان "七五"时期	11 962 460	7 087 292	4 875 168	59.2	40.8
8-بەش يىللىق پىلان "八五"时期	34 660 560	16 430 616	18 229 944	47.4	52.6

注:本表按当年价格计算。

ئەسكەرتىش: بۇ جەدۋەل شۇ يىلقى باھا بويىچە ھېسابلانغان

ئومۇمىي ئىستىمال كۆرسەتكۈچى

2—15 总 消 费 指 数

(1952-يىلىدىكى 100 بويىچە 1952以 1952 年为 100)　　　单位:% :بىرلىكى

يىللار 年 份	ئومۇمىي ئىستىمال 总 消 费	ئاھالىلار ئىستىمالى 居民消费	يېزا ئىگىلىك ئاھالىلىرى ئىستىمالى 农业居民	غەيرى يېزا ئىگىلىك ئاھالىلىرى ئىستىمالى 非农业居民	ئىجتىمائىي ئىستىمال 社会消费
1965	292.6	283.9	259.5	317.1	419.7
1970	355.0	351.2	232.7	512.2	411.5
1975	455.7	425.5	241.5	675.7	898.4
1980	719.6	651.8	396.6	998.9	1 714.2
1985	1 219.8	1 021.5	686.6	1 477.0	4 128.8
1986	1 348.2	1 085.6	708.3	1 598.8	5 200.6
1987	1 422.4	1 170.0	785.8	1 692.6	5 125.5
1988	1 491.3	1 232.8	826.0	1 786.0	5 284.3
1989	1 382.8	1 191.9	789.9	1 738.6	4 184.2
1990	1 595.1	1 290.4	831.8	1 914.3	6 065.8
1991	1 728.6	1 418.6	913.5	2 105.5	6 277.2
1992	1 815.8	1 455.6	967.0	2 120.0	7 101.0
1993	1 950.0	1 585.8	1 042.4	2 324.8	7 294.8
1994	1 874.0	1 489.7	1 024.2	2 122.8	7 513.4
1995	2 057.7	1 641.6	1 103.1	2 375.4	8 144.5
"一五"时期 پىلان 1-بەش يىللىق	115.0	114.5	111.9	117.7	122.2
"二五"时期 پىلان 2-بەش يىللىق	102.6	102.9	102.2	103.6	99.6
1963—1965	108.4	107.7	109.9	105.5	116.3
"三五"时期 پىلان 3-بەش يىللىق	103.9	104.3	97.8	110.1	99.6
"四五"时期 پىلان 4-بەش يىللىق	105.1	103.9	100.7	105.7	116.9
"五五"时期 پىلان 5-بەش يىللىق	109.6	108.9	110.4	108.1	113.8
"六五"时期 پىلان 6-بەش يىللىق	111.1	109.4	111.6	108.1	119,2
"七五"时期 پىلان 7-بەش يىللىق	105.5	104.8	103.9	105.3	108.0
"八五"时期 پىلان 8-بەش يىللىق	105.2	104.9	105.8	104.4	106.1

注:本表按可比价格计算。

ئومۇمىي ئىستىمال ۋە ئۇنىڭ قۇرۇلمىسى

2—16 总消费及其构成

يىللار 年 份	ئومۇمىي ئىستىمال (تۈمەن يۈەن) 总消费(万元)	ئاھالىلار ئىستىمالى (تۈمەن يۈەن) 居民消费(万元)	يېزا ئىگىلىك ئاھالىلىرى 农业居民	غەيرى يېزا ئىگىلىك ئاھالىلىرى 非农业居民	ئىجتىمائىي ئىستىمال 社会消费	ئومۇمىي ئىستىمال100 بويىچە 以总消费为100 ئاھالىلار ئىستىمالى 居民消费	ئىجتىمائىي ئىستىمال 社会消费	ئاھالىلار ئىستىمالى 100بويىچە 以居民消费为100 يېزا ئىگىلىك ئاھالىلىرى 农业居民	غەيرى يېزا ئىگىلىك ئاھالىلىرى 非农业居民
1965	176 244	159 408	84 552	74 856	16 836	90.4	9.6	53.0	47.0
1970	201 773	186 247	70 854	115 393	15 526	92.3	7.7	38.0	62.0
1975	260 614	226 751	73 366	153 385	33 863	87.0	13.0	32.4	67.6
1980	445 646	375 264	130 117	245 147	70 382	84.2	15.8	34.7	65.3
1985	877 988	682 599	256 797	425 902	195 289	77.7	22.3	37.6	62.4
1986	1 037 162	774 739	282 342	492 397	262 423	74.7	25.3	36.4	63.6
1987	1 173 098	895 943	330 213	565 730	277 155	76.4	23.6	36.9	63.1
1988	1 428 627	1 103 830	413 085	690 745	324 797	77.3	22.7	37.4	62.6
1989	1 566 708	1 264 177	485 515	778 662	302 531	80.7	19.3	38.4	61.6
1990	1 881 697	1 425 183	529 386	895 797	456 514	75.7	24.3	37.1	62.9
1991	2 211 130	1 700 913	623 811	1 077 102	510 217	76.9	23.1	36.7	63.3
1992	2 484 290	1 860 621	682 821	1 177 800	623 669	74.9	25.1	36.7	63.3
1993	3 007 549	2 286 150	819 639	1 466 511	721 399	76.0	24.0	35.9	64.1
1994	3 752 048	2 810 553	1 096 179	1 714 374	941 495	74.9	25.1	39.0	61.0
1995	4 975 599	3 736 336	1 495 082	2 241 254	1 239 263	75.1	24.9	40.0	60.0
1.بەش يىللىق پىلان “一五”时期	453 281	409 774	228 447	181 327	43 507	90.4	9.6	55.7	44.3
2.بەش يىللىق پىلان “二五”时期	760 816	687 024	342 607	344 417	73 792	90.3	9.7	49.9	20.1
1963—1965	502 397	456 636	239 004	217 632	45 761	90.9	9.1	52.3	47.7
3.بەش يىللىق پىلان “三五”时期	950 680	879 458	346 357	533 101	71 222	92.5	7.5	39.4	60.6
4.بەش يىللىق پىلان “四五”时期	1 193 047	1 055 945	361 778	694 167	137 102	88.5	11.5	34.3	65.7
5.بەش يىللىق پىلان “五五”时期	1 722 272	1 455 719	494 484	961 235	266 553	84.5	15.5	34.0	66.0
6.بەش يىللىق پىلان “六五”时期	3 243 168	2 620 398	979 632	1 640 766	622 770	80.8	19.2	37.4	62.6
7.بەش يىللىق پىلان “七五”时期	7 087 292	5 463 872	2 040 541	3 423 331	1 623 420	77.1	22.9	37.3	62.7
8.بەش يىللىق پىلان “八五”时期	16 430 616	12 394 573	4 717 532	7 677 041	4 036 043	75.4	24.6	38.1	61.9

ئومۇمىي سېلىنغان مەبلەغ ۋە ئۇنىڭ قۇرۇلمىسى

2—17 总投资及其构成

يىللار 年 份	ئومۇمىي سېلىنغان مەبلەغ (تۈمەن يۈەن) 总投资(万元)			ئومۇمىي سېلىنغان مەبلەغ 100 بويىچە 以总投资为100	
		مۇقىم مۈلۈك بولۇپ شەكىللەنگىنى 固定资产形成	ئىسكىلات زاپىسىنىڭ كۆپەيگىنى 库存增加	مۇقىم مۈلۈك بولۇپ شەكىللەنگىنى 固定资产形成	ئىسكىلات زاپىسىنىڭ كۆپەيگىنى 库存增加
1965	77 254	60 254	17 000	78.0	22.0
1970	81 025	50 730	30 295	62.6	37.4
1975	126 544	75 336	51 208	59.5	40.5
1980	231 515	181 385	50 130	78.3	21.7
1985	584 289	467 807	116 482	80.1	19.9
1986	602 593	519 416	83 177	86.2	13.8
1987	699 416	557 763	141 653	79.7	20.3
1988	983 051	756 935	226 116	77.0	23.0
1989	1 178 441	867 326	311 115	73.6	26.4
1990	1 411 667	914 955	496 712	64.8	35.2
1991	1 691 482	1 247 717	443 765	73.8	26.2
1992	2 492 589	1 811 739	680 850	72.7	27.3
1993	3 561 561	2 648 981	912 580	74.4	25.6
1994	4 875 542	3 769 512	1 106 030	77.3	22.7
1995	5 608 770	4 225 267	1 383 503	75.3	24.7
1-بەش يىللىق پىلان "一五"时期	162 638	143 262	19 376	88.1	11.9
2-بەش يىللىق پىلان "二五"时期	363 925	266 883	97 042	73.3	26.7
1963—1965	193 986	143 430	50 556	73.9	26.1
3-بەش يىللىق پىلان "三五"时期	306 461	209 622	96 839	68.4	31.6
4-بەش يىللىق پىلان "四五"时期	216 970	321 276	195 694	62.1	37.9
5-بەش يىللىق پىلان "五五"时期	877 599	624 988	252 611	71.2	28.8
6-بەش يىللىق پىلان "六五"时期	1 913 818	1 584 755	329 063	82.8	17.2
7-بەش يىللىق پىلان "七五"时期	4 875 168	3 616 395	1 258 773	78.4	21.6
8-بەش يىللىق پىلان "八五"时期	18 229 944	13 703 216	4 526 728	75.2	24.8

خەلق ئىگىلىكى ئاساسىي كۆرسەتكۈچلىرىنىڭ كىشى بېشىغا ئىگىلىگەن سەۋىيىسى ۋە كۆرسەتكۈچلىرى

2—18 国民经济主要指标人均占有水平及其指数

يىللار 年 份	ئومۇمىي هاسىلات 总 产 出	ئىچكى ئىشلەپچىقىرىش ئومۇمىي قىممىتى 国内生产总值	سانائەت يېزا ئىگىلىك ئومۇمىي مەهسۇلات قىممىتى 工农业总产值	يېزا ئىگىلىك ئومۇمىي مەهسۇلات قىممىتى 农业总产值	سانائەت ئومۇمىي مەهسۇلات قىممىتى 工业总产值
مۇتلەق سان (يۈەن/ئادەم) 绝对数(元/人)					
1978	656	313	449	172	277
1979	713	359	493	198	295
1980	815	410	564	243	321
1981	903	450	608	271	337
1982	996	488	667	296	371
1983	1 128	583	770	327	443
1984	1 288	661	875	373	502
1985	1 568	820	1 060	418	642
1986	1 796	9 243	1 190	478	712
1987	2 092	1 053	1 414	585	829
1988	2 696	1 347	1 819	766	1 053
1989	3 158	1 493	2 122	834	1 288
1990	3 943	1 799	2 444	970	1 474
1991	4 693	2 101	2 923	1 070	1 853
1992	5 488	2 477	3 151	1 110	2 041
1993	6 867	2 980	4 059	1 244	2 815
1994	9 152	3 953	5 540	1 893	3 647
1995	11 824	4 819	7 404	2 521	4 883
كۆرسەتكۈچ (%) 指数(%)					
1978	100.0	100.0	100.0	100.0	100.0
1979	104.7	110.2	104.1	104.5	103.8
1980	110.7	115.7	112.4	111.4	113.1
1981	120.5	123.3	118.8	120.3	117.2
1982	131.9	133.8	130.0	129.9	130.1
1983	146.2	150.5	144.9	140.9	148.0
1984	162.5	170.3	160.8	155.0	165.2
1985	186.0	197.5	186.6	170.0	199.0
1986	199.2	215.6	203.9	188.4	215.4
1987	218.9	234.3	224.1	206.9	237.1
1988	244.3	253.0	248.6	217.2	272.1
1989	261.1	263.3	264.6	223.7	295.3
1990	284.2	281.3	284.5	249.3	310.7
1991	311.7	306.5	314.7	262.9	353.6
1992	349.5	341.3	337.2	276.6	382.1
1993	373.6	360.3	354.0	276.4	412.7
1994	407.8	397.8	385.9	301.5	450.0
1995	450.3	431.6	427.5	324.1	506.7

ئەسكەرتىش: مۇتلەق سانىنى يىلقى باها بويىچە هېسابلاندى؛ كۆرسەتكۈچ بولسا 1990-يىللىق سېلىشتۇرۇشقا بولىدىغان باها بويىچە هېسابلاندى. كىشى بېشىغا توغرا كېلىدىغان ئومۇمىي هاسىلات، ئىچكى ئىشلەپچىقىرىش ئومۇمىي قىممىتى يىللىق ئوتتۇرىچە دائىم تۇرۇشلۇق ئاهالە سانى بويىچە هېسابلاندى؛ كىشى بېشىغا توغرا كېلىدىغان سانائەت، يېزا ئىگىلىك ئومۇمىي مەهسۇلات قىممىتى ئاهالە ستاتىستىكىسىدىكى يىللىق ئوتتۇرىچە ئاهالە سانى بويىچە هېسابلاندى.

注：绝对额按当年价计算；指数按1990年可比价计算；人均总产出、国内生产总值按年平均常住人口计算；人均工农业总产值按人口统计年平均人口计算。

سېلىنغان ھەر يۈز يۈەن ئومۇمىي مەبلەغنىڭ ئاشۇرغان ئىچكى ئىشلەپچىقىرىش ئومۇمىي قىممىتى
2—19 每百元总投资增加的国内生产总值

يىللار 年份	ئومۇمىي سېلىنغان مەبلەغ سوممىسى (تۈمەن يۈەن) 总投资额(万元)	يېڭىدىن كۆپەيگەن ئىچكى ئىشلەپچىقىرىش ئومۇمىي قىممىتى (تۈمەن يۈەن) 新增国内生产总值(万元)	سېلىنغان ھەر يۈز يۈەن ئومۇمىي مەبلەغنىڭ ئاشۇرغان ئىچكى ئىشلەپچىقىرىش ئومۇمىي قىممىتى (يۈەن) 每百元总投资增加的国内生产总值(元)
1980	231 515	76 159	32.90
1985	584 289	224 853	38.48
1986	602 593	168 019	27.88
1987	699 416	194 706	27.84
1988	9 830 511	442 120	44.97
1989	1 178 441	246 945	20.96
1990	1 411 667	565 887	40.09
1991	1 691 482	609 091	36.01
1992	2 492 589	663 945	26.64
1993	3 561 561	1 033 198	29.01
1994	4 875 542	1 680 460	34.74
1995	5 608 770	1 608 955	28.69
“一五”时期 1-بەش يىللىق پىلان مەزگىلى	162 638	67 571	41.55
“二五”时期 2-بەش يىللىق پىلان مەزگىلى	363 925	30 577	8.40
1963—1965	193 986	64 734	33.37
“三五”时期 3-بەش يىللىق پىلان مەزگىلى	306 461	—11207	—3.66
“四五”时期 4-بەش يىللىق پىلان مەزگىلى	516 970	50 425	9.75
“五五”时期 5-بەش يىللىق پىلان مەزگىلى	877 590	251 253	28.63
“六五”时期 6-بەش يىللىق پىلان مەزگىلى	1 913 818	589 938	30.83
“七五”时期 7-بەش يىللىق پىلان مەزگىلى	4 610 774	1 617 678	35.08
“八五”时期 8-بەش يىللىق پىلان مەزگىلى	18 229 944	5 595 649	30.69

注:本表按当年价格计算

ئەسكەرتىش: بۇ جەدۋەل شۇ يىلقى باھا بويىچە ھېسابلانغان.

ئىچكى ئىشلەپچىقىرىش ئومۇمىي قىممىتى، مالىيە كىرىمى ۋە مۇقىم مۈلۈككە سېلىنغان مەبلەغ ئوتتۇرىسىدىكى نىسبەت
2—20 国内生产总值、财政收入、固定资产投资之间的比例

يىللار 年份	مالىيە كىرىمىنىڭ ئىچكى ئىشلەپچىقىرىش ئومۇمىي قىممىتىدە ئىگىلىگىنى (%) (چەتئەللەردىن ئېلىنغان قەرزلەرنى ئۆز ئىچىگە ئالمايدۇ) 财政收入占国内生产总值(%)(不包括国外借款)	دۆلەت ئىگىلىكىدىكى ئورۇنلارنىڭ مۇقىم مۈلۈككە سالغان مەبلىغىنىڭ ئىچكى ئىشلەپچىقىرىش ئومۇمىي قىممىتىدە ئىگىلىگىنى (%) 国有单位固定资产投资占国内生产总值(%)	ئاساسىي قۇرۇلۇشقا ئاجرىتىلغان پۇلنىڭ مالىيە چىقىمىدا ئىگىلىگىنى (%) 基本建设拨款占财政支出(%)
1980	7.57	37.96	25.45
1985	7.54	35.11	18.62
1986	7.91	32.52	14.79
1987	7.80	30.11	15.14
1988	8.02	29.89	12.98
1989	8.81	28.53	11.77
1990	7.88	27.53	10.36
1991	7.23	32.62	11.05
1992	6.48	37.94	11.13
1993	6.95	42.28	9.72
1994	4.26	35.65	7.18
1995	4.59	31.55	6.99
“一五”时期 1-بەش يىللىق پىلان مەزگىلى	14.32	24.27	33.57
“二五”时期 2-بەش يىللىق پىلان مەزگىلى	20.87	30.61	50.34
1963—1965	18.84	16.10	36.36
“三五”时期 3-بەش يىللىق پىلان مەزگىلى	13.74	16.82	47.45
“四五”时期 4-بەش يىللىق پىلان مەزگىلى	8.66	19.26	39.37
“五五”时期 5-بەش يىللىق پىلان مەزگىلى	10.84	29.09	31.41
“六五”时期 6-بەش يىللىق پىلان مەزگىلى	6.75	33.41	16.65
“七五”时期 7-بەش يىللىق پىلان مەزگىلى	8.16	29.30	12.78
“八五”时期 8-بەش يىللىق پىلان مەزگىلى	5.62	35.58	8.86

ئۈچ كەسىپنىڭ ئارىلىق سېلىنمىسىنىڭ ئومۇمىي ھاسىلاتتا ئىگىلىگەن سالمىقى

2—21 三次产业中间投入占总产出的比重

بىرلىكى: % 单位：%

يىللار 年 份	جەمئى 总 计	1.كەسىپ 第一产业	2.كەسىپ 第二产业	3.كەسىپ 第三产业
1965	44.8	32.9	58.2	37.6
1970	52.9	43.8	60.4	53.5
1975	51.7	38.9	58.0	56.5
1980	49.7	30.3	58.2	56.6
1985	47.7	24.2	62.4	42.7
1986	48.6	29.8	62.3	42.0
1987	49.7	31.2	64.0	42.8
1988	50.1	33.4	63.8	42.8
1989	52.7	35.8	67.0	42.7
1990	54.4	34.6	68.2	50.3
1991	55.2	31.0	68.7	52.2
1992	54.9	33.6	66.2	50.2
1993	56.6	36.0	65.8	51.2
1994	56.8	38.8	67.0	50.8
1995	59.2	39.7	71.1	51.9
“一五”时期 1.بەش يىللىق پىلان مەزگىلى	43.6	31.7	53.9	53.9
“二五”时期 2.بەش يىللىق پىلان مەزگىلى	48.5	31.3	61.7	40.1
1963—1965	44.9	33.6	59.5	38.9
“三五”时期 3.بەش يىللىق پىلان مەزگىلى	49.8	41.6	59.2	46.2
“四五”时期 4.بەش يىللىق پىلان مەزگىلى	51.4	41.3	57.3	55.9
“五五”时期 5.بەش يىللىق پىلان مەزگىلى	50.3	31.9	56.2	59.7
“六五”时期 6.بەش يىللىق پىلان مەزگىلى	49.0	25.9	61.0	52.1
“七五”时期 7.بەش يىللىق پىلان مەزگىلى	51.7	33.5	65.7	45.4
“八五”时期 8.بەش يىللىق پىلان مەزگىلى	57.1	36.8	68.2	51.3

دۆلەت ئىگىلىكىدىكى كارخانىلارنىڭ مۇقىم مۈلكى ۋە تۇراقسىز مۈلكى

2—22 国有企业固定资产、流动资产

بىرلىكى: تۈمەن يۈەن 单位：万元

كۆرسەتكۈچلەر 指 标	مۇقىم مۈلۈكنىڭ ئەسلى قىممىتى 固定资产原值		مۇقىم مۈلۈكنىڭ ساپ قىممىتى 固定资产净值		تۇراقسىز مۈلۈك 流动资产	
	1994年 -يىل	1995年 -يىل	1994年 -يىل	1995年 -يىل	1994年 -يىل	1995年 -يىل
工业 سانائەت	1 045 699	1 430 851	753 702	1 030 565	836 922	932 107
农业 يېزا ئىگىلىكى	73 620	126 364	52 283	89 231	135 185	184 308
建筑业(施工) بىناكارلىق قورۇلۇشى	81 916	117 909	56 796	83 225	175 155	261 215
运输和邮电业 ترانسپورت ۋە پوچتا-تېلېگراف	432 583	640 146	322 455	467 592	166 392	203 058
商业粮食外贸 سودا، ئاشلىق ۋە تاشقى سودا	392 091	544 954	296 408	416 750	1 411 764	1 458 819
物资供销 ماددىي ئەشيا تەمىنات سودىسى	58 797	81 653	45 531	63 829	212 605	240 581
文教卫生 مەدەنىيەت، مائارىپ، سەھىيە	40 579	52 427	29 488	38 455	36 150	38 493
城市公用事业 شەھەر جامائەت ئىشلىرى	61 862	87 979	43 897	61 440	17 826	21 059

هەر قايسى ۋىلايەت، ئوبلاست (ناهىيە، شەھەر) لەرنىڭ ئىچكى ئىشلەپچىقىرىش ئومۇمىي قىممىتى، قۇرۇلمىسى ۋە كۆرسەتكۈچى

2—23 各地区(县、市)国内生产总值、构成及指数

(1995 年 -يىل)

رايونلار 地区	ئىچكى ئىشلەپچىقىرىش ئومۇمىي قىممىتى (تۈمەن يۈەن) 国内生产总值(万元)	1-كەسىپ 第一产业	2-كەسىپ 第二产业	3-كەسىپ 第三产业	قۇرۇلمىسى 构成% 1-كەسىپ 第一产业	2-كەسىپ 第二产业	3-كەسىپ 第三产业	ئىچكى ئىشلەپچىقىرىش ئومۇمىي قىممىتى كۆرسەتكۈچى (ئالدىنقى يىلغاقارىغاندا) 国内生产总值指数(比上年)(%)	كىشى بېشىغا توغرا كېلىدىغان ئىچكى ئىشلەپچىقىرىش ئومۇمىي قىممىتى (يۈەن) 人均国内生产总值(元)
乌鲁木齐市 ئۈرۈمچى شەھىرى	**1 789 782**	**38 065**	**691 841**	**1 059 876**	**2.1**	**38.7**	**59.2**	**109.4**	**11 048**
乌鲁木齐县 ئۈرۈمچى ناھىيىسى	105 410	25 531	29 437	50 442	24.2	27.9	47.9	113.7	6 491
克拉玛依市 قاراماي شەھىرى	**696 344**	**7 936**	**571 067**	**117 341**	**1.1**	**82.0**	**16.9**	**109.4**	**30 223**
石河子市 شىخەنزە شەھىرى	**150 159**	**22 493**	**59 389**	**68 277**	**15.0**	**39.6**	**45.5**	**101.4**	**6 264**
吐鲁番地区 تۇرپان ۋىلايىتى	**393 028**	**72 391**	**238 793**	**81 844**	**18.4**	**60.8**	**20.8**	**109.4**	**7 410**
吐鲁番市 تۇرپان شەھىرى	98 606	32 898	16 519	49 189	33.4	16.8	49.9	106.2	4 209
鄯善县 پىچان	251 310	25 522	205 529	20 259	10.2	81.8	8.1	109.8	12 881
托克逊县 توقسۇن	43 112	13 971	16 745	12 396	32.4	38.8	28.8	114.5	4 269
哈密地区 قۇمۇل ۋىلايىتى	**204 184**	**49 176**	**67 394**	**87 614**	**24.1**	**33.0**	**42.9**	**107.5**	**4 641**
哈密市 قۇمۇل شەھىرى	171 152	33 734	59 634	77 784	19.7	34.8	45.5	107.3	5 338
巴里坤县 باركۆل	27 176	12 299	6 668	8 209	45.3	24.5	30.2	108.2	2 696
伊吾县 ئاراتۇرۇك	5 856	3 143	1 092	1 621	53.7	18.7	27.7	111.5	3 148
昌吉州 سانجى ئوبلاستى	**794 500**	**336 714**	**261 618**	**196 168**	**42.4**	**32.9**	**24.7**	**116.9**	**5 622**
昌吉市 سانجى شەھىرى	181 670	60 897	64 391	56 382	33.5	35.4	31.0	111.5	5 945
米泉县 مىچۈەن	126 641	33 018	58 976	34 647	26.1	46.6	27.3	111.1	6 966
呼图壁县 قۇتۇبى	95 415	50 008	23 481	21 926	52.4	24.6	23.0	111.7	5 152
玛纳斯县 ماناس	161 666	94 464	42 817	24 385	58.4	26.5	15.1	118.2	6 569
奇台县 گۇچۇڭ	70 843	38 745	11 770	20 329	54.7	16.6	28.7	119.2	3 223
阜康县 فۇكاڭ	95 870	23 200	52 512	20 118	24.2	54.8	21.0	139.3	6 882
吉木萨尔县 جىمسار	40 401	23 487	5 790	11 123	58.1	14.3	27.5	122.8	3 146
木垒县 مورى	21 996	12 897	1 840	7 259	58.6	8.4	33.0	114.8	2 508
伊犁州 ئىلى ئوبلاستى									
奎屯市 كۈيتۇن شەھىرى	77 576	4 160	40 375	33 041		55.0	45.0	107.6	8 201
伊犁地区 ئىلى ۋىلايىتى	**544 627**	**285 284**	**132 949**	**126 394**	**52.4**	**24.4**	**23.2**	**109.4**	**2 794**
伊宁市 غۇلجا شەھىرى	108 931	19 545	48 491	40 895	17.9	44.5	37.5	113.3	3 699
伊宁县 غۇلجا ناھىيىسى	91 574	53 789	19 125	18 660	58.7	20.9	20.4	109.8	2 582
察布查尔县 چاپچال	32 390	19 102	5 298	7 990	59.0	16.4	24.7	101.1	2 076
霍城县 قورغاس	94 910	61 432	16 411	17 068	64.7	17.3	18.0	124.2	2 966
巩留县 توققۇزتارا	32 866	22 405	4 604	5 857	68.2	14.0	17.8	107.5	2 382
新源县 كۈنەس	90 174.20	47 195	25 180	17 799	52.3	27.9	19.7	101.3	3 429
昭苏县 موڭغۇلكۈرە	42 154	29 031	4 468	8 655	69.0	10.6	20.5	115.0	2 952
特克斯县 تېكەس	29 155	18 774	4 846	5 535	64.4	16.6	19.0	102.9	2 039
尼勒克县 نىلقا	22 472	14 011	4 526	3 935	62.4	20.1	17.5	93.4	1 633
塔城地区 تارباغاتاي ۋىلايىتى	**507 269**	**255 852**	**133 330**	**118 087**	**50.4**	**26.3**	**23.3**	**110.9**	**4 285**

2—23 续表1 داۋامى1

رايونلار 地 区	ئىچكى ئىشلەپچىقىرىش ئومۇمىي قىممىتى (تۈمەن يۈەن) 国内生产总值(万元)	1-كەسىپ 第一产业	2-كەسىپ 第二产业	3-كەسىپ 第三产业	قۇرۇلمىسى 构成% 1-كەسىپ 第一产业	2-كەسىپ 第二产业	3-كەسىپ 第三产业	ئىچكى ئىشلەپچىقىرىش ئومۇمىي قىممىتى كۆرسەتكۈچى (ئالدىنقى يىلغا قارىغاندا) 国内生产总值指数(比上年)(%)	كىشى بېشىغا توغرا كېلىدىغان ئىچكى ئىشلەپچىقىرىش ئومۇمىي قىممىتى (يۈەن) 人均国内生产总值(元)
塔城市 چۆچەك شەھىرى	72 317	27 521	19 484	25 312	38.1	26.9	35.0	109.5	5 129
额敏县 دۆربىلجىن	69 895	34 652	14 916	20 326	49.6	21.3	29.0	106.9	4 052
乌苏县 شىخۇ	149 766	74 446	40 412	34 908	50.0	27.0	23.3	111.0	5 091
沙湾县 ساۋەن	163 598	87 003	43 145	33 450	53.2	26.4	20.5	119.0	4 161
托里县 تولى	19 281	5 845	7 124	6 312	30.3	37.0	32.7	110.6	2 447
裕民县 چاغانتوقاي	15 877	9 042	2 438	4 397	57.0	15.4	27.0	88.6	3 260
和布克赛尔县 قوبۇقسار	16 535	6 267	5 811	4 457	37.9	35.1	27.0	88.0	2 985
阿勒泰地区 ئالتاي ۋىلايىتى	**196 113**	**87 025**	**48 172**	**60 916**	**44.4**	**25.0**	**30.2**	**110.0**	**3 690**
阿勒泰市 ئالتاي شەھىرى	66 489	22 197	19 652	24 640	33.4	30.0	37.1	108.0	3 943
布尔津县 بۇرچىن	19 465	9 334	5 029	5 102	48.0	25.8	26.2	113	3 155
富蕴县 كۆكتوقاي	28 641	13 975	7 432	7 233	48.8	26.0	25.3	108.8	4 127
福海县 بۇرىلتوقاي	33 493	15 845	7 603	10 045	47.3	22.7	30.0	111.7	4 372
哈巴河县 قابا	20 029	9 792	4 972	5 266	48.9	24.8	26.3	112.6	2 857
青河县 چىڭگىل	16 347	9 893	1 656	4 798	60.5	10.1	29.4	105.1	3 212
吉木乃县 جىمىنەي	11 648	5 989	1 828	3 831	51.4	15.7	32.9	114.3	3 426
博州 بۆرتالا ئوبلاستى	**165 361**	**88 792**	**31 263**	**45 306**	**53.7**	**18.9**	**27.4**	**112.3**	**4 417**
博乐市 بۆرتالا شەھىرى	92 489	43 636	19 745	29 108	47.2	21.4	31.2	109.5	4 909
精河县 جىڭ	49 286	29 239	7 981	12 066	59.3	16.2	24.5	118.3	4 358
温泉县 ئارشاڭ	23 586	15 917	3 537	4 133	67.5	15.0	17.5	112.0	3 235
巴州 بايىنغولىن ئوبلاستى	**663 254**	**173 210**	**309 896**	**180 148**	**26.1**	**46.7**	**27.2**	**114.9**	**7 015**
库尔勒市 كورلا شەھىرى	421 207	48 924	260 616	111 667	11.6	61.9	26.5	118.8	14 134
轮台县 بۈگۈر	28 875	17 344	3 382	8 149	60.1	11.7	28.2	117.1	3 358
尉犁县 لوپنۇر	47 834	28 005	9 163	10 666	58.6	19.2	22.3	110.3	5 327
若羌县 چاقىلىق	14 331	5 903	5 834	2 594	41.2	40.7	18.1	115.2	5 118
且末县 چەرچەن	13 419	8 097	1 786	3 536	60.3	13.3	26.4	105.6	2 784
焉耆县 يەنجى	38 953	13 659	12 337	12 957	35.1	31.7	33.3	101.2	3 613
和静县 خېجىڭ	59 104	32 357	10 294	16 452	54.8	17.4	27.8	114.5	3 493
和硕县 خۇشۇت	22 333	9 003	3 892	9 438	40.3	17.4	42.3	110.4	3 275
博湖县 باغراش	17 194	9 917	2 593	4 689	57.7	15.1	27.3	108.3	3 419
阿克苏地区 ئاقسۇ ۋىلايىتى	**723 563**	**414 303**	**150 039**	**159 221**	**57.3**	**20.7**	**22.0**	**115.6**	**3 868**
阿克苏市 ئاقسۇ شەھىرى	285 993	140 398	56 542	89 053	49.1	19.8	31.1	111.8	6 438
温宿县 ئاقسۇ كونا شەھەر	62 787	40 889	10 682	11 216	65.1	17.0	17.9	112.2	3 270
库车县 كۇچا	136 314	59 337	49 252	27 725	43.5	36.1	20.3	133.5	3 731

2—23 续表2 داۋامى2

رايونلار 地　　区		ئىچكى ئىشلەپچىقىرىش ئومۇمىي قىممىتى (تۈمەن يۈەن) 国内生产总值（万元）	1-كەسىپ 第一产业	2-كەسىپ 第二产业	3-كەسىپ 第三产业	قۇرۇلمىسى 构成％			ئىچكى ئىشلەپچىقىرىش ئومۇمىي قىممىتى كۆرسەتكۈچى (ئالدىنقى يىلغا قارىغاندا) 国内生产总值指数（比上年）（％）	كىشى بېشىغا توغرا كېلىدىغان ئىچكى ئىشلەپچىقىرىش ئومۇمىي قىممىتى (يۈەن) 人均国内生产总值（元）
						1-كەسىپ 第一产业	2-كەسىپ 第二产业	3-كەسىپ 第三产业		
沙雅县	شايار	74 983	60 498	4 527	9 958	80.7	6.0	13.3	110.1	4 347
新和县	توقسۇ	44 407	30 288	8 947	5 171	68.2	20.2	11.7	110.4	3 442
拜城县	باي	23 134	16 155	5 556	1 423	69.8	24.0	6.2	110.6	1 268
乌什县	ئۇچتۇرپان	34 618	24 775	4 418	5 425	71.6	12.8	15.7	106.9	2 080
阿瓦提县	ئاۋات	57 230	40 001	9 770	7 459	69.9	17.1	13.0	112.8	3 179
柯坪县	كەلپىن	4 097	1 962	345	1 790	47.9	8.4	43.7	100.5	1 056
克州	**قىزىلسۇ ئوبلاستى**	**51 787**	**23 064**	**8 146**	**20 577**	**44.5**	**15.7**	**39.7**	**106.8**	**1 272**
阿图什市	ئاتۇش شەھىرى	24 085	9 527	3 445	1 114	39.6	14.3	46.1	105.9	1 326
阿克陶县	ئاقتۇ	16 924	9 448	2 706	4 770	55.8	16.0	28.2	108.7	1 122
阿合奇县	ئاقچى	4 020	1 384	791	1 846	34.4	19.7	45.9	108.5	1 226
乌恰县	ئۇلۇغچات	6 757	2 705	1 205	2 847	40.0	17.8	42.1	104.2	1 620
喀什地区	**قەشقەر ۋىلايىتى**	**665 313**	**408 412**	**95 890**	**161 011**	**61.4**	**14.4**	**24.2**	**109.2**	**2 182**
喀什市	قەشقەر شەھىرى	68 119	5 602	13 062	49 455	8.2	19.2	72.6	115.8	2 740
疏附县	قەشقەر كونا شەھەر	54 189	40 634	3 556	9 999	75.0	6.6	18.5	103.2	1 481
疏勒县	قەشقەر يېڭى شەھەر	55 324	38 475	5 006	11 843	69.5	9.1	21.4	111.0	2 161
英吉沙县	يېڭىسار	33 107	22 444	5 386	5 277	67.8	16.3	15.9	127.6	1 658
泽普县	پوسكام	39 924	22 086	10 272	7 567	55.3	25.7	19.0	141.0	3 006
莎车县	يەكەن	100 028	70 606	12 699	16 722	70.6	12.7	16.7	120.7	1 770
叶城县	قاغىلىق	66 578	43 511	14 185	8 882	65.4	21.3	13.3	100.3	1 924
麦盖提县	مەكىت	54 481	32 650	10 982	10 849	59.9	20.2	19.9	106.0	2 987
岳普湖县	يوپۇرغا	25 674	13 300	2 495	9 878	51.8	9.7	38.5	69.0	2 124
伽师县	پەيزىۋات	50 661	38 013	5 883	6 765	75.0	11.6	13.4	110.0	1 829
巴楚县	مارالبېشى	114 005	79 085	12 267	22 653	69.4	10.8	19.9	101.0	3 493
塔什库尔干县	تاشقورغان	3 224	2 005	98	1 121	62.2	3.0	34.8	106.3	1 160
和田地区	**خوتەن ۋىلايىتى**	**25 869**	**170 693**	**30 401**	**50 775**	**67.8**	**12.1**	**20.2**	**101.9**	**1 676**
和田市	خوتەن شەھىرى	33 832	5 642	10 980	17 209	16.7	32.5	50.9	78.6	2 280
和田县	خوتەن ناھىيىسى	41 931	34 330	4 082	3 519	81.9	9.8	8.4	109.7	1 824
墨玉县	قاراقاش	51 573	40 105	2 632	8 835	77.8	5.1	17.1	107.4	1 430
皮山县	گۇما	27 171	19 703	2 967	4 502	72.5	10.9	16.6	129.8	1 348
洛浦县	لوپ	33 444	25 054	3 918	4 472	74.9	11.7	13.4	100.0	1 558
策勒县	چىرا	21 327	15 845	1 205	4 277	74.3	5.7	20.1	83.2	1 697
于田县	كېرىيە	34 575	24 807	3 602	6 166	71.8	10.4	17.8	109.7	1 810
民丰县	نىيە	8 016	5 206	1 015	1 794	65.0	12.7	22.4	99.6	2 628

主要统计指标解释

ئاساسلىق ستاتىستىكا كۆرسەتكۈچلىرىنىڭ ئىزاھاتى

ئىجتىمائىي ئومۇمىي مەھسۇلات قىممىتى: ئۇ يەنە ئىجتىمائىي ئومۇمىي مەھسۇلاتمۇ دېيىلىدۇ، ئۇ بىر دۆلەت (ياكى بىر رايون) نىڭ مەلۇم مەزگىل ئىچىدىكى ماددى ئىشلەپچىقىرىشىنىڭ ئومۇمىي نەتىجىسىنى ئەكس ئەتتۈرىدىغان مۇھىم كۆرسەتكۈچ بولۇپ، ئۇ يېزا ئىگىلىكى، سانائەت، بىناكارلىق، تىرانسپورت، پوچتا-تېلېگراف، سودا، (يېمەك-ئىچمەك ۋە ماددى ئەشيا تەمىنات سودىسىنى ئۆز ئىچىگە ئالىدۇ) قاتارلىق بەش ماددى ئىشلەپچىقىرىش تارماقلىرىنىڭ پۇل بىلەن ئىپادىلەنگەن ئومۇمىي مەھسۇلات قىممىتىنىڭ يىغىندىسىدۇر. ئىجتىمائىي ئىشلەپچىقىرىش پائالىيىتىدە، يېزا ئىگىلىكى، سانائەت، بىناكارلىق قۇرۇلۇش كەسىپلىرى بىۋاستە ماددى مەھسۇلاتلارنى ئىشلەپچىقىرىدۇ، تىرانسپورت، پوچتا-تېلگراف ۋە سودا كەسىپلىرى مەھسۇلات ئىشلەپچىقىرىش جەريانىنى داۋاملاشتۇرۇش فونكسىيىسىنى ئۈستىگە ئالغان بولۇپ، ئۇلارمۇ بىر قىسىم قىممەتنى يارىتىدۇ ۋە تولۇقلايدۇ.

ئىجتىمائىي ئومۇمىي مەھسۇلات قىممىتىنى ناتوغرا شەكلى جەھەتتە ئىشلەپچىقىرىش ۋاستىلىرى ۋە ئىستېمال ۋاستىلىرىدىن ئىبارەت ئىككى چوڭ تۈرگە ئايرىشقا بولىدۇ. قىممەت شەكلى جەھەتتە تۆۋەندىكىدەك ئىككىگە ئايرىشقا بولىدۇ: (1) ئىشلەپچىقىرىش جەريانىدا سەرپ قىلىنغان ئىشلەپچىقىرىش ۋاستىلىرىنىڭ يۆتكەلگەن قىممىتى؛ (2) ئەمگەكچىلەرنىڭ يېڭىدىن ياراتقان قىممىتى، بۇ ئەمگەك ئىش ھەققىگە تەڭ ئاشۇ قىسىم زۆرۈر مەھسۇلاتلارنىڭ قىممىتى ۋە جەمئىيەتكە ياراتقان ئوشۇقچە مەھسۇلاتلارنىڭ قىممىتىنى ئۆز ئىچىگە ئالىدۇ.

1-كەسىپ: يېزا ئىگىلىكى (دېھقانچىلىق، ئورمانچىلىق، چارۋىچىلىق، قوشۇمچە كەسىپ ۋە بېلىقچىلىقنى ئۆز ئىچىگە ئالىدۇ، كەنتتىن تۆۋەن سانائەتنى ئۆز ئىچىگە ئالمايدۇ، كەنت ۋە كەنتتىن تۆۋەن سانائەتكە كىرگۈزۈش كېرەك).

2-كەسىپ: سانائەت (ئېچىش-قېزىش، ياساش سانائىتى ۋە تۇربا سۇيى، ئېلېكتر كۈچى، پار، ئىسسىق سۇ، كۆمۈر گازى قاتارلىقلارنى ئۆز ئىچىگە ئالىدۇ) ۋە بىناكارلىق كەسپى (بۇ بىناكارلىق قۇراشتۇرۇش كارخانىلىرى ۋە ئۆزى باشقۇرغان قۇرۇلۇش ئورۇنلىرى، شۇنىڭدەك بىناكارلىق قۇراشتۇرۇش قۇرۇلۇشىغا مۇلازىمەت قىلىدىغان گېئولوگىيىلىك قىدىرىپ تەكشۈرۈش ۋە قىدىرىپ تەكشۈرۈش ھەم لاھىيەلەش قاتارلىقلارنى ئۆز ئىچىگە ئالىدۇ)

3-كەسىپ: يۇقىرىدا ئېيتىلغان 1-، 2-كەسىپلەردىن باشقا ھەر قايسى كەسىپلەرنى كۆرسىتىدۇ. 3-كەسىپنى كونكرېت تۆۋەندىكىدەك تۆت قاتلامغا بۆلۈشكە بولىدۇ:

بىرىنچى قاتلام ئوبوروت تارماقلىرى، بۇ قاتناش تىرانسپورت، پوچتا-تېلگراف، سودا، يېمەك-ئىچمەك كەسپى، ماددى ئەشيا تەمىنات سودىسى ۋە ئىسكىلاتتا ساقلاش كەسپىنى ئۆز ئىچىگە ئالىدۇ.

ئىككىنچى قاتلام: ئىشلەپچىقىرىش ۋە تۇرمۇشقا مۇلازىمەت قىلىش تارماقلىرى بولۇپ، ئۇلار پۇل مۇئامىلە، سۇغۇرتا، ئۇنىۋېرسال تېخنىكا مۇلازىمىتى، دېھقانچىلىق، ئورمانچىلىق، چارۋىچىلىق، بېلىقچىلىق، سۇ ئىنشائاتى كەسىپلىرى، مەسلىھەت بېرىش مۇلازىمىتى كەسپى، تاش يول، ئىچكى دەريا(كۆل) دىكى سۇ ئۈستىدىكى تىرانسپورت يوللىرىنى ئاسراش كەسپى، گېئولوگىيىلىك ئومۇمىيۈزلۈك تەكشۈرۈش كەسپى، ئاھالىلار مۇلازىمەت كەسپى، جامائەت ئىشلىرى كەسپى شۇنىڭدەك ئۆي-مۈلۈك كەسپى قاتارلىقلارنى ئۆز ئىچىگە ئالىدۇ

ئۈچىنچى قاتلام: پەن-مەدەنىيەت سەۋىيىسىنى ۋە ئاھالىلارنىڭ ساپاسىنى ئۆستۈرۈشكە مۇلازىمەت قىلىش تارماقلىرى بولۇپ، مائارىپ، مەدەنىيەت، رادىئو-تېلېۋىزىيە، پەن تەتقىقات، سەھىيە، تەنتەربىيە ۋە ئىجتىمائى پاراۋانلىق ئىشلىرى قاتارلىقلارنى ئۆز ئىچىگە ئالىدۇ.

تۆتىنچى قاتلام: ئىجتىمائىي جامائەتچىلىكنىڭ ئېھتىياجى ئۈچۈن مۇلازىمەت قىلىدىغان تارماقلار بولۇپ، ئۇ دۆلەت ۋە سىياسى پارتىيە ئاپپاراتلىرى، ئىجتىمائى تەشكىلاتلار شۇنىڭدەك ھەربى قىسىم ۋە ساقچى قاتارلىقلارنى ئۆز ئىچىگە ئالىدۇ.

ئىچكى ئىشلەپچىقىرىش ئومۇمىي قىممىتى: بۇ بازار باھاسى بويىچە ھېسابلانغان ئىچكى ئىشلەپچىقىرىش ئومۇمىي قىممىتىنىڭ قىسقىچە ئاتىلىشى بولۇپ، ئۇ دۆلىتىمىزدىكى بارلىق دائىم تۇرۇشلۇق ئورۇنلارنىڭ مەلۇم مەزگىل ئىچىدىكى ئىشلەپچىقىرىش پائالىيىتىنىڭ ئەڭ ئاخىرقى نەتىجىسىدۇر. ئىچكى ئىشلەپچىقىرىش ئومۇمىي قىممىتىنىڭ ئۈچ خىل ئىپادىلىنىش شەكلى، يەنى قىممەت شەكلى، كىرىم شەكلى ۋە مەھسۇلات شەكلى بار. قىممەت شەكلىدىن قارىغاندا، ئۇ بارلىق دائىم تۇرۇشلۇق ئورۇنلارنىڭ مەلۇم مەزگىل ئىچىدە ياراتقان بارلىق مال ۋە مۇلازىمەت قىممىتىنىڭ ئوخشاش مەزگىلدە سېلىنغان بارلىق غەيرى مۇقىم مۈلۈك مال ۋە مۇلازىمەت قىممىتىدىن ئاشقان پەرقلىق سوممىسى بولۇپ، يەنى بارلىق دائىم تۇرۇشلۇق ئورۇنلارنىڭ قوشۇلما قىممەت يىغىندىسىدۇر. كىرىم شەكلىدىن قارىغاندا ئۇ بارلىق دائىم تۇرۇشلۇق ئورۇنلارنىڭ مەلۇم مەزگىل ئىچىدە ياراتقان ۋە بىزنىڭ دائىم تۇرۇشلۇق ئورۇنلىرىمىزغا تەقسىم قىلىپ بېرىلگەن دەسلەپكى تەقسىمات كىرىمىنىڭ يىغىندىسىدۇر. مەھسۇلات شەكلىدىن قارىغاندا، ئۇ ئەڭ ئاخىرقى ئىشلىتىلگەن مال ۋە مۇلازىمەتتىن ئىمپورت قىلىنغان مال ۋە مۇلازىمەتنى ئېلىۋەتكەندىن كېيىنكىسىدۇر. ھېسابات شەكلىدە، ئىشلەپچىقىرىش بويىچە ھېسابلاش، كىرىم بويىچە ھېسابلاش ۋە چىقىم بويىچە ھېسابلاشتىن ئىبارەت ئۈچ خىل ھېسابلاش ئۇسۇلى بار. بۇ ئۈچ خىل ھېسابلاش ئۇسۇلى ئىچكى ئىشلەپچىقىرىش ئومۇمىي قىممىتى ۋە ئۇنىڭ تۈزۈلۈشىنى ئايرىم-ئايرىم ئوخشىمىغان تەرەپلەردە ئەكس ئەتتۈرۈپ بېرىدۇ.

1. ئىشلەپچىقىرىش بويىچە ھېسابلاش ئۇسۇلى: مال ۋە مۇلازىمەت پائالىيىتىدىكى ئىشلەپچىقىرىش جەريانىدا شەكىللەنگەن ئومۇمىي مەھسۇلاتتىن قول سېلىپ، ئىشلەپچىقىرىش جەريانىدا سېلىنغان ئارىلىق مەھسۇلات قىممىتىنى چىقىرىۋېتىپ، يېڭىدىن ئاشقان قىممەتكە ئېرىشىش ئۇسۇلى بولۇپ، ھېسابلاش فورمۇلىسى مۇنداق:

يېڭىدىن قوشۇلغان قىممەت = ئومۇمىي ھاسىلات − ئارىلىق سېلىنما

2. كىرىم بويىچە ھېسابلاش ئۇسۇلى: كىرىم بويىچە ھېسابلاش ئۇسۇلى يەنە تەقسىمات بويىچە ھېسابلاش ئۇسۇلى دەپمۇ ئاتىلىدۇ.

ئىچكى ئىشلەپچىقىرىش ئومۇمىي قىممىتىنى كىرىم بويىچە ھېسابلاش ئۇسۇلى بويىچەھېسابلاش دىگەن، ئىشلەپچىقىرىش جەريانىدا يارىتقان كىرىم نۇقتىسىدىن دائىم تۇرۇشلۇق ئورۇنلارنىڭ ئىشلەپچىقىرىش پائالىيىتى نەتىجىلىرىنى ھېسابات قىلىش بولۇپ، بۇ ئۇسۇل بويىچە ھېسابلىغاندا، قوشۇلما قىممەت، ئەمگەكچىلەرنىڭ ئىش ھەققى، مۇقىم مۇلۈك ئامورتىزاتسىيىسى، ئىشلەپچىقىرىش باج سوممىسى ۋە تىجارەت پايدا قالدۇقى قاتارلىق تۆت قىسىمدىن تەركىپ تاپىدۇ. فورمۇلا بويىچە مۇنداق ئىپادىلىنىدۇ: قوشۇلماقىممەت = ئەمگەكچىلەرنىڭ ئىش ھەققى +مۇقىم مۇلۈك ئامورتىزاتسىيىسى+ئىشلەپچىقىرىش بېجى ساپ سوممىسى +تىجارەت پايداقالدۇقى

خەلىق ئىگىلىكى ھەر قايسى تارماقلىرىنىڭ قوشۇلما قىممەت يىغىندىسى ئىچكى ئىشلەپچىقىرىش ئومۇمىي قىممىتىگەتەڭ بولىدۇ.

3. چىقىم بويىچە ھېسابلاش ئۇسۇلى: چىقىم بويىچە ھېسابلاش ئۇسۇلى بولسا، ئەڭ ئاخىرقى ئىشلىتىش نۇقتىسىدىن ئىچكى ئىشلەپچىقىرىش ئومۇمىي قىممىتىنىڭ ئەڭ ئاخىرقى يۆنىلىشىنى ئەكىس ئەتتۈرىدىغان بىر خىل ئۇسۇلدۇر. ئەڭ ئاخىرقى ئىشلىتىش مال ۋە مۇلازىمەتتىكى ئومۇمىي ئىستىمال، ئومۇمىي سېلىنغان مەبلەغ ۋە ساپ ئېكسپورتتىن ئىبارەت ئۈچ قىسىم مەزمۇننى ئۆز ئىچىگەئالىدۇ.

ئىچكى ئىشلەپچىقىرىش ساپ قىممىتى : بۇ بازار باھاسى بويىچە ھېسابلانغان ئىچكى ئىشلەپچىقىرىش ساپ قىممىتىنىڭ قىسقىچە ئاتىلىشى بولۇپ، ئۇ ئىچكى ئىشلەپچىقىرىش ئومۇمىي قىممىتىدىن بارلىق دائىم تۇرۇشلۇق ئورۇنلارنىڭ مۇقىم مۇلۈك ئامورتىزاتسىيىسىنى چىقىرىۋەتكەنگەتەڭ.

ئومۇمىي ھاسىلات: بۇ مەلۇم مەزگىل ئىچىدىكى ئىشلەپچىقىرىلغان بارلىق مال ۋە مۇلازىمەتنىڭ قىممىتىنى كۆرسىتىدۇ. ئۇ مال ۋە مۇلازىمەتنىڭ بارلىق قىممىتى بولۇپ، يۆتكەلگەن قىممەت ۋە يېڭىدىن قوشۇلغان قىممەتتىن ئىبارەت ئىككى قىسىمنى ئۆز ئىچىگە ئالىدۇ. ئومۇمىي ھاسىلات ئىشلەپچىقارغۇچىلارنىڭ باھاسى بويىچە باھالىنىدۇ.

ئارىلىق سېلىنما: بۇ دائىم تۇرۇشلۇق ئورۇنلارئىشلەپچىقىرىش ياكى مال ۋە مۇلازىمەت جەريانىدا سەرپ قىلغان ۋە ئىشلەتكەن بارلىق غەيرى مۇقىم مۇلۈك ماللىرى ۋە مۇلازىمەت قىممىتى بولۇپ، ئۇ يەنە ئارىلىق سەرپىياتمۇ دېيىلىدۇ. ئارىلىق سېلىنمىغا ئىشلەپچىقىرىش جەريانىدا ئەمەلىي ئىشلىتىلگەن مىقدارى ھېسابلىنىدۇ. ئادەتتە بازاردىكى سېتىۋالغۇچىلارباھاسى بويىچە باھا قويىلىدۇ.

قوشۇلماقىممەت: ئۇ مال ئىشلەپچىقىرىش ياكى مۇلازىمەت يەتكۈزۈپ بېرىش جەريانىداقوشۇلغان قىممەت بولۇپ، يەنە ئۈستىلىمە قىممەتمۇ دېيىلىدۇ. يەنى ئومۇمىي ھاسىلات بىلەن ئارىلىق سېلىنما ئارىسىدىكى پەرق سوممىسىدىن ئىبارەت.

ئومۇمىي ئىستىمال: ئومۇمىي ئىستىمال دىگەن دائىم تۇرۇشلۇق ئورۇنلارنىڭ مەلۇم مەزگىل ئىچىدىكى مال ۋە مۇلازىمەتكە بولغان بارلىق ئەڭ ئاخىرقى ئىستىمالىنى كۆرسىتىدۇ. يەنى ئۇ دائىم تۇرۇشلۇق ئورۇنلارنىڭ كىشلەرنىڭ ماددىي، مەدەنىيەت ۋە مەنىۋى تۇرمۇشتىكى ئېھتىياجىنى قاندۇرۇش ئۈچۈن دۆلىتىمىزنىڭ ئىقتىسادى ساھەسىدە قىلغان ئىستىمالدۇر. ئومۇمىي ئىستىمال ئاھالىلار ئىستىمالى ۋە ئىجتىمائى ئىستىمال دەپ ئايرىلىدۇ

1. ئاھالىلار ئىستىمالى: بۇ دائىم تۇرۇشلۇق ئاھالىلارنىڭ ھېسابات مەزگىلى ئىچىدە مال ۋە مۇلازىمەتكە بولغان ئەڭ ئاخىرقى ئىستىمالىنى كۆرسىتىدۇ. ئۇ 1) ئاھالىلار بىۋاستە پۇلغا سېتىۋالغان تۇرمۇش ئىستىمالىغا ئىشلىتىدىغان ھەرخىل ماللارنى يەنى چىدامىلىق ئىستىمال بويۇملىرى ۋە غەيرى چىدامىلىق ئىستىمال بويۇملىرى (ئاھالىلارنىڭ سېتىۋالغان ئۆي ۋە ئىشلەپچىقىرىش مەقسىتىدە قىلىنغان چىقىمى بۇنىڭ ئىچىگە كىرمەيدۇ) نى . 2) ئاھالىلار بىۋاستە سېتىۋالغان تۇرمۇش ئىستىمالىغا ئىشلىتىدىغان ھەرخىل مۇلازىمەت چىقىملىرىنى، مەسىلەن : قاتناش خىراجىتى، ئوقۇش خىراجىتى، ئۆي ئىجارىسى، يۇيۇنۇش، چاچ ئالدۇرۇش خىراجىتى، كۈندىلىك رىمونت خىراجىتى، تىببى ساقلىقنى ساقلاش (ئۆزلىرى بىۋاستە تۆلىگىنى) مائارىپ، مەدەنىيەت، ئۆي خىزمەتچىسى قاتارلىقلارغا قىلىنغان چىقىمنى. 3) ئاھالىلارنىڭ ئۆزى ئىشلەپچىقىرىپ ئۆزى ئىشلەتكەن ھېسابات مەزگىلىدىكى ئىجتىمائى مەھسۇلاتلار ئىچىگە ھېسابلانغان ماللار. 4) ئۆزىنىڭ ئۆيىگەمۆلچەر قىلغان ئىستىمالى. 5) ئاھالىلارنىڭ ناتورال ئىش ھەققى ئارقىلىق ئېرىشكەن، ھەقسىز ۋە بازار باھاسىدىن تۆۋەن ئېرىشكەن مال ۋە مۇلازىمەتنى ئۆز ئىچىگە ئالغان ھەرخىل تۇرمۇش ئىستىمالىنى. . 6) ئىشچى -خىزمەتچىلەرنىڭ ئىدارىسىدىن بەھرىمەن بولغان ھۆكۈمەت پۇلىغا داۋالىنىش ۋەكوللىكتىپ پاراۋانلىق ئەسلىھەلىرى ۋە قوشۇمچە ياردەم پۇلىنى ئۆز ئىچىگە ئالىدۇ.

ئاھالىلار ئىستىمالى، ئاھالىلارنىڭ كونا مال ۋە كېرەكسىز نەرسەلەرنى ساتقان ساپ كىرىمىنى ئۆز ئىچىگە ئالمايدۇ.

2. ئىجتىمائىي ئىستىمال: ھۆكۈمەت تارماقلىرىنىڭ ئومۇمىي ھاسىلاتىدىن سېتىش كىرىمىنى چىقىرىۋەتكەندىن كېيىنكى قىممىتىنى كۆرسىتىدۇ. يەنى ئىجتىمائىي جامائەتچىلىككە مۇلازىمەت قىلىش تارماقلىرى ئۆزلىرىنىڭ ئىشلەپچىقىرىش پائالىيىتىنىڭ ئومۇمىي نەتىجىسىنى ھۆكۈمەتكە تەمىنلەپ بەرگەن ۋە ھۆكۈمەت تارماقلىرى سېتىۋېلىپ ھەم پۈتۈن جەمئىيەتنىڭ بەھرىمەن بولىشىغايەتكۈزۈپ بەرگەن ئىستىمال بويۇملىرى ۋە ئەمگەك مۇلازىمىتىنى كۆرسىتىدۇ.

ئومۇمىي سېلىنغان مەبلەغ :بۇ دائىم تۇرۇشلۇق ئورۇنلارنىڭ ھېسابات قىلىش مەزگىلى ئىچىدە مۇقىم مۇلۈك ۋە ئىسكىلات زاپىسىغا سالغان مەبلەغ چىقىمىنىڭ جەمئىسىنى كۆرسىتىدۇ. ئۇ مۇقىم مۇلۈكنىڭ شەكىللىنىشى ۋەئىسكىلات قالدۇقىنىڭ ئاشقىنى قاتارلىق ئىككى تۈرگە بۆلىنىدۇ.

1) مۇقىم مۇلۈكنىڭ شەكىللىنىشى : مۇقىم مۇلۈك بولسا، ئىشلەپچىقىرىش جەريانىدا ئىشلەپچىقىرىلغان ۋە باشقا ئىشلەپچىقىرىشقا بىر يىلدىن ئارتۇق تەكرار ئىشلىتىلگەن شەكىللىك ۋە شەكىلسىز مۇلۈك بولۇپ، ئۇ دائىم تۇرۇشلۇق ئورۇنلارنىڭ ھېسابات قىلىش مەزگىلى ئىچىدە سېتىۋالغان، يۆتكىگەن ۋە ئۆزلىرى ئىشلىتىش ئۈچۈن ئىشلەپچىقارغان مۇقىم مۇلۈكنى كۆرسىتىدۇ. ئەسلىدە بار مۇقىم مۇلۈكنى ساتقان ۋە يۆتكىگەن قىممىتى چىقىرىۋېتىلىدۇ.

2) ئىسكىلات قالدۇقىنىڭ ئاشقىنى يەنى ساقلانغان مالنىڭ ئۆزگىرىشى، دائىم تۇرۇشلۇق ئورۇنلارنىڭ ھېسابات مەزگىلى ئىچىدە ئىسكىلاتتا ساقلانغان ماددى نەرسىلەرنىڭ مىقدارىنىڭ ئۆزگىرىشىنىڭ بازار قىممىتىنى كۆرسىتىدۇ. مەزگىل بېشى ۋە مەزگىل ئاخىرىدىكى پەرق سوممىسى موسبىي قىممەت بولۇپ، ئىسكىلات قالدۇقىنىڭ ئاشقىنىنى بىلدۈرىدۇ. مەنفىي قىممەت بولسا ئىسكىلات قالدۇقىنىڭ كېمەيگىنىنى بىلدۈرىدۇ. ئۇ كونكرېت مۇنۇلارنى ئۆز ئىچىگە ئالىدۇ: بىرىنچى، ئىشلەپچىقىرىش ئورۇنلىرى باشقا ئورۇنلاردىن سېتىۋالغان خام ماتېريال، يېقىلغۇ ۋە ھەرخىل زاپاس ماددى ئەشيالار قاتارلىقلار. بۇ قىسىم سېتىۋېلىپ ئىسكىلاتقا كىرگۈزگەن تاۋارلار باھاسىنى شۇ مەزگىلدە سېتىۋالغۇچىلارنىڭ سېتىۋېلىش باھاسى بويىچە مۆلچەرلەش

كېرەك. ئىككىنچىسى ئىشلەپچىقىرىش ئورۇنلىرى ئىشلەپچىقارغان
ھەر تۈرلۈك ئىشلەنگەن تەييار مەھسۇلاتلار، ئىشلىنىۋاتقان مەھسۇلات-
لار، يېرىم تەييار مەھسۇلاتلار قاتارلىقلار. ئىشلەپچىقىرىش ئورۇنلى-
رى ئىشلەپچىقىرىپ ئىسكىلاتقا كىرگۈزگەن ۋە ھەر تۈرلۈك ئىشلەنگەن
تەييار مەھسۇلاتلارنىڭ باھاسى شۇ مەزگىلدىكى ئىشلەپچىقارغۇچىلارنىڭ
باھاسى بويىچە مۆلچەرلىنىدۇ.

ساپ ئېكسپورت: بۇ ئېكسپورت بىلەن ئىمپورتنىڭ پەرق سوم-
مىسىنى كۆرسىتىدۇ. يەنى ئېكسپورتتىن ئىمپورت قىلغىنى ئېلىۋې-
تىلىدۇ. ئېچىۋېتىلگەن ئىگىلىك شارائىتى ئاستىدا، بىر دۆلەتتە دائىم
تۇرۇشلۇق ئورۇنلار ئىشلەتكەن مەھسۇلاتلار ئىچىدە، غەيرى دائىم
تۇرۇشلۇق ئورۇنلار ئىشلەپچىقارغان مال ۋە مۇلازىمەتمۇ بولىدۇ:
شۇنىڭ بىلەن بىر ۋاقىتتا دائىم تۇرۇشلۇق ئورۇنلار ئىشلەپچىقارغان
مال ۋە مۇلازىمەتلەرنى غەيرى دائىم تۇرۇشلۇق ئورۇنلارمۇ ئىشلىتى-
دۇ. شۇڭا، ئىشلىتىش نۇقتىسىدىن دائىم تۇرۇشلۇق ئورۇنلار ئىشلەپ-
چىقارغان ئەڭ ئاخىرقى مەھسۇلاتلارنى ھېسابات قىلغاندا، ساپ ئېكس-
پورتنى ھېسابلاشقا توغرا كېلىدۇ. ئىچكى ئىشلەپچىقىرىش ئومۇمىي
قىممىتىدە ئىشلىتىلگەن ئىمپورت-ئېكسپورت، ماددى مەھسۇلات ئىم-
پورت-ئېكسپورت ۋە مۇلازىمەت ئىمپورت-ئېكسپورتتىن ئىبارەت ئىك-
كى قىسمىدىن تەركىب تاپىدۇ.

مىللىي ئىشلەپچىقىرىش ئومۇمىي قىممىتى: بۇ بازار باھا-
سى بويىچە ھېسابلانغان مىللى ئىشلەپچىقىرىش ئومۇمىي قىممىتىنىڭ
قىسقىچە ئاتىلىشى. ئۇ دۆلىتىمىزدىكى بارلىق دائىم تۇرۇشلۇق ئورۇن-
لارنىڭ مەلۇم مەزگىل ئىچىدىكى كىرىمىنىڭ تەقسىماتىنىڭ ئەڭ ئا-
خىرقى نەتىجىسىدۇر. ئۇ ئىچكى ئىشلەپچىقىرىش ئومۇمىي قىممىتىگە
چەت ئەللەردىن كەلگەن ئەمگەكچىلەرنىڭ ئىش ھەققى ۋە مال - مۈلۈك
كىرىمىنى قوشۇپ، ئۇنىڭدىن چەتئەللەردىكى ئەمگەكچىلەرگە تۆلىگەن
ئىش ھەققى ۋە مال - مۈلۈك كىرىمىنى چىقىرىۋەتكەنگە تەڭ بولىدۇ.
ئۇ ئىچكى ئىشلەپچىقىرىش ئومۇمىي قىممىتى بىلەن ئوخشاشمايدۇ.
ئىچكى ئىشلەپچىقىرىش ئومۇمىي قىممىتى بىر ئىشلەپچىقىرىش ئۇقۇمى
بولۇپ، مىللى ئىشلەپچىقىرىش ئومۇمىي قىممىتى بولسا بىر كىرىم
ئۇقۇمىدۇر.

مىللى ئىشلەپچىقىرىش ساپ قىممىتى: بۇ بازار باھاسى بويى-
چە ھېسابلانغان مىللى ئىشلەپچىقىرىش ساپ قىممىتىنىڭ قىسقىچە
ئاتىلىشى بولۇپ، ئۇ مىللى ئىشلەپچىقىرىش ئومۇمىي قىممىتىدىن
بارلىق دائىم تۇرۇشلۇق ئورۇنلارنىڭ مۇقىم مۈلۈك ئامورتىزاتسىيە-
سىنى چىقىرىۋەتكەنگە تەڭ.

شۇ يىللىق باھا: بۇ دوكلات قىلىش مەزگىلىدىكى ئەمەلىي باھانى
كۆرسىتىدۇ، مەسىلەن: زاۋۇتلارنىڭ زاۋۇتتىن چىقىش باھاسى، يېزا
ئىگىلىك مەھسۇلاتلىرىنى سېتىۋېلىش باھاسى، سودا ئورۇنلىرىنىڭ
پارچە سېتىش باھاسى قاتارلىقلار. شۇ يىللىق باھا بويىچە ھېسابلانغان
دىگىنىمىز بەزى پۇل بىلەن ئىپادىلىنىدىغان ماددى مىقدار كۆرسەتكۈچ-
لىرىنى، مەسىلەن: ئىجتىمائى ئومۇمىي مەھسۇلات قىممىتى، سانا-
ئەت، يېزا ئىگىلىك ئومۇمىي مەھسۇلات قىممىتى. مىللى دارامەت،
مىللى ئىشلەپچىقىرىش ئومۇمىي قىممىتى قاتارلىقلارنىڭ شۇ يىللىق
ئەمەلى باھا بويىچە ھېسابلانغان ئومۇمىي مىقدارىنى كۆرسىتىدۇ. شۇ
يىللىق باھا بويىچە ھېسابلانغان سانىنى ئىشلىتىشتىن مەقسەت، خەلق
ئىگىلىكى ھەر قايسى كۆرسەتكۈچلىرىنى ئۆزئارا تۇتاشتۇرۇپ، شۇ
يىللىق ئىجتىمائى ئىقتىساد ئۇنۇمىنى تەكشۈرۈش ۋە ئىشلەپچىقىرىش
بىلەن ئۇبوروت، ئىشلەپچىقىرىش بىلەن تەقسىمات، ئىشلەپچىقىرىش
بىلەن ئىستېمال ئوتتىرىسىدىكى ئىقتىسادىي ھېسابات ئېلىپ بېرىش ۋە ئو-
مۇملاشتۇرۇپ تەڭپۇڭلاشتۇرۇشقا قولايلىق بولۇش ئۈچۈندۇر.

شۇ يىللىق باھا بويىچە ھېسابلانغان قىممەت كۆرسەتكۈچلىرىنى،
ئوخشىمىغان يىللار ئارىسىدا سېلىشتۇرغاندا، ئۇ ھەرقايسى يىللار
ئارىسىدا باھا ئۆزگىرىش ئامىلى بولغاچقا، ماددى مىقدارنىڭ ئېشىش،
كېمىيىش ئۆزگىرىشىنى ھەقىقى تۈردە ئەكس ئەتتۈرگىلى بولمايدۇ.
چوقۇم باھا ئۆزگىرىش ئامىلىنى چىقىرىۋەتكەندىلا ئاندىن ئىقتىسادىي
تەرەققىيات ئەھۋالىنى ھەقىقى ئەكس ئەتتۈرگىلى بولىدۇ. شۇڭا،
ئېشىش سۈرئىتىنى ھېسابلىغاندا سېلىشتۇرۇشقا بولىدىغان باھا بويىچە
ھېسابلانغان سانلار ئىشلىتىلىدۇ.

سېلىشتۇرۇشقا بولىدىغان باھا: بۇ ئوخشىمىغان مەزگىللەر-
دىكى باھا كۆرسەتكۈچلىرىنى سېلىشتۇرغاندا، باھانىڭ ئۆزگىرىش ئا-
مىلىنى چىقىرىۋېتىپ، ماددى مىقدار ئۆزگىرىشىنى ھەقىقى تۈردە
ئىپادىلەشنى كۆرسىتىدۇ. سېلىشتۇرۇشقا بولىدىغان باھا بويىچە ھې-
سابلاشنىڭ ئىككى خىل ئۇسۇلى بار: بىر خىلى مەھسۇلات مىقدارىنى
بىۋاستە ئۇنىڭ ئۆزگەرمەس باھاسىغا كۆپەيتىش ئارقىلىق ھېسابلاش،
يەنە بىر خىلى مال باھا كۆرسەتكۈچى بويىچە سۇندۇرۇپ ھېسابلاش.

ئۆزگەرمەس باھا: بۇ مەلۇم مەزگىلدىكى ئوخشاش تۈردىكى
مەھسۇلاتلارنىڭ ئوتتۇرىچە باھاسىنى مۇقىم باھاقىلىپ، ھەرقايسى
مەزگىلدىكى مەھسۇلات قىممىتىنى ھېسابلاشنى كۆرسىتىدۇ. يېڭى
جۇڭگو قۇرۇلغاندىن كېيىن، سانائەت، يېزائىگىلىك مەھسۇلات باھا-
سى سەۋىيىسىنىڭ ئۆزگىرىشىگە ئەگىشىپ، دۆلەت ستاتىستىكا ئىدارى-
سى ئالدى -كېيىن بولۇپ بەش قېتىم مەملىكەت بويىچە بىر تۇتاش
بولغان سانائەت مەھسۇلاتلىرىنىڭ ئۆزگەرمەس باھاسى ۋە يېزا ئىگىلىك
مەھسۇلاتلىرىنىڭ ئۆزگەرمەس باھاسىنى بېكىتتى. 1949-يىلدىن
1957-يىلغىچە سانائەت (يېزا ئىگىلىك) مەھسۇلاتلىرىنىڭ 1952-
يىللىق ئۆزگەرمەس باھاسى قوللىنىلدى. 1957-يىلدىن 1971-يىل-
غىچە1957-يىللىق ئۆزگەرمەس باھا قوللىنىلدى. 1971-يىلدىن
1981-يىلغىچە 1970-يىللىق ئۆزگەرمەس باھا قوللىنىلدى. 1981-
يىلدىن 1991-يىلغىچە 1980-يىللىق ئۆزگەرمەس باھا قوللىنىلدى.
1991-يىلدىن باشلاپ 1990-يىللىق ئۆزگەرمەس باھا قوللىنىلدى.

ئوتتۇرىچە ھەر يىللىق ئېشىش سۈرئىتى: دۆلىتىمىزدە ئوت-
تۇرىچە ئېشىش سۈرئىتىنى ھېسابلاشنىڭ ئىككى خىل ئۇسۇلى بار: بىر
خىلى ئادەتتە دائىم ئىشلىتىدىغان "سەۋىيە ئۇسۇلى" يەنى گېئومېتىر-
يىلىك ئوتتۇرىچىلاش ئۇسۇلى بولۇپ، بۇ ئارقىلىق مەزگىلنىڭ ئاخىر-
قى يىلدىكى سەۋىيە بىلەن ئاساسىي مەزگىل سەۋىيىسىنى سېلىشتۇرۇپ
ئوتتۇرىچە ھەر يىللىق ئېشىش (ياكى كېمىيىش) سۈرئىتى ھېسابلى-
نىدۇ. يەنە بىر خىلى "جۇغلاش ئۇسۇلى"، يەنى ئالگېبرالىق ئوتتۇ-
رىچىلاش ئۇسۇلى ياكى تەڭلىمە ئۇسۇلى بولۇپ، بۇ ئارقىلىق ئارىلىق
مەزگىلدىكى ھەر قايسى يىللارنىڭ سەۋىيىسىنىڭ جەمئىسى بىلەن ئاسا-
سىي مەزگىلدىكى سەۋىيىنى سېلىشتۇرۇپ، ئوتتۇرىچە ھەريىللىق ئې-
شىش (ياكى كېمىيىش) سۈرئىتى ھېسابلىنىدۇ.

ئادەتتىكى نورمال ئەھۋالدا، ئىككى خىل ئۇسۇلدا ھېسابلانغان
ئوتتۇرىچە ھەر يىللىق ئېشىش سۈرئىتى بىر قەدەر يېقىنلىشىدۇ.
ئەمما ئىقتىسادىي تەرەققىيات تەڭپۇڭ بولماي، چوڭ داۋالغۇش ئەھۋال-
لىرى كۆرۈلگەندە، ئىككى خىل ئۇسۇلدا ھېسابلانغان نەتىجىدىكى پەرق
بىر قەدەر چوڭ بولىدۇ.

社会总产值 也称社会总产品，是反映一个国家(或地区)在一定时期内物质生产总成果的重要指标。它是以货币表现的农业、工业、建筑业、运输邮电业、商业(包括饮食业和物资供销业)五个物质生产部门的总产值之和。在社会生产活动中，农业、工业、建筑业直接生产物质产品，运输邮电业和商业担负着产品生产过程继续的职能，也创造和追加一部分价值。

社会总产值，在实物形态上可分为生产资料和消费资料两大部类。在价值形态上可分为：(1)生产过程中消耗掉的生产资料转移的价值；(2)劳动者新创造的价值，其中包括相当于劳动报酬的那部分必要产品的价值和为社会创造的剩余产品的价值。

第一产业 农业(包括种植业、林业、牧业、副业和渔业，不包括村及村以下工业，村及村以下工业应划入工业)。

第二产业 工业(包括采掘工业、制造业、以及自来水、电力、蒸气、热水、煤气等)和建筑业(包括建筑安装企业和自营建设单位，以及为建筑安装工程服务的地质勘探和勘察设计等)。

第三产业 除上述第一、二产业以外的其他各业。第三产业具体又可分为四个层次。

第一层次：流通部门，包括交通运输业、邮电通讯业、商业、饮食业、物资供销和仓储业。

第二层次：为生产和生活服务的部门，包括金融、保险业，综合技术服务业，农、林、牧、渔、水利业，咨询服务业，公路、内河(湖)航道养护业，地质普查业，居民服务业、公用事业以及房地产业等。

第三层次：为提高科学文化水平和居民素质服务的部门，包括教育、文化、广播电视，科学研究、卫生、体育和社会福利事业等。

第四层次：为社会公共需要服务的部门，包括国家与政党机关、社会团体、以及军队和警察等。

国内生产总值 是按市场价格计算的国内生产总值的简称，它是我国所有常住单位在一定时期内生产活动的最终成果。国内生产总值有三种表现形态，即价值形态、收入形态和产品形态。从价值形态看，它是所有常住单位在一定日期内所生产的全部货物和服务价值超过同期投入的全部非固定资产货物和服务价值的差额，即所有常住单位的增加值之和；从收入形态看，它是所有常住单位在一定日期内所创造并分配给我们常住单位的初次分配收入之和；从产品形态看，它是最终使用的货物和服务减去进口货物和服务。在核算中有三种计算方法，即生产法、收入法和支出法。三种方法分别从不同的方面反映国内生产总值及其构成。

1. 生产法：是从货物和服务活动在生产过程中形成的总产品入手，剔除生产过程中投入的中间产品价值，得到新增价值的方法，公式为：

增加值＝总产出－中间投入

2. 收入法：收入法也称分配法，按收入法计算国内生产总值是从生产过程创造的收入的角度对常住单位的生产活动成果进行核算，按照此法计算，增加值由劳动者报酬、固定资产折旧、生产税净额和营业盈余四个部分组成。用公式表示为：

增加值＝劳动者报酬＋固定资产折旧＋生产税净额＋营业盈余

国民经济各部门的增加值之和等于国内生产总值。

3. 支出法：支出法是从最终使用角度来反映国内生产总值最终去向的一种方法。最终使用包括货物和服务的总消费、总投资和净出口三部分内容。

国内生产净值 是按市场价格计算的国内生产净值的简称，它等于国内生产总值减去所有常住单位的固定资产折旧。

总产出 是一定日期内生产的所有货物和服务的价值。它是货物和服务的全部价值，包括转移价值和新增价值两部分。总产出用生产者价格估价。

中间投入 是常住单位在生产或提供货物与服务过程中消耗和使用的所有非固定资产货物和服务价值。中间投入也称为中间消耗。计入中间投入应按生产过程中实际使用的数量计算。一般采用市场购买者价格计价。

增加值 是生产货物或提供服务过程中增加的价值，也称为追加价值，就是总产出与中间投入之间的差额。

总消费 总消费是指常住单位在一定日期内对于货物和服务的全部最终消费，也就是常住单位为满足人们物质、文化和精神生活的需要，从本国经济领土内的消费。总消费分为居民消费和社会消费。

1. 居民消费：是指常住居民在核算期内对于货物和服务的全部最终消费。包括①居民以货币直接购买的用于生活消费的各种货物，既有各种耐用消费品又有非耐用消费品。不包括居民购买的房屋和用于生产目的的支出。②居民直接购买的用于生活消费的各种服务支出。如，交通费、学杂费、房租、洗理、日用修理、医疗保健(自己直接支付)、教育、文化、家庭保姆等支出。③居民自产自用的计入核算期社会产品中的货物。④自有住房的虚拟消费。⑤居民以实物工资获得的各种生活消费包括免费和低于市场价格获得的各种货物和服务。⑥职工从单位享受的公费医疗和集体福利设施及补贴。

居民消费不包括居民销售旧货、废品、废料得到的净收入。

2. 社会消费指政府部门的总产出扣除销售收入后的价值。也就是指社会公共服务部门将其生产活动总成果提供给政府，由政府部门购买并提供给全社会享用的消费品和劳务。

总投资 是指常住单位在核算期内对固定资产和库存的投资支出合计，分为固定资产形成和库存增加两项。

1. 固定资产形成，固定资产是生产过程中生产的，在其他生产过程中反复使用一年以上的有形和无形资产。是指常住单位在核算期内购置、转入和为自用而生产的固定资产，扣除已有固定资产的销售和转出后的价值。

2. 库存增加即存货变动，是指常住单位在核算期内库存实物量变动的市场价值。期初与期末差额为正值，表示库存增加；负值表示库存减少。具体包括：一是生产单位从其它单位购买的原材料、燃料和各种储备物资等。这部分购买入库的商品应按本期购买者价格估价。二是生产单位生产的各种产成品、在制品、半成品等。生产单位生产入库和各种产成品应按本期生产者价格估价。

净　出　口　是指出口与进口的差额，即出口减进口。在开放经济条件下，一国常住单位所使用的产品中，会有非常住单位生产的货物和服务；同时，常住单位生产的货物和服务也会为非常住单位所使用。因此，从使用角度核算常住单位生产的最终产品就需计算净出口。国内生产总值使用中的进出口由物质产品进出口和服务进出口两部分组成。

国民生产总值　是按市场价格计算的国民生产总值的简称。它是我国所有常住单位在一定日期内收入初次分配的最终成果。它等于国内生产总值加上来自国外的劳动者报酬和财产收入减去支付给国外的劳动者报酬和财产收入。与国内生产总值不同，国内生产总值是一个生产概念，而国民生产总值是个收入概念。

国民生产净值　是按市场价格计算的国民生产净值的简称，它等于国民生产总值减所有常住单位的固定资产折旧。

当年价格　指报告期的实际价格，如工厂的出厂价格，农产品的收购价格，商业的零售价格等。按当年价格计算，是指一些以货币表现的物量指标，如社会总产值、工农业总产值、国民收入、国民生产总值等，按照当年的实际价格来计算总量。使用当年价格计算的数字，是为了使国民经济各项指标互相衔接，便于考察当年社会经济效益，便于对生产和流通、生产和分配、生产和消费进行经济核算和综合平衡。

按当年价格计算的价值指标，在不同年份之间进行对比时，因为包含有各年间价格变动的因素，不能确切地反映实物量的增减变动。必须消除价格变动因素后，才能真实反映经济发展动态。因此，在计算增长速度时都使用按可比价格计算的数字。

可比价格　指在不同时期的价格指标对比时，扣除了价格变动的因素，以确切表示物量的变化。按可比价格计算有两种方法：一种是直接按产品产量乘其不变价格计算；一种是用物价指数换算。

不变价格　用某一时期的同类产品的平均价格作为固定价格，来计算各个时期的产品价值。新中国成立后，随着工农业产品价格水平的变化，国家统计局先后五次制定了全国统一的工业产品不变价格和农业产品不变价格，从 1949 年到 1957 年，使用 1952 年不变价格，工（农）业产品不变价格，从 1957 年到 1971 年使用 1957 年不变价格，从 1971 年到 1981 年使用 1970 年不变价格，从 1981 年到 1991 年使用 1980 年不变价格，从 1991 年开始使用 1990 年不变价格。

平均每年增长速度　在我国计算平均增长速度有两种方法，一种是习惯上经常使用的“水平法”，又称几何平均法，是以间隔期最后一年的水平同基期水平对比来计算平均每年增长（或下降）速度，另一种是“累计法”，又称代数平均法或方程法，是以间隔期内各年水平的总和同基期水平对比来计算平均每年增长（或下降）速度。

在一般正常情况下，两种方法计算的平均每年增长速度比较接近，但在经济发展不平衡，出现大起大落时，两种方法计算的结果差别较大。

3

ئاھالە، ئەمگەك كۈچى ۋە ئىش ھەققى

人口、劳动力和工资

Population, Labour Force and Wages

ئاساسلىق يىللاردىكى ئاھالە سانى

3—1 主要年份人口数

(يىل ئاخىرىدىكى سان 年底数) 单位:万人 بىرلىكى: تۈمەن نەپەر

يىللار 年 份	ئومۇمىي ئاھالە 总人口	جىنسى بويىچە ئايرىلغان 按性别分		شەھەر- يېزا بويىچە ئايرىلغان 按城乡分		يېزا ئىگىلىكى ۋە غەيرى يېزا ئىگىلىكى بويىچە ئايرىلغان 按农业非农业分	
		ئەر 男	ئايال 女	شەھەر، بازار ئاھالىسى 市镇人口	يېزا، كەنت ئاھالىسى 乡村人口	يېزا ئىگىلىك ئاھالىسى 农业人口	غەيرى يېزا ئىگىلىك ئاھالىسى 非农业人口
1978	1 233.01	630.18	602.83	321.40	911.61	900.11	332.90
1980	1 283.24	654.90	628.34	372.74	910.50	910.20	373.04
1985	1 361.14	696.81	664.33	582.24	778.90	922.47	438.67
1986	1 383.64	708.46	675.18	613.34	770.30	933.89	449.75
1987	1 406.33	719.77	686.56	630.38	775.95	944.13	462.20
1988	1 426.42	730.57	695.85	642.60	783.82	950.61	475.81
1989	1 454.16	745.01	709.15	657.08	797.08	962.93	491.23
1990	1 529.16	785.06	744.10	685.96	843.20	1 020.91	508.25
1991	1 554.57	798.14	756.43	698.79	855.78	1 036.08	518.49
1992	1 580.63	811.45	769.18	715.64	864.99	1 050.50	530.13
1993	1 605.26	824.48	780.78	743.04	862.22	1 062.43	542.83
1994	1 632.70	838.46	794.24	785.43	847.27	1 074.30	558.40
1995	1 661.35	848.12	813.23	822.53	838.82	1 087.19	574.16

ئاساسلىق يىللاردىكى ئاھالە قۇرۇلمىسى

3—2 主要年份人口构成

单位:% بىرلىكى:

يىللار 年 份	ئومۇمىي ئاھالە تۈمەن نەپەر 总人口 (万人)	جىنسى بويىچە ئايرىلغان 按性别分		شەھەر، يېزا بويىچە ئايرىلغان 按城乡分		يېزا ئىگىلىكى ۋە غەيرى يېزا ئىگىلىكى بويىچە ئايرىلغان 按农业非农业分	
		ئەر 男	ئايال 女	شەھەر، بازار ئاھالىسى 市镇人口	يېزا، كەنت ئاھالىسى 乡村人口	يېزا ئىگىلىك ئاھالىسى 农业人口	غەيرى يېزا ئىگىلىك ئاھالىسى 非农业人口
1978	1 233.01	51.11	48.89	26.07	73.93	73.00	27.00
1980	1 283.24	51.03	48.97	29.05	70.95	70.93	29.07
1985	1 361.14	51.19	48.81	42.78	57.22	67.77	32.23
1986	1 383.64	51.20	48.80	44.33	55.67	67.50	32.50
1987	1 406.33	51.18	48.82	44.82	55.18	67.13	32.87
1988	1 426.42	51.22	48.78	45.05	54.95	66.64	33.36
1989	1 454.16	51.23	48.77	45.19	54.81	66.22	33.78
1990	1 529.16	51.34	48.66	44.86	55.14	66.76	33.24
1991	1 554.57	51.34	48.66	44.95	55.05	66.65	33.35
1992	1 580.63	51.34	48.66	45.28	54.72	66.46	33.54
1993	1 605.26	51.36	48.64	46.29	53.71	66.18	33.82
1994	1 632.70	51.35	48.65	48.11	51.89	65.80	34.20
1995	1 661.35	51.05	48.95	49.51	50.49	65.44	34.56

ئاھالىلەرنىڭ تۇغۇلۇش، ئۆلۈش ۋە تەبىئىي كۆپىيىش نىسبىتى

3—3 人口出生率、死亡率、自然增长率

单位:‰ بىرلىكى:

يىللار 年 份	ئاپتونوم رايون بويىچە 全 区			شەھەر 市			ناھىيە 县		
	تۇغۇلۇش نىسبىتى 出生率	ئۆلۈش نىسبىتى 死亡率	تەبىئىي كۆپىيىش نىسبىتى 自然增长率	تۇغۇلۇش نىسبىتى 出生率	ئۆلۈش نىسبىتى 死亡率	تەبىئىي كۆپىيىش نىسبىتى 自然增长率	تۇغۇلۇش نىسبىتى 出生率	ئۆلۈش نىسبىتى 死亡率	تەبىئىي كۆپىيىش نىسبىتى 自然增长率
1957	31.48	14.00	17.48	32.73	6.13	26.60	31.37	14.68	16.69
1962	32.02	9.71	22.31	44.44	6.61	37.83	30.42	10.10	20.32
1965	41.65	11.08	30.57	42.31	5.85	36.46	41.58	11.70	29.88
1966	38.08	9.39	28.69	38.26	5.42	32.84	38.06	9.85	28.21
1967	37.16	9.19	27.97	36.65	4.93	31.72	37.22	9.67	27.55
1968	40.73	9.23	31.50	39.60	5.39	34.21	40.86	9.67	31.19
1969	38.81	8.66	30.15	45.12	4.78	40.34	38.08	9.12	28.96
1970	36.63	8.17	28.46	38.23	5.16	33.07	36.45	8.51	27.94
1971	35.02	7.71	27.31	35.73	3.99	31.74	34.94	8.12	26.82
1972	38.36	7.92	30.44	36.37	3.98	32.39	38.59	8.36	30.23
1973	38.01	7.84	30.17	33.49	4.03	29.46	38.53	8.28	30.25
1974	35.87	8.66	27.21	27.64	3.99	23.65	36.82	9.20	27.62
1975	33.10	8.74	24.36	26.60	5.19	21.41	34.08	9.28	24.80
1976	28.96	7.58	21.38	20.18	4.17	16.01	30.36	8.13	22.23
1977	26.06	8.24	17.82	15.78	4.78	11.00	27.79	8.83	18.96
1978	22.55	7.69	14.86	12.04	3.89	8.15	24.77	8.49	16.28
1979	22.54	8.33	14.21	14.16	3.63	10.53	24.60	9.48	15.12
1980	21.28	7.62	13.66	12.98	3.77	9.21	23.33	8.57	14.76
1981	21.09	7.46	13.63	13.23	4.12	9.11	23.04	8.29	14.75
1982	21.16	6.65	14.51	13.81	3.56	10.25	22.95	7.40	15.55
1983	19.31	6.97	12.34	11.63	3.69	7.94	21.90	8.08	13.82
1984	19.76	6.45	13.31	12.22	3.83	8.39	22.73	7.48	15.25
1985	19.80	6.39	13.41	12.81	3.71	9.10	22.89	7.58	15.31
1986	20.54	6.13	14.41	15.18	3.89	11.29	23.05	7.18	15.87
1987	21.03	5.96	15.07	16.44	3.98	12.46	23.19	6.89	16.30
1988	19.72	5.99	13.73	15.76	4.16	11.60	21.85	5.53	16.32
1989	21.15	5.77	15.38	16.83	4.00	12.83	23.18	6.60	16.58
1990	26.41	7.81	18.60	15.20	4.13	11.07	29.71	8.81	20.90
1991	24.45	7.86	16.59	13.20	3.75	9.45	27.11	8.95	18.16
1992	22.80	7.84	14.96	18.25	5.65	12.60	24.96	8.88	16.08
1993	21.53	7.68	13.85	17.37	5.26	12.10	23.55	8.85	14.70
1994	20.82	7.43	13.39	16.72	5.59	11.13	22.85	8.34	14.51
1995	18.90	6.45	12.45	11.60	3.55	8.05	22.46	7.87	14.60

ئاساسلىق يىللار بويىچە ئايرىلغان مىللەتلەر ئاھالە سانى
3—4 主要年份分民族人口数

单位:万人 بىرلىكى: تۈمەن نەپەر

يىللار 年份	ئۇيغۇر 维吾尔族	خەنزۇ 汉族	قازاق 哈萨克族	خۇيزۇ 回族	قىرغىز 柯尔克孜族	موڭغۇل 蒙古族	شىبە 锡伯族
1952	350.09	32.60	49.45	13.16	6.94	5.74	1.24
1957	386.71	82.15	53.07	16.65	7.44	6.28	1.48
1962	400.47	207.72	48.74	23.49	6.70	6.66	1.65
1965	411.51	275.84	52.40	28.77	7.10	7.53	1.83
1970	467.33	386.12	61.63	38.33	8.01	8.84	2.08
1975	526.64	478.01	75.14	47.71	9.42	10.03	2.39
1978	555.53	512.90	82.10	53.12	10.40	10.74	2.55
1980	576.46	531.03	87.68	56.56	10.89	11.32	2.59
1985	629.44	534.92	98.72	59.96	12.35	12.33	2.93
1986	643.10	538.63	101.05	61.18	12.61	12.81	3.02
1987	656.22	542.98	103.43	62.64	13.09	13.05	3.08
1988	667.52	547.01	105.59	64.03	13.33	13.49	3.19
1989	682.73	553.16	108.79	65.94	13.84	13.64	3.17
1990	724.95	574.66	113.92	68.89	14.44	14.28	3.42
1991	736.28	584.21	116.13	70.37	14.69	14.47	3.51
1992	747.41	594.00	118.20	72.18	15.09	14.76	3.58
1993	758.95	603.67	119.64	73.23	15.42	14.92	3.68
1994	769.73	616.48	121.70	74.04	15.62	15.20	3.74
1995	780.00	631.81	123.77	74.76	15.78	15.28	3.82

يىللار 年份	روس 俄罗斯族	تاجىك 塔吉克族	ئۆزبېك 乌孜别克族	تاتار 塔塔尔族	مانجۇ 满族	داغۇر 达斡尔族	باشقا مىللەتلەر 其他民族
1952	2.15	1.42	1.32	0.66	0.11	0.19	0.10
1957	0.58	1.59	1.15	0.37	0.15	0.23	0.16
1962	0.16	1.58	0.73	0.26	0.19	0.29	0.33
1965	0.09	1.70	0.68	0.21	0.28	0.28	0.38
1970	0.07	1.83	0.65	0.21	0.28	0.32	0.88
1975	0.07	2.05	0.74	0.28	0.35	0.37	1.33
1978	0.06	2.28	0.77	0.31	0.42	0.41	1.42
1980	0.06	2.41	0.79	0.31	0.50	0.40	2.24
1985	0.43	2.89	0.93	0.33	0.95	0.48	4.49
1986	0.52	2.96	0.98	0.37	1.09	0.49	4.83
1987	0.59	3.07	0.97	0.36	1.23	0.51	5.11
1988	0.63	3.16	1.04	0.36	1.35	0.52	5.20
1989	0.70	3.22	1.09	0.38	1.46	0.52	5.52
1990	0.75	3.44	1.14	0.40	1.66	0.56	6.65
1991	0.80	3.45	1.17	0.44	1.75	0.55	6.75
1992	0.85	3.60	1.21	0.42	1.84	0.57	6.92
1993	0.86	3.61	1.28	0.44	1.89	0.58	7.09
1994	0.86	3.68	1.29	0.43	1.93	0.59	7.41
1995	0.90	3.82	1.33	0.47	1.99	0.62	7.00

مىللەت ئاھالە سانى

3—5 分 地 区 各

(1995年-يىل)

地区	رايونلار	合计 جەمئىي	维吾尔族 ئۇيغۇر	汉族 خەنزۇ	哈萨克族 قازاق
新疆维吾尔自治区	**شىنجاڭ ئۇيغۇر ئاپتونوم رايونى**	**16 613 500**	**7 800 038**	**6 318 114**	**1 237 706**
乌鲁木齐市	**ئۈرۈمچى شەھەر**	**1 441 502**	**181 320**	**1 051 014**	**45 083**
市辖区	شەھەرگە قاراشلىق رايونلار	1 283 754	170 892	978 465	18 545
乌鲁木齐县	ئۈرۈمچى ناھىيىسى	157 748	10 428	72 549	26 538
克拉玛依市	**قاراماي شەھرى**	**233 934**	**35 225**	**177 390**	**9 287**
石河子市	**شىخەنزە شەھرى**	**552 509**	**5 780**	**526 264**	**2 931**
吐鲁番地区	**تۇرپان ۋىلايىتى**	**524 838**	**372 622**	**117 146**	**257**
吐鲁番市	تۇرپان شەھرى	236 463	168 582	49 468	65
鄯善县	پىچان	187 094	126 534	50 964	21
托克逊县	توقسۇن	101 281	77 506	16 714	717
哈密地区	**قۇمۇل ۋىلايىتى**	**446 322**	**89 088**	**297 684**	**41 581**
哈密市	قۇمۇل شەھرى	326 949	80 396	221 424	9 532
巴里坤县	باركۆل	100 750	165	70 264	28 612
伊吾县	ئاراتۈرۈك	18 623	8 527	8 996	3 437
昌吉州	**سانجى ئوبلاستى**	**1 413 278**	**57 784**	**1 052 097**	**117 412**
昌吉市	سانجى شەھرى	310 091	8 811	237 913	15 790
米泉县	مىچۈەن	184 133	5 029	113 651	3 287
呼图壁县	قۇتۇبى	187 499	6 259	143 738	22 716
玛纳斯县	ماناس	153 278	4 228	126 194	16 235
奇台县	گۇچۇڭ	220 866	15 096	171 740	19 315
阜康市	فۇكاڭ شەھرى	141 239	7 920	104 551	11 230
吉木萨尔县	جىمسار	128 466	6 168	92 776	8 993
木垒县	مورى	87 706	4 213	61 534	19 846
伊犁州	**ئىلى ئوبلاستى**	**3 621 488**	**577 758**	**1 610 714**	**948 474**
奎屯市	كۈيتۇن شەھرى	248 380	776	236 286	3 934
伊犁地区	**ئىلى ۋىلايىتى**	**1 965 825**	**526 633**	**645 519**	**454 076**
伊宁市	غۇلجا شەھرى	299 266	144 007	106 218	13 995
伊宁县	غۇلجا ناھىيىسى	355 712	173 522	68 824	38 095
察布查尔县	چاپچال	156 151	40 059	56 025	31 499
霍城县	قورغاس	322 150	67 331	145 844	26 674
巩留县	توققۇزتارا	142 170	33 354	44 038	42 719
新源县	كۈنەس	264 572	24 341	107 975	114 370
昭苏县	موڭغۇلكۈرە	144 189	14 088	42 361	67 160
特克斯县	تېكەس	143 119	13 898	35 675	57 575
尼勒克县	نىلقا	138 496	16 033	38 559	61 989
塔城地区	**تارباغاتاي ۋىلايىتى**	**857 416**	**40 170**	**495 347**	**213 580**
塔城市	چۆچەك شەھرى	141 561	4 718	90 687	21 674
额敏县	دۆربىلجىن	174 164	7 218	95 027	58 507
乌苏县	شىخۇ	189 311	17 374	119 636	21 173
沙湾县	ساۋەن	177 642	8 246	122 489	30 274
托里县	تولى	77 265	1 234	20 966	53 455
裕民县	چاغانتوقاي	49 034	230	29 448	15 468
和布克赛尔县	قوبۇقسار	48 439	1 150	17 094	13 029
阿勒泰地区	**ئالتاي ۋىلايىتى**	**549 867**	**10 179**	**233 562**	**276 884**
阿勒泰市	ئالتاي شەھرى	192 977	4 819	115 871	62 875
布尔津县	بۇرچىن	62 461	1 004	19 527	35 502
富蕴县	كۆكتوقاي	80 818	2 517	25 258	54 536
福海县	بۇرۇلتوقاي	59 310	567	33 258	23 100
哈巴河县	قابا	69 427	336	21 731	41 906
青河县	چىڭگىل	51 050	597	9 883	38 255
吉木乃县	جىمىنەي	33 824	339	12 034	20 710

رايونلارغا ئايرىلغان ھەر

民　　族　　人　　口　　数

بىرلىكى: نەپەر 单位：人

خوىزۇ 回族	قىرغىز 柯尔克孜族	موڭغۇل 蒙古族	شىبە 锡伯族	رۇس 俄罗斯族	تاجىك 塔吉克族	ئۆزبېك 乌孜别克族	تاتار 塔塔尔族	مانجۇ 满族	داغۇر 达斡尔族	باشقىلار 其它
747 608	157 828	152 844	38 211	8 971	38 211	13 291	4 652	19 936	6 147	69 943
137 818	896	5 360	3 199	2 516	156	1 282	731	7 693	328	4 106
90 604	874	5 137	3 158	2 463	150	1 188	649	7 554	320	3 755
47 214	22	223	41	53	6	94	82	139	8	351
6 192	99	1 730	614	449	37	166	66	855	99	1 725
12 558	29	585	106	227	17	17	1	725	8	3 261
33 950	0	42	17	54	1	2	0	314	0	433
17 914	0	16	8	42	1	2	0	156	0	209
9 233	0	21	9	12	0	0	0	137	0	163
6 803	0	5	0	0	0	0	0	21	0	61
13 649	16	1 856	103	73	2	6	58	1 530	11	665
12 750	16	577	96	56	2	5	2	1 488	11	594
301	0	1 268	7	17	0	0	56	28	0	32
598	0	11	0	0	0	1	0	14	0	39
168 138	100	5 451	393	571	48	2 275	942	2 863	41	5 163
43 353	55	828	202	225	30	127	63	1 024	7	1 663
60 609	18	492	26	62	3	2	25	224	17	688
13 415	6	153	32	48	14	0	14	133	2	969
5 895	6	60	13	83	0	9	28	141	7	319
10 874	0	1 192	27	53	0	604	482	1 016	0	467
16 203	12	256	59	73	1	16	36	137	8	737
17 150	3	2 451	30	18	0	321	200	164	0	192
639	0	19	4	9	0	1 196	94	24	0	128
294 966	17 130	66 090	31 688	4 601	113	5 025	2 462	4 118	5 517	52 832
5 450	24	718	186	66	1	14	10	339	34	542
213 241	15 130	27 782	29 831	1 150	90	4 474	715	3 006	380	43 798
25 239	233	697	2 906	552	48	2 307	221	1 317	38	1 488
53 066	237	182	211	43	1	268	40	631	6	20 576
6 122	314	327	20 525	93	0	104	14	115	6	948
63 361	348	575	2 846	178	31	113	47	342	268	14 192
16 672	447	409	1 412	87	0	167	90	267	5	2 503
14 341	848	55	417	125	4	556	61	124	8	1 347
3 727	3 719	12 142	87	32	5	223	221	21	0	403
18 716	8 288	5 695	842	14	1	622	15	117	0	1 661
11 997	696	7 700	575	26	0	114	6	72	49	680
57 484	1 902	32 263	1 595	3 006	22	284	476	527	5 096	5 665
10 126	1 551	1 423	1 269	2 084	1	146	256	195	4 963	2 468
5 799	288	5 260	59	448	12	88	44	66	39	1 309
22 275	2	8 199	80	144	0	12	24	79	11	302
15 356	11	302	22	79	0	13	42	98	8	702
852	32	466	54	12	0	4	58	43	6	83
2 714	1	155	46	198	0	0	12	24	42	696
362	17	16 458	65	41	9	21	40	22	26	105
18 791	74	5 327	76	379	0	253	1 261	246	8	2 827
5 806	10	2 134	36	182	0	135	446	116	0	547
3 567	8	1 664	4	110	0	10	334	1	0	730
1 807	15	194	13	50	0	41	71	48	8	260
1 780	1	164	12	28	0	0	60	41	0	299
4 216	0	416	5	0	0	30	82	6	0	699
1 087	11	708	6	1	0	28	261	7	0	206
528	29	47	0	8	0	9	7	27	0	86

3—5 续表 داۋامى

地 区 رايونلار		合 计 جەمئى	维吾尔族 ئۇيغۇر	汉 族 خەنزۇ	哈萨克族 قازاق
博州	**بۆرتالا ئوبلاستى**	**374 538**	**49 318**	**244 981**	**38 629**
博乐市	بۆرتالا شەھىرى	188 697	32 506	121 393	15 771
精河县	جىڭ	113 082	13 816	78 555	11 368
温泉县	ئارشاڭ	72 759	2 996	45 033	11 490
巴州	**بايىنغولىن ئوبلاستى**	**930 689**	**324 606**	**506 943**	**1 063**
库尔勒市	كورلا شەھىرى	295 721	90 883	193 682	44
轮台县	بۈگۈر	81 595	73 064	8 185	6
尉犁县	لوپنۇر	89 806	25 986	63 091	15
若羌县	چاقىلىق	27 881	10 707	15 627	0
且末县	چەرچەن	48 330	39 022	9 223	2
焉耆县	يەنجى	109 855	31 857	48 905	27
和静县	خېجىڭ	169 963	37 507	96 157	917
和硕县	خوشۇت	57 211	8 342	38 018	40
博湖县	باغراش	50 327	7 208	34 055	12
阿克苏地区	**ئاقسۇ ۋىلايىتى**	**1 857 130**	**1 423 596**	**409 797**	**188**
阿克苏市	ئاقسۇ شەھىرى	444 203	190 541	247 147	38
温宿县	ئاقسۇكونا شەھەر	194 763	149 759	39 996	1
库车县	كۇچا	354 437	320 218	31 881	23
沙雅县	شايار	173 504	147 757	24 268	25
新和县	توقسۇ	125 016	119 440	5 273	7
拜城县	باي	182 544	162 942	17 997	9
乌什县	ئۇچتۇرپان	166 959	150 901	10 926	64
阿瓦提县	ئاۋات	176 858	144 336	31 213	21
柯坪县	كەلپىن	38 846	37 702	1 096	0
克州	**قىزىلسۇ ئوبلاستى**	**408 277**	**261 497**	**20 316**	**82**
阿图什市	ئاتۇش شەھىرى	181 706	145 722	12 078	34
阿克陶县	ئاقتۇ	152 120	106 057	3 306	32
阿合奇县	ئاقچى	32 826	1 492	2 062	13
乌恰县	ئۇلۇغچات	41 625	8 226	2 870	3
喀什地区	**قەشقەر ۋىلايىتى**	**3 082 391**	**2 765 253**	**271 752**	**525**
喀什市	قەشقەر شەھىرى	248 609	186 425	59 478	138
疏附县	قەشقەر كونا شەھەر	366 390	358 749	6 701	4
疏勒县	قەشقەر يېڭى شەھەر	258 332	240 342	17 309	9
英吉沙县	يېڭىسار	200 961	196 966	3 239	0
泽普县	پوسكام	153 928	115 015	34 946	0
莎车县	يەكەن	565 789	537 579	23 233	10
叶城县	قاغىلىق	345 978	317 327	24 642	20
麦盖提县	مەكىت	182 424	145 292	36 576	1
岳普湖县	يوپۇغا	122 442	115 090	7 274	0
伽师县	پەيزاۋات	283 263	277 333	5 826	13
巴楚县	مارالبېشى	326 433	273 351	51 495	48
塔什库尔干县	تاشقورغان	27 842	1 784	1 033	0
和田地区	**خوتەن ۋىلايىتى**	**1 504 819**	**1 461 762**	**39 986**	**84**
和田市	خوتەن شەھىرى	148 416	126 590	21 221	26
和田县	خوتەن ناھىيىسى	231 566	230 226	1 054	0
墨玉县	قاراقاش	360 585	355 791	4 706	2
皮山县	گوما	202 384	197 715	2 926	0
洛浦县	لوپ	214 656	211 768	2 796	36
策勒市	چىرا	125 666	123 794	1 835	1
于田县	كېرىيە	191 017	188 138	2 696	19
民丰县	نىيە	30 529	27 740	2 752	0

单位：人 بىرلىكى: نەپەر

خۇيزۇ 回族	قىرغىز 柯尔克孜族	موڭغۇل 蒙古族	شىبە 锡伯族	رۇس 俄罗斯族	تاجىك 塔吉克族	ئۆزبېك 乌孜别克族	تاتار 塔塔尔族	مانجۇ 满族	داغۇر 达斡尔族	باشقىلار 其它
12 370	**107**	**26 253**	**318**	**167**	**4**	**153**	**9**	**320**	**26**	**1 883**
6 751	29	11 052	229	123	4	79	7	232	9	512
3 779	22	4 530	45	34	0	35	2	56	0	840
1 840	56	10 671	44	10	0	39	0	32	17	531
49 866	**174**	**43 611**	**107**	**187**	**2**	**31**	**1**	**670**	**6**	**3 422**
6 802	5	2 736	86	147	1	15	0	443	1	876
277	0	4	6	0	0	0	0	13	0	10
493	0	18	1	4	0	0	0	27	5	166
599	0	15	0	0	0	0	1	0	0	932
69	0	3	4	0	0	0	0	3	0	4
25 404	73	3 141	1	3	0	16	0	39	0	389
6 016	82	28 540	9	20	1	0	0	91	0	623
5 300	0	5 272	0	13	0	0	0	37	0	189
4 906	14	3 882	0	0	0	0	0	17	0	233
11 956	**8 540**	**369**	**34**	**92**	**3**	**106**	**4**	**328**	**1**	**2 206**
4 373	119	240	21	48	2	17	2	241	0	1 414
891	3 659	16	4	1	0	0	0	23	23	413
2 058	96	18	8	17	1	15	0	31	1	70
1 320	2	72	0	12	0	1	0	4	0	43
239	5	0	1	7	0	0	0	2	0	42
710	851	4	0	0	0	4	0	8	0	19
1 273	3 662	4	0	0	0	63	2	4	0	60
1 078	27	15	0	7	0	6	0	14	0	141
14	29	0	0	0	0	0	0	1	0	4
362	**121 399**	**18**	**8**	**1**	**4 421**	**76**	**33**	**17**	**0**	**47**
105	23 678	15	0	0	22	3	0	5	0	44
164	38 091	2	0	0	4 399	36	33	0	0	0
53	29 203	0	0	0	0	0	0	0	0	3
40	30 427	1	8	1	0	37	0	12	0	0
4 241	**5 390**	**153**	**59**	**72**	**30 619**	**3 502**	**21**	**337**	**4**	**736**
917	154	44	23	29	137	879	13	154	0	218
63	685	8	0	0	6	161	2	0	0	11
193	397	3	5	4	3	43	4	6	4	10
38	596	0	0	5	82	19	1	15	0	0
307	62	11	5	0	3 478	35	0	27	0	42
765	811	5	17	11	1 987	1 275	0	39	0	57
578	915	8	6	2	1 563	851	0	10	0	47
427	13	8	0	6	0	24	0	12	0	65
53	5	5	1	8	0	2	0	4	0	0
16	9	2	0	0	1	54	0	9	0	0
870	105	59	1	7	0	159	1	61	0	276
14	1 638	0	1	0	23 362	0	0	0	0	10
1 034	**770**	**28**	**7**	**11**	**922**	**27**	**3**	**33**	**4**	**148**
472	7	11	2	11	2	9	1	21	4	39
286	0	0	0	0	0	0	0	0	0	0
57	0	4	4	0	0	9	0	1	0	11
35	743	1	0	0	919	5	0	0	0	40
54	1	0	0	0	0	0	0	0	0	1
13	0	2	0	0	1	3	0	4	0	13
114	1	3	1	0	0	0	0	7	0	38
3	18	7	0	0	0	1	2	0	0	6

ھەر قايسى ۋىلايەت، ئوبلاست، شەھەر ۋەناھىيىلەرنىڭ ئائىلە ۋە ئاھالە سانى

3—6 各地、州、市、县户数、人口数

(1995 年 -يىل)

单位:户、人 بىرلىكى: ئائىلە، نەپەر

地区	رايونلار	ئائىلە سانى 户数	ئاھالە سانى 人口数	ئەر 男	ئايال 女	جىنسى نىسبىتى ئايال=100 性比例	ئومۇمىي ئاھالە ئىچىدە: دائىم تۇرۇشلۇق نوپۇس ئورۇنلاشمىغان ئاھالىلار 总人口中未落常住户口人数
总　计	**جەمئىي**	**4 085 457**	**16 613 500**	**8 481 192**	**8 132 308**	**104.29**	**48 410**
乌鲁木齐市	**ئۈرۈمچى شەھىرى**	**396 044**	**1 441 502**	**737 347**	**704 155**	**104.7**	**77 417**
市辖区	شەھەرگە قاراشلىق رويونلار	353 993	1 283 754	657 091	626 663	104.9	72 987
天山区	تيانشان رايونى	100 760	359 237	179 157	180 080	99.5	6 411
沙依巴克区	سايباغ رايونى	91 500	335 518	172 255	163 263	105.5	22 509
新市区	يېڭى شەھەر رايونى	69 048	268 134	138 919	129 215	107.5	19 186
水磨沟区	شىمىگو رايونى	31 622	107 200	54 315	52 885	102.7	7 575
头屯河区	تۇدۇڭخابا رايونى	29 223	104 390	54 657	49 733	109.9	5 933
南山矿区	نەنسەن كان رايونى	7 990	25 256	13 573	11 683	116.2	5 303
东山区	دوڭسەن رايونى	23 850	84 019	44 215	39 804	111.1	6 070
乌鲁木齐县	ئۈرۈمچى ناھىيىسى	42 051	157 748	80 256	77 492	103.6	4 430
克拉玛依市	**قاراماي شەھىرى**	**58 816**	**233 934**	**125 955**	**107 979**	**116.7**	**15 446**
市辖区	شەھەرگە قاراشلىق رايونلار	58 816	233 934	125 955	107 979	116.7	15 446
独山子区	مايتاغ رايونى	11 834	44 338	24 301	20 037	121.3	4 638
克拉玛依区	قاراماي رايونى	26 701	120 101	64 526	55 575	116.1	7 563
白碱滩区	جەرەنبۇلاق رايونى	18 007	61 517	32 811	28 706	114.3	2 977
乌尔禾区	ئورقۇ رايونى	2 274	7 978	4 317	3 661	117.9	268
石河子市	**شىخەنزە شەھىرى**	**162 297**	**552 509**	**282 893**	**269 616**	**104.9**	**17 517**
吐鲁番地区	**تۇرپان ۋىلايىتى**	**119 388**	**524 838**	**269 514**	**255 324**	**105.6**	**19 076**
吐鲁番市	تۇرپان شەھىرى	54 751	236 463	120 060	116 403	103.1	3 709
鄯善县	پىچان	42 956	187 094	97 929	89 165	109.8	14 612
托克逊县	توقسۇن	21 681	101 281	51 525	49 756	103.6	755
哈密地区	**قۇمۇل ۋىلايىتى**	**128 428**	**446 322**	**228 936**	**217 386**	**105.3**	**16 068**
哈密市	قۇمۇل شەھىرى	98 950	326 949	168 356	158 593	106.2	15 654
巴里坤县	باركۆل	24 526	100 750	51 000	49 750	102.5	280
伊吾县	ئاراتۇرۇك	4 952	18 623	9 580	9 043	105.9	134
昌吉州	**سانجى ئوبلاستى**	**392 577**	**1 394 251**	**715 541**	**678 710**	**105.4**	**24 983**
昌吉市	سانجى شەھىرى	91 483	310 091	158 405	151 686	104.4	10 577
阜康市	فۇكاڭ شەھىرى	43 055	141 239	72 674	68 565	106.0	2 650

3—6 续表 1 داۋامى　　　　单位:户、人 بىرلىكى: ئائىلە، نەپەر

地　区 رايونلار	户　数 ئائىلە سانى	人口数 ئاھالە سانى	男 ئەر	女 ئايال	性比例 جىنسى نىسبىتى ئايال=100	总人口中未落常住户口人数 ئومۇمىي ئاھالە ئىچىدە: دائىم تۇرۇشلۇق نوپۇس ئورناتمىغان ئاھالىلار
米泉县 مىچۈەن	48 312	165 106	84 401	80 705	104.6	1 142
呼图壁县 قۇتۇبى	55 829	187 499	96 904	90 595	106.9	7 129
玛纳斯县 ماناس	42 622	153 278	78 619	74 659	105.3	1 456
奇台县 گۇچۇڭ	57 695	220 866	113 481	107 385	105.7	1 388
吉木萨尔县 جىمسار	31 595	128 466	66 285	62 181	106.6	515
木垒县 مورى	21 986	87 706	44 772	42 934	104.3	126
伊犁州 ئىلى ئوبلاستى	**853 397**	**3 621 488**	**1 855 050**	**1 766 438**	**105.0**	**109 206**
奎屯市 كۈيتۇن شەھىرى	74 601	248 380	128 252	120 128	106.8	12 880
伊犁地区 ئىلى ۋىلايىتى	**436 822**	**1 965 825**	**1 007 266**	**958 559**	**105.1**	**62 918**
伊宁市 غۇلجا شەھىرى	77 464	299 266	152 110	147 156	103.4	15 396
伊宁县 غۇلجا ناھىيىسى	70 693	355 712	181 989	173 723	104.8	6 364
察布查尔县 چاپچال	37 679	156 151	80 248	75 903	105.7	3 346
霍城县 قورغاس	75 194	322 150	165 347	156 803	105.4	6 128
巩留县 توققۇزتارا	28 828	142 170	73 168	69 002	106.0	4 868
新源县 كۈنەس	59 520	264 572	136 199	128 373	106.1	10 282
昭苏县 موڭغۇلكۈرە	32 348	144 189	73 623	70 566	104.3	6 042
特克斯县 تېكەس	28 457	143 119	73 412	69 707	105.3	7 598
尼勒克县 نىلقا	26 639	138 496	71 170	67 326	105.7	2 894
塔城地区 تارباغاتاي ۋىلايىتى	**215 485**	**857 416**	**438 217**	**419 199**	**104.5**	**22 079**
塔城市 چۆچەك شەھىرى	38 189	141 561	71 456	70 105	101.9	1 858
额敏县 دۆربىلجىن	46 817	174 164	88 490	85 674	103.3	3 507
乌苏县 شىخۇ	48 373	189 311	98 991	90 320	109.6	8 800
沙湾县 ساۋەن	40 941	177 642	89 593	88 049	101.7	7 895
托里县 تولى	16 863	77 265	39 293	37 972	103.4	2 065
裕民县 چوغانتوقاي	11 798	49 034	24 991	24 043	103.9	1 757
和布克赛尔县 قوبۇقسار	12 504	48 439	25 403	23 036	110.3	3 305
阿勒泰地区 ئالتاي ۋىلايىتى	**126 489**	**549 867**	**281 315**	**268 552**	**104.8**	**11 329**
阿勒泰市 ئالتاي شەھىرى	47 008	192 977	98 813	94 164	104.9	5 136
布尔津县 بۇرچىن	12 722	62 461	31 599	30 862	102.4	2 118

3—6 续表 2 داۋامى

بىرلىكى: ئائىلە، نەپەر 单位：户、人

地区 رايونلار		户数 ئائىلە سانى	人口数 ئاھالە سانى	男 ئەر	女 ئايال	性比例 جىنسى نىسبىتى 100=ئايال	总人口中未落常住户口人数 ئومۇمىي ئاھالە ئىچىدە: دائىم تۇرۇشلۇق نوپۇس تۇرغۇزمىغان ئاھالىلار
富蕴县	كۆكتوقاي	17 952	80 818	41 313	39 505	104.6	911
福海县	بۇرۇلتوقاي	14 565	59 310	30 855	28 455	108.4	1 014
哈巴河县	قابا	15 082	69 427	35 404	34 023	104.5	954
青河县	چىڭگىل	10 543	51 050	26 148	24 902	105.0	886
吉木乃县	جېمىنەي	8 617	33 824	17 183	16 641	103.3	310
博州	**بۆرتالا ئوبلاستى**	**102 375**	**374 538**	**193 923**	**180 615**	**107.4**	**18 824**
博乐市	بۆرتالا شەھىرى	52 331	188 697	97 765	90 932	107.5	10 591
精河县	جىڭ	33 667	113 082	59 117	53 965	109.5	6 505
温泉县	ئارشاڭ	16 377	72 759	37 041	35 718	103.7	1 728
巴州	**بايىنغولىن ئوبلاستى**	**275 422**	**930 689**	**486 773**	**443 916**	**109.7**	**43 277**
库尔勒市	كورلا شەھىرى	98 655	295 721	155 405	140 316	110.8	21 924
轮台县	بۈگۈر	19 782	81 595	42 771	38 824	110.2	1 268
尉犁县	لوپنۇر	30 890	89 806	47 556	42 250	112.6	6 232
若羌县	چاقىلىق	8 792	27 881	14 900	12 981	114.8	743
且末县	چەرچەن	11 928	48 330	24 779	23 551	105.2	733
焉耆县	يەنجى	27 595	109 855	56 735	53 120	106.8	1 154
和静县	خېجىڭ	46 361	169 963	88 681	81 282	109.1	4 664
和硕县	خوشۇت	17 237	57 211	29 731	27 480	108.2	4 835
博湖县	باغراش	14 182	50 327	26 215	24 112	108.7	1 724
阿克苏地区	**ئاقسۇ ۋىلايىتى**	**442 073**	**1 857 130**	**965 366**	**891 764**	**108.3**	**55 707**
阿克苏市	ئاقسۇ شەھىرى	126 191	444 203	236 888	207 315	114.3	19 497
温宿县	ئاقسۇ كونا شەھەر	46 017	194 763	100 730	94 033	107.1	7 990
库车县	كۇچا	79 039	354 437	181 044	173 393	104.4	8 207
沙雅县	شايار	36 162	173 504	90 714	82 790	109.6	3 603
新和县	توقسۇ	26 430	125 016	63 598	61 418	103.5	4 960
拜城县	باي	42 346	182 544	94 052	88 492	106.3	4 685
乌什县	ئۈچتۇرپان	38 388	166 959	85 971	80 988	106.2	469
阿瓦提县	ئاۋات	38 866	176 858	92 295	84 563	109.1	6 232

3—6 续表 3 داۋامى

بىرلىكى: ئائىلە، نەپەر 单位:户、人

رايونلار 地　区		ئائىلە سانى 户　数	ئاھالە سانى 人口数	ئەر 男	ئايال 女	جىنسى نىسبىتى 100=ئايال 性比例	ئومۇمىي ئاھالە ئىچىدە: دائىم تۇرۇشلۇق نوپۇس ئورناتمىغان ئاھالىلار 总人口中未落常住户口人数
柯坪县	كەلپىن	8 634	38 846	20 074	18 772	106.9	64
克州	**قىزىلسۇ ئوبلاستى**	**83 526**	**408 277**	**208 351**	**199 926**	**104.2**	**983**
阿图什市	ئاتۇش شەھىرى	37 115	181 706	93 315	88 391	105.6	857
阿克陶县	ئاقتۇ	30 510	152 120	77 216	74 904	103.1	67
阿合奇县	ئاقچى	6 166	32 826	16 555	16 271	101.7	
乌恰县	ئۇلۇغچات	9 735	41 625	21 265	20 360	104.4	59
喀什地区	**قەشقەر ۋىلايىتى**	**684 398**	**3 082 391**	**1 582 967**	**1 499 424**	**105.6**	**79 003**
喀什市	قەشقەر شەھىرى	67 258	248 609	124 091	124 518	99.7	10 877
疏附县	قەشقەر كونا شەھەر	73 560	366 390	186 671	179 719	103.9	3 744
疏勒县	قەشقەر يېڭى شەھەر	58 072	258 332	130 630	127 702	102.3	4 155
英吉沙县	يېڭىسار	42 338	200 961	100 936	100 025	100.9	2 245
泽普县	پوسكام	36 835	153 928	77 436	76 492	101.2	4 328
莎车县	يەكەن	126 610	565 789	283 313	282 476	100.3	12 589
叶城县	قاغىلىق	70 058	345 978	176 674	169 304	104.4	13 870
麦盖提县	مەكىت	45 349	182 424	92 270	90 154	102.3	13 779
岳普湖县	يوپۇرغا	27 490	122 442	62 791	59 651	105.3	2 127
伽师县	پەيزاۋات	59 863	283 263	159 589	123 674	129.0	1 388
巴楚县	مارالبېشى	72 589	326 433	174 067	152 366	114.2	9 575
塔什库尔干县	تاشقورغان	4 376	27 842	14 499	13 343	108.7	326
和田地区	**خوتەن ۋىلايىتى**	**364 708**	**1 504 819**	**763 691**	**741 128**	**103.0**	**6 703**
和田市	خوتەن شەھىرى	41 177	148 416	74 936	73 480	101.9	2 509
和田县	خوتەن ناھىيىسى	54 924	231 566	117 110	114 456	102.3	1 059
墨玉县	قاراقاش	87 766	360 585	182 279	178 306	102.2	109
皮山县	گۇما	46 372	202 384	104 016	98 368	105.7	735
洛浦县	لوپ	52 642	214 656	109 147	105 509	103.4	830
策勒县	چىرا	30 844	125 666	64 094	61 572	104.1	1 079
于田县	كېرىيە	43 115	191 017	96 336	94 681	101.7	55
民丰县	نىيە	7 868	30 529	15 773	14 758	106.9	327

رايونلارغا بۆلۈنگەن شەھەر، بازار، يېزا، كەنت ۋە يېزا ئىگىلىك، غەيرى يېزا ئىگىلىك بويىچە ئايرىلغان ئاھالە سانى

3—7 分地区按市、镇、乡村和农业、非农业分人口数

(1995 年 -يىل)

单位:人 بىرلىكى: نەپەر

地区 رايونلار	市镇总人口 شەھەر، بازار ئومۇمىي ئاھالە سانى	非农业人口 غەيرى يېزا ئىگىلىك ئاھالىسى	乡村人口 يېزا، كەنت ئاھالىسى	农业人口 يېزا ئىگىلىك ئاھالىسى	非农业人口 غەيرى يېزا ئىگىلىك ئاھالىسى	当年增加 شۇ يىلى كۆپەيگىنى	农转非 يېزا ئىگىلىك غەيرى يېزا ئىگىلىككە ئۆزگەرگىنى
总计 جەمئىي	**8 225 344**	**4 916 521**	**8 388 156**	**10 871 874**	**5 741 626**	**346 594**	**108 303**
乌鲁木齐市 ئۈرۈمچى شەھىرى	**1 282 572**	**1 154 056**	**153 930**	**266 540**	**1 174 962**	**40 926**	**11 551**
市辖区 شەھەرگە قاراشلىق رايون	1 283 754	1 153 425		130 329	1 153 425	40 174	11 508
乌鲁木齐县 ئۈرۈمچى ناھىيىسى	3 818	631	153 930	136 211	21 537	752	43
克拉玛依市 قاراماي شەھىرى	**233 934**	**216 123**		**17 811**	**216 123**	**6 183**	**1 067**
石河子市 شىخەنزە شەھىرى	**552 509**	**314 053**		**238 456**	**314 053**	**24 624**	
吐鲁番地区 تۇرپان ۋىلايىتى	**366 061**	**108 439**	**158 777**	**401 356**	**123 482**	**12 967**	**4 671**
吐鲁番市 تۇرپان شەھىرى	236 463	66 750		169 713	66 750	4 652	2 024
鄯善县 پىچان	112 119	60 900	74 975	102 902	84 192	6 933	2 092
托克逊县 توقسۇن	17 479	14 196	83 802	80 718	20 563	1 382	555
哈密地区 قۇمۇل ۋىلايىتى	**343 393**	**198 330**	**102 929**	**237 261**	**209 061**	**12 435**	**3 637**
哈密市 قۇمۇل شەھىرى	326 949	182 108		144 841	182 108	10 042	2 808
巴里坤县 باركۆل	12 980	12 843	87 770	78 983	21 767	1 932	710
伊吾县 ئاراتۈرۈك	3 464	3 379	15 159	13 437	5 186	461	119
昌吉州 سانجى ئوبلاستى	**842 352**	**500 849**	**570 926**	**842 776**	**570 502**	**42 056**	**13 105**
昌吉市 سانجى شەھىرى	310 091	172 488		137 603	172 488	18 847	4 156
米泉县 مىچۈەن	143 140	104 045	40 993	73 773	110 360	4 600	2 576
呼图壁县 قۇتۇبى	70 486	47 615	117 013	113 851	73 648	3 838	821
玛纳斯县 ماناس	26 620	30 256	126 658	109 493	43 785	3 227	1 050
奇台县 گۇچۇڭ	77 816	43 254	143 050	165 120	55 746	4 671	1 785
阜康市 فۇكاڭ شەھىرى	141 239	67 678		73 561	67 678	4 710	2 180
吉木萨尔县 جىمسار	49 963	20 538	78 503	101 486	26 980	1 199	327
木垒县 مورى	22 997	14 975	64 709	67 889	19 817	964	210
伊犁州 ئىلى ئوبلاستى	**1 671 864**	**9 603 686**	**1 949 624**	**2 391 169**	**1 230 319**	**95 588**	**37 042**
奎屯市 كۈيتۇن شەھىرى	248 380	136 278		112 102	136 278	12 485	1 777
伊犁地区 ئىلى ۋىلايىتى	**714 344**	**417 204**	**1 251 481**	**1 371 026**	**594 799**	**35 675**	**9 674**
伊宁市 غۇلجا شەھىرى	299 266	202 806		96 460	202 806	10 330	2 995
伊宁县 غۇلجا ناھىيىسى	35 447	20 465	320 265	307 254	48 458	3 318	1 016
察布查尔县 چاپچال	31 383	18 893	124 768	116 601	39 550	1 593	303
霍城县 قورغاس	94 450	33 960	227 700	248 294	73 856	5 546	2 302
巩留县 توققۇزتارا	19 178	16 753	122 992	110 114	32 056	836	122
新源县 كۈنەس	156 316	67 139	108 256	166 936	97 636	8 848	1 973
昭苏县 موڭغۇلكۈرە	17 798	14 433	126 391	108 978	35 211	2 768	431
特克斯县 تېكەس	32 116	21 829	111 003	110 262	32 857	1 294	271

3—7 续表 1 داۋامى

单位：人 بىرلىكى: نەپەر

地区 رايونلار	市镇总人口 شەھەر، بازار ئومۇمىي ئاھالىسى	非农业人口 غەيرى يېزا ئىگىلىك ئاھالىسى	乡村人口 يېزا، كەنت ئاھالىسى	农业人口 يېزا ئىگىلىك ئاھالىسى	非农业人口 غەيرى يېزا ئىگىلىك ئاھالىسى	当年增加 شۇ يىلى كۆپەيگىنى	农转非 يېزا ئىگىلىك غەيرى يېزا ئىگىلىككە ئۆزگەرگىنى
尼勒克县 نىلقا	28 390	20 926	110 106	106 127	32 369	1 142	261
塔城地区 تارباغاتاي ۋىلايىتى	**434 676**	**232 324**	**422 740**	**574 694**	**282 722**	**30 109**	**17 889**
塔城市 چۆچەك شەھىرى	141 561	59 115		82 446	59 115	6 899	3 055
额敏县 دۆربىلجىن	36 181	35 079	137 983	111 892	62 272	2 936	1 725
乌苏县 شىخو	84 167	63 557	105 144	122 207	67 104	14 817	10 574
沙湾县 ساۋەن	120 551	81 274	57 091	93 454	84 184	2 371	1 126
托里县 تولى	22 584	19 276	54 681	52 921	24 344	889	431
裕民县 چاغانتوقاي	8 910	8 910	40 124	33 958	15 076	805	330
和布克赛尔县 قوبۇقسار	20 722	14 618	27 717	29 434	19 005	1 392	648
阿勒泰地区 ئالتاي ۋىلايىتى	**274 464**	**174 580**	**275 403**	**333 347**	**216 520**	**17 319**	**7 702**
阿勒泰市 ئالتاي شەھىرى	192 977	96 649		96 328	96 649	7 514	2 959
布尔津县 بۇرچىن	14 422	13 736	48 039	43 505	18 956	1 666	1 183
富蕴县 كۆكتوقاي	24 752	24 315	56 066	48 855	31 963	2 465	1 445
福海县 بۇرۇلتوقاي	11 576	11 576	47 734	36 512	22 798	2 039	878
哈巴河县 قابا	12 400	11 462	57 027	50 887	18 540	1 962	786
青河县 چىڭگىل	9 731	8 266	41 319	36 939	14 111	646	186
吉木乃县 جىمىنەي	8 606	8 576	25 218	20 321	13 503	1 027	265
博州 بۆرتالا ئوبلاستى	**258 409**	**94 596**	**116 129**	**258 244**	**116 294**	**10 478**	**4 904**
博乐市 بۆرتالا شەھىرى	188 697	68 868		119 829	68 868	6 775	3 411
精河县 جىڭ	39 405	14 990	73 677	84 070	29 012	2 800	1 241
温泉县 ئارشاڭ	30 307	10 738	42 452	54 345	18 414	903	252
巴州 بايىنغولىن ئوبلاستى	**432 435**	**291 047**	**498 254**	**557 552**	**373 137**	**18 838**	**6 809**
库尔勒市 كورلا شەھىرى	295 721	183 118		112 603	183 118	8 796	3 028
轮台县 بۈگۈر	12 812	12 471	68 783	64 018	17 577	957	181
尉犁县 لوپنۇر	15 270	9 099	74 536	68 956	20 850	1 387	826
若羌县 چاقىلىق	7 420	5 350	20 461	21 115	6 766	390	114
且末县 چەرچەن	13 613	12 410	34 717	34 469	13 861	974	661
焉耆县 يەنجى	27 206	27 067	82 649	71 502	38 353	1 611	512
和静县 خېجىڭ	44 229	28 218	125 734	108 632	61 331	2 889	805
和硕县 خوشۇت	8 734	6 864	48 477	37 389	19 822	1 215	444
博湖县 باغراش	7 430	6 450	42 897	38 868	11 459	619	238
阿克苏地区 ئاقسۇ ۋىلايىتى	**691 211**	**430 874**	**1 165 919**	**1 387 290**	**469 840**	**23 404**	**11 131**
阿克苏市 ئاقسۇ شەھەر	444 203	201 693		242 510	201 693	14 376	9 195
温宿县 ئاقسۇ كونا شەھەر	33 709	25 209	161 054	151 562	43 201	1 800	510

3—7 续表 2 داۋامى

بىرلىكى: نەپەر 单位：人

地区 رايونلار	شەھەر، بازار ئومۇمىي ئاھالىسى 市镇总人口	غەيرى يېزا ئىگىلىك ئاھالىسى 非农业人口	يېزا، كەنت ئاھالىسى 乡村人口	يېزا ئىگىلىك ئاھالىسى 农业人口	غەيرى يېزا ئىگىلىك ئاھالىسى 非农业人口	شۇ يىلى كۆپەيگىنى 当年增加	يېزا ئىگىلىك غەيرىيېزا ئىگىلىككە ئۆزگەرگىنى 农转非
库车县 كۇچا	80 578	75 006	273 859	181 044	82 653	2 547	598
沙雅县 شايار	24 359	20 642	149 145	140 015	28 489	728	13
新和县 توقسۇ	18 771	12 856	106 245	107 083	17 933	650	116
拜城县 باي	34 690	24 661	147 854	150 243	32 301	1 080	224
乌什县 ئۇچتۇرپان	22 238	16 626	144 721	142 894	24 065	854	177
阿瓦提县 ئاۋات	22 442	20 250	154 416	146 075	30 783	1 047	256
柯坪县 كەلپىن	10 221	8 722	30 124	30 124	8 722	322	42
克州 قىزىلسۇ ئوبلاستى	**230 974**	**74 077**	**177 303**	**321 771**	**86 506**	**5 060**	**789**
阿图什市 ئاتۇش شەھىرى	181 706	44 087		137 619	44 087	2 535	422
阿克陶县 ئاقتو	26 603	10 304	125 517	135 348	16 772	874	186
阿合奇县 ئاقچى	9 821	6 889	23 005	23 638	9 188	625	83
乌恰县 ئۇلۇغچات	12 844	12 797	28 781	25 166	16 459	1 026	98
喀什地区 قەشقەر ۋىلايىتى	**825 759**	**482 696**	**2 256 632**	**2 457 218**	**625 173**	**31 256**	**6 125**
喀什市 قەشقەر شەھىرى	248 609	193 014		55 595	193 014	10 561	1 626
疏附县 قەشقەر كونا شەھەر	14 003	14 003	352 387	338 818	27 572	2 116	567
疏勒县 قەشقەر يېڭى شەھەر	69 306	21 618	189 026	226 897	31 435	1 189	308
英吉沙县 يېڭىسار	20 828	20 828	180 133	171 173	29 788	1 036	
泽普县 پوسكام	24 631	18 583	129 297	111 504	42 424	1 736	270
莎车县 يەكەن	199 375	71 263	366 414	479 036	86 753	3 212	496
叶城县 قاغىلىق	100 518	60 472	245 460	275 319	70 659	4 608	1 408
麦盖提县 مەكىت	29 215	24 568	153 209	143 861	38 563	2 564	65
岳普湖县 يوپۇرغا	15 239	9 857	107 203	107 109	1 533	345	
伽师县 پەيزاۋات	24 396	14 784	258 867	260 877	22 386	702	281
巴楚县 مارالبېشى	74 418	28 841	252 015	266 437	59 996	2 774	786
塔什库尔干县 تاشقورغان	5 221	4 865	22 621	20 592	7 250	413	118
和田地区 خوتەن ۋىلايىتى	**369 413**	**143 320**	**1 135 406**	**1 303 304**	**201 515**	**22 779**	**2 840**
和田市 خوتەن شەھىرى	148 416	84 287		64 129	84 287	16 903	1 441
和田县 خوتەن ناھىيىسى	40 864	1 993	190 702	222 090	9 476	1 001	111
墨玉县 قاراقاش	36 932	13 231	323 653	338 488	22 097	914	95
皮山县 گۇما	24 327	1 363	178 057	182 513	25 173	825	35
洛浦县 لوپ	43 922	14 091	170 734	194 785	19 871	1 012	386
策勒县 چىرا	20 251	9 030	105 415	111 514	14 152	958	253
于田县 كېرىيە	46 251	13 178	144 766	172 747	18 270	824	428
民丰县 نىيە	8 450	6 147	22 079	22 340	8 189	342	91

ھەرقايسى ۋىلايەت، ئوبلاست، شەھەر ۋە ناھىيە ئاھالىلىرىنىڭ تەبىئى ئۆزگۈرۈش ئەھۋالى

3—8 各地、州、市、县人口自然变动情况

(يىل-1995 年)　　　　单位：户、人　بىرلىكى: ئائىلە، نەپەر

رايونلار 地　区	ئوتتۇرىچە ئاھالە سانى 平均人数	ئاز سانلىق مىللەتلەر 少数民族	تۇغۇلغان ئاھالە سانى 出生人数	ئاز سانلىق مىللەتلەر 少数民族	ئۆلگەن ئاھالە سانى 死亡人数	ئاز سانلىق مىللەت 少数民族	تەبىئى كۆپەيگەن ئاھالە سانى 自然增长人口	ئاز سانلىق مىللەتلەر 少数民族
总计　جەمئىي	**16 470 274**	**10 228 795**	**311 288**	**223 162**	**106 233**	**79 919**	**205 055**	**143 243**
乌鲁木齐市　ئۈرۈمچى شەھەر	**1 419 011**	**382 176**	**14 402**	**4 584**	**2 941**	**669**	**11 461**	**3 915**
市辖区　شەھەرگە قاراشلىق رايونلار	1 261 865	296 754	11 947	3 250	2 825	614	9 122	2 636
天山区　تىيانشان رايونى	354 982	105 552	3 304	1 142	758	220	2 546	922
沙依巴克区　سايباغ رايونى	329 669	72 351	3 023	773	710	131	2 313	642
新市区　يېڭى شەھەر رايونى	260 801	46 932	2 385	458	548	65	1 837	393
水磨沟区　شىمىگۇ رايونى	106 363	26 622	995	267	265	77	730	190
头屯河区　تۇدۇڭخابا رايونى	103 005	29 578	1 116	378	310	92	806	286
南山矿区　نەنسەن كان رايونى	23 356	1 315	164	14	33	5	131	9
东山区　دۇڭسەن رايونى	83 689	14 404	960	218	201	24	759	194
乌鲁木齐县　ئۈرۈمچى ناھىيىسى	157 146	85 422	2 455	1 334	116	55	2 339	1 279
克拉玛依市　قاراماي شەھىرى	**230 434**	**55 137**	**2 635**	**803**	**675**	**181**	**1 960**	**622**
市辖区　شەھەرگە قاراشلىق رايونلار	230 434	55 137	2 635	803	675	181	1 960	622
独山子区　مايتاغ رايونى	42 362	10 557	543	167	150	56	393	111
克拉玛依区　قاراماي رايونى	117 106	28 990	1 303	396	326	73	977	323
白碱滩区　جەرەنبۇلاق رايونى	62 706	13 394	675	206	167	41	508	165
乌尔禾区　ئورقو رايونى	8 260	2 196	114	34	32	11	82	23
石河子市　شىخەنزە شەھىرى	**547 799**	**25 307**	**5 530**	**262**	**2 780**	**138**	**2 750**	**124**
吐鲁番地区　تۇرپان ۋىلايىتى	**514 735**	**405 218**	**7 511**	**6 204**	**2 095**	**1 805**	**5 416**	**4 399**
吐鲁番市　تۇرپان شەھىرى	234 320	185 974	3 372	2 815	896	755	2 476	2 060
鄯善县　پىچان	179 538	134 958	2 705	2 172	831	720	1 874	1 452
托克逊县　توقسۇن	100 879	84 285	1 434	1 217	368	330	1 066	887
哈密地区　قۇمۇل ۋىلايىتى	**440 013**	**147 476**	**5 302**	**1 953**	**1 999**	**758**	**3 303**	**1 195**
哈密市　قۇمۇل شەھىرى	320 641	104 652	3 849	1 340	1 397	512	2 452	828
巴里坤县　بارىكۆل	100 812	30 367	1 224	454	486	145	738	309
伊吾县　ئاراتۈرۈك	18 559	12 457	229	159	116	101	113	58
昌吉州　سانجى ئوبلاستى	**1 381 487**	**348 800**	**15 991**	**4 739**	**4 912**	**1 352**	**11 079**	**3 387**
昌吉市　سانجى شەھىرى	305 631	71 755	3 587	887	827	177	2 760	710
阜康市　فۇكاڭ شەھىرى	139 334	36 462	1 726	528	551	186	1 175	342

3—8 续表 1 داۋامى

بىرلىكى: ئائىلە، نەپەر 单位:户、人

رايونلار 地区		ئوتتۇرىچە ئاھالە سانى 平均人数	ئاز سانلىق مىللەتلەر 少数民族	تۇغۇلغان ئاھالە سانى 出生人数	ئاز سانلىق مىللەتلەر 少数民族	ئۆلگەن ئاھالە سانى 死亡人数	ئاز سانلىق مىللەت 少数民族	تەبىئى كۆپەيگەن ئاھالە سانى 自然增长人口	ئاز سانلىق مىللەتلەر 少数民族
米泉县	سىچۈەن	162 840	60 754	2 305	1 051	591	232	1 714	819
呼图壁县	قۇتۇبى	185 155	42 290	1 522	403	626	146	896	257
玛纳斯县	ماناس	152 556	27 143	1 992	414	603	128	1 389	286
奇台县	گۇچۇڭ	219 818	48 428	2 470	638	787	186	1 683	452
吉木萨尔县	جىمسار	128 366	35 473	1 309	400	508	144	801	256
木垒县	مورى	87 785	25 990	1 080	418	419	153	661	265
伊犁州	**ئىلى ئوبلاستى**	**3 585 271**	**1 993 214**	**48 531**	**30 006**	**13 021**	**8 180**	**35 510**	**21 826**
奎屯市	كۈيتۇن شەھىرى	243 582	11 642	2 527	98	1 035	29	1 492	69
伊犁地区	**ئىلى ۋىلايىتى**	**1 947 519**	**1 309 359**	**29 302**	**21 160**	**7 019**	**5 073**	**22 283**	**16 087**
伊宁市	غۇلجا شەھىرى	294 520	191 605	4 050	2 800	815	556	3 235	2 244
伊宁县	غۇلجا ناھىيىسى	353 051	285 003	6 090	5 190	1 467	1 242	4 623	3 948
察布查尔县	چاپچال	155 094	99 718	2 504	1 764	588	390	1 916	1 374
霍城县	قورغاس	320 048	174 873	4 329	2 392	1 062	520	3 267	1 872
巩留县	توققۇزتارا	141 025	97 006	2 483	1 783	509	393	1 974	1 390
新源县	كۈنەس	262 788	155 665	3 048	1 924	942	620	2 106	1 304
昭苏县	موڭغۇلكۈرە	142 808	100 881	3 075	2 412	793	668	2 282	1 744
特克斯县	تېكەس	140 526	105 460	2 077	1 623	403	327	1 674	1 296
尼勒克县	نىلقا	137 656	99 145	1 646	1 272	440	357	1 206	915
塔城地区	**تارباغاتاي ۋىلايىتى**	**848 552**	**358 091**	**10 007**	**4 701**	**2 727**	**1 518**	**7 280**	**3 183**
塔城市	چۆچەك شەھىرى	140 026	50 119	1 601	685	447	190	1 154	495
额敏县	دوربىلجىن	173 237	78 606	1 865	923	498	296	1 367	627
乌苏县	شىخو	184 847	68 260	2 088	803	506	262	1 582	541
沙湾县	ساۋەن	176 829	54 665	2 039	624	571	187	1 468	437
托里县	تولى	76 833	55 929	1 205	1 013	386	343	819	670
裕民县	چاغانتوقاي	48 650	19 357	704	300	130	77	574	223
和布克赛尔县	قوبۇقسار	48 128	31 153	505	353	189	163	316	190
阿勒泰地区	**ئالتاي ۋىلايىتى**	**545 617**	**314 121**	**6 695**	**4 047**	**2 240**	**1 560**	**4 455**	**2 487**
阿勒泰市	ئالتاي شەھىرى	191 710	76 513	2 220	878	634	271	1 586	607
布尔津县	بۇرچىن	61 530	42 406	846	625	292	244	554	381

3－8 续表 2 داۋامى

单位：户、人 بىرلىكى: ئائىلە، نەپەر

地区 رايونلار	平均人数 ئوتتۇرىچە ئاھالە سانى	少数民族 ئاز سانلىق مىللەتلەر	出生人数 تۇغۇلغان ئاھالە سانى	少数民族 ئاز سانلىق مىللەتلەر	死亡人数 ئۆلگەن ئاھالە سانى	少数民族 ئاز سانلىق مىللەت	自然增长人口 تەبىئىي كۆپەيگەن ئاھالە سانى	少数民族 ئاز سانلىق مىللەتلەر
富蕴县 كۆكتوقاي	80 314	59 205	988	707	344	288	644	419
福海县 بۇرۇلتوقاي	58 912	25 736	597	296	211	112	386	184
哈巴河县 قابا	68 774	47 631	944	665	341	281	603	384
青河县 چىڭگىل	50 788	40 919	627	517	214	196	413	321
吉木乃县 جېمىنەي	33 588	21 709	473	359	204	168	269	191
博州 بۆرتالا ئوبلاستى	**370 913**	**128 497**	**4 861**	**1 881**	**1 023**	**466**	**3 838**	**1 015**
博乐市 بۆرتالا شەھىرى	185 714	66 844	2 606	1 079	387	159	2 219	920
精河县 جىڭ	112 623	34 241	1 520	476	452	206	1 068	270
温泉县 ئارشاڭ	72 575	27 411	735	326	184	101	551	225
巴州 بايىنغولىن ئوبلاستى	**928 723**	**422 109**	**9 841**	**4 639**	**3 741**	**2 029**	**6 100**	**2 610**
库尔勒市 كورلا شەھىرى	295 615	101 512	2 818	994	1 053	369	1 765	625
轮台县 بۈگۈر	80 864	72 810	859	802	548	514	311	288
尉犁县 لوپنۇر	89 088	27 481	941	282	396	182	545	160
若羌县 چاقىلىق	28 785	12 243	289	135	125	59	164	76
且末县 چەرچەن	48 240	39 039	562	491	225	198	337	293
焉耆县 يەنجى	109 827	60 903	1 229	714	405	243	824	471
和静县 خېجىڭ	169 220	73 374	1 883	818	741	370	1 142	448
和硕县 خوشۇت	56 996	19 049	747	266	167	71	580	195
博湖县 باغراش	50 085	16 195	513	137	81	23	432	114
阿克苏地区 ئاقسۇ ۋىلايىتى	**1 841 152**	**1 438 542**	**25 435**	**21 763**	**10 522**	**9 308**	**14 913**	**12 455**
阿克苏市 ئاقسۇ شەھىرى	439 335	196 556	4 533	2 399	1 891	1 172	2 642	1 227
温宿县 ئاقسۇ كونا شەھەر	191 967	152 179	2 600	2 259	979	881	1 621	1 378
库车县 كۇچا	352 267	320 749	5 003	4 684	2 514	2 422	2 489	2 262
沙雅县 شايار	172 462	148 644	2 621	2 403	916	837	1 705	1 566
新和县 توقسۇ	124 232	119 057	2 026	1 886	770	257	1 256	1 129
拜城县 باي	181 224	163 912	2 430	2 243	1 105	1 073	1 325	1 170
乌什县 ئۇچتۇرپان	166 478	155 411	2 716	2 620	1 389	1 320	1 327	1 300
阿瓦提县 ئاۋات	174 743	144 635	2 711	2 489	725	616	1 986	1 873

3-8 续表 3 داۋامى

单位:户、人 بىرلىكى: ئائىلە، نەپەر

رايونلار 地 区	ئوتتۇرىچە ئاھالە سانى 平均人数	ئاز سانلىق مىللەتلەر 少数民族	تۇغۇلغان ئاھالە سانى 出生人数	ئاز سانلىق مىللەتلەر 少数民族	ئۆلگەن ئاھالە سانى 死亡人数	ئاز سانلىق مىللەت 少数民族	تەبىئى كۆپەيگەن ئاھالە سانى 自然增长人口	ئاز سانلىق مىللەتلەر 少数民族
柯坪县 كەلپىن	38 441	37 399	795	780	233	230	562	550
克州 قىزىلسۇ ئوبلاستى	**405 604**	**386 256**	**7 016**	**6 772**	**2 460**	**2 412**	**4 556**	**4 360**
阿图什市 ئاتۇش شەھىرى	180 567	169 286	2 984	2 816	923	894	2 061	1 922
阿克陶县 ئاقتۇ	150 897	147 705	2 937	2 919	1 066	1 063	1 871	1 856
阿合奇县 ئاقچى	32 753	30 664	491	472	231	223	260	249
乌恰县 ئۇلۇغچات	41 386	38 600	604	565	240	232	364	333
喀什地区 قەشقەر ۋىلايىتى	**3 055 230**	**2 786 805**	**62 321**	**59 580**	**25 101**	**24 246**	**37 220**	**35 334**
喀什市 قەشقەر شەھىرى	245 620	186 568	4 298	3 656	1 249	1 040	3 049	2 616
疏附县 قەشقەر كونا شەھەر	361 205	355 746	8 370	8 329	3 205	3 199	5 165	5 130
疏勒县 قەشقەر يېڭى شەھەر	256 656	239 576	5 902	5 724	2 706	2 638	3 196	3 086
英吉沙县 يېڭىسار	199 288	196 094	4 489	4 409	1 799	1 793	2 690	2 617
泽普县 پوسكام	152 243	117 484	2 506	2 066	961	875	1 545	1 191
莎车县 يەكەن	563 184	537 824	12 104	11 736	5 318	5 142	6 786	6 594
叶城县 قاغىلىق	340 839	316 950	8 840	8 683	3 385	3 352	5 455	5 331
麦盖提县 مەكىت	180 754	144 783	3 124	2 850	1 343	1 262	1 781	1 588
岳普湖县 يوپۇرغا	120 936	114 877	2 250	2 177	901	886	1 349	1 281
伽师县 پەيزاۋات	281 753	275 919	5 613	5 541	2 724	2 715	2 889	2 826
巴楚县 مارالبېشى	325 189	274 299	4 387	3 992	1 336	1 171	3 051	2 821
塔什库尔干县 تاشقورغان	27 561	26 684	438	417	174	173	264	244
和田地区 خوتەن ۋىلايىتى	**1 492 465**	**1 452 735**	**26 610**	**26 153**	**10 952**	**10 803**	**15 658**	**15 350**
和田市 خوتەن شەھىرى	1 456 525	124 613	2 405	2 155	796	731	1 609	1 424
和田县 خوتەن ناھىيىسى	229 310	228 288	5 274	5 268	1 805	1 797	3 469	3 471
墨玉县 قاراقاش	357 475	352 753	6 236	6 186	2 766	2 733	3 470	3 453
皮山县 گوما	201 560	198 638	3 253	3 212	1 537	1 526	1 716	1 686
洛浦县 لوپ	213 113	210 380	3 906	3 848	1 761	1 754	2 145	2 090
策勒县 چىرا	125 180	123 220	1 825	1 819	793	789	1 032	1 030
于田县 كېرىيە	189 910	187 200	3 355	3 326	1 319	1 304	2 036	2 022
民丰县 نىيە	30 264	27 640	356	339	175	169	181	170

هەر قايسى ۋىلايەت، ئوبلاست، شەھەر ۋە ناھىيە ئاھالىلىرىنىڭ تەبىئى ئۆزگۈرۈش ئەھۋالى

3—9 各地、州、市、县人口自然变动情况

(يىل- 1995 年)

单位:‰ بىرلىكى

地区	رايونلار	تۇغۇلۇش نىسبىتى 出生率	ئاز سانلىق مىللەتلەر 少数民族	خەنزۇلار 汉族	ئۆلۈش نىسبىتى 死亡率	ئاز سانلىق مىللەتلەر 少数民族	خەنزۇلار 汉族	تەبىئى كۆپىيىش نىسبىتى 自然增长率	ئاز سانلىق مىللەتلەر 少数民族	خەنزۇلار 汉族
总计	**جەمئى**	**18.90**	**21.82**	**14.12**	**6.45**	**7.81**	**4.22**	**12.45**	**14.01**	**9.90**
乌鲁木齐市	**ئۈرۈمچى شەھىرى**	**10.15**	**11.99**	**9.47**	**2.07**	**1.75**	**2.19**	**8.08**	**10.24**	**7.28**
市辖区	شەھەرگە قاراشلىق رايونلار	9.47	10.95	9.01	2.24	2.07	2.29	7.23	8.88	6.72
乌鲁木齐县	ئۈرۈمچى ناھىيىسى	15.62	15.62	15.63	0.74	0.64	0.85	14.88	14.97	14.78
克拉玛依市	**قاراماي شەھىرى**	**11.52**	**14.56**	**10.55**	**2.95**	**3.29**	**2.85**	**8.57**	**11.28**	**7.71**
石河子市	**شىخەنزە شەھىرى**	**10.09**	**10.31**	**10.08**	**5.07**	**5.43**	**5.06**	**5.02**	**4.88**	**5.02**
吐鲁番地区	**تۇرپان ۋىلايىتى**	**14.59**	**15.31**	**11.93**	**4.07**	**4.45**	**2.65**	**10.52**	**10.86**	**9.28**
吐鲁番市	تۇرپان شەھىرى	14.39	15.14	11.52	3.82	4.06	2.92	10.57	11.08	8.60
鄯善县	پىچان	15.07	16.09	11.96	4.63	5.33	2.49	10.44	10.76	9.47
托克逊县	توقسۇن	14.22	14.44	13.08	3.65	3.92	2.29	10.57	10.52	10.79
哈密地区	**قۇمۇل ۋىلايىتى**	**12.05**	**13.24**	**11.45**	**4.54**	**5.14**	**4.24**	**7.51**	**8.10**	**7.21**
哈密市	قۇمۇل شەھىرى	12.00	12.80	11.62	4.36	4.89	4.10	7.64	7.91	7.52
巴里坤县	باركۆل	12.14	14.95	10.93	4.82	4.77	4.84	7.32	10.18	6.09
伊吾县	ئاراتۈرۈك	12.34	12.76	11.47	6.25	8.11	2.46	6.09	4.65	9.01
昌吉州	**سانجى ئوبلاستى**	**11.58**	**13.59**	**10.89**	**3.56**	**3.88**	**3.45**	**8.02**	**9.71**	**7.44**
昌吉市	سانجى شەھىرى	11.74	12.4	11.54	2.71	2.47	2.78	9.03	9.89	8.77
米泉县	مىچۈەن	14.16	17.30	12.28	3.63	3.82	3.52	10.53	13.48	8.77
呼图壁县	ماناس	8.22	9.53	7.83	3.38	3.45	3.36	4.84	6.08	4.47
玛纳斯县	قۇتۇبى	13.06	15.25	12.57	3.95	4.71	3.78	9.11	10.54	8.79
奇台县	ماناس	11.24	13.17	10.72	3.58	3.84	3.52	7.66	9.33	7.20
阜康市	فۇكاڭ شەھىرى	12.38	14.48	11.65	3.95	14.48	3.55	8.43	5.10	8.10
吉木萨尔县	جىمسار	10.19	11.27	9.78	3.95	4.05	3.91	6.24	7.21	5.86
木垒县	مورى	12.30	16.08	10.71	4.77	5.89	4.30	7.53	10.19	6.41
伊犁州	**ئىلى ئوبلاستى**	**13.54**	**15.05**	**11.64**	**3.63**	**4.10**	**3.04**	**9.91**	**10.95**	**8.60**
奎屯市	كۈيتۇن شەھىرى	10.37	8.42	10.47	4.25	2.49	4.34	6.12	5.93	6.13
伊犁地区	**ئىلى ۋىلايىتى**	**15.05**	**16.16**	**12.76**	**3.60**	**3.87**	**3.05**	**11.45**	**12.29**	**9.71**
伊宁市	غۇلجا شەھىرى	13.75	14.61	12.15	2.77	2.90	2.52	10.98	11.71	9.63
伊宁县	غۇلجا ناھىيىسى	17.25	18.21	13.23	4.16	4.36	3.31	13.09	13.85	9.92
察布查尔县	چاپچال	21.76	17.69	13.36	5.11	3.91	3.57	16.65	13.78	9.79
霍城县	قورغاس	13.53	13.68	13.34	3.32	2.97	3.73	10.21	10.71	9.61
巩留县	توققۇزتارا	17.61	18.38	15.90	3.61	4.05	2.63	14.00	14.33	13.27
新源县	كۆنەس	11.60	12.36	10.49	3.58	3.98	3.00	8.02	8.38	7.49
昭苏县	موڭغۇلكۈرە	21.53	23.91	15.81	5.55	6.62	2.98	15.98	17.29	12.83
特克斯县	تېكەس	14.78	15.39	12.95	2.87	3.10	2.17	11.91	12.29	10.78
尼勒克县	نىلقا	11.96	12.83	9.71	3.20	3.60	2.15	8.76	9.23	7.56
塔城地区	**تارباغاتاي ۋىلايىتى**	**11.79**	**13.13**	**10.82**	**3.21**	**4.24**	**2.47**	**8.58**	**8.89**	**8.35**
塔城市	چۆچەك شەھىرى	11.43	13.67	10.19	3.19	3.79	2.86	8.24	9.88	7.33
额敏县	دوربىلجىن	10.77	11.74	9.95	2.87	3.77	2.13	7.90	7.97	7.82
乌苏县	شىخو	11.30	11.76	11.02	2.74	3.84	2.09	8.56	7.92	8.93
沙湾县	ساۋەن	11.53	11.41	11.58	3.23	3.42	3.14	8.30	7.99	8.44
托里县	تولى	15.68	18.11	9.19	5.02	6.13	2.06	10.66	11.98	7.13
裕民县	چاغانتوقاي	14.47	15.50	13.79	2.67	3.98	1.81	11.80	11.52	11.98
和布克赛尔县	قوبۇقسار	10.49	11.33	8.95	3.93	5.23	1.53	6.56	6.10	7.42
阿勒泰地区	**ئالتاي ۋىلايىتى**	**12.27**	**12.88**	**11.44**	**4.11**	**4.97**	**2.94**	**8.16**	**7.91**	**8.50**
阿勒泰市	ئالتاي شەھىرى	11.58	11.48	11.65	3.31	3.54	3.15	8.27	7.94	8.50
布尔津县	بورچىن	13.75	14.74	11.56	4.75	5.75	2.51	9.00	8.99	9.05
富蕴县	كۆكتوقاي	12.30	11.94	13.31	4.28	4.86	2.65	8.02	7.08	10.66
福海县	بۇرۇلتوقاي	10.13	11.50	9.07	3.58	4.35	2.98	6.55	7.15	6.09
哈巴河县	قابا	13.73	13.96	13.20	4.96	5.90	2.84	8.77	8.06	10.36
青河县	چىڭگىل	12.35	12.63	11.15	4.21	4.79	1.82	5.30	7.84	9.32
吉木乃县	جىمىنەي	14.08	16.54	9.60	6.07	7.74	3.03	8.01	8.80	6.57

3—9 续表 1 داۋامى 3—9

单位:‰ بىرلىكى

地区 رايونلار		出生率 تۇغۇلۇش نىسبىتى	少数民族 ئاز سانلىق مىللەتلەر	汉族 خەنزۇلار	死亡率 ئۆلۈش نىسبىتى	少数民族 ئاز سانلىق مىللەتلەر	汉族 خەنزۇلار	自然增长率 تەبىئى كۆپىيىش نىسبىتى	少数民族 ئاز سانلىق مىللەتلەر	汉族 خەنزۇلار
博州	**بۆرتالا ئوبلاستى**	**13.11**	**14.64**	**12.29**	**2.76**	**3.63**	**2.30**	**10.35**	**11.01**	**10.00**
博乐市	بۆرتالا شەھىرى	14.03	16.14	12.85	2.08	2.38	1.92	11.59	13.76	10.93
精河县	جىڭ	13.50	13.90	13.32	4.01	6.02	3.14	9.48	7.89	10.18
温泉县	ئارشاڭ	10.13	11.89	9.06	2.53	3.68	1.84	7.59	8.21	7.22
巴州	**بايىنغولىن ئوبلاستى**	**10.60**	**10.99**	**10.27**	**4.03**	**4.81**	**3.38**	**6.57**	**6.18**	**6.89**
库尔勒市	كورلا شەھىرى	9.53	9.79	9.40	3.56	3.64	3.52	5.79	6.16	5.87
轮台县	بۈگۈر	10.62	11.01	7.08	6.78	7.06	4.22	3.85	3.96	2.86
尉犁县	لوپنۇر	10.56	10.45	10.61	4.45	6.75	3.45	6.12	3.71	7.16
若羌县	چاقىلىق	10.04	11.03	9.31	4.34	4.82	3.99	5.70	6.21	5.32
且末县	چەرچەن	11.65	12.58	7.72	4.66	5.07	2.93	6.99	7.51	4.78
焉耆县	يەنجى	11.19	11.72	10.53	3.69	3.99	3.31	7.50	7.73	7.22
和静县	خېجىڭ	11.13	11.15	11.11	4.38	5.04	3.87	6.75	6.11	7.24
和硕县	خوشۇت	13.11	13.96	12.68	2.93	3.73	2.53	10.18	10.24	10.15
博湖县	باغراش	10.24	8.46	11.09	1.62	1.42	1.71	8.63	7.04	9.38
阿克苏地区	**ئاقسۇ ۋىلايىتى**	**13.81**	**15.13**	**9.12**	**5.71**	**6.47**	**3.02**	**8.10**	**8.66**	**6.11**
阿克苏市	ئاقسۇ شەھىرى	10.32	12.20	8.79	4.30	5.96	2.96	6.01	6.24	5.83
温宿县	ئاقسۇ كونا شەھەر	13.54	14.84	8.57	5.10	5.79	2.46	8.44	9.05	6.11
库车县	كۇچا	14.20	14.60	10.12	7.14	7.55	2.92	7.07	7.05	7.20
沙雅县	شايار	15.20	16.17	9.15	5.31	5.63	3.32	9.89	10.54	5.83
新和县	توقسۇ	16.31	15.84	27.05	6.20	6.36	2.51	10.11	9.48	24.54
拜城县	باي	13.41	13.68	10.80	6.10	6.55	1.85	7.31	7.13	8.95
乌什县	ئۇچتۇرپان	16.31	16.86	8.67	8.34	8.49	6.23	7.97	8.37	2.44
阿瓦提县	ئاۋات	15.51	17.21	7.37	4.15	4.26	3.62	11.36	12.95	3.75
柯坪县	كەلپىن	20.86	20.86	14.38	6.06	6.15	2.88	14.62	14.71	11.50
克州	**قىزىلسۇ ئوبلاستى**	**17.30**	**17.53**	**12.61**	**6.07**	**6.24**	**2.48**	**11.23**	**11.29**	**10.13**
阿图什市	ئاتۇش شەھىرى	16.53	16.63	14.89	5.11	5.28	2.57	11.42	11.35	12.32
阿克陶县	ئاقتۇ	19.46	19.76	5.64	7.06	7.20	0.94	12.40	12.56	4.70
阿合奇县	ئاقچى	14.99	15.39	9.09	7.05	7.27	3.83	7.94	8.12	5.26
乌恰县	ئۇلۇغچات	14.59	14.64	14.00	5.80	6.01	2.87	8.79	8.63	11.13
喀什地区	**قەشقەر ۋىلايىتى**	**20.40**	**21.38**	**10.21**	**8.21**	**8.70**	**3.19**	**12.18**	**12.68**	**7.02**
喀什市	قەشقەر شەھىرى	17.50	19.60	10.87	5.09	5.57	3.54	12.41	14.03	7.33
疏附县	قەشقەر كونا شەھەر	23.17	23.41	7.51	8.87	8.99	1.10	14.30	14.42	6.41
疏勒县	قەشقەر يېڭى شەھەر	23.00	23.89	10.42	10.54	11.01	3.98	12.46	12.88	6.44
英吉沙县	يېڭىسار	22.53	22.48	25.05	9.03	9.14	1.88	13.50	13.34	23.17
泽普县	پوسكام	16.46	17.59	12.66	6.31	7.45	2.47	10.15	10.14	10.19
莎车县	يەكەن	21.49	21.82	14.51	9.44	9.56	6.94	12.05	12.26	7.57
叶城县	قاغىلىق	25.94	27.39	6.57	9.93	10.57	1.38	16.01	16.82	5.19
麦盖提县	مەكىت	17.28	19.68	7.62	7.43	8.72	2.25	9.85	10.96	5.37
岳普湖县	يوپۇغا	18.60	18.95	12.05	7.45	7.71	2.48	11.15	11.24	9.57
伽师县	پەيزىۋات	19.92	20.08	12.34	9.67	9.84	1.54	10.25	10.24	10.80
巴楚县	مارالبېشى	13.49	14.55	7.76	4.11	4.27	3.24	9.38	10.28	4.52
塔什库尔干县	تاشقورغان	15.89	15.63	23.95	6.31	6.48	1.14	9.58	9.15	22.81
和田地区	**خوتەن ۋىلايىتى**	**17.83**	**18.00**	**11.50**	**7.34**	**7.44**	**3.73**	**10.49**	**10.56**	**7.78**
和田市	خوتەن شەھىرى	16.51	17.29	11.88	5.47	5.87	3.09	11.05	11.42	8.79
和田县	خوتەن ناھىيىسى	23.00	23.08	5.87	7.87	7.87	7.83	15.13	15.21	—1.96
墨玉县	قاراقاش	17.44	17.54	10.59	7.74	7.75	6.78	9.70	9.79	3.81
皮山县	گۇما	16.14	16.17	14.03	7.63	7.68	3.76	8.51	8.49	10.27
洛浦县	لوپ	18.33	18.29	21.22	8.26	8.34	2.56	10.07	9.95	18.66
策勒县	چىرا	14.58	14.76	3.06	6.33	6.40	2.04	8.25	8.36	1.02
于田县	كېرىيە	17.67	17.77	10.70	6.95	6.97	5.54	10.72	10.80	5.16
民丰县	نىيە	11.76	12.26	6.48	5.78	6.11	2.29	5.98	6.15	4.19

注:出生率减死亡率所得自然增长率有 0.01‰的误差。 ئەسكەرتىش: تۇغۇلۇش نىسبىتىنى، ئۆلۈش نىسبىتىنى چىقىرىۋېتىپ ئېرىشكەن تەبىئي كۆپىيىش نىسبىتىدە 0.01‰ خاتالىق پەرقى بولىدۇ.

هەرقايسى ۋىلايەت، ئوبلاست، شەھەر ۋە ناھىيە ئاھالىسىنىڭ مېخانىك ئۆزگىرىش ئەھۋالى

3—10 各地、州、市、县人口机械变动情况

(1995年- يىل)　　　　单位：人 بىرلىكى: نەپەر

地区 رايونلار	迁入 كۆچۈپ كەلگەن	区外迁入 ئاپتونوم رايون سىرتىدىن كۆچۈپ كەلگەن	迁出 كۆچۈپ كەتكەن	区外迁出 ئاپتونوم رايون سىرتىغا كۆچۈپ كەتكەن	净迁移 ساپ كۆچۈپ يۆتكەلگەن	区外 ئاپتونوم رايون سىرتىغا
总计 جەمئىي	**350 110**	**107 290**	**236 587**	**46 785**	**113 523**	**60 505**
乌鲁木齐市 ئۈرۈمچى شەھىرى	**30 300**	**8 550**	**15 450**	**6 686**	**14 850**	**1 864**
市辖区 شەھەرگە قاراشلىق رايونلار	28 738	7 921	12 214	6 340	16 524	1 581
天山区 تيانشان رايونى	6 576	1 812	3 109	1 964	3 467	—152
沙依巴克区 سايباغ رايونى	5 343	1 790	2 694	1 423	2 649	367
新市区 يېڭى شەھەر رايونى	10 889	2 400	4 321	1 664	6 568	736
水磨沟区 شىمگو رايونى	2 148	519	499	344	1 649	175
头屯河区 تۇدۇڭخابا رايونى	2 083	694	580	333	1 503	361
南山矿区 نەنسەن كان رايونى	230	148	348	267	—118	—119
东山区 دۇڭسەن رايونى	1 469	558	663	345	806	213
乌鲁木齐县 ئۈرۈمچى ناھىيىسى	1 562	629	3 236	346	—1674	283
克拉玛依市 قاراماي شەھىرى	**3 607**	**1 413**	**2 054**	**925**	**1 553**	**488**
市辖区 شەھەرگە قاراشلىق رايونلار	3 607	1 413	2 054	925	1 553	488
独山子区 مايتاغ رايونى	1 033	449	460	190	573	259
克拉玛依区 قاراماي رايونى	1 606	570	1 065	552	541	18
白碱滩区 جەرەنبۇلاق رايونى	807	319	463	159	344	160
乌尔禾区 ئورقو رايونى	161	75	66	24	95	51
石河子市 شىخەنزە شەھىرى	**11 856**	**8 469**	**9 120**	**4 112**	**2 736**	**4 357**
吐鲁番地区 تۇرپان ۋىلايىتى	**12 670**	**2 827**	**10 209**	**1 203**	**2 461**	**1 624**
吐鲁番市 تۇرپان شەھىرى	5 357	1 835	3 584	382	1 673	1 453
鄯善县 پىچان	5 880	875	4 934	738	946	137
托克逊县 توقسۇن	1 433	117	1 691	83	—258	34
哈密地区 قۇمۇل ۋىلايىتى	**11 486**	**2 552**	**10 476**	**1 620**	**1 010**	**932**
哈密市 قۇمۇل شەھىرى	9 250	2 222	7 217	1 378	2 033	844
巴里坤县 باركۆل	1 532	202	2 523	208	—991	—6
伊吾县 ئارا تۈرۈك	704	128	736	34	—32	94
昌吉州 سانجى ئوبلاستى	**42 291**	**18 479**	**26 705**	**4 761**	**15 586**	**13 718**
昌吉市 سانجى شەھىرى	13 809	8 583	4 585	1 018	9 224	7 565
阜康市 فۇكاڭ شەھىرى	4 904	1 635	3 215	420	1 689	1 215

3—10 续表 1 داۋامى 1

单位:人 بىرلىكى: نەپەر

地　区	رايونلار	كۆچۈپ كەلگەن 迁　入	ئاپتونوم رايون سىرتىدىن كۆچۈپ كەلگەن 区外迁入	كۆچۈپ كەتكەن 迁　出	ئاپتونوم رايون سىرتىغا كۆچۈپ كەتكەن 区外迁出	ساپ كۆچۈپ يۆتكەلگەن 净迁移	ئاپتونوم رايون سىرتىغا 区　外
米泉县	مىچۈەن	5 177	1 885	2 334	609	2 843	1 276
呼图壁县	قۇتۇبى	6 686	3 609	4 495	1 573	2 191	2 036
玛纳斯县	ماناس	4 104	1 880	3 183	558	921	1 322
奇台县	گۇچۇڭ	5 060	536	4 885	369	175	167
吉木萨尔县	جىمسار	1 541	313	2 152	144	—611	169
木垒县	مورى	1 010	38	1 856	70	—846	—32
伊犁州	**ئىلى ئوبلاستى**	**96 789**	**21 002**	**64 120**	**8 555**	**32 669**	**12 447**
奎屯市	كۇيتۇن شەھىرى	11 397	4 374	8 525	1 723	2 872	2 651
伊犁地区	**ئىلى ۋىلايىتى**	**38 946**	**9 256**	**25 564**	**3 685**	**13 382**	**5 571**
伊宁市	غۇلجا شەھىرى	7 216	870	4 522	388	2 694	482
伊宁县	غۇلجا ناھىيىسى	4 490	897	3 420	269	1 070	628
察布查尔县	چاپچال	2 610	883	2 224	419	386	464
霍城县	قورغاس	5 432	1 153	5 073	632	359	521
巩留县	توققۇزتارا	1 942	525	1 408	179	534	346
新源县	كۈنەس	6 627	1 382	3 780	965	2 847	417
昭苏县	موڭغۇلكۈرە	2 698	678	1 981	425	717	253
特克斯县	تىكەس	5 579	2 571	1 476	195	4 103	2 376
尼勒克县	نىلقا	2 352	297	1 680	213	672	84
塔城地区	**تارباغاتاي ۋىلايىتى**	**29 611**	**3 815**	**18 490**	**1 718**	**11 121**	**2 097**
塔城市	چۆچەك شەھىرى	7 438	813	5 171	418	2 267	395
额敏县	دۆربىلجىن	3 195	715	2 877	463	318	252
乌苏县	شىخو	12 978	1 153	5 403	236	7 575	917
沙湾县	ساۋەن	3 114	639	2 765	321	349	318
托里县	تولى	981	233	881	99	100	134
裕民县	چاغانتوقاي	733	217	532	116	617	101
和布克赛尔县	قوبۇقسار	1 171	45	861	65	310	—20
阿勒泰地区	**ئالتاي ۋىلايىتى**	**16 835**	**3 557**	**11 541**	**1 429**	**5 294**	**2 128**
阿勒泰市	ئالتاي شەھىرى	6 752	1 748	4 732	841	2 020	907
布尔津县	بۇرچىن	1 845	239	699	30	1 146	209

单位：人 بىرلىكى: نەپەر

地区 رايونلار		迁入 كۆچۈپ كەلگەن	区外迁入 ئاپتونوم رايون سىرتىدىن كۆچۈپ كەلگەن	迁出 كۆچۈپ كەتكەن	区外迁出 ئاپتونوم رايون سىرتىغا كۆچۈپ كەتكەن	净迁移 ساپ كۆچۈپ يۆتكەلگەن	区外 ئاپتونوم رايون سىرتىغا
富蕴县	كۆكتوقاي	2 193	359	1 485	140	708	219
福海县	بۇرۇلتوقاي	2 739	651	1863	175	876	476
哈巴河县	قابا	1 718	305	1340	97	378	208
青河县	چىڭگىل	687	101	576	48	111	53
吉木乃县	جىمنەي	901	154	846	98	55	56
博州	**بۆرتالا ئوبلاستى**	**12 696**	**5 235**	**8 020**	**979**	**4 676**	**4 256**
博乐市	بۆرتالا شەھىرى	8 887	3 426	4 676	573	4 211	2 853
精河县	جىڭ	2 860	1 530	1 880	321	980	1 209
温泉县	ئارشاڭ	949	279	1 464	85	−515	194
巴州	**بايىنغولىن ئوبلاستى**	**23 335**	**11 956**	**16 037**	**5 625**	**7 298**	**6 331**
库尔勒市	كورلا شەھىرى	7 874	3 859	4 141	1 465	3 733	2 394
轮台县	بۈگۈر	1 278	460	795	53	483	407
尉犁县	لوپنۇر	3 980	2 809	2 157	894	1 823	1 915
若羌县	چاقىلىق	722	259	726	238	−4	21
且末县	چەرچەن	1 123	342	1 044	266	79	76
焉耆县	يەنجى	2 045	1 026	2 113	1 073	−68	−47
和静县	خېجىڭ	3 213	1 366	3 145	976	68	390
和硕县	خوشۇت	2 059	1 161	1 254	478	805	683
博湖县	باغراش	1 041	674	662	182	379	492
阿克苏地区	**ئاقسۇ ۋىلايىتى**	**26 531**	**11 498**	**18 041**	**6 235**	**8 490**	**5 263**
阿克苏市	ئاقسۇ شەھىرى	15 684	8 913	8 010	4 119	7 674	4 794
温宿县	ئاقسۇ كونا شەھەر	1 856	891	1 150	430	253	461
库车县	كۇچا	2 995	639	2 806	405	643	234
沙雅县	شايار	1 656	108	1 895	501	28	−393
新和县	توقسۇ	482	91	404	43	307	48
拜城县	باي	772	102	874	136	304	−34
乌什县	ئۇچتۇرپان	1 665	291	1 657	336	322	−45
阿瓦提县	ئاۋات	1 087	463	920	246	5	217

3—10 续表 3 داۋامى 3

单位：人 بىرلىكى: نەپەر

رايونلار 地区		كۆچۈپ كەلگەن 迁入	ئاپتونوم رايون سىرتىدىن كۆچۈپ كەلگەن 区外迁入	كۆچۈپ كەتكەن 迁出	ئاپتونوم رايون سىرتىغا كۆچۈپ كەتكەن 区外迁出	ساپ كۆچۈپ يۆتكەلگەن 净迁移	ئاپتونوم رايون سىرتىغا 区外
阿坪县	كەلپىن	334	—	325	19	110	−19
克州	**قىزىلسۇ ئوبلاستى**	**5 997**	**607**	**5 208**	**454**	**789**	**153**
阿图什市	ئاتۇش شەھىرى	2 636	279	2 420	310	216	−31
阿克陶县	ئاقتۇ	1 772	142	1 198	23	574	119
阿合奇县	ئاقچى	555	36	670	76	−115	−40
乌恰县	ئۇلۇغچات	1 034	150	920	45	114	105
喀什地区	**قەشقەر ۋىلايىتى**	**45 347**	**13 969**	**31 544**	**5 016**	**13 803**	**8 953**
喀什市	قەشقەر شەھىرى	7 966	855	6 880	1 016	1 086	−161
疏附县	قەشقەر كونا شەھەر	6 855	3 328	1 651	18	5 204	3 310
疏勒县	قەشقەر يېڭى شەھەر	970	410	828	283	142	127
英吉沙县	يېڭىسار	2 330	625	1 674	6	656	619
泽普县	پوسكام	5 186	1 084	3 362	397	1 824	687
莎车县	يەكەن	6 692	1 371	6 200	1 359	492	12
叶城县	قاغىلىق	5 339	800	4 516	210	823	590
麦盖提县	مەكىت	3 188	1 486	2 747	992	441	494
岳普湖县	يوپۇرغا	272	149	549	48	−277	101
伽师县	پەيزاۋات	594	188	463	111	133	77
巴楚县	مارالبېشى	5 376	3 591	2 170	558	3 206	3 033
塔什库尔干县	تاشقورغان	579	82	504	18	75	64
和田地区	**خوتەن ۋىلايىتى**	**27 205**	**733**	**19 603**	**614**	**7 602**	**119**
和田市	خوتەن شەھىرى	16 941	241	11 284	232	5 657	9
和田县	خوتەن ناھىيىسى	2 042	44	1 000	12	1 042	32
墨玉县	قاراقاش	1 160	118	1 151	204	9	−86
皮山县	گۇما	2 224	43	2 293	31	−69	12
洛浦县	لوپ	2 158	65	1 715	17	443	48
策勒县	چىرا	1 256	54	1 179	37	77	17
于田县	كېرىيە	726	15	652	8	74	7
民丰县	نىيە	698	153	329	73	369	80

هەرقايسى ۋىلايەت، ئوبلاستلارنىڭ پىلانلىق تۇغۇت ۋە گۇۋاھنامە ئېلىش ئەھۋالى

3—11 各地、州、计划生育及领证情况

（1995 年 - يىل）

رايونلار 地区		پىلانلىق تۇغۇت نىسبىتى 计划生育率(%)	گۇۋاھنامە ئېلىش نىسبىتى 领证率(%)	شەرەپ گۇۋاھنامىسى ئالغان ئادەم سانى (نەپەر) 领取光荣证人数(人)	يالغۇز پەرزەنت گۇۋاھنامىسى ئالغان ئادەم سانى (نەپەر) 领取独生子女证人数(人)
总 计	**جەمئىي**	**97.41**	**16.34**	**86 009**	**397 135**
乌鲁木齐市	ئۈرۈمچى شەھىرى	99.86	46.61	28 350	108 158
克拉玛依市	قاراماي شەھىرى	99.85	57.42	6 289	22 877
石河子市	شىخەنزە شەھىرى	99.97	39.82	1 191	40 942
吐鲁番地区	تۇرپان ۋىلايىتى	98.98	10.36	2 606	7 092
哈密地区	قۇمۇل ۋىلايىتى	99.82	27.88	2 263	20 549
昌吉州	سانجى ئوبلاستى	99.80	19.58	5 274	43 528
奎屯市	كۈيتۇن شەھىرى	99.97	36.14	685	17 042
伊犁地区	ئىلى ۋىلايىتى	94.97	12.24	11 633	28 804
塔城地区	تارباغاتاي ۋىلايىتى	97.44	10.91	3 151	13 319
阿勒泰地区	ئالتاي ۋىلايىتى	96.61	12.77	2 836	9 043
博州	بۆرتالا ئوبلاستى	97.15	13.25	1 978	7 714
巴州	بايىنغولىن ئوبلاستى	98.11	21.35	5 020	32 987
阿克苏地区	ئاقسۇ ۋىلايىتى	98.21	9.30	5 523	26 378
克州	قىزىلسۇ ئوبلاستى	97.96	2.50	947	658
喀什地区	قەشقەر ۋىلايىتى	96.67	3.88	5 980	14 921
和田地区	خوتەن ۋىلايىتى	96.18	2.07	2 283	3 123

注：此表据计生委年报推算。

ئەسكەرتىش: بۇ جەدۋەلدىكى سانلار پىلانلىق تۇغۇت كومىتېتىنىڭ يىللىق مەلۇماتى بۇيىچە سۇرۇپ ھېسابلاندى.

شىنجاڭدىكى ئاھالىنىڭ ياش ۋە جىنسى قۇرۇلمىسى

3—12 新疆人口年龄、性别构成

（1995 年 - يىل）　　单位：% : بىرلىكى

ياش گورۇپپىسى 年龄组	جەمئىي 合计	ئەر 男	ئايال 女	جىنسى نىسبىتى 性别比
合计 جەمئىي	**100.00**	**51.05**	**48.95**	**104.28**
0—4	8.80	4.44	4.36	101.79
5—9	11.61	5.91	5.70	103.82
10—14	9.99	5.08	4.91	103.62
15—19	9.05	4.65	4.40	105.72
20—24	10.65	5.30	5.35	99.12
25—29	10.58	5.36	5.23	102.51
30—34	7.77	4.00	3.77	106.22
35—39	5.88	3.01	2.87	104.88
40—44	5.30	2.64	2.66	99.46
45—49	4.80	2.31	2.49	92.47
50—54	4.35	2.05	2.30	88.86
55—59	3.95	2.18	1.76	124.00
60—64	2.83	1.58	1.25	126.57
65—69	1.84	1.06	0.79	133.97
70—74	1.27	0.74	0.53	137.80
75—79	0.69	0.40	0.29	135.89
80—84	0.38	0.20	0.17	118.34
85—89	0.14	0.07	0.07	108.25
90+	0.12			

注：此表据 1995 年 1%人口抽样调查数据推算。

ئەسكەرتىش: بۇ جەدۋەلدىكى سانلار 1995-يىللىق %1 ئاھالىنى ئۆرنەك ئېلىپ تەكشۈرۈش سانلىرى بۇيىچە سۇرۇپ ھېسابلاندى.

تۇغۇت يېشىدىكى ئاياللارنىڭ ياش ۋە بالا سانى بويىچە ئايرىلغان تۇغۇت ئەھۋالى

3—13 育龄妇女分年龄及孩次的生育状况

(1995年-يىل)

ياش ئايرىمىسى 年龄别	ئادەتتىكى تۇغۇت نىسبىتى 一般生育率	بىر بالا 一孩	ئىككى بالا 二孩	ئۈچ بالىدىن ئارتۇق 三孩及以上
合计 جەمئىي	**60.51**	**31.61**	**15.50**	**13.41**
15—19	24.08	20.83	2.70	0.55
15	0.58	0.58		
16	1.80	1.80		
17	9.79	8.85	0.75	0.19
18	29.03	26.29	2.37	0.37
19	70.13	59.02	9.16	1.96
20—24	126.23	80.45	32.38	13.39
20	86.28	65.39	17.70	3.19
21	101.73	66.84	27.39	7.50
22	129.10	83.35	33.22	15.53
23	146.63	93.97	36.97	15.69
24	161.12	90.45	44.60	26.06
25—29	116.64	53.90	32.75	29.99
25	160.82	86.58	43.78	30.45
26	139.07	72.25	35.17	31.65
27	111.99	47.21	31.64	33.14
28	86.58	32.94	27.48	26.16
29	71.04	20.44	22.66	27.94
30—34	40.62	7.83	12.25	20.54
30	58.01	12.81	18.86	36.34
31	36.83	8.21	12.21	16.42
32	30.30	5.74	7.80	16.76
33	31.30	3.76	9.39	18.15
34	39.22	5.64	9.88	23.70
35—39	16.12	1.33	3.47	11.33
35	33.19	4.98	6.64	21.57
36	16.84	1.30	4.53	11.01
37	11.88		2.90	8.99
38	8.61		1.54	7.07
39	9.75	0.26	1.80	7.70
40—44	7.66	0.64	0.96	6.06
40	10.55	0.53	1.85	8.18
41	8.11	0.68	1.69	5.75
42	6.88	0.69	1.03	5.16
43	5.35	0.38		4.97
44	6.46	0.88		5.58
45—49	3.24	0.34	0.27	2.63
45	4.52	0.85		3.67
46	3.74		0.37	3.36
47	4.53		0.38	4.15
48	1.51			1.51
49	1.81	0.60	0.60	0.60

ناهيه، شەھەر بويىچە ئايرىپ كۆرسىتىلگەن تۇۋەن، مەيدانلاردىكى ئائىلە سانى ۋە ئاھالە سانى

3—14 按县、市分列的团场户数、人口数

(يىل- 1995 年)

团场 تۇەن، مەيدانلار	ئائىلە سانى (ئائىلە) 户数(户)	ئاھالە سانى (نەپەر) 人口数(人)
总计 جەمئىي	494 910	1 728 481
乌鲁木齐市 ئۈرۈمچى شەھرى	11 993	16 436
市辖区 شەھەرگە قاراشلىق رايونلار	10 881	42 656
104团 104- تۇەن	3 890	14 416
养禽场 ئۆي قۇشلىرى فېرمىسى	696	2 084
三坪农场 سەنپىڭ دېھقانچىلىق مەيدانى	2 722	10 983
五一农场 1- ماي دېھقانچىلىق مەيدانى	1 929	8 561
头屯河农场 تۇدۇڭخابا دېھقانچىلىق مەيدانى	1 644	6 612
乌鲁木齐县 ئۈرۈمچى ناھىيىسى	1 112	3 780
西山农场 شىسەن دېھقانچىلىق مەيدانى	1 112	3 780
克拉玛依市 قاراماي شەھرى	4 861	15 970
136团 136- تۇەن	2 838	8 718
137团 137- تۇەن	2 023	7 252
石河子市 شىخەنزە شەھرى	15 891	56 116
152团 152- تۇەن	2 995	9 025
石河子总场 شىخەنزە باش مەيدانى	12 896	47 091
吐鲁番地区 تۇرپان ۋىلايىتى	1 422	4 923
吐鲁番市 تۇرپان شەھرى	1 422	4 923
221团 221- تۇەن	1 422	4 923
哈密地区 قۇمۇل ۋىلايىتى	17 906	59 353
哈密市 قۇمۇل شەھرى	14 842	46 109
红星一场 قىزىليۇلتۇز 1- مەيدانى	1 965	6 097
红星二场 قىزىليۇلتۇز 2- مەيدانى	1 947	6 510
红星三场 قىزىليۇلتۇز 3- مەيدانى	792	2 415
红星四场 قىزىليۇلتۇز 4- مەيدانى	836	3 531
黄田农场 ساقا دېھقانچىلىق مەيدانى	2 622	8 244
火箭农场 خوجەن دېھقانچىلىق مەيدانى	2 115	7 646
柳树泉农场 ليۇشۇچۈەن دېھقانچىلىق مەيدانى	3 445	9 261
红星二牧场 قىزىليۇلتۇز 2- فېرمىسى	1 120	2 405
巴里坤县 باركۆل ناھىيىسى	2 710	11 955
红星一牧场 قىزىليۇلتۇز 1- فېرمىسى	915	3 633
红山农场 خۇڭشەن دېھقانچىلىق مەيدانى	1 795	8 333
伊吾县 ئارا تۈرۈك ناھىيىسى	354	1 289
淖毛湖农场 نوم دېھقانچىلىق مەيدانى	354	1 289
昌吉州 سانجى ئوبلاستى	95 701	327 581
昌吉市 سانجى شەھرى	13 476	47 230
101团 101- تۇەن	4 347	15 042
103团 103- تۇەن	4 347	16 057
共青团农场 چىڭدەن دېھقانچىلىق مەيدانى	2 265	7 016
军户农场 جۈنخۇ دېھقانچىلىق مەيدانى	2 517	9 115
米泉县 مىچۈەن ناھىيىسى	6 405	18 285
102团 102- تۇەن	6 405	18 285
呼图壁县 قۇتۇبى ناھىيىسى	18 362	67 856
105团 105- تۇەن	2 163	7 628
106团 106- تۇەن	2 115	7 196
111团 111- تۇەن	947	3 446
芳草湖农场 فاڭساۋخۇ دېھقانچىلىق مەيدانى	13 237	49 586

团场 تۇەن مەيدانلار	ئائىلە سانى (ئائىلە) 户数(户)	ئاھالە سانى (نەپەر) 人口数(人)
玛纳斯县 ماناس ناھىيىسى	36 943	120 798
147团 147- تۇەن	5 402	18 095
148团 148- تۇەن	8 603	31 179
149团 149- تۇەن	5 928	21 475
150团 150- تۇەن	7 805	20 240
新湖农场 شىنخۇ دېھقانچىلىق مەيدانى	9 205	29 809
奇台县 گۇچۇڭ ناھىيىسى	9 690	33 986
108团 108- تۇەن	1 501	5 178
109团 109- تۇەن	1 387	4 583
110团 110- تۇەن	1 876	4 983
奇台农场 چىتەي دېھقانچىلىق مەيدانى	4 426	16 451
北塔山牧场 بەيتىك فېرمىسى	500	2 791
阜康市 فۇكاڭ شەھرى	6 518	22 162
222团 222- تۇەن	3 788	11 448
土墩子农场 تۇدۇنزى دېھقانچىلىق مەيدانى	1 046	4 113
六运湖农场 ليۈيۈنخۇ دېھقانچىلىق مەيدانى	1 684	6 601
吉木萨尔县 جىمسار ناھىيىسى	4 307	17 264
107团 107- تۇەن	940	3 704
红旗农场 قىزىل بايراق دېھقانچىلىق مەيدانى	3 367	13 560
伊犁州 ئىلى ئوبلاستى	181 902	634 033
奎屯市 كۈيتۇن شەھرى	4 331	14 489
131团 131- تۇەن	4 331	14 489
伊犁地区 ئىلى ۋىلايىتى	50 711	182 579
伊宁县 غۇلجا ناھىيىسى	3 004	11 148
70团 70- تۇەن	2 551	9 489
拜什墩农场 بەش دۆڭ دېھقانچىلىق مەيدانى	453	1 659
察布查尔县 چاپچال ناھىيىسى	6 174	22 684
67团 67- تۇەن	1 528	6 581
68团 68- تۇەن	2 996	8 786
69团 69- تۇەن	1 650	7 317
霍城县 قورغاس ناھىيىسى	21 370	77 757
61团 61- تۇەن	3 601	13 054
62团 62- تۇەن	3 783	14 056
63团 63- تۇەن	2 228	8 562
64团 64- تۇەن	4 899	20 202
65团 65- تۇەن	1 844	6 784
66团 66- تۇەن	5 015	15 099
巩留县 توققۇزتارا ناھىيىسى	2 275	7 165
73团 73- تۇەن	2 275	7 165
新源县 كۈنەس ناھىيىسى	8 441	26 814
71团 71- تۇەن	4 204	14 835
72团 72- تۇەن	4 237	11 979
昭苏县 موڭغۇلكۈرە ناھىيىسى	6 532	25 868
74团 74- تۇەن	836	2 965
75团 75- تۇەن	1 095	3 521
76团 76- تۇەن	2 789	10 980
77团 77- تۇەن	1 812	8 402

3—14 续表 1 داۋامى

团 场	تۇەن، مەيدانلار	ئائىلە سانى (ئائىلە) 户数(户)	ئاھالە سانى (نەپەر) 人口数(人)
特克斯县	تېكەس ناھىيىسى	1 401	5 391
一牧场	ئارال فېرمىسى	1 401	5 391
尼勒克县	نىلقا ناھىيىسى	1 514	5 752
二牧场	جىكۇ فېرمىسى	1 514	5 752
塔城地区	تارباغاتاي ناھىيىسى	113 640	389 841
塔城市	چۆچەك شەھىرى	4 581	15 340
162 团	162- تۇەن	1 452	5 097
163 团	163- تۇەن	1 232	4 028
164 团	164- تۇەن	1 897	6 215
额敏县	دوربىلجىن ناھىيىسى	9 716	33 672
165 团	165- تۇەن	1 457	5 935
166 团	166- تۇەن	2 289	7 672
167 团	167- تۇەن	2 142	7 054
168 团	168- تۇەن	1 802	6 807
169 团	169- تۇەن	1 085	3 513
团结农场	مۇئەخاجى دېھقانچىلىق مەيدانى	941	2 691
乌苏县	شىخۇ ناھىيىسى	41 752	143 824
123 团	123- تۇەن	6 167	21 610
124 团	124- تۇەن	5 191	20 837
125 团	125- تۇەن	5 228	18 415
126 团	126- تۇەن	4 235	14 870
127 团	127- تۇەن	4 903	16 467
128 团	128- تۇەن	4 929	16 620
129 团	129- تۇەن	4 067	15 155
130 团	130- تۇەن	7 032	19 850
沙湾县	ساۋەن ناھىيىسى	54 499	185 775
121 团	121- تۇەن	6 166	20 115
122 团	122- تۇەن	5 919	19 389
132 团	132- تۇەن	3 824	13 107
133 团	133- تۇەن	4 296	14 042
134 团	134- تۇەن	4 306	13 123
135 团	135- تۇەن	2 373	7 201
141 团	141- تۇەن	2 908	10 495
142 团	142- تۇەن	9 841	34 168
143 团	143- تۇەن	9 351	35 131
144 团	144- تۇەن	3 795	12 866
151 团	151- تۇەن	1 720	6 138
托里县	تولى ناھىيىسى	631	2 245
170 团	170- تۇەن	631	2 245
裕民县	چاغانتوقاي ناھىيىسى	1 479	5 437
161 团	161- تۇەن	1 479	5 437
和布克赛尔县	قوبۇقسار	982	3 548
184 团	184- تۇەن	982	3 548
阿勒泰地区	ئالتاي ۋىلايىتى	13 220	47 124
阿勒泰市	ئالتاي شەھىرى	3 942	14 494
181 团	181- تۇەن	3 942	14 494
福海县	بۇرۇلتوقاي ناھىيىسى	7 278	26 056
182 团	182- تۇەن	1 365	5 056
183 团	183- تۇەن	1 838	5 723
187 团	187- تۇەن	1 843	7 519
188 团	188- تۇەن	1 799	6 129
渔场	بېلىقچىلىق مەيدانى	433	1 629
哈巴河县	قابا ناھىيىسى	1 015	3 279
185 团	185- تۇەن	1 015	3 279
青河县	چىڭگىل ناھىيىسى	275	829
青河农场	چىڭگىل دېھقانچىلىق مەيدانى	275	829
吉木乃县	جېمىنەي ناھىيىسى	710	2 466
186 团	186- تۇەن	710	2 466
博州	بۆرتالا ئوبلاستى	22 900	82 740
博乐市	بۆرتالا شەھىرى	13 999	49 901
81 团	81- تۇەن	3 081	10 042
84 团	84- تۇەن	2 144	7 660
85 团	85- تۇەن	1 070	3 672
86 团	86- تۇەن	2 146	7 933
89 团	89- تۇەن	3 116	12 074
90 团	90- تۇەن	2 442	8 520
精河县	جىڭ ناھىيىسى	5 986	22 353
82 团	82- تۇەن	1 734	6 240
83 团	83- تۇەن	3 354	12 506
91 团	91- تۇەن	898	3 607
温泉县	ئارشاڭ ناھىيىسى	2 915	10 486
87 团	87- تۇەن	1 631	5 894
88 团	88- تۇەن	1 284	4 592
巴州	بايىنغولىن ئوبلاستى	46 337	149 228
库尔勒市	كورلا شەھىرى	10 493	34 807
28 团	28- تۇەن	2 339	8 164
29 团	29- تۇەن	4 906	15 783
30 团	30- تۇەن	3 248	10 860
尉犁县	لوپنۇر ناھىيىسى	13 321	38 757
31 团	31- تۇەن	3 700	9 106
32 团	32- تۇەن	2 318	6 487
33 团	33- تۇەن	2 160	7 441
34 团	34- تۇەن	2 827	8 755
35 团	35- تۇەن	2 316	6 968
若羌县	چاقىلىق ناھىيىسى	2 735	8 679
36 团	36- تۇەن	2 735	8 679
焉耆县	يەنجى ناھىيىسى	2 570	9 675
27 团	27- تۇەن	2 570	9 675
和静县	خېجىڭ ناھىيىسى	12 266	41 210
21 团	21- تۇەن	4 036	11 660
22 团	22- تۇەن	4 241	14 096
23 团	23- تۇەن	2 324	8 235

3—14 续表 2 داۋامى

团场	تۈمەن، مەيدانلار	ئائىلە سانى (ئائىلە) 户数(户)	ئاھالە سانى (نەپەر) 人口数(人)	团场	تۈمەن، مەيدانلار	ئائىلە سانى (ئائىلە) 户数(户)	ئاھالە سانى (نەپەر) 人口数(人)
223团	223- تۈمەن	1 665	7 219	喀什地区	قەشقەر ۋىلايىتى	33 556	136 947
和硕县	خوشۇت ناھىيىسى	3 270	11 206	疏勒县	قەشقەر يېڭى شەھەر ناھىيىسى	1 677	5 525
24团	24- تۈمەن	2 969	10 385	41团	41- تۈمەن	1 677	5 525
26团	26- تۈمەن	301	821	英吉莎县	يېڭىسار ناھىيىسى	582	1 300
博湖县	باغراش ناھىيىسى	1 682	4 894	东风农场	شەرق شامىلى دېھقانلىق مەيدانى	582	1 300
25团	25- تۈمەن	1 682	4 894	莎车县	يەكەن ناھىيىسى	532	705
阿克苏地区	ئاقسۇ ۋىلايىتى	56 312	189 467	莎车农场	يەكەن دېھقانچىلىق مەيدانى	532	705
阿克苏市	ئاقسۇ شەھىرى	40 623	139 245	叶城县	قاغىلىق ناھىيىسى	375	1 247
1团	1- تۈمەن	6 943	23 089	叶城牧场	قاغىلىق فېرمىسى	375	1 247
2团	2- تۈمەن	3 344	10 395	麦盖提县	مەكىت ناھىيىسى	7 787	24 280
7团	7- تۈمەن	2 738	9 850	43团	43- تۈمەن	4 201	11 076
8团	8- تۈمەن	2 384	7 698	45团	45- تۈمەن	3 309	11 016
9团	9- تۈمەن	4 233	15 060	其克里克农场	چىغلىق دېھقانچىلىق مەيدانى	277	2 188
10团	10- تۈمەن	3 496	9 965	岳普湖县	يوپۇرغا ناھىيىسى	1 070	3 954
11团	11- تۈمەن	1 748	9 452	42团	42- تۈمەن	1 070	3 954
12团	12- تۈمەن	3 851	11 466	伽师县	پەيزاۋات ناھىيىسى	1 861	9 027
13团	13- تۈمەن	3 713	12 187	伽师总场	پەيزاۋات باش مەيدانى	1 861	9 027
塔南带改支队	تارىم ئەمگەك بىلەن ئۆزگەرتىش تارماق ئەترىتى	2 123	10 019	巴楚县	مارالبېشى ناھىيىسى	19 672	90 909
15团	15- تۈمەن	2 305	8 531	44团	44- تۈمەن	1 547	7 701
16团	16- تۈمەن	3 638	11 245	48团	48- تۈمەن	1 525	6 556
养禽场	ئۆي قۇشلىرى فېرمىسى	107	288	49团	49- تۈمەن	2 184	8 939
温宿县	ئاقسۇ كونا شەھەر ناھىيىسى	7 818	26 420	50团	50- تۈمەن	2 813	14 277
5团	5- تۈمەن	5 385	17 843	51团	51- تۈمەن	5 148	27 672
6团	6- تۈمەن	24 433	8 586	52团	52- تۈمەن	2 662	11 716
乌什县	ئۇچتۇرپان ناھىيىسى	2 701	8 307	53团	53- تۈمەن	3 793	14 048
4团	4- تۈمەن	2 701	8 307	和田地区	خوتەن ۋىلايىتى	5 705	21 837
阿瓦提县	ئاۋات ناھىيىسى	5 170	15 486	墨玉县	قاراقاش ناھىيىسى	1 060	3 687
3团	3- تۈمەن	5 170	15 486	47团	47- تۈمەن	1 060	3 687
克州	قىزىلسۇ ئوبلاستى	424	3 850	皮山县	گۇما ناھىيىسى	3 989	15 844
阿图什市	ئاتۇش شەھىرى	215	2 992	皮山农场	قارتاغىز دېھقانچىلىق مەيدانى	3 989	15 844
红旗农场	تۇرتاي دېھقانچىلىق مەيدانى	215	2 992	策勒县	چىرا ناھىيىسى	656	2 306
乌恰县	ئۇلۇغچات ناھىيىسى	209	858	一牧场	رىزەك فېرمىسى	656	2 306
托云牧场	تويۇن فېرمىسى	209	858				

خىزمەتتىكى خادىملارنىڭ سانى

3—15 从业人员数

(يىل ئاخىرىدىكى سان 年底数)

بىرلىكى: تۈمەن نەپەر 单位:万人

يىللار، رايونلار 年份地区		جەمئى 合计	ئىشچى خىزمەتچىلەر سانى 职工人数	دۆلەت ئىگىلىكىدىكى ئورۇنلار 国有经济单位	كوللېكتىپ ئىگىلىكىدىكى ئورۇنلار 集体经济单位	باشقا ئىگىلىكتىكى ئورۇنلار 其他经济单位	شەھەر، بازاردىكى يەككىلەر 城镇个体	يېزا، كەنتتىكى ئەمگەكچىلەر 乡村劳动者	باشقىلار 其他
1952		228.59	14.89	14.76	0.13		13.90	199.8	
1957		272.29	49.15	43.57	5.58		2.55	220.59	
1962		313.95	105.84	100.18	5.66		1.44	206.67	
1965		350.25	137.88	130.55	7.33		1.10	211.27	
1970		410.33	166.80	156.88	9.92		0.87	242.66	
1975		466.43	201.02	185.96	15.06		0.50	256.58	8.33
1978		491.25	227.13	208.30	18.83		0.63	256.76	6.73
1980		506.35	244.41	220.57	23.84		0.84	256.99	4.12
1985		565.81	267.56	233.50	33.85	0.21	14.04	273.23	10.98
1986		574.68	274.33	239.44	34.56	0.33	15.54	274.25	10.56
1987		584.91	278.76	243.78	34.53	0.45	15.98	279.54	10.63
1988		593.71	284.96	248.48	36.02	0.46	15.50	282.25	11.00
1989		599.55	288.43	251.94	35.96	0.53	15.72	283.98	11.42
1990		617.70	300.53	261.64	38.22	0.67	13.78	290.50	12.89
1991		368.49	311.23	271.47	39.01	0.75	16.39	295.95	14.03
1992		646.95	318.28	277.87	39.44	0.97	18.55	296.27	12.58
1993		655.98	316.45	274.60	39.93	1.92	22.24	302.40	12.00
1994		657.54	311.07	276.34	31.97	2.76	24.92	302.88	13.82
1995		676.00	311.93	278.49	29.95	3.49	27.20	312.49	24.38
乌鲁木齐市	ئۈرۈمچى شەھىرى	82.70	68.46	58.56	8.15	1.75	3.87	6.81	4.33
克拉玛依市	قاراماي شەھىرى	18.26	15.96	13.75	2.11	0.10	0.97	0.10	1.23
石河子市	شىخەنزە شەھىرى	14.06	11.13	10.49	0.52	0.12	1.60	0.79	0.55
吐鲁番地区	تۇرپان ۋىلايىتى	26.68	7.62	6.73	0.73	0.16	1.45	17.27	0.33
哈密地区	قۇمۇل ۋىلايىتى	19.06	10.41	9.47	0.88	0.06	0.75	7.53	0.37
昌吉州	سانجى ئوبلاستى	68.09	31.83	27.58	3.69	0.56	2.30	32.99	1.00
伊犁州	ئىلى ئوبلاستى	5.13	4.30	3.78	0.43	0.09	0.49		0.34
伊犁地区	ئىلى ۋىلايىتى	73.23	30.24	28.07	1.94	0.23	2.90	39.65	0.44
塔城地区	تارباغاتاي ۋىلايىتى	52.56	30.03	28.27	1.62	0.14	1.80	20.21	0.59
阿勒泰地区	ئالتاي ۋىلايىتى	20.84	12.52	11.51	0.96	0.05	0.60	7.58	0.14
博州	بۆرتالا ئوبلاستى	17.28	9.39	8.69	0.68	0.02	0.50	7.25	0.14
巴州	بايىنغولىن ئوبلاستى	38.06	23.09	21.51	1.51	0.07	1.57	13.11	0.31
阿克苏地区	ئاقسۇ ۋىلايىتى	65.61	24.04	21.62	2.36	0.06	2.16	39.04	0.36
克州	قىزىلسۇ ئوبلاستى	13.06	3.76	3.52	0.24		0.45	8.80	0.05
喀什地区	قەشقەر ۋىلايىتى	95.42	20.54	17.19	3.31	0.04	3.96	70.52	0.40
和田地区	خوتەن ۋىلايىتى	51.25	8.61	7.75	0.82	0.04	1.67	40.84	0.15

ئۈچ خىل كەسىپ بويىچە ئايرىلغان خىزمەتتىكى خادىملار سانى

3—16 按三次产业分的从业人员数

(يىل ئاخىرىدىكى سان年底数)

يىللار، رايونلار 年份地区	خىزمەتتىكى خادىملار جەمئى (تۈمەن نەپەر) 从业人员合计(万人)	1. كەسىپ 第一产业	2. كەسىپ 第二产业	3. كەسىپ 第三产业	قۇرۇلمىسى (جەمئى =100) 构成(合计=100) 1. كەسىپ 第一产业	2. كەسىپ 第二产业	3. كەسىپ 第三产业
1952	228.59	204.80	11.65	12.14	89.59	5.10	5.31
1957	272.29	232.81	19.12	20.36	85.50	7.02	7.48
1962	313.95	247.55	31.21	35.19	78.85	9.94	11.21
1965	350.25	273.34	39.05	37.86	78.04	11.15	10.81
1970	410.33	326.37	44.59	39.37	79.54	10.87	9.59
1975	466.43	351.72	63.59	51.12	75.41	13.63	10.96
1978	491.25	353.99	70.42	66.84	72.06	14.33	13.61
1980	506.35	354.49	75.12	76.74	70.00	14.84	15.16
1985	565.81	363.24	89.64	112.93	64.20	15.84	19.96
1986	574.68	363.68	94.36	116.64	63.28	16.42	20.30
1987	584.91	364.86	96.78	123.27	62.37	16.55	21.08
1988	593.71	366.22	101.52	125.97	61.68	17.39	20.93
1989	599.55	368.69	101.90	128.96	61.49	17.00	21.51
1990	617.70	378.47	107.42	131.81	61.27	17.39	21.34
1991	638.49	388.88	110.57	139.04	60.91	17.00	21.77
1992	646.94	386.07	111.81	149.06	59.68	17.28	23.04
1993	655.98	387.51	123.01	145.46	59.07	18.75	22.18
1994	657.54	384.08	120.80	152.66	58.00	18.37	23.22
1995	676.00	388.16	124.21	163.63	57.42	18.37	24.21
乌鲁木齐市 ئۈرۈمچى شەھىرى	82.70	7.76	35.51	39.43	9.38	42.94	47.68
克拉玛依市 قاراماي شەھىرى	18.26	0.69	14.92	2.65	3.78	81.71	14.51
石河子市 شىخەنزە شەھىرى	14.06	3.21	5.77	5.08	22.83	41.04	36.13
吐鲁番地区 تۇرپان ۋىلايىتى	26.68	16.68	4.28	5.72	62.52	16.04	21.44
哈密地区 قۇمۇل ۋىلايىتى	19.06	9.83	4.50	4.73	51.57	23.61	24.82
昌吉州 سانجى ئوبلاستى	68.09	42.90	11.16	14.03	63.00	16.39	20.61
伊犁州 ئىلى ئوبلاستى	5.13	0.53	2.22	2.38	10.33	43.27	46.40
伊犁地区 ئىلى ۋىلايىتى	73.23	48.90	8.91	15.42	66.78	12.17	21.05
塔城地区 تارباغاتاي ۋىلايىتى	52.56	37.25	5.62	9.69	70.87	10.69	18.44
阿勒泰地区 ئالتاي ۋىلايىتى	20.84	11.56	3.29	5.99	55.47	15.79	28.74
博州 بۆرتالا ئوبلاستى	17.28	11.37	1.91	4.00	65.80	11.05	23.15
巴州 بايىنغولىن ئوبلاستى	38.06	20.33	8.26	9.47	53.42	21.70	24.88
阿克苏地区 ئاقسۇ ۋىلايىتى	65.61	47.05	6.23	12.33	71.71	9.50	18.79
克州 قىزىلسۇ ئوبلاستى	13.06	8.24	1.24	3.58	63.09	9.49	27.42
喀什地区 قەشقەر ۋىلايىتى	95.42	71.53	6.47	17.42	74.96	6.78	18.26
和田地区 خوتەن ۋىلايىتى	51.25	38.56	3.92	8.77	75.24	7.65	17.11

ساھەلەرگە ئايرىلغان خىزمەتتىكى خادىملار سانى

3—17 分行业从业人员数

(يىل ئاخىرىدىكى سان年底数) 单位:万人 بىرلىكى: تۈمەن نەپەر

يىللار، رايونلار 年份地区	جەمئى 合 计	دېھقانچىلىق، ئورمانچىلىق، چارۋىچىلىق، بېلىقچىلىق 农、林、牧、渔业	ئېچىش، قېزىش 采掘业	ياساش كەسپى 制造业	ئېلېكتىر ئېنېرگىيە، كۆمۈر گازى، سۇ ئىشلەپچىقىرىش، تەمىنلەش 电力、煤气和水生产供应业	بىناكارلىق 建筑业	گېئولوگىيىلىك قېدىرىپ تەكشۈرۈش، سۇ ئىنشائاتلىرىنى باشقۇرۇش 地质勘查业、水利管理业	قاتناش تىرانسپورت، ئىسكىلات، ئالاقە ۋە تېلېگراف 交通运输、仓储和邮电通信业
1978	491.25	353.99	10.22	40.77	1.43	18.00	5.26	13.60
1980	506.35	354.49	10.53	43.62	1.85	19.12	7.62	14.48
1981	523.90	363.12	11.39	42.40	2.03	19.93	8.03	14.90
1982	534.58	363.02	12.58	43.41	2.12	23.23	7.79	15.70
1983	545.75	366.13	12.63	42.94	2.22	24.13	8.19	16.31
1984	558.75	368.41	13.94	44.51	2.05	25.55	7.89	17.25
1985	565.81	363.24	12.13	50.08	2.50	24.93	7.92	19.65
1986	574.68	363.68	11.98	53.20	2.79	26.39	7.56	19.45
1987	584.91	364.86	12.53	56.44	2.92	24.89	7.55	19.52
1988	593.71	366.22	13.20	59.11	3.13	26.08	7.38	19.60
1989	599.55	368.69	13.54	61.27	3.34	23.75	7.47	19.65
1990	617.70	378.47	13.79	64.74	3.53	25.36	7.82	20.11
1991	638.49	388.88	12.61	67.82	4.07	26.07	6.80	21.27
1992	646.84	286.07	12.07	68.93	4.46	26.35	7.53	22.27
1993	655.98	387.51	22.26	67.33	4.36	29.06	4.64	21.94
1994	657.54	384.08	21.93	66.96	4.57	27.34	4.58	22.17
1995	676.00	388.16	23.88	68.84	4.77	26.72	4.47	21.67
乌鲁木齐市 ئۈرۈمچى شەھىرى	82.70	7.76	1.94	22.16	0.98	10.43	1.14	8.00
克拉玛依市 قاراماي شەھىرى	18.26	0.69	12.43	1.83	0.02	0.64		0.36
石河子市 شىخەنزە شەھىرى	14.06	3.21		4.05	0.26	1.46	0.14	0.79
吐鲁番地区 تۇرپان ۋىلايىتى	26.68	16.68	2.48	1.26	0.14	0.40	0.20	0.59
哈密地区 قۇمۇل ۋىلايىتى	19.06	9.83	1.76	1.71	0.21	0.82	0.19	0.53
昌吉州 سانجى ئوبلاستى	68.09	42.90	0.73	7.91	0.52	2.00	0.63	1.63
伊犁州 ئىلى ئوبلاستى	5.13	0.53		1.40	0.12	0.70	0.12	0.21
伊犁地区 ئىلى ۋىلايىتى	73.23	48.90	0.81	6.07	0.40	1.63	0.14	1.60
塔城地区 تارباغاتاي ۋىلايىتى	52.56	37.25	1.04	3.48	0.34	0.76	0.41	1.34
阿勒泰地区 ئالتاي ۋىلايىتى	20.84	11.56	0.73	1.86	0.23	0.47	0.19	0.59
博州 بۆرتالا ئوبلاستى	17.28	11.37	0.04	1.16	0.23	0.48	0.07	0.50
巴州 بايىنغولىن ئوبلاستى	38.06	20.33	1.19	4.49	0.28	2.30	0.24	1.29
阿克苏地区 ئاقسۇ ۋىلايىتى	65.61	47.05	0.32	3.97	0.32	1.62	0.52	1.37
克州 قىزىلسۇ ئوبلاستى	13.06	8.24	0.19	0.80	0.09	0.16	0.03	0.33
喀什地区 قەشقەر ۋىلايىتى	95.42	71.53	0.08	3.87	0.43	2.09	0.36	1.70
和田地区 خوتەن ۋىلايىتى	51.25	38.56	0.14	2.82	0.20	0.76	0.09	0.84

3—17 续表 1 داۋامى 1

单位:万人 بىرلىكى: تۈمەن نەپەر

يىللار، رايونلار 年份地区		توپ تارقىتىش ۋەپارچە سېتىش، يېمەك ئىچمەك 批发和零售贸易、餐饮业	پۇل مۇئا مىلە، سۇغۇرتا كەسپى 金融、保险业	ئۆي جاي كەسپى 房地产业	ئىجتىمائىي مۇلازىمەت 社会服务业	سەھىيە، تەنتەربىيە ۋە ئىجتىمائىي پاراۋانلىق 卫生、体育和社会福利业	مائارىپ، مەدەنىيەت سەنئەت ۋە رادىئو، كىنو، تېلېۋىزىيە 教育、文化艺术和广播电影电视业	پەن تەتقىقات ۋە ئۇنىۋېرسال تېخنىكا مۇلازىمىتى 科学研究和综合技术服务事业	دۆلەت ئورگانلىرى، سىياسىي، پارتىيە ئورگانلىرى ۋە ئىجتىمائىي تەشكىلاتلار 国家机关政党机关和社会团体	باشقىلار 其他
1978		13.90	1.25	0.02	2.10	4.48	14.33	2.10	8.82	0.98
1980		16.00	1.79	0.06	2.69	4.86	16.84	2.46	9.94	
1981		19.27	2.11	0.09	3.91	5.29	18.04	2.59	10.80	
1982		21.00	2.16	0.12	3.72	5.50	18.98	2.64	11.61	1.00
1983		23.64	2.22	0.12	4.18	5.76	19.68	2.75	12.51	2.34
1984		26.61	2.46	0.16	4.83	6.00	21.14	3.09	13.59	1.27
1985		31.20	2.73	0.16	4.48	6.57	22.60	3.14	14.48	
1986		30.37	304	0.17	4.73	6.87	23.87	3.23	17.35	
1987		34.26	3.29	0.18	5.35	7.09	24.46	3.09	18.48	
1988		34.25	3.66	0.23	6.02	7.27	24.92	3.11	19.47	0.06
1989		35.44	3.86	0.25	6.95	7.80	24.98	3.17	19.39	
1990		35.00	4.18	0.22	6.64	7.94	25.61	3.08	21.21	
1991		37.85	4.47	0.29	7.27	8.42	26.49	3.38	22.80	
1992		41.56	4.80	0.36	8.35	8.73	27.14	3.48	23.89	0.95
1993		45.27	4.99	0.41	8.92	8.27	25.80	2.42	21.06	1.74
1994		49.72	4.87	0.37	9.67	7.91	26.02	2.51	20.58	4.26
1995		52.29	5.32	0.50	13.31	9.02	30.97	2.48	21.62	1.98
乌鲁木齐市	ئۈرۈمچى شەھىرى	12.61	0.99	0.18	4.09	1.79	4.66	1.39	3.65	0.93
克拉玛依市	قاراماي شەھىرى	1.13	0.16		0.49	0.04	0.15	0.02	0.27	0.03
石河子市	شىخەنزە شەھىرى	1.99	0.15	0.02	0.53	0.29	0.52	0.11	0.45	0.09
吐鲁番地区	تۇرپان ۋىلايىتى	2.21	0.24		0.53	0.26	0.89	0.03	0.65	0.12
哈密地区	قۇمۇل ۋىلايىتى	1.60	0.20	0.01	0.40	0.26	0.83	0.05	0.63	0.03
昌吉州	سانجى ئوبلاستى	4.43	0.49	0.04	1.35	0.82	2.52	0.15	1.86	0.11
伊犁州	ئىلى ئوبلاستى	1.10	0.08	0.1	0.21	0.10	0.25	0.04	0.24	0.02
伊犁地区	ئىلى ۋىلايىتى	4.81	0.40	0.05	1.49	0.95	3.47	0.11	2.28	0.12
塔城地区	تارباغاتاي ۋىلايىتى	2.77	0.30	0.02	0.63	0.60	1.96	0.10	1.51	0.05
阿勒泰地区	ئالتاي ۋىلايىتى	1.48	0.26	0.02	0.33	0.38	1.28	0.04	1.35	0.07
博州	بۆرتالا ئوبلاستى	1.13	0.16	0.01	0.31	0.24	0.80	0.05	0.70	0.03
巴州	بايىنغولىن ئوبلاستى	3.09	0.35	0.02	0.76	0.53	1.50	0.10	1.56	0.03
阿克苏地区	ئاقسۇ ۋىلايىتى	4.20	0.41	0.10	0.65	0.77	2.50	0.15	1.65	0.01
克州	قىزىلسۇ ئوبلاستى	1.17	0.13		0.10	0.27	0.81	0.03	0.66	0.05
喀什地区	قەشقەر ۋىلايىتى	6.01	0.60	0.02	0.83	1.10	3.99	0.07	2.68	0.06
和田地区	خوتەن ۋىلايىتى	2.56	0.40		0.61	0.62	1.90	0.04	1.48	0.23

ئاپتونوم رايوننىڭ ئەمگەك كۈچى بايلىقى ۋە تەقسىمات ئەھۋالى

3—18 全区劳动力资源与分配情况

单位：万人、%   بىرلىكى: تۈمەن نەپەر

يىللار، رايونلار 年份地区	بايلىقى 资源				تەقسىمات 分配					ئىشتىكى خادىملارنىڭ ئەمگەك كۈچى بايلىقىدا ئىگىلىگەن سالمىقى 从业人员占劳动力资源比重
	بايلىق ئومۇمىي سانى 资源总数	16 ياشتىن يۇقىرى بارلىق ئاھالە سانى 年末16岁以上全部人数	شۇ يىلى يېڭىدىن كۆپەيگەن ئەمگەك كۈچى بايلىقى 当年新增加的劳动力资源	شۇ يىلى ئەمگەك يېشىدىن قالغان ئاھالە سانى 当年退出劳动年龄的人口数	خىزمەتتىكى خادىملار 从业人员	شەھەر بازارلاردىكى ئىشسىزلار 城镇失业人员	16 ياشتىن يۇقىرى مەكتەپتىكى ئوقۇغۇچىلار 16岁以上在校学生	ئائىلە ئەمگەكچىلىرى 家务劳动者	باشقىلار 其他	
1983	685.4	697.0	30.3	16.3	545.8	8.4	15.2	109.0	1.5	79.6
1984	702.0	713.9	34.4	19.5	558.8	5.5	28.1	115.1	3.9	79.6
1985	724.3	721.5	33.4	17.7	565.8	4.0	30.3	115.9	5.0	78.1
1986	734.1	738.0	40.0	17.8	574.7	4.2	31.0	110.3	24.5	78.3
1987	726.1	743.3	34.5	14.5	584.9	5.0	31.6	102.6	15.1	80.6
1988	744.8	760.0	38.0	15.5	593.7	5.8	32.2	103.5	20.6	79.7
1989	768.9	785.7	36.0	16.0	599.6	8.1	35.1	94.5	31.7	78.0
1990	794.5	809.3	35.6	16.2	617.7	9.6	36.7	99.7	30.7	77.7
1991	811.8	825.1	34.9	18.5	638.5	10.0	38.0	103.1	17.3	78.7
1992	830.4	855.5	31.4	21.4	647.0	9.8	55.7	84.2	29.5	77.9
1993	1 021.0	880.0	30.6	23.3	656.0	9.5	50.0	86.1	207.3	64.3
1994	1 045.7	901.0	30.5	21.2	657.5	10.0	52.5	82.9	236.7	62.9
1995	1 059.60	1 069.20	26.80		676.00	10.20	53.20	79.3		63.8
乌鲁木齐市 ئۈرۈمچى شەھىرى	116.73	116.14	1.53		81.09	2.35	10.63	8.70		69.5
克拉玛依市 قاراماي شەھىرى	17.63	17.59	0.53		14.28	0.62	1.44	0.92		81.0
吐鲁番地区 تۇرپان ۋىلايىتى	28.24	28.01	1.09		25.66	0.33	1.65	0.60		90.9
哈密地区 قۇمۇل ۋىلايىتى	29.43	32.90	0.72		22.78	1.35	2.40	2.90		77.4
昌吉州 سانجى ئوبلاستى	73.20	76.22	4.04		69.88	0.49	5.87	5.14		95.5
伊犁州 ئىلى ئوبلاستى	6.14	6.19	0.50		5.15	0.23	0.49	0.27		83.9
伊犁地区 ئىلى ۋىلايىتى	115.88	119.84	3.99		84.56	1.77	5.10	11.90		73.0
塔城地区 تارباغاتاي ۋىلايىتى	50.70	49.60	0.95		41.83	4.12	2.02	2.49		82.5
阿勒泰地区 ئالتاي ۋىلايىتى	33.66	29.69	5.68		26.03	0.77	1.41	5.44		77.3
博州 بۆرتالا ئوبلاستى	24.38	24.38	0.63		18.65	0.10	0.64	5.00		76.5
巴州 بايىنغولىن ئوبلاستى	62.79	63.30	1.57		39.05	0.30	5.26	6.20		62.2
阿克苏地区 ئاقسۇ ۋىلايىتى	98.58	110.44	2.49		79.67	0.38	3.67	7.29		80.8
克州 قىزىلسۇ ئوبلاستى	22.55	23.69	0.77		16.43	0.29	0.69	5.14		72.9
喀什地区 قەشقەر ۋىلايىتى	154.39	154.03	5.30		114.04	0.66	9.20	20.51		73.9
和田地区 خوتەن ۋىلايىتى	81.32	86.27	2.05		59.32	0.41	2.40	6.88		72.9

ساھەلەرگە ئايرىلغان ئاز سانلىق مىللەت ئىشچى- خىزمەتچىلەر سانى

3—19 分行业少数民族职工人数

单位:万人 بىرلىكى: تۈمەن نەپەر

行业分类	ساھە تۈرلىرى	1994	1995
总计	**جەمئىي**	**79.73**	**84.63**
农、林、牧、渔业	دېھقانچىلىق، ئورمانچىلىق، چارۋىچىلىق، بېلىقچىلىق	19.68	21.21
采掘业	ئېچىش، قېزىش كەسپى	4.68	4.57
制造业	ياساش كەسپى	10.13	10.49
电力、煤气及水的生产和供应业	ئېلېكتر ئېنېرگىيە، كۆمۈر گازى ۋە سۇ ئىشلەپچىقىرىش ۋە تەمىنلەش كەسپى	1.04	1.12
建筑业	بىناكارلىق كەسپى	2.27	2.03
地质勘察、水利管理业	گېئولوگىيىلىك قېدىرىپ تەكشۈرۈش، سۇ ئىنشائاتىنى باشقۇرۇش	0.97	1.01
交通运输、仓储及邮电通讯业、餐饮业	قاتناش- ترانسپورت، پوچتا- تېلېگراف، ئىسكىلاتتا ساقلاش كەسپى	3.35	3.32
批发和零售贸易、餐饮业	توپ تارقىتىش ۋە پارچە سېتىش سودىسى، يېمەك- ئىچمەك	7.23	7.92
金融、保险业	پۇل مۇئامىلە، سۇغۇرتا كەسپى	1.49	1.57
房地产业	ئۆي- جاي كەسپى	0.07	0.09
社会服务业	ئىجتىمائىي مۇلازىمەت كەسپى	1.51	1.65
卫生、体育和社会福利业	سەھىيە، تەنتەربىيە ۋە ئىجتىمائىي پاراۋانلىق كەسپى	3.38	3.70
教育、文化艺术和广播电影电视业	مائارىپ، مەدەنىيەت- سەنئەت ۋە رادىئو، كىنو، تېلېۋىزىيە كەسپى	14.57	15.80
科学研究和综合技术服务业	پەن- تەتقىقات ۋە ئۇنۋېرسال تېخنىكا مۇلازىمەت كەسپى	0.39	0.42
国家机关、政党机关和社会团体	دۆلەت ئورگانلىرى، سىياسىي پارتىيە ئورگانلىرى ۋە ئىجتىمائىي تەشكىلاتلار	8.91	9.55
其他行业	باشقا كەسپلەر	0.06	0.18

ئاساسىي يىللاردىكى دۆلەت ئىگىلىكى ئورۇنلىرىدىكى ئاز سانلىق مىللەت ئىشچى خىزمەتچىلىرى ۋە ئايال ئىشچى خىزمەتچىلەر سانى ۋە قۇرۇلمىسى

3—20 主要年份国有单位少数民族职工、女职工数及构成

单位:万人 بىرلىكى: تۈمەن نەپەر

يىللار 年份	دۆلەت ئىگىلىكى ئورۇنلاردىكى ئىشچى خىزمەتچىلەر سانى 国有单位职工人数	مىللى ئىشچى خىزمەتچىلەر 民族职工	ئايال ئىشچى خىزمەتچىلەر 女职工	دۆلەت ئىگىلىكى ئورۇنلاردىكى ئىشچى خىزمەتچىلەر ساندا ئىگىلىگەن سالمىقى (%) 占国有单位职工人数比重(%) مىللى ئىشچى خىزمەتچىلەر 民族职工	ئايال ئىشچى خىزمەتچىلەر 女职工
1949	2.83	1.71		60.4	
1952	14.76	4.18		28.3	
1957	43.57	12.10	7.69	27.8	17.6
1962	100.18	23.34	21.88	23.3	21.8
1965	130.55	27.35	33.37	20.9	25.6
1970	156.88	30.23	50.07	19.3	31.9
1975	185.96	35.22	61.20	18.9	32.9
1978	208.30	43.55	73.99	20.9	35.5
1980	220.57	49.22	80.29	22.3	36.4
1985	233.50	57.13	89.10	24.5	38.2
1986	239.44	58.93	91.67	24.6	38.3
1987	243.78	60.16	93.94	24.7	38.5
1988	248.48	62.67	95.70	25.2	38.5
1989	251.94	64.61	97.27	25.6	38.6
1990	261.64	66.91	100.66	25.6	38.5
1991	271.47	69.33	103.98	25.5	38.3
1992	277.87	71.54	106.39	25.7	38.3
1993	274.60	71.55	105.63	26.1	38.5
1994	276.34	71.17	109.21	25.8	39.5
1995	278.49	75.68	112.57	27.2	40.4

ساھەلەرگە ئايرىلغان بارلىق ئىشچى- خىزمەتچىلەر سانى

3—21 分行业全部职工人数

（1995年底 -يىل ئاخىرىدىكى）　　　　单位：万人 بىرلىكى: تۈمەن نەپەر

指标	كۆرسەتكۈچلەر	职工人数合计 ئىشچى خىزمەتچىلەر سانى جەمئىي	国有单位 دۆلەت ئىگىدارچىلىكىدىكى ئورۇن	城镇集体 شەھەر، بازار، كوللېكتىپ	其它单位 باشقا ئورۇنلار
总　计	**ئومۇمىي جەمئىي**	**311.93**	**278.49**	**29.95**	**3.49**
按企、事业、机关分	**كارخانا، كەسپىي ئورۇن، ئورگانلار بويىچە ئايرىلغان**				
企业	كارخانا	241.30	208.87	28.95	3.48
事业	كەسپىي ئورۇن	48.69	47.97	0.71	0.01
机关	ئورگانلار	21.94	21.65	0.29	
按国民经济行业分	**خەلق ئىگىلىكى ساھەلىرى بويىچە ئايرىلغاندا**				
农、林、牧、渔业	**دېھقانچىلىق، ئورمانچىلىق، چارۋىچىلىق، بېلىقچىلىق**	**92.19**	**92.03**	**0.15**	**0.01**
农业	دېھقانچىلىق	71.41	71.35	0.06	
林业	ئورمانچىلىق	1.10	1.10		
畜牧业	چارۋىچىلىق	16.27	16.23	0.04	
渔业	بېلىقچىلىق	0.19	0.18	0.01	
农林牧渔服务业	دېھقانچىلىق، ئورمانچىلىق، چارۋىچىلىق، بېلىقچىلىق مۇلازىمەت كەسپى	3.22	3.17	0.04	0.01
采掘业	**ئېچىش، قېزىش كەسپى**	**22.75**	**21.85**	**0.83**	**0.07**
制造业	**ياساش كەسپى**	**56.08**	**42.15**	**11.49**	**2.44**
电力、煤气及水的生产和供应业	**توك، كۆمۈر گازى ۋە سۇ ئىشلەپچىقىرىش ۋە تەمىنلەش**	**4.77**	**4.69**	**0.08**	
建筑业	**بىناكارلىق كەسپى**	**22.27**	**15.42**	**6.59**	**0.26**
土木工程建设业	توپا، ياغاچ قۇرۇلمىلار قۇرۇلۇش كەسپى	20.84	14.52	6.12	0.20
线路管道和设备安装业	سىم، تۇرۇبا يوللىرىنى ۋە ئۈسكۈنىلەرنى قوراشتۇرۇش كەسپى	1.33	0.88	0.40	0.05
建筑物的装修装饰业	ئۆي- ئىمارەتلەرنى بېزەش- زىننەتلەش كەسپى	0.10	0.02	0.07	0.01
地质勘查、水利管理业	**گېئولوگىيىلىك قېدىرىپ تەكشۈرۈش، سۇ ئىنشائاتلىرىنى باشقۇرۇش كەسپى**	**4.48**	**4.45**	**0.03**	
地质勘查业	**گېئولوگىيىلىك قېدىرىپ تەكشۈرۈش**	**2.30**	**2.29**	**0.01**	
水利管理业	**سۇ ئىنشائاتلىرىنى باشقۇرۇش**	**2.18**	**2.16**	**0.02**	
交通运输、仓储及邮电通信业	**قاتناش ترانسپورت، ئىسكىلاتتا ساقلاش ۋە پوچتا- تېلېگراف كەسپى**	**15.40**	**14.80**	**0.56**	**0.04**
铁路运输业	تۆمۈر يول ترانسپورتى	4.04	4.04		
公路运输业	تاش يول ترانسپورتى	6.63	6.19	0.40	0.04
航空运输业	ھاۋا ترانسپورتى	0.48	0.48		
交通运输辅助业	قاتناش- ترانسپورت ياردەمچى كەسپى	1.55	1.46	0.09	
其他交通运输业	باشقا قاتناش- ترانسپورت كەسپى	0.04	0.04		
仓储业	ئىسكىلاتتا ساقلاش كەسپى	0.21	0.21		
邮电通信业	پوچتا- تېلېگراف، خەۋەرلىشىش كەسپى	2.45	2.38	0.07	
批发和零售贸易、餐饮业	**توپ تارقىتىش، پارچە سېتىش سودىسى ۋە يېمەك- ئىچمەك كەسپى**	**23.09**	**15.17**	**7.59**	**0.33**
食品、饮料、烟草和家庭用品批发业	يېمەكلىك، ئىچىملىك، كۆك تاماكا ۋە ئائىلىگە لازىملىق بۇيۇملارنى توپ تارقىتىش كەسپى	8.53	5.28	3.20	0.05
能源材料和机械电子设备批发业	ئېنېرگىيە ماتېرىيالى ۋە ماشىنىسازلىق، ئېلېكترون ئۈسكۈنىلەرنى توپ تارقىتىش كەسپى	3.34	2.73	0.57	0.03
其他批发业	باشقا توپ تارقىتىش كەسپى	1.80	0.58	1.22	
零售业	پارچە سېتىش كەسپى	8.91	6.19	2.47	0.25
餐饮业	يېمەك ئىچمەك كەسپى	0.51	0.39	0.12	
金融、保险业	**پۇل مۇئامىلە، سۇغۇرتا كەسپى**	**4.93**	**4.29**	**0.63**	**0.01**
金融业	پۇل مۇئامىلە كەسپى	4.65	4.01	0.63	0.01
保险业	سۇغۇرتا كەسپى	0.28	0.28		
房地产业	**ئۆي جاي كەسپى**	**0.48**	**0.42**	**0.02**	**0.04**
房地产开发与经营业	ئۆي جاي ئېچىش ۋە تىجارەت قىلىش كەسپى	0.32	0.26	0.02	0.04

单位:万人 بىرلىكى: تۈمەن نەپەر

指　　标	كۆرسەتكۈچلەر	ئىشچى خىزمەتچىلەر سانى جەمئىي 职工人数合计	دۆلەت ئىگىدارچىلىكىدىكى ئورۇن 国有单位	شەھەر، بازار، كوللېكتىپ 城镇集体	باشقا ئورۇنلار 其它单位
房地产管理业	ئۆي جاي باشقۇرۇش كەسپى	0.15	0.15		
房地产代理与经纪业	ئۆي جاي ۋاكالەتچىلىك ۋە ۋاستىچىلىق كەسپى	0.01	0.01		
社会服务业	**ئىجتىمائىي مۇلازىمەت كەسپى**	**6.32**	**4.98**	**1.08**	**0.26**
公共服务业	جامائەت مۇلازىمەت كەسپى	2.59	2.40	0.18	0.01
居民服务业	ئاھالە مۇلازىمەت كەسپى	0.42	0.21	0.18	0.03
旅馆业	مېھمانخانا كەسپى	2.37	1.89	0.31	0.17
租赁服务业	ئىجارە بېرىش كەسپى	0.03	0.01	0.02	
旅游业	ساياھەتچىلىك كەسپى	0.11	0.10	0.01	
娱乐服务业	كۆڭۈل ئېچىش مۇلازىمىتى كەسپى	0.10	0.03	0.03	0.04
信息、咨询服务业	ئۇچۇر يەتكۈزۈش، مەسلىھەت بېرىش مۇلازىمىتى كەسپى	0.20	0.18	0.02	
计算机应用服务业	كومپيۇتېر ئىشلىتىش كەسپى	0.03	0.02	0.01	
其他社会服务业	باشقا ئىجتىمائىي مۇلازىمەت كەسپى	0.47	0.14	0.32	0.01
卫生体育和社会福利事业	**سەھىيە، تەنتەربىيە ۋە ئىجتىمائىي پاراۋانلىق ئىشلىرى**	**8.13**	**7.74**	**0.39**	
卫生	سەھىيە	7.69	7.30	0.39	
体育	تەنتەربىيە	0.13	0.13		
社会福利保障业	ئىجتىمائىي ماراۋانلىق كاپالىتى كەسپى	0.31	0.31		
教育、文化艺术和广播电影电视业	**مائارىپ، مەدەنىيەت سەنئەت ۋە رادىئو، كىنو تېلېۋىزىيە كەسپى**	**26.43**	**26.39**	**0.02**	**0.02**
教育	مائارىپ	24.00	23.98	0.01	0.01
#普通高等学校	# ئادەتتىكى ئالىي مەكتەپلەر	1.71	1.71		
普通中学	ئادەتتىكى ئوتتۇرا مەكتەپلەر	6.09	6.09		
小学校	باشلانغۇچ مەكتەپلەر	12.21	12.21		
文化艺术业	مەدەنىيەت- سەنئەت كەسپى	1.25	1.24		0.01
广播、电影、电视业	رادىئو، كىنو، تېلېۋىزىيە كەسپى	1.18	1.17	0.01	
科学研究和综合技术服务业	**پەن- تەتقىقات ۋە ئۇنىۋېرسال تېخنىكا مۇلازىمىتى كەسپى**	**2.45**	**2.41**	**0.03**	**0.01**
科学研究业	پەن تەتقىقات كەسپى	0.91	0.91		
自然科学研究	تەبىئىي پەن تەتقىقاتى	0.79	0.79		
社会科学研究	ئىجتىمائىي پەن تەتقىقاتى	0.07	0.07		
综合科学研究	ئۇنىۋېرسال پەن تەتقىقاتى	0.05	0.05		
综合技术服务业	ئۇنىۋېرسال تېخنىكا مۇلازىمىتى كەسپى	1.54	1.50	0.03	0.01
气象	ھاۋارايى	0.24	0.24		
地震	يەر تەۋرەش	0.05	0.05		
测绘	ئۆلچەش، سىزىش	0.20	0.20		
技术监督	تېخنىكىلىق نازارەت قىلىش	0.28	0.27		0.01
环境保护	مۇھىت ئاسراش	0.08	0.08		
技术推广和技术交流服务业	تېخنىكا كېڭەيتىش ۋە ئالماشتۇرۇش مۇلازىمەت كەسپى	0.18	0.17	0.01	
工程设计业	بىناكارلىق قۇرۇلۇش لايىھەلەش كەسپى	0.41	0.41		
其他综合技术服务业	باشقا ئۇنىۋېرسال تېخنىكا مۇلازىمىتى كەسپى	0.10	0.08	0.02	
国家机关、政党机关和社会团体	**دۆلەت ئورگانلىرى، سىياسىي پارتىيە ئورگانلىرى ۋە ئىجتىمائىي تەشكىلاتلار**	**21.19**	**20.99**	**0.20**	
#国家机关	دۆلەت ئورگانلىرى	19.55	19.36	0.19	
政党机关	سىياسىي پارتىيە ئورگانلىرى	1.42	1.42		
其他	**باشقىلار**	**0.97**	**0.71**	**0.26**	

3—21 续表2 داۋامى2

单位：万人 بىرلىكى: تۈمەن نەپەر

指标	كۆرسەتكۈچلەر	ئايال ئىشچى-خىزمەتچىلەر جەمئىسى 女职工合计	دۆلەت ئىگىدارچىلىقىدىكى ئورۇن 国有单位	ئاز سانلىق مىللەت ئىشچى-خىزمەتچىلىرى جەمئىي 少数民族职工合计	دۆلەت ئىگىدارچىلىقىدىكى ئورۇن 国有单位
总计	**ئومۇمىي جەمئىي**	**126.22**	**112.57**	**84.63**	**75.68**
按企、事业、机关分	**كارخانا، كەسپىي ئورۇن، ئورگانلار بويىچە ئايرىلغان**				
企业	كارخانا	97.47	84.33	50.14	41.60
事业	كەسپىي ئورۇن	22.83	22.42	24.63	24.33
机关	ئورگانلار	5.92	5.82	9.86	9.75
按国民经济行业分	**خەلق ئىگىلىكى ساھەلىرى بويىچە ئايرىلغان**				
农、林、牧、渔业	**دېھقانچىلىق، ئورمانچىلىق، چارۋىچىلىق، بېلىقچىلىق**	**37.97**	**37.92**	**21.20**	**21.15**
农业	دېھقانچىلىق	30.00	29.97	7.95	7.95
林业	ئورمانچىلىق	0.39	0.38	0.51	0.50
畜牧业	چارۋىچىلىق	6.55	6.54	10.64	10.62
渔业	بېلىقچىلىق	0.07	0.07	0.02	0.02
农林牧渔服务业	دېھقانچىلىق، ئورمانچىلىق، چارۋىچىلىق، بېلىقچىلىق مۇلازىمەت كەسپى	0.96	0.96	2.08	2.06
采掘业	**ئېچىش، قېزىش كەسپى**	**7.65**	**7.43**	**4.57**	**4.45**
制造业	**ياساش كەسپى**	**26.15**	**18.85**	**10.49**	**7.53**
电力、煤气及水的生产和供应业	**توك، كۆمۈر گازى ۋە سۇ ئىشلەپچىقىرىش تەمىنلەش**	**1.75**	**1.72**	**1.12**	**1.11**
建筑业	**بىناكارلىق كەسپى**	**5.21**	**4.03**	**2.03**	**1.14**
土木工程建设业	تۇپا، ياغاچ قۇرۇلمىلار قۇرۇلۇش كەسپى	4.87	3.84	1.91	1.07
线路管道和设备安装业	سىم، تۇرۇبا يوللىرى ۋە ئۈسكۈنىلەرنى قوراشتۇرۇش كەسپى	0.32	0.19	0.12	0.07
建筑物的装修装饰业	ئۆي ئىمارەتلەرنى بېزەش- زىننەتلەش كەسپى	0.02			
地质勘查、水利管理业	**گېئولوگىيىلىك قىدىرىپ تەكشۈرۈش، سۇ ئىنشائاتلىرىنى باشقۇرۇش كەسپى**	**1.33**	**1.33**	**1.01**	**1.00**
地质勘查业	گېئولوگىيىلىك قىدىرىپ تەكشۈرۈش	0.70	0.70	0.31	0.31
水利管理业	سۇ ئىنشائاتلىرىنى باشقۇرۇش	0.63	0.63	0.70	0.69
交通运输、仓储及邮电通信业	**قاتناش ترانسپورت، ئىسكىلاتتا ساقلاش ۋە پوچتا تېلېگراف كەسپى**	**5.03**	**4.84**	**3.32**	**3.20**
铁路运输业	تۆمۈر يول ترانسپورتى	1.37	1.37	0.38	0.38
公路运输业	تاش يول ترانسپورتى	2.01	1.90	1.39	1.29
航空运输业	ھاۋا ترانسپورتى	0.15	0.15	0.02	0.02
交通运输辅助业	قاتناش ترانسپورت ياردەمچى كەسپى	0.51	0.46	0.74	0.73
其他交通运输业	باشقا قاتناش-ترانسپورت كەسپى	0.01	0.01	0.01	0.01
仓储业	ئىسكىلاتتا ساقلاش كەسپى	0.08	0.07	0.06	0.05
邮电通信业	پوچتا- تېلېگراف كەسپى	0.90	0.88	0.72	0.72
批发和零售贸易、餐饮业	**توپ تارقىتىش، پارچە سېتىش سودىسى ۋە يېمەك- ئىچمەك كەسپى**	**10.54**	**7.23**	**7.92**	**4.13**
食品、饮料、烟草和家庭用品批发业	يېمەكلىك، ئىچىملىك، كۆك تاماكا ۋە ئائىلىگە لازىملىق بۇيۇملارنى توپ تارقىتىش كەسپى	3.51	2.37	3.24	1.25
能源材料和机械电子设备批发业	ئېنېرگىيە ماتېرىيالى ۋە ماشىنىسازلىق، ئېلېكترون ئۈسكۈنىلەرنى توپ تارقىتىش كەسپى	1.30	1.06	0.52	0.45
其他批发业	باشقا توپ تارقىتىش كەسپى	0.66	0.24	0.82	0.12
零售业	پارچە سېتىش كەسپى	4.78	3.34	3.22	2.21
餐饮业	يېمەك- ئىچمەك كەسپى	0.29	0.22	0.12	0.10
金融、保险业	**پۇل مۇئامىلە، سۇغۇرتا كەسپى**	**2.04**	**1.83**	**1.57**	**1.21**
金融业	پۇل مۇئامىلە كەسپى	1.94	1.73	1.53	1.17
保险业	سۇغۇرتا كەسپى	0.10	0.10	0.04	0.04
房地产业	**ئۆي- جاي كەسپى**	**0.14**	**0.12**	**0.09**	**0.08**
房地产开发与经营业	ئۆي- جاي ئېچىش ۋە تىجارەت قىلىش كەسپى	0.09	0.07	0.04	0.03

3—21 续表3 داۋامى3

بىرلىكى: تۈمەن نەپەر 单位:万人

指标	كۆرسەتكۈچلەر	ئايال ئىشچى-خىزمەتچىلەر جەمئىيسى 女职工合计	دۆلەت ئىگىلىكىدىكى ئورۇن 国有单位	ئاز سانلىق مىللەت ئىشچى-خىزمەتچىلىرى جەمئىي 少数民族职工合计	دۆلەت ئىگىلىكىدىكى ئورۇن 国有单位
房地产管理业	ئۆي- جاي باشقۇرۇش كەسپى	0.05	0.05	0.05	0.05
房地产代理与经纪业	ئۆي- جاي ۋاكالەتچىلىك ۋە ۋاستىچىلىق كەسپى				
社会服务业	**ئىجتىمائىي مۇلازىمەت كەسپى**	**3.20**	**2.49**	**1.65**	**1.40**
公共服务业	جامائەت مۇلازىمەت كەسپى	1.19	1.06	0.74	0.68
居民服务业	ئاھالە مۇلازىمەت كەسپى	0.26	0.14	0.11	0.08
旅馆业	مېھمانخانا كەسپى	1.40	1.13	0.63	0.54
租赁服务业	ئىجارە بېرىش كەسپى	0.01		0.01	
旅游业	ساياھەتچىلىك كەسپى	0.04	0.04	0.03	0.03
娱乐服务业	كۆڭۈل ئېچىش مۇلازىمىتى كەسپى	0.05	0.01	0.01	0.01
信息、咨询服务业	ئۇچۇر يەتكۈزۈش، مەسلىھەت بېرىش مۇلازىمىتى كەسپى	0.08	0.07	0.03	0.02
计算机应用服务业	كومپيۇتېر ئىشلىتىش كەسپى	0.01	0.01		
其他社会服务业	باشقا ئىجتىمائىي مۇلازىمەت كەسپى	0.16	0.03	0.09	0.04
卫生体育和社会福利事业	**سەھىيە، تەنتەربىيە ۋە ئىجتىمائىي پاراۋانلىق ئىشلىرى**	**4.94**	**4.71**	**3.70**	**3.53**
卫生	سەھىيە	4.78	4.54	3.54	3.37
体育	تەنتەربىيە	0.04	0.04	0.05	0.05
社会福利保障业	ئىجتىمائىي پاراۋانلىق كاپالىتى كەسپى	0.12	0.13	0.11	0.11
教育、文化艺术和广播电影电视业	**مائارىپ، مەدەنىيەت سەنئەت ۋە رادىئو، كىنو، تېلېۋىزىيە كەسپى**	**13.32**	**13.29**	**15.80**	**15.78**
教育	مائارىپ	12.38	12.35	14.58	14.57
#普通高等学校	# ئادەتتىكى ئالىي مەكتەپلەر	0.70	0.70	0.57	0.57
普通中学	ئادەتتىكى ئوتتۇرا مەكتەپلەر	2.95	2.95	3.58	3.58
小学校	باشلانغۇچ مەكتەپلەر	6.81	6.81	8.90	8.90
文化艺术业	مەدەنىيەت- سەنئەت كەسپى	0.52	0.52	0.70	0.69
广播、电影、电视业	رادىئو، كىنو، تېلېۋىزىيە كەسپى	0.42	0.42	0.52	0.52
科学研究和综合技术服务业	**پەن- تەتقىقات ۋە ئۇنىۋېرسال تېخنىكا مۇلازىمىتى كەسپى**	**0.89**	**0.88**	**0.42**	**0.41**
科学研究业	پەن- تەتقىقات كەسپى	0.34	0.34	0.16	0.16
自然科学研究	تەبىئىي پەن تەتقىقاتى	0.29	0.29	0.13	0.13
社会科学研究	ئىجتىمائىي پەن تەتقىقاتى	0.03	0.03	0.02	0.02
综合科学研究	ئۇنىۋېرسال پەن تەتقىقاتى	0.02	0.02	0.01	0.01
综合技术服务业	ئۇنىۋېرسال تېخنىكا مۇلازىمىتى كەسپى	0.55	0.54	0.26	0.25
气象	ھاۋا رايى	0.10	0.10	0.06	0.06
地震	يەر تەۋرەش	0.01	0.01		
测绘	ئۆلچەش- سىزىش	0.07	0.07	0.03	0.03
技术监督	تېخنىكىلىق نازارەت قىلىش	0.10	0.10	0.06	0.06
环境保护	مۇھىت ئاسراش	0.04	0.04	0.02	0.02
技术推广和技术交流服务业	تېخنىكا كېڭەيتىش ۋە ئالماشتۇرۇش مۇلازىمىتى كەسپى	0.06	0.06	0.03	0.03
工程设计业	بىناكارلىق قۇرۇلۇش لايىھىلەش كەسپى	0.13	0.13	0.04	0.04
其他综合技术服务业	باشقا ئۇنىۋېرسال تېخنىكا مۇلازىمىتى كەسپى	0.04	0.03	0.02	0.01
国家机关、政党机关和社会团体	**دۆلەت ئورگانلىرى، سىياسىي پارتىيە ئورگانلىرى ۋە ئىجتىمائىي تەشكىلاتلار**	**5.70**	**5.63**	**9.55**	**9.46**
#国家机关	دۆلەت ئورگانلىرى	5.27	5.21	8.88	8.80
政党机关	سىياسىي پارتىيە ئورگانلىرى	0.35	0.35	0.60	0.60
其他	**باشقا**	**0.36**	**0.27**	**0.19**	**0.10**

رايونلارغا، ساھەلەرگە ئايرىلغان ئىشچى- خىزمەتچىلەر سانى

3—22 分地区分行业职工人数

(يىل ئاخىرىدىكى سان 年底数)　　　　بىرلىكى: تۈمەن نەپەر 单位:万人

يىللار، رايونلار 年份地区		جەمئى 合计	دېھقانچىلىق، ئورمانچىلىق، چارۋىچىلىق، بېلىقچىلىق كەسپى 农、林、牧、渔业	ئېچىش، قېزىش كەسپى 采掘业	ياساش كەسپى 制造业	ئېلېكتر ئېنېرگىيە، كۆمۈر گازى ۋە سۇ ئىشلەپچىقىرىش، تەمىنلەش كەسپى 电力、煤气和水生产供应业	بىناكارلىق كەسپى 建筑业	گېئولوگىيىلىك قىدىرىپ تەكشۈرۈش، سۇ ئىنشائاتىنى باشقۇرۇش كەسپى 地质勘查业、水利管理业	قاتناش ترانسپورت، ئىسكىلاتتا ساقلاش ۋە پوچتا تېلېگراف كەسپى 交通运输、仓储和邮电通信业
1978		227.13	102.50	10.22	35.47	1.43	16.74	5.26	13.17
1980		244.41	103.85	10.53	37.07	1.85	18.09	7.62	14.05
1981		253.11	103.60	11.39	37.03	2.03	19.31	8.03	14.36
1982		259.95	102.95	12.58	38.40	2.12	20.80	7.79	14.71
1983		262.97	102.63	12.63	37.99	2.22	21.57	8.19	14.92
1984		264.77	98.25	13.94	39.58	2.05	22.19	7.89	15.27
1985		267.56	95.16	12.13	43.06	2.50	21.28	7.92	16.20
1986		274.33	95.07	11.98	45.81	2.79	22.52	7.56	15.72
1987		278.76	95.00	12.53	48.13	2.92	21.49	7.55	15.80
1988		284.96	94.77	13.20	49.74	3.13	22.91	7.38	15.79
1989		288.43	93.99	13.54	52.20	3.34	20.90	7.47	15.79
1990		300.53	96.32	13.79	55.97	5.53	22.50	7.82	16.34
1991		311.28	100.14	12.61	58.05	4.07	23.28	6.80	17.21
1992		318.28	100.97	12.07	29.05	4.46	23.56	7.53	17.69
1993		316.45	96.44	22.26	56.21	4.36	25.93	4.64	16.46
1994		311.07	92.86	21.85	54.64	4.57	23.61	4.58	16.12
1995		311.93	92.19	22.75	56.08	4.77	22.27	4.48	15.40
乌鲁木齐市	ئۈرۈمچى شەھىرى	68.46	2.90	1.92	20.90	0.98	9.84	1.14	8.11
克拉玛依市	قاراماي شەھىرى	15.96	0.61	11.44	1.65	0.02	0.64		0.31
石河子市	شىخەنزە شەھىرى	11.13	2.61		3.65	0.26	1.43	0.14	0.59
吐鲁番地区	تۇرپان ۋىلايىتى	7.62	0.63	2.47	0.84	0.14	0.32	0.20	0.18
哈密地区	قۇمۇل ۋىلايىتى	10.41	3.27	1.74	1.32	0.21	0.52	0.19	0.24
昌吉州	سانجى ئوبلاستى	31.83	14.06	0.71	6.41	0.52	1.59	0.63	0.56
伊犁州	ئىلى ئوبلاستى	4.30	0.52		1.28	0.12	0.67	0.12	0.18
伊犁地区	ئىلى ۋىلايىتى	30.24	14.00	0.81	4.34	0.40	1.03	0.14	0.68
塔城地区	تارباغاتاي ۋىلايىتى	30.03	18.93	1.02	2.66	0.34	0.52	0.41	0.71
阿勒泰地区	ئالتاي ۋىلايىتى	12.52	4.97	0.73	1.39	0.23	0.33	0.19	0.40
博州	بۆرتالا ئوبلاستى	9.39	5.11	0.04	0.90	0.23	0.26	0.07	0.25
巴州	بايىنغولىن ئوبلاستى	23.08	8.61	1.14	3.97	0.28	2.10	0.24	0.92
阿克苏地区	ئاقسۇ ۋىلايىتى	24.04	10.00	0.31	2.86	0.32	1.45	0.52	0.74
克州	قىزىلسۇ ئوبلاستى	3.76	0.70	0.19	0.23	0.09	0.09	0.03	0.20
喀什地区	قەشقەر ۋىلايىتى	20.54	3.93	0.08	2.34	0.43	1.64	0.36	0.97
和田地区	خوتەن ۋىلايىتى	8.61	1.34	0.14	1.34	0.20	0.24	0.09	0.36

3—22 续表1 داۋامى1

بىرلىكى: تۈمەن نەپەر 单位:万人

يىللار، رايونلار 年份地区	توپ تارقىتىش ۋە پارچە سېتىش، يېمەك ئىچمەك كەسپى 批发和零售贸易、餐饮业	پۇل مۇئامىلە، سۇغۇرتا كەسپى 金融、保险业	ئۆي جاي كەسپى 房地产业	ئىجتىمائىي مۇلازىمەت كەسپى 社会服务业	سەھىيە، تەنتەربىيە ۋە ئىجتىمائىي پاراۋانلىق كەسپى 卫生、体育和社会福利业	مائارىپ، مەدەنىيەت سەنئەت ۋە رادىئو، كىنو، تېلېۋىزىيە كەسپى 教育、文化艺术和广播电影电视业	پەن تەتقىقات ۋە ئومۇمىي تېخنىكا مۇلازىمەت كەسپى 科学研究和综合技术服务事业	دۆلەت ئورگانلىرى، سىياسىي پارتىيە ئورگانلىرى ۋە ئىجتىمائىي تەشكىلاتلار 国家机关政党机关和社会团体	باشقىلار 其他
1978	13.25	1.25	0.02	1.90	3.70	12.33	2.00	7.45	
1980	15.23	1.79	0.06	2.32	4.29	15.84	2.37	9.45	
1981	17.39	2.11	0.09	3.30	4.74	17.01	2.49	10.23	
1982	18.74	2.16	0.12	3.15	4.97	17.88	2.53	11.05	
1983	19.51	2.22	0.12	3.22	5.21	18.48	2.64	11.42	
1984	19.00	2.46	0.16	3.20	5.48	19.85	2.91	12.54	
1985	19.43	2.73	0.16	3.04	5.81	21.10	3.01	14.02	
1986	19.92	2.92	0.17	3.15	6.15	22.26	3.09	15.22	
1987	20.34	3.17	0.18	3.78	6.33	22.91	2.97	15.66	
1988	20.62	3.53	0.23	4.25	6.52	23.46	3.00	16.39	
1989	21.48	3.73	0.25	5.06	7.08	23.54	3.05	17.01	
1990	22.22	4.00	0.22	4.85	7.16	24.01	2.92	18.88	
1991	23.10	4.24	0.29	5.30	7.58	24.79	3.21	20.46	
1992	24.14	4.61	0.36	5.75	7.92	25.47	3.30	21.40	
1993	23.48	4.68	0.41	5.77	7.71	24.64	2.29	20.22	0.95
1994	23.74	4.75	0.37	6.72	7.91	25.73	2.45	20.58	0.59
1995	23.09	4.93	0.48	6.32	8.13	26.43	2.45	21.19	0.97
乌鲁木齐市 ئۈرۈمچى شەھىرى	6.57	0.97	0.17	3.16	1.70	4.52	1.37	3.58	0.70
克拉玛依市 قاراماي شەھىرى	0.45	0.16		0.22	0.04	0.15	0.02	0.27	
石河子市 شىخەنزە شەھىرى	0.67	0.15	0.02	0.26	0.28	0.51	0.11	0.45	0.01
吐鲁番地区 تۇرپان ۋىلايىتى	0.73	0.21		0.13	0.21	0.85	0.03	0.63	0.07
哈密地区 قۇمۇل ۋىلايىتى	0.85	0.19	0.01	0.16	0.25	0.80	0.05	0.62	
昌吉州 سانجى ئوبلاستى	1.79	0.48	0.04	0.28	0.60	2.26	0.15	1.76	0.04
伊犁州 ئىلى ئوبلاستى	0.55	0.08	0.01	0.14	0.10	0.25	0.04	0.24	
伊犁地区 ئىلى ۋىلايىتى	1.77	0.38	0.05	0.43	0.76	3.12	0.11	2.23	0.05
塔城地区 تارباغاتاي ۋىلايىتى	1.17	0.28	0.02	0.14	0.54	1.71	0.10	1.49	
阿勒泰地区 ئالتاي ۋىلايىتى	0.85	0.26	0.02	0.15	0.37	1.23	0.04	1.34	0.04
博州 بۆرتالا ئوبلاستى	0.57	0.15	0.01	0.12	0.21	0.75	0.05	0.69	
巴州 بايىنغولىن ئوبلاستى	1.47	0.33	0.02	0.40	0.50	1.45	0.10	1.54	0.01
阿克苏地区 ئاقسۇ ۋىلايىتى	2.25	0.35	0.10	0.21	0.72	2.43	0.14	1.62	0.01
克州 قىزىلسۇ ئوبلاستى	0.29	0.13		0.05	0.25	0.81	0.03	0.66	0.02
喀什地区 قەشقەر ۋىلايىتى	2.38	0.53	0.02	0.33	1.05	3.85	0.07	2.62	
和田地区 خوتەن ۋىلايىتى	0.75	0.28		0.14	0.55	1.73	0.04	1.44	

يەرلىكنىڭ دۆلەت ئىگىلىكى ئورۇنلىرىدىكى ئىشچى- خىزمەتچىلەر سانى

3—23 地方国有单位职工人数

(1995年底 -يىل ئاخىرىدىكى)　　单位：万人 بىرلىكى: تۈمەن نەپەر

企事业及行业	كارخانا، كەسپىي ئورۇن ۋە ساھەلەر	合计 جەمئىي	#少数民族职工 ئاز سانلىق مىللەت ئىشچى خىزمەتچىلەر	#女职工 ئايال ئىشچى خىزمەتچىلەر	#合同制职工 توختاملىق ئىشچى خىزمەتچىلەر	长期职工 ئۇزۇن مۇددەتلىك ئىشچى خىزمەتچىلەر	临时职工 ۋاقىتلىق ئىشچى خىزمەتچىلەر	年平均人数 يىللىق ئوتتۇرىچە ئادەم سانى
总计	**ئومۇمىي جەمئىي**	**146.87**	**61.88**	**59.66**	**26.51**	**136.97**	**9.89**	**147.39**
按企、事业、机关分	**كارخانا، كەسپىي ئورۇنلار ۋە ئورگانلار بويىچە ئايرىلغاندا**							
企业	كارخانا	86.78	28.99	34.93	23.21	79.49	7.29	88.30
事业	كەسپىي ئورۇن	41.38	23.75	19.70	2.51	39.29	2.09	40.73
机关	ئورگانلار	18.71	9.14	5.03	0.79	18.20	0.51	18.36
按国民经济行业分	**خەلق ئىگىلىكى ساھەلىرى بويىچە ئايرىلغاندا**							
农、林、牧、渔业	دېھقانچىلىق، ئورمانچىلىق، چارۋىچىلىق، بېلىقچىلىق	26.43	15.29	10.41	0.97	25.50	0.93	26.22
采掘业	ئېچىش، قېزىش كەسپى	3.79	1.21	0.87	1.02	3.08	0.71	3.78
制造业	ياساش كەسپى	28.56	6.71	12.66	13.08	25.85	2.71	28.36
电力、煤气及水的生产和供应业	ئېلېكتىر ئېنېرگىيە، كۆمۈر گازى ۋە سۇ ئىشلەپچىقىرىش، تەمىنلەش كەسپى	3.26	0.96	1.18	1.23	3.11	0.15	3.18
建筑业	بىناكارلىق	7.96	0.94	1.89	1.92	6.14	1.82	10.10
地质勘查业、水利管理业	گېئولوگىيىلىك قېدىرىپ تەكشۈرۈش، سۇ ئىنشائاتلىرىنى باشقۇرۇش	1.87	0.75	0.48	0.30	1.79	0.09	1.88
交通运输、仓储及邮电通信业	قاتناش ترانسپورت، ئىسكىلاتتا ساقلاش، پوچتا تېلېگراف	6.30	2.02	1.94	1.22	6.13	0.18	6.32
批发和零售贸易、餐饮业	توپ تارقىتىش، پارچە سېتىش، يېمەك- ئىچمەك كەسپى	12.70	4.03	6.05	3.51	12.14	0.56	12.54
金融、保险业	پۇل مۇئامىلە، سۇغۇرتا كەسپى	0.05	0.02	0.02		0.05		0.05
房地产业	ئۆي جاي كەسپى	0.37	0.08	0.11	0.03	0.28	0.09	0.35
社会服务业	ئىجتىمائىي مۇلازىمەت كەسپى	4.21	1.36	2.09	0.99	3.68	0.53	4.18
卫生、体育和社会福利业	سەھىيە، تەنتەربىيە ئىجتىمائىي پاراۋانلىق	6.52	3.46	3.95	0.36	6.22	0.30	6.39
教育、文化艺术及广播电影电视业	مائارىپ، مەدەنىيەت- سەنئەت ۋە رادىئو، كىنو، تېلېۋىزىيە	24.55	15.61	12.38	0.98	23.33	1.22	24.14
科学研究和综合技术服务业	پەن- تېخنىكا، ئۇنىۋېرسال تېخنىكا مۇلازىمىتى	1.48	0.32	0.55	0.10	1.41	0.07	1.47
国家机关、政党机关和社会团体	دۆلەت ئورگانلىرى، سىياسىي پارتىيە ئورگانلىرى ۋە ئىجتىمائىي تەشكىلاتلار	18.48	9.05	4.96	0.74	17.97	0.51	18.12
其他行业	باشقا ساھەلەر	0.33	0.08	0.13	0.05	0.31	0.02	0.32

مەركەزنىڭ شىنجاڭدا تۇرۇشلۇق دۆلەت ئىگىلىكى ئورۇنلىرىدىكى ئىشچى- خىزمەتچىلەر سانى

3—24 中央驻疆国有单位职工人数

(1995-يىل ئاخىرىدىكى 1995年底)

بىرلىكى: تۈمەن نەپەر 单位:万人

كارخانا، كەسپىي ئورۇن ۋە ساھەلەر 企业事业及行业	جەمئىي 合计	ئاز سانلىق مىللەت ئىشچى خىزمەتچىلەر #少数民族职工	ئايال ئىشچى خىزمەتچىلەر #女职工	توختاملىق ئىشچى خىزمەتچىلەر #合同制职工	ئۇزۇن مۇددەتلىك ئىشچى خىزمەتچىلەر 长期职工	ۋاقىتلىق ئىشچى خىزمەتچىلەر 临时职工	يىللىق ئوتتۇرىچە ئادەم سانى 年平均人数
总计 جەمئىي	**131.28**	**13.79**	**52.81**	**24.74**	**121.46**	**9.82**	**132.45**
كارخان كەسپىي ئورۇنلار ۋە ئورگانلار بويىچە ئايرىلغاندا 按企、事业、机关分							
企业 كارخانا	121.76	12.60	49.30	23.99	112.32	9.44	123.01
事业 كەسپىي ئورۇن	6.57	0.58	2.71	0.57	6.25	0.32	6.56
机关 ئورگانلار	2.95	0.61	0.79	0.18	2.89	0.06	2.88
خەلق ئىگىلىكى ساھەلىرى بويىچە ئايرىلغاندا 按国民经济行业分							
农、林、牧、渔业 دېھقانچىلىق، ئورمانچىلىق، چارۋىچىلىق، بېلىقچىلىق	65.60	5.86	27.51	10.71	59.62	5.98	66.80
采掘业 ئېچىش، قېزىش كەسپى	18.06	3.24	6.56	3.40	17.43	0.62	18.06
制造业 ياساش كەسپى	13.59	0.82	6.18	5.35	12.68	0.90	13.21
电力、煤气及水的生产和供应业 ئېلېكتىر ئېنېرگىيە، كۆمۈر گازى ۋە ئىشلەپچىقىرىش، تەمىنلەش كەسپى	1.43	0.15	0.54	0.36	1.40	0.03	1.41
建筑业 بىناكارلىق	7.32	0.20	2.12	1.58	6.01	1.31	7.77
地质勘查业、水利管理业 گېئولوگىيىلىك قېدىرىپ تەكشۈرۈش، سۇ ئىنشائاتلىرىنى باشقۇرۇش	2.58	0.24	0.85	0.32	2.49	0.10	2.60
交通运输、仓储及邮电通信业 قاتناش ترانسپورت، ئىسكىلاتتا ساقلاش، پوچتا- تېلېگراف	8.45	1.18	2.88	1.65	8.10	0.34	8.54
批发和零售贸易、餐饮业 توپ تارقىتىش، پارچە سېتىش، يېمەك- ئىچمەك كەسپى	2.38	0.10	1.15	0.59	2.30	0.08	2.29
金融、保险业 پۇل مۇئامىلە، سۇغۇرتا كەسپى	4.24	1.19	1.81	0.26	4.13	0.11	4.20
房地产业 ئۆي- جاي كەسپى	0.05		0.01	0.01	0.04	0.01	0.05
社会服务业 ئىجتىمائىي مۇلازىمەت كەسپى	0.74	0.03	0.38	0.20	0.65	0.09	0.73
卫生、体育和社会福利业 سەھىيە، تەنتەربىيە ۋە ئىجتىمائىي پاراۋانلىق	1.22	0.07	0.76	0.07	1.18	0.04	1.21
教育、文化艺术及广播电影电视业 مائارىپ، مەدەنىيەت- سەنئەت ۋە رادىئو، كىنو، تېلېۋىزىيە	1.84	0.17	0.92	0.06	1.77	0.07	1.83
科学研究和综合技术服务业 پەن- تېخنىكا، ئۇنىۋېرسال تېخنىكا مۇلازىمىتى	0.92	0.09	0.33	0.05	0.86	0.06	0.92
国家机关、政党机关和社会团体 دۆلەت ئورگانلىرى، سىياسىي پارتىيە ئورگانلىرى ۋە ئىجتىمائىي تەشكىلاتلار	2.51	0.42	0.67	0.09	2.46	0.05	2.45
其他行业 باشقا ساھەلەر	0.36	0.02	0.14	0.04	0.35	0.01	0.38

دۆلەت ئىگىلىكىدىكى ئورۇنلارنىڭ ساھەلەرگە ئايرىلغان ئىشچى- خىزمەتچىلەر سانى

3—25 国有经济单位分行业职工人数

(يىل ئاخىرىدىكى سان 年底数) بىرلىكى: تۈمەن نەپەر 单位:万人

يىللار، رايونلار 年份地区	جەمئىي 合 计	دېھقانچىلىق، ئورمانچىلىق، چارۋىچىلىق، بېلىقچىلىق 农、林、牧、渔业	قېزىش، ئېچىش كەسپى 采掘业	ياساش كەسپى 制造业	ئېلېكتىر ئېنېرگىيە، كۆمۈر گازى ۋە سۇ ئىشلەپچىقىرىش، تەمىنلەش كەسپى 电力、煤气和水生产供应业	بىناكارلىق كەسپى 建筑业	گېئولوگىيىلىك قېدىرىپ تەكشۈرۈش، سۇ ئىنشائاتلىرىنى باشقۇرۇش كەسپى 地质勘查业、水利管理业	قاتناش ترانسپورت، ئىسكىلاتتا ساقلاش ۋە پوچتا تېلېگراف 交通运输、仓储和邮电通信业
1978	208.30	99.23	10.20	26.95	1.43	13.67	5.26	11.97
1980	220.57	98.72	10.49	27.54	1.85	13.98	7.62	12.56
1981	226.29	97.83	11.31	27.72	2.03	14.15	8.03	13.18
1982	230.91	97.05	12.50	28.60	2.12	14.44	7.79	13.68
1983	233.48	96.08	12.53	29.15	2.22	14.73	8.19	14.01
1984	232.07	93.50	13.74	29.51	2.05	14.77	7.89	14.38
1985	233.50	91.31	11.88	31.35	2.48	14.40	7.88	14.89
1986	239.44	92.14	11.70	32.96	2.77	14.83	7.52	14.87
1987	243.78	92.01	12.22	34.45	2.89	14.90	7.50	14.98
1988	248.48	92.06	12.91	35.74	3.08	15.10	7.33	15.04
1989	251.94	91.23	13.22	37.58	3.29	14.60	7.42	14.96
1990	261.64	93.85	13.24	40.04	3.49	15.22	7.77	15.51
1991	271.47	97.72	11.99	42.22	3.99	15.53	6.75	16.18
1992	277.87	98.58	11.32	42.66	4.42	15.70	7.47	16.83
1993	274.60	94.00	21.50	39.70	4.28	17.10	4.62	15.73
1994	276.34	92.54	21.02	40.95	4.50	16.15	4.55	15.45
1995	278.49	92.03	21.85	42.15	4.69	15.42	4.45	14.80
乌鲁木齐市 ئۈرۈمچى شەھىرى	58.56	2.89	1.60	16.27	0.98	8.28	1.14	7.83
克拉玛依市 قاراماي شەھىرى	13.75	0.61	11.40	0.49		0.10		0.18
石河子市 شىخەنزە شەھىرى	10.49	2.61		3.25	0.26	1.37	0.14	0.59
吐鲁番地区 تۇرپان ۋىلايىتى	6.73	0.63	2.46	0.56	0.12	0.13	0.20	0.18
哈密地区 قۇمۇل ۋىلايىتى	9.47	3.25	1.65	1.01	0.21	0.25	0.17	0.24
昌吉州 سانجى ئوبلاستى	27.58	14.00	0.61	4.32	0.50	0.54	0.63	0.53
伊犁州 ئىلى ئوبلاستى	3.78	0.52		0.94	0.12	0.62	0.12	0.17
伊犁地区 ئىلى ۋىلايىتى	28.07	13.98	0.80	3.33	0.39	0.60	0.14	0.64
塔城地区 تۇرباغاتاي ۋىلايىتى	28.37	18.93	0.87	1.68	0.34	0.33	0.41	0.70
阿勒泰地区 ئالتاي ۋىلايىتى	11.51	4.96	0.66	0.96	0.22	0.13	0.18	0.40
博州 بۆرتالا ئوبلاستى	8.69	5.10	0.02	0.53	0.22	0.12	0.07	0.25
巴州 بايىنغولىن ئوبلاستى	21.51	8.61	1.13	3.70	0.28	1.37	0.24	0.89
阿克苏地区 ئاقسۇ ۋىلايىتى	21.62	10.00	0.28	2.31	0.33	0.76	0.53	0.69
克州 قىزىلسۇ ئوبلاستى	3.52	0.70	0.18	0.18	0.09	0.05	0.03	0.19
喀什地区 قەشقەر ۋىلايىتى	17.19	3.91	0.07	1.57	0.43	0.67	0.36	0.97
和田地区 خوتەن ۋىلايىتى	7.75	1.33	0.12	1.05	0.20	0.10	0.09	0.35

3—25 续表1 داۋامى1

单位:万人 بىرلىكى: تۈمەن نەپەر

يىللار، رايونلار 年份地区		توپ تارقىتىش، پارچە سېتىش ۋە يېمەك ئىچمەك كەسپى 批发和零售贸易、餐饮业	پۇل مۇئامىلە، سۇغۇرتا كەسپى 金融、保险业	ئۆي جاي كەسپى 房地产业	ئىجتىمائىي مۇلازىمەت كەسپى 社会服务业	سەھىيە، تەنتەربىيە ۋە ئىجتىمائىي پاراۋانلىق كەسپى 卫生、体育和社会福利业	مائارىپ، مەدەنىيەت سەنئەت ۋە رادىئو، كىنو، تېلېۋىزىيە كەسپى 教育、文化艺术和广播电影电视业	پەن تەتقىقات ۋە ئومۇمىي تېخنىكا مۇلازىمىتى 科学研究和综合技术服务事业	دۆلەت ئورگانلىرى، سىياسىي پارتىيە ئورگانلىرى ۋە ئىجتىمائىي تەشكىلاتلار 国家机关政党机关和社会团体	باشقىلار 其他
1978		12.25	0.84	0.02	1.22	3.61	12.29	2.00	7.36	
1980		13.58	1.32	0.06	1.27	4.13	15.77	2.37	9.31	
1981		14.71	1.64	0.09	1.43	4.59	16.98	2.48	10.12	
1982		15.47	1.69	0.12	1.38	4.83	17.85	2.53	10.86	
1983		15.69	1.75	0.12	1.58	5.07	18.46	2.64	11.26	
1984		11.85	1.98	0.16	1.87	5.32	19.80	2.90	12.35	
1985		11.34	2.25	0.16	2.09	5.62	21.06	3.00	13.79	
1986		11.54	2.42	0.17	2.28	5.91	22.22	3.08	15.03	
1987		12.13	2.66	0.18	2.45	6.13	22.87	2.97	15.44	
1988		12.53	2.99	0.23	2.69	6.23	23.41	2.98	16.16	
1989		13.31	3.17	0.25	2.93	6.68	23.49	3.02	16.79	
1990		13.56	3.40	0.22	3.06	6.83	23.95	2.90	18.60	
1991		14.40	3.63	0.28	3.64	7.21	24.73	3.19	20.01	
1992		15.16	3.96	0.35	4.13	7.62	25.42	3.29	20.96	
1993		14.39	3.96	0.33	4.44	7.35	24.58	2.27	19.86	0.49
1994		15.01	4.22	0.32	5.30	7.52	25.69	2.43	20.43	0.26
1995		15.17	4.29	0.42	4.98	7.74	26.39	2.41	20.99	0.71
乌鲁木齐市	ئۈرۈمچى شەھىرى	4.75	0.92	0.12	2.19	1.59	4.50	1.35	3.57	0.58
克拉玛依市	قاراماي شەھىرى	0.26	0.15		0.10	0.04	0.15	0.01	0.26	
石河子市	شىخەنزە شەھىرى	0.50	0.14	0.02	0.25	0.28	0.51	0.11	0.45	0.01
吐鲁番地区	تۇرپان ۋىلايىتى	0.47	0.16		0.10	0.21	0.85	0.03	0.63	
哈密地区	قۇمۇل ۋىلايىتى	0.63	0.17	0.01	0.15	0.25	0.80	0.05	0.62	0.01
昌吉州	سانجى ئوبلاستى	1.16	0.38	0.03	0.27	0.45	2.25	0.15	1.75	0.01
伊犁州	ئىلى ئوبلاستى	0.45	0.08	0.01	0.12	0.10	0.25	0.04	0.24	
伊犁地区	ئىلى ۋىلايىتى	1.23	0.35	0.04	0.38	0.76	3.11	0.11	2.19	0.02
塔城地区	تارباغاتاي ئوبلاستى	0.82	0.23	0.02	0.11	054	1.71	0.10	1.48	
阿勒泰地区	ئالتاي ۋىلايىتى	0.63	0.23	0.02	0.14	0.37	1.23	0.05	1.29	0.04
博州	بۆرتالا ئوبلاستى	0.42	0.14	0.01	0.11	0.21	0.75	0.05	0.68	0.01
巴州	بايىنغولىن ئوبلاستى	0.99	0.28	0.02	0.40	0.50	1.45	0.10	1.54	0.01
阿克苏地区	ئاقسۇ ۋىلايىتى	1.22	0.29	0.09	0.20	0.72	2.43	0.14	1.62	0.01
克州	قىزىلسۇ ئوبلاستى	0.18	0.11	0.01	0.04	0.25	0.81	0.03	0.66	0.01
喀什地区	قەشقەر ۋىلايىتى	1.04	0.45	0.01	0.30	0.93	3.85	0.06	2.57	
和田地区	خوتەن ۋىلايىتى	0.42	0.21	0.02	0.12	0.54	1.74	0.03	1.44	

شەھەر- بازارلاردىكى كوللېكتىپ ئىگىلىك ئورۇنلىرىدىكى ساھەلەرگە ئايرىلغان ئىشچى خىزمەتچىلەر سانى

3—26 城镇集体经济单位分行业职工人数

(يىل ئاخىرىدىكى سان 年底数)　　　　　　　　　　　　　　　　　　　　　　　　　　　单位：万人 بىرلىكى: تۈمەن نەپەر

يىللار، رايونلار 年份地区	جەمئىي 合计	دېھقانچىلىق، ئورمانچىلىق، چارۋىچىلىق، بېلىقچىلىق 农、林、牧、渔业	قېزىش، ئېچىش كەسپى 采掘业	ياساش كەسپى 制造业	ئېلېكتىر ئېنېرگىيە، كۆمۈر گازى ۋە سۇ ئىشلەپچىقىرىش، تەمىنلەش كەسپى 电力、煤气和水生产供应业	بىناكارلىق كەسپى 建筑业	گېئولوگىيىلىك قېدىرىپ تەكشۈرۈش، سۇ ئىنشائاتلىرىنى باشقۇرۇش كەسپى 地质勘查业、水利管理业	قاتناش ترانسپورت، ئىسكىلاتتاساقلاش ۋە پوچتا تېلېگراف 交通运输、仓储和邮电通信业
1978	18.83	3.67	0.02	8.52		3.07		1.20
1980	23.84	5.13	0.04	9.53		4.11		1.49
1981	26.82	5.77	0.08	9.31		5.16		1.18
1982	29.04	5.90	0.08	9.80		6.36		1.03
1983	29.49	6.55	0.10	8.84		6.84		0.91
1984	32.56	4.75	0.20	9.93		7.42		0.89
1985	33.85	3.85	0.25	11.51	0.02	6.88	0.04	1.31
1986	34.56	2.93	0.27	12.54	0.02	7.69	0.04	0.85
1987	34.53	2.99	0.30	13.26	0.03	6.59	0.05	0.82
1988	36.02	2.71	0.28	13.57	0.05	7.81	0.05	0.75
1989	35.96	2.76	0.30	14.13	0.05	6.30	0.05	0.83
1990	38.22	2.47	0.52	15.31	0.04	7.28	0.05	0.83
1991	39.06	2.42	0.60	15.35	0.08	7.75	0.05	1.03
1992	39.44	2.39	0.72	15.59	0.04	7.86	0.06	0.86
1993	39.93	2.44	0.70	15.27	0.08	8.78	0.02	0.70
1994	31.97	0.32	0.74	11.86	0.07	7.31	0.03	0.62
1995	29.95	0.15	0.83	11.49	0.08	6.59	0.03	0.56
乌鲁木齐市 ئۈرۈمچى شەھىرى	8.15	0.02	0.31	3.53	0.01	1.36		0.26
克拉玛依市 قاراماي شەھىرى	2.11		0.04	1.16	0.02	0.44		0.13
石河子市 شىخەنزە شەھىرى	0.52			0.27		0.06		
吐鲁番地区 تۇرپان ۋىلايىتى	0.73		0.01	0.13	0.02	0.18		
哈密地区 قۇمۇل ۋىلايىتى	0.88	0.01	0.08	0.28		0.25	0.02	
昌吉州 سانجى ئوبلاستى	3.69	0.06	0.10	1.56	0.02	0.98		0.03
伊犁州 ئىلى ئوبلاستى	0.43	0.01		0.29		0.04		0.01
伊犁地区 ئىلى ۋىلايىتى	1.94	0.01	0.02	0.82	0.01	0.37		0.03
塔城地区 تارباغاتاي ۋىلايىتى	1.62		0.15	0.88		0.16		0.01
阿勒泰地区 ئالتاي ۋىلايىتى	0.96	0.01	0.04	0.41		0.17	0.01	
博州 بۆرتالا ئوبلاستى	0.68		0.02	0.35		0.13		
巴州 بايىنغولىن ئوبلاستى	1.51	0.01	0.01	0.24		0.70		0.02
阿克苏地区 ئاقسۇ ۋىلايىتى	2.36		0.01	0.52		0.67		0.05
克州 قىزىلسۇ ئوبلاستى	0.24		0.01	0.05		0.03		0.01
喀什地区 قەشقەر ۋىلايىتى	3.31	0.02	0.01	0.75		0.93		
和田地区 خوتەن ۋىلايىتى	0.82		0.02	0.25		0.12		0.01

3—26 续表1 داۋامى1

بىرلىكى: تۈمەن نەپەر 单位:万人

يىللار، رايونلار 年份地区	توپ تارقىتىش، پارچە سېتىش ۋە يېمەك ئىچمەك كەسپى 批发和零售贸易、餐饮业	پۇل مۇئامىلە، سۇغۇرتا كەسپى 金融、保险业	ئۆي جاي كەسپى 房地产业	ئىجتىمائىي مۇلازىمەت كەسپى 社会服务业	سەھىيە، تەنتەربىيە ۋە ئىجتىمائىي پاراۋانلىق كەسپى 卫生、体育和社会福利业	مائارىپ، مەدەنىيەت سەنئەت ۋە رادىئو، كىنو، تېلېۋىزىيە كەسپى 教育、文化艺术和广播电影电视业	پەن تەتقىقات ۋە ئۇنىۋېرسال تېخنىكا مۇلازىمىتى 科学研究和综合技术服务事业	دۆلەت ئورگانلىرى، سىياسىي پارتىيە ئورگانلىرى ۋە ئىجتىمائىي تەشكىلاتلار 国家机关政党机关和社会团体	باشقىلار 其他
1978	1.00	0.45		0.68	0.09	0.04		0.09	
1980	1.65	0.47		1.05	0.16	0.07		0.14	
1981	2.68	0.47		1.87	0.15	0.03	0.01	0.11	
1982	3.27	0.47		1.77	0.14	0.03		0.19	
1983	3.82	0.47		1.64	0.14	0.02		0.16	
1984	7.15	0.48		1.33	0.16	0.05	0.01	0.19	
1985	8.09	0.48		0.95	0.19	0.04	0.01	0.23	
1986	8.37	0.50		0.87	0.24	0.04	0.01	0.19	
1987	8.19	0.51		1.33	0.20	0.04		0.22	
1988	8.07	0.54		1.60	0.29	0.05	0.02	0.23	
1989	8.15	0.56		2.13	0.40	0.05	0.03	0.22	
1990	8.64	0.60		1.79	0.33	0.06	0.02	0.28	
1991	8.70	0.61	0.01	1.58	0.37	0.06	0.02	0.43	
1992	8.98	0.65	0.01	1.48	0.30	0.50	0.01	0.44	
1993	8.86	0.72	0.08	1.12	0.36	0.05	0.02	0.36	0.37
1994	8.39	0.53	0.02	1.18	0.39	0.03	0.02	0.15	0.31
1995	7.59	0.63	0.02	1.08	0.39	0.02	0.03	0.20	0.26
乌鲁木齐市 ئۈرۈمچى شەھىرى	1.59	0.04	0.02	0.74	0.11	0.01	0.02	0.01	0.12
克拉玛依市 قاراماي شەھىرى	0.18	0.01		0.12			0.01		
石河子市 شىخەنزە شەھىرى	0.16	0.01		0.01					0.01
吐鲁番地区 تۇرپان ۋىلايىتى	0.26	0.04		0.02					0.07
哈密地区 قۇمۇل ۋىلايىتى	0.21	0.02		0.01					
昌吉州 سانجى ئوبلاستى	0.63	0.10		0.01	0.15	0.01		0.01	0.03
伊犁州 ئىلى ئوبلاستى	0.06			0.02					
伊犁地区 ئىلى ۋىلايىتى	0.51	0.03		0.06	0.01			0.05	0.02
塔城地区 تارباغاتاي ۋىلايىتى	0.34	0.05		0.02				0.01	
阿勒泰地区 ئالتاي ۋىلايىتى	0.22	0.03		0.01				0.06	
博州 بۆرتالا ئوبلاستى	0.14	0.02		0.01				0.01	
巴州 بايىنغولىن ئوبلاستى	0.48	0.05							
阿克苏地区 ئاقسۇ ۋىلايىتى	1.03	0.06		0.02					
克州 قىزىلسۇ ئوبلاستى	0.11	0.02							0.01
喀什地区 قەشقەر ۋىلايىتى	1.34	0.07		0.02	0.12			0.05	
和田地区 خوتەن ۋىلايىتى	0.33	0.08		0.01					

ساھەلەرگە ئايرىلغان ئايال ئىشچى خىزمەتچىلەر سانى
3—27 分行业女职工人数

单位:万人 بىرلىكى: تۈمەن نەپەر

行业分类	ساھەلەر	1994	1995
总计	**جەمئىي**	**123.28**	**126.22**
农、林、牧、渔业	دېھقانچىلىق، ئورمانچىلىق، چارۋىچىلىق، بېلىقچىلىق كەسپى	37.40	37.97
采掘业	ئېچىش، قېزىش كەسپى	7.35	7.65
制造业	ياساش كەسپى	25.06	26.15
电力、煤气及水的生产和供应业	ئېلېكتىر ئېنېرگىيە، كۆمۈر گازى ۋە سۇ ئىشلەپچىقىرىش، تەمىنلەش كەسپى	1.62	1.75
建筑业	بىناكارلىق كەسپى	5.64	5.21
地质勘察、水利管理业	گېئولوگىيىلىك قېدىرىپ تەكشۈرۈش، سۇ ئىنشائاتلىرىنى باشقۇرۇش كەسپى	1.33	1.33
交通运输、仓储及邮电通讯业	قاتناش- ترانسپورت، ئىسكىلاتتا ساقلاش ۋە پوچتا- تېلېگراف	5.13	5.03
批发和零售贸易、餐饮业	توپ تارقىتىش، پارچە سېتىش ۋە يېمەك- ئىچمەك كەسپى	10.64	10.54
金融、保险业	پۇل مۇئامىلە، سۇغۇرتا كەسپى	1.94	2.04
房地产业	ئۆي- جاي كەسپى	0.11	0.14
社会服务业	ئىجتىمائىي مۇلازىمەت كەسپى	3.32	3.20
卫生、体育和社会福利业	سەھىيە، تەنتەربىيە ۋە ئىجتىمائىي پاراۋانلىق كەسپى	4.75	4.94
教育、文化艺术和广播电影电视业	مائارىپ، مەدەنىيەت- سەنئەت ۋە رادىئو، كىنو، تېلېۋىزىيە كەسپى	12.53	13.32
科学研究和综合技术服务业	پەن- تەتقىقات ۋە ئۇنىۋېرسال تېخنىكا مۇلازىمەت كەسپى	0.88	0.88
国家机关、政党机关和社会团体	دۆلەت ئورگانلىرى، سىياسىي پارتىيە ئورگانلىرى ۋە ئىجتىمائىي تەشكىلاتلار	5.36	5.70
其他行业	باشقا ساھەلەر	0.22	0.36

ئىشچى- خىزمەتچىلەر سانىدىكى ئۆزگىرىش
3—28 职工人数变动

(1995 年-يىل)　单位:万人 بىرلىكى: تۈمەن نەپەر

指标	كۆرسەتكۈچلەر	ئىشچى خىزمەتچىلەردىكى ئۆزگىرىش سانى 职工变动人数	دۆلەت ئىگىلىكىدىكى ئورۇنلار 国有经济单位	كارخانا 企业	كەسپىي ئورۇنلار 事业	ئورگانلار 机关	شەھەر بازار كوللىكتىپ ئىگىلىكىدىكى ئورۇنلار 城镇集体经济单位	باشقا ئىگىلىك ئورۇنلىرى 其他经济类型单位
职工增加人数	**ئىشچى خىزمەتچىلەرنىڭ كۆپەيگەن سانى**	**25.35**	**21.54**	**16.08**	**3.47**	**1.99**	**3.23**	**0.58**
从农村招收	يېزىلاردىن قوبۇل قىلىنغىنى	6.48	5.12	4.80	0.29	0.03	1.21	0.15
从城镇招收	شەھەر، بازارلاردىن قوبۇل قىلىنغىنى	3.50	2.44	1.97	0.29	0.18	0.83	0.23
录用复员、转业军人	قوبۇل قىلىنغان ھەربىي سەپتىن چېكىنگەن، كەسىپ ئالماشتۇرغان ھەربىيلەر	0.75	0.68	0.49	0.07	0.12	0.06	0.01
录用大、中专、技工学校毕业生	قوبۇل قىلىنغان ئالىي، ئوتتۇرا تېخنىكوم، تېخنىك ئىشچىلار مەكتەپلىرىنى پۈتتۈرگەن ئوقۇغۇچىلار	4.62	4.24	2.34	1.44	0.46	0.31	0.07
区外调入	ئاپتونوم رايون سىرتىدىن يۆتكىلىپ كەلگەن	0.26	0.22	0.15	0.04	0.03	0.04	
其他	باشقىلار	9.74	8.84	6.33	1.34	1.17	0.78	0.12
职工减少人数	**ئىشچى خىزمەتچىلەرنىڭ كېمەيگەن سانى**	**23.33**	**20.02**	**16.47**	**2.24**	**1.31**	**3.05**	**0.26**
离休、退休、退职	دەم ئېلىشقا، پېنسىيىگە چىققان، خىزمەتتىن چېكىنگەنلەر	6.33	5.91	4.72	0.86	0.33	0.40	0.02
开除、除名、辞退	خىزمەتتىن قوغلانغان، رويخەتتىن ئۆچۈرۈلگەن، چېكىندۈرۈلگەنلەر	3.40	2.81	2.68	0.10	0.03	0.56	0.03
终止解除合同	توختام بىكار قىلىنغان، توختىتىلغانلار	1.81	1.29	1.22	0.06	0.01	0.42	0.10
调往区外	ئاپتونوم رايون سىرتىغا يۆتكىلىپ كەتكەنلەر	0.54	0.52	0.38	0.10	0.04	0.02	
其他	باشقىلار	11.25	9.49	7.47	1.12	0.90	1.65	0.11

توختاملىق ئىشچى خىزمەتچىلەر سانى

3—29 合同制职工人数

يىللار 年 份	يىل ئاخىرىدىكى سانى (تۈمەن نەپەر) 年末人数(万人) جەمئى 合 计	دۆلەت ئىگىلىكىدىكى ئورۇنلار 国有经济单位	شەھەر، بازارلاردىكى كوللېكتىپ ئىگىلىكتىكى ئورۇنلار 城镇集体经济单位	باشقا ئىگىلىك ئورۇنلىرى 其他经济单位	سالمىقى (بارلىق ئىشچى- خىزمەتچىلەر =100) 比重(全部职工=100) جەمئى 合 计	دۆلەت ئىگىلىكىدىكى ئورۇنلار 国有经济单位	شەھەر، بازارلاردىكى كوللېكتىپ ئىگىلىكتىكى ئورۇنلىرى 城镇集体经济单位	باشقا ئىگىلىك ئورۇنلىرى 其他经济单位
1983	0.49	0.36	0.13		100.0	73.5	26.5	
1984	1.98	1.80	0.17	0.01	100.0	90.9	8.6	0.5
1985	4.62	4.26	0.32	0.04	100.0	92.2	6.9	0.9
1986	7.04	6.13	0.88	0.03	100.0	87.1	12.5	0.4
1987	10.62	8.54	1.95	0.13	100.0	80.4	18.4	1.2
1988	13.49	11.04	2.30	0.15	100.0	81.8	17.1	1.1
1989	16.32	13.69	2.46	0.17	100.0	83.9	15.1	1.0
1990	21.28	17.12	3.92	0.24	100.0	80.5	18.4	1.1
1991	27.22	22.47	4.39	0.36	100.0	82.6	16.1	1.3
1992	35.49	29.30	5.71	0.48	100.0	82.6	16.1	1.3
1993	39.59	33.10	5.74	0.75	100.0	83.6	14.5	1.9
1994	45.95	39.10	5.79	1.06	100.0	85.1	12.6	2.3
1995	60.58	51.29	7.62	1.67	100.0	84.7	12.6	2.7

دۆلەت ئىگىلىكىدىكى ئورۇنلاردىكى ساھەلەر بويىچە ئايرىلغان توختاملىق ئىشچى- خىزمەتچىلەر سانى

3—30 国有经济单位分行业合同制职工人数

行 业	ساھەلەر	يىل ئاخىرىدىكى سانى 年末人数(万人) -يىل 1994年	-يىل 1995年	سالمىقى (بارلىق ئىشچى خىزمەتچىلەر =100) 比重(全部职工=100) -يىل 1994年	-يىل 1995年
总 计	**جەمئى**	**39.10**	**51.29**	**100.0**	**100.0**
农、林、牧、渔业	دېھقانچىلىق، ئورمانچىلىق، چارۋىچىلىق، بېلىقچىلىق كەسپى	10.53	11.68	26.9	22.8
采掘业	ئېچىش، قېزىش كەسپى	4.39	4.43	11.2	8.7
制造业	ياساش كەسپى	10.92	18.44	27.9	36.0
电力、煤气及水的生产和供应业	ئېلېكتر ئېنېرگىيە، كۆمۈر گازى ۋە سۇ ئىشلەپچىقىرىش، تەمىنلەش كەسپى	1.09	1.59	2.8	3.1
建筑业	بىناكارلىق كەسپى	2.57	3.51	6.6	6.8
地质勘察、水利管理业	گېئولوگىيىلىك قېدىرىپ تەكشۈرۈش، سۇ ئىنشائاتلىرىنى باشقۇرۇش كەسپى	0.58	0.62	1.5	1.2
交通运输、仓储及邮电通讯业	قاتناش- ترانسپورت، ئىسكىلاتتا ساقلاش ۋە پوچتا- تېلېگراف	2.55	2.87	6.5	5.6
批发和零售贸易、餐饮业	توپ تارقىتىش، پارچە سېتىش ۋە يېمەك- ئىچمەك كەسپى	2.73	4.12	7.0	8.0
金融、保险业	پۇل مۇئامىلە، سۇغۇرتا كەسپى	0.23	0.27	0.6	0.7
房地产业	ئۆي- جاي كەسپى	0.04	0.04	0.1	0.1
社会服务业	ئىجتىمائى مۇلازىمەت كەسپى	1.10	1.20	2.8	2.3
卫生、体育和社会福利业	سەھىيە، تەنتەربىيە ۋە ئىجتىمائى پاراۋانلىق كەسپى	0.42	0.43	1.1	0.8
教育、文化艺术和广播电影电视业	مائارىپ، مەدەنىيەت- سەنئەت ۋە رادىئو، كىنو، تېلېۋىزىيە كەسپى	0.96	1.04	2.5	2.0
科学研究和综合技术服务业	پەن- تەتقىقات ۋە ئۇنىۋېرسال تېخنىكا مۇلازىمىتى كەسپى	0.13	0.16	0.3	0.3
国家机关、政党机关和社会团体	دۆلەت ئورگانلىرى، سىياسىي پارتىيە ئورگانلىرى ۋە ئىجتىمائىي تەشكىلاتلار	0.84	0.83	2.1	1.6
其他行业	باشقا ساھەلەر	0.02	0.06	0.1	0.1

شەھەر، بازارلاردىكى يېڭىدىن ئىشقائورۇنلاشقانلارنىڭ سانى

3—31 城镇新就业人数

单位:万人 بىرلىكى: تۈمەن نەپەر

指标 كۆرسەتكۈچلەر		1985	1990	1991	1992	1993	1994	1995
总计	**جەمئىي**	**10.87**	**15.30**	**15.46**	**15.43**	**14.79**	**13.68**	**19.44**
按就业人员来源分	ئىشقا ئورۇنلاشقانلارنىڭ كېلىش مەنبەيى بويىچە ئايرىلغاندا							
城镇劳动力	شەھەر، بازارلاردىكى ئەمگەك كۈچى	4.98	6.20	4.28	6.11	6.55	5.83	3.50
农村劳动力	يېزىلاردىكى ئەمگەك كۈچى	0.77	1.25	3.69	1.53	1.82	1.56	6.48
大、中专、技校毕业生	ئالىي، ئوتتۇرا تېخنىكوم ۋە تېخنىك ئىشچىلار مەكتەپلىرىنى پۈتتۈرگەنلەر	2.01	3.75	3.92	4.16	3.64	3.73	4.62
其他	باشقىلار	3.11	4.10	3.57	3.63	2.78	2.56	4.84
按就业人员安置去向分	ئىشقا ئورۇنلاشقانلارنىڭ ئورۇنلا شتۇرۇلۇشى بويىچە ئايرىلغاندا							
国有单位	دۆلەت ئىگىلىكىدىكى ئورۇنلار	7.59	9.61	9.58	9.92	9.09	8.15	12.70
城镇集体单位	شەھەر، بازارلاردىكى كوللېكتىپ ئورۇنلار	2.28	4.32	4.15	3.80	2.57	2.59	2.44
其他单位	باشقا ئورۇنلار	0.20	0.20	0.07	0.22	0.95	0.84	0.47
从事个体劳动及其他	يەككە ئەمگەك ۋە باشقا ئىشلار بىلەن شۇغۇللانغانلار	0.80	1.17	1.66	1.49	2.18	2.10	3.83

شەھەر، بازارلاردىكى ئىشسىزلار سانى ۋە ئىشسىزلىق نىسبىتى

3—32 城镇失业人数及失业率

年份 يىللار	城镇失业人数（万人） شەھەر، بازارلاردىكى ئىشسىزلار سانى (تۈمەن نەپەر)	#失业青年 ئىشسىز ياشلار	失业青年占城镇失业人数(%) ئىشسىز ياشلارنىڭ شەھەر، بازارلاردىكى ئىشسىزلار سانىدا ئىگىلىگەن نىسبىتى	城镇失业率(%) شەھەر، بازارلاردىكى ئىشسىزلىق نىسبىتى
1979	12.16			7.4
1980	13.55			7.5
1981	6.63			3.6
1982	7.17			3.7
1983	8.42	5.06	60.0	4.2
1984	5.46	4.12	75.5	2.5
1985	4.04	3.55	87.9	1.9
1986	4.23	3.62	85.6	1.9
1987	5.03	4.43	88.1	2.0
1988	5.81	4.66	80.2	2.6
1989	8.06	6.67	82.8	3.4
1990	9.60	7.32	76.3	3.8
1991	9.95	7.76	78.0	3.8
1992	9.81	7.66	78.1	3.7
1993	9.50	7.53	79.3	3.6
1994	10.00	6.95	69.5	3.8
1995	10.24	6.80	66.4	3.9

سانائەت كارخانىلىرىدىكى ئىشچى خىزمەتچىلەر سانى

3—33 工业职工人数

بىرلىكى: نەپەر 单位:人

ساھەلەر 行业	ئىشچى خىزمەتچىلەر سانى 职工人数	ئىشچى ۋە شاگىرتلار 工人和学徒	قۇرۇلۇش تېخنىك خادىملىرى 工程技术人员
总计 جەمئىي	**1 058 744**	**718 327**	**75 837**
采掘业 ئېچىش، قېزىش كەسپى	**227 468**	**12 311**	**20 201**
煤炭采选业 كۆمۈر قېزىش تاللاش كەسپى	60 665	41 584	2 961
石油和天然气开采业 نېفىت ۋە تەبىئىي گاز ئېچىش كەسپى	142 457	65 036	15 917
黑色金属矿采选业 قارا مېتال كانلىرىنى قېزىش، تالالاش كەسپى	3 364	2 040	217
有色金属矿采选业 رەڭلىك مېتال كانلىرىنى قېزىش، تاللاش كەسپى	5 050	3 322	373
非金属矿采选业 غەيرى مېتال كانلىرىنى قېزىش، تاللاش كەسپى	10 836	7 846	380
木材及竹材采运业 ياغاچ ماتېرىيالى ۋە بامبۇك ماتېرىيالىنى كېسىش، توشۇش كەسپى	4 950	3 188	331
制造业 ياساش كەسپى	**560 841**	**409 595**	**32 173**
食品加工业 يېمەكلىكلەرنى پىششىقلاش كەسپى	45 809	33 229	2 329
食品制造业 يېمەكلىك ئىشلەش كەسپى	16 406	11 682	923
饮料制造业 ئىچىملىك ئىشلەش كەسپى	16 788	12 232	1 166
烟草加工业 كۆك تاماكا پىششىقلاش كەسپى	1 114	900	41
纺织业 توقۇمىچىلىق كەسپى	142 832	115 054	4 962
服装及其他纤维制品制造业 كىيىم كېچەك ۋە باشقا تالالاردىن ئىشلەنگەن بۇيۇملارنى ئىشلەش كەسپى	9 050	7 026	498
皮革、毛皮、羽绒及其制品业 كۆن خورۇم، موينلۇق تېرە، مامۇق ۋە ئۇنىڭدىن ئىشلەنگەن بۇيۇملارنى ئىشلەش كەسپى	13 175	9 867	910
木材加工及竹、藤、棕、草制品业 ياغاچ ماتېرىيالىنى پىششىقلاش ۋە بامبۇك، پىلەك، پالما تالاسى، شال پاخىلىدىن ياسالغان بۇيۇملارنى ياساش كەسپى	3 751	2 472	144
家具制造业 ئۆي جاھازلىرى ياساش كەسپى	4 890	3 815	224
造纸及纸制品业 قەغەز ياساش ۋەقەغەزدىن ئىشلەنگەن بۇيۇملارنى ياساش كەسپى	13 787	10 325	555
印刷业、记录媒介的复制 مەتبەئەچىلىك كەسپى، خاتىرلەش ۋاستىلىرىنى قايتا ئىشلەش كەسپى	11 513	8 260	673
文教体育用品制造业 مەدەنىيەت، مائارىپ، تەنتەربىيە بۇيۇملىرىنى ياساش كەسپى	655	504	39
石油加工及炼焦业 نېفىت چېكىلەش ۋە كوكس كۆيدۈرۈش كەسپى	19 420	12 281	1 704
化学原料及化学制品制造业 خىمىيە خام ماتېرىياللىرى ۋە خىمىيە بۇيۇملىرىنى ياساش كەسپى	36 770	25 051	3 667
医药制造业 تېببىي دورا ياساش كەسپى	5 877	3 783	621
化学纤维制造业 خىمىيە تالا ياساش كەسپى	847	633	25
橡胶制品业 كاۋچۇك بۇيۇملارنى ياساش كەسپى	4 342	3 038	404
塑料制品业 سۇلياۋ بۇيۇملىرىنى ياساش كەسپى	10 873	7 741	612
非金属矿物制品业 غەيرى مېتال كان مىنراللىرىدىن ئىشلەنگەن بۇيۇملارنى ئىشلەش كەسپى	60 068	43 187	3 577
黑色金属冶炼及压延加工业 قارا مېتال تاۋلاش ۋە يېسلاپ پىششىقلاش كەسپى	36 268	25 769	1 439
有色金属冶炼及压延加工业 رەڭلىك مېتال تاۋلاش ۋە يېسلاپ پىششىقلاش كەسپى	11 883	8 391	749
金属制品业 مېتالدىن ئىشلەنگەن بۇيۇملارنى ئىشلەش كەسپى	17 023	12 422	861
普通机械制造业 ئادەتتىكى ماشىنىسازلىق كەسپى	17 717	11 816	1 476
专用设备制造业 مەخسۇس ئۈسكۈنىلەرنى ياساش كەسپى	21 612	14 012	1 605
交通运输设备制造业 قاتناش- ترانسپورت ئۈسكۈنىلىرىنى ياساش كەسپى	21 138	14 061	1 591
电气机械及器材制造业 ئېلېكتىر ماشىنىسازلىق ۋە ئەسۋاپ ئۈسكۈنىلىرىنى ياساش كەسپى	9 207	6 221	834
电子及通信设备制造业 ئېلېكترون ۋە خەۋەرلىشىش ئۈسكۈنىلىرىنى ياساش كەسپى	1 870	1 165	183
仪器仪表及文化、办公用机械制造业 ئەسۋاپ، ئۈسكۈنىلەر ۋە مەدەنىيەت، ئىشخانا ماشىنىلىرى ياساش كەسپى	263	143	34
其他制造业 باشقا ياساش كەسپى	5 893	4 515	327
电力、蒸气、热水生产和供应业 ئېلېكتىر ئېنېرگىيە، پار، ئىسسىق سۇ ئىشلەپچىقىرىش ۋە تەمىنلەش كەسپى	**47 691**	**31 875**	**4 969**
电力、煤气及水的生产和供应业 ئېلېكتىرئېنېرگىيە، كۆمۈر گازى ۋە سۇ ئىشلەپچىقىرىش ۋە تەمىنلەش كەسپى	41 993	27 966	4 425
煤气生产和供应业 كۆمۈر گازى ئىشلەپچىقىرىش ۋە تەمىنلەش كەسپى	1 600	1 044	113
自来水的生产和供应业 تۇرۇبا سۇ ئىشلەپچىقىرىش ۋە تەمىنلەش كەسپى	4 098	2 865	431

3—33 续表 1 داۋامى

单位：人 بىرلىكى: تۈمەن نەپەر

行业 ساھەلەر		管理人员 باشقۇرۇش خادىملىرى	服务人员 مۇلازىمەتچى خادىملار	其他人员 باشقا خادىملار
总计	جەمئىي	**114 956**	**108 877**	**40 747**
采掘业	**ئېچىش، قېزىش كەسپى**	**22 824**	**47 926**	**13 406**
煤炭采选业	كۆمۈر قېزىش، تاللاش كەسپى	5 216	8 693	2 211
石油和天然气开采业	نېفىت ۋە تەبىئىي گاز ئېچىش كەسپى	14 852	36 539	10 113
黑色金属矿采选业	قارا مېتال كانلىرىنى قېزىش، تاللاش كەسپى	345	697	65
有色金属矿采选业	رەڭلىك مېتال كانلىرىنى قېزىش، تاللاش كەسپى	624	555	176
非金属矿采选业	غەيرى مېتال كانلىرىنى قېزىش، تاللاش كەسپى	1 186	832	592
木材及竹材采运业	ياغاچ ماتېرىيالى ۋە بامبۇك ماتېرىيالىنى كېسىش، توشۇش كەسپى	578	604	249
制造业	**ياساش كەسپى**	**61 832**	**42 277**	**149 64**
食品加工业	يېمەكلىكلەرنى پىششىقلاش كەسپى	5 561	3 454	1 236
食品制造业	يېمەكلىك ياساش كەسپى	2 435	819	547
饮料制造业	ئىچىملىك ياساش كەسپى	2 045	841	504
烟草加工业	كۆك تاماكا پىششىقلاش كەسپى	117	43	13
纺织业	توقۇمىچىلىق كەسپى	9 935	9 806	3 075
服装及其他纤维制品制造业	كىيىم كېچەك ۋە باشقا تالالاردىن ئىشلەنگەن بۇيۇملارنى ئىشلەش كەسپى	984	388	154
皮革、毛皮、羽绒及其制品业	كۆن خۇرۇم، موينلۇق تېرە، ماموق ۋە ئۇنىڭدىن ئىشلەنگەن بۇيۇملارنى ئىشلەش كەسپى	1 505	542	351
木材加工及竹、藤、棕、草制品业	ياغاچ ماتېرىيالىنى پىششىقلاش ۋە بامبۇك، پىلەك، پالما تالاسى، شال پاخىلىدىن ياسالغان بۇيۇملارنى ياساش كەسپى	487	474	174
家具制造业	ئۆي جاھازلىرى ياساش كەسپى	616	128	107
造纸及纸制品业	قەغەز ياساش ۋە قەغەزدىن ئىشلەنگەن بۇيۇملارنى ياساش كەسپى	1 854	699	354
印刷业、记录媒介的复制	مەتبەئەچىلىك كەسپى، خاتىرلەش ۋاسىتىلىرىنى تەقلىت قىلىپ ئىشلەش كەسپى	1 642	543	395
文教体育用品制造业	مەدەنىيەت، مائارىپ، تەنتەربىيە بۇيۇملىرىنى ياساش كەسپى	105	6	1
石油加工及炼焦业	نېفىت چېكىتلەش ۋە كوكس كۆيدۈرۈش كەسپى	2 217	2 935	283
化学原料及化学制品制造业	خىمىيە خام ماتېرىياللىرى ۋە خىمىيە بۇيۇملىرىنى ياساش كەسپى	4 251	3 021	780
医药制造业	تىببىي دورا ياساش كەسپى	729	526	218
化学纤维制造业	خىمىيە تالا ياساش كەسپى	114	63	12
橡胶制品业	كاۋچۇك بۇيۇملارنى ياساش كەسپى	519	311	70
塑料制品业	سۇلياۋ بۇيۇملىرىنى ياساش كەسپى	1 496	599	425
非金属矿物制品业	غەيرى مېتال كان مىنراللىرىدىن ئىشلەنگەن بۇيۇملارنى ئىشلەش كەسپى	7 657	4 184	1 463
黑色金属冶炼及压延加工业	قارا مېتال تاۋلاش ۋە يېسىلاپ پىششىقلاش كەسپى	3 737	4 437	886
有色金属冶炼及压延加工业	رەڭلىك مېتال تاۋلاش ياكى يېسىلاپ پىششىقلاش كەسپى	1 234	1 343	166
金属制品业	مېتالدىن ئىشلەنگەن بۇيۇملارنى ئىشلەش كەسپى	2 291	956	493
普通机械制造业	ئادەتتىكى ماشىنىسازلىق كەسپى	2 424	1 285	716
专用设备制造业	مەخسۇس ئۈسكۈنىلەرنى ياساش كەسپى	2 854	2 059	1 082
交通运输设备制造业	قاتناش- ترانسپورت ئۈسكۈنىلىرىنى ياساش كەسپى	2 864	1 797	825
电气机械及器材制造业	ئېلېكتىر ماشىنىسازلىق ۋە ئەسۋاپ ئۈسكۈنىلىرىنى ياساش كەسپى	1 115	603	434
电子及通信设备制造业	ئېلېكترون ۋە خەۋەرلىشىش ئۈسكۈنىلىرىنى ياساش كەسپى	232	188	102
仪器仪表及文化、办公用机械制造业	ئەسۋاپ، ئۈسكۈنىلەر ۋە مەدەنىيەت، ئىشخانا ماشىنىلىرىنى ياساش كەسپى	53	25	8
其他制造业	باشقا ياساش كەسپى	759	202	90
电力、蒸气、热水生产和供应业	**ئېلېكتىر ئېنېرگىيە، پار، ئىسسىق سۇ ئىشلەپچىقىرىش ۋە تەمىنلەش كەسپى**	**6 019**	**3 871**	**957**
电力、煤气及水的生产和供应业	ئېلېكتىر ئېنېرگىيە، كۆمۈر گازى ۋە سۇ ئىشلەپچىقىرىش ۋە تەمىنلەش كەسپى	5 264	3 508	830
煤气生产和供应业	كۆمۈر گازى ئىشلەپچىقىرىش ۋە تەمىنلەش كەسپى	199	216	28
自来水的生产和供应业	تۇرۇبا سۇ ئىشلەپچىقىرىش ۋە تەمىنلەش كەسپى	556	147	99

ئىشچى خىزمەتچىلەرنىڭ ئىش ھەققى ئومۇمىي سوممىسى ۋە قۇرۇلمىسى

3—34 职工工资总额和构成

يىللار، رايونلار 年份地区	مۇتلەق سان (تۈمەن يۈەن) 绝对数(万元)				قۇرۇلمىسى (ئومۇمىي جەمئىي=100) 构成(总计=100)		
	بارلىق ئىش ھەققى ئومۇمىي سوممىسى 全部工资总额	دۆلەت ئىگىلىكىدىكى ئورۇنلار 国有经济单位	شەھەر، بازارلاردىكى كوللېكتىپ ئىگىلىكىدىكى ئورۇنلار 城镇集体经济单位	باشقا ئىگىلىكىدىكى ئورۇنلار 其他经济单位	دۆلەت ئىگىلىكىدىكى ئورۇنلار 国有经济单位	شەھەر، بازارلاردىكى كوللېكتىپ ئىگىلىكىدىكى ئورۇنلار 城镇集体经济单位	باشقا ئىگىلىكىدىكى ئورۇنلار 其他经济单位
1952		10 223.1			100.0		
1957		40 197.5			100.0		
1962		70 690.2			100.0		
1965		82 087.3			100.0		
1970		91 241.5			100.0		
1978	159 409.4	148 278.4	11 131.0		93.0	7.0	
1980	212 445.6	196 710.8	15 734.8		92.6	7.4	
1985	339 109.5	304 999.3	33 788.8	321.4	89.9	10.1	0.1
1986	402 925.2	363 683.8	38 718.3	523.1	90.3	9.6	0.1
1987	452 164.9	405 226.0	46 093.9	845.0	89.6	10.2	0.2
1988	520 213.4	467 528.7	51 604.8	1 079.1	89.9	9.9	0.2
1989	573 577.2	517 144.3	51 888.8	1 244.1	90.8	9.0	0.2
1990	668 808.3	601 299.6	65 858.5	1 650.2	90.0	9.8	0.2
1991	746 909.6	666 971.4	78 025.9	1 912.3	89.3	10.4	0.3
1992	856 020.4	763 348.0	89 407.8	3 264.6	89.2	10.4	0.4
1993	1 027 934.4	905 289.2	115 638.5	7 006.7	88.1	11.2	0.7
1994	1 327 539.0	1 200 161.2	114 011.4	13 366.4	90.4	8.6	1.0
1995	1 677 257.2	1 521 669.7	135 989.5	19 598.0	90.7	8.1	1.2
乌鲁木齐市 ئۈرۈمچى شەھىرى	475 106.7	422 266.8	41 749.8	11 090.1	88.9	8.8	2.3
克拉玛依市 قاراماي شەھىرى	145 903.7	130 126.8	15 118.6	658.3	89.2	10.4	0.4
石河子市 شىخەنزە شەھىرى	57 149.6	54 240.0	2 315.0	594.6	94.9	4.1	1.0
吐鲁番地区 تۇرپان ۋىلايىتى	50 311.5	46 457.1	3 142.8	711.6	92.3	6.2	1.5
哈密地区 قۇمۇل ۋىلايىتى	52 231.6	48 392.7	3 633.6	205.3	92.7	7.0	0.3
昌吉州 سانجى ئوبلاستى	157 374.2	138 362.4	15 833.2	3 178.6	87.9	10.1	2.0
伊犁州 ئىلى ئوبلاستى	20 201.7	17 339.1	2 397.6	465.0	85.8	11.9	2.3
伊犁地区 ئىلى ۋىلايىتى	126 910.6	118 972.9	7 011.7	926.0	93.7	5.5	0.8
塔城地区 تارباغاتاي ۋىلايىتى	111 518.1	104 650.0	6 331.0	537.1	93.8	5.7	0.5
阿勒泰地区 ئالتاي ۋىلايىتى	55 066.3	51 197.3	3 592.5	276.5	93.0	6.5	0.5
博州 بۆرتالا ئوبلاستى	44 893.2	42 099.1	2 692.8	101.3	93.8	6.0	0.2
巴州 بايىنغولىن ئوبلاستى	107 548.6	100 053.8	7 189.0	305.8	93.0	6.7	0.3
阿克苏地区 ئاقسۇ ۋىلايىتى	108 465.8	100 123.3	8 069.3	273.2	92.3	7.4	0.3
克州 قىزىلسۇ ئوبلاستى	19 470.4	18 460.3	974.1	36.0	94.8	5.0	0.2
喀什地区 قەشقەر ۋىلايىتى	101 618.0	88 736.2	12 817.6	64.2	87.3	12.6	0.1
和田地区 خوتەن ۋىلايىتى	43 451.7	40 156.4	3 120.9	174.4	92.4	7.2	0.4

ئىشچى خىزمەتچىلەرنىڭ ئىش هەققى ئومۇمىي سوممىسى كۆرسەتكۈچى

3—35 职工工资总额指数

يىللار 年 份	كۆرسەتكۈچ 指数(1978＝100)				كۆرسەتكۈچ (ئالدىنقى يىل =100) 指数(上年＝100)			
	بارلىق ئىش هەققى ئومۇمىي سوممىسى 全部工资总额	دۆلەت ئىگىلىكىدىكى ئورۇنلار 国有经济单位	شەھەر، بازارلاردىكى كوللېكتىپ ئىگىلىكىدىكى ئورۇنلار 城镇集体经济单位	باش ئىگىلىكتىكى ئورۇنلار 其他经济单位	بارلىق ئىش هەققى ئومۇمىي سوممىسى 全部工资总额	دۆلەت ئىگىلىكىدىكى ئورۇنلار 国有经济单位	شەھەر-بازارلاردىكى كوللېكتىپ ئىگىلىك ئورۇنلار 城镇集体经济单位	باشقا ئىگىلىك ئورۇنلىرى 其他经济单位
1952		6.9				255.9		
1957		27.1				130.8		
1962		47.7				89.9		
1965		55.4				111.6		
1970		61.5				102.5		
1975	83.7	84.4	74.0			97.9		
1978	100.0	100.0	100.0		114.2	114.5	109.6	
1980	133.3	132.7	141.4		120.5	120.1	125.2	
1981	141.4	140.2	157.8		106.1	105.6	111.6	
1982	151.0	148.8	180.9		106.2	106.8	114.7	
1983	158.8	155.7	199.7		105.1	104.6	110.4	
1984	181.2	175.0	261.8		114.1	112.4	131.1	
1985	212.7	205.7	303.6		117.4	117.5	116.0	167.5
1986	252.8	245.3	347.8		118.8	119.2	114.6	162.8
1987	283.7	273.3	414.1		112.2	111.4	119.0	161.5
1988	326.3	315.3	463.6		115.0	115.4	112.0	127.8
1989	359.8	348.7	466.2		110.3	110.6	100.6	115.2
1990	419.6	405.5	591.7		116.6	116.3	126.9	132.6
1991	468.5	449.8	701.0		111.7	110.9	118.5	115.9
1992	537.0	514.8	803.2		114.6	114.4	114.6	170.7
1993	644.8	610.5	1 038.9		120.1	118.6	129.3	214.6
1994	832.8	809.4	1 024.3		129.1	132.6	98.6	190.8
1995	1 052.2	1 026.2	1 221.7		126.3	126.8	119.3	146.6

ئىشچى خىزمەتچىلەرنىڭ ئىش ھەققىنىڭ كۆپىيىش ئەھۋالى

3—36 职工工资增长情况

بىرلىكى: تۈمەن يۈەن 单位:万元

ئىگىلىك تىپى 经济类型	1995	1995- يىلى تۈۋەندىكى ھەرقايسى يىللارغا قارىغاندا ئاشقان نىسبىتى 1995年比以下各年的增长率(%)			
		1980	1985	1990	1995
职工工资总额 ئىشچى خىزمەتچىلەرنىڭ ئىش ھەققى ئومۇمىي سوممىسى	**1 677 257.2**	**6.89**	**3.95**	**1.51**	**26.34**
国有经济单位 دۆلەت ئىگىلىكىدىكى ئورۇنلار	1 521 669.7	6.74	3.99	1.53	26.79
城镇集体经济单位 شەھەر، بازارلاردىكى كوللېكتىپ ئىگىلىكىدىكى ئورۇنلار	135 989.5	7.64	3.02	1.06	19.28
其他经济单位 باشقا ئىگىلىك ئورۇنلىرى	19 598.0		59.98	10.88	16.62
奖金和计件超额工资 مۇكاپات پۇلى ۋە ئىشقا قاراپ بېرىلىدىغان نورمىدىن ئاشۇرغان ئىش ھەققى	**165 323.4**	**17.85**	**4.04**	**1**	**—0.93**
国有经济单位 دۆلەت ئىگىدارلىقىدىكى ئورۇنلار	150 816.3	17.32	4.14	94.87	—2.56
城镇集体经济单位 شەھەر-بازارلاردىكى كوللېكتىپ ئىگىلىكىدىكى ئورۇنلار	11 377.0	20.15	2.07	1.26	16.24
其他经济单位 باشقا ئىگىلىك ئورۇنلىرى	3 130.1		45.30	8.71	35.46
津贴和补贴 قوشۇمچە ياردەم پۇلى ۋە قوشۇمچە ئىش ھەققى	**352 193.3**	**11.09**	**5.32**	**2.21**	**41.40**
国有经济单位 دۆلەت ئىگىلىكىدىكى ئورۇنلار	330 317.9	10.65	5.15	2.22	42.94
城镇集体经济单位 شەھەر، بازارلاردىكى كوللېكتىپ ئىگىلىكىدىكى ئورۇنلار	19 172.6	23.37	8.55	1.72	22.63
其他经济单位 باشقا ئىگىلىك ئورۇنلىرى	2 702.8			5.89	14.97
职工平均工资 ئىشچى خىزمەتچىلەرنىڭ ئوتتۇرىچە ئىش ھەققى	**5 348**	**5.06**	**3.19**	**1.35**	**25.78**
国有经济单位 دۆلەت ئىگىلىكىدىكى ئورۇنلار	5 431	5.01	3.15	1.32	25.66
城镇集体经济单位 شەھەر، بازارلاردىكى كوللېكتىپ ئىگىلىكىدىكى ئورۇنلار	4 509	5.65	3.43	1.55	25.77
其他经济单位 باشقا ئىگىلىك ئورۇنلىرى	5 973		2.50	1.39	20.91
职工平均奖金和计件超额工资 ئىشچى، خىزمەتچىلەرنىڭ ئوتتۇرىچە مۇكاپات پۇلى ۋە ئىشقا قاراپ بېرىلىدىغان نورمىدىن ئاشۇرغان ئىش ھەققى	**527**	**12.86**	**3.28**	**87.54**	**—1.31**
国有经济单位 دۆلەت ئىگىلىكىدىكى ئورۇنلار	538	21.42	3.27	78.15	—3.41
城镇集体经济单位 شەھەر بازارلاردىكى كوللېكتىپ ئىگىلىكىدىكى ئورۇنلار	377	25.93	2.70	1.79	22.40
其他经济单位 باشقا ئىگىلىكتىكى ئورۇنلار	954		1.66	95.49	11.71
职工平均津贴和补贴 ئىشچى، خىزمەتچىلەرنىڭ ئوتتۇرىچە قوشۇمچە ياردەم پۇلى ۋە قوشۇمچە ئىش ھەققى	**1 123**	**7.91**	**4.35**	**1.99**	**40.73**
国有经济单位 دۆلەت ئىگىلىكىدىكى ئورۇنلار	1 179	7.67	4.10	1.95	41.71
城镇集体经济单位 شەھەر، بازارلاردىكى كوللېكتىپ ئىگىلىكىدىكى ئورۇنلار	636	17.71	9.26	2.38	29.27
其他经济单位 باشقا ئىگىلىك ئورۇنلىرى	824			38.72	—5.18

ساھەلەرگە ئايرىلغان ئىشچى-خىزمەتچىلەر ئىش ھەققى ئومۇمىي سوممىسى

3—37 分行业职工工资总额

单位:万元 بىرلىكى: تۈمەن يۈەن

يىللار، رايونلار 年份地区	جەمئىي 合计	دېھقانچىلىق، ئورمانچىلىق، چارۋىچىلىق، بېلىقچىلىق 农、林、牧、渔业	ئېچىش، قېزىش كەسپى 采掘业	ياساش كەسپى 制造业	ئېلېكتر ئېنېرگىيە، كۆمۈرگازى ۋە سۇ ئىشلەپچىقىرىش ۋە تەمىنلەش كەسپى 电力、煤气和水生产供应业	بىناكارلىق كەسپى 建筑业	گېئولوگىيىلىك قېدىرىپ تەكشۈرۈش، سۇ ئىنشائاتىنى باشقۇرۇش كەسپى 地质勘查业、水利管理业	قاتناش ترانسپورت، ئىسكىلاتتا ساقلاش ۋە پوچتا تېلېگراف 交通运输、仓储和邮电通信业
1978	159 409.4	58 749.0	9 585.4	26 941.2	1 086.0	14 415.9	4 544.3	11 918.6
1980	212 445.6	76 753.4	12 305.5	33 441.5	1 711.5	19 196.0	8 829.1	15 450.3
1981	225 375.5	100 552.9	13 781.9	33 292.8	1 939.9	20 403.3	9 744.3	16 770.5
1982	240 773.3	81 744.0	14 356.4	36 467.7	2 165.5	22 575.9	9 579.6	16 541.3
1983	253 066.1	81 367.0	15 822.2	37 214.0	2 934.3	24 717.3	10 235.2	17 691.1
1984	288 849.1	83 659.2	14 804.1	49 011.5	3 395.7	29 245.4	12 026.8	21 741.1
1985	339 109.5	89 703.4	16 937.0	57 649.3	3 960.1	33 105.6	14 310.7	25 740.0
1986	402 925.2	106 838.3	20 503.3	69 388.0	4 776.6	37 565.3	15 724.6	29 605.2
1987	452 164.9	123 731.1	26 232.4	74 181.2	5 188.5	39 715.5	17 690.0	32 548.7
1988	520 213.4	133 719.5	31 344.9	88 288.2	6 303.4	46 384.0	19 703.0	37 910.1
1989	570 277.2	139 014.9	38 130.3	100 997.7	7 600.1	47 398.7	22 008.2	42 694.2
1990	668 808.3	165 262.6	44 877.8	117 365.9	9 026.6	56 019.8	27 088.0	48 091.9
1991	746 909.6	172 274.7	43 985.9	133 425.9	11 564.9	66 847.2	26 284.9	56 820.3
1992	856 020.4	184 105.9	43 382.5	154 353.5	14 718.4	76 240.3	33 761.1	65 804.7
1993	1 027 934.4	195 085.9	120 617.5	174 899.8	15 388.9	106 155.2	20 358.3	75 664.5
1994	1 327 539.0	254 688.8	149 373.6	222 283.1	23 087.4	123 271.3	24 045.3	92 796.9
1995	1 677 257.2	347 791.1	185 886.4	288 432.3	32 062.4	138 152.8	28 628.5	112 054.6
乌鲁木齐市 ئۈرۈمچى شەھىرى	475 142.2	12 242.3	12 774.5	130 518.4	8 994.3	82 793.3	9 851.1	70 256.1
克拉玛依市 قاراماي شەھىرى	145 903.7	2 288.9	110 948.4	12 271.3	123.1	4 313.7		2 937.2
石河子市 شىخەنزە شەھىرى	57 149.6	13 503.0		17 526.3	1 421.3	6 475.5	866.9	3 386.8
吐鲁番地区 تۇرپان ۋىلايىتى	50 311.5	1 876.2	24 997.8	3 514.6	971.1	1 271.4	1 515.5	1 132.6
哈密地区 قۇمۇل ۋىلايىتى	52 231.6	12 686.6	11 964.4	5 092.5	1 445.8	1 840.6	1 021.7	1 108.0
昌吉州 سانجى ئوبلاستى	157 374.2	63 733.3	3 650.9	31 019.3	4 341.3	7 388.8	4 095.2	3 148.7
伊犁州 ئىلى ئوبلاستى	20 201.7	1 711.0		6 293.6	792.6	2 090.9	499.4	1 080.8
伊犁地区 ئىلى ۋىلايىتى	126 910.6	48 749.7	3 285.3	19 300.7	2 381.4	5 024.1	728.6	3 663.2
塔城地区 تارباغاتاي ۋىلايىتى	111 518.1	57 541.4	4 718.4	10 411.6	1 680.6	2 174.7	2 095.4	3 744.0
阿勒泰地区 ئالتاي ۋىلايىتى	55 066.3	14 930.8	3 209.2	4 653.2	1 102.2	2 050.2	1 113.2	2 588.8
博州 بۆرتالا ئوبلاستى	44 893.2	23 735.0	202.2	3 196.6	1 153.1	1 223.5	343.6	1 400.4
巴州 بايىنغولىن ئوبلاستى	107 548.6	30 276.4	7 048.7	18 713.1	2 204.5	9 104.3	1 536.6	5 038.1
阿克苏地区 ئاقسۇ ۋىلايىتى	108 465.8	42 702.6	1 151.4	10 681.2	1 520.8	6 447.2	2 290.9	3 694.4
克州 قىزىلسۇ ئوبلاستى	19 470.4	2 225.1	1 026.1	764.0	393.2	421.8	194.4	1 216.9
喀什地区 قەشقەر ۋىلايىتى	101 618.0	15 281.4	273.9	9 373.1	2 595.1	7 154.9	1 997.8	5 541.2
和田地区 خوتەن ۋىلايىتى	43 451.7	4 307.4	635.2	5 102.8	942.0	873.3	478.2	2 117.4

3—37 续表1 داۋامى1

单位:万元 بىرلىكى: تۈمەن يۈەن

يىللار، رايونلار 年份地区	توپ تارقىتىش ۋە پارچە سېتىش، يېمەك ئىچمەك كەسپى 批发和零售贸易、餐饮业	پۇل مۇئامىلە، سۇغۇرتا كەسپى 金融、保险业	ئۆي جاي كەسپى 房地产业	ئىجتىمائىي مۇلازىمەت كەسپى 社会服务业	سەھىيە، تەنتەربىيە ۋە ئىجتىمائىي پاراۋانلىق كەسپى 卫生、体育和社会福利业	مائارىپ، مەدەنىيەت سەنئەت ۋە رادىئو، كىنو، تېلېۋىزىيە كەسپى 教育、文化艺术和广播电影电视业	پەن تەتقىقات ۋە ئومۇميۈزلۈك تېخنىكا مۇلازىمەت كەسپى 科学研究和综合技术服务事业	دۆلەت ئورگانلىرى، سىياسىي پارتىيە ئورگانلىرى ۋە ئىجتىمائىي تەشكىلاتلار 国家机关政党机关和社会团体	باشقىلار 其他
1978	9 810.7	948.9	11.0	1 438.1	2 662.8	8 230.1	1 655.6	6 473.0	
1980	13 309.0	1 450.7	68.2	1 928.6	3 696.6	13 048.2	2 320.7	8 898.5	
1981	15 144.4	1 854.8	76.4	2 541.0	4 176.6	14 513.7	2 551.5	9 897.6	
1982	16 644.4	2 099.8	109.3	2 448.8	5 007.5	17 326.7	2 716.6	10 989.8	
1983	17 448.8	2 335.6	124.8	3 077.4	5 601.4	18 857.4	3 223.5	12 416.1	
1984	19 934.6	3 040.1	185.2	3 124.7	6 701.9	22 641.7	3 887.3	15 449.6	
1985	23 012.0	3 829.3	231.7	3 599.6	8 810.8	31 431.2	5 203.5	21 672.6	
1986	28 930.5	4 870.4	247.2	4 637.9	10 646.1	36 624.9	6 113.0	27 143.2	
1987	32 982.5	5 517.1	282.8	6 160.3	11 791.5	39 961.7	6 115.1	30 660.4	
1988	36 242.1	7 296.6	413.6	6 892.7	13 764.8	49 519.6	7 060.4	35 409.4	
1989	41 704.7	8 586.3	467.3	8 906.0	16 407.1	53 333.1	7 689.4	38 689.2	
1990	47 555.9	9 930.0	456.5	9 712.8	18 498.0	60 024.2	7 931.2	46 876.2	
1991	55 008.8	11 387.1	673.6	11 948.3	21 107.3	66 784.8	9 668.7	55 127.2	
1992	63 915.8	15 060.2	996.3	14 620.0	25 576.6	80 135.8	11 838.9	71 505.0	
1993	77 974.7	17 758.4	1 313.8	17 019.8	27 349.8	87 948.8	8 449.7	77 369.7	4 653.9
1994	88 790.3	37 603.5	1 800.2	28 232.6	39 174.2	123 145.0	13 999.1	103 152.0	2 095.7
1995	108 714.3	44 709.7	2 814.9	29 651.0	50 554.5	156 882.4	16 778.7	126 910.0	7 233.6
乌鲁木齐市 ئۈرۈمچى شەھىرى	38 192.1	9 092.9	1 365.7	15 897.0	12 623.3	31 784.6	10 166.2	23 705.2	5 751.2
克拉玛依市 قاراماي شەھىرى	3 710.6	2 283.8	49.9	1 447.6	365.8	1 816.2	306.4	3 040.8	
石河子市 شىخەنزە شەھىرى	2 938.0	1 184.1	130.0	1 108.5	1 893.0	3 342.5	741.8	2 628.7	59.6
吐鲁番地区 تۇرپان ۋىلايىتى	2 868.3	1 735.9	21.2	540.4	1 145.4	4 683.1	175.9	3 421.2	541.1
哈密地区 قۇمۇل ۋىلايىتى	4 318.5	1 707.7	52.7	704.7	1 662.1	4 724.3	302.7	3 001.7	4.6
昌吉州 سانجى ئوبلاستى	7 165.1	4 166.8	142.7	1 107.6	3 916.1	12 760.3	953.8	9 801.4	212.9
伊犁州 ئىلى ئوبلاستى	2 643.2	608.4	59.9	628.4	601.5	1 599.1	227.4	1 406.9	
伊犁地区 ئىلى ۋىلايىتى	6 902.2	3 000.4	234.6	1 652.7	4 253.7	15 039.6	620.5	12 114.7	212.2
塔城地区 تارباغاتاي ۋىلايىتى	4 939.1	2 451.6	95.9	643.9	3 039.2	9 442.4	568.5	8 112.8	
阿勒泰地区 ئالتاي ۋىلايىتى	3 203.3	2 592.6	80.9	695.1	2 413.2	7 817.8	273.2	8 226.8	217.5
博州 بۆرتالا ئوبلاستى	2 478.4	1 222.1	34.8	447.8	1 219.5	4 163.3	242.0	3 875.0	16.3
巴州 بايىنغولىن ئوبلاستى	7 356.7	2 915.9	79.7	1 809.3	3 024.1	8 517.5	668.5	9 373.8	31.8
阿克苏地区 ئاقسۇ ۋىلايىتى	7 898.7	2 918.3	349.6	952.5	4 092.9	13 516.6	731.7	9 458.0	68.4
克州 قىزىلسۇ ئوبلاستى	1 228.6	1 270.0	13.7	211.1	1 447.5	4 877.5	180.7	3 851.8	114.8
喀什地区 قەشقەر ۋىلايىتى	9 574.0	4 851.5	93.0	1 267.6	5 895.6	22 014.9	396.1	15 567.6	3.2
和田地区 خوتەن ۋىلايىتى	3 297.5	2 707.7	10.6	535.8	2 961.6	10 782.7	223.3	8 563.6	

دۆلەت ئىگىلىكىدىكى ئورۇنلاردىكى ساھەلەرگە ئايرىلغان ئىشچى- خىزمەتچىلەرنىڭ ئىش ھەققى ئومۇمىي سوممىسى

3—38 国有单位分行业职工工资总额

بىرلىكى: تۈمەن يۈەن 单位:万元

يىللار، رايونلار 年份地区		جەمئى 合 计	دېھقانچىلىق، ئورمانچىلىق، چارۋىچىلىق، بېلىقچىلىق 农、林、牧、渔业	ئېچىش، قېزىش كەسپى 采掘业	ياساش كەسپى 制造业	ئېلېكتىر ئېنېرگىيە، كۆمۈر گازى ۋە سۇ ئىشلەپچىقىرىش ۋە تەمىنلەش كەسپى 电力、煤气和水生产供应业	بىناكارلىق 建筑业	گېئولوگىيىلىك قېدىرىپ تەكشۈرۈش، سۇ ئىنشائاتىنى باشقۇرۇش كەسپى 地质勘查业、水利管理业	قاتناش ترانسپورت، ئىسكىلاتتا ساقلاش ۋە پوچتا تېلېگراف 交通运输、仓储和邮电通信业
1978		148 278.4	58 632.1	9 538.8	21 323.5	1 086.0	12 215.0	4 544.3	10 958.2
1980		196 710.8	74 575.1	12 235.2	26 974.8	1 711.5	15 466.9	8 829.1	14 311.7
1981		207 815.5	77 808.9	13 631.9	27 105.0	1 939.9	15 725.3	9 744.3	14 496.1
1982		220 635.0	79 300.0	14 180.2	29 464.7	2 165.5	16 695.2	9 579.6	15 593.4
1983		230 833.1	78 686.4	14 497.2	30 410.7	2 834.3	17 474.9	10 235.2	16 781.4
1984		259 518.9	80 752.2	14 303.9	40 446.3	3 395.7	20 874.7	12 026.8	20 717.2
1985		304 999.3	86 941.1	16 492.9	46 636.2	3 915.4	24 713.1	14 260.7	24 175.0
1986		363 683.8	104 274.6	19 972.8	56 166.1	4 722.3	27 523.3	15 659.8	28 539.6
1987		405 226.0	120 290.0	25 604.2	58 602.4	5 125.1	29 085.2	17 602.7	31 396.4
1988		467 528.7	130 226.8	30 682.9	69 460.3	6 224.8	33 726.8	19 628.8	36 623.0
1989		517 144.3	136 018.9	37 243.8	79 925.6	7 514.6	35 960.8	21 932.3	41 164.8
1990		601 299.6	162 467.5	43 348.5	91 945.8	8 954.0	41 009.3	27 010.5	46 448.4
1991		666 971.4	173 545.2	42 230.3	105 021.7	11 435.9	46 136.3	29 179.4	54 326.9
1992		763 348.0	180 725.7	41 052.9	119 842.5	14 502.8	53 220.4	33 622.3	63 434.4
1993		905 289.2	191 197.5	118 422.3	131 394.5	15 249.6	73 733.3	20 349.0	73 102.9
1994		1 200 161.2	253 916.1	145 886.5	173 755.3	22 857.9	92 159.0	23 963.1	89 752.9
1995		1 521 669.7	347 252.0	180 994.2	224 786.7	31 571.2	103 568.2	28 503.6	108 538.3
乌鲁木齐市	ئۈرۈمچى شەھرى	422 302.3	12 185.2	10 777.5	105 735.0	8 971.5	72 548.3	9 835.6	69 030.0
克拉玛依市	قاراماي شەھرى	130 126.8	2 288.9	110 713.4	4 227.3		816.0		1 581.8
石河子市	شىخەنزە شەھرى	54 240.0	13 503.0		16 065.3	1 421.3	5 943.0	866.9	3 365.5
吐鲁番地区	تۇرپان ۋىلايىتى	46 457.1	1 876.2	24 941.1	2 280.9	825.9	539.8	1 515.5	1 125.7
哈密地区	قۇمۇل ۋىلايىتى	48 392.7	12 660.5	11 492.0	3 724.0	1 445.8	984.9	951.3	1 105.4
昌吉州	سانجى ئوبلاستى	138 362.4	63 509.5	3 158.0	21 670.5	4 240.3	2 312.9	4 095.2	3 008.3
伊犁州	ئىلى ئوبلاستى	17 339.1	1 697.8		4 593.9	792.6	1 540.4	499.4	1 060.6
伊犁地区	ئىلى ۋىلايىتى	118 972.9	48 695.1	3 210.7	15 641.5	2 314.2	3 412.6	723.5	3 468.8
塔城地区	تارباغاتاي ۋىلايىتى	104 650.0	57 532.5	3 985.3	7 072.8	1 680.6	953.1	2 095.4	3 682.0
阿勒泰地区	ئالتاي ۋىلايىتى	51 197.3	14 895.2	2 798.5	3 327.6	1 085.9	790.2	1 079.3	2 588.8
博州	بۆرتالا ئوبلاستى	42 099.1	23 735.0	123.2	1 938.5	1 142.4	600.6	343.6	1 389.0
巴州	بايىنغولىن ئوبلاستى	100 053.8	30 258.0	6 980.9	17 676.4	2 204.5	5 485.1	1 536.6	4 907.2
阿克苏地区	ئاقسۇ ۋىلايىتى	100 123.3	42 692.6	1 083.7	9 093.0	1 520.8	3 882.6	2 290.9	3 431.8
克州	قىزىلسۇ ئوبلاستى	18 460.3	2 209.7	910.9	638.1	393.2	239.2	194.4	1 209.7
喀什地区	قەشقەر ۋىلايىتى	88 736.2	15 212.8	244.5	6 834.8	2 590.2	3 097.1	1 997.8	5 517.4
和田地区	خوتەن ۋىلايىتى	40 156.4	4 300.0	574.5	4 267.1	942.0	422.4	478.2	2 066.3

3—38 续表 1 داۋامى

单位:万元 بىرلىكى: تۈمەن يۈەن

يىللار، رايونلار 年份地区	توپ تارقىتىش ۋە پارچە سېتىش، يېمەك، ئىچمەك كەسپى 批发和零售贸易、餐饮业	پۇل مۇئامىلە، سۇغۇرتا كەسپى 金融、保险业	ئۆي جاي كەسپى 房地产业	ئىجتىمائىي مۇلازىمەت كەسپى 社会服务业	سەھىيە، تەنتەربىيە ۋە ئىجتىمائىي پاراۋانلىق كەسپى 卫生、体育和社会福利业	مائارىپ، مەدەنىيەت سەنئەت ۋە رادىئو، كىنو، تېلېۋىزىيە كەسپى 教育、文化艺术和广播电影电视业	پەن تەتقىقات ۋە ئۇنىۋېرسال تېخنىكا مۇلازىمەت كەسپى 科学研究和综合技术服务事业	دۆلەت ئورگانلىرى، سىياسىي پارتىيە ئورگانلىرى ۋە ئىجتىمائىي تەشكىلاتلار 国家机关政党机关和社会团体	باشقىلار 其他
1978	9 310.9	704.3	11.0	1 082.0	2 593.3	8 204.3	1 655.6	6 419.1	
1980	12 362.9	1 101.7	68.2	1 241.1	3 594.0	13 017.1	2 320.4	8 825.1	
1981	13 539.8	1 467.8	76.4	1 370.3	4 060.4	14 493.3	2 548.0	9 808.1	
1982	14 716.2	1 683.8	109.3	1 392.8	4 880.4	17 302.5	2 715.4	10 856.0	
1983	15 273.6	1 898.6	124.8	1 693.8	5 475.6	18 840.9	3 223.5	13 382.2	
1984	13 843.9	2 588.1	185.2	2 119.2	6 538.0	22 594.7	3 881.2	15 252.0	
1985	15 050.1	3 362.3	231.7	2 739.9	8 566.9	31 305.2	5 198.9	21 409.9	
1986	18 878.5	4 181.4	247.2	3 665.8	10 332.7	36 580.3	6 105.1	26 834.3	
1987	20 584.0	480.1	282.8	4 031.8	11 483.1	39 917.2	6 112.7	30 298.3	
1988	24 448.3	6 419.8	406.9	4 917.3	13 294.3	49 448.9	7 041.0	34 978.8	
1989	28 551.0	7 598.3	467.3	5 851.5	15 758.	53 257.7	7 647.0	38 252.1	
1990	32 076.0	8 908.2	454.6	6 614.9	17 781.3	59 908.7	7 898.45	46 473.5	
1991	37 715.8	10 174.7	660.8	8 845.1	20 274.5	66 649.0	9 593.9	54 181.9	
1992	44 530.3	13 282.8	983.3	11 108.0	24 740.2	79 989.7	11 788.5	70 524.2	
1993	50 990.2	15 461.7	1 043.1	13 153.7	26 187.2	87 762.5	8 394.0	76 122.8	2 724.9
1994	61 190.9	34 575.4	1 417.3	22 783.8	37 490.5	123 027.7	13 903.4	102 483.5	1 005.1
1995	76 360.1	40 236.0	2 210.4	24 080.2	48 553.9	156 639.5	16 427.8	126 105.8	5 841.8
乌鲁木齐市 ئۈرۈمچى شەھىرى	29 197.6	8 758.2	868.6	12 020.4	11 888.0	31 669.0	10 028.7	23 573.9	5 214.8
克拉玛依市 قاراماي شەھىرى	2 289.6	2 207.3	8.6	674.0	362.7	1 810.8	105.6	3 030.4	
石河子市 شىخەنزە شەھىرى	2 135.0	1 098.0	130.0	1 083.4	1 893.0	3 342.5	741.8	2 628.7	22.0
吐鲁番地区 تۇرپان ۋىلايىتى	2 020.8	1 449.6	21.2	404.0	1 145.4	4 683.1	175.9	3 421.2	30.8
哈密地区 قۇمۇل ۋىلايىتى	3 420.8	1 568.7	52.7	654.2	1 660.2	4 718.2	302.7	3 646.7	4.6
昌吉州 سانجى ئوبلاستى	5 176.5	3 423.6	129.0	1 049.4	3 095.5	12 731.5	953.8	9 764.7	43.7
伊犁州 ئىلى ئوبلاستى	2 129.0	576.9	40.4	573.2	601.5	1 599.1	227.4	1 406.9	
伊犁地区 ئىلى ۋىلايىتى	5 146.8	2 797.3	212.6	1 434.2	4 220.8	14 971.4	620.5	11 982.7	120.2
塔城地区 تارباغاتاي ۋىلايىتى	3 769.5	2 125.5	95.9	517.5	3 039.2	9 438.8	568.5	8 093.4	
阿勒泰地区 ئالتاي ۋىلايىتى	2 677.7	2 391.0	80.9	653.0	2 413.2	7 817.8	273.2	8 109.9	215.1
博州 بۆرتالا ئوبلاستى	1 821.6	1 113.4	26.3	411.8	1 219.5	4 163.3	242.0	3 812.6	16.3
巴州 بايىنغولىن ئوبلاستى	4 974.7	2 557.0	77.3	1 789.5	3 024.1	8 517.5	659.7	9 373.5	31.8
阿克苏地区 ئاقسۇ ۋىلايىتى	4 472.1	2 552.5	349.6	909.6	4 092.9	13 508.6	731.7	9 442.5	68.4
克州 قىزىلسۇ ئوبلاستى	791.8	1 141.1	13.7	203.1	1 447.5	4 872.1	180.7	3 944.2	70.9
喀什地区 قەشقەر ۋىلايىتى	4 400.8	4 339.4	93.0	1 191.4	5 489.6	22 013.1	392.3	15 318.8	3.2
和田地区 خوتەن ۋىلايىتى	1 935.2	2 136.5	10.6	511.5	2 960.8	10 782.7	223.3	8 545.3	

شەھەر، بازارلاردىكى كوللېكتىپ ئىگىلىكىدىكى ئورۇنلارنىڭ ساھەلەرگە ئايرىلغان ئىشچى خىزمەتچىلەر ئىش ھەققى ئومۇمىي سوممىسى

3—39 城镇集体经济单位分行业职工工资总额

يىللار، رايونلار 年份地区	جەمئىي 合计	دېھقانچىلىق، ئورمانچىلىق، چارۋىچىلىق، بېلىقچىلىق 农、林、牧、渔业	ئېچىش، قېزىش كەسپى 采掘业	ياساش كەسپى 制造业	ئېلېكتىر ئېنېرگىيە، كۆمۈرگازى ۋە سۇ ئىشلەپچىقىرىش ۋە تەمىنلەش كەسپى 电力、煤气和水生产供应业	بىناكارلىق 建筑业	گېئولوگىيىلىك قېدىرىپ تەكشۈرۈش، سۇ ئىنشائاتىنى باشقۇرۇش كەسپى 地质勘查业、水利管理业	قاتناش ترانسپورت، ئىسكىلاتچىلىق ۋە پوچتا تېلېگراف 交通运输、仓储和邮电通信业
1978	11 131.0	1 055.8	46.6	5 617.7		2 200.9		960.4
1980	15 734.8	2 140.3	70.3	6 466.7		3 729.1		1 138.6
1981	17 560.0	2 274.4	150.0	6 167.8		4 678.0		2 274.4
1982	20 138.3	2 443.9	176.2	7 003.0		5 880.7		947.9
1983	22 233.0	2 680.6	325.0	6 803.6		7 242.4		909.7
1984	29 138.3	2 907.0	500.2	8 373.3		8 370.7		1 024.2
1985	33 788.8	2 765.2	436.2	10 704.5	44.7	8 392.5	50.0	1 565.0
1986	38 718.3	2 564.3	517.7	12 671.6	54.3	10 042.0	64.8	1 065.6
1987	46 093.9	3 440.9	605.5	14 789.5	63.4	10 630.3	87.3	1 152.3
1988	51 604.8	3 492.7	638.0	17 772.0	78.6	12 657.2	74.2	1 287.1
1989	51 888.8	2 996.0	816.0	19 929.5	85.5	11 437.9	75.9	1 529.4
1990	65 858.5	2 795.1	1 440.5	23 891.6	72.5	15 010.5	77.5	1 643.5
1991	78 025.9	2 729.5	1 660.8	26 710.2	129.0	20 710.9	105.5	2 493.4
1992	89 407.8	3 380.2	2 046.8	32 106.7	95.2	23 019.9	139.8	2 370.3
1993	115 638.5	3 881.9	1 954.0	39 424.7	139.3	32 222.6	9.3	2 438.7
1994	114 011.4	765.6	3 038.8	40 545.1	213.9	30 342.9	82.2	2 740.0
1995	135 989.5	530.8	4 514.0	50 302.0	491.2	33 020.1	124.9	3 210.4
乌鲁木齐市 ئۈرۈمچى شەھىرى	41 749.8	57.1	1 997.0	17 896.7	22.8	8 654.2	15.5	995.8
克拉玛依市 قاراماي شەھىرى	15 118.6		235.0	8 044.0	123.1	2 862.1		1 355.4
石河子市 شىخەنزە شەھىرى	2 315.0			907.6		476.1		21.3
吐鲁番地区 تۇرپان ۋىلايىتى	3 142.8		33.3	630.6	145.2	631.4		6.9
哈密地区 قۇمۇل ۋىلايىتى	3 633.6	26.1	463.1	1 235.4		788.7	70.4	2.6
昌吉州 سانجى ئوبلاستى	15 833.2	223.8	492.9	6 291.2	101.0	4 742.9		127.5
伊犁州 ئىلى ئوبلاستى	2 397.6	13.2		1 409.5		509.1		20.2
伊犁地区 ئىلى ۋىلايىتى	7 011.7	54.6	74.6	2 879.1	67.2	1 358.5	149.7	194.4
塔城地区 تارباغاتاي ۋىلايىتى	6 331.0	8.9	691.5	2 944.6		1 080.2		62.0
阿勒泰地区 ئالتاي ۋىلايىتى	3 592.5	35.6	209.5	1 250.3	16.3	1 158.3	33.9	
博州 بۆرتالا ئوبلاستى	2 692.8		51.2	1 227.9	10.7	562.4		2.2
巴州 بايىنغولىن ئوبلاستى	7 189.0	10.1	67.8	868.7		3 468.0		77.4
阿克苏地区 ئاقسۇ ۋىلايىتى	8 069.3	10.0	13.0	1 470.9		2 454.0		262.6
克州 قىزىلسۇ ئوبلاستى	974.1	15.4	95.0	110.1		115.8		7.2
喀什地区 قەشقەر ۋىلايىتى	12 817.6	68.6	29.4	2 474.1	4.9	3 794.9		23.8
和田地区 خوتەن ۋىلايىتى	3 120.9	7.4	60.7	661.3		363.5		51.1

3—39 续表 1 داۋامى 1

يىللار، رايونلار 年份地区		توپ تارقىتىش ۋە پارچە سېتىش، يېمەك، ئىچمەك كەسپى 批发和零售贸易、餐饮业	پۇل مۇئامىلە، سۇغۇرتا كەسپى 金融、保险业	ئۆي جاي كەسپى 房地产业	ئىجتىمائىي مۇلازىمەت كەسپى 社会服务业	سەھىيە، تەنتەربىيە ۋە ئىجتىمائىي پاراۋانلىق كەسپى 卫生、体育和社会福利业	مائارىپ، مەدەنىيەت سەنئەت، ۋە رادىئو، كىنو، تېلېۋىزىيە كەسپى 教育、文化艺术和广播电影电视业	پەن تەتقىقات ۋە ئۇنىۋېرسال تېخنىكا مۇلازىمەت كەسپى 科学研究和综合技术服务事业	دۆلەت ئورگانلىرى، سىياسىي پارتىيە ئورگانلىرى ۋە ئىجتىمائىي تەشكىلاتلار 国家机关政党机关和社会团体	باشقىلار 其他
1978		499.8	244.6		356.1	69.5	25.8		53.9	
1980		946.1	349.0		687.5	102.6	31.1	0.3	73.4	
1981		1 604.6	387.0		1 170.5	116.2	20.4	3.5	89.5	
1982		1 928.2	416.0		1 056.0	127.1	24.2	1.2	133.9	
1983		2 171.2	437.0		1 383.6	125.8	16.5		138.0	
1984		6 090.7	452.0		1 005.6	163.9	47.0	6.1	197.6	
1985		7 957.0	467.0		859.7	243.9	36.0	4.6	262.7	
1986		10 042.0	689.0		972.1	313.4	44.6	7.9	308.9	
1987		12 365.5	707.0		2 128.5	308.4	44.5	2.4	362.1	
1988		11 761.6	876.8		1 975.4	470.5	70.7	19.3	430.6	
1989		13 122.7	988.0		3 054.5	648.5	75.4	42.4	437.1	
1990		15 447.0	1 021.8	1.9	3 097.9	716.7	115.5	32.8	502.7	
1991		17 290.5	1 212.4	12.8	2 982.2	832.8	135.8	74.8	945.3	
1992		19 382.7	1 777.4	13.0	3 062.0	836.4	146.1	50.4	980.8	
1993		25 955.1	2 296.7	246.6	2 905.6	1 155.9	165.5	55.7	1 246.9	1 630.0
1994		25 706.4	3 017.7	94.1	3 921.4	1 665.9	83.9	92.4	668.5	1 032.6
1995		30 328.6	4 440.8	154.1	4 246.3	2 000.6	96.8	332.9	804.2	1 391.8
乌鲁木齐市	ئۈرۈمچى شەھىرى	7 373.1	334.7	88.2	2 754.5	735.3	37.7	119.5	131.3	536.4
克拉玛依市	قاراماي شەھىرى	1 398.3	76.5	41.3	773.6	3.1	5.4	200.8		
石河子市	شىخەنزە شەھىرى	761.2	86.1		25.1					37.6
吐鲁番地区	تۇرپان ۋىلايىتى	841.4	286.3		57.4					510.3
哈密地区	قۇمۇل ۋىلايىتى	197.6	139.0		24.9	1.9	6.1		15.0	
昌吉州	سانجى ئوبلاستى	1 985.6	743.2	13.7	56.1	820.6	28.8		36.7	
伊犁州	ئىلى ئوبلاستى	358.9	31.5		55.2					
伊犁地区	ئىلى ۋىلايىتى	1 699.7	203.1		218.5	32.9			132.0	
塔城地区	تارباغاتاي ۋىلايىتى	1 147.0	326.1		47.7		3.6		19.4	
阿勒泰地区	ئالتاي ۋىلايىتى	525.6	201.6		42.1				116.9	2.4
博州	بۆرتالا ئوبلاستى	622.7	108.7	8.5	36.1				62.4	
巴州	بايىنغولىن ئوبلاستى	2 355.8	326.0	2.4	3.7			8.8	0.3	
阿克苏地区	ئاقسۇ ۋىلايىتى	3 426.6	365.8		42.9		8.0		15.5	
克州	قىزىلسۇ ئوبلاستى	436.8	128.9		8.0		5.4		7.6	43.9
喀什地区	قەشقەر ۋىلايىتى	5 173.2	512.1		76.2	406.0	1.8	3.8	248.8	
和田地区	خوتەن ۋىلايىتى	1 362.3	571.2		24.3	0.8			18.3	

ئىشچى خىزمەتچىلەرنىڭ ئوتتۇرىچە پۇل ئىش ھەققى

3—40 职工平均货币工资

单位:元 بىرلىكى: يۈەن

يىللار، رايونلار 年份地区	بارلىق ئىشچى خىزمەتچىلەر 全部职工	دۆلەت ئىگىلىكىدىكى ئورۇنلاردىكى ئىشچى خىزمەتچىلەر 国有经济单位职工	شەھەر، بازارلاردىكى كوللېكتىپ ئىگىلىك ئورۇنلىرىدىكى ئىشچى خىزمەتچىلەر 城镇集体经济单位	باشقا ئىگىلىك ئورۇنلىرى 其他经济单位职工
1978	717	726	614	
1980	882	904	676	
195	1 277	1 310	1 038	1 707
1986	1 489	1 535	1 158	1 744
1987	1 626	1 673	1 289	2 061
1988	1 848	1 901	1 467	2 572
1989	2 007	2 070	1 554	2 589
1990	2 272	2 345	1 765	2 498
1991	2 455	2 510	2 060	2 683
1992	2 742	2 801	2 317	3 286
1993	3 239	3 286	2 889	3 689
1994	4 252	4 322	3 586	4 940
1995	5 348	5 431	4 509	5 973
乌鲁木齐市 ئۈرۈمچى شەھىرى	6 758	6 991	5 050	6 785
克拉玛依市 قاراماي شەھىرى	9 150	9 458	7 172	8 281
石河子市 شىخەنزە شەھىرى	5 038	5 078	4 335	4 675
吐鲁番地区 تۇرپان ۋىلايىتى	6 725	7 045	4 219	4 997
哈密地区 قۇمۇل ۋىلايىتى	5 072	5 150	4 303	3 614
昌吉州 سانجى ئوبلاستى	4 925	4 998	4 226	6 073
伊犁州 ئىلى ئوبلاستى	4 679	4 618	5 068	5 190
伊犁地区 ئىلى ۋىلايىتى	4 173	4 209	3 689	3 806
塔城地区 تارباغاتاي ۋىلايىتى	3 677	3 670	3 717	4 575
阿勒泰地区 ئالتاي ۋىلايىتى	4 356	4 432	3 451	5 713
博州 بۆرتالا ئوبلاستى	4 805	4 883	3 879	3 657
巴州 بايىنغولىن ئوبلاستى	4 651	4 655	4 569	5 461
阿克苏地区 ئاقسۇ ۋىلايىتى	4 570	4 678	3 551	4 553
克州 قىزىلسۇ ئوبلاستى	5 285	5 359	4 165	6 429
喀什地区 قەشقەر ۋىلايىتى	5 038	5 234	4 016	2 396
和田地区 خوتەن ۋىلايىتى	5 096	5 248	3 751	4 104

ئىشچى خىزمەتچىلەرنىڭ ئوتتۇرىچە ئىش ھەققى كۆرسەتكۈچلىرى

3—41 职工平均工资指数(上年=100)

بىرلىكى: 单位:%

يىللار 年份	پۇل ئىش ھەققى 货币工资				ئەمەلى ئىش ھەققى 实际工资			
	بارلىق ئىشچى خىزمەتچىلەر 全部职工	دۆلەت ئىگىلىكىدىكى ئورۇنلاردىكى ئىشچى خىزمەتچىلەر 国有经济单位职工	شەھەر، بازارلاردىكى كوللېكتىپ ئورۇن ئىشچى خىزمەتچىلىرى 城镇集体经济单位	باشقا ئىگىلىك ئورۇنلىرىدىكى ئىشچى خىزمەتچىلەر 其他经济单位职工	بارلىق ئىشچى، خىزمەتچىلەر 全部职工	دۆلەت ئىگىلىكىدىكى ئورۇنلىرىدىكى ئىشچى خىزمەتچىلىرى 国有经济单位职工	شەھەر، بازارلاردىكى كوللېكتىپ ئورۇنلار 城镇集体经济单位	باشقا ئىگىلىك ئورۇندىكى ئىشچى خىزمەتچىلىرى 其他经济单位职工
1978		105.2				103.9		
1980	114.5	115.3	108.3		109.3	110.0	103.4	
1985	115.7	116.0	112.5	124.6	105.9	106.0	102.7	113.7
1986	116.6	117.2	111.6	102.2	109.2	109.7	104.5	95.7
1987	109.2	109.0	111.3	118.2	100.6	100.5	102.6	108.9
1988	113.7	113.6	113.8	124.8	97.1	97.1	97.3	106.7
1989	108.6	108.9	105.9	100.7	94.9	95.1	92.5	87.9
1990	113.2	113.3	113.6	96.5	108.3	108.4	108.7	92.3
1991	108.1	107.0	116.7	103.7	98.9	97.9	106.8	98.3
1992	111.7	111.6	112.5	107.4	102.2	102.1	102.9	112.1
1993	118.1	117.3	124.7	112.3	104.0	103.3	109.8	98.7
1994	131.3	131.5	124.1	133.9	103.4	103.6	97.8	105.5
1995	125.8	125.7	125.8	120.9	105.7	105.6	105.7	101.6

دۆلەت ئىگىلىكىدىكى ئورۇنلارنىڭ ساھەلەرگە ئايرىلغان ئىشچى- خىزمەتچىلەر ئىش ھەققى ئومۇمىي سوممىسىنىڭ قۇرۇلمىسى

3—42 国有单位分行业职工工资总额构成

(1995-يىل 年)

بىرلىكى: تۈمەن يۈەن 单位:万元

行业	ساھەلەر	ئىشچى خىزمەتچىلەر ئىش ھەققى ئومۇمىي سوممىسى 职工工资总额	ۋاقىت ۋە ئىشقا قاراپ بېرىلىدىغان ئۆلچەملىك ئىش ھەققى 计时和计件标准工资	مۇكاپات ۋە ئىشقا قاراپ بېرىلگەن نورمىدىن ئاشۇرغان ئىش ھەققى 奖金和计件超额工资	قوشۇمچە ياردەم ۋەقوشۇمچە ئىش ھەققى 津贴和补贴
总计	**جەمئىي**	**1 521 669.7**	**944 859.5**	**150 816.3**	**330 317.9**
农、林、牧、渔业	دېھقانچىلىق، ئورمانچىلىق، چارۋىچىلىق، بېلىقچىلىق كەسپى	347 252.0	233 701.2	33 887.3	36 966.2
采掘业	ئېچىش، قېزىش كەسپى	180 994.2	91 548.1	19 475.8	60 533.3
制造业	ياساش كەسپى	224 786.7	147 325.9	31 811.3	38 694.1
电力、煤气及水的生产和供应业	ئېلېكتر ئېنېرگىيە، كۆمۈر گازى ۋە سۇ ئىشلەپچىقىرىش ۋە تەمىنلەش كەسپى	31 571.2	19 739.8	5 880.9	5 015.5
建筑业	بىناكارلىق كەسپى	103 568.2	71 873.4	16 072.6	10 305.3
地质勘察、水利管理业	گېئولوگىيىلىك قېدىرىپ تەكشۈرۈش، سۇ ئىنشائاتلىرىنى باشقۇرۇش كەسپى	28 503.6	15 662.0	1 097.0	9 839.0
交通运输、仓储及邮电通讯业	قاتناش- ترانسپورت، ئىسكىلاتتا ساقلاش، پوچتا- تېلېگراف كەسپى	108 538.3	65 185.3	17 893.5	22 766.6
批发和零售贸易、餐饮业	توپ تارقىتىش ۋە پارچە سېتىش، يېمەك- ئىچمەك كەسپى	76 360.1	46 126.5	11 519.2	13 989.6
金融、保险业	پۇل مۇئامىلە، سۇغۇرتا كەسپى	40 236.0	17 245.0	2 000.6	17 719.8
房地产业	ئۆي- جاي كەسپى	2 210.4	1 255.5	227.0	590.5
社会服务业	ئىجتىمائىي مۇلازىمەت كەسپى	24 080.2	14 183.2	2 117.9	6 335.0
卫生、体育和社会福利业	سەھىيە، تەنتەربىيە ۋە ئىجتىمائىي پاراۋانلىق كەسپى	48 553.9	28 730.9	1 485.8	15 423.8
教育、文化艺术和广播电影电视业	مائارىپ، مەدەنىيەت- سەنئەت ۋە رادىئو، كىنو، تېلېۋىزىيە كەسپى	156 639.5	98 953.3	2 667.0	48 839.0
科学研究和综合技术服务业	پەن- تەتقىقات ۋە ئۇنىۋېرسال تېخنىكا مۇلازىمىتى كەسپى	16 427.8	8 956.8	1 157.8	5 226.3
国家机关、政党机关和社会团体	دۆلەت ئورگانلىرى، سىياسىي پارتىيە ئورگانلىرى ۋە ئىجتىمائىي تەشكىلاتلىرى	126 105.8	80 866.5	2 519.8	36 957.3
其他行业	باشقا كەسىپلەر	5 841.8	3 506.1	1 002.8	1 116.6

ساھەلەرگە ئايرىلغان ئىشچى- خىزمەتچىلەرنىڭ ئوتتۇرىچە ئىش ھەققى

3—43 分行业职工平均工资

单位:元 تۈمەن يۈەن :بىرلىكى

年份地区 يىللار، رايونلار		合计 جەمئىي	农、林、牧、渔业 دېھقانچىلىق، ئورمانچىلىق، چارۋىچىلىق، بېلىقچىلىق	采掘业 ئېچىش، قېزىش كەسپى	制造业 ياساش كەسپى	电力、煤气和水生产供应业 ئېلېكتىر ئېنېرگىيە، كۆمۈرگازى ۋە سۇ ئىشلەپچىقىرىش ۋە تەمىنلەش كەسپى	建筑业 بىناكارلىق	地质勘查业、水利管理业 گېئولوگىيىلىك قېدىرىپ تەكشۈرۈش، سۇ ئىنشائاتىنى باشقۇرۇش كەسپى	交通运输、仓储和邮电通信业 قاتناش ترانسپورت، ئىسكىلاتتا ساقلاش ۋە پوچتا تېلېگراف
	1978	717	580	956	782	781	865	889	930
	1980	882	742	1 115	920	978	1 048	1 162	1 119
	1981	907	970	1 128	933	985	1 042	1 241	1 233
	1982	941	794	1 169	982	1 031	1 082	1 238	1 167
	1983	972	790	1 286	1 285	1 352	1 121	1 296	1 218
	1984	1 104	835	1 116	1 295	1 698	1 308	1 595	1 453
	1985	1 277	935	1 499	1 370	1 489	1 483	1 784	1 614
	1986	1 489	1 131	1 758	1 544	1 737	1 609	2 116	1 910
	1987	1 626	1 298	2 122	1 593	1 886	1 750	2 368	2 088
	1988	1 848	1 417	2 424	1 829	2 087	1 925	2 703	2 427
	1989	2 007	1 472	2 873	2 011	2 368	2 079	2 934	2 742
	1990	2 272	1 741	3 285	2 200	2 655	2 356	3 564	3 025
	1991	2 455	1 800	2 590	2 380	2 958	2 676	3 877	3 394
	1992	2 742	1 864	3 733	2 690	3 391	3 029	4 402	3 802
	1993	3 239	1 995	5 535	3 164	3 621	3 740	4 341	4 668
	1994	4 252	2 731	6 836	4 138	5 212	4 482	5 253	5 789
	1995	5 348	3 733	8 187	5 240	6 867	5 618	6 351	9 839
乌鲁木齐市	ئۈرۈمچى شەھىرى	6 758	4 110	6 667	6 324	9 348	7 523	8 547	8 509
克拉玛依市	قاراماي شەھىرى	9 150	3 752	9 682	7 372	7 942	7 122		9 621
石河子市	شىخەنزە شەھىرى	5 038	5 140		4 901	5 785	3 769	6 161	5 443
吐鲁番地区	تۇرپان ۋىلايىتى	6 725	2 989	10 290	4 366	7 093	4 084	7 360	6 483
哈密地区	قۇمۇل ۋىلايىتى	5 072	3 818	7 084	3 939	7 098	3 880	5 269	4 699
昌吉州	سانجى ئوبلاستى	4 925	4 452	5 157	4 946	8 499	4 455	6 308	5 607
伊犁州	ئىلى ئوبلاستى	4 679	3 229		4 923	6 540	2 931	4 183	5 988
伊犁地区	ئىلى ۋىلايىتى	4 173	3 444	3 986	4 529	5 796	3 985	5 081	5 580
塔城地区	تارباغاتاي ۋىلايىتى	3 677	2 974	4 659	4 052	5 057	3 710	5 107	5 252
阿勒泰地区	ئالتاي ۋىلايىتى	4 356	2 976	4 158	3 535	5 044	4 191	5 750	6 503
博州	بۆرتالا ئوبلاستى	4 805	4 597	4 780	3 754	5 211	4 398	4 874	5 957
巴州	بايىنغولىن ئوبلاستى	4 651	3 497	6 156	4 752	8 482	4 027	6 365	5 504
阿克苏地区	ئاقسۇ ۋىلايىتى	4 570	4 314	3 655	3 913	4 912	4 276	4 550	4 980
克州	قىزىلسۇ ئوبلاستى	5 285	3 255	5 464	3 743	4 279	3 920	5 769	6 241
喀什地区	قەشقەر ۋىلايىتى	5 038	3 909	3 935	4 115	6 108	4 078	5 549	5 693
和田地区	خوتەن ۋىلايىتى	5 096	3 241	4 681	3 756	4 624	3 367	5 325	5 883

3—43 续表1 داۋامى1

单位：元 يۈەن :بىرلىكى

年份地区 يىللار، رايونلار		تۈپ تارقىتىش ۋە پارچە سېتىش، يېمەك-ئىچمەك كەسپى 批发和零售贸易、餐饮业	پۇل مۇئامىلە، سۇغۇرتا كەسپى 金融、保险业	ئۆي جاي كەسپى 房地产业	ئىجتىمائىي مۇلازىمەت كەسپى 社会服务业	سەھىيە، تەنتەربىيە ۋە ئىجتىمائىي پاراۋانلىق كەسپى 卫生、体育和社会福利业	مائارىپ، مەدەنىيەت سەنئەت ۋە رادىئو، كىنو، تېلېۋىزىيە كەسپى 教育、文化艺术和广播电影电视业	پەن تەتقىقات ۋە ئۇنىۋېرسال تېخنىكا مۇلازىمەت كەسپى 科学研究和综合技术服务事业	دۆلەت ئورگانلىرى، سىياسىي پارتىيە ئورگانلىرى ۋە ئىجتىمائىي تەشكىلاتلار 国家机关政党机关和社会团体	باشقىلار 其他
1978		761	1 091	550	745	742	692	858	889	
1980		905	874	974	865	899	864	1 000	988	
1981		907	981	849	782	922	887	1 037	1 010	
1982		918	995	911	811	1 043	1 001	1 091	1 032	
1983		931	1 081	1 135	567	1 103	1 051	1 240	1 205	
1984		1 067	1 339	1 158	1 031	1 257	1 182	1 398	1 287	
1985		1 201	1 526	1 545	1 263	1 551	1 530	1 752	1 601	
1986		1 503	1 765	1 545	1 491	1 783	1 699	2 017	1 845	
1987		1 659	1 845	1 664	1 643	1 905	1 775	2 073	1 996	
1988		1 820	2 211	1 880	1 622	2 168	2 159	2 393	2 220	
1989		1 987	2 385	1 869	1 822	2 361	2 313	2 538	2 403	
1990		2 218	2 606	2 283	2 080	2 654	2 561	2 735	2 548	
1991		2 495	2 847	2 694	2 390	2 880	2 767	3 079	2 797	
1992		2 742	3 478	2 847	2 668	3 348	3 248	3 665	3 420	
1993		3 384	3 920	3 285	2 914	3 608	3 621	3 706	3 778	5 229
1994		3 910	8 116	4 732	4 268	5 027	4 052	5 694	5 072	3 008
1995		4 810	9 170	5 744	4 763	6 522	6 090	6 858	6 111	6 483
乌鲁木齐市	ئۈرۈمچى شەھىرى	5 951	9 566	7 786	5 064	8 756	7 506	7 455	6 778	8 166
克拉玛依市	قاراماي شەھىرى	8 294	14 612	5 424	6 936	10 161	12 508	12 767	11 772	
石河子市	شىخەنزە شەھىرى	4 473	8 033	7 345	4 359	6 926	6 527	6 647	5 966	7 842
吐鲁番地区	تۇرپان ۋىلايىتى	4 043	8 522	5 889	4 252	5 713	5 602	4 941	5 531	7 443
哈密地区	قۇمۇل ۋىلايىتى	5 168	9 069	4 466	4 648	6 614	6 003	5 616	5 901	5 111
昌吉州	سانجى ئوبلاستى	4 036	8 890	3 964	3 792	6 570	5 719	6 198	5 655	5 617
伊犁州	ئىلى ئوبلاستى	4 985	7 447	4 504	4 126	6 728	6 524	5 984	6 090	
伊犁地区	ئىلى ۋىلايىتى	3 965	7 999	5 190	3 864	5 666	4 881	5 882	5 539	4 695
塔城地区	تارباغاتاي ۋىلايىتى	4 245	8 632	4 300	4 752	5 745	5 574	5 928	5 535	
阿勒泰地区	ئالتاي ۋىلايىتى	3 808	9 824	4 597	4 905	6 549	6 429	6 209	6 186	6 008
博州	بۆرتالا ئوبلاستى	4 404	8 035	4 640	3 895	5 917	5 667	5 295	5 824	5 433
巴州	بايىنغولىن ئوبلاستى	4 984	8 925	4 503	4 781	6 086	5 990	6 503	6 216	6 490
阿克苏地区	ئاقسۇ ۋىلايىتى	3 568	8 422	3 751	4 549	5 721	5 597	5 416	5 941	4 993
克州	قىزىلسۇ ئوبلاستى	4 269	9 845	5 480	4 670	5 846	6 184	5 905	6 147	5 918
喀什地区	قەشقەر ۋىلايىتى	4 339	9 269	6 078	3 954	5 767	5 911	5 659	6 061	6 400
和田地区	خوتەن ۋىلايىتى	4 478	9 733	5 889	4 249	5 620	6 365	6 118	6 083	

دۆلەت ئىگىلىكىدىكى ئورۇنلاردىكى ساھەلەرگە ئايرىلغان ئىشچى خىزمەتچىلەرنىڭ ئوتتۇرىچە پۇل ئىش ھەققى

3—44 国有经济单位分行业职工平均货币工资

بىرلىكى: يۈەن 单位:元

يىللار، رايونلار 年份地区	جەمئى 合计	دېھقانچىلىق، ئورمانچىلىق، چارۋىچىلىق، بېلىقچىلىق 农、林、牧、渔业	ئېچىش، قېزىش كەسپى 采掘业	ياساش كەسپى 制造业	ئېلېكتىر ئېنېرگىيە، كۆمۈرگازى ۋە سۇ ئىشلەپچىقىرىش ۋە تەمىنلەش كەسپى 电力、煤气和水生产供应业	بىناكارلىق 建筑业	گېئولوگىيىلىك قېدىرىپ تەكشۈرۈش، سۇ ئىنشائاتىنى باشقۇرۇش كەسپى 地质勘查业、水利管理业	قاتناش ترانسپورت، ئىسكىلاتتا ساقلاش ۋە پوچتا-تېلېگراف 交通运输、仓储和邮电通信业
1978	717	600	953	814	781	892	889	941
1980	882	758	1 188	999	978	1 076	1 162	1 161
1981	935	794	1 239	1 004	985	1 099	1 241	1 162
1982	968	816	1 168	1 060	1 031	1 139	1 238	1 179
1983	998	815	1 188	1 062	1 306	1 170	1 296	1 228
1984	1 129	845	1 095	1 436	1 698	1 678	1 595	1 465
1985	1 277	944	1 479	1 487	1 483	1 597	1 787	1 640
1986	1 489	1 138	1 738	1 738	1 736	1 733	2 119	1 940
1987	1 626	1 303	2 123	1 745	1 901	1 835	2 372	2 220
1988	1 848	1 421	2 429	1 996	2 096	2 063	2 711	2 460
1989	2 007	1 483	2 880	2 211	2 378	2 228	2 944	2 780
1990	2 272	1 760	3 299	2 413	2 665	2 501	3 578	3 054
1991	2 455	1 817	3 628	2 585	2 978	2 708	2 890	3 445
1992	2 742	1 875	3 770	2 880	3 412	3 123	4 418	3 845
1993	3 286	2 005	5 634	3 349	3 648	3 897	4 339	4 729
1994	4 322	2 732	6 962	4 326	5 243	4 765	5 268	5 844
1995	5 431	3 895	8 290	5 408	6 873	5 752	6 367	7 277
乌鲁木齐市 ئۈرۈمچى شەھىرى	6 991	4 109	6 708	6 502	9 366	7 128	8 553	8 670
克拉玛依市 قاراماي شەھىرى	9 458	3 752	9 697	8 732		6 904		8 842
石河子市 شىخەنزە شەھىرى	5 078	5 140		5 044	5 785	3 635	6 161	5 445
吐鲁番地区 تۇرپان ۋىلايىتى	7 045	2 989	10 316	4 295	7 194	5 112	7 360	6 477
哈密地区 قۇمۇل ۋىلايىتى	5 150	3 817	7 132	3 775	7 098	4 379	5 474	4 708
昌吉州 سانجى ئوبلاستى	4 998	4 455	5 146	5 138	8 606	4 365	6 308	5 705
伊犁州 ئىلى ئوبلاستى	4 618	3 248		4 896	6 540	2 456	4 183	6 141
伊犁地区 ئىلى ۋىلايىتى	4 209	3 443	3 991	4 746	5 761	4 339	5 074	5 536
塔城地区 تارباغاتاي ۋىلايىتى	3 670	2 974	4 651	4 405	5 057	3 109	5 107	5 272
阿勒泰地区 ئالتاي ۋىلايىتى	4 432	2 976	3 992	3 645	5 048	4 148	5 809	6 503
博州 بۆرتالا ئوبلاستى	4 883	4 597	4 968	3 997	5 207	4 770	4 874	6 008
巴州 بايىنغولىن ئوبلاستى	4 655	3 498	6 158	4 821	8 482	3 748	6 365	5 509
阿克苏地区 ئاقسۇ ۋىلايىتى	4 678	4 314	3 721	4 024	4 912	4 770	4 550	4 958
克州 قىزىلسۇ ئوبلاستى	5 359	3 248	5 095	4 157	4 279	3 720	5 769	6 307
喀什地区 قەشقەر ۋىلايىتى	5 234	3 911	4 089	4 476	6 112	4 310	5 549	5 710
和田地区 خوتەن ۋىلايىتى	5 248	3 249	4 931	4 055	4 624	3 610	5 325	5 874

3—44 续表1 داۋامى1

单位：元 بىرلىكى: تۈمەن نەپەر

年份地区 يىللار، رايونلار		批发和零售贸易、餐饮业 توپ تارقىتىش ۋە پارچە سېتىش، يېمەك-ئىچمەك كەسپى	金融、保险业 پۇل مۇئامىلە، سۇغۇرتا كەسپى	房地产业 ئۆي جاي كەسپى	社会服务业 ئىجتىمائىي مۇلازىمەت كەسپى	卫生、体育和社会福利业 سەھىيە، تەنتەربىيە ۋە ئىجتىمائىي پاراۋانلىق كەسپى	教育、文化艺术和广播电影电视业 مائارىپ، مەدەنىيەت سەنئەت ۋە رادىئو، كىنو، تېلېۋىزىيە كەسپى	科学研究和综合技术服务事业 پەن تەتقىقات ۋە ئۇنىۋېرسال تېخنىكا مۇلازىمەت كەسپى	国家机关政党机关和社会团体 دۆلەت ئورگانلىرى، سىياسىي پارتىيە ئورگانلىرى ۋە ئىجتىمائىي تەشكىلاتلار	其他 باشقىلار
1978		780	849	550	852	741	692	858	893	
1980		943	910	974	970	905	865	1 000	992	
1981		962	1 034	849	1 000	929	887	1 040	1 013	
1982		977	1 027	911	1 017	1 047	1 001	1 091	1 036	
1983		1 022	1 123	1 135	1 086	1 106	1 051	1 240	1 209	
1984		1 180	1 446	1 158	1 197	1 262	1 182	1 401	1 291	
1985		1 363	1 656	1 545	1 391	1 558	1 531	1 756	1 610	
1986		1 674	1 834	1 545	1 622	1 800	1 700	2 022	1 851	
1987		1 741	1 932	1 664	1 652	1 914	1 776	2 086	2 003	
1988		2 019	2 309	1 850	1 863	2 187	2 160	2 395	2 227	
1989		2 215	2 491	1 869	2 032	2 402	2 315	2 541	2 413	
1990		2 454	2 741	2 273	2 242	2 674	2 562	2 743	2 566	
1991		2 702	3 001	2 643	2 549	2 913	2 768	3 085	2 810	
1992		3 031	3 590	2 895	2 841	3 371	3 249	3 661	3 444	
1993		3 601	4 048	3 365	3 031	3 627	3 622	3 714	3 847	5 798
1994		4 154	8 384	4 642	4 337	5 060	4 854	5 695	5 076	3 985
1995		5 118	9 477	5 440	4 875	6 389	6 032	6 832	6 130	8 220
乌鲁木齐市	ئۈرۈمچى شەھىرى	6 295	9 717	7 560	5 433	7 608	7 085	7 480	6 767	8 650
克拉玛依市	قاراماي شەھىرى	8 885	14 676	7 167	7 026	10 160	12 558	14 080	11 772	
石河子市	شىخەنزە شەھىرى	4 365	8 133	7 345	4 376	6 926	6 527	6 647	5 966	7 333
吐鲁番地区	تۇرپان ۋىلايىتى	4 403	8 888	5 889	4 208	5 713	5 602	4 941	5 531	6 417
哈密地区	قۇمۇل ۋىلايىتى	5 554	9 467	4 466	4 575	6 617	6 004	5 616	5 908	5 111
昌吉州	سانجى ئوبلاستى	4 486	9 171	3 969	3 775	6 919	5 724	6 198	5 664	4 414
伊犁州	ئىلى ئوبلاستى	4 915	7 502	5 459	4 333	6 728	6 524	5 984	6 090	
伊犁地区	ئىلى ۋىلايىتى	4 217	7 979	5 135	3 854	5 678	4 878	5 882	5 594	5 643
塔城地区	تارباغاتاي ۋىلايىتى	4 631	9 091	4 300	4 832	5 745	5 576	5 928	5 540	
阿勒泰地区	ئالتاي ۋىلايىتى	4 311	10 266	4 597	5 004	6 549	6 429	6 209	6 352	6 163
博州	بۆرتالا ئوبلاستى	4 417	8 205	4 534	4 010	5 917	5 667	5 295	5 820	5 433
巴州	بايىنغولىن ئوبلاستى	5 020	9 275	4 468	4 803	6 086	5 990	6 551	6 219	6 490
阿克苏地区	ئاقسۇ ۋىلايىتى	3 734	8 919	3 751	4 674	5 721	5 598	5 416	5 942	4 993
克州	قىزىلسۇ ئوبلاستى	4 501	10 243	5 480	4 669	5 846	6 191	5 905	6 154	6 505
喀什地区	قەشقەر ۋىلايىتى	4 299	9 622	6 078	4 022	6 056	5 912	5 669	6 074	6 400
和田地区	خوتەن ۋىلايىتى	4 665	10 545	5 889	4 413	5 624	6 365	6 118	6 081	

شەھەر، بازارلاردىكى كوللېكتىپ ئىگىلىك ئورۇنلىرىدىكى ساھەلەرگە ئايرىلغان ئىشچى- خىزمەتچىلەرنىڭ ئوتتۇرىچە ئىش ھەققى

3—45 城镇集体经济单位分行业职工平均工资

بىرلىكى: تۈمەن يۈەن 单位：元

يىللار، رايونلار 年份地区		جەمئىي 合计	دېھقانچىلىق، ئورمانچىلىق، چارۋىچىلىق، بېلىقچىلىق 农、林、牧、渔业	ئېچىش، قېزىش كەسپى 采掘业	ياساش كەسپى 制造业	ئېلېكتىر ئېنېرگىيە، كۆمۈرگازى ۋە سۇ ئىشلەپچىقىرىش ۋە تەمىنلەش كەسپى 电力、煤气和水生产供应业	بىناكارلىق 建筑业	گېئولوگىيىلىك قېدىرىپ تەكشۈرۈش، سۇ ئىنشائاتىنى باشقۇرۇش كەسپى 地质勘查业、水利管理业	قاتناش ترانسپورت، ئىسكىلاتتا ساقلاش ۋە پوچتا-تېلېگراف 交通运输、仓储和邮电通信业
1978		614	297	2 330	679		739		821
1980		676	421	1 758	692		944		769
1981		672	403	1 875	709		886		2 013
1982		722	423	2 203	748		947		998
1983		767	414	3 250	787		1 020		1 070
1984		923	619	2 501	878		1 161		1 249
1985		1 038	728	2 908	1 017	2 235	1 225	1 250	1 293
1986		1 158	903	3 045	1 028	1 810	1 346	1 620	1 349
1987		1 361	1 159	2 018	1 175	1 585	1 554	1 746	1 477
1988		1 467	1 279	2 127	1 358	1 572	1 633	1 484	1 763
1989		1 554	1 101	2 550	1 462	1 710	1 717	1 518	2 012
1990		1 765	1 083	2 881	1 632	1 813	2 034	1 550	2 054
1991		2 060	1 142	2 815	1 806	1 843	2 608	2 110	2 571
1992		2 317	1 420	3 010	2 140	2 380	2 831	2 330	2 926
1993		2 889	1 597	2 752	2 660	1 990	3 424		3 435
1994		3 585	2 443	3 779	3 439	3 217	3 784	2 905	4 379
1995		4 509	3 536	5 614	4 418	6 497	4 589	3 990	5 655
乌鲁木齐市	ئۈرۈمچى شەھىرى	5 050	4 261	6 452	5 013	5 302	5 849	5 962	3 716
克拉玛依市	قاراماي شەھىرى	7 172		5 542	6 815	7 942	6 917		10 723
石河子市	شىخەنزە شەھىرى	4 335		3 350			6 323		5 195
吐鲁番地区	تۇرپان ۋىلايىتى	4 219		4 625	4 196	6 570	3 343		7 667
哈密地区	قۇمۇل ۋىلايىتى	4 303	4 350	6 344	4 581		3 365	3 502	2 600
昌吉州	سانجى ئوبلاستى	4 226	3 669	5 227	4 050	5 580	4 460		4 180
伊犁州	ئىلى ئوبلاستى	5 068	1 859		4 901		6 364		2 590
伊犁地区	ئىلى ۋىلايىتى	3 689	4 748	3 768	3 748	7 304	3 280	6 375	6 502
塔城地区	تارباغاتاي ۋىلايىتى	3 717	3 870	4 704	3 373		4 321		4 276
阿勒泰地区	ئالتاي ۋىلايىتى	3 451	2 848	4 872	3 265	4 794	4 220	4 346	
博州	بۆرتالا ئوبلاستى	3 879		3 793	3 461	5 632	3 991		2 750
巴州	بايىنغولىن ئوبلاستى	4 569	1 980	5 947	3 605		4 509		4 930
阿克苏地区	ئاقسۇ ۋىلايىتى	3 551	3 846	1 667	3 297		3 659		5 294
克州	قىزىلسۇ ئوبلاستى	4 165	4 667	15 323	2 303		3 860		2 250
喀什地区	قەشقەر ۋىلايىتى	4 016	3 447	3 000	3 417	4 455	3 852		3 306
和田地区	خوتەن ۋىلايىتى	3 751	1 370	3 161	2 506		2 906		6 309

3—45 续表 1 داۋامى

بىرلىكى: تۈمەن نەپەر 单位:元

يىللار، رايونلار 年份地区	تۈپ تارقىتىش ۋە پارچە سېتىش، يېمەك، ئىچمەك كەسپى 批发和零售贸易、餐饮业	پۇل مۇئامىلە، سۇغۇرتا كەسپى 金融、保险业	ئۆي جاي كەسپى 房地产业	ئىجتىمائىي مۇلازىمەت كەسپى 社会服务业	سەھىيە، تەنتەربىيە ۋە ئىجتىمائىي پاراۋانلىق كەسپى 卫生、体育和社会福利业	مائارىپ، مەدەنىيەت سەنئەت ۋە رادىئو، كىنو، تېلېۋىزىيە كەسپى 教育、文化艺术和广播电影电视业	پەن تەتقىقات ۋە ئۇنىۋېرسال تېخنىكا مۇلازىمەت كەسپى 科学研究和综合技术服务事业	دۆلەت ئورگانلىرى، سىياسىي پارتىيە ئورگانلىرى ۋە ئىجتىمائىي تەشكىلاتلار 国家机关政党机关和社会团体	باشقىلار 其他
1978	515	556		540	772	645		599	
1980	591	776		724	733	518		667	
1981	612	823		623	726	680	350	746	
1982	628	885		640	908	807		788	
1983	644	930		791	968	825		920	
1984	875	942		798	1 093	940	610	1 040	
1985	980	973		977	1 355	900	460	1 095	
1986	1 262	1 435		1 144	1 363	1 115	790	1 471	
1987	1 538	1 414		1 625	1 623	1 113	1 200	1 574	
1988	1 512	1 686		1 227	1 743	1 414	1 940	1 794	
1989	1 624	1 796		1 520	1 663	1 508	2 120	1 748	
1990	1 850	1 825	693	1 801	2 240	1 925	1 640	1 733	
1991	2 137	1 988	2 608	2 029	2 251	2 263	2 493	2 198	
1992	2 249	2 821	2 400	2 126	2 788	2 922	2 520	2 201	
1993	2 997	3 235	3 083	2 235	3 211	3 310	2 785	3 464	4 939
1994	3 360	5 970	4 439	3 494	4 371	2 986	5 600	4 520	3 662
1995	4 121	7 111	5 563	3 990	5 243	3 841	8 647	4 145	5 897
乌鲁木齐市 ئۈرۈمچى شەھىرى	4 716	6 803	6 255	3 724	6 783	3 660	6 257	9 654	5 269
克拉玛依市 قاراماي شەھىرى	7 604	12 966	5 163	6 786	10 333	5 400	12 170		
石河子市 شىخەنزە شەھىرى	4 758	6 944		3 746					8 174
吐鲁番地区 تۇرپان ۋىلايىتى	3 379	7 052		3 171					7 515
哈密地区 قۇمۇل ۋىلايىتى	4 135	6 150		5 298	4 750	5 545		4 545	
昌吉州 سانجى ئوبلاستى	3 202	7 790	3 914	4 187	5 518	4 174		3 904	
伊犁州 ئىلى ئوبلاستى	5 454	6 563		2 760					
伊犁地区 ئىلى ۋىلايىتى	3 461	8 290		3 930	4 446			2 946	
塔城地区 تارباغاتاي ۋىلايىتى	3 334	6 496		2 873		3 273		4 128	
阿勒泰地区 ئالتاي ۋىلايىتى	2 388	6 503		3 759				2 193	
博州 بۆرتالا ئوبلاستى	4 398	6 628	5 000	2 935				6 058	
巴州 بايىنغولىن ئوبلاستى	4 894	7 149	6 000	4 111			4 190	500	
阿克苏地区 ئاقسۇ ۋىلايىتى	3 373	6 066		2 899		4 706		5 536	
克州 قىزىلسۇ ئوبلاستى	3 903	7 324		4 706		3 176		3 800	5 160
喀什地区 قەشقەر ۋىلايىتى	4 374	7 073		3 123	3 503	1 286	4 750	5 339	
和田地区 خوتەن ۋىلايىتى	4 237	7 556		2 382	1 600			7 038	

主要统计指标解释

ئاساسلىق ستاتىستىكا كۆرسەتكۈچلىرىنىڭ ئىزاھاتى

ئاھالە سانى: بۇ مەلۇم ۋاقىت ۋە مەلۇم رايون دائىرىسى ئىچىدىكى ھايات بار شەخسلەرنىڭ ئومۇمىي جەمئىسىنى كۆرسىتىدۇ. يىللىق ستاتىستىكا قىلىنىدىغان يىل ئاخىردىكى ئاھالە سانى ھەر يىلى 12-ئاينىڭ 31-كۈنى سائەت 24دىكى ئاھالە سانىنى كۆرسىتىدۇ. يىللىق ستاتىستىكا قىلىنىدىغان مەملىكەت بويىچە ئومۇمىي ئاھالە سانى تەيۋەن ئۆلكىسى ۋە شاڭگاڭ، ئاۋمېندىكى قېرىنداشلارنىڭ شۇنىڭدەك چەتئەللەردىكى جۇڭگو مۇھاجىرلىرىنىڭ سانىنى ئۆز ئىچىگە ئالمايدۇ.

شەھەر، بازارلارنىڭ ئومۇمىي ئاھالىسى ۋە يېزا، كەنتلەرنىڭ ئومۇمىي ئاھالىسى دائىم تۇرۇشلۇق ئاھالە بويىچە ئايرىلغان.

شەھەر-بازارلارنىڭ ئومۇمىي ئاھالىسى: بۇ شەھەر، بازارلارغا قاراشلىق رايونلاردىكى بارلىق ئاھالىنى كۆرسىتىدۇ.

يېزا-كەنت ئومۇمىي ئاھالىسى: بۇ ناھىيەلەر (بازارنى ئۆز ئىچىگە ئالمايدۇ) نىڭ بارلىق ئاھالىسىنى ئۆز ئىچىگە ئالىدۇ.

شەھەر: بۇ دۆلەت "شەھەر"تەشكىلى تۈزۈلمىسى قۇرۇشنى تەستىقلىغان شەھەرلەرنى كۆرسىتىدۇ.

بازار: بۇ ئۆلكە، ئاپتونوم رايون، بىۋاستە قاراشلىق·شەھەرلەر تەستىقلىغان بازارلارنى كۆرسىتىدۇ. 1963-يىلدىن ئىلگىرى دائىم تۇرۇشلۇق ئاھالىسى 2مىڭدىن ئارتۇق، غەيرى يېزا ئىگىلىك ئاھالىسى %50دىن كۆپرەكىنى ئىگىلەيدىغان لىەيدىغانلاربازار قىلىپ قۇرۇلغان. 1964-يىلدىن باشلاپ دائىم تۇرۇشلۇق ئاھالىسى 3مىڭدىن ئارتۇق بولغان، غەيرى يېزا ئىگىلىك ئاھالىسى %70دىن كۆپرەكىنى ئىگىلىگەن ياكى دائىم تۇرۇشلۇق ئاھالىسى 2مىڭ بەش يۈزدىن ئارتۇق بولۇپ 3مىڭغا توشمىغان، غەيرى يېزا ئىگىلىك ئاھالىسى58 % دىن كۆپرەكىنى بولۇشقا ئۆزگەرتىلگەن. 1984-يىلدىن كېيىن يەنە تەڭشەپ، ئومۇمەن ناھىيە دەرىجىلىك يەرلىك دۆلەت ئورگانلىرى تۇرۇشلۇق جايلار ياكى ئومۇمىي ئاھالىسى 20مىڭدىن تۆۋەن بولغان يېزا ئىگىلىك ھۆكۈمەتلەر تۇرۇشلۇق بولغان، غەيرى يېزا ئىگىلىك ئاھالىسى 2مىڭدىن ئاشىدىغان جايلار ياكى ئومۇمىي ئاھالىسى 20مىڭدىن ئاشىدىغان يېزا ۋە يېزىلىق ھۆكۈمەت تۇرۇشلۇق بولغان، غەيرى يېزا ئىگىلىك ئاھالىسى پۈتۈن يېزا ئاھالىسىنىڭ %10دىن كۆپرەكىنى ئىگىلەيدىغان جايلار؛ ياكى ئازسانلىق مىللەت رايونلىرى، ئاھالىسى شالاڭ چەت يىراق رايونلار، تاغلىق رايونلار ۋە كىچىك سانائەت كان رايونلىرى، كىچىك پورتلار، مەنزىرىلىك ساياھەت رايونلىرى، چېگرا ئېغىزلىرى قاتارلىق جايلاردا، گەرچە غەيرى يېزا ئىگىلىك ئاھالىسى 2مىڭغا يەتمىسىمۇ، بازار قۇرۇشقا بولىدىغان قىلىنغان.

تۇغۇلۇش نىسبىتى (يىرىك تۇغۇلۇش نىسبىتىمۇ دېيىلىدۇ) بۇ مەلۇم مەزگىل ئىچىدە (ئادەتتە بىر يىل بولىدۇ) ئوتتۇرىچە ھەر مىڭ ئادەم ئىچىدىكى تۇغۇلغان ئادەم سانىنىڭ نىسبىتىنى كۆرسىتىدۇ. ئادەتتە پىرومىللى بويىچە ئىپادىلىنىدۇ. ھېسابلاش فورمۇلاسى مۇنداق.

تۇغۇلۇش نىسبىتى = يىللىق تۇغۇلغان ئادەم سانى ÷ يىللىق ئوتتۇرىچە ئادەم سانى × 1000‰

تۇغۇلغان ئادەم سانى ھايات تۇغۇلغان بوۋاقلارنى كۆرسىتىدۇ. يەنى بالا ئانا تېنىدىن ئايرىلغاندا (ھامىلدار بولغان ئاي سانىنىڭ قانچە بولىشىدىن قەتئىي نەزەر) نەپەس ئالغان ياكى باشقا ھاياتلىق ئالامەتلىرى بولغانلار.

يىللىق ئوتتۇرىچە ئادەم سانى : يىل بېشى ۋە يىل ئاخىردىكى ئاھالە سانىنىڭ ئوتتۇرىچە سانىنى كۆرسىتىدۇ. بۇنىڭ ئورنىغا يىل ئوتتۇرىسىدىكى سانىنى ئىشلىتىشكىمۇ بولىدۇ.

ئۆلۈش نىسبىتى : (يىرىك ئۆلۈش نىسبىتىمۇ دېيىلىدۇ) بۇ مەلۇم مەزگىل ئىچىدىكى (ئادەتتە بىر يىل بولىدۇ) مەلۇم رايوندىكى ئۆلگەن ئادەم سانى بىلەن ئوخشاش مەزگىلدىكى ئوتتۇرىچە ئادەم سانىنىڭ (ياكى مەزگىل ئوتتۇرىسىدىكى ئادەم سانىنىڭ) سېلىشتۇرمىسىنى كۆرسىتىدۇ. بۇ ئادەتتە پىرومىللى بىلەن ئىپادىلىنىدۇ. ھېسابلاش فورمىلاسى مۇنداق:

ئۆلۈش نىسبىتى = يىللىق ئۆلگەن ئادەم سانى ÷ يىللىق ئوتتۇرىچە ئادەم سانى × 1000‰

ئاھالىنىڭ تەبىئىي كۆپىيىش نىسبىتى : بۇ مەلۇم مەزگىل ئىچىدە (ئادەتتە بىر يىل بولىدۇ) ئاھالىنىڭ تەبىئىي كۆپەيگەن سانى (تۇغۇلغان ئادەم ساندىن ئۆلگەن ئادەم سانىنى ئېلىۋەتكەندىن كېيىنكى) بىلەن شۇ مەزگىل ئىچىدىكى ئوتتۇرىچە ئادەم سانىنىڭ (ياكى مەزگىل ئوتتۇرىسىدىكى ئادەم سانىنىڭ) سېلىشتۇرمىسىنى كۆرسىتىدۇ. ئادەتتە پىرومىللى بىلەن ئىپادىلىنىدۇ. ھېسابلاش فورمۇلاسى مۇنداق:

ئاھالىنىڭ تەبىئىي كۆپىيىش نىسبىتى =شۇ يىلى تۇغۇلغان ئادەم سانى -شۇ يىلى ئۆلگەن ئادەم سانى÷ يىللىق ئوتتۇرىچە ئادەم سانى× 1000‰

ئاھالىنىڭ تەبىئىي كۆپىيىش نىسبىتى =ئاھالىنىڭ تۇغۇلۇش نىسبىتى -ئاھالىنىڭ ئۆلۈش نىسبىتى .

خىزمەتتىكى ئاھالە (ئىشقا ئورۇنلاشقان ئاھالىمۇ دېيىلىدۇ) : بۇ 15ياش ۋە 15ياشتىن يۇقۇرى ئاھالە ئىچىدىكى مەلۇم ئىجتىمائىي ئەمگەك بىلەن شۇغۇللىنىدىغان ۋە ئەمگەك ئىش ھەققى ئالىدىغان ياكى تىجارەت كىرىمىگە ئىگە بولىدىغان ئاھالىلارنى كۆرسىتىدۇ.

خىزمەت قىلمىغان ئاھالە: بۇ 15ياش ۋە 15ياشتىن يۇقۇرى ئاھالە ئىچىدىكى ئىجتىمائىي ئەمگەك بىلەن شۇغۇللانمىغان ئاھالىلارنى كۆرسىتىدۇ. ئۇ مەكتەپتە ئوقۇۋاتقان ئوقۇغۇچىلار، ئائىلە ئىشلىرى بىلەن شۇغۇللىنىدىغان، يۇقۇرى مەكتەپكە ئۆرلەشنى كۈتۈپ تۇرغان، شەھەر بازارلاردا ئىش كۈتۈپ تۇرغان، دەم ئېلىشقا، پىنسىيىگە چىققان، خىزمەتتىن چېكىنگەن، ئەمگەك ئىقتىدارىنى يوقاتقان قاتارلىق خىزمەتتە بولمىغان ئاھالىلارنىمۇ ئۆز ئىچىگە ئالىدۇ.

كەسىپ بىلەن شۇغۇللىنىدىغان خادىملار: بۇ مەلۇم ئىجتىمائىي ئەمگەك بىلەن شۇغۇللىنىدىغان ۋە ئەمگەك ئىش ھەققى ئالىدىغان ياكى تىجارەت كىرىمىگە ئىگە بولىدىغان خادىملارنى كۆرسىتىدۇ. كەسىپ بىلەن شۇغۇللىنىدىغان خادىملار ئىشقا ئورۇنلىشىش سالاھىيىتى بويىچە گۇرۇپپىغا ئايرىلغاندا مۇنۇلارنى ئۆز ئىچىگە ئالىدۇ:

1) ئىشچى - خىزمەتچى

2) قايتا خىزمەت قىلىۋاتقان، دەم ئېلىشقا، پىنسىيىگە چىققان

خادىملار

3) خۇسۇسىي ئىگىلىك خوجايىنلىرى
4) يەككە ئىگىلىك خوجايىنلىرى
5) خۇسۇسىي كارخانىلار ۋە يەككە ئىگىلىكتە ئىشلەۋاتقان خادىملار
6) يېزا-بازار كارخانىلىرىدا ئىشلەۋاتقان خادىملار
7) يېزىلاردا كەسىپ بىلەن شۇغۇللىنىدىغان خادىملار
8) باشقا كەسىپ بىلەن شۇغۇللىنىۋاتقان خادىملار

باشقا كەسىپ بىلەن شۇغۇللىنىۋاتقان خادىملار ھەربىي مەجبۇرىيەت ئۆتەۋاتقان ھەربىيلەرنىمۇ ئۆز ئىچىگە ئالىدۇ.

قايتا خىزمەت قىلىۋاتقان دەم ئېلىشقا، پېنسىيىگە چىققان خادىملار: بۇ مۇستەقىل قانۇنى ئىگە ئورۇنلىرى ياكى ئۇلارنىڭ قارمىقىدىكى ئورۇنلار تەرىپىدىن خىزمەت قىلىشقا تەكلىپ قىلىنغان ۋە بۇ خىزمەت ئۈچۈن ئىش ھەققى ئېلىۋاتقان دەم ئېلىشقا، پېنسىيىگە چىققان خادىملارنى كۆرسىتىدۇ. ئۇ يەككە ئەمگەك بىلەن شۇغۇللىنىۋاتقان شۇنىڭدەك خۇسۇسىي كارخانىلاردا، يېزا-بازار كارخانىلىرىدا خىزمەت قىلىۋاتقان قايتا ئىشقا ئورۇنلاشقان دەم ئېلىشقا، پېنسىيىگە چىققان خادىملارنى ۋاقىتنچە ئۆز ئىچىگە ئالمايدۇ.

خۇسۇسىي ئىگىلىك خوجايىنلىرى: بۇ سودا-سانائەت مەمۇرىي باشقۇرۇش ئورۇنلىرى تىزىمغا ئېلىپ تەستىقلاش بىلەن خۇسۇسىي كارخانا تىجارەت كىنىشكىسى ئالغان، ئىشلەپچىقىرىش ئىگىلىك باشقۇرۇش پائالىيىتىگە بىۋاستە قاتنىشىدىغان، ھەم ئىشلەپچىقىرىش پايدىسىدىن ئەمگەك كىرىمىگە ئىگە بولىدىغان خادىملارنى كۆرسىتىدۇ.

يەككە ئىگىلىك خوجايىنلىرى: سودا-سانائەت مەمۇرىي باشقۇرۇش تارماقلىرىنىڭ تىزىمغا ئېلىپ تەستىقلىشى ئارقىلىق يەككە تىجارەت كىنىشكىسى ئالغان، ئىشلەپچىقىرىش تىجارىتى پائالىيىتىگە بىۋاستە قاتنىشىدىغان ھەم ئىشلەپچىقىرىش تىجارىتى پايدىسىدىن ئەمگەك كىرىمىگە ئىگە بولىدىغان خادىملارنى كۆرسىتىدۇ.

خۇسۇسىي ئىگىلىك كارخانىلىرىدا ۋە يەككە ئىگىلىكتە ئىشلەيدىغان خادىملار: بۇ خۇسۇسىي ئىگىلىك كارخانىلىرى ياكى يەككە ئىگىلىك ئورۇنلىرىدا ئەمگەك قىلىدىغان ۋە ئەمگەك ئىش ھەققى ئالىدىغان خادىملارنى كۆرسىتىدۇ. ئۇ خۇسۇسىي ئىگىلىك ياكى يەككە ئىگىلىك ئورۇنلىرىدا ئەمگەك قىلىۋاتقان ياردەمچى ئىشچى، شاگىرت ۋە ياللانما خادىملارنى ئۆز ئىچىگە ئالىدۇ.

يېزا-بازار كارخانىلىرىدا ئىشلەۋاتقان خادىملار: بۇ يېزا-بازار كارخانىلىرىدا ئەمگەك قىلىۋاتقان ھەم ئەمگەك ئىش ھەققى ئېلىۋاتقان خادىملارنى كۆرسىتىدۇ.

يېزىلاردىكى كەسىپ بىلەن شۇغۇللىنىدىغان خادىملار: بۇ نوپۇسى يېزىدا بولۇپ، ھەر خىل ئەمگەكلەرگە قاتنىشىپ، شۇنىڭغا مۇناسىپ ماددىي نەرسىلەر ياكى نەق پۇل كىرىمىگە ئىگە بولىدىغان خادىملارنى كۆرسىتىدۇ.

باشقا كەسىپتىكى خادىملار: بۇ يۇقىرىدا ئېيتىلغاندىن سىرت باشقا ھەر خىل كەسىپلەر بىلەن شۇغۇللىنىدىغان خادىملارنى كۆرسىتىدۇ. خەلق باشقۇرۇشىدىكى ئوقۇتقۇچى، دىنىي كەسىپ بىلەن شۇغۇللىنىدىغانلارنىمۇ ئۆز ئىچىگە ئالىدۇ.

دىنىي كەسىپ بىلەن شۇغۇللىنىدىغانلار: بۇ مەخسۇس دىنىي كەسىپ بىلەن شۇغۇللىنىدىغان راھىب، راھىبە، مۇناخ، باستىر، پوپ، ئاخۇن، لاما قاتارلىقلارنى كۆرسىتىدۇ. ئەمما دىنىي ئىشلار ئورگانلىرى ياكى تەشكىلاتلىرىدا غەيرىي دىنىي كەسىپ بىلەن شۇغۇللىنىدىغان خادىملار (مەسىلەن : ئورگانلاردىكى ئىش بېجىرگۈچى، مائارىپ، سەھىيە خادىملىرى)نى ئۆز ئىچىگە ئالمايدۇ.

شەھەر-بازارلاردىكى ئىشسىزلار: بۇ غەيرىي يېزا ئىگىلىك نوپۇسى بار، مەلۇم ئەمگەك يېشى ئىچىدە بولۇپ، ئەمگەك ئىقتىدارىغا ئىگە بولسىمۇ ئىشسىز بولۇپ، ئىشقا ئورۇنلاشتۇرۇشنى تەلەپ قىلىۋاتقان ۋە شۇ يەرلىك ئىشقا ئورۇنلاشتۇرۇش مۇلازىمىتى ئورگانلىرىغا ئىشسىزلار تىزىملىكىگە تىزىملاتقان خادىملارنى كۆرسىتىدۇ.

شەھەر-بازارلاردىكى ئىشسىزلار نىسبىتى: بۇ شەھەر-بازارلاردىكى ئىشسىزلار سانى بىلەن شەھەر-بازارلاردىكى ئىشتىكى خادىملارنىڭ سانىغا شەھەر-بازارلاردىكى ئىشسىزلارنىڭ سانىنى قوشقان سانىنىڭ سېلىشتۇرمىسىنى كۆرسىتىدۇ. بۇنىڭ ھېسابلاش فورمۇلاسى مۇنداق:

شەھەر-بازارلاردىكى ئىشسىزلىق نىسبىتى = شەھەر-بازارلاردىكى ئىشسىزلارنىڭ سانى ÷ شەھەر-بازارلاردىكى ئىشتىكى خادىملار +شەھەر بازارلاردىكى ئىشسىزلار سانى

ئىشتىكى خادىملارنىڭ ئەمگەك ئىش ھەققى: بۇ ھەر قايسى ئورۇنلارنىڭ مەلۇم مەزگىل ئىچىدە بىۋاستە شۇ ئورۇندا ئىشلەۋاتقان بارلىق خادىملارغا تۆلىگەن ئەمگەك ئىش ھەققى ئومۇمىي سوممىسىنى كۆرسىتىدۇ. ئۇ ئىشچى-خىزمەتچىلەرنىڭ ئىش ھەققى ئومۇمىي سوممىسى ۋە شۇ ئورۇندا ئىشلەۋاتقان باشقا خادىملارنىڭ ئەمگەك ئىش ھەققىدىن ئىبارەت ئىككى قىسمىنى ئۆز ئىچىگە ئالىدۇ.

ئىشچى-خىزمەتچىلەرنىڭ ئىش ھەققى ئومۇمىي سوممىسى: بۇ ھەر قايسى ئورۇنلارنىڭ مەلۇم مەزگىل ئىچىدە بىۋاستە شۇ ئورۇندىكى بارلىق ئىشچى-خىزمەتچىلەرگە تۆلىگەن ئەمگەك ئىش ھەققى ئومۇمىي سوممىسىنى كۆرسىتىدۇ.

ئىش ھەققى ئومۇمىي سوممىسىنى ھېسابلاش پىرىنسىپى بويىچە بىۋاستە ئىشچى-خىزمەتچىلەرگە تۆلىگەن بارلىق ئەمگەك ئىش ھەققىنى ئاساس قىلىشى كېرەك. ھەر قايسى ئورۇنلار ئىشچى-خىزمەتچىلەرگە تۆلىگەن ئەمگەك ئىش ھەققى ۋە باشقا مۇناسىۋەتلىك بەلگىلىمىلەرگە ئاساسەن تۆلىگەن ئىش ھەققى، مەيلى تەننەرخقە ھېسابلانغان ياكى ھېسابلانمىغان بولۇشىدىن ، مەيلى دۆلەتنىڭ بەلگىلىمىسى بويىچە مۇكاپات پۇلى بېجىنى ئېلىش تۈرىگە كىرگۈزۈلگەن ياكى كىرگۈزۈلمىگەن بولۇشىدىن، مەيلى پۇل شەكلىدە بويىچە ياكى ماددىي نەرسە شەكلىدە تۆلەنگەن بولۇشىدىن قەتئىي نەزەر ھەممىسى بىردەك ئىش ھەققى ئومۇمىي سوممىسى ئىچىگە كىرىدۇ.

ۋاقىتقا قاراپ بېرىلىدىغان ئىش ھەققى: بۇ ۋاقىتقا قاراپ بېرىلىدىغان ئىش ھەققى ئۆلچىمى (رايونلارنىڭ تۇرمۇش خىراجىتى ياردەم پۇلى)ۋە خىزمەت ۋاقتىغا قاراپ شەخسلەرگە بېرىلىدىغان ئەمگەك ئىش ھەققىنى، شۇنىڭدەك دۆلەتنىڭ قانۇن-نىزاملىرى ۋە سىياسەت بەلگىلىمىلىرىگە ئاساسەن كېسەل بولۇش، ئىش ئۈستىدە يارىلىنىش، تۇغۇتلۇق دەم ئېلىش، پىلانلىق تۇغۇت دەم ئېلىشى، توي قىلىش، دەپنە ئىشلىرى دەم ئېلىشى، رۇخسەت سوراش، تۇققان يوقلاش، قەرەللىك دەم ئېلىش، ئىشتىن توختاپ ئوقۇش، دۆلەت ياكى ئىجتىمائىي مەجبۇرىيەتنى ئىجرا قىلىش قاتارلىق سەۋەبلەر تۈپەيلىدىن ۋاقىتقا قاراپ بېرىلىدىغان ئىش ھەققى ئۆلچىمى ياكى ۋاقىتقا قاراپ بېرىلىدىغان ئىش ھەققى ئۆلچىمىنىڭ مەلۇم نىسبىتى بويىچە تۆلىگەن ئىش ھەققىنى كۆرسىتىدۇ.

ئىشقا قاراپ بېرىلىدىغان ئۆلچەملىك ئىش ھەققى: بۇ

ئىشقا قاراپ ئىش ھەققى بېرىش تۈزۈمىنى يولغا قويغان ئورۇنلار
تەستىقلانغان ئىشقا قاراپ بېرىلدىغان يەككە باھاسى ۋە بەلگىلەنگەن
ئەمگەك نورمىسى ياكى خىزمەت مىقدارى بويىچە ئىشچىلارغا تۆلىگەن
ئەمگەك ئىش ھەققىنى كۆرسىتىدۇ.

ئىشقا قاراپ بېرىلىدىغان نورمىدىن ئاشۇرۇلغان ئىش ھەققى: بۇ ئىشقا قاراپ بېرىلدىغان ئىش ھەققىنىڭ بىر قىسمى
بولۇپ، ئىشقا قاراپ ھەق ئالىدىغان ئىشچىلارنىڭ بەلگىلەنگەن ۋەزىپە-
سىنى نورمىدىن ئاشۇرۇپ ئورۇنلىغاندىن كېيىن ئېرىشكەن ئىش ھەق-
قىنى كۆرسىتىدۇ. يەنى ئىشقا قاراپ ھەق ئالىدىغان ئىشچىلار ئەمەلى
ئېرىشكەن بارلىق ئىشقا قاراپ بېرىلگەن ئىش ھەققىدىن ئېلىشقا تې-
گىشلىك ئىشقا قاراپ بېرىلدىغان ئۆلچەملىك ئىش ھەققىنى چىقىرۋەت-
كەندىن كېيىنكى سوممىسىنى كۆرسىتىدۇ.

بەزى كارخانىلاردىكى ئىشچىلارنىڭ ئىشلەپچىقىرىش بىلەن شۇ-
غۇللىنىدىغان ئىش دەرىجىسى شۇ كىشىنىڭ ئىش ھەققى دەرىجىسىدىن
يۇقىرى بولغانلىقتىن، ئۇ ئىشقا قاراپ بېرىلىدىغان ئۆلچەملىك ئىش
ھەققى شۇ كىشىنىڭ ئۆلچەملىك ئىش ھەققىدىن يۇقىرى بولىدۇ.
ئۇنىڭ ئىشقا قاراپ بېرىلىدىغان نورمىدىن ئاشۇرغان ئىش ھەققىمۇ
بارلىق ئىش ھەققىدىن ئېلىشقا تېگىشلىك ئىشقا قاراپ بېرىلدىغان
ئۆلچەملىك ئىش ھەققىنى ئېلىۋەتكەندىن كېيىنكى سوممىسى بولىدۇ.

مۇكاپات پۇلى: بۇ ئىشچى خىزمەتچىلەرگە نورمىدىن ئاشۇرۇپ
ئىشلىگەن ئەمگىكىگە بېرىلگەن ئەمگەك ئىش ھەققى ۋە كىرىمىنى
ئاشۇرۇپ چىقىمنى تېجىگەن ئەمگەك ئىش ھەققىنى كۆرسىتىدۇ.

قوشۇمچە ياردەم پۇلى ۋەقوشۇپ بېرىلگەن پۇل: بۇ ئىشچى
- خىزمەتچىلەرنىڭ ئالاھىدە ياكى نورمىدىن سىرت ئەمگەك سەرپىياتى-
نى تولۇقلاش ۋە باشقا ئالاھىدە سەۋەپلەر تۈپەيلىدىن ئىشچى-خىزمەتچى-
لەرگە بېرىلگەن قوشۇمچە ياردەم پۇلىنى كۆرسىتىدۇ.

باشقا كەسىپتىكى خادىملارنىڭ ئىش ھەققى: بۇ ھەر قايسى
ئورۇنلار مەلۇم مەزگىل ئىچىدە شۇ ئورۇندىكى باشقا كەسىپتىكى
خادىملارغا بىۋاستە تۆلىگەن بارلىق ئەمگەك ئىش ھەققىنى كۆرسىتى-
دۇ.

ئىشچى-خىزمەتچىلەرنىڭ ئوتتۇرىچە ئىش ھەققى: بۇ كارخا-
نا، كەسپىي ئورۇنلار، ئورگانلاردىكى ئىشچى - خىزمەتچىلەرنىڭ مەلۇم
مەزگىل ئىچىدە ئوتتۇرىچە ھەربىر ئادەم ئېرىشكەن پۇل ھېسابىدىكى
ئىش ھەققى سوممىسىنى كۆرسىتىدۇ. ئۇ ئىشچى-خىزمەتچىلەرنىڭ
مەلۇم مەزگىل ئىچىدىكى كىرىمىنىڭ يۇقىرى-تۆۋەنلىك دەرىجىسىنى
بىلدۈردىغان بولۇپ، ئۇ ئىشچى-خىزمەتچىلەرنىڭ ئىش ھەققى سەۋىيە-
سىنى ئەكس ئەتتۈردىغان مۇھىم كۆرسەتكۈچ. ئۇنىڭ ھېسابلاش فور-
مۇلاسى مۇنداق:

ئىشچى-خىزمەتچىلەرنىڭ ئوتتۇرىچە ئىش ھەققى=دوكلات قىلىش
مەزگىلىدىكى ئەمەلى تۆلەنگەن بارلىق ئىشچى-خىزمەتچىلەرنىڭ ئىش
ھەققى ئومۇمىي سوممىسى÷دوكلات قىلىش مەزگىلىدىكى بارلىق ئىش-
چى-خىزمەتچىلەرنىڭ ئوتتۇرىچە ئادەم سانى

ئىشچى-خىزمەتچىلەرنىڭ ئوتتۇرىچە ئەمەلى ئىش ھەققى:
بۇ مال باھاسىنىڭ ئۆزگىرىش ئامىلىنى چىقىرىۋەتكەندىن كېيىنكى
ئىشچى-خىزمەتچىلەرنىڭ ئوتتۇرىچە ئىش ھەققىنى كۆرسىتىدۇ. بۇنىڭ
فورمۇلاسى مۇنداق:

ئىشچى-خىزمەتچىلەرنىڭ ئوتتۇرىچە ئەمەلى ئىش ھەققى =دوكلات
مەزگىلىدىكى ئىشچى-خىزمەتچىلەرنىڭ ئوتتۇرىچە ئىش ھەققى÷دوكلات
مەزگىلىدىكى شەھەر-بازار ئاھالىلىرىنىڭ ئىستىمال باھاسى كۆرسەتكۈ-
چى

人口数 指一定时点、一定地区范围内的有生命的个人的总和。

年度统计的年末人口数是指每年 12 月 31 日 24 时的人口数。年度统计的全国人口总数内未包括台湾省和港澳同胞以及海外华侨人数。

市镇总人口和乡村总人口一般是按常住人口划分的。

市镇总人口 指市、镇辖区的全部人口。

乡村总人口 指县(不含镇)的全部人口。

市 是指经国家批准成立"市"建制的城市。

镇 是指经省、自治区、直辖市批准的镇。1963 年以前为常住人口在 2000 人以上,非农业人口占 50%以上的。1964 年起改为常住人口在 3000 人以上,非农业人口占 70%以上,或常住人口在 2500 人以上,不满足 3000 人,非农业人口占 85%以上的。1984 年后又调整为,凡县级地方国家机关所在地;或总人口在 20000 人以下的乡,乡政府驻地非农业人口超过 2000 人的;或总人口在 20000 人以上的乡,乡政府驻地非农业人口占全乡人口 10%以上;或少数民族地区、人口稀少的边远地区、山区和小型工矿区、小港口、风景旅游、边境口岸等地,非农业人口虽不足 2000 人,都可建镇。

出生率(又称粗出生率) 指在一定时期内(通常为一年)平均每千人所出生的人数的比率,一般用千分率表示。计算公式:

$$出生率=\frac{年出生人数}{年平均人数}\times 1000‰$$

出生人数是指活产婴儿,即胎儿脱离母体时(不管怀孕月数),有过呼吸或其他生命现象。

年平均人数是年初、年底人口数的平均数,也可用年中人口数代替。

死亡率(又称粗死亡率) 指在一定时期内(通常为一年)一定地区的死亡人数与同期平均人数(或期中人数)之比,一般用千分率表示。计算公式:

$$死亡率=\frac{年死亡人数}{年平均人数}\times 1000‰$$

人口自然增长率 指在一定时期内(通常为一年)人口自然增加数(出生人数减死亡人数)与该时期内平均人数(或期中人数)之比,一般用千分率表示。计算公式:

$$人口自然增长率=\frac{本年出生人数-本年死亡人数}{年平均人数}\times 1000‰$$

人口自然增长率=人口出生率-人口死亡率

在业人口(又称就业人口) 指十五周岁及十五周岁以上人口中从事一定的社会劳动并取得劳动报酬或经营收入的人口。

不在业人口 指十五周岁及十五周岁以上人口中未从事社会劳动的人口。包括:在校学生、料理家务、待升学、市镇待业、离退休、退职、丧失劳动能力等非在业人口。

从业人员 指从事一定社会劳动并取得劳动报酬或经营收入的人员。从业人员按就业身份分组包括:(1)职工

(2)再就业的离退休人员

(3)私营业主

(4)个体户主

(5)私营企业和个体从业人员

(6)乡镇企业从业人员

(7)农村从业人员

(8)其他从业人员

其他从业人员中包括现役军人。

再就业的离退休人员 指受聘于独立的法人机构单位或附属单位,并为其工作,领取劳动报酬的离退休人员。暂不包括从事个体劳动,以及在私营企业、乡镇企业工作的再就业的离退休人员。

私营业主 指在工商行政管理部门登记和批准,领取私营企业营业执照,直接参加生产经营管理活动,并从生产经营的盈利中取得劳动收入的人员。

个体户主 指在工商行政管理部门登记和批准,领取个体经营营业执照,直接参加生产经营活动,并从生产经营的盈利取得劳动收入的人员。

私营企业和个体从业人员 指在私营企业或个体经营者所经营的机构中劳动,并领取劳动报酬的人员。包括在私营或个体经营机构中劳动的帮工、学徒、雇用人员。

乡镇企业从业人员 指在乡镇企业劳动,并领取劳动报酬的人员。

农村从业人员 指户口在农村,并参加各种劳动,以取得相应实物或现金收入的人员。不包括在农村从事个体劳动,以及在私营企业、乡镇企业工作的人员。

其他从业人员 指除上述以外的各种从业人员。包括民办教师和宗教职业者。

宗教职业者 指专门从事宗教职业的和尚、道士、尼姑、修女、牧师、神甫、阿訇、喇嘛等人员。但不包括宗教职业机构或团体内从事非宗教职业的人员(如机关办事员、教育、医务人员)。

城镇失业人员 指有非农业户口,在一定的劳动年龄内,有劳动能力,无业而要求就业,并在当地就业服务机构进行失业登记的人员。

城镇失业率 是城镇失业人员与城镇在业人数加城镇失业人数之比。计算公式为:

$$城镇失业率=\frac{城镇失业人数}{城镇在业人数+城镇失业人数}\times 100\%$$

从业人员劳动报酬 指各单位在一定时期内直接支付给本单位全部从业人员的劳动报酬总额。包括职工工资总额和本单位其他从业人员劳动报酬两部分。

职工工资总额 指各单位在一定时期内直接支付给本单位全部职工的劳动报酬总额。

工资总额的计算原则应以直接支付给职工的全部劳动报酬为根据。各单位支付给职工的劳动报酬以及其他根据有关规定支付的工资,不论是计入成本的还是不计入成本的,不论是按国家规定列入计征奖金税项目的,还是未列入计征奖金税项目的,不论是以货币形式支付的还是以实物形式支付的,均包括在工资总额内。

计时工资 指按计时工资标准(包括地区生活费补贴)和工作时间支付给个人的劳动报酬,以及根据国家法律、法规和政策规定,因病、工伤、产假、计划生育假、婚丧假、事假、探亲

假、定期休假、停工学习、执行国家或社会义务等原因按计时工资标准或计时工资标准的一定比例支付的工资。

计件标准工资 是指实行计件工资制的单位按照批准的计件单价和规定的劳动定额或工作量应支付给计件工人的劳动报酬。

计件超额工资 是计件工资的一部分，指计件工人超额完成定额任务后所得的工资。即计件工人实得的全部计件工资减去应得的计件标准工资后的数额。某些企业的工人由于从事生产的工作物等级高于本人工资等级，因而其计件标准工资高于本人标准工资，其计件超额工资也应是全部工资减去应得的计件标准工资后的数额。

奖金 指支付给职工的超额劳动报酬和增收节支的劳动报酬。

津贴和补贴 指为了补偿职工特殊或额外的劳动消耗和因其他特殊原因支付给职工的津贴，以及为了保证职工工资水平不受物价影响支付给职工的物价补贴。

其他从业人员劳动报酬 指各单位在一定时期内直接支付给本单位其他从业人员的全部劳动报酬。

职工平均工资 指企业、事业、机关单位的职工在一定时期内平均每人所得的货币工资额。它表明一定时期职工工资收入的高低程度，是反映职工工资水平的主要指标。计算公式为：

$$职工平均工资=\frac{报告期实际支付的全部职工工资总额}{报告期全部职工平均人数}$$

职工平均实际工资 指扣除物价变动因素后的职工平均工资。计算公式为：

$$职工平均实际工资=\frac{报告期职工平均工资}{报告期城镇居民消费价格指数}$$

4

مۇقىم مۈلۈككە سېلىنغان مەبلەغ

固定资产投资

Investment in Fixed Assets

ھەر قايسى مەزگىللەردىكى پۈتۈن جەمئىيەتنىڭ مۇقىم مۈلۈككە سالغان مەبلىغى

4—1 各时期全社会固定资产投资

单位:万元 بىرلىكى:تۈمەن يۈەن

يىللار 年 份	جەمئى 合 计	دۆلەت ئىگىلىگىدىكى ئورۇنلار 国有单位	ئاساسىي قۇرۇلۇش 基本建设	يېڭىلاش، ئۆز گەرتىش 更新改造	تاۋار ئۆيلەر ۋە باشقىلار 商品房及其他	كوللېكتىپ ئورۇنلار 集体单位	#شەھەر-با-زارلاردىكى #城镇	شەھەر-يېزى-لاردىكى شەخسلەر 城乡个人	شەھەر-با-زارلاردىكى #城镇
6-بەش يىللىق پىلان مەزگىلي "六五"时期	1 491 299	1 353 858	856 802	284 338	212 718	69 874	17 860	68 467	9 831
7-بەش يىللىق پىلان مەزگىلي "七五"时期	3 319 729	2 817 777	1 618 803	623 792	575 182	211 011	126 096	290 941	47 495
8-بەش يىللىق پىلان مەزگىلي "八五"时期	11 622 193	9 793 894	6 629 667	1 807 162	1 340 179	545 089	281 736	808 879	138 057
#1991年	1 249 325	1 095 603	735 670	181 360	161 687	53 861	26 915	99 861	7 637
1992年	1 700 326	1 526 267	1 054 876	217 891	253 500	63 682	30 480	110 377	14 709
1993年	2 484 352	2 137 627	1 448 448	373 873	315 306	85 670	44 932	136 014	29 210
1994年	2 854 786	2 401 622	1 655 439	423 096	323 087	139 087	68 738	204 397	34 171
1995年	3 333 404	2 632 775	1 735 234	610 942	286 599	202 789	110 671	258 230	52 330

ھەر قايسى جايلارنىڭ مۇقىم مۈلۈككە سالغان مەبلىغى

4—2 各地区固定资产投资

(1995-يىل 1995年)

单位:万元 بىرلىكى:تۈمەن يۈەن

地 区	رايونلار	جەمئى 合 计	ئاساسىي قۇرۇلۇش 基本建设	يېڭىلاش، ئۆزگەرتىش 更新改造	تاۋار ئۆي 商品房	باشقىلار 其 他	شەھەر بازارلاردىكى شەخسلەر 城镇个人
全区总计	ئاپتونوم رايون بويىچە	3 035 386	1 822 429	626 739	171 238	362 650	52 330
乌鲁木齐市	ئۈرۈمچى شەھىرى	921 598	539 001	214 168	118 085	51 535	1 809
克拉玛依市	قاراماي شەھىرى	469 670	161 102	133 503	780	174 285	
石河子市	شىخەنزە شەھىرى	75 896	25 371	38 188	10 003	1 959	375
吐鲁番地区	تۇرپان شەھىرى	271 512	252 466	1 250	373	6 070	12 353
哈密地区	قۇمۇل ۋىلايىتى	61 840	39 091	17 239	1 544	1 887	2 079
昌吉州	سانجى ئوبلاستى	151 814	80 839	30 298	7 638	24 221	8 818
伊犁州	ئىلى ئوبلاستى	275 614	144 739	71 337	17 315	28 466	13 757
奎屯市	كۈيتۇن شەھرى	37 634	8 908	14 298	3 931	10 497	
伊犁地区	ئىلى ۋىلايىتى	89 711	44 823	26 662	9 477	1 710	7 039
塔城地区	تارباغاتاي ۋىلايىتى	90 770	54 680	23 141	1 596	8 323	3 030
阿勒泰地区	ئالتاي ۋىلايىتى	56 525	36 328	7 236	2 311	7 936	2 714
博州	بۆرتالا ئوبلاستى	40 239	20 063	8 731	528	10 636	281
巴州	بايىنغولىن ئوبلاستى	444 068	355 319	45 985	10 932	28 829	3 003
阿克苏地区	ئاقسۇ ۋىلايىتى	141 869	75 698	41 690	3 680	16 048	4 753
克州	قىزىلسۇ ئوبلاستى،	10 520	9 017	22		1 156	325
喀什地区	قەشقەر ۋىلايىتى	106 885	63 041	23 446	360	16 343	3 695
和田地区	خوتەن ۋىلايىتى	38 170	33 991	882		2 215	1 082
跨地区投资	رايون ئاتلاپ سېلىنغان مەبلەغ	22 691	22 691				

注:4—1表1993年—1994年全社会固定资产投资总额中包括其他单位(联营经济、股份制经济及三资企业)投资。

پۈتۈن جەمئىيەتنىڭ مۇقىم مۈلۈككە سالغان مەبلىغى

4—3　全社会固定资产投资

(يىل-1995 年)

指标 كۆرسەتكۈچلەر	总计 جەمئىي	# 国有单位 # دۆلەت ئىگىلىكىدىكى ئورۇنلار	# 基本建设 # ئاساسىي قۇرۇلۇش	# 更新改造 # يېڭىلاش ئۆزگەرتىش	# 其他投资 باشقا مەبلەغ
投资总额(万元) سېلىنغان مەبلەغ ئومۇمىي سوممىسى(تۈمەن يۈەن)	**3 333 404**	**2 632 775**	**1 822 429**	**626 739**	**362 650**
1、按资金来源分 مەبلەغنىڭ كېلىش مەنبەسى بويىچە ئايرىلغاندا					
国家预算内 دۆلەتنىڭ خام چوتى ئىچىدىكى	98 004	92 226	78 364	10 568	4 888
国内贷款 دۆلەت ئىچىدىن ئېلىنغان قەرز پۇل	818 914	686 470	541 261	122 467	54 598
利用外资 پايدىلىنىلغان چەتئەل مەبلىغى	307 619	238 501	244 205	41 848	15 813
自筹投资 ئۆزى توپلىغان مەبلەغ	1 756 782	1 356 866	770 887	402 318	271 231
其他投资 باشقا سېلىنغان مەبلەغ	352 085	258 712	187 712	49 538	16 120
2、按构成分 قۇرۇلمىسى بويىچە ئايرىلغاندا					
建筑工程 بىناكارلىق قۇرۇلۇش	1 873 891	1 468 371	1 065 676	244 886	199 082
安装工程 قۇراشتۇرۇش قۇرۇلۇشى	271 871	252 577	156 539	70 854	27 997
设备、工具器具购置 ئۈسكۈنە، ئەسۋاپ-سايمانلارنى سېتىۋېلىش	810 995	620 239	361 701	283 255	109 413
其他费用 باشقا خىراجەتلەر	376 647	291 588	238 513	27 744	26 158
3、按工程用途分 قۇرۇلۇشلاردا ئىشلىتىلگىنى بويىچە ئايرىلغاندا					
农林牧渔业用 دېھقانچىلىق، ئورمانچىلىق، چارۋىچىلىق، بېلىقچىلىققا ئىشلىتىلگىنى		75 469	51 535	23 417	1 187
工业、建筑业用 سانائەت، قۇرۇلۇشقا ئىشلىتىلگىنى		1 311 365	958 869	326 941	227 082
商业、运输邮电业用 سودا، تىرانسپورت، پوچتا-تېلېگراف ئىشلىرىغا ئىشلىتىلگىنى		432 996	255 994	147 423	34 554
住宅 تۇرالغۇ ئۆي		296 465	190 180	64 474	19 377
其他 باشقىلار		516 480	365 851	64 484	80 450
4、按经济类型分 4. ئىقتىسادىي تىپى بويىچە ئايرىلغاندا					
国有经济 دۆلەت ئىگىلىكى	2 632 775	2 632 775	1 735 234	610 942	200 989
集体经济 كوللېكتىپ ئىگىلىكى	228 951				110 671
联营经济 بىرلەشمە ئىگىلىك	6 547		1 760	357	1 833
股份有限公司 پاي ھەسسىدارلىق چەكلىك شىركىتى	28 152		15 670	2 531	5 024
有限责任公司 چەكلىك مەسئۇلىيەت شىركىتى	36 543		15 447	5 537	6 243
中外合资经营 جۇڭگو بىلەن چەتئەللەر بىرلىشىپ مەبلەغ سالغان	63 937		13 052	6 706	27 174
中外合作经营 جۇڭگو بىلەن چەتئەللەر ھەمكارلاشقان	1 440		952		488
外资企业 چەتئەل مەبلەغ سالغان كارخانىلار					
与大陆合资经营 چوڭ قۇرۇقلۇق بىلەن بىرلىشىپ مەبلەغ سالغان	16 308		4 050	666	9 722
港澳台独资 شاڭگاڭ، ئاۋمېن، تەيۋەن مۇستەقىل مەبلەغ سالغان	39 584		35 584		
其他经济 باشقا ئىگىلىكلەر	279 167		680		506
5、按隶属关系分 5. تەۋەلىك مۇناسىۋىتى بويىچە ئايرىلغاندا					
中央 مەركەزگە قاراشلىق	1 819 621	1 800 720	1 179 384	420 370	173 844
自治区 ئاپتونوم رايونغا قاراشلىق	301 655		190 823	73 798	6 858
地区(州、市) ۋىلايەت، ئوبلاست، شەھەرلەرگە قاراشلىق	384 675		249 765	85 426	29 665
县(县级市) ناھىيە (ناھىيە دەرىجىلىك شەھەر) لەرگە قارشلىق	358 622		189 577	44 319	97 009
其他 باشقىلار	468 831		12 880	2 826	55 274
房屋施工面积(万平方米) ئۆي ئىمارەتلەرنىڭ قۇرۇلۇش قىلىنىۋاتقان كۆلىمى	**2 420.38**	**1 243.76**	**903.06**	**250.11**	**116.45**
# 住宅 تۇرالغۇ ئۆي	1 368.84	567.53	364.38	122.46	35.65
房屋竣工面积(万平方米) ئۆي ئىمارەتلەرنىڭ پۈتكەن قۇرۇلۇش كۆلىمى	**1 634.33**	**732.99**	**509.16**	**185.45**	**77.70**
# 住宅 تۇرالغۇ ئۆي	1 064.14	377.71	242.95	95.41	27.35

4—3 续表 1 داۋامى

كۆرسەتكۈچلەر 指　　标	ئۆي جاي ئېچىش 房地产开发	يېزىلاردىكى كوللېكتىپ ئورۇنلار 农村集体单位	شەھەر-يېزىلاردىكى شەخسلەر 城乡个人	شەھەر-بازارلاردىكى شەخسلەرنىڭ سالغان ئۆيى 城镇私人建房	يېزىلاردىكى شەخسلەرنىڭ سالغان مەبلەغ 农村个人投资
投资总额（万元） سېلىنغان مەبلەغ ئومۇمىي سوممىسى（تۈمەن يۈەن）	**171 238**	**92 118**	**258 230**	**52 330**	**205 900**
1、按资金来源分 1. مەبلەغنىڭ كېلىش مەنبەسى بويىچە ئايرىلغاندا					
国家预算内 دۆلەت خام چوتى ئىچىدىكى	168	4 016			
国内贷款 دۆلەت ئىچىدىن قەرز ئالغىنى	61 441	14 237	24 910		24 910
利用外资 پايدىلانغان چەتئەل مەبلىغى	3 151	2 602			
自筹投资 ئۆزى توپلىغان مەبلەغ	54 361	35 306	222 679	52 330	170 349
其他投资 باشقا سېلىنغان مەبلەغ	52 117	35 957	10 641		10 641
2、按构成分 2. قۇرۇلمىسى بويىچە ئايرىلغاندا					
建筑工程 بىناكارلىق قۇرۇلۇش	126 636	63 255	174 356	52 330	122 026
安装工程 قۇراشتۇرۇش قۇرۇلۇشى	11 619	4 862			
设备、工具器具购置 ئۈسكۈنە، ئەسۋاپ-سايمان سېتىۋالغىنى	7 852	18 553	30 221		30 221
其他费用 باشقا خىراجەت	25 131	5 448	53 653		53 653
3、按工程用途分 3. قۇرۇلۇشقا ئىشلىتىش بويىچە ئايرىلغاندا					
农林牧渔业用 دېھقانچىلىق، ئورمانچىلىق، چارۋىچىلىق، بېلىقچىلىق			89 381		89 381
工业、建筑业用 سانائەت، بىناكارلىق قۇرۇلۇش			936		936
商业、运输邮电业用 سودا، تىرانسپورت، پوچتا-تېلېگراف	36 967		40 462		40 462
住宅 تۇرالغۇ ئۆي	84 586		97 470	37 374	60 096
其他 باشقىلار	49 685		29 981	14 956	15 025
4、按经济类型分 4. ئىقتىسادىي تىپى بويىچە ئايرىلغاندا					
国有经济 دۆلەت ئىگىلىكىدىكى	85 610				
集体经济 كوللېكتىپ ئىگىلىك	26 162	92 118			
联营经济 بىرلەشمە ئىگىلىك	2 597				
股份有限公司 پاي ھەسسىدارلىق شىركىتى	4 927				
有限责任公司 چەكلىك مەسئۇلىيەت شىركىتى	9 316				
中外合资经营 جۇڭگو بىلەن چەتئەللەر بىرلىشىپ مەبلەغ سالغان	17 005				
中外合作经营 جۇڭگو بىلەن چەتئەللەر ھەمكارلىشىپ باشقۇرغان					
外资企业 چەتئەل مەبلەغ سالغان كارخانىلار					
与大陆合资经营 چوڭ قۇرۇقلۇق بىلەن بىرلىشىپ مەبلەغ سالغان	1 870				
港澳台独资 شياڭگاڭ، ئاۋمېن، تەيۋەن مۇستەقىل مەبلەغ سالغان	4 000				
其他经济 باشقا ئىگىلىك	19 751		258 230	52 330	205 900
5、按隶属关系分 5. تەۋەلىك مۇناسىۋىتى بويىچە ئايرىلغاندا					
中央 مەركەزگە قاراشلىق	46 023				
自治区 ئاپتونوم رايونغا قاراشلىق	30 176				
地区（州、市） ۋىلايەت، ئوبلاست، شەھەرلەرگە قاراشلىق	19 819				
县（县级市） ناھىيە（ناھىيە دەرىجىلىك شەھەر）لەرگە قاراشلىق	27 717				
其他 باشقىلار	47 503	92 118	258 230	52 330	205 900
房屋施工面积（万平方米） ئۆي ئىمارەت قۇرۇلۇش قىلىنىۋاتقان كۆلىمى（تۈمەن كۋادرات مېتىر）	**273.93**	**57.82**	**819.01**	**160.52**	**658.49**
#住宅 #تۇرالغۇ ئۆي	164.54	4.23	677.58	123.06	554.52
房屋竣工面积（万平方米） ئۆي ئىمارەتنىڭ پۈتكەن قۇرۇلۇش كۆلىمى（تۈمەن كۋادرات مېتىر）	**101.96**	**45.02**	**715.04**	**160.52**	**554.52**
#住宅 #تۇرالغۇ ئۆي	78.77	2.73	616.93	123.06	493.87

دۆلەت ئىگىلىكىدىكى ئورۇنلارنىڭ مۇقىم مۈلۈككە سالغان مەبلىغى

4—4 国有单位固定资产投资

指标 كۆرسەتكۈچلەر		1994年 -يىل	1995年 -يىل
建设项目个数	قۇرۇلۇش تۈرلىرى سانى		
施工项目(个)	قۇرلۇش قىلىنىۋاتقان تۈرلەر	5 055	5 063
#大中型项目(个)	چوڭ، ئوتتۇرا تۈرلەر	25	30
竣工项目(个)	پۈتكەن قۇرۇلۇش تۈرلىرى	3 354	3 718
#大中型项目(个)	چوڭ، ئوتتۇرا تۈرلەر	5	5
建设项目投产率(%)	قۇرۇلۇش تۈرلىرىنىڭ ئىشلەپچىقىرىشقا كىرىشتۈرۈلۈش نىسبىتى	66.4	73.4
建设周期(按项目个数计算,年)	قۇرۇلۇش مۇددىتى (تۈرلەر سانى بويىچە ھېسابلانغان، يىل)	1.5	1.4
投资额按资金来源分	**سېلىنغان مەبلەغنى مەبلەغنىڭ كېلىش مەنبىيى بويىچە ئايرىغاندا**	**2 401 622**	**2 632 775**
1、国家预算内资金(万元)	1. دۆلەت خام چوتى ئىچىدىكى مەبلەغ (تۈمەن يۈەن)	85 210	92 226
2、国内贷款(万元)	2. دۆلەت ئىچىدىن ئېلىنغان قەرز پۇل (تۈمەن يۈەن)	533 679	686 470
3、利用外资(万元)	3. پايدىلانغان چەتئەل مەبلىغى (تۈمەن يۈەن)	534 835	238 501
4、自筹资金(万元)	4. ئۆزى توپلىغان مەبلەغ (تۈمەن يۈەن)	1 056 313	1 356 866
5、其他资金(万元)	5. باشقا مەبلەغ (تۈمەن يۈەن)	191 585	258 712
本年新增固定资产(万元)	**شۇ يىلى يېڭىدىن كۆپەيگەن مۇقىم مۈلۈك (تۈمەن يۈەن)**	**1 778 116**	**2 165 632**
固定资产交付使用率(%)	مۇقىم مۈلۈكنىڭ ئىشلىتىشكە تاپشۇرۇلۇش نىسبىتى	74.0	82.2
房屋建筑面积	ئۆي ئىمارەت قۇرۇلۇش كۆلىمى		
施工面积(万平方米)	قۇرۇلۇش قىلىنىۋاتقان كۆلىمى (تۈمەن كۋادرات مېتىر)	1 227.73	1 243.76
竣工面积(万平方米)	پۈتكەن قۇرۇلۇش كۆلىمى (تۈمەن كۋادرات مېتىر)	794.09	732.99
#住宅(万平方米)	تۇرالغۇ ئۆي (تۈمەن كۋادرات مېتىر)	393.59	377.71

مۇقىم مۈلۈككە سېلىنغان مەبلەغنىڭ (مالىيە) كېلىش مەنبەسى

4—5 固定资产投资资金(财务)来源

(1995年 -يىل)

指标 كۆرسەتكۈچلەر		总计 ئومۇمىي جەمئىي	#国有 دۆلەت ئىگىلىكىدىكى	基本建设 ئاساسىي قۇرۇلۇش	更新改造 يېڭىلاش، ئۆزگەرتىش	其他投资 باشقا مەبلەغ	#国有 دۆلەت ئىگىلىكىدىكى
资金来源合计	**مەبلەغنىڭ كېلىش مەنبىيى جەمئىيسى**	**2 845 542**	**2 579 163**	**1 885 410**	**608 487**	**351 645**	**201 064**
1、上年末结余资金	1. ئالدىنقى يىل ئاخىرىدىكى قالدۇق مەبلەغ	92 794	82 982	74 019	13 503	5 272	223
2、本年资金来源小计	2. بۇ يىلقى مەبلەغنىڭ كېلىش مەنبىيى جەمئىيسى	2 752 748	2 496 181	1 811 391	594 984	346 373	200 841
国家预算内资金	دۆلەت خامچوتى ئىچىدىكى مەبلەغ	91 788	90 898	77 086	10 033	4 669	4 440
国内贷款	دۆلەت ئىچىدىن ئېلىنغان قەرز پۇل	706 910	633 001	538 501	116 262	52 147	3 870
债券	زايوم بېلەتتى	2 074	2 074	2 064	10		
利用外资	پايدىلىنىلغان چەتئەل مەبلىغى	297 606	235 066	242 775	39 728	15 103	244
#外商直接投资	#چەتئەل سودىگەرلىرى بىۋاستە سالغان	92 473	30 638	59 598	18 316	14 559	
自筹资金	ئۆزى توپلىغان مەبلەغ	1 407 814	1 310 666	766 823	381 934	259 057	187 991
中央各部门自筹	مەركەزنىڭ ھەر قايسى تارماقلىرى ئۆزى توپلىغان	107 092	105 094	93 565	12 957	570	452
省自筹	ئۆلكىلەر ئۆزى توپلىغان	95 684	94 459	86 975	3 993	4 716	3 791
地(市)自筹	ۋىلايەت (شەھەر) لەر ئۆزى توپلىغان	78 389	75 854	53 970	20 509	3 910	3 543
县自筹	ناھىيىلەر ئۆزى توپلىغان	52 383	43 495	41 900	3 137	7 346	1 773
企、事业单位自有资金	كارخانا، كەسپىي ئورۇنلار ئۆزى توپلىغان	1 074 266	991 764	490 413	341 338	242 515	178 432
其他资金来源	باشقا مەبلەغ مەنبەلىرى	246 556	224 476	184 142	47 017	15 397	4 296
#集资	#يىغىلغان مەبلەغ	115 082	99 219	85 375	20 588	9 119	1 108

دۆلەت ئىگىلىكىدىكى ئورۇنلارنىڭ يېزا ئىگىلىكى، ئېنېرگىيە سانائىتى، تىرانسپورت، پوچتا-تېلېگراف، مائارىپقا سالغان مۇقىم مۈلۈك مەبلىغى

4—6 国有单位农业、能源工业、运输邮电业、教育固定资产投资

بىرلىكى : تۈمەن يۈەن 单位:万元

مەزگىل (يىللار) 时期(年份)	يېزا-ئىگىلىكى 农业		ئېنېرگىيە سانائىتى 能源工业		تىرانسپورت، پوچتا-تېلېگراف 运输邮电通信业		مائارىپ 教育	
	سالغان مەبلەغ سوممىسى 投资额	نىسبىتى 比重(%)	سالغان مەبلەغ سوممىسى 投资额	نىسبىتى 比重(%)	سالغان مەبلەغ سوممىسى 投资额	نىسبىتى 比重(%)	سالغان مەبلەغ سوممىسى 投资额	نىسبىتى 比重(%)
6.بەش يىللىق پىلان مەزگىلى "六五"时期	102 633	7.6	484 206	35.8	128 681	9.5	58 375	4.3
7.بەش يىللىق پىلان مەزگىلى "七五"时期	122 149	4.3	1 366 832	48.5	271 095	9.6	80 573	2.9
8.بەش يىللىق پىلان مەزگىلى "八五"时期	426 308	4.4	4 743 696	48.4	882 493	9.0	152 337	1.6
1991年	58 239	5.3	624 225	57.0	71 071	6.5	20 767	1.9
1992年	92 794	6.1	840 975	55.1	125 249	8.2	21 513	1.4
1993年	81 276	3.8	1 059 308	49.6	203 987	9.5	27 535	1.3
1994年	87 228	3.6	1 161 595	48.4	175 630	7.3	30 875	1.3
1995年	106 771	3.6	1 057 593	35.5	306 556	10.3	51 647	1.7

يەرلىك دۆلەت ئىگىلىكىدىكى ئورۇنلارنىڭ ھەر قايسى مەزگىللەردىكى سالغان مۇقىم مۈلۈك مەبلىغى

4—7 各时期地方国有单位固定资产投资

بىرلىكى : تۈمەن يۈەن 单位:万元

مەزگىللەر (يىللار) 时期(年份)	يەرلىك سالغان مەبلەغ 地方投资				ئاپتونوم رايون بويىچە دۆلەت ئىگىلىكىدىكى ئورۇنلار سالغان مەبلەغ سوممىسىدا ئىگىلىگەن سالمىقى 占全区国有单位投资额比重(%)			
		ئاساسىي قۇرۇلۇش 基本建设	يېڭىلاش، ئۆزگەرتىش 更新改造	باشقىلار 其他	يەرلىك جەمى 地方合计	ئاساسىي قۇرۇلۇش 基本建设	يېڭىلاش، ئۆزگەرتىش 更新改造	باشقىلار 其他
6.بەش يىللىق پىلان مەزگىلى "六五"时期	531 691	387 148	105 604	38 939	39.3	45.2	37.1	18.3
7.بەش يىللىق پىلان مەزگىلى "七五"时期	1 024 920	708 558	272 548	43 814	36.4	43.8	43.7	7.6
8.بەش يىللىق پىلان مەزگىلى "八五"时期	2 763 965	1 959 331	579 753	224 881	28.2	29.6	32.1	16.8
1991年	286 234	195 251	66 937	24 046	26.1	26.5	36.9	14.9
1992年	388 300	287 400	71 002	29 898	25.4	27.2	32.6	11.8
1993年	621 961	456 422	109 228	56 311	29.1	31.5	29.2	17.9
1994年	635 415	448 944	139 731	46 740	26.5	27.1	33.0	14.5
1995年	832 055	571 314	192 855	67 886	31.6	21.7	7.3	2.6

ئاساسىي قۇرۇلۇشقا سېلىنغان مەبلەغ
4—8 基本建设投资

指标	كۆرسەتكۈچلەر	1994年 -يىل	1995年 -يىل
投资总额(万元)	**سېلىنغان مەبلەغ ئومۇمىي سوممىسى (تۈمەن يۈەن)**	**1 689 075**	**1 822 429**
1、按资金来源分	**1. مەبلەغنىڭ كېلىش مەنبەسى بويىچە ئايرىلغاندا**		
国家预算内	دۆلەت خام چوتى ئىچىدىكى	70 342	78 364
国内贷款	دۆلەت ئىچىدىن قەرز ئېلىنغىنى	343 540	541 261
利用外资	پايدىلىنىلغان چەتئەل مەبلىغى	471 515	244 205
自筹资金	ئۆزى توپلىغان مەبلەغ	676 334	770 887
其他投资	باشقا مەبلەغلەر	127 344	187 712
2、按隶属关系分	**2. تەۋەلىك مۇناسىۋىتى بويىچە ئايرىلغاندا**		
中央	مەركەزنىڭ	1 216 708	1 179 384
地方	يەرلىكنىڭ	472 367	643 045
3、按构成分	**3. قۇرۇلمىسى بويىچە ئايرىلغاندا**		
建筑安装工程	بىناكارلىق قۇراشتۇرۇش قۇرۇلۇشى	1 114 001	1 222 215
设备、工具、器具购置	ئۈسكىنە، سايمان، ئەسۋاپلارنى سېتىۋالغىنى	355 647	361 701
其他	باشقىلار	219 427	238 513
4、按建设性质分	**4. قۇرۇلۇش خاراكتېرى بويىچە ئايرىلغاندا**		
#新建	يېڭىدىن قۇرۇلغان	1 006 836	936 148
扩建	كېڭەيتىپ قۇرۇلغان	437 478	564 918
改建	ئۆزگەرتىپ قۇرۇلغان	132 968	152 971
5、按工程用途分	**5. قۇرۇلۇشقا ئىشلىتىلگىنى بويىچە ئايرىلغاندا**		
农林牧渔业用	دېھقانچىلىق، ئورمانچىلىق، چارۋىچىلىق، بېلىقچىلىق كەسپى	33 794	51 535
工业、建筑业用	سانائەت، بىناكارلىق كەسپى	818 712	958 869
商业、运输邮电业用	سودا، تىرانسپورت، پوچتا-تېلېگراف كەسپى	196 297	255 994
住宅	تۇرالغۇ ئۆي	185 956	190 180
其他	باشقىلار	454 316	365 851
6、按大中小型分	**6. چوڭ، ئوتتۇرا، كىچىك تىپى بويىچە ئايرىلغىنى**		
大中型项目	چوڭ، ئوتتۇرا تۈرلەر	1 055 571	1 029 715
小型项目及其他	كىچىك تىپتىكى تۈرلەر ۋە باشقىلار	633 504	792 714
本年新增固定资产(万元)	**شۇ يىلى يېڭىدىن كۆپەيگەن مۇقىم مۈلۈك (تۈمەن يۈەن)**	**1 160 192**	**1 460 481**
建设项目(个)	**قۇرۇلۇش تۈرلىرى (تۈر)**		
施工项目	قۇرۇلۇش ئېلىپ بېرىلىۋاتقان تۈرلەر	3 140	2 897
#大中型项目	#چوڭ، ئوتتۇرا تۈرلەر	25	30
全部建成投产项目	پۈتۈنلەي پۈتۈپ ئىشلەپچىقىرىشقا كىرىشتۈرۈلگەن تۈرلەر	1 892	1 932
#大中型项目	#چوڭ، ئوتتۇرا تۈرلەر	3	5
房屋建筑面积(万平方米)	**ئۆي ئىمارەت قۇرۇلۇش كۆلىمى (تۈمەن كۋادرات مېتىر)**		
施工面积	قۇرۇلۇش ئېلىپ بېرىلىۋاتقان كۆلىمى	895.90	903.06
竣工面积	پۈتكەن قۇرۇلۇش كۆلىمى	537.86	509.16
#住宅	#تۇرالغۇ ئۆي	250.06	242.95

قۇرۇلۇش قىلىۋاتقان ئاساسىي قۇرۇلۇش تۈرلىرىگە سېلىش پىلانلانغان مەبلەغ ۋە ئۇنىڭ ئورۇنلىنىش ئەھۋالى
4—9 基本建设在建项目计划总投资及完成情况

كۆرسەتكۈچلەر 指标	1994年 -يىل	1995年 -يىل
计划总投资(万元) سېلىش پىلانلانغان ئومۇمىي مەبلەغ (تۈمەن يۈەن)	**5 598 666**	**6 684 819**
قۇرۇلۇش باشلانغاندىن تارتىپ شۇ يىلنىڭ ئاخىرغىچە جەمئىي ئورۇنلانغان مەبلەغ 自开始建设至本年底累计完成投资	4 389 958	5 742 090
#本年完成投资 #شۇ يىلى ئورۇنلانغان مەبلەغ	1 689 075	1 822 429
قۇرۇلۇش باشلانغاندىن تارتىپ شۇ يىلنىڭ ئاخىرغىچە جەمئىي يېڭىدىن كۆپەيگەن مۇقىم مۈلۈك 自开始建设至本年底累计新增固定资产	3 004 187	3 934 861
قۇرلۇش باشلانغاندىن تارتىپ شۇ يىلنىڭ ئاخىرغىچە پۈتمىگەن قۇرۇلۇشنىڭ ئورۇنلىغان مەبلىغى 自开始建设至本年底未完工程完成投资	1 207 427	1 635 925
قۇرۇلۇش پۈتۈنلەي پۈتكەن بولسىمۇ تېخى سېلىنىشقاتېگىشلىك مەبلەغ (تۈمەن يۈەن) 全部建成尚需投资(万元)	1 208 708	942 729
未完工程占用率(%) پۈتمىگەن قۇرۇلۇشنىڭ ئىگىلىگەن نىسبىتى	71.5	89.8
建设周期(年) قۇرۇلۇش ۋاقتى (يىل)	3.3	3.7

چوڭ، ئوتتۇرا ئاساسىي قۇرۇلۇش تۈرلىرىگە سېلىش پىلانلانغان ئومۇمىي مەبلەغ ۋە ئۇنىڭ ئورۇنلىنىش ئەھۋالى
4—10 基本建设大中型项目计划总投资及完成情况

كۆرسەتكۈچلەر 指标	1994年 -يىل	1995年 -يىل
计划总投资(万元) سېلىش پىلانلانغان ئومۇمىي مەبلەغ (تۈمەن يۈەن)	**4 235 441**	**4 923 308**
قۇرۇلۇش باشلانغاندىن تارتىپ شۇ يىلنىڭ ئاخىرغىچە جەمئىي ئورۇنلانغان مەبلەغ 自开始建设至本年底累计完成投资	3 394 556	4 378 131
#本年完成投资 شۇ يىلى يېڭىدىن ئىش باشلىغان تۈرلەرگە سېلىنغان مەبلەغ	1 055 571	1 029 715
قۇرۇلۇش باشلانغاندىن تارتىپ شۇ يىلنىڭ ئاخىرغىچە جەمئىي يېڭىدىن كۆپەيگەن مۇقىم مۈلۈك 自开始建设至本年底累计新增固定资产	2 450 451	3 184 886
قۇرۇلۇش باشلانغاندىن تارتىپ شۇيىلنىڭ ئاخىرغىچە پۈتمىگەن قۇرۇلۇشنىڭ ئورۇنلىغان مەبلىغى 自开始建设至本年底未完工程完成投资	823 672	1 051 687
قۇرۇلۇش پۈتۈنلەي پۈتكەن بولسىمۇ تېخى سېلىشقا تېگىشلىك مەبلەغ (تۈمەن يۈەن) 全部建成尚需投资(万元)	840 885	545 177
未完工程占用率(%) پۈتمىگەن قۇرۇلۇشنىڭ ئىگىلىگەن نىسبىتى	78.0	102.1
建设周期(年) قۇرۇلۇش ۋاقتى (يىل)	4.0	4.8

يەرلىك ئورۇنلارنىڭ ئاساسىي قۇرۇلۇش مەبلىغى

4－11　地方单位基本建设投资

指　　标	كۆرسەتكۈچلەر	1994年 -يىل	1995年 يىل
投资总额(万元)	**سېلىنغان مەبلەغ ئومۇمىي سوممىسى (تۈمەن يۈەن)**	**472 367**	**643 045**
1、按资金来源分	1. مەبلەغنىڭ كېلىش مەنبەيى بويىچە ئايرىلغاندا		
国家预算内	دۆلەت خام چوتى ئىچىدىكى	37 059	54 659
国内贷款	دۆلەت ئىچىدىن قەرز ئېلىنغىنى	112 682	111 890
利用外资	پايدىلىنغان چەتئەل مەبلىغى	15 590	73 307
自筹资金	ئۆزى توپلىغان مەبلەغ	240 982	318 307
其他投资	باشقا مەبلەغلەر	66 054	84 882
2、按构成分	2. قۇرۇلمىسى بويىچە ئايرىلغاندا		
建筑安装工程	بىناكارلىق قۇراشتۇرۇش قۇرۇلۇشى	381 449	491 629
设备、工具、器具购置	ئۈسكىنە، سايمان، ئەسۋاپلارنى سېتىۋالغىنى	62 962	109 107
其他	باشقىلار	27 956	42 309
3、按建设性质分	3. قۇرۇلۇش خاراكتېرى بويىچە ئايرىلغاندا		
#新建	يېڭىدىن قۇرۇلغان	152 514	222 979
扩建	كېڭەيتىپ قۇرۇلغان	187 523	237 168
改建	ئۆزگەرتىپ قۇرۇلغان	46 531	56 311
4、按工程用途分	4. قۇرۇلۇشقا ئىشلىتىلگىنى بويىچە ئايرىلغاندا		
农林牧渔业用	يېزائىگىلىك، ئورمانچىلىق، چارۋىچىلىق، بېلىقچىلىق كەسپى	24 543	39 123
工业、建筑业用	سانائەت، بىناكارلىق كەسپى	112 833	169 108
商业、运输邮电业用	سودا، تىرانسپورت، پوچتا-تېلېگراف كەسپى	103 245	128 793
住宅	تۇرالغۇ ئۆي	106 532	130 067
其他	باشقىلار	125 214	175 954
5、按大中小型分	5. چوڭ، ئوتتۇرا ۋە كىچىك تىپى بويىچە ئايرىلغاندا		
大中型项目	چوڭ، ئوتتۇرا تۈرلەر	46 813	108 917
小型项目及其他	كىچىك تۈرلەر ۋە باشقىلار	425 554	534 128
本年新增固定资产(万元)	**شۇ يىلى يېڭىدىن كۆپەيگەن مۇقىم مۈلۈك (تۈمەن يۈەن)**	**417 212**	**492 506**
建设项目(个)	**قۇرۇلۇش تۈرلىرى**		
施工项目	قۇرۇلۇش ئېلىپ بېرىلىۋاتقان تۈرلەر	2 488	2 285
#大中型项目	#چوڭ، ئوتتۇرا تۈرلەر	12	14
全部建成投产项目	پۈتونلەي پۈتۈپ ئىشلەپچىقىرىشقا كىرىشتۈرۈلگەن تۈرلەر	1 479	1 523
#大中型项目	#چوڭ، ئوتتۇرا تۈرلەر	2	2
房屋建筑面积(万平方米)	**ئۆي ئىمارەت قۇرۇلۇش كۆلىمى (تۈمەن كۋادرات مېتىر)**		
施工面积	قۇرۇلۇش ئېلىپ بېرىلىۋاتقان كۆلىمى	571.83	601.34
竣工面积	پۈتكەن قۇرۇلۇش كۆلىمى	336.92	347.57
#住宅	#تۇرالغۇ ئۆي	150.11	169.74

ھەرقايسى مەزگىللەردىكى ساھەلەرگە ئايرىلغان ئاساسىي قۇرۇلۇشقا سېلىنغان مۇقىم مۈلۈك مەبلىغى

4—12 各时期分行业基本建设投资

يىللار (مەزگىللەر) 年份(时期)	يېزا-ئىگىلىك، ئورمانچىلىق، چارۋىچىلىق، بېلىقچىلىق كەسپى 农、林、牧、渔业	ئېچىش-قېزىش كەسپى 采掘业	ياساش كەسپى 制造业	ئېلېكتر ئېنېرگىيە، كۆمۈر گازى ۋە سۇ ئىشلەپچىقىرىش ۋە تەمىنلەش كەسپى 电力、煤气及水的生产和供应业	بىناكارلىق كەسپى 建筑业	گېئولوگىيىلىك ئومۇميۈزلۈك تەكشۈرۈش ۋە سۇ ئىنشائاتىنى باشقۇرۇش كەسپى 地质普查及水利管理业	قاتناش-تىرانسپورت، ئىسكىلاتتا ساقلاش ۋە پوچتا-تېلېگراف كەسپى 交通运输、仓储及邮电通讯业	توپ تارقىتىش ۋە پارچە سېتىش، يېمەك-ئىچمەك كەسپى 批发和零售贸易、餐饮业
سېلىنغان مەبلەغ سوممىسى (تۈمەن يۈەن) 投资额(万元)								
6-بەش يىللىق پىلان مەزگىلى "六五"时期	50 446	221 874	160 982	46 695	15 603	31 883	78 696	53 586
7-بەش يىللىق پىلان مەزگىلى "七五"时期	64 211	532 156	307 181	164 224	13 957	59 729	152 821	54 585
8-بەش يىللىق پىلان مەزگىلى "八五"时期	199 834	2 779 087	1 421 876	407 991	62 764	127 464	481 732	297 397
1991	25 743	394 617	111 142	50 212	3 950	18 183	32 008	16 965
1992	42 784	544 410	167 594	63 327	6 331	25 895	65 520	28 637
1993	38 850	588 438	317 633	83 265	12 957	24 392	101 294	56 925
1994	38 518	661 307	397 755	111 169	16 320	23 899	104 775	103 344
1995	53 939	590 315	427 752	100 018	23 206	35 095	178 135	91 526
سېلىنغان مەبلەغ سوممىسىدا ئىگىلىگەن سالمىقى (%) 占投资额比重(%)								
6-بەش يىللىق پىلان مەزگىلى "六五"时期	5.9	25.9	18.8	5.4	1.8	3.7	9.2	6.3
7-بەش يىللىق پىلان مەزگىلى "七五"时期	4.0	32.0	22.2	10.1	0.9	0.4	9.4	3.4
8-بەش يىللىق پىلان مەزگىلى "八五"时期	3.0	41.2	21.7	6.0	0.9	1.3	7.1	4.4
1991	3.5	53.7	17.4	6.8	0.5	0.2	4.4	2.3
1992	4.1	51.6	18.2	6.0	0.6	0.2	6.2	2.7
1993	2.7	40.6	21.9	5.7	0.9	1.7	7.0	3.9
1994	2.3	39.2	23.5	6.6	1.0	1.4	3.2	6.1
1995	3.0	32.4	23.5	5.5	1.3	1.9	9.8	5.0

4—12 续表 1 داۋامى

يىللار (مەزگىللەر) 年份(时期)	پۇل مۇئامىلە، سۇغۇرتا كەسپى 金融、保险业	ئۆي-جاي كەسپى 房地产业	ئىجتىمائىي مۇلازىمەت كەسپى 社会服务业	سەھىيە، تەنتەربىيە ۋە ئىجتىمائىي پاراۋانلىق 卫生、体育和社会福利业	مائارىپ، مەدەنىيەت سەنئەت ۋە رادىئو، كىنو، تېلېۋىزىيە ئىشلىرى 教育、文化艺术和广播电影电视业	پەن-تەتقىقات ۋە ئۇنىۋېرسال تېخنىكا مۇلازىمىتى 科学研究和综合技术服务业	دۆلەت ئورگانلىرى، سىياسىي پارتىيە ئورگانلىرى ۋە ئىجتىمائىي تەشكىلاتلار 国家机关、政党机关和社会团体	باشقا ساھەلەر 其他行业
سېلىنغان مەبلەغ سوممىسى (تۈمەن يۈەن) 投资额(万元)								
6-بەش يىللىق پىلان مەزگىلى "六五"时期	4 716		29 738	19 562	71 322	9 685	62 014	
7-بەش يىللىق پىلان مەزگىلى "七五"时期	11 152	9 821	30 013	31 611	92 486	15 856	75 784	3 216
8-بەش يىللىق پىلان مەزگىلى "八五"时期	127 407	21 517	171 475	65 880	185 525	33 210	360 054	7 285
1991	3 353	1 995	12 912	8 004	22 790	2 832	30 523	441
1992	8 255	1 716	19 255	10 594	24 397	4 679	38 977	2 505
1993	30 168	4 498	45 418	14 146	31 272	9 856	86 985	2 351
1994	39 083	10 850	31 264	14 301	45 754	4 510	85 006	1 220
1995	46 548	2 458	62 626	18 835	61 312	11 333	118 563	768
سېلىنغان مەبلەغ سوممىسىدا ئىگىلىگەن سالمىقى 占投资额比重(%)								
6-بەش يىللىق پىلان مەزگىلى "六五"时期	0.6		3.5	2.3	8.3	1.1	7.2	
7-بەش يىللىق پىلان مەزگىلى "七五"时期	0.7	0.6	1.9	2.0	5.7	1.0	4.7	0.2
8-بەش يىللىق پىلان مەزگىلى "八五"时期	1.9	0.3	2.5	1.0	2.7	0.5	5.3	0.1
1991	0.5	0.3	1.8	1.1	3.1	0.4	4.2	0.1
1992	0.8	0.2	1.8	1.0	2.3	0.4	3.7	0.2
1993	2.1	0.3	3.1	1.0	2.2	0.7	6.0	0.2
1994	2.3	0.6	1.9	0.8	2.7	0.3	5.0	0.1
1995	2.6	0.1	3.4	1.0	3.4	0.6	6.5	0.04

ئاساسىي قۇرۇلۇش مەبلىغىنىڭ يېزا ئىگىلىكى، يېنىك سانائەت، ئېغىر سانائەت بويىچە گۇرۇپپىغا ئايرىلىشى

4—13 基本建设投资按农轻重分组

بىرلىكى :تۈمەن يۈەن 单位:万元

مەزگىللەر (يىللار) 时期(年份)	سېلىنغان مەبلەغ سوممىسى ئىچىدە 在投资额中			سېلىنغان مەبلەغ سوممىسىدا ئىگىلىگەن سالمىقى 占投资额比重(%)		
	يېزا ئىگىلىكى 农业	يېنىك سانائەت 轻工业	ئېغىر سانائەت 重工业	يېزا ئىگىلىكى 农业	يېنىك سانائەت 轻工业	ئېغىر سانائەت 重工业
6.بەش يىللىق پىلان مەزگىلى "六五"时期	76 323	65 503	365 738	8.9	7.6	42.7
7.بەش يىللىق پىلان مەزگىلى "七五"时期	126 440	183 096	810 739	7.8	11.3	50.1
8.بەش يىللىق پىلان مەزگىلى "八五"时期	246 187	318 282	4 284 988	3.6	4.7	63.5
1991年	44 640	33 539	520 251	6.1	4.6	70.7
1992年	70 240	89 201	682 627	6.7	8.5	64.7
1993年	38 850	23 617	965 719	2.7	1.6	66.7
1994年	38 518	43 383	1 126 848	2.3	2.6	66.7
1995年	53 939	128 542	989 543	3.0	7.1	54.3

ئاساسىي قۇرۇلۇش مەبلىغىنىڭ كەسىپلەر بويىچە گۇرۇپپىغا ئايرىلىشى

4—14 基本建设投资按产业分组

بىرلىكى: تۈمەن يۈەن 单位:万元

مەزگىللەر (يىللار) 时期(年份)	سېلىنغان مەبلەغ سوممىسى ئىچىدە 在投资额中				سېلىنغان مەبلەغ سوممىسىدا ئىگىلىگەن سالمىقى 占投资额比重(%)			
	1.كەسپ 第一产业	2.كەسپ 第二产业	3.كەسپ 第三产业	تۇرالغۇ ئۆي 住宅	1.كەسپ 第一产业	2.كەسپ 第二产业	3.كەسپ 第三产业	تۇرالغۇ ئۆي 住宅
6.بەش يىللىق پىلان مەزگىلى "六五"时期	44 497	370 764	274 151	167 390	5.2	43.3	32.0	19.5
7.بەش يىللىق پىلان مەزگىلى "七五"时期	68 491	929 434	420 317	200 561	4.2	57.4	26.0	12.4
8.بەش يىللىق پىلان مەزگىلى "八五"时期	191 493	3 713 363	2 150 471	695 171	2.8	55.0	31.9	10.3
1991年	26 336	533 325	111 270	64 739	3.6	72.5	15.1	8.8
1992年	42 754	743 484	175 994	92 644	4.0	70.5	16.7	8.8
1993年	37 074	658 973	590 749	161 652	2.6	45.5	40.8	11.1
1994年	33 794	818 712	650 613	185 956	2.0	48.5	38.5	11.0
1995年	51 535	958 869	621 845	190 180	2.8	52.6	34.1	10.4

注:4—13表,93年以后农业投资中不含水利业.

ساھەلەرگە ئايرىلغان ئاساسىي قۇرۇلۇش ئاساسىي كۆرسەتكۈچلىرى

4—15 分行业基本建设主要指标

(يىل-1995 年)

行业	ساھەلەر	سېلىنغان مەبلەغ سوممىسى (تۈمەن يۈەن) 投资额(万元)	يەرلىكنىڭ #地方	ئىش باشلىغان تۈرلەر سانى 施工项目个数(个)	پۈتكەن تۈرلەر سانى 竣工项目个数(个)	شۇ يىلى يېڭىدىن كۆپەيگەن مۇقىم مۈلۈك (تۈمەن يۈەن) 本年新增固定资产(万元)
总　计	**ئومۇمىي جەمئى**	**1 822 429**	**643 045**	**2 897**	**1 932**	**1 460 481**
农、林、牧、渔业	**دېھقانچىلىق، ئورمانچىلىق، چارۋىچىلىق، بېلىقچىلىق كەسپى**	**53 939**	**34 471**	**297**	**207**	**33 939**
农业	دېھقانچىلىق	36 117	19 845	106	79	23 592
林业	ئورمانچىلىق	3 283	733	87	76	2 763
畜牧业	چارۋىچىلىق	1 666	1 486	17	10	1 087
农、林、牧、渔服务业	دېھقانچىلىق، ئورمانچىلىق، چارۋىچىلىق، بېلىقچىلىق مۇلازىمەت كەسپى	12 873	12 407	69	42	6 497
采掘业	**ئېچىش، قېزىش كەسپى**	**590 315**	**13 440**	**36**	**13**	**366 407**
煤炭采选业	كۆمۈر قېزىش، تاللاش كەسپى	25 345	4 870	20	7	10 875
石油和天然气开采业	نېفىت ۋە تەبىئىي گاز ئېچىش كەسپى	554 915		3	1	343 014
黑色金属矿采选业	قارا مېتال كانلىرىنى ئېچىش، تاللاش كەسپى	1 022	1 022	1		236
有色金属矿采选业	رەڭلىك مېتال كانلىرىنى ئېچىش، تاللاش كەسپى	4 701	3 216	6	2	9 944
非金属矿采选业	غەيرى مېتال كانلىرىنى ئېچىش تاللاش كەسپى	219	219	4	3	260
木材及竹材采运业	ياغاچ ماتېرىياللىرى ۋە بامبۇك ماتېرىياللىرىنى كېسىش، توشۇش كەسپى	4 113	4 113	2		2 078
制造业	**ياساش كەسپى**	**427 752**	**108 408**	**209**	**138**	**465 019**
食品加工业	يېمەكلىكلەرنى پىششىقلاش كەسپى	39 410	9 683	46	34	18 387
食品制造业	يېمەكلىكلەرنى ياساش كەسپى	13 096	3 666	10	8	8 538
饮料制造业	ئىچىملىك ياساش كەسپى	3 853	3 167	10	6	1 393
纺织业	توقۇمىچىلىق كەسپى	53 748	46 320	21	13	12 160
服装及其他纤维制品制造业	كىيىم-كېچەك ۋە باشقا تالالاردىن ئىشلەنگەن بۇيۇملارنى ئىشلەش كەسپى	287	45	2	2	242
皮革、毛皮、羽绒及其制品业	كۆن-خۇرۇم، موينلۇق تېرە، مامۇق ۋە ئۇنىڭدىن ئىشلەنگەن بۇيۇملارنى ئىشلەش كەسپى	1 268	948	7	6	1 063
木材加工及竹、藤、棕、草制品业	ياغاچ ماتېرىياللىرىنى پىششىقلاش ۋە بامبۇك، پىلەك، پالما تالاسى، شال پاخاللىرىدىن ياسالغان بۇيۇملارنى ياساش كەسپى	517	517	1		
家具制造业	ئۆي جاھازلىرىنى ياساش كەسپى	1 177	235	4	1	150
印刷业、记录媒介的复制	مەتبەئەچىلىك، خاتىرلەش ۋاستىلىرىنى قايتا ئىشلەش كەسپى	1 323	1 323	7	6	1 230
石油加工及炼焦业	نېفىت چېكىلەش ۋە كوكس كۆيدۈرۈش كەسپى	50 016	3 913	3	1	6 021
#原油加工业	#نېفىت پىششىقلاش كەسپى	46 221	118	2	1	6 021
化学原料及化学制品制造业	خىمىيە خام ماتېرىيالى ۋە خىمىيە بۇيۇملىرىنى ياساش كەسپى	216 191	1 763	11	7	374 237
医药制造业	تېببىي دورا ياساش كەسپى	3 121	861	4	2	8 245
化学纤维制造业	خىمىيىلىك تالالاردىن ياسالغان بۇيۇملارنى ياساش كەسپى	3 096	928	3		565

4—15 续表 1 داۋامى

行业	ساھەلەر	سېلىنغان مەبلەغ سوممىسى (تۈمەن يۈەن) 投资额（万元）	يەرلىكنىڭ #地方	ئىش باشلىغان تۈرلەر سانى 施工项目个数（个）	پۈتكەن تۈرلەر سانى 竣工项目个数（个）	شۇ يىلى يېڭىدىن كۆپەيگەن مۇقىم مۈلۈك (تۈمەن يۈەن) 本年新增固定资产（万元）
橡胶制品业	كائۇچۇك بۇيۇملىرىنى ئىشلەش كەسپى	285	285	1	1	285
塑料制品业	سولىياۋ بۇيۇملىرىنى ئىشلەش كەسپى	989	989	4	4	523
非金属矿物制品业	غەيرى مېتال مېنېرال ماددىلارنى ئىشلەش كەسپى	19 120	16 222	20	12	14 941
黑色金属冶炼及压延加工业	قارا مېتال تاۋلاش ۋە يېسىلاپ پىششىقلاش كەسپى	1 942	1 942	5	5	2 196
有色金属冶炼及压延加工业	رەڭلىك مېتال تاۋلاش ۋە يېسىلاپ پىششىقلاش كەسپى	2 469	773	4	3	5 355
普通机械制造业	ئادەتتىكى ماشىنسازلىق كەسپى	1 759	1 759	8	3	2 001
专用设备制造业	مەخسۇس ئۈسكۈنىلەرنى ياساش كەسپى	3 183	3 183	18	12	3 490
交通运输设备制造业	قاتناش-تىرانسپورت ئۈسكۈنىلىرىنى ياساش كەسپى	6 980	5 964	12	7	2 361
电气机械及器材制造业	ئېلېكتر ماشىنا ۋە سايمانلىرىنى ياساش كەسپى	722	722	3	2	646
其他制造业	باشقا ياساش كەسپلىرى	610	610	3	2	200
电力、煤气及水的生产和供应业	**ئېلېكتر ئېنېرگىيە، كۆمۈر گازى ۋە سۇ ئىشلەپچىقىرىش ۋە تەمىنلەش كەسپى**	**100 018**	**59 495**	**108**	**59**	**79 223**
电力、蒸气、热水的生产和供应业	ئېلېكتر ئېنېرگىيە، پار، ئىسسىق سۇ ئىشلەپچىقىرىش ۋە تەمىنلەش كەسپى	92 926	53 403	82	49	76 964
#电力生产业和供应业	ئېلېكتر ئېنېرگىيە ئىشلەپچىقىرىش ۋە تەمىنلەش كەسپى	86 668	46 145	75	43	74 584
煤气生产和供应业	كۆمۈر گازى ئىشلەپچىقىرىش ۋە تەمىنلەش كەسپى	2 714	2 714	3		180
自来水生产和供应业	تۇربا سۇيى ئىشلەپچىقىرىش ۋە تەمىنلەش كەسپى	4 378	4 378	23	10	2 079
建筑业	**بىناكارلىق كەسپى**	**23 206**	**13 200**	**45**	**34**	**22 182**
土木工程建筑业	ياغاچ-تاش بىناكارلىق كەسپى	21 660	12 240	40	30	20 720
线路管道和设备安装业	سىم ۋە تۇربا يولى ۋە ئۈسكۈنىلەرنى قۇراشتۇرۇش كەسپى	1 546	960	5	4	1 462
地质勘查水利管理业	**گېئولوگىيىلىك قېدىرىپ تەكشۈرۈش ۋە سۇ ئىنشائاتىنى باشقۇرۇش كەسپى**	**35 095**	**26 213**	**84**	**46**	**20 872**
地质勘查业	گېئولوگىيىلىك قېدىرىپ تەكشۈرۈش كەسپى	3 460	487	17	7	2 273
水利管理业	سۇ ئىنشائاتلىرىنى باشقۇرۇش كەسپى	31 635	25 726	67	39	18 599
交通运输仓储及邮电通信业	**قاتناش-تىرانسپورت، ئىسكىلاتتا ساقلاش ۋە پوچتا-تېلېگراف كەسپى**	**178 135**	**74 260**	**168**	**104**	**129 621**
铁路运输业	تۆمۈر يول تىرانسپورتى كەسپى	10 026		3	3	9 712
公路运输业	تاش يول تىرانسپورتى كەسپى	68 957	68 562	62	37	41 547
航空运输业	ھاۋا تىرانسپورتى كەسپى	36 289		4	2	14 680
交通运输辅助业	قاتناش-تىرانسپورت ياردەمچى كەسپى	3 365	3 365	26	17	3 208
仓储业	ئىسكىلاتتا ساقلاش كەسپى	2 871	869	14	6	1 500
邮电通信业	پوچتا-تېلېگراف ئالاقىلىشىش كەسپى	56 627	1 464	59	39	58 974

4—15 续表 2 داۋامى

行业	ساھەلەر	سېلىنغان مەبلەغ سوممىسى (تۈمەن يۈەن) 投资额（万元）	يەرلىكنىڭ #地方	ئىش باشلىغان تۈرلەر سانى 施工项目个数（个）	پۈتكەن تۈرلەر سانى 竣工项目个数（个）	شۇ يىلى يېڭىدىن كۆپەيگەن مۇقىم مۈلۈك (تۈمەن يۈەن) 本年新增固定资产（万元）
批发和零售贸易餐饮业	**توپ ۋە پارچە سېتىش، يېمەك-ئىچمەك كەسپى**	**91 526**	**67 447**	**272**	**185**	**58 151**
食品饮料烟草家庭用品批发	يېمەكلىك، ئىچىملىك، كۆك تاماكا، ئائىلە لازىمەتلىرىنى توپ تارقىتىش	26 252	16 388	95	65	18 027
能源材料和机械电子设备批发	ئېنېرگىيە ماتېرىياللىرى ۋەماشىنسازلىق ئېلېكترون ئۈسكۈنىلەرنى توپ تارقىتىش	13 512	6 938	37	24	9 404
零售业	پارچە سېتىش كەسپى	35 402	28 011	110	77	15 274
餐饮业	يېمەك-ئىچمەك كەسپى	4 099	4 099	9	6	4 231
金融保险业	**پۇل-مۇئامىلە، سۇغۇرتا كەسپى**	**46 548**	**7 293**	**150**	**103**	**26 880**
金融业	پۇل مۇئامىلە كەسپى	44 697	6 973	137	95	25 400
保险业	سۇغۇرتا كەسپى	1 851	320	13	8	1 480
房地产业	**ئۆي-جاي كەسپى**	**2 458**	**1 848**	**14**	**11**	**4 632**
房地产开发与经营业	ئۆي-جاي ئېچىش ۋە تىجارەت قىلىش كەسپى	1 501	891	6	5	3 769
房地产管理业	ئۆي-جاي باشقۇرۇش كەسپى	877	877	7	5	783
社会服务业	**ئىجتىمائىي مۇلازىمەت كەسپى**	**62 626**	**61 528**	**108**	**64**	**54 358**
公共设施服务业	جامائەت ئەسلىھەلىرى مۇلازىمەت كەسپى	41 714	41 704	51	28	38 686
居民服务业	ئاھالىلار مۇلازىمەت كەسپى	2 963	2 963	4	4	2 963
旅馆业	مېھمانخانا كەسپى	17 355	16 287	45	26	11 687
娱乐服务业	كۆڭۈل ئېچىش مۇلازىمىتى كەسپى	150	150	2	1	15
信息咨询服务业	ئۇچۇر يەتكۈزۈش، مەسلىھەت بېرىش مۇلازىمىتى كەسپى	113	93	3	2	73
其他社会服务业	باشقا ئىجتىمائىي مۇلازىمەت كەسپلىرى	304	304	3	3	907
卫生体育和社会福利业	**سەھىيە، تەنتەربىيە ۋە ئىجتىمائىي پاراۋانلىق كەسپى**	**18 835**	**13 663**	**159**	**109**	**16 586**
卫生	سەھىيە	17 513	12 711	139	92	15 587
体育	تەنتەربىيە	426	426	5	4	101
社会福利保障业	ئىجتىمائىي پاراۋانلىق كاپالىتى كەسپى	896	526	15	13	898
教育文化艺术及广播电影电视业	**مائارىپ، مەدەنىيەت، سەنئەت ۋە رادىئو، كىنو-تېلېۋىزىيە كەسپى**	**61 312**	**50 055**	**473**	**311**	**62 260**
教育	مائارىپ	49 512	39 485	408	270	47 919
文化艺术	مەدەنىيەت، سەنئەت	7 709	6 548	37	22	9 876
广播电影电视	رادىئو، كىنو-تېلېۋىزىيە	4 091	4 022	28	19	4 465
科学研究和综合技术服务业	**پەن-تەتقىقات ۋە ئۇنىۋېرسال تېخنىكا مۇلازىمىتى كەسپى**	**11 333**	**9 907**	**50**	**30**	**7 526**
科学研究业	پەن-تەتقىقات كەسپى	3 944	3 098	13	7	2 447
综合技术服务业	ئۇنىۋېرسال تېخنىكا مۇلازىمىتى كەسپى	7 389	6 809	37	23	5 079
#气象	ھاۋا رايى	471	330	7	5	432
国家机关政党机关和社会团体	**دۆلەت ئورگانلىرى، سىياسىي پارتىيە ئورگانلىرى ۋە ئىجتىمائىي تەشكىلاتلار**	**118 563**	**101 297**	**736**	**513**	**112 314**
其他行业	**باشقا كەسپلەر**	**768**	**520**	**6**	**5**	**511**

ھەر قايسى ۋىلايەت، ئوبلاست، شەھەر، ناھىيەلەرنىڭ ئاساسىي قۇرۇلۇشقا سالغان مەبلىغى ۋە يېڭىدىن كۆپەيگەن مۇقىم مۈلۈكى

4—16　各地州市县基本建设投资和新增固定资产

(يىل- 1995年)

单位:万元 تۈمەن يۈەن :بىرلىكى

رايونلار 地　区	سالغان مەبلەغ ئومۇمىي سوممىسى 投资总额	1.كەسىپ 第一产业	2.كەسىپ 第二产业	3.كەسىپ 第三产业	تۇرالغۇ ئۆي 住　宅	يېڭىدىن كۆپەيگەن مۇقىم مۈلۈك 新增固定资产	ئۆي ئىمارەت قۇرۇلۇش كۆلىمى (تۈمەن كۋادرات مېتىر) 房屋建筑面积(万平方米) قۇرۇلۇش قىلىنغان كۆلىمى 施工面积	 پۈتكەن قۇرۇلۇش كۆلىمى 竣工面积
总　计　ئومۇمىي جەمئى	**1 822 429**	**51 535**	**958 869**	**621 845**	**190 180**	**1 460 481**	**903.06**	**509.16**
按隶属关系分　تەۋەلىك مۇناسىۋىتى بويىچە ئايرىلغاندا								
中央　مەركەزنىڭ	1 179 384	12 412	789 761	317 098	60 113	967 975	301.72	161.59
#兵团　# بىڭتۇەننىڭ	142 780	12 412	58 996	51 698	19 674	84 031	127.92	66.74
地方　يەرلىكنىڭ	643 045	39 123	169 108	304 747	130 067	492 506	601.34	347.57
按区域分　رايون بويىچە ئايرىلغاندا								
乌鲁木齐市　ئۈرۈمچى شەھىرى	**539 001**	**2 068**	**246 276**	**221 785**	**68 872**	**247 355**	**337.14**	**146.74**
乌鲁木齐县　ئۈرۈمچى ناھىيىسى	2 425	17	626	1 423	359	1 940	2.97	2.64
克拉玛依市　قاراماي شەھىرى	**161 102**	**651**	**117 478**	**36 999**	**5 974**	**436 731**	**15.35**	**9.58**
石河子市　شىخەنزە شەھىرى	**25 371**	**253**	**7 620**	**12 649**	**4 849**	**18 674**	**21.85**	**12.60**
吐鲁番地区　تۇرپان ۋىلايىتى	**252 466**	**885**	**137 251**	**111 432**	**2 898**	**178 818**	**33.95**	**22.81**
吐鲁番市　تۇرپان شەھىرى	39 833	535	36 591	1 587	1 120	2 756	14.94	8.15
鄯善县　پىچان	210 327	350	100 599	107 679	1 699	172 970	16.62	12.97
托克逊县　توقسۇن	2 306		61	2 166	79	3 092	2.40	1.69
哈密地区　قۇمۇل ۋىلايىتى	**39 091**	**2 574**	**10 821**	**16 326**	**9 370**	**28 902**	**41.89**	**22.85**
哈密市　قۇمۇل شەھىرى	36 548	1 666	10 813	15 048	9 021	27 297	39.03	21.75
巴里坤县　باركۆل	1 208	259		689	260	580	2.39	0.85
伊吾县　ئارانتۇرۇك	1 335	649	8	589	89	1 025	0.46	0.25
昌吉州　سانجى ئوبلاستى	**80 839**	**4 499**	**35 403**	**21 511**	**19 426**	**81 086**	**78.04**	**56.05**
昌吉市　سانجى شەھىرى	31 376	283	15 263	8 076	7 754	30 726	26.31	20.24
米泉县　مىچۈەن	3 713	354		1 573	1 786	3 020	9.83	4.34
呼图壁县　قۇتۇبى	5 488	747	36	2 399	2 306	5 176	8.40	7.85
玛纳斯县　ماناس	23 934	1 928	16 526	3 922	1 558	26 532	6.48	5.52
奇台县　گۇچۇڭ	7 634	610	3 465	1 753	1 806	8 239	12.02	8.99
阜康市　فۇكاڭ شەھىرى	6 865	460	58	2 810	3 537	5 507	11.39	6.75
吉木萨尔县　جىمسار	1 281	117	15	514	635	1 192	2.15	1.30
木垒县　مورى	548		40	464	44	694	1.47	1.07
伊犁州　ئىلى ئوبلاستى	**144 739**	**11 209**	**43 237**	**63 103**	**27 190**	**103 879**	**134.61**	**89.42**
奎屯市　كۈيتۇن شەھىرى	8 908	61	3 419	3 026	2 402	6 281	12.30	5.56
伊犁地区　ئىلى ۋىلايىتى	**44 823**	**1 669**	**11 350**	**23 628**	**8 176**	**37 614**	**49.00**	**30.36**
伊宁市　غۇلجا شەھىرى	21 531	6	3 453	12 454	5 618	17 104	24.70	16.45
伊宁县　غۇلجا ناھىيىسى	5 533	139	3 523	1 339	532	9 772	5.44	4.71
察布查尔县　چاپچال	2 402	21	1 359	673	349	1 583	3.23	0.20
霍城县　قورغاس	8 902	623	1 474	6 246	559	2 767	6.77	3.39
巩留县　توققۇزتارا	647	281		366		1 420	0.80	0.51

4—16 续表 1 داۋامى 1

单位:万元 بىرلىكى : تۈمەن يۈەن

地 区 رايونلار	投资总额 سالغان مەبلەغ ئومۇمىي سوممىسى	第一产业 1.كەسىپ	第二产业 2.كەسىپ	第三产业 3.كەسىپ	住 宅 تۇرالغۇ ئۆي	新增固定资产 يېڭىدىن كۆپەيگەن مۇقىم مۈلۈك	房屋建筑面积(万平方米) ئۆي ئىمارەت قۇرۇلۇش كۆلىمى (تۈمەن كۋادرات مېتر): 施工面积 قۇرۇلۇش قىلىنىۋاتقان كۆلىمى	竣工面积 پۈتكەن قۇرۇلۇش كۆلىمى
新源县 كۈنەس	2 636	74	1 526	766	270	2 427	3.00	2.61
昭苏县 موڭغۇلكۈرە	1 281	26		991	264	919	1.04	0.54
特克斯县 تېكەس	1 172	278		461	433	885	2.06	0.99
尼勒克县 نىلقا	719	221	15	332	151	737	1.97	0.88
塔城地区 تارباغاتاي ۋىلايىتى	**54 680**	**8 661**	**17 277**	**19 979**	**8 763**	**38 619**	**44.17**	**33.92**
塔城市 چۆچەك شەھىرى	12 704	3 499	388	5 606	3 211	14 131	12.48	8.53
额敏县 دۆربىلجىن	16 423	391	13 376	1 760	896	2 433	8.11	7.14
乌苏县 شىخۇ	9 050	1 303	615	5 450	1 682	8 454	8.06	7.00
沙湾县 ساۋەن	10 353	2 938	49	5 003	2 463	10 158	9.90	8.05
托里县 تولى	1 559	273		1 076	210	1 321	1.66	1.36
裕民县 چاغانتوقاي	1 326	357		955	14	1 392	1.36	1.11
和布克赛尔县 قوبۇقسار	3 265		2 849	129	287	730	2.61	0.73
阿勒泰地区 ئالتاي ۋىلايىتى	**36 328**	**818**	**11 191**	**16 470**	**7 849**	**21 365**	**29.14**	**15.38**
阿勒泰市 ئالتاي شەھىرى	14 342	12	1 908	7 233	5 189	8 111	12.99	7.96
布尔津县 بۇرچىن	3 946	442	1 138	1 388	978	3 545	6.67	5.81
富蕴县 كۆكتوقاي	3 487		295	2 958	234	3 312	1.58	1.07
福海县 بۇرۇلتوقاي	3 150	179	1 224	1 163	584	1 559	3.17	2.17
哈巴河县 قابا	8 939	180	6 283	1 807	669	3 021	2.12	1.32
青河县 چىڭگىل	1 177	5	13	1 044	115	926	1.43	0.74
吉木乃县 جېمىنەي	1 287		330	877	80	891	1.20	0.52
博州 بۆرتالا ئوبلاستى	**20 063**	**1 938**	**5 655**	**7 040**	**5 430**	**28 009**	**28.21**	**21.63**
博乐市 بۆرتالا شەھىرى	13 088	761	4 078	4 830	3 419	21 033	18.89	15.14
精河县 جىڭ	3 899	524	282	1 996	1 097	4 084	5.97	3.55
温泉县 ئارشاڭ	3 076	653	1 295	214	914	2 892	3.35	2.94
巴州 بايىنغولىن ئوبلاستى	**355 319**	**3 779**	**298 043**	**34 571**	**18 926**	**190 616**	**73.63**	**39.12**
库尔勒市 كورلا شەھىرى	334 506	903	291 815	28 870	12 918	171 713	49.94	21.43
轮台县 بۈگۈر	4 405	915	433	1 608	1 449	3 827	4.37	3.76
尉犁县 لوپنۇر	2 501	504	125	798	1 074	2 679	2.53	1.85
若羌县 چاقىلىق	204	19		135	50	485	0.68	0.52
且末县 چەرچەن	1 400	665	65	436	234	593	1.27	0.48
焉耆县 يەنجى	4 114	33	1 296	1 250	1 535	3 500	7.39	4.78
和静县 خېجىڭ	4 946	447	2 956	587	956	4 888	3.35	3.35
和硕县 خوشۇت	1 233	278	23	490	442	1 061	2.17	1.46
博湖县 باغراش	2 010	15	1 330	397	268	1 870	1.93	1.49
阿克苏地区 ئاقسۇ ۋىلايىتى	**75 698**	**18 522**	**28 235**	**20 133**	**9 808**	**37 098**	**53.92**	**33.82**
阿克苏市 ئاقسۇ شەھىرى	37 584	708	17 936	12 648	6 292	24 491	28.02	18.18

4—16 续表 2 داۋامى 2

بىرلىكى : تۈمەن يۈەن 单位:万元

رايونلار 地区	سالغان مەبلەغ ئومۇمىي سوممىسى 投资总额	1.كەسىپ 第一产业	2.كەسىپ 第二产业	3.كەسىپ 第三产业	تۇرالغۇ ئۆي 住宅	يېڭىدىن كۆپەيگەن مۇقىم مۈلۈك 新增固定资产	ئۆي ئىمارەت قۇرۇلۇش كۆلىمى (تۈمەن كۋادرات مېتىر) 房屋建筑面积(万平方米)	
							قۇرۇلۇش قىلىنغان كۆلىمى 施工面积	پۈتكەن قۇرۇلۇش كۆلىمى 竣工面积
温宿县 ئاقسۇ كوناشەھەر	2 466	361	734	659	712	2 262	3.33	2.53
库车县 كۇچا	7 683	5 444	298	1 552	389	1 655	6.51	2.97
沙雅县 شايار	6 252	4 452	640	773	387	708	2.49	1.40
新和县 توقسۇ	6 118	5 525	9	366	218	607	2.58	1.81
拜城县 باي	11 237	605	7 195	2 392	1 045	4 406	4.95	3.28
乌什县 ئۇچتۇرپان	1 259	347	423	304	185	495	2.18	0.77
阿瓦提县 ئاۋات	2 478	950		968	560	1 823	3.21	2.28
柯坪县 كەلپىن	621	130		471	20	651	0.64	0.60
克州 قىزىلسۇ ئوبلاستى	**9 017**	**809**	**1 276**	**5 075**	**1 857**	**11 070**	**10.86**	**6.17**
阿图什市 ئاتۇش شەھىرى	3 212	100	663	1 036	1 413	6 293	6.51	3.56
阿克陶县 ئاقتو	1 314	30	155	837	292	594	2.28	0.77
阿合奇县 ئاقچى	1 399	679	15	705		804	0.62	0.53
乌恰县 ئۇلۇغچات	3 092		443	2 497	152	3 379	1.46	1.30
喀什地区 قەشقەر ۋىلايىتى	**63 041**	**4 314**	**21 734**	**25 032**	**11 961**	**81 755**	**52.85**	**35.85**
喀什市 قەشقەر شەھىرى	16 297	7	1 068	10 011	5 211	18 828	17.04	10.08
疏附县 قەشقەركوناشەھەر	1 367			405	962	1 594	2.83	2.67
疏勒县 قەشقەريېڭىشەھەر	1 375			672	703	1 250	2.28	1.89
英吉沙县 يېڭىسار	415	30		134	251	329	1.04	0.73
泽普县 پوسكام	4 100	446	3 056	420	178	1 855	2.23	2.23
莎车县 يەكەن	14 112	319	10 599	1 948	1 246	17 382	11.29	5.24
叶城县 قاغىلىق	7 846		602	5 782	1 462	23 282	3.67	2.17
麦盖提县 مەكىت	361	98	14	203	46	291	0.51	0.38
岳普湖县 يوپۇرغا	1 818	327	62	957	472	1 804	2.12	1.54
伽师县 پەيزىۋات	3 188	22		2 255	911	3 818	3.48	3.36
巴楚县 مارالبېشى	11 628	3 060	6 333	1 756	479	10 788	5.74	4.96
塔什库尔干县 تاشقورغان	534	5		489	40	534	0.62	0.62
和田地区 خوتەن ۋىلايىتى	**33 991**	**34**	**6 840**	**23 498**	**3 619**	**16 488**	**20.75**	**12.54**
和田市 خوتەن شەھىرى	12 855		5 412	5 125	2 318	9 861	9.08	4.74
和田县 خوتەن ناھىيىسى	12 410		761	10 917	732	1 857	4.16	2.73
墨玉县 قاراقاش	605	17		588		573	1.16	1.16
皮山县 گۇما	1 180	6	637	422	115	1 233	1.60	0.92
洛浦县 لوپ	676			523	153	425	1.95	0.86
策勒县 چىرا	404	2		246	156	173	1.00	0.60
于田县 كېرىيە	5 628	9		5 510	109	2 139	1.29	1.07
民丰县 نىيە	233		30	167	36	227	0.51	0.47
不分地区 باشقىلار	22 691			22 691				

ئاساسىي قۇرۇلۇش مەبلىغى

4—17　各地区分行业

(1995 年-يىل)

地区 رايونلار	合计 جەمئى	农、林、牧渔业 دېھقانچىلىق، ئورمانچىلىق، چارۋىچىلىق، بېلىقچىلىق	采掘业 ئېچىش، قېزىش كەسپى	制造业 ياساش كەسپى
总计 ئومۇمىي جەمئى	**1 822 429**	**53 939**	**590 315**	**427 752**
乌鲁木齐市 ئۈرۈمچى شەھىرى	539 001	860	12 675	200 416
克拉玛依市 قاراماي شەھىرى	161 102	1 071	53 885	91 982
石河子市 شىخەنزە شەھىرى	25 371	487		7 498
吐鲁番地区 تۇرپان ۋىلايىتى	252 466	889	205 310	36 807
哈密地区 قۇمۇل ۋىلايىتى	39 091	1 389	6 758	725
昌吉州 سانجى ئوبلاستى	80 839	7 710	204	25 963
伊犁州 ئىلى ئوبلاستى	144 739	11 593	12 688	24 924
奎屯市 كۈيتۇن شەھىرى	8 908	761		3 538
伊犁地区 ئىلى ۋىلايىتى	44 823	1 242	6 649	4 036
塔城地区 تارباغاتاي ۋىلايىتى	54 680	7 573	3 393	14 472
阿勒泰地区 ئالتاي ۋىلايىتى	36 328	2 017	2 646	2 876
博州 بۆرتالا ئوبلاستى	20 063	907	120	2 785
巴州 بايىنغولىن ئوبلاستى	355 319	5 365	295 791	10 710
阿克苏地区 ئاقسۇ ۋىلايىتى	75 698	18 920	116	13 547
克州 قىزىلسۇ ئوبلاستى	9 017	30	542	663
喀什地区 قەشقەر ۋىلايىتى	63 041	4 522	417	11 002
和田地区 خوتەن ۋىلايىتى	33 991	196	1 809	730
不分地区 باشقا	22 691			

地区 رايونلار	金融、保险业 پۇل مۇئامىلە، سۇغۇرتا كەسپى	房地产业 ئۆي-جاي كەسپى	社会服务业 ئىجتىمائىي مۇلازىمەت كەسپى
总计 ئومۇمىي جەمئى	**46 548**	**2 458**	**62 626**
乌鲁木齐市 ئۈرۈمچى شەھىرى	18 105		38 822
克拉玛依市 قاراماي شەھىرى	6 387		880
石河子市 شىخەنزە شەھىرى	2 096	686	539
吐鲁番地区 تۇرپان ۋىلايىتى	406		2 138
哈密地区 قۇمۇل ۋىلايىتى	1 640	93	3 216
昌吉州 سانجى ئوبلاستى	4 065	217	196
伊犁州 ئىلى ئوبلاستى	6 082	600	6 936
奎屯市 كۈيتۇن شەھىرى	330		300
伊犁地区 ئىلى ۋىلايىتى	1 926	320	1 261
塔城地区 تارباغاتاي ۋىلايىتى	3 176	181	3 487
阿勒泰地区 ئالتاي ۋىلايىتى	650	99	1 888
博州 بۆرتالا ئوبلاستى	1 250	500	1 375
巴州 بايىنغولىن ئوبلاستى	2 171		4 585
阿克苏地区 ئاقسۇ ۋىلايىتى	1 798	88	1 252
克州 قىزىلسۇ ئوبلاستى	146	54	
喀什地区 قەشقەر ۋىلايىتى	1 996	51	1 291
和田地区 خوتەن ۋىلايىتى	406	169	1 396
不分地区 باشقىلار			

ھەر قايسى رايونلارنىڭ ساھەلەرگە ئايرىلغان

基本建设投资

بىرلىكى: تۈمەن يۈەن 单位:万元

ئېلېكتر ئېنېرگىيە، كۆمۈر گازى، سۇ ئىشلەپچىقىرىش ۋە تەمىنلەش كەسپى 电力、煤气及水的生产和供应业	بىناكارلىق 建筑业	گېئولوگىيىلىك ئومۇميۈزلۈك تەكشۈرۈش ۋە سۇ ئىشلىرىنى باشقۇرۇش كەسپى 地质普查及水利管理业	قاتناش-ترانسپورت، ئىسكىلاتتا ساقلاش ۋە پوچتا-تېلېگراف كەسپى 交通运输、仓储及邮电通讯业	توپ ۋە پارچە سېتىش، يېمەك-ئىچمەك كەسپى 批发和零售贸易、餐饮业
100 018	**23 206**	**35 095**	**178 135**	**91 526**
23 558	18 416	3 211	74 654	62 180
	27		1 365	1 851
1 726	1	472	1 406	534
90	175	570	2 359	774
3 831	112	2 179	11 648	1 977
16 800	440	1 922	5 574	3 319
12 696	1 338	4 438	28 335	5 940
	614		120	827
3 765	438	350	12 639	2 299
1 118	96	3 227	5 611	1 434
7 813	190	861	9 965	1 380
3 586	96	964	1 378	838
4 068	2 286	2 867	3 604	6 530
15 720	123	6 185	433	5 261
179	15	815	2 327	94
12 632	127	252	15 022	1 484
5 132	50	11 220	7 339	744
			22 691	

سەھىيە، تەنتەربىيە ۋە ئىجتىمائىي پاراۋانلىق كەسپى 卫生、体育和社会福利业	مائارىپ، مەدەنىيەت سەنئەت ۋە رادىئو، كىنو، تېلېۋىزىيە كەسپى 教育、文化艺术和广播电影电视业	پەن-تەتقىقات ۋە ئونىۋېرسال تېخنىكا مۇلازىمەت كەسپى 科学研究和综合技术服务业	دۆلەت ئورگانلىرى، سىياسىي پارتىيە ئورگانلىرى ۋە ئىجتىمائىي تەشكىلاتلار 国家机关、政党机关和社会团体	باشقا كەسپلەر 其他行业
18 835	**61 312**	**11 333**	**118 563**	**768**
5 645	25 552	8 816	45 610	481
271	640		2 743	
774	3 613	737	4 802	
168	537		2 243	
749	1 273	54	3 447	
1 168	5 298	326	7 604	33
2 493	7 950	407	18 065	254
	166	137	2 115	
725	3 162	5	5 922	84
1 099	2 913	198	6 702	
669	1 709	67	3 326	170
652	1 308		4 304	
1 355	4 935	408	10 644	
2 912	3 428	88	5 827	
159	468	31	3 494	
1 461	4 552	466	7 766	
1 028	1 758		2 014	

4—18 基本建设大中型及更新

(1995年)

建设项目名称	建设地址	国民经济行业	隶属关系	建设性质	开工年月	投产年月	计划总投资
塔里木油田	库尔勒市	原油开采	中央	新建	1989.7		1678726
吐哈油田	鄯善县	原油开采	中央	新建	1991.6		994098
新疆油田	克拉玛依市	原油开采	中央	改建	1991.1	1995.12	267072
乌鲁木齐石化总厂聚脂一期工程	乌鲁木齐市	合成纤维单体	中央	扩建	1990.5	1995.12	100635
乌鲁木齐石化总厂聚酯二期工程	乌鲁木齐市	合成纤维单体	中央	扩建	1990.5		168778
乌鲁木齐石化总厂常减压易地改造	乌鲁木齐市	原油加工	中央	扩建	1990.5		74751
乌鲁木齐矿区	乌鲁木齐市	煤炭开采业	中央	扩建	1990.11		53877
新疆独山子乙烯工程	克拉玛依市	有机化工原料	中央	新建	1992.4		501117
新疆八钢42孔80型焦炉	乌鲁木齐市	炼焦业	地方	扩建	1995.1		18000
天山造纸厂	伊宁市	造纸业	地方	新建	1995.5		13000
乌鲁瓦提水利枢纽	和田县	水利管理业	地方	新建	1995.4		86500
玛纳斯电厂火电二期(收尾)	玛纳斯县	火力发电	中央	扩建	1992.4	1994.12	63176
玛纳斯电厂送出工程	玛纳斯县	电力供应	中央	新建	1990.4		49107
红雁池电厂九号机组	乌鲁木齐市	火力发电	中央	扩建	1995.1		33090
巴州塔什店火电三期工程	库尔勒市	火力发电	地方	扩建	1992.8	1995.1	15200
哈巴河山口水电站	哈巴河县	水力发电	地方	新建	1992.10		9800
拜城电厂	拜城县	火力发电	地方	扩建	1994.3		23920
阿希金矿	伊宁县	金矿采选	地方	新建	1992.9		16980
克孜尔水库	拜城县	水利管理业	地方	新建	1985.10	1995.5	38000
天山西部林区	伊宁县	木材采运	地方	扩建	1973.7		17000
哈密矿区	哈密市	煤炭开采业	中央	扩建	1986.1		28565
阿勒泰山林业局	阿勒泰市	木材采运	地方	扩建	1993.5		18650
乌鲁木齐机场	乌鲁木齐市	航空运输业	中央	扩建	1994.10		129122
吐鲁番—乌鲁木齐—大黄山公路		公路运输业	地方	新建	1995.3		228088
乌鲁木齐石化总厂二化肥工程	乌鲁木齐市	氮肥制造业	中央	扩建	1994.11		174650
哈密二电厂	哈密市	火力发电	地方	扩建	1994.4		22148
屯河特种水泥厂	昌吉市	水泥制造业	地方	新建	1994.7		18255
吐鲁番溢达纺织有限公司	吐鲁番市	棉纺业	地方	扩建	1995.7		37800
塔里木艾森油脂有限公司	阿克苏市	食用植物油	中央	新建	1995.1		12500

改造限额以上项目一览表

单位:万元

自开始建设至本年底止累计完成投资	#新增固定资产	#未完工程完成投资	本年计划投资	本年完成投资	本年新增固定资产	建设规模和新增能力(或效益) 生产能力(或效益)名称	计量单位	建设规模	累计新增	#本年
1657848	1231929	425919	410000	295720	125155	原油开采	万吨/年	500	230	20
994098	832182	81025	205310	205310	167936	原油开采	万吨/年	400	308	150
267015	240510	6965	61815	61788	55826	原油开采	万吨/年	650	96.7	12.9
103546	103546		10	10	103546	合成纤维聚合物	吨/年	42000	42000	42000
						合成纤维	吨/年	20000	20000	20000
						火电	万千瓦	5	5	5
175186		175186	91044	81783		合成纤维单体	吨/年	130000		
79371		79371	38200	38200		常减压	万吨/年	250		
57708	26144	31564	12033	11972	3514	煤炭开采	万吨/年	195		
501117	501117		82635	83386	372049	乙烯	吨/年	140000	140000	140000
						火力发电	万千瓦	2.5	2.5	2.5
3795		3795	12000	3795		焦炭	万吨/年	26		
1800		1800	7000	1800		机制纸及纸板	万吨/年	1.7		
10532	532	10000	10532	10532	532	水库库容	亿立方米	3.5		
						水力发电	万千瓦	6		
63176	63176		19343	7085	7085	火力发电	万千瓦	20	20	
49107	39042	10065	9200	9200	11598	输电线路长度	公里	930.24	794.2	240.5
						变电设备能力	万千伏安	55.23	48.2	
25600	1500	24100	13600	13600	1500	火力发电	万千瓦	10		
20683	20683		20	20	20683	火力发电	万千瓦	5	5	5
11723		11723	5385	5614		水力发电	万千瓦	2.52		
6910		6910	4500	6604		火力发电	万千瓦	5		
16112	13407	2605	2525	2525	8803	金采矿	万吨/年	22		
						金选矿	吨/年	273750		
						黄金	公斤	982		
38000	38000		1070	1499	1499	水库库容	亿立方米	6.4	6.4	6.4
15305	12350	2955	1400	1540	190	木材采运	万立方米/年	16.1	16.1	
25601	22626		5110	5110	5629					
8769	7547	1222	2200	2573	1888	木材采运	万立方米	18		
49661	8359	40702	36315	31399	8359	机场跑道	条/米	1/3600		
51660		51660	59092	22691		新建公路	公里	283.3		
55638		55638	42000	48834		尿素(折纯)	吨/年	239200		
						合成氨	吨/年	300000		
6448	3064	3384	10800	3767	1606	火力发电	万千瓦	5		
16255	16255			10373	10373	水泥	万吨	20		
35584		35584		35584		棉纺锭	万锭	5		
10498	7521	2977	12500	10498	7521	食用植物油	日处理料:吨	350		
							日精炼油:吨	50		

4—18续表　　(1995年)

建设项目名称	建设地址	国民经济行业	隶属关系	建设性质	开工年月	投产年月	计划总投资
农七师奎屯糖厂	奎屯市	制糖业	中央	新建	1995.6		13633
农九师西域糖厂	额敏县	制糖业	中央	新建	1994.5		17070
新疆石油管理局	克拉玛依市	原油加工	中央	改建	1993.4	1995.11	20000
新疆苇湖梁发电厂十万等级供热	乌鲁木齐市	火力发电	中央	改建	1993.8		40782
新疆电机电器制造公司	昌吉市	电动机制造	地方	扩建	1992.4	1995.12	3614
新疆八一钢铁总厂 380M^3 高炉	乌鲁木齐市	炼铁业	地方	扩建	1994.3	1995.10	11128
新疆八一钢铁总厂新小型轧钢车间	乌鲁木齐市	钢压延加工业	地方	扩建	1995.4		64532
乌鲁木齐铝厂高压电子铝箔	乌鲁木齐市	铝压延加工	地方	新建	1993.5		9781
伊犁水泥厂10万吨旋转窑扩建	伊宁市	水泥制造业	地方	扩建	1994.7		5000
新疆烧碱厂氯碱技改工程	乌鲁木齐市	烧碱制造业	地方	新建	1993.10		22838
新疆建材陶瓷厂卫生瓷技改工程	乌鲁木齐市	建筑、卫生陶瓷制造业	地方	扩建	1993.4		9435
哈密地区石材厂十万平米/车改扩建	哈密市	建筑装饰用石开采业	地方	扩建	1995.4	1995.12	4029
新疆纺织工业集团印染厂	乌鲁木齐市	棉纺业	地方	改建	1994.12		4100
新疆纺织工业集团第三棉纺厂	乌鲁木齐市	棉纺业	地方	改建	1995.4		7958
库尔勒棉纺织厂改扩建	库尔勒市	棉纺业	地方	扩建	1994.10	1995.11	6881
喀什棉纺织厂印染转产工程	喀什市	棉纺业	地方	改建	1994.8	1995.9	6688
农七师棉纺织厂技术改造	奎屯市	棉纺业	中央	扩建	1995.10		8520
农八师棉纺织厂合资新润气流纱厂	石河子市	棉织业	中央	扩建	1995.1		6400
农二师湖光造纸厂胶印书刊纸	库尔勒市	机制纸及纸板制造业	中央	扩建	1992.9		4670
乌鲁木齐市八一面粉厂二车间技改工程	乌鲁木齐市	磨粉业	地方	扩建	1994.9		5587
伊犁糖厂3000吨日处理技改项目	伊宁市	甜菜糖业	地方	扩建	1994.8	1995.10	3734
阿克苏新绿蕃茄酱制品公司蕃茄酱生产线	阿克苏市	蔬菜罐头制造业	地方	新建	1995.4		3435
农七师绿叶食品公司一万吨蕃茄酱生产线	奎屯市	蔬菜罐头制造业	中央	扩建	1995.5	1995.7	4000
石河子开发区中发化工公司6000吨/PVC	石河子市	塑料薄膜制造业	中央	新建	1995.5		4600
民航乌鲁木齐管理局更新改造	乌鲁木齐市	航空客货运输业	中央	扩建	1995.5		7661
乌鲁木齐市电信局程扩交换设备扩容	乌鲁木齐市	电信业	中央	扩建	1995.5		33608
伊犁州邮电局通信设施及市话扩容工程	伊宁市	邮电业	中央	扩建	1995.4	1995.12	6510
奎屯市红旗商场	奎屯市	百货零售业	地方	扩建	1994.4		3810
乌鲁木齐宾馆改造	乌鲁木齐市	旅馆业	地方	扩建	1993.12	1995.12	4620

单位:万元

自开始建设至本年底止累计完成投资	#新增固定资产	#未完工程完成投资	本年计划投资	本年完成投资	本年新增固定资产	建设规模和新增能力(或效益)				
						生产能力(或效益)名称	计量单位	建设规模	累计新增	#本年
3160		3160	3765	3160		机制糖	日处理料:吨	1500		
							年生产糖:吨	25000		
16825		16825	12770	13743		机制糖	日处理料:吨	1500		
							年生产糖:吨	32000		
20000	20000		4000	4000	20000	火力发电	万千瓦	5.00	5	5
26000	50	25950	12000	12000						
4075	4075		830	881	997	交流电动机制造	万千瓦/年	30	30	30
11128	11128		10130	10016	11128	炼铁	万吨/年	27	27	27
1965		1965	13000	1965		热轧钢材	万吨/年	30		
8736	8467	269	7240	7247	8467	铝加工	吨/年	3400		
1363		1363	3097	319		水泥	万吨/年	10		
18577	14425	4152	10000	12467	12230	烧碱	吨/年	20000	10000	10000
						塑料树脂及共聚物	吨/年	10000	10000	10000
6642	5151	1415	5146	2423	1819	卫生陶瓷	万件/年	25	19	19
						耐火材料制品	吨/年	1700		
4029	3838		4029	4029	3838					
1516		1516	2800	1516		棉印染	万米/年	350		
1417		1417	2000	1417		棉纺锭	万锭	3.5		
6881	6881		6605	6605	6881	棉纺锭	万锭	2.37	2.4	2.4
						气流纺	头	1008	1008	1008
6807	6807		4309	4309	6807	棉纺锭	万锭	3	3	3
						气流纺	头	672	672	672
3260		3260	3260	3260		棉纺锭	万锭	4		
5833	5600	233	2000	5833	5600	气流纺	头	1296	1296	1296
4670	4122	537	1414	1414	2733	机制纸及纸板	万吨/年	0.6		
5449		5449	1306	1306						
3724	3724		3226	3216	3162	机制甜菜糖	日处理原料:吨	1000	1000	1000
							年生产糖:吨	6000	6000	6000
2561			3000	2561						
3956	3956		4000	3956	3956					
1617		1617	3500	1617		塑料制品	万吨/年	0.6		
5601	5521	80	6711	5601	5521					
33608	33528	80	33608	33608	33528	市内电话自动交换机	门	102768	102768	102768
						长途自动电话交换设备	路端	13000	13000	13000
6838	6838		6510	6838	6838	长途电缆	延长公里	408	408	408
						市内电话自动交换机	门	6000	6000	6000
2455		2455	1500	1345						
5095	5095		3400	3400	5095	宾馆客房数	间	169	169	169

مۇقىم مۈلۈك مەبلەغىنىڭ ئاساسلىق يېڭىدىن كۆپەيگەن ئىشلەپچىقىرىش ئىقتىدارى

4—19 固定资产投资主要新增生产能力

(1995 年-يىل)

ئىقتىدار نامى 能力名称		ئاساسىي قۇرۇلۇش 基本建设	يېڭىلاش، ئۆزگەرتىش 更新改造	باشقا مەبلەغ 其他投资
原煤开采(万吨/年)	كۆمۈر قېزىش (تۈمەن توننا/يىل)	15	12	1
原油开采(万吨/年)	نېفىت قېزىش (تۈمەن توننا/يىل	183		58
#天然原油(万吨/年)	#تەبىئى نېفىت (تۈمەن توننا/يىل)	183		58
炼铁(万吨/年)	تۆمۈر تاۋلاش (تۈمەن توننا/يىل)	1	29	
钢材(万吨/年)	پولات تاۋلاش (تۈمەن توننا/يىل)		4	
发电机组容量(万千瓦)	گېنېراتورلار گۇرۇپپىسى سىغىمچانلىقى (تۈمەن كىلوۋات)	15	6	
水力发电(万千瓦)	سۇ كۈچى بىلەن توك چىقىرىش (تۈمەن كىلوۋات)	2		
火力发电(万千瓦)	ئوت كۈچى بىلەن توك چىقىرىش (تۈمەن كىلوۋات)	13	6	
变电设备能力(11万伏及以上,万千伏安)	توك ئۆزگەرتىش ئۈسكىنىلىرى ئىقتىدارى (11تۈمەن ۋولت ۋە ئۇنىڭدىن يۇقىرى كىلوۋېتر)		1	
水泥(万吨/年)	سېمونت (تۈمەن توننا/يىل)		34	2
硫酸(吨/年)	كىسلاتا (توننا/يىل)	5 000		
棉纺锭(万锭)	پاختا توقۇمىچىلىق ئۇرچۇقى (تۈمەن ئۇرچۇق)	9	10	10
毛纺锭(锭)	يۇڭ توقۇمىچىلىق ئۇرچۇقى (ئۇرچۇق)			720
气流纺(头)	شامال كۈچىدىن پايدىلىنىپ يىپ ئىگىرىش ماشىنىسى (دانە)	400	4 112	200
食用植物油(日处理原料:吨)	يېيىلىدىغان ئۆسۈملۈك يېغى (كۈندۈلۈك بىر تەرەپ قىلىنىدىغان خام ماتېريال : توننا)		535	87
(日精炼油:吨)	(كۈندۈلۈك چىقىرىلىدىغان ماي : توننا)		182	16
啤酒(吨/年)	پىۋا(توننا/يىل)		5 000	
其他酒(吨/年)	باشقا هاراقلار (توننا/يىل)	3 000	1 000	
机制甜菜糖(日处理原料:吨)	ماشىنىدا ئىشلەنگەن قىزىلچا شېكىرى (كۈندۈلۈك بىر تەرەپ قىلىنىدىغان خام ماتېريال: توننا)		1 600	750
(年生产糖:吨)	(يىللىق ئىشلەپچىقىرىلىدىغان شېكەر: توننا)		16 000	10 800
汽挂车购置(辆)	ئاپتوموبىل چاتما كۇزۇۋىنى سېتىۋېلىش (دانە)	1 134	1 074	902
新建公路(公里)	يېڭىدىن ياسالغان تاش يول (كىلومېتر)	517	22	16
改建公路(公里)	ئۆزگەرتىپ ياسالغان تاش يول (كىلومېتر)	409	254	689
新(扩)建客、货运站(个)	يېڭىدىن (كېڭەيتىپ) ، ياسالغان يولۇچى، يۈك تۇشۇش بېكەت (پونكىت) لىرى (دانە)	4		
(平方米)	(كۋادرات مېتر)	7 562		
新建微波电路(公里)	يېڭىدىن قۇرۇلغان مىكرو دولقۇنلۇق توك يولى (كىلومېتر)	101	55	
市内电话自动交换机(门)	شەھەرئىچى تېلېفونى ئاپتوماتىك كوممۇتاتور (دانە)	62 869	192 114	
农牧场机具购置(台)	دېھقانچىلىق، چارۋىچىلىق مەيدانلىرى ماشىنا ئۈسكىنىلەر سېتىۋېلىش (دانە)	2	1 296	
(千瓦)	(كىلوۋات)	81	42 966	

4—19 续表1 داۋامى1

ئىقتىدار نامى 能　力　名　称	ئاساسىي قۇرۇلۇش 基本建设	يېڭىلاش، ئۆزگەرتىش 更新改造	باشقا مەبلەغ 其他投资
耕地面积(万亩) تېرىلغۇ يەر كۆلىمى (تۈمەن مو)	12		
造林面积(万亩) بەرپاقىلىنغان ئورمان كۆلىمى (تۈمەن مو)	12		
有效灌溉面积(万亩) ئۈنۈملۈك سۇغىرىش كۆلىمى (تۈمەن مو)	36	2	
粮食仓库容量(万公斤) ئاشلىق ئامبارلىرىنىڭ سىغىمچانلىقى (تۈمەن كىلوگرام)	3 452	1 054	
面积(平方米) كۆلىمى (كۋادرات مېتر)	36 036	5 803	
商业饮食网点(处) سودا يېمەك-ئىچمەك تور نۇقتىلىرى (ئورۇن)	96	28	29
面积(平方米) كۆلىمى (كۋادرات مېتر)	258 350	23 239	53 776
高等院校:学生席位(个) ئالىي مەكتەپلەر: ئوقۇغۇچىلار ئورنى (ئورۇن)	3 250		
建筑面积(平方米) قۇرۇلۇش كۆلىمى (كۋادرات مېتر)	17 272		
中等院校:学生席位(个) ئوتتۇرا مەكتەپ ۋە تېخنىكوم مەكتەپلىرى: ئوقۇغۇچىلار ئورنى (ئورۇن)	39 554	2 465	
建筑面积(平方米) قۇرۇلۇش كۆلىمى (كۋادرات مېتر)	91 103	10 006	
小学校:学生席位(个) باشلانغۇچ مەكتەپلەر (ئوقۇغۇچىلار ئورنى (ئورۇن)	79 186	6 986	1 239
建筑面积(平方米) قۇرۇلۇش كۆلىمى كۋادرات مېتر)	183 181	15 603	2 177
其他院校:学生席位(个) باشقا مەكتەپلەر: ئوقۇغۇچىلار ئورنى (ئورۇن)	6 733		
建筑面积(平方米) قۇرۇلۇش كۆلىمى (كۋادرات مېتر)	21 654		
公共图书馆:藏书量(万册,件) جامائەت قىرائەتخانىلىرى: ساقلانغان كىتاب مىقدارى (تۈمەن نۇسخا، دانە)	2		
影剧院:座席(个) كىنو، تىياتىرخانا: ئورۇندۇق (دانە)	1 798		
面积(平方米) كۆلىمى (كۋادرات مېتر)	6 191		
文化馆(平方米) مەدەنىيەت سارايلىرى (كۋادرات مېتر)	6 276		
医院病床(张) دوختۇرخانا كېسەل كارۋىتى (دانە)	4 670	644	575
宾馆、旅馆、招待所客房数(间) مېھمانخانا، دەڭ، ساراي ياتاق سانى (ئېغىز)	1 653	371	259
城市自来水供水能力(万吨/日) شەھەرلەرنىڭ تۇربا سۈيى بىلەن تەمىنلەش ئىقتىدارى (تۈمەن توننا/كۈن)	46		
城市液化石油气储气能力(吨) شەھەرلەرنىڭ سۇيۇقلاندۇرۇلغان گاز زاپاس ساقلاش ئىقتىدارى (توننا)	70	100	
城市公共交通车辆购置(辆) شەھەرلەرنىڭ جامائەت ئاپتوموبىللىرىنى سېتىۋېلىش مىقدارى (دانە)	39	56	48
城市道路扩建长度(公里) شەھەر يوللىرىنى كېڭەيتىپ قۇرغان ئۇزۇنلۇقى (كىلومېتر)	41	11	
城市道路扩建面积(万平方米) شەھەر يوللىرىنى كېڭەيتىپ قۇرغان كۆلىمى (تۈمەن كۋادرات مېتر)	56	64	
城市排水管道铺设长度(公里) شەھەرلەردە ياتقۇزۇلغان كېرەكسىز سۇلارنى چىقىرىش تۇربا يوللىرىنىڭ ئۇزۇنلۇقى (كىلومېتر)	19	20	
城市污水处理能力(万吨/日) شەھەرلەرنىڭ كېرەكسىز سۇلارنى بىرتەرەپ قىلىش ئىقتىدارى (تۈمەن توننا/كۈن)	28	3	
城市防洪堤长度(公里) شەھەرلەرنىڭ كەلكۈننىڭ ئالدىنى ئېلىش توسما ئۇزۇنلۇقى (كىلومېتر)	41	2	

يېڭىلاش، ئۆزگەرتىشكە سېلىنغان مەبلەغنى تەۋەلىك مۇناسىۋىتى بويىچە ئايرىغاندا

4—20 更新改造投资按隶属关系分

بىرلىكى: تۈمەن يۈەن) 单位:万元

مەزگىللەر (يىللار) 时期(年份)	جەمئىي 合计	مەركەزنىڭ تۈرلىرى 中央项目	يەرلىكنىڭ تۈرلىرى 地方项目	سېلىنغان مەبلەغ سوممىسىدا ئىگىلىگەن سالمىقى (%) 占投资额比重(%) مەركەزنىڭ تۈرلىرى 中央项目	يەرلىكنىڭ تۈرلىرى 地方项目
6-بەش يىللىق پىلان مەزگىلى "六五"时期	284 338	178 734	105 604	62.9	37.1
7-بەش يىللىق پىلان مەزگىلى "七五"时期	623 792	351 244	272 548	56.3	43.7
8-بەش يىللىق پىلان مەزگىلى "八五"时期	1 831 820	1 229 692	602 128	67.1	32.9
1991 年 -يىل	181 360	114 423	66 937	63.1	36.9
1992 年 -يىل	217 891	146 889	71 002	67.4	32.6
1993 年 -يىل	373 873	264 645	109 228	70.8	29.2
1994 年 -يىل	431 957	283 365	148 592	65.6	34.4
1995 年 -يىل	626 739	420 370	206 369	67.1	32.9

يېڭىلاش، ئۆزگەرتىش، يېڭىدىن قۇرۇش ۋە كېڭەيتىپ قۇرۇش تۈرلىرىگە سېلىنغان مەبلەغ

4—21 更新改造新建和改扩建项目投资

بىرلىكى : تۈمەن يۈەن 单位:万元

مەزگىللەر (يىللار) 时期(年份)	سېلىنغان مەبلەغ سوممىسى ئىچىدە 在投资额中 يېڭىدىن قۇرۇلغان 新建	ئۆزگەرتىپ، كېڭەيتىپ قۇرۇلغان 改、扩建	سېلىنغان مەبلەغ سوممىسىدا ئىگىلىگەن سالمىقى (%) 占投资额比重(%) يېڭىدىن قۇرۇلغان 新建	ئۆزگەرتىپ، كېڭەيتىپ قۇرۇلغان 改、扩建
6-بەش يىللىق پىلان مەزگىلى "六五"时期	49 208	213 940	17.3	75.2
7-بەش يىللىق پىلان مەزگىلى "七五"时期	19 446	568 298	3.1	91.1
8-بەش يىللىق پىلان مەزگىلى "八五"时期	68 410	1 669 182	3.7	91.1
1991 年 -يىل	2 957	165 195	1.6	91.1
1992 年 -يىل	2 519	199 942	1.2	91.8
1993 年 -يىل	8 575	344 582	2.3	92.2
1994 年 -يىل	12 895	390 818	3.0	90.5
1995 年 -يىل	41 464	568 645	6.6	90.7

يېڭىلاش، ئۆزگەرتىش قۇرۇلۇشى ئېلىپ بېرىلغان ۋە ئىشلەپچىقىرىشقا كىرىشتۈرۈلگەن تۈرلەر سانى

4—22 更新改造施工和投产项目个数

مەزگىللەر (يىللار) 时期(年份)	قۇرۇلۇش قىلىنىۋاتقان تۈرلەر 施工项目 (个)	# يەرلىكنىڭ تۈرلىرى 地方项目	پۈتكەن قۇرۇلۇش تۈرلىرى 竣工项目 (个)	# يەرلىكنىڭ تۈرلىرى #地方项目	پۈتۈپ ئىشلەپچىقىرىش كىرىشتۈرۈش نىسبىتى (%) 建成投产率(%) بارلىق 全　部	يەرلىكنىڭ تۈرلىرى 地方项目
6.بەش يىللىق پىلان مەزگىلى "六五"时期	8 469	3 805	5 557	2 299	65.6	60.4
7.بەش يىللىق پىلان مەزگىلى "七五"时期	8 835	4 396	5 925	2 412	67.1	54.9
8.بەش يىللىق پىلان مەزگىلى "八五"时期	11 083	3 203	8 172	2 117	73.7	66.1
1991年 -يىل	2 261	790	1 670	541	73.9	68.5
1992年 -يىل	2 547	787	1 795	482	70.5	61.2
1993年 -يىل	2 321	649	1 572	459	67.7	70.7
1994年 -يىل	1 848	519	1 421	329	76.9	63.4
1995年 -يىل	2 106	458	1 714	306	81.4	66.8

يېڭىلاش، ئۆزگەرتىشكە سېلىنغان مەبلەغنى كەسىپلەر بويىچە گۇرۇپپىغا ئايرىغاندا

4—23 更新改造投资按产业分组

单位:万元 بىرلىكى: تۈمەن يۈەن

مەزگىللەر (يىللار) 时期(年份)	سېلىنغان مەبلەغ سوممىسى ئىچىدە 在投资额中 1.كەسىپ 第一产业	2.كەسىپ 第二产业	3.كەسىپ 第三产业	تۇرالغۇ ئۆي 住　宅	سېلىنغان مەبلەغ سوممىسىدا ئىگىلىگەن سالمىقى 占投资额比重(%) 1.كەسىپ 第一产业	2.كەسىپ 第二产业	3.كەسىپ 第三产业	تۇرالغۇ ئۆي 住　宅
6.بەش يىللىق پىلان مەزگىلى "六五"时期	43 823	149 835	56 330	34 350	15.4	52.7	19.8	12.1
7.بەش يىللىق پىلان مەزگىلى "七五"时期	45 849	403 558	126 909	47 476	7.4	64.7	20.3	7.6
8.بەش يىللىق پىلان مەزگىلى "八五"时期	123 263	969 076	545 848	193 633	6.7	52.9	29.8	10.6
1991年	28 569	94 229	40 757	17 805	15.7	52.0	22.5	9.8
1992年	42 382	93 653	56 342	25 514	19.5	43.0	25.8	11.7
1993年	14 007	229 514	97 568	32 784	3.7	61.4	26.1	8.8
1994年	14 888	224 739	139 274	53 056	3.4	52.0	32.3	12.3
1995年	23 417	326 941	211 907	64 474	3.7	52.2	33.8	10.3

يېڭىلانغان، ئۆزگەرتىلگەن ۋە يېڭىدىن كۆپەيگەن مۇقىم مۈلۈك

4—24 更新改造新增固定资产

مەزگىللەر (يىللار) 时期(年份)	يېڭىدىن كۆپەيگەن مۇقىم مۈلۈك (تۈمەن يۈەن) 新增固定资产(万元)		مۇقىم مۈلۈكنىڭ ئىشلىتىشكە تاپشۇرۇلۇش نىسبىتى 固定资产交付使用率(%)	
		يەرلىكنىڭ 地方	بارلىق 全部	يەرلىكنىڭ 地方
6-بەش يىللىق پىلان مەزگىلى "六五"时期	**212 852**	**81 483**	**74.9**	**77.2**
1981-يىل 1981年	32 781	9 688	75.1	66.6
1982-يىل 1982年	52 991	18 939	76.6	97.4
1983-يىل 1983年	35 527	11 252	61.8	68.3
1984-يىل 1984年	43 590	17 881	82.5	78.3
1985-يىل 1985年	47 963	23 723	78.5	73.4
7-بەش يىللىق پىلان مەزگىلى "七五"时期	**517 194**	**221 431**	**82.9**	**81.2**
1986-يىل 1986年	63 433	33 913	74.3	74.1
1987-يىل 1987年	75 622	36 196	84.6	87.6
1988-يىل 1988年	119 201	50 945	77.8	78.0
1989-يىل 1989年	114 844	49 836	80.3	79.2
1990-يىل 1990年	144 094	50 541	94.4	88.4
8-بەش يىللىق پىلان مەزگىلى "八五"时期	**1 630 557**	**497 092**	**89.0**	**82.6**
1991-يىل 1991年	175 849	68 018	97.0	101.6
1992-يىل 1992年	172 007	55 400	78.9	78.0
1993-يىل 1993年	306 347	72 738	81.9	66.6
1994-يىل 1994年	404 659	132 043	93.7	88.9
1995-يىل 1995年	571 695	168 893	91.2	81.8

ساھەلەرگە ئايرىلغان يېڭىلاش، ئۆزگەرتىش ئاساسلىق كۆرسەتكۈچلىرى

4—25　分行业更新改造主要指标

(1995 年 -يىل)

行　　业 ساھەلەر	投资额（万元） سېلىنغان مەبلەغ سوممىسى (تۈمەن يۈەن)	# 地方 #يەرلىكنىڭ	施工项目个数（个） قۇرۇلۇش قىلىنۋاتقان تۈرلەر سانى	竣工项目个数（个） پۈتكەن قۇرۇلۇش تۈرلىرى سانى	本年新增固定资产（万元） شۇ يىلى يېڭىدىن كۆپەيگەن مۇقىم مۈلۈك (تۈمەن يۈەن)
总　　计 ئومۇمىي جەمئىي	**626 739**	**206 369**	**2 106**	**1 714**	**571 692**
农、林、牧、渔业 دېھقانچىلىق، ئورمانچىلىق، چارۋىچىلىق بېلىقچىلىق كەسپى	**51 784**	**71**	**754**	**697**	**47 763**
农业 دېھقانچىلىق	51 102	48	721	668	47 321
畜牧业 چارۋىچىلىق	422		26	23	395
渔业 بېلىقچىلىق	196		5	5	
农、林、牧、渔服务业 دېھقانچىلىق، ئورمانچىلىق، چارۋىچىلىق، بېلىقچىلىق مۇلازىمىتى كەسپى	64	23	2	1	47
采掘业 ئېچىش، قېزىش كەسپى	**138 947**	**9 206**	**84**	**65**	**134 026**
煤炭采选业 كۆمۈر قېزىش كەسپى	7 972	2 805	30	18	4 413
石油和天然气开采业 نېفىت ۋە تەبىئىي گاز ئېچىش كەسپى	124 568		46	41	123 133
有色金属矿采选业 رەڭلىك مېتال كانلىرىنى ئېچىش، تاللاش كەسپى	1 952	1 952	2	2	2 416
非金属矿采选业 غەيرى مېتال كانلىرىنى ئېچىش، تاللاش كەسپى	4 455	4 449	6	4	4 064
制造业 ياساش كەسپى	**217 842**	**137 677**	**567**	**405**	**200 964**
# 食品加工业 يېمەكلىك پىششىقلاپ ئىشلەش كەسپى	20 274	12 647	93	84	18 332
食品制造业 يېمەكلىكلەرنى ياساش كەسپى	18 257	13 292	18	17	15 682
纺织业 توقۇمىچىلىق	57 149	28 953	96	68	46 670
皮革、毛皮、羽绒及其制品业 كۆن-خۇرۇم، موي تېرە، ماميۇق ۋە ئۇنىڭدىن ئىشلەنگەن بۇيۇملارنى ئىشلەش كەسپى	2 048	450	6	5	1 990
造纸及纸制品业 قەغەز ياساش ۋە قەغەزدىن ئىشلەنگەن بۇيۇملارنى ئىشلەش كەسپى	2 367	422	8	5	3 585
石油加工及炼焦业 نېفىت چېكىلەش ۋە كوكىس كۆيدۈرۈش كەسپى	11 135		10	5	27 312
# 原油加工业 نېفىت چېكىلەش كەسپى	11 135		10	5	27 312
化学原料及化学制品制造业 خىمىيە خام ماتېرىيالى ۋە خىمىيە بۇيۇملىرىنى ئىشلەش كەسپى	18 379	16 458	20	7	14 693
医药制造业 تېببىي دورا ياساش كەسپى	609	65	2	2	1 938
非金属矿物制造业 غەيرى مېتال مىنېرال ماددىلارنى ئىشلەش كەسپى	22 362	11 081	102	78	16 311
黑色金属冶炼及压延加工业 قارا مېتال تاۋلاش ۋە يېسىلاپ پىششىقلاش كەسپى	31 517	30 459	96	74	24 165
有色金属冶炼及压延加工业 رەڭلىك مېتال تاۋلاش ۋە يېسىلاپ پىششىقلاش كەسپى	7 247	7 247	1		8 467
金属制品业 مېتال بۇيۇملىرىنى ياساش كەسپى	2 052	2 046	3		1 920
交通运输设备制造业 قاتناش-ترانسپورت ئۈسكىنىلىرىنى ياساش كەسپى	2 742	448	13	6	905
电力、煤气及水的生产和供应业 ئېلېكتر ئېنېرگىيە، كۆمۈر گازى ۋە سۇ ئىشلەپچىقىرىش ۋە تەمىنلەش	**29 159**	**7 836**	**98**	**74**	**9 549**
电力、蒸汽热水的生产和供应业 ئېلېكتر ئېنېرگىيە، پار ئىسسىق سۇ ئىشلەپچىقىرىش ۋە تەمىنلەش كەسپى	27 483	6 197	90	69	9 078

4—25 续表1 داۋامى

行 业 ساھەلەر	投资额(万元) سېلىنغان مەبلەغ سوممىسى (تۈمەن يۈەن)	# 地方 # يەرلىكنىڭ	施工项目个数(个) قۇرۇلۇش قىلىنۋاتقان تۈرلەر سانى	竣工项目个数(个) پۈتكەن قۇرۇلۇش تۈرلىرى سانى	本年新增固定资产(万元) شۇ يىلى يېڭىدىن كۆپەيگەن مۇقىم مۈلۈك (تۈمەن يۈەن)
#电力生产业和供应业 ئېلېكتر ئېنېرگىيە ئىشلەپچىقىرىش ۋە تەمىنلەش كەسپى	27 124	5 838	88	65	8 719
煤气生产和供应业 كۆمۈر گازى ئىشلەپچىقىرىش ۋە تەمىنلەش كەسپى	162	162	1	1	162
自来水的生产和供应业 تۇربا سۈيى ئىشلەپچىقىرىش ۋە تەمىنلەش كەسپى	1 514	1 477	7	4	309
建筑业 قۇرۇلۇش كەسپى	**10 937**	**399**	**79**	**56**	**10 039**
土木工程建筑业 ياغاچ-تاش قۇرۇلۇش كەسپى	10 181	155	78	55	9 332
地质勘查水利管理业 گېئولوگىيىلىك قېدىرىپ تەكشۈرۈش ۋە سۇ ئىنشائاتلىرىنى باشقۇرۇش كەسپى	**2 893**		**78**	**74**	**2 805**
地质勘查业 گېئولوگىيىلىك قېدىرىپ تەكشۈرۈش كەسپى	158				158
交通运输仓储及邮电通信业 قاتناش-ترانسپورت، ئىسكىلاتتا ساقلاش ۋە پوچتا-تېلېگراف كەسپى	**121 084**	**6 673**	**278**	**202**	**117 835**
铁路运输业 تۆمۈر يول ترانسپورتى كەسپى	18 768		76	56	18 431
公路运输业 تاش يول ترانسپورتى كەسپى	9 278	3 545	48	43	8 714
航空运输业 ھاۋا ترانسپورتى كەسپى	5 601		1		5 521
仓储业 ئىسكىلاتتا ساقلاش كەسپى	1 753	264	10	5	806
邮电通信业 پوچتا-تېلېگراف ئالاقە كەسپى	85 318	2 498	141	97	84 217
批发和零售贸易餐饮业 توپ ۋە پارچە سېتىش سودىسى، يېمەك-ئىچمەك كەسپى	**9 871**	**6 251**	**84**	**72**	**7 764**
#食品饮料烟草家庭用品批发 يېمەك، ئىچمەك، كۆك تاماكا، ئائىلە لازىمەتلىكلىرىنى توپ تارقىتىش	3 377	2 164	34	31	2 882
能源材料和机械电子设备批发零售业 ئېنېرگىيە ماتېرىيالى ۋە ماشىنىسازلىق ئېلېكترون ئۈسكۈنىلىرىنى توپ ۋە پارچە سېتىش كەسپى	1 667	253	12	9	1 278
社会服务业 ئىجتىمائىي مۇلازىمەت كەسپى	**34 487**	**34 329**	**25**	**21**	**33 574**
公共设施服务业 جامائەت ئەسلىھەلىرى مۇلازىمەت كەسپى	29 486	29 486	11	10	27 038
居民服务业 ئاھالىلار مۇلازىمەت كەسپى	410	410	2	2	410
卫生体育和社会福利业 سەھىيە، تەنتەربىيە ۋە ئىجتىمائىي پاراۋانلىق كەسپى	**1 393**	**476**	**29**	**27**	**1 434**
卫生 سەھىيە	1 330	413	28	26	1 371
教育文化艺术及广播电影电视业 مائارىپ، مەدەنىيەت، سەنئەت ۋە رادىئو، كىنو، تېلېۋىزىيە كەسپى	**1 925**	**539**	**13**	**12**	**1 885**
教育 مائارىپ	1 553	175	10	9	1 513
广播电影电视业 رادىئو، كىنو، تېلېۋىزىيە كەسپى	315	307	2	2	315
科学研究和综合技术服务业 پەن تەتقىقات ۋە ئومۇمىي تېخنىكا مۇلازىمىتى كەسپى	**99**	**26**			**99**
科学研究业 پەن تەتقىقات كەسپى	42				42
综合技术服务业 ئومۇمىي تېخنىكا مۇلازىمىتى كەسپى	57				57
国家机关政党机关和社会团体 دۆلەت ئورگانلىرى، سىياسىي پارتىيە ئورگانلىرى ۋە ئىجتىمائىي تەشكىلاتلار	**4 865**	**2 143**	**8**	**5**	**3 149**

هەر قايسى ۋىلايەت، ئوبلاست، شەھەر، ناھىيەلەرنىڭ يېڭىلاش، ئۆزگەرتىشكە سالغان مەبلىغى ۋە يېڭىدىن كۆپەيگەن مۇقىم مۈلۈكى

4—26 各地州市县更新改造投资和新增固定资产

(يىل- 1995 年)　　　　单位:万元 بىرلىكى : تۈمەن يۈەن

رايونلار 地区	سېلىنغان ئومۇمىي مەبلەغ سوممىسى 投资总额	دېھقانچىلىق، ئورمانچىلىق، چارۋىچىلىق، بېلىقچىلىق 农林牧渔业用	سانائەت، بىناكارلىق قۇرۇلۇشىغا ئىشلىتىلگىنى 工业、建筑业用	سودا، ترانسپورت، پوچتا-تېلېگرافقا ئىشلىتىلگىنى 商业运输邮电业用	تۇرالغۇ ئۆي 住宅	باشقىلار 其他	يېڭىدىن كۆپەيگەن مۇقىم مۈلۈك 新增固定资产	ئۆي ئىمارەت قۇرۇلۇش كۆلىمى (تۈمەن كۋادرات مېتىر) 房屋建筑面积(万平方米) 施工面积 قۇرۇلۇش قىلىنىۋاتقان كۆلىمى	竣工面积 پۈتكەن قۇرۇلۇش كۆلىمى
总计 ئومۇمىي جەمئىي	**626 739**	**23 417**	**326 941**	**147 423**	**64 474**	**64 484**	**571 695**	**250.11**	**185.45**
تەۋەلىك مۇناسىۋىتى بويىچە ئايرىلغاندا 按隶属关系分									
中央 مەركەزنىڭ	420 370	23 016	161 541	132 450	55 254	48 109	402 802	193.55	154.66
#兵团 بىڭتۇەننىڭ	157 131	23 016	78 733	12 650	27 429	15 303	141 065	129.43	103.58
地方 يەرلىكنىڭ	206 369	401	165 400	14 973	9 220	16 375	168 893	56.56	30.79
رايون بويىچە ئايرىلغاندا 按区域分									
乌鲁木齐市 ئۈرۈمچى شەھىرى	**214 168**	**490**	**121 103**	**65 715**	**13 857**	**13 003**	**175 320**	**52.54**	**28.66**
乌鲁木齐县 ئۈرۈمچى ناھىيىسى	610	50	515			45	610	0.69	0.69
克拉玛依市 قاراماي شەھىرى	**133 503**	**692**	**58 177**	**27 196**	**19 093**	**28 345**	**148 054**	**36.30**	**34.18**
石河子市 شىخەنزە شەھىرى	**38 188**	**546**	**17 606**	**7 204**	**10 042**	**2 790**	**33 865**	**27.86**	**17.97**
吐鲁番地区 تۇرپان ۋىلايىتى	**1 250**		**1 127**	**123**			**1 122**	**0.07**	**0.07**
吐鲁番市 تۇرپان شەھىرى	160		37	123			39	0.04	0.04
鄯善县 پىچان	500		500				1 083	0.03	0.03
托克逊县 توقسۇن	590		590						
哈密地区 قۇمۇل ۋىلايىتى	**17 239**	**210**	**14 193**	**828**	**807**	**1 201**	**13 762**	**5.86**	**3.97**
哈密市 قۇمۇل شەھىرى	17 164	204	14 170	828	807	1 155	13 704	5.71	3.83
巴里坤县 باركۆل	75	6	23			46	58	0.15	0.15
伊吾县 ئاراتۈرۈك									
昌吉州 سانجى ئوبلاستى	**30 298**	**3 504**	**20 411**	**3 913**	**973**	**1 497**	**22 278**	**10.54**	**7.59**
昌吉市 سانجى شەھىرى	10 049	345	6 626	2 617	251	210	6 390	2.42	1.91
米泉县 مىچۈەن	3 253	238	2 752	248		15	838	1.23	0.31
呼图壁县 قۇتۇبى	6 612	1 373	4 417	503	26	293	6 273	1.65	1.47
玛纳斯县 ماناس	7 287	1 041	4 424	344	696	782	7 194	4.50	3.37
奇台县 گۇچۇڭ	432	232	16	85		99	423	0.21	0.21
阜康市 فۇكاڭ شەھىرى	2 176	128	1 906	44		98	671	0.26	0.04
吉木萨尔县 جىمسار	489	147	270	72			489	0.27	0.27
木垒县 مورى									

地区 رايونلار	投资总额 سېلىنغان ئومۇمىي مەبلەغ سوممىسى	农林牧渔业用 دېھقانچىلىق، ئورمانچىلىق، چارۋىچىلىق، بېلىقچىلىق	工业、建筑业用 سانائەت، بىناكارلىق قۇرۇلۇشىغا ئىشلىتىلگىنى	商业运输邮电业用 سودا، ترانسپورت، پوچتا-تېلېگرافقا ئىشلىتىلگىنى	住宅 تۇرالغۇ ئۆي	其他 باشقىلار	新增固定资产 يېڭىدىن كۆپەيگەن مۇقىم مۈلۈك	房屋建筑面积（万平方米） ئۆي ئىمارەت قۇرۇلۇش كۆلىمى (تۈمەن كۋادرات مېتىر)	
								施工面积 قۇرۇلۇش قىلىنىۋاتقان كۆلىمى	竣工面积 پۈتكەن قۇرۇلۇش كۆلىمى
伊犁州 ئىلى ئوبلاستى	**71 337**	**6 106**	**41 797**	**13 200**	**5 815**	**4 419**	**61 938**	**40.86**	**26.98**
奎屯市 كۈيتۇن شەھىرى	14 298	50	9 041	3 617	536	1 054	4 105	7.29	2.35
伊犁地区 ئىلى ۋىلايىتى	**26 662**	**1 589**	**12 426**	**7 774**	**2 997**	**1 876**	**27 509**	**16.54**	**12.54**
伊宁市 غۇلجا شەھىرى	10 565	15	2 150	6 436	1 874	90	9 750	5.87	4.00
伊宁县 غۇلجا ناھىيىسى	494	27	461	6			615	0.11	0.02
察布查尔县 چاپچال	1 125	243	744		37	101	926	1.30	0.90
霍城县 قورغاس	6 556	474	3 877	201	685	1 319	6 452	3.24	3.08
巩留县 توققۇزتارا	807	22	747	12		26	807	0.05	0.05
新源县 كۈنەس	4 158	373	2 556	777	386	66	6 928	4.36	3.66
昭苏县 موڭغۇلكۈرە	1 008	295	270	342	15	86	913	0.82	0.50
特克斯县 تېكەس	497	72	425				16	0.18	0.18
尼勒克县 نىلقا	1 452	68	1 196			188	1 102	0.61	0.15
塔城地区 تارباغاتاي ۋىلايىتى	**23 141**	**2 989**	**15 482**	**1 467**	**1 956**	**1 247**	**22 733**	**13.48**	**9.25**
塔城市 چۆچەك شەھىرى	847	178	10	307	352		486	1.30	0.59
额敏县 دۆربىلجىن	3 893		3 004	554	257	78	5 161	0.83	0.64
乌苏县 شىخو	9 529	834	7 935	105	353	302	8 499	2.83	2.12
沙湾县 ساۋەن	8 676	1 977	4 375	487	970	867	8 391	8.32	5.69
托里县 تولى									
裕民县 چاغانتوقاي	150		150				150		
和布克赛尔县 قوبۇقسار	46		8	14	24		46	0.20	0.20
阿勒泰地区 ئالتاي ۋىلايىتى	**7 236**	**1 478**	**4 848**	**342**	**326**	**242**	**7 591**	**3.55**	**2.84**
阿勒泰市 ئالتاي شەھىرى	1 335	17	906	70	273	69	2 303	1.53	1.26
布尔津县 بۇرچىن	411		411				221	0.14	0.09
富蕴县 كۆكتوقاي									
福海县 بۇرۇلتوقاي	3 242	1 025	1 845	157	42	173	2 794	1.45	1.05
哈巴河县 قابا	1 020	40	876	104			1 010	0.35	0.35
青河县 چىڭگىل	46	33	13				81		

4—26 续表2 داۋامى2

单位:万元 بىرلىكى :تۈمەن يۈەن

地区 رايونلار	投资总额 سېلىنغان ئومۇمىي مەبلەغ سوممىسى	农林牧渔业用 دېھقانچىلىق، ئورمانچىلىق، چارۋىچىلىق، بېلىقچىلىق	工业、建筑业用 سانائەت، بىناكارلىق قۇرۇلۇشىغا ئىشلىتىلگىنى	商业运输邮电业用 سوداتىرانسپورت، پوچتا-تېلېگرافقا	住宅 تۇرالغۇ ئۆي	其他 باشقىلار	新增固定资产 يېڭىدىن كۆپەيگەن مۇقىم مۈلۈك	房屋建筑面积(万平方米) ئۆي ئىمارەت قۇرۇلۇش كۆلىمى (تۈمەن كۋادرات مېتىر) 施工面积 قۇرۇلۇش قىلىنىۋاتقان كۆلىمى	竣工面积 پۈتكەن قۇرۇلۇش كۆلىمى
吉木乃县 جىمىنەي	1 182	363	797	11	11		1 182	0.08	0.08
博州 بۆرتالا ئوبلاستى	**8 731**	**2 196**	**3 129**	**1 711**	**972**	**723**	**8 463**	**7.00**	**7.00**
博乐市 بۆرتالا شەھىرى	6 944	1 641	2 467	1 389	878	569	6 694	5.89	5.89
精河县 جىڭ	973	414	312	30	94	123	955	0.78	0.78
温泉县 ئارشاڭ	814	141	350	292		31	814	0.34	0.34
巴州 بايىنغولىن ئوبلاستى	**45 985**	**3 513**	**17 954**	**13 935**	**5 048**	**5 535**	**46 126**	**28.55**	**22.49**
库尔勒市 كورلا شەھىرى	33 326	461	13 039	13 747	3 631	2 448	34 013	15.50	10.60
轮台县 بۈگۈر	278		278				112	0.05	
尉犁县 لوپنۇر	4 025	1 615	375	23	532	1 480	4 080	7.91	7.47
若羌县 چاقىلىق	227	79			5	143	197	0.07	0.07
且末县 چەرچەن	70		70				50		
焉耆县 يەنجى	1 449	87	217		160	985	1 323	0.68	0.68
和静县 خېجىڭ	3 124	723	1 624	17	377	383	2 945	2.47	2.18
和硕县 خوشۇت	3 468	548	2 351	130	343	96	3 406	1.86	1.49
博湖县 باغراش	18			18					
阿克苏地区 ئاقسۇ ۋىلايىتى	**41 690**	**4 332**	**18 707**	**9 035**	**5 202**	**4 414**	**38 017**	**26.09**	**25.31**
阿克苏市 ئاقسۇ شەھىرى	32 937	3 165	16 444	5 895	3 771	3 662	29 654	20.79	20.01
温宿县 ئاقسۇ كونا شەھەر	2 504	566	1 405	245	191	97	2 709	1.75	1.75
库车县 كۇچا	1 417		200	1 137	80		1 297	0.20	0.20
沙雅县 شايار	340			340			340		
新和县 توقسۇ									
拜城县 باي	682		158	312	212		682	0.36	0.36
乌什县 ئۇچتۇرپان	768	106	68	215	85	294	573	0.55	0.55
阿瓦提县 ئاۋات	2 613	495	432	462	863	361	2 613	2.44	2.44
柯坪县 كەلپىن	429			429			149		
克州 قىزىلسۇ ئوبلاستى	**22**	**22**					**22**		

4—26 续表3 داۋامى

بىرلىكى : تۈمەن يۈەن 单位:万元

地区 رايونلار	投资总额 سېلىنغان ئومۇمىي مەبلەغ سوممىسى	农林牧渔业用 دېھقانچىلىق، ئورمانچىلىق، چارۋىچىلىق، بېلىقچىلىق	工业、建筑业用 سانائەت، بىناكارلىق قۇرۇلۇشىغا	商业运输邮电业用 سودا،ترانسپورت، پوچتا-تېلېگرافقا	住宅 تۇرالغۇ ئۆي	其他 باشقىلار	新增固定资产 يېڭىدىن كۆپەيگەن مۇقىم مۈلۈك	房屋建筑面积(万平方米) ئۆي ئىمارەت قۇرۇلۇش كۆلىمى (تۈمەن كۋادرات مېتىر) 施工面积 قۇرۇلۇش قىلىنىۋاتقان كۆلىمى	竣工面积 پۈتكەن قۇرۇلۇش كۆلىمى
阿图什市 ئاتۇش شەھىرى	22	22					22		
阿克陶县 ئاقتو									
阿合奇县 ئاقچى									
乌恰县 ئۇلۇغچات									
喀什地区 قەشقەر ۋىلايىتى	**23 446**	**1 601**	**12 431**	**4 419**	**2 514**	**2 481**	**21 962**	**13.30**	**10.30**
喀什市 قەشقەر شەھىرى	10 075		6 119	3 162	655	139	11 722	1.59	0.39
疏附县 قەشقەر كونا شەھەر	1 158		1 075	65		18	380		
疏勒县 قەشقەر يېڭىشەھەر	213	138			75		105	0.56	0.56
英吉沙县 يېڭىسار	304	29	234		41		287	0.18	0.11
泽普县 پوسكام									
莎车县 يەكەن	845		845				696	0.17	0.02
叶城县 قاغىلىق	463		400	18	24	21	463	0.10	0.10
麦盖提县 مەكىت	3 803	315	1 791	790	391	516	2 111	3.10	2.33
岳普湖县 يوپۇرغا	411	23	36		205	177	441	0.96	0.96
伽师县 پەيزىۋات	656	92	197	92	100	175	611	0.65	0.65
巴楚县 مارالبېشى	5 488	1 004	1 734	292	1 023	1 435	5 146	6.01	5.19
塔什库尔干县 تاشقورغان									
和田地区 خوتەن ۋىلايىتى	**882**	**205**	**306**	**144**	**151**	**76**	**766**	**1.14**	**0.94**
和田市 خوتەن شەھىرى									
和田县 خوتەن ناھىيىسى									
墨玉县 قاراقاش	247	83	9	21	134		237	0.34	0.14
皮山县 گۇما	561	98	297	110		56	455	0.69	0.69
洛浦县 لوپ									
策勒县 چىرا	74	24		13	17	20	74	0.11	0.11
于田县 كېرىيە									
民丰县 نىيە									

ئۆي-جاي تەرەققىياتىغا سېلىنغان مەبلەغ

4—27 房地产开发投资

指 标 كۆرسەتكۈچلەر	1994年 -يىل	1995年 -يىل
房地产开发投资额(万元) ئۆي-جاي تەرەققىياتىغا سالغان مەبلەغ سوممىسى (تۈمەن يۈەن)	**86 244**	**171 238**
#土地开发投资额 #يەر-زېمىن تەرەققىياتىغا سېلىنغان مەبلەغ سوممىسى	13 868	15 136
商品房屋销售额(万元) تاۋار ئۆيلەرنى سېتىش سوممىسى (تۈمەن يۈەن)	**41 358**	**76 447**
商品房屋建筑面积(万平方米) تاۋار ئۆيلەرنىڭ قۇرۇلۇش كۆلىمى (تۈمەن كۋادرات مېتىر)		
1、施工面积 1. قۇرۇلۇش قىلىنۋاتقان كۆلىمى	130.90	273.93
#本年新开工面积 شۇ يىلى يېڭىدىن قۇرۇلۇش باشلىغان كۆلىمى		105.58
2、竣工面积 2. پۈتكەن قۇرۇلۇش كۆلىمى	67.05	101.96
土地开发面积(万平方米) يەر-زېمىن ئېچىش كۆلىمى (تۈمەن كۋادرات مېتىر)	**60.01**	**479.00**
商品房屋销售建筑面积(万平方米) تاۋار ئۆيلەرنى ساتقان قۇرۇلۇش كۆلىمى (تۈمەن كۋادرات مېتىر)	**45.90**	**53.15**

ھەر قايسى جايلارنىڭ تاۋار ئۆي قۇرۇلۇشى قىلىنۋاتقان ۋە پۈتكەن ئۆي ئىمارەتلەرنىڭ قۇرۇلۇش كۆلىمى

4—28 各地区商品房施工、竣工房屋建筑面积

(1995年 -يىل)

地 区 رايونلار		投资额(万元) سېلىنغان مەبلەغ سوممىسى (تۈمەن يۈەن)	施工房屋建筑面积(万平方米) قۇرۇلۇش قىلىنۋاتقان ئۆيلەرنىڭ قۇرۇلۇش كۆلىمى (تۈمەن كۋادرات مېتىر)	#住宅 تۇرالغۇ ئۆي	竣工房屋建筑面积(万平方米) پۈتكەن ئۆيلەرنىڭ قۇرۇلۇش كۆلىمى (تۈمەن كۋادرات مېتىر)	#住宅 تۇرالغۇ ئۆي
总 计	**ئومۇمىي جەمئى**	**171 238**	**273.93**	**164.54**	**101.96**	**78.77**
乌鲁木齐市	ئۈرۈمچى شەھىرى	118 085	190.22	106.97	55.65	44.65
克拉玛依市	قاراماي شەھىرى	780	1.13	0.46	0.81	0.14
石河子市	شىخەنزە شەھىرى	10 003	6.08	4.05	5.07	3.06
吐鲁番地区	تۇرپان ۋىلايىتى	373	1.00	0.90	0.74	0.64
哈密地区	قۇمۇل ۋىلايىتى	1 544	3.05	2.73	1.92	1.64
昌吉州	سانجى ئوبلاستى	7 638	12.19	11.20	6.46	5.60
伊犁州	ئىلى ئوبلاستى	17 315	26.25	13.24	13.38	8.88
奎屯市	كۈيتۇن شەھىرى	3 931	5.24	1.09	1.48	1.09
伊犁地区	ئىلى ۋىلايىتى	9 477	14.85	8.53	7.70	5.32
塔城地区	تارباغاتاي ۋىلايىتى	1 596	2.57	1.51	2.37	1.30
阿勒泰地区	ئالتاي ۋىلايىتى	2 311	3.60	2.12	1.83	1.17
博州	بۆرتالا ئوبلاستى	528	1.04	0.75	0.44	0.41
巴州	بايىنغولىن ئوبلاستى	10 932	25.39	19.94	11.30	10.30
阿克苏地区	ئاقسۇ ۋىلايىتى	3 680	6.87	4.01	5.50	3.15
克州	قىزىلسۇ ئوبلاستى					
喀什地区	قەشقەر ۋىلايىتى	360	0.71	0.29	0.71	0.29
和田地区	خوتەن ۋىلايىتى					

ىبخلاش ئۆزگەرتىشكە سالغان مەبلىغى

4—29 各地、州、市分行业

(يىل- 1995年)

地 区 رايونلار		جەمئى 合 计	دېھقانچىلىق، ئورمانچىلىق، چارۋىچىلىق، بېلىقچىلىق 农、林、牧渔业	قېزىش كەسپى 采掘业	ياساش كەسپى 制造业
总 计	**ئومۇمىي جەمئى**	**626 739**	**51 784**	**138 947**	**217 842**
乌鲁木齐市	ئۈرۈمچى شەھىرى	214 168	1 536		89 857
克拉玛依市	قاراماي شەھىرى	133 503	1 225	124 568	4 326
石河子市	شىخەنزە شەھىرى	38 188	1 804		21 056
吐鲁番地区	تۇرپان ۋىلايىتى	1 250		40	1 073
哈密地区	قۇمۇل ۋىلايىتى	17 239	528	8 649	6 264
昌吉州	سانجى ئوبلاستى	30 298	9 384	1 596	15 318
伊犁州	ئىلى ئوبلاستى	71 337	8 569	1 883	35 749
奎屯市	كۈيتۇن شەھىرى	14 298	50		3 893
伊犁地区	ئىلى ۋىلايىتى	26 662	2 005	1 225	13 300
塔城地区	تارباغاتاي ۋىلايىتى	23 141	4 923	377	14 367
阿勒泰地区	ئالتاي ۋىلايىتى	7 236	1 591	281	4 189
博州	بۆرتالا ئوبلاستى	8 731	3 060	212	3 013
巴州	بايىنغولىن ئوبلاستى	45 985	5 097	1 305	17 693
阿克苏地区	ئاقسۇ ۋىلايىتى	41 690	12 894	634	15 805
克州	قىزىلسۇ ئوبلاستى	22	22		
喀什地区	قەشقەر ۋىلايىتى	23 446	6 920	60	7 551
和田地区	خوتەن ۋىلايىتى	882	745		137

地 区 رايونلار		پۇل مۇئامىلە سۇغۇرتا كەسپى 金融、保险业	ئۆي جاي تەرە ققىيات كەسپى 房 地 产 业	ئىجتىمائىي مۇلازىمەت كەسپى 社会服务业
总 计	**ئومۇمىي جەمئى**			**34 487**
乌鲁木齐市	ئۈرۈمچى شەھىرى			29 262
克拉玛依市	قاراماي شەھىرى			1 423
石河子市	شىخەنزە شەھىرى			2 089
吐鲁番地区	تۇرپان ۋىلايىتى			
哈密地区	قۇمۇل ۋىلايىتى			14
昌吉州	سانجى ئوبلاستى			
伊犁州	ئىلى ئوبلاستى			519
奎屯市	كۈيتۇن شەھىرى			165
伊犁地区	ئىلى ۋىلايىتى			
塔城地区	تارباغاتاي ۋىلايىتى			210
阿勒泰地区	ئالتاي ۋىلايىتى			144
博州	بۆرتالا ئوبلاستى			
巴州	بايىنغولىن ئوبلاستى			787
阿克苏地区	ئاقسۇ ۋىلايىتى			370
克州	قىزىلسۇ ئوبلاستى			
喀什地区	قەشقەر ۋىلايىتى			23
和田地区	خوتەن ۋىلايىتى			

ھەر قايسى ۋىلايەت، ئوبلاست، شەھەرلەرنىڭ ساھەلەرگە ئايرىلغان

更新改造投资

单位:万元 بىرلىكى :تۈمەن يۈەن

ئېلېكتىر ئېنېرگىيە، كۆمۈر گازى ۋە سۇ ئىشلەپچىقىرىش ۋە تەمىنلەش كەسپى 电力、煤气及水的生产和供应业	قۇرۇلۇش كەسپى 建筑业	گېئولوگىيىلىك ئومۇمىيۈزلۈك تەكشۈرۈش ۋە سۇ ئىنشائاتلىرىنى باشقۇرۇش كەسپى 地质普查及水利管理业	قاتناش-ترانسپورت، ئىسكىلاتتا ساقلاش ۋە پوچتا-تېلېگراف 交通运输、仓储及邮电通讯业	توپ ۋە پارچە سېتىش، يىمەك-ئىچمەك كەسپى 批发和零售贸易、餐饮业
29 159	**10 937**	**2 893**	**121 084**	**9 871**
14 219	5 407	168	68 815	1 250
			1 521	440
1 586	2 582	40	7 577	808
	14			123
	169		1 615	
1 341			2 514	121
7 515	351	1 451	9 964	3 564
5 100			1 934	2 450
1 193	315		7 225	421
320		1 451	785	693
902	36		20	
320	150	128	1 608	160
871	770	297	15 356	1 799
984	983	542	8 126	1 102
2 323	511	267	3 988	504

سەھىيە، تەنتەربىيە ۋە ئىجتىمائىي پاراۋانلىق 卫生、体育和社会福利业	مائارىپ، مەدەنىيەت سەنئەت ۋە رادىئو كىنو، تېلېۋىزىيە كەسپى 教育、文化艺术和广播电影电视业	پەن تەتقىقات ۋە ئۇنىۋېرسال تېخنىكا مۇلازىمىتى كەسپى 科学研究和综合技术服务业	دۆلەت ئورگانلىرى، سىياسىي پارتىيە ئورگانلىرى ۋە ئىجتىمائىي تەشكىلاتلار 国家机关、政党机关和社会团体	باشقا كەسپلەر 其他行业
1 393	**1 925**	**99**	**4 865**	**1 453**
	231	31	2 649	743
292	282	53	19	
	24			
			80	
672			1 338	
	250			

دۆلەت ئىگىلىكىدىكى باشقا سىلىنغان مەبلەغ

4—30 各地区分行业

（1995 年-يىل）

地　　区 رايونلار		جەمئى 合　计	دېھقانچىلىق، ئورمانچىلىق، چارۋىچىلىق، بېلىقچىلىق 农、林、牧渔业	ئېچىش كەسپى 采掘业	ياساش كەسپى 制造业
总　计	**ئومۇمىي جەمئى**	**200 989**	**395**	**171 324**	**4 448**
乌鲁木齐市	ئۈرۈمچى شەھىرى	1 529			1 300
克拉玛依市	قاراماي شەھىرى	171 207		171 089	
石河子市	شىخەنزە شەھىرى				
吐鲁番地区	تۇرپان ۋىلايىتى	213			50
哈密地区	قۇمۇل ۋىلايىتى	508	22	49	50
昌吉州	سانجى ئوبلاستى	4 993	183	170	80
伊犁州	ئىلى ئوبلاستى	10 118			2 444
奎屯市	كۈيتۇن شەھىرى	3 650			1 405
伊犁地区	ئىلى ۋىلايىتى	170			
塔城地区	تارباغاتاي ۋىلايىتى	2 549			1 039
阿勒泰地区	ئالتاي ۋىلايىتى	3 749			
博州	بۆرتالا ئوبلاستى	1 480	24		
巴州	بايىنغولىن ئوبلاستى	3 434	131	8	279
阿克苏地区	ئاقسۇ ۋىلايىتى	5 100	18	8	107
克州	قىزىلسۇ ئوبلاستى	605	11		
喀什地区	قەشقەر ۋىلايىتى	1 609			138
和田地区	خوتەن ۋىلايىتى	193	6		

地　　区 رايونلار		پۇل مۇئامىلە سۇغۇرتا كەسپى 金融、保险业	ئۆي-جاي تەرەققىيات كەسپى 房　地　产　业	ئىجتىمائىي مۇلازىمەت كەسپى 社会服务业
总　计	**ئومۇمىي جەمئى**	**793**	**13**	**817**
乌鲁木齐市	ئۈرۈمچى شەھىرى			
克拉玛依市	قاراماي شەھىرى			
石河子市	شىخەنزە شەھىرى			
吐鲁番地区	تۇرپان ۋىلايىتى			12
哈密地区	قۇمۇل ۋىلايىتى			
昌吉州	سانجى ئوبلاستى	100		89
伊犁州	ئىلى ئوبلاستى	44		312
奎屯市	كۈيتۇن شەھىرى	44		312
伊犁地区	ئىلى ۋىلايىتى			
塔城地区	تارباغاتاي ۋىلايىتى			
阿勒泰地区	ئالتاي ۋىلايىتى			
博州	بۆرتالا ئوبلاستى	114		5
巴州	بايىنغولىن ئوبلاستى	225	13	352
阿克苏地区	ئاقسۇ ۋىلايىتى	227		10
克州	قىزىلسۇ ئوبلاستى			16
喀什地区	قەشقەر ۋىلايىتى	83		21
和田地区	خوتەن ۋىلايىتى			

هەر قايسى جايلارنىڭ ساھەلەرگە ئايرىلغان

国有其他投资

单位:万元 بىرلىكى : تۈمەن يۈەن

ئېلېكتىر ئېنېرگىيە، كۆمۈرگازى، سۇ ئىشلەپچىقىرىش ۋەتەمىنلەش كەسپى 电力、煤气及水的生产和供应业	بىناكارلىق كەسپى 建筑业	گېئولوگىيىلىك ئومۇمىيۈزلۈك تەكشۈرۈش ۋە سۇ ئىنشائاتىنى باشقۇرۇش كەسپى 地质普查及水利管理业	قاتناش-تىرانسپورت، ئىسكىلاتتاساقلاش ۋەپوچتا-تېلېگراف كەسپى 交通运输、仓储及邮电通讯业	توپ ۋە پارچە سېتىش، يېمەك ئىچمەك كەسپى 批发和零售贸易、餐饮业
997	**444**	**684**	**11 371**	**1 618**
	189			
			118	
			163	
23			20	7
545		164	428	723
266	150	130	5 915	157
246		130	656	157
20	150			
			1 510	
			3 749	
7		6	358	105
52	105	261	98	418
67			3 567	143
			127	19
37		123	523	39
			54	7

سەھىيە، تەنتەربىيەۋەئىجتىمائىي پاراۋانلىق كەسپى 卫生、体育和社会福利业	مائارىپ، مەدەنىيەت، سەنئەت ۋە رادىئو، كىنو-تېلېۋىزىيەكەسپى 教育、文化艺术和广播电影电视业	پەن-تەتقىقات ۋە ئۇنىۋېرسال تېخنىكا مۇلازىمەت كەسپى 科学研究和综合技术服务业	دۆلەت ئورگانلىرى، سىياسىي پارتىيەئورگانلىرى ۋە ئىجتىمائىي تەشكىلاتلار 国家机关、政党机关和社会团体	باشقا كەسپلەر 其他行业
897	**814**	**138**	**6 152**	**84**
				40
38			243	44
601	449	54	1 407	
152			548	
152			548	
12	54	6	789	
53	56	73	1 310	
13	179	5	756	
18	7		407	
10	60		575	
	9		117	

دۆلەت ئىگىلىكىدىكى باشقا مۇقىم مۈلۈككە سېلىنغان مەبلەغ

4—31 国有其他固定资产投资

指标	كۆرسەتكۈچلەر	1994年 -يىل	1995年 -يىل
投资额(万元)	**سېلىنغان مەبلەغ سوممىسى (تۈمەن يۈەن)**	**276 017**	**200 989**
1、按资金来源分	1. سېلىنغان مەبلەغنىڭ كېلىش مەنبەيى بويىچە ئايرىغاندا		
国家预算内投资	دۆلەت خام چوتى ئىچىدىكى مەبلەغ	8 684	4 443
国内贷款	دۆلەت ئىچىدىن قەرز ئېلىنغان مەبلەغ	21 588	3 873
利用外资	پايدىلىنىلغان چەتئەل مەبلىغى		244
自筹资金	ئۆزى توپلىغان مەبلەغ	179 257	188 130
其他资金	باشقا مەبلەغلەر	66 488	4 299
2、按构成分	2. قۇرۇلمىسى بويىچە ئايرىغاندا		
建筑安装工程	بىناكارلىق قۇراشتۇرۇش قۇرۇلۇشى	211 141	145 862
设备、工具、器具购置	ئۈسكۈنە، سايمان، ئەسۋابلارنى سېتىۋېلىش	33 069	34 533
其他费用	باشقا خىراجەتلەر	31 807	20 594
3、按工程用途分	3. قۇرۇلۇشتا ئىشلىتىش بويىچە ئايرىلغاندا		
农林牧渔业用	دېھقانچىلىق، ئورمانچىلىق، چارۋىچىلىق، بېلىقچىلىقتا ئىشلىتىلگىنى	625	519
工业、建筑业用	سانائەت، بىناكارلىقتا ئىشلىتىلگىنى	170 916	107 151
商业、运输邮电业用	سودا، تىرانسپورت پوچتا-تېلېگرافتا ئىشلىتىلگىنى	9 164	18 049
住宅	تۇرالغۇ ئۆي	1 139	3 247
其他	باشقىلار	94 173	72 023
新增固定资产(万元)	**يېڭىدىن كۆپەيگەن مۇقىم مۈلۈك (تۈمەن يۈەن)**	**197 736**	**133 116**
房屋建筑面积(万平方米)	ئۆي ئىمارەتلەرنىڭ قۇرۇلۇش كۆلىمى (تۈمەن كىۋادرات مېتر)		
施工面积	قۇرۇلۇش قىلىنىۋاتقان كۆلىمى	13.45	11.11
竣工面积	پۈتكەن قۇرۇلۇش كۆلىمى	10.97	9.59
#住宅	#تۇرالغۇ ئۆي	1.48	4.87

شەھەر-بازارلاردىكى كوللېكتىپ مۈلۈكچىلىك تۈزۈمىدىكى ئورۇنلارنىڭ مۇقىم مۈلۈككە سالغان مەبلىغى

4—32 城镇集体所有制固定资产投资

指标	كۆرسەتكۈچلەر	-يىل 1994年	-يىل 1995年
施工项目(个)	**قۇرۇلۇش قىلىنىۋاتقان تۈرلەر**	**336**	**346**
#全部投产项目(个)	#بارلىق ئىشلەپچىقىرىشقا كىرىشتۈرۈلگەن تۈرلەر	233	262
投产率(%)	ئىشلەپچىقىرىشقا كىرىشتۈرۈلۈش نىسبىتى (%)	69.3	75.7
投资额(万元)	**سېلىنغان مەبلەغ سوممىسى (تۈمەن يۈەن)**	**57 921**	**110 671**
1、按资金来源分(万元)	1. مەبلەغنىڭ كېلىش مەنبەئى بويىچە ئايرىلغاندا (تۈمەن يۈەن)		
国家预算内投资(万元)	دۆلەتنىڭ خام چوتى ئىچىدىكى مەبلەغ (تۈمەن يۈەن)	692	234
国内贷款(万元)	دۆلەت ئىچىدىن قەرز ئالغان مەبلەغ (تۈمەن يۈەن)	22 882	43 799
利用外资(万元)	پايدىلىنىلغان چەتئەل مەبلىغى (تۈمەن يۈەن)		1 386
自筹和其他投资(万元)	ئۆزى توپلىغان ۋە باشقا مەبلەغ (تۈمەن يۈەن)	34 347	65 252
2、按构成分	2. قۇرۇلمىسى بويىچە ئايرىلغاندا		
#建筑安装工程(万元)	بىناكارلىق قۇراشتۇرۇش قۇرۇلۇشى (تۈمەن يۈەن)	37 916	64 352
设备、工具、器具购置(万元)	ئۈسكىنە، سايمان ، ئەسۋاپلارنى سېتىۋالغىنى (تۈمەن يۈەن)	18 012	43 277
3、按工程用途分	3. قۇرۇلۇشقا ئىشلىتىش ئورنى بويىچە ئايرىلغاندا		
农林牧渔业用(万元)	دېھقانچىلىق، ئورمانچىلىق، چارۋىچىلىق، بېلىقچىلىققا ئىشلىتىلگىنى	8	560
工业、建筑业用(万元)	سانائەت، بىناكارلىققا ئىشلىتىلگىنى	31 258	74 615
商业、运输邮电业用(万元)	سودا، ترانسپورت، پوچتا-تېلېگرافقا ئىشلىتىلگىنى	13 028	12 607
住宅(万元)	تۇرالغۇ ئۆي (تۈمەن يۈەن)	9 636	14 793
其他(万元)	باشقىلار (تۈمەن يۈەن)	3 991	8 096
4、按国民经济行业分	4. خەلق ئىگىلىكى ساھەلىرى بويىچە ئايرىلغاندا		
农、林、牧、渔业(万元)	دېھقانچىلىق، ئورمانچىلىق، چارۋىچىلىق، بېلىقچىلىق (تۈمەن يۈەن)	35	574
#农业(万元)	#دېھقانچىلىق (تۈمەن يۈەن)	35	119
采掘业(万元)	قېزىش كەسپى (تۈمەن يۈەن)	323	150
制造业(万元)	ياساش كەسپى (تۈمەن يۈەن)	32 284	76 332
电力、煤气及水的生产和供应业(万元)	ئېلېكتىر ئېنېرگىيە، كۆمۈر گازى ۋە سۇ ئىشلەپچىقىرىش ۋە تەمىنلەش كەسپى (تۈمەن يۈەن)	942	970
建筑业(万元)	بىناكارلىق كەسپى (تۈمەن يۈەن)	3 271	3 719
地质普查、水利管理业(万元)	گېئولوگىيىلىك ئومۇمىيۈزلۈك تەكشۈرۈش، سۇ ئىنشائاتلىرىنى باشقۇرۇش (تۈمەن يۈەن)	8	82
#水利管理业(万元)	#سۇ ئىنشائاتلىرىنى باشقۇرۇش كەسپى (تۈمەن يۈەن)	8	82
交通运输、仓储及邮电通讯业(万元)	قاتناش-ترانسپورت، ئىسكىلاتتا ساقلاش ۋە پوچتا-تېلېگراف كەسپى (تۈمەن يۈەن)	2 798	650
#仓储业(万元)	#ئىسكىلاتتا ساقلاش كەسپى (تۈمەن يۈەن)		
批发和零售贸易、餐饮业(万元)	توپ ۋە پارچە سېتىش، يېمەك-ئىچمەك كەسپى (تۈمەن يۈەن)	14 386	22 166
金融、保险业(万元)	پۇل مۇئامىلە، سۇغۇرتا كەسپى (تۈمەن يۈەن)	757	1 613
房地产业(万元)	ئۆي-جاي تەرەققىياتى كەسپى (تۈمەن يۈەن)	125	7
社会服务业(万元)	ئىجتىمائىي مۇلازىمەت كەسپى (تۈمەن يۈەن)	1 769	2 905
卫生、体育和社会福利事业(万元)	سەھىيە، تەنتەربىيە ۋە ئىجتىمائىي پاراۋانلىق كەسپى	525	537
教育、文化、艺术和广播电影电视业(万元)	مائارىپ، مەدەنىيەت، سەنئەت ۋە رادىئو، كىنو، تېلېۋىزىيە كەسپى (تۈمەن يۈەن)	25	
科研和综合技术服务业(万元)	پەن-تەتقىقات ۋە ئومۇميۈزلۈك تېخنىكا مۇلازىمىتى كەسپى (تۈمەن يۈەن)		
政府机关和社会团体(万元)	ھۆكۈمەت ئورگانلىرى ۋە ئىجتىمائىي تەشكىلاتلار (تۈمەن يۈەن)	230	568
其他行业(万元)	باشقا كەسىپلەر (تۈمەن يۈەن)	443	392
新增固定资产	**يېڭىدىن كۆپەيگەن مۇقىم مۈلۈك**	**54 991**	**64 810**
固定资产交付使用率(%)	مۇقىم مۈلۈكنىڭ ئىشلىتىشكە تاپشۇرۇلۇش نىسبىتى (%)	94.9	58.6
竣工房屋建筑面积(万平方米)	**پۈتكەن ئۆي-ئىمارەت قۇرۇلۇش كۆلىمى (تۈمەن كۋادرات مېتىر)**	**41.06**	**53.81**
#住宅(万平方米)	#تۇرالغۇ ئۆي (تۈمەن كۋادرات مېتىر)	13.92	19.33
房屋建筑面积竣工率(%)	ئۆي-ئىمارەت قۇرۇلۇش كۆلىمىنىڭ پۈتۈش نىسبىتى (%)	66.01	64.1

شەھەر-بازارلاردىكى كوللېكتىپ ئىگىلىكنىڭ سالغان مەبلىغى

4—33 各地区分行业

（ 1995 -يىل 年）

رايونلار 地区	جەمئى 合计	دېھقانچىلىق، ئورمانچىلىق، چارۋىچىلىق، بېلىقچىلىق 农、林、牧、渔业	قېزىش كەسپى 采掘业
总计 ئومۇمىي جەمئى	**110 671**	**574**	**150**
乌鲁木齐市 ئۈرۈمچى شەھىرى	12 724		
克拉玛依市 قاراماي شەھىرى	3 078		
石河子市 شىخەنزە شەھىرى	1 675		
吐鲁番地区 تۇرپان ۋىلايىتى	4 778		
哈密地区 قۇمۇل ۋىلايىتى	1 299		
昌吉州 سانجى ئوبلاستى	15 481		150
伊犁州 ئىلى ئوبلاستى	14 076		
奎屯市 كۈيتۇن شەھىرى	4 813		
伊犁地区 ئىلى ۋىلايىتى	1 090		
塔城地区 تارباغاتاي ۋىلايىتى	5 702		
阿勒泰地区 ئالتاي ۋىلايىتى	2 471		
博州 بۆرتالا ئوبلاستى	9 156	44	
巴州 بايىنغولىن ئوبلاستى	25 346	295	
阿克苏地区 ئاقسۇ ۋىلايىتى	7 123		
克州 قىزىلسۇ ئوبلاستى	551		
喀什地区 قەشقەر ۋىلايىتى	14 455	235	
和田地区 خوتەن ۋىلايىتى	929		

رايونلار 地区	توپ ۋە پارچە سېتىش، يېمەك ئىچمەك كەسپى 批发零售贸易、餐饮业	پۇل مۇئامىلە، سۇغۇرتا كەسپى 金融、保险业	ئۆي-جاي تەرەققىيات كەسپى 房地产业
总计 ئومۇمىي جەمئى	**22 166**	**1 613**	**7**
乌鲁木齐市 ئۈرۈمچى شەھىرى	4 373		
克拉玛依市 قاراماي شەھىرى		108	
石河子市 شىخەنزە شەھىرى	1 532	99	
吐鲁番地区 تۇرپان ۋىلايىتى	318		
哈密地区 قۇمۇل ۋىلايىتى	114	476	
昌吉州 سانجى ئوبلاستى	812	319	7
伊犁州 ئىلى ئوبلاستى	4 774	158	
奎屯市 كۈيتۇن شەھىرى	3 379		
伊犁地区 ئىلى ۋىلايىتى	274	158	
塔城地区 تارباغاتاي ۋىلايىتى	1 115		
阿勒泰地区 ئالتاي ۋىلايىتى	6		
博州 بۆرتالا ئوبلاستى	855	29	
巴州 بايىنغولىن ئوبلاستى	3 430	323	
阿克苏地区 ئاقسۇ ۋىلايىتى	1 110	26	
克州 قىزىلسۇ ئوبلاستى	175	..	
喀什地区 قەشقەر ۋىلايىتى	4 029	75	
和田地区 خوتەن ۋىلايىتى	644		

هەر قايسى جايلارنىڭ ساھەلەرگە ئايرىلغان

城镇集体投资

بىرلىكى: تۈمەن يۈەن 单位:万元

ياساش كەسپى 制造业	ئېلېكتر ئېنېرگىيە، كۆمۈر گازى ۋەسۇئىشلەپچىقىرىش ۋە تەمىنلەش كەسپى 电力、煤气及水的生产和供应业	قۇرۇلۇش كەسپى 建筑业	گېئولوگىيىلىك ئومۇميۈزلۈك تەكشۈرۈش ۋەسۇئىنشائاتلىرىنى باشقۇرۇش كەسپى 地质普查及水利管理业	قاتناش-تىرانسپورت، ئىسكىلاتتا ساقلاش ۋە پوچتا-تېلېگراف كەسپى 交通运输、仓储及邮电通讯业
76 332	**970**	**3 719**	**82**	**656**
5 514		86		290
2 505		448		
19		25		
4 273	110	77		
709				
13 015		697		56
8 286		441		190
1 157		160		117
292		201		60
4 452				13
2 385		80		
6 734	650			120
19 509		1 438		
5 448		438		
95	196	3	82	
9 994		26		
231	14	40		

ئىجتىمائىي مۇلازىمەت كەسپى 社会服务业	سەھىيە، تەنتەربىيە ۋە ئىجتىمائىي پاراۋانلىق كەسپى 卫生、体育和社会福利业	مائارىپ، مەدەنىيەت، سەنئەت ۋە رادىئو، كىنو، تېلېۋىزىيە كەسپى 教育、文化艺术和广播电影电视业	دۆلەت ئورگانلىرى، سىياسىي پارتىيەئورگانلىرى ۋە ئىجتىمائىي تەشكىلاتلار 国家机关、政党机关和社会团体	باشقا كەسپلەر 其他行业
2 905	**537**		**568**	**392**
2 361	100			
17				
	413		12	
172				55
50				55
122				
20			447	257
294	7		50	
41				60
	17		59	20

ئايرىلغان يېزا كوللېكتىپ ئىگىلىكىنىڭ ساالغان مەبلىغى

4—34 各地区及兵团分

(-يىل 1995年)

رايونلار 地区		جەمئىي 合计	دېھقانچىلىق، ئورمانچىلىق، چارۋىچىلىق، بېلىقچىلىق كەسپى 农、林、牧、渔业	قېزىش كەسپى 采掘业
总　计	**ئومۇمىي جەمئىسى**	**92 118**	**26 675**	**3 056**
乌鲁木齐市	ئۈرۈمچى شەھىرى	2 986	337	249
克拉玛依市	قاراماي شەھىرى			
石河子市	شىخەنزە شەھىرى	378	186	
吐鲁番地区	تۇرپان ۋىلايىتى	7 022	7 022	
哈密地区	قومۇل ۋىلايىتى	1 121	652	
昌吉州	سانجى ئوبلاستى	14 745	4 364	845
伊犁州	ئىلى ئوبلاستى	21 235	2 441	165
奎屯市	كۈيتۇن شەھىرى			
伊犁地区	ئىلى ۋىلايىتى	4 500	1 897	
塔城地区	تارباغاتاي ۋىلايىتى	15 089	302	165
阿勒泰地区	ئالتاي ۋىلايىتى	1 646	242	
博州	بۆرتالا ئوبلاستى	571	571	
巴州	بايىنغولىن ئوبلاستى	6 101	3 475	118
阿克苏地区	ئاقسۇ ۋىلايىتى	1 126	308	7
克州	قىزىلسۇ ئوبلاستى	358		
喀什地区	قەشقەر ۋىلايىتى	4 339	781	
和田地区	خوتەن ۋىلايىتى	5 347	4 793	
兵团	بىڭتۇەن	26 789	1 745	1 672

رايونلار 地区		توپ ۋە پارچە سېتىش، يېمەك-ئىچمەك كەسپى 批发零售贸易、餐饮业	پۇل مۇئامىلە سوغۇرتا كەسپى 金融、保险业	ئۆي-جاي تەرەققىيات كەسپى 房地产业
总　计	**جەمئىي**	**4 356**	**77**	**29**
乌鲁木齐市	ئۈرۈمچى شەھىرى	412		
克拉玛依市	قاراماي شەھىرى			
石河子市	شىخەنزە شەھىرى	38		
吐鲁番地区	تۇرپان ۋىلايىتى			
哈密地区	قومۇل ۋىلايىتى			
昌吉州	سانجى ئوبلاستى	99		
伊犁州	ئىلى ئوبلاستى	1 063	77	29
奎屯市	كۈيتۇن شەھىرى			
伊犁地区	ئىلى ۋىلايىتى	641		
塔城地区	تارباغاتاي ۋىلايىتى	422	77	29
阿勒泰地区	ئالتاي ۋىلايىتى			
博州	بۆرتالا ئوبلاستى			
巴州	بايىنغولىن ئوبلاستى	24		
阿克苏地区	ئاقسۇ ۋىلايىتى	92		
克州	قىزىلسۇ ئوبلاستى			
喀什地区	قەشقەر ۋىلايىتى	5		
和田地区	خوتەن ۋىلايىتى			
兵团	بىڭتۇەن	2 623		

هەر قايسى جايلار ۋە بىكتۇەنىنىڭ ساھەلەرگە

行业农村集体投资

单位：万元 بىرلىكى：تۈمەن يۈەن

ياساش كەسپى 制 造 业	ئېلېكتر ئېنېرگىيە، كۆمۈر گازى سۇ ئىشلەپچىقىرىش ۋە تەمىنلەش 电力、煤气及水的生产和供应业	بىناكارلىق 建筑业	گېئولوگىيىلىك ئومۇميۈزلۈك تەكشۈرۈش ۋەسۇئىنشائاتلىرىنى باشقۇرۇش 地质普查及水利管理业	قاتناش تىرانسپورت، ئىسكىلاتتا ساقلاش ۋە پوچتا تېلېگراف 交通运输、仓储及邮电通讯业
25 444	**4 545**	**2 607**	**10 424**	**7 611**
306	145			803
94				
2 388	758	534		4 970
2 157	878	1 522	9 329	967
44	236	20	87	29
1 917	617	1 502	8 800	906
196	25		442	32
1 444	212	327	382	
70	415			
6	17	25	16	
545	21	199	386	736
			311	119
18 434	2 099			16

ئىجتىمائىي مۇلازىمەت كەسپى 社会服务业	سەھىيە، تەنتەربىيە ۋە ئىجتىمائىي پاراۋانلىق كەسپى 卫生、体育和社会福利业	مائارىپ، مەدەنىيەت، سەنئەت ۋەرادىئو، كىنو، تېلېۋىزىيە كەسپى 教育、文化艺术和广播电影电视业	دۆلەت ئورگانلىرى، سىياسى پارتىيەئورگانلىرى ۋەئىجتىمائىي تەشكىلاتلار 国家机关、政党机关和社会团体	باشقا كەسپلەر 其 他 行 业
821	**668**	**2 338**	**3 048**	**419**
514	77	32	78	33
			60	
	196		273	
12	47	474	254	
58	303	1 633	435	178
	150	1 081	137	178
58		26	268	
	153	526	30	
	8	69	42	
61	32	47	80	14
6	5	83	51	149
			1 632	34
20			93	11
150			50	

شەھەر، بازار ۋە زاۋۇت، كان رايونلىرىداشەخسلەر سالغان ئۆي

4—35 城镇及工矿区私人建房

يىللار 年 份	ئۆي سالغان ئائىلە سانى (ئائىلە) 建 房 户 数 (户)	پۈتكەن ئۆي-ئىمارەت قۇرۇلۇش كۆلىمى (تۈمەن كۋادرات مېتىر) 竣工房屋建筑面积 (万平方米)	# تۇرالغۇ ئۆي # 住 宅	پۈتكەن ئۆي-ئىمارەت قىممىتى (تۈمەن يۈەن) 竣工房屋价值 (万元)	# تۇرالغۇ ئۆي # 住 宅
1985	12 577	93.17	82.28	4 926	4 477
1986	14 522	126.90	95.40	8 812	6 852
1987	9 588	82.90	68.20	6 631	5 074
1988	11 527	119.50	99.50	10 974	9 323
1989	9 302	98.70	86.10	10 570	8 992
1990	8 875	88.09	76.75	10 698	8 890
1991	6 412	6 874	53.36	7 637	6 923
1992	8 370	85.03	73.30	14 709	11 925
1993	17 762	19 032	179.31	29 210	25 414
1994	10 466	121.25	103.77	34 171	27 885
1995	13 496	160.51	123.06	52 330	37 374

يېزىلاردىكى شەخسلەرنىڭ مۇقىم مۈلۈككە سالغان مەبلىغى ۋە سالغان ئۆيى

4—36 农村私人固定资产投资和建房

يىللار 年 份	سالغان مەبلەغ ئومۇمىي سوممىسى (تۈمەن يۈەن) 投资总额 (万元)	پۈتكەن ئۆي-ئىمارەتكەسالغان مەبلەغ 竣工房屋投资	# تۇرالغۇ ئۆي # 住 宅	سىتىشلىشقا سالغان مەبلەغ 生产性固定资产投资	پۈتكەن ئۆي-ئىمارەتنىڭقۇرۇلۇش كۆلىمى (تۈمەن كۋادرات مېتىر) 竣工房屋建筑面积 (万平方米)	# تۇرالغۇ ئۆي # 住 宅
1985	24 795	13 276	11 410	11 519	488.17	426.24
1986	27 093	14 507	12 664	12 586	582.5	508.60
1987	27 867	14 581	12 910	13 286	426.20	352.70
1988	45 230	25 498	22 763	19 732	481.40	412.20
1989	67 614	36 103	31 715	31 511	867.20	719.60
1990	75 649	27 495	26 071	45 697	642.80	585.80
1991	92 224	40 285	36 103	51 750	676.36	610.37
1992	95 668	38 202	35 492	57 446	575.41	483.69
1993	106 804	42 649	32 665	64 133	718.57	574.57
1994	170 266	54 866	48 237	109 963	661.56	545.63
1995	205 900	64 740	60 096	145 804	554.52	493.87

هەر قايسى جايلاردىكى شەھەر-بازارلاردا ۋە زاۋۇت، كان رايونلىرىدا شەخسلەر سالغان ئۆي

4—37 各地区城镇和工矿区私人建房

(1995-يىل 年)

رايونلار 地 区		ئۆي سالغان ئائىلە سانى (ئائىلە) 建房户数(户)	پۈتكەن ئۆي-ئىمارەتلەرنىڭ قۇرۇلۇش كۆلىمى (تۈمەن كۋادرات مېتىر) 竣工房屋建筑面积(万平方米)	تۇرالغۇ ئۆي # 住 宅	پۈتكەن ئۆي-ئىمارەت قىممىتى (تۈمەن يۈەن) 竣工房屋万价值(万元)	تۇرالغۇ ئۆي # # 住 宅
总 计	**ئومۇمىي جەمئىي**	**13 496**	**160.51**	**123.06**	**52 330**	**37 374**
乌鲁木齐市	ئۈرۈمچى شەھىرى	338	3.08	2.72	1 809	1 222
克拉玛依市	قاراماي شەھىرى					
石河子市	شىخەنزە شەھىرى	163	1.07	0.66	375	166
吐鲁番地区	تۇرپان ۋىلايىتى	1 464	38.53	19.64	12 353	4 081
哈密地区	قۇمۇل ۋىلايىتى	490	2.47	2.14	2 079	1 848
昌吉州	سانجى ئوبلاستى	2 406	23.88	17.80	8 818	7 413
伊犁州	ئىلى ئوبلاستى	3 968	42.89	36.32	13 757	10 988
奎屯市	كۈيتۇن شەھىرى	133	1.41	0.74	974	401
伊犁地区	ئىلى ۋىلايىتى	2 382	26.24	22.31	7 039	5 978
塔城地区	تارباغاتاي ۋىلايىتى	741	8.88	7.86	3 030	2 399
阿勒泰地区	ئالتاي ۋىلايىتى	712	6.36	5.41	2 714	2 210
博州	بۆرتالا ئوبلاستى	292	2.38	2.23	281	267
巴州	بايىنغولىن ئوبلاستى	1 331	10.91	10.32	3 003	2 675
阿克苏地区	ئاقسۇ ۋىلايىتى	929	12.93	11.59	4 753	4 110
克州	قىزىلسۇ ئوبلاستى	60	0.82	0.78	325	321
喀什地区	قەشقەر ۋىلايىتى	1 264	15.37	13.49	3 695	3 316
和田地区	خوتەن ۋىلايىتى	791	6.21	5.36	1 082	967
在总计中:	**ئومۇمىي جەمئىيسى ئىچىدە**					
#农业户建房	# يېزا ئىگىلىك ئائىلىلىرى سالغان ئۆي	4 001	44.02	39.27	9 823	8 442
1、市	1. شەھەرلەردە	3 568	33.87	28.96	14 759	11 538
#农业户建房	# يېزا ئىگىلىك ئائىلىلىرى سالغان ئۆي	577	4.87	4.37	1 439	1 199
2、县城	2. ناھىيە بازارلىرىدا	7 589	91.49	63.79	30 022	19 795
#农业户建房	# يېزا ئىگىلىك ئائىلىلىرى سالغان ئۆي	1 724	20.46	18.70	4 606	4 143
3、镇	3. بازارلاردا	2 315	34.87	30.05	7 486	5 979
#农业户建房	# يېزا ئىگىلىك ئائىلىلىرى سالغان ئۆي	1 698	18.68	16.19	3 777	3 099
4、工矿区	4. زاۋۇت، كان رايونلىرىدا	24	0.29	0.26	63	62
#农业户建房	# يېزا ئىگىلىك ئائىلىلىرى سالغان ئۆي	2	0.01	0.01	1	1

主要统计指标解释

ئاساسلىق ستاتىستىكا كۆرسەتكۈچلىرىنىڭ ئىزاھاتى

پۈتۈن جەمئىيەتنىڭ مۇقىم مۈلۈككە سالغان مەبلىغى: مۇقىم مۈلۈككە مەبلەغ سېلىش بولسا، ئىجتىمائىي مۇقىم مۈلۈكنىڭ تەكرار ئىشلەپچىقىرىلىشىدىكى ئاساسلىق ۋاستە. مۇقىم مۈلۈكنى قۇرۇش ۋە سېتىۋېلىش ئارقىلىق، خەلق ئىگىلىكىدە ئۈزلۈكسىز ئىلغار تېخنىكا ئەسلىھەلىرىنى قوللىنىپ، يېڭىدىن گۈللەنگەن تارماقلارنى بەرپا قىلىپ، ئىگىلىك قۇرۇلمىسى ۋە ئىشلەپچىقىرىش كۈچلىرىنىڭ رايونلارغا تارقىلىشىنى يەنىمۇ تەڭشەپ، ئىقتىسادىي جەھەتتىكى ئەمەلىي كۈچىنى كۈچەيتىپ، خەلقنىڭ ماددىي مەدەنىيەت تۇرمۇشىنى ياخشىلاشقا ماددىي جەھەتتىن شەرت ھازىرلىنىدۇ. بۇ دۆلىتىمىزنىڭ سوتسىيالىستىك زامانىۋىلاشتۇرۇش قۇرۇلۇشىدا مۇھىم ئەھمىيەتكە ئىگە.

مۇقىم مۈلۈككەسېلىنغان مەبلەغ سوممىسى بولسا، مۇقىم مۈلۈكنى قۇرۇش ۋە سېتىۋېلىش پائالىيىتىنىڭ خىزمەت مىقدارىنىڭ پۇل بىلەن ئىپادىلىنىشى بولۇپ، ئۇمۇقىم مۈلۈككە سېلىنغان مەبلەغ كۆلىمى، سۈرئىتى، نىسبەت مۇناسىۋىتى ۋە ئىشلىتىش يۆنىلىشىنىڭ ئۇنىۋېرسال كۆرسەتكۈچىدۇر. پۈتۈن جەمئىيەتنىڭ مۇقىم مۈلۈككە سالغان مەبلىغى، دۆلەت ئىگىلىكىدىكى ئورۇنلار سالغان مەبلەغنى، شەھەر-يېزىلاردىكى كوللېكتىپ ئىگىلىكىدىكى ئورۇنلار سالغان مەبلەغنى، باشقا ھەرخىل ئىگىلىك تىپىدىكى ئورۇنلار سالغان مەبلەغنى ۋە شەھەر-يېزائاھالىلىرى شەخسى ئۆزلىرى سالغان مەبلەغنى ئۆزئىچىگە ئالىدۇ. دۆلىتىمىز ھازىر يولغا قويىۋاتقان پىلانلىق باشقۇرۇش تۈزۈلمىسىگە ئاساسەن، دۆلەت ئىگىلىكىدىكى ئورۇنلار سالغان مۇقىم مۈلۈك مەبلىغى ئومۇمىي سوممىسى، ئاساسىي قۇرۇلۇش، يېڭىلاش-ئۆزگەرتىش، ئۆي -جاي تەرەققىياتىغا سېلىنغان مەبلەغ ۋە باشقا مۇقىم مۈلۈككە سېلىنغان مەبلەغدىن ئىبارەت تۆت قىسىمغا بۆلىنىدۇ؛ شەھەر-يېزىلاردىكى كوللېكتىپ ئىگىلىكتىكى ئورۇنلار سالغان مەبلەغ، شەھەر- بازارلاردىكى كوللېكتىپ مۈلۈكچىلىكىدىكى ئورۇنلار سالغان مەبلەغ ۋە يېزىلاردىكى كوللېكتىپ مۈلۈكچىلىكىدىكى ئورۇنلار سالغان مەبلەغنىمۇ ئۆز ئىچىگە ئالىدۇ؛ باشقا ھەرخىل ئىگىلىك تىپىدىكى ئورۇنلار سالغان مەبلەغ بىرلەشمە ئىگىلىك، پاي تۈزۈمى ئىگىلىكى، جۇڭگو بىلەن چەتئەللەر بىرلىشىپ مەبلەغ سالغان ئىگىلىك، جۇڭگو بىلەن چەتئەللەر ھەمكارلاشقان ئىگىلىك، چەتئەل مەبلىغى بىلەن چوڭ قۇرۇقلۇق بىرلىشىپ مەبلەغ سالغان ئىگىلىك، چوڭ قۇرۇقلۇق بىلەن ھەمكارلاشقان ئىگىلىك، شياڭگاڭ، ئاۋمىن - تەيۋەنلەر مۇستەقىل مەبلەغ سالغان ۋەباشقائىگىلىك تىپىدىكى ئورۇنلار سالغان مەبلەغنى ئۆز ئىچىگە ئالىدۇ. شەھەر- بازارلاردىكى ئاھالىلار سالغان مەبلەغ، شەھەرلەر، ناھىيە بازارلىرى، بازارلار، زاۋۇت -كان رايونلىرىغا قاراشلىق دائىرە ئىچىدىكى شەخسىلەر ئۆي سالغان ۋەيېزىلاردىكى شەخسىلەر ئۆي سالغان ھەم ئىشلەپچىقىرىش خاراكتېرىدىكى مۇقىم مۈلۈك سېتىۋالغان مەبلەغنى ئۆز ئىچىگە ئالىدۇ.

ئاساسىي قۇرۇلۇشقا سالغان مەبلەغ: ئاساسىي قۇرۇلۇش بولسا، كارخانا كەسپىي ئورۇنلار ئىشلەپچىقىرىش ئىقتىدارى ياكى قۇرۇلۇش ئۈنۈمىنى كېڭەيتىشنى ئاساسىي مەقسەت قىلغان يېڭىدىن قۇرۇش، كېڭەيتىپ قۇرۇش قۇرۇلۇشى ۋە شۇنىڭغا مۇناسىۋەتلىك خىزمەتلەرنى كۆرسىتىدۇ. ئۇ زاۋۇت، كان، تۆمۈريول، كۆۋرۈك، پورت، ئېتىز-ئېرىق سۇ ئىنشائاتى، ماگىزىن، تۇرالغا ئۆي، مەكتەپ دوختۇرخانا قاتارلىق قۇرۇلۇشلارنى قىلىش ۋە ماشىنا-ئۈسكۈنە، ئاپتوموبىل، پاراخوت، ئايرۇپىلان قاتارلىقلارنى سېتىۋېلىشنى ئۆز ئىچىگە ئالىدۇ.

ئاساسىي قۇرۇلۇشقا سېلىنغان مەبلەغ سوممىسى بولسا، پۇل بىلەن ئىپادىلەنگەن ئاساسىي قۇرۇلۇشنىڭ ئورۇنلانغان خىزمەت مىقدارىنى كۆرسىتىدۇ، ئۇمەلۇم مەزگىل ئىچىدىكى ئاساسىي قۇرۇلۇش كۆلىمى ۋە قۇرۇلۇش سۈرئىتىنى ئەكس ئەتتۈرىدىغان ئۇنىۋېرسال كۆرسەتكۈچ بولۇپ، ئۇ قۇرۇلۇشنىڭ ئەمەلىي ئېلىپ بېرىلىش سۈرئىتىگە ئاساسەن خام چوتتىكى باھا (خام چوتتىكى باھا دېگەن قۇرۇلۇش چىرتيوژىدا خام چوتنى تۈزگەندە ئىشلەتكەن باھانى كۆرسىتىدۇ) بويىچە ھېسابلانغان خىزمەت مىقدارىدۇر. قۇرۇلۇشتا ئەمەلىي گەۋدە بولۇپ شەكىللەنمىگەن قۇرۇلۇش ماتېرىياللىرى ۋە تېخى قۇراشتۇرۇلمىغان ئۈسكۈنىلەر سېلىنغان مەبلەغنىڭ ئورۇنلانغان سوممىسىغا ھېسابلانمايدۇ.

يېڭىلاش، ئۆزگەرتىشكە سېلىنغان مەبلەغ: يېڭىلاش، ئۆزگەرتىش دېگەن كەسپىي ئورۇنلارنىڭ ئەسلى بار بولغان ئەسلىھەلەر ئۈستىدەئېلىپ بارغان مۇقىم مۈلۈكنى يېڭىلاش ۋە تېخنىكا ئۆزگەرتىش شۇنىڭدەك شۇنىڭغا ئوخشاش مۇناسىپ سەپلەنگەن قۇرۇلمىلار ۋە مۇناسىۋەتلىك خىزمەتلەرنى (چوڭ رېمونت ۋە ئاسراش خىزمىتىنى ئۆز ئىچىگە ئالمايدۇ) كۆرسىتىدۇ. يېڭىلاش ئۆزگەرتىشكە سالغان مەبلەغ بولسا، پۇل بىلەن ئىپادىلەنگەن يېڭىلاش ۋە ئۆزگەرتىشتە ئورۇنلانغان خىزمەت مىقدارىنى كۆرسىتىدۇ. دۆلىتىمىز ھازىر يولغا قويىۋاتقان ستاتىستىكا تۈزۈمىگە ئاساسەن، ئاساسىي قۇرۇلۇش بىلەن يېڭىلاش ئۆزگەرتىش قۇرۇلۇشى مۇنداق ئايرىلىدۇ: 1) ئاساسىي قۇرۇلۇش پىلانىغا كىرگۈزۈلگەن تۈرلەر ئاساسىي قۇرۇلۇش مەبلىغى بولىدۇ، يېڭىلاش، ئۆزگەرتىش پىلانىغا كىرگۈزۈلگەن تۈرلەر يېڭىلاش، ئۆزگەرتىش مەبلىغى بولىدۇ؛ 2) يېڭىلاش، ئۆزگەرتىش پىلانى ۋە ئاساسىي قۇرۇلۇش پىلانى بىرلەشتۈرۈپ ئورۇنلاشتۇرۇلغان تۈرلەر ۋە پىلانغا كىرگۈزۈلمىگەن تۈرلەر قۇرۇلۇش خاراكتېرىگە ئاساسەن ئايرىم -ئايرىم ئاساسىي قۇرۇلۇش مەبلىغى ياكى يېڭىلاش، ئۆزگەرتىش مەبلىغى قىلىنىدۇ. كارخانا، كەسپىي ئورۇنلار ئەسلى بار ئەسلىھەلەر ئۈستىدەئېلىپ بارغان تېخنىكا ئۆزگەرتىش ياكى يېڭىلاش تۈرلىرىگە تەۋە بولغان ۋەكۆپەيتىپ قۇرغان ئاساسلىق ئىشلەپچىقىرىش سېخلىرى، تارماق زاۋۇت قاتارلىق يېڭىدىن كۆپەيگەن ئىشلەپچىقىرىش ئىقتىدارى ياكى ئۈنۈمى تېخى چوڭ، ئوتتۇرا تىپتىكىلەرنىڭ ئۆلچىمىگەيەتمىگەن تۈرلەر، شۇنىڭدەك شەھەر مۇھىتىنى قوغداش ۋە بىخەتەر ئىشلەپچىقىرىش ئېھتىياجىغا ئاساسەن ئېلىپ بېرىلىۋاتقان كۆچۈش قۇرۇلۇشىمۇ يېڭىلاش، ئۆزگەرتىش مەبلىغىگە كىرىدۇ.

ئۆي -جاي تەرەققىيات مەبلىغى : ئۆي -جاي تەرەققىياتى، ھەرخىل ئىقتىسادىي تىپتىكى ئۆي -جاي تەرەققىيات شىركەتلىرى، تاۋار ئۆي قۇرۇلۇشى شىركەتلىرى، ۋەباشقا ئۆي جاي تەرەققىيات ئورۇنلىرى بىر تۇتاش راۋاجلاندۇرغان تاۋار ئۆي قۇرۇلۇشى ۋە يۈرۈشلەشمە مۇلازىمەت ئەسلىھەلىرى، شۇنىڭدەك يەر تەرەققىيات قۇرۇلۇش-

لىرىنى كۆرسىتىدۇ.

ئۆي-جاي تەرەققىيات ستاتىستىكىسى نۇقۇل يەر سودىسى پائالىيەتلىرىنى ۋە ئۆي-جاي تەرەققىيات ئورۇنلىرى ئۆزلىرىگە قارىتىلغان مۇقىم مۈلۈككە مەبلەغ سېلىش پائالىيەتلىرىنى ئۆز ئىچىگە ئالمايدۇ.

باشقا مۇقىم مۈلۈك مەبلىغى : بۇ دۆلەتنىڭ بەلگىلىمىسى بويىچە ئاساسىي قۇرۇلۇش، يېڭىلاش، ئۆزگەرتىش قۇرۇلۇشى ۋە تاۋار ئۆي قۇرۇلۇشى پىلانى باشقۇرۇشقا كىرگۈزۈلمىگەن، سېلىنغان ئومۇمىي مەبلىغى 50 مىڭ يۈەندىن ئارتۇق بولغان ھەر خىل ئىقتىسادىي تىپتىكى ئورۇنلار ئورۇنلىغان مۇقىم مۈلۈك مەبلىغىنى كۆرسىتىدۇ.

مۇقىم مۈلۈك مەبلىغىنىڭ كېلىش مەنبەيى: مۇقىم مۈلۈك مەبلىغى كېلىش مەنبەيىنىڭ ئوخشىماسلىقىغا ئاساسەن، ئۆتكەن يىلنىڭ ئاخىرىدىكى قالدۇق مەبلەغ، شۇ يىلقى مەبلەغنىڭ كېلىش مەنبەيى كىچىك جەمئىسى ۋە ھەر تۈرلۈك چىقىم قىلىشقا تېگىشلىك پۇل دەپ ئۈچكە بۆلىنىدۇ، بۇنىڭ ئىچىدە: شۇيىلقى مەبلەغنىڭ كېلىش مەنبەيى كىچىك جەمئىسى يەنە دۆلەت خام چوتى ئىچىدىكى مەبلەغ، ئىچكى قەرز پۇل، پاي چېكى، زايوم بىلىتى، پايدىلىنىدىغان چەتئەل مەبلىغى، ئۆزى توپلىغان مەبلەغ ۋە باشقا كېلىش مەنبەيى دەپ يەتتە تۈرگە بۆلىنىدۇ:

1) دۆلەت خام چوتى ئىچىدىكى مەبلەغ: بۇ دۆلەت خام چوتى بويىچە، يەرلىك مالىيە، باشقۇرغۇچى تارماقلار ۋە دۆلەتنىڭ كەسپىي مەبلەغ سېلىش شىركەتلىرى قۇرۇلۇش ئورۇنلىرىغا بۆيرۈپ بەرگەن ياكى بانكىلارغا قەرز بېرىشنى ھاۋالە قىلغان ئاساسىي قۇرۇلۇشقا ئاجرىتىلغان پۇل ۋەمەركەزنىڭ ئاساسىي قۇرۇلۇش فوندى، كارخانا ئورۇنلىرىغا ئاجرىتىپ بېرىلگەن يېڭىلاش-ئۆزگەرتىش پۇلى، شۇنىڭدەك مەركەز مالىيەسى ئورۇنلاشتۇرغان مەخسۇس پۇل ئىچىدە ئاساسىي قۇرۇلۇشقا ئىشلىتىلگەن مەبلەغنى كۆرسىتىدۇ.

2) ئىچكى قەرز: بۇ دوكلات قىلىش مەزگىلىدە كارخانا، كەسپىي ئورۇنلار بانكا ۋەغەيرى بانكا پۇل مۇئامىلە ئورۇنلىرىدىن قەرزئېلىپ مۇقىم مۈلۈك مەبلىغىگە ئىشلەتكەن ھەرخىل ئىچكى قەرز پۇلنى كۆرسىتىدۇ. ئىچكى قەرز: بانكا ئۆزىدە بار مەبلەغ ۋە يىغىلغان ئامانەت پۇلىدىن پايدىلىنىپ تارقاتقان قەرز پۇل، يۇقىرى دەرىجىلىك باشقۇرغۇچى تارماقلار ئاجرىتىپ بەرگەن ئىچكى قەرزپۇل، دۆلەتنىڭ مەخسۇس تۈردىكى قەرز پۇلى (نېفىتنىڭ ئورنىدا كۆمۈر ئىشلىتىش قەرز پۇلى، ئەمگەك بىلەن ئۆزگەرتىش كۆمۈر كانلىرىنىڭ مەخسۇس تۈردىكى قەرز پۇلى قاتارلىقلارنى ئۆز ئىچىگە ئالىدۇ)، يەرلىك مالىيەنىڭ مەخسۇس تۈردىكى مەبلىغىدىن ئورۇنلاشتۇرغان قەرز پۇل، ئىچكى زاپاس قەرز پۇلى ۋە ئوبوروتتىكى قەرز پۇل قاتارلىقلارنى ئۆز ئىچىگە ئالىدۇ.

3) پاي چېكى: بۇ پاي تۈزۈمىدىكى كارخانىلار پاي چېكى تارقىتىش ئارقىلىق توپلاپ، مۇقىم مۈلۈك مەبلىغىگە ئىشلەتكەن پۇلنى كۆرسىتىدۇ.

4) زايوم بىلىتى: بۇكارخانا(شىركەت)لەر ياكى پۇل مۇئامىلە ئورۇنلىرى ھەرخىل زايوم بىلەتلىرىنى تارقىتىش ئارقىلىق توپلاپ، مۇقىم مۈلۈك مەبلىغىگە ئىشلەتكەن پۇلنى كۆرسىتىدۇ. ئۇ بانكىلارنىڭ دۆلەتنىڭ كەسپىي مەبلەغ سېلىش شىركەتلىرىگەۋاكالىتەن تارقاتقان نۇقتىلىق كارخانىلارنىڭ زايوم بېلىتى ۋە نۇقتىلىق قۇرۇلۇش زايوم بېلىتىنى ئۆز ئىچىگە ئالىدۇ.

5) پايدىلىنىلغان چەتئەل مەبلىغى: دوكلات قىلىش مەزگىلىدە تاپشۇرىۋېلىنغان مۇقىم مۈلۈك مەبلىغىگە ئىشلىتىلىدىغان چەتئەل مەبلىغىنى كۆرسىتىدۇ. ئۇ بىر تۇتاش قەرز ئېلىپ بىر تۇتاش قايتۇرىدىغان، ئۆزى قەرز قىلىپ ئۆزى قايتۇرىدىغان چەتئەل قەرز پۇلى، جۇڭگو بىلەن چەتئەللەر بىرلىشىپ مەبلەغ سالغان تۈرلەردىكى چەتئەل مەبلىغى شۇنىڭدەك قايتۇرۇلمايدىغان ئىئانە ۋە سوغا قىلىنغان پۇل قاتارلىقلارنى ئۆز ئىچىگە ئالىدۇ. بۇنىڭ ئىچىدە دۆلەت بىر تۇتاش قەرز ئېلىپ بىر تۇتاش قايتۇرىدىغان چەتئەل مەبلىغى دۆلىتىمىز ھۆكۈمىتى ئوتتۇرىغا چىقىپ چەتئەل ھۆكۈمەتلىرى، تەشكىلاتلىرى ياكى پۇل مۇئامىلە تەشكىلاتلىرى بىلەن قەرز پۇل ئېلىش كېلىشىمى ئىمزالانغان ۋە دىرى بىلەن ئۆسۈمىنى قايتۇرۇشقا مەسئۇل بولغان چەتئەل قەرز پۇلىنى كۆرسىتىدۇ.

6) ئۆزى توپلىغان مەبلەغ: قۇرۇلۇش قىلدۇرىدىغان ئورۇنلار دوكلات قىلىش مەزگىلى ئىچىدە تاپشۇرۇۋېلىپ ئالغان مۇقىم مۈلۈك مەبلىغىگە ئىشلىتىدىغان، يۇقىرى دەرىجىلىك باشقۇرغۇچى تارماق، يەرلىك ۋە شۇ ئورۇن ئۆزلىرى توپلىغان مەبلەغنى كۆرسىتىدۇ.

7) باشقا مەبلەغلەرنىڭ كېلىش مەنبەيى: بۇ دوكلات قىلىش مەزگىلىدە تاپشۇرۇۋېلىپ ئالغان، يۇقىرىدىكى ھەرخىل بۆيرۈپ بېرىلگەن پۇل، قەرز ئېلىنغان پۇل ۋە ئۆزى توپلىغان مەبلەغدىن سىرت باشقا مۇقىم مۈلۈك مەبلىغىگە ئىشلىتىلگەن مەبلەغنى كۆرسىتىدۇ.

قۇرۇلۇش قىلىنىۋاتقان تۈرلەر: دوكلات قىلىش مەزگىلى ئىچىدە ئېلىپ بارغان بىناكارلىق ياكى قۇراشتۇرۇش قۇرۇلۇشىدا قۇرۇلۇش ئېلىپ بېرىلىۋاتقان قۇرۇلۇش تۈرلىرىنى كۆرسىتىدۇ. بۇ دوكلات قىلىش مەزگىلى ئىچىدە يېڭىدىن ئىش باشلىغان تۈرلەر، دوكلات قىلىش مەزگىلىدىن ئىلگىرى ئىش باشلىغان بولۇپ، دوكلات قىلىش مەزگىلى ئىچىدە داۋاملىق قۇرۇلۇش ئېلىپ بېرىلىۋاتقان تۈرلەر، شۇنىڭدەك دوكلات قىلىش مەزگىلى ئىچىدە قۇرۇلۇش قىلغان ۋە دوكلات قىلىش مەزگىلى ئىچىدە پۈتۈنلەي پۈتۈپ ئىشلەپچىقىرىشقا كىرىشتۈرۈلگەن ياكى توختىغان، كىچىكتۈرۈلگەن تۈرلەرنى ئۆز ئىچىگە ئالىدۇ.

پۈتۈنلەي پۈتۈپ ئىشلەپچىقىرىشقا كىرىشتۈرۈلگەن تۈرلەر: سانائەت تۈرلىرى، لايىھە ھۆججەتلىرىدىكى بەلگىلىمە بويىچە ئىشلەپچىقىرىش ئىقتىدارىنى شەكىللەندۈرگەن ئاساسىي گەۋدە قۇرۇلۇشى ۋە شۇنىڭغا مۇناسىپ يۈرۈشلەشكەن قوشۇمچە ئەسلىھەلەر پۈتۈنلەي پۈتۈپ، كۆتۈرۈش كۈچىنى سىناپ ماڭدۇرۇش ئارقىلىق لايىھەدە بەلگىلەنگەن لاياقەتلىك مەھسۇلاتلارنى ئىشلەپچىقىرىش شەرتىنى ھازىرلىغانلىقى ئىسپاتلانغان ۋە تەكشۈرۈپ ئۆتكۈزۈۋېلىش ئارقىلىق لاياقەتلىك دەپ باھالانغان ياكى پۈتكەن قۇرۇلۇشنى تەكشۈرۈپ ئۆتكۈزۈۋېلىش ئۆلچىمىگە يەتكەن، ئىشلەپچىقىرىش خاراكتېرىدىكى قۇرۇلۇش بىلەن يۈرۈشلەشكەن ئىشلەپچىقىرىش پاراۋانلىق ئەسلىھەلىرى يېقىنقى مەزگىل ئىچىدە نورمال ئىشلەپچىقىرىشنىڭ ئېھتىياجىنى قاندۇرالايدىغان رەسمىي ئىشلەپچىقىرىشقاتاپشۇرۇلغان قۇرۇلۇش تۈرلىرىنى كۆرسىتىدۇ. غەيرى سانائەت تۈرلىرى لايىھە ھۆججەتلىرىدە بەلگىلەنگەن ئاساسىي گەۋدەقۇرۇلۇشى ۋەشۇنىڭغا مۇناسىپ يۈرۈشلەشمە قۇرۇلۇشى پۈتۈنلەي پۈتۈپ، لايىھەدە بەلگىلەنگەن بارلىق ئۈنۈمىنى جارى قىلدۇرالايدىغان، تەكشۈرۈپ ئۆتكۈزۈۋېلىش ئارقىلىق لاياقەتلىك بولغان ياكى پۈتكەن قۇرۇلۇشنى تەكشۈرۈپ ئۆتكۈزۈۋېلىش ئۆلچىمىگە يېتىپ، رەسمىي ئىشلىتىشكە تاپشۇرۇپ بېرىلگەن قۇرۇلۇش تۈرلىرىنى كۆرسىتىدۇ.

يېڭىدىن كۆپەيگەن ئىشلەپچىقىرىش ئىقتىدارى: مۇقىم مۈلۈككە مەبلەغ سېلىش پائالىيىتى ئارقىلىق كۆپەيگەن لايىھەلەش

ئىقتىدارى ياكى قۇرۇلۇش ئۈنۈمىنى كۆرسىتىدۇ، ئۇ ماددى شەكىل ئارقىلىق ئىپادىلەنگەن مۇقىم مۈلۈككە سېلىنغان مەبلەغ نەتىجىسىدۇر. يېڭىدىن كۆپەيگەن ئىشلەپچىقىرىش ئىقتىدارىنى ھېسابلاشتا، ئىشلەپچىقىرىش ئىقتىدارىنى ياكى ئۈنۈمىنى مۇستەقىل جارى قىلدۇرالايدىغان يەككە تۈر قۇرۇلۇش (ياكى تۈر) ئوبيېكتى قىلىنىدۇ. يەككە قۇرۇلۇش (ياكى تۈر) پۈتۈپ، مۇناسىۋەتلىك تارماقلارنىڭ باھالىشى بىلەن لاياقەتلىك بولۇپ، ئىشلەپچىقىرىشقا كىرىشتۈرۈشكە رەسمىي تاپشۇرۇلغانلارنى يېڭىدىن كۆپەيگەن ئىشلەپچىقىرىش ئىقتىدارىغا ھېسابلاشقا بولىدۇ.

يېڭىدىن كۆپەيگەن ئىشلەپچىقىرىش ئىقتىدارى ياكى قۇرۇلۇش ئۈنۈمىنىڭ تۆۋەندىكى بىر نەچچە خىل ئىپادىلىنىش شەكلى بار:

1) قۇرۇلۇش تۈرى ياكى يەككە تۈرلۈك قۇرۇلۇش پۈتكەندىن كېيىنكى يىللىق ئىشلەپچىقىرىش ئىقتىدارىدا ئىپادىلىنىدۇ. مەسىلەن: كۆمۈر قېزىش، نېفىت ئېلىش قاتارلىقلار.

2) قۇرۇلۇش تۈرلىرى ياكى يەككە تۈرلۈك قۇرۇلۇش پۈتكەندىن كېيىن، خام ماتېرىياللارنى بىر تەرەپ قىلىش ئىقتىدارىدا ئىپادىلىنىدۇ. مەسىلەن: كان تاللاش قۇرۇلۇشىنىڭ رودىلارنى يىللىق بىر تەرەپ قىلىش ئىقتىدارى، كۆمۈر يۇيۇش زاۋۇتىنىڭ يىللىق كۆمۈر يۇيۇش ئىقتىدارى قاتارلىقلار.

3) يېڭىدىن كۆپەيگەن ئاساسلىق ئۈسكۈنىلەرنىڭ سانى ۋە سىغىمچانلىقىدا ئىپادىلىنىدۇ. مەسىلەن: پاختا توقۇمىچىلىق ئورچۇق سانى، گېنېراتورلار گۇرۇپپىسىنىڭ سىغىمچانلىقى كاتارلىقلار.

4) قۇرۇلۇشلارنىڭ ھەجمى، سىغىمچانلىقى، كۆلىمى ياكى ئۇزۇنلۇقى بويىچە ئىپادىلىنىدۇ. مەسىلەن: سۇ ئامبىرىنىڭ سىغىمچانلىقى، تۆمۈر يول ۋە تاش يوللارنىڭ مۇساپىسى قاتارلىقلار.

يېڭىدىن كۆپەيگەن ئىشلەپچىقىرىش ئىقتىدارىنىڭ مىقدارى ئادەتتە ئىشلەپچىقىرىشقا كىرىشتۈرۈلگەندىن كېيىنكى ئەمەلىي مەھسۇلات مىقدارىنىڭ قانداق بولىشىدىن قەتئىي نەزەر، لايىھەلەنگەن ئىقتىدارى بويىچە ھېسابلىنىدۇ. لايىھەلەنگەن ئىقتىدارى لايىھە ھۆججىتىدە بەلگىلەنگەن، نورمال ئەھۋال ئاستىدا يەتكىلى بولىدىغان ئىشلەپچىقىرىش ئىقتىدارىنى كۆرسىتىدۇ. ئۈسكۈنىلەرنىڭ سانى، قۇرۇلغان ئىمارەتلەرنىڭ سىغىمچانلىقى، كۆلىمى، ئۇزۇنلىقى قاتارلىقلاردا ئىپادىلىنىدىغان يېڭىدىن كۆپەيگەن ئىشلەپچىقىرىش ئىقتىدارى (ياكى ئۈنۈمى)، پۈتكەن ئەمەلىي مىقدارى بويىچە ھېسابلىنىدۇ.

قۇرۇلۇش قىلىنىۋاتقان ۋە پۈتكەن ئۆي ـ ئىمارەت قۇرۇلۇش كۆلىمى: ئۆي ـ ئىمارەت قۇرۇلۇش كۆلىمى، ئۆي ئىمارەتلەرنىڭ تاشقى تام سىزىقىدىن باشلاپ ھېسابلانغان ھەر قايسى قەۋەتنىڭ تەكشىلىك كۆلىمىنىڭ يىغىندىسىنى كۆرسىتىدۇ، ئۇ ئۆي ـ ئىمارەتلەرنىڭ قۇرۇلمىسى (مەسىلەن : تۆۋرۈك، تام) ئىگىلىگەن كۆلىمى ۋە يەر ئاستى ئۆيىنىڭ كۆلىمىنى ئۆز ئىچىگە ئالىدۇ، كۆپ قەۋەتلىك قۇرۇلۇشلار، ھەرقايسى تەبىئى قەۋەتلەر كۆلىمىنىڭ يىغىندىسى بويىچە ھېسابلىنىدۇ، ئۇ ئۆي ـ ئىمارەتلەرنىڭ ئىچكى ئايرىلغان قەۋىتى، بالكون، ئىشىك سايىۋىنى، ئىشىك بېشىدىكى تۈۋرۈكلۈك لەمپە كۆلىمىنى ئۆز ئىچىگە ئالىدۇ. تام سىرتىغا ئۇسۇپ چىققان قۇرۇلما، سەنئەت بىزەك قاتارلىقلارنىڭ ئىگىلىگەن كۆلىمىنى، مەسىلەن : پەلەمپەي قاتالىقلارنى ئۆز ئىچىگە ئالمايدۇ. تام ئىچىگە سېلىنغان بالكون، ئادەتتىكى بالكونلارنىڭ گورزىنتال يورۇق چۈشۈش كۆلىمىنىڭ يېرىمى قۇرۇلۇش كۆلىمىگە ھېسابلىنىدۇ.

پۈتكەن قۇرۇلۇش كۆلىمى: بۇ دوكلات قىلىش مەزگىلى ئىچىدە ئۆي ـ ئىمارەت قۇرۇلۇشىنىڭ لايىھەدىكى تەلەپ بويىچە پۈتۈنلەي پۈتۈپ، ئادەم تۇرۇش ۋە ئىشلىتىش شەرتىگە يەتكەن، تەكشۈرۈپ ئۆتكۈزۈۋېلىشتا لاياقەتلىك بولۇپ، ئىشلەتكۈچى ئورۇنغا رەسمىي ئۆتكۈزۈپ بېرىلگەن قۇرۇلۇش كۆلىمىنى كۆرسىتىدۇ.

ئۆي ـ ئىمارەت قۇرۇلۇش كۆلىمىنىڭ پۈتكەن قۇرۇلۇش نىسبىتى: بۇ مەلۇم مەزگىل ئىچىدە پۈتكەن قۇرۇلۇش كۆلىمىنىڭ ئوخشاش مەزگىلدىكى ئۆي ـ ئىمارەت قۇرۇلۇش قىلىنىۋاتقان كۆلىمىدە ئىگىلىگەن نىسبىتىنى كۆرسىتىدۇ. ئۇ ئۆي ـ ئىمارەت قۇرۇلۇشىنىڭ ئېلىپ بېرىلىش سۈرئىتى نۇقتىسىدىن سېلىنغان مەبلەغنىڭ ئۈنۈمى ۋە قۇرۇلۇش كەسپىنىڭ ئىقتىسادىي ئۈنۈمىنى ئەكس ئەتتۈرىدىغان كۆرسەتكۈچ.

يېڭىدىن كۆپەيگەن مۇقىم مۈلۈك: بۇ مەبلەغ سېلىش ئارقىلىق شەكىللەنگەن يېڭى مۇقىم مۈلۈك قىممىتىنى كۆرسىتىدۇ. ئۇ پۈتۈپ ئىشلەپچىقىرىشقا كىرىشتۈرۈلگەن ياكى ئىشلىتىشكە تاپشۇرۇلغان قۇرۇلۇشنىڭ قىممىتى ۋە مۇقىم مۈلۈك ئۆلچىمىگە يەتكەن ئۈسكۈنە، قۇرال ـ سايمان، ئەسۋاپلارنىڭ قىممىتى ھەم مۇناسىۋەتلىك چىقىم كىرگۈزۈشكە تېگىشلىك خىراجەتلەرنى ئۆز ئىچىگە ئالىدۇ. ئۇ قىممەت شەكلى بۇيىچە ئىپادىلەنگەن مۇقىم مۈلۈك مەبلىغى نەتىجىسىنىڭ ئۇنىۋېرسال كۆرسەتكۈچى بولۇپ، ئوخشىمىغان مەزگىل، ئوخشىمىغان تارماق ۋە ئوخشىمىغان رايونلارنىڭ مۇقىم مۈلۈك مەبلىغىنىڭ نەتىجىسىنى ئۇنىۋېرسال ئەكس ئەتتۈرەلەيدۇ.

قۇرۇلۇش تۈرلىرىنىڭ مەبلەغ سېلىنىش نىسبىتى: بۇ مەلۇم مەزگىل ئىچىدە پۈتۈنلەي پۈتۈپ ئىشلەپچىقىرىشقا كىرىشتۈرۈلگەن تۈرلەر سانىنىڭ ئوخشاش مەزگىل ئىچىدە رەسمىي قۇرۇلۇش قىلىنىۋاتقان تۈرلەر سانىدا ئىگىلىگەن نىسبىتىنى كۆرسىتىدۇ. ئۇ تۈرلەرنىڭ قۇرۇلۇش سۈرئىتى نۇقتىسىدىن سېلىنغان مەبلەغنىڭ ئۈنۈمىنى ئەكس ئەتتۈرىدىغان كۆرسەتكۈچ.

مۇقىم مۈلۈكنىڭ ئىشلىتىشكە تاپشۇرۇلغان نىسبىتى: بۇ مەلۇم مەزگىل ئىچىدە يېڭىدىن كۆپەيگەن مۇقىم مۈلۈك بىلەن ئوخشاش مەزگىلدە ئورۇنلانغان مەبلەغ سوممىسىنىڭ نىسبىتىنى كۆرسىتىدۇ. ئۇ ھەر قايسى مەزگىللەردىكى مۇقىم مۈلۈكنىڭ ئىشلىتىش سۈرئىتىنى ئەكس ئەتتۈرىدىغان ۋە قۇرۇلۇش جەريانىدىكى سېلىنغان مەبلەغ ئۈنۈمىنى ئۆلچەيدىغان بىر ئۇنىۋېرسال كۆرسەتكۈچ.

پۈتمىگەن قۇرۇلۇشنىڭ ئىگىلىگەن نىسبىتى: بۇ يىل ئاخىرىدىكى پۈتمىگەن قۇرۇلۇشنىڭ جەمئىي ئورۇنلانغان مەبلەغ سوممىسىنىڭ پۈتۈن يىلدا ئەمەلىي ئورۇنلانغان مەبلەغ سوممىسىدا ئىگىلىگەن نىسبىتىنى كۆرسىتىدۇ. ئۇ پۈتمىگەن قۇرۇلۇشنىڭ نىسپىي كۆلىمىنى ئەكس ئەتتۈرىدۇ، ھەم مەبلەغنىڭ ئىگىلەپ ئىشلىتىش نۇقتىسىدىن مۇقىم مۈلۈك مەبلىغىنىڭ ئۈنۈمىنى ئەكس ئەتتۈرەلەيدۇ. پۈتمىگەن قۇرۇلۇش، قۇرۇلۇش باشلىغان، ئەمما تېخى پۈتۈپ ئىشلىتىشكە تاپشۇرۇلمىغان قۇرۇلۇشنى كۆرسىتىدىغان بولغاچقا بۇ يەردە بىر يىل ئاتلاش مەسىلىسى بار. شۇڭا، پۈتمىگەن قۇرۇلۇشنىڭ نىسبىتىدە % 100دىن چوڭ بولۇش ئەھۋالى كۆرۈلىدۇ.

全社会固定资产投资 固定资产投资是社会固定资产再生产的主要手段。通过建造和购置固定资产的活动,国民经济不断采用先进技术装备,建立新兴部门,进一步调整经济结构和生产力的地区分布,增强经济实力,为改善人民物质文化生活创造物质条件。这对我国的社会主义现代化建设具有重要意义。

固定资产投资额是以货币表现的建造和购置固定资产活动的工作量,它是反映固定资产投资规模、速度、比例关系和使用方向的综合性指标。全社会固定资产投资包括国有经济单位投资、城乡集体经济单位投资、其他各种经济类型的单位投资和城乡居民个人投资。按照我国现行计划管理体制,国有经济单位固定资产投资总额分为基本建设、更新改造、房地产开发投资和其他固定资产投资四个部分;城乡集体经济单位投资包括城镇集体所有制单位投资和农村集体所有制单位投资;其他各种经济类型的单位投资包括联营经济、股份制经济、中外合资经营、中外合作经营、外资与大陆合资经营、与大陆合作经营、港澳台独资及其他经济类型的单位投资。城镇居民个人投资包括城市、县城、镇、工矿区所辖范围内的个人建房和农村个人建房及购买生产性固定资产的投资。

基本建设投资 基本建设是企业、事业单位以扩大生产能力或工程效益为主要目的的新建、扩建工程及有关工作。包括工厂、矿山、铁路、桥梁、港口、农田水利、商店、住宅、学校、医院等工程的建造和机器设备、车辆、船舶、飞机等的购置。

基本建设投资额是以货币表现的基本建设完成的工作量,是反映一定时期内基本建设规模笔建设速度的综合性指标。它是根据工程的实际进度按预算价格(预算价格是编制施工图预算时所用的价格)计算的工作量,没有形成工程实体的建筑材料和没有开始安装的设备,都不计算投资完成额。

更新改造投资 更新改造是指企业、事业单位对原有设施进行固定资产更新和技术改造,以及相应配备的工程和有关工作(不包括大修理和维护工程)。更新改造投资是以货币表现的更新改造完成的工作量。根据我国现行统计制度,基本建设和更新改造的划分是:(1)列入基本建设计划的项目作为基本建设投资,列入更新改造计划的项目作为更新改造投资;(2)更新改造计划与基本建设计划结合安排的项目及未列入计划的项目,根据工程性质分别作为基本建设投资或更新改造投资。属于对企业、事业单位原有设施进行技术改造或更新的项目和增建主要生产车间、分厂等,其新增生产能力或效益尚未达到大中型标准的项目,以及由于城市环境保护和安全生产的需要而进行的迁建工程,作为更新改造投资。

房地产开发投资 房地产开发是指各种经济类型的房地产开发公司,商品房建设公司及其他房地产开发单位统一开发的商品房屋建筑物和配套的服务设施,以及土地开发工程。

房地产开发统计不包括单纯的土地交易活动以及房地产开发单位本身进行的固定资产投资活动。

其他固定资产投资 是指按照国家规定不纳入基本建设更新改造和商品房建设计划管理,其总投资在五万元以上的各种经济类型的单位完成的固定资产投资。

固定资产投资的资金来源 根据固定资产投资的资金来源不同,分为上年末结余资金、本年资金来源小计和各项应付款。其中本年资金来源小计又分为国家预算内资金、国内贷款、股票、债券、利用外资、自筹资金和其他资金来源七种:

(1)国家预算内资金 指国家预算、地方财政、主管部门和国家专业投资公司拨给或委托银行贷给建设单位的基本建设拨款和中央基本建设基金,拨给企业单位的更新改造拨款,以及中央财政安排的专项拨款中用于基本建设的资金。

(2)国内贷款 指报告期企、事业单位向银行及非银行金融机构借入的用于固定资产投资的各种国内借款。国内贷款包括:银行利用自有资金及吸收的存款发放的贷款、上级主管部门拨入的国内贷款、国家专项贷款(包括煤代油贷款、劳改煤矿专项贷款等),地方财政专项资金安排的贷款、国内储备贷款、周转贷款等。

(3)股票 是股份制企业通过发行股票筹集的,用于固定资产投资的资金。

(4)债券 是企业(公司)或金融机构通过发行各种债券筹集到的用于固定资产投资的资金,包括由银行代理国家专业投资公司发行的重点企业债券和重点建设债券。

(5)利用外资 指报告期收到的用于固定资产投资的国外资金,包括统借统还、自借自还的国外贷款,中外合资项目中的外资,以及无偿捐赠等。其中,国家统借统还的外资,是指由我国政府出面同外国政府、团体或金融组织签订贷款协议、并负责偿还本息的国外贷款。

(6)自筹资金 指建设单位报告期收到的,用于进行固定资产投资的上级主管部门、地方和本单位自筹资金。

(7)其他资金来源 指报告期收到的除以上各种拨款、借款、自筹资金之外,其他用于固定资产投资的资金。

施工项目 指报告期内曾进行建筑或安装工程施工活动的建设项目。包括报告期内新开工项目、报告期以前开工跨入报告期继续施工的项目以及报告期施过工并在报告期内全部建设投产或停缓建的项目。

全部建成投产项目 工业项目是指设计文件规定形成生产能力的主体工程及其相应配套的辅助设施全部建成,经负荷试运转,证明具备生产设计规定合格产品的条件,并经过验收鉴定合格或达到竣工验收标准,与生产性工程配套的生产福利设施可以满足近期正常生产的需要,正式移交生产的建设项目。非工业项目是指设计文件规定的主体工程和相应的配套工程全部建成,能够发挥设计规定的全部效益,经验收鉴定合格或达到竣工验收标准,正式移交使用的建设项目。

新增生产能力 指通过固定资产投资活动而增加的设计能力或工程效益,它是用实物形态表示的固定资产投资的成果。新增生产能力的计算,是以能独立发挥生产能力或效益的单项工程(或项目)为对象。当单项工程(或项目)建成,经有关部门鉴定合格，正式移交投入生产，即可计算新增生产能力。

新增生产能力或工程效益有以下几种表示形式：

(1)以建设项目或单项工程建成后的年产能力表示。如煤炭开采、石油开采等。

(2)以建设项目或单项工程建成后处理原料的能力表示。如选矿工程的年处理矿石能力，洗煤厂年洗原煤能力等。

(3)以新增的主要设备数量或容量表示。如棉纺绽枚数、发电机组容量等。

(4)以建筑物容积、容量、面积或长度表示。如水库容量、铁路公路里程等。

新增生产能力的数量一般按设计能力计算。设计能力是指设计文件中规定的在正常情况下能够达到的生产能力，而不论投产后的实际产量如何。以设备数量、建筑物容积、面积、长度等表示的新增生产能力(或效益)，则按建成的实际数量计算。

施工和竣工房屋建筑面积　房屋建筑面积是从房屋外墙线算起的各层平面面积的总和，包括房屋结构(如柱、墙)占用的面积和地下室面积。多层建筑按各自然层面积总和计算，包括房屋内的楼隔层，突出墙面的眺望间、门斗、有柱雨罩的面积。不包括突出墙面结构的构件、艺术装饰等所占的面积，如台阶等。凹阳台、挑阳台按其水平投影面积一半计算建筑面积。

竣工面积　指在报告期内房屋建筑按照设计要求已全部完工，达到住人和使用条件，经验收鉴定合格，正式移交使用单位的建筑面积。

房屋建筑面积竣工率　指一定时期内房屋竣工面积占同期房屋施工面积的比率。它是从房屋建筑施工速度的角度反映投资效果和建筑业经济效益的指标。

新增固定资产　指通过投资活动所形成的新的固定资产价值。包括已经建成投入生产或交付使用的工程价值和达到固定资产标准的设备、工具、器具的价值及有关应摊入的费用。它是以价值形式表示的固定资产投资成果的综合性指标，可以综合反映不同时期、不同部门、不同地区的固定资产投资成果。

建设项目投资率　指一定时期内全部建成投入生产项目个数占同期正式施工项目个数的比率。它是从项目建设速度的角度反映投资效果的指标。

固定资产交付使用率　指一下时期新增固定资产与同期完成投资额的比率。它是反映各个时期固定资产动用速度，衡量建设过程中投资效果的一个综合性指标。

未完工程占用率　指年末未完工程累计完成投资额占全年实际完成投资额的比率。它反映未完工程的相对规模，并可从资金占用的角度反映固定资产投资效果。由于未完工程是指已经开工，但尚未建成交付使用的工程，有个跨年度的问题，因此未完工程占用率会出现大于1的情况。

5

مالىيە

财 政

Public Finance

مالىيە كىرىم-چىقىم ئەھۋالى
5—1 财政收支情况

بىرلىكى : تۈمەن يۈەن 单位:万元

项 目	تۈرلەر	1994年 يىل-	1995年 يىل-
收入合计	**كىرىم جەمئىسى**	**760 053**	**1 026 007**
地方财政收入	**يەرلىك مالىيە كىرىمى**	**286 989**	**382 818**
1、企业收入	1. كارخانا كىرىمى	9 576	25 155
#工业企业	#سانائەت كارخانىلىرى	3 478	3 588
交通邮电业	قاتناش، پوچتا-تېلېگراف	−270	−267
商业、供销、粮食业、外贸	سودا، تەمىنات- سودا، ئاشلىق كەسپى، تاشقى سودا	13 000	−433
建工企业	بىناكارلىق قۇرۇلۇش كارخانىلىرى	−329	308
农林水利企业	دېھقانچىلىق، ئورمانچىلىق، سۇ ئىنشائاتى كارخانىلىرى	−3096	−3115
文教企业	مەدەنىيەت، مائارىپ كارخانىلىرى	−3207	−3088
2、各种税收	2. ھەر خىل باج	250 294	320 410
工商税收	سودا سانائەت بېجى	217 426	276 218
农牧业税	دېھقانچىلىق، چارۋىچىلىق بېجى	32 868	44 192
3、专项收入	3. مەخسۇس تۈردىكى كىرىم	11 085	14 066
4、其他收入	4. باشقا كىرىم	16 034	
中央补助收入	**مەركەز بەرگەن قوشۇمچە ياردەم پۇلى**	**436 402**	**522 571**
#定额补助	#بەلگىلەنگەن سوممىلىق قوشۇمچە ياردەم	187 623	193 723
地方政府兑付国库券本金	**يەرلىك ھۆكۈمەت نەق پۇل بىلەن تۆلىگەن دۆلەت خەزىنە بېلىتىنىڭ دەسمىى**	**366**	**1 214**
调入其他资金	**يۆتكەپ بېرىلگەن باشقا خىراجەتلەر**	**5 283**	**33 777**
上年结余收入	**ئالدىنقى يىلدىن ئېشىپ قالغان كىرىم**	**31 013**	**85 697**
支出合计	**چىقىم جەمئىسى**	**760 053**	**1 026 077**
地方财政支出	**يەرلىك مالىيە چىقىمى**	**710 962**	**964 021**
1、基本建设支出	1. ئاساسىي قۇرۇلۇش چىقىمى	51 072	67 353
2、企业挖潜改造资金	2. كارخانىلار يوشۇرۇن كۈچلىرىنى قېزىش، ئۆزگەرتىش مەبلىغى	18 798	25 347
3、支援农业生产支出	3. يېزا ئىگىلىك ئىشلەپچىقىرىشىغا ياردەم قىلىنغان چىقىم	31 063	28 431
4、农业事业费支出	4. يېزا ئىگىلىك ئىشلىرى خىراجىتى چىقىمى	46 016	56 103
5、工交商事业费支出	5. سانائەت، قاتناش، سودا ئىشلىرى خىراجىتى چىقىمى	14 645	13 740
6、城市维护费	6. شەھەر ئاسراش خىراجىتى	25 229	37 939
7、文教科学卫生事业费	7. مەدەنىيەت، مائارىپ، پەن-تېخنىكا، سەھىيە ئىشلىرى خىراجىتى	239 603	313 156
8、行政管理费支出	8. مەمۇرى باشقۇرۇش خىراجىتى چىقىمى	127 190	157 827
9、其他支出	9. باشقا چىقىملار	157 346	
上解中央支出	**مەركەزگە قايتۇرۇلىدىغان پۇل چىقىمى**	**1 222**	**10 580**
上借中央款	**مەركەزدىن قەرز ئالغان پۇل**		
地方政府购买国库券	**يەرلىك ھۆكۈمەتدۆلەت خەزىنە بېلىتى سېتىۋالغىنى**	**2**	
增设预算周转金	**كۆپەيتىپ تەسىس قىلىنغان خام چوت ئوبوروت پۇلى**	**1 118**	**1 527**
年终滚存结余	**يىل ئاخىرىداجۇغلىنىپ قالغان قالدۇق پۇل**	**46 749**	**49 949**

ھەر قايسى ۋىلايەت، ئوبلاست، شەھەر، ناھىيىلەرنىڭ مالىيە كىرىم-چىقىمى

5—2 各地、州、市、县财政收支

(1995 年 -يىل)　　单位：万元 تۈمەن يۈەن :بىرلىكى

地 区 رايونلار		收 入 كىرىم	支 出 چىقىم
总 计	ئومۇمىي جەمئىي		
乌鲁木齐市	ئۈرۈمچى شەھىرى	**136 520**	**133 500**
乌鲁木齐县	ئۈرۈمچى ناھىيىسى	6 893	10 190
市直单位	شەھەرگە بىۋاستە قاراشلىق ئورۇنلار	129 627	123 310
克拉玛依市	قاراماي شەھىرى	**27 494**	**26 351**
石河子市	شىخەنزە شەھىرى	**11 691**	**13 306**
吐鲁番地区	تۇرپان ۋىلايىتى	**15 990**	**26 374**
吐鲁番市	تۇرپان شەھىرى	5 734	6 507
鄯善县	پىچان	8 461	10 776
托克逊县	توقسۇن	1 524	4 338
地直单位	ۋىلايەتكە بىۋاستە قاراشلىق ئورۇنلار	271	4 753
哈密地区	قۇمۇل ۋىلايىتى	**9 283**	**23 129**
哈密市	قۇمۇل شەھىرى	6 058	7 404
巴里坤县	باركۆل	552	4 878
伊吾县	ئاراتۇرۇك	68	2 244
地直单位	ۋىلايەتكە بىۋاستە قاراشلىق ئورۇنلار	2 605	8 603
昌吉州	سانجى ئوبلاستى	**29 079**	**53 341**
昌吉市	سانجى شەھىرى	6 403	7 349
阜康市	فۇكاڭ	4 035	5 061
米泉县	مىچۈەن	4 776	6 585
呼图壁县	قۇتۇبى	2 697	4 266
玛纳斯县	ماناس	3 688	4 817
奇台县	گۇچۇڭ	2 241	5 734
吉木萨尔县	جىمسار	2 219	4 626
木垒县	مورى	602	3 724
州直单位	ئوبلاستقا بىۋاستە قاراشلىق ئورۇنلار	2 418	11 179
伊犁州	ئىلى ئوبلاستى	**51 253**	**152 680**
奎屯市	كۈيتۇن شەھىرى	6 880	6 698
州直单位	ئوبلاستقا بىۋاستە قاراشلىق ئورۇنلار	6 952	17 087
伊犁地区	ئىلى ۋىلايىتى	**22 510**	**59 897**
伊宁市	غۇلجا شەھىرى	10 064	10 987
伊宁县	غۇلجا ناھىيىسى	2 145	7 190
察布查尔县	چاپچال	724	4 731
霍城县	قورغاس	3 551	6 783
巩留县	توققۇزتارا	841	4 137
新源县	كۈنەس	2 320	6 485
昭苏县	موڭغۇلكۈرە	1 152	4 149
特克斯县	تېكەس	761	4 112
尼勒克县	نىلقا	701	3 927
地直单位	ۋىلايەتكە بىۋاستە قاراشلىق ئورۇنلار	251	7 396
塔城地区	تارباغاتاي ۋىلايىتى	**14 908**	**40 802**
塔城市	چۆچەك شەھىرى	2 916	5 712
额敏县	دۆربىلجىن	2 042	5 015
乌苏县	شىخو	3 808	5 592
沙湾县	ساۋەن	4 807	6 078
托里县	تولى	602	3 551
裕民县	چاغانتوقاي	424	3 242
和布克赛尔县	قوبۇقسار	1 185	3 872
地直单位	ۋىلايەتكە بىۋاستە قاراشلىق ئورۇنلار	279	7 740
阿勒泰地区	ئالتاي ۋىلايىتى	**6 883**	**34 894**
阿勒泰市	ئالتاي شەھىرى	1 891	6 701
布尔津县	بۇرچىن	671	3 370
富蕴县	كۆكتوقاي	1 455	4 325
福海县	بۇرۇلتوقاي	785	3 274
哈巴河县	قابا	838	3 276
青河县	چىڭگىل	457	2 811
吉木乃县	جىمىنەي	251	3 126
地直单位	ۋىلايەتكە بىۋاستە قاراشلىق ئورۇنلار	535	8 011

单位：万元 بىرلىكى: تۈمەن يۈەن

地区	رايونلار	收入 كىرىم	支出 چىقىم
博州	**بۆرتالا ئوبلاستى**	**7 722**	**20 698**
博乐市	بۆرتالا شەھىرى	4 149	6 801
精河县	جىڭ	2 046	4 235
温泉县	ئارشاڭ	784	3 233
州直单位	ئوبلاستقا بىۋاستە قاراشلىق ئورۇنلار	743	6 429
巴州	**بايىنغولىن ئوبلاستى**	**26 428**	**54 960**
库尔勒市	كورلا شەھىرى	15 693	10 667
轮台县	بۈگۈر	3 995	5 829
尉犁县	لوپنور	1 204	3 495
若羌县	چاقىلىق	442	2 482
且末县	چەرچەن	1 122	3 722
焉耆县	يەنجى	1 348	3 735
和静县	خېجىڭ	1 821	4 915
和硕县	خوشۇت	638	2 745
博湖县	باغراش	515	2 385
州直单位	ئوبلاستقا بىۋاستە قاراشلىق ئورۇنلار	—350	14 985
阿克苏地区	**ئاقسۇ ۋىلايىتى**	**17 910**	**60 199**
阿克苏市	ئاقسۇ شەھىرى	8 061	8 967
温宿县	ئاقسۇ كونا شەھەر	1 178	5 864
库车县	كوچا	3 000	8 350
沙雅县	شايار	1 372	5 087
新和县	توقسۇ	805	4 164
拜城县	باي	1 065	5 602
乌什县	ئۈچتۇرپان	565	4 294
阿瓦提县	ئاۋات	1 306	5 149
柯坪县	كەلپىن	66	2 356
地直单位	ۋىلايەتكە بىۋاستە قاراشلىق ئورۇنلار	492	10 366
克州	**قىزىلسۇ ئوبلاستى**	**2 106**	**23 438**
阿图什市	ئاتۇش شەھىرى	1 197	5 714
阿克陶县	ئاقتو	506	4 725
阿合奇县	ئاقچى	115	2 871
乌恰县	ئۇلۇغچات	283	3 162
州直单位	ئوبلاستقا بىۋاستە قاراشلىق ئورۇنلار	5	6 966
喀什地区	**قەشقەر ۋىلايىتى**	**21 549**	**80 306**
喀什市	قەشقەر شەھىرى	4 571	6 528
疏附县	قەشقەر كونا شەھەر	1 492	6 430
疏勒县	قەشقەر يېڭى شەھەر	1 242	4 767
英吉沙县	يېڭىسار	928	4 165
泽普县	پوسكام	2 376	4 881
莎车县	يەكەن	3 898	9 711
叶城县	قاغىلىق	1 805	6 224
麦盖提县	مەكىت	1 743	4 478
岳普湖县	يوپۇرغا	703	4 807
伽师县	پەيزاۋات	1 366	5 847
巴楚县	مارالبېشى	1 782	5 951
塔什库尔干县	تاشقورغان	129	2 650
地直单位	ۋىلايەتكە بىۋاستە قاراشلىق ئورۇنلار	—486	13 867
和田地区	**خوتەن ۋىلايىتى**	**8 165**	**42 419**
和田市	خوتەن شەھىرى	2 585	3 938
和田县	خوتەن ناھىيىسى	814	4 527
墨玉县	قاراقاش	1 074	5 960
皮山县	گۇما	854	4 417
洛浦县	لوپ	791	4 652
策勒县	چىرا	635	3 337
于田县	كېرىيە	718	4 293
民丰县	نىيە	221	1 942
地直单位	ۋىلايەتكە بىۋاستە قاراشلىق ئورۇنلار	473	9 353

主要统计指标解释

ئاساسلىق ستاتىستىكا كۆرسەتكۈچلىرىنىڭ ئىزاھاتى

مالىيە كىرىمى: بۇدۆلەتنىڭ ھەر قايسى مالىيە ھالقىلىرى ئارقىلىق توپلىغان مالىيە كىرىمىنىڭ ئومۇمىي ئاتىلىشى بولۇپ، ئۇ دۆلەتنىڭ ئۆز فونكسىيىسىنى ئىجرا قىلىشىغا كاپالەتلىك قىلىشتا كام بولسا بولمايدىغان مالىيە كۈچىدۇر. ئۇ ھەر تۈرلۈك باج كىرىمى، كارخانا كىرىمى، قەرز كىرىمى، ۋەباشقا كىرىملەرنى ئۆز ئىچىگەئالىدۇ.

1) **كارخانا كىرىمى:** بۇ ھەر قايسى تارماقلارغا قاراشلىق ئومۇمىي خەلق مۇلۇكچىلىكىدىكى كارخانا، كەسپىي ئورۇنلارنىڭ دۆلەتكە تاپشۇرغان پايدا ۋە كەسپىي كىرىمنى ئۆز ئىچىگەئالىدۇ. 1985-يىلى دۆلەت ئىگىلىكىدىكى كارخانىلاردا ئىككىنچى قەدەمدىكى پايدىنى باجغا ئۆزگەرتىش چارىسى يولغا قويۇلۇپ، كارخانىلارنىڭ پايدىسى ئاساسەن باج شەكلىدە يوقۇرىغا تاپشۇرۇلىدىغان بولغاندىن كېيىن، تېخى پايدىنى باجغا ئۆزگەرتىش چارىسى يولغا قويۇلمىغانكارخانىلار ۋە ئاز ساندىكى پايدىنى ھۆددىگەئېلىشنى يولغا قويغان كارخانىلار يوقورىغا تاپشۇرغان كىرىمنى كۆرسىتىدۇ.

2) **ھەر تۈرلۈك باج:** بۇمەھسۇلات بېجى، قوشۇلغان قىممەت بېجى، بايلىق بېجى، كارخانىلارنىڭ تاپاۋەت بېجى، تۇز بېجى، تاموژنا بېجى، دېھقانچىلىق، چارۋىچىلىق بېجى، قان بېجى، چارۋامال سودىسى بېجى، بازارسوداسېتىق بېجى ۋە مۇناسىۋەتلىك جەرىمانە قويۇلغان، تولۇقلاپ ئېلىنغان باج كىرىمى قاتارلىقلارنى ئۆز ئىچىگەئالىدۇ.

مالىيە چىقىمى: بۇدۆلەت ھاكىمىيىتى ئۆز فونكسىيىسىنى يۈرگۈزۈشتە توپلىغان مەبلەغنى پىلانلىق ئىشلىتىشنىڭ ئومۇمىي ئاتىلىشى.

1) **ئاساسىي قۇرۇلۇشقا ئاجرىتىلغان پۇل:** بۇدۆلەت خامچوتى ئىچىدە ئاساسىي قۇرۇلۇشقا ئاجرىتىلغان پۇلنى كۆرسىتىدۇ. ئۇدۆلەت خام چوتى سىرتىدىكى ئۆزى توپلىغان ھەر خىل ئاساسىي قۇرۇلۇش مەبلىغىنى ئۆز ئىچىگە ئالمايدۇ. ئاساسىي قۇرۇلۇشقا سېلىنىدىغان مەبلەغكۆلىمىنى تىزگىنلەشنى كۈچەيتىپ، مەبلەغنىڭ ئىشلىتىش ئۈنۈمىنى ئۆستۈرۈش ئۈچۈن، دۆلەت 1985-يىلىدىن باشلاپ، خامچوت ئىچىدىكى ئاساسىي قۇرۇلۇشقا پۇل ئاجرىتىشنى، قەرز بېرىشكە ئۆزگەرتىشتىن ئىبارەت يېڭى باشقۇرۇش چارىسىنى يولغا قويدى. يەنى، ئىلگىرىكى قۇرۇلۇش قىلدۇرغۇچى ئورۇنلارغا بىۋاستە ھەقسىز ئاجرىتىپ بېرىشنى، قۇرۇلۇش بانكىسىنىڭ قۇرۇلۇش كىرىدىتى فوندى قاتارىدا باشقۇرۇشقا ئاجرىتىپ بېرىش، قۇرۇلۇش بانكىسى دۆلەت خام چوتىدائورۇنلاشتۇرۇلغان ئاساسىي قۇرۇلۇش تۈرلىرىگە ئاساسەن، ھەقلىق قەرز بېرىش، ئىشلەپچىقىرىشقا كىرىشتۈرۈلگەندىن كېيىن، يېڭىدىن كۆپەيگەن پايدىسى ئارقىلىق دىرىنى قايتۇرۇپ، ئۆسۈمىنى تۆلەشكە ئۆزگەرتىلدى. ئىسلاھاتتا ئەھۋال بىردەك بولمىغاچقا، نۆۋەتتە يەنىلا بەزى ئاساسىي قۇرۇلۇش تۈرلىرىدە، ئاجرىتىپ بېرىش قەرز بېرىش ئۇسۇلىغا ئۆزگەرتىلمىدى.

2) **كارخانىلارغا كۆپەيتىپ بېرىلگەن كۆچمە مەبلەغ:** بۇ دۆلەتنىڭ خام چوتتا ھەر قايسى تارماقلارغا قاراشلىق ئومۇمىي خەلق مۇلۇكچىلىكىدىكى كارخانىلارغا كۆپەيتىپ بەرگەن كۆچمە مەبلەغ ۋە بانكا كىرىدىت مەبلىغىنى كۆرسىتىدۇ.

3) **مەدەنىيەت، مائارىپ، ئىلىم-پەن، سەھىيەكەسپىي خىراجىتى:** بۇ ئىلىم-پەن، مەدەنىيەت، مائارىپ، سەھىيە، ھۆكۈمەت پۇلىغا داۋالىنىش، تەنتەربىيە، خەۋەرلىشىش ۋە رادىئو، يەر تەۋرەش، دېڭىز- ئوكيان، مەدەنىي يادىكارلىقلار، پىلانلىق تۇغۇت قاتارلىق جەھەتلەردىكى كەسپىي خىراجەتلەرنى ئۆز ئىچىگە ئالىدۇ.

财政收入　是国家通过财政各环节筹集的财政资金总称，它是保证国家行使其职能不可缺少的财力。主要包括：各项税收、企业收入、债务收入及其他收入。

①**企业收入**　包括各部分所属全民所有制企业、事业单位上交国家的利润和事业收入。1985年，实行国营企业第二步利改税办法，企业利润主要以税收形式上交后，只有尚未实行利改税办法的企业和少数实行利润包干企业上交的收入。

②**各项税收**　包括产品税、增值税、资源税、企业所得税、盐税、关税、农牧业税、屠宰税、牲畜交易税、集市交易税以及有关罚款补税收入等。

财政支出　是国家政权行使其职能，对筹集的财政资金进行有计划的使用的总称。

①**基本建设拨款**　是指国家预算内的基本建设拨款，不包括国家预算外自筹的各种基本建设资金。为加强基本建设投资规模的控制，提高资金使用效益，国家从1985年起，对预算内基本建设拨款实行拨款改贷款的新的管理办法。即由原来直接无偿的拨给建设单位，改为拨给建设银行视同信贷基金管理，建设银行根据国家预算安排的基建项目，给予有偿贷款，用投产后新增利润还本付息。因改革之中情况不一，目前仍有一些基建项目未实行拨改贷办法。

②**增拨企业流动资金**　是指国家预算增拨各部门所属全民所有制企业的流动资金和增拨银行的信贷资金。

③**文教科学卫生事业费**　包括科学、文化、教育、卫生、公费医疗、体育、通讯和广播、地震、海洋、文物、计划生育等方面的事业费。

6

مال باها

物价

Prices

ھەر خىل مال باھا ئومۇمىي كۆرسەتكۈچى

6—1 各种物价总指数

يىللار 年 份	پارچە سېتىش مال باھا ئومۇمىي كۆرسەتكۈچى 零售物价总指数	ئىشچى-خىزمەت چىلەرنىڭ تۇرمۇش خىراجىتى باھاسى ئومۇمىي كۆرسەتكۈچى 职工生活费用价格总指数	يېزا ئىگىلىك قوشۇمچە مەھسۇلاتىنىڭ سېتىۋېلىش باھاسى ئومۇمىي كۆرسەتكۈچى 农副产品收购价格总指数	يېزىلاردىكى سانائەت بويۇملىرىنىڭ پارچە سېتىلىش باھاسى ئومۇمىي كۆرسەتكۈچى 农村工业品零售价格总指数	سانائەت، يېزا ئىگىلىك تاۋارلىرىنىڭ ئۇنۇبېر سال سېلىشتۇرما باھا كۆرسەتكۈچى 工农业商品综合比价指数(以农副产品收购价格指数为100)
			上年＝100		
1978	101.4	101.3	103.1	100.1	97.1
1979	103.5	102.2	113.8	100.1	88.0
1980	104.2	104.8	108.9	101.7	93.4
1981	101.6	102.4	107.2	99.8	93.1
1982	100.2	100.1	106.5	101.3	95.1
1983	101.5	102.2	107.6	101.6	94.4
1984	103.1	102.4	102.0	103.9	101.9
1985	108.1	109.5	107.9	103.4	95.8
1986	106.7	106.8	107.7	103.6	96.5
1987	107.1	108.5	115.6	103.5	89.5
1988	114.6	117.0	119.6	109.7	91.7
1989	116.7	114.5	108.2	118.6	109.6
1990	104.1	104.5	100.7	106.9	106.2
1991	108.0	109.3	106.4	106.4	100.0
1992	108.1	109.3	98.4	105.3	107.0
1993	112.6	113.0	113.0	106.8	94.5
1994	125.7	127.7	149.3	122.6	82.1
1995	116.7	119.0	129.1	116.3	90.1
			1978＝100		
1979	103.5	102.2	113.8	100.1	88.0
1980	107.8	107.1	123.9	100.9	81.4
1981	109.5	109.7	132.9	102.2	76.9
1982	104.7	109.8	141.5	103.8	73.4
1983	111.4	112.2	152.3	105.5	69.3
1984	114.9	114.9	155.3	109.6	70.6
1985	124.2	125.8	167.6	113.3	67.6
1986	132.5	134.4	180.5	117.4	65.0
1987	141.9	145.8	208.7	121.5	58.2
1988	162.6	170.6	249.6	133.3	53.4
1989	189.8	195.3	270.1	158.1	58.5
1990	197.6	204.1	272.0	169.0	62.1
1991	213.4	223.1	289.4	179.8	62.2
1992	230.7	243.8	284.8	189.3	66.5
1993	259.8	275.5	321.8	202.2	62.8
1994	326.6	351.8	480.4	247.9	51.6
1995	381.1	418.6	619.2	288.3	46.5

تاۋارلارنىڭ پارچە سېتىلىش باھاسىنىڭ تۈرلەرگە ئايرىلغان كۆرسەتكۈچى

6—2 商品零售价格分类指数

（ئالدىنقى يىل 上年=100）

项 目 تۈرلەر	1994 年 يىل- 全区 ئاپتونوم رايون بويىچە	城市 شەھەر	农村 يېزا	1995 年 يىل- 全区 ئاپتونوم رايون بويىچە	城市 شەھەر	农村 يېزا
总指数 ئومۇمىي كۆرسەتكۈچ	**125.7**	**126.2**	**125.3**	**116.7**	**115.7**	**118.3**
一、食品类 يېمەكلىكلەر	**138.7**	**138.5**	**140.4**	**126.6**	**124.4**	**130.7**
1、粮食类 1. ئاشلىق	145.0	142.5	149.0	132.0	129.8	135.4
2、油脂类 2. مايلىق دان	186.8	187.9	184.9	113.7	110.5	117.3
3、肉禽类 3. گۆش ۋە ئۆي قۇشلىرى	136.4	138.1	130.9	126.8	124.3	131.4
4、水产品 4. سۇ مەھسۇلاتلىرى	124.0	122.9	126.4	114.2	114.3	114.0
5、鲜菜 5. يېڭى كۆكتات	144.8	143.2	151.2	126.0	123.7	135.6
6、干菜 6. قۇرۇتۇلغان كۆكتات	114.4	114.7	114.3	122.6	120.4	125.4
7、鲜果 7. ھۆل مېۋە	125.7	125.2	128.0	125.0	123.7	130.7
8、干果 8. قۇرۇق مېۋە	121.1	120.8	121.7	137.8	140.2	133.4
9、其它食品类 9. باشقا يېمەكلىكلەر	128.5	126.5	130.8	124.3	122.8	126.7
10、饮食业 10. يېمەك-ئىچمەك كەسپى	138.0	144.3	131.4	132.9	129.6	136.1
二、饮料、烟酒类 ئىچىملىك، ھاراق-تاماكا تۈرىدىكىلەر	**115.7**	**119.5**	**111.5**	**108.3**	**104.9**	**110.6**
三、服装、鞋帽类 كىيىم-كېچەك، باش، ئاياغ كىيىم	**117.1**	**117.5**	**116.4**	**119.0**	**118.9**	**119.9**
四、纺织品类 توقۇمىچىلىق بويۇملىرى	**116.5**	**118.8**	**114.0**	**117.9**	**115.0**	**121.5**
五、中、西药品类 جۇڭگوچە، غەربچە دورىلار دۆكىنى	**121.7**	**125.7**	**116.9**	**113.1**	**112.7**	**113.6**
六、化妆品类 گىرىم بويۇملىرى	**116.9**	**119.7**	**112.5**	**113.4**	**118.3**	**108.0**
七、书报、杂志类 كىتاب، گېزىت-ژۇرناللار	**138.2**	**135.9**	**145.2**	**120.4**	**124.9**	**114.7**
八、文化体育用品类 مەدەنىيەت، تەنتەربىيە بويۇملىرى	**111.7**	**112.2**	**108.1**	**107.4**	**104.9**	**110.9**
九、日用品类 كۈندۈلۈك بويۇملار	**120.0**	**120.3**	**119.3**	**110.2**	**108.3**	**112.4**
十、家用电器类 ئائىلە ئېلېكتر سايمانلىرى	**108.6**	**108.8**	**108.5**	**102.8**	**102.3**	**103.4**
十一、首饰类 زىننەت بويۇملىرى	**114.4**	**114.6**	**113.8**	**99.1**	**99.3**	**98.5**
十二、燃料类 يېقىلغۇ تۈرلىرى	**143.0**	**137.9**	**151.7**	**115.5**	**114.4**	**115.9**
十三、建筑装璜材料类 بىناكارلىق بېزەش-زىننەتلەش ماتېرىياللىرى	**115.6**	**121.5**	**110.6**	**104.4**	**98.9**	**106.7**
十四、机电产品类 ئېلېكتر مەھسۇلاتلىرى	**100.3**	**99.3**	**102.9**	**102.2**	**99.6**	**106.3**

ئاھالىلارنىڭ ئىستېمال باھاسى كۆرسەتكۈچلىرى

6—3 居民消费价格指数(1995年)

(ئالدىنقى يىل 上年=100)

تۈرلەر 项 目	ئاپتونوم رايون بويىچە 全 区	شەھەر 城 市	يېزىلار 农 村
居消费价格指数 ئاھالىلارنىڭ ئىستېمال باھاسى كۆرسەتكۈچى	**119.7**	**118.4**	**122.5**
一、食品类 يېمەكلىكلەر	**124.9**	**122.9**	**129.2**
1、粮食类 1. ئاشلىق	134.3	132.9	136.9
2、淀粉及薯类 2. كىراخمال ۋە ياڭيۇ تۈرىدىكىلەر	158.4	156.0	161.2
3、干豆类及其制品 3. قۇرۇق پۇرچاق تۈرىدىكىلەر ۋە ئۇنىڭدىن ئىشلەنگەن نەرسىلەر	107.0	105.5	111.1
4、油脂类 4. مايلىق دان	112.1	110.8	115.1
5、肉食及其制品 5. گۆش ۋە ئۇلاردىن ئىشلەنگەن نەرسىلەر	128.2	126.4	132.5
6、蛋类 6. تۇخۇم	117.0	116.9	117.3
7、水产品类 7. سۇ مەھسۇلاتلىرى	114.6	114.7	114.5
8、菜类 8. كۆكتات	125.4	123.8	131.4
(1)鲜菜 1) يېڭى كۆكتات	125.4	124.0	131.6
(2)干菜 2) قۇرۇتۇلغان كۆكتات	125.6	120.7	133.0
(3)菜制品 3) كۆكتاتتىن ياسالغان نەرسىلەر	123.0	123.0	123.1
9、调味品 9. تەم تەڭشىگۈچلەر	113.2	113.9	112.1
10、糖类 10. شېكەر، قەن-گېزەكلەر	122.7	119.2	129.1
(1)食糖 1) شېكەر	137.3	136.8	138.2
(2)糖果 2) كەمپۈت	115.6	112.2	122.3
11、烟草类 11. كۆك تاماكا تۈرىدىكىلەر	103.7	102.0	108.1
12、酒和饮料 12. ھاراق ۋە ئىچىملىك	109.4	108.0	113.2
13、干鲜果类 13. ھۆل ۋە قۇرۇق مېۋە	127.3	125.9	130.7
(1)鲜果 1) ھۆل مېۋە	124.8	122.9	129.9
(2)干果 2) قۇرۇق مېۋە	134.6	135.5	132.8
14、糕点 14. پېچىنە-پىرەنىك	132.7	132.2	133.9
15、奶及奶制品 15. سۈت ۋە سۈتتىن ياسالغان نەرسىلەر	128.0	126.6	131.6
16、其它食品 16. باشقا يېمەكلىكلەر	114.2	112.0	118.6
17、饮食业 17. يېمەك-ئىچمەك كەسپى	133.3	130.2	136.0
二、衣着类 كىيىم-كېچەك تۈرى	**117.2**	**116.9**	**118.3**
三、家庭设备及用品 ئائىلە ئۈسكۈنىلىرى ۋە لازىمەتلىكلەر	**109.7**	**109.2**	**110.7**
四、医疗器具及保健用品 تېببىي داۋالاش ئەسۋاپلىرى ۋە ساقلىقنى ساقلاش بويۇملىرى	**114.3**	**113.9**	**114.8**
五、交通和通讯工具 قاتناش ۋە خەۋەرلىشىش قوراللىرى	**101.1**	**99.6**	**103.5**
六、娱乐教育文化用品 كۆڭۈل ئېچىش، مائارىپ، مەدەنىيەت بويۇملىرى	**106.9**	**106.6**	**107.7**
七、居住 تۇرالغۇ	**121.2**	**114.8**	**127.3**
八、服务项目 مۇلازىمەت تۈرلىرى	**119.8**	**119.8**	**119.8**

ھەرقايسى شەھەر ناھىيەلەرنىڭ تاۋارلارنى پارچە سېتىش باھاسىنىڭ تۈرگە ئايرىلغان كۆرسەتكۈچى

6—4 各市县商品零售价格分类指数

(1994-يىلدىكى باھا بويىچە 100 以1994年价格为100)

تۈرلەر 项目	ئۈرۈمچى 乌鲁木齐市	قەشقەر شەھىرى 喀什市	غۇلجا شەھىرى 伊宁市	خوتەن شەھىرى 和田市	قاراماي شەھىرى 克拉玛依市	قۇمۇل شەھىرى 哈密市	سانجى شەھىرى 昌吉市	كورلا شەھىرى 库尔勒市	ئاقسۇ شەھىرى 阿克苏市	يەنجى ناھىيىسى 焉耆县
总指数 ئومۇمىي كۆرسەتكۈچ	**112.5**	**123.0**	**113.1**	**124.9**	**118.7**	**118.9**	**114.7**	**114.9**	**117.8**	**115.7**
食品类 يېمەكلىكلەر	**122.0**	**136.9**	**123.0**	**136.4**	**126.0**	**129.1**	**121.6**	**122.1**	**126.1**	**130.4**
1、粮食类 1. ئاشلىق	128.1	137.8	140.1	131.3	131.5	139.3	129.9	130.5	136.4	135.8
2、油脂类 2. مايلىق دان	108.9	110.2	108.0	122.5	118.0	122.6	108.7	113.4	113.9	120.0
3、肉禽蛋 3. گۆش ۋە ئۆي قۇشلىرى	123.9	139.3	117.7	132.0	123.6	129.2	123.1	120.3	133.4	133.6
4、水产品 4. سۇ مەھسۇلاتلىرى	115.9	128.3	91.9	133.0	110.7	110.5	106.2	104.4	125.7	109.3
5、鲜菜 5. يېڭى كۆكتات	119.1	136.9	126.7	144.1	125.5	128.9	119.9	121.2	112.3	132.8
6、干菜 6. قۇرۇتۇلغان كۆكتات	118.7	130.5	113.8	122.4	124.5	137.3	126.6	124.0	109.5	127.9
7、鲜果 7. ھۆل مېۋە	120.7	143.1	120.1	149.5	123.1	126.4	118.5	114.3	120.4	117.3
8、干果 8. قۇرۇق مېۋە	138.1	157.3	116.5	158.6	151.1	130.1	135.3	133.2	132.0	131.4
9、其它食品类 9. باشقا يېمەكلىكلەر	122.9	125.3	119.3	126.0	131.6	124.7	116.9	120.4	122.2	125.4
10、饮食业 10. يېمەك-ئىچمەك كەسپى	119.1	152.7	114.6	138.0	121.8	128.7	119.4	133.6	134.7	139.8
饮料、烟酒类 ئىچىملىك، ھاراق-تاماكا	**102.8**	**102.0**	**103.9**	**109.1**	**98.7**	**108.1**	**106.6**	**123.9**	**108.9**	**98.7**
服装、鞋帽类 كىيىم-كېچەك، باش-ئاياغ كىيىم	**121.1**	**117.6**	**108.5**	**126.0**	**128.1**	**117.6**	**119.6**	**112.4**	**117.4**	**135.0**
纺织品类 توقۇمىچىلىق بويۇملىرى	**114.2**	**126.8**	**115.4**	**133.8**	**126.5**	**131.0**	**114.3**	**109.1**	**115.8**	**117.0**
中、西药品类 جۇڭگوچە، غەربچە دورىلار	**110.7**	**111.1**	**108.2**	**104.9**	**109.2**	**123.3**	**107.0**	**120.1**	**111.7**	**112.9**
化妆品类 گىرىم بويۇملىرى	**121.7**	**108.2**	**92.0**	**101.2**	**102.9**	**124.2**	**105.8**	**125.5**	**122.5**	**114.0**
书报、杂志类 كىتاب، گېزىت-ژۇرناللار	**127.3**	**133.3**	**103.2**	**105.0**	**104.3**	**117.8**	**102.1**	**102.5**	**106.2**	**102.4**
文化体育用品类 مەدەنىيەت تەنتەربىيە بويۇملىرى	**102.0**	**117.1**	**102.7**	**139.4**	**113.3**	**107.2**	**103.4**	**108.0**	**113.8**	**113.1**
日用品类 كۈندىلىك بويۇملار	**106.6**	**106.9**	**107.6**	**113.0**	**118.0**	**111.7**	**111.1**	**110.7**	**107.4**	**110.4**
家用电器类 ئائىلە ئېلېكتىر سايمانلىرى	**100.6**	**103.6**	**100.9**	**109.5**	**104.1**	**102.7**	**102.0**	**109.4**	**101.7**	**101.6**
首饰类 زىننەت بويۇملىرى	**99.7**	**100.8**	**94.9**	**98.0**	**98.8**	**99.9**	**99.5**	**97.0**	**96.3**	**97.9**
燃料类 يېقىلغۇ تۈرلىرى	**115.7**	**125.6**	**107.6**	**111.0**	**125.9**	**105.3**	**105.7**	**98.7**	**117.4**	**103.2**
建筑装潢材料类 بىناكارلىق بېزەش-زىننەتلەش ماتېرىياللىرى	**94.8**	**100.0**	**108.8**	**93.8**	**105.7**	**103.0**	**105.5**	**99.0**	**108.0**	**97.4**
机电产品类 ئېلېكتىر مەھسۇلاتلىرى	**99.8**	**95.9**	**95.9**		**102.2**	**99.7**	**100.0**	**99.3**	**98.7**	**98.1**

6—4 续表 1 داۋامى

项目 تۈرلەر	چۆچەك شەھىرى 塔城市	ئالتاي شەھىرى 阿勒泰市	شىخو نا ھىيىسى 乌苏县	بۆرتالا شەھىرى 博乐市	تۇرپان شەھىرى 吐鲁番市	كۇچانا ھىيىسى 库车县	ئاتۇش شەھىرى 阿图什市	يەكەن نا ھىيىسى 莎车县	كۈيتۇن شەھىرى 奎屯市	شىخەنزە شەھىرى 石河子市
总指数 ئومۇمىي كۆرسەتكۈچ	**117.7**	**115.6**	**116.5**	**120.0**	**117.4**	**115.2**	**121.7**	**127.4**	**113.9**	**113.5**
食品类 يىمەكلىكلەر	**131.8**	**122.3**	**130.1**	**128.6**	**126.6**	**141.9**	**135.4**	**152.5**	**124.1**	**124.3**
1、粮食类 1. ئاشلىق	133.5	126.0	131.9	130.1	134.5	156.7	150.4	163.2	129.6	135.1
2、油脂类 2. مايلىق دان	113.3	131.6	105.5	108.9	110.2	120.1	129.2	121.5	106.9	117.1
3、肉禽蛋 3. گۆش ۋە ئۆي قۇشلىرى	130.1	134.9	129.5	125.9	124.1	134.4	131.2	150.4	124.3	128.2
4、水产品 4. سۇ مەھسۇلاتلىرى	118.0	103.9	101.8	105.5	110.5	116.7	131.9	131.1	101.3	107.8
5、鲜菜 5. يېڭى كۆكتات	134.8	117.0	142.1	146.1	132.2	141.6	120.2	174.3	126.5	129.7
6、干菜 6. قۇرۇتۇلغان كۆكتات	120.5	113.9	141.3	109.4	113.6	115.5	136.8	119.4	113.5	125.2
7、鲜果 7. ھۆل مېۋە	130.2	109.2	134.6	125.6	133.5	155.5	154.5	160.8	115.6	111.7
8、干果 8. قۇرۇق مېۋە	136.1	118.1	152.1	126.7	134.6	130.8	115.5	165.4	141.9	111.6
9、其它食品类 9. باشقا يىمەكلىكلەر	138.0	116.7	126.3	133.7	126.4	111.3	128.3	135.8	125.7	132.6
10、饮食业 10. يېمەك-ئىچمەك كەسپى	147.8	109.8	136.2	128.0	128.6	157.8	138.7	169.4	129.2	134.4
饮料、烟酒类 ئىچىملىك، ھاراق تاماكا	**111.5**	**109.7**	**106.7**	**108.6**	**99.4**	**101.2**	**116.5**	**124.9**	**105.5**	**106.4**
服装、鞋帽类 كىيىم-كېچەك، باش-ئاياغ كىيىم	**110.6**	**117.6**	**110.0**	**126.1**	**133.4**	**105.6**	**116.3**	**127.3**	**121.0**	**110.4**
纺织品类 توقۇمىچىلىق بويۇملىرى	**114.7**	**127.7**	**107.9**	**131.8**	**125.3**	**105.2**	**135.8**	**110.8**	**111.3**	**110.7**
中、西药品类 جۇڭگوچە، غەرپچە دورىلار	**120.6**	**113.7**	**116.2**	**129.0**	**111.1**	**112.0**	**106.2**	**107.7**	**116.9**	**111.4**
化妆品类 گىرىم بويۇملىرى	**107.5**	**103.0**	**105.7**	**107.9**	**117.7**	**99.0**	**113.5**	**101.7**	**97.1**	**106.6**
书报、杂志类 كىتاپ، گېزىت-ژورنال	**107.5**	**108.8**	**102.5**	**132.2**	**136.7**	**104.8**	**117.7**	**108.2**	**103.1**	**119.8**
文化体育用品类 مەدەنىيەت تەنتەربىيە بويۇملىرى	**114.5**	**103.9**	**107.1**	**118.8**	**102.2**	**99.4**	**112.8**	**112.6**	**97.4**	**104.3**
日用品类 كۈندۈلۈك بويۇملار	**112.5**	**111.5**	**119.3**	**117.7**	**114.2**	**103.7**	**107.2**	**122.9**	**107.8**	**105.2**
家用电器类 ئائىلە ئېلېكتر سايمانلىرى	**104.1**	**102.1**	**105.1**	**104.4**	**104.1**	**100.5**	**105.5**	**107.5**	**104.4**	**100.6**
首饰类 زىننەت بويۇملىرى	**97.5**	**98.5**	**98.8**	**96.6**	**95.7**	**102.5**	**100.0**	**97.1**	**98.0**	**100.2**
燃料类 يېقىلغۇ تۈرى	**124.5**	**117.6**	**112.6**	**108.5**	**112.6**	**107.0**	**118.6**	**115.6**	**110.5**	**115.6**
建筑装潢材料类 بىناكارلىق، بېزەش-زىننەتلەش ماتېرىياللىرى	**102.5**	**103.9**	**104.6**	**102.3**	**104.7**	**107.0**	**106.4**	**116.8**	**91.6**	**120.1**
机电产品类 ئېلېكتر سايمانلىرى	**101.6**	**102.7**	**129.5**	**100.2**	**91.6**	**95.7**	**119.1**	**134.2**	**97.7**	**95.0**

ھەر قايسى شەھەر، ناھىيەلەرنىڭ ئاھالىلار ئىستىمالى باھاسىنىڭ تۈرگە ئايرىلغان كۆرسەتكۈچى

6—5 各市县居民消费价格分类指数

(يىللىق باھا بويىچە 100-1994以 1994 年价格为 100)

项目 تۈرلەر	ئۈرۈمچى شەھىرى 乌鲁木齐市	قەشقەر شەھىرى 喀什市	غۇلجا شەھىرى 伊宁市	خوتەن شەھىرى 和田市	قاراماي شەھىرى 克拉玛依市	قۇمۇل شەھىرى 哈密市	سانجى شەھىرى 昌吉市	كورلا شەھىرى 库尔勒市	ئاقسۇ شەھىرى 阿克苏市	يەنجى ناھىيىسى 焉耆县
居民消费价格指数 ئاھالىلارنىڭ ئىستىمال باھاسى كۆرسەتكۈچى	117.4	123.7	114.4	124.1	122.2	121.2	116.3	116.5	119.6	120.4
食品类 يېمەكلىكلەر	120.9	132.1	120.9	131.2	122.7	126.9	118.8	122.4	124.3	125.7
1、粮食类 1. ئاشلىق	129.8	137.4	142.1	123.4	137.1	142.6	132.4	134.1	137.0	132.6
2、淀粉及薯类 2. كىراخمال ۋە ياڭيۇ تۈرىدىكىلەر	169.0	163.1	126.1	154.3	142.3	147.6	150.7	134.5	130.7	157.7
3、干豆类及其制品 3. قۇرۇق پۇرچاق تۈرىدىكىلەر ۋە ئۇنىڭدىن ئىشلەنگەن نەرسىلەر	103.2	93.0	108.9	137.5	106.2	118.7	92.4	110.4	110.6	100.0
4、油脂类 4. مايلىق دان	107.8	107.1	108.0	125.6	118.1	119.0	108.9	113.5	110.5	116.3
5、肉食及其制品 5. گۆش، ئۆي قۇشلىرى ۋە ئۇنىڭدىن ئىشلەنگەن نەرسىلەر	127.3	139.6	118.5	131.0	124.9	131.1	125.4	119.9	135.4	133.5
6、蛋类 6. تۇخۇم	115.4	136.5	110.1	141.8	115.5	110.2	113.2	119.7	119.2	118.0
7、水产品类 7. سۇ مەھسۇلاتلىرى	117.7	132.9	91.7	131.8	107.4	123.0	103.6	105.1	127.1	109.2
8、菜类 8. كۆكتات	118.3	134.9	127.5	140.0	124.7	128.4	111.6	123.1	109.4	130.0
(1)鲜菜 1) يېڭى كۆكتات	117.8	134.9	128.0	141.1	124.3	127.5	113.5	122.6	109.7	129.8
(2)干菜 2) قۇرۇتۇلغان كۆكتات	120.9	146.8	120.2	111.8	130.2	141.4	112.8	137.6	103.8	140.2
(3)菜制品 كۆكتاتتىن ياسالغان نەرسىلەر	148.1	107.6	116.1	113.9	123.6	144.7	96.2	121.5	110.6	113.1
9、调味品 9. تەم تەڭشىگۈچلەر	109.9	125.3	132.0	131.9	111.7	113.0	113.3	118.8	113.5	112.6
10、糖类 10. شېكەر، قەن-گېزەك	114.4	125.3	122.0	125.8	129.7	139.6	113.5	120.8	125.0	128.2
(1)食糖 1) شېكەر	132.6	147.5	126.5	146.8	140.4	148.8	138.0	147.4	126.3	146.7
(2)糖果 2) كەمپىت	106.6	114.6	119.9	114.3	128.3	134.6	104.9	107.1	124.3	115.5
11、烟草类 11. كۆك تاماكا	98.4	94.0	100.2	105.4	92.7	102.1	112.2	119.9	100.7	99.1
12、酒和饮料 12. ھاراق ۋە ئىچىملىك	104.1	108.0	109.4	112.6	105.4	111.1	111.7	125.6	112.8	104.6
13、干鲜瓜果类 ھۆل ۋە قۇرۇق مېۋە	124.2	143.9	119.8	152.0	128.7	128.2	124.0	117.9	121.9	120.5
(1)鲜果 1) ھۆل مېۋە	122.7	143.0	120.1	150.1	122.8	126.5	119.9	110.3	119.0	118.0
(2)干果 2) قۇرۇق مېۋە	129.5	150.0	118.8	157.6	153.1	130.2	135.1	136.8	126.1	128.6
14、糕点 14. پېچىنە-پىرەنىك	134.1	133.2	111.5	134.9	154.2	129.3	124.1	118.1	129.8	137.0
15、奶及奶制品 15. سۈت ۋە سۈتتىن ياسالغان نەرسىلەر	124.7	131.0	133.2	129.1	128.8	122.8	134.0	126.7	120.5	129.9
16、其它食品 16. باشقا يېمەكلىكلەر	110.7	113.6	110.2	100.7	118.8	116.3	91.3	111.8	103.7	112.2
17、饮食业 17. يېمەك-ئىچمەك كەسپى	118.9	150.4	120.9	140.0	122.1	135.5	124.2	133.5	145.1	135.6
衣着类 كىيىم-كېچەك	116.2	120.9	107.6	129.7	125.6	120.8	112.3	111.8	116.9	120.2
家庭设备及用品 ئائىلە ئۈسكۈنىلىرى ۋە لازىمەتلەر	106.2	110.4	106.7	110.0	115.7	114.3	108.9	112.8	109.5	109.1
医疗器具及保健用品 تىببىي داۋالاش ئۈسكۈنىلىرى ۋە ساقلىقنى ساقلاش بويۇملىرى	114.5	110.1	103.2	105.5	106.7	121.4	108.8	119.8	112.7	111.6
交通和通讯工具 قاتناش ۋە خەۋەرلىشىش قوراللى	98.4	98.4	101.9	98.0	100.4	106.2	110.2	99.8	100.6	101.8
娱乐教育文化用品 كۆڭۈل ئېچىش، مائارىپ، مەدەنىيەت بويۇملىرى	107.5	111.2	105.9	113.5	106.4	106.7	103.0	103.7	108.6	111.2
居住 تۇرالغۇ	101.2	114.4	111.1	110.5	178.7	108.2	124.7	107.1	140.4	110.9
服务项目 مۇلازىمەت بويۇملىرى	123.4	122.3	112.4	112.9	123.3	115.4	128.6	107.1	115.8	136.0

6—5 续表 1 داۋامى

تۈرلەر 项目	چۆچەك شەھىرى 塔城市	ئالتاي شەھىرى 阿勒泰市	شىخو نا ھىيىسى 乌苏县	بۆرتالا شەھىرى 博乐市	تۇرپان شەھىرى 吐鲁番市	كۇچار نا ھىيىسى 库车县	ئاتۇش شەھىرى 阿图什市	يەكەن نا ھىيىسى 莎车县	كۈيتۈن شەھىرى 奎屯市	شىخەنزە شەھىرى 石河子市
ئاھالىلارنىڭ ئىستېمال باھاسى كۆرسەتكۈچى 居民消费价格指数	**119.1**	**116.9**	**120.6**	**126.3**	**119.9**	**121.4**	**126.6**	**138.5**	**118.0**	**117.5**
食品类 يېمەكلىكلەر	**129.1**	**123.3**	**128.7**	**127.1**	**123.9**	**137.8**	**136.9**	**150.8**	**122.0**	**125.7**
1、粮食类 1. ئاشلىق	133.7	131.0	133.3	126.5	135.2	158.4	147.9	165.5	130.9	142.3
2、淀粉及薯类 2. كىراخمال ۋە ياڭيۇ تۈرىدىكىلەر	151.1	126.3	173.9	159.1	168.9	139.0	180.2	149.5	153.2	171.8
3、干豆类及其制品 3. قۇرۇق پۇرچاق تۈرىدىكىلەر ۋە ئۇنىڭدىن ئىشلەنگەن نەرسىلەر	111.0	98.6	116.3	112.5	101.5	117.2	125.7	117.9	104.5	106.4
4、油脂类 4. مايلىق دان	112.1	123.5	105.5	108.7	110.2	121.4	121.2	121.5	106.9	111.8
5、肉食及其制品 5. گۆش ۋە ئۇلاردىن ئىشلەنگەن نەرسىلەر	129.8	136.7	133.6	132.8	124.6	139.6	131.0	150.8	124.3	130.4
6、蛋类 6. تۇخۇم	118.8	101.6	107.1	111.8	107.3	154.9	130.2	138.7	114.3	121.1
7、水产品类 7. سۇ مەھسۇلاتلىرى	117.4	103.7	104.3	108.1	112.1	128.8	131.4	130.4	105.2	111.9
8、菜类 8. كۆكتات	133.6	112.0	137.1	138.0	126.8	131.6	153.1	160.6	123.7	128.1
(1)鲜菜 1) يېڭى كۆكتات	134.1	112.8	137.4	141.6	129.7	132.6	116.2	168.3	124.3	129.0
(2)干菜 2) قۇرۇتۇلغان كۆكتات	139.4	108.7	137.5	102.9	93.9	116.2	132.6	122.9	117.3	108.1
(3)菜制品 3) كۆكتاتتىن ياسالغان نەرسىلەر	114.2	99.1	122.2	103.8	122.0	119.0	203.2		100.8	126.5
9、调味品 9. تەم تەڭشىگۈچلەر	111.8	101.1	123.2	147.3	101.0	101.7	110.7	110.8	116.5	102.2
10、糖类 10. شېكەر، قەن-گېزەك	144.3	115.3	109.1	126.5	130.0	117.0	138.0	169.9	120.9	127.5
(1)食糖 1) شېكەر	148.4	135.7	134.0	130.2	140.0	131.6	149.1	123.1	136.8	153.1
(2)糖果 2) كەمپۈت	141.4	103.4	100.0	123.6	114.4	99.0	130.7	203.7	115.5	113.3
11、烟草类 11. كۆك تاماكا	102.6	106.6	100.8	107.1	94.9	95.3	134.9	149.8	98.6	96.9
12、酒和饮料 12. هاراق ۋە ئىچىملىك	119.5	116.6	118.9	118.1	100.4	104.0	128.4	105.9	110.7	111.9
13、干鲜瓜果类 13. هۆل، قۇرۇق مېۋە	133.8	113.7	135.7	126.1	134.1	138.2	133.7	159.1	121.0	112.7
(1)鲜果 1) هۆل مېۋە	130.9	110.3	133.2	124.6	133.9	142.2	154.4	160.6	116.1	111.9
(2)干果 2) قۇرۇق مېۋە	140.9	121.2	146.7	130.1	134.6	131.5	117.7	162.0	142.1	114.9
14、糕点 14. پېچىنە-پىرەنىك	135.1	122.7	156.2	131.4	130.2	150.6	132.4	112.0	136.9	121.1
15、奶及奶制品 15. سۈت ۋەسۈتتىن ياسالغان نەرسىلەر	145.4	123.3	134.3	145.5	125.8	121.7	116.6	119.2	135.1	165.7
16、其它食品 16. باشقا يېمەكلىكلەر	128.0	110.3	112.2	124.1	161.9	100.9	92.8	128.9	107.0	113.2
17、饮食业 17. يېمەك-ئىچمەك كەسپى	144.9	114.1	135.2	125.2	126.7	154.3	142.0	178.3	129.2	134.0
衣着类 كىيىم-كېچەك تۈرى	**108.7**	**119.0**	**108.2**	**127.4**	**128.4**	**106.7**	**125.7**	**120.4**	**116.0**	**108.2**
家庭设备及用品 ئائىلە ئۈسكۈنىلىرى ۋە لازىمەتلىكلەر	**104.8**	**110.6**	**109.5**	**106.9**	**111.9**	**104.6**	**118.2**	**123.4**	**108.0**	**103.3**
医疗器具及保健用品 تىببىي داۋالاش، ساقلىقنى ساقلاش ئۈسكۈنە، بۇيۇملىرى	**129.0**	**109.8**	**113.7**	**121.4**	**107.6**	**113.4**	**106.5**	**108.4**	**116.8**	**110.0**
交通和通讯工具 قاتناش ۋە خەۋەرلىشىش قوراللىرى	**107.4**	**100.9**	**115.2**	**103.9**	**101.1**	**104.7**	**74.9**	**115.4**	**101.1**	**98.3**
娱乐教育文化用品 كۆڭۈل ئېچىش، مائارىپ، مەدەنىيەت بۇيۇملىرى	**102.0**	**107.6**	**104.7**	**108.6**	**110.0**	**106.3**	**116.2**	**110.1**	**101.8**	**105.6**
居住 تۇرالغۇ	**119.7**	**111.0**	**121.1**	**130.2**	**122.2**	**108.8**	**125.2**	**165.4**	**120.6**	**113.2**
服务项目 مۇلازىمەت تۈرلىرى	**111.6**	**105.1**	**123.9**	**149.4**	**106.0**	**111.5**	**106.2**	**124.6**	**131.4**	**122.8**

هەر قايسى شەھەر، ناھىيەلەرنىڭ يېزا ئىگىلىك ئىشلەپچىقىرىش ۋاستىلىرى باھا كۆرسەتكۈچى

6—6 各市县农业生产资料价格指数

(100 1994-يىللىق باھا بويىچە 以 1994 年价格为 100)

تۈرلەر 项目	چۆچەك شەھىرى 塔城市	ئالتاي شەھىرى 阿勒泰市	شىخو نا ھىيىسى 乌苏县	بۆرتالا شەھىرى 博乐市	تۇرپان شەھىرى 吐鲁番市	كۇچار نا ھىيىسى 库车县	ئاتۇش شەھىرى 阿图什市	يەكەن نا ھىيىسى 莎车县	يەنجى نا ھىيىسى 焉耆县
总指数 ئومۇمىي كۆرسەتكۈچ	**123.9**	**113.3**	**131.0**	**127.6**	**125.8**	**131.0**	**124.0**	**122.7**	**122.5**
小农具 كىچىك دېھقانچىلىق سايمانلىرى	123.2	102.6	100.0	116.8	142.3	139.8	127.1	103.3	137.9
饲料类 يەم خەشەك	153.2	147.1	120.8	161.5	195.3	161.2	163.6	172.6	172.7
幼禽家畜类 ياش ئۆي قۇشلىرى ۋە ئۆي ھايۋانلىرى	122.6		137.2	147.6		143.1	227.1	141.5	104.3
大牲畜 چوڭ چارۋا	108.2		191.2	132.6	149.0	137.5	150.4	137.9	152.5
半机械化农具 يېرىم ماشىنىلاشقان دېھقانچىلىق سايمانلىرى	106.7	103.5	100.0	103.5	110.9	142.4	120.0	129.8	107.2
机械化农具 ماشىنىلاشقان دېھقانچىلىق سايمانلىرى	120.3	110.1	130.0	125.8	116.8	136.3	129.0	136.1	125.0
化肥 خىمىيىۋى ئوغۇت	133.8	119.5	142.1	139.8	131.1	136.8	112.5	191.6	117.1
农药及农药械 دېھقانچىلىق دورىلىرى ۋە دېھقانچىلىق دورىلىرى ماشىنىسى	104.3	100.0	104.5	86.7	103.2	112.6	117.5	100.0	100.0
农机用油 دېھقانچىلىق ماشىنىلىرىغا ئىشلىتىدىغان ماي	119.0	106.7	122.0	115.4	111.8	108.7	100.0	90.7	105.1
其它 باشقىلار	124.5	106.6	100.0	116.1	118.1	120.5	122.5	114.9	125.5

پۈتۈن ئاپتونوم رايوننىڭ يېزا ئىگىلىك ئىشلەپچىقىرىش ۋاستىلىرى باھا كۆرسەتكۈچى

6—7 全区农业生产资料价格指数

项目	تۈرلەر	1994 年 -يىل	1995 年 -يىل
总指数	**ئومۇمىي كۆرسەتكۈچ**	**126.8**	**126.6**
小农具	كىچىك دېھقانچىلىق سايمانلىرى	131.5	124.0
饲料类	يەم-خەشەك	131.0	161.3
幼禽家畜类	ياش ئۆي قۇشلىرى ۋە ئۆي ھايۋانلىرى	129.0	137.1
大牲畜	چوڭ چارۋا	138.7	148.2
半机械化农具	يېرىم ماشىنىلاشقان دېھقانچىلىق سايمانلىرى	126.8	109.4
机械化农具	ماشىنىلاشقان دېھقانچىلىق سايمانلىرى	118.2	122.3
化肥	خىمىيىۋى ئوغۇت	113.9	130.4
农药及农药械	دېھقانچىلىق دورىلىرى ۋە دېھقانچىلىق دورىلىرى ماشىنىسى	100.4	103.9
农机用油	دېھقانچىلىق ماشىنىلىرىغا ئىشلىتىدىغان ماي	164.1	126.9
其它	باشقىلار	107.2	116.3

يېزا ئىگىلىك قوشۇمچە مەھسۇلاتلىرىنى سېتىۋېلىش باھاسىنىڭ تۈرگە ئايرىلغان كۆرسەتكۈچلىرى

6—8 农副产品收购价格分类指数

(ئالدىنقى يىل 上年=100)

يىللار 年份	ئومۇمىي كۆرسەتكۈچ 总指数	ئاشلىق 粮食类	بۇغداي 小麦	شال 稻谷	كۆممە قوناق 玉米	ئىقتىسادىي زىرائەتلەر 经济作物类	يېيىلىدىغان ئۆسۈملۈك ماي ۋە مايلىق دان 食用植物油及油料	پاختا 棉花
1978	103.1	100.4	100.0	100.0	100.0	105.6	100.0	107.6
1979	113.8	116.2	116.2	117.1	116.9	109.2	119.2	105.1
1980	108.9	100.0	100.0	100.0	100.0	105.6	100.0	107.8
1981	107.2	101.1	106.0	100.0	100.0	100.0	100.0	100.0
1982	106.5	100.1	100.0	100.0	100.0	100.0	100.0	100.0
1983	107.6	100.0	100.0	100.0	100.0	100.0	100.0	100.0
1984	102.0	99.7	100.0	100.0	100.0	97.8	100.0	96.2
1985	107.9	98.8	98.5	100.1	100.0	100.3	108.4	95.1
1986	107.7	99.6	100.0	103.0	97.0	107.9	108.9	107.7
1987	115.6	102.0	96.7	102.1	106.6	101.3	91.6	107.3
1988	119.6	107.7	105.6	101.7	117.1	117.7	124.8	109.0
1989	108.2	111.3	111.5	154.2	103.9	115.2	109.3	115.2
1990	100.7	105.2	104.7	101.1	110.8	125.0	106.7	144.8
1991	106.4	106.8	110.8	100.0	105.2	108.6	110.3	107.9
1992	98.4	101.9	102.7	103.6	100.0	84.2	100.7	83.0
1993	113.0	109.7	105.0	109.9	146.8	116.1	112.2	118.1
1994	149.3	155.6	157.1	158.3	174.0	152.9	189.6	147.4
1995	129.1	137.5	136.3	124.4	148.5	132.7	105.2	136.4

يىللار 年份	شېكەر ماتېرىياللىرى 糖料	ئۆي قۇشلىرى، چارۋا مەھسۇلاتلىرى 禽畜产品类	گۆش چارۋىسى 肉畜	ئۆي قۇشلىرى تۇخۇمى 禽蛋	توخۇ تۇخۇمى 鸡蛋	تېرە 皮张	يال 鬃毛
1978	100.0	100.0	101.5	100.0	100.0	100.0	100.0
1979	125.0	112.8	119.1	130.3	130.3	110.7	110.4
1980	100.0	119.8	100.0	101.2	101.2	102.1	101.2
1981	100.0	100.2	100.0	101.0	101.0	100.0	100.4
1982	100.0	100.3	100.0	100.0	100.0	100.0	100.5
1983	100.0	101.4	100.0	100.0	100.0	99.2	102.6
1984	100.0	99.9	100.0	100.0	100.0	100.0	99.8
1985	107.7	102.3	163.1	99.8	99.1	121.0	108.5
1986	104.3	118.9	110.2	107.2	106.8	132.2	119.4
1987	115.1	165.4	178.4	134.8	134.6	189.2	150.2
1988	170.7	127.7	117.1	126.3	120.2	116.5	155.4
1989	161.2	103.1	100.2	111.1	103.9	105.6	102.4
1990	112.5	83.7	91.3	102.2	102.7	75.6	82.6
1991	107.7	101.2	98.6	102.0	107.7	107.2	99.1
1992	55.1	121.1	132.9	99.1	96.9	204.5	86.6
1993	116.5	114.2	113.1	114.1	113.3	115.8	113.4
1994	105.6	146.3	130.3	131.8	130.8	172.2	147.1
1995	142.2	117.1	133.8	114.0	107.5	107.0	111.9

6—8 续表 1 داۋامى

يىللار 年 份	پىلە غوزىسى، يىپەك 蚕茧蚕丝类	ھۆل ۋە قۇرۇق مېۋە 干鲜果类	# يېڭى كۆكتات 鲜菜	دورا ماتېرىيالللىرى 药材类	يەرلىك قوشۇمچە مەھسۇلاتلار 土副产品类	سۇ مەھسۇلاتلىرى 水产品类
1978	100.0	108.7	101.2	124.2	119.1	100.0
1979	120.0	118.8	114.9	111.7	93.7	131.4
1980	101.3	108.9	101.8	87.3	100.3	111.7
1981	100.0	102.0	112.5	101.2	101.2	110.3
1982	100.0	100.0	100.0	101.3	100.0	100.0
1983	100.0	100.4	101.8	100.0	101.0	100.0
1984	100.0	103.4	102.6	98.5	115.8	116.9
1985	105.7	136.2	128.8	104.0	102.3	162.3
1986	99.4	95.7	113.9	91.1	99.1	125.2
1987	110.7	121.2	94.6	111.6	103.8	108.9
1988	129.4	134.3	107.5	305.2	106.2	106.8
1989	111.7	112.9	102.1	77.8	105.3	109.2
1990	109.9	91.9	101.2	95.8	110.7	101.7
1991	102.8	123.3	109.0	103.8	105.6	108.8
1992	99.9	118.7	121.3	134.3	93.8	102.4
1993	104.9	91.3	111.8	99.1	116.8	132.6
1994	105.9	146.6	120.8	80.3	144.5	120.1
1995	105.6	135.2	112.1	137.8	112.7	93.3

يېزا ئىگىلىك قوشۇمچە مەھسۇلاتلىرىنى سېتىۋېلىش باھاسىنىڭ تۈرگە ئايرىلغان كۆرسەتكۈچلىرى
6—9 农副产品收购价格分类指数

(1978=100)

يىللار 年 份	ئومۇمىي كۆرسەتكۈچ 总指数	ئاشلىق 粮食类	بۇغداي 小 麦	شال 稻 谷	كۆممە قوناق 玉 米	ئىقتىسادىي زىرائەتلەر 经济作物类	يېيىلىدىغان ئۆسۈملۈك ماي ۋە مايلىق دان 食用植物油及油料	پاختا 棉 花
1979	113.8	116.2	116.2	117.1	116.9	109.2	119.2	105.1
1980	123.9	116.2	116.2	117.1	116.9	115.3	119.2	113.3
1981	132.8	117.5	116.2	117.1	116.9	115.3	119.2	113.3
1982	141.4	117.6	116.2	117.1	116.9	115.3	119.2	113.3
1983	152.1	117.6	116.2	117.1	116.9	115.3	119.2	113.3
1984	155.1	117.2	116.2	117.1	116.9	112.8	119.2	109.0
1985	167.4	115.8	114.5	117.2	116.9	113.1	129.2	103.7
1986	180.3	115.3	114.5	120.7	113.4	122.0	140.7	111.7
1987	208.4	117.6	110.7	123.2	120.9	123.6	128.9	119.9
1988	249.2	126.7	116.9	125.3	141.6	145.5	160.9	130.7
1989	269.6	141.0	130.3	193.2	147.1	167.6	175.9	150.6
1990	271.5	148.3	136.4	195.3	163.0	209.5	187.7	218.1
1991	288.9	158.4	151.1	195.3	171.5	227.5	207.0	235.3
1992	284.3	161.4	155.2	202.3	171.5	191.6	208.4	195.3
1993	321.3	177.1	163.0	222.3	251.8	222.4	233.8	230.6
1994	479.7	275.6	256.1	351.9	438.1	340.0	443.3	339.9
1995	619.3	378.9	349.1	473.4	650.6	451.2	466.3	463.6

6—9 续表 1 داۋامى 1

يىللار 年 份	شېكەر ماتېرىياللىرى 糖 料	ئۆي قۇشلىرى ۋە چارۋا مەھسۇلاتلىرى 禽畜产品类	گۆش چارۋىسى 肉 畜	ئۆي قۇشلىرى تۇخۇمى 禽 蛋	توخۇ تۇخۇمى 鸡 蛋	تېرە 皮 张	يال 鬃 毛
1979	125.0	112.8	119.1	130.3	130.3	110.7	110.4
1980	125.0	135.1	119.1	131.9	131.9	113.0	111.7
1981	125.0	135.4	119.1	133.2	133.2	113.0	112.1
1982	125.0	135.8	119.1	133.2	133.2	113.0	112.7
1983	125.0	137.7	119.1	133.2	133.2	112.1	115.6
1984	125.0	137.6	119.1	133.2	133.2	112.1	115.4
1985	134.6	165.5	194.3	132.9	132.0	135.6	125.2
1986	140.4	196.8	214.1	142.5	141.0	179.3	149.5
1987	161.6	325.5	382.0	192.1	189.8	339.2	224.5
1988	275.9	415.7	447.3	242.6	228.1	395.2	348.9
1989	444.8	420.6	448.2	269.5	237.0	417.3	357.3
1990	500.4	358.7	409.2	275.4	243.4	315.5	295.1
1991	538.9	363.0	403.5	280.9	262.1	338.2	292.4
1992	296.9	439.6	536.3	278.4	254.0	691.6	253.2
1993	345.9	502.0	606.6	317.2	287.8	800.9	287.1
1994	365.3	734.4	790.4	418.7	376.4	379.1	422.3
1995	519.5	860.0	1 057.5	477.3	404.6	405.6	472.5

يىللار 年 份	پىلە غوزىسى، يىپەك 蚕茧蚕丝类	ھۆل، قۇرۇق مېۋە 干鲜果类	# يېڭى كۆكتات #鲜菜	دورا ماتېرىياللىرى 药材类	يەرلىك قوشۇمچە مەھسۇلاتلار 土副产品类	سۇ مەھسۇلاتلىرى 水产品类
1979	120.0	118.8	114.9	111.7	93.7	131.4
1980	121.6	129.4	117.0	97.5	94.0	146.8
1981	121.6	132.0	131.6	98.7	95.1	161.9
1982	121.6	132.0	131.6	100.0	95.1	161.9
1983	121.6	132.5	134.0	100.0	96.1	161.9
1984	121.6	137.0	137.5	98.5	111.3	189.3
1985	128.5	186.6	177.1	102.4	113.9	307.2
1986	127.7	178.6	201.7	93.3	112.9	384.6
1987	121.4	216.5	190.8	104.1	117.2	418.8
1988	183.0	290.8	205.1	317.7	124.5	447.3
1989	204.4	328.3	209.4	247.2	131.1	488.5
1990	224.6	301.7	211.9	236.8	145.1	496.8
1991	230.9	372.0	231.0	245.8	153.2	540.5
1992	230.7	441.6	280.2	330.1	143.7	553.5
1993	242.0	403.2	313.3	327.1	167.8	733.9
1994	256.3	591.1	378.5	262.7	242.5	881.4
1995	270.6	799.2	424.3	362.0	273.3	822.3

هانائەت مەھسۇلاتلىرىنىڭ زاۋۇتتىن چىقىش باھاسى بويىچە تۈرگە ئايرىلغان كۆرسەتكۈچلەر

6—10 工业品出厂价格分类指数

(100 ئالدىنقى يىلدىكى باھا بويىچە 100)以上年价格为

项目 تۈرلەر		1994年 -يىل	1995年 -يىل
全部工业品	**بارلىق سانائەت مەھسۇلاتلىرى**	**118.42**	**117.22**
轻工业	يېنىك سانائەت	127.83	125.12
以农产品为原料	يېزا ئىگىلىك مەھسۇلاتلىرىنى خام ماتېرىيال قىلغان	130.83	126.85
以非农产品为原料	غەيرى يېزا ئىگىلىك مەھسۇلاتلىرىنى خام ماتېرىيال قىلغان	107.32	113.24
重工业	ئېغىر سانائەت	110.22	110.02
采掘工业	قېزىش سانائىتى	133.64	113.69
原料工业	خام ئەشيا سانائىتى	106.85	108.22
加工工业	پىششىقلاش سانائىتى	108.35	112.75
#生产资料	# ئىشلەپچىقىرىش ۋاستىلىرى	110.81	112.19
采掘	قېزىش	133.64	113.69
原料	خام ئەشيا	107.53	111.2
加工	پىششىقلاش	109.83	113.98
生活资料	تۇرمۇش ۋاستىلىرى	129.67	124.55
食品	يېمەكلىك	128.13	129.95
衣着	كىيىم-كېچەك	133.78	121.68
一般日用品	ئادەتتىكى كۈندىلىك تۇرمۇش بۇيۇملىرى	115.35	122.56
耐用消费品	چىدامىلىق ئىستېمال بۇيۇملىرى	108.6	101.51
按工业部门分	**سانائەت تارماقلىرى بويىچە ئايرىلغاندا**		
冶金工业	مېتاللچىلىق سانائىتى	101.82	100.77
电力工业	ئېلېكتر ئېنېرگىيە سانائىتى	101.39	120.19
煤炭及炼焦工业	كۆمۈر ۋە كوكس كۆيدۈرۈش سانائىتى	138.51	113.24
石油工业	نېفىت سانائىتى	117.29	101.01
化学工业	خىمىيە سانائىتى	112.67	133.31
机械工业	ماشىنىسازلىق سانائىتى	105.61	105.46
建筑材料工业	قۇرۇلۇش ماتېرىياللىرى سانائىتى	108.53	101.45
森林工业	ئورمانچىلىق سانائىتى	108.13	88.09
食品工业	يېمەكلىك سانائىتى	128.13	129.95
纺织工业	توقۇمىچىلىق سانائىتى	131.43	119.9
缝纫工业	تىككۈچىلىك سانائىتى		
皮革工业	كۆن-خۇرۇم سانائىتى	132.29	123.57
造纸工业	قەغەز ياساش سانائىتى	114.23	149.18

خام ئەشيا، يېقىلغۇ، ئېنېرگىيە سېتىۋېلىش باھاسى بويىچە تۈرگە ئايرىلغان كۆرسەتكۈچلەر

6—11 原材料、燃料、动力购进价格分类指数

(ئالدىنقى يىلدىكى باھا بويىچە 100 以上年价格为100)

项 目 تۈرلەر		1994年 1994-يىل	1995年 1995-يىل
全部原材料	بارلىق خام ئەشيا	110.06	116.86
燃料、动力类	يېقىلغۇ، ئېنېرگىيە تۈرى	108.96	116.98
黑色金属材料	قارا مېتال ماتېرىياللىرى	97.69	96.07
#钢材	#تولات ماتېرىياللىرى	91.19	96.05
其它	باشقىلار	133.87	96.49
有色金属材料和电线类	رەڭلىك مېتال ماتېرىياللىرى ۋە سىم تۈرلىرى	111.84	125.12
化工原料类	خىمىيە سانائىتى خام ئەشياسى	109.46	125.43
木材及纸浆类	ياغاچ ماتېرىياللىرى ۋە قەغەز بوتقىسى	112.20	100.89
建筑材料类	قۇرۇلۇش ماتېرىياللىرى	99.14	95.46
非金属矿类	غەيرى مېتال كانلىرى	106.85	103.19
农副产品	يېزائىگىلىك قوشۇمچە مەھسۇلاتلىرى	129.49	151.95

بىناكارلىق قۇراشتۇرۇش قۇرۇلۇشى باھا كۆرسەتكۈچى

6—12 建筑安装工程价格指数

(1994-يىلدىكى باھا بويىچە 100 以1994年价格为100)

项 目 تۈرلەر		总 计 ئومۇمىي جەمئىسى	地方合计 يەرلىكنىڭ جەمئىسى	中央在本地区合计 مەركەزنىڭ شۇجايدىكى جەمئىسى
施工产值	**قىلىنىۋاتقان قۇرۇلۇش مەھسۇلات قىممىتى**	**105.1**	**104.1**	**113.3**
直接费用	بېۋاستە خىراجەت	105.2	104.2	113.9
#人工费	#ئادەم كۈش خىراجىتى	120.1	118.3	135.4
材料费	ماتېرىيال خىراجىتى	102.3	101.5	109.2
其它费用	باشقا خىراجەتلەر	104.8	103.8	111.5

主要统计指标解释

ئاساسلىق ستاتىستىكا كۆرسەتكۈچلىرىنىڭ ئىزاھاتى

ھەرخىل مال باھا كۆرسەتكۈچلىرى، ئاھالىلار ئىستېمال بۇيۇملىرى باھا كۆرسەتكۈچى، تاۋارلارنى پارچە سېتىش باھا كۆرسەتكۈچى، يېزا ئىگىلىك ئىشلەپچىقىرىش ۋاستىلىرى باھاكۆرسەتكۈچى، يېزا سانائەت بۇيۇملىرىنى پارچە سېتىش باھا كۆرسەتكۈچى، يېزا ئىگىلىك قوشۇمچە مەھسۇلاتلىرىنى سېتىۋېلىش باھا كۆرسەتكۈچى، يېزا ئىگىلىك مەھسۇلاتلىرى بىلەن سانائەت بۇيۇملىرىنى ئۇنۋېرسال سېلىشتۇرما باھا كۆرسەتكۈچى، سانائەت بۇيۇملىرىنىڭ زاۋۇتتىن چىقىش باھا كۆرسەتكۈچى ۋەخام ئەشيا، يېقىلغۇ قۇۋۋەت سېتىۋېلىش باھا كۆرسەتكۈچى، شۇنىڭدەك بىناكارلىق قۇرۇلۇشىغا سېلىنغان مەبلەغ باھا كۆرسەتكۈچىنى ئۆز ئىچىگە ئالىدۇ.

ئاھالىلارنىڭ ئىستېمال باھا كۆرسەتكۈچى: يېزا ئاھالىلىرى تۇرمۇش ئىستېمال بۇيۇملىرىنى سېتىۋېلىشقا تۆلىگەن ھەم ئېرىشكەن مۇلازىمەت تۈرلىرى باھاسىنىڭ ئۆزگىرىش يۆنىلىشى ۋەئۆزگىرىش دەرىجىسىنىڭ نىسبى سانىنىئەكس ئەتتۈرىدۇ.

تاۋارلارنى پارچە سېتىش باھا كۆرسەتكۈچى: ئۇ سانائەت، سودا، يېمەك-ئىچمەك ۋەباشقا پارچە سېتىش كارخانىلىرىنىڭ شەھەر بازار ئاھالىلىرى، ئورگان تەشكىلاتلارغا ساتقان تۇرمۇش ئىستېمال بۇيۇملىرى ۋە ئىشخانا لازىمەتلىكلىرى باھاسىنىڭ ئۆزگىرىش يۆنۈلىشى ۋە ئۆزگىرىش دەرىجىسىنىڭ نىسبى سانىنى ئومۇمىيۈزلۈك ئەكس ئەتتۈرىدۇ. بۇ پارچە سېتىلغان تاۋارلارنىڭ ئوتتۇرىچە باھا سەۋىيىسىنى ئىگىلەپ، دۆلەتنىڭ ئىقتىسادىي ئىسلاھات پىلانىنى تۈزۈشكە ئاساس يەتكۈزۈپ بېرىشنى مەقسەت قىلىدۇ.

يېزائىگىلىك ئىشلەپچىقىرىش ۋاستىلىرى باھاكۆرسەتكۈچى: بۇ سودا ۋە باشقا ئورۇنلارنىڭ ۋەشەخسلەرنىڭ دېھقانلارغا ساتقان يېزا ئىگىلىك ئىشلەپچىقىرىش ۋاستىلىرى باھاسىنىڭ ئۆزگىرىش يۆنۈلىشى ۋە ئۆزگىرىش دەرىجىسىنىڭ نىسبى سانىنى ئەكس ئەتتۈرىدۇ. بۇ يېزا ئىگىلىك ئىشلەپچىقىرىش ۋاستىلىرىنىڭ ئوتتۇرىچە باھا سەۋىيىسىنى ئىگىلەپ، دۆلەتنىڭ ئىقتىسادى ئىسلاھات پىلانىنى تۈزۈشكە ئاساس يەتكۈزۈپ بېرىشنى مەقسەت قىلىدۇ.

يېزىلارنىڭ سانائەت بۇيۇملىرىنى پارچە سېتىش باھا كۆرسەتكۈچى: بۇ يېزا بازارلاردىكى سانائەت بۇيۇملىرىنىڭ پارچە سېتىش باھا سەۋىيىسىنىڭ ئۆزگىرىش يۆنىلىشى ۋە دەرىجىسىنىڭ نىسبى سانىنى ئەكس ئەتتۈرىدۇ. يېزىلارنىڭ سانائەت بۇيۇملىرىنى پارچە سېتىش باھا كۆرسەتكۈچى ئارقىلىق، سانائەت بۇيۇملىرىنىڭ پارچە سېتىش باھاسىنىڭ ئۆزگىرىشىنىڭ دېھقانلارنىڭ پۇل شەكلىدىكى چىقىمىغا بولغان تەسىرىنى كۆزەتكىلى بولىدۇ.

يېزا ئىگىلىك قوشۇمچە مەھسولاتلىرىنى سېتىۋېلىش باھا كۆرسەتكۈچى : بۇدۆلەت كارخانىلىرى، يەككە كەسىپچىلەر ۋە مۇناسىۋەتلىك تارماقلار ھەرخىل ئوخشىمىغان باھا شەكلىدە سېتىۋالغان يېزا ئىگىلىك قوشۇمچە مەھسۇلاتلىرى باھاسىنىڭ ئۇنۋېرسال ئۆزگۈرۈش يۆنۈلۈشى ۋە ئۆزگۈرۈش دەرىجىسىنىڭ نىسبى سانىنى ئەكس ئەتتۈرىدۇ. ئۇنىڭدىن پايدىلىنىپ يېزا ئىگىلىك قوشۇمچە مەھسۇلاتلىرىنى سېتىۋېلىش باھاسى ئومۇمىي سەۋىيىسىنىڭ ئۆزگىرىش ئەھۋالى ۋە ئۇنىڭ دېھقانلارنىڭ پۇل شەكلىدىكى كىرىمى ۋەدۆلەت، كارخانا، يەككە سودا ۋە مۇناسىۋەتلىك تارماقلارنىڭ چىقىمىغا بولغان تەسىرىنى كۆزىتىپ ۋە تەتقىق قىلىپ، ئۇنى يېزا ئىگىلىك قوشۇمچە مەھسۇلاتلىرىنىڭ سىياسىتىنى تۈزۈش ۋەتەكشۈرۈشتە ئاساس قىلىشقا بولىدۇ.

يېزا ئىگىلىك مەھسۇلاتلىرى بىلەن سانائەت مەھسۇلاتلىرىنىڭ ئۇنۋېرسال سېلىشتۇرماباھا كۆرسەتكۈچى: ئۇ يەنە سانائەت، يېزا ئىگىلىك مەھسۇلاتلىرىنىڭ ئۇنۋېرسال سېلىشتۇرما باھا كۆرسەتكۈچى دەپمۇ ئاتىلىدۇ. ئۇ يېزا ئىگىلىك قوشۇمچە مەھسۇلاتلىرى بىلەن سانائەت مەھسۇلاتلىرىنىڭ ئالماشتۇرۇش سېلىشتۇرما باھاسىنىڭ ئۆزگىرىش ئەھۋالىنى ئەكس ئەتتۈرىدىغان ئىقتىسادىي كۆرسەتكۈچ بولۇپ، ئۇ ئارقىلىق ھېسابلاش مەزگىلىدىكى يېزا ئىگىلىك قوشۇمچە مەھسۇلاتلىرىنىڭ سانائەت مەھسۇلاتلىرىغا ئالماشتۇرۇش مىقدارىنىڭ ئاساسىي مەزگىلدىكىگەقارىغاندائاشقان ياكى كېمەيگەنلىكى چۈشەندۈرۈلىدۇ.

بىناكارلىق قۇراشتۇرۇش قۇرۇلۇشى مەبلىغى باھا كۆرسەتكۈچى: بىناكارلىق قۇراشتۇرۇش قۇرۇلۇشى مەبلىغى باھاسىنىڭ ئۆزگىرىشى ۋە ئۆزگۈرۈش دەرىجىسىنىڭ نىسبى سانىنى ئەكس ئەتتۈرىدۇ. بۇ ئارقىلىق بىناكارلىق قۇراشتۇرۇش قۇرۇلۇشىغا سېلىنغان مەبلەغ كۆرسەتكۈچىنىڭ ھەقىقى ئۆزگىرىشى قاتارلىق ئەھۋاللارنى كۆزەتكىلى ۋە ئەكس ئەتتۈرگىلى بولىدۇ، ھازىر يولغا قويۇلۇۋاتقان بىناكارلىق قۇراشتۇرۇش قۇرۇلۇشىغا سېلىنغان مەبلەغ باھا كۆرسەتكۈچى بولسا، بىناكارلىق كەسپىنىڭ ئىشلەپچىقىرىش قىممىتى باھا كۆرسەتكۈچى ۋە A تەرەپ ماتېرىيال تەمىنلىگەن باھا پەرقى كوئېففىتسېنتىغائاساسەن تەڭشەپ ھېسابلانغان.

سانائەت مەھسۇلاتلىرىنىڭ زاۋۇتتىن چىقىش باھا كۆرسەتكۈچى: بۇ بارلىق سانائەت مەھسۇلاتلىرىنىڭ زاۋۇتتىن چىقىش

باھاسى ئۆزگىرىشىنىڭ ئومۇمىي يۆنىلىشى ۋە ئوتتۇرىچە سەۋىيىسىنىڭ نىسبىي سانىنى ئەكس ئەتتۈرىدۇ. ئۇ ئىشلەپچىقىرىش ساھەسى باھاسى بولۇش سۈپىتى بىلەن، خەلق ئىگىلىكى باھا سىستېمىسىنىڭ مۇھىم تەركىبىي قىسمىدۇر. ئۇنىڭدىن پايدىلىنىپ، ھازىرقى باھا بويىچە ھېسابلانغان بەزى ستاتىستىكا كۆرسەتكۈچلىرىدىكى باھا ئۆزگىرىش ئامىللىرىنى تۈگىتىپ، نۇقۇل ھالدا ئۇلارنىڭ ئەمەلىي ئۆزگىرىشىنى ئەكس ئەتتۈرگىلى بولىدۇ. شۇنىڭ بىلەن بىللە ئۇ ئارقىلىق يەنە سانائەت مەھسۇلاتلىرىنىڭ باھا ئۆزگىرىش ئەھۋالىنى، شۇنىڭدەك دۆلەتنىڭ مالىيە كىرىم-چىقىمى ۋەسانائەت ئىشلەپچىقىرىش قاتارلىق مۇناسىۋەتلىك جەھەتلەرگە بولغان تەسىرىنى ئەكس ئەتتۈرۈپ بېرىدۇ.

خام ئەشيا، يېقىلغۇ ۋە قۇۋۋەت سېتىۋېلىش باھا كۆرسەتكۈچى: بۇ ھەر قايسى ئىشلەپچىقىرىش كارخانىلىرىنىڭ ماددىي ئەشيا تارماقلىرى، يەككە تۇپ تارقىتىش سودىگەرلىرى ياكى بىۋاستە باشقا ئىشلەپچىقىرىش كارخانىلىرىدىن يۆتكەپ كىرگەن ياكى سېتىۋالغان، شۇنىڭدەك چەتئەللەردىن ئىمپورت قىلغان خام ئەشيا، يېقىلغۇ، قۇۋۋەتنىڭ باھاسىنىڭ ئۆزگۈرۈش يۆنىلىشى ۋەئۆزگۈرۈش دەرىجىسىنىڭ نىسبى سانىنى ئەكس ئەتتۈرىدۇ، ئۇئارقىلىق ھەرقايسى ئىشلەپچىقىرىش كارخانىلىرى سالغان ئىشلەپچىقىرىش ۋاستىلىرى باھاسىنىڭ ئۆزگىرىش ئەھۋالىنى ئەكس ئەتتۈرگىلى بولىدۇ، ئۇنىڭ بىلەن يەنە سانائەت مەھسۇلاتلىرىنىڭ زاۋۇتتىن چىقىش باھا كۆرسەتكۈچى بىلەن بىرلەشتۈرۈپ سېلىشتۇرۇپ، ھەرقايسى سانائەت كارخانىلىرىنىڭ سېلىنمىسى بىلەن ھاسىل قىلغان ئىقتىسادىي ئۈنۈمىنى تېخىمۇ ياخشى ئەكس ئەتتۈرگىلى بولىدۇ.

各种物价指数包括居民消费品价格指数，商品零售价格指数，农业生产资料价格指数，农村工业品零售价格指数，农副产品收购价格指数，农产品与工业品的综合比价指数，工业品出厂价格指数和原材料、燃料、动力购进价格指数以及建筑安装工程投资价格指数。

居民消费价格指数 是反映一定时期城乡居民支付新购买生活消费品和获得服务项目价格变动趋势和程度的相对数。

商品零售价格指数 是全面反映工业、商业、餐饮业和其它零售企业向城乡居民、机关团体出售生活消费品和办公用品价格变动趋势和变动程度的相对数。其目的在于掌握零售商品的平均价格水平，为国家制定经济政策提供依据。

农业生产资料价格指数 是反映商业及其它单位和个人向农民出售农业生产资料价格普动趋势和程度的相对数。其目的在于掌握农业生产资料的平均价格水平，为国家制定经济政策提供依据。

农村工业品零售价格总指数 是反映农村市场工业品零售价格水平变动趋势和程度的相对数。通过农村工业品零售价格指数，可以观察工业品零售价格变动对农民货币支出的影响。

农副产品收购价格指数 是反映国家企业、个体产业及有关部门，以各种不同价格形式收购农、副产品的价格综合变动趋势和程度的相对数。用其可以观察和研究农副产品收购价格总水平的变化情况及其对农民货币收入和国家、企业、个体商业及有关部门支出的影响，以作为制定和检查农副产品价格政策的依据。

农产品与工业品的综合比价指数 简称工农业产品的综合比价指数。是反映农副产品和工业品交换比价的变化情况的经济指数，用以说明计算期农副产品对工业品的交换量比基期增加了还是减少了。

建筑安装工程投资价格指数 是反映建筑安装工程投资价格变动和程度的相对数，根据其可以观察和反映建筑安装工程投资指标的真实变动等情况。现行编制的建筑安装工程投资价格指数是根据建筑业生产值价格指数并利用甲方供料价差系数调整计算。

工业产品出厂价格指数 是反映全部工业产品出厂价格变动总趋势和平均水平的相对数，做为生产领域价格是国民经济价格体系的重要组成部分。利用它可以消除按现行价格计算的一些工业统计指标中的价格变动因素，单纯反映它们的实际变化，同时通过它反映出工业品价格变动情况，以及对国家财政收支和工业生产等有关方面的影响。

原材料、燃料、动力购进价格指数 是反映各生产企业从物资部门、个体批发商或直接从其他生产企业调拨或购买以及从国外进口的原材料、燃料、动力的价格变动趋势和程度的相对数，通过它可以反映出各生产企业投入的生产资料价格的变动情况，与工业产品出厂价格指数联系对比，可以更好地反映各工业企业投入与产出的经济效益。

7

خەلق تۇرمۇشى

人民生活

People’s Livelihood

خەلقنىڭ ماددى مەدەنىيەت تۇرمۇش سەۋىيىسىنىڭ ئۆسۈش ئەھۋالى

7—1 人民物质文化生活提高情况

项目	تۈرلەر	1994 年 -يىل	1995 年 -يىل
城乡居民收入	**شەھەر-يېزا ئاھالىلىرىنىڭ كىرىمى**		
农民平均每人纯收入(抽样调查·元)	دېھقانلارنىڭ ئوتتۇرىچە كىشى بېشىغا توغرا كېلىدىغان ساپ كىرىمى (نۇسخا ئېلىپ تەكشۈرۈش. يۈەن)	935.52	1 136.45
职工平均工资(元)	ئىشچى-خىزمەتچىلەرنىڭ ئوتتۇرىچە ئىش ھەققى (يۈەن)	4 252	5 348
城市居民家庭人均年可用于生活费收入(抽样调查·元)	شەھەر ئاھالىلىرى ئائىلىلىرىنىڭ كىشى بېشى يىللىق تۇرمۇش خىراجىتىگە ئىشلىتىدىغان كىرىمى	2 881.01	3 841.01
每人每年占有量	**ھەربىر ئادەمنىڭ ھەر يىللىق ئىگىلىگەن مىقدارى**		
粮食(公斤)	ئاشلىق (كىلوگىرام)	411.50	443.23
棉花(公斤)	پاختا (كىلوگىرام)	54.50	56.77
油料(公斤)	ياغلىق دان (كىلوگىرام)	31.40	30.00
猪牛羊肉(公斤)	چوشقا، كالا، قوي گۆشى (كىلوگىرام)	23.3	27.92
水产品(公斤)	سۇ مەھسۇلاتلىرى (كىلوگىرام)	2.30	2.70
平均每人居住面积(抽样调查)	**ئوتتۇرىچە ھەر بىر كىشىنىڭ تۇرالغۇ كۆلىمى (نۇسخا ئېلىپ تەكشۈرگەن)**		
城市(平方米)	شەھەرلەردە (كۋادرات مېتىر)	11.87	12.31
农村(平方米)	يېزىلاردا (كۋادرات مېتىر)	16.33	16.12
交通	**قاتناش**		
每百人拥有自行车(辆)	ھەر يۈز ئادەمدە بار ۋېلىسىپىت	30.52	32.10
城市每万人拥有公共车辆(标台)	شەھەرلەردە ھەر تۈمەن ئادەمگە توغرا كېلىدىغان جامائەت قاتناش ئاپتوۋۇزى (ئۆلچەملىك دانە)	8.6	10.8
储蓄	**خەلق پۇل ئامانىتى**		
年底城乡居民储蓄存款余额(亿元)	شەھەر-يېزا ئاھالىلىرىنىڭ يىل ئاخىرىدىكى ئامانەت پۇل قالدۇقى (يۈز مىليون يۈەن)	347.71	477.18
平均每人储蓄存款余额(元)	ئوتتۇرىچە ھەر بىر ئادەمگە توغرا كېلىدىغان ئامانەت پۇل قالدۇقى (يۈەن)	2 129.67	2 872.25
文化	**مەدەنىيەت**		
1、每百户城市居民家庭拥有(抽样调查)	1. ھەر يۈز ئائىلىلىك شەھەر ئاھالىسى ئائىلىسىدە بار بولغان (نۇسخا ئېلىپ تەكشۈرۈلگەن)		
彩色电视机(台)	رەڭلىك تېلېۋىزور (دانە)	81.85	82.96
黑白电视机(台)	رەڭسىز تېلېۋىزور (دانە)	26.30	26.11
收录机(台)	ئۈن ئالغۇ (دانە)	77.41	74.81
照像机(架)	فوتو ئاپارات (دانە)	35.74	37.59
2、每百户农民家庭拥有(抽样调查)	2. ھەر يۈز ئائىلىلىك دېھقان ئائىلىلىرىدە بار بولغان (نۇسخا ئېلىپ تەكشۈرۈلگەن)		
电视机(台)	تېلېۋىزور (دانە)	63.87	69.42
收录机(台)	ئۈن ئالغۇ (دانە)	45.29	48.97
3、每人拥有出版物	3. ھەر بىر ئادەمگە توغرا كېلىدىغان نەشرىبۇيۇملىرى		
报纸(每天、份)	گېزىت (ھەر كۈنى، نۇسخا)	0.03	0.03
杂志(年、册)	ژورنال (يىللىق نۇسخا)	0.62	0.59
图书(年、册)	كىتاب (يىللىق نۇسخا)	3.45	3.43
教育	**مائارىپ**		
学龄儿童入学率(%)	ئوقۇش يېشىدىكى بالىلارنىڭ مەكتەپكە كىرىش نىسبىتى (%)	97.06	97.03
每万人口拥有大学生(包括研究生·人)	ھەر ئون مىڭ ئادەم ئىچىدىكى ئالىي مەكتەپ ئوقۇغۇچىلىرى (ئاسپىرانتلارنىمۇ ئۆز ئىچىگە ئالىدۇ، نەپەر)	26.76	27.03
卫生	**سەھىيە**		
每万人口拥有病床(张)	ھەر ئون مىڭ ئادەمگە توغرا كېلىدىغان كېسەل كارىۋىتى (دانە)	44.39	49.3
每万人口拥有医生(人)	ھەر ئون مىڭ ئادەمگە توغرا كېلىدىغان دوختۇر (نەپەر)	23.69	23.9
就业(抽样调查)	**ئىشقا ئورۇنلىشىش (نۇسخا ئېلىپ تەكشۈرۈلگەن)**		
城市平均每户家庭就业人数(人)	شەھەرلەردىكى ئوتتۇرىچە ھەر بىر ئائىلىدە ئىشقا ئورۇنلاشقان ئادەم سانى (نەپەر)	1.84	1.84
城市每一就业者负担人口(包括就业者本人·人)	شەھەرلەردىكى ھەر بىر ئىشقا ئورۇنلاشقۇچى بېقىشنى ئۈستىگە ئالغان ئادەم سانى (نەپەر)	1.91	1.87
商业	**سودا**		
平均每万人口拥有零售贸易网点数(个)	ئوتتۇرىچە ھەر ئون مىڭ ئادەمگە توغرا كېلىدىغان پارچە سېتىش تور نۇقتىلىرى سانى (دانە)	106.73	104.9
平均每万人口拥有餐饮网点数(个)	ئوتتۇرىچە ھەر ئونمىڭ ئادەمگە توغرا كېلىدىغان يېمەك-ئىچمەك تور-نۇقتىلىرى سانى (دانە)	33.72	35.5
城市绿化	**شەھەرلەرنى كۆكەرتىش**		
绿化覆盖率(%)	دەل-دەرەخ، گۈل-گىيالارنىڭ قاپلاش نىسبىتى (%)	26.5	24.2
人均公共绿地面积(平方米)	كىشى بېشىغا توغرا كېلىدىغان جامائەت كۆكەرتىش كۆلىمى (كۋادرات مېتىر)	5.9	5.1

شەھەر ئولتۇراق ئائىلىلىرىنىڭ تۇرمۇش ئاساسىي ئەھۋالى

7—2 城市居民家庭生活基本情况

(ئۆرنەك ئېلىپ تەكشۈرۈلگەن 抽样调查)

يىللار 年　份	ئوتتۇرىچە ھەر بىر ئائىلىدىكى ئادەم سانى (نەپەر) 平均每户家庭人口（人）	ئوتتۇرىچە ھەر بىر ئائىلىدىكى ئىشقا ئورۇنلاشقان ئادەم سانى (نەپەر) 平均每户就业人口（人）	ئىشقا ئورۇنلاشقانلار باقىدىغان ئادەم سانى (نەپەر) 就业者负担人数（人）	كىشى بېشىغا توغرا كېلىدىغان يىللىق تۇرمۇش خىراجىتى كىرىمى (يۈەن) 人均年生活费收入（元）	كىشى بېشىغا توغرا كېلىدىغان تۇرمۇش خىراجىتى چىقىمى (يۈەن) 人均年生活费支出（元）	كىشى بېشىغا توغرا كېلىدىغان يىل ئاخىرىدىكى تۇرالغۇ كۆلىمى (كۋادرات مېتىر) 人均年末居住面积（平方米）	كىشى بېشىغا توغرا كېلىدىغان يىللىق ئىستېمال مىقدارى 人均年消费量			
							ئاشلىق (كىلوگرام) 粮食（公斤）	يېڭى كۆكتات (كىلوگرام) 鲜菜（公斤）	گۆش، ئۆي قۇشلىرى (كىلوگرام) 肉禽（公斤）	كىيىم-كېچەك (دانە) 服装（件）
1980	4.99	2.09	2.38	427.12	418.50	5.42	134.26	248.52	21.27	1.59
1985	4.67	2.45	2.17	757.35	663.23	7.27	123.87	128.44	17.25	2.60
1986	4.59	2.15	2.14	898.56	752.29	7.82	13.83	124.18	17.46	1.70
1987	4.52	2.13	2.12	977.23	838.45	8.66	131.74	121.46	17.88	2.53
1988	4.29	2.13	2.02	1 098.96	986.88	8.95	138.24	134.88	17.88	2.10
1989	4.09	2.04	2.00	1 223.16	998.40	9.23	132.48	117.36	17.28	2.04
1990	4.07	2.06	1.97	1 355.85	1 109.08	9.79	128.49	107.69	19.02	2.80
1991	3.90	2.05	1.90	1 494.48	1 227.05	10.90	118.35	103.28	20.90	2.44
1992	3.73	1.95	1.91	1 790.28	1 487.40	11.42	105.60	98.14	25.68	4.41
1993	3.63	1.88	1.93	2 229.13	1 821.80	11.84	100.18	104.58	27.15	4.71
1994	3.52	1.84	1.91	2 881.01	2 477.52	11.87	97.29	102.54	25.90	4.78
1995	3.44	1.84	1.87	3 841.01	3 225.26	12.31	96.94	111.77	25.65	5.38

شەھەر ئولتۇراق ئائىلىلىرىدىكى ئاساسلىق چىدامىلىق ئىستېمال بۇيۇملىرىنىڭ ھەر يۈز ئائىلىگە توغرا كېلىدىغان مىقدارى

7—3 城市居民家庭主要耐用消费品每百户拥有量

(ئۆرنەك ئېلىپ تەكشۈرۈلگەن 抽样调查)

يىللار 年　份	ۋېلىسىپىت (دانە) 自行车（辆）	سىن ئالغۇ ۋە قويغۇ (دانە) 录放像机（台）	مۇنچا سۇ ئىسسىتقۇسى (دانە) 淋浴热水器（台）	كىر ئالغۇ (دانە) 洗衣机（台）	رەڭلىك تېلېۋىزور (دانە) 彩色电视机（台）	رەڭسىز تېلېۋىزور (دانە) 黑白电视机（台）	ئۈن ئالغۇ (دانە) 收录机（台）	توڭلاتقۇ (دانە) 电冰箱（台）	فوتو ئاپارات (دانە) 照像机（架）
1980	88.18					17.72	3.64		2.27
1985	130.00			53.60	36.15	41.28	53.85	10.51	9.49
1986	142.05			65.13	45.64	43.08	66.41	14.87	14.36
1987	163.18			70.68	51.14	47.05	70.68	21.14	17.05
1988	167.96			76.30	55.74	45.74	84.82	26.11	19.07
1989	159.63			76.11	61.30	41.85	86.86	31.30	18.89
1990	173.70			79.63	66.11	37.04	86.48	43.52	24.07
1991	180.00			80.93	68.15	37.96	86.46	49.26	23.89
1992	174.26	12.41	24.07	87.78	74.07	31.11	85.37	56.67	25.93
1993	180.74	14.81	29.44	87.22	77.41	31.30	83.52	58.89	29.81
1994	172.22	18.70	37.96	86.48	81.85	26.30	77.41	61.67	35.74
1995	172.22	17.59	38.89	86.67	82.96	26.11	74.81	65.19	37.59

شەھەر ئولتۇراق ئائىلىلىرىنىڭ ئاساسىي ئەھۋالى ۋە كىشى بېشىغا توغرا كېلىدىغان نەق پۇل كىرىم-چىقىم ئەھۋالى

7—4 城市居民家庭基本情况及人均现金收支情况

(1995-يىلى نۇسخا ئېلىپ تەكشۈرۈلگەن 1995年抽样调查)

تۈرلەر 项目	ئومۇمىي ئوتتۇرىچە 总平均	ئەڭ تۆۋەن كىرىمدىكى ئائىلىلەر 最低收入户	تۆۋەن كىرىمدىكى ئائىلىلەر 低收入户	ئوتتۇرا ھالدىن تۆۋەنرەك كىرىمدىكى ئائىلىلەر 中等偏下户	ئوتتۇراھال كىرىمدىكى ئائىلىلەر 中等收入户	ئوتتۇرا ھالدىن يۇقۇرىراق كىرىمدىكى ئائىلىلەر 中等偏上户	يۇقۇرى كىرىمدىكى ئائىلىلەر 高收入户	ئەڭ يۇقۇرى كىرىمدىكى ئائىلىلەر 最高收入户
调查户数(户)(ئائىلە) تەكشۈرۈلگەن ئائىلە سانى	540.00	54.00	27.00	54.00	108.00	108.00	108.00	54.00
ئوتتۇرچە ھەربىر ئائىلىدىكى ئادەم سانى (نەپەر) 平均每户家庭人口数(人)	3.44	4.73	5.09	3.90	3.54	3.21	3.48	3.25
ئوتتۇرچە ھەربىر ئائىلىدىكى ئىشقا ئورۇنلاشقان ئا-دەم سانى (نەپەر) 平均每户就业人口数(人)	1.84	1.49	1.36	1.91	1.83	1.90	1.97	1.96
ئوتتۇرچە ھەربىرئىشقا ئورۇنلاشقۇچى باقىدىغان ئادەم سانى (نەپەر) 平均每一就业者负担人数(人)	1.87	3.17	3.75	2.04	1.93	1.69	1.61	1.66
ئوتتۇرچە ھەر بىر ئادەمنىڭ تۇرالغۇ كۆلىمى (كۋا-درات مېتىر) 平均每人居住面积(平方米)	12.31							
يىل بېشىدىكى قولدا بار نەق پۇل (يۈەن) 年初手存现金(元)	150.57	63.73	57.03	81.49	127.47	182.10	168.92	212.43
ئورۇنلاشتۇرۇشقا بولىدىغان كىرىم (يۈەن) 可支配收入(元)	4 151.41	1 509.21	1 206.30	2 301.30	3 006.03	3 971.32	5 232.33	6 629.32
现金收入(元) نەق پۇل كىرىمى (يۈەن)	4 774.95	1 920.31	1 491.68	2 727.99	3 356.76	4 477.37	6 083.61	7 638.03
1、实际收入(元) 1. ئەمەلى كىرىم (يۈەن)	4 169.50	1 533.54	1 207.62	2 312.44	3 022.23	3 999.86	5 249.93	6 640.05
#تۇرمۇش خىراجىتى كىرىمى (يۈەن) #生活费收入(元)	3 841.03	1 379.84	1 125.61	2 057.88	2 780.97	3 703.53	4 871.70	6 096.31
#دۆلەت ئىگىلىكىدىكى ئىشچى-خىزمەتچىلەرنىڭ ئىش ھەققى (يۈەن) #国有职工工资(元)	2 980.00	1 017.10	644.96	1 755.61	2 272.78	2 930.76	3 803.56	4 607.91
#奖金(元) #مۇكاپات پۇلى (يۈەن)	225.36	19.99	18.96	61.85	92.87	244.66	286.48	393.53
قوشۇمچە ياردەم پۇلى ۋە قوشۇمچە پۇل (يۈەن) 津贴和补贴(元)	882.48	231.80	181.77	367.74	686.05	874.44	1 086.01	1 384.60
كوللېكتىپ ئىگىلىكىدىكى ئىشچى-خىزمەتچىلەرنىڭ ئىش ھەققى (يۈەن) 集体所有制职工工资(元)	121.34	42.64	25.20	13.74	114.93	205.08	158.86	69.90
باشقا ئىگىلىكتىكى ئىشچى-خىزمەتچىلەرنىڭ ئىش ھەققى (يۈەن) 其它所有制职工收入(元)	2.72					14.59		

7—4 续表1 داۋامى1

تۈرلەر 项 目	ئومۇمىي ئوتتۇرىچە 总平均	ئەڭ تۆۋەن كىرىمدىكى ئائىلىلەر 最低收入户	تۆۋەن كىرىمدىكى ئائىلىلەر 低收入户	ئوتتۇرا ھالدىن تۆۋەنرەك كىرىمدىكى ئائىلىلەر 中等偏下户	ئوتتۇراھال كىرىمدىكى ئائىلىلەر 中等收入户	ئوتتۇرا ھالدىن يۇقۇرىراق كىرىمدىكى ئائىلىلەر 中等偏上户	يۇقۇرى كىرىمدىكى ئائىلىلەر 高收入户	ئەڭ يۇقۇرى كىرىمدىكى ئائىلىلەر 最高收入户
ئىشچى-خىزمەتچىلەرنىڭ خىزمەت ئورنىدىن ئېرىشكەن باشقا كىرىمى (يۈەن) 职工从单位得到其它收入(元)	298.38	46.94	21.68	93.23	149.48	299.78	431.37	500.22
يۆتكەش خاراكتېرىدىكى كىرىم (يۈەن) 转移性收入(元)	557.77	146.60	175.33	183.47	296.84	409.61	674.44	1 222.96
#دەم ئېلىشقا چىقىش ۋە پېنسىيە پۇلى (يۈەن) #离退休金(元)	456.63	114.75	144.50	139.23	244.02	320.08	541.89	1 043.18
2、借贷收入(元) 2. قەرىز ئالغان كىرىم (يۈەن)	605.46	386.77	284.06	415.55	334.53	477.51	833.68	997.98
ئېلىنغان ئامانەت پۇلى (يۈەن) #提取储蓄存款(元)	461.91	254.01	233.97	239.68	248.51	375.37	625.03	826.40
نەقلەشتۈرۈپ ساتقان باھالىق ئاكسىيە (يۈەن) 兑售有价证券(元)	6.05				2.09	0.58	14.56	29.39
现金支出(元) نەق پۇل چىقىمى (يۈەن)	**4 651.91**	**1 866.11**	**1 442.31**	**2 681.22**	**3 236.09**	**4 338.04**	**5 918.66**	**7 450.57**
1、实际支出 1. ئەمەلى چىقىم	3 649.22	1 609.49	1 293.68	2 294.64	2 836.44	3 590.92	4 455.95	5 460.78
ئىستىمال خاراكتېرىدىكى چىقىم (يۈەن) 消费性支出(元)	3 225.26	1 350.94	1 059.27	1 989.79	2 549.64	3 219.48	3 951.55	4 807.55

#غەيرى ئىستىمال خاراكتېرىدىكى چىقىمى (يۈەن)
非消费性支出(元)
	408.69	234.27	233.09	294.48	270.80	342.96	495.00	648.81

#ئۆي سېتىۋېلىش ۋە ئۆي سېلىش چىقىمى (يۈەن) #购房与建房支出(元)	66.82	86.43	131.46	49.30	35.35	58.82	62.36	33.59
2. قەرز بەرگەن چىقىم (يۈەن) 2、借贷支出(元)	1 002.70	256.63	148.63	386.58	399.65	747.12	1 462.71	1 989.79
#بانكىغا ئامانەت قويۇلغان پۇل (يۈەن) #存入储蓄款(元)	819.72	208.67	125.09	303.58	337.93	635.25	1 169.05	1 650.73
باھالى ئاكسىيە سېتىۋالغىنى (يۈەن) 购买有价证券(元)	31.37	0.04		1.44	3.66	6.94	25.12	110.66
مەزگىل ئاخىرىدىكى قولدا بار نەق پۇل (يۈەن) 期末手存现金(元)	**273.61**	**117.93**	**106.40**	**128.26**	**248.14**	**321.43**	**333.87**	**399.89**

تەكشۈرۈلگەن شەھەر ناھىيىلەرگە ئايرىلغان ئولتۇراق ئاھالىلەرنىڭ ئاساسى ئەھۋالى ۋەكىشى بىشىغا توغرا كېلىدىغان نەق پۇل كىرىم-چىقىم ئەھۋالى

7—5 分调查市县居民家庭基本情况及人均现金收支情况

(1995 يىلى نۇسخا ئېلىپ تەكشۈرۈلگەن 1995年抽样调查)

تۈرلەر 项 目	ئۈرۈمچى شەھىرى 乌鲁木齐市	قەشقەر شەھىرى 喀什市	غۇلجا شەھىرى 伊宁市	خوتەن شەھىرى 和田市	چۆچەك شەھىرى 塔城市	قاراماي شەھىرى 克拉玛依市	يەنجى ناھىيىسى 焉耆县
تەكشۈرۈلگەن ئائىلە سانى (ئائىلە) 调查户数(户)	200.00	100.00	100.00	50.00	50.00	40.00	50.00
ئوتتۇرىچە ھەربىر ئائىلىدىكى ئادەم سانى (نەپەر) 平均每户家庭人口数(人)	3.17	3.79	3.69	3.62	3.17	3.40	3.18
ئوتتۇرىچە ھەربىر ئائىلىدىكى ئىشقا ئورۇنلاشقان ئادەم سانى (نەپەر) 平均每户就业人口数(人)	1.82	1.95	1.92	1.72	1.72	1.73	1.88
ئوتتۇرىچە ھەربىر ئىشقا ئورۇنلاشقۇچى باقىدىغان ئادەم سانى (نەپەر) 平均每一就业者负担人数(人)	1.74	1.94	1.92	2.10	1.84	1.97	1.69
ئوتتۇرىچە ھەربىر ئادەمنىڭ تۇرالغۇ كۆلىمى (كۋادرات مېتىر) 平均每人居住面积(平方米)	9.99	13.39	13.19	16.33	15.25	8.74	14.84
يىل بېشىدىكى قولدا بار نەق پۇل (يۈەن) 年初手存现金(元)	157.83	78.42	111.32	133.19	317.11	253.51	112.03
ئورۇنلاشتۇرۇشقا بولىدىغان كىرىم 可支配收入(元)	4 851.26	3 458.99	3 264.22	2 734.96	3 702.46	7 627.50	4 196.79
نەق پۇل كىرىمى (يۈەن) 现金收入(元)	5 348.21	3 962.09	3 904.99	3 362.51	4 707.97	8 680.99	5 265.11
1. ئەمەلىي كىرىم (يۈەن) 1、实际收入(元)	4 853.74	3 460.72	3 269.00	2 802.64	3 764.92	7 682.51	4 223.47
# تۇرمۇش خىراجىتى كىرىمى (يۈەن) #生活费收入(元)	4 592.95	3 148.86	3 027.07	2 395.88	3 249.96	7 078.68	3 885.60
دۆلەت ئىگىلىكىدىكى ئىشچى-خىزمەتچىلەرنىڭ ئىش ھەققى (يۈەن) 国有职工工资(元)	3 146.64	2 750.35	2 448.00	2 392.68	2 423.31	5 713.78	3 347.93
# مۇكاپات پۇلى (يۈەن) #奖金(元)	307.65	128.91	57.72	134.55	129.04	797.47	158.29
قوشۇمچە ياردەم پۇلى ۋە قوشۇمچە پۇل (يۈەن) 津贴和补贴(元)	947.66	1 010.30	421.03	787.96	412.91	2 145.09	1 075.60
كوللېكتىپ ئىگىلىكىدىكى ئىشچى-خىزمەتچىلەرنىڭ ئىش ھەققى (يۈەن) 集体所有制职工工资(元)	225.86		71.63		53.56	346.88	20.70
باشقا ئىگىلىكتىكى ئىشچى-خىزمەتچىلەرنىڭ ئىش ھەققى (يۈەن) 其它所有制职工收入(元)	7.96						

7—5 续表1 داۋامى1

تۈرلەر 项 目	ئۈرۈمچى شەھىرى 乌鲁木齐市	قەشقەر شەھىرى 喀什市	غۇلجا شەھىرى 伊宁市	خوتەن شەھىرى 和田市	چۆچەك شەھىرى 塔城市	قاراماي شەھىرى 克拉玛依市	يەنجى نا ھىيىسى 焉耆县
ئىشچى-خىزمەتچىلەرنىڭ خىزمەت ئورنىدىن ئېرىشكەن باشقا كىرىمى (يۈەن) 职工从单位得到其它收入(元)	506.35	214.74	162.31	170.68	110.34	318.59	230.87
يۆتكەش خاراكتېرىدىكى كىرىم (يۈەن) 转移性收入(元)	818.46	285.14	326.21	65.01	738.74	1 173.91	424.45
#دەم ئېلىشقا چىقىش ۋە پېنسىيە پۇلى (يۈەن) #离退休金(元)	731.89	200.54	243.40	10.91	435.53	1 081.58	263.98
2. قەرز ئالغان كىرىم (يۈەن) 2、借贷收入(元)	494.47	501.37	635.99	559.87	943.05	998.49	1 041.64
ئېلىنغان ئامانەت پۇل (يۈەن) 提取储蓄存款(元)	400.01	400.03	536.24	345.05	579.48	740.44	875.01
نەقلەشتۈرۈپ ساتقان باھالىق ئاكسىيە (يۈەن) 兑售有价证券(元)	5.20		7.76		0.51	36.76	
نەق پۇل چىقىمى (يۈەن) **现金支出(元)**	**5 134.54**	**3 844.89**	**3 840.24**	**3 379.27**	**4 607.13**	**8 594.68**	**5 259.07**
ئەمەلى چىقىم (يۈەن) 1、实际支出	3 955.92	3 252.42	2 965.49	2 722.21	3 902.66	6 115.87	3 867.25
ئىستېمال خاراكتېرىدىكى چىقىم (يۈەن) 消费性支出(元)	3 615.77	2 859.94	2 636.78	2 295.46	3 029.58	5 481.36	3 080.07
غەيرى ئىستېمال خاراكتېرىدىكى چىقىم (يۈەن) 非消费性支出(元)	340.15	392.07	324.16	360.29	810.73	600.50	760.94
#ئۆي سېتىۋېلىش ۋە سېلىش چىقىمى (يۈەن) #购房与建房支出(元)	68.45	5.28	70.83		332.23		418.06
قەرزبەرگەن چىقىم (يۈەن) 2、借贷支出(元)	1 178.62	592.47	874.75	657.06	704.47	2 478.82	1 391.82
بانكىغائامانەت قويۇلغان كىرىم (يۈەن) 存入储蓄款(元)	1 035.36	492.59	759.21	474.93	459.54	1 767.09	1 165.37
(باھالىق ئاكسىيە سېتىۋالغىنى يۈەن) 购买有价证券(元)	23.64	20.32	4.38		19.32	227.21	
مەزگىل ئاخىرىدىكى قولدا بار نەق پۇل (يۈەن) **期末手存现金(元)**	**371.50**	**195.62**	**176.08**	**116.43**	**417.94**	**339.81**	**118.07**

شەھەر ئولتۇراق ئائىلىلىرىنىڭ دەرىجە بويىچە گۇرۇپپىغا ئايرىلغان يىللىق كىشى بېشىغا توغرا كېلىدىغان ئىستېمال خاراكتېرىدىكى چىقىمى

7—6 城市居民家庭按等份分组的年人均消费性支出

(1995 يىلى نۇسخا ئېلىپ تەكشۈرۈلگەن) 1995年抽样调查　　单位:元 بىرلىكى: يۈەن

تۈرلەر 项目	ئومۇمىي ئوتتۇرىچە 总平均	ئەڭ تۆۋەن كىرىمدىكى ئائىلە 最低收入户	تۆۋەن كىرىمدىكى ئائىلە 低收入户	ئوتتۇرا ھالدىن تۆۋەنرەك كىرىمدىكى ئائىلە 中等偏下户	ئوتتۇراھال كىرىمدىكى ئائىلە 中等收入户	ئوتتۇرا ھالدىن يۇقۇرىراق كىرىمدىكى ئائىلە 中等偏上户	يۇقىرى كىرىمدىكى ئائىلە 高收入户	ئەڭ يۇقىرى كىرىمدىكى ئائىلە 最高收入户
消费性支出 ئىستېمال خاراكتېرىدىكى چىقىم	**3 225.26**	**1 350.94**	**1 059.27**	**1 989.79**	**2 549.64**	**3 219.48**	**3 951.55**	**4 807.55**
食品 يېمەكلىكلەر	**1 485.34**	**758.17**	**669.87**	**1 039.31**	**1 301.15**	**1 602.55**	**1 746.04**	**1 900.02**
1、粮食 1. ئاشلىق	214.13	227.64	222.04	231.12	203.84	212.32	206.13	200.47
2、淀粉及薯类 2. كىراخمال ۋە ياڭيۇ تۈرىدىكىلەر	16.71	7.84	3.00	8.69	15.85	19.49	20.49	20.34
3、干豆类及制品 3. قۇرۇتۇلغان ھەر خىل پۇرچاقلار ۋە ئۇنىڭدىن ياسالغان نەرسىلەر	13.31	2.07	1.68	3.32	10.99	17.13	19.05	17.28
4、油脂类 4. ماي تۈرىدىكىلەر	71.64	75.92	81.26	82.85	69.63	68.43	70.40	63.17
5、肉禽及制品 5. گۆش ۋە ئۇنىڭدىن ئىشلەنگەن يېمەكلىكلەر	413.84	200.34	172.19	294.42	368.85	455.39	488.57	540.82
6、蛋类 6. تۇخۇم	46.88	17.94	15.71	31.97	41.21	54.74	57.59	53.84
7、水产品类 7. سۇ مەھسۇلاتلىرى	48.91	4.96	3.82	18.00	42.27	52.90	68.83	59.62
8、菜类 8. كۆكتات تۈرىدىكىلەر	171.17	89.10	79.25	119.46	156.38	196.68	205.97	198.92
9、调味品 9. تەم تەڭشىگۈچلەر	18.41	8.11	7.20	12.72	15.25	20.24	23.48	23.04
10、糖类 10. شېكەر، قەنت-گېزەكلەر	29.68	16.64	11.80	29.64	31.34	34.90	27.87	31.92
11、烟草类 11. كۆك تاماكا	49.46	15.36	7.10	17.54	40.59	59.29	55.67	66.96
12、酒和饮料 12. ھاراق ۋە ئىچىملىكلەر	58.42	18.73	12.49	28.81	61.14	58.47	61.51	74.04
13、干鲜瓜果类 13. ھۆل، قۇرۇق مېۋىلەر	99.90	20.62	14.19	45.29	80.29	110.48	132.84	140.81
14、坚果及果仁 14. قاتتىق پوستلۇق مېۋە ۋە مېغىز	24.67	7.15	2.87	11.16	19.45	26.21	35.76	38.05
15、糕点类 15. پىچىنە-پىرەنىك تۈرىدىكىلەر	30.65	3.99	2.06	12.77	27.07	35.39	42.63	42.20
16、奶及奶制品 16. سۈت ۋە سۈتتىن ئىشلەنگەن نەرسىلەر	44.52	19.17	21.11	33.09	34.13	53.72	54.12	59.94
17、其它食品 17. باشقا يېمەكلىكلەر	24.58	1.99	2.25	7.47	17.13	30.74	34.96	44.82
18、在外用餐 18. سىرتتا تاماق يېگەن	107.98	20.05	9.58	50.87	65.44	95.58	139.55	223.09
19、食品加工服务费 19. يېمەكلىكلەرنى پىششىقلاش مۇلازىمىتى خىراجىتى	0.49	0.55	0.27	0.10	0.30	0.47	0.63	0.67
衣着 كىيىم-كېچەك	**576.85**	**178.39**	**142.97**	**312.08**	**409.22**	**566.48**	**739.47**	**923.35**
1、服装 1. كىيىم-كېچەكلەر	335.57	88.37	66.49	153.72	215.32	319.25	449.97	544.24
2、衣着材料 2. رەخت ماتىرىيالى	79.11	24.46	20.26	51.65	57.86	75.36	99.81	137.29
3、鞋袜帽及其它衣着 3. ئاياغ، پايپاق، باش كىيىم ۋە باشقا كىيىم-كېچەكلەر	141.39	57.60	53.19	99.20	118.34	147.36	164.33	209.06
4、衣着加工服务费 4. كىيىم تىكىش مۇلازىمىتى خىراجىتى	20.78	7.95	3.04	7.52	17.70	24.51	25.35	32.76
家庭设备用品及服务 ئائىلە ئۈسكۈنىلىرى لازىمەتلىكلىرى ۋە مۇلازىمىتى	**236.94**	**54.96**	**28.65**	**116.17**	**171.70**	**169.30**	**327.01**	**419.35**

7—6 续表1 داۋامى1

单位:元 بىرلىكى: يۈەن

项 目 تۈرلەر	总平均 ئومۇمىي ئوتتۇرىچە	最低收入户 ئەڭ تۆۋەن كىرىمدىكى ئائىلە	低收入户 تۆۋەن كىرىمدىكى ئائىلە	中等偏下户 ئوتتۇرا ھالدىن تۆۋەنرەك كىرىمدىكى ئائىلە	中等收入户 ئوتتۇرا ھال كىرىمدىكى ئائىلە	中等偏上户 ئوتتۇرا ھالدىن يۇقۇرىراق كىرىمدىكى ئائىلە	高收入户 يۇقىرى كىرىمدىكى ئائىلە	最高收入户 ئەڭ يۇقىرى كىرىمدىكى ئائىلە
1、耐用消费品 1. چىدامىلىق ئىستىمال بويۇملىرى	117.56	20.77	5.31	55.32	80.78	32.72	175.64	237.94
2、室内装饰品 2. ئۆي ئىچى زىننەت بويۇملىرى	10.68	3.55	0.16	5.75	7.17	12.52	15.99	14.69
3、床上用品 3. كارۋات بويۇملىرى	12.47	2.28	0.22	2.44	8.38	8.63	22.69	15.16
4、家庭日用杂品 4. ئائىلە كۈندۈلۈك ئۇششاق بويۇملار	70.81	24.44	17.65	38.07	59.62	84.64	82.27	117.34
5、家具材料 5. ئۆي جاھازلىرى ماتېرىيالى	3.08	0.84	0.52	0.28	0.45	7.30	5.02	2.48
6、家庭服务 6. ئائىلە مۇلازىمىتى	22.34	3.08	4.80	14.31	15.30	23.49	25.40	31.74
医疗保健 تىببىي داۋالاش ۋە ساقلىقنى ساقلاش	**133.61**	**41.25**	**28.49**	**77.43**	**96.66**	**129.40**	**162.73**	**180.07**
1、医疗器具 1. تىببىي داۋالاش ئەسۋاپ-ئۈسكۈنىلىرى	3.46			1.56	2.08	2.07	4.26	10.65
2、保健用品 2. ساقلىقنى ساقلاش بويۇملىرى	3.29	0.08	0.09	2.94	0.37	2.13	5.25	4.42
3、医药费 3. تىببىي دورا خىراجىتى	94.20	37.95	26.07	54.97	68.59	96.86	115.51	124.67
4、滋补药品 4. قۇۋۋەتلەندۈرۈش دورىلىرى	8.41	0.20	0.26	1.49	4.42	7.10	8.03	15.35
5、医疗保健服务 5. تىببىي داۋالاش، ساقلىقنى ساقلاش مۇلازىمىتى	23.38	2.71	1.51	15.54	20.88	21.06	28.55	24.82
6、其它 6. باشقىلار	0.87	0.30	0.56	0.92	0.33	0.18	1.11	0.17
交通和通讯 قاتناش ۋە ئالاقە	**184.87**	**55.39**	**38.34**	**77.69**	**84.18**	**148.17**	**264.82**	**432.00**
1、交通 1. قاتناش	106.29	25.62	11.97	55.64	57.14	103.50	136.13	246.78
2、通讯 2. ئالاقە	78.59	29.77	26.37	22.06	27.04	44.67	128.69	185.22
娱乐文教文化服务 كۆڭۈل ئېچىش، مائارىپ، مەدەنىيەت مۇلازىمىتى	**287.10**	**123.47**	**50.03**	**147.17**	**211.33**	**277.97**	**371.51**	**498.76**
1、文娱用耐用消费品 1. مەدەنىيەت كۆڭۈل ئېچىشقا ئىشلىتىدىغان چىدامىلىق ئىستىمال بويۇملىرى	60.79	2.31	4.30	25.36	10.58	31.10	123.43	129.11
2、教育 2. مائارىپ	148.40	102.75	35.72	90.83	142.47	166.00	149.37	221.51
3、文化娱乐 3. مەدەنىيەت كۆڭۈل ئېچىش	77.92	18.40	10.02	30.99	58.28	80.86	98.70	148.14
居住 تۇرالغۇ	**153.33**	**88.36**	**79.85**	**137.51**	**181.56**	**184.55**	**142.97**	**139.42**
1、住房 1. تۇرالغۇ ئۆي	69.05	22.52	26.63	52.56	88.12	98.89	62.57	51.89
2、水电燃料及其它 2. سۇ، توك، يېقىلغۇ ۋە باشقىلار	84.28	65.84	53.22	84.95	93.43	85.66	80.40	87.53
杂项商品和服务 پارچە-پۇرات تاۋارلار ۋە مۇلازىمەت	**167.23**	**50.95**	**21.08**	**82.43**	**93.85**	**141.06**	**197.00**	**314.58**
1、个人消费 1. شەخسىي ئىستىمال	143.30	42.19	14.81	67.05	84.45	125.76	177.71	281.18
2、其它商品 2. باشقا تاۋارلار	15.32	5.68	4.93	12.24	5.59	9.96	7.58	9.30
3、其它服务 3. باشقا مۇلازىمەتلەر	8.60	3.08	1.33	3.14	3.81	5.34	11.71	24.10

تەكشۈرۈلگەن شەھەر، ناھىيىلەرگە ئايرىلغان ئولتۇراق ئائىلىلەرنىڭ يىللىق كىشى بېشىغا توغرا كېلىدىغان ئىستېمال خاراكتېرلىق چىقىمى

7—7 分调查市、县居民家庭年人均消费性支出

(تەكشۈرۈلگەن ئېلىپ نۇسخا يىلى 1995 年抽样调查) 单位:元 بىرلىكى: يۈەن

项目 تۈرلەر	ئۈرۈمچى شەھىرى 乌鲁木齐市	قەشقەر شەھىرى 喀什市	غۇلجا شەھىرى 伊宁市	خوتەن شەھىرى 和田市	چۆچەك شەھىرى 塔城市	قاراماي شەھىرى 克拉玛依市	يەنجى ناھىيىسى 焉耆县
消费性支出 ئىستېمال خاراكتېردىكى چىقىم	**3 615.77**	**2 859.94**	**2 636.78**	**2 295.46**	**3 029.58**	**5 481.36**	**3 080.07**
食品 يېمەكلىكلەر	**1 804.56**	**1 250.09**	**1 208.08**	**1 119.97**	**1 211.66**	**2 207.68**	**1 270.91**
1、粮食 1. ئاشلىق	207.76	200.21	215.61	243.98	232.15	217.94	191.33
2、淀粉及薯类 2. كىراخمال ۋە ياڭيۇ تۈرىدىكىلەر	21.82	15.18	10.13	9.06	17.33	24.37	13.62
3、干豆类及制品 3. قۇرۇتۇلغان ھەر خىل پۇرچاقلار ۋە ئۇنىڭدىن ياسالغان نەرسىلەر	23.18	6.57	6.71	5.01	8.65	20.36	10.29
4、油脂类 4. ماي تۈرىدىكىلەر	73.79	73.73	71.28	68.13	72.41	60.55	69.86
5、肉禽及制品 5. گۆش ۋە ئۇنىڭدىن ئىشلەنگەن يېمەكلىكلەر	499.96	389.08	322.55	329.13	303.87	569.10	371.25
6、蛋类 6. تۇخۇم	64.07	42.17	26.00	36.23	31.11	68.90	22.63
7、水产品类 7. سۇ مەھسۇلاتلىرى	72.32	29.39	31.87	20.36	40.20	88.36	43.09
8、菜类 8. كۆكتات تۈرىدىكىلەر	219.41	131.82	146.95	139.13	141.65	198.37	126.80
9、调味品 9. تەم تەڭشىگۈچلەر	27.26	10.74	14.02	12.36	17.78	19.15	14.12
10、糖类 10. شېكەر، قەنت-گېزەكلەر	27.83	30.50	31.08	21.88	32.57	39.25	25.59
11、烟草类 11. كۆك تاماكا	64.68	35.79	19.13	39.50	39.43	123.60	51.87
12、酒和饮料 12. ھاراق ۋە ئىچىملىكلەر	57.60	46.56	55.95	37.96	52.62	136.06	46.88
13、干鲜瓜果类 13. ھۆل قۇرۇق مېۋىلەر	130.48	71.29	69.47	50.07	81.79	206.79	93.01
14、坚果及果仁 14. قاتتىق پوستلۇق مېۋە ۋە مېغىز	28.02	37.82	14.20	11.19	10.06	35.73	17.27
15、糕点类 15. پېچىنە-پىرەنىك تۈرىدىكىلەر	45.37	16.34	23.82	15.26	24.70	47.73	24.10
16、奶及奶制品 16. سۈت ۋە سۈتتىن ئىشلەنگەن نەرسىلەر	59.52	27.99	50.45	10.63	59.13	32.64	25.93
17、其它食品 17. باشقا يېمەكلىكلەر	49.34	9.38	11.55	2.35	13.69	29.05	10.80
18、在外用餐 18. سىرتتا تاماق يېگەن	131.63	75.29	86.98	66.45	31.82	289.53	111.66
19、食品加工服务费 19. يېمەكلىكلەرنى پىششىقلاش مۇلازىمىتى خىراجىتى	0.51	0.25	0.33	1.28	0.72	0.20	0.80
衣着 كىيىم-كېچەك	**666.69**	**492.51**	**494.21**	**359.59**	**475.25**	**1 023.99**	**522.43**
1、服装 1. كىيىم كېچەك	410.09	247.48	279.17	185.57	285.62	643.93	333.82
2、衣着材料 2. رەخت ماتېرىيالى	79.18	96.73	68.34	54.61	41.55	135.15	58.77
3、鞋袜帽及其它衣着 3. ئاياغ، پايپاق، باش كىيىم ۋە باشقا كىيىم-كېچەكلەر	152.29	125.96	130.65	96.65	142.13	221.30	120.02
4、衣着加工服务费 4. كىيىم تىكىش مۇلازىمىتى خىراجىتى	25.12	22.33	16.06	22.77	5.94	23.61	9.81
家庭设备用品及服务 ئائىلە ئۈسكۈنىلىرى لازىمەتلىكلىرى ۋە خىراجىتى	**233.34**	**212.52**	**204.91**	**102.29**	**262.17**	**558.45**	**278.90**

7—7 续表1 داۋامى 1

بىرلىكى: يۈەن 单位:元

تۈرلەر 项目	ئۈرۈمچى شەھىرى 乌鲁木齐市	قەشقەر شەھىرى 喀什市	غۇلجا شە-ھىرى 伊宁市	خوتەن شەھىرى 和田市	چۆچەك شەھىرى 塔城市	قاراماي شەھىرى 克拉玛依市	يەنجى نا-ھىيىسى 焉耆县
1、耐用消费品 1. چىدامىلىق ئىستېمال بويۇملىرى	79.20	105.31	104.04	63.88	143.97	407.98	155.16
2、室内装饰品 2. ئۆي ئىچى زىننەت بويۇملىرى	6.54	11.33	19.73	3.05	12.97	11.10	29.10
3、床上用品 3. كارۋات بويۇملىرى	15.79	9.12	8.91	2.45	9.06	33.21	14.58
4、家庭日用杂品 4. ئائىلە كۈندۈلۈك ئۇششاق بويۇملار	93.39	71.22	57.44	29.06	64.77	63.12	71.61
5、家具材料 5. ئۆي جاھازلىرى ماتېرىيالى	4.32	0.32	2.29		6.92	6.76	
6、家庭服务 6. ئائىلە مۇلازىمىتى	34.09	15.20	12.50	3.85	24.48	36.27	8.45
医疗保健 تىببى داۋالاش ۋە ساقلىقنى ساقلاش	**139.86**	**114.26**	**97.22**	**69.10**	**142.82**	**332.10**	**134.49**
1、医疗器具 1. تىببى داۋالاش ئەسۋاپ-ئۈسكۈنىلىرى	5.22	1.48	1.16		9.80	4.17	0.39
2、保健用品 2. ساقلىقنى ساقلاش بويۇملىرى	5.42	2.01	0.63	0.59	0.25	11.29	1.30
3、医药费 3. تىببى دورا خىراجىتى	104.43	78.86	69.34	65.24	92.92	196.58	83.53
4、滋补药品 4. قۇۋۋەتلەندۈرۈش دورىلىرى	7.26	2.62	6.83	2.15	2.35	49.64	2.27
5、医疗保健服务 5. تىببى داۋالاش ساقلىقنى ساقلاش مۇلازىمىتى	17.03	28.53	16.89	1.13	37.20	69.74	45.58
6、其它 6. باشقىلار	0.50	0.75	2.36		0.30	0.69	1.42
交通和通讯 قاتناش ۋە ئالاقە	**201.19**	**199.21**	**132.17**	**49.55**	**154.94**	**426.56**	**151.24**
1、交通 1. قاتناش	93.61	164.78	65.71	26.60	61.00	271.12	97.83
2、通讯 2. ئالاقە	107.58	34.42	66.46	22.95	93.93	155.44	53.41
娱乐文教文化服务 كۆڭۈل ئېچىش، مائارىپ، مەدەنىيەت مۇلازىمىتى	**309.93**	**285.78**	**227.55**	**225.01**	**302.34**	**410.58**	**300.95**
1、文娱用耐用消费品 1. مەدەنىيەت كۆڭۈل ئېچىشقا ئىشلىتىلىدىغان چىدامىلىق ئىستېمال بويۇملىرى	62.19	47.11	35.64	27.77	107.76	149.83	34.66
2、教育 2. مائارىپ	139.33	187.47	136.65	133.92	128.68	155.88	202.61
3、文化娱乐 3. مەدەنىيەت كۆڭۈل ئېچىش	108.41	51.21	55.27	63.32	65.90	104.87	63.68
居住 تۇرالغۇ	**115.51**	**158.47**	**111.50**	**217.23**	**339.98**	**126.61**	**250.37**
1、住房 1. تۇرالغۇ ئۆي	55.80	59.18	30.50	140.15	175.93	43.82	143.59
2、水电燃料及其它 2. سۇ، توك، يېقىلغۇ ۋە باشقىلار	59.70	99.29	81.00	7.08	164.05	82.79	106.78
杂项商品和服务 پارچە-پۇرات تاۋارلار ۋە مۇلازىمەت	**144.70**	**147.12**	**161.13**	**152.72**	**140.41**	**395.38**	**170.78**
1、个人消费 1. شەخسى ئىستېمال	137.01	100.84	138.83	128.32	128.54	340.23	127.55
2、其它商品 2. باشقا تاۋارلار	1.30	40.45	17.52	16.39	7.36	12.66	13.58
3、其它服务 3. باشقا مۇلازىمەتلەر	6.40	5.83	4.77	8.01	4.51	42.50	29.65

شەھەر ئولتۇراق ئائىلىلىرىنىڭ كىرىم بويىچە گۇرۇپپىغا ئايرىلغان ئىستېمال چىقىمىنىڭ قۇرۇلمىسى

7—8 城市居民家庭按等份分组的消费支出构成

(1995 يىلى نۇسخا ئېلىپ تەكشۈرۈلگەن 1995年抽样调查) بىرلىكى: 单位:%

تۈرلەر 项目	ئومۇمىي ئوتتۇرىچە 总平均	ئەڭ تۆۋەن كىرىمدىكى ئائىلە 最低收入户	تۆۋەن كىرىمدىكى ئائىلە 低收入户	ئوتتۇرا ھالدىن تۆۋەنرەك كىرىمدىكى ئائىلە 中等偏下户	ئوتتۇرا ھال كىرىمدىكى ئائىلە 中等收入户	ئوتتۇرا ھالدىن يۇقىرىراق كىرىمدىكى ئائىلە 中等偏上户	يۇقىرى كىرىمدىكى ئائىلە 高收入户	ئەڭ يۇقىرى كىرىمدىكى ئائىلە 最高收入户
消费性支出 ئىستېمال خاراكتېرىدىكى چىقىم	**100.00**	**100.00**	**100.00**	**100.00**	**100.00**	**100.00**	**100.00**	**100.00**
食品 يېمەكلىكلەر	46.05	56.12	63.24	52.23	51.03	49.78	44.19	39.52
衣着 كىيىم-كېچەك	17.89	13.21	13.50	15.68	16.05	17.60	18.71	19.21
ئائىلە سايمانلىرى لازىمەتلىكلىرى ۋە مۇلازىمەت 家庭设备用品及服务	7.35	4.07	2.70	5.84	6.73	5.26	8.28	8.72
医疗保健 تىببىي داۋالاش ۋە ساقلىقنى ساقلاش	4.14	3.05	2.69	3.89	3.79	4.02	4.12	3.75
交通和通讯 قاتناش ۋە ئالاقە	5.73	4.10	3.62	3.90	3.30	4.60	6.70	8.99
كۆڭۈل ئېچىش، مائارىپ ۋە مەدەنىيەت مۇلازىمىتى 娱乐教育及文化服务	8.90	9.14	4.72	7.40	8.29	8.63	9.40	10.37
居住 تۇرالغۇ	4.75	6.54	7.54	6.91	7.12	5.73	3.62	2.90
پارچە-پۇرات تاۋارلار ۋە مۇلازىمەت 杂项商品和服务	5.18	3.77	1.99	4.14	3.68	4.38	4.99	6.54

تەكشۈرۈلگەن شەھەر، ناھىيە بويىچە ئايرىلغان ئولتۇراق ئائىلىلەرنىڭ ئىستېمال چىقىمىنىڭ قۇرۇلمىسى ئەھۋالى

7—9 分调查市县居民家庭消费支出构成情况

(1995 يىلى نۇسخا ئېلىپ تەكشۈرۈلگەن 1995年抽样调查) بىرلىكى: 单位:%

تۈرلەر 项目	ئۈرۈمچى شەھىرى 乌鲁木齐市	قەشقەر شەھىرى 喀什市	غۇلجا شەھىرى 伊宁市	خوتەن شەھىرى 和田市	چۆچەك شەھىرى 塔城市	قاراماي شەھىرى 克拉玛依市	يەنجى ناھىيىسى 焉耆县
ئىستېمال خاراكتېرىدىكى چىقىم 消费性支出	**100.00**	**100.00**	**100.00**	**100.00**	**100.00**	**100.00**	**100.00**
食品 يېمەكلىكلەر	49.91	43.71	45.82	48.79	39.99	40.28	41.26
衣着 كىيىم-كېچەكلەر	18.44	17.22	18.74	15.67	15.69	18.68	16.96
ئائىلە سايمانلىرى لازىمەتلىكلىرى ۋە مۇلازىمەت 家庭设备用品及服务	6.45	7.43	7.77	4.46	8.65	10.19	9.06
医疗保健 تىببىي داۋالاش ۋە ساقلىقنى ساقلاش	3.87	4.00	3.69	3.01	4.71	6.06	4.37
交通和通讯 قاتناش ۋە ئالاقە	5.56	6.97	5.01	2.16	5.11	7.78	4.91
كۆڭۈل ئېچىش، مائارىپ ۋە مەدەنىيەت مۇلازىمىتى 娱乐教育及文化服务	8.57	9.99	8.63	9.80	9.98	7.49	9.77
居住 تۇرالغۇ	3.19	5.54	4.23	9.46	11.22	2.31	8.13
پارچە-پۇرات تاۋارلار ۋە مۇلازىمەت 杂项商品和服务	4.00	5.14	6.11	6.65	4.63	7.21	5.54

شەھەر ئولتۇراق ئائىلىلىرى ئىستېمال بويۇملىرىنىڭ يىللىق كىشى بېشىغا توغرا كېلىدىغان ئىستېمال مىقدارى

7—10 城市居民家庭消费品年人均消费量

(تەكشۈرۈش ئەۋرىشكە ئېلىپ 抽样调查)

品名 نامى	1994年 -يىل	1995年 -يىل	品名 نامى	1994年 -يىل	1995年 -يىل
粮食(公斤) ئاشلىق (كىلوگرام)	97.3	96.9	棉布(米) پاختا رەخت (مېتىر)	0.6	2.0
食用植物油(公斤) يېيىلىدىغان ئۆسۈملۈك يېغى (كىلوگرام)	9.5	9.0	化纤布(米) خىمىيە تالالىق رەخت (مېتىر)	1.6	0.8
鲜菜(公斤) يېڭى كۆكتات (كىلوگرام)	102.5	111.8	呢绒(米) يۇڭ-توقۇلما (مېتىر)	0.4	0.1
猪肉(公斤) چوشقا گۆشى (كىلوگرام)	6.1	6.5	绸缎(米) تاۋار-دۇردۇن (كىلوگرام)	0.5	0.1
牛羊肉(公斤) كالا، قوي گۆشى (كىلوگرام)	13.4	12.8	服装(件) كىيىم-كېچەك (دانە)	4.8	5.4
家禽(公斤) ئۆي قۇشلىرى (كىلوگرام)	4.3	5.0	#男士服装(件) ئەرلەر كىيىمى (دانە)	1.9	2.0
鲜蛋(公斤) تۇخۇم (كىلوگرام)	5.5	5.9	女士服装(件) ئاياللار كىيىمى (دانە)	2.2	2.6
鱼虾(公斤) بېلىق، راك (كىلوگرام)	3.9	4.6	各式童装(件) ھەر خىل بالىلار كىيىمى (دانە)	0.7	0.9
食糖(公斤) شېكەر (كىلوگرام)	1.7	2.0	布鞋(双) لاتا خەي (جۈپ)	0.4	0.4
卷烟(盒) قاپلىق تاماكا (قاپ)	19.5	18.8	旅游鞋(双) ساياھەت ئايىغى (جۈپ)	0.1	0.1
白酒(公斤) ئاق ھاراق (كىلوگرام)	1.4	2.7	皮鞋(双) خۇرۇم ئاياغ (جۈپ)	1.2	1.3
啤酒(公斤) پىۋا (كىلوگرام)	1.5	1.0	肥皂(块) كىر سوپۇن (توقاش)	3.0	2.5
茶叶(公斤) چاي (كىلوگرام)	0.6	0.4	洗衣粉(公斤) كىر يۇيۇش پاراشوكى (كىلوگرام)	1.3	1.3
鲜瓜(公斤) قوغۇن-تاۋۇز (كىلوگرام)	27.4	13.9	煤炭(公斤) كۆمۈر (كىلوگرام)	139.5	143.9
鲜果(公斤) ھۆل مېۋە (كىلوگرام)	16.8	27.9	液化石油气(公斤) سۇيۇقلاندۇرۇلغان كۆمۈر گازى (كىلوگرام)	23.2	25.2
鲜奶(公斤) سۈت (كىلوگرام)	15.3	14.3			
糕点类(公斤) پېچىنە-پىرەنىكلەر (كىلوگرام)	2.5	2.2			

شەھەر ئولتۇراق ئائىلىلىرىدىكى چىدامliq ئىستېمال بويۇملىرىنىڭ ھەر يۈز ئائىلىگە توغرا كېلىدىغان مىقدارى

7—11 城市居民家庭耐用消费品百户拥有量

(تەكشۈرۈلگەن ئەۋرىشكە ئېلىپ 抽样调查)

品名 نامى	1994年 -يىل	1995年 -يىل	品名 نامى	1994年 -يىل	1995年 -يىل
毛皮大衣(件) موينۇق تېرە پەلتو (دانە)	60.0		电风扇(台) توك شامالدۇرغۇچ (دانە)	37.2	38.7
呢大衣(件) سوكنو پەلتو (دانە)	260.7	261.9	洗衣机(台) كىر ئالغۇ (دانە)	86.5	86.7
地毯(平方米) گىلەم (كۋادرات مېتىر)	545.7	514.3	电冰箱(台) توڭلاتقۇ (دانە)	61.7	65.2
毛毯(条) يۇڭ ئەديال (دانە)	193.0	196.7	摩托车(辆) موتوسىكلىت (دانە)	3.3	3.3
大衣柜(个) چوڭ كىيىم ئىشكاپى (دانە)	86.1	86.5	游戏机(台) ئېلېكترونلۇق ئويۇنچۇق (دانە)	24.5	30.3
沙发(个) سافا (دانە)	460.0	468.0	彩色电视机(台) رەڭلىك تېلېۋىزور (دانە)	81.9	83.0
写字台(张) يېزىق ئۈستىلى (دانە)	84.3	80.7	黑白电视机(台) رەڭسىز تېلېۋىزور (دانە)	26.3	26.1
组合家具(套) بىرىكتۈرمە ئۆي جاھازلىرى (يۈرۈش)	34.4	39.3	立体声收录机(台) ستېرېو ئاۋازلىق ئۈنئالغۇ (دانە)	35.4	31.5
沙发床(个) سافا كارۋات (دانە)	72.0	72.8	组合音响(台) بىرلەشمە ئاۋاز ياڭراتقۇ (دانە)	7.2	8.7
自行车(辆) ۋېلىسىپىت (دانە)	172.2	172.2	照像机(架) فوتو ئاپپارات (دانە)	35.7	37.6
缝纫机(架) كىيىم تىكىش ماشىنىسى (دانە)	54.8	48.9	中高档乐器(架) ئوتتۇرا، ئالىي چالغۇ ئەسۋابلار (دانە)	13.9	13.3
录放像机(台) سىن ئالغۇ ۋە سىن قويغۇ (دانە)	18.7	17.6	家用冷风机(台) ئائىلىدە ئىشلىتىدىغان سالقىنلاتقۇ	2.4	1.8
淋浴热水器(台) مونچا سۇ ئىسسىتقۇ (دانە)	38.0	38.9	空调器(台) ھاۋا تەڭشىگۈچ (دانە)	1.1	1.3
脱排油烟机(台) بۇس تارتقۇ (دانە)	44.6	46.7	电炊具(个) ئاشخانا ئېلېكتر سايمانلىرى (دانە)	65.7	68.9
吸尘器(台) توزان سۈمۈرگۈچ (دانە)	15.4	20.2			

شەھەر ئولتۇراق ئائىلىلىرى ئىستىمال بويۇملىرىنىڭ دەرىجە بويىچە گۇرۇپپىغا ئايرىلغاندىكى كىشى بېشى يىللىق ئىستىمال مىقدارى

7—12 城市居民家庭消费品按等份分组的年人均消费量

(يىللىق نۇسخا ئېلىپ تەكشۈرۈش 1995年抽样调查)

项 目 تۈرلەر	ئومۇمىي ئوتتۇرىچە 总平均	ئەڭ تۆۋەن كىرىمدىكى ئائىلىلەر 最低收入户	تۆۋەن كىرىمدىكى ئائىلىلەر 低收入户	ئوتتۇرا ھالدىن تۆۋەنرەك كىرىمدىكى ئائىلىلەر 中等偏下户	ئوتتۇرا دەرىجىلىك كىرىمدىكى ئائىلىلەر 中等收入户	ئوتتۇرا ھالدىن يۇقىرىراق كىرىمدىكى ئائىلىلەر 中等偏上户	يۇقىرى كىرىمدىكى ئائىلىلەر 高收入户	ئەڭ يۇقىرى كىرىمدىكى ئائىلىلەر 最高收入户
粮食(公斤) ئاشلىق (كىلوگىرام)	365.23	262.76	238.46	306.96	350.20	395.06	392.93	405.33
食用植物油(公斤) يېيىلىدىغان ئۆسۈملۈك مېيى (كىلوگىرام)	8.97	10.01	10.58	11.01	8.87	8.41	8.58	7.56
猪肉(公斤) چوشقا گۆشى (كىلوگىرام)	6.50	1.02	1.04	2.23	5.33	7.16	9.80	9.10
牛肉(公斤) كالا گۆشى (كىلوگىرام)	2.40	1.56	1.12	2.38	2.14	2.74	2.65	3.06
羊肉(公斤) قوي گۆشى (كىلوگىرام)	10.41	8.36	7.60	11.05	10.17	10.53	9.95	12.10
家禽(公斤) ئۆي قۇشلىرى (كىلوگىرام)	5.00	1.01	0.36	1.84	4.11	5.76	6.84	7.69
蛋类(公斤) تۇخۇم (كىلوگىرام)	6.10	2.14	1.94	3.87	5.27	7.09	7.63	7.40
鱼(公斤) بېلىق (كىلوگىرام)	4.22	0.47	0.36	1.56	3.92	4.63	6.03	4.68
鱼制品(公斤) بېلىقتىن ئىشلەنگەن نەرسىلەر (كىلوگىرام)	0.34	0.06	0.07	0.18	0.22	0.28	0.60	0.47
虾类(公斤) راك تۈرلىرى (كىلوگىرام)	0.06			0.03	0.03	0.08	0.08	0.11
鲜菜(公斤) يېڭى كۆكتات (كىلوگىرام)	111.77	69.82	61.88	79.43	118.34	127.09	122.00	120.54
食糖(公斤) شېكەر (كىلوگىرام)	1.95	1.29	0.79	2.63	2.45	2.38	1.42	1.73
卷烟(盒) قاپلىق تاماكا (قاپ)	18.77	8.36	3.63	8.43	16.07	24.01	22.01	21.97
白酒(公斤) ئاق ھاراق (كىلوگىرام)	2.74	0.67	0.28	1.00	2.41	2.54	2.70	4.11
啤酒(公斤) پىۋا (كىلوگىرام)	1.03	0.31	0.09	0.45	1.26	1.25	1.27	1.53
茶叶(公斤) چاي (كىلوگىرام)	0.43	0.67	0.72	0.68	0.41	0.43	0.27	0.33
鲜果(公斤) ھۆل مېۋە (كىلوگىرام)	27.89	8.56	4.94	19.35	23.96	30.47	31.37	38.34
西瓜(公斤) تاۋۇز (كىلوگىرام)	11.27	3.91	2.24	5.86	10.57	11.21	18.26	18.24
坚果及果仁(公斤) قاتتىق پوستلۇق مېۋە ۋە مېغىز (كىلوگىرام)	3.33	0.96	0.38	1.32	2.69	3.39	4.76	5.00
糕点类(公斤) پېچىنە-پىرەنىك (كىلوگىرام)	2.22	0.37	0.20	1.11	1.99	2.69	3.00	2.93
鲜奶(公斤) سۈت (كىلوگىرام)	14.26	9.31	11.08	13.86	9.97	18.17	15.58	16.75
服装(件) كىيىم-كېچەك (دانە)	5.38	1.69	1.46	2.86	4.42	5.99	6.65	7.61
#男士服装(件) #ئەرلەرچە كىيىم (دانە)	1.98	0.78	0.80	1.06	1.60	2.12	2.34	2.68
女士服装(件) ئاياللارچە كىيىم (دانە)	2.56	0.57	0.38	1.01	1.87	2.98	3.47	4.04
棉布(米) پاختا رەخت (مېتىر)	1.97	1.47	1.43	2.32	2.05	1.41	1.69	3.03
化纤布(米) خىمىيىلىك تالالىق رەخت (مېتىر)	0.81	0.17	0.12	0.52	0.43	0.81	1.08	1.63
呢绒(米) يۇڭ توقۇلما (مېتىر)	0.13	0.05	0.10	0.03	0.06	0.14	0.19	0.24
绸缎(米) تاۋار-دۇردۇن (مېتىر)	0.08			0.11	0.09	0.05	0.03	0.12
毛线(公斤) يۇڭ يىپ (كىلوگىرام)	0.10	0.02	0.01	0.04	0.10	0.14	0.15	0.12
皮鞋(双) خۇرۇم ئاياغ (جۈپ)	1.30	0.80	0.79	1.26	1.21	1.34	1.27	1.64
旅游鞋(双) ساياھەت ئايىغى (جۈپ)	0.08	0.01	0.02	0.03	0.09	0.07	0.11	0.09
布鞋(双) لاتا كەش (جۈپ)	0.35	0.39	0.38	0.24	0.33	0.47	0.30	0.27
肥皂(块) كىر سوپۇن (توقاچ)	2.47	2.25	1.73	2.80	2.12	2.94	2.24	2.76
洗衣粉(公斤) كىر يۇيۇش پاراشوكى (كىلوگىرام)	1.27	0.98	1.12	1.62	1.17	1.32	1.23	1.28
煤炭(公斤) كۆمۈر (كىلوگىرام)	143.90	163.65	141.80	295.45	261.64	85.33	68.94	48.98
液化石油气(公斤) سۇيۇقلاندۇرۇلغان كۆمۈر گازى (كىلوگىرام)	25.16	8.28	5.82	10.76	20.33	27.36	29.08	38.25

تەكشۈرۈلگەن شەھەر-ناھىيىلەرگە ئايرىلغان ئولتۇراق ئائىلىلەر ئىستېمال بويۇملىرىنىڭ كىشى بېشى يىللىق ئىستېمال مىقدارى

7—13 分调查市、县居民家庭消费品的年人均消费量

(1995 يىلى نۇسخا ئېلىپ تەكشۈرۈلگەن 1995年抽样调查)

تۈرلەر 项 目	ئۈرۈمچى شەھىرى 乌鲁木齐市	قەشقەر شەھىرى 喀什市	غۇلجا شەھىرى 伊宁市	خوتەن شەھىرى 和田市	چۆچەك شەھىرى 塔城市	قاراماي شەھىرى 克拉玛依市	يەنجى ناھىيىسى 焉耆县
粮食(公斤) ئاشلىق (كىلوگرام)	207.76	200.21	215.61	243.98	232.15	217.94	191.33
食用植物油(公斤) يېيىلىدىغان ئۆسۈملۈك مېيى (كىلوگرام)	8.14	10.99	8.53	10.44	8.79	6.67	9.14
猪肉(公斤) چوشقا گۆشى (كىلوگرام)	10.22	3.13	4.68	4.47	4.80	8.12	5.91
牛肉(公斤) كالا گۆشى (كىلوگرام)	2.15	2.05	3.49	0.66	4.02	2.09	4.45
羊肉(公斤) قوي گۆشى (كىلوگرام)	9.42	12.25	8.80	11.09	8.29	15.81	10.49
家禽(公斤) ئۆي قۇشلىرى (كىلوگرام)	6.83	4.87	3.16	2.63	2.79	7.57	3.69
蛋类(公斤) تۇخۇم (كىلوگرام)	8.70	5.11	3.28	4.06	3.92	9.62	3.09
鱼(公斤) بېلىق (كىلوگرام)	6.12	2.72	2.92	1.55	2.91	8.12	3.68
鱼制品(公斤) بېلىقتىن ئىشلەنگەن يېمەكلىكلەر (كىلوگرام)	0.69	0.01	0.18		0.81		1.83
虾类(公斤) راك تۈرىدىكىلەر (كىلوگرام)	0.04	0.05	0.10		0.13		0.11
鲜菜(公斤) يېڭى كۆكتات (كىلوگرام)	144.32	97.19	78.56	93.98	117.38	107.73	117.94
食糖(公斤) شېكەر (كىلوگرام)	1.07	3.88	1.42	1.50	2.69	1.92	1.10
卷烟(盒) قاپلىق تاماكا (قاپ)	23.89	12.72	7.63	17.15	20.90	41.69	22.94
白酒(公斤) ئاق ھاراق (كىلوگرام)	2.45	3.39	0.55	2.02	1.80	10.33	1.26
啤酒(公斤) پىۋا (كىلوگرام)	1.63		1.23		2.62		1.38
茶叶(公斤) چاي (كىلوگرام)	0.23	0.39	0.91	0.09	0.94		0.20
鲜果(公斤) ھۆل مېۋە (كىلوگرام)	25.80	33.61	14.38	31.99	16.85	65.65	21.94
西瓜(公斤) تاۋۇز (كىلوگرام)	16.37		12.30		37.99		33.75
坚果及果仁(公斤) قاتتىق پوستلۇق مېۋە ۋە مېغىز (كىلوگرام)	3.94	3.95	2.03	1.79	1.64	6.34	2.97
糕点类(公斤) پېچىنە-پىرەنىك (كىلوگرام)	2.86	1.68	1.73	1.36	2.30	3.20	2.18
鲜奶(公斤) سۈت (كىلوگرام)	15.07	8.91	24.64	0.17	21.64	7.41	9.42
服装(件) كىيىم-كېچەك (دانە)	6.51	4.21	4.14	3.45	5.24	9.49	7.09
#男士服装(件) #ئەرلەرچە كىيىم (دانە)	2.28	1.37	1.74	1.40	1.52	4.15	2.52
女士服装(件) ئاياللارچە كىيىم (دانە)	3.49	2.09	1.95	0.71	2.43	3.79	2.80
棉布(米) پاختا رەخت (مېتىر)	0.46	5.25	0.58	2.55	0.44	4.66	0.74
化纤布(米) خىمىيە تالالىق رەخت (مېتىر)	1.45	0.04	0.71	0.16	1.72		2.14
呢绒(米) يۇڭ توقۇلما (مېتىر)	0.11	0.02	0.33		0.28		0.23
绸缎(米) تاۋار-دۇردۇن (مېتىر)	0.10	0.02	0.14		0.11		0.26
毛线(公斤) يۇڭ يىپ (كىلوگرام)	0.12	0.06	0.16	0.09	0.06		0.24
皮鞋(双) خۇرۇم ئاياغ (جۈپ)	1.26	1.50	1.24	1.03	1.19	1.54	1.07
旅游鞋(双) ساياھەت ئايىغى (جۈپ)	0.12	0.02	0.09	0.03	0.08	0.09	0.15
布鞋(双) لاتا كەش (جۈپ)	0.39	0.18	0.16	0.80	0.49	0.32	0.49
肥皂(块) كىر سوپۇن (توقاچ)	2.59	0.56	4.88	0.29	3.36	2.60	1.82
洗衣粉(公斤) كىر يۇيۇش پاراشوكى (كىلوگرام)	1.04	1.88	0.76	1.62	1.46	1.37	1.05
煤炭(公斤) كۆمۈر (كىلوگرام)	0.32	110.58	287.31	1.01	752.51		281.76
液化石油气(公斤) سۇيۇقلاندۇرۇلغان كۆمۈر گازى	30.51	18.31	15.48	14.92	8.37	78.68	11.83

دېھقان ئائىلىلىرىنىڭ ئاساسلىق يىللاردىكى ئاساسلىق ئىستېمال بويۇملىرىنىڭ كىشى بېشى ئىستېمال مىقدارى

7—14 主要年份农民家庭人均主要消费品消费量

(نۇسخا ئېلىپ تەكشۈرۈلگەن 抽样调查)

يىللار 年 份	ئاشلىق (كىلوگرام) 粮 食 (公斤)	كۆكتات (كىلوگرام) 蔬 菜 (公斤)	يېمەكلىك ماي (كىلوگرام) 食用油 (公斤)	گۆش (كىلوگرام) 肉类 (公斤)	شېكەر (كىلوگرام) 食 糖 (公斤)	چاي (كىلوگرام) 茶 叶 (公斤)	يىپ رەخت (مېتىر) 棉 布 (米)	خىمىيىلىك رەخت (مېتىر) 化纤布 (米)	ئاياغ (جۈپ) 胶鞋、球鞋 皮鞋(双)
1957	218.97	42.68	2.36	0.45	0.23	0.41	0.75		0.14
1962	151.99	110.34	1.06	0.11	0.85	0.48	5.44		0.24
1965	182.41	46.79	2.40	13.36			7.56	0.26	
1978	209.37	58.16	2.48	6.47	0.69		6.55	0.23	0.61
1980	212.99	65.46	2.01	1.85	1.05		7.25	1.03	0.92
1985	218.95	100.33	5.61	8.78	0.89	0.63	2.93	1.77	0.64
1986	223.25	111.16	6.05	8.73	0.80	0.65	2.57	1.77	0.81
1987	233.11	124.29	8.40	8.76	1.00	0.62	2.50	1.98	0.92
1988	231.86	134.90	8.36	7.02	0.96	0.60	2.42	1.92	1.05
1989	245.92	132.61	7.20	9.09	0.73	0.62	1.89	1.72	0.92
1990	249.71	121.56	7.87	9.02	0.63	0.60	1.64	1.75	0.90
1991	234.75	109.41	7.98	9.20	0.55	0.58	1.30	1.94	0.93
1992	231.76	121.14	8.50	9.15	0.68	0.47	1.25	1.88	0.99
1993	260.72				0.65	0.60	1.47	1.85	0.94
1994	215.35				0.60	0.55	0.96	2.13	0.96
1995	237.66				0.53	0.56	0.69	2.24	0.98

دېھقان ئائىلىلىرىنىڭ ئاساسلىق يىللاردىكى ئوتتۇرىچە ھەر يۈز ئائىلىگە توغرا كېلىدىغان چىداملىق ئىستېمال بۇيۇملىرى

7—15 主要年份农民家庭平均每百户耐用消费品拥有量

يىللار 年 份	ۋېلسىپىت (دانە) 自行车 (辆)	كىيىم تىكىش ماشىنىسى (دانە) 缝纫机 (台)	سائەت (دانە) 钟 表 (只)	رادىئولۇق ئۈنئالغۇ (دانە) 收录机 (台)	رەڭسىز تېلېۋىزور (دانە) 黑白电视机 (台)	رەڭلىك تېلېۋىزور (دانە) 彩色电视机 (台)	كىر ئالغۇ (دانە) 洗衣机 (台)	ئاپپارات (دانە) 照像机 (架)	توڭلاتقۇ (دانە) 电冰箱 (台)	موتوسىكلىت (دانە) 摩托车 (辆)
1978	31.01	25.96	27.85							
1980	40.47	35.69	52.03							
1985	68.55	44.84	105.73	2.29	10.00		2.10			
1986	77.66	48.71	143.87	10.76	15.97	1.77	4.27			0.81
1987	86.27	50.57	145.88	16.32	16.40	3.55	7.03	0.24	0.24	1.94
1988	96.05	67.82	155.89	23.15	20.24	2.58	9.52	0.73	0.08	1.37
1989	100.97	54.27	160.72	26.37	25.00	3.79	10.81	4.19	0.24	1.61
1990	111.21	57.26	172.42	31.77	28.79	5.16	12.58	0.73	0.40	1.37
1991	120.58	55.42	156.71	36.13	35.55	7.74	14.90	0.97	0.84	1.87
1992	126.77	56.65	167.23	38.90	40.45	8.05	15.48	0.16	0.97	2.32
1993	134.32	61.94	177.48	41.35	46.00	10.13	17.03	0.97	1.16	3.29
1994	143.03	64.19	179.74	45.29	51.74	12.13	16.17	0.97	1.61	3.42
1995	151.29	65.77	197.94	48.97	55.03	14.39	16.39	1.16	2.26	4.90

دېھقان ئائىلىلىرىنىڭ ئاساسلىق ئەھۋالى
7—16 农民家庭基本情况

(نۇسخا ئېلىپ تەكشۈرۈلگەن 抽样调查)

تۈرلەر 项目		يىل- 1994年	يىل- 1995年
调查户数(户)	**تەكشۈرۈلگەن ئائىلە(ئائىلە)**	**1 550**	**1 550**
家庭常住人口(人)	**ئائىلىدىكى دائىملىق ئاھالە (نەپەر)**	**8 754**	**8 711**
平均每户人口(人)	ئائىلىدىكى ئوتتۇرىچە جان سانى (نەپەر)	5.64	5.62
整半劳动力(个)	**پۈتۈن، يېرىم ئەمگەك كۈچى (نەپەر)**	**4 634**	**4 748**
平均每户劳动力(人)	ئائىلىدىكى ئوتتۇرىچە ئەمگەك كۈچى (نەپەر)	2.99	3.06
平均每一劳动力负担人口(人)	**ئوتتۇرىچە ھەر بىر ئەمگەك كۈچى باقىدىغان ئاھالە (نەپەر)**	**1.89**	**1.84**
户均经营耕地面积(亩)	**ئوتتۇرىچە ھەربىر ئاھالە تېرىيدىغان يەر (مو)**	**23.21**	**25.69**
平均每人经营耕地面积(亩)	ئوتتۇرىچە ھەر بىر ئادەم تېرىيدىغان يەر (مو)	4.11	4.57
年内户均新建房屋(间)	**يىل بويى ھەر بىر ئائىلە ئوتتۇرىچە يېڭىدىن سالغان ئۆي (ئېغىز)**	**0.17**	**0.12**
年内每户新建房屋面积(平方米)	يىلبويى ھەربىر ئائىلە يېڭىدىن سالغان ئۆي كۆلىمى (كۋادرات مېتىر)	4.54	2.49
年底平均每户使用房屋(间)	**يىل ئاخىرىدا ئوتتۇرىچەھەربىر ئائىلە ئىشلىتىۋاتقان ئۆي (ئېغىز)**		
年底人均使用房屋面积(平方米)	يىل ئاخىرىدا ھەر بىر ئادەم ئىشلىتىۋاتقان ئۆي كۆلىمى (كۋادرات مېتىر)		
#生活用房面积(平方米)	#تۇرمۇشقا ئىشلىتىۋاتقان ئۆي كۆلىمى (كۋادرات مېتىر)	16.33	16.12
砖木结构面积(平方米)	ياغاچ تاش قۇرۇلما كۆلىمى (كۋادرات مېتىر)	6.23	6.71
年底平均每户牲畜存栏(头)	**يىل ئاخىرىدىكى ھەر بىر ئائىلىدىكى چارۋا (تۇياق)**		
#平均每户大牲畜存栏(头)	ئوتتۇرىچە ھەربىر ئائىلىدىكى چوڭ چارۋا (تۇياق)		
年底每户饲养家禽(只)	**يىل ئاخىرىدىكى ھەر بىر ئائىلىدىكى ئۆي قۇشلىرى (دانە)**		
平均每人总收入(元)	**كىشى بېشى ئومۇمىي كىرىم (يۈەن)**	**1 974.29**	**2 414.59**
每均每人纯收入(元)	**كىشى بېشى ساپ كىرىم (يۈەن)**	**935.56**	**1 136.45**
平均每一劳动力纯收入(元)	**ھەر بىر ئەمگەك كۈچىگە توغرا كېلىدىغان ساپ كىرىم (يۈەن)**	**1 767.28**	**2 085.02**

دېھقان ئائىلىلىرىنىڭ كىشى بېشى يىللىق ئومۇمىي كىرىم، ساپ كىرىم ۋە قۇرۇلمىسى
7—17 农民家庭人均年总收入、纯收入和构成

(نۇسخا ئېلىپ تەكشۈرۈلگەن 抽样调查)

بىرلىكى: يۈەن 单位:元

تۈرلەر 项目		يىل- 1994年	يىل- 1995年	قۇرۇلمىسى 构成%	
				يىل- 1994年	يىل- 1995年
全年总收入	**يىللىق ئومۇمىي كىرىم**	**1 974.29**	**2 414.59**	**100.00**	**100.00**
1、基本收入	1. ئاساسىي كىرىم	1 883.37	2 303.18	95.40	95.39
2、转移性收入	2. يۆتكەلمە كىرىم	26.35	46.11	1.33	1.91
3、财产性收入	3. مۈلۈك كىرىمى	64.58	65.30	3.27	2.70
全年总支出	**يىللىق ئومۇمىي چىقىم**	**2 033.38**	**2 363.45**	**100.00**	**100.00**
#1、家庭经营费用支出	#1. ئائىلە ئىگىلىك خىراجەت چىقىمى	831.56	1 035.08	40.90	43.80
2、生活消费支出	2. تۇرمۇش ئىستېمال چىقىمى	850.24	941.58	41.81	39.85
全年纯收入	**يىللىق ساپ كىرىم**	**935.52**	**1 136.45**	**100.00**	**100.0**
1、基本纯收入	1. ئاساسىي ساپ كىرىم	850.89	1 032.06	90.95	90.81
2、转移性纯收入	2. يۆتكەلمە ساپ كىرىم	20.05	39.09	2.14	3.44
3、财产性纯收入	3. مۈلۈك ساپ كىرىمى	64.58	65.30	6.91	5.75

يېزا ئاھالىلىرىنىڭ كىشى بېشى تۇرمۇش ئىستېمال چىقىمى ۋە قۇرۇلمىسى

7—18 农村居民人均生活消费支出及构成

(ئۆرنەك ئېلىپ تەكشۈرۈلگەن 抽样调查)　　　　　　بىرلىكى: ئادەم/يۈەن 单位:元/人

项目	تۈرلەر	1994 年 -يىل	1995 年 -يىل	构成% قۇرۇلمىسى 1994 年 -يىل	构成% قۇرۇلمىسى 1995 年 -يىل
生活消费支出	تۇرمۇش ئىستېمال چىقىمى	850.24	941.58	100.00	100.00
1、食品	1. يېمەكلىك	429.69	471.54	50.54	50.08
#主食	#ئاساسىي يېمەكلىك	169.68	197.73	19.96	21.00
副食	قوشۇمچە يېمەكلىك	184.12	188.12	21.65	19.98
2、衣着	2. كىيىم	104.21	119.90	12.25	12.73
3、居住	3. ئۆي	120.47	121.22	14.17	12.88
#住房	#تۇرالغۇ	45.15	45.69	5.31	4.85
燃料	يېقىلغۇ	57.03	50.78	6.71	5.39
4、家庭设备、用品及服务	4. ئائىلە ئۈسكۈنىسى، بويۇم، مۇلازىمەت	46.51	56.26	5.47	5.98
#耐用消费品	#چىدامىلىق ئىستېمال بۇيۇمى	15.85	21.63	1.86	2.30
家庭日用杂品	كۈندىلىك بويۇم	23.51	25.23	2.76	2.68
5、医疗保健	5. داۋالاش-ساقلىقنى ساقلاش	42.41	47.96	4.99	5.09
医药卫生保健用品	#تېببىي دورا، سەھىيە، ساقلىق ساقلاش بۇيۇمى	14.56	18.84	1.71	2.00
医疗保健服务费	داۋالاش-ساقلىقنى ساقلاش مۇلازىمەت خىراجىتى	27.51	28.25	3.24	3.00
6、交通和通讯	6. قاتناش ۋە ئالاقە	23.19	35.69	2.73	3.79
#交通工具	قاتناش قورالى	12.09	21.64	1.42	2.30
交通费	قاتناش خىراجىتى	9.43	12.37	1.11	1.31
邮电费	پوچتا-تېلېگراف خىراجىتى	0.09	0.13	0.01	0.01
7、文教娱乐用品及服务	7. مەدەنىيەت، مائارىپ، كۆڭۈل ئېچىش بۇيۇمى، مۇلازىمەت	54.41	64.90	6.40	6.89
(1)文化教育娱乐用品	(1) مەدەنىيەت، مائارىپ، كۆڭۈل ئېچىش بۇيۇمى	16.65	19.80	1.96	2.10
#文娱用机电消费品	#مەدەنىي كۆڭۈل ئېچىش ماشىنا ئېلېكتىر ئىستېمال بۇيۇمى	13.84	16.35	1.63	1.74
书报杂志	كىتاب، گېزىت-ژۇرنال	0.87	1.09	0.10	0.12
(2)文化教育娱乐服务	(2) مەدەنىيەت، مائارىپ، كۆڭۈل ئېچىش مۇلازىمىتى	37.76	45.11	4.44	4.79
#学杂费	#ئوقۇش پۇلى	33.00	37.04	3.88	3.93
技术培训费	تېخنىكا تەربىيەلەش خىراجىتى	3.73	6.08	0.44	0.65
文娱费	مەدەنىي كۆڭۈل ئېچىش خىراجىتى	0.56	1.00	0.06	0.11
8、其他商品和服务	8. باشقا تاۋار ھەم مۇلازىمەت	29.36	24.10	3.45	2.56

ھەر يۈز دېھقان ئائىلىسىدىكى ئوتتۇرىچە چىدامىلىق ئىستېمال بۇيۇمى مىقدارى

7—19 农民家庭平均每百户耐用消费品拥有量

(ئۆرنەك ئېلىپ تەكشۈرۈلگەن 抽样调查)

项目	تۈرلەر	1994 年 -يىل	1995 年 -يىل
自行车(辆)	ۋېلىسىپت (دانە)	143.03	151.29
缝纫机(架)	كىيىم تىكىش ماشىنىسى (دانە)	64.19	65.77
钟(只)	ئۈستەل سائىتى (دانە)	52.90	66.32
手表(只)	قول سائىتى (دانە)	126.84	131.61
收音机(台)	رادىئو (دانە)	22.52	23.29
黑白电视机(台)	رەڭسىز تېلېۋىزور (دانە)	51.74	55.03
彩色电视机(台)	رەڭلىك تېلېۋىزور (دانە)	12.13	14.39
录音机(台)	ئۈنئالغۇ (دانە)	45.29	48.97
照像机(架)	ئاپپارات (دانە)	0.97	1.16
电风扇(台)	شامالدۇرغۇچ (دانە)	5.81	7.1
洗衣机(台)	كىر ئالغۇ (دانە)	16.13	16.39
电冰箱(台)	توڭلاتقۇ (دانە)	1.61	2.26
摩托车(辆)	موتوسىكلىت (دانە)	3.42	4.90
大型家具(件)	چوڭ ئۆي سايمىنى (دانە)	427.55	460.13

دېھقان ئائىلىلىرىنىڭ كىشى بېشى تاۋار ۋە ئۆزىنى ئۆزى تەمىنلەيدىغان تۇرمۇش ئىستېمال بۇيۇمى چىقىمى

7—20 农民家庭人均商品性和自给性生活消费品支出

(نۇسخا ئېلىپ تەكشۈرۈلگەن 抽样调查)

تۈرلەر 项　　目	يىل-1994 年			يىل-1995 年		
	جەمئىي 合　计	تاۋار 商品性	ئۆزىنى ئۆزى تەمىنلىگىنى 自给性	جەمئىي 合　计	تاۋار 商品性	ئۆزىنى ئۆزى تەمىنلىگىنى 自给性
生活消费支出合计(元/人) تۇرمۇش ئىستېمال چىقىمىنىڭ جەمئىيسى(ئادەم/يۈەن)	**850.25**	**583.09**	**267.16**	**941.58**	**682.14**	**259.44**
1、食品 1. يېمەكلىك	429.69	188.19	241.50	471.54	233.37	238.17
2、衣着 2. كىيىم	104.21	102.21	2.00	119.90	116.85	3.05
3、居住 3. تۇرالغۇ	120.47	96.81	23.66	121.22	103.49	17.73
#住房 # ئۆي	45.15	43.87	1.28	45.69	45.68	0.01
燃料 يېقىلغۇ	57.03	34.89	22.14	50.78	33.07	17.71
4、家庭设备、用品及服务 ئائىلە ئۈسكۈنىسى بۇيۇم، مۇلازىمەت	46.51	46.51		56.26	55.78	0.48
5、医疗保健 5. داۋالاش ۋە ساقلىقنى ساقلاش	42.41	42.41		47.96	47.96	
6、交通和通讯 6. قاتناش ۋە ئالاقە	23.19	23.19		35.69	35.69	
7、文教娱乐用品及服务 7. مەدەنىيەت، مائارىپ، كۆڭۈل ئېچىش بۇيۇمى، مۇلازىمەت	54.41	54.41		64.90	64.90	
8、其他商品和服务 8. باشقا تاۋار ھەم مۇلازىمەت	29.36	29.36		24.10	24.10	
生活消费支出构成(%) تۇرمۇش ئىستېمال چىقىمىنىڭ قۇرۇلمىسى	**100.00**	**100.00**	**100.00**	**100.00**	**100.00**	**100.00**
1、食品 1. يېمەكلىك	50.53	32.27	90.39	50.08	34.21	91.80
2、衣着 2. كىيىم	12.26	17.53	0.75	12.74	17.13	1.18
3、居住 3. تۇرالغۇ	14.17	16.60	8.86	12.87	15.17	6.83
#住房 # ئۆي	5.31	7.52	0.48	4.85	6.70	…
燃料 يېقىلغۇ	6.71	5.98	8.29	5.39	4.85	6.83
4、家庭设备、用品及服务 4. ئائىلە ئۈسكۈنىسى، بۇيۇم، مۇلازىمەت	5.47	7.98		5.98	8.18	0.19
5、医疗保健 داۋالاش ۋە ساقلىقنى ساقلاش	4.99	7.28		5.09	7.03	
6、交通和通讯 6. قاتناش ۋە ئالاقە	2.73	3.98		3.79	5.23	
7、文教娱乐用品及服务 7. مەدەنىيەت، مائارىپ، كۆڭۈل ئېچىش بۇيۇمى، مۇلازىمەت	6.40	9.33		6.89	9.51	
8、其他商品和服务 8. باشقا تاۋار ھەم مۇلازىمەت	3.45	5.03		2.56	3.54	
生活消费支出中商品性和自给性比重(%) تۇرمۇش ئىستېمال چىقىمىدىكى تاۋار چىقىمى بىلەن ئۆزىنى-ئۆزى تەمىنلەش چىقىمىنىڭ نىسبىتى	**100.00**	**68.58**	**31.42**	**100.00**	**72.45**	**27.55**
1、食品 1. يېمەكلىك	100.00	43.80	56.20	100.00	49.49	50.51
2、衣着 2. كىيىم	100.00	98.08	1.92	100.00	97.46	2.54
3、居住 3. تۇرالغۇ	100.00	80.36	19.64	100.00	85.37	14.63
#住房 # ئۆي	100.00	97.17	2.83	100.00	99.98	0.02
燃料 يېقىلغۇ	100.00	61.18	38.82	100.00	58.78	41.22
4、家庭设备、用品及服务 4. ئائىلە ئۈسكۈنىسى، بۇيۇم، مۇلازىمەت	100.00	100.00		100.00	99.15	0.85
5、医疗保健 داۋالاش ۋە ساقلىقنى ساقلاش	100.00	100.00		100.00	100.00	
6、交通和通讯 قاتناش ۋە ئالاقە	100.00	100.00		100.00	100.00	
7、文教娱乐用品及服务 7. مەدەنىيەت، مائارىپ، كۆڭۈل ئېچىش بۇيۇمى، مۇلازىمىتى	100.00	100.00		100.00	100.00	
8、其他商品和服务 8. باشقا تاۋار ھەم مۇلازىمەت	100.00	100.00		100.00	100.00	

دېھقان ئائىلىلىرىنىڭ كىشى بېشى ساپ كىرىمى بويىچە گۇرۇپپىلىنىشى

7—21 农民家庭人均纯收入分组

(1995 يىل نۇسخا ئېلىپ تەكشۈرۈلگەن 1995年抽样调查)

تۈرلەر 项目	جەمئىي 合计	0—100元 يۈەن	100—200元 يۈەن	200—300元 يۈەن	300—400元 يۈەن	400—500元 يۈەن	500—600元 يۈەن	600—800元 يۈەن	800—1000元 يۈەن	1000—1200元 يۈەن	1200—1300元 يۈەن
تەكشۈرۈلگەن ئائىلە (ئائىلە) 调查户数(户)	1 550	11	36	46	93	110	118	231	199	147	58
قۇرۇلمىسى 构成(%)	100.00	0.71	2.32	2.97	6.00	7.10	7.61	14.90	12.84	9.48	3.74
دائىملىق ئاھالە (نەپەر) 常住人口(人)	8 711	69.00	235	300	570	708	711	1 345	1 125	780	293
قۇرۇلمىسى 构成(%)	100	0.79	2.70	3.44	6.54	8.13	8.16	15.44	12.91	8.95	3.36
كىشى بېشى ساپ كىرىمى (يۈەن) 人均纯收入(元)	1 136.45	65.99	151.03	257.30	347.71	445.54	549.52	694.74	898.49	1 106.84	1 242.32

تۈرلەر 项目	1300—1500元 يۈەن	1500—1700元 يۈەن	1700—2000元 يۈەن	2000—2500元 يۈەن	2500—3000元 يۈەن	3000—3500元 يۈەن	3500—4000元 يۈەن	4000—4500元 يۈەن	4500—5000元 يۈەن	5000 يۈەندىن يۇقىرى 5000元以上
تەكشۈرۈلگەن ئائىلە (ئائىلە) 调查户数(户)	108	78	77	90	55	41	22	11	6	13
قۇرۇلمىسى 构成(%)	6.97	5.03	4.96	5.81	3.55	2.65	1.42	0.71	0.39	0.84
دائىملىق ئاھالە (نەپەر) 常住人口(人)	606	424	410	448	270	192	100	44	26	55
قۇرۇلمىسى 构成(%)	6.96	4.87	4.71	5.14	3.10	2.21	1.15	0.51	0.30	0.63
كىشى بېشى ساپ كىرىمى (يۈەن) 人均纯收入(元)	1 401.29	1 587.39	1 836.18	2 259.04	2 689.80	3 232.92	3 748.75	4 168.50	4 702.73	7 106.58

دېھقان ئائىلىلىرىنىڭ كىشى بېشى ئومۇمىي كىرىمى ۋە ساپ كىرىمى

7—22 农民家庭人均总收入和纯收入

（ 1995 年抽样调查 يىل نۇسخا ئېلىپ تەكشۈرۈلگەن ）

单位：元 بىرلىكى：يۈەن

项目 تۈرلەر	ئاپتونوم رايون 自治区	سانجى خۇيزۇ ئاپتونوم ئوبلاستى 昌吉州	ئىلى ۋىلايىتى 伊犁地区	تارباغاتاي ۋىلايىتى 塔城地区
调查县、市 تەكشۈرۈلگەن شەھەر، ناھىيە	**31**	**4**	**6**	**4**
调查户数(户) تەكشۈرۈلگەن ئائىلە (ئائىلە)	**1 550**	**151**	**278**	**165**
常住人口(人) دائىملىق ئاھالە (نەپەر)	**8 711**	**762**	**1 823**	**1 004**
全年总收入 يىللىق ئومۇمىي كىرىم	**2 414.59**	**2 920.49**	**1 986.47**	**2 870.45**
1、基本收入 1. ئاساسىي كىرىم	2 303.18	2 778.03	1 924.00	2 778.87
劳动者的报酬收入 ئەمگەكچىنىڭ ئىش ھەققى كىرىمى	64.47	75.48	37.13	147.52
在集体组织中劳动的报酬收入 كوللېكتىپ ئىگىلىك كىرىمى	35.49	35.15	23.56	40.44
在企业劳动得到的报酬收入 كارخانا كىرىمى	23.19	26.43	11.64	44.58
在其他单位劳动得到的报酬收入 باشقا ئورۇن كىرىمى	5.79	13.84	1.93	62.49
家庭经营收入 ئائىلە ئىگىلىك كىرىمى	2 238.71	2 702.60	1 886.87	2 631.35
种植业收入 تېرىقچىلىق كىرىمى	1 617.76	2 083.18	1 233.88	1 538.39
#粮食收入 # ئاشلىق كىرىمى	593.43	1 212.98	845.41	550.15
林业收入 ئورمانچىلىق كىرىمى	35.23		7.69	10.72
牧业收入 چارۋىچىلىق كىرىمى	382.64	486.48	500.08	941.84
渔业收入 بېلىقچىلىق كىرىمى	10.31		0.71	
手工业收入 قول سانائەت كىرىمى	7.08	0.15	2.24	
采集捕猎收入 ئۆسۈملۈك يىغىش، ئوۋلاش كىرىمى	20.94	1.31	9.77	4.02
工业收入 سانائەت كىرىمى	5.10	7.29	0.39	
建筑业收入 بىناكارلىق كىرىمى	5.92		0.77	
运输业收入 تىرانسپورت كىرىمى	38.44	37.81	50.21	43.78
商业收入 سودا كىرىمى	21.43	9.86	8.81	20.45
饮食业收入 يېمەك-ئىچمەك كىرىمى	10.77	6.56	7.62	18.42
服务业收入 مۇلازىمەت كىرىمى	27.35	15.35	5.36	13.05
其他家庭经营收入 باشقا ئائىلە ئىگىلىك كىرىمى	55.75	54.61	59.39	40.68
2、转移性收入 2. يۆتكەلمە كىرىم	46.11	57.88	27.58	46.40
#在外人口寄回和带回 سىرتتىكىلەر ئەۋەتكىنى ۋە ئەكەلگىنى	2.86	22.24	1.40	0.06
农村外部亲友赠送收入 يېزا سىرتىدىكى تۇغقان، ئاغىنىلىرى سوغا قىلغان كىرىم	5.36	10.52	2.67	31.29
3、财产性收入 3. مۈلۈك كىرىمى	65.30	84.59	34.89	45.19
#利息收入 # ئۆسۈم كىرىمى	1.87	17.80	9.35	8.94
股息收入 پاي كىرىمى				
租金收入 ئىجارە كىرىمى	7.45		1.79	2.21
纯收入 ساپ كىرىم	**1 136.45**	**1 488.73**	**1 034.77**	**1 605.29**
1、基本收入 1. ئاساسىي كىرىم	1 032.06	1 352.05	978.58	1 519.61
2、转移性收入 2. يۆتكەلمە كىرىم	39.09	52.09	21.30	40.49
3、财产性收入 3. مۈلۈك كىرىمى	65.30	84.59	34.89	45.19

7—22 续表 1 داۋامى

单位:元 بىرلىكى: يۈەن

项目	تۈرلەر	ئالتاي ۋىلايىتى 阿勒泰地区	بايىنغولىن موڭغۇل ئاپتونوم ئوبلاستى 巴音郭楞蒙古自治州	ئاقسۇ ۋىلايىتى 阿克苏地区	قەشقەر ۋىلايىتى 喀什地区	خوتەن ۋىلايىتى 和田地区
调查县、市	**تەكشۈرۈلگەن ناھىيە، شەھەر**	**4**	**6**	**5**	**6**	**4**
调查户数(户)	**تەكشۈرۈلگەن ئائىلە (ئائىلە)**	**130**	**265**	**240**	**290**	**190**
常住人口(人)	**دائىملىق ئاھالە (نەپەر)**	**834**	**1 558**	**1 381**	**1 565**	**1 011**
全年总收入	**يىللىق ئومۇمىي كىرىم**	**2 138.29**	**2 952.98**	**2 515.19**	**2 202.72**	**1 117.11**
1、基本收入	1. ئاساسىي كىرىم	2 091.34	2 838.22	2 421.45	2 074.74	1 098.37
劳动者的报酬收入	ئەمگەكچىنىڭ ئىش ھەققى كىرىمى كىرىمى	81.73	120.72	45.20	61.54	25.11
在集体组织中劳动的报酬收入	كوللېكتىپ ئىگىلىك كىرىمى	17.00	69.96	27.52	44.20	14.62
在企业劳动得到的报酬收入	كارخانا كىرىمى	4.47	47.70	4.27	13.59	7.65
在其他单位劳动得到的报酬收入	باشقا ئورۇن كىرىمى	60.26	3.06	13.41	3.75	2.84
家庭经营收入	ئائىلە ئىگىلىك كىرىمى	2 009.61	2 717.50	2 376.25	2 013.21	1 073.26
种植业收入	تېرىقچىلىق كىرىمى	1 038.87	2 024.86	1 680.70	1 355.78	638.12
#粮食收入	# ئاشلىق كىرىمى	552.58	646.46	578.53	410.35	255.63
林业收入	ئورمانچىلىق كىرىمى	2.19	7.68	46.76	100.69	42.25
牧业收入	چارۋىچىلىق كىرىمى	753.31	439.32	316.78	445.46	208.50
渔业收入	بېلىقچىلىق كىرىمى		8.46	7.13		
手工业收入	قول سانائەت كىرىمى	66.17	16.08	11.43	20.99	0.25
采集捕猎收入	ئۈسۈملۈك يىغىش، ئوۋلاش كىرىمى	21.39	21.36	34.91	11.92	68.32
工业收入	سانائەت كىرىمى		0.61	7.67	0.90	4.32
建筑业收入	بىناكارلىق كىرىمى	17.39	2.52		2.82	4.71
运输业收入	تېرانسپورت كىرىمى	29.80	85.24	44.48	13.15	3.18
商业收入	سودا كىرىمى	17.03	51.26	39.95	18.07	12.79
饮食业收入	يېمەك-ئىچمەك كىرىمى		1.93	25.40	2.85	0.03
服务业收入	مۇلازىمەت كىرىمى	9.84	5.31	128.50	9.46	17.39
其他家庭经营收入	باشقا ئائىلە ئىگىلىك كىرىمى	53.62	52.86	32.54	31.10	73.40
2、转移性收入	2. يۆتكەلمە كىرىم	36.14	52.19	17.62	78.61	9.68
#在外人口寄回和带回	# سىرتتىكىلەر ئەۋەتكىنى ۋە ئەكەلگىنى	6.45	9.59	0.18	3.02	
农村外部亲友赠送收入	يېزا سىرتىدىكى تۇققان، ئاغىنىلىرى سوۋغا قىلغان كىرىم	20.12	18.86	1.18	3.19	1.82
3、财产性收入	3. مۈلۈك كىرىمى	10.81	62.57	76.12	49.37	9.06
#利息收入	ئۆسۈم كىرىمى	8.65	14.94	1.41	0.51	0.34
股息收入	پاي كىرىمى					
租金收入	ئىجارە كىرىمى		4.47			
纯收入	**ساپ كىرىم**	**1 260.92**	**1 274.90**	**1 218.04**	**882.01**	**653.80**
1、基本收入	1. ئاساسىي كىرىم	1 219.42	1 164.57	1 131.65	759.61	641.68
2、转移性收入	2. يۆتكەلمە كىرىم	30.69	47.76	10.28	73.02	3.06
3、财产性收入	3. مۈلۈك كىرىمى	10.81	62.57	76.12	49.37	9.06

دېھقان ئائىلىلىرىنىڭ كىشى بېشى ئومۇمىي چىقىمى

7—23 农民家庭平均每人总支出

（1995 يىل نۇسخىلەپ تەكشۈرۈلگەن 1995年抽样调查）　　单位:元 بىرلىكى:يۈەن

تۈرلەر 项　目	ئاپتونوم رايون 自治区	سانجى ئوبلاستى 昌吉州	ئىلى ۋىلايىتى 伊犁地区	تارباغاتاي ۋىلايىتى 塔城地区
全年总支出 يىللىق ئومۇمىي چىقىم	**2 363.45**	**2 817.35**	**1 874.35**	**2 522.75**
家庭经营费用支出 ئائىلە ئىگىلىك خىراجىتى چىقىمى	**1 035.08**	**1 118.23**	**735.87**	**877.32**
种植业生产支出 تېرىقچىلىق چىقىمى	765.25	810.93	513.41	575.92
林业生产支出 ئورمانچىلىق چىقىمى	3.80	3.22	0.98	1.83
牧业生产支出 چارۋىچىلىق چىقىمى	208.43	220.53	174.48	254.41
渔业生产支出 بېلىقچىلىق چىقىمى	5.73	0.01	0.07	
手工业生产支出 قول سانائەت چىقىمى	2.96	3.95	1.14	
工业生产支出 سانائەت چىقىمى	3.83		1.86	
建筑业生产支出 بىناكارلىق چىقىمى	0.98	0.16	2.84	0.07
运输业生产支出 ترانسپورت چىقىمى	22.29	11.06	18.58	15.69
商业支出 سودا چىقىمى	9.85	9.26	2.62	1.99
饮食业支出 يېمەك-ئىچمەك چىقىمى	3.02	3.67	1.15	8.94
服务业支出 مۇلازىمەت چىقىمى	0.67	3.15	0.26	2.25
其他经营支出 باشقا ئىگىلىك چىقىمى	8.28	52.28	18.48	16.22
购置生产用固定资产支出 ئىشلەپچىقىرىش مۇقىم مۈلكى سېتىۋېلىش چىقىمى	**144.33**	**237.43**	**67.80**	**84.59**
#大中型铁木农具 چوڭ، ئوتتۇرا تۆمۈر، ياغاچ دېھقانچىلىق سايمانلىرى	3.25	22.57	0.27	0.24
农林牧渔业机械 دېھقانچىلىق، ئورمانچىلىق، چارۋىچىلىق، بېلىقچىلىق ماشىنىلىرى	38.54	102.43	18.08	34.25
工业机械 سانائەت ماشىنىلىرى	0.18	1.97		
缴纳税款 باج	**47.12**	**102.94**	**42.73**	**71.96**
上交集体承包任务 كوللېكتىپقا تاپشۇرغان ھۆددە ۋەزىپىسى	**96.07**	**81.74**	**67.71**	**93.98**
集体提留和摊派 كوللېكتىپ قالدۇرۇقى ۋە چېچىلغىنى	**30.17**	**81.10**	**14.12**	**90.75**
生活消费支出 تۇرمۇش ئىستېمال چىقىمى	**941.58**	**1 149.55**	**869.74**	**1 221.73**
1、食品 1. يېمەكلىك	471.54	571.32	439.47	650.56
主食 ئاساسىي يېمەكلىك	197.73	226.52	169.03	157.54
副食 قوشۇمچە يېمەكلىك	188.12	234.65	178.53	316.38
其他食品 باشقا يېمەكلىك	50.58	74.66	73.45	143.20
在外饮食 سىرتتىكى يېمەك-ئىچمىكى	25.09	30.07	9.98	27.08
食品加工费 يېمەكلىك پىششىقلاش خىراجىتى	10.03	5.40	8.48	6.36
2、衣着 2. كىيىم	119.90	114.27	147.49	138.12
服装 تەييار كىيىم	48.77	59.00	56.31	51.20
衣着材料 كىيىم ماتېرىيالى	25.83	19.19	26.97	25.76
鞋袜帽类 ئاياغ، پايپاغ، باش كىيىم	35.99	27.66	45.93	46.93
衣着加工修理费 كىيىم تىكتۈرۈش خىراجىتى	3.07	4.78	2.87	3.06
其他 باشقا	6.24	3.64	15.42	11.17
3、居住 3. ئۆي	121.22	157.81	90.15	121.15
住房 ئۆي	45.69	72.05	35.74	23.56
建筑材料 بىناكارلىق ماتېرىيالى	35.39	53.16	30.49	19.88
房租 ئۆي ئىجارىسى	0.65	4.15	0.39	0.88
其他 باشقا	9.66	14.74	4.85	2.80
电费 توك خىراجىتى	12.16	18.98	8.53	12.05
燃料 يېقىلغۇ	50.78	62.90	41.53	73.99

7—23 续表 1 داۋامى 1

单位：元 بىرلىكى: يۈەن

项目 تۈرلەر		ئاپتونوم رايون 自治区	سانجى ئوبلاستى 昌吉州	ئىلى ۋىلايىتى 伊犁地区	تارباغاتاي ۋىلايىتى 塔城地区
其他	باشقا	12.59	3.99	4.36	11.56
4、家庭设备、用品及服务	4. ئائىلە ئۈسكۈنىسى، بويۇم، مۇلازىمەت	56.26	51.41	36.69	49.57
耐用消费品	چىداملىق ئىستېمال بۇيۇمى	21.63	15.61	4.53	10.38
室内装饰品	بېزەش بۇيۇمى	0.23	1.59	0.29	0.28
床上用品	كارۋات بۇيۇمى	3.39	4.39	8.09	6.45
家庭日用杂品	كۈندۈلۈك بۇيۇم	25.23	26.60	20.33	29.82
做家具材料	جابدۇق ياساش ماتېرىيالى	1.63	1.81	1.70	1.37
设备用品加工修理费	ئۈسكۈنە، بۇيۇملارنى پىششىقلاش، رېمونت خىراجىتى	0.83	0.65	0.98	0.52
其他	باشقا	3.33	0.75	0.77	0.75
5、医疗保健	5. داۋالاش، ساقلىقنى ساقلاش	47.96	51.69	46.35	73.83
医药卫生保健用品	تېببىي دورا، سەھىيە، ساقلىقنى ساقلاش بۇيۇمى	18.84	31.69	25.12	45.35
医疗保健服务费	داۋالاش، ساقلىقنى ساقلاش مۇلازىمەت خىراجىتى	28.25	20.00	19.35	15.56
医疗卫生保健设备用品修理费	داۋالاش، سەھىيە، ساقلىقنى ساقلاش ئۈسكۈنە، بۇيۇم رېمونتى خىراجىتى	0.08			0.01
其他	باشقا	0.79		1.87	12.91
6、交通和通讯	6. قاتناش ۋە ئالاقە	35.69	73.48	26.13	50.12
交通工具	قاتناش قورالى	21.64	58.80	8.43	19.50
通讯工具	ئالاقىلىشىش قورالى	0.73			2.97
交通费	قاتناش خىراجىتى	12.37	13.51	17.17	21.52
邮电费	پوچتا تېلېگراف خىراجىتى	0.13	0.51	0.21	0.62
交通、通讯工具修理费	قاتناش، ئالاقە قورالى رېمونتى خىراجىتى	0.82	0.66	0.32	5.50
7、文化教育娱乐用品及服务	7. مەدەنىيەت، مائارىپ، كۆڭۈل ئېچىش بۇيۇمى ۋە مۇلازىمىتى	64.90	104.72	62.16	116.52
文化教育娱乐用品	مەدەنىيەت، مائارىپ، كۆڭۈل ئېچىش بۇيۇمى	19.80	36.87	11.96	33.26
文娱用机电消费品	مەدەنىي كۆڭۈل ئېچىش ماشىنا-ئېلېكتىر ئىستېمال بۇيۇمى	16.35	27.88	8.13	28.17
书报杂志	كىتاب، گېزىت-ژۇرنال	1.09	3.27	1.22	1.85
纸张文具	قەغەز، ئوقۇش قوراللىرى	1.53	4.76	1.74	1.26
其他文化教育娱乐用品	باشقا مەدەنىيەت، مائارىپ، كۆڭۈل ئېچىش بۇيۇمى	0.82	0.96	0.87	1.98
文化教育娱乐服务	مەدەنىيەت، مائارىپ، كۆڭۈل ئېچىش مۇلازىمىتى	45.11	67.85	50.21	83.26
学杂费	ئوقۇش پۇلى	37.04	66.12	38.61	71.57
技术培训费	تېخنىكا تەربىيەلەش خىراجىتى	6.08	0.46	6.36	9.16
文娱费	مەدەنىي كۆڭۈل ئېچىش خىراجىتى	1.00	0.99	0.20	1.01
用品加工修理服务费	بۇيۇم پىششىقلاش، رېمونت، مۇلازىمەت خىراجىتى	0.16	0.08	0.15	0.38
其他	باشقا	0.83	0.20	4.89	1.13
8、其他商品和服务	8. باشقا تاۋار ۋە مۇلازىمەت	24.10	24.75	21.30	21.86
商品性支出	تاۋار چىقىمى	9.66	12.53	14.80	4.95
服务支出	مۇلازىمەت چىقىمى	14.44	12.22	6.51	16.92
其他非借贷性支出	**باشقا غەيرى قەرز چىقىمى**	**69.09**	**46.36**	**76.38**	**82.42**
#寄给和带给在外人口	#سىرتتىكىلەرگە ئەۋەتكىنى ۋە ئېلىپ بارغىنى	7.39	6.88	6.03	36.44
赠送农村外部亲友	يېزا سىرتىدىكى تۇغقان، ئاغىنىلىرىگە سوۋغا قىلغىنى	6.38	10.14	12.13	32.08
利息支出	ئۆسۈم چىقىمى	3.46	6.64	1.00	1.29
租金支出	ئىجارە چىقىمى	0.18	3.28		
附：生产用固定资产折旧	قوشۇمچە: ئىشلەپچىقىرىش مۇقىم مۈلكىنىڭ ئامورتىزاتسىيىسى	62.66	41.98	84.99	125.25

项　目 تۈرلەر		ئالتاي ۋىلايىتى 阿勒泰地区	بايىنغولىن ئوبلاستى 巴州	ئاقسۇ ۋىلايىتى 阿克苏地区	قەشقەر ۋىلايىتى 喀什地区	خوتەن ۋىلايىتى 和田地区
全年总支出	**يىللىق ئومۇمىي چىقىم**	**1 887.42**	**2 952.01**	**2 310.62**	**2 172.44**	**1 105.72**
家庭经营费用支出	**ئائىلە ئىگىلىك چىقىمى**	**680.94**	**1 359.46**	**1 066.75**	**1 063.94**	**361.95**
种植业生产支出	تېرىقچىلىق ئىشلەپچىقىرىش چىقىمى	392.27	981.00	851.01	744.51	230.28
林业生产支出	ئورمانچىلىق ئىشلەپچىقىرىش چىقىمى		9.26	2.01	3.53	0.96
牧业生产支出	چارۋىچىلىق ئىشلەپچىقىرىش چىقىمى	191.78	270.80	156.24	299.54	117.52
渔业生产支出	بېلىقچىلىق ئىشلەپچىقىرىش چىقىمى		10.84			
手工业生产支出	قول سانائەت ئىشلەپچىقىرىش چىقىمى	25.51	2.36	5.75	4.64	0.52
工业生产支出	سانائەت ئىشلەپچىقىرىش چىقىمى			2.09	1.24	3.29
建筑业生产支出	بىناكارلىق ئىشلەپچىقىرىش چىقىمى	1.01	5.93		0.08	0.97
运输业生产支出	ترانسپورت ئىشلەپچىقىرىش چىقىمى	34.00	55.23	6.54	2.51	2.57
商业支出	سودا چىقىمى	8.12	35.82	25.43	3.63	5.30
饮食业支出	يېمەك-ئىچمەك چىقىمى	0.78		11.51	0.75	
服务业支出	مۇلازىمەت چىقىمى	0.60	1.30	0.44	2.08	
其他经营支出	باشقا ئىگىلىك چىقىمى	26.86	22.89	5.73	1.43	0.58
购置生产用固定资产支出	**ئىشلەپچىقىرىش مۇقىم مۈلكى سېتىۋېلىش چىقىمى**	**39.08**	**115.57**	**285.98**	**76.05**	**19.89**
#大中型铁木农具	#چوڭ، ئوتتۇرا تۆمۈر، ياغاچ دېھقانچىلىق سايمانلىرى	6.13	0.53	3.25	1.57	1.44
农林牧渔业机械	دېھقانچىلىق، ئورمانچىلىق، چارۋىچىلىق، بېلىقچىلىق ماشىنىلىرى	4.64	9.43	116.07	15.75	
工业机械	سانائەت ماشىنىلىرى					
缴纳税款	**باج**	**60.02**	**52.72**	**51.29**	**38.34**	**17.49**
上交集体承包任务	**كوللېكتىپقا تاپشۇرغان ھۆددە ۋەزىپىسى**	**28.19**	**139.96**	**80.28**	**166.28**	**52.61**
集体提留和摊派	**كوللېكتىپ قالدۇرۇقى ۋە چېچىلغىنى**	**26.32**	**36.02**	**2.16**	**2.54**	**0.99**
生活消费支出	**تۇرمۇش ئىستېمال چىقىمى**	**1 007.15**	**1 124.94**	**795.70**	**771.03**	**632.50**
1、食品	1. يېمەكلىك	449.94	554.70	390.39	390.04	406.22
主食	ئاساسىي يېمەكلىك	153.10	248.40	159.03	194.16	195.36
副食	قوشۇمچە يېمەكلىك	188.92	208.79	156.57	128.93	141.64
其他食品	باشقا يېمەكلىك	99.23	66.09	41.13	21.97	29.83
在外饮食	سىرتتىكى يېمەك-ئىچمىكى	3.02	23.43	23.15	34.68	23.95
食品加工费	يېمەكلىك پىششىقلاش خىراجىتى	5.67	7.99	10.51	10.30	15.43
2、衣着	2. كىيىم	208.25	138.83	126.82	113.38	70.54
服装	تەييار كىيىم	110.85	59.11	37.84	32.03	22.86
衣着材料	كىيىم ماتېرىيالى	20.16	28.80	36.56	35.33	16.74
鞋袜帽类	ئاياغ، پايپاق، باش كىيىم	56.23	40.65	38.19	32.82	25.92
衣着加工修理费	كىيىم تىكتۈرۈش ، ئوڭشىتىش خىراجىتى	1.64	4.69	4.00	5.96	1.36
其他	باشقا	19.39	5.58	10.22	7.25	3.66
3、居住	3. ئۆي	131.09	180.43	95.23	105.99	99.27
住房	ئۆي	56.74	68.15	31.70	46.98	8.05
建筑材料	بىناكارلىق ماتېرىيالى	39.00	47.99	20.18	41.21	7.44
房租	ئۆي ئىجارىسى		0.19	0.23		0.01
其他	باشقا	17.74	19.97	11.29	5.77	0.60
电费	ئېلېكتىر خىراجىتى	12.50	15.59	12.22	11.34	10.53
燃料	يېقىلغۇ	59.21	95.32	40.25	32.94	77.16

7—23 续表 3 داۋامى 3

单位：元 بىرلىكى: يۈەن

项目	تۈرلەر	ئالتاي ۋىلايىتى 阿勒泰地区	بايىنغولىن ئوبلاستى 巴州	ئاقسۇ ۋىلايىتى 阿克苏地区	قەشقەر ۋىلايىتى 喀什地区	خوتەن ۋىلايىتى 和田地区
其他	باشقا	2.64	1.37	11.06	14.74	3.53
4、家庭设备、用品及服务	4. ئائىلە ئۈسكۈنىسى، بويۇم ۋە مۇلازىمەت	53.89	78.58	54.27	52.54	13.77
耐用消费品	چىدامىلىق ئىستېمال بويۇملىرى	11.72	35.06	19.23	14.26	1.60
室内装饰品	بېزەش بۇيۇملىرى	0.76	1.03	0.18	0.21	0.01
床上用品	كارۋات بۇيۇملىرى	0.75	7.23	0.98	0.60	0.25
家庭日用杂品	كۈندۈلۈك بۇيۇم	39.82	31.48	21.53	34.60	9.38
做家具材料	جابدۇق ياساش ماتېرىيالى		2.71	0.01	1.05	0.00
设备用品加工修理费	ئۈسكۈنە، بۇيۇملارنى پىششىقلاش، رېمونت خىراجىتى	0.82	0.34	0.75	1.27	0.37
其他	باشقا	0.02	0.72	11.58	0.55	2.15
5、医疗保健	5. داۋالاش، ساقلىقنى ساقلاش	50.64	47.57	47.33	43.15	24.09
医药卫生保健用品	تېببىي دورا، سەھىيە، ساقلىقنى ساقلاش بويۇمى	38.63	20.51	15.15	9.63	9.53
医疗保健服务费	داۋالاش، ساقلىقنى ساقلاش مۇلازىمەت خىراجىتى	8.78	26.96	31.88	29.52	14.56
医疗卫生保健设备用品修理费	داۋالاش، سەھىيە، ساقلىقنى ساقلاش بۇيۇمى رېمونتى خىراجىتى					
其他	باشقا	3.23	0.11	0.30	4.00	
6、交通和通讯	6. قاتناش ۋە ئالاقە	22.01	23.36	27.49	15.84	9.71
交通工具	قاتناش قۇرالى	0.22	5.42	18.12	7.85	3.55
通讯工具	ئالاقىلىشىش قۇرالى	0.06		0.15		
交通费	قاتناش خىراجىتى	20.30	16.17	8.84	5.86	5.62
邮电费	پوچتا-تېلېگراف خىراجىتى	0.93	0.64	0.01	0.04	0.01
交通、通讯工具修理费	قاتناش، ئالاقىلىشىش قۇرالى رېمونتى خىراجىتى	0.50	1.12	0.38	2.10	0.53
7、文化教育娱乐用品及服务	7. مەدەنىيەت، مائارىپ، كۆڭۈل ئېچىش بۇيۇملىرى ۋە مۇلازىمەت	76.66	86.72	27.71	26.95	5.09
文化教育娱乐用品	مەدەنىيەت، مائارىپ، كۆڭۈل ئېچىش بۇيۇمى	11.79	12.51	13.49	10.56	3.16
文娱用机电消费品	مەدىنىي كۆڭۈل ئېچىش ماشىنا-ئېلېكتىر ئىستېمال بۇيۇمى	6.89	5.38	11.75	8.70	2.06
书报杂志	كىتاب، گېزىت-ژۇرنال	0.56	3.20	0.91	1.17	0.22
纸张文具	قەغەز، ئوقۇش قۇراللىرى	3.70	2.24	0.60	0.63	0.74
其他文化教育娱乐用品	باشقا مەدەنىيەت، مائارىپ، كۆڭۈل ئېچىش بۇيۇملىرى	0.64	1.69	0.23	0.05	0.14
文化教育娱乐服务	مەدەنىيەت، مائارىپ، كۆڭۈل ئېچىش مۇلازىمىتى	64.87	74.21	14.23	16.39	1.93
学杂费	ئوقۇش پۇلى	64.50	63.84	10.62	12.91	1.49
技术培训费	تېخنىكا تەربىيەلەش خىراجىتى		9.08	0.98	1.14	
文娱费	مەدىنىي كۆڭۈل ئېچىش خىراجىتى	0.17	0.53	1.44	0.49	0.16
用品加工修理服务费	بۇيۇم پىششىقلاش، رېمونت، مۇلازىمەت خىراجىتى	0.12	0.21	1.06	0.05	0.01
其他	باشقا	0.08	0.56	0.12	1.80	0.26
8、其他商品和服务	8. باشقا تاۋار ۋە مۇلازىمەت	14.66	14.75	26.46	23.15	3.83
商品性支出	تاۋار چىقىمى	11.16	8.91	8.43	6.76	0.79
服务支出	مۇلازىمەت چىقىمى	3.51	5.84	18.03	16.39	3.04
其他非借贷性支出	**باشقا غەيرى قەرز چىقىمى**	**45.72**	**87.35**	**28.45**	**54.25**	**20.29**
#寄给和带给在外人口	#سىرتتىكىلەرگە ئەۋەتكىنى ۋە ئېلىپ بارغىنى	7.48	32.20	2.35	1.36	
赠送农村外部亲友	يېزا سىرتىدىكى تۇغقان، ئاغىنىلىرىگە سوغا قىلغىنى	25.36	19.68	3.34	2.51	0.63
利息支出	ئۆسۈم چىقىمى	3.49	4.68	2.06	11.21	13.80
租金支出	ئىجارە چىقىمى			0.12		
附:生产用固定资产折旧	قوشۇمچە: ئىشلەپچىقىرىش مۇقىم مۈلكىنىڭ ئامورتىزاتسىيىسى	76.45	85.74	89.32	44.02	23.65

دېھقان ئائىلىلىرىنىڭ كىشى بېشى نەق پۇل كىرىم-چىقىم تەڭپۇڭلىقى جەدۋىلى

7—24 农民家庭人均现金收支平衡表

(يىل نۇسخا ئېلىپ تەكشۈرۈلگەن 1995年抽样调查) 单位:元 بىرلىكى:يۈەن

项目	تۈرلەر	ئاپتونوم رايون 自治区	سانجى ئوبلاستى 昌吉州	ئىلى ۋىلايىتى 伊犁地区	تارباغاتاي ۋىلايىتى 塔城地区
年初存款余额	**يىل بېشىدىكى ئامانەت پۇل قالدۇقى**	**181.05**	**421.50**	**268.38**	**791.05**
年初手存现金	**يىل بېشىدىكى قولدىكى نەق پۇل**	**558.05**	**654.86**	**469.39**	**848.18**
年内现金收入合计	**يىللىق نەق پۇل كىرىمىنىڭ جەمئىيسى**	**2 204.48**	**2 545.45**	**1 585.31**	**2 980.63**
1、基本收入	1. ئاساسىي كىرىم	1 765.34	1 970.55	1 426.57	2 366.63
劳动者的报酬收入	ئەمگەكچىنىڭ ئىش ھەققى كىرىمى	64.41	74.11	35.36	147.52
在集体组织中劳动的报酬	كوللېكتىپ ئىگىلىك كىرىمى	35.49	35.15	23.24	40.44
在企业劳动得到的报酬	كارخانا كىرىمى	23.13	25.12	10.18	44.58
在其他单位劳动得到的报酬	باشقا ئورۇن كىرىمى	5.79	13.84	1.93	62.49
家庭经营现金收入	ئائىلە ئىگىلىك نەق پۇل كىرىمى	1 700.93	1 896.43	1 391.21	2 219.11
出售产品的现金	مەھسۇلات ساتقان نەق پۇل	1 540.04	1 790.66	1 284.00	2 082.73
出售种植业产品的现金	تېرىقچىلىق مەھسۇلاتى ساتقان نەق پۇل	1 208.01	1 484.48	855.06	1 271.81
#出售粮食的现金	#ئاشلىق ساتقان نەق پۇل	323.21	870.93	572.01	449.96
出售林业产品的现金	ئورمانچىلىق مەھسۇلاتى ساتقان نەق پۇل	13.94		7.48	10.72
出售牧业产品的现金	چارۋىچىلىق مەھسۇلاتى ساتقان نەق پۇل	296.54	303.61	412.51	798.64
出售渔业产品的现金	بېلىقچىلىق مەھسۇلاتى ساتقان نەق پۇل	10.05		0.65	
出售手工业产品的现金	قول سانائەت مەھسۇلاتى ساتقان نەق پۇل	4.67	0.15	0.59	
出售采集捕猎产品的现金	ئۆسۈملۈك يىغىش، ئوۋلاش نەق پۇل كىرىمى	4.81	1.31	5.13	
出售工业产品的现金	سانائەت مەھسۇلات كىرىمى				
出售其他产品的现金	باشقا مەھسۇلات كىرىمى	2.03	1.10	2.58	1.56
工业加工费和现金收入	سانائەت پىششىقلاش خىراجىتى ۋە نەق پۇل كىرىمى	5.09	0.07	0.32	
#粮食加工收入	#ئاشلىق پىششىقلاش كىرىمى	3.05			
建筑业的现金收入	بىناكارلىق نەق پۇل كىرىمى	5.92		0.77	
运输业的现金收入	تىرانسپورت نەق پۇل كىرىمى	38.44	27.62	41.70	43.78
商业的现金收入	سودا نەق پۇل كىرىمى	21.43	9.86	8.81	20.45
饮食业的现金收入	يېمەك-ئىچمەك كەسپىي نەق پۇل كىرىمى	8.47	6.56	7.62	18.42
服务业的现金收入	مۇلازىمەت نەق پۇل كىرىمى	27.35	14.04	5.30	13.05
其他家庭经营的现金收入	باشقا ئائىلە ئىگىلىك نەق پۇل كىرىمى	54.20	47.63	42.68	40.68
2、转移性收入	2. يۆتكەلمە كىرىم	52.08	61.30	26.31	52.78
#在外人口寄回和带回	#سىرتتىكىلەر ئەۋەتكىنى ۋە ئەكەلگىنى	2.76	22.20	0.33	0.06
亲友赠送收入	تۇغقان، ئاغىنىلىرى سوغا قىلغان كىرىم	11.91	18.22	2.78	37.68
3、财产性收入	3. مۈلۈك كىرىمى	59.19	37.12	19.48	39.79
#利息收入	#ئۆسۈم كىرىمى	1.87	17.54	4.21	8.94
股息收入	پاي كىرىمى				
租金收入	ئىجارە كىرىمى	7.45		1.79	2.21
4、储蓄借贷现金收入	4. ئامانەت قويغان، قەرز ئالغان نەق پۇل كىرىمى	327.87	476.49	112.95	521.43
#银行信用社得到的贷款	#بانكا ئامانەت قەرز كوپىراتىپىدىن ئالغان قەرز	161.79	277.49	24.29	181.55
储入款	ئامانەت قويغان پۇلى	85.77	118.36	52.95	153.80
收回借出款	قەرز بەرگىنىنى قايتۇرۇۋالغىنى	34.35	29.70	7.05	72.38
从银行信用社取回存款	بانكا ئامانەت قەرز كوپىراتىپىدىن قايتۇرۇۋالغان ئامانەت پۇل	45.95	50.94	28.66	113.69

项目	تۈرلەر	ئاپتونوم رايون 自治区	سانجى ئوبلاستى 昌吉州	ئىلى ۋىلايىتى 伊犁地区	تارباغاتاي ۋىلايىتى 塔城地区
年内现金支出合计	**يىللىق نەق پۇل چىقىمىنىڭ جەمئىيسى**	**2 177.51**	**2 577.32**	**1 476.75**	**2 924.48**
1、生产费用支出的现金	1. ئىشلەپچىقىرىش نەق پۇل چىقىمى	1 084.73	1 208.79	634.18	864.18
家庭经营费用支出的现金	ئائىلە ئىگىلىك نەق پۇل چىقىمى	940.40	992.36	567.21	779.95
#种植业生产支出	#تېرىقچىلىق چىقىمى	720.38	769.18	416.24	532.55
牧业生产支出	چارۋىچىلىق چىقىمى	158.97	138.32	105.94	200.41
手工业生产支出	قول سانائەت چىقىمى	2.96	3.95	0.92	
运输业支出	تىرانسپورت چىقىمى	22.29	10.06	18.58	15.69
商业支出	سودا چىقىمى	9.85	9.26	2.62	1.99
服务业支出	مۇلازىمەت چىقىمى	0.67	3.15	0.26	2.25
购置生产用固定资产支出	ئىشلەپچىقىرىش مۇقىم مۈلكى سېتىۋېلىش چىقىمى	144.33	216.44	66.98	84.59
2、缴纳税金	2. باج	46.83	102.94	42.72	71.26
3、上交集体承包任务现金	3. كوللېكتىپقا تاپشۇرغان ھۆددە ۋەزىپىسى	95.55	81.74	67.71	89.72
4、集体、提留和摊派	4. كوللېكتىپ قالدۇرۇقى ۋە چىچىلغىنى	30.17	81.10	14.12	90.75
5、生活消费支出的现金	5. تۇرمۇش ئىستېمال نەق پۇل چىقىمى	682.13	843.08	612.76	864.49
食品	يېمەكلىك	233.37	264.85	188.56	321.36
主食	ئاساسىي يېمەكلىك	49.50	54.04	40.95	93.89
副食	قوشۇمچە يېمەكلىك	117.17	105.43	83.78	106.43
其他食品	باشقا يېمەكلىك	31.58	69.90	45.43	87.60
在外饮食	سىرتتىكى يېمەك-ئىچمىكى	25.09	30.07	9.98	27.08
食品加工费	يېمەكلىك پىششىقلاش خىراجىتى	10.03	5.40	8.42	6.36
衣着	كىيىم	116.85	114.27	143.15	138.12
服装	تەييار كىيىم	48.77	59.00	55.08	51.20
衣着材料	كىيىم ماتېرىيالى	23.52	19.19	25.19	25.76
鞋袜帽类	ئاياغ، پايپاق، باش كىيىم	35.99	27.66	45.10	46.93
衣着加工修理费	كىيىم تىكتۈرۈش، ئوڭشىتىش خىراجىتى	3.03	4.78	2.66	3.06
其他	باشقا	5.54	3.64	15.12	11.17
居住	ئۆي	103.49	157.91	88.57	93.11
住房	ئۆي	45.68	72.05	35.69	23.56
建筑材料	بىناكارلىق ماتېرىيالى	35.39	53.16	30.49	19.88
房租	ئۆي ئىجارىسى	0.65	4.15	0.39	0.88
其他	باشقا	9.64	14.74	4.80	2.80
电费	توك	12.16	18.98	8.53	12.05
燃料	يېقىلغۇ	33.07	62.90	40.00	45.95
其他	باشقا	12.59	3.99	4.36	11.56
家庭设备、用品及服务	ئائىلە ئۈسكۈنىسى، بۇيۇم، مۇلازىمەت	55.78	51.41	36.54	49.57
耐用消费品	چىدامىلىق ئىستېمال بۇيۇمى	21.63	15.61	4.53	10.38
室内装饰品	بېزەش بۇيۇمى	0.23	1.59	0.29	0.28
床上用品	كارۋات بۇيۇمى	3.39	4.39	8.09	6.45
家庭日用杂品	كۈندىلىك بۇيۇم	24.75	26.60	20.33	29.82

7—24 续表 2 داۋامى

单位：元 بىرلىكى: يۈەن

项目	تۈرلەر	ئاپتونوم رايون 自治区	سانجى ئوبلاستى 昌吉州	ئىلى ۋىلايىتى 伊犁地区	تارباغاتاي ۋىلايىتى 塔城地区
做家具材料	جابدۇق ياساش بۇيۇملىرى	1.63	1.81	1.70	1.37
设备用品加工修理费	ئۈسكۈنە، بۇيۇملارنى پىششىقلاش، رېمونت خىراجىتى	0.83	0.65	0.98	0.52
其他	باشقا	3.33	0.75	0.62	0.75
医疗保健	داۋالاش، ساقلىقنى ساقلاش	47.96	51.69	46.35	73.83
医药卫生保健用品	تىببىي دورا، سەھىيە، ساقلىقنى ساقلاش بۇيۇمى	18.84	31.69	25.12	45.35
医疗保健服务费	داۋالاش، ساقلىقنى ساقلاش مۇلازىمەت خىراجىتى	28.25	20.00	19.35	15.56
医疗卫生保健设备用品修理费	داۋالاش، سەھىيە، ساقلىقنى ساقلاش ئۈسكۈنە، بۇيۇم رېمونتى خىراجىتى	0.08			0.01
其他	باشقا	0.79		1.87	12.91
交通和通讯	قاتناش ۋە ئالاقە	35.67	73.48	26.13	50.12
交通工具	قاتناش قوراللى	21.64	58.80	8.43	19.50
通讯工具	ئالاقىلىشىش قوراللى	0.73			2.97
交通费	قاتناش خىراجىتى	12.35	13.51	17.17	21.52
邮电费	پوچتا-تېلېگراف خىراجىتى	0.13	0.51	0.21	0.62
交通通讯工具修理费	قاتناش، ئالاقىلىشىش قوراللى رېمونتى خىراجىتى	0.82	0.66	0.32	5.50
文化教育娱乐用品及服务	مەدەنىيەت، مائارىپ، كۆڭۈل ئېچىش بۇيۇملىرى ۋە مۇلازىمىتى	64.90	104.72	62.16	116.52
文化教育娱乐用品	مەدەنىيەت، مائارىپ، كۆڭۈل ئېچىش بۇيۇملىرى	19.80	36.87	11.96	33.26
文娱用机电消费品	مەدىنىي كۆڭۈل ئېچىش ماشىنا-ئېلېكتىر ئىستېمال بۇيۇمى	16.35	27.88	8.13	28.17
书报杂志	كىتاب، گېزىت-ژورنال	1.09	3.27	1.22	1.85
纸张文具	قەغەز، ئوقۇش قوراللىرى	1.53	4.76	1.74	1.26
其他文化教育娱乐用品	باشقا مەدەنىيەت، مائارىپ، كۆڭۈل ئېچىش بۇيۇملىرى	0.82	0.96	0.87	1.98
文化教育娱乐服务	مەدەنىيەت، مائارىپ، كۆڭۈل ئېچىش مۇلازىمىتى	45.11	67.85	50.21	83.26
#学杂费	#ئوقۇش پۇلى	37.04	66.12	38.61	71.57
技术培训费	تېخنىكا تەربىيەلەش خىراجىتى	6.08	0.46	6.36	9.16
文娱费	مەدىنىي كۆڭۈل ئېچىش خىراجىتى	1.00	0.99	0.20	1.01
其他商品和服务	باشقا تاۋار ۋە مۇلازىمەت	24.10	24.75	21.30	21.86
商品性支出	تاۋار چىقىمى	9.66	12.53	14.80	4.95
服务支出	مۇلازىمەت چىقىمى	14.44	12.22	6.51	16.92
6、其他非借贷性支出	6. باشقا غەيرى قەرز چىقىمى	69.74	67.00	44.95	122.11
#寄给和带给在外人口的现金	#سىرتتىكىلەرگە ئەۋەتكىنى ۋە ئېلىپ بارغىنى	7.39	6.88	6.00	36.44
赠送亲友的现金	تۇغقان، ئاغىنىلىرىگە سوغا قىلغىنى	35.50	40.63	25.28	73.88
利息支出	ئۆسۈم چىقىمى	3.46	6.64	1.00	1.29
租金支出	ئىجارە چىقىمى	0.18	3.28		
7、储蓄借贷现金支出	7. ئامانەت قويغان، قەرز ئالغان نەق پۇل چىقىمى	168.36	192.68	60.30	821.61
#归还银行信用社贷款	بانكا ئامانەت قەرز كوپىراتىپىغا قايتۇرغان قەرزى	45.71	78.40	21.95	76.24
借出款	قەرز بەرگىنى	5.86	12.47	1.57	7.95
归还借款	قايتۇرغان قەرزى	23.32	5.89	11.42	47.58
存入银行信用社款	بانكا ئامانەت قەرز كوپىراتىپىغا ئامانەت قويغىنى	92.79	95.93	25.36	685.06
年末手存现金	**يىل ئاخىرىدىكى قولىدىكى نەق پۇل**	**585.02**	**622.99**	**577.95**	**904.33**
年末存款余额	**يىل ئاخىرىدىكى ئامانەت پۇل قالدۇقى**	**227.89**	**466.49**	**265.07**	**1 362.42**

7—24 续表 3 داۋامى

单位：元 بىرلىكى：يۈەن

项　　目 تۈرلەر		ئالتاي ۋىلايىتى 阿勒泰地区	بايىنغولىن ئوبلاستى 巴州	ئاقسۇ ۋىلايىتى 阿克苏地区	قەشقەر ۋىلايىتى 喀什地区	خوتەن ۋىلايىتى 和田地区
年初存款余额	**يىل بېشىدىكى ئامانەت پۇل قالدۇقى**	**268.37**	**479.25**	**126.42**	**164.87**	**13.25**
年初手存现金	**يىل بېشىدىكى قولدىكى نەق پۇل**	**864.32**	**896.68**	**555.82**	**569.11**	**84.16**
年内现金收入合计	**يىللىق نەق پۇل كىرىمىنىڭ جەمئىسى**	**1 947.38**	**2 694.78**	**2 334.77**	**1 815.59**	**767.65**
1、基本收入	1. ئاساسىي كىرىم	1 849.94	2 320.99	1 856.63	1 542.72	68.10
劳动者的报酬收入	ئەمگەكچىنىڭ ئىش ھەققى كىرىمى	77.19	120.72	45.06	61.48	25.11
在集体组织中劳动的报酬	كوللېكتىپ ئىگىلىك كىرىمى	17.00	69.96	27.52	44.20	14.62
在企业劳动得到的报酬	كارخانا كىرىمى	4.47	47.70	4.13	13.53	7.65
在其他单位劳动得到的报酬	باشقا ئورۇن كىرىمى	55.72	3.06	13.41	3.75	2.84
家庭经营现金收入	ئائىلە ئىگىلىك نەق پۇل كىرىمى	1 772.75	2 200.27	1 811.57	1 481.24	643.00
出售产品的现金	مەھسۇلات ساتقان نەق پۇل	1 656.55	2 006.35	1 551.07	1 405.37	528.01
出售种植业产品的现金	تېرىقچىلىق مەھسۇلاتى ساتقان نەق پۇل	921.57	1 581.15	1 247.53	1 004.78	357.96
#出售粮食的现金	#ئاشلىق ساتقان نەق پۇل	392.14	301.74	311.63	117.35	61.29
出售林业产品的现金	ئورمانچىلىق مەھسۇلاتى ساتقان نەق پۇل	2.19	7.28	12.16	39.91	18.73
出售牧业产品的现金	چارۋىچىلىق مەھسۇلاتى ساتقان نەق پۇل	637.16	373.77	265.01	339.03	145.14
出售渔业产品的现金	بېلىقچىلىق مەھسۇتى ساتقان نەق پۇل		8.43	7.13		
出售手工业产品的现金	قول سانائەت مەھسۇلاتى ساتقان نەق پۇل	63.77	14.85	11.21	11.52	0.25
出售采集捕猎产品的现金	ئۆسۈملۈك يىغىش، ئوۋلاش نەق پۇل كىرىمى	7.18	17.22	7.95	3.74	5.00
出售工业产品的现金	سانائەت مەھسۇلاتى ساتقان نەق پۇل					
出售其他产品的现金	باشقا مەھسۇلات ساتقان نەق پۇل	24.67	3.64	0.09	6.39	0.93
工业加工费和现金收入	سانائەت پىششىقلاش خىراجىتى ۋە نەق پۇل كىرىمى		0.61	7.56	0.90	4.32
#粮食加工收入	#ئاشلىق پىششىقلاش كىرىمى			0.44		4.27
建筑业的现金收入	بىناكارلىق نەق پۇل كىرىمى	17.39	2.52		2.82	4.71
运输业的现金收入	ترانسپورت نەق پۇل كىرىمى	29.80	84.83	43.61	13.15	3.18
商业的现金收入	سودا نەق پۇل كىرىمى	17.03	50.61	39.59	18.07	12.79
饮食业的现金收入	يېمەك-ئىچمەك كەسپىي نەق پۇل كىرىمى		1.93	10.68	2.85	0.03
服务业的现金收入	مۇلازىمەت نەق پۇل كىرىمى	8.41	5.31	128.50	9.46	17.39
其他家庭经营的现金收入	باشقا ئائىلە ئىگىلىك نەق پۇل كىرىمى	43.57	48.10	30.55	28.61	72.55
2、转移性收入	2. يۆتكەلمە كىرىم	36.05	53.43	18.30	77.61	10.51
#在外人口寄回和带回	#سىرىتتىكىلەر ئەۋەتكىنى ۋە ئەكەلگىنى	2.86	8.07	0.18	2.86	
亲友赠送收入	تۇغقان، ئاغىنىلىرى سوغا قىلغان كىرىم	23.63	21.61	1.87	2.35	3.28
3、财产性收入	3. مۈلۈك كىرىمى	10.81	63.90	98.03	68.23	6.12
#利息收入	ئۆسۈم كىرىمى	8.65	12.71	1.41	0.51	0.34
股息收入	پاي كىرىمى					
租金收入	ئىجارە كىرىمى		4.47			
4、储蓄借贷现金收入	4. ئامانەت قويغان، قەرز ئالغان نەق پۇل كىرىمى	50.58	256.47	361.81	127.03	82.92
#银行信用社得到的贷款	#بانكا ئامانەت قەرز كوپېراتىپىدىن ئالغان قەرز	35.85	97.89	280.62	79.15	53.52
储入款	ئامانەت پۇلى	1.53	72.94	37.53	21.73	23.31
收回借出款	قەرز بەرگىنىنى قايتۇرۇۋالغىنى	0.24	11.05	9.03	2.00	1.60
从银行信用社取回存款	بانكا ئامانەت قەرز كوپېراتىپىدىن قايتۇرۇۋالغان ئامانەت پۇل	12.95	74.59	34.63	24.15	4.47

7—24 续表 4 داۋامى 4　　　　　　　　　　　　　　　　　　　　　　　　　　　　单位：元 بىرلىكى: يۈەن

项　　目	تۈرلەر	ئالتاي ۋىلايىتى 阿勒泰地区	بايىنغولىن ئوبلاستى 巴州	ئاقسۇ ۋىلايىتى 阿克苏地区	قەشقەر ۋىلايىتى 喀什地区	خوتەن ۋىلايىتى 和田地区
年内现金支出合计	**يىللىق نەق پۇل چىقىمىنىڭ جەمئىيسى**	**1 764.19**	**2 568.84**	**2 164.64**	**1 954.72**	**753.51**
1、生产费用支出的现金	1. ئىشلەپچىقىرىش نەق پۇل چىقىمى	677.13	1 076.35	1 260.89	997.84	291.91
家庭经营费用支出的现金	ئائىلە تىگىلىك نەق پۇل چىقىمى	640.21	960.78	974.91	921.79	272.02
#种植业生产支出	#تېرىقچىلىق چىقىمى	386.05	647.24	803.39	699.56	191.21
牧业生产支出	چارۋىچىلىق چىقىمى	166.65	194.59	114.76	203.22	68.09
手工业生产支出	قول سانائەت چىقىمى	25.51	2.36	5.47	4.64	0.52
运输业支出	ترانسپورت چىقىمى	33.99	53.62	6.16	2.51	2.57
商业支出	سودا چىقىمى	8.12	35.54	25.25	3.63	3.82
服务业支出	مۇلازىمەت چىقىمى	0.60	1.30	0.44	2.08	
购置生产用固定资产支出	ئىشلەپچىقىرىش مۇقىم مۈلكى سېتىۋېلىش چىقىمى	36.92	115.57	285.98	76.05	19.89
2、缴纳税金	2. باج	59.97	52.72	50.34	38.02	17.49
3、上交集体承包任务现金	3. كوللېكتىپقا تاپشۇرغان ھۆددە ۋەزىپىسى	27.26	138.89	80.14	166.24	52.61
4、集体、提留和摊派	4. كوللېكتىپ قالدۇرۇقى ۋە چېچىلغىنى	26.31	36.02	2.16	2.54	0.99
5、生活消费支出的现金	5. تۇرمۇش ئىستېمال نەق پۇل چىقىمى	795.38	890.37	569.84	588.38	320.47
食品	يېمەكلىك	261.38	341.65	193.34	216.65	159.16
主食	ئاساسىي يېمەكلىك	102.52	98.70	37.56	42.95	28.07
副食	قوشۇمچە يېمەكلىك	73.01	150.51	113.93	113.02	86.01
其他食品	باشقا يېمەكلىك	77.04	61.07	12.76	15.71	5.69
在外饮食	سىرتتىكى يېمەك-ئىچمەكلىك	2.66	23.39	23.14	34.68	23.95
食品加工费	يېمەكلىك پىششىقلاش خىراجىتى	5.67	7.97	5.88	10.30	15.43
衣着	كىيىم	208.14	131.16	117.63	111.39	69.69
服装	تەييار كىيىم	110.85	58.35	35.54	32.03	22.86
衣着材料	كىيىم ماتېرىيالى	20.16	22.07	32.21	35.33	15.89
鞋袜帽类	ئاياغ، پايپاق، باش كىيىم	56.12	40.59	38.11	32.82	25.92
衣着加工修理费	كىيىم تىكتۈرۈش، ئوڭشىتىش خىراجىتى	1.64	4.63	3.70	5.96	1.36
其他	باشقا	19.39	5.52	8.07	5.26	3.66
居住	ئۆي	125.83	166.67	75.74	101.36	35.15
住房	ئۆي	52.94	66.42	30.93	46.98	8.05
建筑材料	بىناكارلىق ماتېرىيالى	35.20	46.51	20.18	41.21	7.44
房租	ئۆي ئىجارىسى		0.19	0.23		0.01
其他	باشقا	17.74	19.72	10.52	5.77	0.59
电费	توك	12.50	15.59	12.22	11.34	10.53
燃料	يېقىلغۇ	59.21	83.29	21.53	28.31	13.04
其他	باشقا	1.17	1.37	11.06	14.74	3.53
家庭设备、用品及服务	ئائىلە ئۈسكۈنىسى، بۇيۇم ۋە مۇلازىمەت	47.50	78.48	54.27	49.89	13.77
耐用消费品	چىدامىلىق ئىستېمال بۇيۇمى	11.51	35.03	19.23	14.26	1.60
室内装饰品	بېزەش بۇيۇمى	0.71	0.97	0.18	0.21	0.01
床上用品	كارۋات بۇيۇمى	0.75	7.23	0.98	0.60	0.25
家庭日用杂品	كۈندىلىك بۇيۇم	33.69	31.48	21.53	31.96	9.38

7—24续表5 داۋامى

单位:元 بىرلىكى: يۈەن

项目 تۈرلەر	阿勒泰地区 ئالتاي ۋىلايىتى	巴州 بايىنغولىن ئوبلاستى	阿克苏地区 ئاقسۇ ۋىلايىتى	喀什地区 قەشقەر ۋىلايىتى	和田地区 خوتەن ۋىلايىتى
做家具材料 جابدۇق ياساش ماتېرىيالى		2.71	0.01	1.05	
设备用品加工修理费 ئۆسكۈنە، بويۇملارنى پىششىقلاش، رېمونت خىراجىتى	0.82	0.34	0.75	1.27	0.37
其他 باشقا	0.02	0.72	11.58	0.55	2.15
医疗保健 داۋالاش، ساقلىقنى ساقلاش	48.24	47.57	47.33	43.15	24.09
医药卫生保健用品 تېببىي دورا، سەھىيە، ساقلىقنى ساقلاش بويۇملىرى	36.23	20.51	15.15	9.63	9.53
医疗保健服务费 داۋالاش، ساقلىقنى ساقلاش مۇلازىمەت خىراجىتى	8.78	26.96	31.88	29.52	14.56
医疗卫生保健设备用品修理费 داۋالاش، سەھىيە، ساقلىقنى ساقلاش بويۇملىرى رېمونتى خىراجىتى					
其他 باشقا	3.23	0.11	0.30	4.00	
交通和通讯 قاتناش ۋە ئالاقە	20.92	23.36	27.36	15.84	9.71
交通工具 قاتناش قوراللى	0.22	5.42	18.12	7.85	3.55
通讯工具 ئالاقىلىشىش قوراللى	0.06		0.15		
交通费 قاتناش خىراجىتى	19.60	16.17	8.71	5.86	5.62
邮电费 پوچتا-تېلېگراف خىراجىتى	0.54	0.64	0.01	0.04	0.01
交通通讯工具修理费 قاتناش، ئالاقىلىشىش قوراللى رېمونتى	0.50	1.12	0.38	2.10	0.53
文化教育娱乐用品及服务 مەدەنىيەت، مائارىپ، كۆڭۈل ئېچىش بويۇملىرى ۋە مۇلازىمىتى	68.80	86.72	27.71	26.95	5.09
文化教育娱乐用品 مەدەنىيەت، مائارىپ، كۆڭۈل ئېچىش بويۇملىرى	11.69	12.51	13.49	10.56	3.16
文娱用机电消费品 مەدەنىي كۆڭۈل ئېچىش ما شىنا-ئېلېكتىر ئىستېمالى بۇيۇمى	6.89	5.38	11.75	8.70	2.06
书报杂志 كىتاب، گېزىت-ژورنال	0.56	3.20	0.91	1.17	0.22
纸张文具 قەغەز، ئوقۇش ماتېرىيالى	3.59	2.24	0.60	0.63	0.74
其他文化教育娱乐用品 باشقا مەدەنىيەت، مائارىپ، كۆڭۈل ئېچىش بويۇملىرى	0.64	1.69	0.23	0.05	0.14
文化教育娱乐服务 مەدەنىيەت، مائارىپ، كۆڭۈل ئېچىش مۇلازىمىتى	57.12	74.21	14.23	16.39	1.93
#学杂费 #ئوقۇش پۇلى	56.75	63.84	10.62	12.91	1.49
技术培训费 تېخنىكا تەربىيەلەش خىراجىتى		9.08	0.98	1.14	
文娱费 مەدەنىي كۆڭۈل ئېچىش خىراجىتى	0.17	0.53	1.44	0.49	0.16
其他商品和服务 باشقا تاۋار ۋە مۇلازىمەت	14.56	14.75	26.46	23.15	3.83
商品性支出 تاۋار چىقىمى	11.06	8.91	8.43	6.76	0.79
服务支出 مۇلازىمەت چىقىمى	3.51	5.84	18.03	16.39	3.04
6、其他非借贷性支出 6. باشقا غەيرى قەرز چىقىمى	45.26	83.42	30.57	51.23	14.67
#寄给和带给在外人口的现金 #سىرتتىكىلەرگە ئەۋەتكىنى ۋە ئېلىپ بارغىنى	5.35	30.37	2.21	1.36	
赠送亲友的现金 يېزا سىرتىدىكى تۇغقان، ئاغىنىلىرىگە سوغا قىلغىنى	27.09	32.39	7.59	6.15	9.45
利息支出 ئۆسۈم چىقىمى	3.49	4.68	2.06	11.21	2.66
租金支出 ئىجارە چىقىمى			0.12		
7、储蓄借贷现金支出 7. ئامانەت قويغان، قەرز ئالغان نەق پۇل چىقىمى	132.88	291.07	170.70	110.48	55.36
#归还银行信用社贷款 #بانكا ئامانەت قەرز كوپراتىپىغا قايتۇرغان قەرز	46.99	73.08	95.77	37.62	26.22
借出款 قەرز بەرگىنى	1.34	0.18	7.63	4.93	1.73
归还借款 قايتۇرغان قەرزى	7.15	14.67	21.76	26.45	11.26
存入银行信用社款 بانكا ئامانەت قەرز كوپراتىپىغا ئامانەت قويغىنى	77.00	203.15	45.55	41.47	16.15
年末手存现金 يىل ئاخىرىدىكى قولىدىكى نەق پۇل	**1 047.51**	**1 022.62**	**725.94**	**429.98**	**98.30**
年末存款余额 يىل ئاخىرىدىكى ئامانەت پۇل قالدۇقى	**332.41**	**607.81**	**137.33**	**182.20**	**24.93**

دېھقان ئائىلىلىرىنىڭ ئۆي ئەھۋالى

7—25 农民家庭房屋使用情况

تۈرلەر 项　　目		1985 年 -يىل	1990 年 -يىل	1995 年 -يىل
本年新建房屋	بۇ يىل يېڭى سالغان ئۆي			
间数(间/户)	ئېغىز سانى(ئائىلە/ئېغىز)	0.23	0.17	0.12
面积(平方米/人)	كۆلىمى (ئادەم/ كۋادرات مېتر)	0.93	0.78	0.44
#砖木结构	#ياغاچ تاش قۇرۇلما	0.25	0.44	0.18
钢筋混凝土结构	بېتون قۇرۇلما	0.03	0.08	0.05
房屋价值(元/间)	ئۆي قىممىتى (ئېغىز/يۈەن)	417.07	1 225.58	2 837.54
每平方米价值(元)	ھەر كۋادرات مېترنىڭ قىممىتى (يۈەن)	19.93	51.25	140.33
生活用房面积(平方米/人)	تۇرمۇشقا ئىشلىتىدىغان ئۆي كۆلىمى (ئادەم/كۋادرات مېتر)	0.73	0.55	0.34
楼房面积(平方米/人)	قەۋەتلىك ئۆي كۆلىمى (ئادەم/كۋادرات مېتر)	0.01		
年末住房	يىل ئاخىرىدىكى ئۆيى			
间数(间/户)	خانە سانى (ئائىلە/ئېغىز)	3.30	3.69	3.93
面积(平方米/人)	كۆلىمى (ئادەم/كۋادرات مېتر)	12.72	14.04	16.12
#砖木结构	#ياغاچ تاش قۇرۇلما	1.63	3.97	6.71
钢筋混凝土结构	بېتون قۇرۇلما	0.05	0.29	0.30
房屋价值(元/间)	ئۆي قىممىتى (ئېغىز/يۈەن)	317.73	452.13	1 189.98

دېھقان ئائىلىلىرىدىكى كىشى بېشى ئاشلىق كىرىم-چىقىم تەڭپۇڭلۇق جەدۋىلى

7—26 农民家庭平均每人粮食收支平衡

（1995 يىل نۇسخا ئېلىپ تەكشۈرۈلگەن 1995年抽样调查） 单位:元 بىرلىكى:يۈەن

项 目	تۈرلەر	ئاپتونوم رايون 自治区	سانجى ئوبلاستى 昌吉州	ئىلى ۋىلايىتى 伊犁地区	تارباغاتاي ۋىلايىتى 塔城地区
年初粮食结存(原粮・下同)	**يىل بېشىدىكى ئاشلىق قالدۇقى (پىششىقلانمىغان ئاشلىق، تۆۋەندىمۇ ئوخشاش)**	**477.15**	**1 010.72**	**620.22**	**451.64**
年内粮食收入合计	**يىللىق ئاشلىق كىرىمىنىڭ جەمئىسى**	**709.31**	**1 212.74**	**891.19**	**625.84**
1、从集体统一经营得到的	1. كوللېكتىپ ئىگىلىكتىن ئېرىشكىنى	0.10		0.16	
2、家庭经营生产的	2. ئائىلە ئىگىلىكىنىڭ	667.56	1 174.85	855.26	551.14
3、购入	3. سېتىۋالغىنى	40.33	35.13	35.76	72.87
#从集市上购入	#بازاردىن سېتىۋالغىنى	17.09	3.93	4.20	1.35
4、借入	4. قەرز ئالغىنى				1.00
5、收回借出粮	5. قەرز بەرگەن ئاشلىقتىن قايتۇرۇۋالغىنى	1.07			
6、其他粮食收入	6. باشقا ئاشلىق كىرىمى	0.24	2.76		0.84
年内粮食支出合计	**يىللىق ئاشلىق چىقىمىنىڭ جەمئىسى**	**581.96**	**1 060.66**	**776.63**	**648.54**
1、主食用粮	ئاساسىي يېمەكلىك ئاشلىقى	236.27	233.54	214.72	170.24
#稻谷	#گۈرۈچ	10.74	0.34	4.09	3.97
小麦	بۇغداي	186.72	230.54	201.59	133.53
2、其他生活用粮	2. تۇرمۇشقا ئىشلەتكەن باشقا ئاشلىق	1.39	0.92	·	
3、出售	3. ساتقىنى	224.07	603.31	444.70	326.33
#出售给国家的	#دۆلەتكە ساتقىنى	114.48	328.91	316.37	193.84
#稻谷	گۈرۈچ	3.96		0.53	
小麦	بۇغداي	92.88	221.43	281.15	177.75
4、种籽	4. ئۇرۇقلۇق	34.77	52.95	46.51	46.01
5、饲料	5. يەم-خەشەك	83.95	154.26	70.70	105.16
6、借出	6. قەرز بەرگىنى	0.61			
7、归还借粮	7. قەرز ئالغىنىنى قايتۇرغىنى	0.22	0.59		
8、上交集体承包任务	8. كوللېكتىپقا تاپشۇرغان ھۆددە ۋەزىپىسى	0.00	15.09		
9、其他粮食支出	9. باشقا ئاشلىق چىقىمى	0.66			0.80
年末粮食结存	**يىل ئاخىرىدىكى ئاشلىق قالدۇقى**	**604.51**	**1 162.80**	**734.78**	**428.94**
#口粮	#ئوزۇقلۇق ئاشلىقى	236.01	359.15	279.65	166.86
饲料	يەم-خەشەك	68.61	173.14	116.93	51.89
种籽	ئۇرۇقلۇق	36.64	54.90	111.98	31.56

7－26 续表 1 داۋامى

بىرلىكى:يۈەن 单位:元

项　目 تۈرلەر		ئالتاي ۋىلايىتى 阿勒泰地区	بايىنغولىن ئوبلاستى 巴州	ئاقسۇ ۋىلايىتى 阿克苏地区	قەشقەر ۋىلايىتى 喀什地区	خوتەن ۋىلايىتى 和田地区
年初粮食结存(原粮・下同)	**يىل بېشىدىكى ئاشلىق قالدۇقى (پىششىقلانغان ئاشلىق/ تۆۋەندىمۇ ئوخشاش)**	**323.43**	**264.35**	**598.82**	**466.02**	**216.96**
年内粮食收入合计	**يىللىق ئاشلىق كىرىمىنىڭ جەمئىسى**	**593.55**	**684.06**	**624.78**	**615.71**	**407.49**
1、从集体统一经营得到的	كوللېكتىپ ئىگىلىكتىن ئېرىشكىنى				0.08	0.04
2、家庭经营生产的	2. ئائىلە ئىگىلىكىنىڭ	522.68	621.05	602.30	590.00	385.70
3、购入	3. سېتىۋالغىنى	70.87	55.85	21.39	25.63	21.75
#从集市上购入	# بازاردىن سېتىۋالغىنى	14.68	16.60	8.88	21.08	14.03
4、借入	4. قەرز ئالغىنى					
5、收回借出粮	5. قەرز بەرگەن ئاشلىقىدىن قايتۇرۇۋالغىنى		5.04	1.09		
6、其他粮食收入	6. باشقا ئاشلىق كىرىمى		2.12			
年内粮食支出合计	**يىللىق ئاشلىق چىقىمىنىڭ جەمئىسى**	**571.75**	**623.29**	**514.00**	**420.27**	**357.25**
1、主食用粮	1. ئاساسىي يېمەكلىك كىرىمى	148.95	253.10	172.41	247.02	230.92
#稻谷	# گۈرۈچ	1.00	24.10	10.97	11.65	9.05
小麦	بۇغداي	126.47	207.60	148.00	184.59	133.97
2、其他生活用粮	2. تۇرمۇشقا ئىشلەتكەن باشقا ئاشلىق	2.03		6.81		0.30
3、出售	3. ساتقىنى	369.52	223.15	214.24	76.62	44.63
#出售给国家的	# دۆلەتكە ساتقىنى	332.67	137.08	155.88	51.90	25.55
#稻谷	# گۈرۈچ	1.86	3.08	19.22	0.32	0.06
小麦	بۇغداي	209.48	118.94	97.20	47.96	18.41
4、种籽	4. ئۇرۇقلۇق	37.56	36.95	29.26	25.89	22.52
5、饲料	5. يەم-خەشەك	9.15	107.42	79.22	67.46	53.69
6、借出	قەرز بەرگىنى		1.42	1.63	0.52	
7、归还借粮	7. قەرز ئالغىنىنى قايتۇرغىنى		1.25			2.56
8、上交集体承包任务	8. كوللېكتىپقا تاپشۇرغان ھۆددە ۋەزىپىسى	1.43		5.15	0.01	0.06
9、其他粮食支出	9. باشقا ئاشلىق چىقىمى	3.12		5.28	2.75	2.57
年末粮食结存	**يىل ئاخىرىدىكى ئاشلىق قالدۇقى**	**345.24**	**325.11**	**709.59**	**661.47**	**267.20**
#口粮	# ئوزۇقلۇق ئاشلىقى	194.93	182.95	106.47	326.33	186.24
饲料	يەم-خەشەك	12.24	62.77	60.55	94.64	39.58
种籽	ئۇرۇقلۇق	39.32	23.90	26.33	37.61	19.11

ئاساسلىق ستاتىستىكا كۆرسەتكۈچلىرىنىڭ ئىزاھاتى

主要统计指标解释

شەھەر-بازار ئائىلىلىرىدىكى ئىشتىكى ئاھالە ئىجتىمائىي ئەمگەككە قاتنىشىپ، ئەمگەك ھەققىگە ياكى تىجارەت كىرىمىگە ئېرىشكەن ئاھالىنى كۆرسىتىدۇ. ئومۇمخەلق مۈلۈكچىلىكى، كوللېكتىپ مۈلۈكچىلىكىدىكى ئورۇنلاردا ئىشلىشى ياكى يەككە ئەمگەك قىلىشىدىن، كەسپىي مۇقىم ياكى ۋاقىتلىق بولۇشىدىن قەتئىي نەزەر ئوخشاشلا ئىشتىكى ئاھالە ھېسابلىنىدۇ. ئوقۇغۇچىلار تەتىلدە ئەمگەككە قاتنىشىپ، مەلۇم ھەق ئالسىمۇ لېكىن ئىشتىكى ئاھالە ھېسابلانمايدۇ.

"ئىشتىكى ئاھالە" "ئومۇمخەلق مۈلۈكچىلىكىدىكى ئورۇنلاردىكى ئىشچى-خىزمەتچىلەر"، "كوللېكتىپ مۈلۈكچىلىكىدىكى ئورۇنلاردىكى ئىشچى-خىزمەتچىلەر"، "يەككە غوجايىنلار ۋە يەككە تىجارەتچىلەر"، "يەككە ئىگىلىكتىكى ياللانما خادىملار"، "تەكلىپ قىلىنغان ۋە قالدۇرۇپ ئىشلەتكەن پېنسىيە، دەم ئېلىشتا چىققان خادىملار" ھەم "باشقا" قاتارلىق 6 تۈرلۈك كىشىلەرنى ئۆز ئىچىگە ئالىدۇ.

شەھەر ئاھالىلىرىنىڭ ئەمىلىي ئائىلە كىرىمى تەكشۈرۈلگەن ئائىلىنىڭ بارلىق ئەمىلىي نەق پۇل كىرىمىنى كۆرسىتىدۇ. دائىملىق، مۇقىم كىرىمى ۋە ۋاقىتلىق كىرىمىنى ئۆز ئىچىگە ئالىدۇ. ئوبوروت كىرىمىنى ئۆز ئىچىگە ئالمايدۇ. مەسىلەن: بانكىدىكى ئامانەت پۇلىدىن ئالغىنى، تۇققان، ئاغىنىلىرىدىن قەرز ئالغىنى، قەرز بەرگىنىنى قايتۇرۇۋالغىنى ھەم باشقا تۈرلۈك ۋاقىتلىق كىرىم پۇلىنى ئۆز ئىچىگە ئالمايدۇ.

شەھەر-ئائىلىلىرىنىڭ ئائىلە تۇرمۇش خىراجىتى كىرىمى تەكشۈرۈلگەن ئائىلىنىڭ ئەمىلىي ئائىلە كىرىمى ئىچىدىكى كۈندىلىك تۇرمۇشقا ئىشلىتىشكە بولىدىغان كىرىمىنى كۆرسىتىدۇ.

تۇرمۇش خىراجىتى كىرىمى=ئەمىلىي كىرىمى -بېقىش، سوغات چىقىمى-ھېساب يېزىش ياردەم پۇلى -تۇققان، ئاغىنىلەر تاماقخانا خىراجىتى-ئائىلەقوشۇمچە ئىگىلىك ئىشلەپچىقىرىش چىقىمى.

شەھەر ئاھالىلىرىنىڭ ئائىلە تۇرمۇش خىراجىتى چىقىمى تەكشۈرۈلگەن ئائىلە كۈندىلىك تۇرمۇشقا ئىشلەتكەن بارلىق چىقىمىنى كۆرسىتىدۇ. يېمەكلىك، كىيىم، ئائىلە ئۈسكۈنىلىرى ھەم مۇلازىمەت، داۋالىنىش، ساقلىقنى ساقلاش، قاتناش، ئالاقىلىشىش، كۆڭۈل ئېچىش، مائارىپ، مەدىنىيەت مۇلازىمىتى، ئۆي، پارچە تاۋار ۋە مۇلازىمەت قاتارلىق 8 تۈرلۈك چىقىمنى ئۆز ئىچىگە ئالىدۇ. بۇلار ئىشلىتىلىش تۈرى بويىچە تۈرگە ئايرىلىدۇ.

شەھەر ئاھالىلىرىنىڭ تاۋار چىقىمى تەكشۈرۈلگەن ئائىلىنىڭ تاۋار سېتىۋالغان بارلىق چىقىمىنى كۆرسىتىدۇ. ماگىزىندىن، زاۋۇت، يېمەك-ئىچمەك كەسپىدىن، ئىدارىسىدىكى ئاشخانا، بازاردىن ھەم بىۋاستە دېھقانلاردىن سېتىۋالغان تۈرلۈك تاۋار چىقىمىنى ئۆز ئىچىگە ئالىدۇ.

شەھەر ئاھالىلىرىنىڭ ئۆي كۆلىمى تەكشۈرۈلگەن ئائىلىدىكى ئائىلە ئەزالىرىنىڭ تەكشۈرگەن چاغدا ئەمىلىي ئولتۇرۇۋاتقان ئۆي كۆلىمىنى كۆرسىتىدۇ. ئاشخانا، تەرەتخانا، كارىدور ۋە ۋاقىتلىق ئۆيلەرنىڭ كۆلىمىنى ئۆز ئىچىگە ئالمايدۇ.

يېزا ئائىلىلىرىدىكى دائىملىق ئاھالە يېزا ئائىلىلىرىدىكى ئوتتۇرىچە ھەر بىر كىشىنىڭ كىرىم ئىستىمالى ۋە جۇغلانما سەۋىيىسىنى ھېسابلاش ۋە ئوتتۇرىچە ھەر بىر ئائىلىدىكى ئادەم سانىنى تەھلىل قىلىشتا ئىشلىتىلىدۇ. يىلبويى ئائىلىدە تۇرىدىغان ياكى 6 ئايدىن كۆپ تۇرغان، شۇنداقلا ئىقتىسادىي تۇرمۇشتا شۇ ئائىلە بىلەن بىرلىشىپ كەتكەن ئاھالىلەر، دائىملىق ئاھالە دېيىلىدۇ. سىرتتا ئىشلەيدىغان توختاملىق ئىشچى، ۋاقىتلىق ئىشچى ۋە باشقا قوشۇمچە ئىگىلىك ئىشچىلىرىنىڭ سىرتتا ئىشلىگەن ۋاقتى 6 ئايدىن ئاشسىمۇ لېكىن ئۇلار كىرىمىنى ئاساسەن ئائىلىسىگە قايتۇرۇپ كەلسە ياكى كەنت (كەنت ئاھالىلەر گۇرۇپپىسى) گە تاپشۇرۇپ گۆڭ خاتىرلىتىپ، دارامەت تەقسىماتىغا قاتناشسا ئۇلارنىمۇ دائىملىق ئاھالە دەپ ھېسابلاش كېرەك. شۇ ئائىلىدە تۇرىدىغان، تۇرمۇشتا شۇ ئائىلە بىلەن بىرلىشىپ كەتكەن دۆلەت ئىشچى-خىزمەتچىلىرى، پېنسىيىگە چىققان خادىملارنىمۇ دائىملىق ئاھالىگە كىرگۈزۈش كېرەك. لېكىن ئارمىيىگە قاتناشقان، سىرتتا ئولتۇرىدىغان ئىشچى-خىزمەتچىلەرنى بۇنىڭغا كىرگۈزمەسلىك كېرەك.

دائىملىق ئاھالە ئىچىدىكى پۈتۈن، يېرىم ئەمگەك كۈچى 18-50 ياشقىچە بولغان ئەرلەر، 18-45ياشقىچە بولغان ئاياللار پۈتۈن ئەمگەك كۈچى ھېسابلىنىدۇ. 16-17ياشقىچە، 51-60ياشقىچە بولغان ئەرلەر، 16-17ياشقىچە، 46-55ياشقىچە بولغان ئاياللار يېرىم ئەمگەك كۈچى ھېسابلىنىدۇ. بۇنىڭغا كىرگۈزۈلگەن ئەر-ئاياللار ئەمگەك ئىقتىدارىغا ئىگە بولۇشى كېرەك. ئەمگەك يېشىدا بولسىمۇ ئەمگەك ئىقتىدارىنى يوقاتقانلارنى ئەمگەك كۈچى ھېسابلاشقا بولمايدۇ. ئەمگەك يېشىدا بولمىسىمۇ لېكىن دائىم ئەمگەككە قاتنىشىدىغان پۈتۈن ياكى يېرىم ئەمگەك كۈچىنىڭ ئىشىنى قىلالايدىغان كىشىلەرنى ئەمگەك كۈچىگە كىرگۈزۈش كېرەك. دائىملىق ئاھالە ئىچىدىكى ئىشچى-خىزمەتچىلەر ئەمگەك كۈچىگە تەۋە بولسا ئۇلارنى شۇ ئائىلىدىكى پۈتۈن، يېرىم ئەمگەك كۈچىگە ھېسابلاش كېرەك.

دېھقانلارنىڭ يىللىق ئومۇمىي كىرىمى دېھقان ئائىلىلىرىنىڭ تۈرلۈك مەنبەلەردىن ئېرىشكەن بارلىق ئەمىلىي كىرىمىنى كۆرسىتىدۇ. (نەق پۇل كىرىمى ۋە ماددىي كىرىمىنى ئۆز ئىچىگە ئالىدۇ). ئاساسىي كىرىم، يۆتكەلمە كىرىم ۋە مالىيە كىرىمىدىن ئىبارەت ئۈچ قىسىمدىن تەركىب تاپىدۇ. (1) ئاساسىي كىرىم: ئەمگەكچىنىڭ ئىش ھەققى كىرىمى ۋە ئائىلە ئىگىلىك كىرىمى. (2) يۆتكەلمە كىرىم: سىرتتىكىلەر ئەۋەتكەن، ئەكەلگەن، يېزا سىرتىدىكى تۇققان، ئاغىنىلىرى سوغا قىلغان كىرىم، تەكشۈرۈش ياردەم پۇلى، سۇغارتا تۆلىمى، قۇتقۇزۇش پۇلى، ئاپەتتىن قۇتقۇزۇش پۇلى، پېنسىيە پۇلى، نەپىقە پۇلى، بەشتە كاپالەت ئائىلىلەرگەبېرىلگەن پۇل، مۇكاپات كىرىمى، يەر سېتىش ياردەم پۇلى كىرىمى ۋە باشقا يۆتكەلمە كىرىمىنى ئۆز ئىچىگە ئالىدۇ. (3) مۈلۈك كىرىمى: ئۆسۈم، پاي ئۆسىمى، ئىجارە، ئالاھىدە رۇخسەت ھوقۇقىنى ئۆتىنىش كىرىمى، كوللېكتىپ مۈلۈك كىرىمى، باشقا مۈلۈك كىرىمىنى ئۆز ئىچىگە ئالىدۇ.

دېھقانلارنىڭ ساپ كىرىمى ئومۇمىي كىرىمىدىن تۈرلۈك مۇناسىۋەتلىك خىراجەت چىقىمىنى چىقىرىۋەتكەندىن كېيىنكى دېھقانلارغا تەۋە بولغان كىرىمىنى كۆرسىتىدۇ. ئۇنى ئىشلەپچىقىرىشقا ۋە غەيرى ئىشلەپچىقىرىشقا مەبلەغ قىلىپ سېلىشقا، ماددىي، مەدىنىيەت تۇرمۇشى-

نى ياخشىلاشقا ھەم قايتا تەقسىملەش چىقىمى ۋە قالدۇق كىرىمگە ئىشلىتىشكە بولىدۇ. بۇ كۆرسەتكۈچ ئارقىلىق دېھقانلارنىڭ ئەمەلىي كىرىم سەۋىيىسى ھەم دېھقانلارنىڭ تەكرار ئىشلەپچىقىرىشنى كېڭەيتىش ۋە تۇرمۇشنى ياخشىلاش ئىقتىدارى كۆزىتىلىدۇ.

ساپ كىرىم =ئومۇمىي كىرىم-ئائىلە ئىگىلىك خىراجەت چىقىمى -ئىشلەپچىقىرىش مۇقىم مۈلكى ئامورتىزاتيىسى -باج -كوللېكتىپقا تاپشۇرغان ھۆددە ۋەزىپىسى-تەكشۈرۈش ياردەم پۇلى-كوللېكتىپ قالدۇرۇقى .

دېھقانلارنىڭ ئىشلەپچىقىرىش ساپ كىرىمى يېزا ئىگىلىك ، سانائەت، بىناكارلىق، قاتناش-ترانسپورت، سودا، يېمەك-ئىچمەك كەسىپلىرىدىن ئىگە بولغان ئىشلەپچىقىرىش ساپ كىرىمىنى كۆرسىتىدۇ.

تەكشۈرۈش جەدۋىلىدىكى ئىشلەپچىقىرىش ساپ كىرىمى تۆۋەندىكى ساپ كىرىملەرنى ئۆز ئىچىگە ئالىدۇ: ئەمگەكچىنىڭ ئىش ھەققى كىرىمى، ئائىلە ئىگىلىك ساپ كىرىمىدىكى دېھقانچىلىق، ئورمانچىلىق، چارۋىچىلىق، بېلىقچىلىق، قول سانائەت، ئوسۇملۈك يىغىش، ئوۋلاش، سانائەت، بىناكارلىق، ترانسپورت، يېمەك-ئىچمەك ساپ كىرىمى ۋە باشقا ئائىلە ئىگىلىك ساپ كىرىمى.

ئىشلەپچىقىرىش ساپ كىرىمى =ئائىلە ئىگىلىكساپ كىرىمى-مۇلازىمەت ساپ كىرىمى

城镇居民家庭就业人口 指从事社会劳动并取得劳动报酬或经营收入的人口，不论在全民所有制、集体所有制单位工作或从事个体劳动，不论有固定性职业或临时性职业都是就业人口。各学校在校学生在假期参加劳动，虽然领取一定的报酬，也不计算为就业人口。

“就业人口”包括“全民所有制单位职工”、“集体所有制单位职工”、“个体雇主与自营者”、“个体被雇用人员”、“被聘用和留用的离退休人员”及“其他”六项。

城市居民家庭实际收入 指调查户的全部实际的现金收入。包括经常或固定得到的收入和一次性收入。不包括周转性的收入，如提取银行存款、向亲友借入款、收回借出款及其它各种暂收款。

城市居民家庭生活费收入 指调查户实际家庭收入中能安排日常生活的收入。

即：生活费收入＝实际收入－赡养、赠送支出－记帐补贴－亲友搭伙费－家庭副业生产支出

城市居民家庭生活费支出 指调查户用于日常生活的全部支出，包括食品、衣着、家庭设备用品及服务、医疗保健、交通和通讯、娱乐教育、文化服务、居住、杂项商品和服务等八大类支出，均按用途划分与分类。

城市居民家庭购买商品支出 指调查户购买商品的全部支出，包括从商店、工厂、饮食业、工作单位食堂、集市以及直接向农民购买各种商品的开支。

城市居民家庭居住面积 指调查户家庭成员在调查时点实际居住的住房面积，不包括厨房、厕所、走廊面积和临时搭建房屋的面积。

农村住户常住人口 主要用于计算农村住户平均每人收入、消费和积累水平及分析家庭人口状况的依据。常住人口是指全年经常在家或在家居住六个月以上，而且经济生活和本户连成一体的人口。在外劳动的合同工、临时工和其他副业工，他们在外劳动虽然超过六个月，但其收入主要带回家中，或是交钱给村（村民小组）由村（村民小组）记工分参加分配的，仍要计算在内。在家居住，生活和本户连成一体的国家职工、退休人员也要计算在内。但是参军、在外居住的职工等，则不应计入。

常住人口中整半劳动力 整劳动力是指18周岁到50周岁的男子，18周岁到45周岁的女子。半劳动力是指16周岁到17周岁，51周岁到60周岁的男子；16周岁到17周岁，46周岁到55周岁的女子。这些男女必须具有劳动能力。虽然在劳动年龄之内，但已丧失能力的人，不应算为劳动力；在劳动年龄以外，但能经常参加劳动，能顶上一个整劳动力或半劳动力的人，应计入劳动力数内。常住人口中的职工，若这些职工为劳动力，就包括在本户整半劳动力中。

农民全年总收入 是指农村住户年内从各种来源得到地全部实际收入（包括现金收入和实物收入）。由基本收入，转移性收入和财产性收入等三部分组成。①基本民入：包括劳动者的报酬收入和家庭经营收入；②转移性收入：包括在外人口寄回和带回、农村外部亲友赠送的收入、调查补贴、保险赔款、救济金、救灾款、退休金、抚恤金、五保户的供给、奖励收入、土地征用补偿收入和其他转移性收入；③财产性收入：包括利息收入、股息收入、租金收入、出让特许权收入、集体财产收入、其他财产收入。

农民纯收入 是总收入扣除相对应的各项费用性支出后，归农民所有的收入。它可以用以生产、非生产投资，改善物质和文化生活，以及用于再分配的支出和结余的收入。这个指标用来观察农民实际收入水平，以及农民扩大再生产和改善生活的能力。

纯收入＝总收入－家庭经营费用支出－生产性固定资产折旧－税收－上交集体的承包任务－调查补贴－集体提留。

农民生产性纯收入 即来自农业、工业、建筑业、交通运输业、商业、饮食业的生产性纯收入。

生产性纯收入在调查表中包括如下各项纯收入：劳动者的报酬收入，家庭经营纯收入中的农业纯收入、林业纯收入、牧业纯收入、渔业纯收入、手工业纯收入、采集捕猎纯收入、工业纯收入、建筑业纯收入、运输业纯收入、商业纯收入、饮食业纯收入，其他家庭经营纯收入。

生产性纯收入＝家庭经营纯收入－服务业纯收入。

8

يېزا ئىگىلىك

农 业

Agriculture

دۆلەت دېھقانچىلىق، ئورمانچىلىق، چارۋىچىلىق، بېلىقچىلىق مەيدانلىرىنىڭ ئاساسىي ئەھۋالى

8—1 国有农林牧渔场基本情况

指　标	كۆرسەتكۈچ	1995年 .يىل
场数合计(个)	**جەمئىي مەيدان سانى(مەيدان)**	**599**
农场(个)	دېھقانچىلىق مەيدانى(مەيدان)	301
林场(不包括采伐林场)(个)	ئورمانچىلىق مەيدانى (ياغاچ كېسىدىغان ئورمانچىلىق مەيدانىنى ئۆز ئىچىگە ئالمايدۇ) (مەيدان)	47
牧场(个)	چارۋىچىلىق مەيدانى(مەيدانى)	228
渔场(个)	بېلىقچىلىق مەيدانى(مەيدانى)	23
场内户数(户)	**مەيداندىكى ئائىلە (ئائىلە)**	**649 175**
牧业户数(户)	#چارۋىچىلىق ئائىلىسى (ئائىلە)	53 317
场内人口(人)	**مەيداندىكى ئاھالە(نەپەر)**	**2 429 441**
牧业人口(人)	#چارۋىچىلىق ئاھالىسى(نەپەر)	274 533
场内劳动力(人)	**مەيداندىكى ئەمگەك كۈچى(نەپەر)**	**1 108 572**
劳动年龄内的人口数(人)	ئەمگەك يېشىدىكى ئاھالە(نەپەر)	1 106 486
劳动年龄内上学的学生数(人)	ئەمگەك يېشىدىكى ئوقۇغۇچى(نەپەر)	69 055
劳动年龄内丧失劳动能力的人口数(人)	ئەمگەك يېشىدىكى ئەمگەك ئىقتىدارىنى يوقاتقان ئاھالە(نەپەر)	26 616
不足或超过劳动年龄而参加劳动的人口数(人)	ئەمگەك يېشىغا توشمىغان ياكى ئېشىپ كەتكەن ئەمگەك قىلىۋاتقان ئاھالە(نەپەر)	28 013
场内实有劳动力合计(人)	مەيداندىكى جەمئىي ئەمەلىي ئەمگەك كۈچى(نەپەر)	1 038 409
男劳动力(人)	ئەر ئەمگەك كۈچى(نەپەر)	602 250
女劳动力(人)	ئايال ئەمگەك كۈچى(نەپەر)	436 159
农林牧渔业劳动力(人)	دېھقانچىلىق، ئورمانچىلىق، چارۋىچىلىق، بېلىقچىلىق ئەمگەك كۈچى(نەپەر)	734 861
种植业劳动力(人)	#تېرىقچىلىق ئەمگەك كۈچى(نەپەر)	610 358
牧业劳动力(人)	چارۋىچىلىق ئەمگەك كۈچى(نەپەر)	110 950
工业劳动力(人)	سانائەت ئەمگەك كۈچى(نەپەر)	110 611
建筑业劳动力(人)	بىناكارلىق ئەمگەك كۈچى(نەپەر)	46 696
交通运输和邮电业劳动力(人)	قاتناش، تىرانسپورت ۋە پوچتا-تېلېگراف ئەمگەك كۈچى(نەپەر)	18 977
批发、零售贸易业、餐饮业及仓储业劳动力(人)	توپ-پارچە سودا، يېمەك-ئىچمەك ۋە ساقلاش كەسپىنىڭ ئەمگەك كۈچى(نەپەر)	34 115
金融、保险业劳动力(人)	پۇل مۇئامىلە، سۇغۇرتا ئەمگەك كۈچى(نەپەر)	707
其他劳动力(人)	باشقا ئەمگەك كۈچى(نەپەر)	92 442
外出合同工、临时工(人)	#سىرتتىكى توختاملىق، ۋاقىتلىق ئىشچى(نەپەر)	8 264
家庭农场数(个)	ئائىلە دېھقانچىلىق مەيدانى (مەيدان)	108 020
家庭牧场数(个)	ئائىلەچارۋىچىلىق مەيدانى (مەيدان)	

ۋىلايەت، ئوبلاست، شەھەر، ناھىيە ۋە بىڭتۇەننىڭ تەشكىللىي ئەھۋالى

8－2　各地、州、市、县和兵团农村组织情况

（1995 年 -يىل）

رايونلار 地　区	يېزا-بازار 乡镇数 （个）	كەنت 村委会数 （个）	تور ۋبىلىق سۇ ئىچىدىغان كەنت 自来水受益村 （个）	ئاپتوموبىل قاتنايدىغان كەنت 通汽车村数 （个）	يېزا ئائىلە سانى （ئائىلە） 乡村户数 （户）	چارۋىچىلىق ئائىلىسى （ئائىلە） 牧业户数	يېزا ئاھالىسى （نەپەر） 乡村人口数 （人）	چارۋىچىلىق ئاھالىسى （نەپەر） 牧业人口数
总计　جەمئىي	**798**	**8 943**	**2 632**	**8 412**	**1 811 804**	**121 033**	**8 664 329**	**651 341**
一、地方　1. يەرلىك	**797**	**8 920**	**2 610**	**8 389**	**1 807 656**	**121 005**	**8 646 957**	**651 106**
乌鲁木齐市　ئۈرۈمچى شەھىرى	**20**	**111**	**90**	**111**	**29 755**	**2 776**	**127 345**	**13 781**
乌鲁木齐县　ئۈرۈمچى ناھىيىسى	19	105	84	105	27 388	2 492	117 086	12 256
市直单位　شەھەرلەرگە بىۋاستە قاراشلىق ئورۇنلار	1	6	6	6	2 367	284	10 259	1 525
克拉玛依市　قاراماي شەھىرى	**2**	**7**	**2**	**7**	**506**	**23**	**2 169**	**116**
吐鲁番地区　تۇرپان ۋىلايىتى	**23**	**221**	**138**	**219**	**71 274**	**1 436**	**381 889**	**5 824**
吐鲁番市　تۇرپان شەھىرى	8	95	73	95	28 639	334	165 911	1 658
鄯善县　پىچان	9	81	51	79	26 648	407	134 685	1 394
托克逊县　توقسۇن	6	45	14	45	15 987	695	81 293	2 772
哈密地区　قۇمۇل ۋىلايىتى	**31**	**175**	**39**	**164**	**39 179**	**2 957**	**168 091**	**16 605**
哈密市　قۇمۇل شەھىرى	16	110	31	108	23 110	1 464	94 253	6 874
巴里坤县　باركۆل	8	40	5	35	14 489	1 383	67 241	9 090
伊吾县　ئاراتۇرۇك	7	25	3	21	1 580	110	6 597	641
昌吉州　سانجى ئوبلاستى	**69**	**683**	**483**	**590**	**146 295**	**14 523**	**671 450**	**81 724**
昌吉市　سانجى شەھىرى	9	217	110	162	19 502	1 746	85 513	10 869
米泉县　مىچۈەن	6	73	69	73	20 805	1 083	96 432	3 654
呼图壁县　قۇتۇبى	6	48	37	48	14 091	1 856	65 304	10 092
玛纳斯县　ماناس	11	142	142	142	17 548	1 845	78 474	9 436
奇台县　گۇچۇڭ	14	92	65	78	29 888	2 675	140 073	16 968
阜康市　فۇكاڭ شەھىرى	5	22	21	22	11 717	975	53 320	6 149
吉木萨尔县　جىمسار	9	45	17	40	18 646	1 524	88 059	8 189
木垒县　مورى	9	44	22	25	14 098	2 819	64 275	16 367
伊犁州　ئىلى ئوبلاستى	**206**	**2 040**	**683**	**1 715**	**343 326**	**16 479**	**1 829 282**	**280 635**
伊犁地区　ئىلى ۋىلايىتى	**97**	**700**	**338**	**662**	**203 529**	**23 391**	**1 106 193**	**136 904**
伊宁市　غۇلجا شەھىرى	7	36	36	36	13 813	249	72 520	1 352
伊宁县　غۇلجا ناھىيىسى	20	138	81	138	51 220	3 684	284 474	20 738
察布查尔县　چاپچال	13	57	20	52	16 467	996	88 362	6 825
霍城县　قورغاس	10	75	33	72	32 599	1 147	169 543	6 983
巩留县　توققۇزتارا	8	52	16	52	18 500	2 460	98 712	14 072
新源县　كۈنەس	10	108	55	108	29 971	4 868	163 807	27 913
昭苏县　موڭغۇلكۈرە	9	66	45	61	11 996	2 617	66 512	17 384
特克斯县　تېكەس	8	75	26	67	13 885	3 765	79 534	21 055
尼勒克县　نىلقا	12	93	26	76	15 078	3 605	82 729	20 582

8—2 续表 1 داۋامى

地区	رايونلار	يېزا-بازار 乡镇数（个）	كەنت 村委会数（个）	تور ۋېلىق سۇ ئىچىدىغان كەنت 自来水受益村（个）	ئاپتوموبىل قاتنايدىغان كەنت 通汽车村数（个）	يېزا ئائىلە سانى（ئائىلە）乡村户数（户）	چارۋىچىلىق ئائىلىسى（ئائىلە）牧业户数	يېزا ئاھالىسى（نەپەر）乡村人口数（人）	چارۋىچىلىق ئاھالىسى（نەپەر）牧业人口数
塔城地区	**تارباغاتاي ۋىلايىتى**	**58**	**805**	**325**	**702**	**94 117**	**8 844**	**443 250**	**53 840**
塔城市	چۆچەك شەھىرى	6	100	6	100	12 987	742	57 341	3 789
额敏县	دۆربىلجىن ناھىيىسى	11	147	17	121	14 298	739	73 097	9 531
乌苏县	شىخو	14	176	99	165	21 448	434	95 111	2 290
沙湾县	ساۋەن	12	248	178	226	28 348	971	131 839	5 566
托里县	تولى	4	41	3	29	7 447	3 452	39 294	19 792
裕民县	چاغانتوقاي	5	37	18	29	5 400	1 194	25 481	6 469
和丰县	قوبۇقسار	6	56	4	32	4 189	1 312	21 087	6 403
阿勒泰地区	**ئالتاي ۋىلايىتى**	**51**	**535**	**20**	**391**	**45 680**	**16 479**	**247 604**	**89 891**
阿勒泰市	ئالتاي شەھىرى	11	118	7	101	11 083	3 899	54 901	13 092
布尔津县	بۆرچىن	7	55		55	6 694	2 642	37 845	14 263
富蕴县	كۆكتوقاي	8	86		10	6 615	2 194	33 738	13 392
福海县	بۇرۇلتوقاي	6	63		32	6 335	2 044	32 985	12 799
哈巴河县	قابا	7	120	4	120	6 494	2 066	39 765	13 681
青河县	چىڭگىل	6	49	2	40	5 541	3 030	35 082	19 177
吉木乃县	جىمىنەي	6	44	7	33	2 918	604	13 288	3 487
博州	**بۆرتالا ئوبلاستى**	**14**	**215**	**94**	**215**	**37 726**	**3 413**	**179 135**	**18 789**
博乐市	بۆرتالا شەھىرى	5	115	57	115	14 731	1 296	73 122	7 676
精河县	جىڭ	4	54	21	54	14 269	1 005	62 834	4 973
温泉县	ئارشاڭ	5	46	16	46	8 726	1 112	43 179	6 140
巴州	**بايىنغولىن ئوبلاستى**	**74**	**374**	**129**	**345**	**82 000**	**6 770**	**376 468**	**30 259**
库尔勒市	كورلا شەھىرى	10	56	37	50	13 805	331	62 505	1 291
轮台县	بۈگۈر	10	65	28	60	13 435	1 554	61 018	2 077
尉犁县	لوپنۇر	8	42	3	38	7 788	1 007	29 674	4 680
若羌县	چاقىلىق	5	17	10	14	3 059	226	12 710	927
且末县	چەرچەن	11	51	11	51	6 350	1 003	32 704	5 281
焉耆县	يەنجى	7	45	7	38	12 249	321	59 463	1 979
和静县	خېجىڭ	12	52	18	52	13 137	2 687	64 681	10 748
和硕县	خوشۇت	5	21	11	17	5 321	303	21 105	1 484
博湖县	باغراش	6	25	4	25	6 856	338	32 608	1 792
阿克苏地区	**ئاقسۇ ۋىلايىتى**	**80**	**1 113**	**120**	**1 090**	**224 008**	**7 273**	**1 127 996**	**35 960**
阿克苏市	ئاقسۇ شەھىرى	7	128	10	128	23 836	719	121 731	2 581
温宿县	ئاقسۇ كوناشەھەر	10	108	16	108	19 758	1 379	100 906	7 280
库车县	كۇچا	14	219	35	214	51 312	734	253 991	3 366

地 区	رايونلار	يېزا-بازار 乡镇数 (个)	كەنت 村委会数 (个)	تورۋبلىق سۇ ئىچىدىغان كەنت 自来水受益村 (个)	ئاپتوموبىل قاتنايدىغان كەنت 通汽车村数 (个)	يېزا ئائىلە سانى (ئائىلە) 乡村户数 (户)	چارۋىچىلىق ئائىلىسى (ئائىلە) 牧业户数	يېزا ئاھالىسى (نەپەر) 乡村人口数 (人)	چارۋىچىلىق ئاھالىسى (نەپەر) 牧业人口数
沙雅县	شايار	8	146	2	135	26 395	1 205	136 153	5 345
新和县	توقسۇ	7	110	7	110	19 730	142	99 971	768
拜城县	باي	13	153	32	152	24 140	1 305	125 005	6 765
乌什县	ئۇچتۇرپان	9	108	11	102	28 649	843	136 238	4 492
阿瓦提县	ئاۋات	8	117	7	117	24 586	468	123 939	2 962
柯坪县	كەلپىن	4	24		24	5 602	478	30 062	2 401
克州	**قىزىلسۇ ئوبلاستى**	**35**	**223**	**63**	**205**	**60 852**	**16 170**	**308 859**	**85 808**
阿图什市	ئاتۇش شەھىرى	7	72	19	71	26 040	2 342	132 970	13 900
阿克陶县	ئاقتۇ	13	106	27	89	25 772	5 557	128 762	29 802
阿合奇县	ئاقچى	6	22	5	22	3 978	3 978	21 788	21 788
乌恰县	ئۇلۇغچات	9	23	12	22	4 398	3 907	22 599	19 731
喀什地区	**قەشقەر ۋىلايىتى**	**157**	**2 367**	**397**	**2 336**	**482 362**	**7 171**	**2 230 644**	**38 445**
喀什市	قەشقەر شەھىرى	3	38	38	38	9 970	146	43 557	660
疏附县	قەشقەر كوناشەھەر	17	235	67	235	72 138	272	348 866	2 090
疏勒县	قەشقەريېڭى شەھەر	14	223	32	223	48 611	211	221 656	436
英吉沙县	يېڭىسار	13	164	72	164	35 944	38	161 368	741
泽普县	پوسكام	11	133	59	133	22 641	55	94 676	427
莎车县	يەكەن	28	501	16	497	99 926	979	448 023	3 075
叶城县	قاغىلىق	19	303	43	289	52 859	2 223	253 413	10 254
麦盖提县	مەكىت	9	130	4	130	22 748	296	114 075	1 237
岳普湖县	يوپۇرغا	8	86	8	84	22 584	38	98 638	653
伽师县	پەيزىۋات	13	296	41	296	55 386	543	253 478	2 870
巴楚县	مارالبېشى	11	217	17	217	36 452	570	173 111	2 301
塔什库尔干县	تاشقورغان	11	41		30	3 103	1 800	19 783	13 701
和田地区	**خوتەن ۋىلايىتى**	**86**	**1 391**	**372**	**1 352**	**290 373**	**9 779**	**1 275 864**	**43 160**
和田市	خوتەن شەھىرى	4	58	14	58	14 652	1 606	63 318	6 896
和田县	خوتەن ناھىيىسى	12	215	136	202	52 333	1 730	218 607	6 696
墨玉县	قاراقاش	16	362	33	351	79 572	773	347 760	3 480
皮山县	گۇما	15	198	34	195	33 579	462	153 384	3 014
洛浦县	لوپ	10	237	97	233	44 890	893	196 460	3 693
策勒县	چىرا	8	122	25	117	23 303	2 052	107 617	8 448
于田县	كېرىيە	15	172	32	170	37 503	1 027	168 758	5 433
民丰县	نىيە	6	27	1	26	4 541	1 236	19 960	5 500
二、生产建设兵团	**2. بىڭتۇەن**	**1**	**23**	**22**	**23**	**4 148**	**28**	**17 372**	**235**

ۋىلايەت، ئوبلاست، شەھەر، ناھىيە ۋە بىڭتۇەننىڭ يېزا ئەمگەك كۈچى

8—3 各地、州、市、县和兵团农村劳动力

(يىل-1995年)

单位:人 بىرلىكى : نەپەر

رايونلار 地区	يېزا ئەمگەك كۈچى 乡村劳动力	دېھقانچىلىق، ئورمانچىلىق، چارۋىچىلىق، بېلىقچىلىق ئەمگەك كۈچى 农林牧渔业劳动力	تېرىقچىلىق 种植业劳动力	چارۋىچىلىق 牧业劳动力	سانائەت 工业劳动力	بىناكارلىق 建筑业劳动力	باشقا 其他劳动力	# ئايال ئەمگەك كۈچى 女劳动力
总计 جەمئىي	**3 124 888**	**2 835 581**	**2 582 168**	**210 835**	**77 948**	**35 535**	**175 824**	**1 399 588**
一、地方 1. يەرلىك	**3 116 968**	**2 829 571**	**2 576 260**	**210 733**	**77 248**	**35 455**	**174 694**	**1 396 038**
乌鲁木齐市 ئۈرۈمچى شەھىرى	**67 967**	**48 560**	**42 627**	**5 143**	**5 561**	**785**	**13 061**	**32 596**
乌鲁木齐县 ئۈرۈمچى ناھىيىسى	63 018	45 768	40 581	4 397	4 694	760	11 796	30 139
市直单位 شەھەرگە بىۋاستە قاراشلىق ئورۇنلار	4 949	2 792	2 046	746	867	25	1 265	2 457
克拉玛依市 قاراماي شەھىرى	**1 052**	**808**	**758**	**50**	**111**	**40**	**93**	**451**
吐鲁番地区 تۇرپان ۋىلايىتى	**172 690**	**160 533**	**155 669**	**3 209**	**2 487**	**517**	**9 153**	**76 521**
吐鲁番市 تۇرپان شەھىرى	71 751	66 335	63 889	797	1 747	221	3 448	32 896
鄯善县 پىچان	59 249	55 775	54 524	1 245	155	131	3 188	26 573
托克逊县 توقسۇن	41 690	38 423	37 256	1 167	585	165	2 517	17 052
哈密地区 قۇمۇل ۋىلايىتى	**75 332**	**63 343**	**56 187**	**6 189**	**2 833**	**3 057**	**6 099**	**33 627**
哈密市 قۇمۇل شەھىرى	44 357	39 122	36 428	2 681	651	932	3 652	19 819
巴里坤县 باركۆل	27 610	21 102	17 282	3 286	2 142	2 125	2 241	12 586
伊吾县 ئاراتۈرۈك	3 365	3 119	2 477	222	40		206	1 222
昌吉州 سانجى ئوبلاستى	**329 914**	**286 915**	**254 666**	**29 876**	**8 304**	**4 147**	**30 548**	**150 447**
昌吉市 سانجى شەھىرى	43 785	37 211	31 315	4 936	1 258	372	4 944	19 634
米泉县 مىچۈەن	54 116	10 172	37 467	2 282	3 815	1 617	8 512	25 548
呼图壁县 قۇتۇبى	29 310	26 177	22 286	3 690	561	159	2 413	13 289
玛纳斯县 ماناس	39 977	35 869	32 846	2 916	1 012	225	2 871	19 381
奇台县 گۇچۇڭ	66 849	61 129	55 568	5 071	614	1 091	4 015	30 320
阜康市 فۇكاڭ شەھىرى	26 097	22 220	20 342	1 761	641	316	2 920	12 096
吉木萨尔县 جىمسار	43 075	39 525	35 462	3 988	176	307	3 067	18 879
木垒县 مورى	26 705	24 612	19 380	5 232	227	60	1 806	11 300
伊犁州 ئىلى ئوبلاستى	**674 463**	**597 294**	**504 301**	**81 816**	**20 130**	**10 132**	**46 907**	**275 249**
伊犁地区 ئىلى ۋىلايىتى	396 528	348 992	303 214	38 663	12 333	6 465	28 738	158 167
伊宁市 غۇلجا شەھىرى	26 447	21 211	20 423	643	1 476	1 026	2 734	10 072
伊宁县 غۇلجا ناھىيىسى	107 417	100 134	93 285	4 325	1 911	759	4 613	43 070
察布查尔县 چاپچال	30 751	28 531	24 721	1 805	874	244	1 102	12 744
霍城县 قورغاس	88 147	76 385	71 035	4 501	2 591	1 130	8 041	35 486
巩留县 توققۇزتارا	30 128	26 512	21 995	4 420	1 928	337	1 351	11 516
新源县 كۈنەس	41 893	35 017	27 892	5 931	2 139	1 271	3 466	16 814
昭苏县 موڭغۇلكۈرە	21 335	17 127	11 137	5 959	456	608	3 144	8 532
特克斯县 تېكەس	26 143	22 445	16 774	5 471	445	411	2 842	10 285
尼勒克县 نىلقا	24 267	21 630	15 952	5 608	513	679	1 445	9 648

8－3 续表 1 داۋامى 1

单位：人 بىرلىكى : نەپەر

地区 رايونلار	乡村劳动力 يېزا ئەمگەك كۈچى	农林牧渔业劳动力 دېھقانچىلىق، ئورمانچىلىق، چارۋىچىلىق، بېلىقچىلىق ئەمگەك كۈچى	种植业劳动力 تېرىقچىلىق	牧业劳动力 چارۋىچىلىق	工业劳动力 سانائەت	建筑业劳动力 بىناكارلىق	其他劳动力 باشقا	#女劳动力 # ئايال ئەمگەك كۈچى
塔城地区 تارباغاتاي ۋىلايىتى	**202 089**	**182 512**	**162 103**	**18 124**	**4 305**	**2 066**	**13 206**	**87 349**
塔城市 چۆچەك شەھىرى	28 076	22 018	19 660	2 325	1 624	383	4 051	11 952
额敏县 دۆربىلجىن	26 211	23 751	22 391	1 360	345	306	1 809	9 369
乌苏县 شىخو	46 677	43 261	40 441	1 117	924	756	1 736	21 497
沙湾县 ساۋەن	69 466	64 911	62 041	2 329	870	363	3 322	32 804
托里县 تولى	12 476	11 599	5 379	6 220	74	141	662	3 698
裕民县 چاغانتوقاي	11 796	10 799	8 148	2 651	42	96	859	5 406
和丰县 قوبۇقسار	7 387	6 173	4 043	2 122	426	21	767	2 623
阿勒泰地区 ئالتاي ۋىلايىتى	**75 846**	**65 790**	**38 984**	**25 029**	**3 492**	**1 601**	**49 633**	**29 733**
阿勒泰市 ئالتاي شەھىرى	13 796	11 971	7 664	3 040	900	400	525	5 100
布尔津县 بۇرچىن	12 637	11 213	6 744	4 324	241	114	1 069	5 265
富蕴县 كۆكتوقاي	11 782	10 641	5 761	4 860	686	124	331	4 408
福海县 بۇرۇلتوقاي	11 333	9 052	5 275	3 567	734	590	957	5 227
哈巴河县 قابا	10 839	9 309	6 299	2 875	403	213	914	3 756
青河县 چىڭگىل	10 547	8 944	4 105	4 839	485	160	958	4 501
吉木乃县 جىمىنەي	4 912	4 660	3 136	1 524	43		209	1 476
博州 بۆرتالا ئوبلاستى	**72 504**	**62 343**	**55 010**	**7 230**	**1 626**	**2 354**	**6 181**	**32 096**
博乐市 بۆرتالا شەھىرى	26 513	23 962	21 209	2 720	225	453	1 873	11 192
精河县 جىڭ	29 510	25 517	23 650	1 826	862	611	2 520	13 290
温泉县 ئارشاڭ	16 481	12 864	10 151	2 684	539	1 290	1 788	7 614
巴州 بايىنغولىن ئوبلاستى	**131 060**	**117 044**	**102 728**	**13 212**	**4 023**	**1 949**	**8 044**	**54 807**
库尔勒市 كورلا شەھىرى	24 006	20 605	19 883	722	1 116	102	2 183	11 235
轮台县 بۈگۈر	17 285	14 683	13 512	998	1 052	26	1 524	7 082
尉犁县 لوپنۇر	11 425	10 377	8 628	1 605	130	303	615	4 641
若羌县 چاقىلىق	4 841	4 457	3 970	487	66	106	212	2 262
且末县 چەرچەن	9 450	9 140	7 650	1 490	30	12	268	4 355
焉耆县 يەنجى	19 323	16 799	16 111	592	849	864	811	7 216
和静县 خېجىڭ	23 811	22 097	15 974	6 123	352	220	1 142	9 284
和硕县 خوشۇت	7 645	6 316	5 618	698	294	267	768	3 323
博湖县 باغراش	13 274	12 570	11 382	497	134	49	521	5 409
阿克苏地区 ئاقسۇ ۋىلايىتى	**390 440**	**369 365**	**347 097**	**14 703**	**6 719**	**1 449**	**12 907**	**175 460**
阿克苏市 ئاقسۇ شەھىرى	35 651	33 228	31 956	1 086	955	125	1 343	15 420
温宿县 ئاقسۇ كوناشەھەر	27 831	27 428	25 206	2 038	126	20	257	11 828
库车县 كۇچا	104 494	98 033	92 085	1 708	1 757	504	4 200	46 050

8—3 续表 2 داۋامى

单位:人 بىرلىكى: نەپەر

地区 رايونلار	乡村劳动力 يېزا ئەمگەك كۈچى	农林牧渔业劳动力 دېھقانچىلىق، ئورمانچىلىق، چارۋىچىلىق، بېلىقچىلىق ئەمگەك كۈچى	种植业劳动力 تېرىقچىلىق	牧业劳动力 چارۋىچىلىق	工业劳动力 سانائەت	建筑业劳动力 بىناكارلىق	其他劳动力 باشقا	#女劳动力 ئايال ئەمگەك كۈچى
沙雅县 شايار	39 300	37 325	32 100	2 928	810	55	1 110	18 471
新和县 توقسۇ	37 800	35 765	35 335	361	483	147	1 405	16 157
拜城县 باي	47 295	45 698	42 792	2 633	520	61	1 016	20 833
乌什县 ئۈچتۇرپان	44 257	40 806	39 401	1 405	1 186	244	2 021	21 120
阿瓦提县 ئاۋات	41 048	39 372	37 766	1 290	703	196	777	19 602
柯坪县 كەلپىن	12 764	11 710	10 456	1 254	179	97	778	5 979
克州 قىزىلسۇ ئوبلاستى	**87 953**	**75 433**	**54 160**	**21 173**	**5 003**	**697**	**6 820**	**38 633**
阿图什市 ئاتۇش شەھىرى	42 071	32 084	27 523	4 561	3 852	438	5 697	19 251
阿克陶县 ئاقتۇ	34 130	33 272	24 742	8 530	325	134	399	14 227
阿合奇县 ئاقچى	4 093	3 749	1 712	2 037	216	3	125	1 705
乌恰县 ئۇلۇغچات	7 020	6 440	919	5 521	199		381	3 162
喀什地区 قەشقەر ۋىلايىتى	**705 207**	**675 749**	**655 656**	**13 649**	**7 705**	**5 043**	**16 710**	**335 562**
喀什市 قەشقەر شەھىرى	16 735	12 035	11 271	757	864	1 332	2 504	7 524
疏附县 قەشقەر كونا شەھەر	118 629	111 975	109 468	1 572	1 704	2 115	2 835	55 741
疏勒县 قەشقەر يېڭى شەھەر	64 348	61 881	61 159	343	1 061	327	1 079	30 172
英吉沙县 يېڭىسار	59 954	58 196	56 155	214	381	391	986	28 593
泽普县 پوسكام	29 156	28 763	28 490	200	38	5	350	13 614
莎车县 يەكەن	154 301	150 082	148 728	1 333	1 150	212	2 857	75 907
叶城县 قاغىلىق	64 374	63 677	60 290	2 987	240	84	375	28 918
麦盖提县 مەكىت	36 358	35 972	35 415	417	124	26	236	18 346
岳普湖县 يوپۇرغا	38 397	37 275	36 626	449	287	43	792	17 638
伽师县 پەيزىۋات	73 968	69 298	67 344	1 404	1 085	310	3 275	35 344
巴楚县 مارالبېشى	43 183	40 895	38 218	765	719	193	1 376	21 224
塔什库尔干县 تاشقورغان	5 802	5 700	2 492	3 208	52	5	45	2 541
和田地区 خوتەن ۋىلايىتى	**408 386**	**372 184**	**347 401**	**14 483**	**12 746**	**5 285**	**18 171**	**190 589**
和田市 خوتەن شەھىرى	20 927	16 430	14 349	1 632	1 197	1 387	1 913	9 371
和田县 خوتەن ناھىيىسى	71 979	58 085	53 343	2 282	7 120	1 588	5 186	31 655
墨玉县 قاراقاش	115 687	107 891	104 071	1 835	1 431	1 064	5 301	54 747
皮山县 گۇما	51 514	50 065	47 841	1 284	341	99	1 009	24 259
洛浦县 لوپ	63 559	59 600	55 225	1 486	1 530	677	1 752	30 575
策勒县 چىرا	32 146	30 403	27 250	2 439	504	227	1 012	14 703
于田县 كېرىيە	46 731	44 370	41 669	1 841	547	189	1 625	22 429
民丰县 نىيە	5 843	5 340	3 653	1 684	76	54	373	2 850
二、生产建设兵团 2. بىڭتۇەن	**7 920**	**6 010**	**5 908**	**102**	**700**	**80**	**1 130**	**3 550**

يېزىلاردىكى غەيرى يېزا ئىگىلىك ساھەسىنىڭ ئومۇمىي مەھسۇلات قىممىتى ھەم قۇرۇلمىسى

8—4 农村非农行业总产值及构成

(1985—1995)

يىللار 年 份	جەمئىي 合 计	يېزا سانائەت مەھسۇلات قىممىتى 农村工业产值	يېزا بىناكارلىق مەھسۇلات قىممىتى 农村建筑业产值	يېزا ترانسپورت مەھسۇلات قىممىتى 农村运输业产值	يېزا سودا، يېمەك-ئىچمەك مەھسۇلات قىممىتى 农村贸易业、饮食业产值
مۇتلەق سان (ھازىرقى باھا، تۈمەن يۈەن) 绝对数(现价、万元)					
1985	110 261	39 324	37 942	14 647	18 348
1986	135 715	46 624	44 135	17 915	27 041
1987	156 324	54 794	45 613	21 044	34 873
1988	178 267	64 027	50 182	22 701	41 357
1989	209 330	85 549	54 686	30 670	38 425
1990	221 446	89 408	60 463	34 417	37 158
1991	302 122	137 938	92 744	32 601	38 839
1992	357 242	165 559	106 391	40 806	44 486
1993	537 104	275 892	107 939	65 042	88 231
1994	937 372	498 601	152 862	107 977	177 932
1995	1 370 133	721 925	200 835	176 634	270 739
قۇرۇلمىسى 构成(%)					
1985	100	35.7	34.4	13.3	16.6
1986	100	34.4	32.5	13.2	19.9
1987	100	35.1	29.2	13.4	22.3
1988	100	35.9	28.2	12.7	23.2
1989	100	40.9	26.1	14.6	18.4
1990	100	40.4	27.3	15.5	16.8
1991	100	45.7	30.7	10.8	12.8
1992	100	46.3	29.8	11.4	12.5
1993	100	51.4	20.1	12.1	16.4
1994	100	53.2	16.3	11.5	19.0
1995	100	52.7	14.6	12.9	19.8

ۋىلايەت، ئوبلاست، شەھەر، ناھىيە ۋە بىڭتۈەن بويىچە يېزا غەيرى ئىگىلىك ساھەسىنىڭ ئومۇمىي مەھسۇلات قىممىتى

8—5 各地、州、市、县和兵团农村非农行业总产值

(1995年 -يىل) 单位:万元 بىرلىكى : تۈمەن يۈەن

地区 رايونلار		合计 جەمئىي	农村工业产值 يېزا سانائەت مەھسۇلات قىممىتى	农村建筑业产值 يېزا بىناكارلىق مەھسۇلات قىممىتى	农村运输业产值 يېزا ترانسپورت مەھسۇلات قىممىتى	农村商业饮食业产值 يېزا سودا، يېمەك-ئىچمەك مەھسۇلات قىممىتى
总计	**جەمئىي**	**1 370 133.03**	**721 924.49**	**200 835.31**	**176 633.81**	**270 739.42**
一、地方	**1. يەرلىك**	**1 365 993.03**	**719 124.49**	**200 475.31**	**176 153.81**	**270 239.42**
乌鲁木齐市	**ئۈرۈمچى شەھىرى**	**209 118.30**	**131 099.90**	**14 665.50**	**22 711.30**	**40 641.60**
乌鲁木齐县	ئۈرۈمچى ناھىيىسى	196 811.00	120 689.00	14 275.00	21 653.00	40 194.00
市直单位	بىۋاسىتە قاراشلىق ئورۇنلار	12 307.30	10 410.90	390.50	1 058.30	447.60
克拉玛依市	**قاراماي شەھىرى**	**700.00**	**496.00**	**40.00**		**164.00**
吐鲁番地区	**تۇرپان ۋىلايىتى**	**73 328.41**	**31 556.00**	**8 157.41**	**10 848.00**	**22 767.00**
吐鲁番市	تۇرپان شەھىرى	23 070.41	8 794.00	4 098.41	3 777.00	6 401.00
鄯善县	پىچان	38 079.00	15 262.00	3 733.00	6 632.00	12 452.00
托克逊县	توقسۇن	12 179.00	7 500.00	326.00	439.00	3 914.00
哈密地区	**قۇمۇل ۋىلايىتى**	**34 669.00**	**19 128.00**	**6 095.00**	**5 037.00**	**4 409.00**
哈密市	قۇمۇل شەھىرى	20 583.00	10 052.00	3 772.00	3 941.00	2 818.00
巴里坤县	باركۆل	12 086.00	7 927.00	2 088.00	1 016.00	1 055.00
伊吾县	ئارا تۈرۈك	2 000.00	1 149.00	235.00	80.00	536.00
昌吉州	**سانجى ئوبلاستى**	**435 886.07**	**237 646.20**	**57 455.25**	**69 526.37**	**71 258.25**
昌吉市	سانجى شەھىرى	88 087.00	55 160.00	11 791.00	8 534.00	12 602.00
米泉县	مىچۈەن	133 330.00	69 277.00	16 401.00	19 120.00	28 532.00
呼图壁县	قۇتۇبى	80 484.40	45 294.00	4 775.00	16 539.00	13 876.40
玛纳斯县	ماناس	47 723.00	30 126.00	6 803.00	8 822.00	1 972.00
奇台县	گۇچۇڭ	31 555.00	13 865.00	7 477.00	6 113.00	4 100.00
阜康市	فۇكاڭ	35 714.00	17 028.00	7 269.00	6 572.00	4 845.00
吉木萨尔县	جىمسار	11 404.67	3 045.20	2 418.25	1 639.37	4 301.85
木垒县	مورى	7 588.00	3 851.00	521.00	2 187.00	1 029.00
伊犁州	**ئىلى ئوبلاستى**	**273 208.47**	**161 544.56**	**38 497.59**	**34 266.55**	**38 899.77**
伊犁地区	**ئىلى ۋىلايىتى**	**110 417.44**	**62 126.09**	**13 156.52**	**16 012.37**	**19 122.46**
伊宁市	غۇلجا شەھىرى	24 125.00	16 854.00	2 907.00	3 012.00	1 352.00
伊宁县	غۇلجا ناھىيىسى	22 232.00	13 732.00	1 075.00	2 333.00	5 092.00
察布查尔县	چاپچال	4 932.39	3 363.00	611.07	583.82	374.50
霍城县	قورغاس	20 263.00	9 569.00	2 469.00	2 655.00	5 570.00
巩留县	توققۇزتارا	7 036.13	3 824.09	514.40	1 091.64	1 606.00
新源县	كۈنەس	15 628.00	6 003.00	2 528.00	4 047.00	3 050.00
昭苏县	موڭغۇلكۈرە	6 286.19	3 538.00	1 812.16	300.40	635.63
特克斯县	تېكەس	5 243.73	2 733.00	712.89	951.51	846.33
尼勒克县	نىلقا	4 671.00	2 510.00	527.00	1 038.00	596.00

8-5 续表 1 داۋامى 1

单位：万元 بىرلىكى : تۈمەن يۈەن

地　　区 رايونلار		合　计 جەمئىي	农村工业产　值 يېزا سانائەت مەھسۇلات قىممىتى	农村建筑业产　值 يېزا بىناكارلىق مەھسۇلات قىممىتى	农村运输业产　值 يېزا ترانسپورت مەھسۇلات قىممىتى	农村商业饮食业产值 يېزا سودا، يېمەك-ئىچمەك مەھسۇلات قىممىتى
塔城地区	**تارباغاتاي ۋىلايىتى**	**117 441.11**	**74 373.30**	**18 664.13**	**10 557.42**	**13 846.26**
塔城市	چۆچەك شەھىرى	20 801.85	13 408.60	1 232.25	2 195.00	3 966.00
额敏县	دۆربىلجىن	8 646.62	3 722.00	2 590.84	740.40	1 593.38
乌苏县	شىخو	29 534.90	19 313.50	2 090.20	2 766.20	5 365.00
沙湾县	ساۋەن	46 711.00	30 903.00	12 146.00	2 143.00	1 519.00
托里县	تولى	5 685.24	2 686.00	112.24	1 901.00	986.00
裕民县	چاغانتوقاي	2 892.35	1 598.00	324.00	680.10	290.25
和布克赛尔县	قوبۇقسار	3 169.15	2 742.20	168.60	131.72	126.63
阿勒泰地区	**ئالتاي ۋىلايىتى**	**45 349.92**	**25 045.17**	**6 676.94**	**7 696.76**	**5 931.05**
阿勒泰市	ئالتاي شەھىرى	11 512.00	5 920.00	1 698.00	3 233.00	661.00
布尔津县	بۇرچىن	3 498.30	1 579.00	814.30	598.00	507.00
富蕴县	كۆكتوقاي	14 465.00	8 721.00	1 714.00	1 913.00	2 117.00
福海县	بورۇلتوقاي	5 905.60	4 353.50	884.00	307.50	360.60
哈巴河县	قابا	5 071.00	2 404.00	550.00	1 032.00	1 085.00
青河县	چىڭگىل	2 508.20	998.85	526.64	574.26	408.45
吉木乃县	جىمىنەي	2 389.82	1 068.82	490.00	39.00	792.00
博州	**بۆرتالا ئوبلاستى**	**35 806.24**	**18 946.00**	**9 480.50**	**4 361.74**	**3 018.00**
博乐市	بۆرتالا شەھىرى	19 797.00	14 187.00	2 947.00	1 593.00	1 070.00
精河县	جىڭ	12 356.24	3 437.00	5 404.50	2 344.74	1 170.00
温泉县	ئارشاڭ	3 653.00	1 322.00	1 129.00	424.00	778.00
巴州	**بايىنغولىن ئوبلاستى**	**74 992.57**	**28 632.37**	**23 593.20**	**8 180.00**	**14 587.00**
库尔勒市	كورلا شەھىرى	30 680.00	8 088.00	12 254.00	3 411.00	6 927.00
轮台县	بۈگۈر	8 983.50	2 438.00	1 819.50	994.00	3 732.00
尉犁县	لوپنۇر	2 162.80	1 490.0	369.70	127.00	176.00
若羌县	چاقىلىق	4 583.27	3 928.27	282.00	158.00	215.00
且末县	چەرچەن	1 305.00	750.00	350.00	184.00	21.00
焉耆县	يەنجى	14 321.00	7 042.00	6 100.00	460.00	719.00
和静县	خېجىڭ	6 475.00	2 174.00	1 535.00	1 239.00	1 527.00
和硕县	خوشۇت	2 150.00	907.00	273.00	180.00	790.00
博湖县	باغراش	4 332.00	1 815.00	610.00	1 427.00	480.00
阿克苏地区	**ئاقسۇ ۋىلايىتى**	**67 810.05**	**25 344.58**	**17 631.91**	**7 562.80**	**17 270.76**
阿克苏市	ئاقسۇ شەھىرى	7 287.47	2 702.00	2 593.65	132.44	1 859.38
温宿县	ئاقسۇ كونا شەھەر	7 069.33	1 924.00	3 651.63	613.70	880.00
库车县	كۇچا	12 536.00	4 080.00	2 433.00	2 164.00	3 859.00

8－5 续表 2 داۋامى

单位：万元 يۈەن تۈمەن : بىرلىكى

رايونلار 地　　区		جەمئىي 合　计	يېزا سانائەت مەھسۇلات قىممىتى 农村工业产值	يېزا بىناكارلىق مەھسۇلات قىممىتى 农村建筑业产值	يېزا ترانسپورت مەھسۇلات قىممىتى 农村运输业产值	يېزا سودا، يېمەك-ئىچمەك مەھسۇلات قىممىتى 农村商业饮食业产值
沙雅县	شايار	7 044.10	1 850.83	1 274.03	520.26	3 398.98
新和县	توقسۇ	10 788.20	967.00	5 151.20	590.00	4 080.00
拜城县	باي	12 292.00	7 435.00	961.00	2 561.00	1 335.00
乌什县	ئۈچتۇرپان	4 000.00	1 919.00	964.00	508.00	609.00
阿瓦提县	ئاۋات	6 135.00	4 370.00	322.00	363.00	1 080.00
柯坪县	كەلپىن	657.95	96.75	281.40	110.40	169.40
克州	**قىزىلسۇ ئوبلاستى**	**11 924.62**	**3 422.57**	**3 036.98**	**1 272.75**	**4 192.32**
阿图什市	ئاتۇش شەھىرى	6 057.91	1 815.97	649.12	840.50	2 752.32
阿克陶县	ئاقتو	4 275.26	1 013.60	2 387.86	216.50	657.30
阿合奇县	ئاقچى	551.60	157.00		34.20	360.40
乌恰县	ئۇلۇغچات	1 039.85	436.00		181.55	422.30
喀什地区	**قەشقەر ۋىلايىتى**	**96 296.59**	**42 066.30**	**11 919.15**	**8 362.50**	**33 948.64**
喀什市	قەشقەر شەھىرى	9 286.14	**6 284.00**	**1 350.00**	**428.00**	**1 224.14**
疏附县	قەشقەركونا شەھەر	12 294.00	2 503.00	842.00	973.00	7 976.00
疏勒县	قەشقەر يېڭى شەھەر	11 075.00	8 530.00	853.00	714.00	978.00
英吉沙县	يېڭىسار	3 682.50	1 924.00	390.00	540.00	828.50
泽普县	پوسكام	12 499.00	7 213.00	3 518.00	435.00	1 333.00
莎车县	يەكەن	22 495.00	8 843.00	1 441.00	1 915.00	10 296.00
叶城县	قاغىلىق	11 856.00	2 838.00	868.00	577.00	7 573.00
麦盖提县	مەكىت	2 410.00	816.00	213.00	764.00	617.00
岳普湖县	يوپۇرغا	3 062.00	980.00	646.00	474.00	962.00
伽师县	پەيزىۋات	3 664.45	1 216.30	890.15	708.00	850.00
巴楚县	مارالبېشى	3 499.00	524.00	878.00	831.00	1 266.00
塔什库尔干县	تاشقورغان	473.50	395.00	30.00	3.50	45.00
和田地区	**خوتەن ۋىلايىتى**	**52 952.71**	**19 738.01**	**9 942.82**	**4 024.80**	**19 247.08**
和田市	خوتەن شەھىرى	7 283.65	380.90	2 467.65	79.60	4 355.50
和田县	خوتەن ناھىيىسى	12 871.00	4 163.00	1 150.00	492.00	7 066.00
墨玉县	قاراقاش	9 031.37	5 026.50	604.00	1 283.40	2 117.47
皮山县	گۇما	4 198.97	541.00	912.97	401.00	2 344.00
洛浦县	لوپ	10 332.70	6 023.60	2 587.00	826.20	895.90
策勒县	چىرا	3 566.70	1 603.00	525.80	245.60	1 192.30
于田县	كېرىيە	3 735.62	1 213.81	1 540.00	484.00	497.81
民丰县	نىيە	1 932.70	786.20	155.40	213.00	778.10
二、生产建设兵团	**2. بىڭتۇەن**	**4 140.00**	**2 800.00**	**360.00**	**480.00**	**500.00**

دېھقانچىلىق، ئورمانچىلىق، چارۋىچىلىق، بېلىقچىلىق ئومۇمىي مەھسۇلات قىممىتى

8—6　农、林、牧、渔业总产值

بىرلىكى : تۈمەن يۈەن　单位：万元

يىللار، رايونلار 年份地区		دېھقانچىلىق، ئورمانچىلىق، چارۋىچىلىق، بېلىقچىلىق ئومۇمىي مەھسۇلات قىممىتى 农林牧渔业总产值	دېھقانچىلىق 农业产值	ئورمانچىلىق 林业产值	چارۋىچىلىق 牧业产值	بېلىقچىلىق 渔业产值
1983		433 934	326 702	15 202	91 329	701
1984		498 889	382 428	17 423	98 283	755
1985		565 699	429 519	25 906	108 598	1 676
1986		655 231	492 834	25 528	134 066	2 803
1987		816 349	567 006	24 803	220 269	4 271
1988		1 084 589	758 089	28 880	290 696	6 924
1989		1 214 984	840 690	30 912	334 911	8 471
1990		1 446 535	1 104 742	38 152	294 963	8 678
1991		1 620 078	1 245 437	42 356	322 413	9 872
1992		1 724 197	1 312 184	42 221	358 244	11 548
1993		1 982 025	1 468 176	47 737	451 759	11 353
1994		3 064 721	2 337 813	59 772	646 907	20 229
1995		4 057 332.29	3 150 055.46	56 380.70	823 350.69	27 545.44
一、地方	**1. يەرلىك**	**3 096 343.97**	**2 318 977.14**	**48 120.70**	**706 810.69**	**21 435.44**
乌鲁木齐市	ئۈرۈمچى شەھىرى	51 882.38	29 389.59	576.60	20 080.59	1 835.60
克拉玛依市	قاراماي شەھىرى	11 152.54	5 748.21	3.50	5 061.19	339.64
吐鲁番地区	تۇرپان ۋىلايىتى	112 086.28	95 352.06	532.65	15 990.87	210.70
哈密地区	قۇمۇل ۋىلايىتى	51 730.63	35 019.88	452.85	16 056.05	201.85
昌吉州	سانجى ئوبلاستى	365 964.70	264 752.75	3 883.03	90 827.49	6 501.43
伊犁州	ئىلى ئوبلاستى	715 654.41	438 203.78	8 163.82	263 414.61	5 872.20
伊犁地区	ئىلى ۋىلايىتى	346 707.39	220 578.75	3 916.98	119 346.28	2 865.38
塔城地区	چۆچەك ۋىلايىتى	260 620.77	175 866.67	3 407.47	80 102.57	1 244.06
阿勒泰地区	ئالتاي ۋىلايىتى	108 326.25	41 758.36	839.37	63 965.76	1 762.76
博州	بۆرتالا ئوبلاستى	96 646.51	72 473.70	783.88	22 884.63	504.30
巴州	بايىنغولىن ئوبلاستى	208 067.85	156 865.96	3 608.57	46 318.17	1 275.15
阿克苏地区	ئاقسۇ ۋىلايىتى	493 170.47	423 083.07	8 285.16	59 368.17	2 434.07
克州	قىزىلسۇ ئوبلاستى	57 675.13	38 508.04	464.18	18 644.31	58.60
喀什地区	قەشقەر ۋىلايىتى	654 638.46	553 065.41	12 981.34	87 024.61	1 567.10
和田地区	خوتەن ۋىلايىتى	277 674.61	206 514.69	9 385.12	61 140.00	634.80
二、生产建设兵团	**2. بىڭتۈەن**	**1 055 545.0**	**925 635.00**	**7 260.00**	**116 540.00**	**6 110.00**

ئىزاھات: (1) بۇ جەدۋەل شۇ يىللىق باھابويىچە ھېسابلاندى. (2) پۈتۈن ئاپتونوم رايوننىڭ دېھقانچىلىق، ئورمانچىلىق، چارۋىچىلىق، بېلىقچىلىق ئومۇمىي مەھسۇلات قىممىتى رايونلارنىڭ جەمئىسىگە تەڭ ئەمەس.

注：①本表按当年价格计算。②全区农林牧渔业总产值不等于各地区汇总数。

دېھقانچىلىق، ئورمانچىلىق، چارۋىچىلىق، بېلىقچىلىق ئومۇمىي مەھسۇلات قىممىتى ئىندېكسى

8—7　农、林、牧、渔业总产值指数

(ئالدىنقى يىل 100قىلىپ ئېلىنغاندا 上年=100)　　　　单位:% : بىرلىكى

يىللار، رايونلار 年份地区		دېھقانچىلىق، ئورمانچىلىق، چارۋىچىلىق، بېلىقچىلىق ئومۇمىي مەھسۇلات قىممىتى 农林牧渔业总产值	دېھقانچىلىق 农业产值	ئورمانچىلىق 林业产值	چارۋىچىلىق 牧业产值	بېلىقچىلىق 渔业产值
	1978	113.02	118.60	108.77	105.35	106.72
	1980	108.86	108.41	151.19	104.44	112.72
	1983	109.74	109.93	116.18	107.97	102.26
	1984	111.16	111.93	103.22	109.89	84.67
	1985	110.88	111.51	131.34	104.57	135.12
	1986	112.37	112.66	100.77	113.32	141.83
	1987	111.66	111.83	101.32	112.83	117.90
	1988	106.55	106.25	98.73	108.50	152.16
	1989	104.72	104.02	103.79	107.68	110.81
	1990	115.14	119.20	95.19	102.00	111.34
	1991	107.99	109.23	99.62	103.36	105.79
	1992	105.57	105.98	96.04	104.83	107.28
	1993	102.28	101.61	108.27	104.60	113.79
	1994	110.90	111.63	110.44	108.08	119.01
	1995	107.12	107.03	88.47	109.04	127.02
一、地方	**1. يەرلىك**	**107.36**	**106.95**	**86.48**	**110.47**	**128.94**
乌鲁木齐市	ئۈرۈمچى شەھىرى	104.81	98.81	84.17	112.21	130.56
克拉玛依市	قاراماي شەھىرى	103.67	118.00	166.67	99.55	106.99
吐鲁番地区	تۇرپان ۋىلايىتى	107.57	107.43	99.26	109.60	193.98
哈密地区	قۇمۇل ۋىلايىتى	109.55	113.13	89.50	104.28	126.05
昌吉州	سانجى ئوبلاستى	115.09	110.27	108.05	127.08	163.29
伊犁州	ئىلى ۋىلايىتى	105.29	103.76	94.21	107.67	126.97
伊犁地区	ئىلى ۋىلايىتى	103.83	102.91	89.27	105.40	136.63
塔城地区	تارباغاتاي ۋىلايىتى	107.57	103.79	95.94	116.94	173.50
阿勒泰地区	ئالتاي ۋىلايىتى	105.59	108.47	121.02	103.76	103.23
博州	بۆرتالا ئوبلاستى	106.61	107.82	88.16	103.71	114.37
巴州	بايىنغولىن ئوبلاستى	108.95	108.47	86.65	113.80	108.25
阿克苏地区	ئاقسۇ ۋىلايىتى	109.53	110.34	93.56	107.62	119.71
克州	قىزىلسۇ ئوبلاستى	107.67	109.74	81.15	105.62	105.77
喀什地区	قەشقەر ۋىلايىتى	105.06	104.78	96.71	108.73	84.92
和田地区	خوتەن ۋىلايىتى	105.64	107.32	65.52	114.47	104.76
二、生产建设兵团	**2. بىڭتۇەن**	**115.62**	**117.83**	**102.51**	**98.87**	**120.86**

دېھقانچىلىق، ئورمانچىلىق، چارۋىچىلىق، بېلىقچىلىقنىڭ تۈرلەرگە ئايرىلغان مەھسۇلات قىممىتى

8—8 农、林、牧、渔业分项产值

كۆرسەتكۈچ 指　　标	مۇتلەق سان (تۈمەن يۈەن) 绝对数(万元)		قۇرۇلمىسى 构成(%)		ئىندېكس 指　数 1994＝100
	1994-يىل	1995-يىل	1994-يىل	1995-يىل	
农林牧渔业总产值 دېھقانچىلىق، ئورمانچىلىق، چارۋىچىلىق، بېلىقچىلىق ئومۇمىي مەھسۇلات قىممىتى	**3 064 720.99**	**4 057 332.29**	**100.0**	**100.0**	**107.12**
农业产值 دېھقانچىلىق مەھسۇلات قىممىتى	**2 337 812.58**	**3 150 055.46**	**76.3**	**77.6**	**107.03**
1、种植业 1. تېرىقچىلىق	2 239 715.35	3 023 525.40	73.1	74.5	106.71
粮食产值 ئاشلىق مەھسۇلات قىممىتى	749 160.49	1 096 312.56	24.5	27.0	107.75
主产品 ئاساسىي مەھسۇلات	670 347.37	988 048.37	21.9	24.3	107.28
副产品 قوشۇمچە مەھسۇلات	78 813.12	108 264.19	2.6	2.7	111.15
其它作物产值 باشقا زىرائەتلەرنىڭ مەھسۇلات قىممىتى	1 490 554.84	1 927 212.84	48.6	47.5	106.29
主产品 ئاساسىي مەھسۇلات	1 463 901.60	1 895 495.06	47.7	46.7	106.18
副产品 قوشۇمچە مەھسۇلات	26 653.26	31 717.78	0.9	0.8	109.98
2、其它农业产值 2. باشقا يېزا ئىگىلىك مەھسۇلات قىممىتى	98 097.23	126 530.06	3.2	3.1	113.44
采集野生植物 ئۆسۈملۈك يىغىش	65 427.30	89 452.05	2.1	2.1	108.97
农民家庭工业 دېھقانلار ئائىلە سانائىتى	32 669.93	40 078.01	1.1	1.0	119.17
林业产值 ئورمانچىلىق مەھسۇلات قىممىتى	**59 772.29**	**56 380.70**	**1.9**	**1.4**	**88.47**
营林 ئورمان ئىگىلىكى	44 916.10	40 816.63	1.5	1.0	87.24
林产品 ئورمان مەھسۇلاتى	4 187.98	4 234.76	0.1	0.1	86.66
竹木产品 بامبۇك مەھسۇلاتى	10 668.21	11 329.31	0.3	0.3	92.94
牧业产值 چارۋىچىلىق مەھسۇلات قىممىتى	**646 907.06**	**823 350.69**	**21.1**	**20.3**	**109.04**
牲畜 چارۋا	440 510.98	557 091.36	14.4	13.7	109.02
大牲畜繁殖、增长、增重 كۆپەيگەن، ئېغىرلىقى ئاشقان چوڭ چارۋا	118 798.71	142 853.88	3.9	3.5	110.64
猪 چوشقا	57 817.14	73 606.61	1.9	1.8	103.20
羊 قوي	263 895.13	340 630.87	8.6	8.4	109.05
家禽饲养 ئۆي قۇشى	34 235.21	43 941.30	1.1	1.1	110.84
活的畜禽产品 تىرىك چارۋا، ئۆي قۇش مەھسۇلاتى	161 266.14	209 589.31	5.3	5.2	108.58
捕猎 ئوۋچىلىق	235.46	385.90			148.34
其它动物及产品 باشقا ھايۋان ۋە مەھسۇلات	10 659.27	12 342.82	0.3	0.3	110.92
渔业产值 بېلىقچىلىق مەھسۇلات قىممىتى	**20 229.06**	**27 545.44**	**0.7**	**0.7**	**127.02**

注:绝对数和构成按当年价格计算,指数按可比价格计算.

ئىزاھات: مۇتلەق سان ۋە قۇرۇلمىسى شۇ يىللىق باھادا، ئىندېكس سېلىشتۇرۇشقا بولىدىغان باھادا ھېسابلاندى.

ۋىلايەت، ئوبلاست، شەھەر، ناھىيە ۋە بىڭتۇەننىڭ دېھقانچىلىق، ئورمانچىلىق، چارۋىچىلىق، بېلىقچىلىق ئومۇمىي مەھسۇلات قىممىتى (1)

8—9 各地、州、市、县和兵团农林牧渔业总产值(一)

(1995 年按当年价格计算 شۇ يىللىق باھا بويىچە ھېسابلاندى .يىل) 单位:万元 بىرلىكى:ئون مىڭ يۈەن

رايونلار 地区		دېھقانچىلىق، ئورمانچىلىق، چارۋىچىلىق، بېلىقچىلىق ئومۇمىي مەھسۇلات قىممىتى 农林牧渔业总产值	دېھقانچىلىق 农业产值	ئورمانچىلىق 林业产值	چارۋىچىلىق 牧业产值	بېلىقچىلىق 渔业产值
总计	**جەمئىي**	**4 057 332.29**	**3 150 055.46**	**56 380.70**	**823 350.69**	**27 545.44**
一、地方	**1. يەرلىك**	**3 096 343.97**	**2 318 977.14**	**49 120.70**	**706 810.69**	**21 435.44**
乌鲁木齐市	**ئۈرۈمچى شەھىرى**	**51 882.38**	**29 389.59**	**576.60**	**20 080.59**	**1 835.60**
乌鲁木齐县	ئۈرۈمچى ناھىيىسى	40 599.77	26 956.64	455.52	12 127.21	1 060.40
市直单位	شەھەرگە بىۋاستە قاراشلىق ئورۇنلار	11 282.61	2 432.95	121.08	7 953.38	775.20
克拉玛依市	**قاراماي شەھىرى**	**11 152.54**	**5 748.21**	**3.50**	**5 061.19**	**339.64**
吐鲁番地区	**تۇرپان ۋىلايىتى**	**112 086.28**	**95 352.06**	**532.65**	**15 990.87**	**210.70**
吐鲁番市	تۇرپان شەھىرى	47 675.27	41 670.96	301.89	5 606.72	95.70
鄯善县	پىچان	39 409.51	34 302.20	198.52	4 843.79	65.00
托克逊县	توقسۇن	25 001.50	19 378.90	32.24	5 540.36	50.00
哈密地区	**قۇمۇل ۋىلايىتى**	**51 730.63**	**35 019.88**	**452.85**	**16 056.05**	**201.85**
哈密市	قۇمۇل شەھىرى	29 343.22	23 486.39	417.04	5 241.69	198.10
巴里坤县	باركۆل	18 593.09	9 694.52	16.35	8 878.47	3.75
伊吾县	ئاراتۇرۇك	3 794.32	1 838.97	19.46	1 935.89	
昌吉州	**سانجى**	**365 964.70**	**264 752.75**	**3 883.03**	**90 827.49**	**6 501.43**
昌吉市	سانجى شەھىرى	77 398.95	49 790.85	765.15	23 599.35	3 243.60
米泉县	مىچۈەن	32 104.48	21 756.57	147.78	9 434.95	765.18
呼图壁县	قۇتۇبى	50 526.48	35 733.08	784.27	12 477.63	1 531.50
玛纳斯县	ماناس	74 538.91	63 448.58	370.04	10 173.79	546.50
奇台县	گۇچۇڭ	53 859.65	43 528.15	756.99	9 507.01	67.50
阜康市	فۇكاڭ شەھىرى	25 814.51	17 058.74	356.65	8 183.47	215.65
吉木萨尔县	جىمسار	31 767.13	23 154.35	616.00	7 865.28	131.50
木垒县	مورى	19 954.59	10 282.43	86.15	9 586.01	
伊犁州	**ئىلى ئوبلاستى**	**715 654.41**	**438 203.78**	**8 163.82**	**263 414.61**	**5 872.20**
伊犁地区	**ئىلى ۋىلايىتى**	**346 707.39**	**220 578.75**	**3 916.98**	**119 346.28**	**2 865.38**
伊宁市	غۇلجا شەھىرى	25 496.58	18 150.85	334.40	6 446.63	564.70
伊宁县	غۇلجاناھىيىسى	76 550.54	56 113.67	932.84	18 197.47	1 306.56
察布查尔县	چاپچال	22 462.03	14 545.64	328.36	7 399.49	188.54
霍城县	قورغاس	53 607.21	39 283.84	933.79	12 832.78	556.80
巩留县	توققۇزتارا	31 267.96	19 895.21	166.52	11 083.44	122.79
新源县	كۈنەس	60 529.55	35 345.95	586.97	24 507.58	89.05
昭苏县	موڭغۇلكۈرە	26 403.62	14 178.18	141.96	12 071.48	12.00
特克斯县	تېكەس	29 438.73	13 138.70	395.78	15 891.35	12.90
尼勒克县	نىلقا	20 951.17	9 926.71	96.36	10 916.06	12.04

ئىزاھات: پۈتۈن ئاپتونوم رايوننىڭ دېھقانچىلىق، ئورمانچىلىق، چارۋىچىلىق، بېلىقچىلىق ئومۇمىي مەھسۇلات قىممىتى ۋىلايەت، ئوبلاست، شەھەر، ناھىيە ۋە بىڭتۇەننىڭ جەمئىسىگە تەڭ ئەمەس.

注:全区农林牧渔业总产值不等于各地、州、市、县和兵团汇总数。

8—9 续表 1 داۋامى 1

单位：万元 بىرلىكى: تۈمەن يۈەن

رايونلار 地 区		دېھقانچىلىق، ئورمانچىلىق، چارۋىچىلىق، بېلىقچىلىق ئومۇمىي مەھسۇلات قىممىتى 农林牧渔业总产值	دېھقانچىلىق 农业产值	ئورمانچىلىق 林业产值	چارۋىچىلىق 牧业产值	بېلىقچىلىق 渔业产值
塔城地区	**تارباغاتاي ۋىلايىتى**	**260 620.77**	**175 866.67**	**3 407.47**	**80 102.57**	**1 244.06**
塔城市	چۆچەك شەھىرى	42 993.39	26 261.70	610.28	15 865.81	255.60
额敏县	دۆربىلجىن	43 745.74	22 421.78	879.62	20 335.54	108.80
乌苏县	شىخۇ	64 991.45	54 078.95	983.00	9 744.40	185.00
沙湾县	ساۋەن	77 051.90	63 396.06	639.67	12 354.67	661.50
托里县	تولى	9 506.07	2 904.46	63.37	6 538.24	
裕民县	چاغانتوقاي	13 028.74	5 412.43	176.49	7 413.83	25.99
和布克赛尔县	قوبۇقسار	9 303.58	1 391.29	55.04	7 850.08	7.17
阿勒泰地区	**ئالتاي ۋىلايىتى**	**108 326.25**	**41 758.36**	**839.37**	**63 965.76**	**1 762.76**
阿勒泰市	ئالتاي شەھىرى	24 913.96	10 448.19	216.62	14 000.20	248.95
布尔津县	بۇرچىن	14 463.84	5 650.83	175.60	8 539.59	97.82
富蕴县	كۆكتوقاي	17 428.16	4 958.63	34.77	12 412.97	21.79
福海县	بۇرۇلتوقاي	17 310.25	6 818.75	292.49	8 946.71	1 252.30
哈巴河县	قابا	14 780.79	7 171.93	77.47	7 400.39	131.00
青河县	چىڭگىل	11 952.79	4 415.22	26.47	7 505.70	5.40
吉木乃县	جېمىنەي	7 476.46	2 294.81	15.95	5 160.20	5.50
博州	**بۆرتالا ئوبلاستى**	**96 646.51**	**72 473.70**	**783.88**	**22 884.63**	**504.30**
博乐市	بۆرتالا شەھىرى	39 864.66	30 079.48	226.78	9 357.40	201.00
精河县	جىڭ	35 751.90	30 084.38	384.64	5 000.58	282.30
温泉县	ئارشاڭ	21 029.95	12 309.84	172.46	8 526.65	21.00
巴州	**بايىنغولىن ئوبلاستى**	**208 067.85**	**156 865.96**	**3 608.57**	**46 318.17**	**1 275.15**
库尔勒市	كورلا شەھىرى	66 890.26	54 741.83	1 489.66	10 587.77	71.00
轮台县	بۈگۈر	21 639.19	15 556.43	300.61	5 759.45	22.70
尉犁县	لوپنور	20 700.52	17 760.31	421.24	2 478.67	40.30
若羌县	چاقىلىق	5 232.90	3 608.64	46.21	1 578.05	
且末县	چەرچەن	11 478.13	9 215.61	173.45	2 089.07	
焉耆县	يەنجى	22 402.33	17 755.84	229.55	4 292.89	124.05
和静县	خېجىڭ	33 544.98	17 321.22	361.25	15 862.51	
和硕县	خوشۇت	11 734.28	9 503.49	304.40	1 910.19	16.20
博湖县	باغراش	14 445.26	11 402.59	282.20	1 759.57	1 000.90
阿克苏地区	**ئاقسۇ ۋىلايىتى**	**493 170.47**	**423 083.07**	**8 285.16**	**59 368.17**	**2 434.07**
阿克苏市	ئاقسۇ شەھىرى	77 634.15	67 916.91	1 529.16	7 104.98	1 083.10
温宿县	ئاقسۇ كوناشەھەر	53 956.26	43 684.96	1 223.87	8 591.43	456.00
库车县	كۇچا	86 112.13	73 994.87	887.15	11 143.46	86.65

8－9 续表 2 داۋامى 2 8－9

单位：万元 بىرلىكى: تۈمەن يۈەن

地 区 رايونلار		دېھقانچىلىق، ئورمانچىلىق، چارۋىچىلىق، بېلىقچىلىق ئومۇمىي مەھسۇلات قىممىتى 农林牧渔业总产值	دېھقانچىلىق 农业产值	ئورمانچىلىق 林业产值	چارۋىچىلىق 牧业产值	بېلىقچىلىق 渔业产值
沙雅县	شايار	81 190.84	73 821.99	1 020.40	6 121.93	226.52
新和县	توقسۇ	41 075.84	36 536.01	708.50	3 705.83	125.50
拜城县	باي	28 730.82	21 380.89	1 113.71	5 882.22	354.00
乌什县	ئۇچتۇرپان	35 137.08	27 640.95	973.34	6 496.99	25.80
阿瓦提县	ئاۋات	86 381.69	75 955.88	761.63	9 587.68	76.50
柯坪县	كەلپىن	2 951.66	2 150.61	67.40	733.65	
克州	**قىزىلسۇ ئوبلاستى**	**57 675.13**	**38 508.04**	**464.18**	**18 644.31**	**58.60**
阿图什市	ئاتۇش شەھىرى	18 593.26	13 286.10	105.34	5 150.42	51.40
阿克陶县	ئاقتو	29 807.66	22 219.53	233.68	7 347.25	7.20
阿合奇县	ئاقچى	4 394.47	1 565.49	51.70	2 777.28	
乌恰县	ئۇلۇغچات	4 879.74	1 436.92	73.46	3 369.36	
喀什地区	**قەشقەر ۋىلايىتى**	**654 638.46**	**553 065.41**	**12 981.34**	**87 024.61**	**1 567.10**
喀什市	قەشقەر شەھىرى	8 834.94	6 715.36	119.88	1 869.40	130.30
疏附县	قەشقەر كوناشەھەر	69 788.52	57 218.18	907.90	11 547.24	115.20
疏勒县	قەشقەر يېڭى شەھەر	55 841.57	48 160.70	521.71	7 067.31	91.85
英吉沙县	يېڭىسار	33 542.23	28 131.36	505.02	4 875.25	30.60
泽普县	پوسكام	43 928.57	37 656.05	587.28	5 464.24	221.00
莎车县	يەكەن	137 591.47	117 874.07	3 973.40	15 186.00	558.00
叶城县	قاغىلىق	74 377.23	57 048.65	1 965.30	15 242.48	120.80
麦盖提县	مەكىت	64 318.56	57 099.89	427.26	6 720.16	71.25
岳普湖县	يوپۇرغا	27 174.08	24 335.93	270.54	2 562.71	4.90
伽师县	پەيزىۋات	62 120.45	52 346.15	904.75	8 742.35	127.20
巴楚县	مارالبېشى	74 717.73	65 685.92	2 779.39	6 156.42	96.00
塔什库尔干县	تاشقورغان	2 403.11	793.15	18.91	1 591.05	
和田地区	**خوتەن ۋىلايىتى**	**277 674.61**	**206 514.69**	**9 385.12**	**61 140.00**	**634.80**
和田市	خوتەن شەھىرى	12 802.34	9 396.80	476.51	2 749.03	180.00
和田县	خوتەن ناھىيىسى	50 990.32	38 093.62	1 652.57	11 230.93	13.20
墨玉县	قاراقاش	58 131.50	45 556.19	1 174.70	11 238.61	162.00
皮山县	گۇما	31 690.12	24 476.49	1 416.90	5 771.53	25.20
洛浦县	لوپ	44 254.81	33 629.04	1 788.93	8 686.84	150.00
策勒县	چىرا	31 341.78	21 324.59	643.27	9 364.32	9.60
于田县	كېرىيە	40 354.13	29 143.47	2 044.02	9 085.04	81.60
民丰县	نىيە	8 109.61	4 894.49	188.22	3 013.70	13.20
二、生产建设兵团	**2. بىڭتۈەن**	**1 055 545.0**	**925 635.00**	**7 260.00**	**116 540.00**	**6 110.00**

ۋىلايەت، ئوبلاست، شەھەر، ناھىيە ۋە بىڭتۇەننىڭ دېھقانچىلىق، ئورمانچىلىق، چارۋىچىلىق، بېلىقچىلىق ئومۇمىي مەھسۇلات قىممىتى (2)

8—9 各地、州、市、县和兵团农林牧渔业总产值(二)

بىرلىكى: تۈمەن يۈەن (1990-يىللىق ئۆزگەرمەس باھا بويىچە ھېسابلاندى -يىل) 单位:万元 (1995年,按1990年不变价计算)

地区 رايونلار		دېھقانچىلىق، ئورمانچىلىق، چارۋىچىلىق، بېلىقچىلىق ئومۇمىي مەھسۇلات قىممىتى 农林牧渔业总产值	دېھقانچىلىق 农业产值	ئورمانچىلىق 林业产值	چارۋىچىلىق 牧业产值	بېلىقچىلىق 渔业产值
总计	**جەمئىي**	**2 156 576.41**	**1 645 620.01**	**43 379.00**	**449 892.92**	**17 684.48**
一、地方	**1. يەرلىك**	**1 651 525.23**	**1 201 251.27**	**37 167.01**	**399 412.08**	**13 694.87**
乌鲁木齐市	**ئۈرۈمچى شەھىرى**	**25 678.23**	**13 428.95**	**394.30**	**10 855.92**	**999.06**
乌鲁木齐县	ئۈرۈمچى ناھىيىسى	18 748.13	12 215.75	282.03	5 518.19	732.16
市直单位	شەھەرگە بىۋاستە قاراشلىق ئورۇنلار	6 930.10	1 213.20	112.27	5 337.73	266.90
克拉玛依市	**قاراماي شەھىرى**	**3 413.00**	**807.05**	**2.50**	**2 479.82**	**123.63**
吐鲁番地区	تۇرپان ۋىلايىتى	93 413.37	86 813.59	458.48	6 041.67	99.63
吐鲁番市	تۇرپان شەھىرى	41 932.01	39 624.90	280.89	1 981.79	44.43
鄯善县	پىچان	37 176.79	35 194.13	140.04	1 811.42	31.20
托克逊县	توقسۇن	14 304.57	11 994.56	37.55	2 248.46	24.00
哈密地区	**قۇمۇل ۋىلايىتى**	**27 328.32**	**17 230.86**	**281.85**	**9 739.65**	**75.96**
哈密市	قۇمۇل شەھىرى	15 980.87	12 061.50	255.85	3 589.82	73.70
巴里坤县	باركۆل	9 475.71	4 348.66	6.86	5 117.93	2.26
伊吾县	ئارائۇرۇك	1 871.74	820.70	19.14	1 031.90	
昌吉州	**سانجى ئوبلاستى**	**169 226.47**	**119 036.78**	**2 634.70**	**43 137.71**	**4 417.28**
昌吉市	سانجى شەھىرى	36 404.13	25 649.97	344.73	7 962.50	2 446.93
米泉县	مىچۈەن	13 152.06	7 724.95	98.91	4 832.05	496.15
呼图壁县	قۇتۇبى	23 085.37	15 813.53	508.97	5 867.36	895.51
玛纳斯县	ماناس	32 647.95	26 662.60	483.68	5 141.11	360.56
奇台县	گۇچۇڭ	27 520.31	19 732.94	452.67	7 294.94	39.76
阜康市	فۇكاڭ شەھىرى	11 517.88	7 629.69	229.12	3 545.59	113.48
吉木萨尔县	جىمسار	15 215.35	11 140.58	455.15	3 554.73	64.89
木垒县	مورى	9 683.42	4 682.52	61.47	4 939.43	
伊犁州	**ئىلى ئوبلاستى**	**393 021.18**	**228 486.62**	**6 426.95**	**153 988.67**	**4 118.94**
伊犁地区	**ئىلى ۋىلايىتى**	**204 873.40**	**121 212.07**	**3 414.85**	**78 227.95**	**2 018.53**
伊宁市	غۇلجا شەھىرى	15 078.02	10 330.31	310.54	4 098.33	338.84
伊宁县	غۇلجا ناھىيىسى	46 326.71	29 360.43	785.27	15 243.87	937.14
察布查尔县	چاپچال	14 031.18	7 719.39	283.57	5 877.40	150.82
霍城县	قورغاس	33 475.91	22 809.96	822.89	9 436.89	406.17
巩留县	توققۇزتارا	17 662.95	10 319.22	196.40	7 080.06	67.27
新源县	كۈنەس	34 200.61	19 490.04	565.66	14 056.73	88.18
昭苏县	موڭغۇلكۈرە	15 310.51	7 837.34	94.16	7 368.61	10.40
特克斯县	تېكەس	15 284.28	7 112.11	200.89	7 963.11	8.17
尼勒克县	نىلقا	13 503.23	6 233.27	155.47	7 102.95	11.54

ئىزاھات: پۈتۈن ئاپتونوم رايوننىڭ دېھقانچىلىق، ئورمانچىلىق، چارۋىچىلىق، بېلىقچىلىق ئومۇمىي مەھسۇلات قىممىتى رايونلارنىڭ جەمئىسىگە تەڭ ئەمەس

注:全区农林牧渔业总产值不等于各地、州、市、县和兵团汇总数。

地区	رايونلار	دېھقانچىلىق، ئورمانچىلىق، چارۋىچىلىق، بېلىقچىلىق ئومۇمىي مەھسۇلات قىممىتى 农林牧渔业总产值	دېھقانچىلىق 农业产值	ئورمانچىلىق 林业产值	چارۋىچىلىق 牧业产值	بېلىقچىلىق 渔业产值
塔城地区	**تارباغاتاي ۋىلايىتى**	**126 505.28**	**84 611.46**	**2 351.15**	**38 859.13**	**683.54**
塔城市	چۆچەك شەھىرى	20 138.52	13 460.96	368.11	6 201.86	107.59
额敏县	دۆربىلجىن	21 131.28	11 292.74	528.00	9 249.85	60.69
乌苏县	شىخۇ	32 708.35	26 364.41	391.72	5 554.50	97.72
沙湾县	ساۋەن	35 520.33	28 236.77	565.27	6 315.03	403.26
托里县	تولى	6 662.99	1 723.02	52.93	4 887.04	
裕民县	چاغانتوقاي	5 497.61	2 481.35	107.64	2 898.18	10.44
和布克赛尔县	قوبۇقسار	4 846.20	1 052.21	37.48	3 752.67	3.84
阿勒泰地区	**ئالتاي ۋىلايىتى**	**61 642.50**	**22 663.09**	**660.95**	**36 901.59**	**1 416.87**
阿勒泰市	ئالتاي شەھىرى	14 682.21	4 804.73	213.04	9 429.45	234.99
布尔津县	بۆرچىن	7 275.80	3 175.25	151.21	3 856.48	92.86
富蕴县	كۆكتوقاي	9 699.49	3 614.86	36.47	6 040.24	7.92
福海县	بۇرۇلتوقاي	8 877.23	4 012.13	141.13	3 769.23	954.74
哈巴河县	قابا	10 822.72	3 519.68	75.65	7 108.39	119.00
青河县	چىڭگىل	6 594.27	2 308.99	26.71	4 254.09	4.48
吉木乃县	جېمىنەي	3 690.78	1 227.45	16.74	2 443.71	2.88
博州	**بۆرتالا ئوبلاستى**	**42 948.15**	**32 103.10**	**431.76**	**10 194.28**	**219.01**
博乐市	بۆرتالا شەھىرى	16 771.73	12 523.68	134.96	4 015.61	97.48
精河县	جىڭ	16 515.81	13 978.18	196.53	2 229.39	111.71
温泉县	ئارشاڭ	9 660.61	5 601.24	100.27	3 949.28	9.82
巴州	**بايىنغولىن ئوبلاستى**	**110 809.43**	**81 236.28**	**2 758.02**	**25 303.16**	**1 511.97**
库尔勒市	كورلا شەھىرى	25 696.83	18 982.23	1 103.48	5 576.96	34.16
轮台县	بۈگۈر	10 881.40	8 293.89	360.37	2 219.53	7.61
尉犁县	لوپنۇر	12 308.56	10 564.05	129.69	1 577.55	37.27
若羌县	چاقىلىق	2 412.56	1 681.47	32.40	698.69	
且末县	چەرچەن	6 847.75	4 626.26	201.64	2 019.85	
焉耆县	يەنجى	16 396.06	13 815.89	182.48	2 343.54	54.15
和静县	خېجىڭ	17 317.43	8 961.47	266.73	8 089.23	
和硕县	خوشۇت	7 244.37	5 618.94	286.17	1 326.30	12.96
博湖县	باغراش	11 704.47	8 692.08	195.06	1 451.51	1 365.82
阿克苏地区	**ئاقسۇ ۋىلايىتى**	**251 522.26**	**210 828.05**	**6 063.56**	**33 573.39**	**1 057.26**
阿克苏市	ئاقسۇ شەھىرى	40 447.65	35 002.11	1 102.66	3 915.61	427.27
温宿县	ئاقسۇ كوناشەھەر	25 013.49	20 040.18	879.12	3 904.91	189.28
库车县	كۇچا	46 448.35	39 367.19	805.44	6 237.83	37.89

单位：万元 بىرلىكى: تۈمەن يۈەن

地区 رايونلار		农林牧渔业总产值 دېھقانچىلىق، ئورمانچىلىق، چارۋىچىلىق، بېلىقچىلىق ئومۇمىي مەھسۇلات قىممىتى	农业产值 دېھقانچىلىق	林业产值 ئورمانچىلىق	牧业产值 چارۋىچىلىق	渔业产值 بېلىقچىلىق
沙雅县	شايار	38 020.16	33 211.91	591.24	4 101.07	115.94
新和县	توقسۇ	19 202.20	16 608.14	473.65	2 074.07	46.34
拜城县	باي	20 125.13	14 500.22	1 163.32	4 261.79	199.80
乌什县	ئۇچتۇرپان	17 939.16	13 671.27	518.96	3 740.53	8.40
阿瓦提县	ئاۋات	41 658.80	36 652.39	450.82	4 523.25	32.34
柯坪县	كەلپىن	2 667.32	1 774.64	78.35	814.33	
克州	**قىزىلسۇ ئوبلاستى**	**33 652.26**	**19 595.45**	**428.87**	**13 603.54**	**24.40**
阿图什市	ئاتۇش شەھىرى	13 422.90	8 201.28	96.19	5 104.02	21.40
阿克陶县	ئاقتۇ	14 118.71	9 770.95	203.20	4 141.57	2.99
阿合奇县	ئاقچى	2 792.55	828.83	27.90	1 935.82	
乌恰县	ئۇلۇغچات	3 318.10	794.39	101.58	2 422.13	
喀什地区	**قەشقەر ۋىلايىتى**	**335 113.40**	**273 713.64**	**9 340.14**	**51 229.95**	**829.67**
喀什市	قەشقەر شەھىرى	4 711.85	3 567.32	67.40	996.36	80.77
疏附县	قەشقەر كوناشەھەر	34 746.91	27 955.30	739.70	5 997.74	54.17
疏勒县	قەشقەريېڭى شەھەر	28 191.58	23 390.31	428.06	4 325.21	48.00
英吉沙县	يېڭىسار	21 067.47	17 115.02	366.19	3 573.35	12.91
泽普县	پوسكام	21 436.58	17 908.95	525.48	1 891.64	110.51
莎车县	يەكەن	65 560.75	53 360.22	2 653.74	9 268.21	278.58
叶城县	قاغىلىق	35 610.57	27 226.58	1 387.13	6 921.65	75.21
麦盖提县	مەكىت	31 472.13	25 763.63	423.69	5 240.55	44.26
岳普湖县	يوپۇرغا	13 954.19	12 088.59	211.11	1 651.11	3.38
伽师县	پەيزىۋات	37 407.83	30 405.13	929.39	5 993.39	79.92
巴楚县	مارالبېشى	39 354.17	34 469.62	1 575.46	3 267.13	41.96
塔什库尔干县	تاشقورغان	1 599.37	462.97	32.79	1 103.61	
和田地区	**خوتەن ۋىلايىتى**	**165 399.16**	**117 970.90**	**7 945.88**	**39 264.32**	**218.06**
和田市	خوتەن شەھىرى	8 195.14	5 397.13	507.14	2 229.04	61.83
和田县	خوتەن ناھىيىسى	33 440.27	25 327.19	1 144.59	6 963.96	4.53
墨玉县	قاراقاش	34 334.00	25 655.38	966.61	7 656.36	55.65
皮山县	گۇما	17 342.81	12 603.08	1 076.02	3 655.05	8.66
洛浦县	لوپ	25 538.75	17 790.41	1 598.26	6 098.55	51.53
策勒县	چىرا	16 958.26	10 857.64	549.84	5 547.48	3.30
于田县	كېرىيە	25 435.46	18 083.66	1 920.05	5 403.72	28.03
民丰县	نىيە	4 154.47	2 256.41	183.37	1 710.16	4.53
二、生产建设兵团	**2 . بىڭتۇەن**	**548 982.00**	**488 299.56**	**6 211.99**	**50 480.84**	**3 989.61**

يېزا ئىگىلىك قوشۇلغان قىممىتى

8—10 农 业 增 加 值

单位:万元 بىرلىكى : تۈمەن يۈەن

指 标 كۆرسەتكۈچ		1994年 -يىل	1995年 -يىل
总产出	**ئومۇمىي ھاسىلات**	**3 064 720.99**	**4 057 332.29**
中间消耗	ئارلىق سەرپىيات	1 187 859.67	1 650 202.23
中间物质消耗	ئارلىق ماددىي سەرپىيات	999 845.02	1 386 129.23
对非物质生产部门劳务支出	سىرتتىقى ماددىي ئىشلەپچىقىرىش تارماقلىرىغا تۆلىگەن ئەمگەك چىقىمى	188 014.65	264 073.00
增加值	**قوشۇلغان قىممەت**	**1 876 861.32**	**2 407 130.06**
固定资产折旧	مۇقىم مۈلۈك ئامورتىزاتسىيىسى	75 047.87	105 506.36
劳动者报酬	ئەمگەكچىنىڭ ھەققى	1 337 445.59	1 758 746.68
生产税	ئىشلەپچىقىرىش بېجى	48 236.59	55 894.41
生产补贴	ئىشلەپچىقىرىش قوشۇمچە ياردىمى		
营业盈余	تىجارەت پايدىسى	416 131.27	486 982.61
中间消耗占总产出%	ئارلىق سەرپىياتنىڭ ئومۇمىي ھاسىلاتتىكى نىسبىتى	38.76	40.67
增加值占总产出%	قوشۇلغان قىممەتنىڭ ئومۇمىي ھاسىلاتتىكى نىسبىتى	61.24	59.33

دېھقانچىلىق، ئورمانچىلىق، چارۋىچىلىق، بېلىقچىلىق تاۋار مەھسۇلات قىممىتى

8—11 农、林、牧、渔业商品产值

单位:万元 بىرلىكى : تۈمەن يۈەن

指 标 كۆرسەتكۈچ		1994年 -يىل	1995年 -يىل
农林牧渔业商品产值	**دېھقانچىلىق، ئورمانچىلىق، چارۋىچىلىق، بېلىقچىلىق تاۋار مەھسۇلات قىممىتى**	**1 947 612.37**	**2 686 959.90**
农业商品产值	دېھقانچىلىق تاۋار مەھسۇلات قىممىتى	1 524 332.67	2 129 981.36
种植业商品产值	تېرىقچىلىق تاۋار مەھسۇلات قىممىتى	1 472 953.14	2 062 598.28
主产品商品产值	ئاساسىي مەھسۇلاتنىڭ تاۋار مەھسۇلات قىممىتى	1 455 997.12	2 037 365.08
副产品商品产值	قوشۇمچە مەھسۇلاتنىڭ تاۋار مەھسۇلات قىممىتى	16 956.02	25 233.20
其它农业商品产值	باشقا دېھقانچىلىق تاۋار مەھسۇلات قىممىتى	51 379.53	67 383.08
林业商品产值	ئورمانچىلىق تاۋار مەھسۇلات قىممىتى	13 246.52	13 055.50
牧业商品产值	چارۋىچىلىق تاۋار مەھسۇلات قىممىتى	393 187.92	520 200.44
牲畜	چارۋا	255 032.97	342 936.89
家禽的饲养	ئۆي قۇشى	16 584.20	22 137.41
活的畜禽产品	تىرىك چارۋا، ئۆي قۇشى مەھسۇلاتى	114 402.31	145 223.81
捕猎	ئوۋچىلىق	177.40	287.54
其他动物饲养	باشقا ھايۋان باقمىچىلىقى	6 991.04	9 614.79
渔业商品产值	بېلىقچىلىق تاۋار مەھسۇلات قىممىتى	16 845.26	23 722.60

ۋىلايەت، ئوبلاست، شەھەر، ناھىيە ۋە بىڭتۇەننىڭ تېرىلغۇ يەر كۆلىمى(1)

8—12 各地、州、市、县和兵团耕地面积(一)

(يىل - 1995年)　　　　单位:千公顷 بىرلىكى : مىڭ گېكتار

地区 رايونلار		年末耕地面积 يىل ئاخىرىدىكى يەر	水田 سۇلۇق ئېتىز	旱地 بىنام	水浇地 سۇغۇرۇلىدىغان يەر	年内增加的耕地面积 يىل ئىچىدە كېڭەيگەن يەر	新开荒地面积 ئېچىلغان بوز يەر
总计	**جەمئىي**	**3 128.26**	**76.65**	**228.60**	**2 823.0**	**45.73**	**34.79**
一、地方	**1. يەرلىك**	**3 179.77**	**48.74**	**163.20**	**1 967.8**	**35.12**	**28.25**
乌鲁木齐市	**ئۈرۈمچى شەھىرى**	**33.87**	**0.50**	**5.44**	**27.93**	**0.44**	
乌鲁木齐县	ئۈرۈمچى ناھىيىسى	27.84	0.50	3.05	27.29		
市直单位	شەھەرگە بىۋاستە قاراشلىق ئورۇنلار	6.03		2.39	3.64	0.44	
克拉玛依市	**قاراماي شەھىرى**	**2.73**			**2.73**		
吐鲁番地区	تۇرپان ۋىلايىتى	42.62		3.13	39.49	0.30	0.28
吐鲁番市	تۇرپان شەھىرى	16.00		3.12	12.88	0.20	0.20
鄯善县	پىچان	14.31		0.01	14.30	0.03	0.04
托克逊县	توقسۇن	12.31			12.31	0.04	0.04
哈密地区	**قومۇل ۋىلايىتى**	**46.42**		**18.16**	**28.36**	**0.17**	**0.06**
哈密市	قومۇل شەھىرى	14.30		0.73	13.57		
巴里坤县	باركۆل	28.61		16.62	11.99	0.13	0.02
伊吾县	ئاراتۇرۇك	3.61		0.81	2.80	0.04	0.04
昌吉州	**سانجى ئوبلاستى**	**286.91**	**6.68**	**34.20**	**246.03**	**2.16**	**1.96**
昌吉市	سانجى شەھىرى	43.46	0.20		43.26	0.06	0.06
米泉县	مىچۈەن	13.43	5.56	1.26	6.61		
呼图壁县	قۇتۇبى	36.69	0.51	0.04	36.14	0.43	0.41
玛纳斯县	ماناس	41.60	0.29	0.85	40.47	0.65	0.50
奇台县	گۇچۇڭ	68.48		9.54	59.94	0.63	0.63
阜康市	فۇكاڭ شەھىرى	19.39	0.13	0.02	19.24	0.14	0.11
吉木萨尔县	جىمسار	32.84		3.02	29.82		
木垒县	مورى	31.02		19.47	11.55	0.25	0.25
伊犁州	**ئىلى ئوبلاستى**	**676.09**	**16.46**	**77.39**	**582.24**	**7.38**	**6.22**
伊犁地区	ئىلى ۋىلايىتى	286.88	7.12	49.54	230.22	2.15	1.58
伊宁市	غۇلجا شەھىرى	10.32	0.07		10.25	0.01	0.01
伊宁县	غۇلجا ناھىيىسى	67.59	0.09	1.78	65.72	0.17	0.11
察布查尔县	چاپچال	30.91	4.15	3.22	23.54	0.08	0.08
霍城县	قورغاس	35.44	0.05	0.28	35.11	0.07	0.07
巩留县	توققۇزتارا	24.96	1.28	1.74	21.94	0.39	0.39
新源县	كۈنەس	38.30	1.37	10.01	26.92	0.81	0.43
昭苏县	موڭغۇلكۈرە	40.01		22.84	17.17	0.39	0.39
特克斯县	تېكەس	18.93		4.13	14.80	0.13	
尼勒克县	نىلقا	20.42	0.11	5.54	14.77	0.10	0.10

单位：千公顷 بىرلىكى : مىڭ گېكتار

地区	رايونلار	يىل ئاخىرىدىكى يەر 年末耕地面积	سۇلۇق ئېتىز 水田	بىنام 旱地	سۇغۇرۇلىدىغان يەر 水浇地	يىل بويى كېڭەيگەن يەر 年内增加的耕地面积	ئېچىلغان بوز يەر 新开荒地面积
塔城地区	**تارباغاتاي ۋىلايىتى**	**271.18**	**9.08**	**22.72**	**239.38**	**2.02**	**1.72**
塔城市	چۆچەك شەھىرى	68.90		1.84	67.06	0.25	0.14
额敏县	دۆربىلجىن	57.03		4.48	52.55	0.39	0.26
乌苏县	شىخۇ	43.03	0.78		42.25	1.16	1.16
沙湾县	ساۋەن	59.99		0.73	56.26		
托里县	تولى	15.47		0.84	14.63	0.16	0.16
裕民县	چاغانتوقاي	23.13	8.30	14.83		0.06	
和丰县	قوبۇقسار	6.63			6.63		
阿勒泰地区	**ئالتاي ۋىلايىتى**	**118.03**	**0.26**	**5.13**	**112.64**	**3.21**	**2.92**
阿勒泰市	ئالتاي شەھىرى	20.18	0.18		20.00	1.48	1.48
布尔津县	بۇرچىن	17.94		0.59	17.35	0.10	
富蕴县	كۆكتوقاي	13.63	0.01	3.10	10.52	0.04	
福海县	بۇرۇلتوقاي	25.90	0.07	0.01	25.82	1.07	1.07
哈巴河县	قابا	18.57		1.16	17.41		
青河县	چىڭگىل	8.51		0.27	8.24	0.52	0.37
吉木乃县	جېمىنەي	13.30			13.30		
博州	**بۆرتالا ئوبلاستى**	**63.84**	**1.05**		**62.79**	**0.64**	**0.47**
博乐市	بۆرتالا شەھىرى	23.68	0.75		22.93	0.12	0.12
精河县	جىڭ	21.42	0.30		21.12	0.45	0.35
温泉县	ئارشاڭ	18.74			18.74	0.07	
巴州	**بايىنغولىن ئوبلاستى**	**109.64**	**2.24**		**107.40**	**5.85**	**4.07**
库尔勒市	كورلا شەھىرى	19.04	0.71		18.33	2.33	2.33
轮台县	بۈگۈر	11.82	0.29		11.53	0.27	0.14
尉犁县	لوپنۇر	15.55	0.21		15.34	2.81	1.23
若羌县	چاقىلىق	2.23			2.23		
且末县	چەرچەن	8.40	0.24		8.16		
焉耆县	يەنجى	17.62	0.08		17.54		
和静县	خېجىڭ	16.02			16.02	0.07	0.07
和硕县	خوشۇت	10.00	0.30		9.70	0.30	0.30
博湖县	باغراش	8.96	0.41		8.55	0.07	
阿克苏地区	**ئاقسۇ ۋىلايىتى**	**326.38**	**13.94**	**16.76**	**295.68**	**9.62**	**8.64**
阿克苏市	ئاقسۇ شەھىرى	38.43	2.42	1.38	34.63	1.48	1.48
温宿县	ئاقسۇ كونا شەھەر	37.56	4.97	0.60	31.99	0.95	0.92
库车县	كۇچا	52.20	0.65	3.01	48.54	0.56	0.56

رايونلار 地区		يىل ئاخىرىدىكى يەر 年末耕地面积	سۇلۇق ئېتىز 水田	يىنام 旱地	سۇغۇرۇلىدىغان يەر 水浇地	يىلبويى كېڭەيگەن يەر 年内增加的耕地面积	ئېچىلغان بوز يەر 新开荒地面积
沙雅县	شايار	42.58		4.87	37.71	3.26	3.26
新和县	توقسۇ	32.23	1.41	2.83	27.99	1.55	1.55
拜城县	باي	49.21	0.87	3.86	44.48		
乌什县	ئۇچتۇرپان	30.77	3.24		27.53		
阿瓦提县	ئاۋات	36.89	0.38	0.21	36.30	1.81	0.86
柯坪县	كەلپىن	6.51			6.51	0.01	0.01
克州	**قىزىلسۇ ئوبلاستى**	**40.01**	**0.41**	**1.35**	**38.25**	**0.31**	**0.23**
阿图什市	ئاتۇش شەھىرى	13.05	0.10	0.14	12.81	0.14	0.14
阿克陶县	ئاقتو	18.93	0.29		18.64	0.09	0.09
阿合奇县	ئاقچى	4.27		0.23	4.04	0.14	0.14
乌恰县	ئۇلۇغچات	3.71		0.64	3.07		
喀什地区	**قەشقەر ۋىلايىتى**	**393.52**	**1.61**	**4.96**	**386.95**	**5.30**	**4.19**
喀什市	قەشقەر شەھىرى	2.83	0.28		2.55		
疏附县	قەشقەر كوناشەھەر	42.52	0.03	0.03	42.46	0.12	0.07
疏勒县	قەشقەر يېڭى شەھەر	35.14			35.14	0.12	0.12
英吉沙县	يېڭىسار	24.72		0.58	24.14		
泽普县	پوسكام	24.16	0.01		24.15	0.05	0.05
莎车县	يەكەن	78.35	0.01	0.03	78.31	0.35	0.03
叶城县	قاغىلىق	47.80	1.24	0.96	45.60	0.01	0.01
麦盖提县	مەكىت	33.57		1.15	32.42	1.67	1.15
岳普湖县	يوپۇرغا	18.82		1.08	17.74	0.87	0.82
伽师县	پەيزىۋات	40.92	0.04		40.88	1.12	0.95
巴楚县	مارالبېشى	40.91		0.99	39.92	0.99	0.99
塔什库尔干县	تاشقورغان	3.78		0.14	3.64		
和田地区	**خوتەن ۋىلايىتى**	**157.64**	**5.85**	**1.81**	**149.98**	**2.95**	**2.13**
和田市	خوتەن شەھىرى	4.53	0.26		4.27		
和田县	خوتەن ناھىيىسى	2 062	1.25		19.37	0.12	0.12
墨玉县	قاراقاش	33.53	2.17	0.14	31.22	0.21	0.21
皮山县	گۇما	29.19		0.29	28.90	0.22	0.22
洛浦县	لوپ	23.96	0.08		23.88	1.95	1.34
策勒县	چىرا	18.41			18.41	0.03	0.03
于田县	كېرىيە	23.83	2.09	1.38	20.36	0.42	0.21
民丰县	نىيە	3.57			3.57		
二、生产建设兵团	**2. بىڭتۇەن**	**948.49**	**27.91**	**65.40**	**855.18**	**10.61**	**6.54**

ۋىلايەت، ئوبلاست، شەھەر، ناھىيە ۋە بىڭتۇەننىڭ تېرىلغۇ يەر كۆلىمى

8—12 各地、州、市、县和兵团耕地面积(二)

(1995年-يىل)　　　　单位:千公顷 بىرلىكى: مىڭ گېكتار

地区 رايونلار	当年减少的耕地面积 شۇ يىلى كېمەيگەن يەر	# 国家基建占地 # دۆلەتنىڭ ئاساسىي قۇرۇلۇشى ئىگىلىگەن يەر	# 乡村集体基建占地 # يېزا-كەنت كوللېكتىپ ئاساسىي قۇرۇلۇشى ئىگىلىگەن يەر	# 农民个人建房占地 # دېھقانلار ئۆي سالغان يەر
总计 جەمئىي	**41.62**	**1.97**	**4.18**	**2.34**
一、地方 1. يەرلىك	**20.96**	**1.68**	**1.04**	**1.59**
乌鲁木齐市 ئۈرۈمچى شەھىرى	**0.81**	**0.17**	**0.10**	**0.05**
乌鲁木齐县 ئۈرۈمچى ناھىيىسى	0.79	0.17	0.10	0.05
市直单位 شەھەرگە بىۋاستە قاراشلىق ئورۇنلار	0.02			
克拉玛依市 قاراماي شەھىرى				
吐鲁番地区 تۇرپان ۋىلايىتى	**0.95**	**0.03**		**0.04**
吐鲁番市 تۇرپان شەھىرى	0.65	0.02		0.02
鄯善县 پىچان	0.02	0.01		0.01
托克逊县 توقسۇن	0.28			0.01
哈密地区 قۇمۇل ۋىلايىتى				
哈密市 قۇمۇل شەھىرى				
巴里坤县 باركۆل				
伊吾县 ئاراتۈرۈك				
昌吉州 سانجى ئوبلاستى	**2.02**	**0.19**	**0.61**	**0.19**
昌吉市 سانجى شەھىرى	0.06	0.04	0.02	
米泉县 مىچۈەن	0.11	0.01		
呼图壁县 قۇتۇبى	0.08	0.07		
玛纳斯县 ماناس	0.33		0.05	0.02
奇台县 گۇچۇڭ	0.18	0.02	0.08	0.08
阜康市 فۇكاڭ شەھىرى	0.38	0.05	0.05	
吉木萨尔县 جىمسار	0.40		0.01	0.01
木垒县 مورى	0.48		0.40	0.08
伊犁州 ئىلى ئوبلاستى	**5.79**	**0.52**	**1.12**	**0.58**
伊犁地区 ئىلى ۋىلايىتى	**1.45**	**0.23**	**1.74**	**0.12**
伊宁市 غۇلجا شەھىرى	0.03		0.02	0.01
伊宁县 غۇلجا ناھىيىسى	0.53	0.04	0.27	0.02
察布查尔县 چاپچال	0.04			0.04
霍城县 قورغاس	0.26	0.18	0.05	0.03
巩留县 توققۇزتارا				
新源县 كۈنەس	0.36		0.35	0.01
昭苏县 موڭغۇلكۈرە	0.12			
特克斯县 تېكەس	0.01			
尼勒克县 نىلقا	0.10	0.01	0.05	0.01

8—12续表1 داۋامى

单位：千公顷 بىرلىكى : مىڭ گېكتار

رايونلار 地　区		شۇ يىلى كېمەيگەن يەر 当年减少的耕地面积	# دۆلەتنىڭ ئاساسىي قۇرۇلۇشى ئىگىلىگەن يەر 国家基建占地	# يېزا-كەنت كوللېكتىپ ئاساسىي قۇرۇلۇشى ئىگىلىگەن يەر 乡村集体基建占地	# دېھقانلار ئۆي سالغان يەر 农民个人建房占地
塔城地区	**تارباغاتاي ۋىلايىتى**	**2.48**	**0.28**	**0.38**	**0.46**
塔城市	چۆچەك شەھىرى	1.17	0.17		
额敏县	دۆربىلجىن	0.98	0.03	0.16	0.45
乌苏县	شىخۇ	0.04		0.01	0.01
沙湾县	ساۋەن	0.02		0.02	
托里县	تولى				
裕民县	چاغانتوقاي	0.27	0.08	0.19	
和丰县	قوبۇقسار				
阿勒泰地区	**ئالتاي ۋىلايىتى**	**1.86**	**0.01**		
阿勒泰市	ئالتاي شەھىرى				
布尔津县	بۆرچىن	1.31			
富蕴县	كۆكتوقاي	0.06			
福海县	بۆرۈلتوقاي	0.38			
哈巴河县	قابا				
青河县	چىڭگىل	0.01	0.01		
吉木乃县	جېمىنەي	0.10			
博州	**بۆرتالا ئوبلاستى**	**0.73**		**0.62**	**0.02**
博乐市	بۆرتالا شەھىرى	0.20		0.18	0.02
精河县	جىڭ	0.44		0.44	
温泉县	ئارشاڭ	0.09			
巴州	**بايىنغولىن ئوبلاستى**	**1.34**	**0.15**	**0.34**	**0.06**
库尔勒市	كورلا شەھىرى	0.14	0.01	0.01	0.02
轮台县	بۈگۈر	0.43		0.02	0.01
尉犁县	لوپنۇر	0.04		0.04	
若羌县	چاقىلىق	0.03		0.02	
且末县	چەرچەن				
焉耆县	يەنجى	0.39	0.14	0.23	0.02
和静县	خېجىڭ	0.03		0.02	0.01
和硕县	خوشۇت				
博湖县	باغراش	0.28			
阿克苏地区	**ئاقسۇ ۋىلايىتى**	**2.77**	**0.37**	**0.42**	**0.17**
阿克苏市	ئاقسۇ شەھىرى	0.33	0.01		0.01
温宿县	ئاقسۇ كونا شەھەر	1.06	0.01	0.12	0.05
库车县	كۇچا	0.24	0.11	0.10	0.03

8—12 续表 2 داۋامى

单位：千公顷 بىرلىكى : مىڭ گېكتار

地 区 رايونلار	当年减少的耕地面积 شۇ يىلى كېمىيگەن يەر	# 国家基建占地 # دۆلەتنىڭ ئاساسىي قۇرۇلۇشى ئىگىلىگەن يەر	# 乡村集体基建占地 # يېزا-كەنت كوللېكتىپ ئاساسىي قۇرۇلۇشى ئىگىلىگەن يەر	# 农民个人建房占地 # دېھقانلار ئۆي سالغان يەر
沙雅县 شايار	0.64	0.15	0.09	0.02
新和县 توقسۇ	0.14	0.09	0.02	0.03
拜城县 باي	0.11		0.06	
乌什县 ئۈچتۇرپان	0.11		0.01	0.01
阿瓦提县 ئاۋات	0.14		0.02	0.02
柯坪县 كەلپىن				
克州 قىزىلسۇ ئوبلاستى	**0.39**	**0.02**	**0.01**	**0.11**
阿图什市 ئاتۇش شەھىرى	0.14			0.14
阿克陶县 ئاقتۇ	0.10	0.01		0.09
阿合奇县 ئاقچى	0.25			
乌恰县 ئۇلۇغچات	0.01		0.01	
喀什地区 قەشقەر ۋىلايىتى	**4.25**	**0.13**	**0.66**	**0.19**
喀什市 قەشقەر شەھىرى	0.02		0.01	0.01
疏附县 قەشقەركونا شەھەر	0.24	0.03	0.01	0.02
疏勒县 قەشقەر يېڭى شەھەر				
英吉沙县 يېڭىسار				
泽普县 پوسكام	0.59	0.01	0.55	0.03
莎车县 يەكەن	0.09	0.04	0.03	0.02
叶城县 قاغىلىق	1.59	0.02	0.03	0.02
麦盖提县 مەكىت	1.41			
岳普湖县 يوپۇرغا	0.05	0.01		0.04
伽师县 پەيزىۋات	0.23	0.01	0.03	0.03
巴楚县 مارالبېشى	0.02			0.02
塔什库尔干县 تاشقورغان	0.01	0.01		
和田地区 خوتەن ۋىلايىتى	**1.91**	**0.10**	**0.16**	**0.18**
和田市 خوتەن شەھىرى	0.05	0.01		0.04
和田县 خوتەن ناھىيىسى	0.14	0.04	0.04	0.02
墨玉县 قاراقاش	0.30	0.02	0.04	0.03
皮山县 گۇما	0.13		0.02	
洛浦县 لوپ	0.84	0.02	0.01	0.04
策勒县 چىرا	0.34	0.01		0.01
于田县 كېرىيە	0.10		0.05	0.04
民丰县 نىيە	0.01			
二、生产建设兵团 2. بىڭتۈەن	**20.66**	**0.29**	**0.14**	**0.75**

ۋىلايەت، ئوبلاست، شەھەر، ناھىيە ۋە بىڭتۇەننىڭ يېزا ئىگىلىك ماشىنىلىرى مىقدارى(1)

8—13 各地、州、市、县和兵团农业机械拥有量(一)

(يىل-1995 年)

رايونلار 地 区		يېزا ئىگىلىك ماشىنىلىرىنىڭ ئومۇمىي قۇۋۋىتى (كىلوۋات) 农机机械总动力 (千瓦)	چوڭ، ئوتتۇرا تىراكتور (دانە) 大中型拖拉机 (台)	كىچىك تىراكتور (دانە) 小型拖拉机 (台)	چوڭ، ئوتتۇرا چاتما يېزا ئىگىلىك سايمانلىرى (دانە) 大中型机引农具 (部)	كىچىك چاتما يېزا ئىگىلىك سايمانلىرى (دانە) 小型机引农具 (部)
总计	**جەمئىي**	**6 533 681**	**50 068**	**179 056**	**103 341**	**153 850**
一、地方	**1. يەرلىك**	**5 132 041**	**38 223**	**162 111**	**66 662**	**146 164**
乌鲁木齐市	**ئۈرۈمچى شەھىرى**	**191 586**	**749**	**5 016**	**819**	**2 121**
乌鲁木齐县	ئۈرۈمچى ناھىيىسى	160 247	584	4 592	675	2 005
市直单位	شەھەرگە بىۋاستە قاراشلىق شەھەرلەر	31 339	165	424	144	116
克拉玛依市	**قاراماي شەھىرى**	**2 671**	**17**	**70**	**49**	**68**
吐鲁番地区	**تۇرپان ۋىلايىتى**	**386 479**	**1 289**	**10 475**	**1 729**	**11 160**
吐鲁番市	تۇرپان شەھىرى	120 011	322	3 530	433	2 992
鄯善县	پىچان	168 382	671	4 440	1 086	4 696
托克逊县	توقسۇن	98 086	296	2 505	210	3 472
哈密地区	**قۇمۇل ۋىلايىتى**	**179 053**	**1 411**	**6 356**	**1 210**	**7 136**
哈密市	قۇمۇل شەھىرى	85 946	578	2 541	639	2 211
巴里坤县	باركۆل	86 057	762	3 601	461	4 763
伊吾县	ئاراتۈرۈك	7 050	71	214	110	162
昌吉州	**سانجى ئوبلاستى**	**975 359**	**5 871**	**33 794**	**10 565**	**15 846**
昌吉市	سانجى شەھىرى	100 626	771	3 600	1 654	797
米泉县	مىچۈەن	120 760	465	2 045	509	838
呼图壁县	قۇتۇبى	119 951	790	3 644	1 324	1 442
玛纳斯县	ماناس	133 522	876	4 903	1 828	4 923
奇台县	گۇچۇڭ	221 863	1 372	7 600	2 926	3 655
阜康市	فۇكاڭ شەھىرى	83 977	424	2 712	806	270
吉木萨尔县	جىمىسار	111 264	550	6 078	854	1 706
木垒县	مورى	83 396	623	3 212	664	2 215
伊犁州	**ئىلى ئوبلاستى**	**1 348 433**	**12 244**	**33 486**	**28 345**	**21 460**
伊犁地区	**ئىلى ۋىلايىتى**	**523 397**	**5 880**	**12 813**	**16 249**	**7 939**
伊宁市	غۇلجا شەھىرى	29 407	275	875	936	465
伊宁县	غۇلجا ناھىيىسى	109 312	1 347	2 761	4 525	1 547
察布查尔县	چاپچال	52 228	606	1 300	1 489	690
霍城县	قورغاس	99 654	1 290	3 165	3 145	2 924
巩留县	توققۇزتارا	52 696	484	1 511	1 392	1 199
新源县	كۈنەس	55 000	618	1 100	1 319	898
昭苏县	موڭغۇلكۈرە	43 274	508	500	1 257	22
特克斯县	تېكەس	30 099	262	646	917	103
尼勒克县	نىلقا	51 727	490	955	1 269	91

8—13 续表 1 داۋامى

地区	رايونلار	يېزا ئىگىلىك ماشىنىلىرىنىڭ ئومۇمىي قۇۋۋىتى (كىلوۋات) 农机机械总动力 （千瓦）	چوڭ، ئوتتۇرا تىراكتور (دانە) 大中型拖拉机 （台）	كىچىك تىراكتور (دانە) 小型拖拉机 （台）	چوڭ، ئوتتۇرا چاتما يېزا ئىگىلىك سايمانلىرى (دانە) 大中型机引农具 （部）	كىچىك چاتما يېزا ئىگىلىك سايمانلىرى (دانە) 小型机引农具 （部）
塔城地区	**تارباغاتاي ۋىلايىتى**	**606 160**	**4 487**	**17 263**	**9 489**	**12 589**
塔城市	چۆچەك شەھىرى	127 703	1 052	2 698	3 864	292
额敏县	دۆربىلجىن	84 848	709	1 835	1 274	116
乌苏县	شىخو	122 010	740	5 278	1 058	5 844
沙湾县	ساۋەن	170 150	1 374	5 384	1 753	6 206
托里县	تولى	32 012	159	505	315	94
裕民县	چاغانتوقاي	51 954	299	1 138	565	25
和丰县	قوبۇقسار	17 483	154	425	660	12
阿勒泰地区	**ئالتاي ۋىلايىتى**	**218 876**	**1 877**	**3 410**	**2 607**	**932**
阿勒泰市	ئالتاي شەھىرى	56 180	390	735	570	148
布尔津县	بۇرچىن	29 514	346	593	152	192
富蕴县	كۆكتوقاي	28 247	159	585	295	220
福海县	بۇرۇلتوقاي	41 192	323	567	332	53
哈巴河县	قابا	28 899	303	473	561	52
青河县	چىڭگىل	23 660	231	235	253	236
吉木乃县	جېمىنەي	11 184	125	222	144	31
博州	**بۆرتالا ئوبلاستى**	**187 001**	**1 050**	**6 046**	**2 818**	**2 692**
博乐市	بۆرتالا ئوبلاستى	75 103	401	2 485	1 335	
精河县	جىڭ	64 353	304	2 751	413	2 586
温泉县	ئارشاڭ	47 545	345	810	1 070	106
巴州	**بايىنغولىن ئوبلاستى**	**365 930**	**3 333**	**11 500**	**3 652**	**16 273**
库尔勒市	كورلا شەھىرى	76 098	520	3 516	709	4 167
轮台县	بۈگۈر	35 215	261	1 374	124	2 317
尉犁县	لوپنۇر	42 829	478	812	546	1 603
若羌县	چاقىلىق	14 527	170	280	154	915
且末县	چەرچەن	19 596	237	693	120	1 084
焉耆县	يەنجى	50 825	599	1 625	407	1 885
和静县	خېجىڭ	38 839	389	733	856	1 612
和硕县	خوشۇت	45 530	244	1 135	217	688
博湖县	باغراش	42 471	435	1 332	519	2 002
阿克苏地区	**ئاقسۇ ۋىلايىتى**	**593 342**	**4 388**	**24 926**	**4 568**	**35 529**
阿克苏市	ئاقسۇ شەھىرى	89 655	746	3 912	947	5 143
温宿县	ئاقسۇكونا شەھەر	67 878	706	2 813	784	3 418
库车县	كۇچا	98 908	667	3 516	229	5 938

8—13 续表 2 داۋامى

地区	رايونلار	يېزا ئىگىلىك ماشىنىلىرىنىڭ ئومۇمىي قۇۋۋىتى (كىلوۋات) 农机机械总动力（千瓦）	چوڭ، ئوتتۇرا تىراكتور (دانە) 大中型拖拉机（台）	كىچىك تىراكتور (دانە) 小型拖拉机（台）	چوڭ، ئوتتۇرا چاتما يېزا ئىگىلىك سايمانلىرى (دانە) 大中型机引农具（部）	كىچىك چاتما يېزا ئىگىلىك سايمانلىرى (دانە) 小型机引农具（部）
沙雅县	شايار	67 541	478	2 778	397	5 385
新和县	توقسۇ	36 645	351	1 448	188	987
拜城县	باي	76 849	702	2 478	1 435	3 778
乌什县	ئۇچتۇرپان	39 940	159	1 863	89	2 215
阿瓦提县	ئاۋات	102 580	523	5 843	479	8 262
柯坪县	كەلپىن	13 346	56	275	20	403
克州	**قىزىلسۇ ئوبلاستى**	**81 596**	**470**	**2 382**	**366**	**1 665**
阿图什市	ئاتۇش شەھىرى	37 680	205	920	172	782
阿克陶县	ئاقتۇ	31 357	153	1 124	62	654
阿合奇县	ئاقچى	4 607	54	102	70	89
乌恰县	ئۇلۇغچات	7 952	58	236	62	140
喀什地区	**قەشقەر ۋىلايىتى**	**544 584**	**4 658**	**22 156**	**9 262**	**26 116**
喀什市	قەشقەرشەھىرى	12 633	41	303	2	285
疏附县	قەشقەركوناشەھەر	57 074	219	3 003	308	5 495
疏勒县	قەشقەريېڭى شەھەر	71 942	468	2 898	1 160	2 275
英吉沙县	يېڭىسار	34 911	265	1 230	355	1 847
泽普县	پوسكام	44 780	488	2 051	939	1 854
莎车县	يەكەن	93 980	858	4 286	1 924	5 265
叶城县	قاغىلىق	59 138	551	2 370	967	3 333
麦盖提县	مەكىت	47 513	559	1 430	1 129	552
岳普湖县	يوپۇرغا	23 949	205	1 110	355	754
伽师县	پەيزىۋات	38 096	246	2 047	203	3 106
巴楚县	مارالبېشى	57 649	713	1 368	1 914	1 268
塔什库尔干县	تاشقورغان	2 919	45	60	6	82
和田地区	**خوتەن ۋىلايىتى**	**276 007**	**2 743**	**5 904**	**3 279**	**6 098**
和田市	خوتەن شەھىرى	20 590	278	463	105	346
和田县	خوتەن ناھىيىسى	58 635	387	1 170	244	1 391
墨玉县	قاراقاش	72 814	616	1 072	784	1 131
皮山县	گۇما	26 420	177	671	344	864
洛浦县	لوپ	31 121	481	925	739	786
策勒县	چىرا	27 971	280	614	510	300
于田县	كېرىيە	28 509	378	808	456	1 179
民丰县	نىيە	9 947	146	181	97	101
二、生产建设兵团	**2. بىڭتۈەن**	**1 401 640**	**11 845**	**16 945**	**36 679**	**7 686**

ۋىلايەت، ئوبلاست، شەھەر، ناھىيە ۋە بىڭتۇەننىڭ يېزا ئىگىلىك ماشىنىلىرى مىقدارى(2)

8—13 各地、州、市、县和兵团农业机械拥有量(二)

(1995年-يىل)

地区	رايونلار	سۇغۇرۇش ماشىنىلىرى (دانە) 农用排灌动力机械(台)	سۇ پومپىسى (دانە) 农用水泵(台)	كومبايىن (دانە) 联合收割机(台)	يۈك ئاپتوموبىلى (دانە) 农用载重汽车(辆)	دېھقانچىلىق مەھسۇلاتلىرىنى پىششىقلاش ماشىنىلىرى (كىلوۋات) 农产品加工动力机械(千瓦)
总计	**جەمئىي**	**27 602**	**22 663**	**3 696**	**15 867**	**405 495**
一、地方	**1. يەرلىك**	**20 179**	**16 832**	**2 112**	**13 560**	**367 388**
乌鲁木齐市	**ئۈرۈمچى شەھىرى**	**568**	**540**	**22**	**856**	**2 691**
乌鲁木齐县	ئۈرۈمچى ناھىيىسى	446	448	16	677	2 255
市直单位	شەھەرگە بىۋاستە قاراشلىق ئورۇنلار	122	92	6	179	436
克拉玛依市	**قاراماي شەھىرى**	**27**	**23**	**1**	**7**	**72**
吐鲁番地区	**تۇرپان ۋىلايىتى**	**4 365**	**2 951**		**1 489**	**17 621**
吐鲁番市	تۇرپان شەھىرى	1 473	1 248		462	7 220
鄯善县	پىچان	2 022	903		485	4 838
托克逊县	توقسۇن	870	800		542	5 563
哈密地区	**قۇمۇل ۋىلايىتى**	**1 458**	**1 325**		**282**	**8 490**
哈密市	قۇمۇل شەھىرى	1 202	1 078		162	4 970
巴里坤县	باركۆل	237	237		112	3 102
伊吾县	ئاراتۈرۈك	19	10		8	418
昌吉州	**سانجى ئوبلاستى**	**4 866**	**4 495**	**236**	**2 056**	**40 881**
昌吉市	سانجى شەھىرى	640	640	16	149	3 331
米泉县	مىچۈەن	933	918	5	515	11 572
呼图壁县	قۇتۇبى	368		13	428	5 514
玛纳斯县	ماناس	171	188	15	254	5 364
奇台县	گۇچۇڭ	1 833	1 833	128	202	6 714
阜康市	فۇكاڭ شەھىرى	374	374	16	250	3 075
吉木萨尔县	جىمسار	311	304	26	73	3 106
木垒县	مورى	236	238	17	185	2 205
伊犁州	**ئىلى ئوبلاستى**	**5 039**	**4 046**	**1 523**	**61 413**	**70 480**
伊犁地区	**ئىلى ۋىلايىتى**	**621**	**514**	**614**	**608**	**35 265**
伊宁市	غۇلجا شەھىرى	29	38	5	83	1 955
伊宁县	غۇلجا ناھىيىسى	50	50	58	90	10 764
察布查尔县	چاپچال	170	167	44	69	2 646
霍城县	كۆرغاس	56	70	45	69	3 627
巩留县	توققۇزتارا	105	65	98	72	3 796
新源县	كۈنەس	36	36	105	29	4 067
昭苏县	موڭغۇلكۈرە	66	22	88	51	1 279
特克斯县	تېكەس	22	14	89	36	2 595
尼勒克县	نىلقا	87	52	82	109	4 536

8—13续表 1 داۋامى 1

地　　区	رايونلار	سۇغۇرۇش ماشىنىلىرى (دانە) 农用排灌动力机械(台)	سۇ پومپىسى (دانە) 农用水泵(台)	كومبايىن (دانە) 联合收割机(台)	يۈك ئاپتوموبىلى (دانە) 农用载重汽车(辆)	دېھقانچىلىق مەھسۇلاتلىرىنى پىششىقلاش ماشىنىلىرى (كىلوۋات) 农产品加工动力机械(千瓦)
塔城地区	**تارباغاتاي ۋىلايىتى**	**3 301**	**2 823**	**474**	**1 056**	**23 991**
塔城市	چۆچەك شەھىرى	871	798	221	102	4 517
额敏县	دۆربىلجىن	728	728	141	96	2 610
乌苏县	شىخو	219	204	5	174	6 836
沙湾县	ساۋەن	717	328	14	446	6 854
托里县	تولى	312	312	10	121	1 249
裕民县	چاغانتوقاي	417	417	80	68	1 258
和丰县	قوبۇقسار	37	36	3	49	667
阿勒泰地区	**ئالتاي ۋىلايىتى**	**1 117**	**727**	**435**	**4 477**	**11 226**
阿勒泰市	ئالتاي شەھىرى	80	58	145	3 980	2 225
布尔津县	بۆرچىن	337	60	55	66	2 118
富蕴县	كۆكتوقاي	246	201	33	115	1 345
福海县	بۇرۇلتوقاي	320	265	38	138	1 887
哈巴河县	قابا	29	19	75	69	1 893
青河县	چىڭگىل	82	89	64	76	1 279
吉木乃县	جىمىنەي	23	35	25	33	479
博州	**بۆرتالا ئوبلاستى**	**247**	**464**	**115**	**436**	**6 694**
博乐市	بۆرتالا شەھىرى	125	178	36	146	3 086
精河县	جىڭ	110	274	19	116	1 854
温泉县	ئارشاڭ	12	12	60	174	1 754
巴州	**بايىنغولىن ئوبلاستى**	**1 371**	**1 275**	**91**	**606**	**19 019**
库尔勒市	كورلا شەھىرى	345	345	4	92	3 675
轮台县	بۈگۈر	106	51	1	106	1 069
尉犁县	لوپنۇر	417	417	18	76	1 430
若羌县	چاقىلىق	40	40		39	579
且末县	چەرچەن			4	16	1 132
焉耆县	يەنجى	30	25	3	131	3 075
和静县	خېجىڭ	76	60	35	70	1 927
和硕县	خوشۇت	308	268	20	48	2 925
博湖县	باغراش	49	69	6	28	3 207
阿克苏地区	**ئاقسۇ ۋىلايىتى**	**1 076**	**927**	**109**	**580**	**63 938**
阿克苏市	ئاقسۇ شەھىرى	79	76	4	70	6 355
温宿县	ئاقسۇ كونا شەھەر	17	15	8	43	3 681
库车县	كۇچا	272	243		172	14 059

8—13 续表 2 داۋامى

地　　区	رايونلار	سۇغۇرۇش ماشىنىلىرى (دانە) 农用排灌动力机械(台)	سۇ پومپىسى (دانە) 农用水泵(台)	كومبايىن (دانە) 联合收割机(台)	يۈك ئاپتوموبىلى (دانە) 农用载重汽车(辆)	دېھقانچىلىق مەھسۇلاتلىرىنى پىششىقلاش ماشىنىلىرى (كىلوۋات) 农产品加工动力机械(千瓦)
沙雅县	شايار	334	220	3	35	6 844
新和县	توقسۇ	325	325	3	20	1 802
拜城县	باي	3	2	86	124	9 985
乌什县	ئۇچتۇرپان	12	12	2	36	7 799
阿瓦提县	ئاۋات	29	29	3	34	11 727
柯坪县	كەلپىن	5	5		46	1 686
克州	**قىزىلسۇ ئوبلاستى**	**217**	**218**	**9**	**305**	**7 553**
阿图什市	ئاتۇش شەھىرى	124	127		170	3 799
阿克陶县	ئاقتۇ	85	85	1	93	2 563
阿合奇县	ئاقچى	7	6	6	7	563
乌恰县	ئۇلۇغچات	1		2	35	628
喀什地区	**قەشقەر ۋىلايىتى**	**595**	**462**	**5**	**395**	**50 402**
喀什市	قەشقەرشەھىرى	73	73		62	1 189
疏附县	قەشقەر كوناشەھەر	61	67	1	51	8 686
疏勒县	قەشقەر يېڭى شەھەر	51	51		108	5 624
英吉沙县	يېڭىسار	8	8		3	3 153
泽普县	پوسكام	34	31			2 210
莎车县	يەكەن	7	2	4	10	7 198
叶城县	قاغىلىق	18	18		93	2 257
麦盖提县	مەكىت	148	103			7 233
岳普湖县	يوپۇرغا	20	20			2 730
伽师县	پەيزاۋات					5 630
巴楚县	مارالبېشى	175	89		68	4 385
塔什库尔干县	تاشقورغان					107
和田地区	**خوتەن ۋىلايىتى**	**350**	**88**	**1**	**407**	**79 545**
和田市	خوتەن شەھىرى	54	19		57	3 238
和田县	خوتەن ناھىيىسى	21	20		118	21 035
墨玉县	قاراقاش	30	18	1	88	33 844
皮山县	گۇما	68	30		88	6 705
洛浦县	لوپ					4 005
策勒县	چىرا	154			48	3 809
于田县	كېرىيە	1	1		8	5 092
民丰县	نىيە	22				1 817
二、生产建设兵团	**2. بىڭتۇەن**	**7 423**	**5 831**	**1 584**	**2 307**	**38 107**

ۋىلايەت، ئوبلاست، شەھەر، ناھىيە ۋە بىڭتۇەننىڭ يېزىلارنى ئېلېكترلەشتۈرۈش ۋە ئېتىز ئېرىق سۇچىلىق ئەھۋالى

8—14 各地、州、市、县和兵团农村电气化和农田水利情况

（1995-يىل 年）

地区	رايونلار	乡村及村以下办水电站 يېزا-كەنت ھەم كەنتتىن تۆۋەن ئورۇنلارنىڭ ئېلېكتر ئىستانسىسى 站数（个） ئىستانسا سانى	乡村及村以下办水电站 装机容量（万千瓦） سىغىمچانلىقى (تۈمەن كىلوۋات)	农村用电量（万千瓦小时） يېزىدا ئىشلىتىلگەن توك (تۈمەن كىلوۋات سائەت)	有效灌溉面积（千公顷） ئۈنۈملۈك سۇغۇرۇش كۆلىمى (مىڭ گېكتار)	#机电排灌面积 # ماشىنىدا سۇغۇرۇش كۆلىمى
总计	**جەمئىي**	**256**	**9.09**	**162 312.98**	**2 780.00**	**398.09**
一、地方	1. يەرلىك	256	9.09	88 579.26	1 896.91	254.06
乌鲁木齐市	ئۈرۈمچى شەھىرى			6 714.30	28.55	5.79
乌鲁木齐县	ئۈرۈمچى ناھىيىسى			6 248.30	24.65	5.07
市直单位	شەھەرگە بىۋاستە قاراشلىق ئورۇنلار			466.00	3.90	0.72
克拉玛依市	**قاراماي شەھىرى**			**24.51**	**0.74**	**0.33**
吐鲁番地区	**تۇرپان ۋىلايىتى**	**6**	**0.95**	**16 066.00**	**39.52**	**14.13**
吐鲁番市	تۇرپان شەھىرى	4		6 977.00	12.90	3.28
鄯善县	پىچان			6 915.00	14.31	6.70
托克逊县	توقسۇن	2	0.95	2 174.00	12.31	4.15
哈密地区	**قۇمۇل ۋىلايىتى**	**17**	**0.45**	**4 884.20**	**27.83**	**11.69**
哈密市	قۇمۇل شەھىرى	8	0.08	3 560.20	14.13	8.00
巴里坤县	باركۆل	4	0.20	990.00	11.63	3.69
伊吾县	ئاراتۈرۈك	5	0.17	334.00	2.07	
昌吉州	**سانجى ئوبلاستى**	**8**	**0.48**	**25 400.31**	**235.48**	**110.20**
昌吉市	سانجى شەھىرى			3 298.00	37.86	17.30
米泉县	مىچۈەن			3 549.00	11.95	10.44
呼图壁县	قۇتۇبى			3 293.00	36.21	20.86
玛纳斯县	ماناس			1 902.00	40.55	10.80
奇台县	گۇچۇڭ	6	0.45	10 139.00	57.20	27.00
阜康市	فۇكاڭ شەھىرى			2 278.00	16.04	8.34
吉木萨尔县	جىمسار	1	0.01	425.31	26.27	12.75
木垒县	مورى	1	0.02	516.00	9.40	2.71
伊犁州	**ئىلى ئوبلاستى**	**70**	**1.09**	**12 436.15**	**532.56**	**59.37**
伊犁地区	**ئىلى ۋىلايىتى**	**54**	**0.83**	**4 001.60**	**236.06**	**5.20**
伊宁市	غۇلجا شەھىرى			45.00	10.32	0.33
伊宁县	غۇلجا ناھىيىسى	1	0.02	980.00	65.81	0.27
察布查尔县	چاپچال				27.69	2.07
霍城县	قورغاس	20	0.25	400.00	35.16	0.50
巩留县	توققۇزتارا	2	0.09	596.00	23.22	1.53
新源县	كۈنەس	18	0.26	820.00	28.29	0.10
昭苏县	موڭغۇلكۈرە	7	0.14	478.00	15.89	
特克斯县	تېكەس	3	0.04	528.60	14.80	0.40
尼勒克县	نىلقا	3	0.03	154.00	14.88	

رايونلار 地　区	يېزا-كەنت ھەم كەنتتىن تۆۋەن ئورۇنلارنىڭ ئېلېكتر ئىستانسىسى 乡村及村以下办水电站		يېزىدا ئىشلىتىلگەن توك (تۈمەن كىلوۋات سائەت) 农村用电量（万千瓦小时）	ئۈنۈملۈك سۇغۇرۇش كۆلىمى (مىڭ گېكتار) 有效灌溉面积（千公顷）	
	ئىستانسا سانى 站数（个）	سىغىمچانلىقى (تۈمەن كىلوۋات) 装机容量（万千瓦）			# ماشىنىدا سۇغۇرۇش كۆلىمى 机电排灌面积
塔城地区 تارباغاتاي ۋىلايىتى	**6**	**0.04**	**7 537.20**	**200.06**	**48.00**
塔城市 چۆچەك شەھىرى			699.00	33.33	12.00
额敏县 دۆربىلجىن	3	0.01	415.00	45.61	8.00
乌苏县 شىخۇ	2	0.02	1 693.00	37.01	5.50
沙湾县 ساۋەن	1	0.01	3 500.00	56.34	10.00
托里县 تولى			100.00	8.80	4.00
裕民县 چاغانتوقاي			140.50	14.83	8.50
和丰县 قوبۇقسار			989.70	4.14	
阿勒泰地区 ئالتاي ۋىلايىتى	**10**	**0.22**	**897.35**	**96.44**	**6.17**
阿勒泰市 ئالتاي شەھىرى	2	0.03	449.00	20.18	
布尔津县 بۇرچىن			25.57	12.47	0.65
富蕴县 كۆكتوقاي	3	0.05	206.00	10.37	0.88
福海县 بۇرۇلتوقاي			82.70	20.76	2.30
哈巴河县 قابا	5	0.14	67.58	17.72	0.97
青河县 چىڭگىل			52.00	8.24	1.20
吉木乃县 جېمىنەي			14.50	6.70	0.17
博州 بۆرتالا ئوبلاستى	**9**	**0.68**	**3 697.00**	**63.83**	**4.06**
博乐市 بۆرتالا شەھىرى	5	0.22	1 667.00	23.68	3.60
精河县 جىڭ	2	0.35	1 444.00	21.41	0.31
温泉县 ئارشاڭ	2	0.11	586.00	18.74	0.15
巴州 بايىنغولىن ئوبلاستى	**6**	**0.09**	**6 271.30**	**104.15**	**18.64**
库尔勒市 كورلا شەھىرى	1	0.01	765.61	18.00	1.80
轮台县 بۈگۈر			73.80	11.82	1.70
尉犁县 لوپنۇر			1 579.00	13.33	4.00
若羌县 چاقىلىق	1	0.03	160.00	1.53	
且末县 چەرچەن			132.00	8.20	
焉耆县 يەنجى	2	0.01	509.89	17.51	0.18
和静县 خېجىڭ	2	0.04	618.00	14.80	0.11
和硕县 خوشۇت			1 872.00	10.00	7.48
博湖县 باغراش			531.00	8.96	3.37
阿克苏地区 ئاقسۇ ۋىلايىتى	**27**	**0.60**	**5 474.61**	**311.21**	**16.17**
阿克苏市 ئاقسۇ شەھىرى	2	0.03	643.05	38.43	0.20
温宿县 ئاقسۇ كوناشەھەر	7	0.17	739.30	36.96	
库车县 كۇچا	1	0.02	906.26	52.20	15.50

8—14 续表 2 داۋامى

地区	رايونلار	يېزا-كەنت ھەم كەنتتىن تۆۋەن ئورۇنلارنىڭ ئېلېكتر ئىستانسىسى 乡村及村以下办水电站		يېزىدا ئىشلىتىلگەن توك (تۈمەن كىلوۋات سائەت) 农村用电量（万千瓦小时）	ئۈنۈملۈك سۇغۇرۇش كۆلىمى (مىڭ گېكتار) 有效灌溉面积（千公顷）	# ماشىنىدا سۇغۇرۇش كۆلىمى 机电排灌面积
		ئىستانسا سانى 站数（个）	سىغىمچانلىقى (تۈمەن كىلوۋات) 装机容量（万千瓦）			
沙雅县	شايار			281.00	37.20	0.21
新和县	توقسۇ			673.00	30.24	0.23
拜城县	باي	7	0.14	799.00	45.35	
乌什县	ئۈچتۇرپان	10	0.24	502.00	30.77	
阿瓦提县	ئاۋات			833.00	36.86	0.03
柯坪县	كەلپىن			98.00	3.20	
克州	**قىزىلسۇ ئوبلاستى**	**22**	**0.20**	**953.40**	**38.90**	**8.01**
阿图什市	ئاتۇش شەھىرى	6	0.11	574.00	13.05	3.60
阿克陶县	ئاقتۇ	5	0.03	331.00	18.69	4.16
阿合奇县	ئاقچى	3	0.02	8.17	3.87	
乌恰县	ئۇلۇغچات	8	0.04	40.23	3.24	
喀什地区	**قەشقەر ۋىلايىتى**	**57**	**3.22**	**5 102.12**	**356.93**	**2.94**
喀什市	قەشقەر شەھىرى			94.00	2.83	0.65
疏附县	قەشقەر كونا شەھەر	7	0.74	1 558.00	41.29	
疏勒县	قەشقەر يېڭى شەھەر			915.00	31.45	
英吉沙县	يېڭىسار	8	0.05	734.00	18.45	
泽普县	پوسكام	5	0.05	204.65	22.54	
莎车县	يەكەن	11	0.16	746.59	77.90	
叶城县	قاغىلىق	17	1.12	187.88	41.63	0.28
麦盖提县	مەكىت				32.34	0.80
岳普湖县	يوپۇرغا			220.00	14.90	
伽师县	پەيزىۋات			200.00	33.89	
巴楚县	مارالبېشى			230.00	36.07	1.21
塔什库尔干县	تاشقورغان	9	1.10	12.00	3.64	
和田地区	**خوتەن ۋىلايىتى**	**34**	**1.33**	**1 655.26**	**157.21**	**2.73**
和田市	خوتەن شەھىرى			205.00	4.53	
和田县	خوتەن ناھىيىسى	3	0.82	500.65	20.62	
墨玉县	قاراقاش	6	0.06	220.00	33.39	
皮山县	گۇما	5	0.04	159.76	28.90	0.09
洛浦县	لوپ	3	0.07	320.55	23.96	
策勒县	چىرا	12		100.00	18.41	1.52
于田县	كېرىيە	4	0.33	116.00	23.83	1.12
民丰县	نىيە	1	0.01	33.30	3.57	
二、生产建设兵团	**2. بىڭتۇەن**			**73 733.72**	**883.09**	**144.03**

ۋىلايەت، ئوبلاست، شەھەر، ناھىيە ۋە بىڭتۇەننىڭ خىمىيىۋى ئوغۇت ئىشلىتىش ئەھۋالى

8－15　各地、州、市、县和兵团农用化肥施用量

(1995年-يىل)　　单位:吨 بىرلىكى: توننا

地区 رايونلار	按实物量计算 مادىي مىقدارى بويىچە				按折纯法计算 ساپقا سوندۇرۇلغىنى			
	合计 جەمئىي	氮肥 ئازوت	磷肥 فوسفور	钾肥 كالىي	合计 جەمئىي	氮肥 ئازوت	磷肥 فوسفور	钾肥 كالىي
总计 جەمئىي	**1 583 890**	**821 528**	**454 647**	**29 850**	**677 596**	**363 708**	**163 824**	**12 997**
一、地方 1. يەرلىك	**1 068 984**	**529 027**	**324 565**	**25 381**	**435 911**	**226 490**	**112 932**	**10 936**
乌鲁木齐市 ئۈرۈمچى شەھىرى	**7 837**	**4 038**	**1 966**	**258**	**2 420**	**1 708**	**406**	**92**
乌鲁木齐县 ئۈرۈمچى ناھىيىسى	6 886	3 498	1 785	253	2 100	1 465	369	89
市直单位 شەھەرگە بىۋاسىتە قاراشلىق ئورۇنلار	951	540	181	5	320	243	37	3
克拉玛依市 قاراماي شەھىرى	**464**	**258**	**113**		**232**	**119**	**57**	
吐鲁番地区 تۇرپان ۋىلايىتى	**21 053**	**12 565**	**4 596**	**85**	**7 619**	**5 837**	**605**	**893**
吐鲁番市 تۇرپان شەھىرى	8 677	5 225	1 538		3 468	2 404	184	880
鄯善县 پىچان	8 027	4 509	1 540	85	2 610	2 074	239	13
托克逊县 توقسۇن	4 349	2 831	1 518		1 541	1 359	183	
哈密地区 قۇمۇل ۋىلايىتى	**11 955**	**6 724**	**2 449**	**368**	**4 488**	**2 998**	**453**	**110**
哈密市 قۇمۇل شەھىرى	8 553	4 584	2 236	166	3 001	2 109	380	42
巴里坤县 باركۆل	2 866	2 014	5		1 305	846	2	
伊吾县 ئاراتۈرۈك	536	126	208	202	182	43	71	68
昌吉州 سانجى ئوبلاستى	**118 817**	**63 765**	**29 496**	**1 665**	**44 792**	**25 660**	**9 758**	**770**
昌吉市 سانجى شەھىرى	19 977	9 905	6 396	396	5 912	2 674	1 728	198
米泉县 مىچۈەن	8 224	6 126	1 264		3 133	2 818	190	
呼图壁县 قۇتۇبى	15 499	7 572	4 473	681	4 500	3 483	537	341
玛纳斯县 ماناس	23 099	11 781	6 475	33	9 936	5 419	2 590	3
奇台县 گۇچۇڭ	27 027	15 229	4 686	54	9 742	4 858	1 898	22
阜康市 فۇكاڭ شەھىرى	8 633	5 468	830		4 345	2 889	382	
吉木萨尔县 جىمسار	13 224	6 050	4 472	467	6 316	2 764	2 325	189
木垒县 مورى	3 134	1 634	900	34	908	755	108	17
伊犁州 ئىلى ئوبلاستى	**160 699**	**78 590**	**31 244**	**2 980**	**67 142**	**40 716**	**8 701**	**952**
伊犁地区 ئىلى ۋىلايىتى	**75 251**	**29 324**	**9 876**	**1 121**	**32 272**	**13 246**	**3 863**	**441**
伊宁市 غۇلجا شەھىرى	2 748	1 297	72	220	1 051	577	38	48
伊宁县 غۇلجا ناھىيىسى	21 143	7 857	2 912	238	10 944	3 771	986	106
察布查尔县 چاپچال	7 031	2 686	1 930		2 670	1 262	907	
霍城县 قورغاس	16 287	8 089	1 580		5 192	3 236	632	
巩留县 توققۇزتارا	5 977	2 970	292		2 273	1 191	43	
新源县 كۈنەس	7 547	2 497	1 596	458	2 810	960	665	196
昭苏县 موڭغۇلكۈرە	5 660	1 690	297		2 753	792	54	
特克斯县 تېكەس	3 856	1 038	525	5 002	2 050	496	235	
尼勒克县 نىلقا	5 002	1 200	672	205	2 529	961	303	91

8-15 续表 1 داۋامى

单位:吨 بىرلىكى : توننا

地　　区 رايونلار	ماددىي مىقدارى بويىچە 按实物量计算				سايقا سۇندۇرۇلغىنى 按折纯法计算			
	جەمئىي 合计	ئازوت 氮肥	فوسفور 磷肥	كالىي 钾肥	جەمئىي 合计	ئازوت 氮肥	فوسفور 磷肥	كالىي 钾肥
塔城地区 تارباغاتاي ۋىلايىتى	**65 839**	**36 454**	**16 790**	**1 413**	**26 813**	**17 381**	**3 620**	**444**
塔城市 چۆچەك شەھىرى	10 876	5 059	5 082		3 914	2 530	1 016	
额敏县 دۆربىلجىن	7 404	3 758	2 185	150	2 865	1 691	546	38
乌苏县 شىخۇ	20 119	12 814	3 023	625	8 828	6 407	588	156
沙湾县 ساۋەن	21 243	11 678	5 884	423	8 261	5 314	1 296	211
托里县 تولى	1 039	524	201	215	334	210	40	39
裕民县 چاغانتوقاي	4 116	2 040	143		2 164	938	66	
和丰县 قوبۇقسار	1 042	581	272		447	291	68	
阿勒泰地区 ئالتاي ۋىلايىتى	**19 609**	**12 812**	**4 578**	**446**	**8 057**	**6 226**	**1 218**	**67**
阿勒泰市 ئالتاي شەھىرى	2 961	2 150	795	16	980	797	180	3
布尔津县 بۇرچىن	2 500	2 090	410		1 194	1 005	189	
富蕴县 كۆكتوقاي	864	521	208		403	302	42	
福海县 بۇرۇلتوقاي	5 187	3 198	1 345	430	2 251	1 553	535	64
哈巴河县 قابا	5 110	2 790	1 670		1 523	1 289	201	
青河县 چىڭگىل	2 187	1 413			1 336	981		
吉木乃县 جىمنەي	800	650	150		370	299	71	
博州 بۆرتالا ئوبلاستى	**26 066**	**16 623**	**6 172**	**11**	**11 187**	**7 678**	**1 897**	**5**
博乐市 بۆرتالا شەھىرى	10 343	6 119	3 496		4 041	2 840	988	
精河县 جىڭ	8 986	6 903	426		4 222	3 176	52	
温泉县 ئارشاڭ	6 737	3 601	2 250	11	2 924	1 662	857	5
巴州 بايىنغولىن ئوبلاستى	**59 762**	**35 200**	**12 573**	**415**	**27 196**	**15 939**	**4 950**	**192**
库尔勒市 كورلا شەھىرى	13 996	8 957	3 360	67	6 559	4 120	1 546	23
轮台县 بۈگۈر	4 352	2 380	204		2 148	1 070	45	
尉犁县 لوپنۇر	9 495	4 427	1 148		5 076	2 050	517	
若羌县 چاقىلىق	2 036	1 174	699		703	536	849	
且末县 چەرچەن	3 821	1 464	93		859	73	31	
焉耆县 يەنجى	7 372	4 295	1 920	50	2 872	1 891	3 848	256
和静县 خېجىڭ	9 830	6 923	2 315	273	4 825	3 628	9 964	137
和硕县 خوشۇت	3 998	2 770	1 081		1 918	1 274	541	
博湖县 باغراش	4 862	2 810	1 753	25	2 236	1 297	806	7
阿克苏地区 ئاقسۇ ۋىلايىتى	**183 010**	**83 003**	**49 455**	**8 031**	**82 876**	**37 398**	**21 765**	**2 530**
阿克苏市 ئاقسۇ شەھىرى	29 635	11 437	7 459	4 053	13 525	4 939	3 726	1 216
温宿县 ئاقسۇ كونا شەھەر	19 693	8 654	536	91	10 388	3 981	189	25
库车县 كۇچا	35 248	16 150	17 772	376	16 902	7 429	9 064	86

8-15 续表 2 داۋامى

单位:吨 بىرلىكى: توننا

رايونلار 地 区	ماددىي مىقدارى بويىچە 按实物量计算				ساپقا سوندۇرۇلغىنى 按折纯法计算			
	جەمئىي 合计	ئازوت 氮肥	فوسفور 磷肥	كالىي 钾肥	جەمئىي 合计	ئازوت 氮肥	فوسفور 磷肥	كالىي 钾肥
沙雅县 شايار	20 383	11 200	83		9 714	5 152	17	
新和县 توقسۇ	15 707	8 950	6 142	123	5 280	3 849	1 228	31
拜城县 باي	15 658	9 124	3 156	444	7 249	3 923	1 483	200
乌什县 ئۇچتۇرپان	17 254	4 027	7 621		8 018	1 933	3 506	
阿瓦提县 ئاۋات	28 514	12 876	6 523	2 944	11 410	5 923	2 479	972
柯坪县 كەلپىن	918	585	163		390	269	73	
克州 قىزىلسۇ ئوبلاستى	**20 068**	**9 302**	**9 290**	**1 476**	**10 406**	**4 229**	**5 395**	**782**
阿图什市 ئاتۇش شەھىرى	8 607	3 871	2 968	1 743	4 130	1 781	1 425	924
阿克陶县 ئاقتۇ	10 398	4 881	5 517		5 906	2 249	3 657	
阿合奇县 ئاقچى	386	168	218		121	77	44	
乌恰县 ئۇلۇغچات	370	190	180		108	34	74	
喀什地区 قەشقەرۋىلايىتى	**360 070**	**169 344**	**142 961**	**6 673**	**138 546**	**66 509**	**49 264**	**2 919**
喀什市 قەشقەر شەھىرى	2 128	1 250	878		666	350	316	
疏附县 قەشقەر كونا شەھەر	68 705	31 026	36 473	357	25 158	10 239	14 589	50
疏勒县 قەشقەريېڭى شەھەر	33 604	15 603	18 001		10 368	2 808	7 560	
英吉沙县 يېڭىسار	16 310	6 861	9 449		6 581	3 431	3 150	
泽普县 پوسكام	25 611	13 446	11 294	607	9 094	4 303	4 518	152
莎车县 يەكەن	72 242	38 144			34 596	17 547		
叶城县 قاغىلىق	30 105	13 238	11 774	5 093	13 848	6 089	5 416	2 343
麦盖提县 مەكىت	34 216	16 005	16 711		11 120	7 362	3 008	
岳普湖县 يوپۇرغا	11 197	4 556	5 719	516	4 248	1 819	2 056	158
伽师县 پەيزىۋات	31 674	14 200	16 774	100	9 551	5 680	3 355	216
巴楚县 مارالبېشى	34 195	15 015	15 888		13 274	6 881	5 296	
塔什库尔干县 تاشقورغان	83				42			
和田地区 خوتەن ۋىلايىتى	**99 183**	**49 615**	**34 250**	**3 419**	**39 007**	**21 562**	**9 681**	**1 691**
和田市 خوتەن شەھىرى	3 022	1 934	1 086		1 390	931	458	
和田县 خوتەن ناھىيىسى	19 007	10 030	8 977		8 007	5 015	2 992	
墨玉县 قاراقاش	23 592	8 950	6 780	3 419	10 905	4 470	2 201	1 691
皮山县 گۇما	12 356	6 585	5 291					
洛浦县 لوپ	15 799	10 565	5 234		7 028	5 283	1 745	
策勒县 چىرا	8 275	3 206	5 052		3 095	1 558	1 528	
于田县 كېرىيە	14 082	7 125			7 085	3 565		
民丰县 نىيە	3 050	1 220	1 830		1 497	740	757	
二、生产建设兵团 2. بىڭتۇەن	**514 906**	**292 501**	**130 082**	**4 469**	**241 685**	**137 218**	**50 892**	**2 061**

ئاساسلىق يىللاردىكى دېھقانچىلىق زىرائەتلىرىنىڭ ئومۇمىي تېرىلغان كۆلىمى

8—16 主要年份农作物总播种面积

单位:千公顷 بىرلىكى : مىڭ گېكتار

يىللار 年份	دېھقانچىلىق زىرائەتلىرى تېرىلغان كۆلەم 农作物总播种面积	ئاشلىق كۆلىمى 粮食作物播种面积	دانلىق زىرائەت 谷物	شال 水稻	بۇغداي 小麦	كۆممەقوناق 玉米	ئارپا 大麦	پۇرچاق 豆类	پاختا 棉花	# ئۇزۇن تالالىق پاختا 长绒棉
1978	3 021.67	2 310.71	2 297.44	105.59	1 348.82	621.39	50.01	13.27	150.42	29.05
1980	2 993.71	2 162.37	2 147.60	98.39	1 354.83	555.79	23.24	14.77	181.22	38.50
1983	2 905.36	1 979.51	1 960.68	95.75	1 304.84	469.25	15.77	18.83	276.67	21.50
1984	2 878.32	1 085.33	1 972.23	95.70	1 350.11	450.13	15.66	13.10	281.49	28.63
1985	2 846.63	1 853.04	1 844.47	74.50	1 278.43	418.43	13.63	8.57	253.52	26.28
1986	2 850.05	1 800.41	1 791.83	69.34	1 218.26	435.77	14.27	8.58	276.36	24.31
1987	2 920.45	1 778.69	1 767.66	77.40	1 192.92	420.04	18.81	11.03	356.34	39.24
1988	2 941.11	1 784.63	1 769.26	82.70	1 156.96	433.81	27.79	15.37	356.28	47.65
1989	2 934.61	1 830.37	1 819.26	83.72	1 190.23	434.08	31.41	20.11	367.11	50.13
1990	2 979.51	1 826.61	1 813.16	84.13	1 180.11	442.40	42.92	13.45	435.22	62.69
1991	3 036.09	1 769.99	1 741.17	79.93	1 149.87	436.56	35.05	28.82	546.94	55.52
1992	3 067.85	1 730.26	1 701.45	76.20	1 126.76	429.84	28.12	28.81	643.30	169.96
1993	2 995.10	1 697.57	1 627.10	67.74	1 087.14	397.94	36.84	70.47	606.35	23.83
1994	2 993.75	1 496.04	1 396.25	63.25	850.19	387.89	68.69	99.79	749.82	9.77
1995	3 051.44	1 593.29	1 528.62	73.38	952.58	439.16	41.58	64.67	742.90	8.35

يىللار 年份	ياغلىق دان 油料	# قىچا 油菜	# زىغىر 胡麻	# ئاپتاپپەرەس 葵花	قىزىلچا 甜菜	كۆكتات 蔬菜	قوغۇن-تاۋۇز 果用瓜	# قوغۇن 甜瓜	ياڭيۇ تۇرى 薯类	بېدە 苜蓿
1978	202.13	90.90	65.49	23.68	17.67	55.12	41.95		23.09	174.90
1980	269.39	107.47	81.85	50.08	24.27	46.99	39.54		17.55	191.65
1983	216.39	70.73	60.13	69.69	21.53	46.21	35.69		10.59	158.85
1984	210.13	61.36	67.47	65.81	23.88	44.13	36.37		9.48	135.07
1985	294.78	89.82	81.12	111.39	15.51	54.91	53.69	27.95	10.56	132.07
1986	336.19	112.97	80.63	134.02	25.05	61.71	63.97	32.12	11.45	153.21
1987	324.29	126.67	71.36	112.88	34.91	59.67	48.32	26.28	10.99	168.76
1988	299.79	117.56	62.31	92.91	39.29	62.59	43.25	21.75	11.34	170.91
1989	257.99	100.77	48.94	88.41	39.55	61.89	33.37	17.09	10.65	161.83
1990	269.27	117.35	46.04	96.11	66.87	58.07	28.84	15.09	10.67	159.34
1991	272.22	125.85	38.26	103.57	74.19	55.34	29.29	13.72	9.52	142.11
1992	223.38	102.28	32.67	80.53	84.20	58.40	32.70	14.05	12.09	132.83
1993	232.02	99.16	28.70	84.71	59.86	65.04	32.02	16.47	11.68	127.71
1994	317.32	148.27	30.21	123.43	76.84	63.76	29.03	13.37	10.36	127.31
1995	306.70	130.11	26.75	140.10	71.10	71.54	25.15	9.72	10.34	120.25

ۋىلايەت، ئوبلاست، شەھەر، ناھىيەۋە بىڭتۇەننىڭ دېھقانچىلىق زىرائەتلىرى تېرىلغان كۆلەم(1)

8—17 各地、州、市、县和兵团农作物播种面积(一)

(1995年-يىل) 单位：千公顷 بىرلىكى: مىڭ گېكتار

رايونلار 地区		ئومۇمىي تېرىلغان كۆلەم 总播种面积	دانلىق زىرائەت 谷物	شال 水稻	بۇغداي 小麦	كۆممە قوناق 玉米	ئارپا 大麦	پۇرچاق تۈرى 豆类
总计	**جەمئىي**	**3 051.44**	**1 528.62**	**73.38**	**952.58**	**429.16**	**41.58**	**64.67**
一、地方	**1. يەرلىك**	**2 238.44**	**1 241.21**	**45.47**	**762.49**	**389.82**	**25.78**	**54.02**
乌鲁木齐市	**ئۈرۈمچى شەھىرى**	**25.48**	**11.72**	**0.50**	**8.33**	**1.29**	**1.44**	**3.60**
乌鲁木齐县	ئۈرۈمچى ناھىيىسى	21.85	9.94	0.50	7.15	0.91	1.22	6.41
市直单位	شەھەرگە بىۋاستە قاراشلىق شەھەرلەر	3.63	1.78		1.18	0.38	0.22	0.19
克拉玛依市	**قاراماي شەھىرى**	**1.56**	**0.67**		**0.27**	**0.40**		
吐鲁番地区	تۇرپان ۋىلايىتى	46.97	24.17		12.43	1.87	0.01	0.01
吐鲁番市	تۇرپان شەھىرى	16.50	8.35		4.26	0.70		
鄯善县	پىچان	14.52	7.95		4.24	1.12		0.01
托克逊县	توقسۇن	15.95	7.87		3.93	0.05	0.01	
哈密地区	**قۇمۇل ۋىلايىتى**	**35.97**	**20.77**		**16.68**	**2.42**	**0.50**	**2.07**
哈密市	قۇمۇل شەھىرى	18.35	9.28		5.65	2.34	0.37	0.69
巴里坤县	باركۆل	15.57	10.73		10.49	0.01	0.13	1.30
伊吾县	ئاراتۈرۈك	2.05	0.76		0.54	0.07		0.08
昌吉州	**سانجى ئوبلاستى**	**255.47**	**143.98**	**6.70**	**89.70**	**34.09**	**12.39**	**17.73**
昌吉市	سانجى شەھىرى	38.65	16.83	0.19	11.04	5.58	0.02	1.78
米泉县	مىچۈەن	12.31	8.87	5.57	2.29	0.90		0.10
呼图壁县	قۇتۇبى	30.43	14.63	0.51	8.86	5.00	0.02	0.57
玛纳斯县	ماناس	39.84	14.60	0.29	9.21	4.95	0.15	0.65
奇台县	گۇچۇڭ	59.22	43.93		27.37	5.37	10.74	2.66
阜康市	فۇكاڭ شەھىرى	17.18	10.77	0.14	5.38	5.14	0.01	0.17
吉木萨尔县	جىمسار	27.64	16.70		10.55	5.53	0.45	2.55
木垒县	مورى	30.20	17.65		15.00	1.32	1.00	0.25
伊犁州	**ئىلى ئوبلاستى**							
伊犁地区	ئىلى ۋىلايىتى	290.51	185.43	4.65	125.39	50.55	3.47	8.96
伊宁市	غۇلجا شەھىرى	11.91	7.49	0.08	4.52	2.79		0.30
伊宁县	غۇلجا ناھىيىسى	72.23	47.66	0.10	25.83	20.89		1.61
察布查尔县	چاپچال	27.18	17.58	2.13	9.98	5.46	0.01	0.19
霍城县	قورغاس	38.62	22.25	0.05	13.17	8.93		1.60
巩留县	توققۇزتارا	26.06	18.76	1.28	11.75	5.69	0.04	2.81
新源县	كۈنەس	37.38	22.17	0.90	15.38	5.57	0.01	2.11
昭苏县	موڭغۇلكۈرە	39.03	20.93		18.65		2.27	0.14
特克斯县	تېكەس	17.68	12.94		11.55	0.85	0.51	0.14
尼勒克县	نىلقا	20.42	15.85	0.11	14.56	0.37	0.63	0.06

8—17 续表 1 داۋامى

单位:千公顷 بىرلىكى : مىڭ گېكتار

رايونلار 地　区		ئومۇمىي تېرىلغان كۆلەم 总播种面积	دانلىق زىرائەت 谷物	شال 水稻	بۇغداي 小麦	كۆممە قوناق 玉米	ئارپا 大麦	پۇرچاق تۈرى 豆类
塔城地区	**تارباغاتاي ۋىلايىتى**	**239.36**	**113.28**	**0.78**	**86.26**	**22.77**	**2.81**	**5.69**
塔城市	چۆچەك شەھىرى	56.93	25.70		22.06	3.31	0.32	0.54
额敏县	دۆربىلجىن	48.82	24.66		20.11	2.89	1.35	0.49
乌苏县	شىخۇ	43.81	19.38	0.78	10.84	7.34	0.41	0.87
沙湾县	ساۋەن	52.80	22.78		14.16	7.82	0.54	3.54
托里县	تولى	10.96	7.24		6.68	0.44	0.05	
裕民县	چاغانتوقاي	20.48	10.05		9.02	0.93	0.10	0.24
和布克赛尔县	قوبۇقسار	5.56	3.47		3.39	0.04	0.04	0.01
阿勒泰地区	**ئالتاي ۋىلايىتى**	**96.24**	**43.51**	**0.26**	**37.64**	**4.82**	**0.57**	**7.77**
阿勒泰市	ئالتاي شەھىرى	20.09	9.89	0.18	7.70	1.96		1.11
布尔津县	بۇرچىن	17.94	5.67		4.80	0.67	0.17	2.67
富蕴县	كۆكتوقاي	12.97	7.10	0.01	6.67	0.40	0.01	1.47
福海县	بۇرۇلتوقاي	13.70	3.71	0.07	2.81	0.83		0.15
哈巴河县	قابا	17.34	8.58		7.21	0.89	0.35	1.83
青河县	چىڭگىل	8.51	5.12		5.05	0.07		0.40
吉木乃县	جېمىنەي	5.69	3.44		3.40		0.04	0.14
博州	**بۆرتالا ئوبلاستى**	**64.69**	**24.86**	**1.03**	**15.95**	**7.35**	**0.53**	**0.55**
博乐市	بۆرتالا شەھىرى	24.01	10.20	0.74	5.82	3.64		0.19
精河县	جىڭ	21.96	5.50	0.29	2.46	2.75		0.15
温泉县	ئارشاڭ	18.72	9.16		7.67	0.96	0.53	0.21
巴州	**بايىنغولىن ئوبلاستى**	**116.96**	**62.52**	**2.59**	**40.03**	**19.64**	**0.18**	**0.61**
库尔勒市	كورلا شەھىرى	21.49	10.23	0.73	5.67	3.83		0.06
轮台县	بۈگۈر	14.69	9.37	0.29	4.87	4.21		0.13
尉犁县	لوپنۇر	13.94	5.01	0.21	3.78	1.02		
若羌县	چاقىلىق	2.85	2.06	0.02	1.22	0.82		0.01
且末县	چەرچەن	8.93	5.39	0.26	3.75	1.25	0.13	
焉耆县	يەنجى	18.86	9.51	0.25	7.03	2.23		0.16
和静县	خېجىڭ	16.71	10.37		6.52	3.75	0.05	0.13
和硕县	خوشۇت	9.16	5.27	0.42	3.12	1.70		0.12
博湖县	باغراش	10.33	5.31	0.41	4.07	0.83		
阿克苏地区	**ئاقسۇ ۋىلايىتى**	**341.48**	**185.64**	**14.15**	**99.34**	**70.67**	**0.47**	**2.13**
阿克苏市	ئاقسۇ شەھىرى	46.66	21.59	2.42	10.23	8.94		0.02
温宿县	ئاقسۇ كونا شەھەر	38.68	21.90	5.18	8.49	7.93	0.30	
库车县	كۇچا	60.90	35.33	0.65	19.33	15.35		

8—17 续表 2 داۋامى 2 单位：千公顷 بىرلىكى : مىڭ گېكتار

地区	رايونلار	ئومۇمىي تېرىلغان كۆلەم 总播种面积	دانلىق زىرائەت 谷物	شال 水稻	بۇغداي 小麦	كۆممە قوناق 玉米	ئارپا 大麦	پۇرچاق تۈرى 豆类
沙雅县	شايار	41.79	19.46		12.73	6.73		
新和县	توقسۇ	28.77	14.82	1.41	7.41	6.00		0.02
拜城县	باي	43.13	28.62	0.87	18.01	8.90	0.17	1.04
乌什县	ئۇچتۇرپان	35.29	21.24	3.24	11.33	6.33		1.02
阿瓦提县	ئاۋات	43.05	20.56	0.38	10.43	9.75		
柯坪县	كەلپىن	3.21	2.12		1.38	0.74		0.03
克州	**قىزىلسۇ ئوبلاستى**	**44.75**	**30.75**	**0.66**	**18.69**	**9.46**	**1.58**	**0.26**
阿图什市	ئاتۇش شەھىرى	14.41	10.80	0.12	7.27	2.99	0.08	
阿克陶县	ئاقتو	23.29	15.44	0.54	8.40	6.19	0.29	
阿合奇县	ئاقچى	3.60	2.47		1.67	0.25	0.55	0.10
乌恰县	ئۇلۇغچات	3.45	2.04		1.35	0.03	0.66	0.16
喀什地区	**قەشقەر ۋىلايىتى**	**488.11**	**265.95**	**8.30**	**147.43**	**107.43**	**1.33**	**3.90**
喀什市	قەشقەر شەھىرى	4.53	3.23	0.28	1.87	1.08		
疏附县	قەشقەر كونا شەھەر	59.67	37.19	2.67	20.00	13.93		
疏勒县	قەشقەر يېڭى شەھەر	41.05	24.45	0.36	15.05	9.04		
英吉沙县	يېڭىسار	29.65	16.46		8.67	7.79		3.33
泽普县	پوسكام	30.73	16.34	1.34	8.34	6.66		0.33
莎车县	يەكەن	108.57	56.75	3.20	32.20	21.27	0.07	0.12
叶城县	قاغىلىق	54.19	31.06	0.37	17.06	13.12	0.30	0.09
麦盖提县	مەكىت	42.25	17.71		10.69	7.02		0.01
岳普湖县	يوپۇرغا	20.32	11.14		6.04	5.10		
伽师县	پەيزىۋات	46.81	26.08	0.05	14.66	11.33		
巴楚县	مارالبېشى	47.42	22.85	0.03	11.84	10.98		
塔什库尔干县	تاشقورغان	2.92	2.69		1.01	0.11	0.96	0.02
和田地区	**خوتەن ۋىلايىتى**	**190.89**	**127.76**	**5.85**	**64.35**	**57.06**	**0.50**	**0.74**
和田市	خوتەن شەھىرى	5.78	4.31	0.25	2.05	2.01		
和田县	خوتەن ناھىيىسى	26.94	20.10	1.25	9.87	8.80	0.18	0.01
墨玉县	قاراقاش	47.64	34.14	2.20	16.27	15.67		
皮山县	گۇما	26.34	16.92		9.08	7.82	0.02	0.24
洛浦县	لوپ	32.99	21.14	0.04	10.84	10.26		
策勒县	چىرا	19.96	11.13		6.45	4.46	0.22	0.39
于田县	كېرىيە	27.33	17.71	2.11	8.52	7.04	0.04	0.08
民丰县	نىيە	3.91	2.31		1.27	1.00	0.04	0.02
二、生产建设兵团	**2. بىڭتۇەن**	**813.00**	**287.41**	**27.91**	**190.09**	**49.34**	**15.80**	**10.65**

ۋىلايەت، ئوبلاست، شەھەر، ناھىيە ۋە بىڭتۇەننىڭ دېھقانچىلىق زىرائەتلىرى تېرىلغان كۆلەم (2)

8—17 各地、州、市、县和兵团农作物播种面积(二)

(1995年-يىل)　　　　单位:千公顷 بىرلىكى: مىڭ گېكتار

地区	رايونلار	棉花 پاختا	#长绒棉 # ئۇزۇن تالالىق پاختا	油料 ياغلىق دان	#甜菜 # قىزىلچا	#胡麻 # زىغىر	#葵花 # ئاپتاپ پەرەس	甜菜 قىزىلچا
总计	**جەمئىي**	**742.90**	**8.35**	**306.70**	**130.11**	**26.75**	**140.10**	**71.10**
一、地方	**1. يەرلىك**	**476.87**	**4.14**	**201.79**	**79.94**	**26.01**	**88.11**	**39.03**
乌鲁木齐市	**ئۈرۈمچى شەھىرى**			**2.49**	**1.04**	**0.32**	**1.13**	**0.15**
乌鲁木齐县	ئۈرۈمچى ناھىيىسى			1.81	0.72	0.31	0.78	0.02
市直单位	شەھەرگە بىۋاسىتە قاراشلىق ئورۇنلار			0.68	0.32	0.01	0.35	0.13
克拉玛依市	**قاراماي شەھىرى**	**0.29**		**0.09**			**0.09**	
吐鲁番地区	**تۇرپان ۋىلايىتى**	**19.66**	**2.80**	**0.11**	**0.01**	**0.01**		
吐鲁番市	تۇرپان شەھىرى	6.57		0.03				
鄯善县	پىچان	5.49	2.80					
托克逊县	توقسۇن	7.60		0.08	0.01	0.01		
哈密地区	**قۇمۇل ۋىلايىتى**	**5.17**		**2.25**	**0.87**	**0.29**	**10.9**	
哈密市	قۇمۇل شەھىرى	4.74		1.26	0.07	0.20	0.99	
巴里坤县	باركۆل			0.77	0.76		0.01	
伊吾县	ئاراتۈرۈك	0.43		0.22	0.04	0.09	0.09	
昌吉州	**سانجى ئوبلاستى**	**27.74**		**31.84**	**3.63**	**1.17**	**23.00**	**8.12**
昌吉市	سانجى شەھىرى	1.54		6.57	0.33		5.36	2.57
米泉县	مىچۈەن	0.04		1.95		0.02	1.75	0.03
呼图壁县	قۇتۇبى	6.51		2.69	0.07	0.03	2.37	2.02
玛纳斯县	ماناس	19.34		2.63	0.08		2.55	0.55
奇台县	گۇچۇڭ			7.32	1.87	0.26	3.65	2.27
阜康市	فۇكاڭ شەھىرى	0.27		3.54	0.03		3.51	0.29
吉木萨尔县	جىمسار	0.04		5.17	0.24	0.12	3.59	0.39
木垒县	مورى			1.97	1.01	0.74	0.22	
伊犁州	**ئىلى ئوبلاستى**							
伊犁地区	**ئىلى ۋىلايىتى**	**0.23**		**56.32**	**23.79**	**14.56**	**16.70**	**13.37**
伊宁市	غۇلجا شەھىرى			1.65	0.86	0.36	0.42	0.52
伊宁县	غۇلجا ناھىيىسى	0.01		10.64	4.94	1.59	4.10	4.50
察布查尔县	چاپچال	0.13		4.03	0.11	2.72	0.74	1.63
霍城县	قورغاس	0.09		5.82	0.04	3.27	1.92	4.75
巩留县	توققۇزتارا			3.44	1.22	0.53	1.67	0.18
新源县	كۈنەس			7.44	0.06	1.68	5.52	1.69
昭苏县	موڭغۇلكۈرە			15.89	15.84		0.05	
特克斯县	تېكەس			4.04	0.09	2.38	1.57	0.07
尼勒克县	نىلقا			3.37	0.63	2.03	0.71	0.03

8—17 续表 1 داۋامى 1

单位:千公顷 بىرلىكى : مىڭ گېكتار

地区	رايونلار	پاختا 棉花	# ئۇزۇن تالالىق پاختا 长绒棉	ياغلىق دان 油料	# قىزىلچا 甜菜	# زىغىر 胡麻	# ئاپتاپ پەرەس 葵花	قىزىلچا 甜菜
塔城地区	**تارباغاتاي ۋىلايىتى**	**33.80**		**58.22**	**34.45**		**21.99**	**4.77**
塔城市	چۆچەك شەھىرى			22.45	17.79		4.66	1.57
额敏县	دۆربىلجىن			16.35	11.23		5.12	2.35
乌苏县	شىخۇ	17.00		3.83	0.01		3.82	
沙湾县	ساۋەن	16.80		5.00	0.25		4.61	0.62
托里县	تولى			2.10	0.89		1.21	0.13
裕民县	چاغانتوقاي			7.83	4.23		1.96	0.10
和布克赛尔县	قوبۇقسار			0.66	0.05		0.61	
阿勒泰地区	**ئالتاي ۋىلايىتى**			**8.57**	**0.81**	**0.67**	**7.09**	**2.89**
阿勒泰市	ئالتاي شەھىرى			3.34			3.34	0.11
布尔津县	بۇرچىن			1.13	0.02	0.03	1.08	
富蕴县	كۆكتوقاي			0.11	0.05		0.06	
福海县	بۇرۇلتوقاي			1.29	0.25		1.04	2.78
哈巴河县	قابا			1.81	0.04	0.20	1.57	
青河县	چىڭگىل			0.45	0.45			
吉木乃县	جىمىنەي			0.44		0.44		
博州	**بۆرتالا ئوبلاستى**	**19.82**		**9.96**	**0.03**	**0.32**	**9.61**	**2.37**
博乐市	بۆرتالا شەھىرى	8.10		2.79			2.79	1.17
精河县	جىڭ	11.72		0.35			0.35	
温泉县	ئارشاڭ			6.82	0.03	0.32	6.47	1.20
巴州	**بايىنغولىن ئوبلاستى**	**29.40**	**0.60**	**8.04**	**2.41**	**0.33**	**5.29**	**3.85**
库尔勒市	كورلا شەھىرى	10.24	0.60					
轮台县	بۈگۈر	4.21		0.37	0.03	0.28	0.05	
尉犁县	لوپنۇر	8.83						
若羌县	چاقىلىق	0.67		0.05	0.04		0.01	
且末县	چەرچەن	2.68		0.49	0.05		0.44	
焉耆县	يەنجى	0.09		2.34	0.63		1.71	3.10
和静县	خېجىڭ	0.30		2.47	1.16	0.05	1.26	0.28
和硕县	خوشۇت	1.91		0.69	0.13		0.56	0.13
博湖县	باغراش	0.47		1.63	0.37		1.26	0.34
阿克苏地区	**ئاقسۇ ۋىلايىتى**	**114.19**	**0.74**	**18.28**	**12.14**	**5.16**	**0.89**	**3.51**
阿克苏市	ئاقسۇ شەھىرى	19.44		1.03	0.12	0.67	0.24	1.11
温宿县	ئاقسۇ كونا شەھەر	12.56		1.00	0.35	0.59	0.06	1.13
库车县	كۇچا	22.67		0.93	0.83	0.03		

بىرلىكى : مىڭ گېكتار 单位：千公顷

地 区 رايونلار		棉 花 پاختا	# 长绒棉 ئۇزۇن تالالىق پاختا	油 料 ياغلىق دان	# 甜 菜 قىزىلچا	# 胡 麻 زىغىر	# 葵 花 ئاپتاپ پەرەس	甜 菜 قىزىلچا
沙雅县	شايار	20.00		0.52	0.42		0.08	
新和县	توقسۇ	12.33		0.39	0.35	0.02	0.02	
拜城县	باي	0.02		10.51	9.05	1.02	0.44	0.47
乌什县	ئۇچتۇرپان	4.33		3.82	1.02	2.78	0.02	0.80
阿瓦提县	ئاۋات	22.00	0.74	0.05		0.05		
柯坪县	كەلپىن	0.84		0.03			0.03	
克州	**قىزىلسۇ ئوبلاستى**	**7.53**		**1.89**	**0.24**	**0.92**	**0.72**	
阿图什市	ئاتۇش شەھىرى	1.79		0.43	0.05	0.16	0.22	
阿克陶县	ئاقتۇ	5.74		0.63	0.03	0.09	0.50	
阿合奇县	ئاقچى			0.67	0.01	0.66		
乌恰县	ئۇلۇغچات			0.16	0.15	0.01		
喀什地区	**قەشقەر ۋىلايىتى**	**176.79**		**2.66**	**0.07**	**1.94**	**0.43**	
喀什市	قەشقەر شەھىرى	0.18						
疏附县	قەشقەركونا شەھەر	15.56		0.37		0.32	0.03	
疏勒县	قەشقەريېڭى شەھەر	15.51		0.02		0.01	0.01	
英吉沙县	يېڭىسار	9.33		0.02		0.02		
泽普县	پوسكام	12.83		0.20		0.17	0.02	
莎车县	يەكەن	40.73		0.66		0.55	0.07	
叶城县	قاغىلىق	16.13		1.21	0.03	0.84	0.20	
麦盖提县	مەكىت	18.67		0.01				
岳普湖县	يوپۇرغا	8.00		0.03			0.03	
伽师县	پەيزىۋات	16.00		0.10		0.03	0.07	
巴楚县	مارالبېشى	23.85						
塔什库尔干县	تاشقورغان			0.04	0.04			
和田地区	**خوتەن ۋىلايىتى**	**42.25**		**1.07**	**0.45**	**0.32**	**0.08**	
和田市	خوتەن شەھىرى	0.66						
和田县	خوتەن ناھىيىسى	5.55		0.02	0.01	0.01		
墨玉县	قاراقاش	10.58		0.14	0.09	0.05		
皮山县	گۇما	5.53		0.16	0.09	0.06	0.01	
洛浦县	لوپ	8.00		0.04	0.04			
策勒县	چىرا	4.14		0.59	0.17	0.20		
于田县	كېرىيە	7.06		0.08	0.01		0.07	
民丰县	نىيە	0.73		0.04	0.04			
二、生产建设兵团	**2. بىڭتۇەن**	**266.03**	**4.21**	**104.91**	**50.17**	**0.74**	**51.99**	**32.07**

ۋىلايەت، ئوبلاست، شەھەر، ناھىيە ۋە بىڭتۇەننىڭ دېھقانچىلىق زىرائەتلىرى تېرىلغان كۆلەم (3)

8—17 各地、州、市、县和兵团农作物播种面积(三)

(1995年 - يىل)　　　　单位:千公顷 بىرلىكى: مىڭ گېكتار

地区	رايونلار	蔬菜 كۆكتات	果用瓜 قوغۇن-تاۋۇز	#甜菜 #قىزىلچا	薯类 ياڭيۇ تۈرى	苜蓿 بېدە
总计	**جەمئىي**	**71.54**	**25.15**	**9.72**	**10.34**	**120.25**
一、地方	**1. يەرلىك**	**55.40**	**16.82**	**5.87**	**9.38**	**94.12**
乌鲁木齐市	**ئۈرۈمچى شەھىرى**	**4.24**	**0.02**		**1.17**	**1.59**
乌鲁木齐县	ئۈرۈمچى ناھىيىسى	3.98			1.17	1.42
市直单位	شەھەرگە بىۋاستە قاراشلىق ئورۇنلار	0.26	0.02			0.17
克拉玛依市	**قاراماي شەھىرى**	**0.24**	**0.04**			**0.03**
吐鲁番地区	تۇرپان ۋىلايىتى	1.56	1.15	0.78		0.11
吐鲁番市	تۇرپان شەھىرى	1.02	0.31	0.01		0.02
鄯善县	پىچان	0.36	0.65	0.61		0.06
托克逊县	توقسۇن	0.18	0.19	0.16		0.03
哈密地区	**قۇمۇل ۋىلايىتى**	**1.53**	**1.01**	**0.67**	**0.50**	**2.30**
哈密市	قۇمۇل شەھىرى	1.36	0.81	0.48	0.05	0.13
巴里坤县	باركۆل	0.14	0.05	0.05	0.42	2.16
伊吾县	ئاراتۆرۈك	0.03	0.15	0.14	0.03	0.01
昌吉州	**سانجى ئوبلاستى**	**10.99**	**3.55**	**0.73**	**2.49**	**3.94**
昌吉市	سانجى شەھىرى	4.47	2.28	0.55	0.10	0.46
米泉县	مىچۈەن	1.05	0.12	0.06	0.05	0.06
呼图壁县	قۇتۇبى	1.00	0.72	0.08	0.14	0.92
玛纳斯县	ماناس	1.36	0.07		0.03	0.36
奇台县	گۇچۇڭ	0.91	0.08	0.01	1.03	0.64
阜康市	فۇكاڭ شەھىرى	0.57	0.09	0.01	0.04	0.80
吉木萨尔县	جىمسار	1.47	0.17	0.02	0.56	0.29
木垒县	مورى	0.16	0.02		0.54	0.41
伊犁州	**ئىلى ئوبلاستى**					
伊犁地区	**ئىلى ۋىلايىتى**	**6.79**	**1.06**	**0.08**	**2.60**	**4.46**
伊宁市	غۇلجا شەھىرى	1.36	0.09	0.02	0.04	0.37
伊宁县	غۇلجا ناھىيىسى	2.63	0.72	0.01	0.29	1.19
察布查尔县	چاپچال	0.44	0.08	0.02	0.05	0.94
霍城县	قورغاس	1.71	0.08	0.02	0.13	0.26
巩留县	توققۇزتارا	0.19	0.05	0.01	0.08	0.49
新源县	كۈنەس	0.11	0.04		1.08	0.48
昭苏县	موڭغۇلكۈرە	0.09			0.43	0.04
特克斯县	تېكەس	0.14			0.15	0.12
尼勒克县	نىلقا	0.12			0.35	0.57

8—17 续表 1 داۋامى 1 8—17

单位:千公顷 بىرلىكى: مىڭ گېكتار

地区	رايونلار	蔬菜 كۆكتات	果用瓜 قوغۇن-تاۋۇز	#甜菜 #قىزىلچا	薯类 ياڭيۇ تۈرى	苜蓿 بېدە
塔城地区	**تارباغاتاي ۋىلايىتى**	**4.15**	**0.48**	**0.07**	**0.86**	**13.38**
塔城市	چۆچەك شەھىرى	0.43	0.12	0.02	0.22	5.14
额敏县	دۆربىلجىن	0.08	0.03		0.03	3.81
乌苏县	شىخۇ	1.57	0.18	0.03	0.20	0.50
沙湾县	ساۋەن	1.89	0.15	0.02	0.25	1.00
托里县	تولى	0.03			0.04	1.07
裕民县	چاغانتوقاي	0.06			0.05	0.60
和布克赛尔县	قوبۇقسار	0.09			0.07	1.26
阿勒泰地区	**ئالتاي ۋىلايىتى**	**0.57**	**0.08**	**0.01**	**0.54**	**32.27**
阿勒泰市	ئالتاي شەھىرى	0.23	0.02		0.10	5.29
布尔津县	بۇرچىن	0.05			0.05	8.37
富蕴县	كۆكتوقاي	0.08			0.09	4.12
福海县	بۇرۇلتوقاي	0.11	0.03		0.07	5.52
哈巴河县	قابا	0.06	0.03	0.01	0.11	4.92
青河县	چىڭگىل	0.03			0.07	2.44
吉木乃县	جېمىنەي	0.01			0.05	1.61
博州	**بۆرتالا ئوبلاستى**	**0.62**	**0.11**	**0.02**	**0.10**	**1.99**
博乐市	بۆرتالا شەھىرى	0.40	0.05			0.79
精河县	جىڭ	0.15	0.06	0.02		0.09
温泉县	ئارشاڭ	0.07			0.10	1.11
巴州	**بايىنغولىن ئوبلاستى**	**5.09**	**0.68**	**0.26**	**0.02**	**1.24**
库尔勒市	كورلا شەھىرى	0.77	0.14			
轮台县	بۈگۈر	0.21	0.08	0.08		0.32
尉犁县	لوپنۇر	0.05	0.04	0.03		0.01
若羌县	چاقىلىق	0.02	0.04			
且末县	چەرچەن	0.22	0.10	0.07		0.05
焉耆县	يەنجى	1.67	0.02	0.01	0.02	0.43
和静县	خېجىڭ	0.56	0.08			0.22
和硕县	خوشۇت	0.22	0.10			0.07
博湖县	باغراش	1.37	0.08	0.07		0.14
阿克苏地区	**ئاقسۇ ۋىلايىتى**	**7.10**	**3.09**	**1.36**	**0.72**	**5.68**
阿克苏市	ئاقسۇ شەھىرى	2.05	0.53	0.16		0.86
温宿县	ئاقسۇكوناشەھەر	0.60	0.21	0.09	0.01	0.72
库车县	كۇچا	0.81	0.32	0.17	0.07	0.75

8—17 续表 2 داۋامى 2

单位:千公顷 بىرلىكى: مىڭ گېكتار

地区	رايونلار	蔬菜 كۆكتات	果用瓜 قوغۇن-تاۋۇز	#甜菜 #قىزىلچا	薯类 ياڭيو تۈرى	苜蓿 بىدە
沙雅县	شايار	0.50	0.24	0.08		1.02
新和县	توقسۇ	0.19	0.29	0.23		0.73
拜城县	باي	0.69	0.44	0.06	0.61	0.63
乌什县	ئۇچتۇرپان	1.99	0.88	0.46	0.03	0.79
阿瓦提县	ئاۋات	0.22	0.16	0.09		0.06
柯坪县	كەلپىن	0.05	0.02	0.02		0.12
克州	**قىزىلسۇ ئوبلاستى**	**0.88**	**0.56**	**0.13**	**0.06**	**2.47**
阿图什市	ئاتۇش شەھىرى	0.38	0.12	0.11	0.03	0.52
阿克陶县	ئاقتو	0.48	0.44	0.02		0.55
阿合奇县	ئاقچى	0.02			0.02	0.32
乌恰县	ئۇلۇغچات				0.01	1.08
喀什地区	**قەشقەر ۋىلايىتى**	**9.09**	**4.02**	**1.26**	**0.29**	**11.79**
喀什市	قەشقەر شەھىرى	0.72	0.01			0.12
疏附县	قەشقەركونا شەھەر	2.00	0.79	0.11	0.05	2.42
疏勒县	قەشقەر يېڭى شەھەر	0.41	0.28	0.04		0.24
英吉沙县	يېڭىسار	0.22	0.21	0.07		0.08
泽普县	پوسكام	0.60	0.10	0.03	0.01	0.23
莎车县	يەكەن	1.89	0.48	0.22	0.01	2.39
叶城县	قاغىلىق	1.52	0.25	0.08	0.20	3.21
麦盖提县	مەكىت	0.40	0.40	0.18	0.01	0.09
岳普湖县	يوپۇرغا	0.24	0.45	0.19		0.46
伽师县	پەيزىۋات	0.87	0.81	0.25		2.32
巴楚县	مارالبېشى	0.20	0.24	0.09		0.23
塔什库尔干县	تاشقورغان	0.02			0.01	
和田地区	**خوتەن ۋىلايىتى**	**2.55**	**0.97**	**0.50**	**0.03**	**12.87**
和田市	خوتەن شەھىرى	0.23	0.26	0.05		0.32
和田县	خوتەن ناھىيىسى	0.41	0.04	0.03		0.77
墨玉县	قاراقاش	0.70	0.08	0.05		2.00
皮山县	گۇما	0.34	0.08	0.07		1.82
洛浦县	لوپ	0.39	0.17	0.15		3.22
策勒县	چىرا	0.17	0.10	0.04	0.02	2.14
于田县	كېرىيە	0.27	0.20	0.09	0.01	1.89
民丰县	نىيە	0.04	0.04	0.02		0.71
二、生产建设兵团	**2. بىڭتۇەن**	**16.14**	**8.33**	**3.85**	**0.96**	**26.13**

ئاساسلىق يىللاردىكى دېھقانچىلىق مەھسۇلاتلىرى مىقدارى

8—18 主要年份农产品产量

بىرلىكى: تۈمەن توننا 单位:万吨

يىللار 年份	ئاشلىق 粮食	دانلىق زىرائەت 谷物	شال 水稻	بۇغداي 小麦	كۆممە قوناق 玉米	ئارپا 大麦	پۇرچاق 豆类	ياڭيۇ تۈرى 薯类	پاختا 棉花	# ئۇزۇن تالالىق پاختا 长绒棉
1978	370.01	367.71	27.39	180.02	134.45	5.01	2.30	22.91	5.50	1.19
1980	386.13	384.16	25.62	213.19	126.43	3.50	1.97	16.03	7.92	1.74
1983	451.28	448.46	37.76	265.53	131.27	1.88	2.82	14.55	15.70	14.00
1984	495.07	492.88	36.80	303.73	139.29	1.93	2.19	14.05	19.23	20.00
1985	496.65	495.16	30.63	314.52	139.38	1.93	1.49	15.14	18.78	17.90
1986	544.71	542.88	31.58	338.21	160.62	2.10	1.83	18.88	21.61	14.90
1987	584.30	581.44	36.24	353.69	175.07	3.75	2.86	22.49	27.97	27.40
1988	606.19	602.82	39.26	351.61	190.59	6.58	3.37	26.09	27.81	34.80
1989	623.08	618.68	41.44	365.83	192.11	6.00	4.40	20.95	29.47	38.50
1990	676.89	673.18	47.27	390.80	209.42	10.51	3.71	22.57	46.88	56.50
1991	672.52	667.82	46.10	382.65	222.25	6.70	4.70	19.81	63.95	59.70
1992	706.27	700.59	43.28	418.62	219.61	7.25	5.68	26.21	66.76	19.40
1993	720.37	703.58	39.12	419.18	219.90	11.44	16.79	23.48	68.00	28.30
1994	666.17	642.89	41.58	337.87	229.49	22.72	23.28	24.95	88.21	12.58
1995	730.16	716.83	48.25	381.21	266.74	12.82	13.33	26.43	93.50	1.13

يىللار 年份	ياغلىق دان 油料	# قىچا 油菜	# زىغىر 胡麻	# ئاپتاپ پەرەس 葵花	قىزىلچا 甜菜	كۆكتات 蔬菜	قوغۇن-تاۋۇز 果用瓜	# قوغۇن 甜瓜	بېدە 苜蓿
1978	10.33	3.30	31.40	2.29	16.37	91.26	44.05		
1980	17.59	5.59	5.17	4.59	38.52	73.44	55.68		
1983	20.01	4.36	4.54	8.76	80.18	88.18	51.79		
1984	21.64	4.35	5.82	9.16	61.55	87.43	59.39		
1985	34.25	7.29	8.10	16.90	40.69	111.08	103.18	47.02	49.69
1986	42.64	10.23	9.67	20.95	66.36	149.25	139.41	62.93	63.76
1987	42.30	13.05	8.78	18.28	96.50	159.72	114.49	50.31	84.92
1988	38.59	11.35	7.89	16.08	110.13	176.01	112.53	45.12	87.59
1989	32.30	8.37	5.96	15.05	98.94	185.63	94.14	40.52	87.04
1990	38.96	12.17	6.32	18.17	224.37	187.42	93.38	37.75	89.29
1991	40.49	14.63	5.56	19.16	256.85	172.21	81.68	29.07	76.46
1992	35.62	13.18	5.23	15.93	329.07	193.30	94.17	28.37	75.58
1993	37.02	12.75	4.65	16.65	236.91	191.82	75.49	29.27	73.43
1994	50.76	18.80	4.72	25.05	299.24	210.99	77.12	25.47	77.31
1995	49.41	15.12	3.79	29.06	288.14	269.56	68.75	18.31	82.62

ۋىلايەت، ئوبلاست، شەھەر، ناھىيە ۋە بىڭتۇەننىڭ دېھقانچىلىق زىرائەتلىرى ئومۇمىي مەھسۇلات مىقدارى (1)

8—19 各地、州、市、县和兵团农作物总产量(一)

(1995年-يىل)

单位:吨 بىرلىكى: توننا

地区 رايونلار	谷物 دانلىق زىرائەت	水稻 شال	小麦 بۇغداي	玉米 كۆممە قوناق	大麦 ئارپا	豆类 پۇرچاق تۈرى
总计 جەمئىي	**7 168 297**	**482 547**	**3 812 105**	**2 667 441**	**128 199**	**133 319**
一、地方 يەرلىك	**5 908 317**	**295 887**	**3 084 295**	**2 387 957**	**75 434**	**110 745**
乌鲁木齐市 ئۈرۈمچى شەھىرى	**51 187**	**5 182**	**34 206**	**6 687**	**4 863**	**11 726**
乌鲁木齐县 ئۈرۈمچى ناھىيىسى	43 709	5 182	29 893	4 675	3 710	11 449
市直单位 شەھەرگە بىۋاستە قاراشلىق ئورۇنلار	7 478		4 313	2 012	1 153	277
克拉玛依市 قاراماي شەھىرى	**3 087**		**676**	**2 411**		**6**
吐鲁番地区 تۇرپان ۋىلايىتى	**95 822**		**43 475**	**8 460**	**25**	**12**
吐鲁番市 تۇرپان شەھىرى	32 573		12 571	3 298		
鄯善县 پىچان	29 192		14 634	4 924		12
托克逊县 توقسۇن	34 057		16 270	238	25	
哈密地区 قۇمۇل ۋىلايىتى	**86 605**		**67 285**	**15 710**	**1 537**	**3 444**
哈密市 قۇمۇل شەھىرى	44 494		26 457	15 312	1 287	1 355
巴里坤县 باركۆل	39 106		38 682	29	250	1 894
伊吾县 ئاراتۈرۈك	3 005		2 146	369		195
昌吉州 سانجى ئوبلاستى	**756 284**	**61 986**	**357 951**	**289 266**	**43 732**	**28 002**
昌吉市 سانجى شەھىرى	105 275	1 554	52 792	50 829	88	2 765
米泉县 مىچۈەن	70 780	51 845	11 592	7 173		196
呼图壁县 قۇتۇبى	89 915	4 358	41 109	42 754	7	1 227
玛纳斯县 ماناس	94 434	2 911	41 672	49 653	198	1 741
奇台县 گۇچۇڭ	208 780		123 407	45 187	39 986	5 052
阜康市 فۇكاڭ شەھىرى	71 555	1 306	24 913	45 048	51	347
吉木萨尔县 جىمسار	85 747	12	41 794	41 698	1 311	7 104
木垒县 مورى	29 798		20 672	6 924	2 091	9 570
伊犁州 ئىلى ئوبلاستى						
伊犁地区 ئىلى ۋىلايىتى	**936 127**	**28 752**	**470 100**	**419 822**	**9 589**	**18 969**
伊宁市 غۇلجا شەھىرى	44 162	605	22 577	20 636	3	866
伊宁县 غۇلجا ناھىيىسى	286 395	571	104 276	178 011		2 605
察布查尔县 چاپچال	74 831	13 847	27 908	33 075	1	377
霍城县 قورغاس	154 821	360	65 370	88 224		3 902
巩留县 توققۇزتارا	98 393	8 068	43 579	46 682	64	5 485
新源县 كۈنەس	113 477	4 493	62 621	44 802	5	4 711
昭苏县 موڭغۇلكۈرە	63 511		56 588		6 898	491
特克斯县 تېكەس	51 744		44 572	5 884	1 238	293
尼勒克县 نىلقا	48 793	808	42 609	2 508	1 380	239

8－19 续表 1 داۋامى 1

单位：吨 بىرلىكى : توننا

地 区 رايونلار		谷 物 دانلىق زىرائەت	水 稻 شال	小 麦 بۇغداي	玉 米 كۆممە قوناق	大 麦 ئارپا	豆 类 پۇرچاق تۈرى
塔城地区	**تارباغاتاي ۋىلايىتى**	**462 728**	**6 412**	**249 032**	**200 693**	**6 146**	**15 929**
塔城市	چۆچەك شەھىرى	84 160		65 459	17 942	754	608
额敏县	دۆربىلجىن	69 944		50 085	17 464	2 178	903
乌苏县	شىخو	120 712	6 412	39 837	73 227	1 182	3 288
沙湾县	ساۋەن	143 783		56 115	85 697	1 858	10 932
托里县	تولى	14 804		12 757	1 947	44	
裕民县	چاغانتوكاي	19 939		15 827	4 033	79	193
和布克赛尔县	قوبۇقسار	9 386		8 952	383	51	5
阿勒泰地区	**ئالتاي ۋىلايىتى**	**149 381**	**605**	**120 132**	**27 652**	**636**	**13 291**
阿勒泰市	ئالتاي شەھىرى	32 799	326	21 620	10 786		2 708
布尔津县	بۇرچىن	16 522		11 756	4 521	200	5 604
富蕴县	كۆكتوقاي	19 389	29	11 663	1 675	9	893
福海县	بۇرۇلتوقاي	15 162	250	9 785	5 127		473
哈巴河县	قابا	30 878		24 877	5 403	367	2 881
青河县	چىڭگىل	23 509		23 369	140		582
吉木乃县	جىمنەي	11 122		11 062		60	150
博州	**بۆرتالا ئوبلاستى**	**141 573**	**9 675**	**59 220**	**71 167**	**1 511**	**1 132**
博乐市	بۆرتالا شەھىرى	65 162	6 615	22 911	35 636		362
精河县	جىڭ	39 863	3 060	9 760	27 043		272
温泉县	ئارشاڭ	36 548		26 549	8 488	1 511	498
巴州	**بايىنغولىن ئوبلاستى**	**315 737**	**13 537**	**182 235**	**119 239**	**386**	**1 398**
库尔勒市	كورلا شەھىرى	46 227	5 700	26 146	14 381		47
轮台县	بۈگۈر	42 965	817	21 482	20 666		35
尉犁县	لوپنۇر	20 297	1 287	14 705	4 305		
若羌县	چاقىلىق	10 668	81	5 917	4 670		36
且末县	چەرچەن	23 380	1 228	16 800	5 138	214	
焉耆县	يەنجى	45 923	753	29 159	16 011		967
和静县	خېجىڭ	63 890		33 043	30 615	172	273
和硕县	خوشۇت	36 305	1 771	15 317	18 937		40
博湖县	باغراش	26 082	1 900	19 666	4 516		
阿克苏地区	**ئاقسۇ ۋىلايىتى**	**821 287**	**81 793**	**439 698**	**296 989**	**1 124**	**8 383**
阿克苏市	ئاقسۇ شەھىرى	100 072	14 150	53 246	32 676		984
温宿县	ئاقسۇ كونا شەھەر	110 219	39 344	38 795	31 556	524	
库车县	كۇچا	154 327	2 064	84 881	67 382		

8－19 续表 2 داۋامى 2 8－19

单位：吨 بىرلىكى：توننا

地区 رايونلار		谷物 دانلىق زىرائەت	水稻 شال	小麦 بۇغداي	玉米 كۆممە قوناق	大麦 ئارپا	豆类 پۇرچاق تۈرى
沙雅县	شايار	69 852		41 300	28 552		
新和县	توقسۇ	70 971	7 134	33 366	30 471		729
拜城县	باي	123 155	2 482	76 000	43 630	600	4 175
乌什县	ئۇچتۇرپان	87 813	15 386	52 786	18 401		2 207
阿瓦提县	ئاۋات	94 684	1 233	53 882	39 569		
柯坪县	كەلپىن	10 194		5 442	4 752		288
克州	**قىزىلسۇ ئوبلاستى**	**129 533**	**4 308**	**78 777**	**42 724**	**2 881**	**651**
阿图什市	ئاتۇش شەھىرى	47 095	770	32 971	12 412	125	
阿克陶县	ئاقتۇ	70 688	3 538	35 099	28 493	522	
阿合奇县	ئاقچى	6 271		3 476	1 607	1 188	329
乌恰县	ئۇلۇغچات	5 479		4 221	212	1 046	322
喀什地区	**قەشقەر ۋىلايىتى**	**1 312 951**	**47 085**	**685 214**	**575 197**	**1 775**	**5 514**
喀什市	قەشقەر شەھىرى	16 590	1 866	9 991	4 733		
疏附县	قەشقەر كونا شەھەر	154 495	18 150	88 346	45 731		
疏勒县	قەشقەر يېڭى شەھەر	112 287	1 543	63 884	46 860		
英吉沙县	يېڭىسار	86 757		42 093	44 664		1 386
泽普县	پوسكام	94 600	7 524	50 250	36 826		650
莎车县	يەكەن	308 190	16 142	163 109	128 840	86	3 410
叶城县	قاغىلىق	168 575	1 485	82 893	83 389	448	10
麦盖提县	مەكىت	84 500		44 000	40 500		22
岳普湖县	يوپۇرغا	45 475		23 800	21 675		
伽师县	پەيزىۋات	136 000	284	66 440	69 171		
巴楚县	مارالبېشى	100 983	91	48 508	52 384		
塔什库尔干县	تاشقورغان	4 499		1 900	424	1 241	36
和田地区	**خوتەن ۋىلايىتى**	**646 015**	**36 552**	**296 294**	**311 940**	**1 229**	**2 288**
和田市	خوتەن شەھىرى	29 129	1 652	12 067	15 410		
和田县	خوتەن ناھىيىسى	120 941	8 369	52 001	60 296	275	116
墨玉县	قاراقاش	158 200	13 464	71 290	73 446		590
皮山县	گۇما	78 336		39 962	38 315	59	479
洛浦县	لوپ	94 620	136	46 954	47 530		
策勒县	چىرا	60 767		27 663	32 491	613	815
于田县	كېرىيە	91 016	12 931	40 097	37 813	175	210
民丰县	نىيە	13 006		6 260	6 639	107	78
二、生产建设兵团	**2. بىڭتۇەن**	**1 429 980**	**195 327**	**803 718**	**360 018**	**55 805**	**22 574**

ۋىلايەت، ئوبلاست، شەھەر، ناھىيە ۋە بىڭتۇەننىڭ دېھقانچىلىق زىرائەتلىرى ئومۇمىي مەھسۇلات مىقدارى (2)

8—19 各地、州、市、县和兵团农物总产量(二)

(1995 年-يىل)

单位:吨 بىرلىكى : توننا

地区	رايونلار	棉花 پاختا	#长绒棉 # ئۇزۇن تالالىق پاختا	油料 ياغلىق دان	#油菜 # قىچا	#胡麻 # زىغىر	#葵花 # ئاپتاپ پەرەس
总计	**جەمئىي**	**935 000**	**11 289**	**494 050**	**151 174**	**37 872**	**290 583**
一、地方	**1. يەرلىك**	**611 812**	**5 652**	**343 987**	**107 218**	**36 915**	**187 644**
乌鲁木齐市	**ئۈرۈمچى شەھىرى**			**3 705**	**1 552**	**393**	**1 760**
乌鲁木齐县	ئۈرۈمچى ناھىيىسى			2 907	1 243	383	1 281
市直单位	شەھەرگە بىۋاستە قاراشلىق ئورۇنلار			798	309	10	479
克拉玛依市	**قاراماي شەھىرى**	**322**		**130**			**130**
吐鲁番地区	**تۇرپان ۋىلايىتى**	**28 259**	**3 561**	**142**	**8**	**12**	
吐鲁番市	تۇرپان شەھىرى	8 956		18			
鄯善县	پىچان	7 227	3 561				
托克逊县	توقسۇن	12 076		124	8	12	
哈密地区	**قۇمۇل ۋىلايىتى**	**6 769**		**3 391**	**655**	**548**	**2 183**
哈密市	قۇمۇل شەھىرى	6 340		2 450	51	383	2 011
巴里坤县	باركۆل			570	564		6
伊吾县	ئاراتۈرۈك	429		371	40	165	166
昌吉州	**سانجى ئوبلاستى**	**33 139**		**59 713**	**4 455**	**1 120**	**48 763**
昌吉市	سانجى شەھىرى	1 636		15 003	659		12 864
米泉县	مىچۈەن	35		3 739		9	4 725
呼图壁县	قۇتۇبى	6 350		5 098	53	24	4 725
玛纳斯县	ماناس	24 828		5 790	124		5 666
奇台县	گۇچۇڭ			13 937	2 850	319	8 454
阜康市	فۇكاڭ شەھىرى	227		6 994	39	6	6 949
吉木萨尔县	جىمسار	63		7 814	367	137	6 096
木垒县	مورى			1 338	363	625	350
伊犁州	**ئىلى ئوبلاستى**						
伊犁地区	**ئىلى ۋىلايىتى**	**203**		**78 598**	**26 253**	**19 129**	**30 459**
伊宁市	غۇلجا شەھىرى			3 293	1 746	647	788
伊宁县	غۇلجا ناھىيىسى	7		15 863	7 050	2 343	5 844
察布查尔县	چاپچال	98		2 365	136	1 043	951
霍城县	قورغاس	98		10 722	80	5 394	3 934
巩留县	توققۇزتارا			5 187	1 783	856	2 526
新源县	كۈنەس			14 864	152	3 029	11 235
昭苏县	موڭغۇلكۈرە			14 037	13 911		126
特克斯县	تېكەس			6 765	129	3 134	3 502
尼勒克县	نىلقا			5 502	1 266	2 683	1 553

8—19 续表 1 داۋامى　　　　单位:吨 بىرلىكى : توننا

地区	رايونلار	棉花 پاختا	#长绒棉 ئۇزۇن تالالىق پاختا	油料 ياغلىق دان	#油菜 قىچا	#胡麻 زىغىر	#葵花 ئاپتاپپەرەس
塔城地区	**تارباغاتاي ۋىلايىتى**	**41 109**		**85 358**	**43 275**		**40 885**
塔城市	چۆچەك شەھىرى			33 032	24 045		8 987
额敏县	دۆربىلجىن			24 646	15 485		9 161
乌苏县	شىخۇ	20 655		8 061	11		8 019
沙湾县	ساۋەن	20 454		11 080	412		9 925
托里县	تولى			2 469	1 199		1 270
裕民县	چاغانتوقاي			4 788	2 060		2 304
和布克赛尔县	قوبۇقسار			1 282	63		1 219
阿勒泰地区	**ئالتاي ۋىلايىتى**			**16 385**	**1 204**	**1 605**	**13 576**
阿勒泰市	ئالتاي شەھىرى			6 549			6 549
布尔津县	بۇرچىن			1 725	30	38	1 657
富蕴县	كۆكتوقاي			141	79		62
福海县	بۇرۇلتوقاي			1 947	296		1 651
哈巴河县	قابا			4 316	90	569	3 657
青河县	چىڭگىل			709	709		
吉木乃县	جىمىنەي			998		998	
博州	**بۆرتالا ئوبلاستى**	**24 525**		**20 892**	**28**	**314**	**20 544**
博乐市	بۆرتالا شەھىرى	10 239		5 851			5 845
精河县	جىڭ	14 286		467			467
温泉县	ئارشاڭ			14 574	28	314	14 232
巴州	**بايىنغولىن ئوبلاستى**	**39 187**	**774**	**13 512**	**2 409**	**204**	**10 897**
库尔勒市	كورلا شەھىرى	14 241	774				
轮台县	بۈگۈر	4 443		224	24	149	49
尉犁县	لوپنۇر	13 313					
若羌县	چاقىلىق	959		74	59		15
且末县	چەرچەن	3 150		761	72		689
焉耆县	يەنجى	107		3 741	427		3 314
和静县	خېجىڭ	316		3 796	1 391	55	2 350
和硕县	خوشۇت	2 168		1 626	99		1 527
博湖县	باغراش	490		3 290	337		2 953
阿克苏地区	**ئاقسۇ ۋىلايىتى**	**165 190**	**1 317**	**33 608**	**23 983**	**5 933**	**3 404**
阿克苏市	ئاقسۇ شەھىرى	30 010		1 747	204	1 123	420
温宿县	ئاقسۇ كونا شەھەر	14 238		1 453	616	693	144
库车县	كۇچا	28 550		1 328	1 013	67	

8—19 续表 2 داۋامى 2

بىرلىكى : تونىنا 单位:吨

رايونلار 地区		پاختا 棉花	# ئۇزۇن تالالىق پاختا 长绒棉	ياغلىق دان 油料	# قىچا 油菜	# زىغىر 胡麻	# ئاپتاپ پەرەس 葵花
沙雅县	شايار	35 163		1 500	1 110		350
新和县	توقسۇ	12 503		1 060	974	35	51
拜城县	باي	8		22 508	19 250	1 291	1 967
乌什县	ئۇچتۇرپان	4 803		3 528	816	2 665	47
阿瓦提县	ئاۋات	39 405	1 317	59		59	
柯坪县	كەلپىن	510		425			425
克州	**قىزىلسۇ ئوبلاستى**	**7 063**		**4 505**	**455**	**1 278**	**2 753**
阿图什市	ئاتۇش شەھىرى	2 237		791	141	208	442
阿克陶县	ئاقتۇ	4 826		2 565	76	159	2 311
阿合奇县	ئاقچى			911	7	904	
乌恰县	ئۇلۇغچات			238	231	7	
喀什地区	**قەشقەر ۋىلايىتى**	**225 255**		**17 154**	**62**	**5 145**	**10 910**
喀什市	قەشقەر شەھىرى	257		30		3	27
疏附县	قەشقەر كونا شەھەر	15 558		4 075		1 665	2 022
疏勒县	قەشقەر يېڭى شەھەر	20 285		1 428		7	1 421
英吉沙县	يېڭىسار	10 662		3 423		21	3 402
泽普县	پوسكام	17 121		247		173	40
莎车县	يەكەن	43 285		2 318		1 867	202
叶城县	قاغىلىق	15 189		2 298	41	1 280	645
麦盖提县	مەكىت	31 550		34			
岳普湖县	يوپۇرغا	12 250		1 130			1 130
伽师县	پەيزىۋات	22 000		2 150		129	2 021
巴楚县	مارالبېشى	37 098					
塔什库尔干县	تاشقورغان			21	21		
和田地区	**خوتەن ۋىلايىتى**	**40 791**		**6 894**	**2 879**	**1 234**	**1 380**
和田市	خوتەن شەھىرى	838					
和田县	خوتەن ناھىيىسى	5 599		642	186	145	96
墨玉县	قاراقاش	8 848		2 052	1 077	506	288
皮山县	گۇما	4 259		757	212	134	312
洛浦县	لوپ	8 901		1 658	719	167	417
策勒县	چىرا	4 121		1 125	400	265	3
于田县	كېرىيە	7 187		440	243		135
民丰县	نىيە	1 038		220	42	17	129
二、生产建设兵团	**2. بىڭتۇەن**	**381 881**	**5 637**	**150 063**	**43 956**	**957**	**102 939**

ۋىلايەت، ئوبلاست، شەھەر، ناھىيە ۋە بىڭتۇەننىڭ دېھقانچىلىق زىرائەتلىرى ئومۇمىي مەھسۇلات مىقدارى (3)

8—19 各地、州、市、县和兵团农作物总产量(三)

(1995年-يىل)

بىرلىكى: توننا 单位：吨

地区	رايونلار	قىزىلچا 甜菜	كۆكتات 蔬菜	ياڭيۇ تۈرى 薯类	قوغۇن-تاۋۇز 果用瓜	# قوغۇن 甜瓜
总计	**جەمئىي**	**2 881 434**	**2 695 524**	**264 298**	**687 491**	**183 053**
一、地方	**1. يەرلىك**	**1 599 292**	**2 200 190**	**239 006**	**433 470**	**101 388**
乌鲁木齐市	**ئۈرۈمچى شەھىرى**	**4 750**	**223 039**	**34 719**	**600**	
乌鲁木齐县	ئۈرۈمچى ناھىيىسى	773	212 086	34 719		
市直单位	شەھەرگە بىۋاستە قاراشلىق ئورۇنلار	3 977	10 953		600	
克拉玛依市	**قاراماي شەھىرى**		**12 303**		**1 104**	
吐鲁番地区	**تۇرپان ۋىلايىتى**		**52 763**		**20 189**	**16 194**
吐鲁番市	تۇرپان شەھىرى		39 504		2 291	426
鄯善县	پىچان		9 948		13 325	12 408
托克逊县	توقسۇن		3 311		3 873	3 360
哈密地区	**قۇمۇل ۋىلايىتى**		**58 594**	**11 678**	**25 871**	**13 229**
哈密市	قۇمۇل شەھىرى		56 450	1 386	21 525	9 197
巴里坤县	باركۆل		1 708	9 561	939	939
伊吾县	ئاراتۈرۈك		436	731	3 407	3 093
昌吉州	**سانجى ئوبلاستى**	**372 910**	**571 145**	**73 709**	**165 041**	**26 491**
昌吉市	سانجى شەھىرى	126 098	286 266	3 845	110 069	17 390
米泉县	مىچۈەن	1 128	42 306	1 677	8 292	5 498
呼图壁县	قۇتۇبى	106 635	43 290	4 458	34 279	2 339
玛纳斯县	ماناس	27 660	78 639	689	3 519	
奇台县	گۇچۇڭ	81 972	25 849	29 297	2 114	168
阜康市	فۇكاڭ شەھىرى	15 335	31 739	923	2 107	380
吉木萨尔县	جىمسار	14 022	60 659	21 641	4 661	716
木垒县	مورى	60	2 397	11 179		
伊犁州	**ئىلى ئوبلاستى**					
伊犁地区	**ئىلى ۋىلايىتى**	**648 611**	**206 665**	**59 093**	**35 868**	**1 355**
伊宁市	غۇلجا شەھىرى	24 584	95 359	1 746	3 823	132
伊宁县	غۇلجا ناھىيىسى	186 508	47 280	6 040	25 070	171
察布查尔县	چاپچال	78 955	8 901	659	2 295	89
霍城县	قورغاس	235 946	39 943	3 335	2 262	673
巩留县	توققۇزتارا	6 567	2 797	1 711	1 146	290
新源县	كۈنەس	111 010	2 436	27 249	1 272	
昭苏县	موڭغۇلكۈرە		820	6 450		
特克斯县	تېكەس	3 744	6 353	4 028		
尼勒克县	نىلقا	1 297	2 776	7 875		

8—19 续表 1 داۋامى　　　　　　　　　　　　　　　　　　　　　　　　　　单位:吨 بىرلىكى: توننا

地区	رايونلار	甜菜 قىزىلچا	蔬菜 كۆكتات	薯类 ياڭيۇ تۈرى	果用瓜 قوغۇن-تاۋۇز	#甜瓜 قوغۇن#
塔城地区	**تارباغاتاي ۋىلايىتى**	**162 972**	**183 218**	**23 027**	**19 190**	**2 499**
塔城市	چۆچەك شەھىرى	45 358	28 492	4 230	4 704	757
额敏县	دۆربىلجىن	89 300	1 770	217	1 100	
乌苏县	شىخو		70 860	7 017	6 921	1 023
沙湾县	ساۋەن	27 242	79 332	7 569	6 465	719
托里县	تولى	960	1 139	1 000		
裕民县	چاغانتوقاي	111	760	1 695		
和布克赛尔县	قوبۇقسار		865	1 299		
阿勒泰地区	**ئالتاي ۋىلايىتى**	**91 468**	**17 034**	**10 066**	**2 099**	**352**
阿勒泰市	ئالتاي شەھىرى	703	10 076	1 681	757	185
布尔津县	بۇرچىن		764	1 061		
富蕴县	كۆكتوقاي		2 455	2 057	75	
福海县	بۇرۇلتوقاي	90 765	2 051	2 949	346	2
哈巴河县	قابا		1 413	1 419	921	165
青河县	چىڭگىل		248	368		
吉木乃县	جىمنەي		27	531		
博州	**بۆرتالا ئوبلاستى**	**82 400**	**18 698**	**3 143**	**2 804**	**670**
博乐市	بۆرتالا شەھىرى	39 089	12 545		1 145	22
精河县	جىڭ		3 616		1 581	648
温泉县	ئارشاڭ	43 311	2 537	3 143	78	
巴州	**بايىنغولىن ئوبلاستى**	**149 055**	**348 736**	**822**	**23 252**	**5 935**
库尔勒市	كورلا شەھىرى		41 105		4 388	
轮台县	بۈگۈر		2 971		1 629	1 629
尉犁县	لوپنۇر		778		1 499	932
若羌县	چاقىلىق		902		1 055	
且末县	چەرچەن		6 930		3 200	1 920
焉耆县	يەنجى	114 771	141 260	822	1 020	384
和静县	خېجىڭ	14 377	37 800		5 410	
和硕县	خوشۇت	6 800	5 200		3 506	
博湖县	باغراش	13 107	111 790		1 545	1 070
阿克苏地区	**ئاقسۇ ۋىلايىتى**	**87 096**	**182 768**	**15 676**	**41 896**	**12 880**
阿克苏市	ئاقسۇ شەھىرى	34 178	92 928		9 823	2 345
温宿县	ئاقسۇ كونا شەھەر	27 507	4 565	76	2 255	467
库车县	كۇچا		46 585	1 782	6 027	2 463

8—19 续表 2 داۋامى 2

单位：吨 بىرلىكى: توننا

地区	رايونلار	甜菜 قىزىلچا	蔬菜 كۆكتات	薯类 ياڭيۇ تۇرى	果用瓜 قوغۇن-تاۋۇز	# 甜瓜 قوغۇن
沙雅县	شايار		7 125		3 820	1 160
新和县	توقسۇ		3 266		2 367	1 326
拜城县	باي	11 046	13 302	13 625	7 899	797
乌什县	ئۇچتۇرپان	14 365	5 960	193	3 495	1 643
阿瓦提县	ئاۋات		8 227		6 194	2 663
柯坪县	كەلپىن		810		16	16
克州	**قىزىلسۇ ئوبلاستى**		**30 527**	**697**	**8 254**	**1 211**
阿图什市	ئاتۇش شەھىرى		16 729	400	1 117	853
阿克陶县	ئاقتۇ		13 640		7 137	358
阿合奇县	ئاقچى		158	207		
乌恰县	ئۇلۇغچات			90		
喀什地区	**قەشقەر ۋىلايىتى**	**30**	**194 138**	**5 975**	**51 291**	**9 862**
喀什市	قەشقەر شەھىرى		31 729	138	229	18
疏附县	قەشقەر كونا شەھەر		40 247	1 831	12 302	3 639
疏勒县	قەشقەر يېڭى شەھەر		19 346		6 551	702
英吉沙县	يېڭىسار		1 650		1 890	525
泽普县	پوسكام		5 647	25	918	277
莎车县	يەكەن		39 899	525	3 923	1 892
叶城县	قاغىلىق	30	17 107	3 292	1 912	577
麦盖提县	مەكىت		2 223	154	1 445	350
岳普湖县	يوپۇرغا		7 210		7 869	292
伽师县	پەيزىۋات		24 140		10 100	240
巴楚县	مارالبېشى		4 862		4 152	1 350
塔什库尔干县	تاشقورغان		78	10		
和田地区	**خوتەن ۋىلايىتى**		**100 562**	**401**	**36 011**	**10 710**
和田市	خوتەن شەھىرى		26 553		19 147	1 273
和田县	خوتەن ناھىيىسى		26 731	35	850	375
墨玉县	قاراقاش		15 525	103	2 379	1 148
皮山县	گۇما		2 835	34	732	513
洛浦县	لوپ		14 310		3 948	3 527
策勒县	چىرا		5 419	131	4 222	1 770
于田县	كېرىيە		6 063	86	3 829	1 657
民丰县	نىيە		3 126	12	904	447
二、生产建设兵团	**2. بىڭتۇەن**	**1 282 142**	**495 334**	**25 292**	**254 021**	**81 665**

ۋىلايەت، ئوبلاست، شەھەر، ناھىيە ۋە بىڭتۇەننىڭ دېھقانچىلىق زىرائەتلىرى بىرلىك مەھسۇلات مىقدارى

8—20　各地、州、市、县和兵团农作物单位面积产量

(1995年-يىل)　　　　单位:公斤/公顷 بىرلىكى: گېكتار/كىلوگىرام

地区	رايونلار	谷物 دانلىق زىرائەت	#水稻 #شال	#小麦 #بۇغداي	#玉米 #كۆممە قوناق	棉花 پاختا	油料 ياغلىق دان	甜菜 قىزىلچا
总计	**جەمئىي**	**4 689**	**6 576**	**4 002**	**6 074**	**1 259**	**1 611**	**40 526**
一、地方	**1. يەرلىك**	**4 760**	**6 507**	**4 045**	**6 126**	**1 283**	**1 705**	**40 976**
乌鲁木齐市	**ئۈرۈمچى شەھىرى**	**4 367**	**10 364**	**4 106**	**5 184**		**1 488**	**31 667**
乌鲁木齐县	ئۈرۈمچى ناھىيىسى	4 397	10 364	4 181	5 137		1 606	38 650
市直单位	شەھەرگە بىۋاستە قاراشلىق ئورۇنلار	4 201		3 655	5 295		1 174	30 592
克拉玛依市	**قاراماي شەھىرى**	**4 607**		**2 504**	**6 028**	**1 110**	**1 444**	
吐鲁番地区	**تۇرپان ۋىلايىتى**	**3 965**		**3 498**	**4 524**	**1 437**	**1 291**	
吐鲁番市	تۇرپان شەھىرى	3 901		2 951	4 711	1 363	600	
鄯善县	پىچان	3 672		3 451	4 396	1 316		
托克逊县	توقسۇن	4 327		4 140	4 760	1 589	1 550	
哈密地区	**قۇمۇل ۋىلايىتى**	**4 170**		**4 034**	**6 492**	**1 309**	**1 507**	
哈密市	قۇمۇل شەھىرى	4 795		4 683	6 544	1 338	1 944	
巴里坤县	باركۆل	3 645		3 688	2 900		740	
伊吾县	ئارا تۈرۈك	3 954		3 974	5 271	998	1 686	
昌吉州	**سانجى ئوبلاستى**	**5 253**	**9 252**	**3 991**	**8 485**	**1 195**	**1 875**	**45 925**
昌吉市	سانجى شەھىرى	6 255	8 179	4 782	9 109	1 062	2 284	49 065
米泉县	مىچۈەن	7 980	9 308	5 062	7 970	875	1 917	37 600
呼图壁县	قۇتۇبى	6 146	8 545	4 640	8 551	975	1 895	52 790
玛纳斯县	ماناس	6 468	10 038	4 525	10 031	1 284	2 202	50 291
奇台县	گۇچۇڭ	4 753		4 509	7 969		1 904	36 111
阜康市	فۇكاڭ شەھىرى	6 644	9 329	4 631	8 764	841	1 976	52 879
吉木萨尔县	جىمسار	5 135		3 962	7 540	1 575	1 511	35 954
木垒县	مورى	1 688		1 378	5 215		679	
伊犁州	**ئىلى ئوبلاستى**							
伊犁地区	**ئىلى ۋىلايىتى**	**5 043**	**6 183**	**3 749**	**8 305**	**883**	**1 396**	**48 512**
伊宁市	غۇلجا شەھىرى	5 896	7 563	4 995	7 396		1 996	47 277
伊宁县	غۇلجا ناھىيىسى	6 009	5 710	4 037	8 521	700	1 491	41 446
察布查尔县	چاپچال	4 257	6 501	2 796	6 058	754	587	48 439
霍城县	قورغاس	6 958	7 200	4 964	9 880	1 089	1 842	49 673
巩留县	توققۇزتارا	5 245	6 303	3 709	8 204		1 508	36 483
新源县	كۈنەس	5 118	4 992	4 072	8 043		1 998	65 686
昭苏县	موڭغۇلكۈرە	3 034		3 034			883	
特克斯县	تېكەس	3 999		3 859	6 922		1 675	53 486
尼勒克县	نىلقا	3 078	7 345	2 926	6 778		1 633	43 233

地 区	رايونلار	谷 物 دانلىق زىرائەت	#水 稻 #شال	#小 麦 #بۇغداي	#玉 米 #كۆممە قوناق	棉 花 پاختا	油 料 ياغلىق دان	甜 菜 قىزىلچا
塔城地区	**تارباغاتاي ۋىلايىتى**	**4 085**	**8 221**	**2 887**	**8 814**	**1 216**	**1 466**	**34 166**
塔城市	چۆچەك شەھىرى	3 275		2 967	521		1 471	28 891
额敏县	دۆربىلجىن	2 836		2 491	6 043		1 507	38 000
乌苏县	شىخۇ	6 229	8 221	3 675	9 976	1 215	2 105	
沙湾县	ساۋەن	6 312		3 963	10 959	1 218	2 216	43 939
托里县	تولى	2 045		1 910	4 425		1 176	7 385
裕民县	چاغانتوقاي	1 984		1 755	4 337		611	1 110
和布克赛尔县	قوبۇقسار	2 705		2 641	9 575		1 942	
阿勒泰地区	**ئالتاي ۋىلايىتى**	**3 433**	**2 327**	**3 192**	**5 737**		**1 912**	**31 650**
阿勒泰市	ئالتاي شەھىرى	3 316	1 811	2 808	5 503		1 961	6 391
布尔津县	بۇرچىن	2 914		2 449	6 748		1 527	
富蕴县	كۆكتوقاي	2 731	2 900	2 648	4 188		1 282	
福海县	بۇرۇلتوقاي	4 087	3 571	3 482	6 177		1 509	32 649
哈巴河县	قابا	3 599		3 450	6 071		2 385	
青河县	چىڭگىل	4 592		4 628	2 000		1 576	
吉木乃县	جېمىنەي	3 233		3 254			2 268	
博州	**بۆرتالا**	**5 695**	**9 393**	**3 713**	**9 683**	**1 237**	**20 978**	**34 768**
博乐市	بۆرتالا شەھىرى	6 388	8 939	3 937	9 790	1 263	2 097	33 409
精河县	جىڭ	7 248	10 552	3 967	9 834	1 219	1 334	
温泉县	ئارشاڭ	3 990		3 461	8 842		2 137	36 093
巴州	**بايىنغولىن ئوبلاستى**	**5 050**	**5 227**	**4 552**	**6 071**	**1 333**	**1 681**	**38 716**
库尔勒市	كورلا شەھىرى	4 519	7 808	4 611	3 755	1 391		
轮台县	بۈگۈر	4 585	2 817	4 411	4 909	1 055	605	
尉犁县	لوپنۇر	4 051	6 129	3 890	4 221	1 508		
若羌县	چاقىلىق	5 179	4 050	4 850	5 695	1 431	1 480	
且末县	چەرچەن	4 338	4 723	4 480	4 110	1 175	1 553	
焉耆县	يەنجى	4 829	3 012	4 148	7 180	1 189	15 993	37 023
和静县	خېجىڭ	6 161		5 068	8 164	1 053	1 537	51 346
和硕县	خوشۇت	6 889	4 217	4 909	11 139	1 135	2 357	52 308
博湖县	باغراش	4 912	4 634	4 832	5 441	1 043	2 018	38 550
阿克苏地区	**ئاقسۇ ۋىلايىتى**	**4 424**	**5 780**	**4 426**	**4 202**	**1 447**	**1 839**	**24 814**
阿克苏市	ئاقسۇ شەھىرى	4 635	5 847	5 205	3 655	1 544	1 696	30 791
温宿县	ئاقسۇ كونا شەھەر	5 033	7 595	4 569	3 979	1 134	1 453	24 342
库车县	كۇچا	4 368	3 175	4 391	4 390	1 259	1 428	

8—20 续表 2 داۋامى

单位:公斤/公顷 بىرلىكى: گېكتار/كىلوگرام

地区	رايونلار	谷物 دانلىق زىرائەت	# 水稻 شال	# 小麦 بۇغداي	# 玉米 كۆممە قوناق	棉花 پاختا	油料 ياغلىق دان	甜菜 قىزىلچا
沙雅县	شايار	3 590		3 244	4 242	1 758	2 885	
新和县	توقسۇ	4 789	5 060	4 503	5 079	1 014	2 718	
拜城县	باي	4 303	2 853	4 220	4 902	400	2 142	23 502
乌什县	ئۇچتۇرپان	4 134	4 749	4 659	2 907	1 109	924	17 956
阿瓦提县	ئاۋات	4 605	3 245	5 166	4 058	1 791	1 180	
柯坪县	كەلپىن	4 808		3 943	6 422	607	14 167	
克州	**قىزىلسۇ ئوبلاستى**	**4 212**	**6 527**	**4 215**	**4 516**	**938**	**2 384**	
阿图什市	ئاتۇش شەھىرى	4 361	6 417	4 537	4 151	1 250	1 840	
阿克陶县	ئاقتو	4 578	6 552	4 536	4 603	841	4 071	
阿合奇县	ئاقچى	2 539		2 081	6 428		1 360	
乌恰县	ئۇلۇغچات	2 686		3 127	7 067		1 488	
喀什地区	**قەشقەر ۋىلايىتى**	**4 937**	**5 673**	**4 648**	**5 354**	**1 274**	**6 449**	
喀什市	قەشقەر شەھىرى	5 136	6 664	5 343	4 382	1 428		
疏附县	قەشقەر كونا شەھەر	4 154	6 798	4 417	3 283	1 000	11 014	
疏勒县	قەشقەر يېڭى شەھەر	4 593	4 286	4 245	5 184	1 308	71 400	
英吉沙县	يېڭىسار	5 271		4 855	5 734	1 143	171 150	
泽普县	پوسكام	5 789	5 615	6 025	5 529	1 334	1 235	
莎车县	يەكەن	5 431	5 044	5 065	6 057	1 063	3 512	
叶城县	قاغىلىق	5 427	4 014	4 859	6 356	942	1 899	
麦盖提县	مەكىت	4 771		4 116	5 769	1 690	3 400	
岳普湖县	يوپۇرغا	4 082		3 940	4 250	1 531	37 667	
伽师县	پەيزىۋات	5 215	5 680	4 532	6 105	1 375	21 500	
巴楚县	مارالبېشى	4 419	3 033	4 097	4 771	1 555		
塔什库尔干县	تاشقورغان	1 672		1 881	3 855		525	
和田地区	**خوتەن ۋىلايىتى**	**5 056**	**6 248**	**4 604**	**5 467**	**965**	**6 443**	
和田市	خوتەن شەھىرى	6 758	6 608	5 886	7 667	1 270		
和田县	خوتەن ناھىيىسى	6 017	6 695	5 269	6 852	1 009	32 100	
墨玉县	قاراقاش	4 634	6 120	4 382	4 687	836	14 657	
皮山县	گۇما	4 630		4 401	4 900	770	4 731	
洛浦县	لوپ	4 476	3 400	4 332	4 633	1 113	41 450	
策勒县	چىرا	5 460		4 289	7 285	995	1 907	
于田县	كېرىيە	5 139	6 128	4 706	5 371	1 018	5 500	
民丰县	نىيە	5 630		4 929	6 639	1 422	5 500	
二、生产建设兵团	**2. بىڭتۈەن**	**4 975**	**6 998**	**4 228**	**7 297**	**1 435**	**1 430**	**39 979**

ۋىلايەت، ئوبلاست، شەھەرلەرنىڭ ئورمانچىلىق ئىشلەپچىقىرىش ئەھۋالى

8—21 各地、州、市林业生产情况

(1995 年-يىل)

بىرلىكى: گېكتار 单位:公顷

地区 رايونلار	当年造林面积 شۇ يىلى بىنا قىلىنغان ئورمان كۆلىمى	用材林 ماتېرىيال ئورمىنى	经济林 ئىقتىسادىي ئورمان	防护林 ئىھاتە ئورمىنى	薪炭林 يېقىلغۇ ئورمىنى	特种用途林 ئالاھىدە ئورمان	迹地更新面积 كېسىلگەن ئورماندىن كۆكەرتىلگەن كۆلىمى
总计 جەمئىي	**55 035**	**4 580**	**19 549**	**25 785**	**4 835**	**286**	**2 717**
一、地方 1. يەرلىك	**47 666**	**4 329**	**19 478**	**18 744**	**4 832**	**283**	**1 940**
乌鲁木齐市 ئۈرۈمچى شەھىرى	349	27	133	156		33	6
克拉玛依市 قاراماي شەھىرى							
吐鲁番地区 تۇرپان ۋىلايىتى	733	19	227	199	286	2	15
哈密地区 قۇمۇل ۋىلايىتى	524	38	408	78			15
昌吉州 سانجى ئوبلاستى	5 045	625	1 871	2 538		11	17
伊犁地区 ئىلى ۋىلايىتى	2 575	1 064		1 457	25	29	252
塔城地区 تارباغاتاي ۋىلايىتى	6 213	1 059	2 311	2 839		4	10
阿勒泰地区 ئالتاي ۋىلايىتى	1 517	114	181	1 197	25		66
博州 بۆرتالا ئوبلاستى	831	104		499	228		24
巴州 بايىنغولىن ئوبلاستى	3 585	84	1 562	1 664	76	199	26
阿克苏地区 ئاقسۇ ۋىلايىتى	8 283	360	4 208	2 984	731		205
克州 قىزىلسۇ ئوبلاستى	347	130		151	63	3	376
喀什地区 قەشقەر ۋىلايىتى	12 601	460	5 519	3 744	2 878		232
和田地区 خوتەن ۋىلايىتى	5 063	245	3 058	1 238	520	2	696
二、生产建设兵团 2. بىڭتۈەن	**7 369**	**251**	**71**	**7 041**	**3**	**3**	**777**

地区 رايونلار	当年零星植树(万株) شۇ يىلى پارچە تىكىلگەن ئورمان (تۈمەن تۈپ)	年末实有育苗面积 يىل ئاخىرىدىكى ئەمەلىي يېتىشتۈرۈلگەن كۆچەتلىك كۆلىمى	幼林抚育作业面积 ياش ئورماننى پەرۋىش قىلىش كۆلىمى	成林抚育面积 يېتىلگەن ئورماننى پەرۋىش قىلىش كۆلىمى	核桃产量(吨) ياڭاق مەھسۇلاتى (تونna)	村及村以下木材采伐量(立方米) كەنت ھەم كەنتتىن تۆۋەن كەسكەن ياغاچ (كۇپ مېتر)
总计 جەمئىي	**5 594**	**7 672**	**589 324**	**342 739**	**6 793**	**206 398**
一、地方 1. يەرلىك	**5 207**	**7 153**	**525 386**	**279 007**	**6 769**	**167 290**
乌鲁木齐市 ئۈرۈمچى شەھىرى	59	226	13 804	2 439		357
克拉玛依市 قاراماي شەھىرى	5					
吐鲁番地区 تۇرپان ۋىلايىتى	163	20	1 924	4 077	121	3 800
哈密地区 قۇمۇل ۋىلايىتى	13	14	4 258	2 827	10	1 146
昌吉州 سانجى ئوبلاستى	209	238	57 169	16 827		16 568
伊犁地区 ئىلى ۋىلايىتى	344	457	51 673	11 295	6	21 401
塔城地区 تارباغاتاي ۋىلايىتى	201	291	60 048	9 722		6 514
阿勒泰地区 ئالتاي ۋىلايىتى	97	2 367	16 866	3 353		799
博州 بۆرتالا ئوبلاستى	45	68	8 711	3 559		1 044
巴州 بايىنغولىن ئوبلاستى	292	249	29 353	35 366	27	10 146
阿克苏地区 ئاقسۇ ۋىلايىتى	781	1 046	72 125	35 186	1 405	26 942
克州 قىزىلسۇ ئوبلاستى	111	36	5 578	7 165		3 087
喀什地区 قەشقەر ۋىلايىتى	1 652	1 356	100 661	112 582	1 492	20 724
和田地区 خوتەن ۋىلايىتى	1 235	758	103 216	34 609	3 708	54 762
二、生产建设兵团 2. بىڭتۈەن	**387**	**519**	**63 938**	**63 732**	**24**	**39 108**

رايونلار ۋە بىڭتۇەننىڭ مېۋىلىك كۆلىمى

8—22 各地区和兵团水果面积

(1995年-يىل)

بىرلىكى: گېكتار 单位:公顷

رايونلار 地区	جەمئىي 合计	ئالما 苹果	نەشپۈت 梨	ئۈزۈم 葡萄	# كىشمىش 无核葡萄	شاپتۇل 桃	ئۆرۈك 杏	چىلان 红枣	باشقا 其他
总计 جەمئىي	**149 929**	**43 508**	**22 303**	**29 969**	**13 445**	**10 891**	**35 924**	**2 399**	**4 935**
一、地方 يەرلىك .1	**120 391**	**29 440**	**13 538**	**26 369**	**11 003**	**10 506**	**34 571**	**1 547**	**4 420**
乌鲁木齐市 ئۈرۈمچى شەھىرى	304	88	11	92	5	40	41		32
克拉玛依市 قاراماي شەھىرى	27	17		7					3
吐鲁番地区 تۇرپان شەھىرى	12 068	42	133	11 546	9 747	20	224	93	10
哈密地区 قۇمۇل شەھىرى	1 880	222	237	658	305	7	390	289	77
昌吉州 سانجى ئوبلاستى	3 843	2 812	62	295	15	389	200		85
博州 بۆرتالا ئوبلاستى	551	423	5	107		12	3		1
巴州 بايىنغولىن ئوبلاستى	13 003	2 370	6 521	561	7	622	2 688	42	199
阿克苏地区 ئاقسۇ ۋىلايىتى	26 169	7 000	3 527	3 092	28	2 945	8 321	487	797
克州 قىزىلسۇ ئوبلاستى	3 299	422	210	622		290	1 372	4	379
喀什地区 قەشقەر ۋىلايىتى	30 624	2 893	2 364	2 301	49	4 360	16 571	369	1 766
和田地区 خوتەن ۋىلايىتى	15 149	1 631	369	6 605	802	1 195	4 155	251	943
伊犁地区 ئىلى ۋىلايىتى	10 850	9 197	91	276		593	593	12	88
塔城地区 تارباغاتاي ۋىلايىتى	2 523	2 229	8	206		29	13		38
阿勒泰地区 ئالتاي ۋىلايىتى	101	94		1		4			2
二、生产建设兵团 بىڭتۇەن .2	**29 538**	**14 068**	**8 765**	**3 600**	**2 442**	**385**	**1 353**	**852**	**515**

رايونلار ۋە بىڭتۇەننىڭ مېۋە مىقدارى

8—23 各地区和兵团水果产量

(1995年-يىل)

بىرلىكى: توننا 单位:吨

رايونلار 地区	جەمئىي 合计	ئالما 苹果	نەشپۈت 梨	ئۈزۈم 葡萄	# كىشمىش 无核葡萄	شاپتۇل 桃	ئۆرۈك 杏	چىلان 红枣	باشقا 其他
总计 جەمئىي	**1 143 430**	**236 280**	**115 889**	**488 975**	**277 252**	**76 662**	**201 146**	**2 592**	**21 886**
一、地方 يەرلىك .1	**985 518**	**173 706**	**71 676**	**444 762**	**245 186**	**74 469**	**198 110**	**1 769**	**21026**
乌鲁木齐市 ئۈرۈمچى شەھىرى	891	201	3	434	57	69	131		53
克拉玛依市 قاراماي شەھىرى	54	27		17					10
吐鲁番地区 تۇرپان ۋىلايىتى	274 560	21	567	272 196	235 271	206	1 484	17	69
哈密地区 قۇمۇل ۋىلايىتى	8 817	489	561	6 161	3 551	25	1 180	246	155
昌吉州 سانجى ئوبلاستى	12 517	8 469	28	2 669	35	182	663		506
博州 بۆرتالا ئوبلاستى	1 593	1 227		334		4	10		18
巴州 بايىنغولىن ئوبلاستى	35 862	6 467	18 278	4 521	120	1 370	5 079	16	131
阿克苏地区 ئاقسۇ ۋىلايىتى	151 288	29 196	19 356	42 497	284	12 180	43 468	647	3944
克州 قىزىلسۇ ئوبلاستى	18 010	2 193	536	3 906		2 844	6 424	2	2 105
喀什地区 قەشقەر ۋىلايىتى	235 096	34 384	28 665	19 908	142	38 370	104 497	386	8 886
和田地区 خوتەن ۋىلايىتى	148 277	7 357	2 108	87 390	5 726	15 326	31 256	274	4566
伊犁地区 ئىلى ۋىلايىتى	92 516	80 186	1 551	2 691		3 713	3 728	181	466
塔城地区 تارباغاتاي ۋىلايىتى	5 833	3 299	23	2 036		180	190		105
阿勒泰地区 ئالتاي ۋىلايىتى	204	190		2					12
二、生产建设兵团 بىڭتۇەن .2	**157 912**	**62 574**	**44 213**	**44 213**	**32 066**	**2 193**	**3 036**	**823**	**860**

ئوتتۇرىچە ھەر ئائىلە باققان چارۋا، ئۆي قۇشلىرى ھەم باشقا كىچىك ھايۋان ئەھۋالى

8—24 农民家庭平均每户饲养畜禽、其他小动物生产情况

单位:公斤 بىرلىكى: كىلوگىرام

يىل 年 份	ئۆزى سويۇپ ساتقان چوشقا گۆشى 出售自宰猪肉产量	ئۆزى سويۇپ ساتقان قوي گۆشى 出售自宰羊肉产量	قوي يۇڭى 羊毛产量	كالا-قوي سۈتى 牛羊奶产量	ئۆزى سويۇپ ساتقان ئۆي قۇشلىرى 出售自宰家禽产量	تۇخۇم 禽蛋产量	پىلە غوزىسى 蚕茧产量
1980	14.46	20.35	6.16			7.23	
1983	15.84	47.88	10.38	71.26		8.67	0.69
1984	20.59	80.01	16.52	99.43		9.84	0.47
1985	16.76	47.54	10.51	51.53		13.95	0.26
1986	18.83	46.62	10.07	66.75		22.32	0.29
1987	27.42	45.46	11.81	60.97		23.35	0.43
1988	19.95	36.53	16.25	70.59		20.92	0.59
1989	23.91	40.68	22.42	67.78		18.02	0.93
1990	24.97	45.72	15.86	67.16		17.68	1.26
1991	18.23	66.45	11.79	77.31		18.20	2.44
1992	15.73	69.42	9.33	92.63		23.86	1.31
1993	21.97	47.29	9.68	83.19	17.22	32.56	2.10
1994	17.47	41.32	13.77	72.74	14.44	41.86	2.20
1995	23.42	61.41	14.86	66.16	28.86	23.14	1.69

ئوتتۇرىچە ھەر ئائىلە ساتقان چارۋا، ئۆي قۇشلىرى، باشقا كىچىك ھايۋان مىقدارى

8—25 农民家庭平均每户畜禽、其他小动物出售量

يىل 年份	چوشقا (تۇياق) 猪(头)	كالا (تۇياق) 牛(头)	قوي (دانە) 羊(只)	ئۆي قۇشلىرى (دانە) 家禽(只)	تۇخۇم (كىلوگىرام) 蛋类(公斤)	قوي يۇڭى (كىلوگىرام) 羊毛(公斤)	كالا-قوي سۈتى (كىلوگىرام) 牛羊奶(公斤)
1978							
1980							
1983	0.07		1.50	0.73	4.41	6.49	7.44
1984	0.07		3.48	1.15	3.81	11.34	14.22
1985	0.10		1.94	3.30	7.68	6.87	5.68
1986	0.11		1.76	3.69	12.82	6.46	13.77
1987	0.15	0.11	1.57	6.12	15.03	7.14	17.39
1988	0.02	0.02	0.28	4.67	12.66	9.87	17.65
1989	0.16	0.12	1.42	5.21	7.82	8.02	13.83
1990	0.22	0.11	1.50	4.15	8.25	9.63	18.47
1991	0.15	0.20	2.58	3.64	5.92	5.77	19.20
1992	0.12	0.18	2.47	3.37	13.51	3.56	19.57
1993	0.23	1.02	3.00	3.68	23.45	4.98	24.30
1994	0.02	0.22	3.21	5.97	33.23	5.58	38.66
1995	0.17	0.22	2.21	11.69	17.28	5.80	26.76

ئاساسلىق يىللاردا چارۋىنىڭ يىل ئاخىرىدىكى سانى

8－26 主要年份年末牲畜头数

بىرلىكى: تۈمەن تۇياق 单位:万头(只)

يىل 年 份	يىل ئاخىرىدىكى چوڭ چارۋا 大牲畜年底头数	كالا 牛	ئات 马	ئېشەك 驴	قېچىر 骡	تۆگە 骆驼	# ئۇلاغ #役畜
1978	446.19	222.39	112.39	96.61	1.61	13.19	148.34
1980	482.55	250.65	106.89	108.88	1.72	14.41	154.86
1983	509.98	280.90	102.23	109.08	1.88	15.89	183.11
1984	512.16	285.82	101.25	107.20	1.95	15.94	194.05
1985	517.55	293.26	99.54	106.57	2.17	16.05	197.29
1986	537.81	309.50	102.27	107.80	2.33	15.91	205.53
1987	554.28	322.32	103.98	109.39	2.55	16.04	208.42
1988	565.36	331.99	103.33	111.02	2.54	16.48	204.15
1989	573.36	336.94	104.91	111.92	2.59	17.00	206.20
1990	575.88	338.22	104.58	112.96	2.69	17.43	209.95
1991	572.18	336.32	102.78	112.85	2.68	17.55	211.95
1992	565.81	332.94	100.45	112.40	2.68	17.34	209.62
1993	563.76	331.62	99.68	112.75	2.65	17.06	214.02
1994	572.01	337.31	100.31	114.96	2.75	16.68	214.53
1995	580.04	343.54	100.47	117.04	2.77	16.22	213.61

يىل 年 份	چوشقا 猪	قوي-ئۆچكە 羊	ئۆچكە 山 羊	قوي 绵 羊	يىلبويى قوتاندىن چىققان چارۋا سانى 牲畜年内出栏头数	# گۆش چوشقىسى 肉 猪	# گۆش كالىسى 肉用牛	# گۆش قويى 肉用羊
1978	103.25	1 927.34	349.63	1 577.91	460.41	50.75	18.75	382.76
1980	84.62	2 105.43	388.89	1 716.54	584.09	67.32	24.22	477.81
1983	69.53	2 444.30	436.91	2 007.39	736.17	54.95	40.91	619.46
1984	65.67	2 447.75	424.11	2 023.64	835.37	53.58	43.44	715.47
1985	66.58	2 431.91	394.79	2 037.12	836.39	49.07	42.33	723.51
1986	73.32	2 508.85	389.54	2 119.31	885.88	55.18	48.39	761.53
1987	73.51	2 590.29	394.02	2 196.27	958.45	61.29	54.05	82 017
1988	78.85	2 689.11	410.89	2 278.22	994.43	60.04	59.98	852.11
1989	90.54	2 783.13	429.44	2 353.69	1 105.63	67.58	63.10	952.99
1990	89.71	2 830.81	449.43	2 381.38	1 242.89	78.93	70.10	1 070.43
1991	91.17	2 830.65	460.05	2 370.60	1 312.91	77.88	77.31	1 130.97
1992	99.24	2 830.36	458.69	2 371.67	1 396.03	84.31	81.93	1 199.85
1993	108.13	2 842.83	448.11	2 394.72	1 397.04	88.74	82.70	1 194.80
1994	121.20	2 905.80	458.64	2 447.16	1 534.34	101.34	90.25	1 309.97
1995	135.26	3 009.02	471.38	2 537.64	1 709.93	122.32	101.20	1 448.72

ئاساسلىق يىللاردىكى چارۋا مەھسۇلات مىقدارى

8—27 主要年份畜产品产量

بىرلىكى : تۈمەن توننا 单位:万吨

يىل 年份	گۆش 肉类产量	# كالا 牛	# ئات 马	# تۆگە 骆驼	# چوشقا 猪	# قوي-ئۆچكە 羊	توشقان 禽兔肉
1978		1.85			2.48	5.32	
1980	12.70	2.20	0.60	0.05	3.29	6.48	
1983	16.30	3.88	0.84	0.08	3.05	8.37	
1984		4.29	0.92	0.01	3.20	9.55	
1985	18.37	4.23	0.86	0.15	3.09	9.97	
1986	21.26	5.04	0.79	0.17	3.33	11.18	1.71
1987	23.30	5.40	0.33	0.17	3.71	12.15	2.04
1988	24.64	6.15	1.01	0.17	3.60	12.57	2.32
1989	27.04	6.52			4.11	13.95	2.46
1990	30.46	7.08	1.18	0.18	4.93	15.75	1.22
1991	32.94	8.11	1.34	0.23	5.01	16.71	1.42
1992	36.02	8.71	1.57	028	5.46	18.08	1.78
1993	38.30	9.32	1.63	0.28	6.18	18.61	2.05
1994	42.81	10.03	1.67	0.33	6.89	20.77	2.91
1995	52.38	13.14	2.05	0.40	8.37	24.48	3.61

يىل 年份	قوي-ئۆچكە يۇڭى (تۈمەن توننا) 羊毛 (万吨)	قوي يۇڭى (تۈمەن توننا) 绵羊毛 (万吨)	ئۆچكە تىۋىتى (توننا) 山羊绒 (吨)	تۆگە يۇڭى (توننا) 驼毛 (吨)	كالا سۈتى (تۈمەن توننا) 牛奶 (万吨)	قوي سۈتى (تۈمەن توننا) 羊奶 (万吨)	كالا تېرىسى (تۈمەن پارچە) 牛皮 (万张)	قوي تېرىسى (تۈمەن پارچە) 羊皮 (万张)	تۇخۇم (تۈمەن توننا) 禽蛋 (万吨)
1978	3.08	3.00	324	371	4.50	0.75	17.36	300.05	
1980	3.31	3.21	263	353	5.84	1.44	18.22	338.32	
1983	3.98	3.80	359	457	10.45	1.79	31.83	566.36	3.11
1984	4.04	3.88	337	517	12.59	2.41	36.01	604.16	3.55
1985	7.07	3.91	325	530	16.43	3.27	35.75	587.69	4.29
1986	4.35	4.19	397	591	20.38	2.51	39.99	638.93	5.09
1987	4.62	4.46	448	605	26.72	2.87	43.41	678.22	5.68
1988	4.82	4.64	474	625	28.73	3.26	50.61	725.52	6.06
1989	5.06	4.88	522	621	29.37	3.52	51.31	778.65	6.07
1990	5.09	4.93	607	656	30.81	4.83	56.76	839.69	6.30
1991	5.19	4.96	632	655	33.66	3.83	59.80	864.48	6.71
1992	5.20	5.0	750	747	35.97	3.82	64.66	924.64	7.63
1993	5.28	5.08	642	678	37.03	3.82	68.85	916.55	7.22
1994	5.46	5.24	684	685	40.75	4.08	74.51	1 060.64	8.43
1995	5.66	5.45	716	716	45.21	4.60	91.54	1 125.72	9.51

ۋىلايەت، ئوبلاست، شەھەر، ناھىيە ۋە بىڭتۈەننىڭ چارۋا سانى

8—28 各地、州、市、县和兵团牲畜头数

(1995-يىل 年)　　单位:万头(只) بىرلىكى : تۈمەن تۇياق

地区 رايونلار		合计 جەمئىي	#牛 #كالا	#马 #ئات	#驴 #ئېشەك	#猪 #چوشقا	#山羊 #ئۆچكە	#绵羊 #قوي
总计	**جەمئىي**	**3 724.32**	**343.54**	**100.47**	**117.04**	**135.26**	**471.38**	**2 537.64**
一、地方	**1. يەرلىك**	**3 396.48**	**328.76**	**97.47**	**112.82**	**92.80**	**448.03**	**2 298.16**
乌鲁木齐市	**ئۈرۈمچى شەھىرى**	**49.56**	**3.38**	**1.49**	**0.58**	**2.41**	**11.32**	**30.17**
乌鲁木齐县	ئۈرۈمچى ناھىيىسى	44.21	3.02	1.43	0.53	2.13	9.51	27.39
市直单位	شەھەرگە بىۋاستە قاراشلىق ئورۇنلار	5.35	0.36	0.06	0.05	0.28	1.81	2.78
克拉玛依市	**قاراماي شەھىرى**	**5.82**	**0.37**	**0.11**	**0.01**	**1.65**	**0.69**	**2.95**
吐鲁番地区	**تۇرپان ۋىلايىتى**	**95.95**	**3.08**	**0.68**	**4.96**	**0.46**	**12.14**	**73.96**
吐鲁番市	**تۇرپان شەھىرى**	**34.45**	**0.63**	**0.10**	**2.01**	**0.33**	**6.81**	**24.41**
鄯善县	پىچان	34.05	0.33	0.35	1.93	0.12	2.15	28.89
托克逊县	توقسۇن	27.45	2.12	0.23	1.02	0.01	3.18	20.66
哈密地区	**قۇمۇل ۋىلايىتى**	**104.91**	**5.55**	**2.78**	**3.15**	**5.06**	**31.11**	**55.59**
哈密市	قۇمۇل شەھىرى	39.12	2.00	0.90	1.39	3.04	12.16	18.89
巴里坤县	باركۆل	49.26	2.62	1.21	1.39	1.92	14.50	26.91
伊吾县	ئاراتۇرۇك	16.53	0.93	0.67	0.37	0.10	4.45	9.79
昌吉州	**سانجى ئوبلاستى**	**268.87**	**18.08**	**5.78**	**5.22**	**34.67**	**30.29**	**172.70**
昌吉市	سانجى شەھىرى	37.43	2.69	0.58	0.59	3.18	4.59	25.61
米泉县	مىچۈەن	15.53	1.69	0.31	0.24	3.33	3.86	6.04
呼图壁县	قۇتۇبى	33.20	3.46	0.74	0.22	2.57	2.44	23.56
玛纳斯县	ماناس	32.36	1.86	0.81	0.32	3.09	3.28	22.84
奇台县	گۇچۇڭ	50.02	3.40	0.95	1.43	8.63	2.94	32.42
阜康市	فۇكاڭ شەھىرى	25.61	1.46	0.51	0.32	3.12	4.95	15.05
吉木萨尔县	جىمسار	31.42	1.83	0.87	1.20	6.21	2.17	18.91
木垒县	مورى	43.30	1.69	1.01	0.90	4.54	6.06	28.27
伊犁州	**ئىلى ئوبلاستى**	**1 069.31**	**206.63**	**59.99**	**4.53**	**28.91**	**107.67**	**724.52**
伊犁地区	**ئىلى ۋىلايىتى**	**485.75**	**71.49**	**33.00**	**3.36**	**11.32**	**16.13**	**349.87**
伊宁市	غۇلجا شەھىرى	15.18	2.87	0.47	0.48	0.09	0.44	10.81
伊宁县	غۇلجا ناھىيىسى	74.56	13.28	3.13	1.27	1.35	4.14	51.27
察布查尔县	چاپچال	35.06	4.00	1.31	0.68	1.15	2.29	25.63
霍城县	قورغاس	60.29	7.49	2.34	0.54	2.16	1.05	46.66
巩留县	توققۇزتارا	46.20	7.45	2.60	0.15	1.54	1.79	32.64
新源县	كۈنەس	82.08	14.04	8.58	0.08	2.72	1.63	54.98
昭苏县	موڭغۇلكۈرە	61.14	8.16	4.86	0.09	0.43	0.86	46.69
特克斯县	تېكەس	54.98	6.39	4.44	0.02	1.21	0.98	41.91
尼勒克县	نىلقا	56.26	7.81	5.27	0.05	0.67	2.95	39.28

地区	رايونلار	جەمئىي 合计	# كالا 牛	# ئات 马	# ئېشەك 驴	# چوشقا 猪	# ئۆچكە 山羊	# قوي 绵羊
塔城地区	**تارباغاتاي ۋىلايىتى**	**326.45**	**26.70**	**12.53**	**1.10**	**14.26**	**48.49**	**220.52**
塔城市	چۆچەك شەھىرى	41.56	3.67	1.43	0.08	2.17	3.37	30.69
额敏县	دۆربىلجىن	61.21	5.34	2.53	0.01	0.76	6.01	46.17
乌苏县	شىخۇ	54.37	3.22	1.23	0.47	4.61	6.88	37.54
沙湾县	ساۋەن	45.43	3.77	1.36	0.40	5.42	5.49	28.77
托里县	تولى	56.63	5.05	3.07	0.05	0.17	15.82	31.51
裕民县	چاغانتوقاي	29.03	2.26	1.00		0.92	2.62	22.01
和丰县	قوبۇقسار	38.22	3.39	1.91	0.09	0.21	8.30	23.83
阿勒泰地区	**ئالتاي ۋىلايىتى**	**257.11**	**36.95**	**14.46**	**0.07**	**3.33**	**43.05**	**154.13**
阿勒泰市	ئالتاي شەھىرى	53.03	9.37	2.89	0.04	0.62	4.74	34.34
布尔津县	بۆرچىن	30.50	5.86	2.15		0.48	3.00	18.64
富蕴县	كۆكتوقاي	51.52	5.20	3.13	0.01	0.22	8.92	32.51
福海县	بۇرۇلتوقاي	33.44	3.68	1.30		0.92	4.93	21.89
哈巴河县	قابا	31.92	7.00	2.31		0.63	5.56	16.05
青河县	چىڭگىل	35.49	3.44	1.65		0.21	12.10	17.31
吉木乃县	جىمنەي	21.21	2.40	1.03	0.02	0.25	3.80	13.39
博州	**بۆرتالا ئوبلاستى**	**91.02**	**6.05**	**2.24**	**0.43**	**4.83**	**6.26**	**70.84**
博乐市	بۆرتالا شەھىرى	34.72	2.22	0.67	0.22	1.59	1.82	28.05
精河县	جىڭ	21.49	2.07	0.72	0.04	1.00	2.28	15.28
温泉县	ئارشاڭ	34.81	1.76	0.85	0.17	2.24	2.16	27.51
巴州	**بايىنغولىن ئوبلاستى**	**246.94**	**17.19**	**6.22**	**5.83**	**9.15**	**46.88**	**160.82**
库尔勒市	كورلا شەھىرى	24.51	1.59	0.33	0.88	0.99	3.56	17.13
轮台县	بۈگۈر	27.99	1.63	0.20	1.03	0.54	8.82	15.74
尉犁县	لوپنۇر	23.21	1.06	0.38	0.92	0.20	13.57	7.04
若羌县	چاقىلىق	10.32	0.40	0.06	0.31	0.44	2.06	6.98
且末县	چەرچەن	31.58	1.40	0.22	1.20	0.60	6.49	21.39
焉耆县	يەنجى	18.85	1.85	0.14	0.42	1.21	1.30	13.91
和静县	خېجىڭ	84.33	7.18	4.31	0.55	3.30	6.22	62.58
和硕县	خوشۇت	15.77	1.20	0.33	0.06	0.44	4.17	9.40
博湖县	باغراش	10.41	0.88	0.25	0.46	1.43	0.69	6.65
阿克苏地区	**ئاقسۇ ۋىلايىتى**	**402.87**	**41.44**	**8.74**	**13.52**	**2.94**	**111.18**	**223.46**
阿克苏市	ئاقسۇ شەھىرى	41.73	5.30	0.70	0.88	0.50	11.33	23.01
温宿县	ئاقسۇ كونا شەھەر	53.15	5.52	2.09	0.96	0.71	14.75	29.00
库车县	كۇچا	73.19	6.49	1.22	3.56	0.21	16.54	44.67

单位:万头(只) بىرلىكى: تۈمەن تۇياق

地区 رايونلار		合计 جەمئىي	# كالا 牛	# ئات 马	# تۆگە 驴	# چوشقا 猪	# ئۆچكە 山羊	# قوي 绵羊
沙雅县	شايار	51.99	3.57	0.77	1.31	0.36	24.02	21.73
新和县	توقسۇ	21.75	3.03	0.84	1.54	0.06	3.20	12.94
拜城县	باي	64.52	5.82	1.32	2.06	0.52	12.69	41.95
乌什县	ئۇچتۇرپان	39.54	6.05	1.34	1.89	0.12	12.14	17.72
阿瓦提县	ئاۋات	43.67	5.21	0.41	0.47	0.45	11.12	25.98
柯坪县	كەلپىن	13.33	0.45	0.05	0.55	0.01	5.39	6.46
克州	**قىزىلسۇ ئوبلاستى**	**130.06**	**14.21**	**2.48**	**4.77**	**0.07**	**32.85**	**74.77**
阿图什市	ئاتۇش شەھىرى	32.71	3.57	0.45	1.47	0.02	9.77	17.28
阿克陶县	ئاقتۇ	48.42	8.21	0.51	2.78	0.04	7.74	28.90
阿合奇县	ئاقچى	21.55	1.34	1.02	0.23		7.17	11.67
乌恰县	ئۇلۇغچات	27.08	1.09	0.50	0.28	0.01	8.56	16.25
喀什地区	**قەشقەر ۋىلايىتى**	**555.27**	**65.49**	**4.93**	**42.62**	**1.59**	**36.46**	**403.69**
喀什市	قەشقەر شەھىرى	4.11	0.22	0.01	0.57	0.05		3.26
疏附县	قەشقەر كونا شەھەر	65.00	6.25	0.32	5.96	0.06	1.57	50.75
疏勒县	قەشقەر يېڭى شەھەر	54.50	5.95	0.10	4.89	0.02	0.63	42.88
英吉沙县	يېڭىسار	32.50	3.97	0.12	2.90	0.08	0.37	25.03
泽普县	پوسكام	26.00	4.07	0.27	2.02	0.36	1.17	18.08
莎车县	يەكەن	105.10	15.08	1.22	7.40	0.37	3.94	77.04
叶城县	قاغىلىق	75.34	8.98	0.43	7.74	0.15	3.65	54.25
麦盖提县	مەكىت	48.00	5.60	0.41	1.35	0.21	6.10	34.32
岳普湖县	يوپۇرغا	20.70	3.19	0.19	2.53	0.06	2.21	12.52
伽师县	پەيزىۋات	67.50	6.62	0.83	5.02	0.02	5.43	49.57
巴楚县	مارالبېشى	40.78	3.38	0.84	1.76	0.21	5.97	28.61
塔什库尔干县	تاشقورغان	15.74	2.18	0.19	0.48		5.42	7.38
和田地区	**خوتەن ۋىلايىتى**	**375.87**	**18.78**	**2.03**	**27.20**	**1.06**	**21.18**	**304.69**
和田市	خوتەن شەھىرى	13.14	1.19	0.05	0.83	0.41	0.21	10.42
和田县	خوتەن ناھىيىسى	67.90	4.33	0.31	4.66	0.04	2.28	56.18
墨玉县	قاراقاش	79.22	4.25	0.35	5.95	0.11	2.04	66.42
皮山县	گۇما	42.59	1.48	0.23	3.48	0.09	1.76	35.44
洛浦县	لوپ	47.92	2.98	0.24	3.89	0.11	1.05	39.58
策勒县	چىرا	45.39	2.00	0.38	3.30	0.06	2.11	37.38
于田县	كېرىيە	56.27	2.26	0.36	4.37	0.08	5.50	43.46
民丰县	نىيە	23.44	0.29	0.11	0.72	0.16	6.23	15.81
二、生产建设兵团	**2. بىڭتۇەن**	**327.84**	**14.78**	**3.00**	**4.22**	**42.46**	**23.35**	**239.48**

ۋىلايەت، ئوبلاست، شەھەر، ناھىيە ۋە بىڭتۇەننىڭ گۆش ئومۇمىي مەھسۇلات مىقدارى

8—29 各地、州、市、县和兵团总产肉量

(1995 年-يىل)　　　　单位：吨 بىرلىكى: توننا

地区 رايونلار		合计 جەمئىي	# 牛 # كالا	# 马 # ئات	# 骆驼 # تۆگە	# 猪 # چوشقا	# 羊 # قوي-ئۆچكە	# 禽兔肉 # توشقان
总计	**جەمئىي**	**523 787**	**131 417**	**20 540**	**4 013**	**83 678**	**244 787**	**36 057**
一、地方	**1. يەرلىك**	**456 787**	**125 561**	**19 875**	**3 934**	**51 120**	**225 770**	**27 680**
乌鲁木齐市	**ئۈرۈمچى شەھىرى**	**9 376**	**1 353**	**318**	**139**	**1 941**	**3 464**	**2 073**
乌鲁木齐县	ئۈرۈمچى ناھىيىسى	7 850	1 206	304	137	1 719	3 137	1 272
市直单位	شەھەرگە بىۋاستە قاراشلىق ئورۇنلار	1 526	147	14	2	222	327	801
克拉玛依市	**قاراماي شەھىرى**	**2 865**	**103**	**14**	**12**	**1 074**	**183**	**1 479**
吐鲁番地区	تۇرپان ۋىلايىتى	9 278	1 531	50	56	203	7 284	154
吐鲁番市	تۇرپان شەھىرى	3 255	360			83	2 774	38
鄯善县	پىچان	3 075	345	5	16	90	2 538	81
托克逊县	توقسۇن	2 948	826	45	40	30	1 972	35
哈密地区	**قۇمۇل ۋىلايىتى**	**11 675**	**1 976**	**562**	**240**	**2 334**	**5 606**	**433**
哈密市	قۇمۇل شەھىرى	5 100	789	206	85	1 302	2 261	269
巴里坤县	باركۆل	5 854	1 125	308	131	1 024	2 784	154
伊吾县	ئاراتۈرۈك	721	62	48	24	8	561	10
昌吉州	**سانجى ئوبلاستى**	**58 840**	**9 104**	**1 260**	**705**	**18 734**	**19 313**	**8 535**
昌吉市	سانجى شەھىرى	11 291	1 346	66	24	3 407	4 004	2 247
米泉县	مىچۈەن	5 625	601	41	19	2 087	722	2 124
呼图壁县	قۇتۇبى	6 303	1 558	180	230	1 306	2 385	550
玛纳斯县	ماناس	6 971	983	142	29	1 828	2 280	1 642
奇台县	گۇچۇڭ	11 168	1 880	228	125	44 838	3 178	687
阜康市	فۇكاڭ شەھىرى	4 358	419	57	11	1 776	1 338	742
吉木萨尔县	جىمسار	6 686	1 522	311	109	1 159	2 755	474
木垒县	مورى	6 438	795	235	158	2 333	2 650	69
伊犁州	**ئىلى ئوبلاستى**	**163 043**	**55 557**	**13 703**	**1 738**	**15 108**	**68 571**	**7 824**
伊犁地区	**ئىلى ۋىلايىتى**	**76 991**	**29 882**	**7 866**	**120**	**6 102**	**28 556**	**4 083**
伊宁市	غۇلجا شەھىرى	4 552	2 439	170		80	1 463	300
伊宁县	غۇلجا ناھىيىسى	14 362	7 080	696	15	517	5 040	936
察布查尔县	چاپچال	4 434	1 496	223		667	1 786	212
霍城县	قورغاس	10 079	3 318	690	30	1 128	3 599	1 206
巩留县	توققۇزتارا	6 548	2 535	499		605	2 550	341
新源县	كۈنەس	13 901	5 433	2 589	30	1 905	3 483	442
昭苏县	موڭغۇلكۈرە	7 303	2 375	807	5	245	3 730	135
特克斯县	تېكەس	7 972	2 160	931	15	813	3 717	336
尼勒克县	نىلقا	7 840	3 046	1 261	25	142	3 188	175

8—29 续表 1 داۋامى 1

单位：吨 بىرلىكى: توننا

رايونلار 地 区		جەمئىي 合 计	# كالا 牛	# ئات 马	# تۆگە 骆驼	# چوشقا 猪	# قوي-ئۆچكە 羊	# توشقان 禽兔肉
塔城地区	**تارباغاتاي ۋىلايىتى**	**41 961**	**9 451**	**2 989**	**694**	**6 237**	**19 028**	**3 402**
塔城市	چۆچەك شەھىرى	6 142	1 276	356	23	878	2 981	621
额敏县	دۆربىلجىن	7 957	1 971	732	54	578	4 537	85
乌苏县	شىخۇ	6 191	1 040	313	144	1 687	2 397	580
沙湾县	ساۋەن	8 338	1 463	344	40	2 258	2 208	1 902
托里县	تولى	5 490	1 742	444	238	72	2 968	26
裕民县	چاغانتوقاي	3 360	761	300	24	639	1 534	102
和丰县	قوبۇقسار	4 483	1 198	500	171	125	2 403	86
阿勒泰地区	**ئالتاي ۋىلايىتى**	**44 091**	**16 224**	**2 848**	**924**	**2 769**	**20 987**	**339**
阿勒泰市	ئالتاي شەھىرى	10 588	4 275	516	234	292	5 210	61
布尔津县	بۇرچىن	5 167	2 310	314	30	150	2 358	5
富蕴县	كۆكتوقاي	6 940	2 135	524	266	185	3 807	23
福海县	بۇرۇلتوقاي	5 005	1 540	321	158	789	2 120	77
哈巴河县	قابا	8 207	3 174	600	56	1 000	3 267	110
青河县	چىڭگىل	5 702	1 965	496	180	248	2 772	41
吉木乃县	جېمىنەي	2 482	825	77		105	1 453	22
博州	**بۇرتالا ئوبلاستى**	**10 517**	**1 915**	**455**	**53**	**2 005**	**5 576**	**499**
博乐市	بۇرتالا شەھىرى	4 125	756	168	34	494	2 491	171
精河县	جىڭ	2 279	638	95	9	343	1 121	72
温泉县	ئارشاڭ	4 113	521	192	10	1 168	1 964	256
巴州	**بايىنغولىن ئوبلاستى**	**32 000**	**7 087**	**1 057**	**149**	**7 257**	**14 150**	**1 946**
库尔勒市	كورلا شەھىرى	6 251	1 440	12		2 168	1 366	1 205
轮台县	بۈگۈر	3 360	1 275	60		113	1 780	84
尉犁县	لوپنۇر	1 973	453	75		91	1 218	61
若羌县	چاقىلىق	918	180			210	507	21
且末县	چەرچەن	2 927	330	48	90	375	1 863	146
焉耆县	يەنجى	2 852	717	3		429	1 577	126
和静县	خېجىڭ	10 954	2 053	745	30	2 985	4 905	172
和硕县	خوشۇت	1 266	561	54	29	199	367	56
博湖县	باغراش	1 499	78	60		687	457	75
阿克苏地区	**ئاقسۇ ۋىلايىتى**	**36 808**	**11 436**	**712**	**176**	**908**	**21 592**	**1 848**
阿克苏市	ئاقسۇ شەھىرى	5 517	1 599	77		289	3 099	453
温宿县	ئاقسۇ كونا شەھەر	3 928	845	10	42	63	2 855	113
库车县	كۇچا	6 773	2 457	40		88	3 772	416

8—29 续表 2 داۋامى

بىرلىكى: توننا 单位:吨

地区 رايونلار		合计 جەمئىي	# كالا 牛	# ئات 马	# تۆگە 骆驼	# چوشقا 猪	# قوي-ئۆچكە 羊	# توشقان 禽兔肉
沙雅县	شايار	4 909	1 638			48	3 041	182
新和县	توقسۇ	1 951	455	63		15	1 275	143
拜城县	باي	3 966	975	180	56	135	2 223	261
乌什县	ئۇچتۇرپان	3 918	1 640	330	48	112	1 687	101
阿瓦提县	ئاۋات	4 902	1 725			158	2 855	164
柯坪县	كەلپىن	944	102	12	30		785	15
克州	**قىزىلسۇ ئوبلاستى**	**14 825**	**5 279**	**586**	**294**	**24**	**8 551**	**91**
阿图什市	ئاتۇش شەھىرى	4 114	1 584	90	42	10	2 374	14
阿克陶县	ئاقتۇ	5 622	2 564	68	59	10	2 854	67
阿合奇县	ئاقچى	2 154	526	258	19		1 346	5
乌恰县	ئۇلۇغچات	2 935	605	170	174	4	1 977	5
喀什地区	**قەشقەر ۋىلايىتى**	**56 270**	**19 972**	**528**	**147**	**934**	**32 900**	**1 789**
喀什市	قەشقەر شەھىرى	1 413	525			10	843	35
疏附县	قەشقەر كونا شەھەر	7 179	1 860	39	18	60	5 077	125
疏勒县	قەشقەرىيېڭى شەھەر	5 230	1 495	30	45	15	3 526	119
英吉沙县	يېڭىسار	3 868	1 800			8	1 987	73
泽普县	پوسكام	2 927	1 176	30		336	1 272	113
莎车县	يەكەن	10 177	3 876	75		135	5 273	818
叶城县	قاغىلىق	8 524	3 405	85	30	80	4 626	299
麦盖提县	مەكىت	5 155	1 763	160		143	2 034	55
岳普湖县	يوپۇرغا	1 830	444			20	1 321	45
伽师县	پەيزىئۋات	5 383	1 824	100		52	3 318	89
巴楚县	مارالبېشى	3 187	1 288			75	1 808	16
塔什库尔干县	تاشقورغان	1 397	516	10	54		815	2
和田地区	**خوتەن ۋىلايىتى**	**51 290**	**10 248**	**630**	**225**	**598**	**38 580**	**1 009**
和田市	خوتەن شەھىرى	6 423	2 196	30		145	4 010	42
和田县	خوتەن ناھىيىسى	9 589	2 124	110	15	60	7 098	182
墨玉县	قاراقاش	7 977	1 464	80		162	6 103	168
皮山县	گۇما	4 123	600	70	30	34	3 141	248
洛浦县	لوپ	6 297	1 308	50		85	4 733	121
策勒县	چىرا	6 981	1 104	180	75	43	5 420	159
于田县	كېرىيە	7 301	1 320	80	75	26	5 731	69
民丰县	نىيە	2 599	132	30	30	43	2 344	20
二、生产建设兵团	**2. بىڭتۇەن**	**67 000**	**5 856**	**665**	**79**	**32 558**	**19 017**	**8 377**

ۋىلايەت، ئوبلاست، شەھەر، ناھىيە ۋە بىڭتۇەننىڭ ساتقان ۋە ئۆزى سويۇپ يېگەن چارۋا سانى

8—30 各地、州、市、县和兵团牲畜出售和自宰自食数

(1995年-يىل)

单位:万头(只) بىرلىكى: تۈمەن تۇياق

地区 رايونلار		出售合计 جەمئىي ساتقىنى	#牛 كالا	#猪 چوشقا	#羊 قوي-ئۆچكە	自宰自食合计 ئۆزى سويۇپ يېگىنىنىڭ جەمئىيسى	#牛 كالا	#猪 چوشقا	#羊 قوي-ئۆچكە
总计	**جەمئىي**	**1 163.43**	**69.51**	**85.58**	**978.16**	**546.50**	**31.69**	**36.74**	**470.56**
一、地方	**1. يەرلىك**	**1 051.78**	**66.50**	**57.39**	**898.83**	**503.72**	**30.64**	**22.80**	**442.97**
乌鲁木齐市	**ئۈرۈمچى شەھىرى**	**16.88**	**0.71**	**3.00**	**12.86**	**5.68**	**0.41**	**0.37**	**4.75**
乌鲁木齐县	ئۈرۈمچى ناھىيىسى	15.51	0.61	2.64	11.99	5.32	0.37	0.36	4.45
市直单位	شەھەرگە بىۋاستە قاراشلىق ئورۇنلار	1.37	0.10	0.36	0.87	0.36	0.04	0.01	0.30
克拉玛依市	**قاراماي شەھىرى**	**0.79**	**0.03**	**0.17**	**0.58**	**1.77**	**0.04**	**1.26**	**0.46**
吐鲁番地区	**تۇرپان ۋىلايىتى**	**23.29**	**1.12**	**0.17**	**21.48**	**15.87**	**0.45**	**0.10**	**15.29**
吐鲁番市	تۇرپان شەھىرى	8.67	0.18	0.08	8.15	6.11	0.06	0.03	6.02
鄯善县	پىچان	6.80	0.14	0.05	6.45	4.57	0.09	0.07	4.40
托克逊县	توقسۇن	7.82	0.80	0.04	6.88	5.19	0.30		4.87
哈密地区	**قومۇل ۋىلايىتى**	**23.23**	**1.06**	**2.04**	**19.15**	**14.93**	**0.35**	**1.06**	**13.13**
哈密市	قومۇل شەھىرى	9.65	0.47	1.39	7.36	5.66	0.13	0.42	5.01
巴里坤县	باركۆل	11.02	0.55	0.65	9.30	7.78	0.20	0.63	6.69
伊吾县	ئاراتۈرۈك	2.56	0.04		2.49	1.49	0.02	0.01	1.43
昌吉州	**سانجى ئوبلاستى**	**126.08**	**5.95**	**26.55**	**90.64**	**41.35**	**1.72**	**8.88**	**30.17**
昌吉市	سانجى شەھىرى	29.26	1.40	5.43	22.00	4.90	0.24	1.07	3.54
米泉县	مىچۈەن	14.47	1.13	3.47	9.71	2.53	0.19	0.63	1.68
呼图壁县	قۇتۇبى	11.54	0.63	2.10	8.59	4.25	0.24	0.75	3.17
玛纳斯县	ماناس	12.36	0.54	1.66	9.95	4.49	0.22	0.99	3.19
奇台县	گۇچۇڭ	19.13	0.88	5.56	12.18	10.68	0.37	2.50	7.69
阜康市	فۇكاڭ شەھىرى	11.40	0.31	2.51	8.38	2.33	0.15	0.67	2.47
吉木萨尔县	جىمسار	13.88	0.65	3.61	8.91	4.47	0.19	1.37	2.86
木垒县	مورى	14.04	0.41	2.21	10.92	6.70	0.12	0.90	5.57
伊犁州	**ئىلى ئوبلاستى**	**309.40**	**27.64**	**13.46**	**260.32**	**162.70**	**13.31**	**7.42**	**136.91**
伊犁地区	**ئىلى ۋىلايىتى**	**144.14**	**16.16**	**5.86**	**117.48**	**63.78**	**6.52**	**3.06**	**51.50**
伊宁市	غۇلجا شەھىرى	8.62	1.57	0.08	6.69	1.81	0.31	0.02	1.44
伊宁县	غۇلجا ناھىيىسى	20.28	3.66	0.55	15.40	8.42	1.06	0.14	7.03
察布查尔县	چاپچال	12.82	1.24	0.84	10.43	4.52	0.37	0.19	3.87
霍城县	قورغاس	14.97	1.39	0.61	12.43	10.05	0.93	0.87	8.01
巩留县	توققۇزتارا	14.81	1.49	0.57	12.40	4.42	0.46	0.23	3.61
新源县	كۈنەس	20.89	2.69	1.85	15.24	12.98	1.47	1.06	9.58
昭苏县	موڭغۇلكۈرە	17.39	1.17	0.19	15.74	7.46	0.73	0.16	6.22
特克斯县	تېكەس	18.25	1.13	0.79	15.90	7.06	0.47	0.22	6.00
尼勒克县	نىلقا	16.11	1.82	0.38	13.25	7.06	0.72	0.17	5.74

8—30 续表 1 داۋامى

بىرلىكى: تۈمەن تۇياق (单位:万头(只))

地区 رايونلار		出售合计 جەمئىي ساتقىنى	# 牛 كالا	# 猪 چوشقا	# 羊 قوي-ئۆچكە	自宰自食合计 ئۆزى سويۇپ يېگىنىنىڭ جەمئىسى	# 牛 كالا	# 猪 چوشقا	# 羊 قوي-ئۆچكە
塔城地区	**تارباغاتاي ۋىلايىتى**	**78.85**	**4.00**	**5.15**	**67.84**	**48.70**	**2.84**	**3.19**	**41.72**
塔城市	چۆچەك شەھىرى	8.89	0.47	0.42	7.81	6.88	0.40	0.64	5.73
额敏县	دۆربىلجىن	15.94	0.65	0.38	14.68	12.36	0.67	0.34	11.10
乌苏县	شىخۇ	12.51	0.57	1.64	10.04	6.17	0.35	0.77	4.94
沙湾县	ساۋەن	11.30	0.68	1.92	8.39	5.46	0.26	1.08	4.05
托里县	تولى	11.69	0.66	0.04	10.72	10.11	0.66	0.05	9.14
裕民县	چاغانتوقاي	7.67	0.36	0.63	6.52	2.70	0.14	0.27	2.24
和丰县	قوبۇقسار	10.85	0.61	0.12	9.68	5.02	0.36	0.04	4.52
阿勒泰地区	**ئالتاي ۋىلايىتى**	**86.41**	**7.48**	**2.45**	**75.00**	**50.22**	**3.95**	**1.17**	**43.69**
阿勒泰市	ئالتاي شەھىرى	16.74	1.81	0.27	14.37	10.48	1.03	0.12	9.04
布尔津县	بۇرچىن	13.03	1.29	0.11	11.39	3.55	0.25	0.09	3.06
富蕴县	كۆكتوقاي	15.72	0.75	0.12	14.67	10.26	0.68	0.13	9.12
福海县	بۇرۇلتوقاي	10.39	0.70	0.83	8.65	5.54	0.32	0.23	4.77
哈巴河县	قابا	14.10	2.00	0.77	10.99	9.58	0.76	0.48	8.14
青河县	چىڭگىل	9.74	0.59	0.28	8.68	7.37	0.70	0.05	6.46
吉木乃县	جېمىنەي	6.69	0.34	0.07	6.25	3.44	0.21	0.07	3.10
博州	**بۆرتالا ئوبلاستى**	**37.18**	**1.13**	**1.91**	**33.73**	**9.43**	**0.61**	**0.97**	**7.69**
博乐市	بۆرتالا شەھىرى	16.63	0.54	0.52	15.40	3.13	0.20	0.20	2.66
精河县	جىڭ	7.73	0.33	0.31	6.99	2.18	0.20	0.18	1.77
温泉县	ئارشاڭ	12.82	0.26	1.08	11.34	4.12	0.21	0.59	3.26
巴州	**بايىنغولىن ئوبلاستى**	**74.42**	**4.42**	**8.07**	**60.23**	**33.82**	**1.16**	**1.61**	**30.88**
库尔勒市	كورلا شەھىرى	12.89	1.00	2.90	8.80	3.54		0.04	3.50
轮台县	بۈگۈر	8.38	0.81	0.11	7.32	3.89	0.04	0.04	3.81
尉犁县	لوپنۇر	7.02	0.33	0.21	6.16	2.40	0.08	0.03	2.27
若羌县	چاقىلىق	2.29	0.08	0.22	1.92	1.35	0.04	0.06	1.25
且末县	چەرچەن	1.54	0.04	0.18	1.17	10.10	0.16	0.32	9.56
焉耆县	يەنجى	8.59	0.35	0.53	7.60	2.65	0.13	0.13	2.39
和静县	خېجىڭ	26.89	1.19	3.15	22.00	7.46	0.53	0.59	6.26
和硕县	خوشۇت	3.22	0.28	0.21	2.68	0.87	0.09	0.04	0.73
博湖县	باغراش	3.60	0.34	0.56	2.58	1.56	0.09	0.36	1.11
阿克苏地区	**ئاقسۇ ۋىلايىتى**	**80.84**	**5.48**	**0.68**	**72.07**	**60.02**	**3.23**	**0.49**	**55.89**
阿克苏市	ئاقسۇ شەھىرى	8.47	0.89	0.26	7.09	9.91	0.23	0.08	9.60
温宿县	ئاقسۇ كونا شەھەر	14.74	0.50	0.08	13.88	5.04	0.15	0.01	4.87
库车县	كۇچا	15.25	1.24	0.07	13.08	9.25	0.65	0.04	8.52

单位：万头（只） بىرلىكى: تۈمەن تۇياق

地区	رايونلار	出售合计 جەمئىي ساتقىنى	#牛 # كالا	#猪 # چوشقا	#羊 # قوي-ئۆچكە	自宰自食合计 ئۆزى سويۇپ يېگىنىنىڭ جەمئىيسى	#牛 # كالا	#猪 # چوشقا	#羊 # قوي-ئۆچكە
沙雅县	شايار	13.14	0.85	0.03	11.85	7.27	0.32	0.03	6.92
新和县	توقسۇ	3.35	0.27	0.01	2.99	3.28	0.08	0.01	3.19
拜城县	باي	8.95	0.44	0.08	8.08	5.52	0.21	0.10	5.17
乌什县	ئۈچتۇرپان	4.04	0.34	0.05	3.36	9.27	1.30	0.11	7.55
阿瓦提县	ئاۋات	10.38	0.90	0.10	9.30	7.90	0.25	0.11	7.54
柯坪县	كەلپىن	2.52	0.05		2.44	2.58	0.04		2.53
克州	**قىزىلسۇ ئوبلاستى**	**48.44**	**3.26**	**0.03**	**44.27**	**11.76**	**1.22**	**0.01**	**10.28**
阿图什市	ئاتۇش شەھىرى	13.03	0.72	0.01	12.15	3.05	0.28		2.70
阿克陶县	ئاقتو	16.75	1.69	0.01	14.73	4.39	0.54		3.83
阿合奇县	ئاقچى	7.84	0.29		7.35	1.95	0.14		1.72
乌恰县	ئۇلۇغچات	10.60	0.40		9.95	2.27	0.10	0.01	2.09
喀什地区	**قەشقەر ۋىلايىتى**	**129.13**	**8.43**	**0.73**	**114.35**	**96.88**	**6.87**	**0.51**	**89.47**
喀什市	قەشقەر شەھىرى	4.36	0.34	0.05	3.86	0.83	0.01		0.82
疏附县	قەشقەر كونا شەھەر	26.06	1.02	0.07	24.73	7.23	0.22	0.01	7.00
疏勒县	قەشقەر يېڭى شەھەر	17.49	0.90	0.06	15.79	6.28	0.04		6.24
英吉沙县	يېڭىسار	8.42	0.60	0.01	7.61	5.71	0.90		4.81
泽普县	پوسكام	5.68	0.60	0.35	4.48	3.92	0.38	0.07	3.47
莎车县	يەكەن	21.98	1.90	0.12	19.92	14.44	1.33	0.06	13.04
叶城县	قاغىلىق	23.77	1.78	0.07	20.82	6.51	0.49	0.03	5.99
麦盖提县	مەكىت	2.20	0.05		1.76	17.76	1.36	0.13	16.27
岳普湖县	يوپۇرغا	0.54				8.65	0.36	0.03	8.26
伽师县	پەيزىۋات	10.65	0.80		8.51	13.03	0.72	0.07	12.23
巴楚县	مارالبېشى	3.28	0.09		2.59	11.60	0.98	0.11	10.51
塔什库尔干县	تاشقورغان	4.70	0.35		4.28	0.92	0.08		0.83
和田地区	**خوتەن ۋىلايىتى**	**182.10**	**7.27**	**0.58**	**169.15**	**49.51**	**1.27**	**0.12**	**48.05**
和田市	خوتەن شەھىرى	20.54	1.72	0.17	18.50	3.92	0.11		3.81
和田县	خوتەن ناھىيىسى	36.57	1.52	0.06	34.49	5.40	0.25	0.01	5.14
墨玉县	قاراقاش	28.55	1.08	0.19	26.32	7.91	0.14		7.77
皮山县	گۇما	13.15	0.44	0.03	12.05	5.66	0.06	0.01	5.59
洛浦县	لوپ	21.51	0.78	0.08	20.12	6.65	0.31	0.02	6.32
策勒县	چىرا	22.63	0.77	0.01	20.48	10.20	0.15	0.04	9.96
于田县	كېرىيە	26.59	0.86	0.01	25.01	7.88	0.24	0.02	7.60
民丰县	نىيە	12.56	0.10	0.03	12.18	1.89	0.01	0.02	1.86
二、生产建设兵团	**2. بىڭتۇەن**	**111.65**	**3.01**	**28.19**	**79.33**	**42.78**	**1.05**	**13.94**	**27.59**

يېزا-بازار كارخانىسى سانى

8—31 乡镇企业单位数

بىرلىكى: ئورۇن 单位:个

يىل، رايون 年份地区		جەمئىي 合计	يېزىنىڭ 乡办	كەنتنىڭ 村办	يېزا ئىگىلىك 农业	سانائەت 工业	بىناكارلىق 建筑业	قاتناش-ترانسپورت 交通运输业	سودا، يېمەك-ئىچمەك مۇلازىمىتى 商业饮食业服务业
1984		24 867	3 548	3 264	1 426	2 952	944	524	966
1985		98 826	4 496	3 438	1 426	30 847	1 064	736	1 230
1986		121 912	5 005	3 782	1 606	30 874	3 668	29 196	56 568
1987		130 153	5 192	3 310	1 559	34 141	4 052	32 302	58 099
1988		133 747	4 612	2 836	1 185	34 428	4 652	37 806	55 676
1989		140 936	4 526	2 704	1 252	32 455	4 544	39 784	62 901
1990		144 281	4 383	2 423	1 076	32 050	4 336	40 793	66 026
1991		145 762	4 349	2 590	1 245	31 597	3 581	42 822	66 517
1992		155 711	4 263	2 763	1 323	35 704	4 669	45 758	68 257
1993		202 274	4 789	3 117	1 515	47 198	6 221	60 220	87 120
1994		250 037	4 893	4 087	2 432	52 170	6 254	70 615	118 566
1995		281 130	4 793	3 122	1 861	52 339	7 844	79 712	139 374
乌鲁木齐市	ئۈرۈمچى شەھىرى	11 925	193	337	5	1 205	112	3 417	7 186
克拉玛依市	قاراماي شەھىرى	52	14			10	3		39
石河子市	شىخەنزە شەھىرى	779	5	12		197	6	400	176
吐鲁番地区	تۇرپان ۋىلايىتى	21 809	149	68	5	2 404	119	8 535	10 746
哈密地区	قۇمۇل ۋىلايىتى	8 558	147	75	4	1 488	249	4 136	2 681
昌吉州	سانجى ئوبلاستى	39 158	625	462	16	5 062	531	16 109	17 440
伊犁州	ئىلى ئوبلاستى	61 608	1 068	305	75	12 738	1 038	19 577	28 180
伊犁州直	ئىلى ئوبلاستىغا بىۋاستە قاراشلىق ئورۇنلار	4	4			1	1		2
伊犁地区	ئىلى ۋىلايىتى	32 581	404	224	27	7 186	568	9 939	14 861
塔城地区	تارباغاتاي ۋىلايىتى	16 411	392	68	22	2 747	122	6 159	7 361
阿勒泰地区	ئالتاي ۋىلايىتى	12 612	268	13	26	2 804	347	3 479	5 956
博州	بۆرتالا ئوبلاستى	5 520	115	14	6	807	95	2 254	2 358
巴州	بايىنغولىن ئوبلاستى	12 290	325	63	39	1 571	133	5 185	5 362
阿克苏地区	ئاقسۇ ۋىلايىتى	30 784	453	86	143	5 673	1 054	8 603	15 311
克州	قىزىلسۇ ئوبلاستى	11 955	168	5	23	3 715	12	1 351	6 854
喀什地区	قەشقەر ۋىلايىتى	56 300	1 011	1 417	1 120	10 860	4 133	8 642	31 545
和田地区	خوتەن ۋىلايىتى	20 392	520	278	425	6 609	359	1 503	11 496

注:86年开始各行业包括联营个体数。

ئىزاھات: 86-يىلدىن باشلاپ ھەر قايسى ساھالەر بىرلەشمە يەككىلەرنىڭ سانىنى ئۆز ئىچىگە ئالىدۇ.

يېزا-بازار كارخانىلىرىدىكى ئىشچى-خىزمەتچىلەر سانى

8—32　乡镇企业职工人数

بىرلىكى: (نەپەر) 单位：人

يىل، رايون 年份地区		جەمئىي 合 计	يېزىنىڭ 乡 办	كەنتنىڭ 村 办	يېزا ئىگىلىك 农 业	سانائەت 工 业	بىنا كارلىق 建筑业	قاتناش-تىرانسپورت 交 通 运输业	سودا، يېمەك-ئىچمەك مۇلازىمىتى 商业饮食 业服务业
1984		216 597	113 476	48 032	23 292	64 290	61 927	3 698	8 301
1985		367 753	136 869	49 763	20 689	140 301	71 200	4 828	11 553
1986		419 740	159 144	63 968	20 062	156 488	78 644	36 639	127 907
1987		442 069	146 679	45 636	16 360	168 691	80 576	44 602	131 840
1988		458 464	143 585	44 120	14 581	182 614	80 886	52 535	127 848
1989		463 911	149 258	40 839	13 565	190 954	75 883	54 589	128 920
1990		464 027	151 240	37 622	12 722	187 441	70 905	56 779	136 180
1991		472 332	154 191	36 954	13 469	194 962	74 193	57 688	132 020
1992		498 132	160 984	37 153	13 580	202 914	78 678	60 016	142 944
1993		600 687	177 797	43 126	14 768	235 053	90 167	79 423	181 276
1994		686 425	181 993	48 565	18 149	261 828	94 893	91 905	219 650
1995		745 291	187 277	46 454	22 023	264 030	99 508	104 259	255 381
乌鲁木齐市	ئۈرۈمچى شەھىرى	43 887	7 889	12 274	195	22 579	2 530	4 394	14 189
克拉玛依市	قاراماي شەھىرى	839	601			298	392		149
石河子市	شىخەنزە شەھىرى	2 755	209	500		1 719	182	400	454
吐鲁番地区	تۇرپان ۋىلايىتى	42 116	6 162	1 492	42	11 730	2 769	10 157	17 418
哈密地区	قۇمۇل ۋىلايىتى	23 959	7 470	2 413	84	8 573	5 294	6 033	3 975
昌吉州	سانجى ئوبلاستى	109 406	35 733	11 327	1 097	44 386	17 051	18 758	28 114
伊犁州	ئىلى ئوبلاستى	163 458	43 696	5 775	1 300	69 218	22 332	25 056	45 552
伊犁州直	ئىلى ئوبلاستىغا بىۋاستە قاراشلىق ئورۇنلار	669	669			27	629		13
伊犁地区	ئىلى ۋىلايىتى	79 696	15 169	3 835	393	33 256	8 713	13 078	24 256
塔城地区	تارباغاتاي ۋىلايىتى	48 000	17 396	1 678	380	20 192	7 403	7 754	12 271
阿勒泰地区	ئالتاي ۋىلايىتى	35 093	10 462	262	527	15 743	5 587	4 224	9 012
博州	بۆرتالا ئوبلاستى	17 717	7 387	393	459	6 554	4 228	2 714	3 762
巴州	بايىنغولىن ئوبلاستى	44 280	22 990	1 495	1 779	13 791	12 819	5 943	9 948
阿克苏地区	ئاقسۇ ۋىلايىتى	76 458	15 762	2 115	6 404	18 214	6 930	11 555	33 355
克州	قىزىلسۇ ئوبلاستى	24 017	2 861	77	345	8 316	1 025	1 900	12 431
喀什地区	قەشقەر ۋىلايىتى	135 058	22 054	7 123	7 620	32 675	17 318	14 243	63 202
和田地区	خوتەن ۋىلايىتى	61 341	14 463	1 470	2 698	25 977	6 728	3 106	22 832

注：86年开始各行业包括联营个体数

ئىزاھات: 86-يىلدىن باشلاپ ھەر قايسى ساھەلەرنىڭ سانى بىرلەشمە يەككىلەرنىڭ سانىنى ئۆز ئىچىگە ئالىدۇ.

يېزا-بازار كارخانىلىرىنىڭ ئومۇمىي مەھسۇلات قىممىتى

8—33 乡镇企业总产值

单位：万元 بىرلىكى: تۈمەن يۈەن

يىل، رايون 年份地区	جەمئىي 合 计	يېزىنىڭ 乡 办	كەنتنىڭ 村 办	يېزا ئىگىلىك 农 业	سانائەت 工 业	بىناكارلىق 建筑业	قاتناش-تىرانسپورت 交 通 运输业	سودا، يېمەك-ئىچمەك مۇلازىمىتى 商业饮食 业服务业
1984	65 865	40 114	16 380	2 697	29 429	27 393	1 851	1 448
1985	109 559	56 215	19 085	3 638	44 647	33 302	2 753	3 124
1986	129 338	63 413	17 933	3 549	53 624	36 431	17 883	17 846
1987	160 103	69 678	18 217	3 588	64 630	37 849	24 133	29 903
1988	189 212	84 253	20 542	3 481	82 162	42 396	26 917	34 256
1989	227 666	110 840	27 108	4 232	108 081	43 486	34 885	36 982
1990	253 149	128 918	25 902	4 044	127 841	47 568	34 417	39 279
1991	300 704	167 380	29 025	4 384	164 741	58 071	32 601	40 907
1992	393 289	219 602	38 537	6 428	205 395	90 508	40 806	50 152
1993	582 345	298 868	64 364	8 830	308 924	126 902	67 289	70 400
1994	1 054 688	475 066	113 992	15 783	569 628	172 561	121 761	174 955
1995	1 649 049	662 986	145 618	23 050	841 315	240 317	224 709	319 658
乌鲁木齐市 ئۈرۈمچى شەھرى	215 327	48 425	66 813	1 311	129 940	15 816	25 103	43 157
克拉玛依市 قاراماي شەھرى	1 405	1 128			496	745		164
石河子市 شىخەنزە شەھرى	4 464	956	1 028		2 804	400	600	660
吐鲁番地区 تۇرپان ۋىلايىتى	75 978	23 414	3 270	137	31 293	4 787	11 659	28 102
哈密地区 قۇمۇل ۋىلايىتى	39 051	18 583	5 244	254	20 993	7 091	5 364	5 349
昌吉州 سانجى ئوبلاستى	450 201	171 578	40 939	2 018	239 456	60 933	73 518	74 276
伊犁州 ئىلى ئوبلاستى	392 861	138 566	13 655	2 219	203 933	52 816	62 392	71 501
伊犁州直 ئىلى ئوبلاستىغا بىۋاستە قاراشلىق ئورۇنلار	2 824	2 824			274	2 528		22
伊犁地区 ئىلى ۋىلايىتى	153 797	36 657	8 423	427	72 714	18 458	25 290	36 908
塔城地区 تارباغاتاي ۋىلايىتى	155 807	66 135	4 887	583	90 781	16 600	25 369	22 474
阿勒泰地区 ئالتاي ۋىلايىتى	80 433	32 950	345	1 209	40 164	15 230	11 733	12 097
博州 بۆرتالا ئوبلاستى	48 841	27 413	1 030	240	30 691	7 527	6 078	4 305
巴州 بايىنغولىن ئوبلاستى	159 959	125 822	3 361	3 738	75 322	53 950	11 608	15 341
阿克苏地区 ئاقسۇ ۋىلايىتى	79 846	37 130	2 101	5 662	32 130	10 225	13 031	18 798
克州 قىزىلسۇ ئوبلاستى	15 264	3 550	67	101	4 218	1 239	1 342	8 364
喀什地区 قەشقەر ۋىلايىتى	113 122	48 911	6 381	4 798	47 642	16 051	8 369	36 262
和田地区 خوتەن ۋىلايىتى	52 730	17 510	1 729	2 572	22 397	8 737	5 645	13 379

注：按现价计算。

ئىزاھات : ھازىرقى باھا بويىچە ھېسابلاندى.

يېزىلاردىكى كوللېكتىپ مۇقىم مۈلۈككە سېلىنغان مەبلەغ ھەم قۇرۇلۇش

8—34 农村集体固定资产投资及建设

(1995年-يىل)

单位:万元 بىرلىكى: تۈمەن يۈەن

指标	كۆرسەتكۈچ	جەمئىي 合计	يېزا ئىلىكىدىكى 乡镇所有	كەنت ھەم ئۇنىڭدىن تۆۋەن ئىلىكىدىكى 村及其以下所有
本年固定资产投资完成额	**بۇ يىل ئورۇنلانغان مۇقىم مۈلۈككە سېلىنغان مەبلەغ**	**103 886**	**26 862**	**77 024**
按投向分	**يۆنىلىشى بويىچە**			
农业	يېزا ئىگىلىك	18 942	3 951	14 991
工业	سانائەت	17 430	8 692	8 738
建筑业	بىناكارلىق			
交通运输业	قاتناش-ترانسپورت	1 077	638	439
邮电业	پوچتا-تېلېگراف	90	90	
批零贸易餐饮业	توپ-پارچە سودا، يېمەك-ئىچمەك كەسپى	31 348	69	31 279
社会服务业	ئىجتىمائىي مۇلازىمەت	9 775	611	9 164
文化事业	مەدەنىيەت	997	250	747
教育事业	مائارىپ	2 276	133	2 143
卫生事业	سەھىيە	1 473	1 126	347
社会福利事业	ئىجتىمائىي پاراۋانلىق	836	735	101
住宅	ئۆي	4 745	4 225	520
其它	باشقا	14 897	6 342	8 555
按资金来源分	**مەبلەغ مەنبەسى بويىچە**			
自有资金	ئۆز مەبلىغى	66 578	17 823	48 755
银行、信用社贷款	بانكا، ئىناۋەتلىك قەرز كوپېراتىۋىدىن ئالغان قەرز پۇل	7 838	1 682	6 156
群众集资及借款	ئاممىدىن توپلىغان، قەرز ئالغان پۇل	15 269	4 941	10 328
应付款	بېرىم پۇل	1 272	135	1 137
国家扶持基金	دۆلەتنىڭ يۆلەش فوندى	4 804	2 154	2 650
外来投资	سىرتتىكىلەر سالغان مەبلەغ	7 502	29	7 473
其它借贷性投资	باشقا قەرز خاراكتېرلىك سالغان مەبلەغ	623	98	525
本年施工房屋面积(万平方米)	**بۇ يىل سېلىنغان ئۆي كۆلىمى (تۈمەن كۋادرات مېتىر)**	**139**	**33**	**106**
#住宅	#ئولتۇراق ئۆي	50	8	42
当年新开工的房屋面积(万平方米)	**بۇ يىل يېڭىدىن ئىش باشلانغان ئۆي كۆلىمى (تۈمەن كۋادرات مېتىر)**	**61**	**25**	**36**
本年竣工房屋面积(万平方米)	**بۇ يىل پۈتكەن ئۆي كۆلىمى (ئون مىڭ كۇپ مېتىر)**	**97**	**27**	**70**
#住宅	#ئولتۇراق ئۆي	12	3	9

يېزىلاردىكى شەخسىي مۇقىم مۈلۈككە سېلىنغان مەبلەغ ھەم قۇرۇلۇش

8—35 农村私人固定资产投资及建设

单位:万元 بىرلىكى: تۈمەن يۈەن

指标	كۆرسەتكۈچ	1994年-يىل	1995年-يىل
本年固定资产投资完成额	**بۇ يىل ئورۇنلانغان مۇقىم مۈلۈككە سېلىنغان مەبلەغ**	**170 226**	**205 855**
按投向分	**يۆنىلىشى بويىچە**		
农业	يېزا ئىگىلىك	72 792	89 381
工业	سانائەت	12 295	936
建筑业	بىناكارلىق	1 437	
交通运输业	قاتناش-ترانسپورت	19 956	38 262
批零贸易餐饮业	توپ-پارچە سودا، يېمەك-ئىچمەك كەسپى		2 201
社会服务业	ئىجتىمائىي مۇلازىمەت	1 035	
住宅	ئولتۇراق ئۆي	48 237	60 095
其它	باشقا	14 474	14 980
按资金来源分	**مەبلەغ مەنبەسى بويىچە**		
自有资金	ئۆز مەبلىغى	136 390	170 349
银行、信用社贷款	بانكا، ئىناۋەتلىك قەرز كوپېراتىۋىدىن ئالغان قەرز پۇل	21 769	24 910
借款	قەرز پۇل	11 972	10 077
其它	باشقا	95	519
本年施工房屋面积(万平方米)	**بۇ يىل سېلىنغان ئۆي كۆلىمى (تۈمەن كۇپ مېتىر)**	**4 206**	**658**
#住宅	#ئولتۇراق ئۆي	4 090	555
当年新开工的房屋面积(万平方米)	**بۇ يىل يېڭىدىن ئىش باشلانغان ئۆي كۆلىمى (تۈمەن كۋادرات مېتىر)**	**337**	**381**
本年竣工房屋面积(万平方米)	**بۇ يىل پۈتكەن ئۆي كۆلىمى (تۈمەن كۋادرات مېتىر)**	**662**	**555**
#住宅	#ئولتۇراق ئۆي	546	494

ئاساسلىق ستاتىستىكا كۆرسەتكۈچلىرىنىڭ ئىزاھاتى

主要统计指标解释

دېھقانچىلىق، ئورمانچىلىق، چارۋىچىلىق، بېلىقچىلىق، قوشۇلغان قىممىتى ھەرخىل ئىقتىسادىي تىپتىكى يېزا ئىگىلىك ئىشلەپچىقىرىش ئورۇنلىرى ۋە دېھقانلار يېزا ئىگىلىك ئىشلەپچىقىرىش، تىجارەت پائالىيىتى بىلەن شۇغۇللىنىپ تەمىنلىگەن ئاخىرقى مەھسۇلاتنىڭ پۇل ئارقىلىق ئىپادىلىنىشى كۆزدە تۇتۇلىدۇ. قوشۇلغان قىممەت مۇنداق ئىككى خىل ئۇسۇل بىلەن ھېسابلىنىدۇ:

1. ئىشلەپچىقىرىش ئۇسۇلى: دېھقانچىلىق، ئورمانچىلىق، چارۋىچىلىق، بېلىقچىلىق قوشۇلغان قىممىتى =دېقانچىلىق، ئورمانچىلىق، چارۋىچىلىق، بېلىقچىلىق ئومۇمىي ھاسىلاتى ـ دېھقانچىلىق، ئورمانچىلىق، چارۋىچىلىق، بېلىقچىلىق ئارىلىق سەرپىياتى

2. تەقسىمات ئۇسۇلى: دېھقانچىلىق، ئورمانچىلىق، چارۋىچىلىق، بېلىقچىلىق قوشۇلغان قىممىتى =مۇقىم مۈلۈك ئامورتىزاتسىيىسى +ئەمگەكچىنىڭ ھەققى +ئىشلەپچىقىرىش بېجى ساپ سوممىسى (ئىشلەپچىقىرىش بېجى ـ ئىشلەپچىقىرىش قوشۇمچە ياردىمى) +تىجارەت پايدىسى

دېھقانچىلىق، ئورمانچىلىق، چارۋىچىلىق، بېلىقچىلىق ئومۇمىي مەھسۇلات قىممىتى پۇل بىلەن ئىپادىلەنگەن بارلىق دېھقانچىلىق، ئورمانچىلىق، چارۋىچىلىق، بېلىقچىلىق مەھسۇلاتلىرىنىڭ ئومۇمىي مىقدارىنى كۆرسىتىدۇ. ئۇ مەلۇم مەزگىلدىكى يېزا ئىگىلىك ئىشلەپچىقىرىشنىڭ ئومۇمىي كۆلىمى ۋە ئومۇمىي نەتىجىسىنى ئەكس ئەتتۈرىدۇ.

ھېسابلاش دائىرىسى مۇنداق:

(1) دېھقانچىلىق ئاشلىق، پاختا، ياغلىق دان، قوغۇن ـ تاۋۇز، دورا ماتېرىيالى، يەم ـ خەشەك، يېشىل ئوغۇت ۋە باشقا دېھقانچىلىق زىرائەتلىرى ھەمدە ئۆزمىلىك قاتارلىقلارنىڭ ئىشلەپچىقىرىش، تىجارىتى ۋە باشقا دېھقانچىلىقنى ئۆز ئىچىگە ئالىدۇ.

(2) ئورمانچىلىق ئورمان پەرۋىشى (چايزارلىق، ئۆزمىلىك ۋە باغ پەرۋىش قىلىش، باشقۇرۇش ۋە ھوسۇل ئېلىش قاتارلىق پائالىيەتلەرنى ئۆز ئىچىگە ئالمايدۇ)، ئورمانچىلىق مەھسۇلاتى يىغىش ۋە كەنت ھەم كەنتتىن تۆۋەن ھەمكارلىق تەشكىلى ۋە دېھقانلارنىڭ ياغاچ كېسىشىنى ئۆز ئىچىگە ئالىدۇ.

(3) چارۋىچىلىق بېلىق باقمىچىلىقنىڭ سىرتىدىكى بارلىق ھايۋانات ۋە چارۋا بېقىش ھەم ياۋايى ھايۋان، قۇشلارنى ئوۋلاشنى ئۆز ئىچىگە ئالىدۇ.

(4) بېلىقچىلىق سۇ ھايۋانلىرىنى بېقىش ۋە تۇتۇشنى كۆرسىتىدۇ. مۇلۇكچىلىكتىن قارىغاندا ئومۇمىي مۇلۇكچىلىكتىكى تۇرلۇك كەسپىي دېھقانچىلىق (ئورمانچىلىق، چارۋىچىلىق، بېلىقچىلىق) مەيدانلىرى ۋە دېھقانچىلىق تەجرىبە ئورۇنلىرىنى، كوللېكتىپ مۇلۇكچىلىكتىكى تۈرلۈك يېزا ئىقتىسادىي تەشكىلاتلىرى باشقۇرىدىغان دېھقانچىلىق، ئورمانچىلىق، چارۋىچىلىق، بېلىقچىلىقنى، دېھقانلار ئىلكىدىكى يېزا ئىگىلىك زىرائەتلىرى پەرۋىشىنى، ھايۋان بېقىشنى، ھەم دېھقانلار قوشۇمچە شۇغۇللانغان سانائەت قاتارلىقلارنى ئۆز ئىچىگە ئالىدۇ.

يېزا ئىگىلىك ئومۇمىي مەھسۇلات قىممىتىنى ھېسابلاشتا ئادەتتە دېھقانچىلىق مەھسۇلاتى ۋە ئۇلارنىڭ قوشۇمچە مەھسۇلاتىنى شۇ مەھسۇلاتنىڭ يەككە باھاسىغا كۆپەيتىپ شۇ مەھسۇلاتنىڭ مەھسۇلات قىممىتىنى تېپىش ئۇسۇلى قوللىنىدۇ. ئىشلەپچىقىرىش مۇددىتى ئۇزۇنراق، شۇ يىللىق مەھسۇلاتى يوق ياكى مەھسۇلات مىقدارىنى ستاتىستىكىلاش تەس بولغان ئازساندىكى مەھسۇلاتلارنىلا ھېسابلاشتا مەھسۇلات قىممىتى ۋاستىلىق مۆلچەرلەپ ھېسابلىنىدۇ. يۇقىرىقى تۆت كەسىپنىڭ مەھسۇلات قىممىتىنىڭ يىغىندىسى يېزا ئىگىلىك ئومۇمىي مەھسۇلات قىممىتى بولىدۇ.

يېزا ئىگىلىك ئومۇمىي مەھسۇلات قىممىتى بىلەن ئومۇمىي دارامەت ئوخشاشمايدىغان ئىككى ئۇقۇم. (1) دائىرىسى ئوخشاشمايدۇ. ئومۇمى دارامەت دېھقانچىلىق، ئورمانچىلىق، چارۋىچىلىق، بېلىقچىلىق كىرىمىنى ئۆز ئىچىگە ئالغاندىن باشقا يەنە باشقا ئىشلەپچىقىرىش خاراكتېرلىك ۋە غەيرى ئىشلەپچىقىرىش خاراكتېرلىك كەسپى پائالىيەتلەردە ئىگە بولغان بىۋاسىتە ئىدارە قىلالايدىغان بارلىق كىرىمنىمۇ ئۆز ئىچىگە ئالىدۇ. ئومۇمىي مەھسۇلات قىممىتى كېيىنكىلەرنى ئۆز ئىچىگە ئالمايدۇ. (2) دېھقانچىلىق، ئورمانچىلىق، چارۋىچىلىق، بېلىقچىلىققا نىسبەتەن ئېيتقاندا ئومۇمىي مەھسۇلات قىممىتىدە شۇ يىللىق بارلىق نەتىجە ھېسابلىنىدۇ. ئومۇمىي دارامەتتە پەقەت شۇ يىلى چىقىم قىلىشقا ۋە تەقسىملەشكە بولىدىغان قىسمىلا ھېسابلىنىدۇ. مەسىلەن: ئومۇمىي مەھسۇلات قىممىتىگە سۇنئىي ئورماننىڭ ئىشلەپچىقىرىش مىقدارى، چوڭ ـ كىچىك چارۋىنىڭ تۇغۇلۇپ كۆپەيگەن، ئاشقان ۋە ئېغىرلىقى ئاشقان مەھسۇلات قىممىتى ھېسابلىنىدۇ. ئومۇمىي دارامەت بۇلارنى ئۆز ئىچىگە ئالمايدۇ. (3) ھېسابلاش باھاسى ئوخشاشمايدۇ. ئومۇمىي مەھسۇلات قىممىتىگە ھېسابلانغان بارلىق مەھسۇلاتلار بىرلىككە كەلگەن ئۆزگەرمەس باھا ياكى شۇ يىللىق باھادا ھېسابلىنىدۇ. ئومۇمىي دارامەت ئومۇمەن شۇ يىللىق باھادا ھېسابلىنىدۇ. ئۆزى ئىشلەتكەن قىسمى شۇ جاينىڭ سېتىۋېلىش باھاسىدا ھېسابلىنىدۇ.

دېھقانچىلىق، ئورمانچىلىق، چارۋىچىلىق، بېلىقچىلىق كارخانىلىرى دېھقانچىلىق، ئورمانچىلىق، چارۋىچىلىق، بېلىقچىلىق ئىشلەپچىقىرىش پائالىيىتى بىلەن شۇغۇللىنىدىغان ياكى دېھقانچىلىق، ئورمانچىلىق، چارۋىچىلىق، بېلىقچىلىق ئىشلەپچىقىرىشىغا تايىنىپ، يېزا ئىگىلىك، سانائەت، بىناكارلىق، قاتناش، سودا، مۇلازىمەت قاتارلىق كۆپ خىل ئىگىلىك بىلەن شۇغۇللىنىدىغان، ھېساباتى مۇستەقىل ۋە قانۇنى ئىگە سالاھىيتى بولغان دېھقانچىلىق، ئورمانچىلىق، چارۋىچىلىق، بېلىقچىلىق ئىجتىمائىي تەشكىلاتلىرىنى كۆرسىتىدۇ. يېزا ئىگىلىك كارخانىلىرى چوقۇم تۆۋەندىكى ئۈچ شەرتكە ئۇيغۇن بولۇشى كېرەك: (1) قانۇن بويىچە قۇرۇلغان، ئىسمى، تەشكىلىي، ئورگىنى ۋە ئورنى بار بولۇشى كېرەك؛ (2) پايدا ـ زىياننى مۇستەقىل ھېسابات قىلىشى، مۇستەقىل مۈلكى بولۇشى ۋە مۇستەقىل ئىشلىتەلەيدىغان بولۇشى، قەرزنى ئۈستىگە ئالالايدىغان بولۇشى؛ (3) قانۇنىي ئىگە سالاھىيىتى بولۇشى، ھەق تەلەپ مەسئۇلىيىتىنى ئۈستىگە ئالالايدىغان بولۇشى كېرەك. ھازىرقى مەلۇمات جەدۋىلى تۈزۈمى بويىچە يېزا ـ بازار كارخانىلىرى ئىدارىسى باشقۇرىدىغان يېزا ئىگىلىك كارخانىلىرى دېقانچىلىق، ئورمانچىلىق، چارۋىچىلىق، بېلىقچىلىق كارخا-

نىلىرى قاتارىغا كىرگۈزۈلمەيدۇ.

يېزا سانائەت ئومۇمىي مەھسۇلات قىممىتى پۇل بىلەن ئىپادىلەنگەن يېزا، كەنت ۋە كەنتتىن تۆۋەن ئورۇنلارنىڭ سانائەت كارخانىلىرى ئىشلەپچىقارغان مەھسۇلاتلارنىڭ ئومۇمىي مىقدارىنى كۆرسىتىدۇ. ئۇ تەييار مەھسۇلات، سىرتتا ئىشلەپ بەرگەن سانائەت مەشغۇلاتىنىڭ قىممىتى ھەم ساتىدىغان يېرىم تەييارمەھسۇلاتنىڭ قىممىتىدىن ئىبارەت ئۈچ قىسمىنى ئۆز ئىچىگە ئالىدۇ. يېزا سانائەت ئومۇمىي مەھسۇلات قىممىتى «زاۋۇت ئۇسۇلى» بويىچەھېسابلىنىدۇ. يەنى ھەر بىر كارخانىنىڭ سانائەت پائالىيىتىدە ئىشلەپچىقارغان ئاخىرقى نەتىجىسى بويىچە ھېسابلىنىدۇ. كارخانا ئىچىدە تەكرار ھېسابلاشقا بولمايدۇ. يەنى كارخانا ئىچىدىكى ھەرقايسى سېخلار ئىشلەپچىقارغان نەتىجە جەملىنىدۇ.

يېزا بىناكارلىق ئومۇمىي مەھسۇلات قىممىتى پۇل بىلەن ئىپادىلەنگەن يېزىلاردىكى تۈرلۈك ھەمكارلىق ئىگىلىك تەشكىلاتلىرىنىڭ بىناكارلىق ئەترەتلىرى ۋە يەككەكەسپىي خادىملارنىڭ بىناكارلىق ئىشلەپچىقىرىش پائالىيىتى بىلەن شۇغۇللانغان ئومۇمىي نەتىجىسىنى كۆرسىتىدۇ. بىناكارلىق ئىشلەپچىقىرىش پائالىيىتى تۈرلۈك ئەسلىھە قۇرۇلۇشى، تۈرلۈك ماشىنا، ئۈسكۈنىلەرنى قوراشتۇرۇش قۇرۇلۇشى (قوراشتۇرۇلغان ئۈسكۈنىنىڭ ئۆزىنىڭ قىممىتىنى ئۆز ئىچىگەئالمايدۇ)، ئەسلىھە، ئۆيلەر رېمونتى مەھسۇلات قىممىتى ھەمدە قۇرۇلۇش تۈرلىرى بىلەن مۇناسىۋەتلىك چارلاپ تەكشۈرۈپ لايىھەلەش ۋە گېئولوگىيىلىك تەكشۈرۈش پائالىيەتلىرىنى ئۆز ئىچىگە ئالىدۇ.

يېزا بىناكارلىق ئومۇمىي مەھسۇلات قىممىتى ئاساسلىقى سېلىنغان ئۆي - جاي، ئېتىز - ئېرىق سۇچىلىق قۇرۇلۇشى (قوراشتۇرۇش قۇرۇلۇشى ۋەگېئوگىيىلىك چارلاپ تەكشۈرۈش مەھسۇلات قىممىتىنى ئۆز ئىچىگەئالىدۇ) ھەم بوز يەر ئۆزلەشتۈرۈش مەھسۇلات قىممىتىنى ئۆز ئىچىگە ئالىدۇ. بۇمەھسۇلات قىممىتى ئىش ھەققى ۋە ماتېرىيالغا سېلىنغان بارلىق مەبلەغ مىقدارى بويىچە ھېسابلىنىدۇ (لېكىن قوراشتۇرۇلغان ئۈسكۈنىنىڭ ئۆزىنىڭ قىممىتىنى ئۆزئىچىگە ئالمايدۇ).

يېزا تىرانسپورت ئومۇمىي مەھسۇلات قىممىتى يېزىلاردىكى ھەردەرىجىلىك ھەمكارلىق ئىگىلىك تەشكىلاتلىرى ۋە دېھقانلار تىرانسپورت بىلەن شۇغۇللىنىپ يېڭىدىن كۆپەيگەن مەھسۇلات قىممىتى كۆزدە تۇتۇلىدۇ. سۇ تىرانسپورتى (قاچىلاپ -چۈشۈرۈپ توشۇش ۋە دۆۋىلەپ ساقلاش)، ئاپتوموبىل، تىراكتور، ئۇلاغ ھارۋىسى، رىكشىدا توشۇش ۋە قاچىلاش - چۈشۈرۈش، يۆتكەش قاتارلىق يۈك توشۇش پائالىيىتىنى ئۆز ئىچىگە ئالىدۇ. بۇمەھسۇلات قىممىتى يېزىلاردىكى تىرانسپورت ئورۇنلىرىنىڭ بارلىق يۈك توشۇش كىرىمى بويىچە ھېسابلىنىدۇ.

يېزا سودا مەھسۇلات قىممىتى يېزىلاردىكى سودا-تەمىنات مەھسۇلات كوپىراتىپلىرى ھەم باشقا تۈرلۈك ھەمكارلىق ئىگىلىك تەشكىلاتلىرى ۋە دېھقانلارنىڭ سوداپائالىيىتى بىلەن شۇغۇللانغان مەھسۇلات قىممىتى كۆزدە تۇتۇلىدۇ. بۇمەھسۇلات قىممىتى يېزىلاردىكى بۇ سودائورۇنلىرىنىڭ تاۋار قوشۇمچە خىراجىتى (سېتىلغان مەھسۇلاتنىڭ سېتىۋېلىش - سېتىش باھا پەرقىدىن ھاۋالەتوشۇش خىراجىتى ۋە قاچىلاش، چۈشۈرۈش، يۆتكەش خىراجىتى چىقىرىۋېتىلىدۇ) بويىچە ھېسابلىنىدۇ ياكى ئوبوروت خىراجىتىگە باج، سېتىش پايدىسى (زىيان بولسا مەنفى سان بولىدۇ) قوشۇپ ھېسابلىنىدۇ. ماتېرىيال توپلاش قىيىن بولغاندا يېزىلاردىكى بۇ سودا ئورۇنلىرىنىڭ پارچەسېتىش سوممىسىنى ئومۇمىي پايدا نىسبىتىگە كۆپەيتىپ (سېتىۋېلىش -سېتىش باھاپەرقى نىسبىتى) ئاندىن ھاۋالە توشۇش خىراجىتى چىقىرىۋېتىلىپ مۆلچەرلەپ ھېسابلىنىدۇ.

يېزا يېمەك - ئىچمەك كەسپى ئومۇمىي مەھسۇلاتقىممىتى يېزىلاردىكى تۈرلۈك ھەمكارلىق ئىگىلىك تەشكىلاتلىرى ۋە دېھقانلارنىڭ يېمەك -ئىچمەك كەسپى پائالىيىتى بىلەن شۇغۇللانغان مەھسۇلات قىممىتىنى كۆرسىتىدۇ. بۇ مەھسۇلات قىممىتى يېمەك - ئىچمەك كەسپىنىڭ تىجارەت سوممىسى بويىچە ھېسابلىنىدۇ. يەنى پىششىقلىغان، ساتقان يېمەكلىكنىڭ بارلىق باھاسى بويىچە ھېسابلىنىدۇ.

ئاشلىق مەھسۇلات مىقدارى پۈتۈن جەمئىيەتتىكى مەھسۇلات مىقدارىنى كۆرسىتىدۇ. دۆلەت ئىگىلىكىدىكى دېھقانچىلىق مەيدانى قاتارلىق ئومۇمىي خەلق مۈلۈكچىلىكىدىكى ئىگىلىك، كوللېكتىپ بىر تۇتاش ئىگىلىكى ۋە دېھقان ئائىلىلىرىنىڭ مەھسۇلات مىقدارىنى ھەمدە كان - كارخانىلاردىكى ئائىلە تاۋاباتلارنىڭ دېھقانچىلىق مەيدانلىرى ۋە باشقائىشلەپچىقىرىش ئورۇنلىرىنىڭ مەھسۇلات مىقدارىنى ئۆز ئىچىگە ئالىدۇ. ئاشلىق شال، بۇغداي، كۆممەقوناق، قوناق، تېرىق ۋە باشقا ئىشلەپچىقىرىش ئورۇنلىرىنىڭ مەھسۇلات مىقدارىنى ئۆز ئىچىگە ئالىدۇ. دۆلەت بەلگىلىمىسىدە ياڭيۇ تۈرىدىكىلەرنى ئاشلىققا (بەش جىڭنى بىر جىڭ ئاشلىققا سۇندۇرۇش) كىرگۈزۈش بەلگىلەنگەن بولسىمۇ شىنجاڭدا ياڭيۇ تۈرىدىكىلەرنى كۆكتاتقا كىرگۈزۈش ئادەت بولغاچقا ئاشلىققا كىرگۈزۈلمىدى.

(1) دانلىق زىرائەت مەھسۇلات مىقدارى: ئاساسلىقى ئاشلىق قىلىنىدىغان زىرائەتلەرنى كۆرسىتىدۇ. پۇرچاق، ياڭيۇ تۈرىدىكىلەرنى ئۆزئىچىگە ئالمايدۇ.

(2) پۇرچاق تۈرىدىكىلەرنىڭ مەھسۇلات مىقدارى: ئۇرۇقى يېيىلىدىغان ياكى باشقامەھسۇلات ياسىلىدىغان بىرىنچى خىلدىكى پۇرچاق زىرائەتلىرىنىڭ مەھسۇلات مىقدارىنى كۆرسىتىدۇ. سېرىق پۇرچاق ۋە كاناماشنى ئۆز ئىچىگە ئالىدۇ. سېرىق پۇرچاق كونكرېت سېرىق پۇرچاق، قارا پۇرچاق ۋە كۆك پۇرچاقنى كۆرسىتىدۇ.

سۇ مەھسۇلاتلىرىنىڭ مەھسۇلات مىقدارى سۈنئىي بېقىلغان ۋە تەبىئىي ئۆسكەن سۇ مەھسۇلاتلىرىنىڭ سۈزۈۋېلىنغان مەھسۇلات مىقدارىنى كۆرسىتىدۇ. بېلىق، راك، قىسقۇچ پاقا، قولۇلە تۈرىنى ئۆز ئىچىگە ئالىدۇ. تاتلىق سۇ مەھسۇلاتلىرىنى ئۆز ئىچىگە ئالمايدۇ.

چوشقا، كالا، قوي گۆشى مەھسۇلات مىقدارى شۇيىلى قوتاندىن چىققان ھەم سويۇلغان چوشقا، كالا، قوينىڭ گۆش مىقدارىنى كۆرسىتىدۇ. يەنى سويۇلۇپ كاللا-پاقالچەك، ئۈچەي - قېرىنى چىقىرىۋېتىلگەن ئۇستىخانلىق گۆش مىقدارىنى كۆرسىتىدۇ.

سۇغۇرۇش كۆلىمى ئۈنۈملۈك سۇغۇرۇش كۆلىمىنى، يەنى مۇئەييەن سۇ مەنبەسى بار، تۈز، سۇغۇرۇش قۇرۇلۇشى ياكى ئۈسكۈنىلىرى يۈرۈشلەشتۈرۈلگەن، ئادەتتىكى يىللاردا نورمال سۇغارغىلى بولىدىغان تېرىلغۇ يەر كۆلىمىنى كۆرسىتىدۇ.

يېزائىگىلىك ماشىنىلىرىنىڭ ئومۇمىي قۇۋۋىتى ئاساسلىقى دېھقانچىلىق، ئورمانچىلىق، چارۋىچىلىق، بېلىقچىلىقتا ئىشلىتىلگەن تۈرلۈك قۇۋۋەت ماشىنىلىرىنىڭ قۇۋۋىتىنىڭ جەمئىسىنى كۆرسىتىدۇ. تېرىچىلىق، سۇغۇرۇش، سۇچىقىرىش، ھوسۇل يىغىش، يېزائىگىلىك مەھسۇلاتلىرىنى پىششىقلاپ ئىشلەش، تىرانسپورت، ئۆسۈملۈك پەرۋىش قىلىش، چارۋىچىلىق، ئورمانچىلىق، بېلىقچىلىق ماشىنىلىرى ۋە باشقا يېزا ئىگىلىك ماشىنىلىرىنى كۆرسىتىدۇ. مەخسۇس يېزا باشقۇرغان سانائەت، ئاساسىي قۇرۇلۇش، غەيرى يېزائىگىلىك تىرانسپورتى، ئىلمىي تەجرىبە ۋە ئوقۇتۇش قاتارلىق غەيرى يېزا ئىگىلىك

ئىشلەپچىقىرىشقا ئىشلىتىلگەن قوۋۋەت ماشىنىلىرى ۋە مەشغۇلات ماشىنىلىرىنى ئۆز ئىچىگە ئالمايدۇ.

يېزا - بازار كارخانىلىرى يېزا (رايون، بازار)نىمۇ ئۆز ئىچىگە ئالىدۇ)، كەنت، كوللېكتىپ، كەنت ئاھالىلەر گۇرۇپپىسى (ئەسلىدىكى ئىشلەپچىقىرىش ئەترىتى)، ئائىلىلەر بىرلىشىپ ياكى يەككە باشقۇرىۋاتقان يېزائىگىلىك، سانائەت، بىناكارلىق، قاتناش-ترانسپورت، سودا، يېمەك - ئىچمەك، مۇلازىمەت كەسىپي كارخانىلىرى ۋە باشقا كارخانىلارنىڭ ھەممىسى يېزا - بازار كارخانىلىرىنىڭ ستاتىستىكىلاش دائىرىسىگە كىرىدۇ.

يېزا-بازاركارخانىلىرى تۆۋەندىكى تۆت شەرتنى هازىرلىشى كېرەك: (1) مۇقىم ئىشلەپچىقىرىش - تىجارەت تەشكىلى، ئورنى، ئۈسكۈنىسى ۋە خادىمى بولۇشى كېرەك؛ (2) يىلبويى ئىشلەپچىقىرىش - تىجارەت پائالىيىتى بىلەن شوغۇللىنىدىغان ياكى پەسىللىك ئىشلەپچىقىرىش - تىجارەت بىلەن شوغۇللانسىمۇ، يىللىق ئىشلىگەن ۋاقتى ئۈچ ئايدىن يۇقىرى بولغان بولۇشى؛ (3) مۇستەقىل ھېسابات قىلىش شارائىتى بولىشى ياكى مۇستەقىل ھېسابات قىلىدىغان ئورۇن بولمىسىمۇ لېكىن ھېساباتى ئايرىم بولىشى؛ (4) يەرلىك سودا-سانائەت تارماقلىرى تارقاتقان تىجارەت كېنىشكىسى بولىشى، ئىقتىسادىي مەسئۇلىيەت ۋە باج مەجبۇرىيىتىنى ئۈستىگە ئېلىشى (يېزا ئىگىلىك كارخانىلىرى بۇنىڭ سىرتىدا) كېرەك.

دېھقانچىلىق ، ئورمانچىلىق، چارۋىچىلىق، بېلىقچىلىق تاۋار مەھسۇلات قىممىتى ئىشلەپچىقىرىش يىلىدا بارلىق ئىشلەپچىقىرىش ئورۇنلىرى (دۆلەت ئىگىلىكىدىكى ئورۇنلار، يېزائىگىلىك تەشكىلاتلىرى ۋە دېھقانلار) ئىشلەپچىقارغان يېزائىگىلىك مەھسۇلاتلىرى ۋە قوشۇمچە مەھسۇلاتلىرى ئىچىدىكى ئەملى سېتىلغان تاۋار قىممىتىنى كۆرسىتىدۇ. ھېسابلاشقا ۋە ماتېرىيالنى ۋاقتىدا يوللاشقا قولايلىق بولىشى ئۈچۈن يېزائىگىلىك ئىشلەپچىقىرىش ئورۇنلىرى كالىندار يىلى ئىچىدە ئەملى سېتىلغان تاۋار مەھسۇلات قىممىتى بويىچە ھېسابلاش بىرتۇتاش بەلگىلەندى. دۆلەتكە سېتىپ بېرىلگەن، شەھەر بازار - بازار ئاھالىلىرىگە سېتىپ بېرىلگەن ۋە دېھقانلار ئۆز ئارا ئالماشتۇرغان ئاشلىقنىڭ ھەممىسىنى تاۋار مەھسۇلات قىممىتىگە ھېسابلاش كېرەك .

تېرىلغۇيەركۆلىمى دېھقانچىلىق زىرائەتلىرى تېرىلىدىغان، دائىم ھەيدىلىپ پەرۋىش قىلىنىدىغان ئېتىز كۆزدە تۇتۇلىدۇ. ئۆزلەشتۈرۈلگەن يەر، شۇ يىلى يېڭىدىن ئۆزلەشتۈرۈلگەن بىنەم، ئاق قالغىنىغا ئۈچ يىل توشمىغان تېرىلغۇ يەر ۋە شۇ يىلى دەم ئالدۇرۇلغان يەر (نۆۋەت بىلەن دەم ئالدۇرۇلغان يەر)نى ئۆز ئىچىگە ئالىدۇ. دېھقانچىلىق زىرائەتلىرى تېرىش ئاساس قىلىنىپ، ئۈژمە، چاي، مېۋە ۋە باشقا دەرەخلەر قوشۇمچە تىكىلىدىغان يەرلەر ھەم دېڭىز بويىدىكى توسما توسۇپ، يەرئېچىپ پايدىلىنىۋاتقان «سازلىق»، «كۆل ئېتىزى»، قاتارلىقلارنىمۇ مۇشۇنىڭغا كىرگۈزۈش كېرەك. لېكىن مەخسۇس ئۈژمىلىك، چايزارلىق، باغ، كۆچەتخانا، ئورمان، قومۇشلۇق، تەبىئى ئوتلاق قاتارلىقلارنى بۇنىڭغا كىرگۈزمەسلىك كېرەك .

خىمىيەئوغۇت ئىشلىتىش مىقدارى شۇ يىلدا يېزائىگىلىك ئىشلەپچىقىرىشقا ئەمىلىي ئىشلىتىلگەن ئوغۇت مىقدارىنى كۆرسىتىدۇ، ئازوت ئوغۇتى، فوسفور ئوغۇتى، كالىي ئوغۇتى ھەمدە بىرىكمە ئوغۇتنى ئۆزئىچىگەئالىدۇ. ئىشلىتىش مىقدارىنى ماددى مىقدار بويىچە ۋە ساپقا سۇندۇرۇلغان بويىچە ھېسابلاشتىن ئىبارەت ئىككى خىل ئۇسۇل بويىچە ھېسابلاش تەلەپ قىلىنىدۇ. ئازوت، فوسفور ھەم كالىي ئوغۇتنى ساپقا سۇندۇرۇپ ھېسابلاشتا شۇ ئوغۇتلار تەركىبىدىكى ئازوت، فوسفور (v) ئوكسىدى، كالىي (v) ئوكسىدى 100پىرسەنتكە سۇندۇرۇپ ھېسابلىنىدۇ.

يېزىلاردىكى ئەمىلىي ئەمگەك كۈچىنىڭ جەمئىسى يېزا ئاھالىسى ئىچىدىكى تۈرلۈك ساھەلەردىكى ئەملى ئەمگەككەقاتناشقان ھەم ماددى كىرىم ياكى پۇل كىرىمگە ئىگە بولغان ئەمگەكچىنىڭ سانىنى كۆرسىتىدۇ. ئەمگەك يېشىدىكى ئەمىلىي ئەمگەككە قاتناشقان ۋە ئەمگەك يېشىدا بولمىسىمۇ لېكىن ئەمەلىيەتتە ئەمگەككە قاتناشقان كىشلەرنى ئۆز ئىچىگە ئالىدۇ. نوپۇسنى ئائىلىسىدىن يۆتكىمىگەن سىرتتا ئوقۇۋاتقان ئوقۇغۇچىلارنى ۋە ئەمگەك ئىقتىدارىنى يوقاتقان كىشلەرنى ھەم ئىش كۈتىۋاتقان ۋە ئائىلە ئەمگىكى بىلەن شۇغۇللىنىۋاتقانلارنى ئۆزئىچىگە ئالمايدۇ.

دېھقانچىلىق، ئورمانچىلىق، چارۋىچىلىق، بېلىقچىلىق ئەمگەك كۈچى بىۋاستە دېھقانچىلىق ، ئورمانچىلىق، چارۋىچىلىق، بېلىقچىلىق ئىشلەپچىقىرىش پائالىيىتى بىلەن شۇغۇللىنىدىغان ئەمگەك كۈچىنى كۆرسىتىدۇ. سانائەت، بىناكارلىق، ترانسپورت، پوچتا-تېلېگراف، توپ - پارچە سودا، يېمەك - ئىچمەك كەسپى، پۇل مۇئامىلە ھەمدە باشقا غەيرى يېزائىگىلىك بىلەن شۇغۇللىنىدىغان ئەمگەك كۈچىنى ۋە ۋاقىتلىق (توختام) ئىشچى دەپ ستاتىستىكىلىنىدىغان ئەمگەك كۈچىنى ئۆز ئىچىگە ئالمايدۇ.

农林牧渔业增加值 是指各种经济类型的农业生产单位和农户从事农业生产经营活动所提供的社会最终产品的货币表现。增加值的计算方法有两种，一是生产法：农林牧渔业增加值＝农林牧渔业总产出－农林牧渔业中间消耗；二是分配法：农林牧渔业增加值＝固定资产折旧＋劳动者报酬＋生产税净额（生产税－生产补贴）＋营业盈余。

农林牧渔业总产值 以货币表现的农林牧渔业全部产品的总量。它反映一定时期内农业生产的总规模和总成果。农、林、牧、渔业的计算范围是：

（1）农业，包括粮、棉、油料、糖料、麻类、烟叶、蔬菜、瓜类、药材、饲料、绿肥和其他农作物，以及桑园、果园等的生产经营和其他农业。

（2）林业，包括林木的栽培（不包括茶园、桑园和果园的栽培、管理和收获等活动）、林产品的采集和村及村以下合作组织和农户的竹木采伐。

（3）牧业，包括除渔业养殖以外的一切动物饲养和放牧以及捕猎野兽、野禽。

（4）渔业，水生动物的养殖和捕捞。

从所有制看，包括全民所有制的各种专业农（林、牧、渔）场和农业试验场、所；集体所有制的农村各种经济组织经营的农、林、牧、渔业；农民自营的农作物栽培、动物饲养及农民家庭兼营工业等。

农业总产值的计算方法通常是以农林牧渔业产品及其副产品的产量乘以该项产品的单位价格而得该项产品的产值，少数生产周期较长，当年没有产品或产品产量不易统计的，则采用间接方法匡算产值，五业产品产值之和即为农业总产值。

农业总产值和总收入是两个不同的概念。第一，两者包括的范围不同，总收入除了包括农林牧渔业的收入外，还包括其他生产性和非生产性事业活动所得到的可以直接支配的全部收入，而总产值则不包括后面这些，第二，就农林牧渔五业而言，总产值要计算当年的全部成果，而总收入只计算当年可开支和分配的部分。例如，总产值要计算人造林木的生产量，大小家畜的繁殖，增长和增重的产值，总收入则不包括。第三，计算的价格不同，计算总产值，全部产品都按统一的不变价格或当年价格计算，而计算总收入一般按当年价格计算，产品中的出售部分按实际出售价格计算，自用部分按当地收购的价格计算。

农林牧渔业企业 指从事农林牧渔业生产活动，或以其为依托，进行农、工、建、交、贸、服务等多种综合经营，独立核算和具有法人资格的农林牧渔业社会经济组织单位。农业企业必须符合以下三个条件：1.依法成立，有自己的名称、组织、机构和场所；2.独立核算盈亏；独立拥有和使用资产，承担负债；3.具有法人资格，能够承担民事责任。根据目前报表制度规定，统计农林牧渔业企业时，不包括乡镇企业局所管理的农业企业。

农村工业总产值 以货币表现的乡办工业、村办工业和村以下办工业企业生产的产品总量。包括成品价值和对外承做的工业性价值以及准备出售的半成品价值三部分。

农村工业总产值按"工厂法"计算，即按每个企业工业活动生产的最终成果计算，在企业内部不允许重复，即不能将企业内部各个车间生产的成果相加。

农村建筑业总产值 是以货币表现的农村各种合作经济组织的建筑队（组）和个体的专业人员从事建筑生产活动的总成果。建筑生产活动包括各种建筑物的建筑工程，各种机械设备的安装工程（不包括被安装的机械设备本身的价值）、建筑物和房屋修理产值以及与工程项目有关的勘察设计和地质勘探活动。

农村建筑业总产值主要包括兴建房屋、农田水利建设（包括安装工程和地质勘探的产值）及开垦成片荒地的产值。其产值按兴工动料的全部投资额（但不包括被安装设备本身的价值）计算。

农村运输业总产值 指农村各级合作经济组织和农户从事货物运输活动新增加的那部分产值，包括水运（装运和堆存活动）、汽车运输、拖拉机运输、兽力车运输、人力车运输和装卸搬运等货物运输活动，其产值按这些农村运输单位的全部货运收入计算。

农村贸易业产值 指农村供销合作社及其他各种合作经济组织和农户从事贸易活动的产值。其产值按这些农村商业单位的商品附加费（已销售产品购销差价减托运费和装卸搬运费）计算，或用商品流转费加税金、销售利润（亏损则为负数）减运输费计算。在搜集资料比较困难情况下，也可根据这些农村商业单位的零售额乘以毛利率（购销差价率）再减去托运费和装卸搬运费来估算。

农村饮食业总产值 指农村各种合作经济组织和农户从事饮食业活动的产值。其产值按饮食业的营业额计算，即按加工、销售食品的全价计算。

粮食产量 指全社会的产量。包括国营农场等全民所有制经营的、集体统一经营的和农民家庭经营的产量，还包括工矿企业家属办的农场和其他生产单位的产量。粮食包括稻谷、小麦、玉米、高粱、谷子、其他杂粮和大豆。按国家规定还包括薯类（按五斤折一斤粮食计算），但新疆薯类习惯作为蔬菜，故未列入粮食产量中。

①谷物产量：是指主要供作粮食的作物产量，这类作物包括稻谷、小麦、玉米、谷子、高粱和其它谷物，不包括豆类和薯类。

②豆类作物产量：是以食用种籽或及其制成品为主的一类豆料作物产量，包括大豆和杂豆。大豆具体指黄豆、黑豆、青豆三类。

水产品产量 指人工养殖和天然生长的水产品的捕捞量。包括鱼类、虾蟹类、贝类，不包括淡水水生植物。

猪、牛、羊肉产量 指当年出栏并已屠宰的猪、牛、羊的肉产量。即屠宰后除去头蹄下水后带骨肉（即胴体重）的产量。

灌溉面积 指有效灌溉面积，即具有一定的水源，地块比较平整，灌溉工程或设备已经配套，在一般年景下当年能够进行正常灌溉的耕地面积。

农业机械总动力 指主要用于农、林、牧、副、渔业的各种动力机械的动力总和。包括耕作机械、排灌机械、收获机械、农产品加工机械、运输机械、植物保护机械、牧业机械、林业机械、渔业机械和其他农业机械。不包括专门用于乡办工业、基本建设、非农业运输、科学实验和教学等非农业生产方面用的动力机械与作业机械。

乡镇企业 凡是乡（包括区、镇）、村、集体办、组（原生产队）办、联户和个体办的农业、工业、建筑业、交通运输业、商业饮食业、服务业和其他企业均属于乡镇企业统计范围。

乡镇企业必须同时具备以下四个条件：

（1）有固定的生产经营组织、场所、设备和从事生产经营的人员；

（2）常年从事生产经营活动。或从事季节性生产经营，全年开工时间在三个月以上；

（3）具备独立核算的条件，或虽非独立核算单位，但有单独的帐目；

（4）应执有当地工商行政部门颁发的营业执照，承担经济责任和纳税义务（农业企业除外）。

农林牧渔业商品产值 指在生产年度内全部农业生产单位（包括国营、农村集体经济组织和农户）全年生产的农副产品产量中实际出售的商品价值。为了便于计算并及时报送资料，统一规定按农业生产单位在日历年度内实际出售的商品产值来计算。不论是出售给国家的，还是直接出售给城镇居民的或农民之间交换的，都应计算为商品产值。

耕地面积：是指种植农作物，经常进行耕锄的田地。包括熟地，当年新开荒地，连续撂荒未满三年的耕地和当年的休闲地（轮歇地）。经种植农作物为主并附带种植桑树、茶树、果树和其他林木的土地以及沿海、沿湖地区已围垦利用的"海涂"、"湖田"等也应包括在内。但专业性的桑园、茶园、果园、果木苗圃、林地、芦苇地、天然草原等不应包括在内。

农用化肥施用量 是指在本年度内实际用于农业生产的化肥数量。包括氮肥、磷肥、钾肥及复合肥。施用量要求按实物量及折纯法两种方法计算。按折纯法计算化肥数量，即把氮肥、磷肥、钾肥分别按含氮、含五氧化二磷、含氧化钾百分之一百折算。

乡村实有劳动力合计 指乡村人口中实际参加各种行业劳动并取得实物或货币收入的劳动力人数。包括劳动年龄内实际参加劳动的人口和不是或超过劳动年龄实际参加劳动的人口数。不包括户口在家的在外学生和丧失劳动能力的人，也不包括待业人员和家务劳动者。

农林牧渔业劳动力 指直接从事农业、林业、牧业、渔业生产活动的劳动力，不包括从事工业建筑业、运输与邮电业、批发零售贸易和餐饮业、金融业及以其他非农行业的劳动力，也不包括已统计为临时工（合同工）的劳动力。

9

سانائەت

工 业

Industry

تۈرلۈك ئىقتىسادىي تىپتىكى سانائەت ئىشلەپچىقىرىش ئورۇنلىرى سانى ۋە سانائەت ئومۇمىي مەھسۇلات قىممىتى (ھازىرقى باھا)

9—1 各种经济类型工业生产单位数和工业总产值(现行价)

تىپى 类别	يىل- 1994 年		يىل- 1995 年	
	سانائەت ئىشلەپچىقىرىش ئورۇنلىرى (ئورۇن) 工业生产单位数(个)	سانائەت ئومۇمىي مەھسۇلات قىممىتى (تۈمەن يۈەن) 工业总产值(万元)	سانائەت ئىشلەپچىقىرىش ئورۇنلىرى سانى (ئورۇن) 工业生产单位数(个)	سانائەت ئومۇمىي مەھسۇلات قىممىتى (ھازىرقى باھا، بۇرۇنقى بەلگىلىمە، تۈمەن يۈەن) 工业总产值(万元)
总计 جەمئىي	**58 524**	**5 905 192.7**	**51 084**	**8 042 648.3**
在总计中： جەمئىي ئىچىدە				
国有经济 دۆلەت ئىگىلىكى	3 204	4 444 402.8	3 462	5 896 715.2
集体经济 كوللېكتىپ ئىگىلىك	5 825	1 119 700.3	6 537	1 681 447.9
乡及乡以上工业 يېزا ھەم يېزىدىن يۇقىرى باشقۇرغان	3 867	1 014 024.3	4 597	1 524 301.3
村办工业 كەنت باشقۇرغان	1 508	93 193.0	1 369	110 469.6
城乡联营工业 شەھەر-يېزا بىرلەشكەن	450	12 483.0	571	46 677.0
城镇联营工业 شەھەر-بازار بىرلەشكەن	231	5 828.0	216	21 177.4
农村联营工业 يېزىلار بىرلەشكەن	219	6 655.0	355	25 499.6
城乡个体工业 شەھەر-يېزىلاردىكى يەككە سانائەت	49 236	201 677.0	39 364	171 818.3
城镇个体工业 شەھەر-بازارلاردىكى يەككە سانائەت	19 204	67 067.0	15 574	55 158.2
农村个体工业 يېزىلاردىكى يەككە سانائەت	30 032	134 610.0	23 790	116 660.1
私营经济 خۇسۇسىي ئىگىلىك	75	5 510.2	1 420	67 559.9
联营经济 بىرلەشمە ئىگىلىك	39	5 873.1	93	32 650.6
股份制经济 پاي تۈزۈمىدىكى ئىگىلىك	60	30 069.5	61	40 997.4
外商投资经济 چەت ئەل سودىگەرلىرى مەبلەغ سالغان ئىگىلىك	46	54 824.1	67	45 630.3
中外合资经营企业 جۇڭگو-چەت ئەل شېرىكچىلىكىدىكى كارخانا	41	50 340.0	56	29 037.9
中外合作经营企业 جۇڭگو-چەت ئەل ھەمكارلىقىدىكى كارخانا	4	4 484.1	5	16 131.3
外资企业 چەت ئەل مەبلىغى كارخانىسى	1		6	461.1
港、澳、台投资经济 شاڭگاڭ، ئاۋمېن، تەيۋەن مەبلەغ سالغان ئىگىلىك	37	42 428.2	78	105 822.4
与大陆合资经营企业 چوڭ قۇرۇقلۇق بىلەن ھەمكارلاشقان	35	42 314.9	73	105 536.4
港、澳、台独资企业 شاڭگاڭ، ئاۋمېن، تەيۋەن مۇستەقىل مەبلەغ سالغان	2	113.3	4	286.0
其他经济 باشقا ئىگىلىك	2	707.5	2	6.3
在总计中： جەمئىي ئىچىدە:				
乡属工业 يېزىغا تەۋە	1 231	181 162.3	1 688	232 916.8
在总计中： جەمئىي ئىچىدە				
轻工业 يېنىك سانائەت	45 824	2 546 828.8	39 859	3 691 142.7
重工业 ئېغىر سانائەت	12 700	3 358 363.9	11 225	4 351 505.6

يېزا ھەم يېزىدىن يۇقىرى سانائەت كارخانىلىرىنىڭ ئىشلەپچىقىرىش ئورۇنلىرى سانى ھەم سانائەت ئومۇمىي مەھسۇلات قىممىتى

9—2 乡及乡以上工业企业生产单位数及工业总产值

(1995 年-يىل)

类别	تۈرى	كارخانا ھەم ئورۇن سانى (ئورۇن) 企业及单位数(个)	سانائەت ئومۇمىي مەھسۇلات قىممىتى (بۇرۇنقى بەلگىلىمە، تۈمەن يۈەن) 工业总产值(原规定,万元)		سانائەت ئومۇمىي مەھسۇلات قىممىتى (يېڭى بەلگىلىمە، تۈمەن يۈەن) 工业总产值(新规定,万元)	
			1990-يىللىق ئۆزگەرمەس باھا 按1990年不变价格计算	شۇ يىللىق باھا 按当年价格计算	1990-يىللىق ئۆزگەرمەس باھا 按1990年不变价格计算	شۇ يىللىق باھا 按当年价格计算
总计	**جەمئىي**	**8 366**	**3 876 615.4**	**7 646 742.0**	**3 224 602.6**	**5 560 824.9**
按经济类型及隶属关系分	**ئىقتىسادىي تىپى ھەم تەۋەلىك مۇناسىۋىتى بويىچە**					
国有经济	دۆلەت ئىگىلىكى	3 462	2 886 648.8	5 896 715.2	2 567 344.6	4 613 087.4
中央企业	مەركەز كارخانىسى	1 354	1 739 185.3	3 961 047.4	1 462 199.7	2 987 948.5
地方企业	يەرلىك كارخانا	2 108	1 147 463.5	1 935 667.8	1 105 144.9	1 625 138.9
#自治区属企业	ئاپتونوم رايون	400	437 297.5	722 660.2	430 087.1	622 139.5
地区(州、市)属企业	ۋىلايەت، ئوبلاست، شەھەر	485	409 549.2	673 634.3	401 666.2	574 799.0
县属企业	ناھىيە	1 223	300 616.8	539 373.3	273 391.6	428 200.4
集体经济	كوللېكتىپ ئىگىلىك	4 597	842 831.9	1 524 301.3	518 880.7	744 135.9
#自治区属企业	ئاپتونوم رايون	77	20 541.8	35 529.5	20 654.2	31 716.4
地区(州、市)属企业	ۋىلايەت، ئوبلاست، شەھەر	230	56 622.5	101 526.4	53 331.3	81 633.0
县属企业	ناھىيە	1 380	438 219.4	881 033.9	169 671.2	260 569.3
街道属企业	مەھەللە	218	12 614.7	18 167.0	12 259.8	15 683.3
镇属企业	بازار	142	8 389.6	11 722.4	7 923.3	10 284.8
乡办企业	يېزا باشقۇرۇشىدىكى	1 647	149 684.9	224 154.7	135 860.2	175 266.4
私营经济	خۇسۇسىي ئىگىلىك	6	486.6	618.5	486.6	581.9
联营经济	بىرلەشمە ئىگىلىك	93	20 044.5	32 650.6	19 923.2	29 244.1
股份制经济	پاي تۈزۈمىدىكى ئىگىلىك	61	26 407.0	40 997.4	26 204.2	37 168.2
外商投资经济	چەت ئەل سودىگەرلىرى مەبلىغى ئىگىلىكى	67	32 363.1	45 630.3	32 295.0	42 709.2
中外合资经营企业	جۇڭگو-چەت ئەل شېرىكچىلىكىدىكى	56	21 695.5	29 037.9	21 634.5	26 393.5
中外合作经营企业	جۇڭگو-چەت ئەل ھەمكارلىقىدىكى	5	10 434.3	16 131.3	10 427.2	15 921.6
外资企业	چەت ئەل مەبلىغى كارخانىسى	6	233.3	461.1	233.3	394.1
港、澳、台投资经济	شاڭگاڭ، ئاۋمېن، تەيۋەن مەبلىغى ئىگىلىكى	78	67 828.6	105 822.4	59 463.4	93 892.7
与大陆合资经营企业	چوڭ قۇرۇقلۇق بىلەن شېرىكلەشكەن	73	67 621.6	105 536.4	59 256.4	93 648.7
与大陆合作经营企业	چوڭ قۇرۇقلۇق بىلەن ھەمكارلاشقان	1				
港、澳、台独资企业	شاڭگاڭ، ئاۋمېن، تەيۋەن مۇستەقىل مەبلەغ سالغان	4	207.0	286.0	207.0	244.0
其他经济	باشقا ئىگىلىك	2	4.9	6.3	4.9	5.5
按轻、重工业分	**يېنىك ۋە ئېغىر سانائەت بويىچە**					
轻工业	يېنىك سانائەت	4 352	1 929 937.5	3 468 004.3	1 285 619.4	1 919 335.2
以农产品为原料	يېزا ئىگىلىك مەھسۇلاتلىرىنى خام ئەشيا قىلىدىغان	3 412	1 785 698.7	3 278 079.5	1 145 463.7	1 755 137.9
以非农产品为原料	غەيرى يېزا ئىگىلىك مەھسۇلاتلىرىنى خام ئەشيا قىلىدىغان	940	144 238.8	189 924.8	140 155.7	164 197.3
重工业	ئېغىر سانائەت	4 014	1 946 677.9	4 178 737.7	1 938 983.2	3 641 489.7
采掘工业	قېزىش سانائىتى	873	832 503.6	2 254 904.5	829 283.8	1 949 268.9
原料工业	خام ئەشيا سانائىتى	975	660 909.1	1 303 566.6	661 462.9	1 141 356.0
加工工业	پىششىقلاش سانائىتى	2 166	453 265.2	620 266.6	448 236.5	550 864.8
按企业规模分	**كارخانا كۆلىمى بويىچە**					
大型企业	چوڭ	40	1 320 946.0	3 218 653.5	1 320 149.6	2 780 002.7
中型企业	ئوتتۇرا	155	576 369.7	926 078.5	563 909.8	793 176.7
小型企业	كىچىك	8 171	1 979 299.7	3 502 010.0	1 340 543.2	1 987 645.5
按行业分	**ساھەلەر بويىچە**					
煤炭采选业	كۆمۈر قېزىش	542	123 172.3	177 543.6	120 247.3	159 120.5
石油和天然气开采业	نېفىت ۋە تەبىئىي گاز قېزىش	5	657 501.6	2 001 779.4	657 501.6	1 719 600.0
黑色金属矿采选业	قارا مېتال كان قېزىش	27	6 675.9	13 276.8	6 662.2	11 771.2
有色金属矿采选业	رەڭلىك مېتال كان قېزىش	73	14 160.8	23 637.7	14 185.6	22 487.1
贵金属矿采选业	قىممەت مېتال كان قېزىش	41	9 597.5	17 256.8	9 628.6	16 446.7
稀有稀土金属矿采选业	ئاز ئۇچرايدىغان مېتال كان قېزىش	6	1 019.2	1 421.9	1 012.9	1 307.3
非金属矿采选业	غەيرى مېتال كان قېزىش	220	33 473.9	40 386.4	33 139.6	35 974.1
土砂石开采业	تاش-قۇم كولاش	119	6 934.3	10 617.0	6 876.0	9 996.6
化学矿采选业	خىمىيە كان قېزىش	15	1 982.9	1 857.5	1 981.4	1 758.7
采盐业	تۇزچىلىق	28	12 369.6	14 554.9	12 303.2	12 278.1
其他非金属矿采选业	باشقا غەيرى مېتال كان قېزىش	58	12 187.1	13 357.0	11 979.0	11 940.7
其他矿采选业	باشقا كان قېزىش	1	4.0	5.0	4.0	4.4
木材及竹材采运业	ياغاچ كېسىش، توشۇش	33	9 884.7	12 830.5	9 846.7	12 589.7

9—2 续表 1 داۋامى

类别	تۈرى	كارخانا ھەم ئورۇن سانى (ئورۇن) 企业及单位数（个）	سانائەت ئومۇمىي مەھسۇلات قىممىتى (بۇرۇنقى بەلگىلىمە، تۈمەن يۈەن) 工业总产值（原规定，万元）		سانائەت ئومۇمىي مەھسۇلات قىممىتى (يېڭى بەلگىلىمە، تۈمەن يۈەن) 工业总产值（新规定，万元）	
			1990-يىللىق ئۆزگەرمەس باھا 按1990年不变价格计算	شۇ يىللىق باھا 按当年价格计算	1990-يىللىق ئۆزگەرمەس باھا 按1990年不变价格计算	شۇ يىللىق باھا 按当年价格计算
食品加工业	يېمەكلىك پىششىقلاش	1 027	316 647.5	598 768.0	269 730.4	435 201.4
粮食及饲料加工业	ئاشلىق ھەم يەم خەشەك	696	133 208.0	293 667.2	103 190.6	192 602.3
植物油加工业	ئۆسۈملۈك مېيى	207	68 318.4	125 335.3	53 862.2	87 431.7
制糖业	شېكەر	26	97 593.1	146 065.6	96 610.0	127 473.2
屠宰及肉类蛋类加工业	قۇشخانا ھەم گۆش، تۇخۇم پىششىقلاش	68	10 790.5	24 392.5	10 528.0	21 258.8
食品制造业	يېمەكلىك ياساش	405	71 384.3	111 535.6	69 904.8	97 333
糕点、糖果制造业	تورت، قەن-كەمپۈت	162	14 770.6	24 418.4	14 400.1	21 788.0
乳制品制造业	سۈت مەھسۇلاتى	57	8 049.2	13 203.7	8 039.1	11 545.1
罐头食品制造业	كونسىرۋا	52	31 373.6	45 503.8	30 994.6	40 049.1
饮料制造业	ئىچىملىك ياساش	198	81 343.1	140 213.2	80 798.5	122 623.2
酒精及饮料酒制造业	ئىسپىرت، ھاراق	114	75 857.3	131 601.4	75 347.4	114 159.3
软饮料制造业	ئىسپىرتسىز ئىچىملىك	74	5 254.5	7 950.3	5 222.4	6 958.0
烟草加工业	تاماكا پىششىقلاش	11	32 214.3	38 059.5	32 162.7	32 985.8
纺织业	توقۇمىچىلىق	626	1 110 985.6	2 125 080.4	533 905.2	856 351.2
纤维原料初步加工业	تالالىق خام ئەشيانى دەسلەپكى پىششىقلاش	348	639 773.0	1 289 564.3	77 522.9	136 456.3
棉纺织业	پاختا توقۇمىچىلىق	117	293 845.6	633 012.6	291 425.3	544 828.2
毛纺织业	يۇڭ توقۇمىچىلىق	45	119 856.1	120 266.5	109 100.9	99 577.4
丝绢纺织业	يىپەك توقۇمىچىلىق	12	9 164.7	9 487.8	9 122.6	8 545.6
针织品业	ئىلمە توقۇمىچىلىق	92	47 852.5	71 980.8	46 268.3	66 258.7
服装及其他纤维制品制造业	كىيىم ھەم باشقا تالالىق بۇيۇم	203	17 608.6	25 158.9	16 671.6	21 045.2
服装制造业	كىيىم	165	11 388.8	15 360.5	10 437.2	12 775.4
制帽业	باش كىيىم	4	803.6	822.8	882.4	743.4
制鞋业	ئاياق	14	642.2	1 113.2	603.1	930.0
皮革、毛皮、羽绒及其制品业	خۇرۇم، تېرە، مامۇق ۋە بۇيۇم	184	33 783.2	64 021.6	24 575.5	38 069.6
制革业	خۇرۇم ياساش	36	17 634.0	35 844.0	8 203.7	13 308.5
皮革制品制造业	خۇرۇم بۇيۇم	110	7 806.7	11 034.4	7 840.3	9 851.1
毛皮鞣制及制品业	تېرە ھەم تېرە بۇيۇم	35	8 224.9	16 920.7	8 413.9	14 724.1
木材加工及竹、藤、棕、草制品业	ياغاچ پىششىقلاش ھەم بامبۇك، پىلەك، پالما، سامان بۇيۇم	128	9 368.7	14 097.0	9 170.9	12 355.5
锯材、木片加工业	ھەرىدەلگەن ياغاچ، ياغاچ پارچىسى پىششىقلاش	53	3 369.1	5 101.4	3 259.5	4 429.7
人造板制造业	سۈنئى تاختاي	33	3 613.9	5 183.2	3 611.3	4 562.8
家具制造业	ئائىلە جابدۇقلىرى	162	11 708.9	18 030.1	11 503.8	15 831.2
木制家具制造业	ياغاچ جابدۇق	138	9 706.6	15 208.7	9 490.5	13 400.3
金属家具制造业	مېتال جابدۇق	19	1 714.6	2 440.6	1 726.1	2 097.6
造纸及纸制品业	قەغەز ھەم قەغەز بۇيۇم	157	52 569.6	80 933.7	52 441.6	69 708.2
造纸业	قەغەزچىلىك	67	37 345.7	59 090.1	37 346.1	50 844.3
印刷业、记录媒介的复制	مەتبەە، خاتىرلەش ۋاستىلىرىنى كۆپەيتىش	254	24 088.4	31 924.9	21 098.0	26 579.4
文教体育用品制造业	مەدەنىيەت، مائارىپ، تەنتەربىيە بۇيۇمى	41	1 314.2	1 919.9	1 343.3	1 713.9
文化用品制造业	مەدەنىيەت بۇيۇمى	36	1 232.8	1 743.6	1 261.9	1 561.3
石油加工及炼焦业	نېفىت پىششىقلاش، كوكۇس تاۋلاش	105	207 257.1	441 231.1	207 749.0	383 895.3
化学原料及化学制品制造业	خىمىيە خام ئەشيا ھەم خىمىيە بۇيۇم	290	124 251.2	187 317.2	123 718.5	164 291.7
基本化学原料制造业	ئاساسىي خىمىيە خام ئەشياسى ياساش	68	39 154.7	55 528.7	38 990.5	47 563.9
化学肥料制造业	خىمىيە ئوغۇت	31	21 493.4	34 904.5	21 208.7	29 705.1
有机化学产品制造业	ئورگانىك خىمىيە مەھسۇلاتى	74	15 677.8	20 920.0	15 546.0	17 970.2
日用化学产品制造业	كۈندىلىك خىمىيە مەھسۇلاتى	38	10 329.2	15 122.9	10 421.4	13 123.8
医药制造业	تىببىي دورا ياساش	70	37 435.4	48 600.4	36 069.2	43 101.5
化学药品原药制造业	خىمىيە تىببىي دورىسى.اق خام دورىسى	7	6 621.9	7 758.5	6 716.6	6 969.6
中药材及中成药加工业	جۇڭيىچە دورا ماتېريالى ھەم تەييار دورا پىششىقلاش	43	20 063.2	25 733.2	19 679.2	23 219.9
化学纤维制造业	خىمىيە تالا ياساش	7	6 946.2	7 396.7	6 946.2	6 322.4
橡胶制品业	كاۋچۇك بۇيۇم	37	46 399.1	47 376.7	46 334.4	40 641.4

9—2 续表 2 داۋامى

تۈرى 类　　别	كارخانا هەم ئورۇن سانى (ئورۇن) 企业及单位数（个）	سانائەت ئومۇمىي مەھسۇلات قىممىتى (بۇرۇنقى بەلگىلىمە، تۈمەن يۈەن) 工业总产值（原规定，万元）		سانائەت ئومۇمىي مەھسۇلات قىممىتى (يېڭى بەلگىلىمە، تۈمەن يۈەن) 工业总产值（新规定，万元）	
		1990-يىللىق ئۆزگەرمەس باھا 按 1990 年不变价格计算	شۇ يىللىق باھا 按当年价格计算	1990-يىللىق ئۆزگەرمەس باھا 按 1990 年不变价格计算	شۇ يىللىق باھا 按当年价格计算
轮胎制造业 باللون	4	40 821.8	39 679.1	40 886.0	33 991.7
塑料制品业 سۇلياۋ بۇيۇم	188	76 857.4	105 959.4	76 043.5	96 069.0
塑料薄膜制造业 سۇلياۋ يوپۇق	55	60 872.8	83 339.8	60 357.2	76 297.9
非金属矿物制品业 غەيرى مېتال كان بۇيۇمى	1 303	164 625.2	275 942.9	162 821.7	246 194.0
水泥制造业 سېمونت	113	73 545.4	148 752.4	73 148.6	131 492.2
水泥制品和石棉水泥制品业 سېمونت-بۇيۇم ۋە سېمونت-تاشپاختا بۇيۇم	341	24 164.1	41 670.7	23 853.3	37 175.1
砖瓦、石灰和轻质建筑材料制造业 خىش، كاھىش، ئاھاك ۋە يېنىك قۇرۇلۇش ماتېرىيالى	736	48 194.8	59 410.8	47 706.0	54 663.4
玻璃及玻璃制品业 ئەينەك ۋە ئەينەك بۇيۇم	26	6 010.0	10 027.1	5 910.2	8 777.1
陶瓷制品业 فار-فۇر بۇيۇم	24	3 298.1	4 577.5	3 291.0	3 993.5
耐火材料制品业 ئوتقا چىدامىلىق ماتېرىيال-بۇيۇم	23	5 558.8	6 473.9	5 188.6	5 746.1
矿物纤维及其制品业 مىنېرال تالا ھەم مىنېرال تالا بۇيۇم	21	1 927.3	2 494.7	1 880.0	2 168.3
黑色金属冶炼及压延加工业 قارا مېتال تاۋلاش-پىرىسلاش	77	112 224.2	219 589.1	112 201.1	187 519.1
炼铁业 تۆمۈر تاۋلاش	26	15 726.6	30 151.2	15 697.1	26 106.5
炼钢业 پولات تاۋلاش	6	83 349.1	168 995.2	83 257.7	143 675.8
有色金属冶炼及压延加工业 رەڭلىك مېتال تاۋلاش-پىرىسلاش	56	81 779.1	136 007.3	82 062.4	119 501.2
轻有色金属冶炼业 يېنىك رەڭلىك مېتال تاۋلاش	15	28 039.6	52 327.4	28 354.7	44 758.1
稀有稀土金属冶炼业 كەم تېپىلىدىغان مېتال تاۋلاش	2	17 585.2	24 269.3	17 594.9	20 758.0
金属制品业 مېتال بۇيۇم	504	62 106.3	84 333.2	59 253.8	72 440.4
金属结构制造业 مېتال قۇرۇلما	18	4 342.6	6 326.0	4 179.3	5 786.4
铸铁管制造业 قۇيما تۇربا	22	2 379.6	4 755.5	2 235.1	4 165.5
集装箱和金属包装物品制造业 قاچىلاش ساندۇقى، مېتال ئوراش بۇيۇمى	40	10 973.1	14 072.9	10 091.9	11 472.0
金属丝绳及其制品业 مېتال سىم-ئارغامچا ۋە بۇيۇم	37	5 360.1	7 638.8	4 710.6	6 246.3
建筑用金属制品业 مېتال بىناكارلىق بۇيۇم	266	25 345.1	32 801.2	24 664.1	28 680.0
日用金属制品业 كۈندىلىك مېتال بۇيۇم	70	7 121.5	9 077.2	7 068.6	7 781.7
普通机械制造业 ئادەتتىكى ماشىنسازلىق	161	46 006.6	62 844.7	45 379.3	55 263.9
锅炉及原动机制造业 پارقازان ھەم دىۋىگاتېل	35	14 862.4	21 431.7	14 485.6	18 867.5
通用设备制造业 ئاممىباپ ئۈسكىنە	26	10 936.0	15 319.2	11 151.3	13 858.0
轴承、阀门制造业 ئوق قازان، كىلاپان	4	3 326.4	4 533.2	3 709.4	3 906.7
铸锻件制造业 قۇيما، سوقۇلما زاپچاس	41	3 093.5	4 354.5	2 998.1	3 859.0
专用设备制造业 مەخسۇس ئۈسكىنە	209	74 998.7	108 527.3	74 657.1	97 200.5
农、林、牧、渔、水利业机械制造业 دېھقانچىلىق، ئورمانچىلىق، چارۋىچىلىق، بېلىقچىلىق، سۇچىلىق ماشىنىلىرى	76	55 148.6	80 454.1	55 321.7	71 949.3
交通运输设备制造业 قاتناش-ترانسپورت ئۈسكۈنىلىرى	273	49 855.9	67 415.1	49 595.2	60 209.9
汽车制造业 ئاپتوموبىل	32	28 721.5	39 346.5	29 281.7	34 937.6
电气机械及器材制造业 ئېلېكتر-ماشىنا ھەم ماتېرىيالى	99	47 019.6	61 177.0	46 384.0	52 814.0
电机制造业 ئېلېكتر دىۋىگاتېل	4	10 517.8	12 928.8	10 500.5	11 198.9
输配电及控制设备制造业 توك يوللاش، تەقسىملەش، تىزگىنلەش ئۈسكۈنىسى	40	16 309.9	22 472.5	15 830.1	19 265.0
电工器材制造业 توكچىلىق ئەسۋاپ-ماتېرىيالى	28	14 755.0	19 436.9	14 867.8	16 985.4
电子及通信设备制造业 ئېلېكترون، ئالاقە ئۈسكۈنىسى	8	4 216.0	4 648.5	4 122.1	4 111.0
日用电子器具制造业 كۈندىلىك ئېلېكترون ئەسۋاپ، سايمان	2	3 001.3	2 807.5	2 907.4	2 470.9
仪器仪表及文化、办公用机械制造业 ئەسۋاپ، مەدەنىيەت، ئىش بېجىرىش ماشىنىلىرى	13	1 311.0	1 779.0	1 306.2	1 520.8
其他制造业 باشقا ياساش كەسپى	203	10 002.2	13 030.6	9 211.9	10 958.6
工艺美术品制造业 ھۆنەر-سەنئەت بۇيۇملىرى	160	7 164.9	8 364.8	6 731.0	7 356.8
地毯制造业 گىلەم	90	3 780.3	3 953.8	3 474.0	3 497.2
首饰制造业 زىننەت بۇيۇملىرى	27	1 775.0	2 264.5	1 684.9	1 919.9
电力、蒸汽、热水的生产和供应业 ئېلېكتر، پار، ئىسسىق سۇ ئىشلەپچىقىرىش، تەمىنلەش	368	107 082.7	238 576.9	106 915.8	211 194.4
电力生产业 ئېلېكتر كۈچى ئىشلەپچىقىرىش	274	79 359.8	154 459.0	79 226.3	142 219.4
电力供应业 ئېلېكتر كۈچى تەمىنلەش	75	23 707.7	80 099.0	23 696.2	65 320.2
煤气生产和供应业 كۆمۈر گازى ئىشلەپچىقىرىش، تەمىنلەش	7	1 001.8	2 663.3	1 780.1	3 789.8
自来水的生产和供应业 تۇربا سۈيى ئىشلەپچىقىرىش، تەمىنلەش	91	7 350.1	13 123.4	7 157.8	12 441.4

رايونلارغا ئايرىلغان يېزا ھەم يېزىدىن يۇقىرى سانائەت كارخانىلىرىنىڭ ئىشلەپچىقىرىش ئورۇنلىرى سانى ھەم سانائەت ئومۇمىي مەھسۇلات قىممىتى

9—3 分地区乡及乡以上工业企业生产单位数及工业总产值

(يىل- 1995年)

地区 رايونلار	企业及单位数(个) كارخانا ۋە ئورۇن سانى (ئورۇن)	工业总产值(原规定,万元) سانائەت ئومۇمىي مەھسۇلات قىممىتى (بۇرۇنقى بەلگىلىمە، تۈمەن يۈەن)		工业总产值(新规定,万元) سانائەت ئومۇمىي مەھسۇلات قىممىتى (يېڭى بەلگىلىمە، تۈمەن يۈەن)	
		按1990年不变价格计算 1990-يىللىق ئۆزگەرمەس باھا	按当年价格计算 شۇ يىللىق باھا	按1990年不变价格计算 1990-يىللىق ئۆزگەرمەس باھا	按当年价格计算 شۇ يىللىق باھا
总计 جەمئىي	8 366	3 876 615.4	7 646 742.0	3 224 602.6	5 560 824.9
乌鲁木齐市 ئۈرۈمچى شەھىرى	1 640	996 101.4	1 759 893.8	990 232.4	1 529 629.5
乌鲁木齐县 ئۈرۈمچى ناھىيىسى	93	24 186.8	39 569.5	24 422.0	30 116.9
克拉玛依市 قاراماي شەھىرى	135	571 966.2	1 516 277.3	561 772.0	1 284 052.9
石河子市 شىخەنزە شەھىرى	193	141 895.1	224 665.5	125 538.5	177 644.4
吐鲁番地区 تۇرپان ۋىلايىتى	315	128 365.0	387 189.7	116 413.8	296 833.0
吐鲁番市 تۇرپان شەھىرى	154	30 204.0	53 188.5	26 542.7	32 546.6
鄯善县 پىچان	95	80 442.8	299 888.5	76 328.8	249 653.8
托克逊县 توقسۇن	66	17 718.2	34 112.7	13 542.3	14 632.6
哈密地区 قۇمۇل ۋىلايىتى	286	85 495.6	154 016.9	75 465.9	115 373.3
哈密市 قۇمۇل شەھىرى	194	75 127.8	138 740.9	66 100.1	103 855.4
巴里坤县 باركۆل	61	9 314.3	13 185.6	8 747.2	10 572.6
伊吾县 ئاراتۈرۈك	31	1 053.5	2 090.4	618.6	945.3
昌吉州 سانجى ئوبلاستى	1 171	400 777.2	675 017.0	332 314.0	484 673.9
昌吉市 سانجى شەھىرى	251	131 799.5	220 301.5	125 015.4	184 711.8
阜康市 فۇكاڭ شەھىرى	173	41 701.3	65 878.8	39 949.4	55 755.2
米泉县 مىچۈەن	198	46 323.2	70 560.6	44 985.3	60 280.9
呼图壁县 قۇتۇبى	136	57 878.3	104 148.6	42 403.3	65 073.2
玛纳斯县 ماناس	131	93 516.0	164 856.2	53 186.3	80 736.3
奇台县 گۇچۇڭ	135	14 700.7	26 664.4	13 155.5	20 687.1
吉木萨尔县 جىمسار	96	12 448.9	18 582.0	11 227.2	13 786.0
木垒县 مورى	51	2 409.3	4 021.9	2 391.6	3 643.4
伊犁州 ئىلى ئوبلاستى	2 147	550 403.3	920 790.8	454 491.1	645 896.7
奎屯市 كۈيتۈن شەھىرى	106	73 727.0	116 831.4	71 148.4	97 133.3
伊犁地区 ئىلى ۋىلايىتى	876	202 989.8	313 391.1	195 823.4	267 752.7
伊宁市 غۇلجا شەھىرى	211	81 788.7	107 557.7	78 764.8	89 208.8
伊宁县 غۇلجا ناھىيىسى	110	22 542.1	38 634.4	22 376.0	34 716.9
察布查尔县 چاپچال	114	8 207.8	13 871.8	7 065.0	10 272.0
霍城县 قورغاس	114	39 979.7	66 643.6	37 859.8	54 676.3
巩留县 توققۇزتارا	56	7 238.2	11 079.1	7 021.9	10 424.0
新源县 كۈنەس	79	24 550.5	44 475.9	24 386.3	39 669.9
昭苏县 موڭغۇلكۈرە	77	6 757.7	12 815.1	6 717.9	11 571.3
特克斯县 تېكەس	43	5 544.5	7 657.2	5 381.6	7 405.3
尼勒克县 نىلقا	72	6 380.6	10 656.3	6 250.1	9 808.2

9—3 续表1 داۋامى1

地　区 رايونلار		企业及单位数(个) كارخانا ۋە ئورۇن سانى (ئورۇن)	工业总产值(原规定,万元) سانائەت ئومۇمىي مەھسۇلات قىممىتى (بۇرۇنقى بەلگىلىمە، تۈمەن يۈەن)		工业总产值(新规定,万元) سانائەت ئومۇمىي مەھسۇلات قىممىتى (يېڭى بەلگىلىمە، تۈمەن يۈەن)	
			按1990年不变价格计算 1990-يىللىق ئۆزگەرمەس باھا	按当年价格计算 شۇ يىللىق باھا	按1990年不变价格计算 1990-يىللىق ئۆزگەرمەس باھا	按当年价格计算 شۇ يىللىق باھا
塔城地区	**تارباغاتاي ۋىلايىتى**	**786**	**213 960.8**	**395 053.3**	**130 446.8**	**200 394.8**
塔城市	چۆچەك شەھىرى	121	12 022.4	22 943.9	10 033.9	16 849.9
额敏县	دۆربىلجىن	92	24 315.4	37 747.8	21 802.3	28 492.9
乌苏县	شىخو	213	67 436.1	132 771.1	29 032.0	48 473.5
沙湾县	ساۋەن	252	89 806.8	166 981.5	49 841.2	75 376.3
托里县	تولى	22	7 933.7	13 077.1	7 680.2	12 058.1
裕民县	چاغانتوقاي	25	1 889.2	3 961.6	1 767.5	3 533.1
和布克赛尔县	قوبۇقسار	61	10 557.2	17 570.3	10 289.7	15 611.0
阿勒泰地区	**ئالتاي ۋىلايىتى**	**379**	**59 725.7**	**95 515.0**	**57 072.5**	**80 615.9**
阿勒泰市	ئالتاي شەھىرى	126	26 614.5	43 125.4	26 101.7	37 048.7
布尔津县	بۆرچىن	34	6 341.6	9 447.6	5 835.4	7 666.0
富蕴县	كۆكتوقاي	59	6 727.1	10 191.5	6 266.9	8 365.1
福海县	بۇرۇلتوقاي	74	11 502.8	17 075.0	11 249.2	14 389.2
哈巴河县	قابا	35	4 961.0	8 845.4	4 577.0	7 953.8
青河县	چىڭگىل	27	1 999.3	4 027.2	1 815.3	3 170.1
吉木乃县	جېمىنەي	24	1 579.4	2 802.9	1 227.0	2 023.0
博州	**بۆرتالا ئوبلاستى**	**227**	**67 416.0**	**140 982.7**	**35 972.3**	**67 265.9**
博乐市	بۆرتالا شەھىرى	114	45 482.9	95 775.0	25 693.2	49 108.5
精河县	جىڭ	71	19 023.2	39 434.6	7 807.9	13 861.4
温泉县	ئارشاڭ	42	2 909.9	5 773.1	2 471.2	4 296.0
巴州	**بايىنغولىن ئوبلاستى**	**558**	**303 983.4**	**697 684.4**	**253 514.8**	**522 838.4**
库尔勒市	كورلا شەھىرى	195	199 781.5	521 295.8	180 044.6	416 620.9
轮台县	بۈگۈر	39	5 699.3	10 841.2	2 551.0	4 249.2
尉犁县	لوپنور	41	31 110.6	61 088.4	11 705.0	23 202.1
若羌县	چاقىلىق	34	8 759.7	11 532.2	6 571.8	7 241.4
且末县	چەرچەن	24	4 000.3	8 376.2	1 453.7	2 377.1
焉耆县	يەنجى	65	15 583.8	23 556.4	14 959.1	20 121.7
和静县	خېجىڭ	76	24 643.6	38 801.2	23 345.1	32 206.7
和硕县	خوشۇت	57	9 541.2	14 736.7	8 447.7	10 927.3
博湖县	باغراش	27	4 863.4	7 456.3	4 436.8	5 892.0
阿克苏地区	**ئاقسۇ ۋىلايىتى**	**550**	**289 905.7**	**507 508.5**	**129 646.1**	**196 745.1**
阿克苏市	ئاقسۇ شەھىرى	188	156 494.2	278 027.7	70 003.7	104 890.8
温宿县	ئاقسۇ كونا شەھەر	62	26 975.8	49 087.3	14 168.4	24 576.0
库车县	كۇچا	87	32 634.3	56 927.5	15 197.0	17 437.7

9－3 续表 2 داۋامى

地区 رايونلار		企业及单位数（个） كارخانا ۋە ئورۇن سانى (ئورۇن)	工业总产值(原规定,万元) سانائەت ئومۇمىي مەھسۇلات قىممىتى (بۇرۇنقى بەلگىلىمە، تۈمەن يۈەن)		工业总产值(新规定,万元) سانائەت ئومۇمىي مەھسۇلات قىممىتى (يېڭى بەلگىلىمە، تۈمەن يۈەن)	
			按1990年不变价格计算 1990-يىللىق ئۆزگەرمەس باھا	按当年价格计算 شۇ يىللىق باھا	按1990年不变价格计算 1990-يىللىق ئۆزگەرمەس باھا	按当年价格计算 شۇ يىللىق باھا
沙雅县	شايار	20	23 260.5	27 376.7	5 288.6	7 482.8
新和县	توقسۇ	33	3 586.5	5 948.9	1 534.2	2 479.4
拜城县	باي	62	9 879.2	14 457.6	8 606.4	14 319.5
乌什县	ئۇچتۇرپان	52	4 854.5	11 732.3	1 322.4	2 138.3
阿瓦提县	ئاۋات	36	31 062.6	61 768.4	13 176.1	22 557.4
柯坪县	كەلپىن	10	1 158.1	2 182.1	349.3	863.2
克州	**قىزىلسۇ ئوبلاستى**	**185**	**11 463.3**	**22 716.4**	**10 567.2**	**18 721.8**
阿图什市	ئاتۇش شەھىرى	67	3 726.8	7 832.2	3 373.1	5 276.7
阿克陶县	ئاقتۇ	49	5 420.6	10 554.3	5 185.3	9 770.7
阿合奇县	ئاقچى	19	191.6	519.8	96.8	149.4
乌恰县	ئۇلۇغچات	50	2 124.3	3 810.1	1 912.0	3 525.0
喀什地区	**قەشقەر ۋىلايىتى**	**583**	**263 229.9**	**530 115.1**	**97 472.6**	**161 376.7**
喀什市	قەشقەر شەھىرى	112	31 452.4	58 818.6	30 424.8	50 908.7
疏附县	قەشقەر كونا شەھەر	57	15 661.5	30 020.3	5 655.8	10 430.9
疏勒县	قەشقەر يېڭى شەھەر	34	20 521.5	40 943.8	10 063.1	17 301.2
英吉沙县	يېڭىسار	34	9 323.0	20 259.8	2 430.9	3 456.1
泽普县	پوسكام	46	15 786.8	37 655.5	6 039.4	9 864.8
莎车县	يەكەن	70	48 275.2	89 699.3	13 372.6	19 668.5
叶城县	قاغىلىق	51	17 379.7	37 444.0	7 942.9	11 697.4
麦盖提县	مەكىت	41	30 485.8	65 241.8	6 555.5	10 901.3
岳普湖县	يوپۇغا	32	11 565.9	25 556.7	2 195.4	3 558.2
伽师县	پەيزىۋات	22	20 073.2	35 940.4	4 771.9	10 386.2
巴楚县	مارالبېشى	72	42 443.5	88 075.9	7 761.7	12 747.1
塔什库尔干县	تاشقورغان	12	261.4	459.0	258.6	456.3
和田地区	**خوتەن ۋىلايىتى**	**376**	**65 613.3**	**109 883.9**	**41 201.9**	**59 773.3**
和田市	خوتەن شەھىرى	68	24 572.6	41 022.2	23 936.4	33 682.8
和田县	خوتەن ناھىيىسى	62	7 494.5	11 594.6	3 745.6	6 136.2
墨玉县	قاراقاش	56	8 840.0	11 103.3	2 653.6	3 582.4
皮山县	گۇما	37	6 851.2	12 184.8	3 714.5	6 956.9
洛浦县	لوپ	43	7 166.8	12 544.0	3 755.3	4 519.1
策勒县	چىرا	35	3 789.6	6 609.3	800.7	1 667.7
于田县	كېرىيە	50	5 983.9	12 942.2	2 243.2	2 677.2
民丰县	نىيە	25	914.7	1 883.5	352.6	551.0

سانائەتنىڭ ساھەلەرگە ئايرىلغان ئوتتۇرىچە ئىشچى-خىزمەتچىلەر سانى

9—4 工业分行业职工平均人数

单位：人 بىرلىكى: نەپەر

行业	ساھەلەر	1994年 -يىل	1995年 -يىل
总计	جەمئىي	850 982	881 920
按经济类型分	**ئىقتىسادىي تىپ بويىچە**		
国有经济	دۆلەت ئىگىلىكى	646 168	678 819
集体经济	كوللېكتىپ ئىگىلىك	184 070	176 558
其他经济	باشقا ئىگىلىك	20 744	26 543
按隶属关系分	**تەۋەلىك مۇناسىۋىتى بويىچە**		
中央企业	مەركەز كارخانىسى	316 823	330 659
地方企业	يەرلىك كارخانا	534 159	551 261
按轻、重工业分	**يېنىك-ئېغىر سانائەت بويىچە**		
轻工业	يېنىك سانائەت	327 675	338 222
重工业	ئېغىر سانائەت	523 307	543 698
按行业分	**ساھە بويىچە**		
煤炭采选业	كۆمۈر قېزىش	73 631	72 144
石油和天然气开采业	نېفىت ۋە تەبىئىي گاز قېزىش	128 293	140 388
黑色金属矿采选业	قارا مېتال كان قېزىش	2 285	2 219
有色金属矿采选业	رەڭلىك مېتال كان قېزىش	11 710	5 672
非金属矿采选业	غەيرى مېتال كان قېزىش	14 168	13 222
木材及竹材采选业	ياغاچ-كېسىش، توشۇش	5 041	4 764
食品加工业	يېمەكلىك پىششىقلاش	42 588	44 541
食品制造业	يېمەكلىك ياساش	19 434	18 243
饮料制造业	ئىچىملىك ياساش	17 216	18 299
烟草加工业	تاماكا پىششىقلاش	1 231	1 086
纺织业	توقۇمىچىلىق	130 428	146 791
服装及其他纤维制品制造业	كىيىم ھەم باشقا تالالىق بويۇم	10 880	9 116
皮革、毛皮、羽绒及其制品业	خۇرۇم، تېرە، مامۇق ۋە بويۇم	15 967	13 272
木才加工及竹、藤、棕、草制品业	ياغاچ پىششىقلاش ھەم بامبۇك، پىلەك، پالما، سامان بويۇم	3 163	4 128
家具制造业	ئائىلە جابدۇقلىرى	3 923	4 532
造纸及纸制品业	قەغەز ھەم قەغەز بويۇم	14 576	15 324
印刷业、记录媒介的复制	مەتبەئە، خاتىرلەش ۋاستىلىرىنى كۆپەيتىش	12 861	11 837
文教体育用品制造业	مەدەنىيەت، مائارىپ، تەنتەربىيە بويۇملىرى	615	598
石油加工及炼焦业	نېفىت پىششىقلاش، كوكس تاۋلاش	15 947	20 047
化学原料及化学制品制造业	خىمىيە خامئەشيا ھەم خىمىيە بويۇم	33 330	42 248
医药制造业	تېببىي دورا	5 513	6 456
化学纤维制造业	خىمىيە تالا	887	854
橡胶制品业	كاۋچۇك بويۇم	4 442	4 709
塑料制品业	سۇلياۋ بويۇم	12 581	10 717
非金属矿物制品业	غەيرى مېتال كان بويۇم	70 407	74 605
黑色金属冶炼及压延加工业	قارا مېتال تاۋلاش-پىرىسلاش	42 956	38 579
有色金属冶炼及压延加工业	رەڭلىك مېتال تاۋلاش-پىرىسلاش	7 742	13 610
金属制品业	مېتال بويۇم	23 503	19 414
普通机械制造业	ئادەتتىكى ماشىنىسازلىق	15 714	19 077
专用设备制造业	مەخسۇس ئۈسكۈنە	20 561	20 113
交通运输设备制造业	قاتناش-تىرانسپورت ئۈسكۈنىسى	24 060	21 405
电气机械及器材制造业	ئېلېكتىر ماشىنا ھەم ماتېرىيال	10 088	9 679
电子及通信设备制造业	ئېلېكترون، ئالاقە ئۈسكۈنىسى	1 469	1 870
仪器仪表及文化、办公用机械制造业	ئەسۋاپ، مەدەنىيەت، ئىش بېجىرىش ماشىنىلىرى	707	320
其他制造业	باشقا ياساش كەسپى	7 642	4 994
电力、蒸汽、热水的生产和供应业	ئېلېكتىر، پار، ئىسسىق سۇ ئىشلەپچىقىرىش، تەمىنلەش	40 311	41 671
煤气生产和供应业	كۆمۈر گازى ئىشلەپچىقىرىش، تەمىنلەش	1 273	1 304
自来水的生产和供应业	تۇربا سۈيى ئىشلەپچىقىرىش، تەمىنلەش	3 839	4 072

مۇستەقىل ھېسابات قىلىدىغان سانائەت كارخانىلىرىنىڭ ئاساسلىق ئىقتىسادىي كۆرسەتكۈچى

9—5 全部独立核算工业企业主要经济指标

（1995年-يىل）　　单位：万元 بىرلىكى: تۈمەن يۈەن

类别	تىپى	كارخانا سانى (ئورۇن) 企业单位数（个）	زىيان تارتقان كارخانا 亏损企业	سانائەت ئومۇمىي مەھسۇلات قىممىتى (بۇرۇنقى بەلگىلىمە) 工业总产值(原规定)	
				شۇ يىللىق باھا 当年价格	90-يىللىق ئۆزگەرمەس باھا 90年不变价
总计	جەمئىي	5 160	1 578	5 985 714.5	3 002 059.5
按经济类型及隶属关系分	ئىقتىسادىي تىپى ھەم تەۋەلىك مۇناسىۋىتى بويىچە				
国有经济	دۆلەت ئىگىلىكى	1 723	585	5 009 635.6	2 392 494.1
中央企业	مەركەز كارخانىسى	229	105	3 198 149.8	1 315 617.6
地方企业	يەرلىك كارخانا	1 494	480	1 811 485.8	1 076 876.5
#自治区属企业	#ئاپتونوم رايون	255	100	677 820.8	410 351.7
地区（州、市）属企业	ۋىلايەت، ئوبلاست، شەھەر	348	146	649 497.5	395 142.2
县属企业	ناھىيە	891	234	484 167.5	271 382.6
集体经济	كوللېكتىپ ئىگىلىك	3 163	879	752 877.5	464 191.3
#自治区属企业	#ئاپتونوم رايون	62	29	34 857.0	20 151.6
地区（州、市）属企业	ۋىلايەت، ئوبلاست، شەھەر	194	74	93 145.6	51 944.4
县属企业	ناھىيە	900	276	233 760.1	139 250.4
街道属企业	مەھەللە	173	32	16 049.2	11 058.9
镇属企业	بازار	70	12	6 266.3	4 796.0
乡办企业	يېزا باشقۇرۇشىدىكى	1 112	186	196 988.8	130 164.0
私营经济	خۇسۇسىي ئىگىلىك	5	3	610.1	481.3
联营经济	بىرلەشمە ئىگىلىك	72	33	30 873.3	18 827.6
股份制经济	پاي تۈزۈمىدىكى ئىگىلىك	53	18	40 365.0	25 951.7
外商投资经济	چەتئەل سودىگەرلىرى مەبلىغى ئىگىلىكى	65	21	45 611.3	32 354.0
中外合资经营企业	جۇڭگو-چەتئەل شېرىكچىلىكىدىكى	55	17	29 030.1	21 693.4
中外合作经营企业	جۇڭگو-چەت ئەل ھەمكارلىقىدىكى	5	3	16 131.3	10 434.3
外资企业	چەتئەل مەبلىغى كارخانىسى	5	1	449.9	226.3
港、澳、台投资经济	شياڭگاڭ، ئاۋمېن، تەيۋەن مەبلىغى ئىگىلىكى	77	39	105 735.4	67 754.6
与大陆合资经营企业	چوڭ قۇرۇقلۇق بىلەن شېرىكلەشكەن كارخانا	72	38	105 449.4	67 547.6
与大陆合作经营企业	چوڭ قۇرۇقلۇق بىلەن ھەمكارلاشقان كارخانا	1			
港、澳、台独资企业	شياڭگاڭ، ئاۋمېن، تەيۋەن مۇستەقىل مەبلەغ سالغان	4	1	286.0	207.0
其他经济	باشقا ئىگىلىك	2		6.3	4.9
按轻、重工业分	يېنىك ۋە ئېغىر سانائەت بويىچە				
轻工业	يېنىك سانائەت	2 622	870	1 981 062.0	1 178 478.2
以农产品为原料	يېزا ئىگىلىك مەھسۇلاتلىرىنى خامئەشيا قىلىدىغان	1 945	648	1 815 596.5	1 053 254.6
以非农产品为原料	غەيرى يېزا ئىگىلىك مەھسۇلاتلىرىنى خامئەشيا قىلىدىغان	677	222	165 465.5	125 223.6
重工业	ئېغىر سانائەت	2 538	708	4 004 652.5	1 823 581.3
采掘工业	قېزىش سانائىتى	596	108	2 218 331.0	804 846.3
原料工业	خامئەشيا سانائىتى	692	206	1 274 805.7	645 218.7
加工工业	پىششىقلاش سانائىتى	1 250	394	511 515.8	373 516.3
按企业规模分	كارخانا كۆلىمى بويىچە				
大型企业	چوڭ	40	13	3 218 653.5	1 320 946.0
中型企业	ئوتتۇرا	155	72	926 078.5	576 369.7
小型企业	كىچىك	4 965	1 493	1 840 982.5	1 104 743.8

单位：万元 بىرلىكى: تۈمەن يۈەن

类别 تىپى		工业总产值(新规定) سانائەت ئومۇمىي مەھسۇلات قىممىتى (يېڭى بەلگىلىمە) 当年价格 شۇ يىللىق باھا	90年不变价 90-يىللىق ئۆزگەرمەس باھا	工业增加值(生产法) سانائەتنىڭ قوشۇلغان قىممىتى (ئىشلەپچىقىرىش ئۇسۇلى)
总计	جەمئىي	5 105 505.5	2 924 262.8	1 892 171.7
按经济类型及隶属关系分	ئىقتىسادىي تىپى ھەم تەۋەلىك مۇناسىۋىتى بويىچە			
国有经济	دۆلەت ئىگىلىكى	4 287 580.3	2 351 323.3	1 677 561.2
中央企业	مەركەز كارخانىسى	2 754 316.5	1 305 507.5	1 258 250.1
地方企业	يەرلىك كارخانا	1 533 263.8	1 045 815.8	419 311.1
#自治区属企业	# ئاپتونوم رايون	587 545.4	405 489.1	155 184.8
地区(州、市)属企业	ۋىلايەت، ئوبلاست، شەھەر	552 442.9	387 419.8	137 697.8
县属企业	ناھىيە	393 275.5	252 906.9	126 428.5
集体经济	كوللېكتىپ ئىگىلىك	616 738.0	436 311.1	175 436.6
#自治区属企业	# ئاپتونوم رايون	31 095.9	20 264.0	5 521.5
地区(州、市)属企业	ۋىلايەت، ئوبلاست، شەھەر	78 302.5	51 213.0	17 990.4
县属企业	ناھىيە	181 375.8	123 764.3	45 131.2
街道属企业	مەھەللە	13 692.7	10 736.2	3 712.1
镇属企业	بازار	5 666.4	4 774.8	2 223.9
乡办企业	يېزا باشقۇرۇشىدىكى	154 593.4	118 998.2	55 449.1
私营经济	خۇسۇسىي ئىگىلىك	573.5	481.3	98.7
联营经济	بىرلەشمە ئىگىلىك	27 490.8	18 713.0	4 719.3
股份制经济	پاي تۈزۈمىدىكى ئىگىلىك	36 613.7	25 748.9	7 946.2
外商投资经济	چەتئەل سودىگەرلىرى مەبلەغ ئىگىلىكى	42 693.0	32 285.9	8 649.7
中外合资经营企业	جۇڭگو-چەتئەل شېرىكچىلىكىدىكى	26 386.9	21 632.4	6 764.5
中外合作经营企业	جۇڭگو-چەتئەل ھەمكارلىقىدىكى	15 921.6	10 427.2	1 767.0
外资企业	چەتئەل مەبلىغى كارخانىسى	384.5	226.3	118.2
港、澳、台投资经济	شياڭگاڭ، ئاۋمېن، تەيۋەن مەبلىغى ئىگىلىكى	93 810.7	59 394.4	17 758.3
与大陆合资经营企业	چوڭ قۇرۇقلۇق بىلەن شېرىكلەشكەن	93 566.7	59 187.4	17 735.3
与大陆合作经营企业	چوڭ قۇرۇقلۇق بىلەن ھەمكارلاشقان			
港、澳、台独资企业	شياڭگاڭ، ئاۋمېن، تەيۋەن مۇستەقىل مەبلەغ سالغان	244.0	207.0	23.0
其他经济	باشقا ئىگىلىك	5.5	4.9	1.7
按轻、重工业分	يېنىك ۋە ئېغىر سانائەت بويىچە			
轻工业	يېنىك سانائەت	1 622 813.7	1 105 168.5	375 407.5
以农产品为原料	يېزا ئىگىلىك مەھسۇلاتلىرىنى خام ئەشيا قىلىدىغان	1 479 864.6	983 403.4	332 988.4
以非农产品为原料	غەيرى يېزا ئىگىلىك مەھسۇلاتلىرىنى خام ئەشيا قىلىدىغان	142 949.1	121 765.1	42 419.1
重工业	ئېغىر سانائەت	3 482 691.8	1 819 094.3	1 516 764.2
采掘工业	قېزىش سانائىتى	1 915 778.4	802 453.7	1 044 066.4
原料工业	خامئەشيا سانائىتى	1 115 223.7	646 367.6	376 835.6
加工工业	پىششىقلاش سانائىتى	451 689.7	370 273.0	95 862.2
按企业规模分	كارخانا كۆلىمى بويىچە			
大型企业	چوڭ	2 780 002.7	1 320 149.6	1 250 424.6
中型企业	ئوتتۇرا	793 176.7	563 909.8	208 100.3
小型企业	كىچىك	1 532 326.1	1 040 203.4	433 646.8

类别 تۈرى	资本金合计 جەمئىي كاپىتال	流动资产合计 جەمئىي كۆچمە مۈلۈك	产成品 تەييار مەھسۇلات	流动资产年平均余额 كۆچمە مۈلۈكنىڭ يىللىق ئوتتۇرچە قالدۇقى	固定资产原价合计 مۇقىم مۈلۈك ئەسلى قىممىتىنىڭ جەمئىسى
总计 جەمئىي	**2 871 385.4**	**4 020 833.6**	**506 301.0**	**4 007 764.4**	**8 092 671.5**
按经济类型及隶属关系分 ئىقتىسادىي تىپى ھەم تەۋەلىك مۇناسىۋىتى بويىچە					
国有经济 دۆلەت ئىگىلىكى	2 432 029.4	3 273 004.7	361 322.7	3 371 221.3	7 490 957.9
中央企业 مەركەز كارخانىسى	1 549 603.9	1 958 727.9	139 347.6	2 138 877.0	5 555 508.3
地方企业 يەرلىك كارخانا	882 425.5	1 314 276.8	221 975.1	1 232 344.3	1 935 449.6
#自治区属企业 # ئاپتونوم رايون	345 344.6	517 878.7	88 470.6	496 653.6	734 242.4
地区(州、市)属企业 ۋىلايەت، ئوبلاست، شەھەر	296 487.7	465 894.8	78 465.6	443 177.2	743 025.2
县属企业 ناھىيە	240 593.2	330 503.3	55 038.9	292 513.5	458 182.0
集体经济 كوللېكتىپ ئىگىلىك	292 566.2	536 494.3	105 702.3	451 102.0	426 216.2
#自治区属企业 # ئاپتونوم رايون	12 831.3	34 371.0	5 429.9	30 192.3	19 026.8
地区(州、市)属企业 ۋىلايەت، ئوبلاست، شەھەر	29 512.3	77 627.8	18 169.7	53 982.9	52 486.5
县属企业 ناھىيە	87 649.3	158 850.9	37 529.3	142 597.3	146 099.8
街道属企业 مەھەللە	5 678.9	10 675.3	2 011.1	9 560.7	4 961.4
镇属企业 بازار	3 827.7	4 366.4	740.2	4 397.9	3 817.3
乡办企业 يېزا باشقۇرۇشىدىكى	78 411.8	116 951.2	19 101.3	96 456.5	108 976.6
私营经济 خۇسۇسىي ئىگىلىك	295.4	593.4	150.1	435.6	369.2
联营经济 بىرلەشمە ئىگىلىك	16 497.3	20 353.1	4 736.0	19 879.0	18 098.4
股份制经济 پاي تۈزۈمىدىكى ئىگىلىك	24 854.6	26 571.7	4 111.0	21 405.7	33 561.5
外商投资经济 چەتئەل سودىگەرلىرى مەبلىغى ئىگىلىكى	26 077.0	39 244.9	6 882.5	32 419.5	31 838.0
中外合资经营企业 جۇڭگو-چەتئەل شېرىكچىلىكىدىكى	21 842.1	32 092.0	6 113.2	26 588.5	23 240.2
中外合作经营企业 جۇڭگو-چەتئەل ھەمكارلىقىدىكى	2 155.5	6 447.1	619.5	5 283.9	7 012.6
外资企业 چەتئەل مەبلىغى كارخانىسى	2 079.4	705.8	149.8	547.1	1 585.2
港、澳、台投资经济 شياڭگاڭ، ئاۋمېن، تەيۋەن مەبلىغى ئىگىلىكى	79 065.5	124 571.5	23 396.4	111 301.3	91 630.3
与大陆合资经营企业 چوڭ قۇرۇقلۇق بىلەن شېرىكلەشكەن	78 953.7	124 487.9	23 396.4	111 214.4	91 581.8
与大陆合作经营企业 چوڭ قۇرۇقلۇق بىلەن ھەمكارلاشقان					
港、澳、台独资企业 شياڭگاڭ، ئاۋمېن، تەيۋەن مۇستەقىل مەبلەغ سالغان	111.8	83.6		86.0	48.5
其他经济 باشقا ئىگىلىك					
按轻、重工业分 يېنىك، ئېغىر سانائەت بويىچە					
轻工业 يېنىك سانائەت	710 264.1	1 402 640.9	275 609.2	1 251 495.7	1 417 696.7
以农产品为原料 يېزا ئىگىلىك مەھسۇلاتلىرىنى خامئەشيا قىلىدىغان	585 317.7	1 237 880.6	245 842.9	1 099 520.8	1 225 767.0
以非农产品为原料 غەيرى يېزا ئىگىلىك مەھسۇلاتلىرىنى خامئەشيا قىلىدىغان	124 946.4	164 760.3	29 766.3	151 974.9	191 929.7
重工业 ئېغىر سانائەت	2 161 121.3	2 618 192.7	230 691.8	2 756 268.7	6 674 974.8
采掘工业 قېزىش سانائىتى	1 143 938.6	1 265 457.8	47 999.8	1 445 463.7	4 146 717.2
原料工业 خامئەشيا سانائىتى	779 509.2	915 516.7	97 972.8	899 916.4	2 095 615.4
加工工业 پىششىقلاش سانائىتى	237 673.5	437 218.2	84 719.2	410 888.6	432 642.2
按企业规模分 كارخانا كۆلىمى بويىچە					
大型企业 چوڭ	1 560 116.1	1 978 218.3	146 920.0	2 157 333.5	5 454 515.8
中型企业 ئوتتۇرا	371 226.2	689 225.4	119 445.6	643 967.7	1 015 895.4
小型企业 كىچىك	940 043.1	1 353 389.9	239 935.4	1 206 463.2	1 622 260.3

FBG

بىرلىكى: تۈمەن يۈەن 单位:万元

تىپى 类别	جەمئىي ئامورتىزاتسىيە 累计折旧	بۇ يىللىق ئاموتىزاتسىيە 本年折旧	مۇقىم مۈلۈك ساپ قىممىتىنىڭ يىل ئاخىرىدىكى قالدۇقى 固定资产净值年末余额	مۇقىم مۈلۈك ساپ قىممىتىنىڭ يىللىق ئوتتۇرىچە قالدۇقى 固定资产净值年平均余额	مۇقىم مۈلۈك جەمئىي 固定资产合计
总计 جەمئىي	**2 519 687.8**	**579 886.4**	**5 572 983.7**	**4 927 158.3**	**6 645 248.1**
按经济类型及隶属关系分 ئىقتىسادىي تىپى ۋە تەۋەلىك مۇناسىۋىتى بويىچە					
国有经济 دۆلەت ئىگىلىكى	2 368 432.4	540 612.5	5 122 525.5	4 518 269.5	60 980 171
中央企业 مەركەز كارخانىسى	1 854 658.2	427 950.7	370 850.1	3 269 184.7	4 342 034.9
地方企业 يەرلىك كارخانا	513 774.2	112 661.8	1 421 675.4	1 249 184.8	1 755 982.2
#自治区属企业 #ئاپتونوم رايون	206 404.8	44 692.0	527 837.6	474 595.8	689 411.4
地区(州、市)属企业 ۋىلايەت، ئوبلاست، شەھەر	197 598.3	42 818.4	545 426.9	473 633.1	649 529.4
县属企业 ناھىيە	109 771.1	25 151.4	348 410.9	300 955.9	417 041.4
集体经济 كوللېكتىپ ئىگىلىك	114 225.7	28 087.3	311 990.5	286 029.4	385 724.3
#自治区属企业 #ئاپتونوم رايون	5 501.7	1 087.7	13 525.1	13 055.9	15 250.5
地区(州、市)属企业 ۋىلايەت، ئوبلاست، شەھەر	15 879.0	2 940.9	36 607.5	31 250.4	51 077.0
县属企业 ناھىيە	33 716.9	8 858.4	112 382.9	107 289.3	140 197.2
街道属企业 مەھەللە	1 100.7	264.7	3 860.7	3 540.4	4 299.6
镇属企业 بازار	1 278.4	221.2	2 538.9	2 531.3	2 833.3
乡办企业 يېزا باشقۇرۇشىدىكى	28 085.7	7 810.8	80 890.9	72 930.9	100 859.7
私营经济 خۇسۇسىي ئىگىلىك	74.0	30.0	295.2	303.5	337.1
联营经济 بىرلەشمە ئىگىلىك	3 018.9	1 905.7	15 079.5	13 250.0	16 609.9
股份制经济 پاي تۈزۈمىدىكى ئىگىلىك	4 525.1	2 197.1	29 036.4	26 413.9	32 660.2
外商投资经济 چەتئەل سودىگەرلىرى مەبلەغ ئىگىلىكى	6 092.8	1 956.7	25 745.2	23 337.8	33 306.4
中外合资经营企业 جۇڭگو-چەتئەل شېرىكچىلىكىدىكى	5 093.0	1 383.2	18 147.2	16 225.3	24 410.6
中外合作经营企业 جۇڭگو-چەتئەل ھەمكارلىقىدىكى	671.5	473.6	6 341.1	6 138.2	6 982.3
外资企业 چەتئەل مەبلىغى كارخانىسى	328.3	99.9	1 256.9	974.3	1 913.5
港、澳、台投资经济 شياڭگاڭ، ئاۋمېن، تەيۋەن مەبلىغى ئىگىلىكى	23 318.9	5 097.1	68 311.4	59 554.2	78 593.1
与大陆合资经营企业 چوڭ قۇرۇقلۇق بىلەن شېرىكلەشكەن	23 308.8	5 092.1	68 273.0	59 513.3	78 554.7
与大陆合作经营企业 چوڭ قۇرۇقلۇق بىلەن ھەمكارلاشقان					
港、澳、台独资企业 شياڭگاڭ، ئاۋمېن، تەيۋەن مۇستەقىل مەبلەغ سالغان	10.0	5.0	38.4	40.9	38.4
其他经济 باشقا ئىگىلىك					
按轻、重工业分 يېنىك ۋە ئېغىر سانائەت بويىچە					
轻工业 يېنىك سانائەت	350 085.8	81 501.8	1 067 610.9	951 520.8	1 278 531.2
以农产品为原料 يېزا ئىگىلىك مەھسۇلاتلىرىنى خامئەشيا قىلىدىغان	300 405.6	70 152.1	925 361.4	825 469.8	1 107 720.8
以非农产品为原料 غەيرى يېزا ئىگىلىك مەھسۇلاتلىرىنى خامئەشيا قىلىدىغان	49 680.2	11 349.7	142 249.5	126 051.0	170 810.4
重工业 ئېغىر سانائەت	2 169 602.0	498 384.6	4 505 372.8	3 975 637.5	5 366 716.9
采掘工业 قېزىش سانائىتى	1 475 992.3	340 328.2	2 670 724.9	2 456 314.4	3 239 835.4
原料工业 خامئەشيا سانائىتى	561 955.6	133 173.8	1 533 659.8	1 251 945.9	1 759 348.7
加工工业 پىششىقلاش سانائىتى	131 654.1	24 882.6	300 988.1	267 377.2	367 532.8
按企业规模分 كارخانا كۆلىمى بويىچە					
大型企业 چوڭ	1 844 247.2	425 467.3	3 610 268.6	3 208 757.4	4 296 732.6
中型企业 ئوتتۇرا	281 835.5	66 738.5	734 059.9	626 572.1	864 441.8
小型企业 كىچىك	393 605.1	87 980.6	1 228 655.2	1 091 828.8	1 484 073.7

表 9—5 续表 4 داۋامى 4

单位：万元 بىرلىكى: تۈمەن يۈەن

تىپى 类　别	جەمئىي مۈلۈك 资产总计	جەمئىي كۆچمە قەرز 流动负债合计	جەمئىي ئۇزۇن مۇددەتلىك قەرز 长期负债合计	ئىگىدارنىڭ جەمئىي ھوقۇق-مەنپەئەتى 所有者权益合计	مەھسۇلات سېتىش كىرىمى 产品销售收入
总计 جەمئىي	**11 119 535.**	**3 935 902.4**	**3 976 071.6**	**3 181 201.5**	**4 851 264.9**
按经济类型及隶属关系分 ئىقتىسادىي تىپى ھەم تەۋەلىك مۇناسىۋىتى بويىچە					
国有经济 دۆلەت ئىگىلىكى	9 747 294.8	3 182 527.3	3 746 159.2	2 804 578.7	4 082 858.3
中央企业 مەركەز كارخانىسى	6 530 187.3	1 729 707.1	2 839 322.2	1 955 343.8	2 627 200.1
地方企业 يەرلىك كارخانا	3 217 107.5	1 452 820.2	906 837.0	849 234.9	1 455 658.2
#自治区属企业 # ئاپتونوم رايون	1 271 373.0	526 046.3	387 269.0	356 128.8	582 290.1
地区(州、市)属企业 ۋىلايەت، ئوبلاست، شەھەر	1 172 481.2	565 875.1	356 434.3	247 964.9	524 762.0
县属企业 ناھىيە	773 253.3	360 898.8	163 133.7	245 141.2	348 606.1
集体经济 كوللېكتىپ ئىگىلىك	968 011.1	536 246.2	176 081.4	247 327.8	570 182.3
#自治区属企业 # ئاپتونوم رايون	50 994.2	35 504.8	7 704.6	7 779.5	28 200.4
地区(州、市)属企业 ۋىلايەت، ئوبلاست، شەھەر	133 552.3	78 393.2	27 671.6	26 930.9	71 723.7
县属企业 ناھىيە	313 957.9	168 120.4	83 204.7	59 682.7	164 819.5
街道属企业 مەھەللە	15 505.3	9 194.4	752.6	5 041.3	11 794.5
镇属企业 بازار	7 397.6	4 536.4	592.0	2 230.7	4 783.6
乡办企业 يېزا باشقۇرۇشىدىكى	225 491.5	118 561.5	40 939.6	63 575.4	143 190.9
私营经济 خۇسۇسىي ئىگىلىك	952.5	661.9	11.5	279.1	485.2
联营经济 بىرلەشمە ئىگىلىك	39 919.3	21 037.8	5 507.6	13 372.8	24 151.2
股份制经济 پاي تۈزۈمىدىكى ئىگىلىك	65 139.7	28 876.7	9 697.0	26 566.0	31 742.6
外商投资经济 چەتئەل سودىگەرلىرى مەبلىغى ئىگىلىكى	77 370.8	42 931.6	14 112.4	18 922.5	38 416.2
中外合资经营企业 جۇڭگو-چەتئەل شېرىكچىلىكىدىكى	60 795.8	35 179.4	10 147.4	15 207.9	22 886.1
中外合作经营企业 جۇڭگو-چەتئەل ھەمكارلىقىدىكى	13 793.3	7 004.6	3 965.0	2 823.7	15 169.4
外资企业 چەت ئەل مەبلىغى كارخانىسى	2 781.7	747.6		890.9	360.7
港、澳、台投资经济 شياڭگاڭ، ئاۋمېن، تەيۋەن مەبلىغى ئىگىلىكى	220 846.9	123 620.9	24 502.5	70 154.6	103 429.1
与大陆合资经营企业 چوڭ قۇرۇقلۇق بىلەن شېرىكلەشكەن	220 724.6	123 502.9	24 502.5	70 150.3	103 185.1
与大陆合作经营企业 چوڭ قۇرۇقلۇق بىلەن ھەمكارلاشقان					
港、澳、台独资企业 شياڭگاڭ، ئاۋمېن، تەيۋەن مۇستەقىل مەبلەغ سالغان	122.3	118.0		4.3	244.0
其他经济 باشقا ئىگىلىك					
按轻、重工业分 يېنىك ۋە ئېغىر سانائەت بويىچە					
轻工业 يېنىك سانائەت	2 821 270.2	1 574 211.5	633 742.1	594 989.8	1 508 371.8
以农产品为原料 يېزا ئىگىلىك مەھسۇلاتلىرىنى خامئەشيا قىلىدىغان	2 465 503.4	1 399 803.4	568 748.0	479 519.5	1 368 460.7
以非农产品为原料 غەيرى يېزا ئىگىلىك مەھسۇلاتلىرىنى خامئەشيا قىلىدىغان	355 766.8	174 408.1	64 994.1	115 470.3	139 911.1
重工业 ئېغىر سانائەت	8 298 264.9	2 361 690.9	3 342 329.5	2 586 211.7	3 342 893.1
采掘工业 قېزىش سانائىتى	4 685 256.2	1 017 974.5	2 159 018.7	1 507 474.2	1 798 298.0
原料工业 خامئەشيا سانائىتى	2 781 832.2	890 884.8	1 031 928.1	855 171.3	1 112 383.8
加工工业 پىششىقلاش سانائىتى	831 176.5	452 831.6	151 382.7	223 566.2	432 211.3
按企业规模分 كارخانا كۆلىمى بويىچە					
大型企业 چوڭ	6 535 616.9	1 695 818.5	2 822 372.1	2 015 495.7	2 694 126.0
中型企业 ئوتتۇرا	1 616 102.1	802 759.1	452 263.1	354 962.7	768 878.9
小型企业 كىچىك	2 967 816.1	1 437 324.8	701 436.4	810 743.1	1 388 260.0

9—5 续表 5 داۋامى

单位：万元 بىرلىكى: تۈمەن يۈەن

类别 تىپى	مەھسۇلات سېتىش تەننەرقى 产品销售成本	مەھسۇلات سېتىش خىراجىتى 产品销售费用	مەھسۇلات سېتىش بېجى ۋە قوشۇمچىسى 产品销售税金及附加	مەھسۇلات سېتىش پايدىسى 产品销售利润	باشقۇرۇش خىراجىتى 管理费用
总计 جەمئىي	**3 717 552.8**	**143 836.4**	**118 077.6**	**871 575.4**	**453 744.8**
按经济类型及隶属关系分 ئىقتىسادىي تىپى ھەم تەۋەلىك مۇناسىۋىتى بويىچە					
国有经济 دۆلەت ئىگىلىكى	3 094 971.0	117 530.2	108 532.6	761 620.9	387 776.9
中央企业 مەركەز كارخانىسى	1 956 693.7	75 804.3	88 622.3	506 079.8	207 527.8
地方企业 يەرلىك كارخانا	1 138 277.3	41 725.9	19 910.3	255 541.1	180 249.1
＃自治区属企业 ＃ئاپتونوم رايون	463 921.3	14 207.7	9 048.1	95 113.0	68 679.7
地区（州、市）属企业 ۋىلايەت، ئوبلاست شەھەر	408 693.9	17 192.6	4 597.9	94 074.1	72 910.0
县属企业 ناھىيە	265 662.1	10 325.6	6 264.3	66 354.0	38 659.4
集体经济 كوللېكتىپ ئىگىلىك	464 363.8	17 327.7	8 636.6	79 538.1	52 531.2
＃自治区属企业 ＃ئاپتونوم رايون	23 887.8	680.6	256.0	3 376.0	3 660.8
地区（州、市）属企业 ۋىلايەت، ئوبلاست، شەھەر	59 605.7	1 943.3	462.3	9 712.4	7 896.1
县属企业 ناھىيە	133 273.2	3 942.4	2 002.4	25 591.2	13 405.3
街道属企业 مەھەللە	9 710.3	366.8	135.7	1 581.7	893.9
镇属企业 بازار	3 597.6	268.6	129.2	788.0	595.6
乡办企业 يېزا باشقۇرۇشىدىكى	110 138.0	6 624.4	3 118.4	23 304.5	109 360
私营经济 خۇسۇسىي ئىگىلىك	410.8	5.3	2.8	66.3	28.7
联营经济 بىرلەشمە ئىگىلىك	19 970.5	708.4	89.5	3 379.5	1 879.8
股份制经济 پاي تۈزۈمىدىكى ئىگىلىك	23 570.3	1 086.4	339.9	6 746.0	2 395.6
外商投资经济 چەتئەل سودىگەرلىرى مەبلىغى ئىگىلىكى	28 752.7	2 265.9	176.6	7 221.0	4 080.4
中外合资经营企业 جۇڭگو-چەتئەل شېرىكچىلىكىدىكى	15 446.1	2 097.8	176.1	5 166.1	3 290.4
中外合作经营企业 جۇڭگو-چەتئەل ھەمكارلىقىدىكى	12 921.4	15.08	0.5	2 096.7	630.1
外资企业 چەتئەل مەبلىغى كارخانىسى	385.2	17.3			159.9
港、澳、台投资经济 شياڭگاڭ، ئاۋمىن، تەيۋەن، مەبلىغى ئىگىلىكى	85 513.7	4 612.5	299.6	13 003.3	5 052.2
与大陆合资经营企业 چوڭ قۇرۇقلۇق بىلەن شېرىكلەشكەن	85 308.1	4 602.7	299.6	12 974.7	5 022.5
与大陆合作经营企业 چوڭ قۇرۇقلۇق بىلەن ھەمكارلاشقان					
港、澳、台独资企业 شياڭگاڭ، ئاۋمىن، تەيۋەن مۇستەقىل مەبلەغ سالغان	205.6	9.8		28.6	29.7
其他经济 باشقا ئىگىلىك					
按轻、重工业分 يېنىك ۋە ئېغىر سانائەت بويىچە					
轻工业 يېنىك سانائەت	1 193 849.0	46 697.7	33 972.8	233 848.3	145 303.7
以农产品为原料 يېزا ئىگىلىك مەھسۇلاتلىرىنى خامئەشيا قىلىدىغان	1 085 387.1	40 526.2	31 297.3	211 247.9	124 257.6
以非农产品为原料 غەيرى يېزا ئىگىلىك مەھسۇلاتلىرىنى خامئەشيا قىلىدىغان	108 461.9	6 171.5	2 675.5	22 600.4	21 046.1
重工业 ئېغىر سانائەت	2 523 703.8	97 138.7	84 104.8	637 727.1	308 441.1
采掘工业 قېزىش سانائىتى	1 317 422.6	16 279.3	68 298.7	396 297.1	120 902.0
原料工业 خامئەشيا سانائىتى	858 827.5	68 924.8	10 593.8	173 834.2	123 666.5
加工工业 پىششىقلاش سانائىتى	347 453.7	11 934.6	5 212.3	67 595.8	63 872.6
按企业规模分 كارخانا كۆلىمى بويىچە					
大型企业 چوڭ	2 026 095.3	75 982.0	75 799.1	516 249.6	185 499.4
中型企业 ئوتتۇرا	591 575.3	20 777.8	23 066.2	133 459.6	101 861.0
小型企业 كىچىك	1 099 882.2	47 076.6	19 212.3	221 866.2	166 384.4

9—5 续表 6 داۋامى

单位:万元 بىرلىكى: تۆمەن يۈەن

类别 تىپى	利润总额 پايدا ئومۇمىي سومما	亏损企业亏损总额 ئومۇمىي زىيان	利税总额 ئومۇمىي پايدا-باج	本年应交增值税 بۇ يىل تاپشۇرۇشقا تېگىشلىك قوشۇلغان قىممەت بېجى
总计 جەمئىي	**−11840.7**	**144 408.3**	**368 362.7**	**261 548.4**
按经济类型及隶属关系分 ئىقتىسادىي تىپى ھەم تەۋەلىك مۇناسىۋىتى بويىچە				
国有经济 دۆلەت ئىگىلىكى	−24364.7	117 469.6	312 828.9	228 968.5
中央企业 مەركەز كارخانىسى	−6248.5	48 644.0	223 651.4	141 266.0
地方企业 يەرلىك كارخانا	−18116.2	68 825.6	89 177.5	87 702.5
#自治区属企业 # ئاپتونوم رايون	−6812.1	25 586.7	41 969.2	39 733.2
地区(州、市)属企业 ۋىلايەت، ئوبلاست، شەھەر	−22807.5	34 221.7	12 853.7	31 430.9
县属企业 ناھىيە	11 503.4	9 017.2	34 354.6	16 538.4
集体经济 كوللېكتىپ ئىگىلىك	6 739.0	19 955.9	44 334.3	28 079.6
#自治区属企业 # ئاپتونوم رايون	−2121.2	2 464.0	−667.8	1 197.4
地区(州、市)属企业 ۋىلايەت، ئوبلاست، شەھەر	−1439.3	2 601.4	2 280.4	3 257.4
县属企业 ناھىيە	1 237.8	6 412.1	12 006.7	8 751.3
街道属企业 مەھەللە	448.2	232.3	1 031.2	447.3
镇属企业 بازار	−86.8	420.4	315.3	295.0
乡办企业 يېزا باشقۇرۇشىدىكى	7 291.3	3 001.5	18 709.2	7 445.5
私营经济 خۇسۇسىي ئىگىلىك	−40.1	55.0	−30.5	6.8
联营经济 بىرلەشمە ئىگىلىك	21.6	1 231.3	726.9	610.0
股份制经济 پاي تۈزۈمىدىكى ئىگىلىك	4 088.2	407.6	5 430.4	1 002.3
外商投资经济 چەتئەل سودىگەرلىرى مەبلىغى ئىگىلىكى	1 786.6	988.5	2 844.2	881.0
中外合资经营企业 جۇڭگو-چەتئەل شېرىكچىلىكىدىكى	1 174.4	782.9	2 227.5	877.0
中外合作经营企业 جۇڭگو-چەتئەل ئىگىلىكى	781.7	36.1	784.3	2.1
外资企业 چەتئەل مەبلىغى كارخانىسى	−169.5	169.5	−167.6	1.9
港、澳、台投资经济 شياڭگاڭ، ئاۋمېن، تەيۋەن مەبلىغى ئىگىلىكى	−71.3	4 300.4	2 228.5	2 000.2
与大陆合资经营企业 چوڭ قۇرۇقلۇق بىلەن شېرىكلەشكەن	−42.3	4 271.4	2 257.5	2 000.2
与大陆合作经营企业 چوڭ قۇرۇقلۇق بىلەن ھەمكارلاشقان				
港、澳、台独资企业 شياڭگاڭ، ئاۋمېن، تەيۋەن مۇستەقىل مەبلەغ سالغان	−29.0	29.0	−29.0	
其他经济 باشقا ئىگىلىك				
按轻、重工业分 يېنىك ۋە ئېغىر سانائەت بويىچە				
轻工业 يېنىك سانائەت	−17111.0	64 527.6	93 250.5	76 325.6
以农产品为原料 يېزا ئىگىلىك مەھسۇلاتلىرىنى خامئەشيا قىلىدىغان	−12742.9	55 258.0	87 876.6	69 268.6
以非农产品为原料 غەيرى يېزا ئىگىلىك مەھسۇلاتلىرىنى خامئەشيا قىلىدىغان	−4368.1	9 269.6	5 373.9	7 057.0
重工业 ئېغىر سانائەت	5 270.3	79 880.7	275 112.2	185 222.8
采掘工业 قېزىش سانائىتى	30 597.8	4 752.9	187 702.4	88 348.6
原料工业 خامئەشيا سانائىتى	−9463.1	46 959.4	82 077.4	80 986.8
加工工业 پىششىقلاش سانائىتى	−15864.4	28 168.4	5 332.4	15 887.4
按企业规模分 كارخانا كۆلىمى بويىچە				
大型企业 چوڭ	26 126.5	17 577.7	245 687.6	143 762.0
中型企业 ئوتتۇرا	−29376.9	52 309.6	42 879.9	49 190.6
小型企业 كىچىك	−8590.3	74 521.0	79 795.2	68 595.8

مۇستەقىل ھېسابات قىلىدىغان سانائەت كارخانىلىرىنىڭ ئاساسلىق ئىقتىسادىي كۆرسەتكۈچى

9—6 全部独立核算工业企业主要经济指标

（1995 年 -يىل）

单位：万元 بىرلىكى：تۈمەن يۈەن

类别	تىپى	企业单位数（个） كارخانا سانى (ئورۇن)	亏损企业 زىيان تارتقان كارخانا	工业总产值(原规定) سانائەت ئومۇمىي مەھسۇلات قىممىتى (بۇرۇنقى بەلگىلىمە) 当年价格 شۇ يىللىق باھا	90年不变价 90-يىللىق ئۆزگەرمەس باھا
按行业分	ساھە بويىچە				
煤炭采选业	كۆمۈر قېزىش	379	58	152 734.4	103 471.3
石油和天然气开采业	نېفىت ۋە تەبىئى گاز قېزىش	5		2 001 779.4	657 501.6
黑色金属矿采选业	قارا مېتال كان قېزىش	23	7	12 837.5	6 253.7
有色金属矿采选业	رەڭلىك مېتال كان قېزىش	57	16	21 946.7	12 869.3
非金属矿采选业	غەيرى مېتال كان قېزىش	141	33	33 852.5	28 874.5
木材及竹材采运业	ياغاچ كېسىش-توشۇش	13	1	9 654.7	8 119.1
食品加工业	يېمەكلىك پىششىقلاش	451	105	475 079.0	257 791.6
食品制造业	يېمەكلىك ياساش	250	98	86 622.7	56 196.2
饮料制造业	ئىچىملىك ياساش	145	64	123 624.8	71 158.5
烟草加工业	تاماكا پىششىقلاش	9	4	38 028.4	32 193.1
纺织业	توقۇمىچىلىق	277	104	877 459.9	491 151.6
服装及其他纤维制品制造业	كىيىم ھەم باشقا تالالىق بويۇم	159	47	23 152.7	16 169.9
皮革、毛皮、羽绒及其制品业	خۇرۇم، تېرە، ماموق ۋە بويۇم	142	67	40 737.8	23 068.8
木材加工及竹、藤、棕、草制品业	ياغاچ پىششىقلاش ھەم بامبۇك، پىلەك، پالما، سامان بويۇم	59	22	8 282.7	5 680.3
家具制造业	ئائىلە جابدۇقلىرى	104	27	16 270.5	10 326.4
造纸及纸制品业	قەغەز ھەم قەغەز بويۇم	110	38	69 955.1	45 598.0
印刷业、记录媒介的复制	مەتبەئە، خاتىرلەش ۋاستىلىرىنى كۆپەيتىش	206	61	30 076.7	22 883.0
文教体育用品制造业	مەدەنىيەت، مائارىپ، تەنتەربىيە بويۇمى	21	4	889.8	587.3
石油加工及炼焦业	نېفىت پىششىقلاش، كوكس تاۋلاش	82	24	437 285.8	204 661.4
化学原料及化学制品制造业	خىمىيە خامئەشيا ھەم خىمىيە بويۇم	232	78	179 819.5	118 506.0
医药制造业	تىببى دورا	51	16	44 159.6	34 212.6
化学纤维制造业	خىمىيە تالا	7	4	7 396.7	6 946.2
橡胶制品业	كاۋچۇك بويۇم	27	11	46 207.1	45 513.9
塑料制品业	سۇلياۋ بويۇم	147	48	85 587.0	60 854.7
非金属矿物制品业	غەيرى مېتال كان بويۇمى	693	187	219 143.6	125 293.2
黑色金属冶炼及压延加工业	قارا مېتال تاۋلاش-پىرىسلاش	69	29	218 733.6	111 787.9
有色金属冶炼及压延加工业	رەڭلىك مېتال تاۋلاش-پىرىسلاش	47	17	135 137.9	81 249.1
金属制品业	مېتال بويۇم	332	114	56 488.5	42 037.4
普通机械制造业	ئادەتتىكى ماشىنىسازلىق	136	49	59 780.0	43 661.3
专用设备制造业	مەخسۇس ئۈسكۈنە	104	28	95 541.7	64 797.3
交通运输设备制造业	قاتناش-ترانسپورت ئۈسكۈنىسى	159	74	58 566.0	43 217.5
电气机械及器材制造业	ئېلېكتر ماشىنا ھەم ماتېريال	85	26	58 804.7	45 496.3
电子及通信设备制造业	ئېلېكترون، ئالاقە ئۈسكۈنىسى	8	2	4 648.5	4 216.0
仪器仪表及文化、办公用机械制造业	ئەسۋاپ، مەدەنىيەت، ئىش بېجىرىش ماشىنىلىرى	10	3	1 750.5	1 291.2
其他制造业	باشقا ياساش كەسپى	120	44	9 337.7	7 229.5
电力、蒸汽、热水的生产和供应业	ئېلېكتر، پار، ئىسسىق سۇ ئىشلەپچىقىرىش، تەمىنلەش	210	49	229 079.6	103 226.7
煤气生产和供应业	كۆمۈر گازى ئىشلەپچىقىرىش، تەمىنلەش	7	3	2 663.3	1 001.8
自来水的生产和供应业	تۇربا سۇيى ئىشلەپچىقىرىش، تەمىنلەش	83	16	12 597.9	6 965.3

表 9—6 续表 1 داۋامى

بىرلىكى: تۈمەن يۈەن 单位:万元

类别	تىپى	سانائەت ئومۇمىي مەھسۇلات قىممىتى (يېڭى بەلگىلىمە) 工业总产值(新规定) 当年价格 شۇ يىللىق باھا	90 年不变价 90-يىللىق ئۆزگەرمەس باھا	工业增加值(生产法) سانائەتنىڭ قوشۇلغان قىممىتى (ئىشلەپچىقىرىش ئۇسۇلى)
按行业分	ساھە بويىچە			
煤炭采选业	كۆمۈر قېزىش	136 624.3	101 325.4	84 739.5
石油和天然气开采业	نېفىت ۋە تەبىئىي گاز قېزىش	1 719 600.0	657 501.6	931 412.7
黑色金属矿采选业	قارا مېتال كان قېزىش	11 366.9	6 245.7	5 581.6
有色金属矿采选业	رەڭلىك مېتال كان قېزىش	20 846.3	12 894.1	9 517.3
非金属矿采选业	غەيرى مېتال كان قېزىش	29 927.2	28 544.6	12 441.2
木材及竹材采运业	ياغاچ كېسىش-توشۇش	9 614.0	8 119.1	5 707.3
食品加工业	يېمەكلىك پىششىقلاش	366 126.6	232 473.5	75 233.0
食品制造业	يېمەكلىك پىششىقلاش	76 070.2	55 537.2	17 244.7
饮料制造业	ئىچىملىك ياساش	108 355.8	70 723.3	27 594.2
烟草加工业	تاماكا پىششىقلاش	32 956.2	32 141.5	18 041.0
纺织业	توقۇمىچىلىق	712 334.6	453 515.7	148 902.7
服装及其他纤维制品制造业	كىيىم ھەم باشقا تالالىق بويۇم	19 391.8	15 362.9	4 797.0
皮革、毛皮、羽绒及其制品业	خورۇم، تېرە، ماميۇق ۋە بۇيۇم	34 598.0	21 890.2	4 746.4
木材加工及竹、藤、棕、草制品业	ياغاچ پىششىقلاش ھەم بامبۇك، پىلەك، پالما، سامان بويۇم	7 275.6	5 633.6	2 110.4
家具制造业	ئائىلە جابدۇقلىرى	14 184.8	10 142.7	3 816.3
造纸及纸制品业	قەغەز ھەم قەغەز بويۇم	60 180.1	45 544.8	17 085.3
印刷业、记录媒介的复制	مەتبەئە، خاتىرلەش ۋاستىلىرىنى كۆپەيتىش	24 826.2	19 913.0	8 548.5
文教体育用品制造业	مەدەنىيەت، مائارىپ، تەنتەربىيە بويۇمى	803.2	616.7	313.1
石油加工及炼焦业	نېفىت پىششىقلاش، كوكس تاۋلاش	380 257.1	205 275.3	103 314.1
化学原料及化学制品制造业	خىمىيە خامئەشيا ھەم خىمىيە بويۇم	157 762.1	118 007.1	42 681.0
医药制造业	تىببىي دورا	39 160.9	32 900.2	10 111.6
化学纤维制造业	خىمىيە تالا	6 322.4	6 946.2	951.2
橡胶制品业	كاۋچۇك بويۇم	39 633.7	45 511.3	6 067.8
塑料制品业	سۇلياۋ بويۇم	77 678.4	60 475.7	12 006.5
非金属矿物制品业	غەيرى مېتال كان بويۇم	194 517.4	124 480.3	70 890.6
黑色金属冶炼及压延加工业	قارا مېتال تاۋلاش-پىرىسلاش	186 807.3	111 806.3	51 435.4
有色金属冶炼及压延加工业	رەڭلىك مېتال تاۋلاش-پىرىسلاش	118 668.2	81 533.1	33 292.3
金属制品业	مېتال بويۇم	47 424.7	39 509.1	10 264.8
普通机械制造业	ئادەتتىكى ماشىنىسازلىق	52 428.7	43 011.3	14 617.2
专用设备制造业	مەخسۇس ئۈسكۈنە	85 083.9	64 708.1	17 856.6
交通运输设备制造业	قاتناش -ترانسپورت ئۈسكۈنىسى	52 146.6	43 154.3	7 691.2
电气机械及器材制造业	ئېلېكتر ماشىنا ھەم ماتېرىيال	50 807.4	44 946.6	9 805.1
电子及通信设备制造业	ئېلېكترون، ئالاقە ئۈسكۈنىسى	4 111.0	4 122.1	621.1
仪器仪表及文化、办公用机械制造业	ئەسۋاپ، مەدەنىيەت، ئىش بېجىرىش ماشىنىلىرى	1 495.2	1 286.4	435.6
其他制造业	باشقا ياساش كەسپى	8 078.6	6 780.1	2 082.3
电力、蒸汽、热水的生产和供应业	ئېلېكتر، پار، ئىسسىق سۇ ئىشلەپچىقىرىش، تەمىنلەش	202 305.2	103 101.7	111 662.3
煤气生产和供应业	كۆمۈر گازى ئىشلەپچىقىرىش، تەمىنلەش	3 789.8	1 780.1	1 230.3
自来水的生产和供应业	تۇربا سۈيى ئىشلەپچىقىرىش، تەمىنلەش	11 945.1	6 801.9	7 322.5

表 9-6 续表 2 داۋامى 2

بىرلىكى: تۈمەن يۈەن
单位:万元

تىپى 类别	جەمئىي كاپىتال 资本金合计	جەمئىي كۆچمە مۈلۈك 流动资产合计	تەييار مەھسۇلات 产成品	كۆچمە مۈلۈكنىڭ يىللىق ئوتتۇرىچە قالدۇقى 流动资产年平均余额	مۇقىم مۈلۈكنىڭ ئەسلى قىممىتىنىڭ جەمئىيسى 固定资产原价合计
按行业分 ساھە بويىچە					
煤炭采选业 كۆمۈر قېزىش	95 636.8	114 472.3	6 738.3	102 192.8	258 941.6
石油和天然气开采业 نېفىت ۋە تەبىئىي گاز قېزىش	1 011 476.0	1 086 496.1	35 656.5	1 291 425.2	3 825 500.4
黑色金属矿采选业 قارا مېتال كان قېزىش	4 983.8	12 200.7	795.8	11 040.1	9 735.0
有色金属矿采选业 رەڭلىك مېتال كان قېزىش	8 678.6	11 748.8	432.6	9 712.3	21 161.1
非金属矿采选业 غەيرى مېتال كان قېزىش	21 588.2	44 423.6	6 735.8	34 676.9	38 214.3
木材及竹材采运业 ياغاچ كېسىش-توشۇش	11 155.2	11 847.4	1 600.0	11 900.4	14 979.9
食品加工业 يېمەكلىك پىششىقلاش	118 021.9	287 339.0	63 839.6	241 967.3	290 012.1
食品制造业 يېمەكلىك ياساش	46 527.8	85 339.1	18 067.2	74 957.9	87 648.9
饮料制造业 ئىچىملىك ياساش	70 887.8	102 584.2	14 984.0	97 258.3	116 150.5
烟草加工业 تاماكا پىششىقلاش	11 620.5	21 547.6	200.4	18 260.8	13 652.9
纺织业 توقۇمىچىلىق	235 690.6	563 756.6	109 725.3	495 193.0	530 039.1
服装及其他纤维制品制造业 كىيىم ھەم باشقا تالالىق بۇيۇم	13 454.0	30 210.0	5 436.5	29 714.5	14 326.1
皮革、毛皮、羽绒及其制品业 خۇرۇم، تېرە، مامۇق ۋە بۇيۇم	21 962.8	50 822.2	14 012.9	49 465.1	35 497.7
木材加工及竹、藤、棕、草制品业 ياغاچ پىششىقلاش ھەم بامبۇك، پىلەك، پالما، سامان بۇيۇم	11 275.9	11 411.0	2 981.0	11 330.3	17 066.1
家具制造业 ئائىلە جابدۇقلىرى	7 609.5	15 399.6	2 113.6	12 947.1	9 761.5
造纸及纸制品业 قەغەز ھەم قەغەز بۇيۇم	21 465.4	40 207.9	8 530.0	37 083.5	70 155.0
印刷业、记录媒介的复制 مەتبەئە، خاتىرلەش ۋاستىلىرىنى كۆپەيتىش	17 469.8	15 927.5	2 237.8	14 633.2	30 296.7
文教体育用品制造业 مەدەنىيەت، مائارىپ، تەنتەربىيە بۇيۇمى	609.9	1 749.3	240.4	1 531.1	988.5
石油加工及炼焦业 نېفىت پىششىقلاش، كوكس تاۋلاش	159 417.7	238 238.6	27 309.8	264 641.7	584 069.1
化学原料及化学制品制造业 خىمىيە خامئەشيا ھەم خىمىيە بۇيۇم	117 600.4	129 646.8	17 442.0	115 655.6	180 941.3
医药制造业 تىببىي دورا	21 518.9	29 210.8	7 297.5	27 224.6	32 345.8
化学纤维制造业 خىمىيە بويۇم	15 704.0	4 516.5	578.6	4 136.3	11 325.0
橡胶制品业 كاۋچۇك بۇيۇم	9 136.8	28 019.0	1 957.4	25 296.3	27 993.5
塑料制品业 سۇلياۋ بۇيۇم	24 550.2	50 259.7	11 963.0	45 904.9	40 151.0
非金属矿物制品业 غەيرى مېتال كان بۇيۇم	161 441.4	190 331.7	29 161.5	186 437.0	340 318.3
黑色金属冶炼及压延加工业 قارا مېتال تاۋلاش، پىرىسلاش	109 243.2	191 195.2	31 776.0	188 930.2	242 532.7
有色金属冶炼及压延加工业 رەڭلىك مېتال تاۋلاش، پىرىسلاش	35 902.6	85 694.7	12 041.9	84 203.7	129 621.0
金属制品业 مېتال بۇيۇم	30 003.9	58 821.0	12 299.6	53 411.5	43 569.9
普通机械制造业 ئادەتتىكى ماشىنىسازلىق	34 185.5	62 212.2	17 511.5	63 128.6	58 846.0
专用设备制造业 مەخسۇس ئۈسكۈنە	35 394.3	81 859.1	9 805.5	73 095.7	64 062.9
交通运输设备制造业 قاتناش-تىرانسپورت ئۈسكۈنىسى	39 340.7	82 079.6	14 176.8	81 954.4	70 902.4
电气机械及器材制造业 ئېلېكتر ماشىنا ھەم ئۈسكۈنە	21 671.0	48 767.7	12 979.7	44 066.0	44 683.5
电子及通信设备制造业 ئېلېكترون، ئالاقە ئۈسكۈنىسى	3 295.5	8 904.9	1 035.0	10 703.7	5 583.6
仪器仪表及文化、办公用机械制造业 ئەسۋاپ، مەدەنىيەت، ئىش بېجىرىش ماشىنىلىرى	1 227.8	1 420.1	206.4	1 168.3	1 105.5
其他制造业 باشقا ياساش كەسپى	8 026.7	15 497.4	3 463.1	15 557.6	8 744.7
电力、蒸汽、热水的生产和供应业 ئېلېكتر، پار، ئىسسىق سۇ ئىشلەپچىقىرىش، تەمىنلەش	274 370.4	186 502.3	949.6	158 838.7	747 617.0
煤气生产和供应业 كۆمۈر گازى ئىشلەپچىقىرىش، تەمىنلەش	7 128.3	4 508.4	18.4	3 717.7	15 013.2
自来水的生产和供应业 تۇرۇبا سۈيى ئىشلەپچىقىرىش، تەمىنلەش	32 111.6	15 665.0		14 402.1	59 117.7

داۋامى 6—9 续表 3

بىرلىكى:تۈمەن يۈەن 单位:万元

类　　别	جەمئىي ئامور تىزاتسىيە 累计折旧	بۇ يىللىق ئامور تىزاتسىيە 本年折旧	مۇقىم مۈلۈك ساپ قىممىتىنىڭ يىل ئاخىرىدىكى قالدۇقى 固定资产净值年末余额	مۇقىم مۈلۈك ساپ قىممىتىنىڭ يىللىق ئوتتۇرىچە قالدۇقى 固定资产净值年平均余额	جەمئىي مۇقىم مۈلۈك 固定资产合计
按行业分 ساھە بويىچە					
煤炭采选业 كۆمۈر قېزىش	68 386.1	10 393.0	190 555.5	139 992.9	220 015.1
石油和天然气开采业 نېفىت ۋە تەبىئىي گاز قېزىش	1 387 609.8	325 833.8	2 437 890.6	2 280 352.3	2 969 750.0
黑色金属矿采选业 قارا مېتال كان قېزىش	5 072.9	603.5	4 662.1	3 844.6	5 609.2
有色金属矿采选业 رەڭلىك مېتال كان قېزىش	6 060.3	1 841.2	15 100.8	12 926.0	17 680.4
非金属矿采选业 غەيرىي مېتال كان قېزىش	11 675.4	2 908.9	26 538.9	23 844.0	30 076.4
木材及竹材采运业 ياغاچ كېسىش-توشۇش	3 546.7	434.3	11 433.2	10 641.2	14 347.6
食品加工业 يېمەكلىك پىششىقلاش	69 010.6	16 491.9	221 001.5	195 773.0	250 684.8
食品制造业 يېمەكلىك ياساش	21 499.8	5 550.1	66 149.1	58 183.5	81 526.0
饮料制造业 ئىچىملىك ياساش	22 498.1	6 387.7	93 652.4	85 504.5	115 197.0
烟草加工业 تاماكا پىششىقلاش	2 249.2	847.4	11 403.7	10 025.1	11 789.1
纺织业 توقۇمىچىلىق	133 751.1	30 856.8	396 288.0	352 835.3	479 393.0
服装及其他纤维制品制造业 كىيىم ھەم باشقا تالالىق بۇيۇم	4 633.5	568.7	9 692.6	9 574.8	10 974.8
皮革、毛皮、羽绒及其制品业 خۇرۇم، تېرە، مامۇق ۋە بۇيۇم	11 032.6	1 501.8	24 465.1	22 399.0	28 712.7
木材加工及竹、藤、棕、草制品业 ياغاچ پىششىقلاش ھەم بامبۇك، پىلەك، پالما، سامان بۇيۇم	3 768.3	1 083.4	13 297.8	12 338.1	16 782.5
家具制造业 ئائىلە جابدۇقلىرى	2 706.0	550.8	7 055.5	6 581.0	9 290.5
造纸及纸制品业 قەغەز ھەم قەغەز بۇيۇم	14 321.7	4 224.6	55 833.3	48 770.2	71 590.2
印刷业、记录媒介的复制 مەتبەئە، خاتىرىلەش ۋاستىلىرىنى كۆپەيتىش	10 331.0	1 617.9	19 965.7	18 033.9	22 674.0
文教体育用品制造业 مەدەنىيەت، مائارىپ، تەنتەربىيە بۇيۇمى	353.1	47.6	635.4	612.4	680.8
石油加工及炼焦业 نېفىت پىششىقلاش، كوكس تاۋلاش	175 274.6	45 685.1	408 794.5	276 895.0	423 253.3
化学原料及化学制品制造业 خىمىيە خامئەشيا ھەم خىمىيە بۇيۇم	49 342.9	13 186.9	131 598.4	104 452.4	171 614.6
医药制造业 تېبىي دورا	8 428.3	1 670.9	23 917.5	21 531.8	28 085.8
化学纤维制造业 خىمىيە تالا	2 574.2	585.2	8 750.8	6 971.7	15 596.7
橡胶制品业 كاۋچۇك بۇيۇم	7 195.9	1 202.1	20 797.6	17 041.0	22 584.7
塑料制品业 سۇلياۋ بۇيۇم	11 110.8	2 535.7	29 040.2	31 833.0	33 971.2
非金属矿物制品业 غەيرىي مېتال كان بۇيۇم	86 717.3	19 304.8	253 601.0	218 190.6	307 369.3
黑色金属冶炼及压延加工业 قارا مېتال تاۋلاش-پىرسلاش	77 074.4	12 372.0	165 458.3	150 667.8	246 622.8
有色金属冶炼及压延加工业 رەڭلىك مېتال تاۋلاش-پىرسلاش	33 880.4	12 338.1	95 740.6	85 345.6	100 668.3
金属制品业 مېتال بۇيۇم	13 928.0	2 429.5	29 641.9	26 147.1	37 596.0
普通机械制造业 ئادەتتىكى ماشىنىسازلىق	19 007.5	3 310.0	39 838.5	35 751.6	50 760.3
专用设备制造业 مەخسۇس ئۈسكۈنە	22 970.1	3 324.9	41 092.8	35 150.7	47 669.1
交通运输设备制造业 قاتناش-ترانسپورت ئۈسكۈنىسى	24 083.3	2 865.0	46 819.1	40 596.8	55 108.0
电气机械及器材制造业 ئېلېكتىر ماشىنا ھەم ماتېرىيال	10 321.5	2 428.1	34 362.0	27 458.7	47 462.4
电子及通信设备制造业 ئېلېكترون، ئالاقە ئۈسكۈنىسى	1 527.5	349.8	4 056.1	3 727.2	5 931.9
仪器仪表及文化、办公用机械制造业 ئەسۋاپ، مەدەنىيەت، ئىش بېجىرىش ماشىنىلىرى	187.8	67.5	917.7	932.0	1 008.2
其他制造业 باشقا ياساش كەسپى	2 565.5	477.2	6 179.2	5 974.0	9 292.8
电力、蒸汽、热水的生产和供应业 ئېلېكتىر، پار، ئىسسىق سۇ ئىشلەپچىقىرىش، تەمىنلەش	176 570.6	39 542.9	571 046.4	498 464.7	622 239.4
煤气生产和供应业 كۆمۈر گازى ئىشلەپچىقىرىش، تەمىنلەش	6 352.2	813.9	8 661.0	6 811.3	9 172.0
自来水的生产和供应业 تۇربا سۈيى ئىشلەپچىقىرىش، تەمىنلەش	12 068.8	3 653.4	47 048.9	40 983.5	52 467.2

类别 تىپى	资产总计 جەمئىي مۈلۈك	流动负债合计 جەمئىي كۆچمە قەرز	长期负债合计 جەمئىي ئۇزۇن مۇددەتلىك قەرز	所有者权益合计 ئىگىدارنىڭ جەمئىي ھوقۇق-مەنپەئەتى	产品销售收入 مەھسۇلات سېتىش كىرىمى
按行业分 ساھە بويىچە					
煤炭采选业 كۆمۈر قېزىش	346 182.4	99 894.8	104 763.3	140 977.5	125 977.1
石油和天然气开采业 نېفىت ۋە تەبىئىي گاز قېزىش	4 217 709.8	857 414.7	2 034 331.2	1 325 963.9	1 614 282.0
黑色金属矿采选业 قارا مېتال كان قېزىش	19 696.9	7 988.8	2 374.4	9 281.9	10 993.6
有色金属矿采选业 رەڭلىك مېتال كان قېزىش	31 799.3	14 801.5	6 989.5	10 008.3	19 856.1
非金属矿采选业 غەيرى مېتال كان قېزىش	79 753.3	44 796.8	16 603.4	18 282.4	29 376.0
木材及竹材采运业 ياغاچ كېسىش-توشۇش	27 531.6	11 601.7	6 179.6	9 630.3	9 680.1
食品加工业 يېمەكلىك پىششىقلاش	551 795.4	330 665.0	111 235.3	107 609.0	308 906.4
食品制造业 يېمەكلىك ياساش	175 722.0	103 556.2	47 205.3	24 074.5	65 989.9
饮料制造业 ئىچىملىك ياساش	230 202.6	119 133.6	44 223.2	65 287.1	110 410.9
烟草加工业 تاماكا ياساش	33 364.5	10 225.0	49.9	17 753.6	32 679.0
纺织业 توقۇمىچىلىق	1 106 351.2	631 031.8	269 517.2	199 504.0	685 770.5
服装及其他纤维制品制造业 كىيىم ھەم باشقا تالالىق بويۇم	42 106.6	29 304.0	3 607.7	8 987.4	19 084.4
皮革、毛皮、羽绒及其制品业 خورۇم، تېرە، مامۇق ۋە بويۇم	86 303.4	68 400.9	21 216.9	—3750.5	24 730.8
木材加工及竹、藤、棕、草制品业 ياغاچ پىششىقلاش ھەم بامبۇك، پېلەك، پالما، سامان بويۇم	29 907.1	14 206.4	7 573.2	8 105.6	6 966.4
家具制造业 ئائىلە جابدۇقلىرى	26 409.8	15 715.0	4 111.4	6 340.9	13 717.4
造纸及纸制品业 قەغەز ھەم قەغەز بويۇم	117 570.7	48 850.9	52 220.5	16 407.7	59 507.8
印刷业、记录媒介的复制 مەتبەئە، خاتىرلەش ۋاستىلىرىنى كۆپەيتىش	40 336.6	14 453.7	6 735.6	18 821.9	22 914.1
文教体育用品制造业 مەدەنىيەت، مائارىپ، تەنتەربىيە بويۇمى	2 507.4	1 596.1	141.3	759.8	1 332.7
石油加工及炼焦业 نېفىت پىششىقلاش، كوكس تاۋلاش	685 338.8	156 806.1	320 416.5	207 913.8	380 142.1
化学原料及化学制品制造业 خىمىيە خامئەشيا ھەم خىمىيە بويۇم	322 557.5	131 123.7	97 449.6	92 353.7	149 091.0
医药制造业 تىببىي دورا	61 839.1	34 225.4	8 237.7	19 373.1	30 992.2
化学纤维制造业 خىمىيە تالا	25 452.0	8 021.8	15 083.7	2 328.6	6 853.6
橡胶制品业 كاۋچۇك بويۇم	51 723.8	23 440.5	14 343.4	13 927.5	42 154.2
塑料制品业 سۇلياۋ بويۇم	88 293.2	49 664.5	14 621.7	23 595.4	73 381.6
非金属矿物制品业 غەيرى مېتال كان بويۇمى	535 008.0	208 401.7	157 755.1	166 760.2	182 143.5
黑色金属冶炼及压延加工业 قارا مېتال تاۋلاش-پىرسلاش	447 346.3	206 881.6	84 612.1	155 535.8	195 026.2
有色金属冶炼及压延加工业 رەڭلىك مېتال تاۋلاش-پىرسلاش	192 392.1	81 565.0	60 315.5	50 509.8	106 706.1
金属制品业 مېتال بويۇم	99 635.7	60 036.9	13 151.0	25 241.6	48 711.4
普通机械制造业 ئادەتتىكى ماشىنىسازلىق	116 097.8	64 937.1	18 973.4	31 992.1	48 971.2
专用设备制造业 مەخسۇس ئۈسكۈنە	131 610.9	86 624.6	15 600.8	29 124.1	84 660.1
交通运输设备制造业 قاتناش-تىرانسپورت ئۈسكۈنىسى	139 354.6	93 941.9	16 263.0	28 937.0	55 176.5
电气机械及器材制造业 ئېلېكتر ماشىنا ھەم ماتېرىيال	97 298.5	47 489.3	28 578.8	21 091.4	44 452.1
电子及通信设备制造业 ئېلېكترون، ئالاقە ئۈسكۈنىسى	16 003.3	11 348.3	2 639.1	2 015.9	4 422.3
仪器仪表及文化、办公用机械制造业 ئەسۋاپ، مەدەنىيەت، ئىش بېجىرىش ماشىنىلىرى	2 857.6	1 188.6	525.8	1 143.2	1 337.3
其他制造业 باشقا ياساش كەسپى	25 694.3	14 924.8	5 739.5	5 013.4	7 762.7
电力、蒸汽、热水的生产和供应业 ئېلېكتر، پار، ئىسسىق سۇ، ئىشلەپچىقىرىش، تەمىنلەش	831 918.2	212 248.3	353 961.7	264 982.0	211 842.9
煤气生产和供应业 كۆمۈر گازى ئىشلەپچىقىرىش، تەمىنلەش	14 062.4	2 051.3	2 476.8	9 143.3	3 827.7
自来水的生产和供应业 تۇربا سۈيى ئىشلەپچىقىرىش، تەمىنلەش	69 800.4	17 344.1	6 247.2	46 174.3	11 435.0

تۈرى 类 别	مەھسۇلات سېتىش تەننەرقى 产品销售成本	مەھسۇلات سېتىش خىراجىتى 产品销售费用	مەھسۇلات سېتىش بېجى ۋە قوشۇمچىسى 产品销售税金及附加	مەھسۇلات سېتىش پايدىسى 产品销售利润	باشقۇرۇش خىراجىتى 管理费用
按行业分 ساھە بويىچە					
煤炭采选业 كۆمۈر قېزىش	86 007.6	4 539.4	2 412.4	33 017.6	32 046.9
石油和天然气开采业 نېفىت ۋە تەبىئىي گاز قېزىش	1 195 205.5	8 276.7	63 218.7	347 581.1	77 465.6
黑色金属矿采选业 قارا مېتال كان قېزىش	6 346.6	1 386.5	615.0	2 645.5	1 698.7
有色金属矿采选业 رەڭلىك مېتال كان قېزىش	12 633.6	295.2	437.9	6 489.4	4 020.1
非金属矿采选业 غەيرى مېتال كان قېزىش	18 072.3	2 918.5	1 107.1	7 277.9	5 564.7
木材及竹材采运业 ياغاچ كېسىش-توشۇش	5 759.5	202.8	810.3	2 907.5	2 527.0
食品加工业 يېمەكلىك پىششىقلاش	247 072.2	10 966.4	1 722.1	49 145.2	26 818.7
食品制造业 يېمەكلىك ياساش	51 374.2	4 221.4	545.8	9 848.5	8 442.5
饮料制造业 ئىچىملىك ياساش	72 712.2	9 345.3	9 971.3	18 382.1	8 553.5
烟草加工业 تاماكا ياساش	15 286.1	115.3	14 115.3	3 162.3	2 246.5
纺织业 توقۇمىچىلىق	569 590.9	10 952.9	3 572.4	101 652.9	53 221.9
服装及其他纤维制品制造业 كىيىم ھەم باشقا تالالىق بويۇم	16 239.0	354.5	196.3	2 294.6	2 820.4
皮革、毛皮、羽绒及其制品业 خۇرۇم، تېرە، ماموق ۋە بويۇم	20 621.0	697.4	159.8	3 252.6	4 565.9
木材加工及竹、藤、棕、草制品业 ياغاچ پىششىقلاش ھەم بامبۇك، پىلەك، پالما، سامان بويۇم	5 974.4	238.1	92.1	661.8	1 815.7
家具制造业 ئائىلە جابدۇقلىرى	10 609.3	693.1	244.5	2 170.5	1 793.0
造纸及纸制品业 قەغەز ھەم قەغەز بويۇم	45 445.5	1 362.8	369.7	12 329.8	6 728.1
印刷业、记录媒介的复制 مەتبەئە، خاتىرلەش ۋاستىلىرىنى كۆپەيتىش	18 102.9	573.2	271.7	3 966.0	4 852.4
文教体育用品制造业 مەدەنىيەت، مائارىپ، تەنتەربىيە بويۇمى	1 111.8	26.9	21.3	172.7	144.9
石油加工及炼焦业 نېفىت پىششىقلاش، كوكس تاۋلاش	290 493.7	30 971.3	4 097.9	54 579.2	33 550.4
化学原料及化学制品制造业 خىمىيە خامئەشيا ھەم خىمىيە بويۇم	121 197.0	3 401.4	908.9	23 573.7	20 762.8
医药制造业 تىببىي دورا	23 230.7	1 564.4	158.2	6 038.9	4 048.1
化学纤维制造业 خىمىيە تالا	6 215.4	270.2	37.3	330.7	612.7
橡胶制品业 كاۋچۇك بويۇم	34 047.0	640.1	2 557.6	4 909.5	3 977.2
塑料制品业 سۇلىياۋ بويۇم	62 065.6	1 103.3	137.9	10 074.8	6 000.2
非金属矿物制品业 غەيرى مېتال كان بويۇمى	133 350.9	9 763.8	2 421.5	36 603.6	30 581.8
黑色金属冶炼及压延加工业 قارا مېتال تاۋلاش-پىرسلاش	165 413.8	1 924.4	1 590.8	26 097.2	17 424.8
有色金属冶炼及压延加工业 رەڭلىك مېتال تاۋلاش-پىرسلاش	82 367.1	1 712.2	641.5	21 985.3	11 705.0
金属制品业 مېتال بويۇم	39 667.1	1 662.1	1 656.8	5 722.4	6 910.9
普通机械制造业 ئادەتتىكى ماشىنىسازلىق	35 595.1	2 688.6	322.3	10 365.2	9 770.7
专用设备制造业 مەخسۇس ئۈسكۈنە	67 246.8	1 829.7	337.6	15 246.0	12 763.8
交通运输设备制造业 قاتناش-تىرانسپورت ئۈسكۈنىسى	47 954.6	1 547.4	554.8	5 119.7	11 893.2
电气机械及器材制造业 ئېلېكتر ماشىنا ھەم ماتېرىيال	34 241.3	1 726.8	224.1	8 259.9	6 186.7
电子及通信设备制造业 ئېلېكترون، ئالاقە ئۈسكۈنىسى	3 837.5	197.7	8.5	378.6	797.4
仪器仪表及文化、办公用机械制造业 ئەسۋاپ، مەدەنىيەت، ئىش بېجىرىش ماشىنىلىرى	939.7	185.2	1.2	211.2	255.9
其他制造业 باشقا ياساش كەسپى	6 244.6	457.7	168.4	892.0	1 422.9
电力、蒸汽、热水的生产和供应业 ئېلېكتر، پار، ئىسسىق سۇ ئىشلەپچىقىرىش، تەمىنلەش	153 789.7	24 286.4	2 094.5	31 468.8	26 726.5
煤气生产和供应业 كۆمۈر گازى ئىشلەپچىقىرىش، تەمىنلەش	3 520.0	273.7	64.2	—30.2	699.5
自来水的生产和供应业 تۇربا سۈيى ئىشلەپچىقىرىش، تەمىنلەش	7 970.6	463.6	209.9	2 790.9	2 327.8

9－6 续表 6 داۋامى 6　　　　　　　　　　　　　　　　　　单位：万元 بىرلىكى：تۈمەن يۈەن

类 别 تىپى		ئومۇمىي پايدا 利润总额	ئومۇمىي زىيان 亏损企业亏损总额	ئومۇمىي پايدا-باج 利税总额	بۇ يىل تاپشۇرۇشقا تېگىشلىك قوشۇلغان قىممەت بېجى 本年应交增值税
按行业分	ساھە بويىچە				
煤炭采选业	كۆمۈر قېزىش	4 423.6	1 589.7	17 480.3	10 237.1
石油和天然气开采业	نېفت ۋە تەبىئىي گاز قېزىش	22 546.3		161 357.8	75 592.8
黑色金属矿采选业	قارا مېتال كان قېزىش	362.3	145.4	1 646.4	661.1
有色金属矿采选业	رەڭلىك مېتال كان قېزىش	2 573.4	1 724.1	3 729.5	716.9
非金属矿采选业	غەيرى مېتال كان قېزىش	－327.5	1 721.6	2 941.7	2 121.3
木材及竹材采运业	ياغاچ كېسىش-توشۇش	665.4	73.5	1 500.4	24.7
食品加工业	يېمەكلىك پىششىقلاش	2 744.5	9 889.6	13 591.7	9 085.5
食品制造业	يېمەكلىك ياساش	－3373.7	6 353.4	567.6	3 391.4
饮料制造业	ئىچىملىك ياساش	1 625.5	6 261.9	17 109.8	5 570.6
烟草加工业	تاماكا پىششىقلاش	－92.1	121.9	16 616.4	2 588.7
纺织业	توقۇمىچىلىق	－4885.2	18 323.6	39 231.2	40 514.4
服装及其他纤维制品制造业	كىيىم ھەم باشقا تالالىق بويۇم	－1594.0	2 042.1	－819.5	574.1
皮革、毛皮、羽绒及其制品业	خۇرۇم، تېرە، مامۇق ۋە بويۇم	－6521.7	6 982.5	－5009.9	1 340.0
木材加工及竹、藤、棕、草制品业	ياغاچ پىششىقلاش ھەم بامبۇك، پىلەك، پالما، سامان بويۇم	－691.7	1 444.6	－157.5	441.8
家具制造业	ئائىلە جابدۇقلىرى	－243.1	796.1	692.5	689.9
造纸及纸制品业	قەغەز ھەم قەغەز بويۇم	200.1	1 781.7	3 733.9	3 164.1
印刷业、记录媒介的复制	مەتبەئە، خاتىرلەش ۋاستىلىرىنى كۆپەيتىش	63.5	975.8	1 600.5	1 265.1
文教体育用品制造业	مەدەنىيەت، مائارىپ، تەنتەربىيە بويۇمى	4.2	32.4	93.9	68.4
石油加工及炼焦业	نېفت پىششىقلاش، كوكس تاۋلاش	2 900.5	609.2	24 136.7	17 125.2
化学原料及化学制品制造业	خىمىيە خام ئەشيا ھەم خىمىيە بويۇم	－1319.4	8 345.3	6 098.3	6 351.9
医药制造业	تېببىي دورا	－375.0	2 017.9	1 335.8	1 552.6
化学纤维制造业	خىمىيە تالا	－514.3	557.9	－353.9	123.1
橡胶制品业	كاۋچۇك بويۇم	－106.7	302.0	5 001.5	2 550.6
塑料制品业	سۇلياۋ بويۇم	1 266.3	1 383.2	2 575.8	1 159.8
非金属矿物制品业	غەيرى مېتال كان بويۇمى	－2866.0	13 545.7	12 928.6	13 244.4
黑色金属冶炼及压延加工业	قارا مېتال تاۋلاش-پەرسلاش	－635.4	8 209.5	17 588.1	16 609.7
有色金属冶炼及压延加工业	رەڭلىك مېتال تاۋلاش-پەرسلاش	589.9	6 674.8	7 470.4	6 222.4
金属制品业	مېتال بويۇم	－2541.1	3 683.3	957.1	1 825.3
普通机械制造业	ئادەتتىكى ماشىنىسازلىق	－2011.3	4 390.1	1 297.9	2 986.9
专用设备制造业	مەخسۇس ئۈسكۈنە	－590.0	2 417.1	1 608.0	1 875.3
交通运输设备制造业	قاتناش-تىرانسپورت ئۈسكۈنىسى	－10832.7	11 192.7	－8048.8	2 228.9
电气机械及器材制造业	ئېلېكتىر ماشىنا ھەم ماتېرىيال	－1945.5	3 194.6	－137.0	1 584.4
电子及通信设备制造业	ئېلېكترون، ئالاقە ئۈسكۈنىسى	－743.7	782.8	－559.0	176.2
仪器仪表及文化、办公用机械制造业	ئەسۋاپ، مەدەنىيەت، ئىش بېجىرىش ماشىنىلىرى	47.9	66.2	141.3	92.2
其他制造业	باشقا ياساش كەسپى	－1113.1	1 268.2	－454.6	474.3
电力、蒸汽、热水的生产和供应业	ئېلېكتر، پار، ئىسسىق سۇ ئىشلەپچىقىرىش، تەمىنلەش	－9428.4	15 022.0	18 949.6	26 549.6
煤气生产和供应业	كۆمۈر گازى ئىشلەپچىقىرىش، تەمىنلەش	－171.9	233.3	101.2	208.9
自来水的生产和供应业	تۇربا سۈيى ئىشلەپچىقىرىش، تەمىنلەش	1 069.4	252.6	1 819.0	558.8

رايونلارغا ئايرىلغان بارلىق مۇستەقىل ھېسابات قىلىدىغان سانائەت كارخانىلىرىنىڭ ئاساسلىق ئىقتىسادىي كۆرسەتكۈچى(1)

9—7 分地区全部独立核算工业企业主要经济指标(一)

(1995 年 -يىل)

单位:万元 بىرلىكى:تۈمەن يۈەن

رايونلار 地 区		كارخانا سانى (ئورۇن) 企业单位数(个)	زىيان تارتقان كارخانا 亏损企业	سانائەت ئومۇمىي مەھسۇلات قىممىتى (بۇرۇنقى بەلگىلىمە) 工业总产值(原规定) شۇ يىللىق باھا 当年价格	90-يىللىق ئۆزگەرمەس باھا 90年不变价
总计	**جەمئىي**	**5 160**	**1 578**	**5 985 714.5**	**3 002 059.5**
乌鲁木齐市	**ئۈرۈمچى شەھىرى**	**1 344**	**489**	**1 686 117.0**	**949 185.6**
乌鲁木齐县	ئۈرۈمچى ناھىيىسى	90	32	39 152.8	23 898.5
克拉玛依市	**قاراماي شەھىرى**	**94**	**34**	**1 474 081.8**	**552 004.2**
石河子市	**شىخەنزە شەھىرى**	**106**	**43**	**186 465.3**	**119 561.3**
吐鲁番地区	**تۇرپان ۋىلايىتى**	**217**	**56**	**340 302.5**	**113 366.7**
吐鲁番市	تۇرپان شەھىرى	94	22	35 752.2	24 848.8
鄯善县	پىچان	80	20	290 742.0	76 342.3
托克逊县	توقسۇن	43	14	13 808.3	12 175.6
哈密地区	**قۇمۇل ۋىلايىتى**	**206**	**69**	**132 283.6**	**71 288.3**
哈密市	قۇمۇل شەھىرى	131	54	120 767.0	63 890.0
巴里坤县	بارىكۆل	56	10	10 241.6	7 360.3
伊吾县	ئاراتۈرۈك	19	5	1 275.0	572.0
昌吉州	**سانجى ئوبلاستى**	**809**	**252**	**484 283.2**	**300 404.9**
昌吉市	سانجى شەھىرى	208	75	205 884.2	124 034.5
阜康市	فۇكاڭ شەھىرى	129	49	58 267.9	38 053.5
米泉县	مىچۈەن	159	37	58 383.8	39 272.5
呼图壁县	قۇتۇبى	82	18	55 905.6	31 890.1
玛纳斯县	ماناس	67	17	66 115.6	42 799.4
奇台县	گۇچۇڭ	79	27	19 774.7	10 969.2
吉木萨尔县	جىمسار	55	17	16 494.0	11 303.0
木垒县	مورى	30	12	3 457.4	2 082.7
伊犁州	**غۇلجا ئوبلاستى**	**1 236**	**355**	**687 589.4**	**421 970.5**
奎屯市	كۈيتۇن شەھىرى	72	41	110 799.6	70 178.4
伊犁地区	**ئىلى ۋىلايىتى**	**500**	**117**	**268 285.6**	**176 411.2**
伊宁市	غۇلجا شەھىرى	133	47	100 859.9	76 924.6
伊宁县	غۇلجا ناھىيىسى	84	15	35 612.8	20 988.6
察布查尔县	چاپچال	68	13	6 861.1	4 407.2
霍城县	قورغاس	19	6	53 256.9	32 207.5
巩留县	توققۇزتارا	43	8	7 903.1	5 738.2
新源县	كۈنەس	42	4	39 643.6	21 688.1
昭苏县	موڭغۇلكۈرە	20	5	10 264.1	5 310.9
特克斯县	تېكەس	36	7	6 672.9	5 126.4
尼勒克县	نىلقا	55	12	7 211.2	4 019.7

9—7 续表 1 داۋامى 1

单位：万元 بىرلىكى: تۈمەن يۈەن

地 区 رايونلار		企业单位数(个) كارخانا سانى (ئورۇن)	亏损企业 زىيان تارتقان كارخانا	工业总产值(原规定) سانائەت ئومۇمىي مەھسۇلات قىممىتى (بۇرۇنقى بەلگىلىمە) 当年价格 شۇ يىللىق باھا	90年不变价 90-يىللىق ئۆزگەرمەس باھا
塔城地区	**تارباغاتاي**	**400**	**105**	**224 119.3**	**122 071.6**
塔城市	چۆچەك شەھىرى	58	23	18 867.2	9 733.7
额敏县	دۆربىلجىن	46	11	34 325.5	22 662.3
乌苏县	شىخو	99	23	68 773.5	33 529.1
沙湾县	ساۋەن	132	22	72 338.2	38 730.9
托里县	تولى	19	8	13 039.9	7 920.3
裕民县	چاغانتوقاي	17	3	3 385.7	1 570.7
和布克赛尔县	قوبۇقسار	29	15	13 389.3	7 924.6
阿勒泰地区	**ئالتاي ۋىلايىتى**	**264**	**92**	**84 384.9**	**53 309.3**
阿勒泰市	ئالتاي شەھىرى	72	36	36 913.2	23 416.5
布尔津县	بۇرچىن	34	5	9 447.6	6 341.6
富蕴县	كۆكتوقاي	49	15	9 072.9	5 935.0
福海县	بۇرۇلتوقاي	37	16	13 974.5	9 490.5
哈巴河县	قابا	27	4	8 276.8	4 619.3
青河县	چىڭگىل	26	8	4 000.2	1 993.2
吉木乃县	جېمىنەي	19	8	2 699.7	1 513.2
博州	**بۆرتالا ئوبلاستى**	**122**	**46**	**65 766.7**	**30 812.0**
博乐市	بۆرتالا ئوبلاستى	64	26	49 602.4	23 057.0
精河县	جىڭ	37	14	12 164.9	5 657.2
温泉县	ئارشاڭ	21	6	3 999.4	2 097.8
巴州	**بايىنغولىن ئوبلاستى**	**338**	**101**	**583 117.5**	**241 633.9**
库尔勒市	كورلا شەھىرى	114	43	472 296.1	175 325.3
轮台县	بۈگۈر	29		10 415.8	5 368.0
尉犁县	لوپنور	14	4	26 131.7	10 556.1
若羌县	چاقىلىق	29	5	8 054.3	6 679.5
且末县	چەرچەن	17	5	2 333.3	1 387.7
焉耆县	يەنجى	49	16	21 052.5	13 607.1
和静县	خېجىڭ	42	12	28 679.4	18 074.0
和硕县	خوشۇت	24	11	8 398.1	6 847.2
博湖县	باغراش	20	5	5 756.3	3 789.0
阿克苏地区	**ئاقسۇ ۋىلايىتى**	**218**	**36**	**151 501.1**	**90 121.3**
阿克苏市	ئاقسۇ شەھىرى	73	15	83 673.3	50 972.1
温宿县	ئاقسۇ كونا شەھەر	26	5	19 213.4	10 421.2
库车县	كۇچا	38	4	23 280.0	13 519.1

9—7 续表 2 داۋامى

单位：万元 بىرلىكى：تۈمەن يۈەن

地区 رايونلار		企业单位数（个） كارخانا سانى (ئورۇن)	亏损企业 زىيان تارتقان كارخانا	工业总产值(原规定) سانائەت ئومۇمىي مەھسۇلات قىممىتى (بۇرۇنقى بەلگىلىمە) 当年价格 شۇ يىللىق باھا	90年不变价 90-يىللىق ئۆزگەرمەس باھا
沙雅县	شايار	18	1	6 212.1	4 635.6
新和县	توقسۇ	8	1	1 663.0	1 220.4
拜城县	باي	14	5	7 776.9	4 382.8
乌什县	ئۇچتۇرپان	21	3	1 758.4	756.0
阿瓦提县	ئاۋات	13		7 231.6	3 898.6
柯坪县	كەلپىن	7	2	692.4	315.5
克州	**قىزىلسۇ ئوبلاستى**	**64**	**19**	**11 699.5**	**6 109.8**
阿图什市	ئاتۇش شەھىرى	30	6	3 725.5	1 660.5
阿克陶县	ئاقتو	17	6	4 191.2	2 644.1
阿合奇县	ئاقچى	8	1	446.4	131.9
乌恰县	ئۇلۇغچات	9	6	3 336.4	1 673.3
喀什地区	**قەشقەر ۋىلايىتى**	**223**	**48**	**120 681.5**	**67 532.0**
喀什市	قەشقەر شەھىرى	62	18	53 531.3	28 362.7
疏附县	قەشقەر كونا شەھەر	11	1	5 102.5	3 065.0
疏勒县	قەشقەر يېڭى شەھەر	20	7	12 992.0	7 552.6
英吉沙县	يېڭىسار	13	3	3 761.8	2 074.6
泽普县	پوسكام	16	1	10 137.7	5 069.8
莎车县	يەكەن	17	3	15 035.8	9 275.7
叶城县	قاغىلىق	24	5	4 300.5	2 778.3
麦盖提县	مەكىت	9		4 532.5	3 293.3
岳普湖县	يوپۇرغا	11	3	2 201.9	1 044.1
伽师县	پەيزىۋات	11		4 316.4	2 728.5
巴楚县	مارالبېشى	23	4	4 696.1	2 238.3
塔什库尔干县	تاشقورغان	6	3	73.0	49.1
和田地区	**خوتەن ۋىلايىتى**	**183**	**30**	**61 825.4**	**37 535.0**
和田市	خوتەن شەھىرى	34	15	37 331.7	22 437.7
和田县	خوتەن ناھىيىسى	13	2	5 486.1	3 030.4
墨玉县	قاراقاش	13	1	2 685.4	1 902.8
皮山县	گۇما	32	1	7 220.2	3 781.2
洛浦县	لوپ	40	4	4 433.8	3 659.6
策勒县	چىرا	12	2	1 685.0	768.2
于田县	كېرىيە	28	3	2 464.0	1 687.3
民丰县	نىيە	11	2	519.2	267.8

رايونلارغا ئايرىلغان بارلىق مۇستەقىل ھېسابات قىلىدىغان سانائەت كارخانىلىرىنىڭ ئاساسلىق ئىقتىسادىي كۆرسەتكۈچى(2)

9—7 分地区全部独立核算工业企业主要经济指标(二)

单位:万元 بىرلىكى:تۈمەن يۈەن

地区 رايونلار		工业总产值(新规定) سانائەت ئومۇمىي مەھسۇلات قىممىتى (يېڭى بەلگىلىمە) 当年价格 شۇ يىللىق باھا	工业总产值(新规定) 90年不变价 90-يىللىق ئۆزگەرمەس باھا	工业增加值(生产法) سانائەتنىڭ قوشۇلغان قىممىتى (ئىشلەپچىقىرىش ئۇسۇلى)
总计	**جەمئىي**	**5 105 505.5**	**2 924 262.8**	**1 892 171.7**
乌鲁木齐市	**ئۈرۈمچى شەھىرى**	**1 468 424.0**	**946 142.3**	**413 770.7**
乌鲁木齐县	ئۈرۈمچى ناھىيىسى	29 771.4	24 133.7	11 059.7
克拉玛依市	**قاراماي شەھىرى**	**1 268 577.7**	**552 474.2**	**608 653.7**
石河子市	**شىخەنزە شەھىرى**	**155 195.7**	**109 352.0**	**37 314.7**
吐鲁番地区	**تۇرپان ۋىلايىتى**	**292 867.8**	**113 280.3**	**162 661.4**
吐鲁番市	تۇرپان شەھىرى	30 721.2	24 959.9	10 390.7
鄯善县	پىچان ناھىيىسى	249 171.0	76 024.6	147 393.1
托克逊县	توقسۇن	12 975.6	12 295.8	4 877.6
哈密地区	**قۇمۇل ۋىلايىتى**	**105 249.2**	**67 717.4**	**43 189.4**
哈密市	قۇمۇل شەھىرى	96 511.9	60 557.7	39 952.1
巴里坤县	باركۆل	8 277.5	6 882.0	2 978.0
伊吾县	ئارا تۈرۈك	459.8	277.7	259.3
昌吉州	**سانجى ئوبلاستى**	**423 036.4**	**293 728.0**	**112 217.1**
昌吉市	سانجى شەھىرى	177 276.7	120 024.7	45 233.3
阜康市	فۇكاڭ شەھىرى	50 301.5	36 856.3	15 388.2
米泉县	مىچۈەن	51 093.9	39 089.8	13 355.7
呼图壁县	قۇتۇبى	49 774.8	32 024.2	10 117.4
玛纳斯县	ماناس	61 604.6	42 603.1	19 414.9
奇台县	گۇچۇڭ	17 439.7	10 822.0	4 659.2
吉木萨尔县	جىمسار	12 435.8	10 234.6	3 344.2
木垒县	mۇرى	3 109.4	2 073.3	704.2
伊犁州	**ئىلى ئوبلاستى**	**549 013.4**	**389 746.2**	**168 561.7**
奎屯市	كۈيتۇن شەھىرى	94 216.7	68 971.0	33 406.0
伊犁地区	**ئىلى ۋىلايىتى**	**232 414.0**	**172 364.6**	**68 805.7**
伊宁市	غۇلجا شەھىرى	83 089.2	74 101.4	23 677.6
伊宁县	غۇلجا ناھىيىسى	32 569.7	21 019.0	9 099.7
察布查尔县	چاپچال	5 858.4	4 282.0	1 831.9
霍城县	قورغاس	45 110.3	31 176.3	7 691.8
巩留县	توققۇزتارا	7 531.0	5 685.1	3 435.7
新源县	كۈنەس	35 483.9	21 676.8	15 792.0
昭苏县	مۇڭغۇلكۈرە	9 623.6	5 440.8	2 521.1
特克斯县	تېكەس	6 484.1	4 963.5	2 542.7
尼勒克县	نىلقا	6 663.8	4 019.7	2 213.2

9—7 续表 1 داۋامى

بىرلىكى: تۈمەن يۈەن 单位：万元

地区	رايونلار	سانائەت ئومۇمىي مەھسۇلات قىممىتى (يېڭى بەلگىلىمە) 工业总产值(新规定) شۇ يىللىق باھا 当年价格	90-يىللىق ئۆزگەرمەس باھا 90年不变价	سانائەتنىڭ قوشۇلغان قىممىتى (ئىشلەپچىقىرىش ئۇسۇلى) 工业增加值(生产法)
塔城地区	**تارباغاتاي ۋىلايىتى**	**151 980.2**	**97 693.1**	**43 731.9**
塔城市	چۆچەك شەھىرى	14 067.3	8 105.4	3 314.9
额敏县	دۆربىلجىن	26 231.5	20 542.2	1 813.4
乌苏县	شىخو	34 636.9	20 239.8	11 914.4
沙湾县	ساۋەن	50 031.0	32 007.8	14 470.4
托里县	تولى	12 024.6	7 666.8	5 643.3
裕民县	چاغانتوقاي	3 024.7	1 474.0	750.6
和布克赛尔县	قوبۇقسار	11 964.2	7 657.1	5 824.9
阿勒泰地区	**ئالتاي ۋىلايىتى**	**70 402.5**	**50 717.5**	**22 618.1**
阿勒泰市	ئالتاي شەھىرى	31 485.6	22 962.3	9 570.8
布尔津县	بۆرچىن	7 666.0	5 835.4	2 629.5
富蕴县	كۆكتوقاي	7 299.5	5 477.6	3 406.2
福海县	بۇرۇلتوقاي	11 495.6	9 236.9	2 945.3
哈巴河县	قابا	7 387.4	4 235.3	2 560.5
青河县	چىڭگىل	3 144.1	1 809.2	842.9
吉木乃县	جېمىنەي	1 924.3	1 160.8	662.9
博州	**بۆرتالا ئوبلاستى**	**56 218.3**	**29 709.8**	**10 564.1**
博乐市	بۆرتالا شەھىرى	42 276.3	22 165.3	7 871.4
精河县	جىڭ	10 526.1	5 557.3	1 714.6
温泉县	ئارشاڭ	3 415.9	1 987.2	978.1
巴州	**بايىنغولىن ئوبلاستى**	**490 245.3**	**232 500.9**	**252 604.3**
库尔勒市	كورلا شەھىرى	401 675.9	171 850.6	230 032.9
轮台县	بۈگۈر	3 833.8	2 219.7	2 079.3
尉犁县	لوپنور	20 026.8	9 282.4	3 897.8
若羌县	چاقىلىق	7 023.1	6 435.8	1 973.1
且末县	چەرچەن	2 207.6	1 387.7	581.6
焉耆县	يەنجى	18 134.5	13 223.9	6 021.5
和静县	خېجىڭ	24 334.6	17 506.9	4 449.9
和硕县	خوشوت	7 969.2	6 821.7	2 263.2
博湖县	باغراش	5 039.8	3 772.2	1 305.0
阿克苏地区	**ئاقسۇ ۋىلايىتى**	**129 535.8**	**83 323.9**	**38 610.8**
阿克苏市	ئاقسۇ شەھىرى	74 382.8	48 219.1	16 248.9
温宿县	ئاقسۇ كونا شەھەر	16 626.5	9 394.6	7 296.8
库车县	كۇچا	14 157.0	12 114.3	5 116.6

9—7 续表 2 داۋامى

بىرلىكى: تۈمەن يۈەن 单位:万元

地区 رايونلار		سانائەت ئومۇمىي مەھسۇلات قىممىتى (يېڭى بەلگىلىمە) 工业总产值(新规定)		سانائەتنىڭ قوشۇلغان قىممىتى (ئىشلەپچىقىرىش ئۇسۇلى) 工业增加值(生产法)
		شۇ يىللىق باھا 当年价格	90-يىللىق ئۆزگەرمەس باھا 90年不变价	
沙雅县	شايار	6 645.3	4 360.8	1 892.4
新和县	توقسۇ	1 917.2	1 073.1	503.1
拜城县	باي	7 762.7	3 440.6	5 321.7
乌什县	ئۇچتۇرپان	1 099.1	571.3	400.5
阿瓦提县	ئاۋات	6 214.5	3 877.5	1 234.3
柯坪县	كەلپىن	730.7	272.6	596.5
克州	**قىزىلسۇ ئوبلاستى**	**9 131.2**	**5 430.8**	**2 925.0**
阿图什市	ئاتۇش شەھىرى	1 947.3	1 505.7	1 134.9
阿克陶县	ئاقتو	4 028.4	2 418.3	1 910.0
阿合奇县	ئاقچى	76.0	37.1	41.2
乌恰县	ئۇلۇغچات	3 079.5	1 469.7	—161.1
喀什地区	**قەشقەر ۋىلايىتى**	**106 464.5**	**65 552.1**	**30 318.4**
喀什市	قەشقەر شەھىرى	46 282.7	27 685.7	12 750.1
疏附县	قەشقار كونا شەھەر	5 057.4	3 066.0	1 214.0
疏勒县	قەشقەر يېڭىشەھەر	12 290.5	7 525.3	3 439.4
英吉沙县	يېڭىسار	2 696.1	1 755.0	957.9
泽普县	پوسكام	8 060.2	4 563.8	2 210.6
莎车县	يەكەن	14 034.7	9 195.4	3 939.2
叶城县	قاغىلىق	4 156.2	2 735.9	1 900.6
麦盖提县	مەكىت	4 320.0	3 110.0	1 094.6
岳普湖县	يوپۇرغا	2 182.5	1 037.0	441.0
伽师县	پەيزىۋات	2 968.3	2 728.5	1 099.2
巴楚县	مارالبېشى	4 345.6	2 103.2	1 221.7
塔什库尔干县	تاشقورغان	70.3	46.3	50.1
和田地区	**خوتەن ۋىلايىتى**	**51 546.2**	**35 304.9**	**10 780.4**
和田市	خوتەن شەھىرى	30 407.0	21 913.1	3 683.2
和田县	خوتەن ناھىيىسى	5 070.7	2 775.3	2 253.6
墨玉县	قاراقاش	2 036.2	1 276.1	553.3
皮山县	گۇما	6 182.1	3 374.0	2 209.2
洛浦县	لوپ	4 414.5	3 650.7	1 054.9
策勒县	چىرا	854.4	461.7	267.1
于田县	كېرىيە	2 302.7	1 687.3	648.4
民丰县	نىيە	278.6	166.7	110.7

رايونلارغا ئايرىلغان بارلىق مۇستەقىل ھېسابات قىلىدىغان سانائەت كارخانىلىرىنىڭ ئاساسلىق ئىقتىسادىي كۆرسەتكۈچى(3)

9—7 分地区全部独立核算工业企业主要经济指标(三)

单位:万元 بىرلىكى: تۈمەن يۈەن

地区	رايونلار	جەمئىي كاپىتال 资本金合计	جەمئىي كۆچمە مۈلۈك 流动资产合计	تەييار مەھسۇلات 产成品	كۆچمە مۈلۈكنىڭ يىللىق ئوتتۇرا بېقى قالدۇقى 流动资产年平均余额	مۇقىم مۈلۈك ئەسلى قىممىتىنىڭ جەمئىيسى 固定资产原价合计
总计	**جەمئىي**	**2 871 385.4**	**4 020 833.6**	**506 301.0**	**4 007 764.4**	**8 092 671.5**
乌鲁木齐市	**ئۈرۈمچى شەھىرى**	**747 448.4**	**1 245 085.9**	**199 378.1**	**1 217 386.5**	**1 837 272.8**
乌鲁木齐县	ئۈرۈمچى ناھىيىسى	9 564.6	23 272.7	2 733.2	19 422.5	27 316.1
克拉玛依市	**قاراماي شەھىرى**	**720 383.8**	**560 480.5**	**41 121.0**	**707 424.8**	**2 393 338.0**
石河子市	**شىخەنزە شەھىرى**	**57 836.3**	**144 814.1**	**23 616.3**	**128 125.1**	**161 213.4**
吐鲁番地区	**تۇرپان ۋىلايىتى**	**206 177.9**	**226 655.5**	**7 833.5**	**264 513.0**	**830 303.2**
吐鲁番市	تۇرپان شەھىرى	25 611.8	30 469.3	2 998.1	26 698.1	48 000.9
鄯善县	پىچان ناھىيىسى	173 518.6	185 840.0	2 405.1	229 076.4	773 226.5
托克逊县	توقسۇن	7 047.5	10 346.2	2 430.3	8 738.5	9 075.8
哈密地区	**قۇمۇل ۋىلايىتى**	**87 982.2**	**112 533.5**	**9 706.4**	**93 847.9**	**203 538.8**
哈密市	قۇمۇل شەھىرى	81 285.0	103 804.4	8 214.5	85 935.2	193 025.5
巴里坤县	باركۆل	5 673.3	8 084.3	1 435.5	7 202.1	9 357.0
伊吾县	ئاراتۈرۈك	1 023.9	644.8	56.4	710.6	1 156.3
昌吉州	**سانجى ئوبلاستى**	**222 994.5**	**320 276.4**	**53 385.8**	**295 488.1**	**532 665.7**
昌吉市	سانجى شەھىرى	59 262.5	134 743.0	21 843.2	126 335.2	157 400.5
阜康市	فۇكاڭ شەھىرى	28 250.2	53 365.5	7 331.2	46 566.2	83 953.9
米泉县	مىچۈەن	17 560.0	34 459.4	7 408.9	33 604.3	46 688.4
呼图壁县	قۇتۇبى	14 665.8	38 179.1	5 106.9	38 964.9	31 386.2
玛纳斯县	ماناس	88 102.3	25 262.0	3 936.4	21 846.4	178 412.5
奇台县	گۇچۇڭ	6 827.7	21 784.5	5 045.0	17 903.8	22 497.6
吉木萨尔县	جىمسار	5 520.3	8 836.1	1 654.3	7 435.4	9 080.5
木垒县	مورى	2 805.7	3 646.8	1 059.9	2 831.9	3 246.1
伊犁州	**ئىلى ئوبلاستى**	**325 425.7**	**521 525.8**	**81 235.7**	**465 924.5**	**692 949.2**
奎屯市	كۈيتۇن شەھىرى	44 828.4	74 532.8	6 707.5	59 486.7	103 376.3
伊犁地区	**ئىلى ۋىلايىتى**	**140 347.3**	**223 053.1**	**43 896.5**	**200 659.4**	**293 573.9**
伊宁市	غۇلجا شەھىرى	42 227.1	78 158.2	14 078.1	76 351.4	108 624.4
伊宁县	غۇلجا ناھىيىسى	21 096.8	35 038.4	7 778.0	26 863.8	49 731.0
察布查尔县	چاپچال	7 651.6	7 976.3	649.5	7 015.9	10 860.7
霍城县	قورغاس	9 168.5	36 287.3	8 935.2	29 861.4	53 584.9
巩留县	توققۇزتارا	6 082.9	6 344.7	691.0	6 473.0	10 455.8
新源县	كۈنەس	40 295.4	40 960.2	7 946.0	36 654.0	42 264.0
昭苏县	موڭغۇلكۈرە	3 526.4	6 837.8	1 799.9	6 272.5	6 805.9
特克斯县	تېكەس	7 331.6	6 792.1	1 320.5	6 817.6	6 175.6
尼勒克县	نىلقا	2 967.0	4 658.1	698.3	4 349.8	5 081.6

9—7 续表 1 داۋامى

单位:万元 بىرلىكى: تۈمەن يۈەن

地区 رايونلار		资本金合计 جەمئىي كاپىتال	流动资产合计 جەمئىي كۆچمە مۈلۈك	产成品 تەييار مەھسۇلات	流动资产年平均余额 كۆچمە مۈلۈكنىڭ يىللىق ئوتتۇرا بىر قالدۇقى	固定资产原价合计 مۇقىم مۈلۈك ئەسلى قىممىتىنىڭ جەمئىيسى
塔城地区	**تارباغاتاي ۋىلايىتى**	**79 832.5**	**149 210.2**	**17 330.2**	**137 409.4**	**187 607.1**
塔城市	چۆچەك شەھىرى	13 773.7	13 966.3	1 862.2	11 583.5	32 393.8
额敏县	دۆربىلجىن	12 697.7	32 522.1	3 787.4	25 460.1	30 696.5
乌苏县	شىخو	18 464.5	37 362.5	2 888.4	35 681.3	39 263.4
沙湾县	ساۋەن	18 062.7	36 859.6	6 244.3	34 454.8	51 358.0
托里县	تولى	3 213.1	7 989.0	465.3	12 670.5	15 566.5
裕民县	چاغانتوقاي	1 661.6	3 657.0	456.2	3 113.1	2 483.2
和布克赛尔县	قوبۇقسار	11 959.2	16 853.7	1 626.4	14 446.1	15 845.7
阿勒泰地区	**ئالتاي ۋىلايىتى**	**60 417.5**	**74 729.7**	**13 301.5**	**68 369.0**	**108 391.9**
阿勒泰市	ئالتاي شەھىرى	24 604.3	38 770.0	6 399.3	35 951.5	57 476.9
布尔津县	بۇرچىن	5 324.5	8 119.2	1 431.6	7 714.9	12 855.2
富蕴县	كۆكتوقاي	4 762.4	5 563.6	838.8	5 862.1	8 366.3
福海县	بۇرۇلتوقاي	16 566.5	11 999.3	2 972.5	8 804.9	14 335.6
哈巴河县	قابا	3 623.6	5 490.3	743.1	5 190.1	5 810.6
青河县	چىڭگىل	2 171.4	2 802.1	727.9	2 944.5	3 364.8
吉木乃县	جىمىنەي	3 364.8	1 985.2	188.3	1 901.0	6 182.5
博州	**بۆرتالا ئوبلاستى**	**26 815.1**	**54 036.8**	**11 628.6**	**42 097.7**	**81 487.6**
博乐市	بۆرتالا شەھىرى	19 374.5	39 141.0	6 397.4	33 723.8	68 852.9
精河县	جىڭ	4 803.4	12 030.3	4 739.8	5 842.8	8 599.3
温泉县	ئارشاڭ	2 637.2	2 865.5	491.4	2 531.1	4 035.4
巴州	**بايىنغولىن ئوبلاستى**	**271 918.1**	**623 047.3**	**40 466.1**	**594 286.8**	**1 008 716.1**
库尔勒市	كورلا شەھىرى	218 018.5	509 930.4	16 031.5	517 931.5	904 219.2
轮台县	بۈگۈر	5 027.1	6 449.9	4 731.8	2 201.8	3 736.1
尉犁县	لوپنور	2 538.1	25 090.2	4 467.5	6 822.9	10 913.8
若羌县	چاقىلىق	6 940.4	17 441.2	1 420.4	8 503.4	8 487.3
且末县	چەرچەن	3 262.8	1 604.1	430.2	1 886.5	4 162.8
焉耆县	يەنجى	13 018.0	19 364.4	6 170.9	17 022.8	26 950.9
和静县	خېجىڭ	15 001.7	30 936.1	5 670.0	28 225.9	37 131.3
和硕县	خوشۇت	6 328.9	7 431.0	708.8	7 342.8	7 548.3
博湖县	باغراش	1 782.6	4 800.0	835.0	4 349.2	5 566.4
阿克苏地区	**ئاقسۇ ۋىلايىتى**	**71 493.5**	**84 408.1**	**15 136.9**	**76 629.7**	**134 832.6**
阿克苏市	ئاقسۇ شەھىرى	31 468.4	49 554.4	10 387.5	46 130.0	69 144.0
温宿县	ئاقسۇ كونا شەھەر	4 845.6	7 602.0	1 178.7	7 273.8	10 627.4
库车县	كۇچا	12 729.6	13 834.4	1 147.3	12 045.6	22 158.0

9—7 续表 2 داۋامى

بىرلىكى:تۈمەن يۈەن 单位:万元

رايونلار 地 区		جەمئى كاپىتال 资本金合计	جەمئى كۆچمە مۈلۈك 流动资产合计	تەييار مەھسۇلات 产成品	كۆچمە مۈلۈكنىڭ يىللىق ئوتتۇرچە قالدۇقى 流动资产年平均余额	مۇقىم مۈلۈك ئەسلى قىممىتىنىڭ جەمئىي 固定资产原价合计
沙雅县	شايار	2 031.1	3 607.8	768.6	2 694.0	4 057.0
新和县	توقسۇ	1 449.6	895.1	230.1	880.6	1 461.6
拜城县	باي	13 297.5	3 095.2	209.4	2 363.0	19 043.6
乌什县	ئۈچتۇرپان	1 736.5	1 095.2	139.6	862.7	3 267.3
阿瓦提县	ئاۋات	3 408.1	4 594.9	1 075.7	4 272.0	4 565.1
柯坪县	كەلپىن	527.1	129.1		108.0	508.6
克州	**قىزىلسۇ ئوبلاستى**	**23 737.4**	**10 405.8**	**963.8**	**10 179.1**	**27 314.5**
阿图什市	ئاتۇش شەھىرى	3 138.3	2 920.9	214.5	2 926.8	4 786.1
阿克陶县	ئاقتو	5 426.7	2 897.2	285.8	2 778.7	6 015.9
阿合奇县	ئاقچى	314.4	84.4	4.4	80.5	496.8
乌恰县	ئۇلۇغچات	14 858.0	4 503.3	459.1	4 393.1	16 015.7
喀什地区	**قەشقەر ۋىلايىتى**	**64 861.2**	**75 606.6**	**13 229.3**	**72 208.1**	**115 561.7**
喀什市	قەشقەر شەھىرى	26 143.9	31 466.7	5 052.8	31 554.3	55 191.0
疏附县	قەشقەر كونا شەھەر	3 188.7	3 023.0	718.5	2 619.8	4 288.9
疏勒县	قەشقەر يېڭىشەھەر	4 569.3	11 056.0	3 511.1	11 179.0	11 246.0
英吉沙县	يېڭىسار	2 574.9	2 953.2	346.0	2 974.2	5 745.4
泽普县	پوسكام	5 252.7	6 699.3	515.9	6 490.5	6 935.3
莎车县	يەكەن	7 107.9	9 148.1	1 428.0	8 520.6	11 976.0
叶城县	قاغىلىق	7 297.3	3 149.2	199.9	2 990.8	7 506.7
麦盖提县	مەكىت	2 108.3	3 489.9	758.7	1 583.3	3 046.0
岳普湖县	يوپۇرغا	953.4	1 159.7	102.8	1 203.5	1 576.3
伽师县	پەيزىۋات	1 803.7	1 651.9	451.7	1 620.2	2 971.2
巴楚县	مارالبېشى	2 649.1	1 678.8	143.9	1 361.2	4 397.4
塔什库尔干县	تاشقورغان	1 212.0	130.8		101.7	680.7
和田地区	**خوتەن ۋىلايىتى**	**44 311.3**	**41 957.3**	**8 599.5**	**39 653.1**	**73 477.9**
和田市	خوتەن شەھىرى	17 285.8	20 553.3	4 750.3	18 458.0	33 917.4
和田县	خوتەن ناھىيىسى	8 610.2	6 443.8	128.7	7 377.1	15 973.0
墨玉县	قاراقاش	2 845.1	1 844.0	494.1	1 606.7	2 662.1
皮山县	گۇما	7 515.7	3 491.1	937.8	3 149.4	7 881.6
洛浦县	لوپ	3 502.2	6 334.4	1 816.2	6 229.5	5 249.4
策勒县	چىرا	1 805.2	1 242.7	172.8	998.1	2 589.6
于田县	كېرىيە	1 548.6	1 697.7	233.4	1 635.2	3 936.8
民丰县	نىيە	1 198.5	350.3	66.2	199.1	1 268.0

رايونلارغا ئايرىلغان بارلىق مۇستەقىل ھېسابات قىلىدىغان سانائەت كارخانىلىرىنىڭ ئاساسلىق ئىقتىسادىي كۆرسەتكۈچى(4)

9—7 分地区全部独立核算工业企业主要经济指标(四)

单位:万元 بىرلىكى:تۈمەن يۈەن

地区	رايونلار	جەمئىي ئامورتىزاتسىيە 累计折旧	بۇ يىللىق ئامورتىزاتسىيە 本年折旧	مۇقىم مۈلۈك ساپ قىممىتىنىڭ يىل ئاخىرىدىكى قالدۇقى 固定资产净值年末余额	مۇقىم مۈلۈك ساپ قىممىتىنىڭ يىللىق ئوتتۇرىچە قالدۇقى 固定资产净值年平均余额	جەمئىي مۇقىم مۈلۈك 固定资产合计
总计	**جەمئىي**	**2 519 687.8**	**579 886.4**	**5 572 983.7**	**4 927 158.3**	**6 645 248.1**
乌鲁木齐市	**ئۈرۈمچى شەھىرى**	**551 387.0**	**119 844.2**	**1 285 885.8**	**1 027 486.3**	**1 516 180.1**
乌鲁木齐县	ئۈرۈمچى ناھىيىسى	6 161.9	1 666.4	21 154.2	20 339.1	23 580.1
克拉玛依市	**قاراماي شەھىرى**	**1 028 500.5**	**175 225.8**	**1 364 837.5**	**1 286 946.4**	**1 589 445.3**
石河子市	**شىخەنزە شەھىرى**	**44 185.0**	**8 791.0**	**117 028.4**	**107 443.6**	**134 018.5**
吐鲁番地区	**تۇرپان ۋىلايىتى**	**204 930.5**	**80 551.2**	**625 372.7**	**569 144.8**	**735 039.1**
吐鲁番市	تۇرپان شەھىرى	11 228.8	2 132.1	36 772.1	34 261.2	47 130.1
鄯善县	پىچان	190 657.4	77 964.1	582 569.1	530 514.1	680 781.9
托克逊县	توقسۇن	3 044.3	455.0	6 031.5	4 369.5	7 127.1
哈密地区	**قۇمۇل ۋىلايىتى**	**50 164.7**	**8 692.3**	**153 374.1**	**120 757.0**	**169 217.3**
哈密市	قۇمۇل شەھىرى	47 446.8	7 989.9	145 578.7	113 340.3	160 851.5
巴里坤县	بارىكۆل	2 520.2	683.6	6 836.8	6 536.0	7 330.0
伊吾县	ئاراتۈرۈك	197.7	20.8	958.6	880.7	1 035.8
昌吉州	**سانجى ئوبلاستى**	**126 209.4**	**29 988.2**	**406 456.3**	**358 645.1**	**467 628.4**
昌吉市	سانجى شەھىرى	36 093.8	8 111.8	121 306.7	110 723.2	143 820.9
阜康市	فۇكاڭ شەھىرى	26 488.6	4 661.0	57 465.3	47 174.9	61 348.5
米泉县	مىچۈەن	12 389.8	2 300.9	34 298.6	30 179.5	39 687.6
呼图壁县	قۇتۇبى	8 674.0	2 676.7	22 712.2	19 812.8	38 037.4
玛纳斯县	ماناس	33 873.0	10 519.9	144 539.5	128 642.9	154 140.4
奇台县	گۇچۇڭ	5 773.5	1 114.5	16 724.1	13 935.1	20 410.4
吉木萨尔县	جىمسار	2 219.1	495.3	6 861.4	5 677.5	7 459.5
木垒县	مۇرى	697.6	108.1	2 548.5	2 499.2	2 723.7
伊犁州	**ئىلى ئوبلاستى**	**150 388.0**	**37 595.5**	**542 561.2**	**480 810.6**	**625 071.9**
奎屯市	كۈيتۇن شەھىرى	21 514.4	5 456.2	81 861.9	64 144.1	88 101.4
伊犁地区	**ئىلى ۋىلايىتى**	**59 540.2**	**15 366.7**	**234 033.7**	**211 488.0**	**277 228.9**
伊宁市	غۇلجا شەھىرى	24 543.1	5 101.6	84 081.3	72 959.1	103 432.3
伊宁县	غۇلجا ناھىيىسى	7 641.2	2 403.8	42 089.8	40 034.4	47 281.9
察布查尔县	چاپچال	2 373.7	380.9	8 487.0	8 065.5	10 004.6
霍城县	قورغاس	10 543.6	4 188.5	43 041.3	42 817.6	44 637.7
巩留县	توققۇز تارا	2 284.2	399.6	8 161.6	7 661.7	8 965.9
新源县	كۈنەس	6 748.5	1 904.5	35 515.5	28 371.8	46 885.7
昭苏县	موڭغۇلكۈرە	2 397.1	380.6	4 408.8	3 625.5	5 293.3
特克斯县	تېكەس	1 503.7	368.4	4 671.9	4 518.7	6 061.4
尼勒克县	نىلقا	1 505.1	238.8	3 576.5	3 433.7	4 666.1

9—7 续表 1 داۋامى 1

单位：万元 بىرلىكى: تۈمەن يۈەن

地区 رايونلار	累计折旧 جەمئىي ئامورتىزاتسىيە	本年折旧 بۇ يىللىق ئامورتىزاتسىيە	固定资产净值年末余额 مۇقىم مۇلۇك ساپ قىممىتىنىڭ يىل ئاخىرىدىكى قالدۇقى	固定资产净值年平均余额 مۇقىم مۇلۇك ساپ قىممىتىنىڭ يىللىق ئوتتۇرىچە قالدۇقى	固定资产合计 جەمئىي مۇقىم مۇلۇك
塔城地区 تارباغاتاي ۋىلايىتى	**46 542.3**	**12 532.8**	**141 064.8**	**128 884.2**	**163 345.0**
塔城市 چۆچەك شەھىرى	5 282.0	1 360.7	27 111.8	25 162.0	29 750.3
额敏县 دۆربىلجىن	6 565.6	1 202.1	24 130.9	21 212.0	26 458.0
乌苏县 شىخو	10 536.1	2 993.0	28 727.3	27 928.0	32 847.0
沙湾县 ساۋەن	14 946.1	4 715.2	36 411.9	31 615.1	46 269.1
托里县 تولى	4 695.9	1 438.3	10 870.6	9 711.8	12 352.2
裕民县 چاغانتوقاي	433.9	87.4	2 049.3	1 839.9	2 452.6
和布克赛尔县 قوبۇقسار	4 082.7	736.1	11 763.0	11 415.4	13 215.8
阿勒泰地区 ئالتاي ۋىلايىتى	**22 791.1**	**4 239.8**	**85 600.8**	**76 294.3**	**96 396.6**
阿勒泰市 ئالتاي شەھىرى	12 504.3	2 177.5	44 972.6	38 128.1	50 232.0
布尔津县 بۇرچىن	2 059.8	448.7	10 795.4	10 405.5	11 986.1
富蕴县 كۆكتوقاي	1 936.7	363.1	6 429.6	6 109.5	6 684.7
福海县 بۇرۇلتوقاي	3 115.5	757.3	11 220.1	10 245.7	13 674.3
哈巴河县 قابا	1 496.3	270.3	4 314.3	4 162.7	5 187.7
青河县 چىڭگىل	616.8	91.8	2 748.0	2 479.4	3 007.5
吉木乃县 جىمىنەي	1 061.7	131.0	5 120.8	4 763.4	5 624.3
博州 بۆرتالا ئوبلاستى	**17 211.3**	**5 382.4**	**64 276.3**	**63 108.5**	**71 044.0**
博乐市 بۆرتالا شەھىرى	14 008.6	4 137.9	54 844.3	54 552.5	60 164.0
精河县 جىڭ	2 214.1	1 021.1	6 385.2	5 798.2	7 070.9
温泉县 ئارشاڭ	988.6	223.4	3 046.8	2 757.8	3 809.1
巴州 بايىنغولىن ئوبلاستى	**262 175.4**	**98 191.4**	**746 540.7**	**676 131.1**	**1 018 372.7**
库尔勒市 كورلا شەھىرى	235 038.4	91 590.0	669 180.8	611 779.3	926 250.6
轮台县 بۈگۈر	606.5	344.7	3 129.6	2 795.8	3 469.1
尉犁县 لوپنور	3 649.7	1 083.3	7 264.1	6 500.3	15 082.7
若羌县 چاقىلىق	2 414.8	712.0	6 072.5	3 483.4	6 470.1
且末县 چەرچەن	639.6	158.6	3 523.2	2 761.9	3 668.4
焉耆县 يەنجى	7 134.8	2 231.0	19 816.1	17 235.7	21 518.5
和静县 خېجىڭ	10 072.3	1 182.6	27 059.0	22 931.8	29 273.4
和硕县 خوشۇت	1 673.8	360.8	5 874.5	5 733.2	7 952.7
博湖县 باغراش	945.5	528.4	4 620.9	2 909.7	4 687.2
阿克苏地区 ئاقسۇ ۋىلايىتى	**30 814.0**	**5 795.0**	**104 018.6**	**88 043.1**	**124 739.1**
阿克苏市 ئاقسۇ شەھىرى	16 137.9	2 999.5	53 006.1	42 626.4	61 522.4
温宿县 ئاقسۇ كونا شەھەر	1 838.3	578.5	8 759.1	7 793.9	11 442.5
库车县 كۇچا	6 751.8	1 037.1	15 406.2	13 887.0	23 519.3

单位：万元 بىرلىكى: تۆمەن يۈەن

地区 رايونلار		累计折旧 جەمئىي ئامورتىزاتسىيە	本年折旧 بۇ يىللىق ئامورتىزاتسىيە	固定资产净值年末余额 مۇقىم مۈلۈك ساپ قىممىتىنىڭ يىل ئاخىرىدىكى قالدۇقى	固定资产净值年平均余额 مۇقىم مۈلۈك ساپ قىممىتىنىڭ يىللىق ئوتتۇرىچە قالدۇقى	固定资产合计 جەمئىي مۇقىم مۈلۈك
沙雅县	شايار	746.5	258.5	3 310.5	2 340.8	3 540.6
新和县	توقسۇ	364.6	49.7	1 097.0	687.8	1 181.4
拜城县	باي	3 362.6	398.4	15 681.0	14 458.1	16 274.8
乌什县	ئۇچتۇرپان	622.6	176.5	2 644.7	2 390.7	2 977.9
阿瓦提县	ئاۋات	896.1	277.8	3 669.0	3 443.4	3 853.2
柯坪县	كەلپىن	93.6	19.0	415.0	415.0	427.0
克州	**قىزىلسۇ ئوبلاستى**	**6 730.1**	**1 288.1**	**20 584.4**	**20 531.9**	**24 498.9**
阿图什市	ئاتۇش شەھىرى	1 028.3	231.2	3 757.8	3 596.0	3 997.0
阿克陶县	ئاقتو	1 380.1	349.8	4 635.8	4 630.4	5 111.7
阿合奇县	ئاقچى	58.2	6.0	439.6	417.3	454.3
乌恰县	ئۇلۇغچات	4 263.5	701.1	11 752.2	11 888.2	14 935.9
喀什地区	**قەشقەر ۋىلايىتى**	**30 476.2**	**5 167.4**	**85 085.5**	**72 939.0**	**105 512.2**
喀什市	قەشقەر شەھىرى	14 229.0	1 681.0	40 962.0	33 889.1	55 774.4
疏附县	قەشقەر كونا شەھەر	870.4	195.5	3 418.5	3 236.1	3 568.0
疏勒县	قەشقەر يېڭىشەھەر	4 055.7	698.3	7 190.3	6 522.1	8 384.8
英吉沙县	يېڭىسار	1 035.3	171.2	4 710.1	4 198.8	5 083.2
泽普县	پوسكام	2 769.8	500.2	4 165.5	3 967.1	4 684.0
莎车县	يەكەن	3 246.5	616.7	8 729.5	8 252.7	9 726.0
叶城县	قاغىلىق	1 600.1	635.9	5 906.6	4 255.4	7 106.5
麦盖提县	مەكىت	872.3	173.4	2 174.5	1 094.7	2 313.7
岳普湖县	يوپۇرغا	356.1	67.4	1 220.2	1 089.1	1 339.8
伽师县	پەيزىۋات	559.6	181.1	2 411.6	2 384.5	2 807.2
巴楚县	مارالبېشى	862.9	245.6	3 534.5	3 384.4	4 021.3
塔什库尔干县	تاشقورغان	18.5	1.1	662.2	665.0	703.3
和田地区	**خوتەن ۋىلايىتى**	**16 515.7**	**3 373.9**	**56 962.2**	**55 170.9**	**64 480.6**
和田市	خوتەن شەھىرى	8 957.3	1 985.6	24 960.1	28 014.2	26 342.4
和田县	خوتەن ناھىيىسى	1 427.2	320.0	14 545.8	11 895.8	16 482.5
墨玉县	قاراقاش	782.6	182.0	1 879.5	1 555.5	2 042.0
皮山县	گۇما	2 606.7	327.9	5 274.9	4 965.2	7 943.4
洛浦县	لوپ	1 682.4	348.9	3 567.0	2 986.4	4 488.1
策勒县	چىرا	226.2	40.5	2 363.4	2 362.7	2 424.2
于田县	كېرىيە	737.8	148.6	3 199.0	2 878.3	3 502.0
民丰县	نىيە	95.5	20.4	1 172.5	512.8	1 256.0

(5) رايونلارغا ئايرىلغان بارلىق مۇستەقىل ھېسابات قىلىدىغان سانائەت كارخانىلىرىنىڭ ئاساسلىق ئىقتىسادىي كۆرسەتكۈچى

9—7 分地区全部独立核算工业企业主要经济指标(五)

单位:万元 بىرلىكى: تۈمەن يۈەن

地 区 رايونلار	资产总计 جەمئىي مۈلۈك	流动负债合计 جەمئىي كۆچمە قەرز	长期负债合计 جەمئىي ئۇزۇن مۇددەتلىك قەرز	所有者权益合计 ئىگىدارنىڭ جەمئىي ھوقۇق-مەنپەئەتى	产品销售收入 مەھسۇلات سېتىش كىرىمى
总计 جەمئىي	**11 119 535.**	**3 935 902.4**	**3 976 071.6**	**3 181 201.5**	**4 851 264.9**
乌鲁木齐市 ئۈرۈمچى شەھىرى	**2 880 451.8**	**1 204 361.9**	**803 118.3**	**864 799.4**	**1 463 274.9**
乌鲁木齐县 ئۈرۈمچى ناھىيىسى	48 255.2	23 324.3	10 258.6	14 472.2	27 157.7
克拉玛依市 قاراماي شەھىرى	**2 238 877.8**	**443 675.3**	**853 095.8**	**941 639.1**	**1 137 267.2**
石河子市 شىخەنزە شەھىرى	**292 723.0**	**180 557.9**	**49 543.3**	**62 619.6**	**154 499.0**
吐鲁番地区 تۇرپان ۋىلايىتى	**977 858.6**	**193 233.1**	**511 157.2**	**273 018.9**	**309 897.6**
吐鲁番市 تۇرپان شەھىرى	88 017.2	36 558.2	23 533.8	27 614.0	28 603.1
鄯善县 پىچان	871 850.8	147 373.9	485 623.1	238 717.0	268 920.8
托克逊县 توقسۇن	17 990.6	9 301.0	2 000.3	6 687.9	12 373.7
哈密地区 قۇمۇل ۋىلايىتى	**297 879.3**	**106 126.3**	**113 972.0**	**77 571.0**	**109 935.3**
哈密市 قۇمۇل شەھىرى	279 903.3	96 955.3	110 687.8	72 050.3	101 089.4
巴里坤县 باركۆل	15 920.1	8 524.7	2 458.8	4 936.5	7 920.3
伊吾县 ئاراتۈرۈك	2 055.9	646.3	825.4	584.2	925.6
昌吉州 سانجى ئوبلاستى	**816 332.6**	**339 565.6**	**272 743.1**	**200 219.6**	**408 037.8**
昌吉市 سانجى شەھىرى	293 196.7	147 119.6	65 515.3	79 496.4	172 027.1
阜康市 فۇكاڭ شەھىرى	118 169.2	40 355.9	31 307.3	46 336.7	46 138.8
米泉县 مىچۈەن	76 744.1	46 190.3	20 231.7	9 267.6	47 971.4
呼图壁县 قۇتۇبى	78 935.6	40 465.9	20 469.9	17 582.7	46 227.8
玛纳斯县 ماناس	182 352.8	29 660.3	120 095.0	32 289.1	60 789.8
奇台县 گۇچۇڭ	44 090.3	26 093.3	10 005.3	7 357.7	17 037.4
吉木萨尔县 جىمسار	16 443.5	6 529.5	4 221.7	5 581.9	15 319.0
木垒县 مورى	6 400.4	3 150.8	896.9	2 307.5	2 526.5
伊犁州 ئىلى ئوبلاستى	**1 200 441.7**	**572 141.1**	**346 318.0**	**273 065.2**	**480 957.4**
奎屯市 كۈيتۇن شەھىرى	164 715.2	66 801.3	56 364.1	35 504.8	90 637.5
伊犁地区 ئىلى ۋىلايىتى	**528 791.3**	**257 565.8**	**148 691.8**	**120 209.1**	**193 449.5**
伊宁市 غۇلجا شەھىرى	197 254.5	95 590.6	64 340.8	35 589.6	72 115.2
伊宁县 غۇلجا ناھىيىسى	86 421.0	42 880.9	36 495.8	7 060.3	24 714.1
察布查尔县 چاپچال	18 575.0	7 361.6	4 397.2	6 812.2	7 088.1
霍城县 قورغاس	81 532.1	44 461.6	23 723.1	13 347.4	29 331.5
巩留县 توققۇز تارا	16 046.4	5 679.2	2 666.8	7 670.4	7 123.6
新源县 كۈنەس	93 869.5	44 972.9	11 888.7	36 947.7	36 425.8
昭苏县 موڭغۇلكۈرە	12 218.0	6 270.9	1 444.5	4 486.6	4 725.6
特克斯县 تېكەس	13 237.1	6 455.8	1 358.6	4 955.8	5 534.2
尼勒克县 نىلقا	9 637.7	3 892.3	2 376.3	3 369.1	6 391.4

9—7 续表 1 داۋامى

单位:万元 بىرلىكى: تۈمەن يۈەن

地区 رايونلار	جەمئىي مۈلۈك 资产总计	جەمئىي كۆچمە قەرز 流动负债合计	جەمئىي ئۇزۇن مۇددەتلىك قەرز 长期负债合计	ئىگىدارنىڭ جەمئىي ھوقۇق-مەنپەئىتى 所有者权益合计	مەھسۇلات سېتىش كىرىمى 产品销售收入
塔城地区 تارباغاتاي ۋىلايىتى	**323 452.0**	**156 963.9**	**95 916.9**	**70 323.7**	**138 376.7**
塔城市 چۆچەك شەھىرى	45 634.6	16 524.4	15 779.2	13 162.3	13 029.6
额敏县 دۆربىلجىن	63 038.5	30 957.0	15 024.1	17 050.4	25 267.5
乌苏县 شىخو	70 841.0	42 728.8	15 746.3	12 365.8	32 263.8
沙湾县 ساۋەن	85 843.1	42 232.9	22 666.3	20 878.7	45 409.6
托里县 تولى	21 052.3	8 168.8	10 768.9	2 114.6	10 902.0
裕民县 چاغانتوقاي	6 345.7	4 169.5	552.9	1 623.3	2 314.5
和布克赛尔县 قوبۇقسار	30 696.8	12 182.5	15 379.2	3 128.6	9 189.7
阿勒泰地区 ئالتاي ۋىلايىتى	**183 483.2**	**90 810.1**	**45 345.2**	**4 727.6**	**58 493.7**
阿勒泰市 ئالتاي شەھىرى	98 937.7	54 497.5	23 862.0	20 575.6	25 844.8
布尔津县 بۇرچىن	20 615.9	7 447.6	7 319.4	5 740.0	6 858.9
富蕴县 كۆكتوقاي	12 555.7	4 608.5	1 613.8	6 216.9	6 895.4
福海县 بۇرۇلتوقاي	26 808.7	14 527.8	8 037.7	4 200.0	7 643.1
哈巴河县 قابا	10 970.9	5 236.6	1 822.9	3 882.4	7 000.6
青河县 چىڭگىل	5 866.2	2 805.5	743.3	2 317.4	2 733.9
吉木乃县 جىمىنەي	7 728.1	1 686.6	1 946.1	4 095.3	1 517.0
博州 بۆرتالا ئوبلاستى	**128 772.4**	**67 809.9**	**45 535.2**	**15 315.1**	**48 766.2**
博乐市 بۆرتالا شەھىرى	102 448.4	52 844.7	41 873.2	7 644.1	38 423.1
精河县 جىڭ	19 447.1	11 973.5	2 186.1	5 287.4	7 931.3
温泉县 ئارشاڭ	6 876.9	2 991.7	1 475.9	2 383.6	2 411.8
巴州 بايىنغولىن ئوبلاستى	**1 733 492.5**	**590 093.4**	**851 971.8**	**290 639.1**	**489 038.2**
库尔勒市 كورلا شەھىرى	1 521 864.2	459 510.0	813 407.1	248 726.8	406 847.8
轮台县 بۈگۈر	10 448.8	3 070.7	547.3	6 538.4	5 794.4
尉犁县 لوپنور	40 784.6	29 881.7	8 172.6	2 730.3	16 168.5
若羌县 چاقىلىق	23 954.1	15 847.7	1 443.5	6 662.9	7 687.3
且末县 چەرچەن	5 703.5	1 527.2	763.4	3 412.9	2 216.0
焉耆县 يەنجى	42 355.1	20 001.6	15 671.9	6 614.7	15 175.9
和静县 خېجىڭ	61 662.6	41 184.7	8 016.7	12 461.2	23 050.2
和硕县 خوشۇت	16 946.4	12 362.3	2 292.5	2 291.6	7 394.5
博湖县 باغراش	9 773.2	6 707.5	1 656.8	1 200.3	4 703.6
阿克苏地区 ئاقسۇ ۋىلايىتى	**217 964.0**	**104 260.6**	**38 150.8**	**74 363.7**	**91 936.2**
阿克苏市 ئاقسۇ شەھىرى	116 515.9	67 941.0	13 422.3	34 815.4	50 579.7
温宿县 ئاقسۇ كونا شەھەر	19 397.1	10 010.6	4 190.6	5 148.3	7 978.2
库车县 كۇچا ناھىيىسى	39 025.5	14 425.0	6 169.6	18 394.4	13 785.5

9—7 续表 2 داۋامى 2

بىرلىكى:تۈمەن يۈەن 单位:万元

رايونلار 地区		جەمئىي مۈلۈك 资产总计	جەمئىي كۆچمە قەرز 流动负债合计	جەمئىي ئۇزۇن مۇددەتلىك قەرز 长期负债合计	ئىگىدارنىڭ جەمئىي ھوقۇق-مەنپەئىتى 所有者权益合计	مەھسۇلات سېتىش كىرىمى 产品销售收入
沙雅县	شايار	7 602.2	2 942.5	1 850.8	2 651.8	5 424.5
新和县	توقسۇ	2 087.5	656.3	86.2	1 314.8	1 539.8
拜城县	باي	19 926.7	2 459.3	11 575.8	5 355.3	6 252.5
乌什县	ئۇچتۇرپان	4 127.7	1 100.2	806.2	2 221.2	1 106.9
阿瓦提县	ئاۋات	8 724.7	4 620.0	49.3	4 011.5	4 519.4
柯坪县	كەلپىن	556.7	105.7		451.0	749.7
克州	**قىزىلسۇ ئوبلاستى**	**36 831.9**	**10 847.8**	**13 747.6**	**12 202.9**	**8 316.9**
阿图什市	ئاتۇش شەھىرى	7 293.6	1 937.8	824.5	4 500.7	2 014.6
阿克陶县	ئاقتو	8 237.5	2 232.8	2 177.1	3 827.6	3 047.6
阿合奇县	ئاقچى	553.9	31.8	99.0	423.1	58.0
乌恰县	ئۇلۇغچات	20 746.9	6 645.4	10 647.0	3 451.5	3 196.7
喀什地区	**قەشقەر ۋىلايىتى**	**187 052.6**	**83 470.7**	**47 275.9**	**55 861.0**	**101 315.9**
喀什市	قەشقەر شەھىرى	89 840.1	37 058.0	30 604.3	22 041.9	44 658.9
疏附县	قەشقەر كونا شەھەر	6 872.8	2 318.1	1 832.0	2 722.5	3 953.6
疏勒县	قەشقەر يېڭىشەھەر	19 583.8	11 283.0	3 418.4	4 673.0	11 479.5
英吉沙县	يېڭىسار ناھىيىسى	8 807.9	1 937.1	2 857.8	4 013.0	2 791.0
泽普县	پوسكام	13 003.2	7 971.7	1 597.8	3 403.4	7 461.4
莎车县	يەكەن	19 208.9	11 510.5	1 899.8	5 776.7	13 629.1
叶城县	قاغىلىق	10 290.8	4 098.7	1 952.6	4 238.3	3 843.2
麦盖提县	مەكىت	5 814.1	2 360.8	508.7	2 935.3	3 887.6
岳普湖县	يوپۇرغا	2 509.6	506.5	685.1	1 318.0	2 199.0
伽师县	پەيزىۋات	4 470.5	1 969.9	208.9	2 286.5	3 123.2
巴楚县	مارالبېشى	5 796.0	2 301.6	1 710.5	1 752.3	4 219.1
塔什库尔干县	تاشقورغان	854.9	154.8		700.1	70.3
和田地区	**خوتەن ۋىلايىتى**	**110 856.9**	**39 758.8**	**29 442.6**	**39 886.9**	**48 022.3**
和田市	خوتەن شەھىرى	48 576.5	22 748.8	7 986.6	17 384.1	29 026.5
和田县	خوتەن ناھىيىسى	24 907.6	3 878.1	12 580.9	7 276.1	4 781.0
墨玉县	قاراقاش	4 150.2	1 696.4	1 414.2	956.2	1 664.0
皮山县	گۇما	11 699.5	1 750.8	2 671.9	7 246.8	5 744.8
洛浦县	لوپ	10 946.0	5 396.3	1 620.0	3 919.2	3 778.1
策勒县	چىرا	3 709.1	1 973.9	1 232.9	502.2	609.0
于田县	كېرىيە	5 211.0	2 025.1	1 509.9	1 660.9	2 256.9
民丰县	نىيە	1 657.0	289.4	426.2	941.4	162.0

رايونلارغا ئايرىلغان بارلىق مۇستەقىل ھېسابات قىلىدىغان سانائەت كارخانىلىرىنىڭ ئاساسلىق ئىقتىسادىي كۆرسەتكۈچى(6)

9—7 分地区全部独立核算工业企业主要经济指标(六)

بىرلىكى: تۈمەن يۈەن 单位:万元

地区	رايونلار 区	مەھسۇلات سېتىش تەننەرقى 产品销售成本	مەھسۇلات سېتىش خىراجىتى 产品销售费用	مەھسۇلات سېتىش بېجى ۋە قوشۇمچىسى 产品销售税金及附加	مەھسۇلات سېتىش پايدىسى 产品销售利润	باشقۇرۇش خىراجىتى 管理费用
总计	**جەمئىي**	**3 717 552.8**	**143 836.4**	**118 077.6**	**871 575.4**	**453 744.8**
乌鲁木齐市	**ئۈرۈمچى شەھىرى**	**1 153 399.7**	**77 212.0**	**13 473.4**	**219 189.8**	**166 088.4**
乌鲁木齐县	ئۈرۈمچى ناھىيىسى	19 986.2	605.2	451.2	6 115.1	2 703.9
克拉玛依市	**قاراماي شەھىرى**	**892 519.0**	**4 265.2**	**55 529.9**	**184 953.1**	**55 913.5**
石河子市	**شىخەنزە شەھىرى**	**121 890.3**	**2 726.1**	**2 170.9**	**27 701.7**	**18 886.9**
吐鲁番地区	**تۇرپان ۋىلايىتى**	**226 135.0**	**6 077.7**	**4 919.1**	**72 763.1**	**13 853.0**
吐鲁番市	تۇرپان شەھىرى	21 911.8	2 381.5	372.6	3 934.5	3 663.8
鄯善县	پىچان	194 243.4	3 365.9	4 223.2	67 008.3	9 381.8
托克逊县	توقسۇن	9 979.8	330.3	323.3	1 740.3	807.4
哈密地区	**قۇمۇل ۋىلايىتى**	**83 644.1**	**3 362.4**	**1 601.6**	**21 325.0**	**20 560.8**
哈密市	قۇمۇل شەھىرى	76 924.4	3 009.5	1 549.5	19 604.6	19 677.6
巴里坤县	باركۆل	5 923.8	334.3	40.5	1 621.7	795.7
伊吾县	ئارائۈرۈك	795.9	18.6	11.6	98.7	87.5
昌吉州	**سانجى ئوبلاستى**	**330 152.6**	**17 239.9**	**3 442.7**	**57 200.8**	**35 617.0**
昌吉市	سانجى شەھىرى	135 823.9	10 401.8	1 311.4	24 490.0	13 349.7
阜康市	فۇكاڭ شەھىرى	34 785.3	1 494.8	368.4	9 490.3	7 420.9
米泉县	مىچۈەن	37 466.6	2 185.6	516.3	7 801.1	5 537.0
呼图壁县	قۇتۇبى	37 747.4	1 351.3	465.7	6 663.4	3 107.4
玛纳斯县	ماناس	57 013.4	881.3	221.5	2 673.6	3 538.5
奇台县	بۇگۇر	12 312.4	343.5	284.1	4 097.4	1 448.9
吉木萨尔县	جىمسار	12 872.6	495.0	269.4	1 682.0	1 013.0
木垒县	مۇرى	2 131.0	86.6	5.9	303.0	201.6
伊犁州	**ئىلى ئوبلاستى**	**342 181.7**	**18 086.0**	**24 776.5**	**95 708.3**	**59 380.0**
奎屯市	كۈيتۇن شەھىرى	60 398.2	2 678.5	14 786.8	12 774.0	8 298.0
伊犁地区	**ئىلى ۋىلايىتى**	**134 221.8**	**9 842.6**	**6 170.5**	**43 214.6**	**25 694.5**
伊宁市	غۇلجا شەھىرى	54 222.8	1 587.9	1 400.3	14 904.2	10 655.7
伊宁县	غۇلجا ناھىيىسى	16 896.1	921.6	125.9	6 770.5	3 842.5
察布查尔县	چاپچال	5 932.2	421.0	74.0	660.9	1 830.3
霍城县	قورغاس	21 629.0	1 509.5	628.5	5 564.5	2 572.9
巩留县	توققۇزتارا	5 105.4	145.5	317.7	1 555.0	982.8
新源县	كۈنەس	16 847.6	4 985.1	3 316.7	11 276.4	2 941.0
昭苏县	مۇڭغۇلكۈرە	4 317.9	9.0	72.0	326.7	1 125.1
特克斯县	تېكەس	4 126.4	63.5	161.5	1 182.8	969.8
尼勒克县	نىلقا	5 144.4	199.5	73.9	973.6	774.4

地 区 رايونلار		مەھسۇلات سېتىش تەننەرقى 产品销售成本	مەھسۇلات سېتىش خىراجىتى 产品销售费用	مەھسۇلات سېتىش بېجى ۋە قوشۇمچىسى 产品销售税金及附加	مەھسۇلات سېتىش پايدىسى 产品销售利润	باشقۇرۇش خىراجىتى 管理费用
塔城地区	**تارباغاتاي ۋىلايىتى**	**105 122.9**	**3 654.3**	**3 071.4**	**26 526.7**	**16 155.4**
塔城市	چۆچەك شەھىرى	10 527.1	395.3	301.1	1 806.1	1 720.2
额敏县	دۆربىلجىن	19 147.9	465.1	182.5	5 472.0	2 278.6
乌苏县	شىخو	24 232.8	687.0	1 223.1	6 120.9	3 422.4
沙湾县	ساۋەن	35 113.0	1 446.6	832.2	8 016.4	4 609.1
托里县	تولى	7 987.9	231.9	196.7	2 485.5	2 039.5
裕民县	چاغانتوقاي	1 717.2	36.8	53.9	506.6	256.8
和布克赛尔县	قوبۇقسار	6 397.0	391.6	281.9	2 119.2	1 828.8
阿勒泰地区	**ئالتاي ۋىلايىتى**	**42 438.8**	**1 910.6**	**747.8**	**13 193.0**	**9 232.1**
阿勒泰市	ئالتاي شەھىرى	18 809.6	1 023.0	260.3	5 548.4	5 555.5
布尔津县	بۇرچىن	4 959.8	158.1	100.1	1 640.9	640.5
富蕴县	كۆكتوقاي	4 659.4	130.8	139.8	1 965.4	886.0
福海县	بۇرۇلتوقاي	5 540.9	260.6	59.0	1 782.6	779.9
哈巴河县	قابا	5 111.8	90.6	109.6	1 688.6	753.4
青河县	چىڭگىل	2 295.4	106.4	60.9	271.2	309.3
吉木乃县	جىمىنەي	1 061.9	141.1	18.1	295.9	307.5
博州	**بۆرتالا ئوبلاستى**	**42 159.8**	**852.8**	**463.5**	**5 290.1**	**5 321.7**
博乐市	بۆرتالا شەھىرى	32 908.5	726.3	366.4	4 421.9	4 470.6
精河县	جىڭ	7 247.2	105.4	77.1	501.6	563.5
温泉县	ئارشاڭ	2 004.1	21.1	20.0	366.6	287.6
巴州	**بايىنغولىن ئوبلاستى**	**331 084.6**	**8 644.3**	**8 386.2**	**140 923.1**	**46 035.4**
库尔勒市	كورلا شەھىرى	269 065.6	4 985.6	7 173.7	125 622.9	36 919.8
轮台县	بۈگۈر	4 689.3	313.9	139.8	651.4	319.3
尉犁县	لوپنور	12 503.1	666.3	53.8	2 945.3	1 046.3
若羌县	چاقىلىق	4 408.6	955.5	491.9	1 931.3	1 240.4
且末县	چەرچەن	1 662.2	119.8	11.6	422.4	260.1
焉耆县	يەنجى	11 103.4	390.6	147.7	3 534.2	2 048.5
和静县	خېجىڭ	18 421.4	593.9	243.7	3 791.2	3 245.9
和硕县	خوشۇت	5 900.5	303.3	82.6	1 108.1	632.0
博湖县	باغراش	3 330.5	315.4	41.4	1 016.3	323.1
阿克苏地区	**ئاقسۇ ۋىلايىتى**	**68 813.9**	**1 861.1**	**1 330.0**	**19 931.2**	**13 045.9**
阿克苏市	ئاقسۇ شەھىرى	37 621.4	1 109.7	472.3	11 316.3	7 609.1
温宿县	ئاقسۇ كونا شەھەر	5 569.4	203.3	243.5	1 962.0	943.2
库车县	كۇچا	9 696.2	155.6	451.1	3 482.6	2 588.8

رايونلار 地　区		مەھسۇلات سېتىش تەننەرقى 产品销售成本	مەھسۇلات سېتىش خىراجىتى 产品销售费用	مەھسۇلات سېتىش بېجى ۋە قوشۇمچىسى 产品销售税金及附加	مەھسۇلات سېتىش پايدىسى 产品销售利润	باشقۇرۇش خىراجىتى 管理费用
沙雅县	شايار	4 522.9	89.9	73.8	737.9	322.4
新和县	توقسۇ	1 186.3	7.2	4.1	342.2	161.7
拜城县	باي	5 213.7	37.1	51.6	950.1	801.9
乌什县	ئۈچتۇرپان	785.3	85.2	17.0	219.4	142.5
阿瓦提县	ئاۋات	3 508.4	98.4	8.1	904.5	450.8
柯坪县	كەلپىن	710.3	14.7	8.5	16.2	15.5
克州	**قىزىلسۇ ئوبلاستى**	**5 671.6**	**563.9**	**326.4**	**1 755.0**	**2 099.0**
阿图什市	ئاتۇش شەھىرى	1 435.2	161.5	105.8	312.1	311.5
阿克陶县	ئاقتو	1 858.6	183.0	21.9	984.1	771.0
阿合奇县	ئاقچى	39.1		2.0	16.9	31.8
乌恰县	ئۇلۇغچات	2 338.7	219.4	196.7	441.9	984.7
喀什地区	**قەشقەر ۋىلايىتى**	**81 079.7**	**1 509.2**	**1 086.3**	**17 640.6**	**11 387.9**
喀什市	قەشقەر شەھىرى	36 777.6	326.2	563.0	6 992.1	5 507.1
疏附县	قەشقەر كونا شەھەر	2 645.8	139.3	99.0	1 069.5	415.9
疏勒县	قەشقەر يېڭىشەھەر	9 249.6	234.2	103.5	1 892.2	1 121.8
英吉沙县	يېڭىسار	2 018.0	202.6	39.2	531.2	432.1
泽普县	پوسكام	5 349.1	178.5	41.7	1 892.1	656.3
莎车县	يەكەن	11 461.8	92.1	122.3	1 952.9	1 477.5
叶城县	قاغىلىق	2 932.5	39.9	36.5	834.3	360.0
麦盖提县	مەكىت	2 958.6	32.4	17.1	879.4	331.6
岳普湖县	يوپۇرغا	1 779.4	38.4	8.7	372.5	259.6
伽师县	پەيزىۋات	2 313.6	10.4	34.7	764.5	396.9
巴楚县	مارالبېشى	3 517.6	214.6	19.0	467.9	420.6
塔什库尔干县	تاشقورغان	76.1	0.6	1.6	−8.0	8.5
和田地区	**خوتەن ۋىلايىتى**	**38 820.8**	**1 435.8**	**571.1**	**7 193.6**	**5 553.3**
和田市	خوتەن شەھىرى	24 368.9	818.0	366.2	3 473.4	3 093.3
和田县	خوتەن ناھىيىسى	3 359.3	91.0	31.9	1 298.0	762.3
墨玉县	قاراقاش	1 443.8	12.1	9.0	199.1	137.3
皮山县	گۇما	4 091.5	349.4	91.7	1 212.2	753.7
洛浦县	لوپ	3 013.0	94.3	28.6	642.2	528.9
策勒县	چىرا	516.2	23.8	11.2	57.8	119.6
于田县	كېرىيە	1 909.0	29.4	30.4	287.1	144.6
民丰县	نىيە	119.1	17.0	2.1	23.0	15.6

رايونلارغا ئايرىلغان بارلىق مۇستەقىل ھېسابات قىلىدىغان سانائەت كارخانىلىرىنىڭ ئاساسلىق ئىقتىسادىي كۆرسەتكۈچى(7)

9—7 分地区全部独立核算工业企业主要经济指标(七)

单位:万元 بىرلىكى:تۈمەن يۈەن

地区	رايونلار	ئومۇمىي پايدا 利润总额	ئومۇمىي زىيان 亏损企业亏损总额	ئومۇمىي پايدا-باج 利税总额	يۈرگۈزۈشكە تىگىشلىك قوشۇلغان قىممەت بېجى 本年应交增值税
总计	**جەمئىي**	**—11840.7**	**144 408.3**	**368 362.7**	**261 548.4**
乌鲁木齐市	**ئۈرۈمچى شەھىرى**	**—12634.5**	**50 832.4**	**83 236.7**	**82 397.8**
乌鲁木齐县	ئۈرۈمچى ناھىيىسى	1 208.4	430.4	3 293.7	1 634.1
克拉玛依市	**قاراماي شەھىرى**	**659.4**	**3 489.2**	**100 105.9**	**43 913.3**
石河子市	**شىخەنزە شەھىرى**	**—3986.1**	**7 677.5**	**7 939.0**	**9 754.2**
吐鲁番地区	**تۇرپان ۋىلايىتى**	**13 391.1**	**3 290.3**	**37 056.9**	**18 266.3**
吐鲁番市	تۇرپان شەھىرى	—160.4	1 951.8	2 466.9	2 197.0
鄯善县	پىچان	13 214.5	1 152.7	33 363.9	15 776.5
托克逊县	توقسۇن	337.0	185.8	1 226.1	292.8
哈密地区	**قۇمۇل ۋىلايىتى**	**—3 004.6**	**6 480.9**	**5 584.0**	**6 717.8**
哈密市	قۇمۇل شەھىرى	—3 278.9	6 217.9	4 698.1	6 397.6
巴里坤县	باركۆل	277.0	199.1	855.3	316.7
伊吾县	ئاراتۈرۈك	—2.7	63.9	30.6	3.3
昌吉州	**سانجى ئوبلاستى**	**—906.3**	**16 244.4**	**24 960.6**	**22 412.8**
昌吉市	سانجى شەھىرى	2 960.4	4 547.5	14 314.6	10 042.8
阜康市	فۇكاڭ شەھىرى	—2554.0	3 856.6	1 389.1	3 574.7
米泉县	مىچۈەن	—1881.1	3 550.1	940.4	2 305.2
呼图壁县	قۇتۇبى	1 699.7	616.3	4 412.0	2 245.3
玛纳斯县	ماناس	—1718.2	2 781.1	1 095.9	2 588.6
奇台县	گۇچۇڭ	314.5	604.8	1 502.3	897.7
吉木萨尔县	جىمسار	304.2	161.7	1 222.0	648.3
木垒县	مورى	—31.8	126.3	84.3	110.2
伊犁州	**ئىلى ئوبلاستى**	**—1803.0**	**23 494.8**	**52 328.4**	**29 319.6**
奎屯市	كۈيتۇن شەھىرى	—2616.9	4 667.7	19 525.9	7 356.0
伊犁地区	**ئىلى ۋىلايىتى**	**992.7**	**9 120.2**	**17 028.5**	**9 865.3**
伊宁市	غۇلجا شەھىرى	—3503.4	5 111.7	2 287.7	4 390.8
伊宁县	غۇلجا ناھىيىسى	—1653.2	2 048.1	—418.9	1 108.4
察布查尔县	چاپچال	—218.4	612.9	116.0	260.4
霍城县	قورغاس	156.6	651.6	2 158.0	1 372.9
巩留县	توققۇز تارا	441.9	77.2	1 026.0	266.4
新源县	كۈنەس	5 423.5	78.7	10 643.1	1 902.9
昭苏县	موڭغۇلكۈرە	98.6	110.1	302.5	131.9
特克斯县	تېكەس	71.6	248.5	394.1	161.0
尼勒克县	نىلقا	175.5	181.4	520.0	270.6

9—7 续表 1 داۋامى

单位：万元 بىرلىكى: تۈمەن يۈەن

地区	رايونلار	ئومۇمىي پايدا 利润总额	ئومۇمىي زىيان 亏损企业 亏损总额	ئومۇمىي پايدا-باج 利税总额	بۇيىل تاپشۇرۇشقا تېگىشلىك قوشۇلغان قىممەت بېجى 本年应交增值税
塔城地区	**تارباغاتاي ۋىلايىتى**	**1 314.8**	**4 604.4**	**13 646.0**	**9 227.7**
塔城市	چۆچەك شەھىرى	−328.8	833.3	745.4	764.5
额敏县	دۆربىلجىن	15.7	358.9	2 496.0	2 297.8
乌苏县	شىخو	924.3	603.3	4 201.0	2 030.1
沙湾县	ساۋەن	1 960.3	783.0	5 573.5	2 781.0
托里县	تولى	−421.3	676.6	58.5	283.1
裕民县	چاغانتوقاي	144.6	85.8	294.8	96.3
和布克赛尔县	قوبۇقسار	−980.0	1 263.5	276.8	974.9
阿勒泰地区	**ئالتاي ۋىلايىتى**	**−1493.6**	**5 102.5**	**2 128.0**	**2 870.6**
阿勒泰市	ئالتاي شەھىرى	−3165.6	4 058.4	−1421.8	1 483.5
布尔津县	بۇرچىن	189.5	71.2	662.8	373.2
富蕴县	كۆكتوقاي	867.8	216.4	1 443.5	435.9
福海县	بۇرۇلتوقاي	−120.8	377.8	269.7	331.5
哈巴河县	قابا	803.6	116.5	978.9	65.7
青河县	چىڭگىل	−0.4	146.8	141.6	81.1
吉木乃县	جېمىنەي	−67.7	115.4	53.3	99.7
博州	**بۆرتالا ئوبلاستى**	**−6388.5**	**7 462.2**	**−3431.4**	**2 493.6**
博乐市	بۆرتالا شەھىرى	−6359.1	7 078.7	−3977.9	2 014.8
精河县	جىڭ	−35.2	279.3	416.8	374.9
温泉县	ئارشاڭ	5.8	104.2	129.7	103.9
巴州	**بايىنغولىن ئوبلاستى**	**2 159.2**	**14 089.7**	**42 191.6**	**31 897.0**
库尔勒市	كورلا شەھىرى	4 189.1	8 857.2	39 302.5	27 891.5
轮台县	بۈگۈر	260.7		565.1	164.6
尉犁县	لوپنور	−50.1	241.3	574.4	570.7
若羌县	چاقىلىق	468.4	16.0	1 512.7	552.4
且末县	چەرچەن	40.3	78.2	143.9	92.0
焉耆县	يەنجى	−684.0	1 012.6	365.7	901.3
和静县	خېجىڭ	−1863.9	3 184.7	−460.1	1 159.8
和硕县	خوشۇت	−268.7	420.6	91.9	278.0
博湖县	باغراش	67.4	279.1	395.5	286.7
阿克苏地区	**ئاقسۇ ۋىلايىتى**	**2 010.8**	**3 759.1**	**7 946.5**	**4 605.7**
阿克苏市	ئاقسۇ شەھىرى	−194.0	3 187.2	2 689.4	2 411.1
温宿县	ئاقسۇ كونا شەھەر	261.8	200.6	964.3	459.0
库车县	كۇچا	604.0	188.8	1 993.4	938.3

9—7 续表 2 داۋامى

بىرلىكى: تۈمەن يۈەن 单位:万元

地区 رايونلار	ئومۇمىي پايدا 利润总额	ئومۇمىي زىيان 亏损企业亏损总额	ئومۇمىي پايدا-باج 利税总额	بۇيىل تاپشۇرۇشقا تېگىشلىك قوشۇلغان قىممەت بېجى 本年应交增值税
沙雅县 شايار	419.0	50.8	638.1	145.3
新和县 توقسۇ	172.2	1.0	189.8	13.5
拜城县 باي	130.5	122.2	716.3	534.2
乌什县 ئۇچتۇرپان	44.4	5.1	103.3	41.9
阿瓦提县 ئاۋات	564.6		635.1	62.4
柯坪县 كەلپىن	8.3	3.4	16.8	
克州 قىزىلسۇ ئوبلاستى	**−1227.8**	**1 712.9**	**−321.4**	**580.0**
阿图什市 ئاتۇش شەھىرى	53.0	59.7	364.7	205.9
阿克陶县 ئاقتۇ	126.9	217.0	321.1	172.3
阿合奇县 ئاقچى	−7.2	16.6	−3.6	1.6
乌恰县 ئۇلۇغچات	−1400.5	1 419.6	−1003.6	200.2
喀什地区 قەشقەر ۋىلايىتى	**1 485.3**	**2 705.3**	**8 766.0**	**6 187.0**
喀什市 قەشقەر شەھىرى	−919.7	1 432.3	3 018.9	3 375.6
疏附县 قەشقەر كونا شەھەر	475.8	3.1	685.4	83.6
疏勒县 قەشقەر يېڭىشەھەر	−276.0	674.6	345.3	517.8
英吉沙县 يېڭىسار	−35.1	196.6	236.2	232.1
泽普县 پوسكام	511.8	7.0	874.6	321.1
莎车县 يەكەن	397.3	252.9	1 503.4	983.8
叶城县 قاغىلىق	185.5	34.1	408.7	185.9
麦盖提县 مەكىت	537.1		608.2	47.8
岳普湖县 يوپۇرغا	152.6	26.0	180.7	19.4
伽师县 پەيزاۋات	363.5		735.4	337.2
巴楚县 مارالبېشى	100.6	70.2	202.3	82.7
塔什库尔干县 تاشقورغان	−8.1	8.5	−6.1	
和田地区 خوتەن ۋىلايىتى	**−1595.7**	**3 169.6**	**1 699.9**	**3 003.5**
和田市 خوتەن شەھىرى	−2037.3	2 373.3	146.1	2 214.1
和田县 خوتەن ناھىيىسى	378.4	71.8	668.7	258.4
墨玉县 قاراقاش	−11.2	130.5	61.5	63.7
皮山县 گۇما	419.3	0.1	860.6	349.6
洛浦县 لوپ	−116.9	261.1	40.2	24.2
策勒县 چىرا	−23.9	47.5	19.2	31.9
于田县 كېرىيە	−193.3	266.8	−92.3	57.0
民丰县 نىيە	−10.8	18.5	−4.1	4.6

بارلىق مۇستەقىل ھېسابات قىلىدىغان دۆلەت سانائەت كارخانىلىرىنىڭ ئاساسىي ئىقتىسادىي كۆرسەتكۈچى

9—8 全部独立核算国有工业企业主要经济指标

(1995年 -يىل)　　单位:万元 بىرلىكى: تۈمەن يۈەن

类别	تىپى	企业单位数(个) كارخانا سانى (ئورۇن)	亏损企业 زىيان تارتقان كارخانا	工业总产值(原规定) سانائەت ئومۇمىي مەھسۇلات قىممىتى (بۇرۇنقى بەلگىلىمە) 当年价格 شۇ يىللىق باھا	工业总产值(原规定) 90年不变价 90-يىللىق ئۆزگەرمەس باھا
总计	جەمئىي	**1 723**	**585**	**5 009 635.6**	**2 392 494.1**
按轻、重工业分	**يېنىك-ئېغىر سانائەت بويىچە**				
轻工业	يېنىك سانائەت	940	330	1 387 548.1	829 716.4
以农产品为原料	يېزا ئىگىلىك مەھسۇلاتلىرىنى خامئەشيا قىلىدىغان	714	258	1 278 880.3	748 258.2
以非农产品为原料	غەيرى يېزا ئىگىلىك مەھسۇلاتلىرىنى خامئەشيا قىلىدىغان	226	72	108 667.8	81 458.2
重工业	ئېغىر سانائەت	783	255	3 622 087.5	1 562 777.7
采掘工业	قېزىش سانائىتى	167	40	2 150 210.6	751 861.2
原料工业	خامئەشيا سانائىتى	308	95	1 123 860.0	555 323.9
加工工业	پىششىقلاش سانائىتى	308	120	348 016.9	255 592.6
按行业大类分	**ساھە چوڭ تىپى بويىچە**				
煤炭采选业	كۆمۈر قېزىش	96	18	107 218.7	67 919.6
石油和天然气开采业	نېفىت ۋە تەبىئىي گاز قېزىش	3	0	2 000 276.0	656 355.0
黑色金属矿采选业	قارا مېتال كان قېزىش	7	2	10 901.1	4 706.7
有色金属矿采选业	رەڭلىك مېتال كان قېزىش	25	8	14 935.3	8 170.4
非金属矿采选业	غەيرى مېتال كان قېزىش	42	17	21 631.0	18 794.0
木材及竹材采运业	ياغاچ كېسىش-توشۇش	13	1	9 654.7	8 119.1
食品加工业	يېمەكلىك پىششىقلاش	227	55	412 462.2	222 002.4
食品制造业	يېمەكلىك ياساش	117	53	43 368.8	27 434.7
饮料制造业	ئىچىملىك ياساش	65	32	97 677.0	55 897.1
烟草加工业	تاماكا پىششىقلاش	3	1	37 539.3	31 736.2
纺织业	توقۇمىچىلىق	76	34	549 559.3	318 631.4
服装及其他纤维制品制造业	كىيىم ۋە باشقا تالالىق بويۇم	26	8	9 183.0	7 052.8
皮革、毛皮、羽绒及其制品业	خۇرۇم، تېرە، مامۇق ۋە بويۇم	30	20	29 084.1	15 480.8
木材加工及竹、藤、棕、草制品业	ياغاچ پىششىقلاش ھەم بامبۇك، پىلەك، پالما، سامان بويۇم	10	5	4 029.9	2 510.8
家具制造业	ئائىلە جابدۇقلىرى	18	6	3 738.7	2 565.6
造纸及纸制品业	قەغەز ھەم قەغەز بويۇم	37	12	54 486.8	35 280.3
印刷业、记录媒介的复制	مەتبەئە، خاتىرلەش ۋاستىلىرىنى كۆپەيتىش	92	28	22 058.1	17 543.3
文教体育用品制造业	مەدەنىيەت، مائارىپ، تەنتەربىيە بويۇمى	10	2	343.0	230.8
石油加工及炼焦业	نېفىت پىششىقلاش، كوكس تاۋلاش	10	3	412 612.4	190 388.3
化学原料及化学制品制造业	خىمىيە خامئەشيا ھەم خىمىيە بويۇم	71	20	120 968.7	78 551.0
医药制造业	تېببىي دورا	26	8	29 172.9	22 303.9
化学纤维制造业	خىمىيە تالا	4	2	6 743.7	6 386.6
橡胶制品业	كاۋچۇك بويۇم	6	2	40 043.3	41 085.5
塑料制品业	سۇلياۋ بويۇم	26	8	34 665.6	24 705.0
非金属矿物制品业	غەيرى مېتال كان بويۇمى	159	53	153 788.8	82 451.7
黑色金属冶炼及压延加工业	قارا مېتال تاۋلاش، پېرىسلاش	14	8	198 067.0	98 873.5
有色金属冶炼及压延加工业	رەڭلىك مېتال تاۋلاش، پېرىسلاش	16	5	107 094.4	65 089.0
金属制品业	مېتال بويۇم	56	18	19 276.9	14 865.5
普通机械制造业	ئادەتتىكى ماشىنىسازلىق	38	17	35 385.5	25 021.6
专用设备制造业	مەخسۇس ئۈسكۈنە	69	19	90 403.9	60 869.8
交通运输设备制造业	قاتناش-تىرانسپورت ئۈسكۈنىسى	59	36	47 620.3	35 275.3
电气机械及器材制造业	ئېلېكتر ماشىنا ھەم ماتېرىيال	22	9	38 378.9	30 126.4
电子及通信设备制造业	ئېلېكترون، ئالاقە ئۈسكۈنىسى	4	2	4 648.5	4 216.0
仪器仪表及文化、办公用机械制造业	ئەسۋاپ، مەدەنىيەت، ئىش بېجىرىش ماشىنىلىرى	1	0	141.6	124.6
其他制造业	باشقا ياساش كەسپىي	22	12	2 601.1	1 973.7
电力、蒸汽、热水的生产和供应业	ئېلېكتر، پار، ئىسسىق سۇ ئىشلەپچىقىرىش، تەمىنلەش	141	44	225 031.0	101 911.7
煤气生产和供应业	كۆمۈر گازى ئىشلەپچىقىرىش، تەمىنلەش	5	2	2 642.1	996.7
自来水的生产和供应业	تۇربا سۈيى ئىشلەپچىقىرىش، تەمىنلەش	77	15	12 301.0	6 847.3

9—8 续表 1 داۋامى 1

单位：万元 بىرلىكى: تۈمەن يۈەن

类别	تىپى	工业总产值（新规定） سانائەت ئومۇمىي مەھسۇلات قىممىتى (يېڭى بەلگىلىمە) 当年价格 شۇ يىللىق باھا	 90年不变价 90-يىللىق ئۆزگەرمەس باھا	工业增加值（生产法） سانائەتنىڭ قوشۇلغان قىممىتى (ئىشلەپچىقىرىش ئۇسۇلى)
总计	جەمئىي	4 287 580.3	2 351 323.3	1 677 561.2
按轻、重工业分	يېنىك، ئېغىر سانائەت بويىچە			
轻工业	يېنىك سانائەت	1 146 667.7	791 700.6	269 945.8
以农产品为原料	يېزا ئىگىلىك مەھسۇلاتلىرىنى خامئەشيا قىلىدىغان	1 052 622.1	712 708.9	239 842.6
以非农产品为原料	غەيرى يېزا ئىگىلىك مەھسۇلاتلىرىنى خامئەشيا قىلىدىغان	94 045.6	78 991.7	30 103.2
重工业	ئېغىر سانائەت	3 140 912.6	1 559 622.7	1 407 615.4
采掘工业	قېزىش سانائىتى	1 853 826.6	749 490.5	1 013 065.3
原料工业	خامئەشيا سانائىتى	979 939.6	555 807.3	336 543.3
加工工业	پىششىقلاش سانائىتى	307 146.4	254 324.9	58 006.8
按行业大类分	ساھە چوڭ تىپى بويىچە			
煤炭采选业	كۆمۈر قېزىش	95 557.9	65 778.2	62 903.9
石油和天然气开采业	نېفىت ۋە تەبىئى گاز قېزىش	1 718 303.0	656 355.0	930 626.0
黑色金属矿采选业	قارا مېتال كان قېزىش	9 627.0	4 698.7	4 953.2
有色金属矿采选业	رەڭلىك مېتال كان قېزىش	13 949.7	8 195.2	6 755.1
非金属矿采选业	غەيرى مېتال كان قېزىش	18 913.8	18 484.0	7 410.5
木材及竹材采运业	ياغاچ كېسىش، توشۇش	9 614.0	8 119.1	5 707.3
食品加工业	يېمەكلىك پىششىقلاش	313 022.7	199 508.2	64 023.4
食品制造业	يېمەكلىك ياساش	36 984.4	26 616.0	9 409.7
饮料制造业	ئىچىملىك ياساش	85 343.9	55 426.3	24 420.8
烟草加工业	تاماكا پىششىقلاش	32 537.1	31 736.2	18 068.1
纺织业	توقۇمىچىلىق	467 617.4	311 183.4	94 885.0
服装及其他纤维制品制造业	كىيىم ھەم باشقا تالالىق بويۇم	8 207.4	6 914.9	2 180.4
皮革、毛皮、羽绒及其制品业	خۇرۇم، تېرە، مامۇق ۋە بۇيۇم	24 266.3	14 325.1	3 201.8
木材加工及竹、藤、棕、草制品业	ياغاچ پىششىقلاش ھەم بامبۇك، پىلەك، پالما، سامان بويۇم	3 493.2	2 514.8	823.0
家具制造业	ئائىلە جابدۇقلىرى	3 233.3	2 566.9	1 132.6
造纸及纸制品业	قەغەز ھەم قەغەز بويۇم	46 554.6	35 245.0	13 326.7
印刷业、记录媒介的复制	مەتبەئە، خاتىرلەش ۋاستىلىرىنى كۆپەيتىش	17 763.6	14 608.8	6 107.6
文教体育用品制造业	مەدەنىيەت، مائارىپ، تەنتەربىيە بويۇمى	318.7	236.5	117.3
石油加工及炼焦业	نېفىت پىششىقلاش، كوكس تاۋلاش	358 960.7	190 349.6	96 129.2
化学原料及化学制品制造业	خىمىيە خامئەشيا ھەم خىمىيە بويۇم	104 275.4	78 283.1	25 308.9
医药制造业	تىببىي دورا	25 189.0	21 223.0	6 285.9
化学纤维制造业	خىمىيە تالا	5 764.6	6 386.6	740.5
橡胶制品业	كاۋچۇك بويۇم	34 311.6	41 149.2	4 311.3
塑料制品业	سۇلياۋ بويۇم	31 959.6	24 550.1	4 892.0
非金属矿物制品业	غەيرى مېتال كان بويۇمى	135 611.3	81 895.1	51 986.7
黑色金属冶炼及压延加工业	قارا مېتال تاۋلاش، پىرىسلاش	168 814.2	98 601.2	47 914.0
有色金属冶炼及压延加工业	رەڭلىك مېتال تاۋلاش، پىرىسلاش	93 609.9	65 413.8	26 220.4
金属制品业	مېتال بويۇم	16 148.1	13 777.6	3 829.5
普通机械制造业	ئادەتتىكى ماشىنىسازلىق	30 924.3	24 469.7	7 734.7
专用设备制造业	مەخسۇس ئۈسكۈنە	80 662.6	60 901.8	16 234.2
交通运输设备制造业	قاتناش-ترانسپورت ئۈسكۈنىسى	42 561.7	35 578.1	4 567.3
电气机械及器材制造业	ئېلېكتر ماشىنا ھەم ماتېرىيال	33 138.3	29 776.4	6 072.0
电子及通信设备制造业	ئېلېكترون، ئالاقە ئۈسكۈنىسى	4 111.0	4 122.1	621.1
仪器仪表及文化.办公用机械制造业	ئەسۋاپ، مەدەنىيەت، ئىش بېجىرىش ماشىنىلىرى	125.8	124.6	51.4
其他制造业	باشقا ياساش كەسپى	2 232.0	1 962.5	162.5
电力、蒸汽、热水的生产和供应业	ئېلېكتر، پار، ئىسسىق سۇ ئىشلەپچىقىرىش، تەمىنلەش	198 436.9	101 787.7	109 988.3
煤气生产和供应业	كۆمۈر گازى ئىشلەپچىقىرىش، تەمىنلەش	3 768.6	1 775.0	1 229.8
自来水的生产和供应业	تۇرۇبا سۈيى ئىشلەپچىقىرىش، تەمىنلەش	11 666.7	6 683.8	7 229.1

9—8 续表 2 داۋامى

单位：万元 بىرلىكى: تۈمەن يۈەن

类别 تىپى	资本金合计 جەمئىي كاپىتال	流动资产合计 جەمئىي كۆچمە مۈلۈك	产成品 تەييار مەھسۇلات	流动资产年平均余额 كۆچمە مۈلۈكنىڭ يىللىق ئوتتۇرچە قالدۇقى	固定资产原价合计 مۇقىم مۈلۈك ئەسلى قىممىتىنىڭ جەمئىي
总计 جەمئىي	**2 432 029.4**	**3 273 004.7**	**361 322.7**	**3 371 221.3**	**7 490 957.9**
按轻、重工业分 يېنىك، ئېغىر سانائەت بويىچە					
轻工业 يېنىك سانائەت	466 732.2	931 747.8	178 478.3	852 992.3	1 058 519.0
以农产品为原料 يېزا ئىگىلىك مەھسۇلاتلىرىنى خامئەشيا قىلىدىغان	373 524.9	828 595.0	161 393.3	754 472.1	907 385.4
以非农产品为原料 غەيرى يېزا ئىگىلىك مەھسۇلاتلىرىنى خامئەشيا قىلىدىغان	93 207.3	103 152.8	17 085.0	98 520.2	151 133.6
重工业 ئېغىر سانائەت	1 965 297.2	2 341 256.9	182 844.4	2 518 229.0	6 432 438.9
采掘工业 قېزىش سانائىتى	1 116 008.5	1 224 444.2	43 667.7	1 415 970.8	4 107 373.9
原料工业 خامئەشيا سانائىتى	693 960.7	799 973.8	81 483.1	796 174.5	1 984 815.5
加工工业 پىششىقلاش سانائىتى	155 328.0	316 838.9	57 693.6	306 083.7	340 249.5
按行业大类分 ساھە چوڭ تىپى بويىچە					
煤炭采选业 كۆمۈر قېزىش	78 550.5	94 061.1	4 310.7	84 385.0	234 163.0
石油和天然气开采业 نېفىت ۋە تەبىئىي گاز قېزىش	1 010 803.0	1 085 487.7	35 648.8	1 290 517.5	3 823 828.8
黑色金属矿采选业 قارا مېتال كان قېزىش	4 029.6	10 616.1	543.8	9 706.6	8 985.0
有色金属矿采选业 رەڭلىك مېتال كان قېزىش	5 735.9	8 131.5	133.4	6 476.9	17 338.1
非金属矿采选业 غەيرى مېتال كان قېزىش	14 974.3	29 262.1	4 963.6	27 714.0	29 630.9
木材及竹材采运业 ياغاچ كېسىش، توشۇش	11 155.2	11 847.4	1 600.0	11 900.4	14 979.9
食品加工业 يېمەكلىك پىششىقلاش	97 201.7	255 959.2	55 723.4	211 926.4	260 938.3
食品制造业 يېمەكلىك ياساش	21 885.6	41 100.3	8 644.2	38 322.1	44 212.2
饮料制造业 ئىچىملىك ياساش	57 553.7	87 293.0	11 238.0	81 555.4	98 758.5
烟草加工业 تاماكا پىششىقلاش	11 257.7	21 348.6	160.2	17 657.5	13 400.7
纺织业 توقۇمىچىلىق	126 589.4	322 817.0	61 569.9	305 235.2	354 390.9
服装及其他纤维制品制造业 كىيىم ھەم باشقا تالالىق بويۇم	5 254.7	8 771.7	1 782.6	8 882.6	5 759.5
皮革、毛皮、羽绒及其制品业 خۇرۇم، تېرە، ماموق ۋە بويۇم	13 830.9	33 404.3	8 926.2	32 831.8	27 009.3
木材加工及竹、藤、棕、草制品业 ياغاچ پىششىقلاش ھەم بامبۇك، پىلەك، پالما، سامان بويۇم	5 733.0	6 826.3	2 394.6	7 019.2	11 681.7
家具制造业 ئائىلە جابدۇقلىرى	1 848.3	2 888.6	652.7	3 078.6	2 778.4
造纸及纸制品业 قەغەز ھەم قەغەز بويۇم	14 945.2	28 935.6	6 501.9	28 906.5	58 045.3
印刷业、记录媒介的复制 مەتبەئە، خاتىرلەش ۋاستىلىرىنى كۆپەيتىش	14 142.4	11 256.4	1 626.0	10 275.5	25 655.3
文教体育用品制造业 مەدەنىيەت، مائارىپ، تەنتەربىيە بويۇمى	167.8	363.2	40.3	318.2	266.3
石油加工及炼焦业 نېفىت پىششىقلاش، كوكس تاۋلاش	143 842.7	213 365.7	23 403.8	243 399.6	567 874.7
化学原料及化学制品制造业 خىمىيە خام ئەشيا ھەم خىمىيە بويۇم	78 384.6	81 961.0	11 440.6	72 415.2	135 194.9
医药制造业 تىببىي دورا	11 708.6	17 869.2	5 585.3	16 725.6	22 328.7
化学纤维制造业 خىمىيە تالا	14 836.7	3 774.2	287.6	3 210.8	10 313.6
橡胶制品业 كاۋچۇك بويۇم	6 127.6	24 827.2	1 212.7	22 170.7	24 119.2
塑料制品业 سۇلىياۋ بويۇم	8 383.6	19 044.9	3 042.4	18 358.9	16 955.9
非金属矿物制品业 غەيرى مېتال كان بويۇم	120 537.2	136 191.2	20 223.6	137 515.8	276 305.3
黑色金属冶炼及压延加工业 قارا مېتال تاۋلاش، پىرىسلاش	99 948.6	177 162.9	28 066.0	176 572.1	232 929.1
有色金属冶炼及压延加工业 رەڭلىك مېتال تاۋلاش، پىرىسلاش	28 400.7	69 799.3	10 191.6	71 587.4	119 567.7
金属制品业 مېتال بويۇم	11 918.5	23 039.2	3 538.3	22 891.6	21 146.2
普通机械制造业 ئادەتتىكى ماشىنىسازلىق	19 197.2	42 595.8	11 861.2	43 947.4	48 133.0
专用设备制造业 مەخسۇس ئۈسكۈنە	33 482.4	78 560.0	9 157.9	69 749.3	61 490.6
交通运输设备制造业 قاتناش-تىرانسپورت ئۈسكۈنىسى	30 527.4	71 569.9	12 355.2	72 785.8	65 383.8
电气机械及器材制造业 ئېلېكتر ماشىنا ھەم ماتېرىيال	14 450.5	34 616.7	10 962.4	32 229.6	36 654.2
电子及通信设备制造业 ئېلېكترون، ئالاقە ئۈسكۈنىسى	3 295.5	8 904.9	1 035.0	10 703.7	5 583.6
仪器仪表及文化、办公用机械制造业 ئەسۋاپ، مەدەنىيەت، ئىش بېجىرىش ماشىنىلىرى	272.8	118.8	42.4	123.2	257.9
其他制造业 باشقا ياساش سانائىتى	2 565.3	6 259.6	1 489.4	6 121.0	3 531.2
电力、蒸汽、热水的生产和供应业 ئېلېكتر، پار، ئىسسىق سۇ ئىشلەپچىقىرىش، تەمىنلەش	269 640.0	183 132.3	949.6	156 205.8	739 521.8
煤气生产和供应业 كۆمۈر گازى ئىشلەپچىقىرىش، تەمىنلەش	7 122.0	4 497.2	17.4	3 706.5	14 982.4
自来水的生产和供应业 تۇربا سۈيى ئىشلەپچىقىرىش، تەمىنلەش	31 728.6	15 344.6	0	14 091.9	56 872.0

9—8 续表 3 داۋامى 3 9—8

单位:万元 بىرلىكى: تۈمەن يۈەن

تىپى 类别	جەمئىي ئامور تىزاتسىيە 累计折旧	بۇ يىللىق ئامور تىزاتسىيە 本年折旧	مۇقىم مۈلۈك ساپ قىممىتىنىڭ يىل ئاخىرىدىكى قالدۇقى 固定资产净值年末余额	مۇقىم مۈلۈك ساپ قىممىتىنىڭ يىللىق ئوتتۇرىچە قالدۇقى 固定资产净值年平均余额	جەمئىي مۇقىم مۈلۈك 固定资产合计
总计 جەمئىي	**2 368 432.4**	**540 612.5**	**5 122 525.5**	**4 518 269.5**	**6 098 017.1**
按轻、重工业分 يېنىك-ئېغىر سانائەت بويىچە					
轻工业 يېنىك سانائەت	263 262.3	58 775.2	795 256.7	711 339.2	945 091.3
以农产品为原料 يېزا ئىگىلىك مەھسۇلاتلىرىنى خامئەشيا قىلىدىغان	224 404.6	49 489.5	682 980.8	613 067.8	808 915.2
以非农产品为原料 غەيرى يېزا ئىگىلىك مەھسۇلاتلىرىنى خامئەشيا قىلىدىغان	38 857.7	9 285.7	112 275.9	98 271.4	136 176.1
重工业 ئېغىر سانائەت	2 105 170.1	481 837.3	4 327 268.8	3 806 930.3	5 152 925.8
采掘工业 قېزىش سانائىتى	1 465 620.7	337 328.8	2 641 753.2	2 431 269.6	3 206 852.8
原料工业 خامئەشيا سانائىتى	532 994.0	125 454.1	1 451 821.5	1 174 888.6	1 658 383.3
加工工业 پىششىقلاش سانائىتى	106 555.4	19 054.4	233 694.1	200 772.1	287 689.7
按行业大类分 ساھە چوڭ تىپى بويىچە					
煤炭采选业 كۆمۈر سانائىتى	61 779.1	8 564.6	172 383.9	123 045.8	198 992.9
石油和天然气开采业 نېفىت ۋە تەبىئىي گاز قېزىش	1 387 115.2	325 691.6	2 436 703.6	2 279 110.2	2 968 472.5
黑色金属矿采选业 قارا مېتال كان قېزىش	4 908.0	561.1	4 077.0	3 244.2	4 968.3
有色金属矿采选业 رەڭلىك مېتال كان قېزىش	5 373.8	1 567.9	11 964.3	9 823.4	14 140.6
非金属矿采选业 غەيرى مېتال كان قېزىش	9 195.3	2 182.4	20 435.6	20 483.8	23 332.5
木材及竹材采运业 ياغاچ كېسىش-توشۇش	3 546.7	434.3	11 433.2	10 641.2	14 347.6
食品加工业 يېمەكلىك پىششىقلاش	63 064.6	14 588.6	197 873.7	174 943.5	225 453.2
食品制造业 يېمەكلىك ياساش	12 892.8	2 682.8	31 319.4	26 723.7	42 528.3
饮料制造业 ئىچىملىك ياساش	19 726.1	4 904.3	79 032.4	72 362.2	96 403.5
烟草加工业 تاماكا ياساش	2 167.9	821.8	11 232.8	9 852.1	11 615.1
纺织业 توقۇمىچىلىق	90 094.2	19 373.7	264 296.7	241 044.7	312 975.8
服装及其他纤维制品制造业 كىيىم ھەم باشقا تالالىق بويۇم	1 682.9	188.2	4 076.6	3 899.6	4 311.9
皮革、毛皮、羽绒及其制品业 خۇرۇم، تېرە، مامۇق ۋە بويۇم	8 492.2	1 175.1	18 517.1	16 726.1	21 439.8
木材加工及竹、藤、棕、草制品业 ياغاچ پىششىقلاش ھەم بامبۇك، پىلەك، پالما، سامان بويۇم	2 698.5	858.8	8 983.2	8 267.3	11 261.2
家具制造业 ئائىلە جابدۇقلىرى	618.5	118.5	2 159.9	1 853.9	2 732.7
造纸及纸制品业 قەغەز ھەم قەغەز بويۇم	11 599.2	3 381.9	46 446.1	41 181.7	58 831.4
印刷业、记录媒介的复制 مەتبەئە، خاتىرلەش ۋاستىلىرىنى كۆپەيتىش	8 729.8	1 333.3	16 925.5	15 155.8	19 358.7
文教体育用品制造业 مەدەنىيەت، مائارىپ، تەنتەربىيە بويۇمى	98.2	11.4	168.1	137.0	196.8
石油加工及炼焦业 نېفىت پىششىقلاش، كوكس تاۋلاش	172 194.5	44 704.2	395 680.2	264 873.4	408 327.7
化学原料及化学制品制造业 خىمىيە خامئەشيا ھەم خىمىيە بويۇم	35 597.2	9 998.4	99 597.7	72 475.7	137 186.5
医药制造业 تىببىي دورا	6 396.6	1 269.6	15 932.1	13 847.3	18 632.1
化学纤维制造业 خىمىيە تالا	2 367.2	484.0	7 946.4	6 145.1	14 787.5
橡胶制品业 كاۋچۇك بويۇم	5 807.5	1 014.6	18 311.7	14 774.9	19 802.5
塑料制品业 سۇلياۋ بويۇم	4 429.1	1 198.7	12 526.8	11 640.0	14 507.3
非金属矿物制品业 غەيرى مېتال كان بويۇمى	70 988.2	15 084.8	205 317.1	173 026.4	243 263.1
黑色金属冶炼及压延加工业 قارا مېتال تاۋلاش-پىرىسلاش	74 745.0	11 818.0	158 184.1	143 494.2	238 160.4
有色金属冶炼及压延加工业 رەڭلىك مېتال تاۋلاش-پىرىسلاش	32 110.1	11 385.1	87 457.6	78 297.9	90 616.1
金属制品业 مېتال بويۇم	6 850.9	964.2	14 295.3	12 199.4	17 911.6
普通机械制造业 ئادەتتىكى ماشىنىسازلىق	15 619.2	2 618.2	32 513.8	28 735.2	41 844.0
专用设备制造业 مەخسۇس ئۈسكۈنە	22 224.2	3 152.1	39 266.4	33 675.8	45 545.9
交通运输设备制造业 قاتناش-تىرانسپورت ئۈسكۈنىسى	22 105.5	2 404.1	43 278.3	37 669.9	50 882.1
电气机械及器材制造业 ئېلېكتر ماشىنا ھەم ماتېرىيال	8 822.1	1 974.4	27 832.1	21 739.8	39 899.5
电子及通信设备制造业 ئېلېكترون، ئالاقە ئۈسكۈنىسى	1 527.5	349.8	4 056.1	3 727.2	5 931.9
仪器仪表及文化、办公用机械制造业 ئەسۋاپ، مەدەنىيەت، ئىش بېجىرىش ماشىنىلىرى	38.6	5.8	219.3	222.1	219.3
其他制造业 باشقا ياساش كەسپى	1 095.1	116.3	2 436.1	2 290.3	2 862.9
电力、蒸汽、热水的生产和供应业 ئېلېكتر، پار، ئىسسىق سۇ ئىشلەپچىقىرىش، تەمىنلەش	174 001.8	39 232.5	565 520.0	494 206.1	616 241.8
煤气生产和供应业 كۆمۈر گازى ئىشلەپچىقىرىش، تەمىنلەش	6 344.9	806.6	8 637.5	6 786.7	9 146.2
自来水的生产和供应业 تۇربا سۈيى ئىشلەپچىقىرىش، تەمىنلەش	11 384.2	3 580.8	45 487.8	39 945.9	50 885.9

9－8 续表 4 داۋامى

单位：万元 بىرلىكى：تۈمەن يۈەن

类别 تىپى	资产总计 جەمئىي مۈلۈك	流动负债合计 جەمئىي كۆچمە قەرز	长期负债合计 جەمئىي ئۇزۇن مۇددەتلىك قەرز	所有者权益合计 ئىگىدارنىڭ جەمئىي ھوقۇق-مەنپەئىتى	产品销售收入 مەھسۇلات سېتىش كىرىمى
总计 جەمئىي	**9 747 294.8**	**3 182 527.3**	**3 746 159.2**	**2 804 578.7**	**4 082 858.3**
按轻、重工业分 يېنىك، ئېغىر سانائەت بويىچە					
轻工业 يېنىك سانائەت	1 974 460.8	1 080 312.9	484 147.2	398 930.6	1 057 838.6
以农产品为原料 يېزا ئىگىلىك مەھسۇلاتلىرىنى خامئەشيا قىلىدىغان	1 720 349.2	967 187.7	431 547.5	310 683.0	965 494.5
以非农产品为原料 غەيرى يېزا ئىگىلىك مەھسۇلاتلىرىنى خامئەشيا قىلىدىغان	254 111.6	113 125.2	52 599.7	88 247.6	92 344.1
重工业 ئېغىر سانائەت	7 772 834.0	2 102 214.4	3 262 012.0	2 405 648.1	3 025 019.7
采掘工业 قېزىش سانائىتى	4 607 990.0	980 423.1	2 149 798.4	1 477 400.7	1 739 478.2
原料工业 خامئەشيا سانائىتى	2 545 608.4	777 354.9	991 132.5	775 130.2	984 588.7
加工工业 پىششىقلاش سانائىتى	619 235.6	344 436.4	121 081.1	153 117.2	300 952.8
按行业大类分 ساھە چوڭ تىپى بويىچە					
煤炭采选业 كۆمۈر قېزىش	302 707.1	80 710.7	100 272.3	121 515.8	88 169.7
石油和天然气开采业 نېفىت ۋە تەبىئىي گاز قېزىش	4 215 410.7	856 502.3	2 033 863.6	1 325 044.8	1 613 122.1
黑色金属矿采选业 قارا مېتال كان قېزىش	17 382.6	6 835.5	1 974.9	8 572.2	9 474.1
有色金属矿采选业 رەڭلىك مېتال كان قېزىش	23 916.5	10 849.6	5 840.6	7 226.3	13 545.3
非金属矿采选业 غەيرى مېتال كان قېزىش	57 439.9	32 065.7	13 800.8	11 533.4	17 115.5
木材及竹材采运业 ياغاچ كېسىش، توشۇش	27 531.6	11 601.7	6 179.6	9 630.3	9 680.1
食品加工业 يېمەكلىك پىششىقلاش	493 863.5	296 354.5	101 304.7	94 092.6	260 346.1
食品制造业 يېمەكلىك ياساش	87 047.8	51 299.5	25 825.9	9 910.9	33 185.4
饮料制造业 ئىچىملىك ياساش	194 873.9	98 515.0	37 671.0	57 143.9	90 889.6
烟草加工业 تاماكا پىششىقلاش	32 969.0	10 080.7	112.4	17 439.9	32 259.3
纺织业 توقۇمىچىلىق	676 996.8	384 981.6	195 618.9	94 832.0	440 265.9
服装及其他纤维制品制造业 كىيىم ھەم باشقا تالالىق بويۇم	13 262.8	7 557.0	1 691.6	4 005.5	8 961.2
皮革、毛皮、羽绒及其制品业 خۇرۇم، تېرە، مامۇق ۋە بۇيۇم	60 337.0	50 990.3	14 667.0	—5496.3	16 697.9
木材加工及竹、藤、棕、草制品业 ياغاچ پىششىقلاش ، بامبۇك ، پىلەك، پالما، سامان بويۇم	19 348.6	8 732.6	5 265.4	5 328.7	3 388.5
家具制造业 ئائىلە جابدۇقلىرى	6 190.6	3 350.0	681.6	2 158.8	3 261.9
造纸及纸制品业 قەغەز ھەم قەغەز بويۇم	93 172.4	36 540.1	44 253.7	12 322.6	46 806.5
印刷业、记录媒介的复制 مەتبەئە، خاتىرلەش ۋاستىلىرىنى كۆپەيتىش	31 991.8	10 476.8	5 874.4	15 504.8	16 801.7
文教体育用品制造业 مەدەنىيەت، مائارىپ، تەنتەربىيە بويۇمى	562.6	290.2	28.2	239.1	360.2
石油加工及炼焦业 نېفىت پىششىقلاش، كوكس تاۋلاش	639 522.1	135 147.7	316 393.1	187 981.3	360 348.9
化学原料及化学制品制造业 خىمىيە خامئەشيا ھەم خىمىيە بويۇم	233 239.6	88 989.0	83 017.9	60 416.3	97 684.1
医药制造业 تىبىي دورا	38 353.0	20 149.2	6 159.5	12 044.1	22 212.9
化学纤维制造业 خىمىيە تالا	23 837.9	7 357.1	14 868.9	1 611.9	6 049.1
橡胶制品业 كاۋچۇك بويۇم	44 946.9	21 113.6	12 102.4	11 730.9	37 240.0
塑料制品业 سۇلياۋ بويۇم	34 593.6	17 128.9	6 513.2	10 695.7	31 175.6
非金属矿物制品业 غەيرى مېتال كان بويۇمى	409 179.1	148 847.3	132 310.3	127 360.8	130 651.3
黑色金属冶炼及压延加工业 قارا مېتال تاۋلاش، پىرىسلاش	423 174.9	193 916.7	81 076.3	148 181.9	176 837.5
有色金属冶炼及压延加工业 رەڭلىك مېتال تاۋلاش، پىرىسلاش	164 133.5	65 362.6	55 150.2	43 620.7	85 058.5
金属制品业 مېتال بويۇم	41 491.2	23 861.9	6 767.3	10 786.6	18 667.4
普通机械制造业 ئادەتتىكى ماشىنىسازلىق	85 617.7	51 300.2	15 806.6	18 510.8	30 773.4
专用设备制造业 مەخسۇس ئۈسكۈنە	125 968.3	83 039.7	15 167.6	27 500.0	80 877.8
交通运输设备制造业 قاتناش-تىرانسپورت ئۈسكۈنىسى	123 645.2	85 223.3	15 270.4	23 149.8	43 671.5
电气机械及器材制造业 ئېلېكترماشىنا ھەم ماتېرىيال	74 705.6	35 348.4	24 934.6	14 371.6	28 090.3
电子及通信设备制造业 ئېلېكترون، ئالاقە ئۈسكۈنىسى	16 003.3	11 348.3	26 393.1	2 015.9	4 422.3
仪器仪表及文化、办公用机械制造业 ئەسۋاپ، مەدەنىيەت، ئىش بېجىرىش ماشىنىلىرى	339.0	42.3		296.7	92.9
其他制造业 باشقا ياساش كەسپى	9 377.5	7 741.6	1 221.5	405.4	2 535.1
电力、蒸汽、热水的生产和供应业 ئېلېكتر، پار، ئىسسىق سۇ ئىشلەپچىقىرىش، تەمىنلەش	822 274.1	209 935.7	353 133.4	259 070.3	207 169.3
煤气生产和供应业 كۆمۈر گازى ئىشلەپچىقىرىش، تەمىنلەش	14 025.4	2 026.8	2 476.8	9 130.8	3 812.5
自来水的生产和供应业 تۇربا سۈيى ئىشلەپچىقىرىش، تەمىنلەش	67 861.7	16 913.2	6 223.5	44 691.9	11 156.9

9—8 续表 5 داۋامى

单位:万元 بىرلىكى:تۈمەن يۈەن

类别 تىپى	مەھسۇلات سېتىش تەننەرقى 产品销售成本	مەھسۇلات سېتىش خىراجىتى 产品销售费用	مەھسۇلات سېتىش بېجى ۋە قوشۇمچىسى 产品销售税金及附加	مەھسۇلات سېتىش پايدىسى 产品销售利润	باشقۇرۇش خىراجىتى 管理费用
总计 جەمئىي	**3 094 971.0**	**117 530.2**	**108 532.6**	**761 620.9**	**387 776.9**
按轻、重工业分 ئېغىر، يېنىك سانائەت بويىچە					
轻工业 يېنىك سانائەت	823 273.5	32 321.1	29 116.1	173 127.9	111 590.7
以农产品为原料 يېزا ئىگىلىك مەھسۇلاتلىرىنى خامئەشيا قىلىدىغان	753 196.1	28 142.3	28 177.8	155 978.3	96 544.3
以非农产品为原料 غەيرى يېزا ئىگىلىك مەھسۇلاتلىرىنى خامئەشيا قىلىدىغان	70 077.4	4 178.8	938.3	17 149.6	15 046.4
重工业 ئېغىر سانائەت	2 271 697.5	85 209.1	79 416.5	588 493.0	276 186.2
采掘工业 قېزىش سانائىتى	1 276 051.8	12 238.5	66 152.4	385 035.4	115 129.3
原料工业 خامئەشيا سانائىتى	753 969.3	65 874.2	9 489.5	155 052.2	111 646.9
加工工业 پىششىقلاش سانائىتى	241 676.4	7 096.4	3 774.6	48 405.4	49 410.0
按行业大类分 ساھە چوڭ تىپى بويىچە					
煤炭采选业 كۆمۈر قېزىش	58 596.0	1 945.3	1 234.9	26 393.4	28 411.1
石油和天然气开采业 نېفىت ۋە تەبىئىي گاز قېزىش	1 194 323.9	8 576.0	63 184.4	347 337.8	77 273.4
黑色金属矿采选业 قارا مېتال كان قېزىش	5 240.0	1 281.6	571.9	2 380.6	1 561.8
有色金属矿采选业 رەڭلىك مېتال كان قېزىش	8 311.9	198.2	302.1	4 733.1	3 298.5
非金属矿采选业 غەيرى مېتال كان قېزىش	10 364.6	1 536.9	346.7	4 867.3	4 439.1
木材及竹材采运业 ياغاچ كېسىش-توشۇش	5 759.5	202.8	810.3	2 907.5	2 527.0
食品加工业 يېمەكلىك پىششىقلاش	206 483.4	9 622.9	1 389.9	42 849.9	24 165.8
食品制造业 يېمەكلىك ياساش	26 865.1	1 487.7	302.9	4 529.7	4 489.2
饮料制造业 ئىچىملىك ياساش	56 540.2	8 400.4	8 937.4	17 011.6	7 161.0
烟草加工业 تاماكا پىششىقلاش	14 803.2	98.9	14 099.2	3 258.0	2 148.7
纺织业 توقۇمىچىلىق	363 805.7	5 742.1	2 847.8	67 870.3	40 506.5
服装及其他纤维制品制造业 كىيىم ھەم باشقا تالالىق بويۇم	7 875.2	119.4	45.6	921.0	1 242.8
皮革、毛皮、羽绒及其制品业 خۇرۇم، تېرە، ماموق ۋە بويۇم	14 400.5	391.5	85.9	1 820.0	3 289.7
木材加工及竹、藤、棕、草制品业 ياغاچ پىششىقلاش ھەم بامبۇك، پىلەك، پالما، سامان بويۇم	3 139.8	121.0	22.1	105.6	1 406.1
家具制造业 ئائىلە جابدۇقلىرى	2 574.7	75.4	32.6	579.2	680.8
造纸及纸制品业 قەغەز ھەم قەغەز بويۇم	34 975.0	1 014.0	256.9	10 560.6	5 766.3
印刷业、记录媒介的复制 مەتبەئە، خاتىرلەش ۋاستىلىرىنى كۆپەيتىش	13 168.7	368.0	141.7	3 123.3	4 108.5
文教体育用品制造业 مەدەنىيەت، مائارىپ، تەنتەربىيە بويۇمى	257.7	6.5	13.6	82.4	74.1
石油加工及炼焦业 نېفىت پىششىقلاش، كوكس تاۋلاش	274 055.9	30 370.8	3 876.8	52 045.4	31 394.8
化学原料及化学制品制造业 خىمىيە خامئەشيا ھەم خىمىيە بويۇم	77 341.2	2 041.1	414.7	17 887.1	14 790.1
医药制造业 تىببىي دورا	16 662.7	1 028.2	128.0	4 394.0	3 207.9
化学纤维制造业 خىمىيە تالا	5 452.9	265.6	33.1	297.5	472.6
橡胶制品业 كاۋچۇك بويۇم	30 099.8	445.6	2 515.8	4 178.8	3 507.6
塑料制品业 سۇلياۋ بويۇم	26 166.0	378.4	35.4	4 595.8	2 555.0
非金属矿物制品业 غەيرى مېتال كان بويۇمى	95 316.9	7 436.6	1 463.4	26 434.4	24 743.4
黑色金属冶炼及压延加工业 قارا مېتال تاۋلاش، پىرىسلاش	148 803.0	1 703.2	1 522.9	24 808.4	16 060.7
有色金属冶炼及压延加工业 رەڭلىك مېتال تاۋلاش، پىرىسلاش	65 328.4	1 534.5	544.0	17 651.6	10 242.8
金属制品业 مېتال بويۇم	14 887.0	798.9	121.5	2 860.0	3 450.8
普通机械制造业 ئادەتتىكى ماشىنىسازلىق	22 312.5	1 599.4	187.2	6 674.3	7 176.9
专用设备制造业 مەخسۇس ئۈسكۈنە	64 113.8	1 672.1	279.1	14 812.8	12 170.6
交通运输设备制造业 قاتناش-تىرانسپورت ئۈسكۈنىسى	37 993.1	1 038.1	333.2	4 307.1	10 406.2
电气机械及器材制造业 ئېلېكتر ماشىنا ھەم ماتېرىيال	21 769.0	1 031.2	105.3	5 184.8	4 369.9
电子及通信设备制造业 ئېلېكترون، ئالاقە ئۈسكۈنىسى	3 837.5	197.7	8.2	378.6	797.4
仪器仪表及文化、办公用机械制造业 ئەسۋاپ، مەدەنىيەت، ئىش بېجىرىش ماشىنىلىرى	75.1			17.8	31.7
其他制造业 باشقا ياساش كەسىپى	2 085.9	172.4	20.6	256.2	551.5
电力、蒸汽、热水的生产和供应业 ئېلېكتر، پار، ئىسسىق سۇ ئىشلەپچىقىرىش، تەمىنلەش	149 981.6	24 194.3	2 046.4	30 743.5	26 333.1
煤气生产和供应业 كۆمۈر گازى ئىشلەپچىقىرىش، تەمىنلەش	3 508.8	270.4	63.2	—29.9	681.7
自来水的生产和供应业 تۇربا سۈيى ئىشلەپچىقىرىش، تەمىنلەش	7 694.8	463.1	207.6	2 791.4	2 281.8

单位：万元 بىرلىكى تۈمەن يۈەن

类别	تىپى	ئومۇمىي پايدا 利润总额	ئومۇمىي زىيان 亏损企业 亏损总额	ئومۇمىي پايدا-باج 利税总额	بۇ يىل تاپشۇرۇشقا تېگىشلىك قوشۇلغان قىممەت بېجى 本年应交增值税
总计	**جەمئىي**	**－24364.7**	**117 469.6**	**312 828.9**	**228 968.5**
按轻、重工业分	**يېنىك، ئېغىر سانائەت بويىچە**				
轻工业	يېنىك سانائەت	－17775.4	47 505.9	69 232.9	57 932.6
以农产品为原料	يېزا ئىگىلىك مەھسۇلاتلىرىنى خامئەشيا قىلىدىغان	－15510.4	41 838.5	65 731.0	53 096.5
以非农产品为原料	غەيرى يېزا ئىگىلىك مەھسۇلاتلىرىنى خامئەشيا قىلىدىغان	－2265.0	5 667.4	3 501.9	4 836.1
重工业	ئېغىر سانائەت	－6589.3	69 963.7	243 596.0	171 035.9
采掘工业	قېزىش سانائىتى	26 255.2	3 823.6	177 017.2	84 609.6
原料工业	خامئەشيا سانائىتى	－15107.5	42 367.4	69 250.5	75 126.5
加工工业	پىششىقلاش سانائىتى	－17737.0	23 772.7	－2671.7	11 299.8
按行业大类分	**ساھە چوڭ تىپى بويىچە**				
煤炭采选业	كۆمۈر قېزىش	1 990.7	1 180.8	10 796.3	7 570.7
石油和天然气开采业	نېفىت ۋە تەبىئى گاز قېزىش	22 454.3		161 157.7	75 519.0
黑色金属矿采选业	قارا مېتال كان قېزىش	300.2	67.7	1 453.2	581.1
有色金属矿采选业	رەڭلىك مېتال كان قېزىش	1 693.3	1 386.3	2 597.4	602.0
非金属矿采选业	غەيرى مېتال كان قېزىش	－1196.6	1 595.3	442.9	1 292.8
木材及竹材采运业	ياغاچ كېسىش، توشۇش	665.4	73.5	1 500.4	24.7
食品加工业	يېمەكلىك پىششىقلاش	1 174.2	8 395.8	10 753.3	8 177.2
食品制造业	يېمەكلىك ياساش	－2771.5	3 762.1	－576.9	1 889.2
饮料制造业	ئىچىملىك ياساش	2 445.3	5 226.6	16 130.5	4 805.4
烟草加工业	تاماكا پىششىقلاش	18.4	7.0	16 686.6	2 569.0
纺织业	توقۇمىچىلىق	－9073.4	13 652.2	23 895.9	30 121.5
服装及其他纤维制品制造业	كىيىم ھەم باشقا تالالىق بويۇم	－316.7	427.1	－95.5	175.6
皮革、毛皮、羽绒及其制品业	خۇرۇم، تېرە، مامۇق ۋە بويۇم	－5830.1	6 077.7	－4801.9	942.3
木材加工及竹、藤、棕、草制品业	ياغاچ پىششىقلاش ھەم بامبۇك، پىلەك، پالما، سامان بويۇم	－621.6	950.5	－381.9	217.6
家具制造业	ئائىلە جابدۇقلىرى	－242.8	459.32	54.1	264.3
造纸及纸制品业	قەغەز ھەم قەغەز بويۇم	118.39	1 549.2	2 966.1	2 590.9
印刷业、记录媒介的复制	مەتبەئە، خاتىرلەش ۋاستىلىرىنى كۆپەيتىش	－122.9	816.7	854.0	835.2
文教体育用品制造业	مەدەنىيەت، مائارىپ، تەنتەربىيە بويۇمى	6.2	6.5	45.9	26.1
石油加工及炼焦业	نېفىت پىششىقلاش، كوكس تاۋلاش	1 789.1	159.6	21 511.9	15 846.0
化学原料及化学制品制造业	خىمىيە خامئەشيا ھەم خىمىيە بويۇم	－1194.3	6 344.2	3 552.7	4 332.3
医药制造业	تېببىي دورا	－491.8	1 582.7	850.9	1 214.7
化学纤维制造业	خىمىيە تالا	－429.2	429.3	－319.7	76.4
橡胶制品业	كاۋچۇك بويۇم	－78.0	146.4	4 688.1	2 250.3
塑料制品业	سۇلياۋ بويۇم	873.9	362.3	1 276.8	355.9
非金属矿物制品业	غەيرى مېتال بويۇم	－5813.8	11 520.9	6 255.1	10 587.9
黑色金属冶炼及压延加工业	قارا مېتال تاۋلاش، پىرسلاش	4.5	6 956.4	17 632.3	16 104.9
有色金属冶炼及压延加工业	رەڭلىك مېتال تاۋلاش، پىرسلاش	－1596.3	6 025.6	4 226.9	5 279.2
金属制品业	مېتال بويۇم	－1244.1	1 544.5	－273.9	848.7
普通机械制造业	ئادەتتىكى ماشىنىسازلىق	－3084.7	3 987.7	－726.6	2 170.9
专用设备制造业	مەخسۇس ئۈسكۈنە	－470.4	2 206.4	1 493.3	1 699.9
交通运输设备制造业	قاتناش-ترانسپورت ئۈسكۈنىسى	－10423.1	10 554.5	－8522.7	1 567.2
电气机械及器材制造业	ئېلېكتر ماشىنا ھەم ماتېرىيال	－2447.3	2 843.1	－1266.8	1 075.2
电子及通信设备制造业	ئېلېكترون، ئالاقە ئۈسكۈنىسى	－743.7	782.8	－559.0	176.2
仪器仪表及文化、办公用机械制造业	ئەسۋاپ، مەدەنىيەت، ئىش بېجىرىش ماشىنىلىرى	0.3		0.3	
其他制造业	باشقا ياساش كەسپى	－909.2	923.7	－825.1	53.3
电力、蒸汽、热水的生产和供应业	ئېلېكتر، پار، ئىسسىق سۇ ئىشلەپچىقىرىش، تەمىنلەش	－9693.3	15 002.3	18 445.1	26 361.4
煤气生产和供应业	كۆمۈر گازى ئىشلەپچىقىرىش، تەمىنلەش	－168.7	230.1	103.4	208.9
自来水的生产和供应业	تۇربا سۈيى ئىشلەپچىقىرىش، تەمىنلەش	1 064.7	232.8	1 807.8	554.6

رايونلارغا ئايرىلغان بارلىق مۇستەقىل ھېسابات قىلىدىغان دۆلەت سانائەت كارخانىلىرىنىڭ ئاساسلىق ئىقتىسادىي كۆرسەتكۈچى(1)

9—9 分地区全部独立核算国有工业企业主要经济指标(一)

(1995年 -يىل)　　单位:万元　بىرلىكى: تۈمەن يۈەن

地区	رايونلار	企业单位数(个) كارخانا سانى (ئورۇن)	亏损企业 زىيان تارتقان كارخانا	工业总产值(原规定) سانائەت ئومۇمىي مەھسۇلات قىممىتى (بۇرۇنقى بەلگىلىمە) 当年价格 شۇ يىللىق باھا	90年不变价 90-يىللىق ئۆزگەرمەس باھا
总计	**جەمئىي**	**1 723**	**585**	**5 009 635.6**	**2 392 494.1**
乌鲁木齐市	**ئۈرۈمچى شەھىرى**	**373**	**148**	**1 382 688.6**	**754 131.3**
乌鲁木齐县	ئۈرۈمچى ناھىيىسى	4		9 119.1	2 743.5
克拉玛依市	**قاراماي شەھىرى**	**22**	**13**	**1 426 715.6**	**521 510.0**
石河子市	**شىخەنزە شەھىرى**	**43**	**19**	**165 314.4**	**102 499.3**
吐鲁番地区	**تۇرپان ۋىلايىتى**	**68**	**19**	**304 678.8**	**86 514.2**
吐鲁番市	تۇرپان شەھىرى	34	9	22 070.1	13 968.1
鄯善县	پىچان ۋىلايىتى	19	6	275 141.6	66 283.8
托克逊县	توقسۇن	15	4	7 467.1	6 262.3
哈密地区	**قۇمۇل ۋىلايىتى**	**77**	**29**	**95 954.4**	**51 447.6**
哈密市	قۇمۇل شەھىرى	54	24	89 598.5	47 133.9
巴里坤县	باركۆل	17	3	6 215.9	4 237.7
伊吾县	ئاراتۈرۈك	6	2	140.0	76.0
昌吉州	**سانجى ئوبلاستى**	**173**	**64**	**321 285.9**	**198 502.9**
昌吉市	سانجى شەھىرى	60	24	151 654.7	90 755.9
阜康市	فۇكاڭ شەھىرى	26	9	48 684.6	30 936.0
米泉县	مىچۈەن	17	7	28 226.7	18 596.0
呼图壁县	قۇتۇبى	14	3	18 955.7	10 694.7
玛纳斯县	ماناس	22	8	43 455.9	29 577.7
奇台县	گۇچۇڭ	13	5	14 627.0	7 808.2
吉木萨尔县	جىمسار	14	5	14 082.3	9 429.8
木垒县	مورى	7	3	1 602.0	704.6
伊犁州	**ئىلى ۋىلايىتى**	**418**	**146**	**479 785.9**	**295 011.0**
奎屯市	كۈيتۇن شەھىرى	29	15	82 463.6	53 952.6
伊犁地区	**ئىلى ۋىلايىتى**	**161**	**51**	**206 647.8**	**134 792.2**
伊宁市	غۇلجا شەھىرى	40	20	77 667.7	60 840.1
伊宁县	غۇلجا ناھىيىسى	21	6	22 284.2	14 003.5
察布查尔县	چاپچال	21	6	3 352.3	1 937.0
霍城县	قورغاس	14	4	52 703.3	31 683.6
巩留县	توققۇزتارا	13	3	5 732.3	3 671.6
新源县	كۈنەس	15	1	25 667.6	12 598.5
昭苏县	موڭغۇلكۈرە	10	1	8 938.5	4 330.0
特克斯县	تېكەس	13	4	5 186.7	3 125.5
尼勒克县	نىلقا	14	6	5 115.2	2 602.4

9—9 续表 1 داۋامى

单位:万元 بىرلىكى: تۈمەن يۈەن

地区 رايونلار		企业单位数(个) كارخانا سانى (ئورۇن)	亏损企业 زىيان تارتقان كارخانا	工业总产值(原规定) سانائەت ئومۇمىي مەھسۇلات قىممىتى (بۇرۇنقى بەلگىلىمە)	
				当年价格 شۇ يىللىق باھا	90年不变价 90-يىللىق ئۆزگەرمەس باھا
塔城地区	**تارباغاتاي ۋىلايىتى**	**105**	**32**	**127 185.5**	**67 956.1**
塔城市	چۆچەك شەھىرى	24	8	15 471.0	7 000.9
额敏县	دۆربىلجىن	18	4	23 655.3	14 242.5
乌苏县	شىخو	19	8	32 562.4	15 721.8
沙湾县	ساۋەن	15	2	32 093.9	17 887.5
托里县	تولى	10	5	11 025.2	6 613.6
裕民县	چاغانتوقاي	7	1	2 514.3	1 001.3
和布克赛尔县	قوبۇقسار	12	4	9 863.4	5 488.5
阿勒泰地区	**ئالتاي ۋىلايىتى**	**123**	**48**	**63 489.0**	**38 310.1**
阿勒泰市	ئالتاي شەھىرى	45	26	32 544.9	20 303.2
布尔津县	بۇرچىن	13	2	4 382.2	2 373.2
富蕴县	كۆكتوقاي	21	7	6 899.3	3 765.0
福海县	بۇرۇلتوقاي	12	3	11 244.0	7 664.4
哈巴河县	قابا	9	1	3 452.2	1 992.1
青河县	چىڭگىل	10	4	2 591.5	1 157.0
吉木乃县	جىمىنەي	13	5	2 374.9	1 055.2
博州	**بۆرتالا ئوبلاستى**	**52**	**20**	**39 637.7**	**19 622.4**
博乐市	بۆرتالا شەھىرى	30	16	30 365.4	14 822.0
精河县	جىڭ	12	2	5 702.4	2 923.5
温泉县	ئارشاڭ	10	2	3 569.9	1 876.9
巴州	**بايىنغولىن ئوبلاستى**	**126**	**45**	**520 234.3**	**207 402.6**
库尔勒市	كورلا شەھىرى	44	19	460 028.7	167 916.8
轮台县	بۈگۈر	10		1 991.1	1 059.0
尉犁县	لوپنور	5		1 676.3	1 000.2
若羌县	چاقىلىق	7		3 426.8	2 847.7
且末县	چەرچەن	9	2	1 860.0	1 027.5
焉耆县	يەنجى	13	7	16 796.1	11 222.2
和静县	خېجىڭ	18	9	26 985.7	16 882.4
和硕县	خوشۇت	12	5	3 532.0	2 643.9
博湖县	باغراش	8	3	3 937.6	2 802.9
阿克苏地区	**ئاقسۇ ۋىلايىتى**	**122**	**21**	**127 323.7**	**75 029.1**
阿克苏市	ئاقسۇ شەھىرى	40	7	69 548.7	42 236.4
温宿县	ئاقسۇ كونا شەھەر	19	4	18 454.1	9 961.9
库车县	كۇچا	21	4	22 389.1	12 663.6

9—9 续表 2 داۋامى 2

بىرلىكى：تۈمەن يۈەن 单位：万元

地区 رايونلار		企业单位数（个）كارخانا سانى (ئورۇن)	亏损企业 زىيان تارتقان كارخانا	工业总产值（原规定）سانائەت ئومۇمىي مەھسۇلات قىممىتى (بۇرۇنقى بەلگىلىمە) 当年价格 شۇ يىللىق باھا	90年不变价 90-يىللىق ئۆزگەرمەس باھا
沙雅县	شايار	5		2 973.3	2 358.2
新和县	توقسۇ	6		1 625.0	1 117.0
拜城县	باي	10	3	7 648.3	4 298.4
乌什县	ئۇچتۇرپان	10	1	1 536.8	666.6
阿瓦提县	ئاۋات	6		2 594.2	1 539.1
柯坪县	كەلپىن	5	2	554.2	187.9
克州	**قىزىلسۇ ئوبلاستى**	**45**	**14**	**10 703.7**	**5 185.2**
阿图什市	ئاتۇش شەھىرى	17	4	3 035.2	975.3
阿克陶县	ئاقتۇ	12	3	3 885.7	2 404.7
阿合奇县	ئاقچى	7	1	446.4	131.9
乌恰县	ئۇلۇغچات	9	6	3 336.4	1 673.3
喀什地区	**قەشقەر ۋىلايىتى**	**125**	**29**	**85 051.2**	**48 192.2**
喀什市	قەشقەر شەھىرى	29	12	45 699.6	23 122.8
疏附县	قەشقەر كونا شەھەر	8	1	1 971.3	1 422.0
疏勒县	قەشقار يېڭىشەھەر	16	7	6 629.9	4 655.4
英吉沙县	يېڭىسار	6	1	2 414.4	1 317.2
泽普县	پوسكام	9		3 475.0	1 983.5
莎车县	يەكەن	12	2	7 005.2	5 081.7
叶城县	قاغىلىق	9	1	2 819.4	1 858.9
麦盖提县	مەكىت	8		4 482.3	3 239.8
岳普湖县	يوپۇرغا	7	1	2 155.1	1 011.3
伽师县	پەيزىۋات	7		4 116.1	2 549.5
巴楚县	مارالبېشى	11	1	4 215.9	1 907.0
塔什库尔干县	تاشقورغان	3	3	67.0	43.1
和田地区	**خوتەن ۋىلايىتى**	**79**	**18**	**50 261.4**	**27 446.3**
和田市	خوتەن شەھىرى	24	10	34 426.5	19 225.7
和田县	خوتەن ناھىيىسى	6		4 835.9	2 197.8
墨玉县	قاراقاش	5		1 701.3	944.2
皮山县	گۇما	12	1	3 336.9	1 652.5
洛浦县	لوپ	8	1	2 111.4	1 401.8
策勒县	چىرا	7	1	1 468.7	558.6
于田县	كېرىيە	10	3	1 963.1	1 263.6
民丰县	نىيە	7	2	417.6	202.1

رايونلارغا ئايرىلغان بارلىق مۇستەقىل ھېسابات قىلىدىغان دۆلەت سانائەت كارخانىلىرىنىڭ ئاساسلىق ئىقتىسادىي كۆرسەتكۈچى(2)

9—9 分地区全部独立核算国有工业企业主要经济指标(二)

单位:万元 بىرلىكى:تۈمەن يۈەن

地区	رايونلار	工业总产值(新规定) سانائەت مەھسۇلات قىممىتى (يېڭى بەلگىلىمە) 当年价格 شۇ يىللىق باھا	90年不变价 90-يىللىق ئۆزگەرمەس باھا	工业增加值(生产法) سانائەتنىڭ قوشۇلغان قىممىتى (ئىشلەپچىقىرىش ئۇسۇلى)
总计	**جەمئىي**	**4 287 580.3**	**2 351 323.3**	**1 677 561.2**
乌鲁木齐市	**ئۈرۈمچى شەھىرى**	**1 197 386.1**	**752 580.4**	**345 257.6**
乌鲁木齐县	ئۈرۈمچى ناھىيىسى	4 226.4	2 647.3	2 648.0
克拉玛依市	**قاراماي شەھىرى**	**1 225 621.8**	**521 473.8**	**591 954.8**
石河子市	**شىخەنزە شەھىرى**	**141 965.9**	**99 793.6**	**34 606.2**
吐鲁番地区	**تۇرپان ۋىلايىتى**	**260 062.6**	**86 270.0**	**151 531.3**
吐鲁番市	تۇرپان شەھىرى	18 463.8	13 927.2	8 496.2
鄯善县	پىچان	234 444.1	65 966.1	140 610.9
托克逊县	توقسۇن	7 154.7	6 376.7	2 424.2
哈密地区	**قۇمۇل ۋىلايىتى**	**77 828.5**	**49 058.3**	**35 676.1**
哈密市	قۇمۇل شەھىرى	73 181.0	45 190.8	33 969.2
巴里坤县	باركۆل	4 524.5	3 791.5	1 667.1
伊吾县	ئاراتۈرۈك	123.0	76.0	39.8
昌吉州	**سانجى ئوبلاستى**	**279 001.1**	**194 072.2**	**77 587.9**
昌吉市	سانجى شەھىرى	130 036.9	87 958.3	35 162.4
阜康市	فۇكاڭ شەھىرى	42 027.5	30 081.4	12 498.9
米泉县	مىچۈەن	24 364.1	18 542.1	5 253.5
呼图壁县	قۇتۇبى	16 207.8	10 862.3	3 558.0
玛纳斯县	ماناس	41 390.4	29 562.8	14 570.8
奇台县	گۇچۇڭ	12 940.0	7 842.7	3 513.3
吉木萨尔县	جىمسار	10 585.5	8 519.6	2 864.0
木垒县	مورى	1 448.9	703.0	167.0
伊犁州	**ئىلى ئوبلاستى**	**399 511.7**	**282 099.8**	**126 009.0**
奎屯市	كۈيتۇن شەھىرى	69 276.1	52 814.9	27 092.1
伊犁地区	**ئىلى ۋىلايىتى**	**177 395.6**	**130 943.9**	**51 832.8**
伊宁市	غۇلجا شەھىرى	62 280.5	57 707.7	18 120.2
伊宁县	غۇلجا ناھىيىسى	21 025.7	14 039.0	6 059.3
察布查尔县	چاپچال	2 880.9	1 915.5	608.3
霍城县	قورغاس	44 581.2	30 834.4	7 532.1
巩留县	توققۇزتارا	5 444.3	3 676.7	2 576.3
新源县	كۈنەس	22 834.8	12 587.2	10 969.0
昭苏县	موڭغۇلكۈرە	8 446.8	4 462.4	2 282.3
特克斯县	تېكەس	5 114.4	3 118.6	2 230.5
尼勒克县	نىلقا	4 787.0	2 602.4	1 454.8

地　区 رايونلار		سانائەت مەھسۇلات قىممىتى (يېڭى بەلگىلىمە) 工业总产值(新规定)		سانائەتتىڭ قوشۇلغان قىممىتى (ئىشلەپچىقىرىش ئۇسۇلى) 工业增加值(生产法)
		شۇ يىللىق باھا 当年价格	90-يىللىق ئۆزگەرمەس باھا 90年不变价	
塔城地区	**تارباغاتاي ۋىلايىتى**	**101 113.9**	**62 122.0**	**29 859.3**
塔城市	چۆچەك شەھىرى	11 749.7	6 145.6	2 773.6
额敏县	دۆربىلجىن	17 185.4	13 346.0	567.1
乌苏县	شىخو	23 462.3	12 546.6	8 509.9
沙湾县	ساۋەن	27 482.5	17 445.9	8 036.5
托里县	تولى	10 171.3	6 360.1	4 518.7
裕民县	چاغانتوقاي	2 210.2	948.0	527.9
和布克赛尔县	قوبۇقسار	8 852.5	5 329.8	4 925.6
阿勒泰地区	**ئالتاي ۋىلايىتى**	**51 726.1**	**36 219.0**	**17 224.8**
阿勒泰市	ئالتاي شەھىرى	27 621.2	19 843.6	8 423.4
布尔津县	بۇرچىن	3 489.1	2 100.4	1 348.1
富蕴县	كۆكتوقاي	5 304.1	3 327.5	2 826.6
福海县	بۇرۇلتوقاي	9 128.2	7 410.4	2 601.4
哈巴河县	قابا	2 624.7	1 620.7	873.3
青河县	چىڭگىل	1 881.8	973.0	569.4
吉木乃县	جىمنەي	1 677.0	943.4	582.6
博州	**بۆرتالا ئوبلاستى**	**33 887.3**	**18 627.7**	**6 087.4**
博乐市	بۆرتالا شەھىرى	25 914.7	13 937.8	4 620.9
精河县	جىڭ	4 952.5	2 923.4	606.3
温泉县	ئارشاڭ	3 020.1	1 766.5	860.2
巴州	**بايىنغولىن ئوبلاستى**	**441 932.8**	**202 420.8**	**239 309.2**
库尔勒市	كورلا شەھىرى	390 521.2	164 459.8	226 697.1
轮台县	بۈگۈر	1 717.3	1 055.0	1 213.4
尉犁县	لوپنور	1 060.8	690.2	195.7
若羌县	چاقىلىق	3 087.8	2 604.0	638.5
且末县	چەرچەن	1 766.6	1 027.5	465.3
焉耆县	يەنجى	14 341.8	10 848.7	4 754.9
和静县	خېجىڭ	22 792.8	16 325.0	3 837.2
和硕县	خوشۇت	3 228.6	2 618.4	691.0
博湖县	باغراش	3 415.9	2 792.2	816.1
阿克苏地区	**ئاقسۇ ۋىلايىتى**	**106 684.9**	**68 196.5**	**34 188.8**
阿克苏市	ئاقسۇ شەھىرى	60 434.6	39 308.0	13 776.2
温宿县	ئاقسۇ كونا شەھەر	15 995.6	8 952.8	7 291.1
库车县	كۇچا	13 354.5	11 284.8	4 998.9

9—9 续表 2 داۋامى

بىرلىكى: تۈمەن يۈەن 单位:万元

رايونلار 地　　区		سانائەت مەھسۇلات قىممىتى (يېڭى بەلگىلىمە) 工业总产值(新规定)		سانائەتنىڭ قوشۇلغان قىممىتى (ئىشلەپچىقىرىش ئۇسۇلى) 工业增加值(生产法)
		شۇ يىللىق باھا 当年价格	90-يىللىق ئۆزگەرمەس باھا 90年不变价	
沙雅县	شايار	3 596.6	2 095.9	863.2
新和县	توقسۇ	1 813.8	1 073.1	446.9
拜城县	باي	7 649.2	3 325.6	5 253.4
乌什县	ئۈچتۇرپان	939.5	477.6	353.7
阿瓦提县	ئاۋات	2 309.2	1 531.1	696.1
柯坪县	كەلپىن	591.9	147.6	509.3
克州	**قىزىلسۇ ئوبلاستى**	**8 191.9**	**4 510.6**	**2 605.8**
阿图什市	ئاتۇش شەھىرى	1 295.6	824.0	864.1
阿克陶县	ئاقتو	3 740.8	2 179.8	1 861.6
阿合奇县	ئاقچى	76.0	37.1	41.2
乌恰县	ئۇلۇغچات	3 079.5	1 469.7	
喀什地区	**قەشقەر ۋىلايىتى**	**74 725.4**	**46 398.7**	**22 990.2**
喀什市	قەشقەر شەھىرى	39 039.4	22 472.2	10 983.1
疏附县	قەشقەر كونا شەھەر	1 944.4	1 441.7	602.7
疏勒县	قەشقەر يېڭىشەھەر	6 174.0	4 630.5	1 848.0
英吉沙县	يېڭىسار	1 763.4	1 005.6	728.0
泽普县	پوسكام	3 228.2	1 477.5	1 344.1
莎车县	يەكەن	6 693.1	5 005.2	2 417.7
叶城县	قاغىلىق	2 702.0	1 840.0	1 451.3
麦盖提县	مەكىت	4 272.5	3 056.5	1 081.2
岳普湖县	يوپۇرغا	2 135.7	1 004.2	435.3
伽师县	پەيزىۋات	2 772.0	2 549.5	993.5
巴楚县	مارالبېشى	3 933.6	1 872.7	1 057.5
塔什库尔干县	تاشقورغان	67.1	43.1	47.8
和田地区	**خوتەن ۋىلايىتى**	**40 780.3**	**25 820.9**	**9 756.9**
和田市	خوتەن شەھىرى	27 921.6	19 134.7	4 500.2
和田县	خوتەن ناھىيىسى	4 456.8	1 986.6	2 247.1
墨玉县	قاراقاش	1 052.1	317.5	360.9
皮山县	گۇما	2 637.9	1 363.6	1 171.5
洛浦县	لوپ	2 086.0	1 401.8	664.8
策勒县	چىرا	641.4	252.1	250.3
于田县	كېرىيە	1 805.1	1 263.6	481.8
民丰县	نىيە	179.4	101.0	80.3

رايونلارغا ئايرىلغان بارلىق مۇستەقىل ھېسابات قىلىدىغان دۆلەت سانائەت كارخانىلىرىنىڭ ئاساسلىق ئىقتىسادىي كۆرسەتكۈچى(3)

9—9 分地区全部独立核算国有工业企业主要经济指标(三)

单位：万元 بىرلىكى：تۈمەن يۈەن

地 区	رايونلار	جەمئىي كاپىتال 资本金合计	جەمئىي كۆچمە مۈلۈك 流动资产合计	تەييار مەھسۇلات 产成品	كۆچمە مۈلۈكنىڭ يىللىق ئوتتۇرىچە قالدۇقى 流动资产年平均余额	مۇقىم مۈلۈك ئەسلى قىممىتىنىڭ جەمئىي 固定资产原价合计
总计	**جەمئىي**	**2 432 029.4**	**3 273 004.7**	**361 322.7**	**3 371 221.3**	**7 490 957.9**
乌鲁木齐市	**ئۈرۈمچى شەھىرى**	**592 562.4**	**972 404.7**	**141 028.4**	**976 173.6**	**1 667 943.5**
乌鲁木齐县	ئۈرۈمچى ناھىيىسى	1 468.4	7 421.8	211.9	5 047.2	13 478.1
克拉玛依市	**قاراماي شەھىرى**	**695 034.1**	**510 521.6**	**36 254.4**	**664 968.7**	**2 357 794.7**
石河子市	**شىخەنزە شەھىرى**	**46 271.5**	**131 620.3**	**21 612.4**	**116 098.5**	**144 433.7**
吐鲁番地区	**تۇرپان ۋىلايىتى**	**187 546.0**	**199 448.7**	**4 707.6**	**240 125.5**	**803 499.2**
吐鲁番市	تۇرپان شەھىرى	16 059.8	18 911.1	1 729.9	16 405.1	34 872.3
鄯善县	پىچان	167 720.3	173 980.8	1 015.5	218 162.6	763 806.8
托克逊县	توقسۇن	3 765.9	6 556.8	1 962.2	5 557.8	4 820.1
哈密地区	**قۇمۇل ۋىلايىتى**	**79 207.5**	**89 945.5**	**5 978.3**	**77 047.3**	**184 009.8**
哈密市	قۇمۇل شەھىرى	74 851.5	84 317.6	5 029.4	71 966.1	176 712.3
巴里坤县	باركۆل	4 012.7	5 332.2	929.9	4 690.6	6 548.0
伊吾县	ئارا تۈرۈك	343.3	305.7	19.0	390.6	749.5
昌吉州	**سانجى ئوبلاستى**	**165 276.8**	**219 642.7**	**32 802.0**	**201 572.7**	**435 326.1**
昌吉市	سانجى شەھىرى	38 031.3	96 528.1	15 364.5	91 701.5	123 051.6
阜康市	فۇكاڭ شەھىرى	23 326.0	45 852.4	5 638.8	40 319.2	76 951.2
米泉县	مىچۇەن	6 741.6	18 714.9	3 545.1	19 326.8	31 535.3
呼图壁县	قۇتۇبى	5 574.2	21 420.5	1 765.0	18 756.3	13 481.5
玛纳斯县	ماناس	82 469.2	12 426.6	1 030.1	10 920.7	165 180.6
奇台县	گۇچۇڭ	3 682.8	16 694.6	4 107.3	13 824.3	16 410.8
吉木萨尔县	جىمسار	4 531.3	7 102.3	1 222.1	5 878.7	7 509.9
木垒县	مۇرى	920.4	903.3	129.1	845.2	1 205.2
伊犁州	**ئىلى ئوبلاستى**	**229 366.4**	**386 412.7**	**56 924.0**	**344 250.0**	**551 650.8**
奎屯市	كۈيتۇن شەھىرى	34 117.3	55 071.7	4 236.7	43 879.2	77 557.8
伊犁地区	**ئىلى ۋىلايىتى**	**105 747.9**	**176 821.6**	**31 594.6**	**158 976.4**	**252 702.1**
伊宁市	غۇلجا شەھىرى	33 036.6	62 354.4	8 872.8	62 646.0	98 457.5
伊宁县	غۇلجا ناھىيىسى	15 161.3	27 764.3	6 674.7	20 681.9	40 160.5
察布查尔县	چاپچال	5 145.2	5 441.3	263.8	4 943.0	7 908.8
霍城县	قورغاس	9 019.9	35 731.8	8 801.2	29 291.9	53 191.7
巩留县	كۈنەس	4 021.4	4 650.2	532.3	4 818.0	8 055.1
新源县	كۈنەس	29 754.8	25 426.7	3 580.5	24 893.0	30 788.2
昭苏县	موڭغۇلكۈرە	2 662.9	5 552.3	1 523.8	5 056.1	5 852.8
特克斯县	تېكەس	4 996.6	4 121.8	1 126.2	3 996.7	4 654.2
尼勒克县	نىلقا	1 949.2	2 778.8	219.3	2 649.8	3 633.3

9—9 续表 1 داۋامى 1

بىرلىكى: تۈمەن يۈەن 单位：万元

地 区 رايونلار		资本金合计 جەمئى كاپىتال	流动资产合计 جەمئى كۆچمە مۈلۈك	产成品 تەييار مەھسۇلات	流动资产年平均余额 كۆچمە مۈلۈكنىڭ يىللىق ئوتتۇرچە قالدۇقى	固定资产原价合计 مۇقىم مۈلۈك ئەسلى قىممىتىنىڭ جەمئىسى
塔城地区	**تارباغاتاي ۋىلايىتى**	**45 294.4**	**97 376.2**	**11 224.6**	**89 579.9**	**134 568.2**
塔城市	چۆچەك شەھىرى	11 837.7	9 072.1	1 400.4	8 220.0	28 913.6
额敏县	دۆربىلجىن	4 339.2	22 528.2	3 037.7	15 620.8	19 558.4
乌苏县	شىخو	11 003.8	21 305.3	1 671.7	20 360.3	25 212.6
沙湾县	ساۋەن	10 413.1	21 641.4	3 441.0	20 239.9	34 727.0
托里县	تولى	2 357.2	6 505.2	217.7	11 304.0	14 696.3
裕民县	چاغانتوقاي	738.5	2 970.3	309.7	2 511.8	1 809.1
和布克赛尔县	قوبۇقسار	4 604.9	13 353.7	1 146.4	11 323.1	9 651.2
阿勒泰地区	**ئالتاي ۋىلايىتى**	**44 206.8**	**57 143.2**	**9 868.1**	**51 814.5**	**86 822.7**
阿勒泰市	ئالتاي شەھىرى	19 133.6	33 904.5	5 195.2	31 876.7	48 974.4
布尔津县	بۇرچىن	4 389.4	4 172.6	694.7	3 483.1	9 564.2
富蕴县	كۆكتوقاي	3 200.2	4 485.9	628.6	4 784.4	6 841.7
福海县	بۇرۇلتوقاي	11 204.0	8 814.3	2 525.7	5 867.9	9 685.9
哈巴河县	قابا	1 730.6	2 700.9	367.9	2 555.5	3 150.9
青河县	چىڭگىل	1 535.5	1 594.6	305.0	1 722.4	2 688.5
吉木乃县	جىمىنەي	3 013.5	1 470.4	151.0	1 524.5	5 917.1
博州	**بۆرتالا ئوبلاستى**	**20 136.6**	**37 028.8**	**7 180.8**	**29 078.7**	**65 772.9**
博乐市	بۆرتالا شەھىرى	15 689.1	29 005.1	3 943.5	24 925.2	58 265.6
精河县	جىڭ	2 526.7	5 767.6	2 843.5	2 153.6	4 372.0
温泉县	ئارشاڭ	1 920.8	2 256.1	393.8	1 999.9	3 135.3
巴州	**بايىنغولىن**	**246 142.2**	**562 216.0**	**27 653.5**	**566 792.3**	**971 782.6**
库尔勒市	كورلا شەھىرى	210 434.4	498 877.1	14 235.9	507 947.8	895 278.0
轮台县	بۈگۈر	737.7	1 092.2	242.9	1 044.8	1 182.6
尉犁县	لوپنور	829.5	1 340.7	86.1	1 394.4	1 897.6
若羌县	چاقىلىق	2 335.3	8 290.5	406.4	7 267.1	3 775.8
且末县	چەرچەن	3 124.0	1 298.9	403.5	1 636.2	3 908.7
焉耆县	يەنجى	11 560.9	15 635.3	5 580.3	14 155.9	22 654.0
和静县	خېجىڭ	13 431.7	29 295.7	5 448.1	27 085.3	35 690.2
和硕县	خوشۇت	2 930.7	4 140.3	541.9	3 800.3	3 348.5
博湖县	باغراش	758.0	2 245.3	708.4	2 460.5	4 047.2
阿克苏地区	**ئاقسۇ ۋىلايىتى**	**62 654.9**	**72 106.4**	**12 713.0**	**66 838.5**	**121 060.6**
阿克苏市	ئاقسۇ شەھىرى	26 733.8	43 360.6	9 327.4	41 990.6	60 839.6
温宿县	ئاقسۇ كونا شەھەر	4 610.6	7 416.5	1 166.2	6 993.7	10 381.2
库车县	كۇچا	11 937.3	13 088.4	1 077.6	11 329.0	21 191.5

9—9 续表 2 داۋامى

单位：万元 بىرلىكى: تۈمەن يۈەن

地区 رايونلار		资本金合计 جەمئى كاپىتال	流动资产合计 جەمئى كۆچمە مۈلۈك	产成品 تەييار مەھسۇلات	流动资产年平均余额 كۆچمە مۈلۈكنىڭ يىللىق ئوتتۇرچە قالدۇقى	固定资产原价合计 مۇقىم مۈلۈك ئەسلى قىممىتىنىڭ جەمئىسى
沙雅县	شايار	1 276.1	1 587.1	443.1	1 038.5	2 145.6
新和县	توقسۇ	1 289.6	797.4	194.0	782.9	1 319.3
拜城县	باي	13 134.6	2 994.9	183.4	2 240.1	18 926.3
乌什县	ئۈچتۇرپان	1 321.2	1 035.2	137.5	805.8	2 803.0
阿瓦提县	ئاۋات	2 021.1	1 724.4	183.8	1 577.1	3 079.3
柯坪县	كەلپىن	330.6	101.9		80.8	374.8
克州	**قىزىلسۇ ئوبلاستى**	**22 796.1**	**9 169.3**	**762.4**	**8 901.8**	**26 241.3**
阿图什市	ئاتۇش شەھىرى	2 420.4	2 056.9	67.6	1 977.2	4 068.9
阿克陶县	ئاقتو	5 251.3	2 524.7	231.3	2 451.0	5 696.9
阿合奇县	ئاقچى	266.4	84.4	4.4	80.5	459.8
乌恰县	ئۇلۇغچات	14 858.0	4 503.3	459.1	4 393.1	16 015.7
喀什地区	**قەشقەر ۋىلايىتى**	**52 091.5**	**54 201.4**	**9 354.9**	**51 967.9**	**97 273.0**
喀什市	قەشقەر شەھىرى	22 623.2	26 607.1	3 776.6	27 434.6	51 187.6
疏附县	قەشقەر كونا شەھەر	1 663.8	1 614.8	282.0	1 437.2	2 886.3
疏勒县	قەشقەر يېڭىشەھەر	4 252.6	8 443.0	2 505.1	8 796.6	8 710.6
英吉沙县	يېڭىسار	2 276.7	1 699.5	196.0	1 613.9	4 992.2
泽普县	پوسكام	3 243.2	2 238.3	53.0	1 875.9	3 846.2
莎车县	يەكەن	5 009.6	4 499.9	1 148.1	4 127.8	8 060.7
叶城县	قاغىلىق	4 955.6	1 602.3	13.7	1 498.5	5 777.3
麦盖提县	مەكىت	2 028.0	3 426.7	739.1	1 521.2	2 972.5
岳普湖县	يوپۇرغا	790.1	936.6	87.5	959.3	1 406.2
伽师县	پەيزىۋات	1 737.7	1 580.1	434.6	1 519.5	2 767.2
巴楚县	مارالبېشى	2 313.0	1 420.3	119.2	1 088.7	3 990.5
塔什库尔干县	تاشقورغان	1 198.0	123.8		94.7	675.7
和田地区	**خوتەن ۋىلايىتى**	**32 943.4**	**28 286.6**	**4 351.0**	**27 405.8**	**64 169.7**
和田市	خوتەن شەھىرى	16 289.0	16 838.0	3 371.4	15 101.4	32 594.0
和田县	خوتەن ناھىيىسى	6 298.1	4 732.9	124.8	6 086.2	15 280.5
墨玉县	قاراقاش	922.0	609.6	57.6	463.9	1 351.7
皮山县	گۇما	5 157.8	2 173.3	432.6	1 963.0	6 233.0
洛浦县	لوپ	1 740.1	1 809.1	146.4	1 939.1	2 974.2
策勒县	چىرا	564.4	393.9	2.8	275.7	1 242.2
于田县	كېرىيە	1 249.1	1 566.1	215.4	1 495.2	3 636.4
民丰县	نىيە	722.9	163.7		81.3	857.7

رايونلارغا ئايرىلغان بارلىق مۇستەقىل ھېسابات قىلىدىغان دۆلەت سانائەت كارخانىلىرىنىڭ ئاساسلىق ئىقتىسادىي كۆرسەتكۈچى(4)

9—9 分地区全部独立核算国有工业企业主要经济指标(四)

单位:万元 بىرلىكى: تۈمەن يۈەن

地区 رايونلار		جەمئىي ئامور تىزاتسىيە 累计折旧	بۇ يىللىق ئامور تىزاتسىيە 本年折旧	مۇقىم مۇلۈك ساپ قىممىتىنىڭ يىل ئاخىرىدىكى قالدۇقى 固定资产净值年末余额	مۇقىم مۇلۈك ساپ قىممىتىنىڭ يىل ئاخىرىدىكى قالدۇقى 固定资产净值年平均余额	جەمئىي مۇقىم مۇلۈك 固定资产合计
总计	**جەمئىي**	**2 368 432.4**	**540 612.5**	**5 122 525.5**	**4 518 269.5**	**6 098 017.1**
乌鲁木齐市	**ئۈرۈمچى شەھىرى**	**500 511.2**	**109 454.4**	**1 167 432.3**	**920 093.4**	**1 375 536.6**
乌鲁木齐县	ئۈرۈمچى ناھىيىسى	1 422.4	599.0	12 055.7	11 827.4	13 212.0
克拉玛依市	**قاراماي شەھىرى**	**1 015 393.8**	**172 086.6**	**1 342 400.9**	**1 265 841.4**	**1 564 772.2**
石河子市	**شىخەنزە شەھىرى**	**40 081.4**	**7 837.1**	**104 352.3**	**97 785.6**	**119 763.6**
吐鲁番地区	**تۇرپان ۋىلايىتى**	**199 124.3**	**78 751.7**	**604 374.9**	**550 898.8**	**710 255.5**
吐鲁番市	تۇرپان شەھىرى	9 267.9	1 470.3	25 604.4	23 196.8	33 879.5
鄯善县	پىچان	188 276.3	77 053.2	575 530.5	524 771.8	672 237.7
托克逊县	توقسۇن	1 580.1	228.2	3 240.0	2 930.2	4 138.3
哈密地区	**قۇمۇل ۋىلايىتى**	**45 980.7**	**7 524.0**	**138 029.1**	**108 473.7**	**152 299.1**
哈密市	قۇمۇل شەھىرى	44 023.6	7 031.8	132 688.7	103 352.6	146 621.8
巴里坤县	باركۆل	1 800.9	489.3	4 747.1	4 595.7	5 019.0
伊吾县	ئارا تۈرۈك	156.2	2.9	593.3	525.4	658.3
昌吉州	**سانجى ئوبلاستى**	**104 365.5**	**23 525.3**	**330 960.6**	**288 566.9**	**366 795.3**
昌吉市	سانجى شەھىرى	30 066.0	6 145.0	92 985.6	83 668.1	110 400.8
阜康市	فۇكاڭ شەھىرى	24 847.4	4 248.3	52 103.8	41 785.8	55 079.9
米泉县	مىچۈن	9 255.2	13 702	22 280.1	19 152.1	26 202.2
呼图壁县	قۇتۇبى	3 499.0	905.2	9 982.5	8 917.2	12 468.4
玛纳斯县	ماناس	30 523.0	9 615.1	134 657.6	119 990.8	141 155.5
奇台县	بۇگۇر	4 114.4	827.2	12 296.4	9 643.1	14 256.9
吉木萨尔县	جىمسار	1 868.4	389.3	5 641.5	4 484.2	6 119.4
木垒县	مورى	192.1	25.0	1 013.1	925.6	1 112.2
伊犁州	**ئىلى ئوبلاستى**	**121 638.8**	**29 238.2**	**430 012.0**	**377 583.3**	**496 971.9**
奎屯市	كۈيتۇن شەھىرى	16 798.4	3 338.3	60 759.4	47 788.4	65 886.6
伊犁地区	**ئىلى ۋىلايىتى**	**49 804.8**	**13 110.4**	**202 897.3**	**181 131.3**	**238 311.2**
伊宁市	غۇلجا شەھىرى	21 529.7	4 439.0	76 927.8	66 123.8	91 023.7
伊宁县	غۇلجا ناھىيىسى	5 700.0	1 795.3	34 460.5	31 950.5	39 511.0
察布查尔县	چاپچال	1 836.1	277.3	6 072.7	5 701.6	7 051.6
霍城县	قورغاس	10 500.8	4 170.1	42 690.9	42 471.6	44 276.2
巩留县	توققۇزتارا	2 045.5	308.5	6 009.6	5 509.2	6 725.4
新源县	كۈنەس	3 959.4	1 330.9	26 828.8	20 455.0	36 888.6
昭苏县	موڭغۇلكۈرە	1 993.8	321.5	3 859.0	3 070.4	4 533.4
特克斯县	تېكەس	1 188.1	300.1	3 466.1	3 386.1	4 706.9
尼勒克县	نىلقا	1 051.4	167.7	2 581.9	2 463.1	3 594.4

9—9 续表 1 داۋامى 1

单位:万元 بىرلىكى: تۈمەن يۈەن

地 区 رايونلار		جەمئىي ئامور تىزاتسىيە 累计折旧	بۇ يىللىق ئامور تىزاتسىيە 本年折旧	مۇقىم مۈلۈك ساپ قىممىتىنىڭ يىل ئاخىرىدىكى قالدۇقى 固定资产净值年末余额	مۇقىم مۈلۈك ساپ قىممىتىنىڭ يىل ئاخىرىدىكى قالدۇقى 固定资产净值年平均余额	جەمئىي مۇقىم مۈلۈك 固定资产合计
塔城地区	**تارباغاتاي ۋىلايىتى**	**35 228.8**	**9 404.8**	**99 339.4**	**89 690.1**	**117 486.1**
塔城市	چۆچەك شەھىرى	4 649.1	1 269.7	24 264.5	22 937.2	26 635.9
额敏县	دۆربىلجىن	4 874.0	671.5	14 684.4	12 456.5	16 880.7
乌苏县	شىخو	7 548.2	2 213.6	17 664.4	16 890.4	20 214.1
沙湾县	ساۋەن	10 247.1	3 325.1	24 479.9	21 216.7	32 671.3
托里县	تولى	4 358.0	1 362.3	10 338.3	9 184.1	11 704.8
裕民县	چاغانتوقاي	363.3	60.7	1 445.8	1 147.2	1 621.1
和布克赛尔县	قوبۇقسار	3 189.1	501.9	6 462.1	5 858.0	7 758.2
阿勒泰地区	**ئالتاي ۋىلايىتى**	**19 806.8**	**3 384.7**	**67 015.9**	**58 973.5**	**75 288.0**
阿勒泰市	ئالتاي شەھىرى	11 451.7	1 943.7	37 522.7	31 829.0	41 462.7
布尔津县	بۇرچىن	1 408.9	295.3	8 155.3	7 813.4	8 854.7
富蕴县	كۆكتوقاي	1 713.5	307.2	5 128.2	4 796.9	5 337.4
福海县	بۇرۇلتوقاي	2 694.9	515.6	6 991.0	6 052.4	9 049.9
哈巴河县	قابا	1 081.5	154.2	2 069.4	1 960.9	2 710.3
青河县	چىڭگىل	431.1	50.9	2 257.4	1 998.7	2 497.4
吉木乃县	جېمىنەي	1 025.2	117.8	4 891.9	4 522.2	5 375.6
博州	**بۆرتالا ئوبلاستى**	**13 225.0**	**3 645.2**	**52 547.9**	**51 739.9**	**57 964.1**
博乐市	بۆرتالا شەھىرى	11 270.3	3 200.8	46 995.3	46 756.5	51 219.6
精河县	جىڭ	1 061.3	273.5	3 310.7	3 002.2	3 877.5
温泉县	ئارشاڭ	893.4	170.9	2 241.9	1 981.2	2 867.0
巴州	**بايىنغولىن**	**251 985.1**	**95 319.3**	**719 797.5**	**653 410.9**	**972 250.5**
库尔勒市	كورلا شەھىرى	231 907.1	90 903.0	663 370.9	605 717.6	909 647.7
轮台县	بۈگۈر	296.4	121.0	886.2	708.0	1 151.9
尉犁县	لوپنور	656.4	231.2	1 241.2	1 045.6	1 942.9
若羌县	چاقىلىق	1 136.1	267.3	2 639.7	2 597.3	2 966.8
且末县	چەرچەن	615.3	152.8	3 293.4	2 544.5	3 388.5
焉耆县	يەنجى	6 265.1	1 894.8	16 388.9	14 780.2	17 839.8
和静县	خېجىڭ	9 565.0	1 070.6	26 125.2	21 973.1	28 121.1
和硕县	خوشۇت	935.6	247.7	2 412.9	2 351.3	3 731.7
博湖县	باغراش	608.1	430.9	3 439.1	1 693.3	3 460.1
阿克苏地区	**ئاقسۇ ۋىلايىتى**	**29 134.0**	**5 157.0**	**91 926.6**	**80 198.4**	**111 616.5**
阿克苏市	ئاقسۇ شەھىرى	15 563.5	2 710.5	45 276.1	38 703.8	53 119.7
温宿县	ئاقسۇ كونا شەھەر	1 810.1	569.1	8 571.1	7 570.9	11 206.9
库车县	كۇچا	6 337.9	984.0	14 853.6	13 346.4	22 805.1

9—9 续表 2 داۋامى

单位：万元 بىرلىكى: تۈمەن يۈەن

地　区 رايونلار		جەمئىي ئامورتىزاتسىيە 累计折旧	بۇ يىللىق ئامورتىزاتسىيە 本年折旧	مۇقىم مۈلۈك ساپ قىممىتىنىڭ يىل ئاخىرىدىكى قالدۇقى 固定资产净值年末余额	مۇقىم مۈلۈك ساپ قىممىتىنىڭ يىل ئاخىرىدىكى قالدۇقى 固定资产净值年平均余额	جەمئىي مۇقىم مۈلۈك 固定资产合计
沙雅县	شايار	402.5	107.0	1 743.1	1 201.5	1 820.8
新和县	توقسۇ	326.5	45.7	992.8	583.6	1 077.2
拜城县	باي	3 337.0	396.4	15 589.3	14 362.8	16 180.6
乌什县	ئۇچتۇرپان	536.9	157.1	2 266.1	2 019.8	2 599.3
阿瓦提县	ئاۋات	734.3	169.6	2 345.0	2 120.1	2 505.4
柯坪县	كەلپىن	85.3	17.6	289.5	289.5	301.5
克州	**قىزىلسۇ ئوبلاستى**	**6 508.6**	**1 228.4**	**19 732.7**	**19 709.4**	**23 598.5**
阿图什市	ئاتۇش شەھىرى	906.0	214.4	3 162.9	3 007.1	3 354.2
阿克陶县	ئاقتۇ	1 283.9	306.9	4 413.0	4 430.8	4 888.1
阿合奇县	ئاقچى	55.2	6.0	404.6	383.3	420.3
乌恰县	ئۇلۇغچات	4 263.5	701.1	11 752.2	11 888.2	14 935.9
喀什地区	**قەشقەر ۋىلايىتى**	**25 899.7**	**4 023.5**	**71 373.3**	**60 018.5**	**90 699.6**
喀什市	قەشقەر شەھىرى	13 048.5	1 473.0	38 139.1	31 309.0	52 677.7
疏附县	قەشقەر كونا شەھەر	626.1	121.9	2 260.2	2 089.8	2 337.5
疏勒县	قەشقەر يېڭىشەھەر	3 269.3	507.5	5 441.3	4 885.7	6 577.5
英吉沙县	يېڭىسار	788.1	137.1	4 204.1	3 696.2	4 383.5
泽普县	پوسكام	1 644.9	263.4	2 201.3	2 048.2	2 542.1
莎车县	يەكەن	2 511.3	297.8	5 549.4	5 274.4	6 385.1
叶城县	قاغىلىق	1 501.2	597.6	4 276.1	2 662.1	5 354.5
麦盖提县	مەكىت	860.9	169.7	2 111.6	1 036.0	2 247.9
岳普湖县	يوپۇغا	339.0	64.4	1 067.2	934.6	1 182.1
伽师县	پەيزىۋات	517.6	173.1	2 249.6	2 238.5	2 640.2
巴楚县	مارالبېشى	777.0	217.1	3 213.5	3 181.5	3 670.5
塔什库尔干县	تاشقورغان	15.8	0.9	659.9	662.	701.0
和田地区	**خوتەن ۋىلايىتى**	**14 584.3**	**2 821.8**	**49 585.4**	**43 949.3**	**55 493.7**
和田市	خوتەن شەھىرى	8 599.6	1 968.3	23 994.4	22 582.2	25 103.7
和田县	خوتەن ناھىيىسى	1 387.0	316.6	13 893.5	11 246.3	15 246.9
墨玉县	قاراقاش	424.4	58.1	927.3	767.8	1 013.8
皮山县	گۇما	2 396.0	220.6	3 837.0	3 797.6	6 404.6
洛浦县	لوپ	789.3	75.8	2 184.9	1 675.9	2 598.7
策勒县	چىرا	218.2	40.0	1 024.0	1 023.5	1 080.1
于田县	كېرىيە	689.6	130.2	2 946.8	2 628.2	3 245.2
民丰县	نىيە	80.2	12.2	777.5	227.8	800.7

رايونلارغا ئايرىلغان بارلىق مۇستەقىل ھېسابات قىلىدىغان دۆلەت سانائەت كارخانىلىرىنىڭ ئاساسلىق ئىقتىسادىي كۆرسەتكۈچى(5)

9—9 分地区全部独立核算国有工业企业主要经济指标(五)

单位:万元 بىرلىكى: تۈمەن يۈەن

类 别	رايونلار	جەمئىي كاپىتال 资产总计	جەمئىي كۆچمە قەرز 流动负债合计	جەمئىي ئۇزۇن مۇددەتلىك قەرز 长期负债合计	ئىگىدارنىڭ جەمئىي ھوقۇق-مەنپەئەتى 所有者权益合计	مەھسۇلات سېتىش كىرىمى 产品销售收入
总计	جەمئىي	9 747 294.8	3 182 527.3	3 746 159.2	2 804 578.7	4 082 858.3
乌鲁木齐市	ئۈرۈمچى شەھىرى	2 439 514.0	952 946.0	756 658.1	728 275.5	1 192 330.6
乌鲁木齐县	ئۈرۈمچى ناھىيىسى	20 687.9	8 074.9	6 381.5	6 231.4	4 262.3
克拉玛依市	قاراماي شەھىرى	2 154 297.3	401 149.1	849 600.0	903 543.7	1 095 452.5
石河子市	شىخەنزە شەھىرى	264 210.6	166 717.0	44 869.8	52 623.7	140 375.5
吐鲁番地区	تۇرپان ۋىلايىتى	921 887.1	166 888.2	501 967.0	253 031.5	278 295.6
吐鲁番市	تۇرپان شەھىرى	60 393.2	25 548.2	18 264.4	16 580.5	17 603.5
鄯善县	پىچان	850 591.8	135 533.6	482 588.1	232 470.0	253 933.3
托克逊县	توقسۇن	10 902.1	5 806.4	1 114.5	3 981.0	6 758.8
哈密地区	قۇمۇل ۋىلايىتى	257 183.0	85 437.2	104 119.0	67 424.4	81 145.5
哈密市	قۇمۇل شەھىرى	245 273.6	79 162.2	102 246.1	63 662.9	76 387.7
巴里坤县	باركۆل	10 716.1	5 822.8	1 284.9	3 608.4	4 649.6
伊吾县	ئاراتۈرۈك	1 193.3	452.2	588.0	153.1	108.2
昌吉州	سانجى ئوبلاستى	603 586.7	221 784.9	232 639.1	147 003.5	276 459.4
昌吉市	سانجى شەھىرى	215 901.2	101 628.7	56 406.6	56 964.5	129 246.1
阜康市	فۇكاڭ شەھىرى	103 894.3	32 867.0	27 513.6	43 345.1	38 570.5
米泉县	مىچۈەن	45 377.9	29 966.8	16 187.5	−1320.6	24 492.4
呼图壁县	قۇتۇبى	34 282.7	21 068.7	5 394.3	7 590.3	16 243.7
玛纳斯县	ماناس	156 065.7	9 570.0	115 726.9	30 473.4	41 020.2
奇台县	گۇچۇڭ	32 739.8	20 634.0	7 672.8	4 433.0	12 207.7
吉木萨尔县	جىمسار	13 308.4	4 965.2	3 439.4	4 883.6	13 577.2
木垒县	مورى	2 016.7	1 084.5	298.0	634.2	1 101.6
伊犁州	ئىلى ئوبلاستى	926 681.6	428 454.7	273 337.2	216 767.0	349 717.8
奎屯市	كۈيتۇن شەھىرى	121 583.3	46 449.1	40 228.5	29 156.5	67 533.5
伊犁地区	ئىلى ۋىلايىتى	439 713.9	208 907.6	130 291.7	98 497.0	147 817.2
伊宁市	غۇلجا شەھىرى	167 934.2	79 188.7	60 369.1	26 859.3	54 066.2
伊宁县	غۇلجا ناھىيىسى	69 442.6	33 701.7	31 250.2	4 490.7	14 894.6
察布查尔县	چاپچال	12 805.2	5 188.5	2 617.3	4 996.9	4 260.6
霍城县	قورغاس	80 608.5	43 606.4	23 703.6	13 298.5	28 893.7
巩留县	توققۇزتارا	11 977.0	4 469.7	2 369.0	5 108.3	5 242.7
新源县	كۈنەس	71 020.8	29 912.9	6 264.2	34 783.6	27 613.7
昭苏县	موڭغۇلكۈرە	10 172.5	5 720.0	819.0	3 617.5	3 826.1
特克斯县	تېكەس	9 182.8	4 604.7	1 184.8	3 001.4	4 261.3
尼勒克县	نىلقا	6 570.3	2 515.0	1 714.5	2 340.8	4 758.3

9—9 续表 1 داۋامى

بىرلىكى:تۈمەن يۈەن 单位:万元

地 区 رايونلار		资产总计 جەمئى كاپىتال	流动负债合计 جەمئى كۆچمە قەرز	长期负债合计 جەمئى ئۇزۇن مۇددەتلىك قەرز	所有者权益合计 ئىگىدارنىڭ جەمئى ھوقۇق-مەنپەئەتى	产品销售收入 مەھسۇلات سېتىش كىرىمى
塔城地区	**تارباغاتاي ۋىلايىتى**	**222 686.2**	**100 937.5**	**71 032.1**	**50 573.5**	**93 039.8**
塔城市	چۆچەك شەھىرى	37 220.3	11 004.0	13 421.5	12 653.7	10 703.5
额敏县	دۆربىلجىن	42 524.4	21 294.2	12 009.0	9 219.2	17 261.2
乌苏县	شىخو	41 743.3	23 911.9	8 157.7	9 673.7	21 624.9
沙湾县	ساۋەن	55 976.1	24 968.2	18 562.0	12 445.9	25 508.4
托里县	تولى	18 890.4	7 313.5	10 502.4	1 074.5	9 300.1
裕民县	چاغانتوقاي	4 723.0	3 524.7	339.9	858.4	1 557.8
和布克赛尔县	قوبۇقسار	21 608.7	8 921.0	8 039.6	4 648.1	7 083.8
阿勒泰地区	**ئالتاي ۋىلايىتى**	**142 698.2**	**72 160.5**	**31 784.9**	**38 540.0**	**41 327.3**
阿勒泰市	ئالتاي شەھىرى	84 340.1	49 011.3	18 639.1	16 689.7	22 272.0
布尔津县	بۇرچىن	13 330.9	3 875.5	4 497.0	4 868.4	3 089.1
富蕴县	كۆكتوقاي	10 017.0	3 335.8	1 217.9	5 349.4	5 065.8
福海县	بۇرۇلتوقاي	18 415.7	10 763.6	3 914.9	3 728.4	5 453.9
哈巴河县	قابا	5 508.4	2 081.5	1 341.8	2 085.1	2 425.5
青河县	چىڭگىل	4 140.1	1 558.3	581.2	2 000.6	1 704.9
吉木乃县	جىمىنەي	6 946.0	1 534.5	1 593.0	3 818.4	1 316.1
博州	**بۆرتالا ئوبلاستى**	**97 146.5**	**50 620.4**	**39 126.5**	**7 347.0**	**29 611.3**
博乐市	بۆرتالا شەھىرى	82 146.6	42 259.5	36 859.9	2 985.3	23 986.8
精河县	جىڭ	9 756.6	6 249.0	796.2	2 711.4	3 553.7
温泉县	ئارشاڭ	5 243.3	2 111.9	1 470.4	1 650.3	2 070.8
巴州	**بايىنغولىن ئوبلاستى**	**1 622 943.5**	**521 915.7**	**828 530.6**	**272 429.9**	**441 842.8**
库尔勒市	كورلا شەھىرى	1 493 380.5	443 984.0	805 402.3	243 993.8	395 683.7
轮台县	بۈگۈر	2 264.0	1 149.5	10.0	1 104.5	1 695.8
尉犁县	لوپنور	3 625.2	1 971.1	397.5	1 256.6	1 169.3
若羌县	چاقىلىق	11 290.0	8 554.2		2 735.8	2 318.4
且末县	چەرچەن	5 118.4	1 223.6	758.0	3 136.8	1 734.1
焉耆县	يەنجى	34 716.3	15 664.8	12 346.1	6 638.5	11 658.9
和静县	خېجىڭ	58 845.0	39 543.8	7 491.7	11 809.5	21 664.4
和硕县	خوشۇت	7 980.3	5 841.3	1 268.1	870.9	3 013.6
博湖县	باغراش	5 723.8	3 983.4	856.9	883.5	2 905.6
阿克苏地区	**ئاقسۇ ۋىلايىتى**	**189 365.7**	**88 567.2**	**36 440.9**	**63 559.5**	**79 217.6**
阿克苏市	ئاقسۇ شەھىرى	99 260.4	57 677.4	12 599.8	28 765.7	44 391.3
温宿县	ئاقسۇ كونا شەھەر	18 807.4	9 812.4	4 190.6	4 804.3	7 288.9
库车县	كۇچا	37 541.7	14 041.0	6 084.8	17 379.4	12 882.2

9—9 续表 2 داۋامى 9—9

بىرلىكى: تۈمەن يۈەن 单位:万元

رايونلار 地 区		جەمئىي كاپىتال 资产总计	جەمئىي كۆچمە قەرز 流动负债合计	جەمئىي ئۇزۇن مۇددەتلىك قەرز 长期负债合计	ئىگىدارلىق جەمئىي ھوقۇق-مەنپەئىتى 所有者权益合计	مەھسۇلات سېتىش كىرىمى 产品销售收入
沙雅县	شايار	3 694.4	1 187.3	1 144.4	1 362.7	3 281.8
新和县	توقسۇ	1 885.6	611.5	37.0	1 207.0	1 487.4
拜城县	باي	19 709.7	2 391.5	11 540.3	5 295.4	6 157.5
乌什县	ئۇلۇغچات	3 636.1	1 090.4	799.8	1 745.8	963.5
阿瓦提县	ئاۋات	4 427.0	1 667.2	44.2	2 684.3	2 153.5
柯坪县	كەلپىن	403.4	88.5		314.9	611.5
克州	**قىزىلسۇ ئوبلاستى**	**34 491.8**	**9 991.3**	**12 776.2**	**11 690.7**	**7 334.6**
阿图什市	ئاتۇش شەھىرى	5 603.9	1 324.6	417.9	3 830.8	1 278.9
阿克陶县	ئاقتو	7 621.1	1 993.5	1 658.3	3 969.3	2 801.0
阿合奇县	ئاقچى	519.9	27.8	53.0	439.1	58.0
乌恰县	ئۇلۇغچات	20 746.9	6 645.4	10 647.0	3 451.5	3 196.7
喀什地区	**قەشقەر ۋىلايىتى**	**148 406.6**	**60 140.1**	**41 325.6**	**46 557.1**	**71 641.7**
喀什市	قەشقەر شەھىرى	81 310.1	32 757.1	28 830.9	19 586.3	37 542.3
疏附县	قەشقەر كونا شەھەر	4 178.2	1 668.5	613.5	1 896.1	1 400.9
疏勒县	قەشقەر يېڭىشەھەر	15 148.3	8 862.4	2 361.3	3 715.2	6 185.9
英吉沙县	يېڭىسار	6 836.4	993.8	2 066.9	3 775.7	1 867.7
泽普县	پوسكام	4 828.4	2 159.9	953.4	1 714.8	2 938.0
莎车县	شايار	11 074.6	4 496.8	1 699.8	4 856.1	6 414.9
叶城县	قاغىلىق	6 970.3	2 379.9	1 829.7	2 759.5	2 476.9
麦盖提县	مەكىت	5 677.1	2 304.1	508.7	2 855.0	3 857.3
岳普湖县	يوپۇرغا	2 128.8	473.6	654.3	1 000.9	2 144.7
伽师县	پەيزىۋات	4 239.7	1 951.9	190.9	2 091.7	2 937.2
巴楚县	مارالبېشى	5 170.8	1 937.3	1 616.2	1 616.7	3 808.8
塔什库尔干县	تاشقورغان	843.9	154.8		689.1	67.1
和田地区	**خوتەن ۋىلايىتى**	**87 580.4**	**27 915.5**	**24 769.2**	**34 325.2**	**39 432.4**
和田市	خوتەن شەھىرى	43 519.9	18 667.1	7 303.5	17 092.5	26 928.9
和田县	خوتەن ناھىيىسى	21 930.8	2 706.2	12 554.0	6 670.6	4 374.4
墨玉县	قاراقاش	1 626.1	492.6	75.2	974.9	953.2
皮山县	گۇما	8 762.2	1 245.5	2 649.1	4 837.6	2 620.8
洛浦县	لوپ	4 439.2	1 845.2	640.2	1 953.7	2 050.3
策勒县	چىرا	1 516.2	967.3	22.9	525.9	565.2
于田县	كېرىيە	4 821.2	1 953.6	1 484.3	1 383.2	1 790.5
民丰县	نىيە	964.8	38.0	40.0	886.8	149.1

رايونلارغا ئايرىلغان بارلىق مۇستەقىل ھېسابات قىلىدىغان دۆلەت سانائەت كارخانىلىرىنىڭ ئاساسلىق ئىقتىسادىي كۆرسەتكۈچى(6)

9—9 分地区全部独立核算国有工业企业主要经济指标(六)

单位:万元 بىرلىكى: تۈمەن يۈەن

类别	رايونلار	مەھسۇلات سېتىش تەننەرقى 产品销售成本	مەھسۇلات سېتىش خىراجىتى 产品销售费用	مەھسۇلات سېتىش بېجى ۋە قوشۇمچىسى 产品销售税金及附加	مەھسۇلات سېتىش پايدىسى 产品销售利润	باشقۇرۇش خىراجىتى 管理费用
总计	**جەمئىي**	**3 094 971.0**	**117 530.2**	**108 532.6**	**761 620.9**	**387 776.9**
乌鲁木齐市	**ئۈرۈمچى شەھىرى**	**930 750.5**	**67 167.8**	**11 621.8**	**182 790.5**	**142 977.3**
乌鲁木齐县	ئۈرۈمچى ناھىيىسى	1 775.4	27.5	114.2	2 345.2	370.8
克拉玛依市	**قاراماي شەھىرى**	**856 831.0**	**3 251.6**	**55 071.2**	**180 298.7**	**50 188.2**
石河子市	**شىخەنزە شەھىرى**	**109 222.3**	**2 437.0**	**1 009.4**	**27 706.8**	**17 909.1**
吐鲁番地区	**تۇرپان ۋىلايىتى**	**201 481.0**	**5 032.9**	**4 584.6**	**67 197.1**	**11 023.3**
吐鲁番市	تۇرپان شەھىرى	12 891.8	2 057.4	273.6	2 380.7	2 628.9
鄯善县	پىچان	183 483.0	2 794.6	4 063.3	63 582.4	7 885.7
托克逊县	توقسۇن	5 096.2	180.9	247.7	1 234.0	508.7
哈密地区	**قۇمۇل ۋىلايىتى**	**59 698.7**	**2 718.7**	**1 318.9**	**17 409.2**	**18 487.3**
哈密市	قۇمۇل شەھىرى	56 387.2	2 479.5	1 274.9	16 246.1	17 870.1
巴里坤县	باركۆل	3 264.7	238.1	37.8	1 109.0	561.8
伊吾县	ئاراتۇرۇك	46.8	1.1	6.2	54.1	55.4
昌吉州	**سانجى ئوبلاستى**	**224 436.7**	**12 014.5**	**2 037.4**	**37 970.8**	**24 710.1**
昌吉市	سانجى شەھىرى	102 659.8	8 709.4	722.2	17 154.7	9 813.1
阜康市	فۇكاڭ شەھىرى	28 722.0	1 047.8	285.7	8 515.0	6 697.4
米泉县	مىچۈەن	18 935.0	1 058.7	129.9	4 368.8	3 537.2
呼图壁县	قۇتۇبى	12 282.1	475.5	297.1	3 189.0	1 284.9
玛纳斯县	ماناس	40 759.2	117.7	153.8	−10.5	1 356.5
奇台县	گۇچۇڭ	8 539.0	194.6	241.7	3 232.4	1 073.2
吉木萨尔县	جىمسار	11 579.5	387.5	204.5	1 435.7	851.8
木垒县	مۇرى	990.1	23.3	2.5	85.7	96.0
伊犁州	**ئىلى ئوبلاستى**	**240 706.3**	**13 781.4**	**22 471.1**	**72 555.5**	**47 404.8**
奎屯市	كۈيتۇن شەھىرى	42 676.8	1 847.7	14 642.9	8 366.1	6 563.5
伊犁地区	**ئىلى ۋىلايىتى**	**98 912.4**	**8 488.9**	**5 302.9**	**35 113.0**	**21 193.8**
伊宁市	غۇلجا شەھىرى	38 763.9	978.7	928.3	13 395.3	9 131.4
伊宁县	غۇلجا ناھىيىسى	9 572.3	818.8	123.4	4 380.1	2 783.4
察布查尔县	چاپچال	3 669.7	207.0	58.9	325.0	1 610.5
霍城县	قورغاس	21 366.7	1 459.5	612.1	5 455.4	2 484.9
巩留县	توققۇزتارا	3 553.8	92.6	269.7	1 326.6	841.9
新源县	كۈنەس	11 530.7	4 778.2	3 068.5	8 236.3	2 037.4
昭苏县	موڭغۇلكۈرە	3 477.8	4.4	63.4	280.5	1 048.2
特克斯县	تېكەس	3 154.4	35.5	125.8	945.6	699.2
尼勒克县	نىلقا	3 823.1	114.2	52.8	768.2	556.8

地区 رايونلار		产品销售成本 مەھسۇلات سېتىش تەننەرقى	产品销售费用 مەھسۇلات سېتىش خىراجىتى	产品销售税金及附加 مەھسۇلات سېتىش بېجى ۋە قوشۇمچىسى	产品销售利润 مەھسۇلات سېتىش پايدىسى	管理费用 باشقۇرۇش خىراجىتى
塔城地区	**تارباغاتاي ۋىلايىتى**	**69 473.9**	**2 050.8**	**2 095.7**	**19 419.4**	**12 045.0**
塔城市	چۆچەك شەھىرى	8 651.4	322.0	225.2	1 505.0	1 422.7
额敏县	دۆربىلجىن	12 776.7	392.3	149.9	3 942.3	1 622.7
乌苏县	شىخو	16 357.4	218.5	1 086.0	3 963.0	2 232.8
沙湾县	ساۋەن	19 277.9	748.1	392.5	5 089.9	3 200.4
托里县	تولى	6 972.5	123.8	33.9	2 169.9	1 885.3
裕民县	چاغانتوقاي	1 141.8	28.3	47.9	339.8	166.9
和布克赛尔县	قوبۇقسار	4 296.2	217.8	160.3	2 409.5	1 514.2
阿勒泰地区	**ئالتاي ۋىلايىتى**	**29 643.2**	**1 394.0**	**429.6**	**9 657.0**	**7 602.5**
阿勒泰市	ئالتاي شەھىرى	16 280.4	839.5	182.8	4 765.8	5 099.8
布尔津县	بۇرچىن	2 173.0	82.8	35.1	798.2	354.8
富蕴县	كۆكتوقاي	3 116.1	67.4	95.3	1 787.0	770.6
福海县	بۇرۇلتوقاي	3 789.3	140.2	25.2	1 499.2	545.6
哈巴河县	قابا	1 916.3	72.9	37.9	398.4	365.4
青河县	چىڭگىل	1 454.6	66.8	41.5	142.0	205.3
吉木乃县	جىمىنەي	913.5	124.4	11.8	266.4	261.0
博州	**بۆرتالا ئوبلاستى**	**25 446.6**	**602.1**	**260.5**	**3 302.1**	**4 174.7**
博乐市	بۆرتالا شەھىرى	20 438.8	552.8	209.2	2 786.0	3 646.9
精河县	جىڭ	3 287.6	33.1	39.9	193.1	308.8
温泉县	ئارشاڭ	1 720.2	16.2	11.4	323.0	219.0
巴州	**بايىنغولىن**	**295 009.9**	**6 351.3**	**7 483.8**	**132 998.8**	**42 351.9**
库尔勒市	كورلا شەھىرى	260 215.9	4 630.2	7 037.4	123 800.2	35 806.7
轮台县	بۈگۈر	1 348.8	66.3	9.6	271.1	148.3
尉犁县	لوپنور	844.9	25.7	9.9	288.8	150.5
若羌县	چاقىلىق	1 454.6	207.5	5.0	651.3	642.2
且末县	چەرچەن	1 312.6	86.0	8.1	327.4	231.4
焉耆县	يەنجى	8 298.9	267.3	87.8	3 004.9	1 731.0
和静县	خېجىڭ	17 323.7	573.8	224.0	3 542.9	3 104.2
和硕县	خوشۇت	2 244.8	252.6	66.6	449.6	393.6
博湖县	باغراش	1 965.7	241.9	35.4	662.6	144.0
阿克苏地区	**ئاقسۇ ۋىلايىتى**	**58 172.4**	**1 588.7**	**1 095.2**	**18 361.3**	**12 289.7**
阿克苏市	ئاقسۇ شەھىرى	32 265.4	1 122.2	414.1	10 589.6	7 176.5
温宿县	ئاقسۇ كونا شەھەر	4 976.8	179.9	237.0	1 895.2	893.4
库车县	كۇچا	9 033.3	104.9	354.9	3 389.1	2 539.9

地 区 رايونلار		مەھسۇلات سېتىش تەننەرقى 产品销售成本	مەھسۇلات سېتىش خىراجىتى 产品销售费用	مەھسۇلات سېتىش بېجى ۋە قوشۇمچىسى 产品销售税金及附加	مەھسۇلات سېتىش پايدىسى 产品销售利润	باشقۇرۇش خىراجىتى 管理费用
沙雅县	شايار	2 858.7	17.3	12.5	393.3	178.2
新和县	توقسۇ	1 140.7	6.0	1.1	339.6	160.9
拜城县	باي	5 138.0	35.8	47.4	936.3	778.8
乌什县	ئۇچتۇرپان	675.9	84.0	14.9	188.7	142.1
阿瓦提县	ئاۋات	1 499.8	25.6	6.3	621.8	406.4
柯坪县	كەلپىن	583.8	13.0	7.0	7.7	13.5
克州	**قىزىلسۇ ئوبلاستى**	**4 788.3**	**521.9**	**300.9**	**1 723.5**	**1 988.4**
阿图什市	ئاتۇش شەھىرى	828.5	121.0	94.7	234.7	249.0
阿克陶县	ئاقتۇ	1 582.0	181.5	7.5	1 030.0	722.9
阿合奇县	ئاقچى	39.1		2.0	16.9	31.8
乌恰县	ئۇلۇغچات	2 338.7	219.4	196.7	441.9	984.7
喀什地区	**قەشقەر ۋىلايىتى**	**56 745.9**	**974.9**	**797.4**	**13 123.4**	**9 386.1**
喀什市	قەشقەر شەھىرى	30 685.7	166.2	505.6	6 184.8	4 894.7
疏附县	قەشقەر كونا شەھەر	827.3	15.8	15.4	542.4	314.2
疏勒县	قەشقەر يېڭىشەھەر	4 902.7	229.2	102.0	952.0	942.9
英吉沙县	يېڭىسار	1 226.2	161.6	27.8	452.1	380.1
泽普县	پوسكام	1 994.1	15.3	16.6	912.0	348.4
莎车县	يەكەن	5 109.7	78.7	49.3	1 177.2	927.5
叶城县	قاغىلىق	1 905.2	30.8	19.6	521.3	236.4
麦盖提县	مەكىت	2 937.7	32.3	14.4	872.8	325.3
岳普湖县	يوپۇرغا	1 716.7	25.8	7.6	394.6	254.5
伽师县	پەيزىۋات	2 181.1	4.9	24.0	727.2	375.6
巴楚县	مارالبېشى	3 185.9	214.0	13.5	395.4	378.3
塔什库尔干县	تاشقورغان	73.6	0.3	1.6	−8.4	8.2
和田地区	**خوتەن ۋىلايىتى**	**31 681.4**	**1 087.4**	**480.4**	**6 183.2**	**4 886.0**
和田市	خوتەن شەھىرى	22 641.4	781.8	344.2	3 161.5	2 948.0
和田县	خوتەن ناھىيىسى	2 950.0	86.8	28.4	1 309.2	721.9
墨玉县	قاراقاش	756.7	1.2	3.6	191.7	82.9
皮山县	گۇما	1 668.5	135.2	65.6	751.5	516.9
洛浦县	لوپ	1 589.3	28.0		432.2	374.9
策勒县	چىرا	471.2	23.3	10.4	60.3	98.4
于田县	كېرىيە	1 495.1	15.2	26.2	254.0	128.0
民丰县	نىيە	109.2	15.1	2.0	22.8	15.0

رايونلارغا ئايرىلغان بارلىق مۇستەقىل ھېسابات قىلىدىغان دۆلەت سانائەت كارخانىلىرىنىڭ ئاساسلىق ئىقتىسادىي كۆرسەتكۈچى(7)

9—9 分地区全部独立核算国有工业企业主要经济指标(七)

单位:万元 بىرلىكى:تۈمەن يۈەن

رايونلار 类别		ئومۇمىي پايدا 利润总额	ئومۇمىي زىيان 亏损企业亏损总额	ئومۇمىي پايدا-باج 利税总额	بۇ يىل تاپشۇرۇشقا تېگىشلىك قوشۇلغان قىممەت بېجى 本年应交增值税
总计	**جەمئىي**	**—24364.7**	**117 469.6**	**312 828.9**	**228 968.5**
乌鲁木齐市	**ئۈرۈمچى شەھىرى**	**—14815.1**	**41 089.3**	**70 441.5**	**73 634.8**
乌鲁木齐县	ئۈرۈمچى ناھىيىسى	782.8		963.3	66.3
克拉玛依市	**قاراماي شەھىرى**	**—952.1**	**2 841.7**	**96 089.2**	**41 970.1**
石河子市	**شىخەنزە شەھىرى**	**—3075.4**	**6 429.6**	**7 155.8**	**9 221.8**
吐鲁番地区	**تۇرپان ۋىلايىتى**	**10 515.1**	**2 266.2**	**32 021.1**	**16 921.4**
吐鲁番市	تۇرپان شەھىرى	—834.4	1 798.5	1 189.9	1 750.7
鄯善县	پىچان	11 048.8	409.0	30 075.9	14 971.8
托克逊县	توقسۇن	308.7	58.7	755.3	198.9
哈密地区	**قۇمۇل ۋىلايىتى**	**—2 757**	**5 503.9**	**3 713.4**	**5 139.9**
哈密市	قۇمۇل شەھىرى	—2 917.6	5 328.4	3 230.1	4 861.2
巴里坤县	باركۆل	174.6	140.2	490.7	278.3
伊吾县	ئاراتۈرۈك	—14.0	35.3	—7.4	0.4
昌吉州	**سانجى ئوبلاستى**	**—5083.4**	**12 936.3**	**13 431.1**	**16 477.1**
昌吉市	سانجى شەھىرى	221.6	3 530.5	9 407.9	8 464.1
阜康市	فۇكاڭ شەھىرى	—2415.7	3 475.5	967.5	3 097.5
米泉县	مىچۈەن	—2355.2	2 750.5	—1021.4	1 203.9
呼图壁县	قۇتۇبى	717.2	284.3	1 779.2	764.9
玛纳斯县	ماناس	—1913.9	2 419.0	—105.9	1 654.2
奇台县	گۇچۇڭ	410.6	326.1	1 327.2	674.9
吉木萨尔县	جىمىسار	293.7	83.4	1 071.9	573.7
木垒县	مورى	—41.7	67.0	4.7	43.9
伊犁州	**ئىلى ئوبلاستى**	**—3015.5**	**17 058.7**	**41 931.0**	**22 475.4**
奎屯市	كۈيتۇن شەھىرى	—2694.6	3 403.1	18 116.3	6 168.0
伊犁地区	**ئىلى ۋىلايىتى**	**1 085.6**	**7 062.6**	**14 063.7**	**7 675.2**
伊宁市	غۇلجا شەھىرى	—2817.5	3 893.3	1 722.3	3 611.5
伊宁县	غۇلجا ناھىيىسى	—1701.1	1 880.9	—945.8	631.9
察布查尔县	چاپچال	—234.7	492.9	—82.5	93.3
霍城县	قورغاس	180.2	612.3	2 155.3	1 363.0
巩留县	توققۇزتارا	352.0	35.2	793.9	172.2
新源县	كۈنەس	4 691.3	4.6	9 243.8	1 484.0
昭苏县	موڭغۇلكۈرە	197.3	3.4	360.7	100.0
特克斯县	تېكەس	254.7	22.7	446.1	65.6
尼勒克县	نىلقا	163.4	117.3	369.9	153.7

9—9 续表 1 داۋامى

بىرلىكى: تۈمەن يۈەن 单位：万元

地　　区 رايونلار		利润总额 ئومۇمىي پايدا	亏损企业亏损总额 ئومۇمىي زىيان	利税总额 ئومۇمىي پايدا-باج	本年应交增值税 بۇ يىل تاپشۇرۇشقا تېگىشلىك قوشۇلغان قىممەت بېجى
塔城地区	**چۆچەك ۋىلايىتى**	**685.7**	**2 354.4**	**9 160.8**	**6 379.4**
塔城市	چۆچەك شەھىرى	—20.3	500.7	881.4	676.5
额敏县	دۆربىلجىن	102.0	161.6	1 835.9	1 584.0
乌苏县	شىخو	551.9	371.8	2 994.7	1 356.8
沙湾县	ساۋەن	533.9	436.2	2 678.4	1 752.0
托里县	تولى	—640.3	655.3	—424.5	181.9
裕民县	چاغانتوقاي	70.7	49.7	180.5	61.9
和布克赛尔县	قوبۇقسار	87.8	179.1	1 014.4	766.3
阿勒泰地区	**ئالتاي ۋىلايىتى**	**—2092.2**	**4 238.6**	**590.2**	**2 252.8**
阿勒泰市	ئالتاي شەھىرى	—3201.8	3 839.6	—1776.3	1 242.7
布尔津县	بۆرچىن	85.5	67.0	309.7	189.1
富蕴县	كۆكتوقاي	880.8	98.8	1 366.0	389.9
福海县	بۇرۇلتوقاي	156.2	42.6	417.5	236.1
哈巴河县	قابا	—8.0	65.8	58.6	28.7
青河县	چىڭگىل	36.7	41.6	147.6	69.4
吉木乃县	جىمىنەي	—41.6	83.2	67.1	96.9
博州	**بۆرتالا ئوبلاستى**	**—6422.7**	**6 970.0**	**—4852.5**	**1 309.7**
博乐市	بۆرتالا شەھىرى	—6531.2	6 863.1	—5231.4	1 090.6
精河县	جىڭ	23.0	97.7	190.6	127.7
温泉县	ئارشاڭ	85.5	9.2	188.3	91.4
巴州	**بايىنغولىن ئوبلاستى**	**2 036.7**	**12 507.8**	**39 361.7**	**29 841.2**
库尔勒市	كورلا شەھىرى	4 156.1	8 202.6	38 643.3	27 449.8
轮台县	بۈگۈر	132.3		191.7	49.8
尉犁县	لوپنور	75.7		148.5	62.9
若羌县	چاقىلىق	65.5		146.1	75.6
且末县	چەرچەن	30.4	71.9	107.8	69.3
焉耆县	يەنجى	—622.8	814.8	213.2	748.2
和静县	خېجىڭ	—1890.6	3 112.2	—586.4	1 080.2
和硕县	خوشۇت	—182.3	277.5	—6.5	109.2
博湖县	باغراش	272.4	28.8	504.0	196.2
阿克苏地区	**ئاقسۇ ۋىلايىتى**	**1 264.8**	**3 604.7**	**6 387.5**	**4 027.5**
阿克苏市	ئاقسۇ شەھىرى	—365.3	3 099.0	2 007.1	1 958.3
温宿县	ئاقسۇ كونا شەھەر	246.4	191.5	913.5	430.1
库车县	كۇچا	526.1	188.8	1 815.7	934.7

单位：万元 بىرلىكى:تۈمەن يۈەن

地区 رايونلار		ئومۇمىي پايدا 利润总额	ئومۇمىي زىيان 亏损企业亏损总额	ئومۇمىي پايدا-باج 利税总额	بۇ يىل تاپشۇرۇشقا تېگىشلىك قوشۇلغان قىممەت بېجى 本年应交增值税
沙雅县	شايار	266.4		361.0	82.1
新和县	توقسۇ	173.0		187.6	13.5
拜城县	باي	128.2	118.6	708.3	532.7
乌什县	ئۈچتۇرپان	33.7	3.4	90.3	41.7
阿瓦提县	ئاۋات	256.5		297.2	34.4
柯坪县	كەلپىن	−0.2	3.4	6.8	
克州	**قىزىلسۇ ئوبلاستى**	**−1113.1**	**1 570.9**	**−279.7**	**532.5**
阿图什市	ئاتۇش شەھىرى	42.2	50.1	307.4	170.5
阿克陶县	ئاقتو	252.4	84.6	420.1	160.2
阿合奇县	ئاقچى	−7.2	16.6	−3.6	1.6
乌恰县	ئۇلۇغچات	−1400.5	1 419.6	−1003.6	200.2
喀什地区	**قەشقەر ۋىلايىتى**	**543.6**	**2 056.3**	**6 023.4**	**4 676.2**
喀什市	قەشقەر شەھىرى	−979.5	1 146.6	2 702.8	3 176.7
疏附县	قەشقەر كونا شەھەر	160.8	3.1	185.8	9.6
疏勒县	قەشقەر يېڭىشەھەر	−572.7	674.6	−198.5	272.2
英吉沙县	يېڭىسار	153.1	2.0	337.2	156.3
泽普县	پوسكام	221.2		355.3	117.5
莎车县	يەكەن	362.0	151.9	709.7	298.4
叶城县	قاغىلىق	87.0	2.3	276.5	169.9
麦盖提县	مەكىت	537.0		605.4	47.8
岳普湖县	يوپۇرغا	168.0	9.0	195.0	19.4
伽师县	پەيزىۋات	338.2		690.4	328.2
巴楚县	مارالبېشى	77.0	58.3	170.7	80.2
塔什库尔干县	تاشقورغان	−8.5	8.5	−6.9	
和田地区	**خوتەن ۋىلايىتى**	**−1490.6**	**2 634.2**	**1 405.4**	**2 740.9**
和田市	خوتەن شەھىرى	−2004.8	2 269.3	111.0	2 168.5
和田县	خوتەن ناھىيىسى	445.9		706.9	232.6
墨玉县	قاراقاش	107.3		154.8	43.9
皮山县	گۇما	198.6	0.1	470.3	206.1
洛浦县	لوپ	−25.1	78.6	48.5	2.0
策勒县	چىرا	21.2	0.9	60.7	29.1
于田县	كېرىيە	−222.4	266.8	−141.3	54.9
民丰县	نىيە	−11.3	18.5	−5.5	3.8

كەنت سانائەت كارخانىسىنىڭ ئاساسىي كۆرسەتكۈچى

9—10 村办工业企业主要指标

(يىل- 1995 年)

指标	كۆرسەتكۈچ	كارخانا سانى (ئورۇن) 企业单位数(个)	سانائەت ئومۇمىي مەھسۇلات قىممىتى (ھازىرقى باھا بەلگىلىمە تۈمەن يۈەن) 工业总产值(当年价格新规定·万元)	يىل ئاخىردىكى ئىشتىكى پۈتۈن خىزمەتچىلەر (نەپەر) 年末全部从业人员(人)	بۇيىل ئەمەلىي تاپشۇرغان باج (تۈمەن يۈەن) 本年实交税金(万元)	ئۆزىدە بار مەبلەغ (تۈمەن يۈەن) 自有资金(万元)
总计	**جەمئىي**	**1 369**	**104 216.6**	**31 057**	**4 299.6**	**34 820.4**
轻工业	**يېنىك سانائەت**	**532**	**32 638.2**	**7 137**	**1 160.6**	**10 794.4**
重工业	**ئېغىر سانائەت**	**837**	**71 578.4**	**23 920**	**3 139.0**	**24 026.0**
煤炭采选业	كۆمۈر قېزىش	167	13 249.7	6 180	1 048.1	4 438.3
黑色金属矿采选业	قارا مېتال كان قېزىش	7	193.4	113	6.0	98.0
有色金属矿采选业	رەڭلىك مېتال كان قېزىش	10	350.9	143	18.0	103.1
非金属矿采选业	غەيرى مېتال كان قېزىش	106	5 393.8	1 824	262.7	1 497.5
其他矿采选业	باشقا كان قېزىش	2	18.7	27.	1.2	6.8
食品加工业	يېمەكلىك پىششىقلاش	308	8 225.3	2 177	256.2	2 742.0
食品制造业	يېمەكلىك ياساش	32	3 208.7	655	82.4	1 000.7
饮料制造业	ئىچىملىك ياساش	9	1 289.2	175	101.7	445.1
纺织业	توقۇمىچىلىق	15	7 374.7	770	240.2	1 356.2
服装及其他纤维制品制造业	كىيىم ۋە باشقا تالالىق بويۇم	9	226.0	67	8.6	82.0
皮革、毛皮、羽绒及其制品业	خۇرۇم، تېرە، مامۇق ۋە بويۇم	16	2 606.0	359	23.9	843.6
木才加工及竹、藤、棕、草制品业	ياغاچ پىششىقلاش ھەم بامبۇك، پىلەك، پالما، سامان بويۇم	51	1 176.0	643	55.8	413.4
家具制造业	ئائىلە جابدۇقلىرى	10	180.0	91	8.0	630
造纸及纸制品业	قەغەز ھەم قەغەز بويۇم	10	1 593.2	404	96.0	486.0
印刷业、记录媒介的复制	مەتبەئە، خاتىرلەش ۋاستىلىرىنى كۆپەيتىش	3	866.3	165	28.9	628.8
文教体育用品制造业	مەدەنىيەت، مائارىپ، تەنتەربىيە بويۇمى	1	19.6	8	0.5	3.0
石油加工及炼焦业	نېفىت پىششىقلاش، كوكس تاۋلاش	15	1 134.1	330	90.7	183.3
化学原料及化学制品制造业	خىمىيە خامئەشيا ھەم خىمىيە بويۇم	30	9 864.4	1 500	318.8	1 745.2
医药制造业	تېببىي دورا	2	83.0	85	7.0	40.0
橡胶制品业	كاۋچۇك بويۇم	11	351.7	297	14.4	97.7
塑料制品业	سۇلياۋ بويۇم	13	1 214.8	356	75.8	428.8
非金属矿物制品业	غەيرى مېتال كان بويۇمى	311	19 955.8	9 208	772.4	8 742.2
黑色金属冶炼及压延加工业	قارا مېتال تاۋلاش، پىرىسلاش	23	9 132.5	810	98.7	1 894.5
有色金属冶炼及压延加工业	رەڭلىك مېتال تاۋلاش، پىرىسلاش	3	3 133.6	137	1.0	2 102.4
金属制品业	مېتال بويۇم	69	5 681.4	1 240	302.5	2 162.4
普通机械制造业	ئادەتتىكى ماشىنىسازلىق	10	4 216.7	448	257.3	455.3
专用设备制造业	مەخسۇس ئۈسكۈنە	2	230.0	62	4.5	40.4
交通运输设德制造业	قاتناش-ترانسپورت ئۈسكۈنىسى	8	378.6	75	23.2	108.9
电气机械及器材制造业	ئېلېكتر ماشىنا ھەم ماتېرىيال	4	302.0	68	16.5	158.7
其他制造业	باشقا ياساش كەسپى	66	2 375.8	2 399	62.3	2 167.8
电力、蒸汽、热水的生产和供应业	ئېلېكتر، پار، ئىسسىق سۇ ئىشلەپچىقىرىش، تەمىنلەش	45	184.7	238	16.3	258.3
自来水的生产和供应业	تۇربا سۇيى ئىشلەپچىقىرىش، تەمىنلەش	1	6.0	3	—	27.0

مۇستەقىل ھېسابات قىلىدىغان سانائەت كارخانىلىرىنىڭ ئاساسلىق ئىقتىسادىي ئۈنۈم كۆرسەتكۈچى

9—11 独立核算工业企业主要经济效益指标

（1995-يىلى 1995年）

指标 كۆرسەتكۈچ		سانائەتنىڭ قوشۇلغان قىممەت نىسبىتى 工业增加值率（%）	يۈز يۈەن مۇقىم مۈلۈك ئەسلى قىممىتى ياراتقان پايدا-باج (يۈەن) 百元固定资产原值实现利税（元）	كاپىتالنىڭ پايدا-باج نىسبىتى 资本金利税率（%）	مەبلەغنىڭ پايدا-باج نىسبىتى 资金利税率（%）	مەھسۇلات قىممىتىنىڭ پايدا-باج نىسبىتى 产值利税率（%）	يۈز يۈەن سېتىش كىرىمى ئاشۇرغان پايدا (يۈەن) 百元销售收入实现利润（元）
总计	**جەمئىي**	**31.61**	**4.55**	**12.83**	**4.12**	**6.15**	**−0.24**
按经济类型及隶属关系分	**ئىقتىسادىي تىپى ھەم تەۋەلىك مۇناسىۋىتى بويىچە**						
国有经济	دۆلەت ئىگىلىكى	33.49	4.18	12.86	3.97	6.24	−0.06
中央企业	مەركەز كارخانىسى	39.34	4.03	14.43	4.14	6.99	−0.24
地方企业	يەرلىك كارخانا	23.15	4.61	10.11	3.59	4.92	−1.24
#自治区属企业	# ئاپتونوم رايون	22.89	5.72	12.15	4.32	6.19	−1.17
地区（州、市）属企业	ۋىلايەت، ئوبلاست، شەھەر	21.20	1.73	4.34	1.40	1.98	−4.35
县属企业	ناھىيە	26.11	7.50	14.28	5.79	7.10	3.30
集体经济	كوللېكتىپ ئىگىلىك	23.30	10.40	15.15	6.01	5.89	1.18
#自治区属企业	# ئاپتونوم رايون	15.84	−3.51	−5.20	−1.54	−1.92	−7.52
地区（州、市）属企业	ۋىلايەت، ئوبلاست، شەھەر	19.31	4.34	7.73	2.68	2.45	−2.01
县属企业	ناھىيە	19.31	8.22	13.70	4.80	5.14	0.75
街道属企业	مەھەللە	23.13	20.78	18.16	7.87	6.43	3.80
镇属企业	بازار	35.49	9.05	9.02	4.98	5.51	−1.81
乡办企业	يېزا باشقۇرۇشىدىكى	28.15	17.17	23.86	11.05	9.50	5.09
私营经济	خۇسۇسىي ئىگىلىك	16.18	−8.26	−10.32	−4.13	−5.00	−8.26
联营经济	بىرلەشمە ئىگىلىك	15.29	4.02	4.41	2.19	2.35	0.09
股份制经济	پاي تۈزۈمىدىكى ئىگىلىك	19.69	16.18	21.85	11.36	13.45	12.88
外商投资经济	چەتئەل سودىگەرلىرى مەبلىغى ئىگىلىكى	18.96	8.93	10.91	5.10	6.24	4.65
中外合资经营企业	جۇڭگو-چەتئەل شېرىكچىلىكىدىكى	23.30	9.58	10.20	5.20	7.67	5.13
中外合作经营企业	جۇڭگو-چەتئەل ھەمكارلىقىدىكى	10.95	11.18	36.39	6.87	4.86	5.15
外资企业	چەتئەل مەبلىغى كارخانىسى	26.27	−10.57	−8.06	−11.02	−37.25	−46.99
港、澳、台投资经济	شياڭگاڭ، ئاۋمېن، تەيۋەن مەبلىغى ئىگىلىكى	16.80	2.43	2.82	1.30	2.11	−0.07
与大陆合资经营企业	چوڭ قۇرۇقلۇق بىلەن شېرىكلەشكەن	16.82	2.47	2.86	1.32	2.14	−0.04
与大陆合作经营企业	چوڭ قۇرۇقلۇق بىلەن ھەمكارلاشقان						
港、澳、台独资企业	شياڭگاڭ، ئاۋمېن، تەيۋەن مۇستەقىل مەبلەغ سالغان	8.04	−59.79	−25.94	−22.69	−10.14	−11.89
其他经济	باشقا ئىگىلىك	26.98					
按轻、重工业分	**يېنىك ۋە ئېغىر سانائەت بويىچە**						
轻工业	يېنىك سانائەت	18.95	6.58	13.13	4.23	4.71	−1.13
以农产品为原料	يېزا ئىگىلىك مەھسۇلاتلىرىنى خامئەشيا قىلىدىغان	18.34	7.17	15.01	4.57	4.84	−0.93
以非农产品为原料	غەيرى يېزا ئىگىلىك مەھسۇلاتلىرىنى خامئەشيا قىلىدىغان	25.64	2.80	4.30	1.93	3.25	−3.12
重工业	ئېغىر سانائەت	37.88	4.12	12.73	4.09	6.87	0.16
采掘工业	قېزىش سانائىتى	47.07	4.53	16.41	4.81	8.46	1.70
原料工业	خامئەشيا سانائىتى	29.56	3.92	10.53	3.81	6.44	−0.85
加工工业	پىششىقلاش سانائىتى	18.74	1.23	2.24	0.79	1.04	−3.67
按企业规模分	**كارخانا كۆلىمى بويىچە**						
大型企业	چوڭ	38.85	4.50	15.75	4.58	7.63	0.97
中型企业	ئوتتۇرا	22.47	4.22	11.55	3.37	4.63	−3.82
小型企业	كىچىك	23.56	4.92	8.49	3.47	4.33	−0.62

9—11 续表 1 داۋامى 1

指标 كۆرسەتكۈچ	مۈلۈك-قەرز نىسبىتى 资产负债率(%)	سانائەت تەننەرق خىراجىتىنىڭ پايدا نىسبىتى 工业成本费用利润(%)	كۆچمە مۈلۈكنىڭ ئوبوروت قېتىمى (يىل/قېتىم) 流动资产周转次数(次/年)	ئومۇمىي خادىملارنىڭ ئەمگەك ئۈنۈمدارلىقى (ئادەم. يىل/يۈەن) 全员劳动生产率(元/人·年)		
				بارلىق سانائەت 全部工业	دۆلەت سانائىتى 国有工业	كوللېكتىپ سانائەت 集体工业
总计 جەمئىي	**71.39**	**—0.25**	**1.21**	**12 289**	**13 553**	**7 030**
按经济类型及隶属关系分 ئىقتىسادىي تىپى ھەم تەۋەلىك مۇناسىۋىتى بويىچە						
国有经济 دۆلەت ئىگىلىكى	71.23	—0.60	1.21	13 553	13 553	
中央企业 مەركەز كارخانىسى	70.06	—0.24	1.23	18 036	18 036	
地方企业 يەرلىك كارخانا	73.60	—1.22	1.18	8 215	8 215	
#自治区属企业 #ئاپتونوم رايون	71.99	—1.16	1.17	9 420	9 420	
地区(州、市)属企业 ۋىلايەت، ئوبلاست، شەھەر	78.85	—4.12	1.18	6 815	6 815	
县属企业 ناھىيە	68.30	3.40	1.19	8 764	8 764	
集体经济 كوللېكتىپ ئىگىلىك	74.45	1.18	1.26	7 030		7 030
#自治区属企业 #ئاپتونوم رايون	84.74	—6.97	0.93	7 482		7 482
地区(州、市)属企业 ۋىلايەت، ئوبلاست، شەھەر	79.83	—1.91	1.33	5 855		5 855
县属企业 ناھىيە.	80.99	0.75	1.16	6 269		6 269
街道属企业 مەھەللە	67.49	3.99	1.23	7 324		7 324
镇属企业 بازار	69.85	—1.86	1.09	7 064		7 064
乡办企业 يېزا باشقۇرۇشىدىكى	71.81	5.36	1.48	9 002		9 002
私营经济 خۇسۇسىي ئىگىلىك	70.70	—7.61	1.11	6 471		
联营经济 بىرلەشمە ئىگىلىك	66.50	0.09	1.21	7 221		
股份制经济 پاي تۈزۈمىدىكى ئىگىلىك	59.22	14.27	1.48	9 956		
外商投资经济 چەتئەل سودىگەرلىرى ئىگىلىكى	75.54	4.72	1.18	14 424		
中外合资经营企业 جۇڭگو-چەتئەل شېرىكچىلىكىدىكى	74.99	5.13	0.86	14 147		
中外合作经营企业 جۇڭگو-چەتئەل ھەمكارلىقىدىكى	79.53	5.43	2.87	27 488		
外资企业 چەتئەل مەبلىغى كارخانىسى	67.97	—31.39	0.66	3 586		
港、澳、台投资经济 شياڭگاڭ، ئاۋمېن، تەيۋەن مەبلىغى ئىگىلىكى	68.23	—0.07	0.93	9 587		
与大陆合资经营企业 چوڭ قۇرۇقلۇق بىلەن شېرىكلەشكەن	68.22	—0.04	0.93	9 739		
与大陆合作经营企业 چوڭ قۇرۇقلۇق بىلەن ھەمكارلاشقان						
港、澳、台独资企业 شياڭگاڭ، ئاۋمېن، تەيۋەن مۇستەقىل مەبلەغ سالغان	96.48	—11.88	2.81	1 006		
其他经济 باشقا ئىگىلىك				168		
按轻、重工业分 يېنىك ۋە ئېغىر سانائەت بويىچە						
轻工业 يېنىك سانائەت	78.91	—1.13	1.21	7 559	7 907	5 944
以农产品为原料 يېزا ئىگىلىك مەھسۇلاتلىرىنى خامئەشيا قىلىدىغان	80.55	—0.93	1.24	7 595	7 861	5 968
以非农产品为原料 غەيرى يېزا ئىگىلىك مەھسۇلاتلىرىنى خامئەشيا قىلىدىغان	67.54	—3.00	0.92	7 706	8 686	5 940
重工业 ئېغىر سانائەت	68.83	0.16	1.21	14 571	15 774	8 212
采掘工业 قېزىش سانائىتى	67.83	1.79	1.24	18 731	19 751	10 050
原料工业 خامئەشيا سانائىتى	69.26	—0.84	1.24	11 891	12 504	8 988
加工工业 پىششىقلاش سانائىتى	73.10	—3.49	1.05	6 210	5 781	6 766
按企业规模分 كارخانا كۆلىمى بويىچە						
大型企业 چوڭ	69.16	1.00	1.25	21 181	21 191	8 248
中型企业 ئوتتۇرا	78.04	—3.71	1.19	8 329	8 329	6 650
小型企业 كىچىك	72.68	—0.61	1.15	7 051	6 820	7 174

ساھەلەرگە ئايرىلغان مۇستەقىل ھېسابات قىلىدىغان سانائەت كارخانىلىرىنىڭ ئاساسلىق ئىقتىسادىي ئۈنۈم كۆرسەتكۈچى

9—12 分行业独立核算工业企业主要经济效益指标

(1995 年 -يىل)

كۆرسەتكۈچ 指标	سانائەتنىڭ قوشۇلغان قىممەت نىسبىتى 工业增加值率(%)	يۈز يۈەن مۇقىم مۈلۈك ئەسلى قىممىتى يارىتقان پايدا-باج (يۈەن) 百元固定资产原值实现利税(元)	كاپىتالنىڭ پايدا-باج نىسبىتى 资本金利税率(%)	مەبلەغنىڭ پايدا-باج نىسبىتى 资金利税率(%)	مەھسۇلات قىممىتىنىڭ پايدا-باج نىسبىتى 产值利税率(%)	يۈز يۈەن سېتىش كىرىمى ئىشقا ئاشۇرغان پايدا (يۈەن) 百元销售收入实现利润(元)
按行业分 ساھە بويىچە						
煤炭采选业 كۆمۈر قېزىش	55.48	6.75	18.28	7.22	11.44	3.51
石油和天然气开采业 نېفىت ۋە تەبىئىي گاز قېزىش	46.53	4.22	15.95	4.52	8.06	1.40
黑色金属矿采选业 قارا مېتال كان قېزىش	43.48	16.91	33.04	11.06	12.82	3.30
有色金属矿采选业 رەڭلىك مېتال كان قېزىش	43.37	17.62	42.97	16.47	16.99	12.96
非金属矿采选业 غەيرىي مېتال كان قېزىش	36.75	7.70	13.63	5.03	8.69	—1.11
木材及竹材采运业 ياغاچ كېسىش، توشۇش	59.11	10.02	13.45	6.66	15.54	6.87
食品加工业 يېمەكلىك پىششىقلاش	15.84	4.69	11.52	3.10	2.86	0.89
食品制造业 يېمەكلىك ياساش	19.91	0.65	1.22	0.43	0.66	—5.11
饮料制造业 ئىچىملىك ياساش	22.32	14.73	24.14	9.36	13.84	1.47
烟草加工业 تاماكا پىششىقلاش	47.44	121.71	142.99	58.74	43.69	—0.28
纺织业 توقۇمىچىلىق	16.97	7.40	16.65	4.63	4.47	—0.71
服装及其他纤维制品制造业 كىيىم ھەم باشقا تالالىق بۇيۇم	20.72	—5.72	—6.09	—2.09	—3.54	—8.35
皮革、毛皮、羽绒及其制品业 خۇرۇم، تېرە، ماموق ۋە بۇيۇم	11.65	—14.11	—22.81	—6.97	—12.30	—26.37
木材加工及竹、藤、棕、草制品业 ياغاچ پىششىقلاش ھەم بامبۇك، پىلەك، پالما، سامان بۇيۇم	25.48	—0.92	—1.40	—0.67	—1.90	—9.93
家具制造业 ئائىلە جابدۇقلىرى	23.46	7.09	9.10	3.55	4.26	—1.77
造纸及纸制品业 قەغەز ھەم قەغەز بۇيۇم	24.42	5.32	17.39	4.35	5.34	0.34
印刷业、记录媒介的复制 مەتبەئە، خاتىرىلەش ۋاستىلىرىنى كۆپەيتىش	28.42	5.28	9.16	4.90	5.32	0.28
文教体育用品制造业 مەدەنىيەت، مائارىپ، تەنتەربىيە بۇيۇمى	35.19	9.50	15.40	4.38	10.55	0.32
石油加工及炼焦业 نېفىت پىششىقلاش، كوكس تاۋلاش	23.63	4.13	15.14	4.46	5.52	0.76
化学原料及化学制品制造业 خىمىيە خامئەشيا ھەم خىمىيە بۇيۇم	23.74	3.37	5.19	2.77	3.39	—0.88
医药制造业 تېببىي دورا	22.90	4.13	6.21	2.74	3.02	—1.21
化学纤维制造业 خىمىيە تالا	12.86	—3.12	—2.25	—3.19	—4.78	—7.50
橡胶制品业 كاۋچۇك بۇيۇم	13.13	17.87	54.74	11.81	10.82	—0.25
塑料制品业 سۇلىياۋ بۇيۇم	14.03	6.42	10.49	3.31	3.01	1.73
非金属矿物制品业 غەيرىي مېتال كان بۇيۇمى	32.35	3.80	8.01	3.20	5.90	—1.57
黑色金属冶炼及压延加工业 قارا مېتال تاۋلاش، پىرسلاش	23.52	7.25	16.10	5.18	8.04	—0.33
有色金属冶炼及压延加工业 رەڭلىك مېتال تاۋلاش، پىرسلاش	24.64	5.76	20.81	4.41	5.53	0.55
金属制品业 مېتال بۇيۇم	18.17	2.20	3.19	1.20	1.69	—5.22
普通机械制造业 ئادەتتىكى ماشىنىسازلىق	24.45	2.21	3.80	1.31	2.17	—4.11
专用设备制造业 مەخسۇس ئۈسكۈنە	18.69	2.51	4.54	1.49	1.68	—0.70
交通运输设备制造业 قاتناش-ترانسپورت ئۈسكۈنىسى	13.13	—11.35	—20.46	—6.57	—13.74	—19.63
电气机械及器材制造业 ئېلېكتر ماشىنا ھەم ماتېرىيال	16.67	—0.31	—0.63	—0.19	—0.23	—4.38
电子及通信设备制造业 ئېلېكترون، ئالاقە ئۈسكۈنىسى	13.36	—10.01	—16.96	—3.87	—12.03	—16.82
仪器仪表及文化、办公用机械制造业 ئەسۋاپ، مەدەنىيەت، ئىش بېجىرىش ماشىنىلىرى	24.88	12.78	11.51	6.73	8.07	3.58
其他制造业 باشقا ياساش كەسپى	22.30	—5.20	—5.66	—2.11	—4.87	—14.34
电力、蒸汽、热水的生产和供应业 ئېلېكتر، پار، ئىسسىق سۇ ئىشلەپچىقىرىش، تەمىنلەش	48.74	2.53	6.91	2.88	8.27	—4.45
煤气生产和供应业 كۆمۈر گازى ئىشلەپچىقىرىش، تەمىنلەش	46.19	0.67	1.42	0.96	3.80	—4.49
自来水的生产和供应业 تۇرۇبا سۈيى ئىشلەپچىقىرىش، تەمىنلەش	58.12	3.08	5.66	3.28	14.44	9.35

9—12 续表 1 داۋامى 1

كۆرسەتكۈچ 指标	مۈلۈك-قەرز نىسبىتى 资产负债率 (%)	سانائەت تەننەرق خىراجىتىنىڭ پايدا نىسبىتى 工业成本费用利润率 (%)	كۆچمە مۈلۈكنىڭ ئوبوروت قېتىمى (يىل/قېتىم) 流动资产周转次数 (次/年)	ئومۇمىي خادىملارنىڭ ئەمگەك ئۈنۈمدارلىقى (ئادەم. يىل/يۈەن) 全员劳动生产率(元/人·年)		
				بارلىق سانائەت 全部工业	دۆلەت سانائىتى 国有工业	كوللېكتىپ سانائەت 集体工业
按行业分 ساھە بويىچە						
煤炭采选业 كۆمۈر قېزىش	59.28	3.50	1.23	8 711.16	8 139.50	9 983.70
石油和天然气开采业 نېفىت ۋە تەبىئى گاز قېزىش	68.56	1.47	1.25	25 367.73	25 393.73	17 343.50
黑色金属矿采选业 قارا مېتال كان قېزىش	52.88	3.62	1.00	13 821.03	14 112.87	11 810.15
有色金属矿采选业 رەڭلىك مېتال كان قېزىش	68.53	14.53	2.04	10 378.62	9 482.68	9 710.16
非金属矿采选业 غەيرى مېتال كان قېزىش	77.08	—1.15	0.85	8 974.76	8 616.42	9 634.13
木材及竹材采运业 ياغاچ كېسىش، توشۇش	65.02	7.69	0.81	10 117.26	10 117.26	
食品加工业 يېمەكلىك پىششىقلاش	80.50	0.89	1.28	10 724.83	10 651.24	10 565.61
食品制造业 يېمەكلىك ياساش	86.30	—4.71	0.88	6 901.27	5 867.04	6 616.36
饮料制造业 ئىچىملىك ياساش	71.64	1.62	1.14	9 842.40	11 089.36	5 575.73
烟草加工业 تاماكا پىششىقلاش	46.79	—0.49	1.79	162 016.70	179 099.13	—2569.38
纺织业 توقۇمىچىلىق	81.97	—0.70	1.38	6 458.20	5 998.80	6 176.45
服装及其他纤维制品制造业 كىيىم ھەم باشقا تالالىق بويۇم	78.66	—7.52	0.64	4 168.89	5 943.16	3 116.52
皮革、毛皮、羽绒及其制品业 خۇرۇم، تېرە، مامۇق ۋەبويۇم	104.35	—19.74	0.50	2 262.70	2 238.41	2 373.18
木材加工及竹、藤、棕、草制品业 ياغاچ پىششىقلاش ھەم بامبۇك، پىلەك، پالما، سامان بويۇم	72.90	—7.95	0.61	3 958.61	2 800.04	3 463.53
家具制造业 ئائىلە جابدۇقلىرى	75.99	—1.75	1.06	6 021.20	8 264.39	6 950.28
造纸及纸制品业 قەغەز ھەم قەغەز بويۇم	86.04	034	1.60	8 437.94	9 071.41	6 885.32
印刷业、记录媒介的复制 مەتبەئە، خاتىرلەش ۋاستىلىرىنى كۆپەيتىش	53.34	0.26	1.57	5 792.62	5 804.80	5 757.48
文教体育用品制造业 مەدەنىيەت، مائارىپ، تەنتەربىيە بويۇمى	69.70	0.32	0.87	4 020.06	3 817.79	4 152.69
石油加工及炼焦业 نېفىت پىششىقلاش، كوكس تاۋلاش	69.66	0.77	1.44	27 820.80	35 508.06	9 573.33
化学原料及化学制品制造业 خىمىيە خامئەشيا ھەم خىمىيە بويۇم	71.37	—0.86	1.29	7 556.73	6 870.71	8 710.69
医药制造业 تىببى دورا	68.67	—1.20	1.14	13 158.37	11 912.25	12 812.29
化学纤维制造业 خىمىيە تالا	90.85	—6.93	1.66	12 237.12	11 736.77	12 028.66
橡胶制品业 كاۋچۇك بويۇم	73.07	—0.26	1.67	14 796.44	16 087.29	9 827.05
塑料制品业 سۇلياۋ بويۇم	73.28	1.73	1.60	8 722.16	9 923.00	6 819.65
非金属矿物制品业 غەيرى مېتال كان بويۇمى	68.83	—1.52	0.98	6 080.83	6 476.58	5 813.60
黑色金属冶炼及压延加工业 قارا مېتال تاۋلاش، پىرىسلاش	65.23	—0.33	1.03	7 979.65	8 060.16	7 121.96
有色金属冶炼及压延加工业 رەڭلىك مېتال تاۋلاش، پىرىسلاش	73.75	0.55	1.27	16 806.81	15 675.07	24 115.48
金属制品业 مېتال بويۇم	74.67	—4.85	0.91	4 404.82	4 102.64	4 592.33
普通机械制造业 ئادەتتىكى ماشىنىسازلىق	72.44	—3.83	0.78	6 285.90	4 524.17	10 609.44
专用设备制造业 مەخسۇس ئۈسكۈنە	77.87	—0.68	1.16	6 752.01	6 502.80	11 422.35
交通运输设备制造业 قاتناش-تىرانسپورت ئۈسكۈنىسى	79.23	—16.13	0.67	2 973.56	2 333.25	4 740.37
电气机械及器材制造业 ئېلېكتر ماشىنا ھەم ماتېرىيال	78.32	—4.17	1.01	8 961.72	7 731.32	10 274.94
电子及通信设备制造业 ئېلېكترون، ئالاقە ئۈسكۈنىسى	87.40	—12.89	0.41	3 330.36	3 403.15	
仪器仪表及文化、办公用机械制造业 ئەسۋاپ، مەدەنىيەت، ئىش بېجىرىش ماشىنىلىرى	59.99	3.31	1.14	11 711.56	7 832.26	3 585.65
其他制造业 باشقا ياساش كەسپى	80.49	—12.22	0.50	3 499.41	1 170.18	4 319.49
电力、蒸汽、热水的生产和供应业 ئېلېكتر، پار، ئىسسىق سۇ ئىشلەپچىقىرىش، تەمىنلەش	68.15	—4.26	1.33	13 656.25	13 998.52	4 156.66
煤气生产和供应业 كۆمۈر گازى ئىشلەپچىقىرىش، تەمىنلەش	34.98	—3.85	1.03	4 431.61	4 586.16	29.34
自来水的生产和供应业 تۇربا سۈيى ئىشلەپچىقىرىش، تەمىنلەش	33.85	9.88	0.79	10 239.81	10 500.81	3 095.41

رايونلارغا ئايرىلغان مۇستەقىل ھېسابات قىلىدىغان سانائەت كارخانىلىرىنىڭ ئاساسلىق ئىقتىسادىي ئۈنۈم كۆرسەتكۈچى

9—13 分地区独立核算工业企业主要经济效益指标

(يىل -1995 年)

رايونلار 地 区		سانائەتنىڭ قوشۇلغان قىممەت نىسبىتى 工业增加值率(%)	يۈز يۈەن مۇقىم مۈلۈك ئەسلى قىممىتى ياراتقان پايدا-باج (يۈەن) 百元固定资产原值实现利税(元)	كاپىتالنىڭ پايدا-باج نىسبىتى 资本金利税率(%)	مەبلەغنىڭ پايدا-باج نىسبىتى 资金利税率(%)	مەھسۇلات قىممىتىنىڭ پايدا-باج نىسبىتى 产值利税率(%)	يۈز يۈەن سېتىش كىرىمى ئىشقا ئاشۇرغان پايدا (يۈەن) 百元销售收入实现利润(元)
总计	**جەمئىي**	**31.61**	**4.55**	**12.83**	**4.12**	**6.15**	**—0.24**
乌鲁木齐市	**ئۈرۈمچى شەھىرى**	**24.54**	**4.53**	**11.14**	**3.71**	**4.94**	**—0.86**
乌鲁木齐县	ئۈرۈمچى ناھىيىسى	28.25	12.06	34.44	8.28	8.41	4.45
克拉玛依市	قاراماي شەھىرى	41.29	4.18	13.90	5.02	6.79	0.06
石河子市	شىخەنزە شەھىرى	20.01	4.92	13.73	3.37	4.26	—2.58
吐鲁番地区	تۇرپان ۋىلايىتى	47.80	4.46	17.97	4.45	10.89	4.32
吐鲁番市	تۇرپان شەھىرى	29.06	5.14	9.63	4.05	6.90	—0.56
鄯善县	پىچان	50.70	4.31	19.23	4.39	11.48	4.91
托克逊县	توقسۇن	35.32	13.51	17.40	9.35	8.88	2.72
哈密地区	**قۇمۇل ۋىلايىتى**	**32.65**	**2.74**	**6.35**	**2.60**	**4.22**	**—2.73**
哈密市	قۇمۇل شەھىرى	33.08	2.43	5.78	2.36	3.89	—3.24
巴里坤县	باركۆل	29.08	9.14	15.08	6.23	8.35	3.50
伊吾县	ئارائۇرۇك	20.34	2.65	2.99	1.92	2.40	—0.29
昌吉州	**سانجى ئوبلاستى**	**23.17**	**4.69**	**11.19**	**3.82**	**5.15**	**—0.22**
昌吉市	سانجى شەھىرى	21.97	9.09	24.15	6.04	6.95	1.72
阜康市	فۇكاڭ شەھىرى	26.41	1.65	4.92	1.48	2.38	—5.54
米泉县	مىچۈەن	22.88	2.01	5.36	1.47	1.61	—3.92
呼图壁县	قۇتۇبى	18.10	14.06	30.08	7.51	7.89	3.68
玛纳斯县	ماناس	29.37	0.61	1.24	0.73	1.66	—2.83
奇台县	گۇچۇڭ	23.56	6.68	22.00	4.72	7.60	1.85
吉木萨尔县	جىمسار	20.28	13.46	22.14	9.32	7.41	1.99
木垒县	مورى	20.37	2.60	3.00	1.58	2.44	1.26
伊犁州	**ئىلى ئوبلاستى**	**24.51**	**7.55**	**16.08**	**5.53**	**7.61**	**—0.37**
奎屯市	كۈيتۇن شەھىرى	30.15	18.89	43.56	15.79	17.62	—2.89
伊犁地区	**ئىلى ۋىلايىتى**	**25.65**	**5.80**	**12.13**	**4.13**	**6.35**	**0.51**
伊宁市	غۇلجا شەھىرى	23.48	2.11	5.42	1.53	2.27	—4.86
伊宁县	غۇلجا ناھىيىسى	25.55	—0.84	—1.99	—0.63	—1.18	—6.69
察布查尔县	چاپچال	26.70	1.07	1.52	0.77	1.69	3.08
霍城县	قورغاس	14.44	4.03	23.54	2.97	4.05	0.53
巩留县	توققۇزتارا	43.47	9.82	16.87	7.26	12.98	6.20
新源县	كۈنەس	39.83	25.18	26.41	16.37	26.85	14.89
昭苏县	موڭغۇلكۈرە	24.56	4.44	8.58	3.06	2.95	2.09
特克斯县	تېكەس	38.10	6.38	5.38	3.48	5.91	1.29
尼勒克县	نىلقا	30.69	10.23	17.53	6.68	7.21	2.75

9—13 续表 1 داۋامى

地　区	رايونلار	سانائەتنىڭ قوشۇلغان قىممەت نىسبىتى 工业增加值率（%）	يۈز يۈەن مۇقىم مۈلۈك ئەسلى قىممىتى يارانقان پايدا-باج (يۈەن) 百元固定资产原值实现利税（元）	كاپىتالنىڭ پايدا-باج نىسبىتى 资本金利税率（%）	مەبلەغنىڭ پايدا-باج نىسبىتى 资金利税率（%）	مەھسۇلات قىممىتىنىڭ پايدا-باج نىسبىتى 产值利税率（%）	يۈز يۈەن سېتىش كىرىمى ئىشقا ئاشۇرغان پايدا (يۈەن) 百元销售收入实现利润（元）
塔城地区	**تارباغاتاي ۋىلايىتى**	**19.51**	**7.27**	**17.09**	**5.12**	**6.09**	**0.95**
塔城市	چۆچەك شەھىرى	17.57	2.30	5.41	2.03	3.95	−2.52
额敏县	دۆربىلجىن	5.28	8.13	19.66	5.35	7.27	0.06
乌苏县	شىخو	17.32	10.70	22.75	6.60	6.11	2.86
沙湾县	ساۋەن	20.00	10.85	30.86	8.44	7.70	4.32
托里县	تولى	43.28	0.38	1.82	0.26	0.45	−3.86
裕民县	چاغانتوقاي	22.17	11.87	17.74	5.95	8.71	6.25
和布克赛尔县	قوبۇقسار	43.50	1.75	2.31	1.07	2.07	−10.66
阿勒泰地区	**ئالتاي ۋىلايىتى**	**26.80**	**1.96**	**3.52**	**1.47**	**2.52**	**−2.55**
阿勒泰市	ئالتاي شەھىرى	25.93	−2.47	−5.78	−1.92	−3.85	−12.25
布尔津县	بۆرچىن	27.83	5.16	12.45	3.66	7.02	2.76
富蕴县	كۆكتوقاي	37.54	17.25	30.31	12.06	15.91	12.59
福海县	بۇرۇلتوقاي	21.08	1.88	1.63	1.42	1.93	−1.58
哈巴河县	قابا	30.94	16.85	27.01	10.47	11.83	11.48
青河县	چىڭگىل	21.07	4.21	6.52	2.61	3.54	−0.01
吉木乃县	جىمىنەي	24.55	0.86	1.58	0.80	1.97	−4.46
博州	**بۆرتالا ئوبلاستى**	**16.06**	**−4.21**	**−12.80**	**−3.26**	**−5.22**	**−13.10**
博乐市	بۆرتالا شەھىرى	15.87	−5.78	−20.53	−4.51	−8.02	−16.55
精河县	جىڭ	14.09	4.85	8.68	3.58	3.43	−0.44
温泉县	ئارشاڭ	24.46	3.21	4.92	2.45	3.24	0.24
巴州	**بايىنغولىن ئوبلاستى**	**43.32**	**4.21**	**15.63**	**3.34**	**7.29**	**0.44**
库尔勒市	كورلا شەھىرى	48.71	4.35	18.03	3.48	8.32	1.03
轮台县	بۈگۈر	19.96	15.13	11.24	11.31	5.43	4.50
尉犁县	لوپنور	14.92	5.26	22.63	4.31	2.20	−0.31
若羌县	چاقىلىق	24.50	17.82	21.80	12.62	18.78	6.09
且末县	چەرچەن	24.93	3.46	4.41	3.10	6.17	1.82
焉耆县	يەنجى	28.60	1.36	2.81	1.07	1.74	−4.51
和静县	خېجىڭ	15.52	−1.24	−3.07	−0.90	−1.60	−8.09
和硕县	خوشۇت	26.95	1.22	1.45	0.70	1.09	−3.63
博湖县	باغراش	22.67	7.11	22.19	5.45	6.87	1.43
阿克苏地区	**ئاقسۇ ۋىلايىتى**	**25.49**	**5.89**	**11.12**	**4.83**	**5.25**	**2.19**
阿克苏市	ئاقسۇ شەھىرى	19.42	3.89	8.55	3.03	3.21	−0.38
温宿县	ئاقسۇ كونا شەھەر	37.98	9.07	19.90	6.40	5.02	3.28
库车县	كۇچا	21.98	9.00	15.66	7.69	8.56	4.38

地区 رايونلار		工业增加值率(%) سانائەتنىڭ قوشۇلغان قىممەت نىسبىتى	百元固定资产原值实现利税(元) يۈز يۈەن مۇقىم مۈلۈك ئەسلى قىممىتى ياراتقان پايدا-باج (يۈەن)	资本金利税率(%) كاپىتالنىڭ پايدا-باج نىسبىتى	资金利税率(%) مەبلەغنىڭ پايدا-باج نىسبىتى	产值利税率(%) مەھسۇلات قىممىتىنىڭ پايدا-باج نىسبىتى	百元销售收入实现利润(元) يۈز يۈەن سېتىش كىرىمى ئىشقا ئاشۇرغان پايدا (يۈەن)
沙雅县	شايار	30.46	15.73	31.42	12.67	10.27	7.72
新和县	توقسۇ	30.25	12.99	13.09	12.10	11.41	11.18
拜城县	باي	68.43	3.76	5.39	4.26	9.21	2.09
乌什县	ئۇچتۇرپان	22.78	3.16	5.95	3.18	5.87	4.01
阿瓦提县	ئاۋات	17.07	13.91	18.64	8.23	8.78	12.49
柯坪县	كەلپىن	86.15	3.30	3.19	3.21	2.43	1.11
克州	**قىزىلسۇ ئوبلاستى**	**25.00**	**−1.18**	**−1.35**	**−1.05**	**−2.75**	**−14.76**
阿图什市	ئاتۇش شەھىرى	30.46	7.62	11.62	5.59	9.79	2.63
阿克陶县	ئاقتۇ	45.57	5.34	5.92	4.33	7.66	4.16
阿合奇县	ئاقچى	9.23	−0.72	−1.15	−0.72	−0.81	−12.41
乌恰县	ئۇلۇغچات	−4.83	−6.27	−6.75	−6.16	−30.08	−43.81
喀什地区	**قەشقەر ۋىلايىتى**	**25.12**	**7.59**	**13.52**	**6.04**	**7.26**	**1.47**
喀什市	قەشقەر شەھىرى	23.82	5.47	11.55	4.61	5.64	−2.06
疏附县	قەشقەر كونا شەھەر	23.79	15.35	20.65	11.24	12.90	12.03
疏勒县	قەشقەر يېڭىشەھەر	26.47	3.07	7.56	1.95	2.66	−2.40
英吉沙县	يېڭىسار	25.46	4.11	9.17	3.29	6.28	−1.26
泽普县	پوسكام	21.81	12.61	16.65	8.36	8.63	6.86
莎车县	يەكەن	26.20	12.55	21.15	8.96	10.00	2.92
叶城县	قاغىلىق	44.19	5.44	5.60	5.64	9.50	4.83
麦盖提县	مەكىت	24.15	19.96	28.85	22.71	13.42	13.82
岳普湖县	يوپۇرغا	20.03	11.46	18.95	7.88	8.21	6.94
伽师县	پەيزىۋات	25.47	24.75	40.77	18.32	17.04	11.64
巴楚县	مارالبېشى	26.02	4.60	7.64	4.26	4.31	2.38
塔什库尔干县	تاشقورغان	68.63	−0.90	−0.50	−0.80	−8.36	−11.52
和田地区	**خوتەن ۋىلايىتى**	**17.44**	**2.31**	**3.84**	**1.79**	**2.75**	**−3.32**
和田市	خوتەن شەھىرى	9.87	0.43	0.85	0.31	0.39	−7.02
和田县	خوتەن ناھىيىسى	41.08	4.19	7.77	3.47	12.19	7.91
墨玉县	قاراقاش	20.60	2.31	2.16	1.94	2.29	−0.67
皮山县	گۇما	30.60	10.92	11.45	10.61	11.92	7.30
洛浦县	لوپ	23.79	0.77	1.15	0.44	0.91	−3.09
策勒县	چىرا	15.85	0.74	1.06	0.57	1.14	−3.92
于田县	كېرىيە	26.31	−2.34	−5.96	−2.04	−3.75	−8.56
民丰县	نىيە	21.32	−0.32	−0.34	−0.58	−0.79	−6.67

9—13 续表 3 داۋامى

地区 رايونلار	资产负债率（%） مۇلۇك-قەرز نىسبىتى	工业成本费用利润率（%） سانائەت تەننەرق خىراجىتىنىڭ پايدا نىسبىتى	流动资产周转次数（次/年） كۆچمە مۇلۈكنىڭ ئوبوروت قېتىمى (يىل/قېتىم)	全员劳动生产率（元/人·年） ئومۇمىي خادىملارنىڭ ئەمگەك ئۈنۈمدارلىقى (ئادەم. يىل/يۈەن) 全部工业 بارلىق سانائەت	国有工业 دۆلەت سانائىتى	集体工业 كوللېكتىپ سانائەت
总计 جەمئىي	**71.39**	**−0.25**	**1.21**	**12 289**	**13 553**	**7 030**
乌鲁木齐市 ئۈرۈمچى شەھىرى	**69.98**	**−0.85**	**1.20**	**10 851**	**11 648**	**7 614**
乌鲁木齐县 ئۈرۈمچى ناھىيىسى	70.01	4.70	1.40	15 970	36 215	13 722
克拉玛依市 قاراماي شەھىرى	57.94	0.06	1.61	19 970	20 978	—
石河子市 شىخەنزە شەھىرى	78.61	−2.49	1.21	6 834	7 081	4 489
吐鲁番地区 تۇرپان ۋىلايىتى	72.08	4.54	1.17	16 331	16 332	13 679
吐鲁番市 تۇرپان شەھىرى	68.63	−0.53	1.07	8 902	10 153	9 404
鄯善县 پىچان	72.62	5.22	1.17	17 230	17 257	15 057
托克逊县 توقسۇن	62.83	2.85	1.42	15 711	14 039	17 060
哈密地区 قۇمۇل ۋىلايىتى	**73.96**	**−2.62**	**1.17**	**7 453**	**7 632**	**6 135**
哈密市 قۇمۇل شەھىرى	74.26	−3.09	1.18	7 562	7 638	6 422
巴里坤县 باركۆل	68.99	3.63	1.10	6 772	8 071	5 636
伊吾县 ئارائتۇرۇك	71.58	−0.29	1.30	3 283	911	6 350
昌吉州 سانجى ئوبلاستى	**75.47**	**0.22**	**1.38**	**9 079**	**10 078**	**7 453**
昌吉市 سانجى شەھىرى	72.89	1.72	1.36	9 607	10 687	7 438
阜康市 فۇكاڭ شەھىرى	60.79	−5.29	0.99	7 523	7 774	7 031
米泉县 مىچۈەن	87.92	−3.77	1.43	7 416	5 456	10 143
呼图壁县 قۇتۇبى	77.73	3.78	1.19	8 519	8 760	8 344
玛纳斯县 ماناس	82.29	−2.71	2.78	15 366	21 795	6 394
奇台县 گۇچۇڭ	83.31	1.88	0.95	6 777	8 638	4 248
吉木萨尔县 جىمسار	66.05	2.03	2.06	8 768	10 711	4 562
木垒县 مورى	63.95	−1.22	0.89	3 364	2 342	4 070
伊犁州 ئىلى ئوبلاستى	**77.25**	**−0.39**	**1.03**	**8 359**	**8 882**	**6 289**
奎屯市 كۈيتۇن شەھىرى	78.44	−3.35	1.52	17 212	19 710	6 292
伊犁地区 ئىلى ۋىلايىتى	**77.27**	**0.52**	**0.96**	**8 312**	**8 484**	**7 751**
伊宁市 غۇلجا شەھىرى	81.96	−4.63	0.94	8 121	8 474	7 231
伊宁县 غۇلجا ناھىيىسى	91.87	−6.34	0.90	7 041	6 631	5 209
察布查尔县 چاپچال	63.33	−2.58	1.01	3 491	1 915	5 639
霍城县 قورغاس	83.63	0.54	0.98	8 763	8 887	2 393
巩留县 توققۇزتارا	52.20	6.83	1.10	9 006	9 666	7 796
新源县 كۈنەس	60.64	19.52	0.99	11 712	10 906	14 107
昭苏县 موڭغۇلكۈرە	63.28	1.77	0.75	7 280	7 799	5 190
特克斯县 تېكەس	62.56	1.33	0.81	9 481	10 398	5 369
尼勒克县 نىلقا	65.04	2.78	1.47	6 622	7 823	5 057

9—13 续表 4 داۋامى

地区 رايونلار		مۈلۈك-قەرز نىسبىتى 资产负债率 (%)	سانائەت تەننەرق خىراجىتىنىڭ پايدا نىسبىتى 工业成本费用利润率 (%)	كۆچمە مۈلۈكنىڭ ئوبوروت قېتىمى (يىل/قېتىم) 流动资产周转次数 (次/年)	ئومۇمىي خادىملارنىڭ ئەمگەك ئۈنۈمدارلىقى (ئادەم. يىل/يۈەن) 全员劳动生产率(元/人·年)		
					بارلىق سانائەت 全部工业	دۆلەت سانائىتى 国有工业	كوللېكتىپ سانائەت 集体工业
塔城地区	**تارباغاتاي ۋىلايىتى**	**78.26**	**0.95**	**1.01**	**6 362**	**6 555**	**5 465**
塔城市	چۆچەك شەھىرى	71.16	—2.42	1.12	4 332	4 193	7 819
额敏县	دۆربىلجىن	72.95	0.06	0.99	2 668	1 088	3 106
乌苏县	شىخو	82.54	2.99	0.90	7 243	8 795	4 754
沙湾县	ساۋەن	75.68	4.40	1.32	6 344	6 266	6 374
托里县	تولى	89.96	—3.66	0.86	8 268	8 950	6 804
裕民县	چاغانتوقاي	74.42	6.33	0.74	5 419	5 054	7 056
和布克赛尔县	قوبۇقسار	89.81	—9.99	0.64	7 139	8 330	4 047
阿勒泰地区	**ئالتاي ۋىلايىتى**	**74.37**	**—2.52**	**0.86**	**6 974**	**7 258**	**5 572**
阿勒泰市	ئالتاي شەھىرى	79.20	—11.21	0.72	5 934	6 004	4 857
布尔津县	بۆرچىن	72.16	2.88	0.89	7 573	7 473	7 359
富蕴县	كۆكتوقاي	50.49	14.51	1.18	10 933	12 357	7 475
福海县	بۇرۇلتوقاي	84.33	—1.56	0.87	9 624	14 289	2 705
哈巴河县	قابا	64.61	12.99	1.35	7 524	5 629	6 692
青河县	چىڭگىل	60.50	—0.01	0.93	4 462	4 236	3 850
吉木乃县	جىمىنەي	47.01	—4.26	0.80	3 564	3 699	2 993
博州	**بۆرتالا ئوبلاستى**	**88.11**	**—11.64**	**1.16**	**4 632**	**4 564**	**4 691**
博乐市	بۆرتالا شەھىرى	92.54	—14.49	1.14	4 467	4 157	5 050
精河县	جىڭ	72.81	—0.41	1.36	4 666	4 703	4 283
温泉县	ئارشاڭ	65.34	0.24	0.95	6 503	8 499	2 323
巴州	**بايىنغولىن ئوبلاستى**	**83.23**	**0.44**	**0.82**	**19 943**	**22 417**	**7 334**
库尔勒市	كورلا شەھىرى	83.66	1.02	0.79	28 011	29 535	7 582
轮台县	بۈگۈر	37.42	4.80	2.63	10 915	13 703	8 524
尉犁县	لوپنور	93.31	—0.31	2.37	5 430	2 332	6 031
若羌县	چاقىلىق	72.18	6.91	0.90	6 263	4 164	8 152
且末县	چەرچەن	40.16	1.88	1.17	4 862	4 807	3 925
焉耆县	يەنجى	84.38	4.20	0.89	8 319	8 905	6 476
和静县	خېجىڭ	79.79	—7.53	0.82	3 569	3 325	6 267
和硕县	خوشۇت	86.48	—3.44	1.01	11 231	5 765	20 410
博湖县	باغراش	87.72	1.48	1.08	10 950	19 114	5 088
阿克苏地区	**ئاقسۇ ۋىلايىتى**	**65.88**	**2.20**	**1.20**	**7 212**	**7 597**	**5 094**
阿克苏市	ئاقسۇ شەھىرى	70.12	—0.37	1.10	5 358	5 341	5 656
温宿县	ئاقسۇ كونا شەھەر	73.46	3.54	1.10	14 467	15 517	181
库车县	كۇچا	52.87	4.57	1.14	8 020	8 810	1 832

地区 رايونلار		مۇلۇك-قەرز نىسبىتى 资产负债率（%）	سانائەت تەننەرق خىراجىتىنىڭ پايدا نىسبىتى 工业成本费用利润率（%）	كۆچمە مۇلۇكنىڭ ئوبوروت قېتىمى (يىل/قېتىم) 流动资产周转次数（次/年）	ئومۇمى خادىملارنىڭ ئەمگەك ئۈنۈمدارلىقى (ئادەم.يىل/يۈەن) 全员劳动生产率（元/人·年）		
					بارلىق سانائەت 全部工业	دۆلەت سانائىتى 国有工业	كوللېكتىپ سانائەت 集体工业
沙雅县	شايار	65.12	8.18	2.01	8 459	9 902	7 965
新和县	توقسۇ	37.02	12.47	1.75	7 611	9 545	
拜城县	باي	73.13	2.12	2.65	8 196	8 204	7 362
乌什县	ئۈچتۇرپان	46.19	4.08	1.28	3 325	4 291	1 327
阿瓦提县	ئاۋات	54.02	13.48	1.06	7 536	9 268	3 311
柯坪县	كەلپىن	18.99	1.10	6.94	21 194	16 076	30 204
克州	**قىزىلسۇ ئوبلاستى**	**66.87**	**－12.75**	**0.82**	**3 455**	**3 245**	**6 497**
阿图什市	ئاتۇش شەھىرى	38.29	2.69	0.69	7 412	7 269	6 959
阿克陶县	ئاقتو	53.53	4.33	1.10	8 868	9 729	5 632
阿合奇县	ئاقچى	23.61	－10.14	0.72	3 409	3 868	
乌恰县	ئۇلۇغچات	83.36	－30.08	0.73	－308	－308	
喀什地区	**قەشقەر ۋىلايىتى**	**70.14**	**1.48**	**1.40**	**6 422**	**6 823**	**4 882**
喀什市	قەشقەر شەھىرى	75.47	－2.02	1.42	5 554	5 637	3 072
疏附县	قەشقەر كونا شەھەر	60.39	14.00	1.51	6 290	7 026	5 973
疏勒县	قەشقەر يېڭىشەھەر	76.14	－2.36	1.03	6 444	5 966	7 970
英吉沙县	يېڭىسار	54.44	－1.21	0.94	4 980	5 806	3 440
泽普县	پوسكام	73.83	7.25	1.15	6 416	7 128	5 087
莎车县	يەكەن	69.93	2.94	1.60	7 161	7 074	8 299
叶城县	قاغىلىق	58.81	5.22	1.29	8 482	13 939	3 846
麦盖提县	مەكىت	49.51	15.88	2.46	13 825	14 377	4 716
岳普湖县	يوپۇغا	47.48	7.13	1.83	5 821	6 356	1 051
伽师县	پەيزىۋات	48.85	13.22	1.92	20 289	27 606	5 772
巴楚县	مارالبېشى	69.77	2.40	3.10	5 470	8 226	1 959
塔什库尔干县	تاشقورغان	18.11	－9.51	0.69	3 055	3 010	3 833
和田地区	**خوتەن ۋىلايىتى**	**64.02**	**－3.20**	**1.21**	**3 774**	**4 478**	**969**
和田市	خوتەن شەھىرى	64.21	－6.52	1.57	2 904	3 531	－22495
和田县	خوتەن ناھىيىسى	70.79	8.47	0.65	7 656	9 352	155
墨玉县	قاراقاش	76.96	－0.65	1.04	3 127	2 844	2 581
皮山县	گۇما	38.06	7.95	1.82	4 176	3 766	4 893
洛浦县	لوپ	64.20	－2.98	0.61	3 298	5 201	2 110
策勒县	چىرا	86.46	－3.43	0.61	2 010	5 435	308
于田县	كېرىيە	68.13	－8.32	1.38	3 923	3 977	3 908
民丰县	نىيە	43.19	－5.26	0.81	2 726	4 036	1 537

مۇستەقىل ھېسابات قىلىدىغان دۆلەت سانائەت كارخانىلىرىنىڭ ئاساسلىق ئىقتىسادىي ئۈنۈم كۆرسەتكۈچى

9—14 国有独立核算工业企业主要经济效益指标

(يىل- 1995 年)

指标	كۆرسەتكۈچ	سانائەتنىڭ قوشۇلغان قىممەت نىسبىتى 工业增加值率(%)	يۈز يۈەن مۇقىم مۈلۈك ئەسلى قىممىتى ياراتقان پايدا-باج (يۈەن) 百元固定资产原值实现利税(元)	كاپىتالنىڭ پايدا-باج نىسبىتى 资本金利税率(%)	مەبلەغنىڭ پايدا-باج نىسبىتى 资金利税率(%)
总计	**جەمئىي**	**33.49**	**4.18**	**12.86**	**3.97**
按轻、重工业分	**يېنىك، ئېغىر سانائەت بويىچە**				
轻工业	يېنىك سانائەت	19.45	6.54	14.83	4.43
以农产品为原料	يېزا ئىگىلىك مەھسۇلاتلىرىنى خامئەشيا قىلىدىغان	18.75	7.24	17.60	4.81
以非农产品为原料	غەيرى يېزا ئىگىلىك مەھسۇلاتلىرىنى خامئەشيا قىلىدىغان	27.70	2.32	3.76	1.78
重工业	ئېغىر سانائەت	38.86	3.79	12.39	3.85
采掘工业	قېزىش سانائىتى	47.11	4.31	15.86	4.60
原料工业	خامئەشيا سانائىتى	29.95	3.49	9.98	3.51
加工工业	پىششىقلاش سانائىتى	16.67	−0.79	−1.72	−0.53
按行业大类分	**ساھە چوڭ تىپى بويىچە**				
煤炭采选业	كۆمۈر قېزىش	58.67	4.61	13.74	5.20
石油和天然气开采业	نېفىت ۋە تەبىئىي گاز قېزىش	46.52	4.21	15.94	4.51
黑色金属矿采选业	قارا مېتال كان قېزىش	45.44	16.17	36.06	11.22
有色金属矿采选业	رەڭلىك مېتال كان قېزىش	45.23	14.98	45.28	15.93
非金属矿采选业	غەيرى مېتال كان قېزىش	34.26	1.49	2.96	0.92
木材及竹材采运业	ياغاچ كېسىش، توشۇش	59.11	10.02	13.45	6.66
食品加工业	يېمەكلىك پىششىقلاش	15.52	4.12	11.06	2.78
食品制造业	يېمەكلىك ياساش	21.70	−1.30	−2.64	−0.89
饮料制造业	ئىچىملىك ياساش	25.00	16.33	28.03	10.48
烟草加工业	تاماكا پىششىقلاش	48.13	124.52	148.22	60.66
纺织业	توقۇمىچىلىق	17.27	6.47	18.88	4.37
服装及其他纤维制品制造业	كىيىم ھەم باشقا تالالىق بويۇم	23.74	−1.66	−1.82	−0.75
皮革、毛皮、羽绒及其制品业	خۇرۇم، تېرە، مامۇق ۋە بويۇم	11.01	−17.78	−34.72	−9.69
木材加工及竹、藤、棕、草制品业	ياغاچ پىششىقلاش ھەم بامبۇك، پىلەك، پالما، سامان بويۇم	20.42	−3.27	−6.66	−2.50
家具制造业	ئائىلە جابدۇقى	30.29	1.95	2.93	1.10
造纸及纸制品业	قەغەز ھەم قەغەز بويۇم	24.46	5.11	19.85	4.23
印刷业、记录媒介的复制	مەتبەئە، خاتىرلەش ۋاستىلىرىنى كۆپەيتىش	27.69	3.33	6.04	3.36
文教体育用品制造业	مەدەنىيەت، مائارىپ، تەنتەربىيە بويۇمى	34.20	17.24	27.35	10.08
石油加工及炼焦业	نېفىت پىششىقلاش، كوكس تاۋلاش	23.30	3.79	14.96	4.23
化学原料及化学制品制造业	خىمىيە خامئەشيا ھەم خىمىيە بويۇم	20.94	2.63	4.53	2.45
医药制造业	تېببىي دورا	21.55	3.81	7.27	2.78
化学纤维制造业	خىمىيە تالالىق بويۇم	10.98	−3.10	−2.15	−3.42
橡胶制品业	كاۋچۇك بويۇم	10.77	19.44	76.51	12.69
塑料制品业	سۇلياۋ بويۇم	14.11	7.53	15.23	4.26
非金属矿物制品业	غەيرى مېتال كان بويۇمى	33.80	2.26	5.19	2.01
黑色金属冶炼及压延加工业	قارا مېتال تاۋلاش، پىرىسلاش	24.19	7.57	17.64	5.01
有色金属冶炼及压延加工业	رەڭلىك مېتال تاۋلاش، پىرىسلاش	24.48	3.54	14.88	2.82
金属制品业	مېتال بويۇم	19.87	−1.30	−2.30	−0.78
普通机械制造业	ئادەتتىكى ماشىنىسازلىق	21.86	−1.51	−3.78	−1.00
专用设备制造业	مەخسۇس ئۈسكۈنە	17.96	2.43	4.46	1.44
交通运输设备制造业	قاتناش-تىرانسپورت ئۈسكۈنىسى	9.59	−13.03	−27.92	−7.72
电气机械及器材制造业	ئېلېكتر ماشىنا ھەم ماتېرىيال	15.82	−3.46	−8.77	−2.35
电子及通信设备制造业	ئېلېكترون، ئالاقە ئۈسكۈنىسى	13.36	−10.01	−16.96	−3.87
仪器仪表及文化、办公用机械制造业	ئەسۋاپ، مەدەنىيەت، ئىش بېجىرىش ماشىنىلىرى	36.30	0.12	0.11	0.09
其他制造业	باشقا ياساش كەسپى	6.25	−23.37	−32.16	−9.81
电力、蒸汽、热水的生产和供应业	ئېلېكتر، پار، ئىسسىق سۇ ئىشلەپچىقىرىش، تەمىنلەش	48.88	2.49	6.84	2.84
煤气生产和供应业	كۆمۈر گازى ئىشلەپچىقىرىش، تەمىنلەش	46.55	0.69	1.45	0.99
自来水的生产和供应业	تۇربا سۈيى ئىشلەپچىقىرىش، تەمىنلەش	58.77	3.18	5.70	3.35

9—14 续表 1 داۋامى 1

指标 كۆرسەتكۈچ		مەھسۇلات قىممىتىنىڭ پايدا-باج نىسبىتى 产值利税率（%）	يۈز يۈەن سېتىش كىرىمى ئىشقا ئاشۇرغان پايدا (يۈەن) 百元销售收入实现利润（元）	سانائەت تەننەرق خىراجىتىنىڭ پايدا نىسبىتى 工业成本费用利润率（%）	كۆچمە مۈلۈكنىڭ ئوبوروت قېتىمى (يىل/قېتىم) 流动资产周转次数（次/年）
总计	**جەمئىي**	**6.24**	**—0.60**	**—0.60**	**1.21**
按轻、重工业分	**يېنىك ئېغىر سانائەت بويىچە**				
轻工业	يېنىك سانائەت	4.99	—1.68	—1.67	1.24
以农产品为原料	يېزا ئىگىلىك مەھسۇلاتلىرىنى خامئەشيا قىلىدىغان	5.14	—1.61	—1.60	1.28
以非农产品为原料	غەيرى يېزا ئىگىلىك مەھسۇلاتلىرىنى خامئەشيا قىلىدىغان	3.22	—2.45	—2.37	0.94
重工业	ئېغىر سانائەت	6.73	—0.22	—0.22	1.20
采掘工业	قېزىش سانائىتى	8.23	1.51	1.58	1.23
原料工业	خامئەشيا سانائىتى	6.16	—1.53	—1.51	1.24
加工工业	پىششىقلاش سانائىتى	—0.77	—5.89	—5.49	0.98
按行业大类分	**ساھە چوڭ تىپى بويىچە**				
煤炭采选业	كۆمۈر قېزىش	10.07	2.26	2.17	1.04
石油和天然气开采业	نېفىت ۋە تەبئىي گاز قېزىش	8.06	1.39	1.47	1.25
黑色金属矿采选业	قارا مېتال كان قېزىش	13.33	3.17	3.50	0.98
有色金属矿采选业	رەڭلىك مېتال كان قېزىش	17.39	12.50	13.72	2.09
非金属矿采选业	غەيرى مېتال كان قېزىش	2.05	—6.99	—6.72	0.62
木材及竹材采运业	ياغاچ كېسىش، توشۇش	15.54	6.87	7.69	0.81
食品加工业	يېمەكلىك پىششىقلاش	2.61	0.45	0.45	1.23
食品制造业	يېمەكلىك ياساش	—1.33	—8.35	—7.57	0.87
饮料制造业	ئىچىملىك ياساش	16.51	2.69	3.04	1.11
烟草加工业	تاماكا پىششىقلاش	44.45	0.06	0.10	1.83
纺织业	توقۇمىچىلىق	4.35	—2.06	—2.01	1.44
服装及其他纤维制品制造业	كىيىم ھەم باشقا تالالىق بويۇم	—1.04	—3.53	—3.27	1.01
皮革、毛皮、羽绒及其制品业	خۇرۇم، تېرە، ماموق ۋە بويۇم	—16.51	—34.92	—24.58	0.51
木材加工及竹、藤、棕、草制品业	ياغاچ پىششىقلاش ۋە بامبۇك، پىلەك، پالما سايمان بويۇم	—9.48	—18.34	—12.23	0.48
家具制造业	ئۆي جابدۇقى	1.45	—7.44	—6.87	1.06
造纸及纸制品业	قەغەز ھەم قەغەز بويۇم	5.44	0.25	0.26	1.62
印刷业、记录媒介的复制	مەتبەئە، خاتىرلەش ۋاستىلىرىنى كۆپەيتىش	3.87	—0.73	—0.67	1.64
文教体育用品制造业	مەدەنىيەت، مائارىپ، تەنتەربىيە بويۇمى	13.38	1.72	1.79	1.13
石油加工及炼焦业	نېفىت پىششىقلاش، كوكس تاۋلاش	5.21	0.50	0.50	1.48
化学原料及化学制品制造业	خىمىيە خامئەشيا ھەم خىمىيە بويۇم	2.94	—1.22	—1.18	1.35
医药制造业	تىببىي دورا	2.92	—2.21	—2.17	1.33
化学纤维制造业	خىمىيە تالا	—4.74	—7.10	—6.63	1.88
橡胶制品业	كاۋچۇك بويۇم	11.71	—0.21	—0.21	1.68
塑料制品业	سۇلياۋ بويۇم	3.68	2.80	2.86	1.70
非金属矿物制品业	غەيرى مېتال كان بويۇمى	4.07	—4.45	—4.16	0.95
黑色金属冶炼及压延加工业	قارا مېتال تاۋلاش، پىرىسلاش	8.90			1.00
有色金属冶炼及压延加工业	رەڭلىك مېتال تاۋلاش، پىرىسلاش	3.95	—1.88	—1.85	1.19
金属制品业	مېتال بويۇم	—1.42	—6.66	—5.98	0.82
普通机械制造业	ئادەتتىكى ماشىنىسازلىق	—2.05	—10.02	—8.84	0.70
专用设备制造业	مەخسۇس ئۈسكۈنە	1.65	—0.58	—0.57	1.16
交通运输设备制造业	قاتناش-تىرانسپورت ئۈسكۈنىسى	—17.90	—23.87	—18.98	0.60
电气机械及器材制造业	ئېلېكتر ماشىنا ھەم ماتېرىيال	—3.30	—8.71	—7.95	0.87
电子及通信设备制造业	ئېلېكترون، ئالاقە ئۈسكۈنىسى	—12.03	—16.82	—12.89	0.41
仪器仪表及文化、办公用机械制造业	ئەسۋاپ، مەدەنىيەت، ئىش بېجىرىش ماشىنىلىرى	0.21	0.32	0.28	0.75
其他制造业	باشقا ياساش كەسپى	—31.72	—35.86	—26.60	0.41
电力、蒸汽、热水的生产和供应业	ئېلېكتر، پار، ئىسسىق سۇ ئىشلەپچىقىرىش، تەمىنلەش	8.20	—4.68	—4.47	1.33
煤气生产和供应业	كۆمۈر گازى ئىشلەپچىقىرىش، تەمىنلەش	3.91	—4.42	—3.80	1.03
自来水的生产和供应业	تۇربا سۈيى ئىشلەپچىقىرىش، تەمىنلەش	14.70	9.54	10.15	0.79

رايونلارغا ئايرىلغان مۇستەقىل ھېسابات قىلىدىغان دۆلەت سانائەت كارخانىلىرىنىڭ ئاساسلىق ئىقتىسادىي ئۈنۈم كۆرسەتكۈچى

9—15 分地区国有独立核算工业企业主要经济效益指标

(يىل- 1995 年)

地区	رايونلار	سانائەتنىڭ قوشۇلغان قىممەت نىسبىتى 工业增加值率(%)	يۈز يۈەن مۇقىم مۈلۈك ئەسلى قىممىتى ياراتقان پايدا-باج (يۈەن) 百元固定资产原值实现利税(元)	كاپىتالنىڭ پايدا-باج نىسبىتى 资本金利税率(%)	مەبلەغنىڭ پايدا-باج نىسبىتى 资金利税率(%)
总计	**جەمئىي**	**33.49**	**4.18**	**12.86**	**3.97**
乌鲁木齐市	**ئۈرۈمچى شەھىرى**	**24.97**	**4.22**	**11.89**	**3.71**
乌鲁木齐县	ئۈرۈمچى ناھىيىسى	29.04	7.15	65.60	5.71
克拉玛依市	**قاراماي شەھىرى**	**41.49**	**4.08**	**13.83**	**4.98**
石河子市	**شىخەنزە شەھىرى**	**20.93**	**4.95**	**15.46**	**3.35**
吐鲁番地区	**تۇرپان ۋىلايىتى**	**49.73**	**3.99**	**17.07**	**4.05**
吐鲁番市	تۇرپان شەھىرى	38.50	3.41	7.41	3.00
鄯善县	پىچان	51.10	3.94	17.93	4.05
托克逊县	توقسۇن	32.47	15.67	20.06	8.90
哈密地区	**قۇمۇل ۋىلايىتى**	**37.18**	**2.02**	**4.69**	**2.00**
哈密市	قۇمۇل شەھىرى	37.91	1.83	4.32	1.84
巴里坤县	باركۆل	26.82	7.49	12.23	5.28
伊吾县	ئارا تۈرۈك	28.43	−0.99	−2.16	−0.81
昌吉州	**سانجى ئوبلاستى**	**24.15**	**3.09**	**8.13**	**2.74**
昌吉市	سانجى شەھىرى	23.19	7.65	24.74	5.36
阜康市	فۇكاڭ شەھىرى	25.67	1.26	4.15	1.18
米泉县	مىچۈەن	18.61	−3.24	−15.15	−2.65
呼图壁县	قۇتۇبى	18.77	13.20	31.92	6.43
玛纳斯县	ماناس	33.53	−0.06	−0.13	−0.08
奇台县	بۇگۇر	24.02	8.09	36.04	5.66
吉木萨尔县	جىمىسار	20.34	14.27	23.66	10.34
木垒县	مورى	10.42	0.39	0.51	0.27
伊犁州	**ئىلى ئوبلاستى**	**26.26**	**7.60**	**18.28**	**5.81**
奎屯市	كۈيتۇن شەھىرى	32.85	23.36	53.10	19.76
伊犁地区	**ئىلى ۋىلايىتى**	**25.08**	**5.57**	**13.30**	**4.14**
伊宁市	غۇلجا شەھىرى	23.33	1.75	5.21	1.34
伊宁县	غۇلجا ناھىيىسى	27.19	−2.36	−6.24	−1.80
察布查尔县	چاپچال	18.15	−1.04	−1.60	−0.78
霍城县	قورغاس	14.29	4.05	23.89	3.00
巩留县	توققۇز تارا	44.94	9.86	19.74	7.69
新源县	كۈنەس	42.73	30.02	31.07	20.38
昭苏县	موڭغۇلكۈرە	25.53	6.16	13.55	4.44
特克斯县	تېكەس	43.00	9.58	8.93	6.04
尼勒克县	نىلقا	28.44	10.18	18.98	7.23

9—15 续表 1 داۋامى

地区	رايونلار	سانائەتنىڭ قوشۇلغان قىممەت نىسبىتى 工业增加值率(%)	يۈز يۈەن مۇقىم مۈلۈك ئەسلى قىممىتى ياراتقان پايدا-باج (يۈەن) 百元固定资产原值实现利税(元)	كاپىتالنىڭ پايدا-باج نىسبىتى 资本金利税率(%)	مەبلەغنىڭ پايدا-باج نىسبىتى 资金利税率(%)
塔城地区	**تارباغاتاي ۋىلايىتى**	**23.48**	**6.81**	**20.23**	**5.11**
塔城市	چۆچەك شەھىرى	17.93	3.05	7.45	2.83
额敏县	دۆربىلجىن	2.40	9.39	42.31	6.54
乌苏县	شىخو	26.13	11.88	27.22	8.04
沙湾县	ساۋەن	25.04	7.71	25.72	6.46
托里县	تولى	40.99	−2.89	−18.01	−2.07
裕民县	چاغانتوقاي	21.00	9.98	24.44	4.93
和布克赛尔县	قوبۇقسار	49.94	10.51	22.03	5.90
阿勒泰地区	**ئالتاي ۋىلايىتى**	**27.13**	**0.68**	**1.34**	**0.53**
阿勒泰市	ئالتاي شەھىرى	25.88	−3.63	−9.28	−2.79
布尔津县	بۇرچىن	30.76	3.24	7.06	2.74
富蕴县	كۆكتوقاي	40.97	19.97	42.68	14.26
福海县	بۇرۇلتوقاي	23.14	4.31	3.73	3.50
哈巴河县	قابا	25.30	1.86	3.39	1.30
青河县	چىڭگىل	21.97	5.49	9.61	3.97
吉木乃县	جىمىنەي	24.53	1.13	2.23	1.11
博州	**بۆرتالا ئوبلاستى**	**15.36**	**−7.38**	**−24.10**	**−6.00**
博乐市	بۆرتالا شەھىرى	15.22	−8.98	−33.34	−7.30
精河县	جىڭ	10.63	4.36	7.54	3.70
温泉县	ئارشاڭ	24.10	6.01	9.80	4.73
巴州	**بايىنغولىن ئوبلاستى**	**46.00**	**4.05**	**15.99**	**3.23**
库尔勒市	كورلا شەھىرى	49.28	4.32	18.36	3.47
轮台县	بۈگۈر	60.94	16.21	25.99	10.94
尉犁县	لوپنور	11.67	7.83	17.90	6.09
若羌县	چاقىلىق	18.63	3.87	6.26	1.48
且末县	چەرچەن	25.02	2.76	3.45	2.58
焉耆县	يەنجى	28.31	0.94	1.84	0.74
和静县	خېجىڭ	14.22	−1.64	−4.37	−1.20
和硕县	خوشۇت	19.56	−0.19	−0.22	−0.11
博湖县	باغراش	20.73	12.45	66.49	12.13
阿克苏地区	**ئاقسۇ ۋىلايىتى**	**26.85**	**5.28**	**10.19**	**4.34**
阿克苏市	ئاقسۇ شەھىرى	19.81	3.30	7.51	2.49
温宿县	ئاقسۇ كونا شەھەر	39.51	8.80	19.81	6.27
库车县	كۇچا	22.33	8.57	15.21	7.36

9—15 续表 2 داۋامى 2

地 区 رايونلار		سانائەتنىڭ قوشۇلغان قىممەت نىسبىتى 工业增加值率(%)	يۈز يۈەن مۇقىم مۈلۈك ئەسلى قىممىتى يارائقان پايدا-باج (يۈەن) 百元固定资产原值实现利税(元)	كاپىتالنىڭ پايدا-باج نىسبىتى 资本金利税率(%)	مەبلەغنىڭ پايدا-باج نىسبىتى 资金利税率(%)
沙雅县	شايار	29.03	16.83	28.29	16.12
新和县	توقسۇ	27.50	14.22	14.55	13.73
拜城县	باي	68.69	3.74	5.39	4.27
乌什县	ئۈچتۇرپان	23.02	3.22	6.83	3.20
阿瓦提县	ئاۋات	26.83	9.65	14.70	8.04
柯坪县	كەلپىن	91.90	1.81	2.06	1.84
克州	**قىزىلسۇ ئوبلاستى**	**24.34**	**—1.07**	**—1.23**	**—0.98**
阿图什市	ئاتۇش شەھىرى	28.47	7.55	12.70	6.17
阿克陶县	ئاقتو	47.91	7.37	8.00	6.10
阿合奇县	ئاقچى	9.23	—0.78	—1.35	—0.78
乌恰县	ئۇلۇغچات	—4.83	—6.27	—6.75	—6.16
喀什地区	**قەشقەر ۋىلايىتى**	**27.03**	**6.19**	**11.56**	**5.38**
喀什市	قەشقەر شەھىرى	24.03	5.28	11.95	4.60
疏附县	قەشقەر كونا شەھەر	30.57	6.44	11.17	5.27
疏勒县	قەشقەر يېڭىشەھەر	27.87	—2.28	—4.67	—1.45
英吉沙县	يېڭىسار	30.15	6.75	14.81	6.35
泽普县	پوسكام	38.68	9.24	10.96	9.05
莎车县	يەكەن	34.51	8.80	14.17	7.55
叶城县	قاغىلىق	51.48	4.79	5.58	6.65
麦盖提县	مەكىت	24.12	20.37	29.85	23.67
岳普湖县	يوپۇرغا	20.20	13.87	24.68	10.30
伽师县	پەيزىۋات	24.14	24.95	39.73	18.37
巴楚县	مارالبېشى	25.08	4.28	7.38	4.00
塔什库尔干县	تاشقورغان	71.34	—1.02	—0.58	—0.91
和田地区	**خوتەن ۋىلايىتى**	**19.41**	**2.19**	**4.27**	**1.97**
和田市	خوتەن شەھىرى	13.07	0.34	0.68	0.29
和田县	خوتەن ناھىيىسى	46.47	4.63	11.22	4.08
墨玉县	قاراقاش	21.21	11.45	16.79	12.57
皮山县	گۇما	35.11	7.55	9.12	8.16
洛浦县	لوپ	31.49	1.63	2.79	1.34
策勒县	چىرا	17.04	4.89	10.75	4.67
于田县	كېرىيە	24.54	—3.89	—11.31	—3.43
民丰县	نىيە	19.23	—0.64	—0.76	—1.78

9—15 续表 3 داۋامی

地区	رايونلار	مەھسۇلات قىممىتىنىڭ پايدا-باج نىسبىتى 产值利税率（%）	يۈز يۈەن سېتىش كىرىمى ئىشقا ئاشۇرغان پايدا (يۈەن) 百元销售收入实现利润（元）	سانائەت تەننەرق خىراجىتىنىڭ پايدا نىسبىتى 工业成本费用利润率（%）	كۆچمە مۈلۈكنىڭ ئوبوروت قېتىمى (يىل/قېتىم) 流动资产周转次数（次/年）
总计	**جەمئىي**	**6.24**	**−0.60**	**−0.60**	**1.21**
乌鲁木齐市	**ئۈرۈمچى شەھىرى**	**5.09**	**−1.24**	**−1.22**	**1.22**
乌鲁木齐县	ئۈرۈمچى ناھىيىسى	10.56	18.37	23.13	0.84
克拉玛依市	**قاراماي شەھىرى**	**6.73**	**−0.09**	**−0.09**	**1.65**
石河子市	**شىخەنزە شەھىرى**	**4.33**	**−2.19**	**−2.12**	**1.21**
吐鲁番地区	**تۇرپان ۋىلايىتى**	**10.51**	**3.78**	**3.96**	**1.16**
吐鲁番市	تۇرپان شەھىرى	5.39	−4.74	−4.28	1.07
鄯善县	پىچان	10.93	4.35	4.61	1.16
托克逊县	توقسۇن	10.12	4.57	5.00	1.22
哈密地区	**قۇمۇل ۋىلايىتى**	**3.87**	**−3.40**	**−3.20**	**1.05**
哈密市	قۇمۇل شەھىرى	3.61	−3.82	−3.58	1.06
巴里坤县	باركۆل	7.89	3.76	3.92	0.99
伊吾县	ئاراتۈرۈك	−5.29	−12.94	−11.42	0.28
昌吉州	**سانجى ئوبلاستى**	**4.18**	**−1.84**	**−1.80**	**1.37**
昌吉市	سانجى شەھىرى	6.20	0.17	0.17	1.41
阜康市	فۇكاڭ شەھىرى	1.99	−6.26	−5.95	0.96
米泉县	مىچۈەن	−3.62	−9.62	−8.72	1.27
呼图壁县	قۇتۇبى	9.39	4.42	4.62	0.87
玛纳斯县	ماناس	−0.24	−4.67	−4.48	3.76
奇台县	گۇچۇڭ	9.07	3.36	3.49	0.88
吉木萨尔县	جىمسار	7.61	2.16	2.22	2.31
木垒县	مورى	0.29	−3.79	−3.59	1.30
伊犁州	**ئىلى ئوبلاستى**	**8.74**	**−0.86**	**−0.90**	**1.02**
奎屯市	كۈيتۇن شەھىرى	21.97	−3.99	−4.87	1.54
伊犁地区	**ئىلى ۋىلايىتى**	**6.81**	**0.73**	**0.75**	**0.93**
伊宁市	غۇلجا شەھىرى	2.22	−5.21	−4.93	0.86
伊宁县	غۇلجا ناھىيىسى	−4.24	−11.42	−10.38	0.72
察布查尔县	چاپچال	−2.46	−5.51	−4.18	0.86
霍城县	قورغاس	4.09	0.62	0.63	0.99
巩留县	توققۇزتارا	13.85	6.71	7.53	1.09
新源县	كۈنەس	36.01	16.99	23.62	1.11
昭苏县	موڭغۇلكۈرە	4.04	5.16	4.31	0.76
特克斯县	تېكەس	8.60	5.98	6.45	1.07
尼勒克县	نىلقا	7.23	3.43	3.53	1.80

地　　区 رايونلار		مەھسۇلات قىممىتىنىڭ پايدا-باج نىسبىتى 产值利税率 (%)	يۈز يۈەن سېتىش كىرىمى ئىشقا ئاشۇرغان پايدا (يۈەن) 百元销售收入实现利润 (元)	سانائەت تەننەرق خىراجىتىنىڭ پايدا نىسبىتى 工业成本费用利润率 (%)	كۆچمە مۈلۈكنىڭ ئوبوروت قېتىمى (يىل/قېتىم) 流动资产周转次数 (次/年)
塔城地区	**تارباغاتاي ۋىلايىتى**	**7.20**	**0.74**	**0.74**	**1.04**
塔城市	چۆچەك شەھىرى	5.70	－0.19	－0.18	1.30
额敏县	دۆربىلجىن	7.76	0.59	0.59	1.11
乌苏县	شىخو	9.20	2.55	2.69	1.06
沙湾县	ساۋەن	8.35	2.09	2.11	1.26
托里县	تولى	－3.85	－6.88	－6.26	0.82
裕民县	چاغانتوقاي	7.18	4.54	4.54	0.62
和布克赛尔县	قوبۇقسار	10.28	1.24	1.30	0.63
阿勒泰地区	**ئالتاي ۋىلايىتى**	**0.93**	**－5.06**	**－4.90**	**0.80**
阿勒泰市	ئالتاي شەھىرى	－5.46	－14.38	－12.94	0.70
布尔津县	بۇرچىن	7.07	2.77	2.89	0.89
富蕴县	كۆكتوقاي	19.80	17.39	21.08	1.06
福海县	بۇرۇلتوقاي	3.71	2.86	2.98	0.93
哈巴河县	قابا	1.70	－0.33	－0.33	0.95
青河县	چىڭگىل	5.70	2.15	2.08	0.99
吉木乃县	جېمىنەي	2.83	－3.16	－3.05	0.86
博州	**بۆرتالا ئوبلاستى**	**－12.24**	**－21.69**	**－18.08**	**1.02**
博乐市	بۆرتالا شەھىرى	－17.23	－27.23	－22.07	0.96
精河县	جىڭ	3.34	0.65	0.59	1.65
温泉县	ئارشاڭ	5.27	4.13	4.18	1.01
巴州	**بايىنغولىن ئوبلاستى**	**7.57**	**0.46**	**0.46**	**0.78**
库尔勒市	كورلا شەھىرى	8.40	1.05	1.04	0.78
轮台县	بۈگۈر	9.63	7.80	8.21	1.62
尉犁县	لوپنور	8.86	6.47	6.57	0.84
若羌县	چاقىلىق	4.26	2.83	2.83	0.32
且末县	چەرچەن	5.80	1.75	1.79	1.06
焉耆县	يەنجى	1.27	－5.34	－4.90	0.82
和静县	خېجىڭ	－2.17	－8.73	－8.09	0.80
和硕县	خوشۇت	－0.18	－6.05	－5.37	0.79
博湖县	باغراش	12.80	9.38	10.45	1.18
阿克苏地区	**ئاقسۇ ۋىلايىتى**	**5.02**	**1.60**	**1.60**	**1.19**
阿克苏市	ئاقسۇ شەھىرى	2.89	－0.82	－0.80	1.06
温宿县	ئاقسۇ كونا شەھەر	4.95	3.38	3.68	1.04
库车县	كۇچا	8.11	4.08	4.24	1.14

9—15 续表 5 داۋامى

地区 رايونلار	مەھسۇلات قىممىتىنىڭ پايدا-باج نىسبىتى 产值利税率（%）	يۈز يۈەن سېتىش كىرىمى ئىشقا ئاشۇرغان پايدا (يۈەن) 百元销售收入实现利润（元）	سانائەت تەننەرق خىراجىتىنىڭ پايدا نىسبىتى 工业成本费用利润率（%）	كۆچمە مۈلۈكنىڭ ئوبوروت قېتىمى (يىل/قېتىم) 流动资产周转次数（次/年）
沙雅县 شايار	12.14	8.12	8.60	3.16
新和县 توقسۇ	11.54	11.63	13.00	1.90
拜城县 باي	9.26	2.08	2.12	2.75
乌什县 ئۇچتۇرپان	5.88	3.50	3.45	1.20
阿瓦提县 ئاۋات	11.46	11.91	13.27	1.37
柯坪县 كەلپىن	1.23	－0.03	－0.03	7.57
克州 قىزىلسۇ ئوبلاستى	**－2.61**	**－15.18**	**－13.06**	**0.82**
阿图什市 ئاتۇش شەھىرى	10.13	3.30	3.45	0.65
阿克陶县 ئاقتو	10.81	9.01	9.80	1.14
阿合奇县 ئاقچى	－0.81	－12.41	－10.14	0.72
乌恰县 ئۇلۇغچات	－30.08	－43.81	－30.03	0.73
喀什地区 قەشقەر ۋىلايىتى	**7.08**	**0.76**	**0.76**	**1.38**
喀什市 قەشقەر شەھىرى	5.91	－2.61	－2.56	1.37
疏附县 قەشقەر كونا شەھەر	9.43	11.48	13.17	0.97
疏勒县 قەشقەر يېڭىشەھەر	－2.99	－9.26	－8.54	0.70
英吉沙县 يېڭىسار	13.97	8.20	8.36	1.16
泽普县 پوسكام	10.22	7.53	7.85	1.57
莎车县 يەكەن	10.13	5.64	5.76	1.55
叶城县 قاغىلىق	9.81	3.51	3.78	1.65
麦盖提县 مەكىت	13.51	13.92	16.01	2.54
岳普湖县 يوپۇرغا	9.05	7.83	8.23	2.24
伽师县 پەيزىۋات	16.77	11.51	13.08	1.93
巴楚县 مارالبېشى	4.05	2.02	2.02	3.50
塔什库尔干县 تاشقورغان	－10.30	－12.67	－10.35	0.71
和田地区 خوتەن ۋىلايىتى	**2.80**	**－3.78**	**－3.64**	**1.44**
和田市 خوتەن شەھىرى	0.32	－7.44	－6.89	1.78
和田县 خوتەن ناھىيىسى	14.62	10.19	11.50	0.72
墨玉县 قاراقاش	9.10	11.26	12.59	2.05
皮山县 گۇما	14.09	7.58	8.37	1.34
洛浦县 لوپ	2.30	－1.22	－1.18	1.06
策勒县 چىرا	4.13	3.75	3.48	2.05
于田县 كېرىيە	－7.20	－12.42	－11.85	1.20
民丰县 نىيە	－1.32	－7.58	－7.48	1.83

شەھەر-يېزىلاردىكى بىرلەشمە سانائەت ۋە شەھەر-يېزىلاردىكى يەككە سانائەتنىڭ ئاساسلىق كۆرسەتكۈچلىرى

9—16 城乡联营工业和城乡个体工业主要指标

(1995年 -يىل)

指标 كۆرسەتكۈچ		ئائىلە سانى (ئائىلە) 户数(个)	كەسپتىكى ئادەم (نەپەر) 从业人数(人)	سانائەت ئومۇمىي مەھسۇلات قىممىتى (ھازىرقى باھا) (تۈمەن يۈەن) 工业总产值(现价新规定)(千元)	باج (تۈمەن يۈەن) 上交税金(千元)	ئۆز مەبلىغى (تۈمەن يۈەن) 自有资金(千元)
总计	**جەمئىي**	**41 349**	**121 648**	**2 692 799**	**109 145**	**804 515**
轻工业	يېنىك سانائەت	34 975	83 485	1 778 697	72 617	532 732
重工业	ئېغىر سانائەت	6 374	38 163	914 102	36 528	271 783
城镇合作经营工业	**شەھەر-بازار ھەمكارلىق سانائىتى**	**216**	**3 823**	**199 787**	**6 614**	**49 929**
轻工业	يېنىك سانائەت	116	1 354	85 315	2 977	17 583
重工业	ئېغىر سانائەت	100	2 469	114 472	3 637	32 346
农村合作经营工业	**يېزا ھەمكارلىق سانائىتى**	**355**	**7 117**	**240 562**	**7 715**	**71 483**
轻工业	يېنىك سانائەت	193	2 576	141 672	4 312	34 351
重工业	ئېغىر سانائەت	162	4 541	98 890	3 403	37 132
私营工业	**خۇسۇسىي سانائەت**	**1 414**	**20 209**	**631 523**	**27 340**	**291 422**
轻工业	يېنىك سانائەت	858	10 810	333 491	14 340	180 662
重工业	ئېغىر سانائەت	556	9 399	298 032	13 000	110 760
城镇个体工业	**شەھەر-بازار يەككە سانائىتى**	**15 574**	**32 313**	**520 360**	**21 708**	**115 589**
轻工业	يېنىك سانائەت	13 576	25 484	407 859	16 191	90 316
重工业	ئېغىر سانائەت	1 998	6 829	112 501	5 517	25 273
农村个体工业	**يېزا يەككە سانائىتى**	**23 790**	**58 186**	**1 100 567**	**45 768**	**276 092**
轻工业	يېنىك سانائەت	20 232	43 261	810 360	34 797	209 820
重工业	ئېغىر سانائەت	3 558	14 925	290 207	10 971	66 272

ئاساسلىق سانائەت مەھسۇلاتلىرى مىقدارى

9—17 主要工业产品产量

产品名称	مەھسۇلات نامى	1994年 -يىل	1995年 -يىل	1995-يىل 1994-يىلنىڭ (%) 1995年为1994年(%)
原煤(吨)	كۆمۈر (توننا)	26 332 900	27 207 355	103.32
冶炼用炼焦洗精煤(吨)	يۇيۇلغان كۆمۈر (توننا)	295 000	267 539	90.69
天然原油(吨)	نېفىت (توننا)	11 566 200	12 678 253	109.61
天然气(万立方米)	تەبئى گاز (كۇپ مېتر)	90 556	114 821	126.80
铁矿石原矿量(吨)	خام تۆمۈر رودىسى (توننا)	1 267 000	1 297 568	102.41
铁矿石成品矿(吨)	تەييار تۆمۈر رودىسى (توننا)	611 300	619 910	101.41
#铁精矿粉(吨)	بۇنىڭ ئىچىدە: تۆمۈر ساپ رودىسى (توننا)	377 100	421 799	111.85
锰矿石原矿量(吨)	خام مانگان رودىسى (توننا)	3 395	5 650	166.42
铬矿石原矿量(吨)	خام خىروم رودىسى (توننا)	28 798	52 750	183.17
铜金属含量(铜精矿含铜量)(吨)	ساپ مىس رودىسىدىكى مىس تەركىبى (توننا)	2 544	4 209	165.45
石灰石(吨)	هاك (توننا)	2 649 600	3 502 911	132.21
耐火粘土成品矿(吨)	ئوتقا چىداملىق توپا تەييار رودىسى (توننا)	49 857	52 692	105.69
硫铁矿(折硫 35%)(吨)	تۆمۈر سولفات رودىسى ئىشلەپچىقىرىش مىقدارى (توننا)	8 200	2 902	35.39
原盐(吨)	تۇز (توننا)	399 425	259 758	65.03
石棉(吨)	تاش پاختا (توننا)	67 500	46 330	68.64
工业原料云母(吨)	سانائەت خامئەشيا چىرىمتالى (توننا)	515	1 833	355.92
石膏(吨)	گىپىس (توننا)	136 383	123 550	90.59
工业原料滑石(吨)	سانائەت خامئەشيا تالكى (توننا)	19 647	22 449	114.26
木材(立方米)	ياغاچ (كۇپ مېتر)	290 500	283 013	97.42
#原木(立方米)	بۇنىڭ ئىچىدە: ئەن ياغاچ (كۇپ مېتر)	287 300	280 481	97.63
工业木材(立方米)	سانائەت ياغىچى (كۇپ مېتر)	289 100	282 812	97.82
发电量(万千瓦小时)	توك تارقىتىش مىقدارى (تۈمەن كىلوۋات سائەت)	1 061 683	1 204 284	113.43
#火电(万千瓦小时)	جەمئىي ئىچىدە: ئوت توك (تۈمەن كىلوۋات سائەت)	843 951	972 696	115.26
水电(万千瓦小时)	سۇ توك (تۈمەن كىلوۋات سائەت)	216 029	228 160	105.62
其它动力能发电(万千瓦小时)	باشقا ئېنېرگىيە توكى (تۈمەن كىلوۋات سائەت)	1 703	3 428	201.29
大米(吨)	گۈرۈچ (توننا)	126 500	109 566	86.61
小麦粉(吨)	بۇغداي ئۇن (توننا)	1 747 400	1 960 456	112.19
杂粮粉(吨)	قارا ئاشلىق ئۇنى (توننا)	13 268	10 045	75.71
食用植物油(吨)	يېمەكلىك ئۆسۈملۈك مېيى (توننا)	263 575	344 124	130.56
畜肉制品(吨)	گۆش مەھسۇلاتلار (توننا)	925	2 850	308.11
精制盐(吨)	ئاشتۇزى (توننا)	64 126	44 914	70.04
糖(吨)	شېكەر (توننا)	283 849	301 849	106.34
配合饲料(吨)	بىرىكمە يەم-خەشەك (توننا)	195 399	246 356	126.08
混合饲料(吨)	ئارلاشما يەم-خەشەك (توننا)	204 437	338 851	165.75
糖果(吨)	كەمپىت (توننا)	12 049	7 751	64.33
乳制品(吨)	سۈت مەھسۇلاتلار (توننا)	9 615	9 752	101.42
#奶粉(吨)	بۇنىڭ ئىچىدە: سۈت پاراشوكى (توننا)	9 182	9 220	100.41
罐头(吨)	كونسىرۋا (توننا)	64 822	90 603	139.77

9—17 续表 1 داۋامى

مەھسۇلات نامى 产 品 名 称		1994 年 -يىل	1995 年 -يىل	1995-يىل 1994-يىلنىڭ 1995 年为 1994 年(%)
味精(吨)	تېتىتقۇ(توننا)	1 876	3 138	167.27
酱油(吨)	جاڭيۇ (توننا)	19 195	20 306	105.79
发酵酒精(吨)	ئېچىتىلغان ئىسپىرت(توننا)	30 464	47 769	156.80
饮料酒(吨)	ھاراق(توننا)	219 382	249 481	113.72
#白酒(吨)	جەمئى ئىچىدە: ئاق ھاراق (توننا)	84 603	73 840	87.28
啤酒(吨)	پىۋا(توننا)	124 141	165 321	133.17
黄酒(吨)	سېرىق ھاراق (توننا)	402	371	92.29
葡萄酒(吨)	ئۈزۈم ھارىقى (توننا)	8 917	9 682	108.58
果露酒(吨)	مېۋە ھارىقى (توننا)	1 319	267	20.24
软饮料(吨)	ئىسپىرتسىز ئىچىملىك (توننا)	24 271	35 110	144.66
冷冻饮品(吨)	مۇزلىتىلغان ئىچىملىك (توننا)	9 766	11 331	116.02
卷烟(箱)	قاپلىق تاماكا(ساندۇق)	127 810	136 049	106.45
纱(吨)	پىلتە يىپ (توننا)	197 553	244 689	123.86
#棉纱(吨)	جەمئى ئىچىدە: پاختا پىلتە يىپ (توننا)	197 482	244 669	123.89
混纺纱(吨)	ئارىلاش پىلتە يىپ (توننا)	71	20	28.17
线(吨)	يىپ (توننا)	8 336	10 081	120.93
布(万米)	رەخت(تۈمەن مېتر)	28 171	30 460	108.12
#棉布(万米)	جەمئى ئىچىدە: پاختا يىپ (تۈمەن مېتر)	28 069	30 223	107.67
混纺交织布(万米)	پاختا ئارىلاش رەخت(تۈمەن مېتر)	99	98	99.46
纯化纤布(万米)	ساپ خىمىيە رەخت(تۈمەن مېتر)	4	139	3 766.94
印染布(万米)	گۈل بېسىلغان ۋە بويالغان رەخت (تۈمەن مېتر)	2 542	5 791	227.87
#漂白布(万米)	جەمئى ئىچىدە: ئاق رەخت (تۈمەن مېتر)	1 500	4 224	281.54
染色布(万米)	بويالغان رەخت (تۈمەن مېتر)	847	1 442	170.12
印花布(万米)	گۈللۈك رەخت (تۈمەن مېتر)	194	126	64.97
毛巾(万条)	لۆڭگە(تۈمەن دانە)	1 148	1 459	127.17
床褥单(万条)	كىرلىك (تۈمەن دانە)	32	39	119.43
绒线(毛线)(吨)	تىۋىتلىق يىپ (توننا)	2 570	2 286	88.95
#纯毛绒线(吨)	جەمئى ئىچىدە: ساپ يۇڭ تىۋىتلىق يىپ (توننا)	2 501	2 186	87.40
毛混纺绒线(吨)	يۇڭ ئارىلاش يىپ (توننا)	18	70	388.89
纯化纤绒线(吨)	ساپ خىمىيە يىپ (توننا)	51	30	58.82
呢绒(万米)	يۇڭ توقۇلما (تۈمەن مېتر)	1 352	1 262	93.32
#纯毛毛织品(万米)	ئىچىدە: ساپ يۇڭ بويۇم (تۈمەن مېتر)	1 234	1 172	94.98
毛混纺交织品(万米)	يۇڭ ئارىلاش بويۇم(تۈمەن مېتر)	118	86	73.45
毛毯(万条)	يۇڭ ئەديال (تۈمەن دانە)	17	8	47.99
工业用毡(吨)	سانائەت كىگىزى (توننا)	174	307	176.44
丝(吨)	يىپەك (توننا)	442	421	95.25
丝织品(万米)	يىپەك بويۇم (تۈمەن مېتر)	181	154	85.19
针棉织品折用纱线量(吨)	ئىلمە توقۇلما بويۇم يىپقا سۇندۇرۇلغان(توننا)	5 826	6 951	119.31
针棉织品折用化纤长丝量(吨)	ئىلمە توقۇلما بويۇم خىمىيە تالاغا سۇندۇرۇلغان (توننا)	203	204	100.49

9—17 续表 2 داۋامى 2

产品名称	مەھسۇلات نامى	1994 年 -يىل	1995 年 -يىل	1995 年为 1994 年(%) 1995-يىل 1994-يىلنىڭ
袜子(万双)	پايپاق (تۈمەن جۈپ)	92	96	104.30
服装(万件)	كىيىم (تۈمەن دانە)	1 978	1 963	99.23
#棉毛类衫裤(万件)	ئىچىدە: پاختا-يۇڭ كۆينەك-ئىشتان (تۈمەن دانە)	381	363	95.15
绒布类衫裤(万件)	بۇمازى كۆينەك-ئىشتان (تۈمەن دانە)	52	23	44.23
缝制帽(顶)	تىكىلگەن باش كىيىم (دانە)	646 500	282 141	43.64
布鞋(万双)	رەخت ئاياغ (تۈمەن جۈپ)	125	151	121.47
鞣制皮革(折含牛皮)(张)	خۇرۇم (كالا تېرىسىگە سۇندۇرۇلغان. پارچە)	670 000	663 661	99.05
轻革(平方米)	يېپىز خۇرۇم (كۋادرات مېتىر)	1 476 820	1 437 363	97.33
重革(吨)	قېلىن خۇرۇم (توننا)	34	40	117.65
皮鞋(万双)	خۇرۇم ئاياغ (تۈمەن جۈپ)	100	122	121.97
革皮服装(件)	خۇرۇم كىيىم (دانە)	183 358	130 322	71.08
皮箱(只)	خۇرۇم چامادان (دانە)	13 636	21 326	156.39
皮毛套(副)	خۇرۇم پەلەي (جۈپ)	166 393	118 044	70.94
毛皮(折羊毛皮)(张)	تېرە (قوي تېرىسىگە سۇندۇرۇلغان) (پارچە)	546 230	743 817	136.17
毛皮服装(件)	تېرە كىيىم (قۇر)	83 800	87 425	104.33
锯材(立方米)	ھەرىدەلگەن ياغاچ (كۇپ مېتىر)	200 700	313 030	155.97
人造板(立方米)	سۈنئىي تاختا (كۇپ مېتىر)	58 060	47 277	81.43
#胶合板(立方米)	ئىچىدە: پەنەركە (كۇپ مېتىر)	28 466	3 007	10.56
纤维板(立方米)	ياغاچ تالالىق تاختا (كۇپ مېتىر)	13 492	17 349	128.59
刨花板(立方米)	قىرىندى تاختاي (كۇپ مېتىر)	15 962	25 375	158.97
家具(万件)	ئائىلە جابدۇقى (تۈمەن دانە)	88	150	171.06
#木制家具(万件)	ئىچىدە: ياغاچ جابدۇق (تۈمەن دانە)	75	116	154.79
钢木家具(万件)	تۆمۈر جابدۇق (تۈمەن دانە)	9	7	78.37
纸浆(吨)	قەغەز بوتقا (توننا)	156 783	190 853	121.73
机制纸及纸板(吨)	فابرىكا قەغىزى، قەغەز تاختا (توننا)	145 674	180 440	123.87
#机制纸(吨)	جەمئىي ئىچىدە: فابرىكا قەغىزى (توننا)	72 654	76 205	104.89
#凸版纸(吨)	ئىچىدە: كۆپۈنكى قەغەز (توننا)	20 130	18 439	91.60
机制纸板(吨)	فابرىكا قەغەز تاختىسى (توننا)	73 020	104 235	142.75
本册(万本)	دەپتەر (تۈمەن دانە)	4 415	3 810	86.30
民族弦乐器(把)	مىللىي تارلىق چالغۇ (دانە)	120	141	117.50
民族弹拨乐器(个)	مىللىي چەكمە چالغۇ (دانە)	2 021	3 974	196.64
玉雕(万元)	قاشتېشى ئۆيما (دانە)	87	234	268.30
原油加工量(万吨)	نېفىت چەكلەش مىقدارى (تۈمەن توننا)	644	690	107.11
汽油(万吨)	بېنزىن (تۈمەن توننا)	175	179	102.26
溶剂油(吨)	ئېرىتكۈچى ماي (توننا)	9 498	8 441	88.87
煤油(吨)	كىرسىن (توننا)	155 206	158 066	101.84
柴油(吨)	دىزىل (توننا)	2 140 724	2 318 832	108.32
润滑油(吨)	سىلىقلاشتۇرۇش مېيى (توننا)	237 870	301 891	126.91
燃料油(吨)	يېقىلغۇ ماي (توننا)	1 163 509	1 112 191	95.59

9—17 续表 3 داۋامى

产品名称	مەھسۇلات نامى	1994 年 -يىل	1995 年 -يىل	1995-يىل 1994-يىلنىڭ 1995 年为 1994 年(%)
石油焦(吨)	نېفىت كوكس (توننا)	104 213	143 851	138.04
石油沥青(吨)	نېفىت ئاسفالتى (توننا)	162 436	167 712	103.25
液化石油气(吨)	سۇيۇق نېفىت گازى (توننا)	136 232	166 793	122.43
炼厂干气(吨)	نېفىت چەكلەش زاۋۇتىنىڭ قۇرۇق گازى (توننا)	167 821	149 609	89.15
焦炭(吨)	كوكس (توننا)	846 161	917 754	108.46
#机械化焦炉生产的焦炭(吨)	ئىچىدە: ماشىنىلاشقان پېچ كوكسى (توننا)	417 697	502 976	120.42
煤气(万立方米)	كۆمۈر گازى (تۈمەن كۇپ مېتر)	90 437	109 540	121.12
硫酸(折 100%)(吨)	سولفات كىسلاتا (توننا)	71 392	88 491	123.95
盐酸(含量 31%以上)(吨)	تۇز كىسلاتا (توننا)	29 303	31 512	107.54
氢氧化钠(烧碱)(折 100%)(吨)	ناترىي گىدروكسىد (ئويغۇچى ناترىي) (توننا)	21 004	24 732	117.75
碳酸钠(纯碱)(吨)	ناترىي كاربونات (ساپ شولتا) (توننا)	56 427	42 738	75.74
硫化碱(吨)	شۇلتا سولفىد (توننا)	100 939	132 778	131.54
无水硫酸钠(元明粉、无水芒硝)(吨)	سۇسىز گىلائۇبېر تۇزى (توننا)	212 954	312 388	146.69
硝酸钾(吨)	كالىي نىترات (توننا)	5 095	5 461	107.18
硝酸钠(吨)	ناترىي نىترات (توننا)	5 193	6 013	115.79
氯酸钾(吨)	كالىي خىلورات (توننا)	1 891	2 927	154.79
碳化钙(电石)(折 300 升/千克)(吨)	كالتسىي كاربىت (توننا)	12 040	12 344	102.52
合成氨(吨)	بىرىكمە ئاممىياك (توننا)	450 439	492 754	109.39
商品液氯(吨)	سۇيۇق خىلور (توننا)	5 835	7 233	123.96
农用氮、磷、钾化学肥料总计(折纯)(吨)	جەمئىي ئازوت، فوسفور، كالىي ئوغۇتى (توننا ساپقا سۇندۇرۇلغان)	345 700	383 279	110.87
#氮肥(折含 N100%)(吨)	ئىچىدە: ئازوت ئوغۇتى (توننا)	330 279	365 941	110.80
#尿素(吨)	ئۇرىيە (توننا)	321 184	354 532	110.38
磷肥(折含 $P_2O_5$100%)(吨)	فوسفور (توننا)	15 421	17 332	112.39
合成复合肥料(实物量)(吨)	بىرىكمە ئوغۇت (توننا))	13 284	14 211	106.98
油漆(吨)	سىر (توننا)	15 087	17 403	115.35
塑料树脂及共聚物(吨)	سۇلىياۋ يېلىم ھەم ئورتاق پولىمېرلانغان ماددىلار (توننا)	25 698	81 317	316.43
化学试剂(吨)	خىمىيە تەجرىبە دورىسى (توننا)	219	206	94.06
肥皂(吨)	سوپۇن (توننا)	3 324	2 517	75.72
合成洗涤剂(吨)	بىرىكمە كىر يۇيۇش سۇيۇقلۇقى (توننا)	21 726	20 718	95.36
硬脂酸(吨)	سىتېرات كىسلاتاسى (توننا)	545	529	97.06
火柴(万件)	سەرەڭگە (تۈمەن قاپ)	42	47	113.07
骨胶(吨)	سۆڭەك يېلىمى (توننا)	243	202	83.13
明胶(吨)	سۈزۈك يېلىم (توننا)	4	166	4 150.00
化学原料药(吨)	خىمىيە خام ئەشيالىق دورا (توننا)	322	695	215.84
中成药(吨)	جۇڭيى تەييار دورىسى (توننا)	1 188	2 968	249.83
轮胎外胎(条)	باللون (دانە)	479 400	606 133	126.44
轮胎内胎(条)	كامېر (دانە)	505 800	629 951	124.55
输送带(平方米)	ئۆزۈتۈش تاسمىسى (كۋادرات مېتر)	33 280	34 087	102.42
普通 V 带(三角带)(A 米)	ئۈچ قىرلىق تاسما (A مېتر)	2 233 000	2 238 763	100.26

9—17 续表 4 داۋامى

产品名称	مەھسۇلات نامى	1994年 -يىل	1995年 -يىل	1995-يىل 1994-يىلنىڭ 1995年为1994年(%)
橡胶胶管(万标米)	رېزىنكە تۇربا(تۈمەن ئۆلچەملىك مېتر)	109	114	104.19
胶鞋(万双)	رېزىنكە ئاياغ (جۈپ)	150	204	135.87
塑料制品(吨)	سۇلياۋ بۇيۇم (توننا)	75 601	100 739	133.25
#聚氯乙烯制品(吨)	ئىچىدە: پولى ۋىنىل خلورد بۇيۇم(توننا)	7 592	6 640	87.46
聚乙烯制品(吨)	پولى ئېتىلېن بۇيۇم (توننا)	49 086	76 330	155.50
聚丙烯制品(吨)	پولى پىروپىلېن بۇيۇم (توننا)	10 570	11 818	111.81
#塑料薄膜(吨)	ئىچىدە: سۇلياۋ يوپۇق (توننا)	47 813	62 967	131.69
#农业用薄膜(吨)	ئىچىدە: يېزا ئىگىلىكتە ئىشلىتىدىغان نېپىز يوپۇق (توننا)	44 103	58 826	133.38
塑料板片材(吨)	سۇلياۋ تاختا، ياپراقچە (توننا)	964	259	26.87
水泥熟料(吨)	سېمونت پىششىق ماتېرىيالى (توننا)	3 464 900	3 677 777	106.14
水泥(吨)	سېمونت (توننا)	4 482 600	4 898 847	109.29
水泥排水管(千米)	سېمونت سۇ چىقىرىش تۇربىسى (كىلومېتر)	268	430	160.45
水泥排水管(吨)	سېمونت سۇ چىقىرىش تۇربىسى (توننا)	46 644	67 912	145.60
水泥压力管(千米)	بېسىمغا چىداشلىق سېمونت تۇربا(كىلومېتر)	81	138	170.37
水泥压力管(吨)	بېسىمغا چىداشلىق سېمونت تۇربا(توننا)	18 574	14 850	79.95
水泥电杆(根)	سېمونت ستولبا (دانە)	66 027	94 271	142.78
水泥电杆(吨)	سېمونت ستولبا (توننا)	44 839	63 211	140.97
水泥轨枕(根)	سېمونت شپال (دانە)	707 085	75 046	10.61
水泥轨枕(吨)	سىمونت شپال (توننا)	177 507	18 840	10.61
水泥砖(万块)	سېمونت خىش (تۈمەن دانە)	206	296	143.73
水泥预制构件(立方米)	بېتون (كۇب مېتر)	685 782	738 228	107.65
砖(折标准砖)(万块)	خىش (تۈمەن دانە)	657 402	623 701	94.87
瓦(万片)	كاھىش (تۈمەن پارچە)	1 539	479	31.10
大理石板材(平方米)	تاختا مەرمەر تاش (كوۋادرات مېتر)	20 112	34 169	169.89
花岗石板材(平方米)	تاختا گرانىت (كوۋادرات مېتر)	47 577	97 149	204.19
水磨石板材(平方米)	بىلەنمە تاش (كوۋادرات مېتر)	35 012	68 369	195.27
平板玻璃(重量箱)	تاختا ئەينەك (ساندۇق)	497 588	575 474	115.65
平板玻璃(平方米)	تاختا ئەينەك (كۋادرات مېتر)	3 109 760	3 758 221	120.85
日用玻璃制品(吨)	كۈندىلىك ئەينەك بۇيۇم (توننا)	52 728	70 051	132.85
玻璃保温容器(万个)	ئەينەك چايدان (تۈمەن دانە)	230	50	21.56
卫生陶瓷(件)	تازىلىق ئۆيى فار-فورى (دانە)	161 148	115 931	71.94
日用陶瓷(万件)	كۈندىلىك فار-فور(تۈمەن دانە)	377	419	111.17
耐火材料制品(吨)	ئوتقا چىدامىلىق ماتېرىيال بۇيۇم (توننا)	66 228	83 505	126.09
石棉制品(吨)	تاشپاختا بۇيۇم (توننا)	244	1 188	486.89
玻璃纤维布(万米)	ئەينەك تالا رەخت (تۈمەن مېتر)	241	208	86.61
玻璃钢制品(吨)	ئەينەك پولات بۇيۇم (توننا)	383	1 247	325.59
人造富铁矿(吨)	سۈنئىي مول تۆمۈر رودىسى (توننا)	768 700	854 055	111.10
生铁(吨)	چۆيۈن (توننا)	684 351	695 302	101.60
#炼钢生铁(吨)	ئىچىدە: پولات چۆيۈنى (توننا)	537 734	543 276	101.03
铸造生铁(吨)	قۇيمىچىلىق چۆيۈنى (توننا)	146 617	152 015	103.68

9—17 续表 5 داۋامى

产品名称	مەھسۇلات نامى	1994 年 -يىل	1995 年 -يىل	1995-يىل 1994-يىلنىڭ 1995 年为 1994 年(%)
钢(吨)	پولات (توننا)	663 934	705 925	106.32
#普通钢(吨)	جەمئى ئىچىدە، ئادەتتىكى پولات (توننا)	586 124	647 611	110.49
#普通低合金钢(吨)	ئىچىدە، ئادەتتىكى تۆۋەن قېتىشمىلىق پولات (توننا)	222 971	258 002	115.71
优质钢(吨)	سۈپەتلىك پولات (توننا)	77 810	58 314	74.94
#合金钢(吨)	ئىچىدە، قېتىشماپولات (توننا)	38 581	25 516	66.14
成品钢材(吨)	تەييار پولات ماتېرىيالى (توننا)	577 118	665 525	115.32
#普通钢钢材(吨)	جەمئى ئىچىدە، ئادەتتىكى پولات ماتېرىيالى (توننا)	535 604	633 506	118.28
优质钢钢材(吨)	سۈپەتلىك پولات ماتېرىيالى (توننا)	41 514	32 019	77.13
#铁道用钢材(吨)	جەمئى ئىچىدە، تۆمۈر يول پولىتى ماتېرىيالى (توننا)		779	
普通大型钢材(吨)	ئادەتتىكى چوڭ پولات ماتېرىيالى (توننا)	1 157		
普通中型钢材(吨)	ئادەتتىكى ئوتتۇرا پولات ماتېرىيالى (توننا)	7 688	13 957	181.54
普通小型钢材(吨)	ئادەتتىكى كىچىك پولات ماتېرىيالى (توننا)	318 899	416 513	130.61
优质型钢材(吨)	سۈپەتلىك شەكىللىك پولات ماتېرىيالى (توننا)	26 996	20 113	74.50
线材(吨)	سىم ماتېرىيال (توننا)	220 133	212 059	96.33
带钢(吨)	تاسما پولات (توننا)	2 245		
改制钢材(吨)	ئۆزگەرتىلگەن پولات ماتېرىيالى (توننا)	11 799	5 480	46.44
铁合金(吨)	تۆمۈر قېتىشما (توننا)	14 682	13 540	92.22
铜(吨)	مىس (توننا)	1 216	460	37.83
铅(吨)	قوغۇشۇن (توننا)	2 144	275	12.83
镍(吨)	نىكېل (توننا)	1 438	1 054	73.30
铝(吨)	ئاليۇمىن (توننا)	27 545	28 137	102.15
镁(吨)	ماگنىي (توننا)	196	531	270.92
铝合金(吨)	ئاليۇمىن قېتىشما (توننا)	546	1 234	226.01
铝材(吨)	ئاليۇمىن ماتېرىيال (توننا)	457	2 461	538.51
铸铁管(吨)	قۇيما تۇربا (توننا)	22 203	164 377	740.34
金属切削工具(万件)	مېتال قىرىش سايمانلىرى (تۈمەن دانە)	100	218	218.46
手工工具(万把)	قول سانائەت سايمانلىرى (تۈمەن دانە)	2	45	2 971.33
金属门窗(吨)	مېتال ئىشىك-دەرىزە (توننا)	42 327	89 840	212.25
日用搪瓷制品(吨)	كۈندىلىك سىرلىق بۇيۇم (توننا)	1 524	1 777	116.60
日用精铝制品(吨)	كۈندىلىك ئاليۇمىن بۇيۇم (توننا)	42	213	507.14
锁(万把)	قۇلۇپ (تۈمەن دانە)	186	228	122.47
铸铁锅(万口)	قارا قازان (تۈمەن دانە)	36	57	158.73
工业锅炉(台)	سانائەت پار قازىنى (دانە)	1 006	2 507	249.20
工业锅炉(蒸吨)	سانائەت پار قازىنى (پار مىقدارى توننا)	2 439	3 256	133.50
金属切削机床(台)	ستانوك (دانە)	153	159	103.92
#车床(台)	ئىچىدە، قىرىش ستانوكى (دانە)	75	67	89.33
刨床(台)	يونۇش ستانوكى (دانە)	78	36	46.15
输送机械(吨)	توشۇش ماشىنىلىرى (توننا)	1 061	1 035	97.55

9—17 续表 6 داۋامى

产品名称	مەھسۇلات نامى	1994-يىل 1994年	1995-يىل 1995年	1995-يىل 1994-يىلنىڭ 1995年为1994年(%)
泵(台)	پومپا(دانە)	8 277	9 083	109.74
#工业泵(台)	ئىچىدە: سانائەت پومپىسى(دانە)	4 441	3 363	75.73
农业水泵(台)	يېزا ئىگىلىك سۇ پومپىسى(دانە)	3 836	5 704	148.70
风机(台)	يەل ماشىنىسى (دانە)	7 824	5 002	63.93
气体压缩机(台)	هاۋا كومپرېسسورى (دانە)	451	463	102.66
轴承(万套)	ئوق قازان (تۈمەن يۈرۈش)	91	95	104.43
低压阀门(吨)	تۆۋەن بېسىملىق كىلاپان (توننا)	289	26	9.00
标准紧固件(吨)	ئۆلچەملىك چىڭىتىش زاپچاسلىرى (توننا)	2 231	1 610	72.16
小型拖拉机(台)	كىچىك تىراكتور(دانە)	22 601	30 352	134.29
机引耕作机械(台)	چاتما تېرىقچىلىق ماشىنىلىرى (دانە)	5 388	10 810	200.63
种植机械(台)	تېرىقچىلىق ماشىنىلىرى (دانە)	9 297	10 807	116.24
联合收割机(台)	كومبايىن (دانە)	605	1 500	247.93
改装汽车(辆)	ئۆزگەرتىلگەن ئاپتوموبىل (دانە)	2 935	2 305	78.53
#载货改装车(辆)	جەمئىي ئىچىدە: ئۆزگەرتىلگەن يۈك ئاپتوموبىلى(دانە)	403	175	43.42
客车改装车(辆)	ئۆزگەرتىلگەن ئاپتوبوس (دانە)	281	136	48.40
自卸改装汽车(辆)	ئۆزگەرتىلگەن ئاپتوماتىك چۈشۈرۈش ئاپتوموبىلى (دانە)	1 192	1 016	85.23
牵引改装汽车(辆)	ئۆزگەرتىلگەن سۆرەش ئاپتوموبىلى (دانە)	678	801	118.14
专用改装汽车(辆)	ئۆزگەرتىلگەن مەخسۇس ئاپتوموبىل (دانە)	381	177	46.46
挂车(辆)	پىرىتسېپ (دانە)	1 913	243	12.70
摩托车(辆)	موتوسىكىلىت (دانە)	1 319	3 163	239.80
自行车零件(商品量)(万元)	ۋېلسىپىت زاپچىسى (تۈمەن يۈەن)	18	597	3 245.65
发电设备(千瓦)	گېنېراتور .(كىلوۋات)	2 860	10 880	380.42
#水轮发电机组(千瓦)	بۇنىڭ ئىچىدە: سۇ توربىنىلىق گېنېراتور (كىلوۋات)	2 860	10 880	380.42
交流电动机(千瓦)	تۇراقسىز توك ماتورى (كىلوۋات)	207 700	214 133	103.10
变压器(万千伏安)	ترانسفورماتور(تۈمەن مىڭ ۋولت-ئامپېر-سائەت)	85	113	133.40
电力电缆(公里)	ئېلېكتر كابېل (كىلومېتر)	232	291	125.43
通讯电缆(公里)	ئالاقە كابېلى (كىلومېتر)	892	3 804	426.46
电线(公里)	ئېلېكتر سىم (كىلومېتر)	26 770	43 913	164.04
钢芯铝绞线(吨)	پولات ئۆزەكلىك ئاليومىن يۆگىمە سىم (توننا)	576	1 486	257.99
蓄电池(千伏安时)	ئاكۇلمۇياتور(مىڭ ۋولت-ئامپېر)	184 800	208 852	113.02
原电池(折一号电池)(万只)	باتارى (تۈمەن دانە) (1-نومۇرلۇق باتارېغا سۇندۇرۇلغان)	6 146	7 566	123.10
民用灯具(万只)	كۇندۇلۇك لامپۇچكا سايمانلىرى (تۈمەن دانە)	9	6	70.63
灯泡(万只)	لامپوچكا(تۈمەن دانە)	2 473	3 031	122.57
电子元件(万只)	ئېلېكترون زاپچاس (تۈمەن دانە)	205	77	37.72
#电容器(万只)	ئىچىدە: كوندېنساتور(تۈمەن دانە)	205	18	8.78
电视机(部)	تېلېۋىزور(دانە)	47 700	24 830	52.05
#彩色电视机(部)	رەڭلىك تېلېۋىزور(دانە)	17 451	5 870	33.64
台秤和案秤(台)	گىر ۋە ئۈستەل گىرى (دانە)	9 269	3 664	39.53

رايونلارغا بۆلۈنگەن ئاساسلىق سانائەت مەھسۇلات مىقدارى

9—18 分地区主要工业产品产量

（ 1995年 -يىل ）

地 区 رايونلار		生铁(吨) چۆيۈن (تونىا)	钢材(吨) پولات ماتېرىيال (تونىا)	铝(吨) ئاليۇمىن (تونىا)	发电量(万千瓦时) توك (تۈمەن كىلوۋات سائەت)	原煤(吨) كۆمۈر (تونىا)
总计	**جەمئىي**	**695 302**	**665 525**	**28 137**	**1 204 284**	**27 207 356**
乌鲁木齐市	ئۈرۈمچى شەھىرى	588 937	653 156	21 667	274 329	6 116 250
克拉玛依市	قاراماي شەھىرى		77		137 018	20 759
石河子市	شىخەنزە شەھىرى				35 893	
吐鲁番地区	تۇرپان ۋىلايىتى	17 093	64		8 496	1 721 854
哈密地区	قۇمۇل ۋىلايىتى	12 691	2 413		41 514	2 566 399
昌吉州	سانجى ئوبلاستى	19 953	4 052	2 130	371 554	7 304 344
伊犁州	ئىلى ئوبلاستى	23 274	4 972	4 340	123 224	6 037 944
伊犁地区	ئىلى ۋىلايىتى	20 570	1 256	4 340	60 757	2 007 535
塔城地区	تارباغاتاي ۋىلايىتى	508	3 595		34 472	3 916 580
阿勒泰地区	ئالتاي ۋىلايىتى	2 196	121		16 205	113 829
博州	بۆرتالا ئوبلاستى		266		21 852	
巴州	بايىنغولىن ئوبلاستى	33 348			78 814	592 409
阿克苏地区	ئاقسۇ ۋىلايىتى	6	525		51 065	2 004 406
克州	قىزىلسۇ ئوبلاستى				4 173	182 600
喀什地区	قەشقەر ۋىلايىتى				40 216	222 528
和田地区	خوتەن ۋىلايىتى				16 136	437 862

地 区 رايونلار		焦炭(吨) كوكس (تونىا)	原油(吨) نېفىت (تونىا)	原油加工量(吨) چەكلەنگەن نېفىت (تونىا)	煤气生产量(万立方米) كۆمۈر گازى (تۈمەن كۇپ مېتر)	硫酸(吨) سولفات كىسلاتا (تونىا)
总计	**جەمئىي**	**917 754**	**12 678 253**	**6 899 004**	**109 540**	**88 491**
乌鲁木齐市	ئۈرۈمچى شەھىرى	506 817		2 328 484	108 868	11 633
克拉玛依市	قاراماي شەھىرى		7 938 868	4 560 658		
石河子市	شىخەنزە شەھىرى					9 376
吐鲁番地区	تۇرپان ۋىلايىتى		2 208 168			
哈密地区	قۇمۇل ۋىلايىتى	17 686				9 858
昌吉州	سانجى ئوبلاستى	271 012		8 436		41 935
伊犁州	ئىلى ئوبلاستى	29 507				6 384
伊犁地区	ئىلى ۋىلايىتى	26 507				
塔城地区	تارباغاتاي ۋىلايىتى					
阿勒泰地区	ئالتاي ۋىلايىتى	3 000				
博州	بۆرتالا ئوبلاستى					
巴州	بايىنغولىن ئوبلاستى	35 627	2 531 217		672	
阿克苏地区	ئاقسۇ ۋىلايىتى	56 175		1 426		9 151
克州	قىزىلسۇ ئوبلاستى	930				
喀什地区	قەشقەر ۋىلايىتى					154
和田地区	خوتەن ۋىلايىتى					

9—18 续表1 داۋامى1

地区	رايونلار	شولتا سولفىد (تونna) 硫化碱(吨)	خىمىيە ئوغۇت (تونna) 农用化肥(吨)	جۇڭيى تەييار دورىسى (تونna) 中成药(吨)	سېمونىت (تۈمەن تونna) 水泥(吨)	خىش (تۈمە دانە) 砖(万块)
总计	**جەمئىي**	**132 778**	**383 279**	**2 968**	**5 368 496**	**623 701**
乌鲁木齐市	ئۈرۈمچى ناھىيىسى		306 429	976	1 993 560	108 877
克拉玛依市	قاراماي شەھىرى		54 636			18 878
石河子市	شىخەنزە شەھىرى		322		13 580	8 824
吐鲁番地区	تۇرپان ۋىلايىتى	38 770	1 250		80 717	19 276
哈密地区	قۇمۇل ۋىلايىتى	75 211	3 506		238 770	8 962
昌吉州	سانجى ئوبلاستى	18 611	14 071	21	761 942	105 121
伊犁州	ئىلى ئوبلاستى		194	98	964 155	181 272
伊犁地区	ئىلى ۋىلايىتى			94	360 727	118 400
塔城地区	تارباغاتاي ۋىلايىتى		194		473 340	41 784
阿勒泰地区	ئالتاي ۋىلايىتى			4	130 088	15 720
博州	بۆرتالا ئوبلاستى	56			89 922	11 638
巴州	بايىنغولىن ئوبلاستى	130		998	389 523	35 002
阿克苏地区	ئاقسۇ ۋىلايىتى		2 871	559	485 478	53 798
克州	قىزىلسۇ ئوبلاستى				78 636	5 415
喀什地区	قەشقەر ۋىلايىتى			311	182 877	55 366
和田地区	خوتەن ۋىلايىتى			5	89 336	11 271

地区	رايونلار	سانائەت ياغىچى (تۈمەن كۇپ مېتر) 工业木材(立方米)	سۈنئىي تاختا (كۇپ مېتر) 人造板(立方米)	ئۆي جابدۇقى (تۈمەن دانە) 家具(件)	فابرىكا قەغىزى، قەغەز تاختا (تونna) 机制纸及纸板(吨)	گىلەم (كۋادرات مېتر) 地毯(平方米)
总计	**جەمئىي**	**282 812**	**47 277**	**1 496 763**	**180 440**	**109 281**
乌鲁木齐市	ئۈرۈمچى شەھىرى	8 524	3 644	449 963	31 136	25 878
克拉玛依市	قاراماي شەھىرى			14 368	149	
石河子市	شىخەنزە شەھىرى			17 860	23 121	1 110
吐鲁番地区	تۇرپان ۋىلايىتى			39 410	60	
哈密地区	قۇمۇل ۋىلايىتى	6 160	500	18 871	1 045	2 128
昌吉州	سانجى ئوبلاستى	26 456	13 883	235 746	50 556	8 713
伊犁州	ئىلى ئوبلاستى	227 547	18 095	381 404	23 675	14 654
伊犁地区	ئىلى ۋىلايىتى	153 269	11 644	141 516	12 702	6 398
塔城地区	تارباغاتاي ۋىلايىتى	12 236	6 585	102 723	3 966	1 012
阿勒泰地区	ئالتاي ۋىلايىتى	62 042	966	107 328	3 786	7 244
博州	بۆرتالا ئوبلاستى	5 091	411	58 644	284	50
巴州	بايىنغولىن ئوبلاستى	9 034	10 633	121 588	48 243	6 418
阿克苏地区	ئاقسۇ ۋىلايىتى			30 838	154	2 255
克州	قىزىلسۇ ئوبلاستى		111	3 928		1 807
喀什地区	قەشقەر ۋىلايىتى			120 356	1 830	2 705
和田地区	خوتەن ۋىلايىتى			3 779	187	43 563

9—18 续表 2 داۋامى

地区 رايونلار		يىپ (توننا) 纱(吨)	رەخت (تۈمەن مېتر) 布(万米)	يۇڭ يىپ (توننا) 毛线(吨)	يۇڭ توقۇلما (تۈمەن مېتر) 呢绒(万米)	يۇڭ ئەديىال (دانە) 毛毯(条)
总计	**جەمئىي**	**245 649**	**30 460**	**2 286**	**1 262**	**81 305**
乌鲁木齐市	ئۈرۈمچى شەھىرى	63 394	9 337	1 002	184	42 665
克拉玛依市	قاراماي شەھىرى	2 399	567			
石河子市	شىخەنزە شەھىرى	28 231	6 829	333	285	4 650
吐鲁番地区	تۇرپان ۋىلايىتى		1			
哈密地区	قۇمۇل ۋىلايىتى	8 595	20		7	100
昌吉州	سانجى ئوبلاستى	32 908	1 006	14	187	
伊犁州	ئىلى ئوبلاستى	23 866	2 512	764	555	28 609
伊犁地区	ئىلى ۋىلايىتى	45	1	302	503	24 429
塔城地区	تارباغاتاي ۋىلايىتى	8 294	1 060	87	3	196
阿勒泰地区	ئالتاي ۋىلايىتى			375	49	3 984
博州	بۆرتالا ئوبلاستى	7 716	40			
巴州	بايىنغولىن ئوبلاستى	30 265	5 030		22	11
阿克苏地区	ئاقسۇ ۋىلايىتى	12 373	858	173	22	5 202
克州	قىزىلسۇ ئوبلاستى					68
喀什地区	قەشقەر ۋىلايىتى	257 020	3 820			
和田地区	خوتەن ۋىلايىتى	10 182	440			

地区 رايونلار		يىپەك بويۇم (تۈمەن مېتر) 丝织品(万米)	پاختا-يۇڭ كۆينەك-ئىشتان (تۈمەن دانە) 棉毛类衫裤(万件)	كىيىم (تۈمەن دانە) 服装(万件)	خۇرۇم (پارچە) 鞣制皮革(折合牛皮)(张)	خۇرۇم ئاياغ (تۈمەن جۈپ) 皮鞋(万双)
总计	**جەمئىي**	**154**	**363**	**1 963**	**663 661**	**122**
乌鲁木齐市	ئۈرۈمچى شەھىرى		67	680	39 610	43
克拉玛依市	قاراماي شەھىرى			1		
石河子市	شىخەنزە شەھىرى		20	48		
吐鲁番地区	تۇرپان ۋىلايىتى			3	5 132	1
哈密地区	قۇمۇل ۋىلايىتى			20	5 269	
昌吉州	سانجى ئوبلاستى			427	103 893	32
伊犁州	ئىلى ئوبلاستى		45	275	396 042	31
伊犁地区	ئىلى ۋىلايىتى		3	99	254 726	19
塔城地区	تارباغاتاي ۋىلايىتى		5	30	40 306	6
阿勒泰地区	ئالتاي ۋىلايىتى			44	98 902	5
博州	بۆرتالا ئوبلاستى			14	5 487	1
巴州	بايىنغولىن ئوبلاستى	4	88	176	7 431	3
阿克苏地区	ئاقسۇ ۋىلايىتى	10	92	105	68 672	4
克州	قىزىلسۇ ئوبلاستى			13	6 102	
喀什地区	قەشقەر ۋىلايىتى		30	177	25 963	6
和田地区	خوتەن ۋىلايىتى	140	20	24		1

9－18 续表 3 داۋامى

رايونلار 地区		خورۇم كىيىم (دانە) 革皮服装(件)	ئاشتۇزى (توننا) 原盐(吨)	شېكەر (توننا) 糖(吨)	هاراق (توننا) 饮料酒(吨)	يېمەكلىك ئۆسۈملۈك مېيى(توننا) 食用植物油(吨)
总计	**جەمئىي**	**130 323**	**259 758**	**301 849**	**249 481**	**344 123**
乌鲁木齐市	ئۈرۈمچى شەھىرى	26 958	32 770		65 472	5 875
克拉玛依市	قاراماي شەھىرى	520	3 300		963	2 900
石河子市	شىخەنزە شەھىرى	973		34 821	3 223	5 695
吐鲁番地区	تۇرپان ۋىلايىتى	464	20 847		8 365	7 399
哈密地区	قۇمۇل ۋىلايىتى	7 061	74 110		4 421	2 704
昌吉州	سانجى ئوبلاستى	29 786	3 197	51 025	29 178	57 303
伊犁州	ئىلى ئوبلاستى	49 621	45 003	138 993	117 454	105 700
伊犁地区	ئىلى ۋىلايىتى	5 463		93 306	57 255	44 236
塔城地区	تارباغاتاي ۋىلايىتى	4 600	43 303	26 001	55 154	52 947
阿勒泰地区	ئالتاي ۋىلايىتى	39 308	1 700	19 686	1 309	7 728
博州	بۆرتالا ئوبلاستى	861	26 963	14 826	617	20 719
巴州	بايىنغولىن ئوبلاستى	3 627	17 761	42 481	1 580	16 089
阿克苏地区	ئاقسۇ ۋىلايىتى	7 525	14 903	19 703	13 409	50 292
克州	قىزىلسۇ ئوبلاستى	971	16 507		2	1 630
喀什地区	قەشقەر ۋىلايىتى	918	3 690		3 792	61 164
和田地区	خوتەن ۋىلايىتى	1 037	707		1 005	6 654

رايونلار 地区		سۈت بۇيۇم (توننا) 乳制品(吨)	كونسېرۋا (توننا) 罐头(吨)	سۇلياۋ بۇيۇم (توننا) 塑料制品(吨)	پولات قۇيما زاپچاس (توننا) 铸钢件(吨)	قۇيما تۆمۈر زاپچاس (توننا) 铸铁件(吨)
总计	**جەمئىي**	**9 752**	**90 603**	**100 739**	**22 105**	**26 813**
乌鲁木齐市	ئۈرۈمچى شەھىرى	354	6 501	36 297	21 145	18 338
克拉玛依市	قاراماي شەھىرى	274		2 004		409
石河子市	شىخەنزە شەھىرى	944	6 190	11 246		477
吐鲁番地区	تۇرپان ۋىلايىتى		4 616	624		
哈密地区	قۇمۇل ۋىلايىتى	4	1 750	982		326
昌吉州	سانجى ئوبلاستى	298	14 879	7 653	553	2 139
伊犁州	ئىلى ئوبلاستى	7 610	26 716	10 260	79	4 102
伊犁地区	ئىلى ۋىلايىتى	4 224	101	1 963	39	2 468
塔城地区	تارباغاتاي ۋىلايىتى	2 312	5 222	6 449	20	595
阿勒泰地区	ئالتاي ۋىلايىتى	1 074	413	142	20	1 039
博州	بۆرتالا ئوبلاستى	25	30	1 303		
巴州	بايىنغولىن ئوبلاستى	183	28 225	5 379	45	235
阿克苏地区	ئاقسۇ ۋىلايىتى	60	1 194	14 260	283	574
克州	قىزىلسۇ ئوبلاستى					
喀什地区	قەشقەر ۋىلايىتى		444	7 247		213
和田地区	خوتەن ۋىلايىتى		58	3 484		

چوڭ، ئوتتۇرا سانائەت كارخانىلىرىنىڭ ئاساسلىق كۆرسەتكۈچى

9—19 大中型工业企业主要指标

企业详细名称 كارخانىنىڭ تەپسىلى نامى		سانائەت ئومۇمىي مەھسۇلات قىممىتى (ھازىرقى باھا، يېڭى بەلگىلىمە، (مىڭ يۈەن) 工业总产值(现价新规定)(千元)	سانائەت قوشۇلغان قىممىتى (مىڭ يۈەن) 工业增加值(千元)	بارلىق ئىشچى-خىزمەتچىلەرنىڭ ئوتتۇرىچە سانى (نەپەر) 全部职工平均人数(人)	كۆچمە مۈلۈكنىڭ ئوتتۇرىچە قالدۇقى (مىڭ يۈەن) 流动资产平均余额(千元)
新疆艾维尔沟煤矿	ش ئېۋىرغول كۆمۈر كېنى	76 883	41 640	3 155	56 058
乌鲁木齐矿务局	ئۈ كان ئىدارىسى	158 682	128 276	10 222	205 435
哈密矿务局	قۇمۇل كان ئىدارىسى	249 425	169 535	11 056	220 790
新疆兵团四师工矿厂	بىڭتۇەن 4-دىۋىزىيە زاۋۇت-كان بىرلەشمە زاۋۇتى	19 400	7 182	1 529	11 387
新疆维吾尔自治区石油管理局	ش نېفىت ئىدارىسى	12 168 470	5 909 550	114 131	6 563 270
新疆吐鲁番哈密石油勘探开发指挥部	تۇرپان-قۇمۇل نېفىتلىكى قوماندانلىق شتابى	2 225 040	1 367 760	21 206	2 091 825
塔里木石油勘探开发指挥部	تارىم نېفىت قوماندانلىق شتابى	2 789 520	2 028 950	4 650	4 250 080
新疆雅满苏矿	يامانسۇ كېنى	64 076	41 745	1 461	83 834
新疆有色阿勒泰矿	ش رەڭلىك مېتال شىركىتى ئالتاي كېنى	11 582	4 831	1 102	10 877
国营七三一矿	دۆلەت ئىگىلىكىدىكى 731-كان			392	46
国营七三五矿	دۆلەت ئىگىلىكىدىكى 735-كان			334	7 270
新疆盐湖化工厂	《يەنخۇ》تۇز خىمىيە زاۋۇتى	70 124	30 842	1 998	73 159
新疆哈密地区盐化总厂	قۇمۇل تۇز خىمىيە زاۋۇتى	26 173	10 334	1 750	35 165
和布克赛尔蒙古自治县盐场	قوبۇقسار ناھىيىلىك تۇز مەيدانى	6 860	2 767	234	11 748
若羌县石棉矿	چاقىلىق ناھىيىلىك تاشپاختا كېنى	31 890	9 745	1 200	7 070
新疆且末县石棉矿	چەرچەن ناھىيىلىك تاشپاختا كېنى	2 367	707	179	5 650
新疆兵团农二师三十六团石棉矿	بىڭتۇەن 2-دىۋىزىيە 36-پولك تاش پاختا كېنى	29 210	5 335	1 157	71 000
乌鲁木齐市八一面粉厂	ئۈ《1-ئاۋغۇست》ئۇن زاۋۇتى	128 551	—10403	657	63 789
乌鲁木齐市粮油工贸公司	ئۈ ئاشلىق-ماي سودا-سانائەت شىركىتى	29 998	1 238	307	18 907
新疆兵团农八师粮油加工厂	بىڭتۇەن 8-دىۋىزىيە ئاشلىق، ماي پىششىقلاش زاۋۇدى	44 197	7 997	1 429	65 821
伊犁粮油总厂	ئىلى ئاشلىق، ماي باش زاۋۇتى	6 071	3 367	259	2 820
新疆昌吉糖厂	سانجى شېكەر زاۋۇتى	118 410	49 235	1 000	83 175
新疆博尔塔拉糖厂	بۆرتالا شېكەر زاۋۇتى	59 746	—677	779	35 491
新疆焉耆糖厂	يەنجى ناھىيىلىك شېكەر زاۋۇتى	82 520	32 824	1 055	71 211
新疆阿克苏地区糖厂	ئاقسۇ شېكەر زاۋۇتى	82 068	17 645	977	64 154
新疆伊犁糖厂	ئىلى شېكەر زاۋۇتى	117 613	10 173	1 288	69 828
新疆塔城地区额敏糖厂	دۆربىلجىن شېكەر زاۋۇتى	79 254	24 245	1 028	65 288
新疆兵团农二师湖光糖厂	بىڭتۇەن 2-دىۋىزىيە 《خۇگۇاڭ》 شېكەر زاۋۇتى	94 516	21 803	1 366	85 955
新疆兵团农四师霍城县霍尔果斯糖厂	بىڭتۇەن 4-دىۋىزىيە قورغاس شېكەر زاۋۇدى	106 827	10 039	1 113	91 411
新疆兵团农六师芳草湖糖厂	بىڭتۇەن 6-دىۋىزىيە 《فاڭ ساۋ خۇ》 شېكەر زاۋۇتى	77 977	16 622	983	102 271
新疆兵团农八师八一制糖厂	بىڭتۇەن 8-دىۋىزىيە 《1-ئاۋغۇست》شېكەر زاۋۇتى	184 824	22 674	2 991	154 884
乌鲁木齐市食品公司第一肉联厂	ئۈ يېمەكلىك شىركىتى 1-گۆش پىششىقلاش بىرلەشمە زاۋۇتى	12 335	5 862	373	8 561
乌鲁木齐市食品公司第二肉类联合加工厂	ئۈ يېمەكلىك شىركىتى 2-گۆش پىششىقلاش بىرلەشمە زاۋۇتى	2 871	1 616	155	2 896
新疆兵团农八师食品厂	بىڭتۇەن 8-دىۋىزىيە يېمەكلىك زاۋۇتى	37 150	6 525	1 308	44 800
乌鲁木齐市天山食品厂	ئۈ 《تيانشان》 يېمەكلىك زاۋۇتى	25 266	7 297	855	24 059
新疆粮油食品厂	ش ئاشلىق، ماي يېمەكلىك زاۋۇتى	5 247	—2095	364	14 315
库尔勒蕃茄制品总厂	كورلا پەمىدۇر مەھسۇلاتلىرى باش زاۋۇتى	20 599	1 345	583	45 897
新疆库尔勒第二罐头厂	كورلا 2-كونسېرۋا زاۋۇتى	11 776	5 564	190	18 672
新疆华新番茄制品有限公司	ش 《خۇاشىن》 پەمىدور بۇيۇملىرى چەكلىك شىركىتى	36 369	9 109	172	40 047
新疆兵团农七师奎屯食品厂	بىڭتۇەن 7-دىۋىزىيە كۈيتۇن يېمەكلىك زاۋۇتى	24 964	9 078	542	15 600
新疆兵团农七师奎屯蕃茄酱厂	بىڭتۇەن 7-دىۋىزىيە كۈيتۇن پەمىدۇر قىيامى زاۋۇتى	15 716	4 735	247	9 800
新疆兵团农六师五家渠味精食品厂	بىڭتۇەن 6- دىۋىزىيە ۋۇجاچۈي تېتىتقۇ زاۋۇتى	4 564	777	259	4 027
新莩蕃茄制品有限公司	شىنفۇ پەمىدۇر مەھسۇلاتلىرى چەكلىك شىركىتى	32 358	8 329	142	20 130
新疆呼图壁县酿酒厂	قۇتۇبى ناھىيىلىك هاراق زاۋۇتى	15 297	3 024	290	26 926
奇台县白酒厂	چىتەي هاراق زاۋۇتى	12 273	3 824	369	18 180
新疆吉木萨尔县三台酒厂	جىمىسار ناھىيىلىك 《سەنتەي》 هاراق زاۋۇتى	58 862	16 693	522	17 250
新疆阿克苏酒厂	ئاقسۇ ۋىلايەتلىك هاراق زاۋۇتى	22 733	9 106	285	22 169
新疆伊犁酒厂	ئىلى هاراق زاۋۇتى	19 978	2 362	461	57 075

9—19 续表 1 داۋامى

كارخانىنىڭ تەپسىلى نامى 企业详细名称		سانائەت ئومۇمى مەھسۇلات قىممىتى (ھازىرقى باھا، يېڭى بەلگىلىمە، مىڭ يۈەن) 工业总产值(现价新规定)(千元)	سانائەت قوشۇلغان قىممىتى (مىڭ يۈەن) 工业增加值(千元)	بارلىق ئىشچى-خىزمەتچىلەرنىڭ ئوتتۇرىچە سانى (نەپەر) 全部职工平均人数(人)	كۆچمە مۈلۈكنىڭ ئوتتۇرىچە قالدۇقى (مىڭ يۈەن) 流动资产平均余额(千元)
新疆兵团农四师伊犁酿酒总厂	بىڭتۇەن 4-دىۋىزىيە ئىلى ھاراق باش زاۋۇتى	116 187	64 471	1 958	143 825
新疆兵团农七师五五酒厂	بىڭتۇەن 7-دىۋىزىيە《55》ھاراق زاۋۇتى	4 168	2 245	342	16 347
新疆兵团农七师奎屯酿酒厂	بىڭتۇەن 7-دىۋىزىيە كۈيتۇن ھاراق زاۋۇتى	15 737	—1603	1 106	43 431
新疆兵团经委乌鲁木齐楼兰酒厂	بىڭتۇەن ئۈرۈمچى《كىرورەن》ھاراق زاۋۇتى	24 417	3 737	649	51 255
新疆啤酒厂	ش پىۋا زاۋۇتى	78 695	37 322	929	62 393
新疆卷烟厂	ش قاپلىق تاماكا زاۋۇتى	324 521	180 314	940	175 364
新疆纺织工业(集团)公司	ش توقۇمىچىلىق سانائەت (گورۇھى) شىركىتى	947 924	242 761	16 592	474 810
新疆昌吉州棉纺织厂	سانجى پاختا توقۇمىچىلىق فابرىكىسى	174 449	25 534	1 921	68 214
巴州泰昌工业总公司	بايىنغولىن《تەيچاڭ》سانائەت باش شىركىتى	182 048	34 527	2 515	13 789
新疆库尔勒棉纺织厂	كورلا پاختا توقۇمىچىلىق فابرىكىسى	267 970	60 940	5 486	99 120
喀什棉纺织厂	قەشقەر پاختا توقۇمىچىلىق فابرىكىسى	269 302	60 355	6 187	183 016
新疆和田地区棉纺织厂	خوتەن پاختا توقۇمىچىلىق فابرىكىسى	176 432	23 356	3 798	56 714
奎屯市第一棉纺厂	كۈيتۇن شەھەرلىك 1- پاختا توقۇمىچىلىق فابرىكىسى	110 480	24 446	1 873	53 819
新疆兵团农二师湖光纺织针织厂	بىڭتۇەن 2-دىۋىزىيە《خۇگۇاڭ》ئىلمە توقۇلما فابرىكىسى	168 174	17 686	3 770	109 832
新疆兵团农六师五家渠联营棉纺织厂	بىڭتۇەن 6-دىۋىزىيە ۋۇجاچۈي بىرلەشمە پاختا توقۇمىچىلىق فابرىكىسى	159 470	33 973	1 979	45 752
新疆兵团农七师奎屯棉纺织厂	بىڭتۇەن 7- دىۋىزىيە پاختا توقۇمىچىلىق فابرىكىسى	206 013	57 333	2 783	91 369
新疆兵团农八师八一棉纺织厂	بىڭتۇەن 8-دىۋىزىيە《1-ئاۋغۇست》پاختا توقۇمىچىلىق فابرىكىسى	439 710	100 613	9 445	204 567
兵团乌管局永红针织总厂	بىڭتۇەن ئۈرۈمچى باشقۇرۇش ئىدارىسى《يۇڭخۇڭ》ئىلمە توقۇلما باش فابرىكىسى	119 006	39 569	1 877	43 460
新疆兵团农二师湖光毛巾厂	بىڭتۇەن 2-دىۋىزىيە خۇگۇاڭ لۆڭگە فابرىكىسى	13 721	860	1 090	29 850
新疆兵团农八师织染厂	بىڭتۇەن 8-دىۋىزىيە توقۇمىچىلىق بوياش فابرىكىسى	117 105	27 301	2 742	42 945
新疆毛纺织厂	ش يۇڭ توقۇمىچىلىق فابرىكىسى	131 309	42 361	2 937	132 284
新疆兵团农一师大光毛纺织厂	بىڭتۇەن 1-دىۋىزىيە《داگۇاڭ》يۇڭ توقۇمىچىلىق فابرىكىسى	29 930	—15625	2 705	107 320
新疆兵团农八师八一毛纺厂	بىڭتۇەن 8-دىۋىزىيە《1-ئاۋغۇست》يۇڭ توقۇمىچىلىق فابرىكىسى	180 836	53 663	4 654	214 041
新疆兵团农八师第二毛纺织厂	بىڭتۇەن 8-دىۋىزىيە2. يۇڭ توقۇمىچىلىق فابرىكىسى	17 803	—13164	1 425	57 500
新疆北屯毛纺厂	ش بېيتۈن يۇڭ توقۇمىچىلىق فابرىكىسى	32 684	—72	602	37 197
新疆第二毛纺织厂	ش 2- يۇڭ توقۇمىچىلىق فابرىكىسى	56 571	13 019	1 597	65 092
新疆第三毛纺织厂	ش3- يۇڭ توقۇمىچىلىق فابرىكىسى	33 929	8 125	940	36 202
新疆伊犁毛纺织厂	ئىلى يۇڭ توقۇمىچىلىق فابرىكىسى	178 703	55 886	3 791	202 626
新疆伊犁第二毛纺织厂	ئىلى 2- يۇڭ توقۇمىچىلىق فابرىكىسى	80 442	25 864	2 887	85 524
新疆和田地区丝绸厂	خوتەن يىپەك فابرىكىسى	38 670	—1 438	2 937	40 848
新疆针织厂	ش ئىلمە توقۇلما فابرىكىسى	6 549	—3701	798	29 553
新疆兵团农七师奎屯针织厂	بىڭتۇەن 7-دىۋىزىيە كۈيتۇن ئىلمە توقۇلما فابرىكىسى	7 008	—10309	1 013	25 764
新疆天山毛纺织股份有限公司	ش《تيانشان》يۇڭ توقۇمىچىلىق ھەسسىدارلىق چەكلىك شىركىتى	339 421	101 948	2 824	542 603
新疆兵团农四师新疆西部毛纺厂	بىڭتۇەن 4-دىۋىزىيە《غەربىي دىيار》يۇڭ توقۇمىچىلىق فابرىكىسى	63 880	16 201	1 139	83 964
新疆伊犁利群皮革厂	ئىلى لىچۈن خۇرۇم زاۋۇتى	3 213	—13267	766	18 184
新疆兵团农四师伊犁建化皮革总厂	بىڭتۇەن 4-دىۋىزىيە ئىلى《جەنخۇا》خۇرۇم زاۋۇتى	25 680	7 013	645	24 419
新疆兵团农六师五家渠皮革厂	بىڭتۇەن 6-دىۋىزىيە ۋۇجاچۈي خۇرۇم باش زاۋۇتى	21 966	—884	1 194	33 041
兵团农六师化新皮革工业联合公司	بىڭتۇەن 6-دىۋىزىيە《خۇاشىن》خۇرۇم سانائىتى بىرلەشمە شىركىتى	27 366	7 409	452	43 476
新疆阿勒泰皮革集团有限公司	ئالتاي خۇرۇم گورۇھى چەكلىك شىركىتى	80 178	33 048	1 217	47 079
新疆维吾尔自治区建筑木材加工总厂	ش بىناكارلىق ياغاچ ماتېرىيال باش زاۋۇتى	9 766	3 322	634	17 994
新疆木材总厂	ش ياغاچ باش زاۋۇتى	12 337	2 364	867	32 312
新疆纸板厂	ش قەغەز تاختا زاۋۇتى	60 920	14 766	1 290	31 655
新疆博斯腾湖造纸厂	ش باغراش قەغەز زاۋۇتى	94 081	8 473	1 638	48 126
新疆阿勒泰市造纸厂	ئالتاي شەھەرلىك قەغەز زاۋۇتى	31 814	11 343	805	21 423
新疆兵团农二师湖光造纸厂	بىڭتۇەن 2-دىۋىزىيە خۇگۇاڭ قەغەز زاۋۇدى	38 120	19 496	977	18 356
新疆兵团农八师造纸厂	بىڭتۇەن 8-دىۋىزىيە قەغەز زاۋۇدى	77 797	29 133	1 833	44 568
新疆外贸包装厂	ش تاشقى سودا ئوراش-قاچىلاش زاۋۇدى	31 781	7 679	267	16 457
新疆新华印刷厂	ش《شىنخۇا》باسما زاۋۇتى	18 090	6 905	826	8 392
中国石化乌鲁木齐石油化工总厂	جۇڭگو نېفىت خىمىيە ئۈرۈمچى نېفىت خىمىيە باش زاۋۇتى	3 577 650	958 528	13 613	2 412 539

9—19 续表 2 داۋامى

كارخانىنىڭ تەپسىلى نامى 企业详细名称	سانائەت ئومۇمى مەھسۇلات قىممىتى (هازىرقى باها، يېڭى بەلگىلىمە، مىڭ يۈەن) 工业总产值(现价新规定)(千元)	سانائەت قوشۇلغان قىممىتى (مىڭ يۈەن) 工业增加值(千元)	بارلىق ئىشچى-خىزمەتچىلەرنىڭ ئوتتۇرىچە سانى (نەپەر) 全部职工平均人数(人)	كۆچمە مۈلۈكنىڭ ئوتتۇرىچە قالدۇقى (مىڭ يۈەن) 流动资产平均余额(千元)
新疆烧碱厂 ش ئويغۇچى ناترى زاۋۇتى	27 189	10 101	804	24 075
新疆哈密碱厂 ش قۇمۇل شۈلتا زاۋۇتى	52 798	8 469	967	57 274
新疆天山化工厂 ش تىيانشان خىمىيە زاۋۇتى	50 675	8 716	1 931	42 766
新疆化肥厂 ش خىمىيە ئوغۇت زاۋۇتى	144 846	37 406	2 829	58 710
新疆乌鲁木齐市油漆厂 ئۈ سىر زاۋۇتى	64 082	9 135	441	40 978
新疆有机化工厂 ش ئورگانىك خىمىيە زاۋۇتى	47 403	7 546	444	21 325
新疆煤矿化工厂 ش كۆمۈر كان خىمىيە زاۋۇتى	50 337	24 254	1 171	20 313
新疆燎原机器厂 ش ‹‹يانغىن›› ماشىنا زاۋۇدى	18 961	1 138	1 984	35 338
新疆天河化工厂 ش ‹‹تيەنخى›› خىمىيە سانائەت زاۋۇتى	36 696	7 622	835	18 911
乌鲁木齐市日用化工厂 ئۈ كۈندۈلۈك بۇيۇم خىمىيە سانائەت زاۋۇتى	31 450	6 445	428	27 697
新疆兵团农六师梧桐化工厂 بىڭتۇەن 6-دىۋىزىيە ‹‹ۋۇتۇڭ›› خىمىيە زاۋۇتى	44 391	10 528	743	27 130
新疆制药厂 ش دورا زاۋۇتى	93 034	31 296	996	36 731
新疆天山制药工业有限公司 ش ‹‹تىيانشان›› دورا چەكلىك شىركىتى	24 410	7 855	75	39 128
新疆生物药品厂 ش بىئو دورا زاۋۇتى	8 145	—4449	499	10 281
乌鲁木齐轮胎厂 ئۈ باللون زاۋۇتى	161 606	29 611	1 463	95 614
新疆橡胶厂 ش كاۋچۇك زاۋۇتى	168 240	11 714	1 142	109 786
乌鲁木齐市橡胶总厂 ئۈ كاۋچۇك باش زاۋۇتى	25 559	6 624	655	13 667
新疆天山塑料厂 ش ‹‹تىيانشان›› سۇلياۋ زاۋۇتى	55 782	8 356	440	27 294
新疆塑料总厂 ش سۇلياۋ باش زاۋۇتى	61 020	8 709	591	27 536
新疆兵团农八师塑料制品总厂 بىڭتۇەن 8- دىۋىزىيە سۇلياۋ بويۇم باش زاۋۇتى	66 960	14 177	453	48 245
新疆兵团哈管局红星钙塑厂 بىڭتۇەن قۇمۇل باشقۇرۇش ئىدارىسى ‹‹خوڭشىڭ›› كالتسىي سۇلياۋ زاۋۇتى	10 720	1 801	349	10 389
新疆维吾尔自治区水泥厂 ش سېمونت زاۋۇتى	205 013	63 946	3 085	152 913
新疆屯河股份有限公司 ش تۈنخى پاي چەكلىك شىركىتى	89 511	7 880	1 442	77 925
新疆昌吉州天龙水泥厂 سانجى ئوبلاستلىق ‹‹تيەنلۇڭ›› سېمونت زاۋۇتى	46 260	16 208	1 222	35 147
新疆兵团农一师青松建材化工总厂 بىڭتۇەن 1-دىۋىزىيە ‹‹چىڭسۇڭ›› بىناكارلىق ماتېرىيال-خىمىيە باش زاۋۇتى	89 515	52 606	3 228	75 237
新疆兵团农八师南山水泥厂 بىڭتۇەن 8-دىۋىزىيە ‹‹نەنشەن›› سېمونت زاۋۇتى	44 927	27 538	1 821	33 842
新疆兵团经委卡子湾水泥厂 بىڭتۇەن كازىۋەن سېمونت زاۋۇتى	67 125	34 906	2 789	75 695
新疆建化工业总厂 ش ‹‹جەنخۇا›› سانائەت باش زاۋۇتى	29 860	10 767	1 018	25 654
新疆哈密桥梁厂 ش قۇمۇل كۆۋرۈك زاۋۇتى	16 815	—6 441	1 238	53 693
新疆加气混凝土厂 ش گازلىق بېتون زاۋۇتى	11 975	4 477	331	10 647
乌鲁木齐岩棉制品厂 ئۈ تاشپاختا زاۋۇتى	3 818	1 560	100	3 294
新疆日用玻璃厂 ش كۈندۈلۈك ئەينەك بۇيۇملار زاۋۇتى	23 156	7 277	500	14 078
新疆保温瓶工业公司 ش چايدان سانائەت شىركىتى	9 675	207	860	28 132
新疆维吾尔自治区建材陶瓷厂 ش بىناكارلىق ماتېرىيال فار-فور زاۋۇتى	22 123	7 890	1 247	36 196
新疆兵团经委云祥电器工业公司 بىڭتۇەن ‹‹يۈنياڭ›› ئېلېكتر ئەسۋاپلىرى سانائەت شىركىتى	23 405	13 231	978	45 166
新疆耐火疆耐火材料工业总公司 ش ئوتقا چىداملىق ماتېرىيال سانائەت باش شىركىتى	10 777	3 791	523	12 448
乌鲁木齐市跃进钢铁厂 ئۈ ‹‹ياۋجىن›› پولات-تۆمۈر زاۋۇتى	48 168	25 563	4 061	50 247
新疆昌吉州天龙钢铁厂 سانجى تيەنلۇڭ پولات-تۆمۈر زاۋۇتى	30 433	9 809	1 168	36 416
新疆和静钢铁厂 خېجىڭ پولات-تۆمۈر زاۋۇتى	80 861	6 964	4 292	100 695
新疆八一钢铁总厂 ش ‹‹1-ئاۋغۇست›› پولات-تۆمۈر باش زاۋۇتى	1 382 781	400 789	18 579	1 394 837
新疆钢管厂 ش پولات تۇربا زاۋۇتى	8 378	419	335	13 259
沙湾县新型材料工业总公司 ساۋەن ناھىيىلىك يېڭى ماتېرىيال سانائەت شىركىتى	19 173	939	430	26 530
新疆有色金属工业公司铜镍分公司 ش رەڭلىك مېتال سانائەت شىركىتى مىس، نىكىل شۆبە شىركىتى	228 444	45 537	5 049	267 598
乌鲁木齐铝厂 ئۈرۈمچى ئاليۇمىن زاۋۇتى	346 290	109 275	1 834	190 230
新疆有色金属工业公司锂盐厂 ش رەڭلىك مېتال سانائەت شىركىتى لىتىيلىق تۇز زاۋۇدى	200 080	540 455	1 778	102 313
新疆奎屯机械厂 كۈيتۈن ماشىنسازلىق زاۋۇدى	20 151	4 878	580	16 660
新疆兵团农六师微型汽车厂 بىڭتۇەن 6-دىۋىزىيە مىكرو ئاپتوموبىل زاۋۇدى	15 090	1 589	1 108	29 567
新疆搪瓷总厂 ش سىرلىق قاچا باش زاۋۇدى	17 489	5 128	760	21 159
新疆天山锅炉厂 ش ‹‹تىيانشان›› پار قازان زاۋۇتى	50 924	1 706	1 468	96 048

9—19 续表 3 داۋامى

企业详细名称	كارخانىنىڭ تەپسىلى نامى	سانائەت ئومۇمى مەھسۇلات قىممىتى (ھازىرقى باھا، يېڭى بەلگىلىمە، مىڭ يۈەن) 工业总产值(现价新规定)(千元)	سانائەت قوشۇلغان قىممىتى (مىڭ يۈەن) 工业增加值(千元)	بارلىق ئىشچى-خىزمەتچىلەرنىڭ ئوتتۇرىچە سانى (نەپەر) 全部职工平均人数(人)	كۆچمە مۈلۈكنىڭ ئوتتۇرىچە قالدۇقى (مىڭ يۈەن) 流动资产平均余额(千元)
新疆维吾尔自治区第三机床厂	ش 3-ستانوك زاۋۇدى	9 953	3 851	485	17 447
新疆石油通用机械厂	ش نېفىت ھەممىباپ ماشىنا زاۋۇتى	17 723	3 306	629	23 570
新疆煤矿机械厂	ش كۆمۈر كان ماشىنىلىرى زاۋۇتى	10 863	2 999	688	12 950
新疆水泵厂	ش سۇ پومپا زاۋۇتى	22 063	8 831	766	26 506
新疆兵团农六师新疆潜水泵厂	بىڭتۇەن 6-دىۋىزىيە چۆكمە سۇ پومپىسى زاۋۇدى	27 591	8 479	563	15 140
新疆轴承厂	ش ئوق قازان زاۋۇتى	32 101	4 325	1 354	52 903
新疆标准件总厂(新疆西山机器厂)	ش ئۆلچەملىك زاپچاس باش زاۋۇتى	8 454	770	704	16 761
新疆红旗机器厂	ش قىزىلبايراق ماشىنا زاۋۇتى	10 801	—1216	1 074	14 816
新疆工具模具厂	ش ئەسۋاپ، مودېل زاۋۇتى	4 477	—3892	890	23 493
新疆前进机器厂	ش ئالغا ماشىنا زاۋۇتى	14 938	—455	884	29 558
新疆粮油机械加工总厂	ش ئاشلىق، ماي ماشىنىسازلىق پىششىقلاش باش زاۋۇتى	54 733	5 053	499	38 405
新疆十月拖拉机制造厂	ش «ئۆكتەبىر» تىراكتور زاۋۇتى	300 536	62 192	2 672	148 329
新疆巴州拖拉机厂	بايىنغولىن تىراكتور زاۋۇتى	16 125	5 456	720	15 770
新疆联合收割机厂	ش كومبايىن زاۋۇتى	145 174	26 192	2 487	169 862
新疆天山汽车厂	ش «تيانشان» ئاپتوموبىل زاۋۇتى	29 388	—2689	1 471	57 803
新疆维吾尔自治区建筑机械厂	ش بىناكارلىق ماشىنىلىرى زاۋۇتى	38 619	12 720	1 717	36 192
新疆第一汽车厂	ش 1-ئاپتوموبىل زاۋۇتى	46 119	5 013	1 646	46 868
东风汽车集团新疆汽车厂	دۇڭفېڭ ئاپتوموبىل گورۇھى ش ئاپتوموبىل زاۋۇدى	135 110	5 693	1 402	235 038
第一汽车集团新疆专用汽车厂	1-ئاپتوموبىل گورۇھى ش مەخسۇس ئاپتوموبىل زاۋۇدى	47 669	—9673	1 893	107 692
新疆兵团农六师汽车改装厂	بىڭتۇەن 6-دىۋىزىيە ماشىنا ئۆزگەرتىپ قوراشتۇرۇش زاۋۇدى	17 595	—3299	1 440	53 948
新疆兵团农八师柴油机厂	بىڭتۇەن 8-دىۋىزىيە دىزېل-موتور زاۋۇدى	7 386	—3239	954	20 882
第一汽车集团公司新疆第一汽车配件厂	1-ئاپتوموبىل گورۇھى ش 1-ئاپتوموبىل زاپچاسلىرى زاۋۇدى	14 222	2 858	738	26 029
新疆东风机器厂	ش دۇڭفېڭ ماشىنا زاۋۇتى	3 477	313	772	22 081
新疆自行车厂	ش ۋېلىسىپىت زاۋۇتى	6 383	493	769	22 351
新疆天羚汽车厂	ش «تيەنلىڭ» ئاپتوموبىل زاۋۇتى	17 811	5 359	723	22 291
新疆电机电器制造公司	ش ئېلېكتر ماشىنا، ئەسۋاپ ياساش شىركىتى	102 224	27 808	1 442	81 012
乌鲁木齐电工设备总厂	ئۈ ئېلېكتر ئەسۋاپ، ئۈسكۈنە باش زاۋۇتى	43 872	5 757	648	57 724
新疆昌吉市特种变压器制造股份有限公司	ش سانجى شەھەرلىك ئالاھىدە تىرانسفورماتور پاي چەكلىك شىركىتى	44 910	5 927	262	31 915
新疆电线电缆厂	ش ئېلېكتر سىمى، كابېل زاۋۇتى	37 257	—710	673	43 705
新疆星火机器厂	ش ئۇچقۇن ماشىنا زاۋۇتى	7 778	—1086	787	22 722
乌鲁木齐市灯泡厂	ئۈ لامپوچكا زاۋۇتى	26 229	12 472	952	16 551
新疆红星器件厂	ش «خوڭشىڭ» ئەسۋاپ، زاپچاس زاۋۇتى	14 238	944	639	15 919
新疆无线电一厂	ش 1-رادىئو زاۋۇتى	24 709	4 202	817	87 188
新疆红雁池发电厂	ش «خوڭيەنچى» ئېلېكتر ئىستانسىسى	175 504	49 621	1 951	30 957
新疆苇湖梁发电厂	ش ۋېيخۇلياڭ ئېلېكتر ئىستانسىسى	55 440	16 396	1 100	13 020
新疆玛纳斯发电厂	ماناس ئېلېكتر ئىستانسىسى	333 510	110 690	1 849	42 760
国营七三四厂	دۆلەت ئىگىلىكىدىكى 734-زاۋۇت	1 560	—378	356	6 211
新疆兵团农八师热电厂	بىڭتۇەن 8-دىۋىزىيە تېرمودىنامىكا زاۋۇتى	47 336	12 958	786	13 873
巴州电力工业局	بايىنغولىن ئېلېكتر ئېنېرگىيە سانائەت ئىدارىسى	118 121	48 951	2 147	107 129
伊犁州电力工业局	ئىلى ئوبلاستلىق ئېلېكتر ئېنېرگىيە ئىدارىسى	83 985	47 384	—1873	41 149
新疆兵团农八师红山嘴水力发电厂	بىڭتۇەن 8-دىۋىزىيە «خوڭشەنزۈي» سۇ ئېلېكتر ئىستانسىسى	29 393	21 313	949	9 542
新疆维吾尔自治区电力公司	ش ئېلېكتر ئېنېرگىيە ئىدارىسى	61 401	35 819	439	216 137
乌鲁木齐电业局	ئۈ توك ئىدارىسى	225 909	240 197	1 583	223 783
新疆电力工业局昌吉电业局	ش ئېلېكتر ئېنېرگىيە ئىدارىسى سانجى توك ئىدارىسى	41 956	57 783	802	92 284
新疆兵团农八师电力工业局	بىڭتۇەن 8-دىۋىزىيە ئېلېكتر ئېنېرگىيە ئىدارىسى	7 280	10 605	166	78 301
新疆兵团农八师供电公司	بىڭتۇەن 8-دىۋىزىيە توك بىلەن تەمىنلەش ئىدارىسى	27 910	24 944	541	43 854
乌鲁木齐市煤气公司	ئۈ كۆمۈر گازى شىركىتى	29 900	9 461	1 048	30 120
乌鲁木齐市自来水公司	ئۈ تۇرۇبا سۈيى شىركىتى	40 885	32 100	702	70 173

9—19 续表 4 داۋامى

كارخانىنىڭ تەپسىلى نامى 企业详细名称	مۇقىم مۇلۇك ساپ قىممىتىنىڭ ئوتتۇرىچە قالدۇقى (مىڭ يۈەن) 固定资产净值平均余额（千元）	مەھسۇلات سېتىش كىرىمى (مىڭ يۈەن) 产品销售收入（千元）	پايدا ئومۇمىي سوممىسى (مىڭ يۈەن) 利润总额（千元）	پايدا-باج ئومۇمىي سوممىسى (مىڭ يۈەن) 利税总额（千元）
新疆艾维尔沟煤矿 ش ئېۋىرغول كۆمۈر كېنى	128 463	73 450	20	7 700
乌鲁木齐矿务局 ئۈ كان ئىدارىسى	230 416	153 372	1 012	15 880
哈密矿务局 قۇمۇل كان ئىدارىسى	500 630	238 690	630	21 570
新疆兵团农四师工矿厂 بىڭتۇەن 4-دىۋىزىيە زاۋۇت-كان زاۋۇتى	5 010	17 799	—4458	—3078
新疆维吾尔自治区石油管理局 ش نېفىت ئىدارىسى	12 582 310	10 875 660	15 950	979 520
新疆吐鲁番哈密石油勘探开发指挥部 تۇرپان-قۇمۇل نېفىتلىكى قوماندانلىق شتابى	5 198 112	2 427 481	108 003	291 947
塔里木石油勘探开发指挥部 تارىم نېفىت قوماندانلىق شتابى	5 010 680	2 828 080	100 590	340 110
新疆雅满苏矿 يامانسۇ كۆمۈر كېنى	30 520	63 432	1 420	11 578
新疆有色阿勒泰矿 ش رەڭلىك مېتال شىركىتى ئالتاي كېنى	24 317	12 437	—7695	—7210
国营七三一矿 دۆلەت ئىگىلىكىدىكى 731-كان	8 001		1 684	1 684
国营七三五矿 دۆلەت ئىگىلىكىدىكى 735-كان	5 485	3 810	8	139
新疆盐湖化工厂 《يەنخۇ》تۇز خىمىيە زاۋۇتى	53 480	60 945	539	6 195
新疆哈密地区盐化总厂 قۇمۇل تۇز خىمىيە زاۋۇتى	56 106	31 077	—3007	598
和布克赛尔蒙古自治县盐场 قوبۇقسار ناھىيىلىك تۇز مەيدانى	9 018	5 795	—1042	280
若羌县石棉矿 چاقىلىق ناھىيىلىك تاشپاختا كان	2 320	47 711	3 210	12 682
新疆且末县石棉矿 چەرچەن ناھىيىلىك تاشپاختا كان	3 318	2 264	—500	—321
新疆兵团农二师三十六团石棉矿 بىڭتۇەن 2-دىۋىزىيە 36-پولك تاشپاختا كېنى	21 377	21 516	460	1 183
乌鲁木齐市八一面粉厂 ئۈ《1-ئاۋغۇست》 ئۇن زاۋۇتى	33 408	143 237	—731	739
乌鲁木齐市粮油工贸公司 ئۈ ئاشلىق، ماي سودا-سانائەت شىركىتى	3 640	28 842	—2159	—3142
新疆兵团农八师粮油加工厂 بىڭتۇەن 8-دىۋىزىيە ئاشلىق، ماي پىششىقلاش زاۋۇدى	21 959	48 104	—7382	—6547
伊犁粮油总厂 ئىلى ئاشلىق، ماي باش زاۋۇتى	5 810	6 071	446	858
新疆昌吉糖厂 سانجى شېكەر زاۋۇتى	119 372	99 478	2 739	12 124
新疆博尔塔拉糖厂 بۆرتالا شېكەر زاۋۇتى	58 077	28 006	—19946	—21193
新疆焉耆糖厂 يەنجى ناھىيىلىك شېكەر زاۋۇتى	86 976	53 013	1 246	5 289
新疆阿克苏地区糖厂 ئاقسۇ ۋىلايەتلىك شېكەر زاۋۇتى	58 962	56 547	1 544	4 458
新疆伊犁糖厂 ئىلى شېكەر زاۋۇتى	92 170	99 060	2 000	8 843
新疆塔城地区额敏糖厂 دۆربىلجىن شېكەر زاۋۇتى	68 260	82 816	19	14 107
新疆兵团农二师湖光糖厂 بىڭتۇەن 2-دىۋىزىيە《خۇگۇاڭ》 شېكەر زاۋۇتى	72 339	88 098	8 059	12 078
新疆兵团农四师霍城县霍尔果斯糖厂 بىڭتۇەن 4-دىۋىزىيەقورغاس شېكەر زاۋۇدى	115 144	65 970	1 234	2 128
新疆兵团农六师芳草湖糖厂 بىڭتۇەن 6-دىۋىزىيە《فاڭساۋخۇ》 شېكەر زاۋۇتى	42 491	80 396	5 039	11 081
新疆兵团农八师八一制糖厂 بىڭتۇەن 8-دىۋىزىيە《1-ئاۋغۇست》 شېكەر زاۋۇتى	138 443	157 992	10 379	16 136
乌鲁木齐市食品公司第一肉联厂 ئۈ يېمەكلىك شىركىتى 1-گۆش پىششىقلاش بىرلەشمە زاۋۇدى	8 787	12 455	1 363	2 233
乌鲁木齐市食品公司第二肉类联合加工厂 ئۈ يېمەكلىك شىركىتى 2-گۆش پىششىقلاش بىرلەشمە زاۋۇتى	10 319	2 750	167	318
新疆兵团农八师食品厂 بىڭتۇەن 8-دىۋىزىيە يېمەكلىك زاۋۇتى	22 820	26 181	—8664	—6747
乌鲁木齐市天山食品厂 ئۈ تىيانشان يېمەكلىك زاۋۇتى	18 152	25 997	353	2 318
新疆粮油食品厂 ش ئاشلىق، ماي يېمەكلىك زاۋۇتى	14 958	4 705	—3925	—1052
库尔勒蕃茄制品总厂 كورلا پەمىدۇر مەھسۇلاتلىرى باش زاۋۇتى	12 355	22 179	—7524	—6446
新疆库尔勒第二罐头厂 كورلا 2-كونسېرۋا زاۋۇتى	5 247	8 941	—632	611
新疆华新番茄制品有限公司 ش《خۇاشىن》 پەمىدۇر بۇيۇملىرى چەكلىك شىركىتى	19 021	35 099	3 166	4 061
新疆兵团农七师奎屯食品厂 بىڭتۇەن 7-دىۋىزىيە كۈيتۇن يېمەكلىك زاۋۇتى	6 257	19 3542	969	2 521
新疆兵团农七师奎屯蕃茄酱厂 بىڭتۇەن 7-دىۋىزىيە كۈيتۇن پەمىدۇر قىيامى زاۋۇتى	6 200	12 822	1040	1 681
新疆兵团农六师五家渠味精食品厂 بىڭتۇەن 6-دىۋىزىيە ۋۇجاچۈي تېتىتقۇزاۋۇتى	11 701	5 340	—1808	—1251
新莘蕃茄制品有限公司 شىنفۇ پەمىدۇر مەھسۇلاتلىرى چەكلىك شىركىتى	29 420	32 500	1 050	3 140
新疆呼图壁县酿酒厂 قۇتۇبى ھاراق زاۋۇتى	11 174	12 610	1 875	2 652
奇台县白酒厂 چىتەي ئاق ھاراق زاۋۇتى	17 580	69 403	—1659	—180
新疆吉木萨尔县三台酒厂 جىمىسار《سەنتەي》 ھاراق زاۋۇتى	13 910	89 729	1 798	6 882
新疆阿克苏酒厂 ئاقسۇ ۋىلايەتلىك ھاراق زاۋۇتى	18 676	15 153	—1674	—708
新疆伊犁酒厂 ئىلى ھاراق زاۋۇتى	26 865	20 277	1 605	5 582

9—19 续表 5 داۋامى

كارخانىنىڭ تەپسىلى نامى 企业详细名称		مۇقىم مۈلۈك ساپ قىممىتىنىڭ ئوتتۇرىچە قالدۇقى (مىڭ يۈەن) 固定资产净值平均余额（千元）	مەھسۇلات سېتىش كىرىمى (مىڭ يۈەن) 产品销售收入（千元）	پايدا ئومۇمىي سوممىسى (مىڭ يۈەن) 利润总额（千元）	پايدا-باج ئومۇمىي سوممىسى (مىڭ يۈەن) 利税总额（千元）
新疆兵团农四师伊犁酿酒总厂	بىڭتۈەن 4-دىۋىزىيە ئىلى ھاراق باش زاۋۇتى	130 184	187 893	43 238	83 959
新疆兵团农七师五五酒厂	ش بىڭتۈەن 7-دىۋىزىيە «55» ھاراق زاۋۇتى	5 543	3 123	−649	−351
新疆兵团农七师奎屯酿酒厂	بىڭتۈەن 7-دىۋىزىيە كۈيتۇن ھاراق زاۋۇتى	29 309	15 165	−10278	−6291
新疆兵团经委乌鲁木齐楼兰酒厂	بىڭتۈەن ئۈرۈمچى «كىرورەن»باش ھاراق زاۋۇتى »	69 341	14 172	−7073	−4147
新疆啤酒厂	ش پىۋا زاۋۇتى	90 565	78 348	806	19 763
新疆卷烟厂	ش قاپلىق تاماكا زاۋۇتى	97 447	321 865	247	166 744
新疆纺织工业(集团)公司	ش توقۇمىچىلىق سانائىتى (گورۇھى) شىركىتى	464 155	973 438	246	76 988
新疆昌吉州棉纺织厂	سانجى پاختاتوقۇمىچىلىق فابرىكىسى	58 504	180 251	8 030	18 455
巴州泰昌工业总公司	بايىنغولىن «تەيچاڭ» سانائەت باش شىركىتى	48 610	141 201	1 070	5 965
新疆库尔勒棉纺织厂	كورلا پاختا توقۇمىچىلىق فابرىكىسى	89 620	263 551	6 924	32 891
喀什棉纺织厂	قەشقەر پاختا توقۇمىچىلىق فابرىكىسى	98 162	256 845	−6057	19 669
新疆和田地区棉纺织厂	خوتەن پاختا توقۇمىچىلىق فابرىكىسى	66 495	180 665	158	16 478
奎屯市第一棉纺厂	كۈيتۇن شەھەرلىك 1-پاختا توقۇمىچىلىق فابرىكىسى	77 330	105 165	−5943	2 279
新疆兵团农二师湖光纺织针织厂	بىڭتۈەن 2- دىۋىزىيە «خۇگۇاڭ» ئىلمە توقۇلما فابرىكىسى	72 015	183 090	107	13 101
新疆兵团农六师五家渠联营棉纺织厂	بىڭتۈەن 6-دىۋىزىيە ۋۇجاچۈي بىرلەشمە پاختا توقۇمىچىلىق فابرىكىسى	80 395	155 206	8 350	17 216
新疆兵团农七师奎屯棉纺织厂	بىڭتۈەن 7-دىۋىزىيە كۈيتۇن پاختا توقۇمىچىلىق فابرىكىسى	54 351	204 286	5 283	21 895
新疆兵团农八师八一棉纺织厂	بىڭتۈەن «1-ئاۋغۇست»پاختا توقۇمىچىلىق فابرىكىسى	209 348	441 384	−5938	28 149
新疆兵团乌管局永红针织总厂	بىڭتۈەن ئۈرۈمچى باشقۇرۇش ئىدارىسى «يۇڭخۇڭ»ئىلمە توقۇلما باش فابرىكىسى	52 040	94 991	7 177	8 391
新疆兵团农二师湖光毛巾厂	بىڭتۈەن 2-دىۋىزىيە «خۇگۇاڭ» لۆڭگە فابرىكىسى	26 689	19 730	−4185	−2429
新疆兵团农八师织染厂	بىڭتۈەن8-دىۋىزىيە توقۇمىچىلىق بوياش فابرىكىسى	29 525	113 707	−2695	6 796
新疆毛纺织厂	ش يۇڭ توقۇمىچىلىق فابرىكىسى	100 824	111 603	399	11 989
新疆兵团农一师大光毛纺织厂	بىڭتۈەن 1-دىۋىزىيە «داگۇاڭ»يۇڭ توقۇمىچىلىق فابرىكىسى	49 815	.41 936	−24540	−22138
新疆兵团农八师八一毛纺厂	بىڭتۈەن 8-دىۋىزىيە 1-ئاۋغۇست يۇڭ توقۇمىچىلىق فابرىكىسى	77 938	175 100	1 704	19 089
新疆兵团农八师第二毛纺织厂	بىڭتۈەن 8-دىۋىزىيە 2-يۇڭ توقۇمىچىلىق فابرىكىسى	21 674	18 099	−19446	−18005
新疆北屯毛纺厂	ش بېيتۇن يۇڭ توقۇمىچىلىق فابرىكىسى	7 478	27 059	−270	369
新疆第二毛纺织厂	ش 2-يۇڭ توقۇمىچىلىق فابرىكىسى	41 086	50 341	599	3 477
新疆第三毛纺织厂	ش 3-يۇڭ توقۇمىچىلىق فابرىكىسى	11 992	29 766	61	1 012
新疆伊犁毛纺织厂	ئىلى يۇڭ توقۇمىچىلىق فابرىكىسى	89 852	157 938	512	13 345
新疆伊犁第二毛纺织厂	ئىلى 2-يۇڭ توقۇمىچىلىق فابرىكىسى	40 327	64 869	38	1 898
新疆和田地区丝绸厂	خوتەن ۋىلايەتلىك يىپەك فابرىكىسى	50 207	33 170	−10875	−8266
新疆针织厂	ش ئىلمەتوقۇلما فابرىكىسى	15 249	7 784	−8361	−7754
新疆兵团农七师奎屯针织厂	بىڭتۈەن 7-دىۋىزىيە كۈيتۇن ئىلمە توقۇلما فابرىكىسى	22 182	7 693	−10670	−10653
新疆天山毛纺织股份有限公司	ش «تىيانشان» يۇڭ توقۇمىچىلىق پاي چەكلىك شىركىتى	132 584	497 891	38 298	38 298
新疆兵团农四师新疆西部毛纺厂	بىڭتۈەن 4-دىۋىزىيە شىنجاڭ «غەربىي دىيار» يۇڭ توقۇمىچىلىق فابرىكىسى	159 336	37 057	−4970	−2950
新疆伊犁利群皮革厂	ئىلى «لىچۈن»خۇرۇم زاۋۇتى	14 412	3 604	−17402	−17046
新疆农兵团四师伊犁建化皮革总厂	بىڭتۈەن 4- دىۋىزىيە ئىلى «جەنخۇا» خۇرۇم باش زاۋۇتى	22 655	9 186	−911	−1165
新疆兵团农六师五家渠皮革厂	بىڭتۈەن 6-دىۋىزىيە ۋۇجاچۈي خۇرۇم زاۋۇتى	10 716	18 269	−8557	−7725
新疆兵团农六师华新皮革工业联合公司	بىڭتۈەن 6- دىۋىزىيە «خۇاشىن » خۇرۇم سانائىتى بىرلەشمە شىركىتى	10 648	26 814	717	4 188
新疆阿勒泰皮革集团有限公司	ئالتاي خۇرۇم گورۇھى چەكلىك شىركىتى	27 072	51 636	1 555	4 911
新疆维吾尔自治区建筑木材加工总厂	ش بىناكارلىق ياغاچ ماتېرىيال باش زاۋۇدى	29 602	8 237	3 247	4 229
新疆木材总厂	ش ياغاچ باش زاۋۇتى	32 688	12 132	−8243	−8056
新疆纸板厂	ش قەغەز تاختا زاۋۇتى	48 176	65 219	−2345	2 359
新疆博斯腾湖造纸厂	ش باغراش قەغەز زاۋۇتى	187 125	96 300	2 011	3 111
新疆阿勒泰市造纸厂	ئالتاي شەھەرلىك قەغەز زاۋۇتى	51 191	32 441	−4147	−112
新疆兵团农二师湖光造纸厂	بىڭتۈەن2-دىۋىزىيە خۇگۇاڭ قەغەز زاۋۇدى	8 303	36 410	6 012	9 265
新疆兵团农八师造纸厂	بىڭتۈەن 8-دىۋىزىيە قەغەز زاۋۇدى	18 752	81 867	1 117	6 662
新疆外贸包装厂	ش تاشقى سودا ئوراش-قاچىلاش زاۋۇدى	11 635	31 410	830	2 261
新疆新华印刷厂	ش «شىنخۇا»باسما زاۋۇتى	32 137	18 084	534	1 785
中国石化乌鲁木齐石油化工总厂	جۇڭگو نېفىت خىمىيە ئۈرۈمچى نېفىت خىمىيە باش زاۋۇتى	2 619 732	3 592 592	19 152	215 615

企业详细名称	كارخانىنىڭ تەپسىلى نامى	مۇقىم مۈلۈك ساپ قىممىتىنىڭ ئوتتۇرىچە قالدۇقى (مىڭ يۈەن) 固定资产净值平均余额（千元）	مەھسۇلات سېتىش كىرىمى (مىڭ يۈەن) 产品销售收入（千元）	پايدا ئومۇمىي سوممىسى (مىڭ يۈەن) 利润总额（千元）	پايدا-باج ئومۇمىي سوممىسى (مىڭ يۈەن) 利税总额（千元）
新疆烧碱厂	ش ئويغۇچى ناترى زاۋۇتى	12 642	31 131	1 784	4 336
新疆哈密碱厂	ش قۇمۇل شۈلتا زاۋۇتى	115 025	68 967	—13484	—13484
新疆天山化工厂	ش تيانشان خىمىيە زاۋۇتى	46 541	47 280	—9828	—9382
新疆化肥厂	ش خىمىيە ئوغۇت زاۋۇتى	148 945	140 784	2 887	4 705
新疆乌鲁木齐市油漆厂	ئۇ سىر زاۋۇتى	10 908	60 538	2 112	4 556
新疆有机化工厂	ش ئورگانىك خىمىيە زاۋۇتى	13 315	41 977	1 833	3 168
新疆煤矿化工厂	ش كۆمۈر كان خىمىيە زاۋۇتى	42 137	48 113	2 019	6 682
新疆燎原机器厂	ش «يانغىن»ماشىنا زاۋۇدى	43 303	15 812	—8692	—7870
新疆天河化工厂	ش «تيەنخى» خىمىيە سانائەت زاۋۇتى	21 482	33 411	17	2 043
乌鲁木齐市日用化工厂	ئۇ كۈندىلىك بۇيۇم خىمىيە سانائەت زاۋۇتى	11 582	27 251	486	1 367
新疆兵团农六师梧桐化工厂	بىڭتۇەن 6-دىۋىزىيە «ۋۇتۇڭ» خىمىيە سانائەت زاۋۇتى	13 265	43 582	836	2 523
新疆制药厂	ش دورا زاۋۇتى	45 349	74 194	1 838	5 825
新疆天山制药工业有限公司	ش تيانشان دورا چەكلىك شىركىتى	15 151	20 372	3 421	3 421
新疆生物药品厂	ش بىئو دورا شىركىتى	9 486	10 143	—8694	—7852
乌鲁木齐轮胎厂	ئۇ باللون زاۋۇتى	71 418	178 537	36	21 325
新疆橡胶厂	ش كاۋچۇك زاۋۇتى	58 762	181 584	478	26 378
乌鲁木齐市橡胶总厂	ئۇ كاۋچۇك باش زاۋۇتى	1 952	24 163	130	1 683
新疆天山塑料厂	ش «تيانشان» سۇلياۋ زاۋۇتى	16 176	53 129	1 581	2 786
新疆塑料总厂	ش سۇلياۋ باش زاۋۇتى	28 444	57 198	1 535	2 307
新疆兵团农八师塑料制品总厂	بىڭتۇەن 8-دىۋىزىيە سۇلياۋ بۇيۇم باش زاۋۇتى	14 135	64 328	5 187	5 176
新疆兵团哈管局红星钙塑厂	بىڭتۇەن قۇمۇل باشقۇرۇش ئىدارىسى «خۇڭشىڭ» كالتىسى سۇلياۋ ئىدارىسى	20 471	8 754	—1073	—1416
新疆维吾尔自治区水泥厂	ش سېمونت زاۋۇتى	521 428	204 640	—41847	—17704
新疆屯河股份有限公司	ش تۇنخې پاي چەكلىك شىركىتى	66 640	78 685	20 555	22 482
新疆昌吉州天龙水泥厂	سانجى ئوبلاستلىق «تيەنلۇڭ» سېمونت زاۋۇتى	22 834	39 613	3 003	5 861
新疆兵团农一师青松建材化工总厂	بىڭتۇەن 1-دىۋىزىيە «چىڭسۇڭ» بىناكارلىق ماتېريال، خىمىيە باش زاۋۇتى	102 505	100 316	11 351	19 726
新疆兵团农八师南山水泥厂	بىڭتۇەن 8-دىۋىزىيە «نەنشەن» سېمونت زاۋۇتى	36 715	52 141	4 780	10 702
新疆兵团经委卡子湾水泥厂	بىڭتۇەن كازىۋەن سېمونت زاۋۇتى	75 842	48 122	1 553	6 379
新疆建化工业总厂	ش «جيەنخۇا» سانائەت باش زاۋۇتى	21 575	22 992	1 423	3 133
新疆哈密桥梁厂	ش قۇمۇل كۆۋرۈك زاۋۇتى	42 020	42 219	—19503	—19116
新疆加气混凝土厂	ش گازلىق بېتون زاۋۇتى	10 963	7 604	1 195	1 734
乌鲁木齐岩棉制品厂	ئۇ تاشپاختا زاۋۇتى	13 376	3 527	312	504
新疆日用玻璃厂	ش كۈندىلىك ئەينەك بۇيۇملار زاۋۇتى	11 042	22 378	243	1 619
新疆保温瓶工业公司	ش چايدان سانائەت شىركىتى	16 099	16 328	—1806	—1735
新疆维吾尔自治区建材陶瓷厂	ش بىناكارلىق ماتېريال فار-فۇر زاۋۇتى	19 679	18 594	5	2 172
新疆兵团经委云祥电器工业公司	بىڭتۇەن «يۈن ياڭ» ئېلېكتر ئەسۋاپلىرى سانائەت شىركىتى	11 438	21 732	—2816	—1656
新疆耐火疆耐火材料工业总公司	ش ئوتقا چىداملىق ماتېريال باش شىركىتى	5 621	10 948	113	242
乌鲁木齐市跃进钢铁厂	ئۇ «ياۋجىن» پولات-تۆمۈر شىركىتى	44 289	43 086	—15932	—12492
新疆昌吉州天龙钢铁厂	سانجى تيەنلۇڭ پولات-تۆمۈر زاۋۇتى	24 306	20 615	4	1 586
新疆和静钢铁厂	خېجىڭ پولات-تۆمۈر زاۋۇتى	96 496	76 512	—23009	—16536
新疆八一钢铁总厂	ش «1-ئاۋغۇست» پولات-تۆمۈر باش زاۋۇتى	1 128 084	1 500 411	69 448	226 699
新疆钢管厂	ش پولات تۇربا زاۋۇتى	13 794	10 008	—5966	—5955
沙湾县新型材料工业总公司	ساۋەن ناھىيىلىك يېڭى ماتېريال سانائەت شىركىتى	9 400	11 972	—3215	—3706
新疆有色金属工业公司铜镍分公司	ش رەڭلىك مېتال سانائەت شىركىتى مىس، نىكېل شۆبە شىركىتى	309 117	214 119	—31716	—13489
乌鲁木齐铝厂	ئۇ ئاليومىن زاۋۇتى	120 350	309 264	40 555	64 706
新疆有色金属工业公司锂盐厂	ش رەڭلىك مېتال سانائەت شىركىتى لىتىيلىق تۇز زاۋۇدى	77 160	176 031	—17980	—3281
新疆奎屯机械厂	ش كۈيتۇن ماشىنىسازلىق زاۋۇدى	15 525	22 256	17	814
新疆兵团农六师微型汽车厂	بىڭتۇەن 6-دىۋىزىيە مىكرو ئاپتوموبىل زاۋۇدى	10 309	16 990	—7092	—6354
新疆搪瓷总厂	ش سىرلىق قاچا باش زاۋۇدى	14 844	26 484	220	2 297
新疆天山锅炉厂	ش «تيانشان» پار قازان زاۋۇتى	42 834	50 878	2 721	9 590

9—19 续表 7 داۋامى

كارخانىنىڭ تەپسىلى نامى 企业详细名称	مۇقىم مۈلۈك ساپ قىممىتىنىڭ ئوتتۇرىچە قالدۇقى (مىڭ يۈەن) 固定资产净值平均余额 (千元)	مەھسۇلات سېتىش كىرىمى (مىڭ يۈەن) 产品销售收入 (千元)	پايدا ئومۇمىي سوممىسى (مىڭ يۈەن) 利润总额 (千元)	پايدا-باج ئومۇمىي سوممىسى (مىڭ يۈەن) 利税总额 (千元)
新疆维吾尔自治区第三机床厂 ش 3-ستانوك زاۋۇتى	23 285	10 181	781	1 664
新疆石油通用机械厂 ش نېفىت ھەممىباپ ماشىنىسازلىق زاۋۇتى	15 640	20 409	—2959	—1818
新疆煤矿机械厂 ش كۆمۈركان ماشىنىلىرى زاۋۇتى	25 565	13 330	—370	890
新疆水泵厂 ش سۇ پومپا زاۋۇتى	21 990	22 780	94	1 482
新疆兵团农六师新疆潜水泵厂 بىڭتۇەن 6-دېۋىزىيە چۆكمە سۇ پومپىسى زاۋۇتى	11 462	20 926	2 881	3 303
新疆轴承厂 ش ئوق قازان زاۋۇتى	30 282	32 666	—5098	—3339
新疆标准件总厂(新疆西山机器厂) ش ئۆلچەملىك زاپچاس باش زاۋۇتى	15 601	10 828	—2595	—1927
新疆红旗机器厂 ش قىزىلبايراق ماشىنا زاۋۇتى	22 655	12 210	—5833	—5401
新疆工具模具厂 ش ئەسۋاپ، مودېل باش زاۋۇتى	13 947	5 862	—11980	—10684
新疆前进机器厂 ش ئالغا ماشىنا زاۋۇتى	12 905	16 498	—5465	—5043
新疆粮油机械加工总厂 ش ئاشلىق، ماي ماشىنىسازلىق باش زاۋۇتى	14 508	56 104	259	32
新疆十月拖拉机制造厂 ش «ئۆكتەبىر» تىراكتور زاۋۇتى	56 830	305 369	12 314	14 079
新疆巴州拖拉机厂 ش بايىنغولىن تىراكتور زاۋۇتى	19 685	16 877	—789	748
新疆联合收割机厂 ش كومبايىن زاۋۇتى	54 525	136 468	1 193	4 126
新疆天山汽车厂 ش «تىيانشان» ئاپتوموبىل زاۋۇتى	18 243	38 525	—9979	—8307
新疆维吾尔自治区建筑机械厂 ش بىناكارلىق ماشىنىلىرى زاۋۇتى	26 083	40 334	38	3 275
新疆第一汽车厂 ش 1-ئاپتوموبىل زاۋۇتى	35 535	43 762	—12022	—10636
东风汽车集团新疆汽车厂 دۇڭفېڭ ئاپتوموبىل گورۇھى ش ئاپتوموبىل زاۋۇدى	87 927	142 401	—5637	—1672
第一汽车集团新疆专用汽车厂 1-ئاپتوموبىل گورۇھى ش مەخسۇس ئاپتوموبىل زاۋۇدى	40 170	56 674	—24937	—23175
新疆兵团农六师汽车改装厂 بىڭتۇەن 6-دېۋىزىيە ئاپتوموبىل ئۆزگەرتىپ قوراشتۇرۇش زاۋۇدى	34 337	21 867	—14955	—13284
新疆兵团农八师柴油机厂 بىڭتۇەن 8- دېۋىزىيە دىزېل ماتور زاۋۇتى	7 760	7 119	—10478	—10260
第一汽车集团公司新疆第一汽车配件厂 1-ئاپتوموبىل گورۇھى شىركىتى ش ئاپتوموبىل زاپچاسلىرى زاۋۇدى	20 399	13 148	—4123	—3166
新疆东风机器厂 ش دۇڭفېڭ ماشىنا زاۋۇتى	10 205	2 392	—4874	—5485
新疆自行车厂 ش ۋېلىسىپىت زاۋۇتى	4 266	5 004	—2994	—2309
新疆天羚汽车厂 ش «تىيەنلىڭ» ئاپتوموبىل زاۋۇتى	10 849	18 981	—2540	—1204
新疆电机电器制造公司 ش ئېلېكتر ماشىنا، ئەسۋاپ ياساش شىركىتى	48 238	85 235	28	3 415
乌鲁木齐电工设备总厂 ئۈ ئېلېكتر ئەسۋاپ، ئۈسكۈنە باش زاۋۇدى	29 785	32 659	646	1 892
新疆昌吉市特种变压器制造股份有限公司 سانجى شەھەرلىك ئالاھىدە تىرانسفور ماتور پاي چەكلىك شىركىتى	20 191	40 404	4 545	5 014
新疆电线电缆厂 ش ئېلېكتر سىم، كابېل زاۋۇتى	10 190	46 525	—3570	—3150
新疆星火机器厂 ش ئۇچقۇن ماشىنا زاۋۇتى	14 075	4 769	—5503	—5594
乌鲁木齐市灯泡厂 ئۈ لامپوچكا زاۋۇتى	17 219	21 845	632	2 258
新疆红星器件厂 ش «خۇڭشىڭ» ئەسۋاپ، زاپچاس زاۋۇتى	20 329	14 019	—2585	—1980
新疆无线电一厂 ش 1-رادىئو زاۋۇتى	16 400	27 254	—5243	—4346
新疆红雁池发电厂 ش «خۇڭيەنچى» ئېلېكتر ئىستانسىسى	259 940	175 504	—13336	—7783
新疆苇湖梁发电厂 ش ۋېيخۇلياڭ ئېلېكتر ئىستانسىسى	23 619	55 440	—2556	—983
新疆玛纳斯发电厂 ماناس ئېلېكتر ئىستانسىسى	1 134 001	333 510	—21584	—6730
国营七三四厂 دۆلەت ئىگىلىكىدىكى 734 زاۋۇت	12 570	1 606	—308	—305
新疆兵团农八师热电厂 بىڭتۇەن 8-دېۋىزىيە تېرمودىنامىكا زاۋۇدى	118 809	48 602	—1328	—156
巴州电力工业局 بايىنغولىن ئېلېكتر ئېنېرگىيە ئىدارىسى	398 493	122 264	—30403	—9590
伊犁州电力工业局 ئىلى ئوبلاستلىق ئېلېكتر ئېنېرگىيە ئىدارىسى	286 739	86 852	1 031	14 570
新疆兵团农八师红山嘴水力发电厂 بىڭتۇەن 8-دېۋىزىيە «خۇڭشەنزۈي» سۇ ئېلېكتر ئىستانسىسى	32 554	23 434	3 309	4 138
新疆维吾尔自治区电力公司 ش ئېلېكتر ئېنېرگىيە شىركىتى	13 740	61 401	—19821	—17122
乌鲁木齐电业局 ئۈ توك ئىدارىسى	290 390	226 869	—10950	79 216
新疆电力工业局昌吉电业局 ش ئېلېكتر ئېنېرگىيە ئىدارىسى سانجى توك ئىدارىسى	205 437	84 796	—3148	20 408
新疆兵团农八师电力工业局 بىڭتۇەن 8-دېۋىزىيە ئېلېكتر ئېنېرگىيە ئىدارىسى	3 146	11 069	—	9 411
新疆兵团农八师供电公司 بىڭتۇەن 8- دېۋىزىيە توك بىلەن تەمىنلەش ئىدارىسى	62 129	51 612	10 529	15 472
乌鲁木齐市煤气公司 ئۈ كۆمۈر گازى شىركىتى	53 586	29 940	—1896	—210
乌鲁木齐市自来水公司 ئۈ تۇربا سۇيى شىركىتى	167 215	41 248	6 372	9 103

主要统计指标解释

ئاساسلىق ستاتىستىكا كۆرسەتكۈچلىرىنىڭ ئىزاھاتى

دۆلەت ئىگىلىكى ئىشلەپچىقىرىش ۋاستىلىرى دۆلەت ئىگىدارلىقىدا بولىدىغان بىر خىل ئىقتىسادىي تىپنى كۆرسىتىدۇ. ئۇ سوتسىيالىستىك ئومۇمىي مۈلۈكچىلىك ئىگىلىكىنىڭ مۇھىم تەركىبىي قىسمى. مەركەز ۋە يەرلىكنىڭ ھەر دەرىجىلىك دۆلەت ئورگانلىرى، كەسپىي ئورۇنلار ۋە ئىجتىمائىي گۇرۇھلار دۆلەت مۈلكىنى مەبلەغ سېلىپ قۇرغان كارخانىنى ھەمدە كارخانىلاشقان ئىگىلىك باشقۇرۇشنى يولغا قويغان، دۆلەت قايتا خىراجەت بۇيرۇپ بەرمەيدىغان ياكى بىر قىسىم خىراجەتنىلا بۇيرۇپ بېرىدىغان كەسپىي ئورۇنلارنى ۋە تىجارەت پائالىيىتى بىلەن شۇغۇللىنىدىغان ئىجتىمائىي گۇرۇھلارنى ھەمدە يۇقىرىدىكى كارخانا، كەسپىي ئورۇنلار ۋە ئىجتىمائىي گۇرۇھلار ئۆزىدىكى مەبلەغنى ئىشلىتىپ قۇرغان كارخانىنى ئۆز ئىچىگە ئالىدۇ.

كوللىكتىپ ئىگىلىك ئىشلەپچىقىرىش ۋاستىلىرى پۇقرالار كوللىكتىۋى ئىگىدارلىقىدا بولىدىغان بىر خىل ئىقتىسادىي تىپنى كۆرسىتىدۇ. ئۇ سوتسىيالىستىك ئومۇمىي مۈلۈكچىلىك ئىگىلىكىنىڭ تەركىبىي قىسمى. شەھەر-بازارلاردىكى كوللىكتىپ مەبلىغىنى ئىشلىتىپ قۇرغان بارلىق كارخانىلار ھەمدە بىر قىسىم شەخسلەر مەبلەغ توپلاش ئارقىلىق ئىگىدارلىق ھوقۇقىدىن ئىختىيارلىقى بىلەن ۋاز كەچكەن ھەم سودا-سانائەتنى مەمۇرىي باشقۇرۇش ئورگانلىرى كوللىكتىپ مۈلۈكچىلىكتىكى كارخانا دەپ بېكىتكەن كارخانىنى ئۆز ئىچىگە ئالىدۇ.

كوللىكتىپ مۈلۈكچىلىكتىكى كارخانا يەنە شەھەر-بازار كوللىكتىپ مۈلۈكچىلىك كارخانىسى ۋە يېزا كوللىكتىپ مۈلۈكچىلىك كارخانىسى دەپ ئىككىگە ئايرىلىدۇ.

خۇسۇسىي ئىگىلىك ئىشلەپچىقىرىش ۋاستىلىرى پۇقرالارنىڭ شەخسىي ئىگىدارچىلىقىدا بولىدىغان، ياللانما ئەمگەكنى ئاساس قىلغان بىر خىل ئىقتىسادىي تىپنى كۆرسىتىدۇ. «جۇڭخۇا خەلق جۇمھۇرىيىتىنىڭ خۇسۇسىي كارخانا ۋاقىتلىق نىزامى» دىكى بەلگىلىمىلەر بويىچە رويخەتكە ئېلىنغان خۇسۇسىيلارنىڭ مۇستەقىل مەبلەغ كارخانىسىنى، شېرىكلەشكەن كارخانىنى ۋە چەكلىك مەسئۇلىيەت شىركىتىنى ئۆز ئىچىگە ئالىدۇ.

سانائەت ئومۇمىي مەھسۇلات قىممىتى دۆلىتىمىزنىڭ سانائىتى: (1) تەبىئىي ماتېرىياللارنى قېزىش، م: كان قېزىش، تۇز قۇرۇتۇش، دەرەخ كېسىش قاتارلىق (لېكىن ئوۋچىلىق ۋە سۇ مەھسۇلاتلىرىنى تۇتۇشنى ئۆز ئىچىگە ئالمايدۇ)؛ (2) يېزا ئىگىلىك مەھسۇلاتلىرى ۋە قوشۇمچە مەھسۇلاتلىرىنى پىششىقلاش ۋە قايتا پىششىقلاش، م: شال ئاقلاش، ئۇن تارتىش، ھاراق چىقىرىش، ياغ تارتىش، چىگىت ئايرىش، يىپەك تارتىش، مال سويۇش، دورا ماتېرىياللىرىنى پىششىقلاش قاتارلىق؛ (3) سانائەت بۇيۇملىرىنى پىششىقلاش ۋە قايتا پىششىقلاش، م: پولات-تۆمۈر تاۋلاش، پىروكاتلاش، كوكس كۆيدۈرۈش، خىمىيە سانائەت ئىشلەپچىقىرىشى، ماشىناسازلىق، ياغاچ پىششىقلاش، توقۇمىچىلىق، بوياقچىلىق، تىككۈچىلىك، قەغەزچىلىك قاتارلىق؛ (4) سانائەت بۇيۇملىرىنى رېمونت قىلىش، يېڭىلاش، م: ماشىنا ئۈسكۈنىلەر، قاتناش ترانسپورت قوراللىرىنى رېمونت قىلىش قاتارلىق؛ (5) تۇرۇبا سۈيى، گاز ئىشلەپچىقىرىش ۋە ئېلېكتر ئىشلەپچىقىرىش، تەمىنلەش قاتارلىقلارنى ئۆز ئىچىگە ئالىدۇ.

سانائەت ئومۇمىي مەھسۇلات قىممىتى سانائەت كارخانىسى ئىشلەپچىقارغان مەھسۇلاتنىڭ پۇل بىلەن ئىپادىلەنگەن ئومۇمىي مىقدارى بولۇپ، مەلۇم مەزگىلدىكى سانائەت ئىشلەپچىقىرىشنىڭ ئومۇمىي نەتىجىسى ۋە ئومۇمىي كۆلىمىنى ئەكس ئەتتۈرىدۇ. سانائەت ئومۇمىي مەھسۇلات قىممىتى ھازىر «زاۋۇت ئۇسۇلى» بويىچە ھېسابلىنىدۇ. ھەر قايسى سانائەت كارخانىلىرى ئىشلەپچىقارغان سۈپەت ئۆلچىمىگە ئۇيغۇن كېلىدىغان ئىسكىلاتقا كىرىم قىلغان تەييار مەھسۇلاتنىڭ قىممىتىنى (ئۆزىدىكى ماتېرىيال بىلەن ياكى ئەكەلگەن ماتېرىيالدا ئىشلەپچىقارغان بارلىق مەھسۇلاتلار تولۇق باھادا ھېسابلىنىدۇ) ۋە سىرتقا ئىشلىگەن سانائەت خاراكتېرلىق مەشغۇلات قىممىتىنى ئۆز ئىچىگە ئالىدۇ. بىر كارخانا ئىچىدىكى ئۆزى ئىشلەپچىقىرىپ ئۆزى ئىشلىتىدىغان مەھسۇلات، يېرىم تەييار مەھسۇلاتنى تەكرار مەھسۇلات قىممىتىگە ھېسابلاشقا بولمايدۇ. لېكىن كارخانىلار ئارا تەكرار ھېسابلاش مەۋجۇت بولىدۇ.

يېنىك سانائەت تۇرمۇش ئىستېمال بۇيۇملىرى ۋە قول سانائەت سايمانلىرىنى ياساش سانائىتىنى كۆرسىتىدۇ. ئىشلەتكەن خام ئەشياغا قاراپ ئىككى خىلغا ئايرىلىدۇ:

(1) يېزا ئىگىلىك مەھسۇلاتىنى خام ئەشيا قىلىدىغان يېنىك سانائەت. يېزا ئىگىلىك مەھسۇلاتىنى بىۋاستە ياكى ۋاستىلىق ئاساسىي خام ئەشيا قىلىدىغان يېنىك سانائەتنى كۆرسىتىدۇ. ئاساسلىقى يېمەكلىك، ئىچىملىك ياساش، تاماكا پىششىقلاش، توقۇمىچىلىق، تىككۈچىلىك، يۇڭ-تېرىچىلىق، قەغەزچىلىك ھەم مەتبەئە قاتارلىق سانائەتنى ئۆز ئىچىگە ئالىدۇ.

(2) يېزا ئىگىلىك مەھسۇلاتىنى خام ئەشيا قىلمايدىغان يېنىك سانائەت. سانائەت بۇيۇملىرىنى خام ئەشيا قىلىدىغان يېنىك سانائەتنى كۆرسىتىدۇ. مەدەنىيەت، مائارىپ بۇيۇملىرى، ھۈنەر-سەنئەت، گۈزەل سەنئەت بۇيۇملىرى، خىمىيە دورا، خىمىيە تالا، كۈندىلىك خىمىيە بۇيۇملىرى، كۈندىلىك ئەينەك بۇيۇم، كۈندىلىك مېتال بۇيۇم، قول سانائەت سايمانلىرى، داۋالاش ئۈسكۈنىلىرى، مەدەنىيەت ۋە ئىشخانا ماشىنىلىرى ياساش سانائىتى قاتارلىقلارنى ئۆز ئىچىگە ئالىدۇ.

ئېغىر سانائەت ئىشلەپچىقىرىش ۋاستىلىرىنى ئىشلەپچىقىرىدىغان سانائەتنى كۆرسىتىدۇ. ئۇ ھەر قايسى خەلق ئىگىلىك تارماقلىرى ئۈچۈن ماددىي تېخنىكا ئاساسىي يەتكۈزۈپ بېرىدىغان سانائەت. ئىشلەپچىقىرىش ۋە مەھسۇلاتىغا قاراپ مۇنداق ئۈچ خىلغا ئايرىلىدۇ:

(1) قازمىچىلىق (كېسىش) سانائىتى، تەبىئىي بايلىقلارنى قېزىشنى كۆرسىتىدۇ.

(2) خام ئەشيا سانائىتى، خەلق ئىگىلىكىنىڭ ھەر قايسى تارماقلىرى ئىشلىتىدىغان خام ئەشيا، قۇۋۋەت ۋە يېقىلغۇ بىلەن تەمىنلەش سانائىتىنى كۆرسىتىدۇ. مېتال تاۋلاش ھەم پىششىقلاش، كوكس كۆيدۈرۈش ھەم كوكس خىمىيە، خىمىيە سانائىتى خام ئەشياسى، سېمونت، سۇنئىي تاختا قاتارلىق خام ئەشيا، ماتېرىيال سانائىتى ھەمدە ئېلېكتر ئېنېرگىيىسى، نېفىت ۋە كۆمۈر قاتارلىقلارنى پىششىقلاش سانائىتىنى ئۆز ئىچىگە ئالىدۇ. (3) ياساش سانائىتى، خام ئەشيا-ما-

تىريالنى پىششىقلاپ ياساش سانائىتىنى كۆرسىتىدۇ. خەلق ئىگىلىكىنىڭ ھەر قايسى تارماقلىرىنى قوراللاندۇرىدىغان ماشىنسازلىق ئۈسكۈنىلىرى، مېتال قۇرۇلما، سېمۇنت بويۇم قاتارلىقلارنى ياسايدىغان سانائەتنى ھەمدە يېزائىگىلىكنى ئىشلەپچىقىرىش ۋاستىلىرى ۋە خىمىيە ئوغۇت، دېھقانچىلىق دورىسى قاتارلىقلار بىلەن تەمىنلەيدىغان سانائەتنى كۆرسىتىدۇ.

يۇقۇرىدىكى ئايرىش پىرىنسىپىغا ئاساسەن رېمونتچىلىقتىكى رېمونت مەشغۇلاتىنىڭ ئوبىيكتى ئېغىر سانائەت بولسا ئېغىر سانائەتكە، ئۇنداق بولمىسا يېنىك سانائەتكە ئايرىش كېرەك.

يېنىك، ئېغىر سانائەت ئومۇمىي مەھسۇلات قىممىتىمۇ «زاۋۇت ئۇسۇلى»، بويىچە ئايرىلىدۇ. يەنى سانائەت كارخانىسى نورمال ئەھۋالدا ئىشلەپچىقارغان ئاساسلىق مەھسۇلاتىنىڭ خاراكتېرى يېنىك سانائەتكە تەۋە بولسا شۇ كارخانىنىڭ بارلىق ئومۇمىي مەھسۇلات قىممىتى يېنىك سانائەت ئومۇمىي مەھسۇلات قىممىتىگە، سانائەت كارخانىسى ئىشلەپچىقارغان ئاساسلىق مەھسۇلاتىنىڭ خاراكتېرى ئېغىر سانائەتكە تەۋە بولسا بۇ كارخانىنىڭ بارلىق ئومۇمىي مەھسۇلات قىممىتى ئېغىر سانائەت ئومۇمىي مەھسۇلات قىممىتىگە ھېسابلىنىدۇ.

چوڭ، ئوتتۇرا، كىچىك كارخانا چوڭ، ئوتتۇرا، كىچىك كارخانىنى ئايرىش ئۆلچىمى مۇنداق ئىككى خىل :

(1) كارخانىنىڭ يىللىق مەھسۇلات ئىشلەپچىقىرىش ئىقتىدارى بويىچە ئايرىش. مەھسۇلاتى بىر خىل كارخانىلار، م: ئېلېكتر ئېنېرگىيىسى، كۆمۈر، نېفىت، پولات ـ تۆمۈر، رەڭلىك مېتال، فوسفات كىسلاتا، ئويغۇچى ناترى، ساپ شولتا، بىرىكمە ئاممىياك، توك تارقىتىش ئۈسكۈنىسى، ئاپتوموبىل، تىراكتور، ياغاچ كېسىش، سېمونت، تاختا ئەينەك، توقۇمىچىلىق، قەغەزچىلىق، شېكەرچىلىك، قول سائەت، تىكىش ماشىنىسى، ۋېلىسىپىت قاتارلىقلار مەھسۇلات ئىشلەپچىقىرىش ئىقتىدارى (كۆپ خىل مەھسۇلات ئىشلەپچىقىرىدىغان كارخانىلار، ئاساسلىق مەھسۇلاتىنىڭ ئىشلەپچىقىرىش ئىقتىدارى) بويىچە ئايرىلىدۇ.

(2) كارخانىنىڭ ئىشلەپچىقىرىش ـتىجارەت مۇقىم مۈلكىنىڭ ئەسلى قىممىتى بويىچە ئايرىلىدۇ. مەھسۇلات تۈرى بەك كۆپ، ئىشلەپچىقىرىش ئىقتىدارى بويىچە ئايرىش قىيىنغا توختايدىغان كارخانىلار ئىشلەپچىقىرىش- تىجارەت مۇقىم مۈلكىنىڭ ئەسلى قىممىتى بويىچە ئايرىلىدۇ.

مۇستەقىل ھېسابات قىلىدىغان قانۇنىي ئىگە تىپىدىكى سانائەت كارخانىسى سانائەت ئىشلەپچىقىرىش، تىجارەت پائالىيىتى بىلەن شۇغۇللىنىدىغان ئورۇنلارنى كۆرسىتىدۇ. مۇستەقىل ھېسابات قىلىدىغان قانۇنىي ئىگە تىپىدىكى سانائەت كارخانىسى مۇنداق تۆت شەرتنى ھازىرلىشى كېرەك : (1) قانۇن بويىچەقۇرۇلغان، ئۆزىنىڭ نامى، تەشكىلىي ئورگىنى ۋە ئورنى بولىشى، ھەق تەلەپ مەسئۇلىيىتىنى ئۈستىگە ئالالايدىغان بولىشى؛ (2) مۇستەقىل مۈلكى بولىشى ۋە مۇستەقىل ئىشلىتەلەيدىغان بولىشى، قەرزنى ئۈستىگە ئالالايدىغان، باشقا ئورۇنلار بىلەن توختام ئىمزالاش ھوقۇقىي بولىشى؛ (3) پايدا-زىياننى مۇستەقىل ھېسابات قىلىشى ھەم ئاكتىپ-پاسسىپ جەدۋىلى تۈزىيەلەيدىغان بولىشى كېرەك .

سانائەت پائالىيەت ئورنى بىرئورۇندا بىر خىل ياكى ئاساسلىقى بىرخىل سانائەت ئىشلەپچىقىرىش پائالىيىتى بىلەن شۇغۇللىنىدىغان ئىقتىسادىي ئورۇن كۆزدە تۇتىلىدۇ. ئاساسلىق كەسپىي پائالىيىتىگە (يەنى سانائەت ئىشلەپچىقىرىش پائالىيىتىگە) قاراپ ئايرىلغان مۇستەقىل ھېسابات قىلىدىغان سانائەت كارخانىلىرى ئىچىدىكى ئاساسىي كەسپىي پائالىيەت ئورنى ۋە غەيرىي سانائەت كارخانىلىرى قارمىقىدىكى سانائەت ئىشلەپچىقىرىش پائالىيەت ئورنىنى(يەنى ئەسلىدىكى غەيرى مۇستەقىل ھېسابات قىلىدىغان سانائەت ئىشلەپچىقىرىش ئورنى) نى ئۆز ئىچىگە ئالىدۇ. سانائەت پائالىيەت ئورنى ئادەتتە مۇنداق ئۈچ شەرتنى ھازىرلىشى كېرەك : (1) ئورنى بىر بولىشى، بىرخىل ياكى ئاساسلىقى بىر خىل سانائەت پائالىيىتى بىلەن شۇغۇللىنىدىغان بولىشى ؛ (2) سانائەت ئىشلەپچىقىرىش تىجارەت ياكى كەسپىي پائالىيىتىنى مۇستەقىل تەشكىللىشى ؛ (3) كىرىم ـچىقىمنى مۇستەقىل ھېسابات قىلىشى.

مۇستەقىل ھېسابات قىلىدىغان قانۇنىي ئىگەتىپىدىكى سانائەت كارخانىسى ئىگەنلىكى ياكى ئەمەسلىكىنى بەلگىلەشتە ئادەتتە قانۇنىي ئىگە سالاھىيىتى بار ـيوقلۇقىنى ئاساسىي شەرت قىلىش كېرەك. سانائەت كارخانىسى قارمىقىدىكى تارماق شىركەتلەر، زاۋۇت ياكى سېخلارقانۇنىي ئىگە سالاھىيىتىگە ئىگە بولسا ۋە مۇستەقىل ھېسابات قىلىدىغان قانۇنىي ئىگە تىپىدىكى سانائەت كارخانىسى شەرتىگە ئۇيغۇن بولسا مۇستەقىل ھېسابات قىلىدىغان قانۇنىي ئىگە تىپىدىكى سانائەت كارخانىسى قاتارىدا ستاتىستىكىلاش، قانۇنىي ئىگە سالاھىيىتىنى ھازىرلىمىغان، مۇستەقىل ھېسابات قىلىدىغان قانۇنىي ئىگە تىپىدىكى سانائەت كارخانىسى شەرتىگە ئۇيغۇن بولمىسا ئادەتتە سانائەت پائالىيەت ئورنى دەپ ستاتىستىكىلاش كېرەك.

سانائەت پائالىيەت ئورنى ئىكەنلىكى ياكى ئەمەسلىكىنى بەلگىلىگەندە پائالىيەت ئورنى ۋە سانائەت پائالىيىتىنىڭ خاراكتېرىنى ئاساسىي شەرت قىلىش كېرەك. بىر ئورۇندا ئىككىدىن ئارتۇق سانائەت پائالىيىتى بىلەن شۇغۇللىنىدىغان، ياكى بىر قانچە ئورۇندا بىرخىل سانائەت پائالىيىتى بىلەن شۇغۇللىنىدىغان ھەمدە كىرىم ـچىقىم ھېسابات ماتېرىيالى بار سانائەت پائالىيەت ئورۇنلىرىنى ئىككى ياكى ئىككىدىن كۆپ سانائەت پائالىيەت ئورنى دەپ ئايرىش كېرەك .

بىر ئورۇندا بىر خىل ياكى ئاساسلىقى بىر خىل سانائەت ئىشلەپچىقىرىش پائالىيىتى بىلەن شۇغۇللىنىدىغان مۇستەقىل ھېسابات قىلىدىغان قانۇنىي ئىگە تىپىدىكى سانائەت كارخانىسى، ھەم مۇستەقىل ھېسابات قىلىدىغان قانۇنىي ئىگە تىپىدىكى سانائەت كارخانىسى ھەم سانائەت پائالىيەت ئورنى ھېسابلىنىدۇ.

كاپىتال كارخانا سودا-سانائەت مەمۇرىي باشقۇرۇش تارماقلىرىغا تىزىملاتقان مەبلەغ كۆزدە تۇتىلىدۇ. كارخانا توپلىغان كاپىتال ئاساسلىقى دۆلەت كاپىتالى، قانۇنىي ئىگە كاپىتالى، شەخسلەر كاپىتالى ھەم چەتئەل سودىگەرلىرى كاپىتالى قاتارلىقلارغا ئايرىلىدۇ.

(1) **دۆلەت كاپىتالى** دۆلەتكە ۋاكالىتەن مەبلەغ سېلىشقا ھوقوقلۇق ھۆكۈمەت تارمىقى ياكى ئورگىنى دۆلەت مۈلكىنى كارخانىغا سېلىش شەكلىدە ھاسىل بولغان كاپىتالنى كۆرسىتىدۇ.

(2) **قانۇنىي ئىگە كاپىتالى** باشقاقانۇنىي ئورۇنلار قانۇن بويىچە ئۆزى ئىدارەقىلالايدىغان مۈلكىنى كارخانىغا سېلىش شەكلىدە ھاسىل بولغان كاپىتالنى كۆرسىتىدۇ.

(3) **شەخسىي كاپىتال** جەمئىيەتتىكى شەخسلەر ياكى كارخانىدىكى ئىشچى ـخىزمەتچىلەر شەخسىيقانۇنلۇق مۈلكىنى كارخانىغا سېلىش شەكلىدە ھاسىل بولغان كاپىتالنى كۆرسىتىدۇ.

(4) **چەتئەل سودىگەرلىرى مەبلىغى** چەت ئەللىك مەبلەغ سالغۇچىلار ھەمدە دۆلىتىمىزنىڭ شياڭگاڭ، ئاۋمىن، تەيۋەن رايونلىرىدىكى مەبلەغسالغۇچىلار كارخانىغا مەبلەغ سېلىش شەكلىدە ھاسىل

مۇلۇك كارخانىدا بار ياكى كارخانا ئىگىدارچىلىق قىلىدىغان، پۇل بىلەن ھېسابلىغىلى بولىدىغان ئىقتىسادىي بايلىقنى كۆرسىتىدۇ. تۈرلۈك مال-مۇلۇك، ھەقدارلىق ۋە باشقا ھوقۇقلارنى كۆرسىتىدۇ. مۇلۇك يۈتكىلىش خاراكتېرىغا قاراپ ئادەتتە كۆچمە مۇلۇك، ئۇزۇن مۇددەتلىك سېلىنغان مەبلەغ، مۇقىم مۇلۇك، شەكىلسىز مۇلۇك، سۇرەلمە مۇلۇك ۋە باشقا مۇلۇك دەپ ئايرىلىدۇ.

قەرز كارخانا ئۈستىگە ئالغان، پۇل بىلەن ھېسابلىنىدىغان، مۇلۇك ياكى ئەمگەك بىلەن تۆلىنىدىغان قەرزنى كۆرسىتىدۇ. ئادەتتە قايتۇرۇش مۇددىتىگە قاراپ كۆچمە قەرز ۋە ئۇزۇن مۇددەتلىك قەرز دەپ ئايرىلىدۇ.

كۆچمە مۇلۇكنىڭ جەمئىسى كۆچمە مۇلۇك بىر يىلدىن ئاشىدىغان، بىر تىجارەت مۇددىتىدە نەقلىشىدىغان ياكى سەرپ قىلىنىدىغان مۇلۇكنى كۆرسىتىدۇ. نەق پۇل ھەم تۈرلۈك ئامانەت پۇل، قىسقا مۇددەتلىك سېلىنغان مەبلەغ، ئېلىم مال پۇلى ۋە ئالدىن تۆلەنگەن مال پۇلى، ساقلىنىۋاتقان مال پۇلى قاتارلىقلارنى ئۆز ئىچىگە ئالىدۇ. كۆچمە مۇلۇكنىڭ بىر مۇھىم ئالاھىدىلىكى ئۇ ئىشلەپچىقىرىش-تىجارەتكە قاتناشقاندا ئۇنىڭ قىممىتى بىر قېتىمدىلا مەھسۇلات تەننەرقىگە ياكى خىراجەتكە يۆتكىلىدۇ.

مۇقىم مۇلۇك ئەسلى قىممىتىنىڭ جەمئىسى مۇقىم مۇلۇك ئەسلى قىممىتى كارخانا مەلۇم مۇقىم مۇلۇكنى ياسىغان، سېتىۋالغان، قوراشتۇرغان، كېڭەيتكەن، تېخنىكىلىق ئۆزگەرتكەندە چىقىم قىلغان بارلىق پۇل سوممىسىنى كۆرسىتىدۇ. ئۇ ئادەتتە سېتىۋېلىش باھاسى ▮، ئوراش خىراجىتى، توشۇش ۋە قوراشتۇرۇش خىراجىتى قاتارلىقلارنى ئۆز ئىچىگە ئالىدۇ.

مۇقىم مۇلۇك ساپ قىممىتىنىڭ مەزگىل ئاخىرىدىكى سوممىسى مۇقىم مۇلۇك ئەسلى قىممىتىدىن يىللاردىن بۇيان ئاجراتقان ئامورتىزاتسىيە خىراجىتىنى چىقىرىۋەتكەندىن كېيىنكى ساپ سوممىسىنى كۆرسىتىدۇ.

مۇقىم مۇلۇكنىڭ جەمئىسى كارخانىنىڭ مۇقىم مۇلۇك ساپ قىممىتى، مۇقىم مۇلۇك ئېنىقلاشتىكى زىيان ئىگىلىگەن، ئىشلىنىۋاتقان قۇرۇلۇش ئىگىلىگەن، بىرتەرەپ قىلىش ئالدىدىكى مۇقىم مۇلۇكنىڭ ساپ زىيىنى ئىگىلىگەن مەبلەغنى كۆرسىتىدۇ.

كۆچمە قەرزنىڭ جەمئىسى بىر يىل ياكى بىر يىلدىن ئاشىدىغان بىر تىجارەت مۇددىتىدە قايتۇرىلىدىغان قەرزنى كۆرسىتىدۇ. قىسقا قەرز، بېرىم ۋېكسىل، بېرىم ھېساباتتىكى پۇل، ئالدىن ئېلىنغان مال پۇلى، بېرىشكە تېگىشلىك ئىش ھەققى، بېرىشكە تېگىشلىك باج، تۆلەشكە تېگىشلىك پايدا، باشقا بېرىم پۇللار، ئالدىن ئېلىنغان خىراجەت قاتارلىقلارنى ئۆز ئىچىگە ئالىدۇ.

تىجارەت مەبلىغى كۆچمە مۇلۇكتىن كۆچمە قەرزنى ئېلىۋەتكەندىن كېيىنكى ساپ سوممىنى كۆرسىتىدۇ.

ئىگىدارنىڭ ھوقۇق - مەنپەئەتى كارخانىغا مەبلەغ سالغۇچىنىڭ كارخانىنىڭ ساپ مۇلكىگە بولغان ئىگىدارچىلىق ھوقۇقىنى كۆرسىتىدۇ. كارخانىنىڭ ئىگىدار سالغان مەبلەغ ھەم ساقلىنىۋاتقان مەنپەئەتى قاتارلىقلارنى ئۆز ئىچىگە ئالىدۇ.

تەننەرق خىراجىتى ئومۇمىي سوممىسى كارخانىنىڭ مەھسۇلات سېتىش تەننەرقى ۋە خىراجىتى، باشقۇرۇش خىراجىتى ۋە مالىيە خىراجەتلىرىنىڭ يىغىندىسىنى كۆرسىتىدۇ.

پايدا ئومۇمىي سوممىسى پايدا ئالغان كارخانىنىڭ پايدا ئومۇمىي سوممىسىدىن زىيان تارتقان كارخانىنىڭ زىيان سوممىسىنى ئېلىۋېتىپ، يېڭىدىن ئېلىنىۋاتقان ئەسلىدىكى پايدا ئومۇمىي سوممىسى ئىچىدىكى مائارىپ خىراجىتى قوشۇمچىسى ۋە بايلىق بېجى قوشۇلىدۇ.

پايدا-باج ئومۇمىي سوممىسى پايدا ئومۇمىي سوممىسى بىلەن مەھسۇلات سېتىش بېجى ھەم قوشۇمچىسىنىڭ يىغىندىسىنى كۆرسىتىدۇ.

سانائەتنىڭ ئومۇمىي خادىم ئەمگەك ئۈنۈمدارلىقى دوكلات مەزگىلىدە سانائەت كارخانىسىدىكى ھەربىر ئىشچى-خىزمەتچى ئوتتۇرىچە ياراتقان سانائەت قوشۇلغان قىممىتىنى كۆرسىتىدۇ. ئۇ سانائەتكە سېلىنغان جانلىق ئەمگەكنىڭ ئىقتىسادىي ئۈنۈمىنى ئەكس ئەتتۈرىدىغان كۆرسەتكۈچ. فورمۇلاسى :

ئومۇمىي خادىم ئەمگەك ئۈنۈمدارلىقى (ئادەم /يۈەن) = دوكلات مەزگىلىدىكى جەمئىي سانائەت قوشۇلغان قىممىتى÷ دوكلات مەزگىلىدىكى بارلىق ئىشچى-خىزمەتچىلەرنىڭ ئوتتۇرىچە سانى

سانائەت قوشۇلغان قىممىتى نىسبىتى دوكلات مەزگىلىدىكى سانائەت قوشۇلغان قىممىتىنىڭ سانائەت ئومۇمىي مەھسۇلات قىممىتىدە ئىگىلىگەن نىسبىتىنى كۆرسىتىدۇ. ئۇ سانائەت ئىشلەپچىقىرىشىدا ئارىلىق سەرپىياتنى تۆۋەنلىتىشنىڭ ئىقتىسادىي ئۈنۈمىنى ئەكس ئەتتۈرىدىغان كۆرسەتكۈچ. فورمۇلاسى:

سانائەت قوشۇلغان قىممىتى نىسبىتى (%) = دوكلات مەزگىلىدىكى ھازىرقى باھادىكى سانائەت قوشۇلغان قىممىتى ÷ دوكلات مەزگىلىدىكى ھازىرقى باھادىكى سانائەت ئومۇمىي مەھسۇلات قىممىتى 100%×

100يۈەنلىك مۇقىم مۇلۇكنىڭ ئەسلى قىممىتى ئورۇندىغان مەھسۇلات قىممىتى (يۈەن) دوكلات مەزگىلىدە ئورۇندالغان ھازىرقى باھادىكى سانائەت ئومۇمىي مەھسۇلات قىممىتى بىلەن شۇ مەزگىلدىكى مۇقىم مۇلۇك ئەسلى قىممىتىنىڭ نىسبىتىنى كۆرسىتىدۇ. ئۇ مۇقىم مۇلۇكتە ھاسىل قىلىنغان ئىقتىسادىي ئۈنۈمنى ئەكس ئەتتۈرىدىغان كۆرسەتكۈچ. فورمۇلاسى :

100يۈەنلىك مۇقىم مۇلۇك ئەسلى قىممىتىنىڭ ئورۇندىغان مەھسۇلات قىممىتى(يۈەن)= دوكلات مەزگىلىدىكى ھازىرقى باھادىكى سانائەت ئومۇمىي مەھسۇلات قىممىتى ÷ دوكلات مەزگىلىدىكى مۇقىم مۇلۇك ئەسلىقىممىتىنىڭ جەمئىسى× %100

مەھسۇلات قىممىتىنىڭ پايدا-باج نىسبىتى دوكلات مەزگىلىدە ئورۇندالغان ھازىرقى باھادىكى سانائەت ئومۇمىي مەھسۇلات قىممىتىنىڭ نىسبىتىنى كۆرسىتىدۇ. بىرلىك مەھسۇلات قىممىتى ياراتقان پايدا-باجنىڭ ئىقتىسادىي ئۈنۈمىنى ئەكس ئەتتۈرىدىغان كۆرسەتكۈچ. فورمۇلاسى :

مەھسۇلات قىممىتىنىڭ پايدا-باج نىسبىتى = دوكلات مەزگىلىدىكى پايدا، باجئومۇمىي سوممىسى ÷ دوكلات مەزگىلىدىكى ھازىرقىباھادىكى سانائەت ئومۇمىي مەھسۇلات قىممىتى× %100

مۇلۇك-قەرز نىسبىتى دوكلات مەزگىلىدىكىكۆچمەقەرز ۋە ئۇزۇن مۇددەتلىك قەرز يىغىندىسى بىلەن شۇ مەزگىلدىكى كۆچمە مۇلۇك، ئۇزۇن مۇددەتلىك سېلىنغان مەبلەغ، مۇقىم مۇلۇك، شەكىلسىز مۇلۇك ھەم سۇرەلمە مۇلۇك ۋە باشقا ئۇزۇن مۇددەتلىك مۇلۇكنىڭ يىغىندىسىنىڭ نىسبىتىنى كۆرسىتىدۇ. ئۇ كارخانىنىڭ قەرز قايتۇرۇش ئىقتىدارىنى ئەكس ئەتتۈرىدىغان ئاساسىي كۆرسەتكۈچ. فورمۇلاسى:

مۇلۇك قەرز نىسبىتى (%) = دوكلات مەزگىلىدىكى كۆچمە قەرز

+ئۆزۈن مۇددەتلىك قەرز ÷ كۆچمەمۈلۈك+ئۆزۈن مۇددەتلىك سېلىنغان مەبلەغ+مۇقىم مۈلۈك+شەكىلسىز مۈلۈك، سۆرەلمە مۈلۈك+باشقا ئۇزۇن مۇددەتلىك مۈلۈك×%100

سانائەت مەبلىغىنىڭ پايدا-باج نىسبىتى دوكلات مەزگىلىدە ئورۇندالغان پايدا، باج ئومۇمىي سوممىسى بىلەن شۇ مەزگىلدىكى مۈلۈك (كۆچمە مۈلۈك بىلەن مۇقىم مۈلۈك ساپ قىممىتى)نىڭ نىسبىتىنى كۆرسىتىدۇ. ئۇ سانائەت كارخانىلىرىنىڭ مەبلەغ ئىشلىتىشتىكى ئىقتىسادىي ئۈنۈمىنى ئەكس ئەتتۈرۈپ، مەبلەغ سېلىش نەتىجىسىنى تەھلىل قىلىدىغان ئاساسلىق تەھلىل كۆرسەتكۈچى فورمۇلاسى :

مەبلەغنىڭ پايدا-باج نىسبىتى (%) =دوكلات مەزگىلىدە جەمئى ئورۇندالغان پايدا-باج ئومۇمىي سوممىسى ÷ دوكلات مەزگىلىدىكى كۆچمە مۈلۈكنىڭ ئوتتۇرىچە قالدۇقى+دوكلات مەزگىلىدىكى مۇقىم مۈلۈك ساپ قىممىتىنىڭ ئوتتۇرىچە قالدۇقى×%100

سانائەت تەننەرق خىراجىتىنىڭ پايدا نىسبىتى دوكلات مەزگىلىدە ئورۇندالغان پايدابىلەن تەننەرق خىراجىتىنىڭ نىسبىتىنى كۆرسىتىدۇ. ئۇ سانائەت ئىشلەپچىقىرىش تەننەرقى ھەم خىراجەت سېلىنمىسىنىڭ ئىقتىسادىي ئۈنۈمىنى ئەكس ئەتتۈرىدىغان كۆرسەتكۈچ. شۇنداقلا كارخانىنىڭ تەننەرق تۆۋەنلىتىشنىڭ ئىقتىسادىي ئۈنۈمىنى ئەكس ئەتتۈرىدىغان كۆرسەتكۈچ. فورمۇلاسى:

سانائەت تەننەرق خىراجىتىنىڭ پايدانىسبىتى (%) =دوكلات مەزگىلىدە ئورۇندالغان پايدا ئومۇمىي سوممىسى ÷دوكلات مەزگىلىدىكى تەننەرق خىراجىتىنىڭ ئومۇمىي سوممىسى×%100

كۆچمە مۈلۈكنىڭ ئوبوروت نىسبىتى مەلۇم مەزگىلدىكى كۆچمە مۈلۈك تاماملىغان ئوبوروت سانىنىكۆرسىتىدۇ. ئۇ سانائەت كارخانىسى سالغان مۇقىم مۈلۈكنىڭ ئوبوروت سۈرئىتىنى ئەكس ئەتتۈرىدىغان كۆرسەتكۈچ. فورمۇلاسى:

كۆچمە مۈلۈكنىڭ ئوبوروت نىسبىتى (قېتىمى) = دوكلات مەزگىلدىكى جەمئى مەھسۇلات سېتىش كىرىمى ÷ دوكلات مەزگىلىدىكى كۆچمە مۈلۈكنىڭ ئوتتۇرىچە قالدۇقى

سېتىش كىرىمىنىڭ پايدا-باج نىسبىتى دوكلات مەزگىلىدە ئورۇندالغان پايدا، باج ئومۇمىي سوممىسى بىلەن شۇ مەزگىلدە ئورۇندالغان مەھسۇلات سېتىش كىرىمىنىڭ نىسبىتى كۆزدە تۇتۇلىدۇ. ئۇ بىرلىك سېتىش كىرىمى ياراتقان ئۈنۈمنى ئەكس ئەتتۈرىدىغان كۆرسەتكۈچ. فورمۇلاسى:

سېتىش كىرىمىنىڭ پايدا-باج نىسبىتى (%) = دوكلات مەزگىلىدە جەمئىي ئورۇندالغان پايدا - باج ئومۇمىي سوممىسى÷ دوكلات مەزگىلىدە ئورۇندالغان مەھسۇلات سېتىش كىرىمى×%100

ئۆزگەرمەس باھا ۋە ھازىرقى باھا

1. ئۆزگەرمەس باھا: ھەر خىل مەزگىللەردىكى ئومۇمىي مەھسۇلات قىممىتىنى ھېسابلىغاندا قوللىنىلغان بىر مەزگىل ياكى بىر ۋاقىتتىكى سانائەت مەھسۇلاتلىرىنىڭ زاۋۇتتىن چىقىش باھاسىنى كۆرسىتىدۇ. ئۇ "مۇقىم باھا"مۇ دېيىلىدۇ. ئۆزگەرمەس باھادا سانائەت ئومۇمىي مەھسۇلات قىممىتىنى ھېسابلىغاندا ئاساسلىقى ھەرخىل مەزگىللەردىكى باھا ئۆزگىرىش تەسىرىنى تۈگىتىپ، سانائەتنىڭ تەرەققىيات سۈرئىتىنى ھېسابلىغاندا سېلىشتۇرۇشقا كاپالەتلىك قىلغىلى بولىدۇ.

دۆلىتىمىز قۇرۇلغاندىن بۇيان بەش قېتىم سانائەت مەھسۇلاتلىرىنىڭ ئۆزگەرمەس باھاسى تۈزۈلدى. 1952-يىلقى ئۆزگەرمەس باھا، 1957-يىلقى ئۆزگەرمەس باھا، 1970-يىلقى ئۆزگەرمەس باھا، 1980-يىلقى ئۆزگەرمەس باھا ۋە 1990-يىلقى ئۆزگەرمەس باھا. ھازىر1990-يىلقى ئۆزگەرمەس باھا قوللىنىدۇ.

2. ھازىرقى باھا: سانائەت ئومۇمىي قىممىتىنى ھېسابلىغاندا قوللىنىلغان دوكلات مەزگىلىدىكى مەھسۇلاتنىڭ ئەمەلىي سېتىلىش باھاسىنى كۆرسىتىدۇ. ئەمەلىي سېتىلىش باھاسى مەھسۇلات ساتقاندا ئەمەلىي زاۋۇتتىن چىقىش باھاسىنى كۆرسىتىدۇ. سېتىشتىكى زاۋۇت تەننەرقى، سېتىش خىراجىتى، باج ۋە پايدىنى ئۆز ئىچىگە ئالىدۇ. زاۋۇت ئىشلەپچىقىرىشى بىلەن بىۋاستە مۇناسىۋەتسىز تۈرلۈك خىراجەتلەرنى ئۆز ئىچىگە ئالمايدۇ.

سانائەت قوشۇلغان قىممىتى سانائەت كارخانىسىنىڭ دوكلات مەزگىلىدىكى سانائەت ئىشلەپچىقىرىش پائالىيىتىنىڭ پۇل بىلەن ئىپادىلەنگەن ئاخىرقى نەتىجىسىنى كۆرسىتىدۇ. سانائەت قوشۇلغان قىممىتى مۇنداق ئىككى خىل ئۇسۇل بىلەن ھېسابلىنىدۇ: (1) ئىشلەپچىقىرىش ئۇسۇلى، يەنى سانائەت ئومۇمىي ھاسىلاتىدىن سانائەت ئارىلىق سېلىنمىسى چىقىرىۋېتىلىدۇ؛ (2) كىرىم ئۇسۇلى، يەنى كىرىمنى چىقىش قىلىپ، ئىشلەپچىقىرىش ئامىللىرىنىڭ ئىشلەپچىقىرىش جەريانىدا ئىگە بولۇشقا تېگىشلىك كىرىم ئۈلۈشى بويىچە ھېسابلىنىدۇ. كونكرېت قۇرۇلمىسى مۇقىم مۈلۈك ئامورتىزاتسىيىسى، ئەمگەكچىنىڭ ھەققى، ئىشلەپچىقىرىش بېجى ساپ سوممىسى، تېجارەت قالدۇقىنى ئۆز ئىچىگە ئالىدۇ. بۇ ئۇسۇل ئامىل تەقسىمات ئۇسۇلىمۇ دېيىلىدۇ.

国有经济 是指生产资料归国家所有的一种经济类型。是社会主义公有制经济的重要组成部分。包括中央和地方各级国家机关、事业单位和社会团体使用国有资产投资举办的企业,也包括实行企业化经营,国家不再核拨经费或核拨部分经费的事业单位和从事经营性活动的社会团体,以及上述企业、事业单位和社会团体使用自有资金投资举办的企业。

集体经济 是指生产资料归公民集体所有的一种经济类型,是社会主义公有制经济的组成部分。包括城乡所有使用集体投资举办的企业,以及部分个人通过集资自愿放弃所有权并依法经工商行政管理机关认定为集体所有制的企业。

集体所有制企业可再划分为城镇集体所有制企业和乡村集体所有制企业。

私营经济 是指生产资料归公民私人所有、以雇佣劳动为基础的一种经济类型。包括所有按照《中华人民共和国私营企业暂行条例》规定登记注册的私营独资企业、私营合伙企业和私营有限责任公司。

工业总产值 我国的工业,包括:①对自然资料的开采,如采矿、晒盐、森林采伐等(但不包括禽兽捕猎和水产捕捞;②对农副产品的加工和再加工,如碾米、磨粉、酿酒、榨油、轧花、缫丝、屠宰、药材加工等;③对工业品的加工和再加工,如炼铁、炼钢、轧钢、炼焦、化工生产、机器制造、木材加工、纺织、印染、服装加工、造纸等;④对工业品的修理翻新,如修理机械设备、交通运输工具等;⑤自来水、煤气的生产和电力的生产及供应。

工业总产值是以货币表现的工业企业生产的产品总量,反映一定时期工业生产的总成果和总规模。工业总产值目前采用“工厂法”计算,包括各工业企业生产的符合产品质量标准的入库成品价值(无论自备原料的产成品或来料加工的产成品都按全价计算)和对外承做的工业性作业价值。一个企业内部自产自用的产品、半成品不允许重复计算产值,但各企业之间存在着重复计算。

轻 工 业 指提供生活的消费品和制作手工工具的工业。按其所使用的原料不同,又分为两大类:

①以农产品为原料的轻工业。是指直接或间接以农产品为基本原料的轻工业。主要包括食品制造、饮料制造、烟草加工、纺织、缝纫、毛皮制作、造纸以及印刷等工业。

②以非农产品为原料的轻工业,是指以工业品为原料的轻工业。主要包括文教用品、工艺美术用品制造、化学药品制造、合成纤维制造、日用化学制品、日用玻璃制品、日用金属制品、手工工具制造、医疗器械制造、文化和办公用机械制造等工业。

重 工 业 指生产生产资料的工业,是为国民经济各部门提供物质技术基础的工业。按其生产和产品用途,可以分为下列三类:

①采掘(伐)工业,是指对自然资源的开采,包括石油开采、煤炭开采、金属矿开采、非金属矿开采和木材采伐工业。

②原料工业,是指提供国民经济各部门使用的原料、动力和燃料的工业。包括金属冶炼及加工、炼焦及焦炭化学、化工原料、水泥、人造板等原材料工业,以及电力、石油和煤炭等加工工业。

③制造工业,是指对原材料进行加工制造的工业。包括装备国民经济各部门的机械设备制造工业、金属结构、水泥制品等工业,以及为农业提供的生产资料和化肥、农药等工业。

根据上述划分原则,修理业中修理作业对象是重工业的划为重工业,否则划为轻工业。

轻重工业总产值的划分也是按“工厂法”计算的,即一个工业企业在正常情况下生产的主要产品的性质属于轻工业,则该企业的全部总产值作为轻工业总产值,一个工业企业生产的主要产品的性质属于重工业,则该企业的全部总产值作为重工业总产值。

大、中、小型企业 大、中、小型企业的划分标准有下列两类:

①按企业产品的年生产能力划分。凡产品比较单一的企业。如电力、原煤、石油、钢铁、有色金属、硫酸、烧碱、纯碱、合成氨、发电设备、汽车、拖拉机、木材采伐、水泥、平板玻璃、纺织、造纸、制糖、手表、缝纫机、自行车等均以产品生产能力作为划分大、中、小型的标准(生产多种产品的企业,以其主要产品的生产能力来划分)。

②按企业拥有的生产经营用固定资产原值划分。凡产品种类繁多,难以按生产能力划分的,则以企业拥有的生产经营用固定资产原值作为划分大、中、小型的标准。

独立核算法人工业企业 是指从事工业生产经营活动的单位。独立核算法人工业企业应同时具备以下条件:①依法成立,有自己的名称、组织机构和场所,能够承担民事责任;②独立拥有和使用资产,承担负债,有权与其他单位签订合同;③独立核算盈亏,并能够编制资产负债表。

工业活动单位 是指在一个场所从事一种或主要从事和工业生产活动的经济单位。它包括独立核算工业企业按主营业务活动(即工业生产活动)划分的主营业务活动单位和非工业企业所属的工业生产活动单位(即原非独立核算工业生产单位)。工业活动单位,一般应同时具备以下三个条件:①具有一个场所,从事一种或主要从事一种工业活动;②单独组织工业生产、经营或业务活动;③单独核算收入和支出。

在确定独立核算法人工业企业时,一般以是否具有法人资格作为基本条件。工业企业所属的分公司、分厂或车间等,凡具有法人资格,符合独立核算法人工业企业条件的,应作为独立核算法人工业企业进行统计;不具有法人资格,不符合独立核算法人工业企业条件的,一般应作为工业活动单位进行统计。

在确定工业活动单位时,以活动场所和工业活动性质作为基本条件。在一个场所从事两种以上工业活动,或在不同的场所从事同一种工业生产活动,并同时具有收入和支出核算资料的工业活动单位,都要划分为两个或两个以上的工业活动单位。

在一个场所,从事一种或主要从事一种工业生产活动的独立核算法人工业企业,既是独立核算法人工业企业,也是工业活动单位。

资本金 是指企业在工商行政管理部门登记的注册资金。企业筹集的资本金主要分为国家资本金、法人资本金、个人资本金以及外商资本金等。

(1)**国家资本金** 指有权代表国家投资的政府部门或者机构以国有资产投入企业形成的资本金。

(2)**法人资本金** 指其他法人单位以其依法可以支配的资产投入企业形成的资本金。

(3)**个人资本金** 指社会个人或者企业内部职工以个人合法财产投入企业形成的资本金。

(4)**外商资本金** 指外国投资者以及我国香港、澳门和台湾地区投资者投入企业形成的资本金。

资 产 是企业拥有或控制的能以货币计量的经济资源,包括各种财产、债权和其他权利。资产按流动性质一般分为流动资产、长期投资、固定资产、无形资产、递延资产和其他资产。

负　　债　是企业所承担的能以货币计量、将以资产或劳务偿付的债务。负债一般是按负债的偿还期长短进行分类的，分为流动负债和长期负债。

流动资产合计　流动资产是指可以在一年或者超过一年的一个营业周期内变现或者耗用的资产，包括现金及各种存款、短期投资、应收及预付货款、存货等。流动资产的一个重要特点是它在参加生产经营时，其价值一次转移到产品成本或费用中去。

固定资产原价合计　固定资产原价指企业在建造、购置、安装、改建、扩建、技术改造某项固定资产时所支出的全部货币总额。它一般包括买价、包装费、运杂费和安装费等。

固定资产净值期末数　指固定资产原价减去历年所提折旧后的净额。

固定资产合计　指企业固定资产净值、固定资产清理、在建工程、待处理固定资产净损失所占用的资金。

流动负债合计　流动负债是指将在一年或者超过一年的一个营业周期内偿还的债务。包括短期借款、应付票据、应付帐款、预收货款、应付工资、应交税金、应付利润、其他应付款、预提费用等。

营运资金　指流动资产减流动负债后的净额。

所有者权益合计　所有者权益是指企业投资人对企业净资产的所有权，包括企业所有者投入资金以及留存收益等。

成本费用总额　指企业的产品销售成本、产品销售费用、管理费和财务费用之和。

利润总额　是指盈利企业的利润额减亏损企业的亏损额，再加上新开征的原在利润总额中的教育费附加和资源税。

利税总额　是指利润总额与产品销售税金及附加之和。

工业全员劳动生产率　指报告期工业企业平均每个职工创造的工业增加值，是反映工业活劳动投入的经济效益指标。计算公式为：

$$\text{工业全员劳动生产率(元/人)}=\frac{\text{报告期累计工业增加值}}{\text{报告期全部职工平均人数}}$$

工业增加值率　指报告期工业增加值占工业总产值的比重，是反映工业生产降低中间消耗的经济效益指标。计算公式为：

$$\text{工业增加值率(\%)}=\frac{\text{报告期现价工业增加值}}{\text{报告期现价工业总产值}}\times 100\%$$

百元固定资产原值实现产值(元)　是指报告期实现的现价工业总产值与同期固定资产原值之比，是反映固定资产产出的经济效益指标。计算公式为：

$$\text{百元固定资产原值实现产值(元)}=\frac{\text{报告期现价工业总产值}}{\text{报告期固定资产原值合计}}\times 100$$

产值利税率　指报告期已实现的利润、税金总额与同期实现的现价工业总产值之比是反映单位产值所创利税的经济效益指标。计算公式为：

$$\text{产值利税率(\%)}=\frac{\text{报告期利润、税金总额}}{\text{报告期现价工业总产值}}\times 100\%$$

资产负债率　指报告期流动负债和长期负债之和与同期的流动资产、长期投资、固定资产、无形及递延资产和其他长期资产之和之比，是反映企业偿债能力的主要指标，计算公式为：

$$\text{资产负债率(\%)}=\frac{\text{报告期的流动负债+长期负债}}{\text{流动资产}+\text{长期投资}+\text{固定资产}+\text{无形及递延资产}+\text{其他长期资产}}\times 100\%$$

工业资金利税率　指报告期已实现的利润、税金总额与同期的资产(流动资产和固定资产净值)之比，是反映工业企业资金运用的经济效益，分析资金投入效果的主要分析指标。计算公式为：

$$\text{资金利税率(\%)}=\frac{\text{报告期累计实现利税总额}}{\text{报告期流动资产平均余额}+\text{报告期固定资产净值平均余额}}\times 100\%$$

工业成本费用利润率　指报告期实现利润与成本费用之比，是反映工业生产成本及费用投入的经济效益指标，同时也是反映企业降低成本的经济效益的指标。计算公式为：

$$\text{工业成本费用利润率(\%)}=\frac{\text{报告期实现利润总额}}{\text{报告期成本费用总额}}\times 100\%$$

流动资产周转率　指一定时期内流动资产完成的周转次数，是反映工业企业投入流动资产的周转速度的指标。计算公式为：

$$\text{流动资产周转率(次)}=\frac{\text{报告期累计产品销售收入}}{\text{报告期流动资产平均余额}}$$

销售收入利税率(%)　指报告期已实现的利润、税金总额与同期实现的产品销售收入之比，是反映单位销售收入所创效益的指标，计算公式为：

$$\text{销售收入利税率(\%)}=\frac{\text{报告期累计实现利税总额}}{\text{报告期实现的产品销售收入}}\times 100\%$$

不变价格和现行价格

1.不变价格：是指在计算不同时期的总产值时，采用同一时期或同一时点的工业产品出厂价格。它又称"固定价格"。用不变价格计算工业总产值，主要用以消除不同时期价格变动的影响，以保证计算工业发展速度时可比。

建国以来，我国已编制过五次工业产品不变价格；1952年不变价格；1957年不变价格；1970年不变价格；1980年不变价格和1990年不变价格。目前采用的是1990年不变价格。

2.现行价格：是指计算工业总产值时，采用的报告期内的产品实际销售价格。实际销售价格是指产品销售时的实际出厂价格，包括销售工厂成本、销售费用、税金和利润，不包括与工厂生产活动无直接关系的各项费用。

工业增加值　是工业企业在报告期内以货币表现的工业生产活动的最终成果。工业增加值有两种计算方法：一是生产法，即工业总产出减去工业中间投入；二是收入法，即从收入的角度出发，根据生产要素在生产过程中应得到的收入份额计算，具体构成项目有固定资产折旧、劳动者报酬、生产税净额、营业盈余，这种方法也称要素分配法。

10

بىناكارلىق

建筑业

Construction

بىناكارلىق كارخانىلىرىنىڭ ئومۇمىي ئەھۋالى
10—1 建筑企业概况

يىللار 年 份	جەمئىي 总 计	قۇرۇلۇش قىلىش كارخانىلىرى 施工企业	دۆلەت كارخانىسى #国有企业	كوللېكتىپ كارخانا #集体企业	قوشۇمچە قۇرۇلۇش ئورۇنلىرى 附营施工单位
企业单位数(个) كارخانا سانى(ئورۇن)					
1978	72	72	72		
1985	275	275	117	158	
1986	326	326	125	201	
1987	371	371	135	236	
1988	416	416	171	245	
1989	248	348	199	149	
1990	353	353	183	170	
1991	496	496	328	168	
1992	526	526	328	198	
1993	817	455	144	311	362
1994	920	534	165	356	386
1995	928	557	183	360	371
从业人员(万人) خادىم سانى (تۈمەن نەپەر)					
1978	10.97	10.97	10.97		
1985	25.85	25.85	19.21	6.64	
1986	22.37	22.37	17.42	4.95	
1987	23.97	23.97	17.82	6.15	
1988	25.85	25.85	20.19	5.66	
1989	21.83	21.83	17.67	4.16	
1990	22.86	22.86	18.36	4.50	
1991	26.39	26.39	21.58	4.81	
1992	28.76	28.76	22.77	5.99	
1993	34.55	25.93	17.10	8.78	8.62
1994	31.25	24.22	16.59	7.48	7.03
1995	35.33	28.16	19.61	8.28	7.17
总产值(万元) ئومۇمىي مەھسۇلات قىممىتى(تۈمەن يۈەن)					
1978	59 043	59 043	54 557	4 486	
1985	175 165	175 165	138 138	37 027	
1986	178 237	178 237	143 643	34 594	
1987	197 551	197 551	155 332	42 219	
1988	234 702	234 702	186 308	48 394	
1989	240 076	240 076	198 912	41 164	
1990	273 893	273 893	220 574	53 319	
1991	362 554	362 544	291 965	70 579	
1992	494 945	494 945	389 230	105 715	
1993	811 163	657 634	461 711	193 742	153 529
1994	910 718	739 425	549 583	185 340	171 293
1995	1 070 085	875 728	637 669	222 788	194 357

بىناكارلىق كارخانىلىرىنىڭ ئاساسىي ئىقتىسادىي كۆرسەتكۈچى

10—2 建筑施工企业主要经济指标

(يىل- 1995 年)

كۆرسەتكۈچ 指　　标	جەمئىي 合　计	دۆلەت ئىگىلىكى #国有经济	كوللېكتىپ ئىگىلىكى #集体经济
施工企业单位数(个) قۇرۇلۇش كارخانىلىرى سانى (ئورۇن)	557	183	360
يىل ئاخىرىدىكى بارلىق ئىشچى - خىزمەتچىلەرنىڭ ئەمىلىي سانى (تۈمەن نەپەر) 年底全部职工实有人数(万人)	28.16	19.61	8.28
بارلىق ئىشچى - خىزمەتچىلەرنىڭ يىللىق ئوتتۇرىچە سانى (تۈمەن نەپەر) 全部职工年平均人数(万人)	25.26	16.57	8.37
يىل ئاخىرىدىكى ئۆز مۇقىم مۈلكىنىڭ ئەسلى قىممىتى (تۈمەن يۈەن) 年底自有固定资产原值(万元)	323 540	242 743	73 582
يىل ئاخىرىدىكى ئۆز مۇقىم مۈلكىنىڭ ساپ قىممىتى (تۈمەن يۈەن) 年底自有固定资产净值(万元)	225 084	166 082	53 076
يىل ئاخىرىدىكى ئۆزىدىكى ماشىنا - ئۈسكۈنە سانى (تۈمەن دانە) 年底自有机械设备台数(万台)	55 455	31 892	22 431
يىل ئاخىرىدىكى ئۆزىدىكى ماشىنا - ئۈسكۈنىنىڭ ساپ قىممىتى (تۈمەن يۈەن) 年底自有机械设备净值(万元)	106 383	79 724	24 629
يىل ئاخىرىدىكى ئۆزىدىكى ماشىنا - ئۈسكۈنىنىڭ ئومۇمىي قۇۋۋىتى (تۈمەن كىلوۋات) 年底自有机械设备总功率(万千瓦)	137 059	100.06	35.14
总产值(万元) ئومۇمىي مەھسۇلات قىممىتى (تۈمەن يۈەن)	875 728	637 669	222 787
增加值(万元) قوشۇلغان قىممەت (تۈمەن يۈەن)	283 882	207 212	72 598
#本年固定资产折旧(万元) بۇ يىللىق مۇقىم مۈلۈك ئامورتىزاتسىيەسى (تۈمەن يۈەن)	18 463	13 953	3 931
施工面积(万平方米) قۇرۇلۇش كۆلىمى (تۈمەن كۋادىرات مېتىر)	1 212.45	837.83	364.91
竣工面积(万平方米) پۈتكەن كۆلىمى (تۈمەن كۋادىرات مېتىر)	609.84	364.95	237.16
利润总额(万元) پايدا ئومۇمىي سوممىسى (تۈمەن يۈەن)	2 975	—3076	5 102
利税总额(万元) پايدا - باج ئومۇمىي سوممىسى (تۈمەن يۈەن)	30 156	15 203	13 410
全员劳动生产率(元/人) ئومۇمىي خادىم ئەمگەك ئۈنۈمدارلىقى (ئادەم / يۈەن)			
按总产值计算 ئومۇمىي مەھسۇلات قىممىتى بويىچە	34 668	38 483	26 617
按增加值计算 قوشۇلغان قىممەت بويىچە	11 238	12 505	8 673
技术装备率(元/人) تېخنىكا جابدۇقلىنىش نىسبىتى (ئادەم / يۈەن)	4 211	4 811	2 942
动力装备率(元/人) قۇۋۋەت جابدۇقلىنىش نىسبىتى (ئادەم / كىلوۋات)	5.45	6.04	4.20
房屋建筑面积竣工率(%) ئۆي قۇرۇلۇش كۆلىمىنىڭ پۈتۈش نىسبىتى (%)	50.30	43.56	64.99
قۇرۇلۇشنىڭ سۈپەتلىك مەھسۇلات نىسبىتى (قۇرۇلۇش سانى بويىچە) (%) 工程质量优良品率(%)(按工程个数计算)	16.80	17.00	16.09
产值利润率(%) مەھسۇلات قىممىتىنىڭ پايدا نىسبىتى	0.34	—0.48	2.29
产值利税率(%) مەھسۇلات قىممىتىنىڭ پايدا - باج نىسبىتى	3.44	2.38	6.02

بىناكارلىق ئومۇمىي مەھسۇلات قىممىتى

10—3 建筑业总产值

(1995年 -يىل) 单位:万元 بىرلىكى : تۈمەن يۈەن

项目 تۈر		بىناكارلىق ئومۇمىي مەھسۇلات قىممىتى 建筑业总产值	بىناكارلىق قۇرۇلۇش مەھسۇلات قىممىتى 建筑工程	قوراشتۇرۇش قۇرۇلۇش مەھسۇلات قىممىتى 安装工程	ئۆي، ئەسلىھە رمونىت مەھسۇلات قىممىتى 房屋、构筑物修理	غەيرى ئۆلچەملىك ئۈسكۈنە ياساش مەھسۇلات قىممىتى 非标准设备制造
总计	**جەمئىي**	**875 728**	**771 036**	**87 356**	**7 744**	**9 592**
按经济类型分	**ئىقتىسادىي تىپ بويىچە**					
国有企业	دۆلەت كارخانىسى	637 669	566 880	62 489	2 952	5 348
集体企业	كوللىكتىپ كارخانا	222 788	197 734	18 604	4 733	1 717
其它企业	باشقا كارخانا	15 271	6 422	6 262	59	2 528
按隶属关系	**تەۋەلىك مۇناسىۋىتى بويىچە**					
中央企业	مەركەز كارخانىسى	280 782	236 024	41 442	1 407	1 909
#兵团	بىڭتۇەن	180 598	168 792	9 399	1 277	1 130
地方企业	يەرلىك كارخانا	594 946	535 011	45 914	6 337	7 684
按所属辖区分	تورۇشلۇق رايون بويىچە					
乌鲁木齐市	ئۈرۈمچى شەھرى	514 698	443 063	59 959	4 725	6 951
克拉玛依市	قاراماي شەھرى	24 582	18 669	5 814	99	
石河子市	شىخەنزە شەھرى	43 106	38 565	3 725	816	
吐鲁番地区	تۇرپان ۋىلايىتى	6 261	6 104	137	20	
哈密地区	قۇمۇل ۋىلايىتى	7 469	6 956	204	158	151
昌吉州	سانجى ئوبلاستى	48 759	45 038	3 070	584	67
伊犁州	ئىلى ئوبلاستى	65 667	59 717	5 342	536	69
伊犁地区	ئىلى ۋىلايىتى	27 728	26 771	663	278	16
塔城地区	تارباغاتاي ۋىلايىتى	11 938	10 533	1 374	10	21
阿勒泰地区	ئالتاي ۋىلايىتى	11 853	11 673	27	121	32
博州	بۆرتالا ئوبلاستى	8 084	6 914	1 179	17	974
巴州	بايىنغولىن ئوبلاستى	73 838	69 096	4 288	387	67
阿克苏地区	ئاقسۇ ۋىلايىتى	33 908	31 367	2 001	84	456
克州	قىزىلسۇ ئوبلاستى	4 081	3 868	89	66	58
喀什地区	قەشقەر ۋىلايىتى	40 365	36 973	2 469	235	688
和田地区	خوتەن ۋىلايىتى	4 906	4 705	76	15	110

بىناكارلىق قوشۇلغان قىممىتى

10—4 建筑业增加值

(1995 -يىل 年)

بىرلىكى: تۈمەن يۈەن 单位:万元

项目 تۈر	合计 جەمئىي	# 本年提取固定资产折旧 بۇ يىل ئاجرىتىلغان مۇقىم مۈلۈك ئامورتىزاتسىيەسى	# 主营业务应付工资 ئاساسلىق كەسىپتە بېرىشكە تېگىشلىك ئىش ھەققى	# 主营业务应付福利费 ئاساسلىق كەسىپتە تۆلەشكە تېگىشلىك پاراۋانلىق خىراجىتى	# 管理费中劳动待业保险费 باشقۇرۇش خىراجىتى ئىچىدىكى ئەمگەك، ئىش كۈتۈش، سوغۇرتا خىراجىتى	# 管理费中的税金 باشقۇرۇش خىراجىتىنىڭ بېجى	# 工程结算利润 قورۇلۇش راسچوت پايدىسى	# 工程结算税金及附加 قورۇلۇش راسچوت بېجى ھەمقوشۇمچىسى
总计 جەمئىي	**283 882**	**18 463**	**137 146**	**18 186**	**21 962**	**2 266**	**82 858**	**24 915**
按经济类型分 ئىقتىسادىي تىپ بويىچە								
国有企业 دۆلەت كارخانىسى	207 212	13 954	98 775	13 416	21 545	1 054	62 910	17 225
集体企业 كوللېكتىپ كارخانا	72 598	3 931	37 147	4 631	403	909	18 325	7 398
其它企业 باشقا كارخانا	4 071	578	1 223	137	14	302	1 622	292
按隶属关系 تەۋەلىك مۇناسىۋىتى بويىچە								
中央企业 مەركەز كارخانىسى	92 259	6 535	37 227	6 042	11 867	367	30 114	6 487
#兵团 بىڭتۈەن	59 128	4 197	25 077	4 339	11 352	297	14 739	4 773
地方企业 يەرلىك كارخانا	191 623	11 928	99 918	12 143	10 095	1 899	52 744	18 428
按所属辖区分 تۇرۇشلۇق رايون بويىچە								
乌鲁木齐市 ئۈرۈمچى شەھىرى	169 306	11 301	82 267	10 563	11 473	1 119	54 746	13 964
克拉玛依市 قاراماي شەھىرى	8 421	861	3 406	337	159	35	2 846	829
石河子市 شىخەنزە شەھىرى	13 678	1 007	5 902	1 314	3 202	56	2 257	1 229
吐鲁番地区 تۇرپان ۋىلايىتى	1 785	121	851	66	152	56	388	151
哈密地区 قۇمۇل ۋىلايىتى	2 519	231	1 177	206	47	21	615	237
昌吉州 سانجى ۋىلايىتى	17 488	694	8 839	1 091	396	217	4 422	1 901
伊犁州 ئىلى ئوبلاستى	20 739	1 566	9 832	1 299	1 476	375	4 730	1 958
伊犁地区 ئىلى ۋىلايىتى	8 265	420	4 358	791	369	58	1 729	830
塔城地区 تارباغاتاي ۋىلايىتى	3 198	234	1 226	117	39	44	1 261	365
阿勒泰地区 ئالتاي ۋىلايىتى	4 389	436	2 041	152	336	26	1 061	338
博州 بۆرتالا ئوبلاستى	1 866	224	783	112	100	24	532	126
巴州 بايىنغولىن ئوبلاستى	24 512	1 091	12 124	1 726	3 015	89	5 281	2 105
阿克苏地区 ئاقسۇ ۋىلايىتى	11 226	688	5 645	668	1 071	169	3 606	928
克州 قىزىلسۇ ئوبلاستى	1 265	89	598	44	5	40	373	127
喀什地区 قەشقەر ۋىلايىتى	9 598	467	5 062	696	711	172	2 705	1 233
和田地区 خوتەن ۋىلايىتى	1 476	119	653	59	153	17	354	124

بىناكارلىق كارخانىسىنىڭ ئەمگەك ئۈنۈمدارلىقى

10—5 建筑企业劳动生产率

بىرلىكى : تۈمەن يۈەن

(1995 -يىل) 1995 年　　单位:万元

جايلار 地区	بىناكارلىق ئومۇمىي مەھسۇلات قىممىتى بويىچە ھېسابلانغان ئەمگەك ئۈنۈمدارلىقى 按建筑业总产值计算的劳动生产率	دۆلەت كارخانىسى 国有经济	كوللېكتىپ كارخانا 集体经济	قوشۇلغان قىممەت بويىچە ھېسابلانغان ئەمگەك ئۈنۈمدارلىقى 按增加值计算的劳动生产率	دۆلەت كارخانىسى 国有经济	كوللېكتىپ كارخانا 集体经济
全区 ئاپتونوم رايون بويىچە	**34 668**	**38 483**	**26 617**	**11 238**	**12 505**	**8 673**
乌鲁木齐市 ئۈرۈمچى شەھىرى	44 028	46 282	29 749	14 483	15 051	10 891
克拉玛依市 قاراماي شەھىرى	44 695	68 020	41 102	15 310	11 596	18 803
石河子市 شىخەنزە شەھىرى	35 045	35 437	29 412	11 120	11 652	3 468
吐鲁番地区 تۇرپان ۋىلايىتى	19 566	23 043	17 187	5 579	6 805	4 741
哈密地区 قۇمۇل ۋىلايىتى	18 216	19 943	16 403	6 145	6 613	5 653
昌吉州 سانجى ئوبلاستى	26 356	23 303	28 214	9 452	7 133	10 766
伊犁州 ئىلى ئوبلاستى	21 816	19 890	27 016	6 890	7 134	10 076
伊犁地区 ئىلى ۋىلايىتى	23 301	24 954	20 763	6 945	7 010	6 992
塔城地区 تارباغاتاي ۋىلايىتى	19 896	17 170	22 333	5 330	6 562	4 638
阿勒泰地区 ئالتاي ۋىلايىتى	23 706	19 860	26 064	8 777	9 646	8 244
博州 بۆرتالا ئوبلاستى	28 870	41 007	19 662	6 663	11 836	2 335
巴州 بايىنغولىن ئوبلاستى	30 511	30 159	30 662	10 128	11 518	8 664
阿克苏地区 ئاقسۇ ۋىلايىتى	24 394	29 418	19 862	8 076	9 947	6 569
克州 قىزىلسۇ ئوبلاستى	14 574	14 400	14 687	4 520	5 369	3 971
喀什地区 قەشقەر ۋىلايىتى	26 211	29 181	24 465	6 232	7 420	5 535
和田地区 خوتەن ۋىلايىتى	16 916	9 383	23 037	5 090	5 506	4 752

بىناكارلىق كارخانىسىنىڭ قۇرۇلۇش سۈپىتى

10—6 建筑业企业工程质量

(1995 -يىل) 1995 年

جايلار 地区	بىرلىك قۇرۇلۇشنىڭ پۈتكەن سانى (ئورۇن) 单位工程竣工个数(个)	سۈپەتلىك مەھسۇلات 优良品	بىرلىك قۇرۇلۇشنىڭ سۈپەتلىك مەھسۇلات نىسبىتى 单位工程优良品率(%)	ئۆي قۇرۇلۇشنىڭ پۈتكەن كۆلىمى (تۈمەن كۋادرات مېتىر) 房屋建筑竣工面积(万平方米)	سۈپەتلىك مەھسۇلات 优良品	ئۆي قۇرۇلۇشنىڭ پۈتكەن كۆلىمىنىڭ ئىچىدە سۈپەتلىك مەھسۇلات نىسبىتى 房屋建筑竣工面积优良品率(%)
全区 ئاپتونوم رايون بويىچە	**6 090**	**1 023**	**16.80**	**609.84**	**110.35**	**18.09**
乌鲁木齐市 ئۈرۈمچى شەھىرى	2 133	455	21.33	248.97	51.25	20.59
克拉玛依市 قاراماي شەھىرى	342	161	47.08	10.10	4.34	42.97
石河子市 شىخەنزە شەھىرى	280	30	10.71	31.45	11.04	35.10
吐鲁番地区 تۇرپان ۋىلايىتى	164	94	57.32	7.12	2.90	40.73
哈密地区 قۇمۇل ۋىلايىتى	109	16	14.68	9.44	2.22	23.52
昌吉州 سانجى ئوبلاستى	640	66	10.31	61.68	11.76	19.07
伊犁州 ئىلى ئوبلاستى	697	64	9.18	63.18	10.04	15.89
伊犁地区 ئىلى ۋىلايىتى	296	26	8.78	32.84	5.46	16.63
塔城地区 تارباغاتاي ۋىلايىتى	132	13	9.85	10.93	2.26	20.68
阿勒泰地区 ئالتاي ۋىلايىتى	117	18	15.38	10.95	2.06	18.81
博州 بۆرتالا ئوبلاستى	90	5	5.56	6.80	0.93	13.68
巴州 بايىنغولىن ئوبلاستى	524	55	10.50	67.32	8.09	12.02
阿克苏地区 ئاقسۇ ۋىلايىتى	346	19	5.49	47.62	3.26	6.85
克州 قىزىلسۇ ئوبلاستى	87	9	10.34	4.56	1.04	22.81
喀什地区 قەشقەر ۋىلايىتى	552	22	3.99	44.05	1.78	4.04
和田地区 خوتەن ۋىلايىتى	126	27	21.43	7.58	1.71	22.56

بىناكارلىق كارخانىلىرىنىڭ تېخنىكا جابدۇقلىنىش ئەھۋالى

10—7 建筑企业技术装备情况

(يىل- 1995 年)

项目 تۈر	ئۆزىدىكى ماشىنا-ئۈسكۈنە سانى (دانە) 自有机械设备总台数(台)	ئۆزىدىكى ماشىنا-ئۈسكۈنىنىڭ ئومۇمىي قۇۋۋىتى (تۈمەن كىلوۋات) 自有机械设备总功率(万千瓦)	قۇرۇلۇش ماشىنىلىرىنىڭ قۇۋۋىتى 施工机械功率	ئۆزىدىكى ماشىنا-ئۈسكۈنىنىڭ ساپ قىممىتى (تۈمەن يۈەن) 自有机械设备净值(万元)	تېخنىكا جابدۇقلىنىش نىسبىتى (ئادەم/يۈەن) 技术装备率(元/人)	قۇۋۋەت جابدۇقلىنىش نىسبىتى (ئادەم/كىلوۋات) 动力装备率(千瓦/人)
总计 جەمئىي	**55 455**	**137.59**	**86.40**	**106 383**	**4 211**	**5.45**
按经济类型分 ئىقتىسادىي تىپ بويىچە						
国有企业 دۆلەت كارخانىسى	31 892	100.06	58.02	79 724	4 811	6.04
集体企业 كوللېكتىپ كارخانا	22 431	35.14	26.45	24 629	2 942	4.20
其它企业 باشقا كارخانا	1 132	2.39	1.93	2 030	6 153	7.24
按隶属关系 تەۋەلىك مۇناسىۋىتى بويىچە						
中央企业 مەركەز كارخانىسى	15 000	58.24	35.83	40 059	5 908	8.59
#兵团 بىڭتۈەن	11 250	25.42	16.43	21 274	3 896	4.66
地方企业 يەرلىك كارخانا	40 455	79.35	50.57	66 324	3 587	4.29
按所属辖区分 تۇرۇشلۇق ئورۇن بويىچە						
乌鲁木齐市 ئۈرۈمچى شەھىرى	20 854	81.24	46.56	61 785	5 285	6.95
克拉玛依市 قاراماي شەھىرى	1 315	5.50	4.78	2 485	4 519	10.00
石河子市 شىخەنزە شەھىرى	2 815	5.18	2.85	3 425	2 785	4.21
吐鲁番地区 تۇرپان ۋىلايىتى	446	0.71	0.50	384	1 202	2.22
哈密地区 قۇمۇل ۋىلايىتى	1 282	1.59	1.11	1 077	2 627	3.88
昌吉州 سانجى ئوبلاستى	5 098	8.61	5.58	11 446	6 187	4.65
伊犁州 ئىلى ئوبلاستى	6 782	10.94	7.54	7 108	2 361	3.63
伊犁地区 ئىلى ۋىلايىتى	2 395	3.38	2.16	3 146	2 643	2.84
塔城地区 تارباغاتاي ۋىلايىتى	1 368	2.48	1.88	1 059	1 766	4.13
阿勒泰地区 ئالتاي ۋىلايىتى	1 753	2.33	1.54	1 131	2 262	4.66
博州 بۆرتالا ئوبلاستى	840	0.97	0.59	740	2 644	3.46
巴州 بايىنغولىن ئوبلاستى	7 491	11.16	8.12	9 874	4 080	4.61
阿克苏地区 ئاقسۇ ۋىلايىتى	1 908	4.21	3.68	2 957	2 127	3.03
克州 قىزىلسۇ ئوبلاستى	214	0.54	0.25	252	902	1.93
喀什地区 قەشقەر ۋىلايىتى	5 449	5.40	3.57	4 060	2 636	3.51
和田地区 خوتەن ۋىلايىتى	966	1.54	1.28	784	2 703	5.31

بىناكارلىق كارخانىلىرىنىڭ مۈلكى ھەم كاپىتالى
10—8 建筑企业资产及资本金

(1995 年 -يىل)

单位:万元 بىرلىكى: تۈمەن يۈەن

تۈر 项目	مۈلۈكنىڭ جەمئىيسى 资产合计	كۆچمە مۈلۈك 流动资产	مۇقىم مۈلۈكنىڭ ئەسلى قىممىتى 固定资产原值	مۇقىم مۈلۈكنىڭ ساپ قىممىتى 固定资产净值	مەخسۇس قۇرۇلۇش 专项工程	شەكىلسىز ۋە سۈرەلمە مۈلۈك 无形及递延资产	جەمئىي كاپىتال 资本金合计	دۆلەت كاپىتالى 国家资本金
总计 جەمئىي	**939 205**	**647 608**	**323 540**	**225 084**	**14 297**	**3 132**	**221 212**	**110 987**
ئىقتىسادىي تىپ بويىچە 按经济类型分								
国有企业 دۆلەت كارخانىسى	728 005	504 266	242 743	166 081	14 297	2 682	147 747	108 326
集体企业 كوللېكتىپ كارخانا	191 591	130 878	73 582	53 075		317	64 804	2 661
其它企业 باشقا كارخانا	19 608	12 463	7 215	5 927		132	8 659	
تەۋەلىك مۇناسىۋىتى بويىچە 按隶属关系								
中央企业 مەركەز كارخانىسى	316 409	218 609	108 472	68 249	3 064	1 123	57 619	48 720
#兵团 بىڭتۇەن	195 403	134 188	67 767	45 124	1 958	893	32 201	25 555
地方企业 يەرلىك كارخانا	622 795	428 999	215 068	156 835	11 233	2 009	163 593	62 267
تەۋەلىك رايون بويىچە 按所属辖区分								
乌鲁木齐市 ئۈرۈمچى شەھىرى	587 766	410 507	189 954	133 402	11 569	1 431	122 438	87 819
克拉玛依市 قاراماي شەھىرى	19 741	12 716	9 252	6 313		111	6 131	
石河子市 شىخەنزە شەھىرى	42 808	28 425	14 455	9 462	1 644	30	9 003	8 433
吐鲁番地区 تۇرپان ۋىلايىتى	4 205	2 861	1 787	1 254		23	1 708	384
哈密地区 قۇمۇل ۋىلايىتى	14 317	10 225	5 094	3 580		28	2 708	
昌吉州 سانجى ۋىلايىتى	44 313	30 108	16 776	12 106		68	16 589	441
伊犁州 ئىلى ئوبلاستى	81 778	59 243	25 134	15 721	666	294	19 195	4 380
伊犁地区 ئىلى ۋىلايىتى	35 108	26 931	8 403	5 372	432	180	8 193	1 609
塔城地区 تارباغاتاي ۋىلايىتى	11 636	8 452	4 409	2 304	234		3 148	1 645
阿勒泰地区 ئالتاي ۋىلايىتى	12 552	7 624	5 537	3 933		51	4 646	500
博州 بۆرتالا ئوبلاستى	9 154	6 453	3 377	2 418		176	2 469	
巴州 بايىنغولىن ئوبلاستى	53 191	32 125	25 353	18 647		154	15 005	1 519
阿克苏地区 ئاقسۇ ۋىلايىتى	34 275	22 373	14 443	9 593	314	679	11 127	2 086
克州 قىزىلسۇ ۋىلايىتى	2 790	1 855	1 632	881			1 694	
喀什地区 قەشقەر ۋىلايىتى	38 824	26 798	13 543	9 680	102	122	10 624	2 073
和田地区 خوتەن ۋىلايىتى	6 036	3 914	2 734	2 024		10	2 515	49

بىناكارلىق كارخانىسىنىڭ قەرزى ھەم ئىگىدارلىق ھوقۇق، مەنپەئەتى

10—9 建筑企业负债及所有者权益

（1995 年 -يىلى）

单位:万元 بىرلىكى: تۈمەن يۈەن

项目 تۈر		负债合计 جەمئىي قەرز	流动负债 كۆچمە قەرز	长期负债 ئۇزۇن مۇددەتلىك قەرز	所有者权益 ئىگىدارلىق ھوقۇق، مەنپەئەتى	股本 پاي دىرى
总计	جەمئىي	699 997	614 110	84 378	239 208	20 500
按经济类型分	ئىقتىسادىي تىپ بويىچە					
国有企业	دۆلەت كارخانىسى	573 208	496 801	75 970	154 797	11 081
集体企业	كوللېكتىپ كارخانا	117 817	110 120	6 625	73 774	5 500
其它企业	باشقا كارخانا	8 971	7 188	1 783	10 636	3 918
按隶属关系	تەۋەلىك مۇناسىۋىتى بويىچە					
中央企业	مەركەز كارخانىسى	247 668	221 902	25 428	68 741	1 034
#兵团	بىڭتۈەن	174 980	152 661	21 980	20 423	1 024
地方企业	يەرلىك كارخانا	452 328	392 208	58 950	170 467	19 466
按所属辖区分	تەۋەلىك رايون بويىچە					
乌鲁木齐市	ئۈرۈمچى شەھىرى	443 197	378 594	63 649	144 568	10 710
克拉玛依市	قاراماي شەھىرى	11 331	10 439	892	8 410	1 385
石河子市	شىخەنزە شەھىرى	35 279	29 468	5 811	7 528	
吐鲁番地区	تۇرپان ۋىلايىتى	2 543	2 395	148	1 661	16
哈密地区	قۇمۇل ۋىلايىتى	11 648	10 002	1 600	2 669	10
昌吉州	سانجى ۋىلايىتى	31 457	29 608	1 838	12 855	225
伊犁州	ئىلى ئوبلاستى	66 331	60 877	5 349	15 446	351
伊犁地区	ئىلى ۋىلايىتى	28 306	25 664	2 539	6 801	
塔城地区	تارباغاتاي ۋىلايىتى	9 960	9 189	770	1 676	261
阿勒泰地区	ئالتاي ۋىلايىتى	8 117	7 138	979	4 435	
博州	بۆرتالا ۋىلايىتى	6 531	6 178	353	2 622	3
巴州	بايىنغولىن ئوبلاستى	39 943	38 394	1 549	13 247	4 351
阿克苏地区	ئاقسۇ ۋىلايىتى	24 224	22 669	1 346	10 050	1 301
克州	قىزىلسۇ ئوبلاستى	1 415	1 392	23	1 374	
喀什地区	قەشقەر شەھىرى	22 346	20 635	1 525	16 477	2 144
和田地区	خوتەن ۋىلايىتى	3 741	3 453	288	2 294	

بىناكارلىق كارخانىسىنىڭ ئومۇمىي كىرىمى

10—10 建筑企业总收入

(1995 年 -يىل)

单位:万元 بىرلىكى: تۈمەن يۈەن

项目 تۈر		كارخانىنىڭ ئومۇمىي كىرىمى 企业总收入	قورۇلۇش راسچوت كىرىمى 工程结算收入	قورۇلۇش راسچوت تەننەرقى 工程结算成本	قورۇلۇش راسچوت پايدىسى 工程结算利润	باشقا كەسىپىي كىرىم 其他业务收入	باشقا كەسىپىي پايدا 其他业务利润
总计	**جەمئىي**	**898 810**	**821 713**	**713 940**	**82 858**	**77 097**	**9 445**
按经济类型分	**ئىقتىسادىي تىپ بويىچە**						
国有企业	دۆلەت كارخانىسى	673 964	597 909	517 773	62 910	76 055	9 309
集体企业	كوللېكتىپ كارخانا	212 785	212 667	186 943	18 325	118	52
其它企业	باشقا كارخانا	12 061	11 137	9 223	1 622	923	83
按隶属关系	**تەۋەلىك مۇناسىۋىتى بويىچە**						
中央企业	مەركەز كارخانىسى	286 200	259 682	223 081	30 114	26 517	2 955
#兵团	بىڭتۇەن	189 577	165 805	146 293	14 739	23 772	2 818
地方企业	يەرلىك كارخانا	612 610	562 031	490 859	52 743	50 579	6 490
按所属辖区分	**تەۋەلىك رايون بويىچە**						
乌鲁木齐市	ئۈرۈمچى شەھىرى	544 612	485 238	416 528	54 746	59 373	7 566
克拉玛依市	قاراماي شەھىرى	27 477	27 477	23 803	2 845		
石河子市	شىخەنزە شەھىرى	42 271	37 135	33 649	2 256	5 135	746
吐鲁番地区	تۇرپان ۋىلايىتى	4 955	4 955	4 415	388		
哈密地区	قۇمۇل ۋىلايىتى	7 183	7 183	6 331	615		
昌吉州	سانجى ۋىلايىتى	51 605	51 605	45 282	4 422		
伊犁州	ئىلى ئوبلاستى	59 299	58 236	51 545	4 730	1 061	−15
伊犁地区	ئىلى ۋىلايىتى	24 079	24 079	21 519	1 729		
塔城地区	تارباغاتاي ۋىلايىتى	10 876	9 837	8 211	1 260	1 038	−15
阿勒泰地区	ئالتاي ۋىلايىتى	10 643	10 643	9 244	1 061		
博州	بۆرتالا ئوبلاستى	6 630	6 630	5 972	532		
巴州	بايىنغولىن ئوبلاستى	71 078	68 442	61 056	5 281	2 635	290
阿克苏地区	ئاقسۇ ۋىلايىتى	37 543	32 265	27 731	3 606	5 277	478
克州	قىزىلسۇ ئوبلاستى	3 452	3 452	2 951	373		
喀什地区	قەشقەر ۋىلايىتى	38 684	35 096	31 157	2 705	3 588	354
和田地区	خوتەن ۋىلايىتى	4 016	3 991	3 514	353	24	24

بىناكارلىق كارخانىسىنىڭ پايدا-باج ئومۇمىي سوممىسى

10—11 建筑企业利税总额

(يىل- 1995 年)

项目	تۈر	پايدا-باج ئومۇمىي سوممىسى (تۈمەنيۈەن) 利税总额合计（万元）	پايدا ئومۇمىي سوممىسى 利润总额	قورۇلۇش راسچوتبېجى ھەم قوشۇمچىسى 工程结算税金及附加	باشقۇرۇش خىراجىتى ئىچىدىكى باج 管理费用中的税金	مەھسۇلات قىممىتىنىڭ پايدا-باج نىسبىتى 产值利税率（%）	مەبلەغنىڭ پايدا-باج نىسبىتى 资金利税率（%）
总计	**جەمئىي**	**30 156**	**2 974**	**24 915**	**2 266**	**3.44**	**3.46**
按经济类型分	**ئىقتىسادىي تىپ بويىچە**						
国有企业	دۆلەت كارخانىسى	15 202	—3076	17 225	1 054	2.38	2.27
集体企业	كوللېكتىپ كارخانا	13 410	5 102	7 398	909	6.02	7.29
其它企业	باشقا كارخانا	1 543	948	291	302	10.10	8.39
按隶属关系	**تەۋەلىك مۇناسىۋىتى بويىچە**						
中央企业	مەركەز كارخانىسى	5 049	—1805	6 487	367	1.80	1.76
#兵团	بىڭتۇەن	473	—4596	4 772	297	0.26	0.26
地方企业	يەرلىك كارخانا	25 107	4 780	18 428	1 898	4.22	4.29
按所属辖区分	**تەۋەلىك رايون بويىچە**						
乌鲁木齐市	ئۈرۈمچى شەھىرى	19 553	4 470	13 964	1 119	3.80	3.60
克拉玛依市	قاراماي شەھىرى	1 355	492	828	34	5.52	7.13
石河子市	شىخەنزە شەھىرى	—1338	—2622	1 228	55	—3.10	—3.53
吐鲁番地区	تۇرپان ۋىلايىتى	223	16	151	55	3.56	5.42
哈密地区	قۇمۇل ۋىلايىتى	540	282	237	20	7.24	3.91
昌吉州	سانجى ئوبلاستى	3 674	1 556	1 900	217	7.54	8.70
伊犁州	ئىلى ئوبلاستى	877	—1332	1 958	375	1.33	1.07
伊犁地区	ئىلى ۋىلايىتى	910	22	830	57	3.28	2.82
塔城地区	تارباغاتاي ۋىلايىتى	388	—21	365	44	3.25	3.61
阿勒泰地区	ئالتاي ۋىلايىتى	278	—84	337	25	2.35	2.41
博州	بۆرتالا ئوبلاستى	275	125	126	532	3.41	3.11
巴州	بايىنغولىن ئوبلاستى	2 638	444	2 105	5 281	3.57	5.20
阿克苏地区	ئاقسۇ ۋىلايىتى	1 228	130	928	3 606	3.62	3.84
克州	قىزىلسۇئوبلاستى	259	91	127	373	6.35	9.45
喀什地区	قەشقەرۋىلايىتى	1 115	—289	1 233	2 705	2.76	3.06
和田地区	خوتەن ۋىلايىتى	—249	—391	124	353	—5.09	—4.21

主要统计指标解释

ئاساسلىق ستاتىستىكا كۆرسەتكۈچلىرىنىڭ ئىزاھاتى

بىناكارلىق ستاتىستىكا ئورنى ئۆي ، ئەسلىھە ياساش ۋە ئۇسكۇنە قوراشتۇرۇش پائالىيىتى بىلەن شۇغۇللىنىدىغان ئورۇنلارنى كۆرسىتىدۇ. تەشكىللەش شەكلىگە قاراپ بىناكارلىق ستاتىستىكىسىدا تەكشۈرۈلىدىغان ئورۇنلارقانۇنىي ئىگە تىپىدىكى بىناكارلىق كارخانىلىرى ۋە قوشۇمچە بىناكارلىق ئورۇنلىرى دەپ ئايرىلىدۇ. قانۇنىي ئىگە تىپىدىكى بىناكارلىق كارخانىلىرى مەخسۇس تەشكىللەنگەن ، مۇستەقىل ھېسابات قىلىدىغان قانۇنىي ئىگە تىپىدىكى بىناكارلىق كارخانىلىرىنى كۆرسىتىدۇ. بۇنداق كارخانىلار مۇنداق ئۈچ شەرتنى ھازىرلىشى كېرەك: (1) قانۇن بويىچە قۇرۇلغان، ئۆزىنىڭ نامى ، تەشكىلىي ئورگىنى ۋە ئورنى بولىشى، ھەق تەلەپ مەسئۇلىيىتىنى ئۈستىگە ئالالايدىغان بولىشى ؛ (2) مۇستەقىل مۈلكى بولىشى ۋە مۇستەقىل ئىشلىتەلەيدىغان بولىشى، قەرزنى ئۈستىگە ئالالايدىغان ، باشقا ئورۇنلار بىلەن توختام ئىمزالاش ھوقوقىي بولىشى ؛ (3) پايدا-زىياننى مۇستەقىل ھېسابات قىلىشى ، مۈلۈك-قەرزجەدۋىلىنى تۈزۈيەلەيدىغان بولىشى . يەنەبىر خىل تەكشۈرۈش ئورۇنلىرى بولسا باشقا ساھەلەرنىڭ كارخانا كەسپىي ئورۇنلىرى ئۆز ئۆرنىنىڭ مۇقىم مۈلۈك ياساش ۋەزىپىسىنى تاماملاش ئۈچۈن ئۆزى تەشكىللىگەن بىناكارلىق ئورۇنلىرى بولۇپ ، بۇئورۇنلارمۇنداق ئۈچ شەرتنى ھازىرلىشى كېرەك : (1) بىرئورنى بولىشى، پۈتۈنلەي بىناكارلىق پائالىيىتى بىلەن شۇغۇللىنىدىغان ياكى ئاساسەن شۇغۇللىنىدىغان بولىشى ؛ (2) ئىشلەپچىقىرىش-تىجارەت پائالىيىتىنى مۇستەقىل تەشكىللىشى ؛ (3) كارخانا ئىچىدە كىرىم-چىقىمنى مۇستەقىل ھېسابات قىلىشى .

بىناكارلىق ئومۇمىي مەھسۇلات قىممىتى (يەنى ئۆزى تاماملىغان قۇرۇلۇش مەھسۇلات قىممىتى) بىناكارلىق كارخانىلىرى ياكى قوشۇمچە قۇرۇلۇش ئورۇنلىرى تاماملىغان قۇرۇلۇش سۈرئىتى بويىچە ھېسابلىغان بىناكارلىق قوراشتۇرۇش ئىشلەپچىقىرىش ئومۇمىي قىممىتىنى كۆرسىتىدۇ. قۇرۇلۇش مەھسۇلات قىممىتى مۇنۇلارنى ئۆزئىچىگەئالىدۇ:

(1) بىناكارلىق قۇرۇلۇش مەھسۇلات قىممىتى: بىناكارلىق خامچوتىغا كىرگۈزۈلگەن تۈرلۈك قۇرۇلۇش قىممىتىنى كۆرسىتىدۇ.

(2) ئۇسكۇنە قوراشتۇرۇش مەھسۇلات قىممىتى : ئۇسكۇنە قوراشتۇرۇش قۇرۇلۇشىنىڭ قىممىتىنى كۆرسىتىدۇ.

(3) ئۆي ، ئەسلىھە رېمونت مەھسۇلات قىممىتى : ئۆي ، ئەسلىھە رېمونتىدا ئورۇنلانغان قىممەتنى كۆرسىتىدۇ. رېمونت قىلىنغان ئۆي ، ئەسلىھەنىڭ ئۆزىنىڭ قىممىتى ۋە ئىشلەپچىقارغان ئۇسكۇنىنى رېمونت قىلىش قىممىتىنى ئۆزئىچىگە ئالمايدۇ.

(4) غەيرى ئۆلچەملىك ئۇسكىنە ياساش مەھسۇلات قىممىتى : مۇقىم شەكلى يوق ، غەيرى ئۆلچەملىك ئىشلەپچىقىرىش ئۇسكۇنىلىرىنى پىششىقلاپ ياساش خىراجىتى ۋە خام ئەشيا-ماتېرىيالىنىڭ قىممىتىنى كۆرسىتىدۇ. نەق مەيداننى بىرلىك قىلىپ ياكى قارىمىقىدىكى پىششىقلاش زاۋۇتىنى بىرلىك قىلىپ ھۆددە ئېلىپ ياسىغان غەيرى ئۆلچەملىك ئۇسكۇنە قىممىتى بولىشىدىن قەتئىي نەزەرھەممىسىنى مەھسۇلات قىممىتىگە ھېسابلاش كېرەك .

پۈتكەن قۇرۇلۇش مەھسۇلات قىممىتى دوكلات مەزگىلىدە لايىھەبەلگىلەنگەن قۇرۇلۇش مەزمۇنى بويىچە پۈتۈنلەي پۈتكەن، لايىھەدە بەلگىلەنگەن تاپشۇرۇپ بېرىش شەرتىگە ئۇيغۇن كەلگەن، ئالاقىدار تارماقلار تەكشۈرۈپ لاياقەتلىك دەپ باھالىغان بىرلىك قۇرۇلۇشنىڭ يىغىندىسىنى كۆرسىتىدۇ.

ئۆي -ئىمارەت قۇرۇلۇش كۆلىمى دوكلات مەزگىلىدە سېلىنغان بارلىق ئۆي -ئىمارەت كۆلىمىنى كۆرسىتىدۇ. شۇ مەزگىلدە يېڭىدىن ئىش باشلىغان، ئالدىنقى مەزگىلدە سېلىنىپ شۇ مەزگىلدە داۋاملىق سېلىنىۋاتقان ، ئالدىنقى مەزگىلدە توختۇتولۇپ بۇمەزگىلدە قايتا سېلىنىۋاتقان ئۆي -ئىمارەت كۆلىمىنى ئۆز ئىچىگە ئالىدۇ. ئالدىنقى مەزگىلدە ئىش باشلىغاندىن كېيىن توختاپ قېلىپ، بۇ مەزگىلدە ئىش باشلانمىغان ئۆي -ئىمارەتلەرنى ئۆز ئىچىگە ئالمايدۇ.

پۈتكەن ئۆي -ئىمارەت كۆلىمى دوكلات مەزگىلىدە لايىھەدە بەلگىلەنگەن قۇرۇلۇش مەزمۇنى بويىچە پۈتۈنلەي پۈتكەن ، لايىھەدە بەلگىلەنگەن تاپشۇرۇپ بېرىش شەرتىگە ئۇيغۇن كەلگەن، ئالاقىدار تارماقلار تەكشۈرۈپ لاياقەتلىك دەپ باھالىغان ئۆي -ئىمارەت كۆلىمىنى كۆرسىتىدۇ.

پۈتكەن ئولتۇراق ئۆي كۆلىمى پۈتكەن ئۆي -ئىمارەت ئىچىدىكى ئولتۇراق ئۆينىڭ كۆلىمىنى كۆرسىتىدۇ.

ئۆزىدىكى ماشىنا-ئۈسكۈنىلەرنىڭ يىل ئاخىرىدىكى سانى شۇ كارخانىغا (ياكى) ئورۇنغا تەۋە قۇرۇلۇش ماشىنىلىرى، ئىشلەپچىقىرىش ئۇسكۇنىلىرى، تىرانسپورت ئۇسكۇنىلىرى ھەمدە باشقا ئۇسكۇنە قاتارلىق رويخەتتىكى مۇقىم مۈلۈككە كىرگۈزۈلگەن ئىشلەپچىقىرىش ماشىنا-ئۇسكۇنىلىرىنىڭ يىل ئاخىرىدىكى ئومۇمىي سانىنى كۆرسىتىدۇ.

ئۆزىدىكى ماشىنا-ئۇسكۇنىلەرنىڭ يىل ئاخىرىدىكى ئومۇمىي قۇۋۋىتى شۇ كارخانا (ياكى ئورۇن) دىكى قۇرۇلۇش ماشىنىلىرى، ئىشلەپچىقىرىش ئۇسكۇنىلىرى ، تىرانسپورت ئۇسكۇنىلىرى ھەمدە باشقائۇسكۇنە قاتارلىق رويخەتتىكى مۇقىم مۈلۈككە كىرگۈزۈلگەن ئىشلەپچىقىرىش ماشىنا-ئۇسكۇنىلىرىنىڭ يىل ئاخىرىدىكى ئومۇمىي قۇۋۋىتىنى كۆرسىتىدۇ. بېكىتىلگەن ئىقتىدارى ياكى تەكشۈرۈلگەن ئىقتىدارى بويىچە ھېسابلىنىدۇ. ماشىنىنىڭ ئۆزىدىكى قۇۋۋەتنى ۋە شۇ ماشىنىغا خىزمەت قىلىدىغان ئايرىم قۇۋۋەت ئۇسكۇنىسىنىڭ قۇۋۋىتىنى ئۆز ئىچىگە ئالىدۇ. مەسىلەن ، ئېلېكتر ماتور قاتارلىق، ھېسابلاش بىرلىكىگە كىلوۋات ئىشلىتىلىدۇ. بىرئات كۈچى 735.0كىلوۋاتقا سۇندۇرۇلىدۇ. توك سۇۋاركا، تىرانسفورماتور، پارقازاننىڭ قۇۋۋىتى ھېسابلانمايدۇ.

قۇرۇلۇش راسچوت كىرىمى كارخانا (ئورۇن) قۇرۇلۇشنىڭ قىسىم ، تۈرلىرى بويىچە تاماملىغان بىناكارلىق مەھسۇلات قىممىتى ھەم ئا تەرەپ دوكلات مەزگىلىدە راسچوت رەسمىيىتى بېجىرگەن قۇرۇلۇشنىڭ پۇل كىرىمى ھەم ئا تەرەپتىن ئالغان قۇرۇلۇش پۇلىدىن تاشقىرى بەلگىلىمە بويىچە تىجارەت كىرىمىگە كىرگۈزگەن تۈرلۈك پۇللارنى كۆرسىتىدۇ. م : ۋاقىتلىق مۇئەسسەسە، ئەمگەك سۇغۇرتا، قۇرۇلۇش ماشىنىلىرى يۆتكەش خىراجىتى قاتارلىقلار ھەمدە ئا تەرەپتىن ئالغان تۈرلۈك تۆلەم پۇل.

قۇرۇلۇش راسچوت پايدىسى راسچوت قىلىنغان قۇرۇلۇشتا ئورۇندالغان پايدىنى كۆرسىتىدۇ. ئەگەرزىيان بولسا"-"بىلەن ئىپادىلىنىدۇ. فومۇلاسى :

قۇرۇلۇش راسچوت پايدىسى =قۇرۇلۇش راسچوت كىرىمى -قۇرۇلۇش راسچوت تەننەرقى -قۇرۇلۇش راسچوت بېجى ھەم قوشۇمچىسى

كارخانىنىڭ ئومۇمىي كىرىمى ئىشلەپچىقىرىش -تىجارەت بىلەن بىۋاستە مۇناسىۋەتلىك تۈرلۈك كىرىملەرنى كۆرسىتىدۇ. قۇرۇلۇش راسچوت كىرىمى ۋە باشقا كەسپىي كىرىمنى ئۆز ئىچىگە ئالىدۇ. يەنى :

كارخانىنىڭ ئومۇمىي كىرىمى =قۇرۇلۇش راسچوت كىرىمى +باشقاكەسپىي كىرىم

建筑业统计单位 指从事房屋、构筑物建造和设备安装活动的生产单位，根据不同的组织方式，建筑业统计的调查单位可分为法人建筑业企业和附营建筑施工单位。法人建筑业企业是指专门组织的独立核算的法人建筑业企业，它应同时具备的条件是：①依法成立，有自己的名称、组织机构和场所，能够承担民事责任；②独立拥有和使用资产，承担负债，有权与其他单位签订合同；③独立核算盈亏，能够编制资产负债表。另一种调查单位是其他行业的企业、事业单位为完成本单位固定资产建造任务而自行组织的附营建筑施工单位，它应同时具备条件是：①具有一个场所，从事或主要从事建筑安装活动；②单独组织生产经营活动；③在企业内部单独核算收支。

建筑业总产值（即自行完成施工产值） 指建筑业企业或附属施工单位自行完成的按工程进度计算的建筑安装生产总值。施工产值包括：

①建筑工程产值：指引入建筑工程预算内的各种工程价值。

②设备安装工程产值：指设备安装工程价值。

③房屋、构筑物修理产值：指房屋、构筑物修理所完成的价值，但不包括被修理房屋、构筑物本身的价值和生产设备的修理价值。

④非标准设备制造产值：指加工制造没有定型的、非标准的生产设备的加工费和原材料价值，不论是现场还是附属加工厂为本单位承建工程制造的非标准设备的价值，都应计算产值。

竣工产值 指在报告期内，按照设计所规定的工程内容全部完成，达到了设计规定的交工条件，经有关部门检查验收鉴定合格的单位工程价值之和。

房屋建筑施工面积 指在报告期内施工的全部房屋建筑面积。包括本期内新开工的、上期施工跨入本期继续施工、上期停建本期复工的房屋建筑面积；不包括上期开工后又停工，本期未施工的房屋建筑面积。

房屋建筑竣工面积 指在报告期内，按照设计所规定的工程内容全部完成，达到了设计规定的交工条件，经有关部门检查验收鉴定合格的房屋建筑面积。

住宅竣工面积 指房屋建筑竣工面积中供居住用的房屋建筑竣工面积。

自有机械设备年末总台数 指归本企业（或单位）自有施工机械、生产设备、运输设备以及其他设备等列为在册固定资产的生产性机械设备年末总功率，按设定能力或查定能力计算。包括机械本身的动力和为该机械服务的单独动力设备，如电动机等。计量单位用千瓦，动力换算可按1马力＝0.735千瓦折合成千瓦数。电焊机、变压器、锅炉不计算动力。

工程结算收入 指企业（或单位）按工程的分部分项自行完成的建筑产品价值并已与甲方在报告期内办理结算手续的工程价款收入，以及向甲方收取的除工程价款以外的按规定列作营业收入的各种款项，如临时设施费、劳动保险费、施工机械调迁费等以及向甲方收取的各种索赔款。

工程结算利润 指已结算工程实现的利润。如为亏损以“－”号表示。其计算公式为：

工程结算利润＝工程结算收入－工程结算成本－工程结算税金及附加

企业总收入 指与企业生产经营直接有关的各项收入，包括工程结算收入和其他业务收入，即：

企业总收入＝工程结算收入＋其他业务收入

11

تىرانسپورت-پوچتا

运输、邮电

Transportation, Postal and Telecommunication Services

تىرانسپورت لىنىيىسىنىڭ ئۇزۇنلۇقى

11—1 运输线长度

بىرلىكى :تۈمەن كىلومېتر 单位:公里

يىللار 年 份	تۆمۈريول 铁路营业 里 程	شىنجاڭدىكىسى 新疆境内	تاشيول 公路通车 里 程	ئالىي ۋە ئىككىنچى دەرىجىلىك 高级及次高级	ئاۋىئاتسىيە 民航通航 里 程	شىنجاڭدىكىسى 新疆境内	تۇربىدا ماي توشۇش مۇساپىسى 输油里程
1978	1 030.5	795.6	23 818	5 810	4 783	4 783	442.8
1980	1 103.1	868.2	21 148	6 390	4 412	4 412	442.8
1985	1 579.0	1 343.5	22 232	8 369	4 527	4 527	473.2
1986	1 579.0	1 343.5	22 227	8 897	6 843	5 159	518.0
1987	1 578.0	1 342.5	25 049	10 270	22 836	5 159	517.8
1988	1 578.0	1 342.5	25 406	11 189	28 417	5 159	708.1
1989	1 578.6	1 543.1	25 374	11 921	30 597	5 159	740.0
1990	1 578.0	1 343.0	25 425	12 566	36 465	5 159	740.0
1991	1 578.0	1 343.0	25 697	13 270	40 538	5 159	849.0
1992	1 578.0	1 343.0	26 024	13 793	45 212	5 159	876.0
1993	2 038.0	1 803.0	27 961	15 798	48 880	5 159	876.0
1994	2 038.0	1 803.0	28 611	·16 888	53 715	6 693	875.0
1995	2 038.0	1 803.0	30 298	19 013	69 789	6 693	875.0

يولۇچى توشۇش مىقدارى ۋە ئوبوروت مىقدارى

11—2 客运量及周转量

يىللار 年 份	يولۇچى توشۇش مىقدارى (تۈمەن نەپەر) 客 运 量 (万人)				يولۇچى ئوبوروت مىقدارى (100مىليون ئادەم كىلومېتر) 旅 客 周 转 量 (亿人公里)			
	جەمئىي 总 计	تۆمۈر يول 铁 路	تاشيول 公 路	ئاۋىئاتسىيە 民 航	جەمئىي 总 计	تۆمۈريول 铁 路	تاشيول 公 路	ئاۋىئاتسىيە 民 航
1978	941	148	786	6.91	25.23	13.72	10.96	0.66
1980	1 356	193	1 152	10.37	30.49	18.83	10.83	0.83
1985	3 728	320	3 399	8.85	63.16	33.16	29.13	0.87
1986	4 058	362	3 674	22.27	73.87	36.40	34.00	3.74
1987	4 439	377	4 327	34.10	83.67	37.14	39.44	7.09
1988	5 205	459	4 698	47.85	99.17	42.86	46.35	9.96
1989	8 740	453	8 240	47.00	120.69	44.52	66.37	9.80
1990	9 602	388	9 161	53.00	103.80	37.96	55.11	10.73
1991	14 582	383	14 142	56.00	122.08	41.94	68.05	12.09
1992	14 997	425	14 490	82.00	138.24	44.48	75.38	18.38
1993	31 357	513	30 754	90.00	222.23	50.00	151.51	20.73
1994	31 731	670	30 955	106.00	233.82	58.08	150.74	25.00
1995	32 424	672	31 630	122.00	239.80	58.00	152.13	29.68

يۈك توشۇش مىقدارى ۋە ئوبوروت مىقدارى

11－3 货运量及货物周转量

يىللار 年份	يۈك توشۇش مىقدارى (تۈمەن توننا) 货运量（万吨）				
	جەمئىي 总计	تۆمۈر يول 铁路	تاشيول 公路	ئاۋىئاتسىيە 民航	تۇربىدا 管道
1978	6 064.52	923.33	4 842.90	0.12	298.17
1980	8 420.98	883.50	7 208.60	0.16	328.72
1985	10 681.21	1 278.10	8 847.00	0.11	556.00
1986	10 490.74	1 358.46	8 401.90	0.30	730.08
1987	11 236.81	1 437.91	9 040.80	0.57	757.53
1988	11 727.48	1 545.00	9 624.66	0.82	557.00
1989	14 898.96	1 643.94	12 655.22	0.80	599.00
1990	13 919.51	1 690.68	11 550.96	0.87	677.00
1991	16 986.88	1 762.77	14 536.59	0.85	686.67
1992	16 042.30	1 889.72	13 390.07	1.24	761.24
1993	37 928.00	2 018.00	35 128.00	1.00	781.00
1994	39 748.00	2 318.00	36 547.00	2.00	881.00
1995	40 049.00	2 733.00	36 397.00	2.00	917.00

يىللار 年份	يۈك ئوبوروت مىقدارى (يۈزمىليون توننا كىلومېتر) 货物周转量（亿吨公里）				
	جەمئى 总计	تۆمۈر يول 铁路	تاشيول 公路	ئاۋىئاتسىيە (تۈمەن توننا كىلومېتر) 民航（万吨公里）	تۇربىدا 管道
1978	106.96	67.76	32.06	98.10	7.13
1980	121.14	67.27	45.89	137.80	7.97
1985	174.75	102.03	61.26	104.00	11.45
1986	189.44	109.26	66.93	617.00	13.09
1987	203.64	117.44	72.40	1 398.00	13.67
1988	223.52	128.46	81.72	1 981.00	13.16
1989	263.49	132.67	116.90	1 918.00	13.73
1990	262.29	141.16	108.09	2 048.00	12.84
1991	305.16	163.34	129.07	2 100.00	12.54
1992	308.99	173.48	121.92	3 150.00	13.28
1993	374.23	184.30	176.80	3 772.00	12.75
1994	370.89	207.64	149.76	5 000.00	13.00
1995	407.63	240.88	152.95	5 744.00	13.22

ئوتتۇرىچە يۈك توشۇش ئارىلىقى
11—4 货物运输平均运距

بىرلىكى : كىلومېتىر 单位:公里

يىللار 年份	جەمئىي 合计	تۆمۈر يول 铁路	تاشيول 公路	ئاۋىئاتسىيە 民航	تۇرۇبىدا 管道
1978	168	565	66	818	239
1980	139	566	64	861	242
1985	158	624	69	945	206
1986	181	804	80	2 057	181
1987	181	817	80	2 453	283
1988	198	831	85	2 416	237
1989	177	807	92	2 398	229
1990	188	835	94	2 354	190
1991	180	927	89	2 471	183
1992	193	918	91	2 540	174
1993	97	913	50	3 772	163
1994	93	896	41	2 500	148
1995	102	881	42	2 872	144

تۆمۈر يول تىرانسپورتىنىڭ ئاساسلىق مالىيە كۆرسەتكۈچى
11—5 铁路运输主要财务指标

بىرلىكى: تۈمەن يۈەن 单位:万元

كۆرسەتكۈچ 指标	1985	1990	1994	1995
运输总收入 تىرانسپورت ئومۇمىي كىرىمى	**40 410**	**86 686**	**191 926**	**192 555**
#客运收入 يولۇچى كىرىمى	8 412	18 763	30 842	142 168
货运收入 يۈك كىرىمى	29 564	62 516	122 880	36 560
运输清算收入 تىرانسپورت راسچوت كىرىمى	**28 530**	**59 765**		
运输总支出 تىرانسپورت ئومۇمىي چىقىمى	**22 749**	**51 875**	**131 947**	**193 693**
#工资 ئىش ھەققى	4 538	11 163	31 684	38 429
材料 ماتېرىيال	2 697	6 702	21 928	23 183
燃料 يېقىلغۇ	5 441	9 308	28 869	32 996
电力 ئېلېكتر ئېنېرگىيىسى	346	666	1 667	2 433
折旧 ئامورتىزاتسىيە	8 756	17 174	11 159	13 137
其它 باشقا	968	5 769	50 377	63 106
营业外收支净额 تىجارەت سىرتىدىكى كىرىم-چىقىم ساپ سوممىسى	**2 241**	**6 886**	**11 952**	**14 503**
实现利润 ئورۇندالغان پايدا	**2 326**	**6 291**	**—35462**	**—12591**
#运输利润 تىرانسپورت پايدىسى	1 684	5 501	—35654	—11649

ئاساسلىق يىللاردىكى خەلق ئاپتوموبىلىنىڭ مىقدارى

11－6 主要年份民用汽车拥有量

单位：辆 بىرلىكى: دانە

يىللار 年份	جەمئىي 总计	يۈك ئاپتوموبىلى 载货汽车	چوڭ 大型	يولۇچى ئاپتوموبىلى 载客汽车	چوڭ 大型	ئالاھىدە ئاپتوموبىل 特种汽车	پىرىتسىپ 载货挂车
1978	41 638	31 494	31 399	6 189	1 903	3 955	
1980	58 234	45 835	45 680	8 512	2 454	3 887	2 201
1985	88 235	64 289	60 977	16 479	4 752	7 467	5 131
1986	96 133	69 460	62 992	20 341	5 173	6 332	3 879
1987	104 155	76 981	60 293	23 193	4 975	3 981	6 815
1988	114 340	82 432	60 372	26 041	6 144	5 867	8 175
1989	122 040	86 497	61 475	29 029	6 735	6 514	12 926
1990	130 097	90 427	62 798	32 505	7 225	7 165	14 691
1991	145 434	99 390	67 678	38 210	7 776	7 834	16 524
1992	166 183	112 585	73 964	44 700	8 607	8 898	20 122
1993	197 916	127 019	78 257	60 976	9 696	9 921	22 616
1994	223 638	137 151	83 019	76 214	12 275	10 273	25 285
1995	246 971	143 324	82 458	93 545	11 038	10 102	23 633

خەلق ئاپتوموبىلى

11－7 民用车辆拥有辆

单位：辆 بىرلىكى: دانە

كۆرسەتكۈچ 指标	1994 年 -يىل				1995 年 -يىل			
	جەمئىي 合计	خۇسۇسىي 私人	توننا (يولۇچى) 吨(客)位	خۇسۇسىي 私人	جەمئىي 合计	خۇسۇسىي 私人	توننا (يولۇچى) 吨(客)位	خۇسۇسىي 私人
民用汽车 خەلق ئاپتوموبىلى	**223 638**	**42 107**			**246 971**	**55 593**		
1、载客汽车 يولۇچى ئاپتوموبىلى	76 214	20 529	1 191 765	237 910	93 545	33 784	1 321 780	392 405
大型 چوڭ	12 275	932	552 375	41 940	11 038	1 559	496 710	70 155
小型 كىچىك	63 939	19 597	639 390	195 970	82 507	32 225	825 070	322 250
2、普通载货汽车 2. ئادەتتىكى يۈك ئاپتوموبىلى	120 573	20 784	490 203	87 714	124 630	20 830	496 634	85 346
大型 چوڭ	83 019	15 382	415 095	76 910	82 458	14 562	412 290	72 810
小型 كىچىك	37 554	5 402	75 108	10 804	42 172	6 268	84 344	12 536
3、专用载货汽车 3. مەخسۇس يۈك ئاپتوموبىلى	16 578	791	99 468	4 746	18 694	978	112 164	5 868
4、其它专用汽车 4. باشقا مەخسۇس ئاپتوموبىل	7 187	3			7 161	1		
5、特种汽车 5. ئالاھىدە ئاپتوموبىل	3 086				2 941			
轮胎式拖拉机 چاقلىق تىراكتور	**193 778**	**464**			**205 771**			
#手扶拖拉机 قول تىراكتورى	142 387	2			155 084			
摩托车 موتوسىكلىت	**120 406**	**96 169**			**124 844**	**102 280**		
#两轮 ئىككى چاقلىق	78 431	63 419			84 332	59 832		
#轻便 يېنىك	21 356	20 910						
其它机动车 باشقا موتورلۇق ئاپتوموبىللار	**12 265**	**3 425**			**16 795**	**8 010**		
载货挂车 پىرىتسىپ	**25 285**	**1 123**	**101 140**	**4 492**	**23 633**	**1 255**	**94 532**	**5 020**

تاشيول تىرانسپورتنىڭ ئاساسلىق مالىيە كۆرسەتكۈچى

11—8 公路运输主要财务指标

بىرلىكى: تۈمەن يۈەن 单位:万元

指标	كۆرسەتكۈچ	1994	1995	1995-يىلى 1994-يىلدىكىدىن ئاشقىنى 1995年比1994年增长%
企业个数(个)	كارخانا سانى (ئورۇن)	283	279	−0.12
#亏损企业(个)	زىيان تارتقان كارخانا (ئورۇن)	108	116	7.4
资本金	جەمئى كاپىتال	124 976	131 420	5.2
流动资产	جەمئى كۆچمە مۈلۈك	119 191	125 368	5.2
固定资产	جەمئە مۇقىم مۈلۈك	191 181	225 640	18.0
固定资产原价	مۇقىم مۈلۈكنىڭ ئەسلى قىممىتى	270 178	305 483	13.1
#生产经营用	ئىشلەپچىقىرىش تىجارەتكە ئىشلىتىلگىنى	189 149	196 693	4.0
累计折旧	جەمئى ئامورتىزاتسىيە	97 268	107 454	10.5
#本年折旧	بۇيىلقى ئامورتىزاتسىيە	16 852	17 534	4.0
流动负债	جەمئى كۆچمە قەرز	133 806	160 667	20.1
长期负债	ئۇزۇن مۇددەتلىك قەرز	80 754	87 289	8.1
所有者权益	ئىگىدارنىڭ جەمئىي هوقۇق، مەنپەئەتى	112 015	118 282	5.6
#股本	پاي دىرى	2 157	167	
营运业务收入	تىجارەت كىرىمى	173 583	180 781	4.1
营运业务成本	تىجارەت تەننەرقى	140 566	145 002	3.2
营运税金及附加	تىجارەت بېجى ۋە قوشۇمچىسى	5 126	5 125	−0.02
营运业务利润	تىجارەت پايدىسى	23 823	23 902	0.3
利润总额	پايدا ئومۇمىي سوممىسى	−8126	−14487	增亏 6 361
本年应附工资总额	بۇ يىل تۆلەشكە تېگىشلىك ئىش ھەققى ئومۇمىي سوممىسى	29 677	33 658	13.4
本年应附福利费总额	بۇيىل تۆلەشكە تېگىشلىك پاراۋانلىق خىراجىتى ئومۇمىي سوممىسى	3 603	4 484	24.5

پوچتا-تېلېگراف ئەھۋالى

11—9 邮电事业情况

指标 كۆرسەتكۈچ	1980	1985	1990	1994	1995
邮电局所(处) پوچتا-تېلېگراف ئىدارىسى(ئورنى)	**1 086**	**1 184**	**1 317**	**1 488**	**1 565**
#农村(处) يېزا(ئورنى)	888	921	911	959	981
邮路长度(单程)(公里) پوچتا يول ئۇزۇنلۇقى (تاق يول. كىلومېتر)	**100 161**	**105 707**	**65 273**	**64 431**	**100 425**
#农村(公里) يېزا (كىلومېتر)	73 479	56 744	54 343	56 130	55 856
邮电业务总量(万元) پوچتا-تېلېگرف كەسپي ئومۇمي مىقدارى(تۈمەن يۈەن)	**3 079**	**4 709**	**10 263**	**56 082**	**90 226**
函件(万件) خەت (تۈمەن پارچە)	5 891	7 033	7 381	9 947	9 007
机要文件(万件) مەخپى هۆججەت (تۈمەن پارچە)	42	41	41	34	36
包件(万件) خالتا (تۈمەن پارچە)	100	111	147	208	201
汇票(万张) پېرېۋوت چېكى (تۈمەن پارچە)	444	520	563	703	682
电报(万份) تېلېگراما (تۈمەن پارچە)	436	564	775	731	600
长途电话(万张) ئۇزۇن يوللۇق تېلېفون (تۈمەن قېتىم)	277	425	763	5 317	11 766
订销报纸累计(万份) جەمئىي گېزىت (تۈمەن پارچە)	29 762	32 528	24 053	30 623	31 044
订销杂志累计(万份) جەمئىي ژورنال(تۈمەن پارچە)	2 306	4 677	2 927	3 169	3 099
市内电话年末数(户) يىل ئاخىرىدىكى شەھەر تېلېفون سانى (دانە)	21 483	37 385	78 879	252 554	420 361
农村电话年末数(户) يىل ئاخىرىدىكى يېزا تېلېفون سانى (دانە)	10 181	9 791	10 518	16 470	25 865
电报电路总数(路) تېلېگراف يول سانى (يول)	**301**	**322**	**347**	**337**	**336**
长途电话电路数(路) ئۇزۇن يوللۇق تېلېفون يول سانى (يول)	**492**	**658**	**1 321**	**7 684**	**10 019**
全区邮电通信水平 پۈتۈن ئاپتونوم رايوننىڭ پوچتاتېلېگراف ئالاقىلىشىش سەۋىيىسى					
平均每百人每年发函件数(件) هەر 100 كىشى ئوتتۇرىچە هەر يىلى ئەۋەتكەن خەت سانى (پارچە)	459	517	492	618	554
平均每百人每年订销报刊数(份) هەر 100كىشى ئوتتۇرىچە زاكاس بولغان گېزىت-ژورنال (پارچە)	2 499	2 733	1 800	2 105	2 092
平均每百人拥有电话机数(部) هەر 100 كىشىدە ئوتتۇرىچە بار تېلېفون سانى (دانە)	0.48	0.73	1.89	2.85	4.01
每一局所平均服务人口数(万人/处) هەر ئىدارە(ئورۇن) خىزمەت قىلىدىغان ئاھالە سانى (ئورۇن/تۈمەن نەپەر)	1.39	1.28	0.86	0.93	0.96
农村邮电通信水平 يېزا پوچتا تېلېگرف ئالاقىلىشىش سەۋىيىسى					
设有邮电局所乡(镇)比重(%) پوچتا-تېلېگراف ئىدارىسى(ئورنى) بار يېزا-بازار نىسبىتى	77	63	68.7	69.9	69.3
进入长话自动网的县(市)比重(%) ئۇزۇن يوللۇق ئاپتوماتىك تېلېفون تورى ئۇلانغان ناھىيە(شەھەر) نىسبىتى					32.2
已通电话的乡(镇)(个) تېلېفون بار يېزا-بازار(ئورۇن)	598	742	765	798	785
已通电话的乡(镇)比重(%) تېلېفون بار يېزا-بازار نىسبىتى	98.5	93.2	96.1	100	98.5

پوچتا-تېلېگراف كەسپى ئومۇمىي مىقدارى

11—10 邮电业务总量

يىللار 年 份	پوچتا-تېلېگراف كەسپى ئومۇمىي مىقدارى (تۈمەن يۈەن) 邮电业务总量（万元）	خەت (تۈمەن پارچە) 函 件（万件）	تارقىتىلغان گېزىت-ژۇرنال (تۈمەن پارچە) 报刊期发数（万份）	تېلېگرام (تۈمەن پارچە) 电 报（万份）	دۆلەت ئىچى ئوزۇن يوللۇق تېلېفون (تۈمەن قېتىم) 国内长途电话（万张）	شەھەر تېلېفون سانى (دانە) 市内电话户数（户）	يېزا تېلېفون سانى (دانە) 农村电话户数（户）
1952	138.5	308.5	5.9	22.7	12.0	933	14
1953	196.5	338.0	14.5	37.5	21.1	1 280	18
1957	563.8	1 360.8	47.2	58.6	30.3	3 571	752
1962	1 489.7	3 348.7	46.4	198.8	142.2	90 048	7 001
1970	1 851.7	4 033.6	66.7	170.3	106.3	10 497	7 167
1971	1 238.9	3 693.5	90.4	212.8	124.2	10 829	7 924
1972	1 304.3	3 619.1	98.6	258.9	136.4	11 126	7 973
1973	1 375.2	3 866.5	108.4	281.0	139.8	11 800	8 390
1974	1 449.2	4 028.3	125.1	322.6	140.2	12 336	8 390
1975	1 604.8	4 475.1	144.3	356.4	160.5	14 346	11 371
1976	1 924.2	4 531.5	171.9	357.2	195.2	15 805	13 191
1977	2 019.0	4 714.0	173.7	359.6	215.4	17 188	10 435
1978	2 122.4	4 842.7	223.8	374.5	258.8	18 594	10 532
1979	2 302.5	5 668.3	251.8	421.4	281.6	20 390	10 827
1980	2 331.9	5 890.8	329.6	435.7	276.5	21 483	10 181
1981	3 146.8	6 012.0	378.6	496.0	272.9	22 909	9 389
1982	3 326.0	5 872.2	403.9	509.5	288.3	25 561	9 304
1983	3 639.4	5 991.4	462.6	557.1	329.5	28 338	9 299
1984	4 066.3	6 294.7	544.0	497.5	367.6	32 109	9 634
1985	4 709.0	7 032.6	578.9	563.6	425.1	37 385	9 791
1986	5 294.2	7 639.1	522.2	568.0	477.3	43 557	9 783
1987	6 109.5	8 518.0	581.1	630.0	541.3	51 298	9 923
1988	7 694.2	9 374.5	830.0	743.6	652.4	59 522	9 922
1989	9 439.2	8 512.0	445.2	774.2	677.7	68 592	10 214
1990	17 371.6	7 380.5	805.7	775.4	762.5	78 879	10 518
1991	21 445.0	7 422.5	456.7	1 924.0	1 075.8	96 073	11 115
1992	28 781.9	8 070.7	476.1	876.4	1 734.2	119 818	12 961
1993	39 969.4	9 750.2	465.0	862.5	2 833.2	161 792	17 536
1994	56 082.0	9 947.2	466.8	731.8	5 280.6	252 554	16 470
1995	90 225.5	9 041.8	478.1	600.6	11 705.9	420 361	25 865

主要统计指标解释

ئاساسلىق ستاتىستىكا كۆرسەتكۈچلىرىنىڭ ئىزاھاتى

تۆمۈر يول تىجارەت لىنىيىسى يولۇچى ۋە يۈك توشۇش كەسپىنى بېجىرىدىغان رەسمىي تۆمۈر يول لىنىيىسىنىڭ ئومۇمىي ئۇزۇنلىقى كۆزدە تۇتۇلىدۇ. تولۇق پۈتكەن ياكى بىر قىسمى پۈتكەن قوش لىنىيەلىك ياكى ئۇنىڭدىن كۆپ لىنىيىلىك يوللار بىر لىنىيىنىڭ ئەمەلىي ئۇزۇنلىقى بويىچە ھېسابلىنىدۇ. قوش لىنىيە بېكەت لىنىيىسى، ئوچاستكا لىنىيىسى، ئاچال لىنىيىسى ۋە ئالاھىدە ئىشلىتىلىدىغان لىنىيە ھەم توشۇش خىراجىتى ھېسابلانمايدىغان ئالاقىلىشىش لىنىيىسى قاتارلىقلار تىجارەت لىنىيىسىگە ھېسابلانمايدۇ. بۇ كۆرسەتكۈچ تۆمۈر يول ترانسپورت ئاساسى ئەسلىھەلىرىنىڭ تەرەققىيات سەۋىيىسىنى ئەكس ئەتتۈرىدىغان مۇھىم كۆرسەتكۈچ، شۇنداقلا يولۇچى ۋە يۈك ئوبوروت مىقدارى، ترانسپورت زىچلىقى ۋە پاراۋۇز ئىشلىتىش ئۈنۈمى قاتارلىق كۆرسەتكۈچلەرنى ھېسابلاشنىڭ ئاساسى ماتېرىيالى

تاش يول مۇساپىسى ئاپتوموبىل قاتنىغان تاش يول مۇساپىسىمۇ دېيىلىدۇ. قاتناش مىنىستىرلىكى تۈزگەن تاش يول قۇرۇلۇش تېخنىكا ئۆلچىمىدە بەلگىلەنگەن دەرىجىگە يەتكەن تاشيول ئۇزۇنلىقىنى كۆرسىتىدۇ. چوڭ، ئوتتۇرا شەھەرلەرنىڭ شەھەر ئەتراپى تاشيولى ھەمدە كىچىك شەھەرلەرنىڭ بازار-مەھەللىرىدىن ئۆتىدىغان تاشيول مۇساپىسىنى، كۆۋرۈك، كېچىكلەرنىڭ ئۇزۇنلىقىنى ئۆز ئىچىگە ئالىدۇ. لېكىن شەھەرلەرنىڭ مەھەللىرى ھەم زاۋۇت-كان، ئورمانچىلىق رايونى ۋە يېزا ئىگىلىك ئىشلەپچىقىرىشىغا ئىشلىتىدىغان يوللارنى ئۆز ئىچىگە ئالمايدۇ. ئىككى يول ياكى كۆپ يول بىر يول بۆلىكىدىن ئۆتسە بۇ بۆلەكنى بىر يولغىلا ھېسابلاشقا بولىدۇ. تەكرار ھېسابلاشقا بولمايدۇ. تاش يول مۇساپىسى تاشيول قۇرۇلۇش تەرەققىيات كۆلىمىنى ئەكس ئەتتۈرىدىغان مۇھىم كۆرسەتكۈچ ، شۇنداقلا ترانسپورت تورىنىڭ زىچلىقى قاتارلىق كۆرسەتكۈچلەرنى ھېسابلاشنىڭ ئاساسى ماتېرىيالى .

يۈك (يولۇچى) مىقدارى ترانسپورت كەسپىدە ئەمەلىي توشۇلغان يۈك (يولۇچى) مىقدارىنى كۆرسىتىدۇ. يۈك توشۇش توننا بويىچە، يولۇچى ئادەم بويىچە ھېسابلىنىدۇ. يۈك توشۇش ئارىلىقىنىڭ يىراق - يېقىنلىقىدىن ۋە تۈرىنىڭ قانداق بولۇشىدىن قەتئىي نەزەر بىردەك ئەمەلىي مىقدارى بويىچە ستاتىستىكىلىنىدۇ. يولۇچىمۇ ئارىلىقىنىڭ يىراق-يېقىنلىقى ياكى بېلەت باھاسىنىڭ قانچىلىك بولۇشىدىن قەتئىي نەزەر بىر ئادەم بىر قېتىم بويىچە يولۇچى مىقدارىغا ستاتىستىكىلىنىدۇ. يېرىم بېلەت، باللار بېلىتىمۇ بىر ئادەم بويىچە ستاتىستىكىلىنىدۇ. يۈك (يولۇچى) مىقدارى ترانسپورت كەسپىنىڭ خەلق ئىگىلىكى ۋە خەلق تۇرمۇشى ئۈچۈن مۇلازىمەت قىلىش مىقدارىنى ئەكس ئەتتۈرىدىغان كۆرسەتكۈچ، شۇنداقلا ترانسپورت ئىشلەپچىقىرىش پىلانى تۈزۈش ۋە تەكشۈرۈش، ترانسپورت تەرەققىيات كۆلىمى ۋە سۈرئىتىنى تەتقىق قىلىدىغان مۇھىم كۆرسەتكۈچ.

يۈك (يولۇچى)ئوبورت مىقدارى ترانسپورت كەسپىدە توشۇلغان يۈك (يولۇچى) مىقدارى بىلەن توشۇلغان يۈك ئارىلىقىنىڭ كۆپەيتمىسىنىڭ جەمئىيسىنى كۆرسىتىدۇ. ئادەتتە توننا كىلومېتىر ۋە ئادەم كىلومېتىر بىرلىك قىلىنىدۇ. يۈك ئوبوروت مىقدارى ئادەتتە ماڭغان بېكەت بىلەن بارغان بېكەت ئارىسىدىكى ئەڭ قىسقا ئارىلىق، يەنى ھەق ھېسابلىنىدىغان ئارىلىق بويىچە ھېسابلىنىدۇ. ئۇ ترانسپورت ئىشلەپچىقىرىش ئومۇمىي نەتىجىسىنى ئەكس ئەتتۈرىدىغان مۇھىم كۆرسەتكۈچ، شۇنداقلا ترانسپورت ئىشلەپچىقىرىش پىلانى تۈزۈش ۋە تەكشۈرۈش ، ترانسپورت ئۈنۈمىنى ھېسابلاش، ئەمگەك ئۈنۈمدارلىقى ھەمدە ترانسپورتنىڭ بىرلىك تەننەرقىنى ھېسابلاشتىكى مۇھىم ئاساسى ماتېرىيال .

يۈك ۋاگونىنىڭ ساپ يۈك كۆتىرىشچانلىقى ئوتتۇرىچە ھەر بىر يۈك ۋاگونىغا ئەۋەتىدىغان ئىستانسىدە تۇرغۇن ھالەتتە قاچىلانغان يۈكنىڭ ئېغىرلىقىنى كۆرسىتىدۇ. ساپ يۈك كۆتىرىشچانلىقنىڭ قانچىلىك بولىشى، توشۇلىدىغان يۈكنىڭ خۇسۇسىيىتى، تۈرى، ۋاگوننىڭ خىلى ۋە قاچىلاش تېخنىكىسىنىڭ يۇقۇرى - تۆۋەنلىكىگە باغلىق. ۋاگوننىڭ ئوتتۇرىچە يۈك كۆتۈرۈشچانلىقى بىلەن ساپ يۈك كۆتىرىشچانلىقىنى سېلىشتۇرۇش ئارقىلىق ۋاگوننىڭ يۈك كۆتىرىشچانلىقىدىن پايدىلىنىش دەرىجىسىنى ئەكس ئەتتۈرگىلى بولىدۇ. فورمىلاسى :

ۋاگوننىڭ ساپ يۈك كۆتىرىشچانلىقى =توشۇلغان يۈك مىقدارى ÷ قاچىلانغان ۋاگون سانى

يۈك پاراۋۇزىنىڭ ئوتتۇرىچە كۈنلۈك مەھسۇلات مىقدارى ئوتتۇرىچە ھەر بىر يۈك پاراۋۇزىنىڭ بىر كېچە - كۈندۈزدە ئورۇنلىغان ئومۇمىي توننا كىلومېتىر سانىنى كۆرسىتىدۇ. توشۇلغان يۈكنىمۇ، ۋاگوننىڭ ئېغىرلىقىنىمۇ ئۆز ئىچىگە ئالىدۇ. ئۇ ۋاقىت ۋە سۆرەش كۈچى جەھەتتىن پاراۋۇزنىڭ ئىشلىتىلىش ئۈنۈمىنى ئەكس ئەتتۈرىدىغان ئۇنىۋېرسال كۆرسەتكۈچ. فورمۇلاسى:

يۈك پاراۋۇزنىڭ ئوتتۇرىچە كۈنلۈك مەھسۇلات مىقدارى =توشۇلغان يۈكنىڭ ئومۇمىي توننا كىلومېتىرسانى ÷ يۈك پاراۋۇزىنىڭ دانە كۈن سانى

پوچتا-تېلېگراف كەسپى ئومۇمىي مىقدارى پۇل بىلەن ئىپادىلەنگەن پوچتا-تېلېگراف تارماقلىرى ئابونتلارغا يەتكۈزگەن ئۇچۇر ۋە يەتكۈزگەن باشقا پوچتا-تېلېگراف مۇلازىمىتىنىڭ ئومۇمىي مىقدارىنى كۆرسىتىدۇ. ئۇ تۈرلۈك پوچتا-تېلېگراف كەسپى مىقدارىنى ئايرىم-ئايرىم شۇ كەسپلەر (م: خەت، تېلېگراممائۇزۇن يوللۇق تېلېفون، شەھەر ۋە يېزا تېلېفونىنىڭ يىللىق ئوتتۇرىچە سانى، توشۇلغان گېزىت-ژورنال سانى قاتارلىق) نىڭ ئوتتۇرىچە يەككە باھاسىغا (1990-يىللىق ئۆزگەرمەس باھا) كۆپەيتىپ جەملىگەندىن كېيىن يەنە ئۇنىڭغا ئىجارە بەرگەن لىنىيە ۋە ئۈسكۈنىنىڭ كىرىمى ، ئابونتلاغا ۋاكالىتەن كوممۇتاتور ۋە لىنىيە قاتارلىق ئۈسكۈنىلەرنى ئاسراپ بەرگەن كىرىمى، باشقا كەسپىي كىرىمنى قوشۇش ئارقىلىق ھېسابلىنىدۇ. بۇ كۆرسەتكۈچ مەلۇم مەزگىلدىكى پوچتا-تېلېگراف خىزمىتىنىڭ ئومۇمىي نەتىجىسىنى ئۇنىۋېرسال ئەكس ئەتتۈرىدۇ. ئۇ پوچتا-تېلېگراف كەسپىنىڭ قۇرۇلمىسى ۋە تەرەققىيات يۈزلىنىشىنى تەتقىق قىلىشتىكى مۇھىم كۆرسەتكۈچ .

铁路营业里程 指办理客货运输业务的铁路正线总长度。凡是全线或部分建成双线及以上的线路,以第一线的实际长度计算;复线、站线、段管线、岔线和特别用途线以及不计算运费的联络线都不计算营业里程。铁路营业里程是反映铁路运输业基础设施发展水平的重要指标,也是计算客货周转量、运输密度和机车车辆运用效率等指标的基础资料。

公路里程 也称“公路通车里程”,是指实际达到交通部制定的公路工程技术标准规定的等级的公路长度。它包括大中城市的郊区公路以及通过小城镇街道的公路里程,也包括桥梁、渡口的长度。但不包括城市的街道以及厂矿、林区和农业生产用道的里程。两条或多条公路共同经由同一路段,只计算一次,不得重复计算里程长度。公路里程是反映公路建设发展规模的重要指标,也是计算运输网密度等指标的基础资料。

货(客)运量 指运输业实际运送的货物(旅客)数量。货运按吨计算,客运按人计算。货物不论运输距离长短,货物类别,均按实际重量统计;旅客不论行程远近或票价多少,均按一人一次作为客运量统计。半价票、小孩票,也按一人统计。货(客)运量是反映运输业为国民经济和人民生活服务的数量指标,也是制定和检查运输生产计划、研究运输发展规模和速度的重要指标。

货物(旅客)周转量 指运输业运送的货物(旅客)数量与其相应运输距离的乘积之总和,通常以吨公里和人公里为计算单位。计算货物周转量通常按发出站与到达站之间的最短距离,也就是计费距离计算。它是反映运输业生产总成果的重要指标,也是编制和检查运输生产计划、计算运输效率、劳动生产率以及核算运输单位成本的主要基础资料。

铁路货车静载重 指铁路货车在始发站静止状态下平均每车装载的货物重量。静载重的多少取决于运送货物的性质、种类、车辆的类型和装载技术的高低。根据货车的平均载重能力和静载重进行对比,可以反映货车载重能力的利用程度。计算公式为:

$$货车静载重=\frac{货物发送吨数}{装\quad车\quad数}$$

铁路货运机车平均日产量 指平均每台货运机车在一昼夜内所完成的总重吨公里数。它既包括载运货物的重量,也包括车辆本身的自重,它是从时间和牵引能力两方而反映了机车运用效率的综合性指标。计算公式为:

$$货运机车平均日产量=\frac{货运总重吨公里数}{货运机车台日数}$$

邮电业务总量 指以货币表现的邮电部门为用户传递信息和提供其他邮电服务的总量。它用各种邮电分类业务量,如函件件数、电报份数、长话张数、市内电话和农村电话的年均户数、订销报刊累计份数等,分别乘以相应的平均单价(1990年不变价格)加总后再加上出租电路和设备的收入、代用户维护电话交换机和线路等设备的收入、其他业务收入求得。邮电业务总量综合反映了一定时期邮电工作的总成果,是研究邮电业务量构成和发展趋势的重要指标。

12

تۇپ-پارچە سودا ۋە يېمەك-ئىچمەك

批发零售贸易和餐饮业

Wholesale and Retail Trade, Catering Service

توپ- پارچە سودىنىڭ تاۋار سېتىۋېلىش ئومۇمىي سوممىسى

12—1 批发零售贸易业商品购进总额

(1995-يىل 年)　　　　　　　　单位：万元 بىرلىكى: تۈمەن يۈەن

指 标 كۆرسەتكۈچ	商品购进总额 سېتىۋالغان تاۋار ئومۇمىي سوممىسى	从生产者购进 ئىشلەپچىقارغۇچىلاردىن سېتىۋالغىنى	农副产品购进 سېتىۋالغان يېزا ئىگىلىك ۋە قوشۇمچە مەھسۇلاتى	从批发零售贸易业购进 توپ- پارچە سودىدىن سېتىۋالغىنى	进口 ئىمپورت	其他 باشقا
总计 جەمئىي	**7 020 491**	**3 401 347**	**1 637 806**	**3 288 531**	**289 702**	**40 911**
按经济类型分 ئىقتىسادىي تىپى بويىچە						
国有经济 دۆلەت ئىگىلىكى	4 134 169	2 224 978	772 130	1 630 988	245 652	32 551
集体经济 كوللېكتىپ ئىگىلىك	2 814 497	1 136 110	859 787	1 630 637	39 476	8 273
私营经济 خۇسۇسىي ئىگىلىك	14 705	3 909	358	9 720	991	85
联营经济 بىرلەشمە ئىگىلىك	1 345	488	183	820	35	1
其他各种经济 باشقا ئىگىلىك	55 775	35 862	5 348	16 366	3 548	1
按国民经济行业分 خەلق ئىگىلىكى ساھەسى بويىچە						
批发业 توپ سودا	**6 122 931**	**2 983 080**	**1 474 753**	**2 821 295**	**281 553**	**37 003**
1、食品、饮料、烟草和家庭用品批发业 1. يېمەكلىك، ئىچىملىك، تاماكا ۋە ئائىلە بۇيۇملىرى	3 704 348	1 856 009	1 376 588	1 682 950	141 788	23 601
食品、饮料、烟草批发业 يېمەكلىك، ئىچىملىك، تاماكا	590 771	326 114	182 011	242 535	18 941	3 180
棉、麻、土畜产品批发业 پاختا، كەندىر، يەرلىك، چارۋا مەھسۇلاتى	2 665 217	1 298 310	1 148 374	1 310 560	54 551	1 795
纺织品、服装和鞋帽批发业 توقۇلما بويۇم، كىيىم، ئاياق، باش كىيىم	165 383	81 801	37 774	10 982	56 915	15 685
日用百货批发业 كۈندۈلۈك تۇرالۇق مال	101 749	52 265	4 934	46 080	2 886	518
日用杂品批发业 كۈندۈلۈك مېلىچمال	14 257	6 420	2 506	5 384	1 790	662
五金、交电、化工批发业 مېتال، قاتناش، ئېلېكتر، خىمىيە سانائىتى	103 191	58 946	89	37 843	4 707	1 695
药品及医疗器械批发业 تىببى دورا، داۋالاش ئەسۋابلىرى	63 780	32 152	899	29 566	1 997	65
2、能源、材料和机械电子设备批发业 2. ئېنېرگىيە، ماتېرىيال، ماشىنىسازلىق، ئېلېكترون ئۈسكۈنىلىرى	1 392 912	803 503	8 971	467 051	111 826	10 532
能源批发业 ئېنېرگىيە	542 737	267 935	258	273 454		1 348
化工材料批发业 خىمىيە سانائىتى ماتېرىيالى	76 567	53 358	4	16 305	6 730	173
木材批发业 ياغاچ	2 536	1 662	457	457	277	140

指标 كۆرسەتكۈچ	سېتىۋالغان تاۋار ئومۇمىي سوممىسى 商品购进总额	ئىشلەپچىقارغۇچىلاردىن سېتىۋالغىنى 从生产者购进	سېتىۋالغان يېزا ئىگىلىك ۋە قوشۇمچە مەھسۇلاتى 农副产品购进	توپ- پارچە سودىدىن سېتىۋالغىنى 从批发零售贸易业购进	ئىمپورت 进口	باشقا 其他
建筑材料批发业 بىناكارلىق ماتېرىيالى	78 982	62 914	270	14 974	996	98
矿产品批发业 كان مەھسۇلاتلىرى	973	667	393	173	133	
金属材料批发业 مېتال ماتېرىيال	237 449	122 530	6 210	77 094	36 745	1 081
机械、电子设备批发业 ماشىنسازلىق، ئېلېكترون ئۈسكۈنە	260 286	148 340	1 319	46 595	64 879	472
汽车、摩托车及零配件批发业 ئاپتوموبىل، موتوسىكلىت ھەم زاپچاس	164 940	136 227	46	27 873	840	
再生物资回收批发业 يىغىۋالغان قايتا ئىشلىتىدىغان ماددىي ئەشيا	28 441	9 871	13	10 126	1 225	7 219
3、其他批发业 3. باشقا توپ سودا	1 025 671	323 567	89 193	671 294	27 940	2 870
零售业 پارچە سودا	**897 560**	**418 267**	**163 053**	**467 236**	**8 149**	**3 908**
食品、饮料和烟草零售业 يېمەكلىك، ئىچىملىك، تاماكا	263 004	179 938	148 075	78 636	3 628	803
日用百货零售业 كۈندىلىك تۇرلۇك مال	351 965	137 638	9 937	209 299	2 833	2 194
纺织品、服装和鞋帽零售业 توقۇلما بۇيۇم، كىيىم، ئاياق، باش كىيىم	16 960	6 933	422	9 371	655	1
日用杂品零售业 كۈندىلىك مېلىچمال	18 732	4 540	1 162	13 961	182	49
五金、交电、化工零售业 مېتال، قاتناش، ئېلېكتر، خىمىيە سانائىتى	77 544	21 440	1 732	55 253	832	19
药品及医疗器械零售业 تېببى دورا، داۋالاش ئەسۋابلىرى	30 363	9 950	1 079	20 413		
图书报刊零售业 كىتاپ، گېزىت- ژورنال	26 296	8 142		17 863	19	272
其他零售业 باشقا پارچە سودا	112 696	49 687	645	62 438		571
按企业规模分 كارخانا كۆلىمى بويىچە						
大型企业 چوڭ كارخانا	3 014 766	1 234 174	635 257	1 643 237	132 197	5 158
中型企业 ئوتتۇرا كارخانا	2 745 570	1 625 172	847 005	1 018 461	78 622	23 315
小型企业 كىچىك كارخانا	1 260 155	542 001	155 544	626 832	78 883	12 439

توپ- پارچە سودىنىڭ تاۋار سېتىش ئومۇمىي سوممىسى

12—2 批发零售贸易业商品销售总额

(يىلى-1995 年)　　　　　　　　　　　　　　　　单位:万元 تۈمەن يۈەن　بىرلىكى:

指标	كۆرسەتكۈچ	جەمئىي 合计	توپ سودا 批发	ئىشلەپچىقىرىش-تىجارەت ئورۇنلىرىغا توپ سېتىش 对生产经营单位批发	دېھقانلارغا توپ ساتقان يېزا ئىگىلىك ئىشلەپچىقىرىش ۋاستىلىرى 对农民农业生产资料批发
总计	**جەمئىي**	**6 874 559**	**5 736 784**	**1 788 505**	**329 318**
按经济类型分	**ئىقتىسادىي تىپى بويىچە**				
国有经济	دۆلەت ئىگىلىكى	4 396 532	3 473 520	1 180 859	145 043
集体经济	كوللېكتىپ ئىگىلىك	2 396 385	2 231 989	594 552	184 088
私营经济	خۇسۇسىي ئىگىلىك	12 034	8 014	4 316	
联营经济	بىرلەشمە ئىگىلىك	1 366	1 008	619	41
其他各种经济	باشقا ئىگىلىك	68 242	22 253	8 159	146
按国民经济行业分	**خەلق ئىگىلىك ساھەسى بويىچە**				
批发业	**توپ سودا**	**5 896 415**	**5 453 891**	**1 704 268**	**287 607**
1、食品、饮料、烟草和家庭用品批发业	1. يېمەكلىك، ئىچىملىك، تاماكا ۋە ئائىلە بۇيۇملىرى	3 501 879	3 277 284	626 306	64 378
食品、饮料、烟草批发业	يېمەكلىك، ئىچىملىك، تاماكا	637 649	529 049	58 631	3 955
棉、麻、土畜产品批发业	پاختا، كەندىر، يەرلىك، چارۋا مەھسۇلاتى	2 283 426	2 269 712	530 271	54 248
纺织品、服装和鞋帽批发业	توقۇلما بۇيۇم، كىيىم، ئاياق، باش كىيىم	245 645	238 893	8 696	
日用百货批发业	كۈندىلىك تۈرلۈك مال	120 917	95 715	11 701	5 356
日用杂品批发业	كۈندىلىك مېلىچمال	16 754	14 647	1 637	474
五金、交电、化工批发业	مېتال، قاتناش، ئېلېكتر، خىمىيە سانائىتى	118 949	93 271	12 509	339
药品及医疗器械批发业	تېببى دورا، داۋالاش ئەسۋابلىرى	78 539	35 996	2 861	6
2、能源、材料和机械电子设备批发业	2. ئېنېرگىيە، ماتېرىيال، ماشىنسازلىق، ئېلېكترون ئۈسكۈنلىرى	1 458 233	1 273 847	667 768	30 495
能源批发业	ئېنېرگىيە	599 552	546 364	195 412	24 709
化工材料批发业	خىمىيە سانائىتى ماتېرىيالى	81 691	80 957	57 805	232
木材批发业	ياغاچ	3 453	2 556	2 108	14
建筑材料批发业	بىناكارلىق ماتېرىيالى	87 143	80 843	46 559	400
矿产品批发业	كان مەھسۇلاتلىرى	1 102	1 007	324	29
金属材料批发业	مېتال ماتېرىيالى	263 728	244 135	171 802	1 770
机械、电子设备批发业	ماشىنسازلىق، ئېلېكترون ئۈسكۈنە	221 105	211 539	133 168	3 166
汽车、摩托车及零配件批发业	ئاپتوموبىل، موتوسىكلىت ھەم زاپچاس	167 320	75 182	41 155	150
再生物资回收批发业	يىغىۋالغان قايتا ئىشلىتىدىغان ماددىي- ئەشيا	33 139	31 264	19 433	25
3、其他批发业	3. باشقا توپ سودا	936 302	902 760	410 193	192 735
零售业	**پارچە سودا**	**978 144**	**282 893**	**84 237**	**41 711**

بىرلىكى: تۈمەن يۈەن 单位:万元

指标 كۆرسەتكۈچ		合计 جەمئىي	批发 توپ سودا	对生产经营单位批发 ئىشلەپچىقىرىش-تىجارەت ئورۇنلىرىغا توپ ساتقىنى	对农民农业生产资料批发 دېھقانلارغا توپ ساتقان يېزا ئىگىلىك ئىشلەپچىقىرىش ۋاستىلىرى
食品、饮料和烟草零售业	يېمەكلىك، ئىچىملىك، تاماكا	281 955	73 115	9 480	1 094
日用百货零售业	كۈندۈلۈك تۇرلۇك مال	387 109	111 257	35 319	25 354
纺织品、服装和鞋帽零售业	توقۇلما بۇيۇم، كىيىم، ئاياق، باش كىيىم	22 751	6 968	2 848	1 513
日用杂品零售业	كۈندۈلۈك سىلچىمال	21 775	12 954	7 955	5 812
五金、交电、化工零售业	مېتال، قاتناش، ئېلېكتر، خىمىيە سانائىتى	75 549	23 415	5 954	1 536
药品及医疗器械零售业	تېببىي دورا، داۋالاش ئەسۋابلىرى	37 914	5 259	692	9
图书报刊零售业	كىتاپ، گېزىت، ژۇرنال	25 336	2 060	87	
其他零售业	باشقا پارچە سودا	125 755	47 864	21 903	6 394
按企业规模分	**كارخانا كۆلىمى بويىچە**				
大型企业	چوڭ كارخانا	2 636 166	2 446 866	434 232	51 247
中型企业	ئوتتۇرا كارخانا	2 909 834	2 336 416	830 915	143 671
小型企业	كىچىك كارخانا	1 328 559	953 502	523 358	134 400
按地区分	**رايونلار بويىچە**				
乌鲁木齐市	ئۈرۈمچى شەھىرى	2 024 546	1 623 260	491 267	14 484
克拉玛依市	قاراماي شەھىرى	183 440	149 737	32 203	11 666
吐鲁番地区	تۇرپان ۋىلايىتى	239 431	201 473	11 616	3 990
哈密地区	قۇمۇل ۋىلايىتى	89 710	54 341	20 217	3 911
昌吉州	سانجى ئوبلاستى	288 446	209 819	97 782	26 493
伊犁州	ئىلى ئوبلاستى	154 972	128 906	26 911	391
伊犁地区	ئىلى ۋىلايىتى	158 444	104 546	37 820	24 288
塔城地区	تارباغاتاي ۋىلايىتى	172 883	125 522	49 935	11 930
阿勒泰地区	ئالتاي ۋىلايىتى	70 781	32 055	14 976	4 618
博州	بۆرتالا ئوبلاستى	106 722	88 422	33 146	6 223
巴州	بايىنغولىن ئوبلاستى	576 236	504 739	117 929	18 564
阿克苏地区	ئاقسۇ ۋىلايىتى	476 557	398 196	118 326	49 464
克州	قىزىلسۇ ئوبلاستى	41 812	27 707	7 377	4 247
喀什地区	قەشقەر ۋىلايىتى	623 193	571 585	142 281	74 692
和田地区	خوتەن ۋىلايىتى	170 876	147 239	50 350	21 154
生产建设兵团	بىڭتۇەن	1 496 510	1 369 237	536 369	53 203

كۆرسەتكۈچ 指 标		توپ ساتقىنى 批发 توپ-پارچە سودىغا توپ ساتقىنى 对批发零售贸易业批发	ئېكسپورت 出口	ئاھالىلارغا، ئىجتىمائىي گورۇھلارغا پارچەساتقىنى 对居民社会集团零售	يىل ئاخىرىدىكى ئىسكىلات قالدۇقىنىڭ ئومۇمىي سوممىسى 年末库存总额
总计	**جەمئىي**	**3 539 467**	**408 812**	**1 137 775**	**2 495 153**
按经济类型分	**ئىقتىسادىي تىپى بويىچە**				
国有经济	دۆلەت ئىگىلىكى	1 890 165	402 496	923 012	1 211 472
集体经济	كوللېكتىپ ئىگىلىك	1 631 137	6 300	164 396	1 262 916
私营经济	خۇسۇسىي ئىگىلىك	3 698		4 019	9 649
联营经济	بىرلەشمە ئىگىلىك	389		358	857
其他各种经济	باشقا ئىگىلىك	14 078	16	45 990	10 259
按国民经济行业分	**خەلق ئىگىلىك ساھەسى بويىچە**				
批发业	**توپ سودا**	**3 343 597**	**406 026**	**442 524**	**2 081 931**
1、食品、饮料、烟草和家庭用品批发业	1. يېمەكلىك، ئىچىملىك، تاماكا ۋە ئائىلە بۇيۇملىرى	2 303 491	347 487	224 596	1 568 460
食品、饮料、烟草批发业	يېمەكلىك، ئىچىملىك، تاماكا	410 290	60 129	108 600	245 743
棉、麻、土畜产品批发业	پاختا، كەندىر، يەرلىك، چارۋا مەھسۇلاتى	1 646 915	92 527	13 714	1 135 980
纺织品、服装和鞋帽批发业	توقۇلما بۇيۇم، كىيىم، ئاياق، باش كىيىم	41 157	189 040	6 752	64 002
日用百货批发业	كۈندىلىك تۈرلۈك مال	82 737	1 277	25 202	49 593
日用杂品批发业	كۈندىلىك ملىچمال	13 010		2 107	5 452
五金、交电、化工批发业	مېتال، قاتناش، ئېلېكتر، خىمىيە سانائىتى	76 323	4 439	25 678	44 046
药品及医疗器械批发业	تېببىي دورا، داۋالاش ئەسۋابلىرى	33 059	76	42 543	23 645
2、能源、材料和机械电子设备批发业	2. ئېنېرگىيە، ماتېريال، ماشىنىسازلىق، ئېلېكترون ئۈسكۈنلىرى	552 559	53 520	184 386	227 452
能源批发业	ئېنېرگىيە	350 883	68	53 188	55 966
化工材料批发业	خىمىيە سانائىتى ماتېرىيالى	17 006	6 145	733	12 009
木材批发业	ياغاچ	448		897	1 409
建筑材料批发业	بىناكارلىق ماتېرىيالى	33 413	870	6 300	23 097
矿产品批发业	كان مەھسۇلاتلىرى	625	58	95	181
金属材料批发业	مېتال ماتېرىيالى	63 359	8 974	19 593	54 823
机械、电子设备批发业	ماشىنىسازلىق، ئېلېكترون ئۈسكۈنە	42 697	35 673	9 566	47 549
汽车、摩托车及零配件批发业	ئاپتوموبىل، موتوسىكىلىت ھەم زاپچاس	32 322	1 705	92 138	26 872
再生物资回收批发业	يىغىۋالغان قايتا ئىشلىتىدىغان ماددىي- ئەشيا	11 804	26	1 875	5 545
3、其他批发业	3. باشقا توپ سودا	487 548	5 019	33 542	286 018
零售业	**پارچە سودا**	**195 870**	**2 786**	**695 251**	**413 222**

12－2 续表 3 داۋامى   单位：万元 تۈمەن يۈەن :بىرلىكى

指标 كۆرسەتكۈچ		批发 توپ ساتقىنى: 对批发零售贸易业批发 توپ-پارچە سودىغا توپ ساتقىنى	批发 توپ ساتقىنى: 出口 ئېكسپورت	对居民社会集团零售 ئاھالىلارغا، ئىجتىمائىي گورۇھلارغا پارچەساتقىنى	年末库存总额 يىل ئاخىرىدىكى ئىسكىلات قالدۇقىنىڭ ئومۇمىي سوممىسى
食品、饮料和烟草零售业	يېمەكلىك، ئىچىملىك، تاماكا	61 939	1 696	208 841	177 935
日用百货零售业	كۈندىلىك تۇرمۇش مالى	75 730	209	275 852	132 622
纺织品、服装和鞋帽零售业	توقۇلما بۇيۇم، كىيىم، ئاياق، باش كىيىم	3 265	856	15 783	9 113
日用杂品零售业	كۈندىلىك ئەسلىھە	4 975	24	8 820	7 281
五金、交电、化工零售业	مېتال، قاتناش، ئېلېكتر، خىمىيە سانائىتى	17 460	1	52 134	39 907
药品及医疗器械零售业	تېببى دورا، داۋالاش ئەسۋابلىرى	4 567		32 655	11 298
图书报刊零售业	كىتاب، گېزىت- ژورنال	1 972		23 276	6 019
其他零售业	باشقا پارچە سودا	25 961		77 891	29 048
按企业规模分	**كارخانا كۆلىمى بويىچە**				
大型企业	چوڭ كارخانا	1 788 647	223 987	189 299	1 019 883
中型企业	ئوتتۇرا كارخانا	1 402 586	102 914	573 418	965 640
小型企业	كىچىك كارخانا	348 234	81 910	375 057	509 630
按地区分	**رايونلار بويىچە**				
乌鲁木齐市	ئۈرۈمچى شەھىرى	861 332	270 661	401 286	636 625
克拉玛依市	قاراماي شەھىرى	117 534		33 703	20 812
吐鲁番地区	تۇرپان ۋىلايىتى	189 857		37 958	156 618
哈密地区	قۇمۇل ۋىلايىتى	33 096	1 028	35 369	36 691
昌吉州	سانجى ئوبلاستى	101 302	10 735	78 627	112 460
伊犁州	ئىلى ئوبلاستى	76 575	25 420	26 066	47 402
伊犁地区	ئىلى ۋىلايىتى	60 718	6 008	53 898	85 566
塔城地区	تارباغاتاي ۋىلايىتى	64 290	11 297	47 361	81 906
阿勒泰地区	ئالتاي ۋىلايىتى	16 054	1 025	38 726	41 155
博州	بۆرتالا ئوبلاستى	52 946	2 330	18 300	38 318
巴州	بايىنغولىن ئوبلاستى	386 754	56	71 497	320 049
阿克苏地区	ئاقسۇ ۋىلايىتى	279 860	10	78 361	184 141
克州	قىزىلسۇ ئوبلاستى	10 562	9 768	14 105	10 796
喀什地区	قەشقەر ۋىلايىتى	426 134	3 170	51 608	267 574
和田地区	خوتەن ۋىلايىتى	93 615	3 274	23 637	89 845
生产建设兵团	بىڭتۇەن	768 838	64 030	127 273	365 195

ئىجتىمائىي ئىستېمال بۇيۇملىرىنىڭ پارچە سېتىلىش ئومۇمىي سوممىسى
12—3 社会消费品零售总额

单位:万元 بىرلىكى: تۈمەن يۈەن

指标 كۆرسەتكۈچ	1994年 -يىل	1995年 -يىل	1995年为1994年% 1995- يىل 1994- يىلدىكىنىڭ	构成% قۇرۇلمىسى 1994年 1994-يىل	1995年 1995-يىل
合计 جەمئىي	1 971 086	2 536 475	128.68	100.00	100.00
按销售地区分 سېتىلغان رايونلار بويىچە					
市的零售额 شەھەرگە پارچە ساتقىنى	1 140 337	1 457 431	127.81	57.85	57.46
县的零售额 ناھىيىگە پارچە ساتقىنى	421 828	500 276	118.60	21.40	19.72
县以下的零售额 ناھىيىدىن تۆۋەنگە پارچە ساتقىنى	408 921	578 768	141.54	20.75	22.82
按经济类型分 ئىقتىسادىي تىپى بويىچە					
国有经济 دۆلەت ئىگىلىكى	866 039	1 173 043	135.45	43.94	46.25
集体经济 كوللېكتىپ ئىگىلىكى	346 177	205 695	59.42	17.56	8.11
私营经济 خۇسۇسىي ئىگىلىك	30 233	57 712	190.89	1.53	2.28
个体经济 يەككە ئىگىلىك	453 575	770 788	169.08	23.01	30.39
联营经济 بىرلەشمە ئىگىلىك	853	1 647	193.08	0.04	0.06
其他各种经济 باشقا ئىگىلىك	274 209	327 590	119.47	13.92	12.91
按行业分 ساھە بويىچە					
批发零售贸易业 توپ- پارچە سودا	1 462 214	1 691 488	115.68	74.18	66.69
餐饮业 يېمەك- ئىچمەك	108 505	172 747	159.21	5.50	6.81
制造业 ياساش كەسپىي	87 114	179 001	205.48	4.42	7.06
其他 باشقا	313 253	493 239	157.46	15.90	19.44
农民对非农业居民零售 دېھقانلارنىڭ غەيرى يېزا ئىگىلىك ئاھالىسىغا ساتقىنى	223 515	333 472	149.19	11.34	13.15

توپ- پارچە سودىنىڭ تاۋار تۈرى بويىچە ساتقىنى، ئىسكىلات قالدۇقى
12—4 批发零售贸易业商品分类销售、库存

(1995年 -يىل)

单位:万元 بىرلىكى: تۈمەن يۈەن

指标 كۆرسەتكۈچ	批发额 توپ ساتقىنى	零售额 پارچە ساتقىنى	年末库存 يىل ئاخىرىدىكى ئىسكىلات
食品、饮料、烟酒类 يېمەكلىك، ئىچىملىك، ھاراق، تاماكا	598 083	342 043	414 174
纺织品类 توقۇمىچىلىق بۇيۇملىرى	251 020	49 170	127 004
服装、鞋帽类 كىيىم، ئاياق، باش كىيىم	41 933	69 732	43 515
日用品类 كۈندىلىك بۇيۇم	83 452	71 140	64 349
家用电器类 ئائىلە ئېلېكتر سايمانلىرى	84 310	85 027	65 126
文化体育用品类 مەدەنىيەت، تەنتەربىيە بۇيۇملىرى	19 676	27 541	21 128
化妆品类 گىرىم بۇيۇملىرى	14 018	17 119	13 191
首饰类 زىننەت بۇيۇملىرى	1 532	21 224	7 380
中西药品类 جۇڭگوچە، غەربچە دورا	41 481	75 363	33 561
书报、杂志类 كىتاب، گېزىت- ژورنال	19 030	24 324	7 155
石油及制品类 نېفىت ھەم ئۇنىڭدىن ئىشلەنگەن بۇيۇملار	613 311	84 140	64 780
煤炭及制品类 كۆمۈر ھەم ئۇنىڭدىن ئىشلەنگەن بۇيۇملار	16 745	11 408	2 189
化工材料及制品类 خىمىيە سانائەت ماتېرىيالى ھەم بۇيۇملار	683 976	15 373	195 346
木材类 ياغاچ	4 426	2 270	2 431
建筑材料类 بىناكارلىق ماتېرىيالى	57 134	9 436	20 870
黑色金属材料类 قارا مېتال ماتېرىيالى	188 981	9 436	20 870
有色金属材料类 رەڭلىك مېتال ماتېرىيالى	48 789	456	8 256
机电设备类 ئېلېكتر- ماشىنا ئۈسكۈنىلىرى	387 015	138 379	132 681

رايونلارغا ئايرىلغان ئىجتىمائىي ئىستېمال بۇيۇملىرىنىڭ پارچە سېتىلىش ئومۇمىي سوممىسى

12—5 分地区社会消费品零售总额

(1995年-يىل)

单位:万元 بىرلىكى: تۈمەن يۈەن

地区 رايونلار		社会消费品零售总额 ئىجتىمائىي ئىستېمال بۇيۇملىرىنىڭ پارچە سېتىلىش ئومۇمىي سوممىسى	按经济类型分 ئىقتىسادىي تىپى بويىچە: 国有经济 دۆلەت ئىگىلىكىدىكى	集体经济 كوللېكتىپ ئىگىلىكىدىكى	股份制经济 پاي تۈزۈمىدىكى ئىگىلىك	联营经济 بىرلەشمە ئىگىلىك
总计	جەمئىي	**2 536 475**	**1 173 043**	**205 695**	**40 744**	**1 647**
乌鲁木齐市	ئۈرۈمچى شەھرى	752 290	337 443	51 806	36 959	1 233
克拉玛依市	قاراماي شەھرى	78 788	27 651	13 630	877	
吐鲁番地区	تۇرپان ۋىلايىتى	77 624	28 949	11 206		24
哈密地区	قۇمۇل ۋىلايىتى	77 398	34 291	5 346	225	164
昌吉州	سانجى ئوبلاستى	195 596	72 645	26 775	67	
伊犁州	ئىلى ئوبلاستى	47 624	27 946	2 530	119	7
伊犁地区	ئىلى ۋىلايىتى	167 168	55 545	9 246	601	
塔城地区	تارباغاتاي ۋىلايىتى	155 010	28 234	12 110	37	
阿勒泰地区	ئالتاي ۋىلايىتى	72 317	36 929	7 817	26	113
博州	بۆرتالا ئوبلاستى	47 389	19 360	4 048	280	
巴州	بايىنغولىن ئوبلاستى	165 680	63 807	16 897	3	
阿克苏地区	ئاقسۇ ۋىلايىتى	128 397	66 908	18 254		
克州	قىزىلسۇ ئوبلاستى	21 350	9 772	4 923		
喀什地区	قەشقەر ۋىلايىتى	143 542	51 187	8 347		
和田地区	خوتەن ۋىلايىتى	42 841	21 685	2 537		
生产建设兵团	بىڭتۇەن	363 461	260 991	10 223	1 550	106

地区 رايونلار		按经济类型分 ئىقتىسادىي تىپى بويىچە: 个体经济 يەككە ئىگىلىك	其他经济 باشقا ئىگىلىك	按城乡分 شەھەر- يېزا بويىچە: 城镇 شەھەر- بازار	乡村 يېزا
总计	جەمئىي	**770 788**	**344 558**	**1 957 707**	**578 768**
乌鲁木齐市	ئۈرۈمچى شەھرى	204 622	120 227	702 914	49 376
克拉玛依市	قاراماي شەھرى	33 341	3 289	78 788	
吐鲁番地区	تۇرپان ۋىلايىتى	26 818	10 927	55 049	22 575
哈密地区	قۇمۇل ۋىلايىتى	33 045	4 328	74 040	3 358
昌吉州	سانجى ئوبلاستى	60 747	35 362	141 232	54 364
伊犁州	ئىلى ئوبلاستى	7 051	9 971	47 624	
伊犁地区	ئىلى ۋىلايىتى	71 538	30 238	113 522	53 646
塔城地区	تارباغاتاي ۋىلايىتى	76 349	8 280	104 526	50 484
阿勒泰地区	ئالتاي ۋىلايىتى	21 243	6 189	55 316	17 001
博州	بۆرتالا ئوبلاستى	12 075	11 626	25 990	21 399
巴州	بايىنغولىن ئوبلاستى	46 127	38 846	146 885	18 795
阿克苏地区	ئاقسۇ ۋىلايىتى	29 313	13 922	111 611	16 786
克州	قىزىلسۇ ئوبلاستى	6 459	196	16 773	4 577
喀什地区	قەشقەر ۋىلايىتى	49 875	34 133	114 034	29 508
和田地区	خوتەن ۋىلايىتى	11 984	6 635	32 226	10 615
生产建设兵团	بىڭتۇەن	80 201	10 389	137 177	226 284

جوك، ئوتتۇرا توپ- پارچە سودىنىڭ تاۋار سېتىش مىقدارى ۋە ئىسكىلات قالدۇقى

12—6 大中型批发零售贸易业商品销售、库存数量

كۆرسەتكۈچ 指　　标	1994 年 -يىل			1995 年 -يىل		
	توپ 批发额	پارچە 零售额	يىل ئاخىرىدىكى ئىسكىلات قالدۇقى 年末库存	توپ 批发额	پارچە 零售额	يىل ئاخىرىدىكى ئىسكىلات قالدۇقى 年末库存
粮食(吨) ئاشلىق (توننا)	333 082	354 510	828 473	937 211	2 172 268	3 476 653
食用植物油(吨) يېمەكلىك ئۆسۈملۈك مېيى (توننا)	17 534	24 135	18 632	53 309	62 423	59 236
猪和猪肉(吨) چوشقا ۋە گۆشى (توننا)	7 599	3 399	3 447	10 265	3 015	2 960
牛和牛肉(吨) كالا ۋە گۆشى (توننا)	1 102	1 009	1 264	1 170	1 097	853
羊和羊肉(吨) قوي ۋە گۆشى (توننا)	3 462	2 008	1 729	3 591	2 749	4 678
鲜蛋(吨) تۇخۇم (توننا)		191	1	10	244	3
水产品(吨) سۇ مەھسۇلاتى (توننا)	838	484	610	831	513	395
盐(吨) تۇز (توننا)	122 929	1 454	39 625	867	2 487	1 511
食糖(吨) شېكەر (توننا)	70 529	1 554	15 074	42 589	1 592	3 882
卷烟(箱) قاپلىق تاماكا (ساندۇق)	387 190	59 910	112 610	325 159	41 442	44 058
酒(吨) هاراق (توننا)	58 247	5 214	15 728	52 567	4 676	9 431
棉花(吨) پاختا (توننا)	1 311 528	29	473 722	1 630 282	61	679 749
布(百米) رەخ (يۈز مېتىر)	464 051	80 552	536 055	547 219	61 430	343 365
#棉布(百米) #پاختا رەخ (يۈز مېتىر)	385 201	40 222	449 767	377 246	27 181	282 608
呢绒(百米) يۇڭ توقۇلما (يۈز مېتىر)	4 607	10 720	9 863	11 443	6 940	8 316
绸缎(百米) يىپەك، دۇردۇن (يۈز مېتىر)	21 383	25 797	39 807	12 479	17 492	20 841
服装(百件) كىيىم (يۈز دانە)	50 236	37 586	42 283	44 813	34 356	33 780
针织内衣裤(百件) ئىچىمە توقۇلما ئىشتان- كۆينەك (يۈز دانە)	128 395	42 982	156 642	13 554	37 104	46 930
鞋(百双) ئاياغ (يۈز جۈپ)	278 001	77 987	156 800	69 072	69 530	68 811
#皮鞋(百双) #خۇرۇم ئاياق (يۈز جۈپ)	39 111	27 991	38 251	10 478	26 419	26 473
黄金饰品(万元) ئالتۇن بېزەك (تۈمەن يۈەن)	4 056	14 276	3 393	1 188	13 757	7 369
照相机(架) ئاپپارات (دانە)	2 431	16 787	17 269	6 671	19 405	22 466
自行车(辆) ۋېلىسىپىت (دانە)	269 913	92 697	137 138	295 508	95 370	184 680
摩托车(辆) موتو سىكلىت (دانە)	26 272	8 611	3 893	46 010	15 713	8 433
电视机(台) تېلېۋىزور (دانە)	60 587	59 452	38 485	107 860	61 937	78 135
#彩色电视机(台) #رەڭلىك تېلېۋىزور (دانە)	39 894	38 953	25 949	71 092	47 875	57 397
录音机(台) ئۈنئالغۇ (دانا)	30 628	60 203	144 209	21 035	53 011	78 238
录像机(台) سىنئالغۇ (دانە)	1 521	4 899	3 680	2 045	5 211	3 296
家用电风扇(台) ئېلېكتر شامالدۇرغۇچ (دانە)	47 948	37 812	36 241	44 170	36 465	95 928
家用洗衣机(台) كىر ئالغۇ (دانە)	62 576	38 720	57 687	72 202	42 626	82 696
家用电冰箱(台) توڭلاتقۇ (دانە)	68 436	42 448	46 780	91 371	42 981	53 338
房间空调器(台) هاۋا تەڭشىگۈچ (دانە)	911	976	3 414	37 308	1 166	5 340
抽油烟机(台) بۇس سۈمۈرگۈچ (دانە)	31 286	28 932	26 393	20 430	30 462	43 971
化学肥料(吨) خىمىيە ئوغۇت (توننا)	1 070 200	19 689	127 683	2 416 613	56 761	420 329
化学农药(吨) خىمىيە يېزا ئىگىلىك دورىسى (توننا)	12 816	11	4 056	10 674	187	4 524
农用塑料薄膜(吨) سۇلياۋ يوپۇق (توننا)	25 475	1 299	4 888	34 950	359	17 526
农用动力机械(台) يېزا ئىگىلىك قۇۋۋەت ماشىنىلىرى (دانە)	2 157	304	768	4 775	518	953

توپ سودا ئورگانلىرى، تور- نۇقتىسى. خادىمى

12—7 批发贸易业机构、网点、人员

(1995 年 -يىل)

单位:个、人 بىرلىكى: دانە، نەپەر

指　标 كۆرسەتكۈچ		合计 جەمئىي			市 شەھەر		
		机构 ئورگان	网点 تور- نۇقتا	人员 خادىم	机构 ئورگان	网点 تور- نۇقتا	人员 خادىم
总计	**جەمئىي**	**2 322**	**20 770**	**139 557**	**1 487**	**13 461**	**91 920**
独立核算批发贸易业	**مۇستەقىل ھېسابات قىلىدىغان توپ سودا**	**2 322**	**9 127**	**116 665**	**1 487**	**4 202**	**75 882**
按经济类型分	**ئىقتىسادىي تىپى بويىچە**						
国有经济	دۆلەت ئىگىلىكى	1 225	4 318	74 821	793	2 632	56 714
集体经济	كوللېكتىپ ئىگىلىك	852	4 491	39 478	463	1 285	16 931
私营经济	خۇسۇسىي ئىگىلىك	196	256	1 632	182	223	1 503
联营经济	بىرلەشمە ئىگىلىك	9	14	167	9	14	167
其他各种经济	باشقا ئىگىلىك	40	48	567	40	48	567
按国民经济行业分	**خەلق ئىگىلىك ساھەسى بويىچە**						
1、食品、饮料、烟草和家庭用品批发业	1. يېمەكلىك، ئىچىملىك، تاماكا ۋە ئائىلە بۇيۇملىرى	1 114	4 113	73 130	726	2 177	44 926
食品、饮料、烟草批发业	يېمەكلىك، ئىچىملىك، تاماكا	569	1 955	24 477	377	1 128	15 200
棉、麻、土畜产品批发业	پاختا، كەندىر، يەرلىك، چارۋا مەھسۇلاتى	214	1 005	26 301	97	298	11 291
纺织品、服装和鞋帽批发业	توقۇلما بۇيۇم، كىيىم، ئاياق، باش كىيىم	53	115	3 439	48	97	3 116
日用百货批发业	كۈندىلىك تۇرلۇك مال	90	454	9 063	56	275	6 771
日用杂品批发业	كۈندىلىك ملىچمال	37	134	1 558	26	63	1 297
五金、交电、化工批发业	مېتال، قاتناش، ئېلېكتر، خىمىيە سانائىتى	105	291	5 713	93	243	5 133
药品及医疗器械批发业	تىببى دورا، داۋالاش ئەسۋابلىرى	46	159	2 579	29	73	2 118
2、能源、材料和机械电子设备批发业	2. ئېنېرگىيە، ماتېريال، ماشىنسازلىق، ئېلېكترون ئۈسكۈنىلىرى	778	1 848	28 819	642	1 475	25 023
能源批发业	ئېنېرگىيە	104	317	8 805	57	139	6 463
化工材料批发业	خىمىيە سانائىتى ماتېرىيالى	31	50	1 357	30	49	1 352
木材批发业	ياغاچ	33	66	928	21	49	759
建筑材料批发业	بىناكارلىق ماتېرىيالى	138	257	2 900	121	220	2 596
矿产品批发业	كان مەھسۇلاتلىرى	1	7	77	1	7	77
金属材料批发业	مېتال ماتېرىيال	186	565	7 680	144	463	6 982
机械、电子设备批发业	ماشىنسازلىق، ئېلېكترون ئۈسكۈنە	194	335	4 124	183	303	3 920
汽车、摩托车及零配件批发业	ئاپتوموبىل، موتوسىكلىت ھەم زاپچاس	65	144	1 919	61	140	1 856
再生物资回收批发业	يىغىۋالغان قايتا ئىشلىتىدىغان ماددىي- ئەشيا	26	107	1 029	24	105	1 018
3、其他批发业	3. باشقا توپ سودا	430	3 166	14 715	119	550	5 932
附营批发贸易业单位	**توپ سودا بىلەن قوشۇمچە شۇغۇللىنىدىغان ئورۇنلار**		**749**	**6 700**		**327**	**2 962**
个体批发贸易业	**يەككە توپ سودا**		**10 894**	**16 192**		**8 932**	**13 076**
按地区分	**رايونلار بويىچە**						
乌鲁木齐市	ئۈرۈمچى شەھىرى	625	8 796	39 425	621	7 476	37 353
克拉玛依市	قاراماي شەھىرى	33	79	1 269	33	79	1 269
吐鲁番地区	تۇرپان ۋىلايىتى	73	329	3 629	33	139	1 356
哈密地区	قۇمۇل ۋىلايىتى	47	250	3 330	41	236	3 105
昌吉州	سانجى ئوبلاستى	145	1 175	8 734	75	444	4 009
伊犁州	ئىلى ئوبلاستى	90	170	3 039	90	170	3 039
伊犁地区	ئىلى ۋىلايىتى	193	3 183	10 026	40	1 933	4 681
塔城地区	تارباغاتاي ۋىلايىتى	90	465	4 118	30	198	1 552
阿勒泰地区	ئالتاي ۋىلايىتى	51	140	1 229	24	74	658
博州	بۆرتالا ئوبلاستى	54	181	1 948	35	92	1 392
巴州	بايىنغولىن ئوبلاستى	171	740	8 678	67	241	5 681
阿克苏地区	ئاقسۇ ۋىلايىتى	144	1 787	8 213	34	859	3 572
克州	قىزىلسۇ ئوبلاستى	24	55	446	17	33	391
喀什地区	قەشقەر ۋىلايىتى	131	1 981	17 103	29	620	3 388
和田地区	خوتەن ۋىلايىتى	167	435	4 967	56	65	1 956
生产建设兵团	بىڭتۇەن	284	1 004	23 403	262	802	18 581

12—7续表 1 داۋامى 1

单位:个、人 بىرلىكى: دانە، نەپەر

指标	كۆرسەتكۈچ	县 ناھىيە			县以下 ناھىيىدىن تۆۋەن		
		机构 ئورگان	网点 تور-نۇقتا	人员 خادىم	机构 ئورگان	网点 تور-نۇقتا	人员 خادىم
总计	**جەمئىي**	**608**	**3 885**	**35 192**	**227**	**3 424**	**12 445**
独立核算批发贸易业	**مۇستەقىل ھېسابات قىلىدىغان توپ سودا**	**608**	**3 615**	**34 112**	**227**	**1 310**	**6 671**
按经济类型分	**ئىقتىسادىي تىپى بويىچە**						
国有经济	دۆلەت ئىگىلىكى	372	1 498	14 991	60	188	3 116
集体经济	كوللېكتىپ ئىگىلىك	227	2 101	19 062	162	1 105	3 485
私营经济	خۇسۇسىي ئىگىلىك	9	16	59	5	17	70
联营经济	بىرلەشمە ئىگىلىك						
其他各种经济	باشقا ئىگىلىك						
按国民经济行业分	**خەلق ئىگىلىك ساھەسى بويىچە**						
1、食品、饮料、烟草和家庭用品批发业	1. يېمەكلىك، ئىچىملىك، تاماكا ۋە ئائىلە بۇيۇملىرى	315	1 717	24 971	73	219	3 233
食品、饮料、烟草批发业	يېمەكلىك، ئىچىملىك، تاماكا	143	687	7 977	49	140	1 300
棉、麻、土畜产品批发业	پاختا، كەندىر، يەرلىك، چارۋا مەھسۇلاتى	101	662	14 411	16	45	599
纺织品、服装和鞋帽批发业	توقۇلما بۇيۇم، كىيىم، ئاياق، باش كىيىم	4	12	103	1	6	220
日用百货批发业	كۈندۈلۈك تۈرلۈك مال	31	160	1 499	3	19	793
日用杂品批发业	كۈندۈلۈك ئىلچىمال	11	71	261			
五金、交电、化工批发业	مېتال، قاتناش، ئېلېكتر، خىمىيە سانائىتى	10	42	357	2	6	223
药品及医疗器械批发业	تېببىي دورا، داۋالاش ئەسۋابلىرى	15	83	363	2	3	98
2、能源、材料和机械电子设备批发业	2. ئېنېرگىيە، ماتېرىيال، ماشىنىسازلىق، ئېلېكترون ئۈسكۈنىلىرى	130	359	3 486	6	14	310
能源批发业	ئېنېرگىيە	44	167	2 047	3	11	295
化工材料批发业	خىمىيە سانائىتى ماتېرىيالى				1	1	5
木材批发业	ياغاچ	12	17	169			
建筑材料批发业	بىناكارلىق ماتېرىيالى	16	36	299	1	1	5
矿产品批发业	كان مەھسۇلاتلىرى						
金属材料批发业	مېتال ماتېرىيال	42	102	698			
机械、电子设备批发业	ماشىنىسازلىق، ئېلېكترون ئۈسكۈنە	11	32	204			
汽车、摩托车及零配件批发业	ئاپتوموبىل، موتوسىكلىت ھەم زاپچاس	3	3	58	1	1	5
再生物资回收批发业	يىغىۋالغان قايتا ئىشلىتىدىغان ماددىي ئەشيا	2	2	11			
3、其他批发业	3. باشقا توپ سودا	163	1 539	5 655	148	1 077	3 128
附营批发贸易业单位	**توپ سودا بىلەن قوشۇمچە شۇغۇللىنىدىغان ئورۇنلار**		**112**	**669**		**310**	**3 069**
个体批发贸易业	**يەككە توپ سودا**		**158**	**411**		**1 804**	**2 705**
按地区分	**رايونلار بويىچە**						
乌鲁木齐市	ئۈرۈمچى شەھىرى				4	1 320	2 072
克拉玛依市	قاراماي شەھىرى						
吐鲁番地区	تۇرپان ۋىلايىتى	24	84	759	16	106	1 514
哈密地区	قۇمۇل ۋىلايىتى	5	9	70	1	5	155
昌吉州	سانجى ئوبلاستى	70	730	4 704		1	21
伊犁州	ئىلى ئوبلاستى						
伊犁地区	ئىلى ۋىلايىتى	85	518	3 082	68	732	2 263
塔城地区	تارباغاتاي ۋىلايىتى	57	200	2 265	3	67	301
阿勒泰地区	ئالتاي ۋىلايىتى	27	65	568		1	3
博州	بۆرتالا ئوبلاستى	15	80	517	4	9	102
巴州	بايىنغولىن ئوبلاستى	67	265	2 258	37	234	739
阿克苏地区	ئاقسۇ ۋىلايىتى	77	562	4 103	33	366	538
克州	قىزىلسۇ ئوبلاستى	7	22	55			
喀什地区	قەشقەر ۋىلايىتى	99	1 130	13 094	3	231	621
和田地区	خوتەن ۋىلايىتى	62	145	1 994	49	225	1 014
生产建设兵团	بىڭتۈەن	13	75	1 723	9	127	3 102

پارچە سودا ئورگانلىرى، تور- نۇقتىلىرى، خادىمى

12—8 零售贸易业机构、网点、人员

(1995 年 -يىل)　　　　بىرلىكى: دانە، نەپەر 单位:个、人

指标	كۆرسەتكۈچ	合计 جەمئىي ئورگان 机构	合计 جەمئىي تور- نۇقتا 网点	合计 جەمئىي خادىم 人员	市 شەھەر ئورگان 机构	市 شەھەر تور- نۇقتا 网点	市 شەھەر خادىم 人员
总计	**جەمئىي**	**2 317**	**174 278**	**324 411**	**1 287**	**56 599**	**130 669**
独立核算零售贸易业	**مۇستەقىل ھېسابات قىلىدىغان پارچە سودا**	**2 317**	**8 173**	**82 304**	**1 287**	**3 073**	**52 258**
按经济类型分	**ئىقتىسادىي تىپى بويىچە**						
国有经济	دۆلەت ئىگىلىكى	954	3 853	53 232	381	1 469	33 137
集体经济	كوللېكتىپ ئىگىلىك	769	3 229	18 585	411	718	10 378
私营经济	خۇسۇسىي ئىگىلىك	578	1 064	8 379	482	867	6 779
联营经济	بىرلەشمە ئىگىلىك	2	3	13	1	1	6
其他各种经济	باشقا ئىگىلىك	14	24	2 095	12	18	1 958
按国民经济行业分	**خەلق ئىگىلىك ساھەسى بويىچە**						
食品、饮料和烟草零售业	يېمەكلىك، ئىچىملىك، تاماكا ۋە ئائىلە بۇيۇملىرى	1 072	3 509	30 286	643	1 679	16 299
日用百货零售业	كۈندىلىك تۇرلۇك مال	461	2 136	31 872	222	446	23 805
纺织品、服装和鞋帽零售业	توقۇلما بۇيۇم، كىيىم ، ئاياق، باش كىيىم	64	278	1 983	28	45	1 000
日用杂品零售业	كۈندىلىك ملىچمال	76	503	2 223	23	59	551
五金、交电、化工零售业	مېتال، قاتناش، ئېلېكتر، خىمىيە سانائىتى	178	467	6 315	118	221	4 715
药品及医疗器械零售业	تىببى دورا، داۋالاش ئەسۋابلىرى	75	365	2 091	25	125	980
图书报刊零售业	كىتاپ، گېزىت- ژورنال	94	303	1 680	25	139	1 015
其他零售业	باشقا پارچە سودا	297	612	5 854	203	359	3 893
按企业规模分	**كارخانا كۆلىمى بويىچە**						
大型国内零售企业	چوڭ كارخانا	5	36	5 681	4	7	5 137
中型国内零售企业	ئوتتۇرا كارخانا	278	2 667	36 947	168	964	24 446
小型国内零售企业	كىچىك كارخانا	2 317	5 470	39 676	1 115	2 102	22 675
附营零售贸易业单位	**توپ سودا بىلەن قوشۇمچە شۇغۇللىنىدىغان ئورۇنلار**		**2 663**	**12 517**		**609**	**3 716**
个体零售贸易业	**يەككە توپ سودا**		**163 442**	**229 590**		**52 917**	**74 695**
按地区分	**رايونلار بويىچە**						
乌鲁木齐市	ئۈرۈمچى شەھىرى	400	18 090	46 945	399	15 016	42 235
克拉玛依市	قاراماي شەھىرى	51	2 945	5 856	50	1 678	4 275
吐鲁番地区	تۇرپان شەھىرى	66	7 791	14 956	13	2 800	4 833
哈密地区	قۇمۇل ۋىلايىتى	57	4 145	8 542	33	2 505	5 747
昌吉州	سانجى ئوبلاستى	172	14 951	23 652	97	3 242	5 139
伊犁州	ئىلى ئوبلاستى	38	2 290	5 970	38	2 290	5 970
伊犁地区	ئىلى ۋىلايىتى	119	19 351	30 215	15	4 174	7 937
塔城地区	تارباغاتاي ۋىلايىتى	233	11 966	19 123	79	1 935	4 166
阿勒泰地区	ئالتاي ۋىلايىتى	166	5 412	9 876	27	1 292	2 378
博州	بۆرتالا ئوبلاستى	58	2 999	5 977	14	606	1 845
巴州	بايىنغولىن ئوبلاستى	289	10 868	23 095	178	4 187	9 095
阿克苏地区	ئاقسۇ ۋىلايىتى	105	11 560	22 072	28	2 779	6 195
克州	قىزىلسۇ ئوبلاستى	75	4 025	5 641	23	1 943	2 779
喀什地区	قەشقەر ۋىلايىتى	90	31 323	50 238	20	6 028	11 495
和田地区	خوتەن ۋىلايىتى	135	10 919	18 760	34	1 913	4 460
生产建设兵团	بىڭتۇەن	263	15 643	33 493	239	4 211	12 120

12—8续表 1 داۋامى　　　　　　　　　　　　　　　　　　　　　　　　　　　单位:个、人 بىرلىكى: دانە، نەپەر

指标	كۆرسەتكۈچ	县 ناھىيە			县以下 ناھىيىدىن تۆۋەن		
		机构 ئورگان	网点 تور-نۇقتا	人员 خادىم	机构 ئورگان	网点 تور-نۇقتا	人员 خادىم
总计	**جەمئىي**	**700**	**42 211**	**81 123**	**330**	**75 468**	**112 619**
独立核算零售贸易业	**مۇستەقىل ھېسابات قىلىدىغان پارچە سودا**	**700**	**3 093**	**23 214**	**330**	**2 007**	**6 832**
按经济类型分	**ئىقتىسادىي تىپى بويىچە**						
国有经济	دۆلەت ئىگىلىكى	432	2 088	17 839	141	296	2 256
集体经济	كوللېكتىپ ئىگىلىك	203	900	4 386	155	1 611	3 821
私营经济	خۇسۇسىي ئىگىلىك	62	97	845	34	100	755
联营经济	بىرلەشمە ئىگىلىك	1	2	7			
其他各种经济	باشقا ئىگىلىك	2	6	137			
按国民经济行业分	**خەلق ئىگىلىك ساھەسى بويىچە**						
食品、饮料和烟草零售业	يېمەكلىك، ئىچىملىك، تاماكا	239	1 283	10 696	190	547	3 291
日用百货零售业	كۈندىلىك تۇرلۇك مال	158	801	5 620	81	889	2 447
纺织品、服装和鞋帽零售业	توقۇلما بۇيۇم، كىيىم، ئاياق، باش كىيىم	20	94	712	16	139	271
日用杂品零售业	كۈندىلىك مىلچمال	28	153	1 133	25	291	539
五金、交电、化工零售业	مېتال، قاتناش، ئېلېكتر، خىمىيە سانائىتى	52	134	1 443	8	112	157
药品及医疗器械零售业	تىببىي دورا، داۋالاش ئەسۋابلىرى	50	240	1 111			
图书报刊零售业	كىتاب، گېزىت- ژورنال	67	161	659	2	3	6
其他零售业	باشقا پارچە سودا	86	227	1 840	8	26	121
按企业规模分	**كارخانا كۆلىمى بويىچە**						
大型国内零售企业	چوڭ كارخانا	1	29	544			
中型国内零售企业	ئوتتۇرا كارخانا	99	1 163	10 407	11	540	2 094
小型国内零售企业	كىچىك كارخانا	600	1 901	12 263	319	1 467	4 738
附营零售贸易业单位	**پارچە سودا بىلەن قوشۇمچە شۇغۇللىنىدىغان ئورۇنلار**		**446**	**2 053**		**1 608**	**6 748**
个体零售贸易业	**يەككە پارچە سودا**		**38 672**	**55 856**		**71 853**	**99 039**
按地区分	**رايونلار بويىچە**						
乌鲁木齐市	ئۈرۈمچى شەھىرى				1	3 074	4 710
克拉玛依市	قاراماي شەھىرى	1	1 267	1 599			
吐鲁番地区	تۇرپان ۋىلايىتى	28	1 343	2 909	25	3 648	7 214
哈密地区	قۇمۇل ۋىلايىتى	19	344	1 071	5	1 296	1 724
昌吉州	سانجى ئوبلاستى	75	6 157	10 963		5 552	7 550
伊犁州	ئىلى ئوبلاستى						
伊犁地区	ئىلى ۋىلايىتى	64	4 358	7 623	40	10 819	14 655
塔城地区	تارباغاتاي ۋىلايىتى	108	4 310	7 330	46	5 721	7 627
阿勒泰地区	ئالتاي ۋىلايىتى	65	2 195	4 333	74	1 925	3 165
博州	بۆرتالا ئوبلاستى	22	352	999	22	2 041	3 133
巴州	بايىنغولىن ئوبلاستى	100	3 017	9 040	11	3 664	4 960
阿克苏地区	ئاقسۇ ۋىلايىتى	77	5 348	10 829		3 433	5 048
克州	قىزىلسۇ ئوبلاستى	24	860	1 211	28	1 222	1 651
喀什地区	قەشقەر ۋىلايىتى	68	9 737	16 358	2	15 558	22 385
和田地区	خوتەن ۋىلايىتى	48	2 213	4 636	53	6 793	9 664
生产建设兵团	بىڭتۇەن	1	710	2 222	23	10 722	19 133

يېمەك- ئىچمەك ئورگانلىرى، تور- نۇقتىلىرى، خادىمى

12—9 餐饮业机构、网点、人员

(1995年 -يىل)

单位:个、人 بىرلىكى: دانە، نەپەر

指标 كۆرسەتكۈچ	合计 جەمئىي			市 ناھىيە		
	机构 ئورگان	网点 تور- نۇقتا	人员 خادىم	机构 ئورگان	网点 تور- نۇقتا	人员 خادىم
总计 جەمئىي	**202**	**55 686**	**116 509**	**156**	**19 453**	**45 703**
独立核算餐饮业 مۇستەقىل ھېسابات قىلىدىغان يېمەك- ئىچمەك	**202**	**463**	**6 441**	**156**	**317**	**5 467**
1、按经济类型分 1. ئىقتىسادىي تىپى بويىچە						
国有经济 دۆلەت ئىگىلىكى	53	263	3 714	31	160	3 185
集体经济 كوللېكتىپ ئىگىلىك	74	98	1 297	63	79	1 087
私营经济 خۇسۇسىي ئىگىلىك	69	96	1 377	57	73	1 146
联营经济 بىرلەشمە ئىگىلىك						
其他各种经济 باشقا ئىگىلىك	6	6	53	5	5	49
2、按国民经济行业分 2. خەلق ئىگىلىك ساھەسى بويىچە						
正餐 رەسمىي تاماق	159	336	5 486	126	269	4 828
快餐 تېز تاماق	29	54	641	22	36	531
其他餐饮业 باشقا تاماق	14	73	314	8	12	108
附营餐饮业 قوشۇمچە يېمەك- ئىچمەك كەسپى		**295**	**3 063**		**157**	**1 956**
个体餐饮业 يەككە يېمەك- ئىچمەك كەسپى		**54 933**	**107 080**		**18 979**	**38 280**

指标 كۆرسەتكۈچ	县 ناھىيە			县以下 ناھىيىدىن تۆۋەن		
	机构 ئورگان	网点 تور- نۇقتا	人员 خادىم	机构 ئورگان	网点 تور- نۇقتا	人员 خادىم
总计 جەمئىي	**43**	**12 599**	**24 342**	**3**	**23 634**	**46 464**
独立核算餐饮业 مۇستەقىل ھېسابات قىلىدىغان يېمەك- ئىچمەك	**43**	**137**	**888**	**3**	**9**	**86**
1、按经济类型分 1. ئىقتىسادىي تىپى بويىچە						
国有经济 دۆلەت ئىگىلىكى	22	103	529			
集体经济 كوللېكتىپ ئىگىلىك	11	19	210			
私营经济 خۇسۇسىي ئىگىلىك	9	14	145	3	9	86
联营经济 بىرلەشمە ئىگىلىك						
其他各种经济 باشقا ئىگىلىك	1	1	4			
2、按国民经济行业分 2. خەلق ئىگىلىك ساھاسى بويىچە						
正餐 رەسمىي تاماق	32	64	622	1	3	36
快餐 تېز تاماق	5	12	60	2	6	50
其他餐饮业 باشقا تاماق	6	61	206			
附营餐饮业 قوشۇمچە يېمەك- ئىچمەك كەسپى		**80**	**684**		**58**	**423**
个体餐饮业 يەككە يېمەك- ئىچمەك كەسپى		**12 387**	**22 845**		**23 567**	**45 955**

چوڭ ئوتتۇرا توپ- پارچە سودا، يېمەك- ئىچمەك كەسپىنىڭ مالىيە ئەھۋالى

12—10 大中型批发零售贸易业、餐饮业财务状况

(يىل- 1995 年)　　　　单位:万元 تۈمەن يۈەن :بىرلىك

指标 كۆرسەتكۈچ	جەمئىي كاپىتال 资本金合计	جەمئىي كۆچمە مۈلۈك 流动资产合计	جەمئىي مۇقىم مۈلۈك 固定资产合计
批发、零售贸易业总计 توپ- پارچە سودىنىڭ جەمئىيسى	**510 045**	**3 187 500**	**570 921**
按经济类型分 ئىقتىسادىي تىپى بويىچە			
国有经济 دۆلەت ئىگىلىكى	323 067	1 814 140	386 347
集体经济 كوللېكتىپ ئىگىلىكى	174 166	1 356 102	165 795
股份制经济 پاي تۈزۈمىدىكى ئىگىلىك	12 812	17 258	18 779
按国民经济行业分 خەلق ئىگىلىك ساھاسى بويىچە			
批发业 توپ سودا	**401 403**	**2 766 808**	**389 481**
1、食品、饮料、烟草和家庭用品批发业 1. يېمەكلىك، ئىچىملىك، تاماكا ۋە ئائىلە بۇيۇملىرى	260 283	2 101 800	252 229
食品、饮料、烟草批发业 يېمەكلىك، ئىچىملىك، تاماكا	65 827	373 025	75 644
棉、麻、土畜产品批发业 پاختا، كەندىر، يەرلىك، چارۋا مەھسۇلاتى	129 908	1 448 746	125 264
纺织品、服装和鞋帽批发业 توقۇلما بۇيۇم، كىيىم، ئاياق، باش كىيىم	36 915	117 788	8 264
日用百货批发业 كۈندىلىك تۇرلۇك مال	12 389	79 444	18 976
日用杂品批发业 كۈندىلىك ئىلچىمال	1 298	4 606	2 713
五金、交电、化工批发业 مېتال، قاتناش، ئېلېكتر، خىمىيە سانائىتى	5 819	45 295	9 695
药品及医疗器械批发业 تېببىي دورا، داۋالاش ئەسۋابلىرى	8 127	32 896	11 672
2、能源、材料和机械电子设备批发业 2. ئېنېرگىيە، ماتېرىيال، ماشىنىسازلىق، ئېلېكترون ئۈسكۈنىلىرى	103 721	367 853	102 091
能源批发业 ئېنېرگىيە	33 774	96 600	46 111
化工材料批发业 خىمىيە سانائىتى ماتېرىيالى	6 349	35 434	6 968
建筑材料批发业 بىناكارلىق ماتېرىيالى	10 483	30 688	8 159
金属材料批发业 مېتال ماتېرىيال	25 919	87 512	21 189
机械、电子设备批发业 ماشىنىسازلىق، ئېلېكترون ئۈسكۈنە	9 789	73 492	9 989
汽车、摩托车及零配件批发业 ئاپتوموبىل، موتوسىكلىت ھەم زاپچاس	11 673	35 452	6 827
再生物资回收批发业 يىغىۋالغان قايتا ئىشلىتىدىغان ماددىي- ئەشيا	5 734	8 675	2 848
3、其他批发业 3. باشقا توپ سودا	37 399	297 156	35 161
零售业 پارچە سودا	**108 642**	**420 692**	**181 440**
食品、饮料和烟草零售业 يېمەكلىك، ئىچىملىك، تاماكا	47 536	230 926	54 171
日用百货零售业 كۈندىلىك تۇرلۇك مال	38 985	103 360	82 148
纺织品、服装和鞋帽零售业 توقۇلما بۇيۇم، كىيىم، ئاياق، باش كىيىم	1 589	4 251	1 570
日用杂品零售业 كۈندىلىك ئىلچىمال	1 560	4 830	2 370
五金、交电、化工零售业 مېتال، قاتناش، ئېلېكتر، خىمىيە سانائىتى	7 868	43 436	23 664
药品及医疗器械零售业 تېببىي دورا، داۋالاش ئەسۋابلىرى	3 830	11 891	4 619
图书报刊零售业 كىتاپ، گېزىت- ژۇرنال	1 339	3 930	3 826
其他零售业 باشقا پارچە سودا	6 135	18 067	9 071
按地区分 رايونلار بويىچە			
乌鲁木齐市 ئۈرۈمچى شەھىرى	194 822	1 016 048	189 708
克拉玛依市 قاراماي شەھىرى	14 565	46 084	17 098
吐鲁番地区 تۇرپان ۋىلايىتى	12 013	89 196	14 513
哈密地区 قۇمۇل ۋىلايىتى	8 167	46 880	9 976
昌吉州 سانجى ئوبلاستى	30 938	200 731	47 978
伊犁州 ئىلى ئوبلاستى	12 837	92 827	20 664
伊犁地区 ئىلى ۋىلايىتى	5 915	33 706	10 163
塔城地区 تارباغاتاي ۋىلايىتى	12 168	109 239	13 828
阿勒泰地区 ئالتاي ۋىلايىتى	6 211	30 216	9 031
博州 بۆرتالا ئوبلاستى	6 099	48 557	8 776
巴州 بايىنغولىن ئوبلاستى	25 424	356 838	34 983
阿克苏地区 ئاقسۇ ۋىلايىتى	43 753	326 197	38 947
克州 قىزىلسۇ ئوبلاستى	2 707	14 398	3 034
喀什地区 قەشقەر ۋىلايىتى	99 288	387 081	89 399
和田地区 خوتەن ۋىلايىتى	10 843	62 592	13 337
生产建设兵团 بىڭتۇەن	44 977	649 600	77 156
餐饮业总计 جەمئىي يېمەك-ئىچمەك	**2 663**	**5 306**	**16 266**
按经济类型分 ئىقتىسادىي تىپى بويىچە			
国有经济 دۆلەت ئىگىلىكىدىكى	2 446	4 845	14 779
集体经济 كوللېكتىپ ئىگىلىكى	9	107	34
私营经济 خۇسۇسىي ئىگىلىكى	208	364	1 453
按国民经济行业分 خەلق ئىگىلىك ساھاسى بويىچە			
正餐 رەسمىي تاماق	2 654	5 199	16 232
其他餐饮业 باشقا تاماق	9	107	34

12—10 续表 1 داۋامى 1

单位:万元 بىرلىكى: تۈمەن يۈەن

指标	كۆرسەتكۈچ	ئىگىدارنىڭ جەمئىي ھوقوق-مەنپەئەتى 所有者权益合计	تاۋار سېتىش كىرىمى 商品销售收入	تاۋار سېتىش تەننەرقى 商品销售成本	تىجارەت خىراجىتى 经营费用
批发、零售贸易业总计	**توپ- پارچە سودىنىڭ جەمئىسى**	**933 220**	**4 559 346**	**4 078 060**	**206 829**
按经济类型分	**ئىقتىسادىي تىپى بويىچە**				
国有经济	دۆلەت ئىگىلىكى	343 440	2 953 588	2 633 829	144 992
集体经济	كوللېكتىپ ئىگىلىكى	568 177	1 560 153	1 407 115	58 748
股份制经济	پاي تۈزۈمىدىكى ئىگىلىك	21 603	45 605	37 116	3 089
按国民经济行业分	**خەلق ئىگىلىك ساھاسى بويىچە**				
批发业	**توپ سودا**	**823 688**	**3 956 035**	**3 564 567**	**163 869**
1、食品、饮料、烟草和家庭用品批发业	1. يېمەكلىك، ئىچىملىك، تاماكا ۋە ئائىلە بۇيۇملىرى	663 613	2 340 660	2 091 873	95 363
食品、饮料、烟草批发业	يېمەكلىك، ئىچىملىك، تاماكا	58 886	407 229	365 994	22 851
棉、麻、土畜产品批发业	پاختا، كەندىر، يەرلىك، چارۋا مەھسۇلاتى	534 122	1 594 685	1 440 309	53 191
纺织品、服装和鞋帽批发业	توقۇلما بۇيۇم، كىيىم، ئاياق، باش كىيىم	20 546	126 294	108 766	5 209
日用百货批发业	كۈندىلىك تۇرلۇك مال	22 473	92 569	76 427	7 105
日用杂品批发业	كۈندىلىك مىلچمال	1 565	4 995	4 343	389
五金、交电、化工批发业	مېتال، قاتناش، ئېلېكتر، خىمىيە سانائىتى	12 440	64 995	56 404	3 919
药品及医疗器械批发业	تېببىي دورا، داۋالاش ئەسۋابلىرى	13 580	49 893	39 631	2 698
2、能源、材料和机械电子设备批发业	2. ئېنېرگىيە، ماتېرىيال، ماشىنىسازلىق، ئېلېكترون ئۈسكۈنىلىرى	105 352	1 078 197	993 029	44 095
能源批发业	ئېنېرگىيە	45 203	468 463	433 867	16 647
化工材料批发业	خىمىيە سانائىتى ماتېرىيالى	5 337	60 868	54 622	3 535
建筑材料批发业	بىناكارلىق ماتېرىيالى	6 255	62 717	56 749	4 106
金属材料批发业	مېتال ماتېرىيال	21 032	168 643	152 021	8 184
机械、电子设备批发业	ماشىنىسازلىق، ئېلېكترون ئۈسكۈنە	11 851	168 642	158 451	5 381
汽车、摩托车及零配件批发业	ئاپتوموبىل، موتوسىكلىت، ھەم زاپچاس	10 668	128 037	118 670	5 079
再生物资回收批发业	يىغىۋالغان قايتا ئىشلىتىدىغان ماددىي- ئەشيا	5 006	20 828	18 649	1 162
3、其他批发业	3. باشقا توپ سودا	54 723	537 178	479 665	24 411
零售业	**پارچە سودا**	**109 532**	**603 311**	**513 493**	**42 960**
食品、饮料和烟草零售业	يېمەكلىك، ئىچىملىك، تاماكا	24 081	210 554	187 424	16 403
日用百货零售业	كۈندىلىك تۇرلۇك مال	46 986	236 743	192 809	16 681
纺织品、服装和鞋帽零售业	توقۇلما بۇيۇم، كىيىم، ئاياق، باش كىيىم	2 036	4 645	3 803	298
日用杂品零售业	كۈندىلىك مىلچمال	1 862	9 011	8 194	244
五金、交电、化工零售业	مېتال، قاتناش، ئېلېكتر، خىمىيە سانائىتى	17 152	62 519	54 472	3 535
药品及医疗器械零售业	تېببىي دورا، داۋالاش ئەسۋابلىرى	3 780	19 981	15 949	1 279
图书报刊零售业	كىتاپ، گېزىت- ژۇرنال	2 263	7 845	5 677	984
其他零售业	باشقا پارچە سودا	11 373	52 012	45 163	3 535
按地区分	**رايونلار بويىچە**				
乌鲁木齐市	ئۈرۈمچى شەھىرى	181 107	1 629 474	1 453 861	80 365
克拉玛依市	قاراماي شەھىرى	16 874	166 250	153 917	4 129
吐鲁番地区	تۇرپان ۋىلايىتى	35 472	179 069	154 881	4 738
哈密地区	قۇمۇل ۋىلايىتى	9 981	65 040	53 039	4 027
昌吉州	سانجى ئوبلاستى	44 179	239 886	213 908	9 406
伊犁州	ئىلى ئوبلاستى	12 765	126 133	115 141	5 526
伊犁地区	ئىلى ۋىلايىتى	—222	46 263	42 339	2 636
塔城地区	تارباغاتاي ۋىلايىتى	1 224	83 565	74 173	4 961
阿勒泰地区	ئالتاي ۋىلايىتى	6 195	28 559	24 562	1 840
博州	بۆرتالا ئوبلاستى	4 428	64 853	56 580	3 632
巴州	بايىنغولىن ئوبلاستى	37 316	480 421	346 539	23 860
阿克苏地区	ئاقسۇ ۋىلايىتى	46 010	393 423	343 937	20 356
克州	قىزىلسۇ ئوبلاستى	2 961	16 244	14 166	1 164
喀什地区	قەشقەر ۋىلايىتى	147 816	516 377	457 074	19 327
和田地区	خوتەن ۋىلايىتى	10 214	88 009	77 095	4 725
生产建设兵团	بىڭتۇەن	67 074	915 849	808 348	29 203
餐饮业总计	**جەمئىي يېمەك- ئىچمەك**	**3 283**	**5 631**	**1 865**	**1 932**
按经济类型分	**ئىقتىسادىي تىپى بويىچە**				
国有经济	دۆلەت ئىگىلىكى	3 459	3 988	1 280	1 576
集体经济	كوللېكتىپ ئىگىلىكى	77	302	207	39
私营经济	خۇسۇسىي ئىگىلىك	—253	1 341	378	317
按国民经济行业分	**خەلق ئىگىلىك ساھاسى بويىچە**				
正餐	رەسمىي تاماق	3 206	5 329	1 658	1 893
其他餐饮业	باشقا تاماق	77	302	207	39

12—10 续表 2 داۋامى

单位:万元 بىرلىكى: تۈمەن يۈەن

指标	كۆرسەتكۈچ	تاۋار سېتىش بېجى ھەم قوشۇمچىسى 商品销售税金及附加费	تاۋار سېتىش پايدىسى 商品销售利润	تىجارەت پايدىسى 营业利润	پايدا ئومۇمىي سوممىسى 利润总额
批发、零售贸易业总计	**توپ- پارچە سودىنىڭ جەمئىسى**	**7 168**	**257 670**	**4 602**	**41 704**
按经济类型分	**ئىقتىسادىي تىپى بويىچە**				
国有经济	دۆلەت ئىگىلىكى	4 870	160 418	−19312	16 256
集体经济	كوللېكتىپ ئىگىلىكى	2 126	92 026	20 791	22 404
股份制经济	پاي تۈزۈمىدىكى ئىگىلىك	172	5 226	3 132	3 044
按国民经济行业分	**خەلق ئىگىلىك ساھاسى بويىچە**				
批发业	**توپ سودا**	**5 411**	**217 035**	**17 862**	**44 179**
1、食品、饮料、烟草和家庭用品批发商业	1. يېمەكلىك، ئىچىملىك، تاماكا ۋە ئائىلە بۇيۇملىرى	3 421	149 554	15 582	34 882
食品、饮料、烟草批发业	يېمەكلىك، ئىچىملىك، تاماكا	600	17 770	−17 943	−1371
棉、麻、土畜产品批发业	پاختا، كەندىر، يەرلىك، چارۋا مەھسۇلاتى	2 116	99 015	44 060	43 178
纺织品、服装和鞋帽批发业	توقۇلما بۇيۇم، كىيىم، ئاياق، باش كىيىم	265	12 054	−9528	−5735
日用百货批发业	كۈندىلىك تۇرلۇك مال	144	8 859	−1394	−1340
日用杂品批发业	كۈندىلىك مىلىچمال	14	248	−160	1
五金、交电、化工批发业	مېتال، قاتناش، ئېلېكتر، خىمىيە سانائىتى	128	4 536	−812	−1397
药品及医疗器械批发业	تېببىي دورا، داۋالاش ئەسۋابلىرى	154	7 073	1 359	1 546
2、能源、材料和机械电子设备批发业	2. ئېنېرگىيە، ماتېرىيال، ماشىنىسازلىق، ئېلېكترون ئۈسكۈنىلىرى	1 613	38 643	−3471	3 774
能源批发业	ئېنېرگىيە	401	16 729	4 226	4 396
化工材料批发业	خىمىيە سانائىتى ماتېرىيالى	104	2 606	−902	−137
建筑材料批发业	بىناكارلىق ماتېرىيالى	332	1 530	−2230	−2420
金属材料批发业	مېتال ماتېرىيال	153	8 286	−2296	449
机械、电子设备批发业	ماشىنىسازلىق، ئېلېكترون ئۈسكۈنە	441	4 368	−2198	692
汽车、摩托车及零配件批发业	ئاپتوموبىل، موتوسىكلىت ھەم زاپچاس	114	4 174	326	476
再生物资回收批发业	يىغىۋالغان قايتا ئىشلىتىدىغان ماددىي- ئەشيا	67	950	−398	317
3、其他批发业	3. باشقا توپ سودا	377	28 838	5 751	5 523
零售业	**پارچە سودا**	**1 757**	**40 635**	**−13260**	**−2475**
食品、饮料和烟草零售业	يېمەكلىك، ئىچىملىك، تاماكا	361	5 902	−15433	−6246
日用百货零售业	كۈندىلىك تۇرلۇك مال	911	22 631	1 605	2 919
纺织品、服装和鞋帽零售业	توقۇلما بۇيۇم، كىيىم، ئاياق، باش كىيىم	47	494	7	64
日用杂品零售业	كۈندىلىك مىلىچمال	24	549	−192	−157
五金、交电、化工零售业	مېتال، قاتناش، ئېلېكتىر، خىمىيە سانائىتى	215	4 288	−90	−51
药品及医疗器械零售业	تېببىي دورا، داۋالاش ئەسۋابى	62	2 618	422	466
图书报刊零售业	كىتاپ، گېزىت- ژورنال	38	939	203	157
其他零售业	باشقا پارچە سودا	99	3 216	218	372
按地区分	**رايونلار بويىچە**				
乌鲁木齐市	ئۈرۈمچى شەھىرى	2 956	84 230	−21018	−2077
克拉玛依市	قاراماي شەھىرى	359	6 920	2 744	2 851
吐鲁番地区	تۇرپان ۋىلايىتى	87	13 010	3 991	1 813
哈密地区	قۇمۇل ۋىلايىتى	116	4 656	019	747
昌吉州	سانجى ئوبلاستى	256	14 093	−973	4 042
伊犁州	ئىلى ئوبلاستى	199	5 266	−1813	−431
伊犁地区	ئىلى ۋىلايىتى	56	1 140	−2879	−2841
塔城地区	تارباغاتاي ۋىلايىتى	1 834	1 895	−5769	−4729
阿勒泰地区	ئالتاي ۋىلايىتى	165	1 964	−1668	−1020
博州	بۆرتالا ئوبلاستى	99	4 243	366	1 020
巴州	بايىنغولىن ئوبلاستى	1 690	22 914	4 414	7 172
阿克苏地区	ئاقسۇ ۋىلايىتى	382	22 268	2 147	6 411
克州	قىزىلسۇ ئوبلاستى	118	793	−922	−284
喀什地区	قەشقەر ۋىلايىتى	505	29 780	5 118	8 841
和田地区	خوتەن ۋىلايىتى	192	5 816	−142	451
生产建设兵团	بىڭتۈەن	1 558	53 528	24 877	26 008
餐饮业总计	**جەمئىي يېمەك- ئىچمەك**	**346**	**1 487**	**−393**	**−210**
按经济类型分	**ئىقتىسادىي تىپى بويىچە**				
国有经济	دۆلەت ئىگىلىكى	239	893	−71	85
集体经济	كوللېكتىپ ئىگىلىكى	18	37	32	34
私营经济	خۇسۇسىي ئىگىلىك	89	557	−354	−329
按国民经济行业分	**خەلق ئىگىلىك ساھاسى بويىچە**				
正餐	رەسمىي تاماق	328	1 450	−425	−244
其他餐饮业	باشقا تاماق	18	37	32	34

شەھەر يېزا يەككە سودا- سانائەتنىڭ ئاساسىي ئەھۋالى

12—11 城乡个体工商业基本情况

(يىل- 1995 年)

كۆرسەتكۈچ 指标	ئائىلە سانى 户数 (户)	خادىم سانى 从业人数 (人)	تىزىملاتقان مەبلىغى 注册资金 (万元)	ئومۇمىي مەھسۇلات قىممىتى 总产值 (万元)	تىجارەت سوممىسى 营业额 (万元)	پارچە سېتىش سوممىسى #零售额
合计 جەمئىي	**327 925**	**486 170**	**248 423**	**87 854**	**923 553**	**598 967**
农林牧渔业 دېھقانچىلىق، ئورمانچىلىق، چارۋىچىلىق، بېلىقچىلىق	386	530	809	1 102	26	63
采掘业 قازمىچىلىق	220	649	291	1 071		
制造业 ياساش كەسپى	40 837	65 266	25 339	82 516		13 851
建筑业 بىناكارلىق	776	1 663	598	3 165		
交通运输、仓储业 قاتناش- تىرانسپورت، ساقلاش	22 075	27 268	80 093		85 367	
批发零售贸易业 توپ- پارچە سودا	160 996	220 935	70 402		604 602	428 188
餐饮业 يېمەك- ئىچمەك كەسپى	52 459	101 070	30 034		143 981	130 739
社会服务业 ئىجتىمائىي مۇلازىمەت	42 003	55 927	36 701		75 093	19 657
其他行业 باشقا كەسىپلەر	8 173	12 862	4 156		14 484	6 496

شەھەر- بازار يەككە سودا سانائەتنىڭ ئاساسىي ئەھۋالى

12—12 城镇个体工商业基本情况

(يىل- 1995 年)

كۆرسەتكۈچ 指标	ئائىلە سانى 户数 (户)	خادىم سانى 从业人数 (人)	تىزىملاتقان مەبلىغى 注册资金 (万元)	ئومۇمىي مەھسۇلات قىممىتى 总产值 (万元)	تىجارەت سوممىسى 营业额 (万元)	پارچە سېتىش سوممىسى #零售额
合计 جەمئىي	184 715	270 400	151 081	48 556	577 540	410 162
农林牧渔业 دېھقانچىلىق، ئورمانچىلىق، چارۋىچىلىق، بېلىقچىلىق	23	39	69	104	8	10
采掘业 قازمىچىلىق	55	155	77	494		
制造业 ياساش كەسپى	17 836	30 980	11 533	46 528		6 886
建筑业 بىناكارلىق	609	965	332	1 430		
交通运输、仓储业 قاتناش- تىرانسپورت، ياساش	11 593	14 783	49 131		50 331	
批发零售贸易业 توپ- پارچە سودا	93 846	12 528	47 338		358 043	289 599
餐饮业 يېمەك- ئىچمەك كەسپى	29 788	56 627	9 641		106 081	95 854
社会服务业 ئىجتىمائىي مۇلازىمەت كەسپى	27 072	36 054	30 633		54 252	14 550
其他行业 باشقا كەسىپلەر	3 893	5 069	2 327		8 825	3 263

شەھەر، يېزا قەرەللىك بازار سودىسى ئەھۋالى

12—13 城乡集市贸易情况

(يىل- 1995 年)

كۆرسەتكۈچ 指标	يىل- 1994 年	يىل- 1995 年	1995-يىلى 1994-يىلدىكىنىڭ 1995 年为 1994 年%
集市数(个) بازار سانى	1 206	1 296	107.46
1、城市 1. شەھەر	382	474	124.08
2、乡村 2. يېزا	824	822	99.76
集市贸易成交额(万元) قەرەللىك بازار سودىسىدا پۈتۈشۈلگەن سومما (تۈمەن يۈەن)	521 016	853 309	163.78
1、城市 1. شەھەر	249 865	524 429	209.88
乡村 يېزا	271 151	328 880	121.29
2、粮食类 2. ئاشلىق	24 365	116 654	478.78
肉禽蛋类 گۆش، تۇخۇم	123 178	158 178	128.41
水产品类 سۇ مەھسۇلاتلىرى	14 980	20 601	137.52
蔬菜类 كۆكتات	69 149	90 998	131.60
干鲜果类 ھۆل- قۇرۇق مېۋە	47 795	60 386	126.34
大牲畜类 چوڭ چارۋا	26 092	36 578	140.19
其他 باشقا	215 457	369 914	171.69

ئاساسلىق ستاتىستىكا كۆرسەتكۈچلىرىنىڭ ئىزاھاتى

主要统计指标解释

ئىجتىمائى تاۋارلارنىڭ پارچە سېتىلىش سوممىسى ھەرخىل ئىقتىسادى تىپتىكى توپ-پارچە سودا، يېمەك-ئىچمەك كەسپىي، ياساش كەسپىي، ۋە باشقا ساھەلەرنىڭ شەھەر-بازار ئاھالىلىرى ۋە ئىجتىمائى گورۇھلارغا ساتقان ئىستىمال بۇيۇملىرىنىڭ پارچە سېتىلىش سوممىسىنى كۆرسىتىدۇ. بۇ كۆرسەتكۈچ تۈرلۈك تاۋار يوللىرى ئارقىلىق ئاھالىلار ۋە ئىجتىمائى گورۇھلارنى تەمىنلىگەن تۇرمۇش ئىستىمال بۇيۇملىرى ئارقىلىق ئۇلارنىڭ تۇرمۇش ئېھتىياجىنى قاندۇرۇش ئەھۋالىنى ئەكس ئەتتۈرىدۇ. بۇ كۆرسەتكۈچ خەلق تۇرمۇشى، ئىجتىمائى ئىستىمال بۇيۇملىرىنى سېتىۋېلىش كۈچى، پۇل ئوبوروتى قاتارلىق مەسىلىلەرنى تەتقىق قىلىشتىكى مۇھىم كۆرسەتكۈچ. ئىجتىمائى ئىستىمال بۇيۇملىرىنىڭ پارچە سېتىلىش سوممىسى مۇنۇلارنى ئۆز ئىچىگە ئالىدۇ: (1) شەھەر-يېزا ئاھالىلىرىغا سېتىپ بەرگەن تۇرمۇش تاۋارلىرى ۋە ئۆي ھەم سېلىشقا ئىشلىتىدىغان بىناكارلىق ماتېرىياللىرى؛ (2) ئورگان، گورۇھ، مەكتەپ، ھەربىي قىسىم، كارخانا، كەسپىي ئورۇنلارنىڭ ئىشچى-خىزمەتچىلەر ئاشخانىسى ۋە مېھمانخانا (ساراي) لاردىكى مەخسۇس شۇ مېھمانخانىلاردىكى يولۇچىلارنى تەمىنلەيدىغان، سىرىتقا تىجارەت قىلمايدىغان ئاشخانىلارغا سېتىپ بەرگەن تۈرلۈك يېمەكلىك، يېقىلغۇ؛ كارخانا، ئورۇنلار ۋە دۆلەت ئىلكىدىكى دېھقانچىلىق مەيدانلىرى بىۋاستە ئۆز ئورنىنىڭ ئىشچى-خىزمەتچىلىرىگە ۋە ئىشچى-خىزمەتچىلەر ئاشخانىسىغا ساتقان ئۆزى ئىشلەپچىقارغان مەھسۇلاتلار؛ (3) ھەربىي قىسىم كادىر-جەڭچىلەرگە ساتقان تۇرمۇشقا ئىشلىتىدىغان ئاشلىق، قوشۇمچە يېمەكلىك، كىيىم، كۈندىلىك بۇيۇم، يېقىلغۇ؛ (4) جۇڭگوغا كەلگەن چەت ئەللىكلەر، جۇڭگو مۇھاجىرلىرى، شياڭگاڭ، ئاۋمېن، تەيۋەنلىك قېرىنداشلارغا ساتقان ئىستىمال بۇيۇملىرى؛ (5) ئاھالىلار ئۆز پۇلىغا سېتىۋالغان جۇڭيىچە ۋە غەربچە دورا، جۇڭيى دورا ماتېرىيالى ھەم داۋالاش بۇيۇملىرى؛ (6) كىتابخانا، نەشرىياتلار بىۋاستە ئاھالىلار ۋە ئىجتىمائى گورۇھلارغا ساتقان گېزىت، كىتاب-ژۇرنال، ماركا توپلاش شىركەتلىرى ساتقان يېڭى-كونا پوچتا ماركىلىرى، ئالاھىدە پوچتا ماركىلىرى، ماركا توپلىمى، ماركا توپلاش سايمانلىرى قاتارلىقلار؛ (7) كامىسسىيون ماگىزىنلىرى سېتىۋېلىپ، ئۆزى ساتقان قىسمىغا تەۋە تاۋارلارنىڭ پارچە سېتىلىش سوممىسى؛ (8) كۆمۈر گازى شىركەتلىرى، سۈيۇقلاندۇرۇلغان نېفىت گاز پونكىتلىرى ئاھالىلار ۋە ئىجتىمائى گورۇھلارغا ساتقان گاز ئوچاق ۋە تۇڭغا قاچىلانغان سۈيۇقلاندۇرۇلغان نېفىت گازى؛ (9) شەھەر قۇرۇلۇش، ئۆي-مۈلۈك باشقۇرۇش قاتارلىق تارماقلار، كارخانا، كەسپىي ئورۇنلار ئاھالىلارغا ساتقان تاۋار ئۆي؛ (10) دېھقانلار غەيرى يېزا ئىگىلىك ئاھالىلىرى ۋە ئىجتىمائى گورۇھلارغا ساتقان تاۋار. خەلق ئىگىلىكىنىڭ ھەرقايسى تارماقلىرىدىكى كارخانا، كەسپىي ئورۇنلار (دۆلەت دېھقانچىلىق مەيدانلىرىنى ئۆز ئىچىگە ئالىدۇ) نىڭ ئىشلەپچىقىرىش تىجارىتىگە ئىشلىتىش ئۈچۈن ساتقان تۈرلۈك خامئەشيا، ماتېرىيال، يېقىلغۇ، ئۈسكۈنە، سايمان قاتارلىقلار ۋە توپ-پارچە سودا، يېمەك-ئىچمەك كەسپىنىڭ قولدىن ئۆتكۈزۈپ سېتىشى ئۈچۈن ساتقان تاۋار، كامىسسىيون دۇكانلىرى ھاۋالە بويىچە ساتقان تاۋار، مۇلازىمەت كەسپىنىڭ تىجارەت كىرىمى، پوچتاخانىلارنىڭ ماركا ساتقان كىرىمى، تۇربا سۈيى، ئېلېكتر كۈچى، كۆمۈر گازى ئىشلەپچىقىرىش (تەمىنلەش) ئورۇنلىرىنىڭ مەھسۇلات تەمىنلەش كىرىمىنى ئۆز ئىچىگە ئالمايدۇ. دېھقانلار ئوتتۇرىسىدا سېتىلغان تاۋارنىمۇ ئۆز ئىچىگە ئالمايدۇ.

توپ-پارچە سودىنىڭ تاۋار سېتىۋېلىش، سېتىش، ساقلاش ئومۇمىي قىممىتى تۈرلۈك ئىقتىسادىي تىپتىكى توپ-پارچە سودىنى (يەككىلەرنى ئۆز ئىچىگە ئالمايدۇ) ئومۇمىي گەۋدە قىلغان تاۋار سېتىۋېلىش، سېتىش ۋە ساقلاشنى كۆرسىتىدۇ.

تاۋار سېتىۋېلىش ئومۇمىي قىممىتى شۇ كارخانا (ئورۇن) سىرتىدىكى ئورۇن ۋە شەخسلەردىن سېتىۋېلىپ (چەت ئەلدىن بىۋاستە ئىمپورت قىلغاننى ئۆز ئىچىگە ئالىدۇ) قولدىن ئۆتكۈزۈپ ساتىدىغان ياكى پىششىقلانغاندىن كېيىن ساتىدىغان تاۋارنى كۆرسىتىدۇ. بۇ كۆرسەتكۈچ توپ-پارچە سودىنىڭ دۆلەت ئىچى سىرتىدىكى بازارلاردىن سېتىۋالغان تاۋار ئومۇمىي مىقدارىنى ئەكس ئەتتۈرىدۇ. تاۋار سېتىۋېلىش ئومۇمىي سوممىسى مۇنۇلارنى ئۆز ئىچىگە ئالىدۇ: (1) سانائەت-يېزا ئىگىلىك ئىشلەپچىقارغۇچىلاردىن سېتىۋالغان تاۋار؛ (2) نەشرىيات، گېزىتخانىنىڭ نەشر قىلىش-تارقىتىش تارماقلىرىدىن سېتىۋالغان كىتاب، گېزىت-ژۇرنال؛ (3) تۈرلۈك ئىقتىسادىي تىپتىكى توپ-پارچە سودا كارخانىلىرى (ئورۇنلىرى) دىن سېتىۋالغان تاۋار؛ (4) باشقا ئورۇنلاردىن سېتىۋالغان تاۋار، مەسىلەن، ئورگان، گورۇھ، كارخانا، ئورۇنلاردىن سېتىۋالغان ئېشىنچە ماددى ئەشيا، يېمەك-ئىچمەك كەسپىي، مۇلازىمەت كەسپىدە سېتىۋالغان تاۋار، تاموژنا، بازار باشقۇرۇش تارماقلىرىدىن سېتىۋالغان مۇسادىرە قىلىنغان ئەتكەس تاۋار، ئاھالىلاردىن سېتىۋالغان كېرەكسىز، كونا تاۋار قاتارلىق؛ (5) دۆلەت (چېگرا) سىرتىدىن بىۋاستە ئىمپورت قىلغان تاۋار. كارخانا (ئورۇن) ئۆز تىجارىتىگە ئىشلىتىدىغان ۋە سېتىش-سېتىۋېلىش ھەركىتى ئارقىلىق سېتىۋالمىغان تاۋار كىرىمى ۋە ساتقىنىدىن قايتۇرۇۋەتكىنى قاتارلىقلارنى ئۆز ئىچىگە ئالمايدۇ.

تاۋار سېتىش ئومۇمىي سوممىسى شۇ كارخانا (ئورۇن) سىرتىدىكى ئورۇن ۋە شەخسلەرگە ساتقان (دۆلەت، «چېگرا»، سىرتىغا بىۋاستە ئېكسپورت قىلغاننىمۇ ئۆز ئىچىگە ئالىدۇ) تاۋارنى كۆرسىتىدۇ. بۇ كۆرسەتكۈچ توپ-پارچە سودىنىڭ دۆلەت ئىچى بازارلىرىدا ساتقان تاۋار ۋە ئېكسپورت قىلغان تاۋار ئومۇمىي مىقدارىنى ئەكس ئەتتۈرىدۇ. تاۋار سېتىش ئومۇمىي مىقدارى مۇنۇلارنى ئۆز ئىچىگە ئالىدۇ: (1) شەھەر-يېزا ئاھالىلىرى ۋە ئىجتىمائى گورۇھلارغا ساتقان ئىستېمالغا ئىشلىتىدىغان تاۋار؛ (2) سانائەت، يېزا ئىگىلىك، بىناكارلىق، ترانسپورت، پوچتا-تېلېگراف، توپ-پارچە سودا، يېمەك-ئىچمەك كەسپىي، مۇلازىمەت كەسپىي قاتارلىقلارغا ساتقان ئىشلەپچىقىرىش-تىجارەتكە ئىشلىتىدىغان تاۋار؛ (3) توپ-پارچە سودىغا ساتقان قولدىن ئۆتكۈزۈپ سېتىشقا ئىشلىتىدىغان ياكى پىششىقلاپ ئىشلەپ ساتىدىغان تاۋار؛ (4) دۆلەت (چېگرا) سىرتىغا بىۋاستە ئېكسپورت قىلغان تاۋار. مۇنۇلارنى ئۆز ئىچىگە ئالمايدۇ: شۇ كارخانا (ئورۇن) غا ساتقان ئۆزى ئىشلىتىدىغان، كېرەكسىز، كونا تاۋار، جۈملىدىن سېتىش-سېتىۋېلىش ھەركىتى ئارقىلىق چىقىم قىلمىغان تاۋار، شۇ ئورۇننىڭ تونۇشتۇرۇشى ئارقىلىق ساتقۇچى ۋە سېتىۋالغۇچى ئىككى تەرەپ بىۋاستە راسچوت قىلغان، شۇ كارخانا پەقەت رەسمىيەت پۇلى ئالغان تىجارەت، سېتىۋالغاندىن كېيىن قايتۇرۇۋەتكەن تاۋار ھەم تاۋار خورىشى ۋە زىيىنى قاتارلىق.

توپ-پارچە سودىنىڭ يىل ئاخىرىدىكى ئىسكىلات قالدۇقى يىل ئاخىرىدا تۈرلۈك ئىقتىسادىي تىپتىكى توپ-پارچە سودا كارخانا (ئورۇن) ئىگىدارچىلىق ھوقۇقىغا ئىگە بولغان تاۋارنى كۆرسىتىدۇ. بۇ كۆرسەتكۈچ جايلار، توپ پارچە سودا كارخانا (ئورۇن) لارنىڭ تاۋار ئىسكىلات قالدۇقى ئەھۋالى ۋە بازارنى تاۋار بىلەن تەمىنلەشكە كاپالەتلىك قىلىش دەرىجىسىنى ئەكس ئەتتۈرىدۇ. مەزگىل ئاخىرىدىكى ئىسكىلات قالدۇقى مۇنۇلارنى ئۆز ئىچىگە ئالىدۇ: (1) توپ-پارچە سودا تىجارەت ئورۇنلىرىنىڭ (مەسىلەن، ماگىزىن، توپ تارقىتىش پونكىتى، تىجارەت ئورنى) ئامبار، مال ساقلاش مەيدانى، پۇكەي ۋە مال جازىلىرىدىكى تاۋار؛ (2) تاللاۋاتقان، رەتلەۋاتقان ۋە قاچىلاۋاتقان تاۋار؛ (3) سېتىۋېلىنغانغا تىزىملانغان، لېكىن شۇ ئورۇنغا كەلمىگەن تاۋار، يەنى مال ئەۋەتكۈچى ئورۇن ياكى بانكىنىڭ ئىتراپ دوكۇمېنتى كەلگەن، لېكىن مال كەلمىگەن قىسمى؛ (4) باشقا ئورۇنلارغا قويۇپ قويغان تاۋار، مەسىلەن، مال سېتىۋالغان تەرەپ پۇل تۆلەشنى رەت قىلغانلىقتىن ۋاقتىنچە مال سېتىۋالغان تەرەپتە قويۇپ تۇرۇۋاتقان تاۋار ۋە پىششىقلاپ ئىشلەنگەن تاۋارنى كىرىم قىلىش رەسمىيىتى بېجىرگەن، لېكىن تېخى ئەكەلمىگەن تاۋار؛ (5) باشقا ئورۇنلار سېتىپ بېرىشنى ھاۋالە قىلغان (ساتمىغان ياكى يۆتكىمىگەن) لېكىن تېخى

سېتىلمىغان تاۋار؛ (6) باشقا ئورۇنلار ئۈچۈن سېتىپ ئالغان، لېكىن تېخى تاپشۇرمىغان تاۋار. ئىگىدارچىلىق ھوقۇقى شۇ ئورۇنغا تەۋە بولمىغان تاۋار، توپ-پارچە سودىدىن باشقا ساھەلەردىكى مۇستەقىل ھېسابات قىلىدىغان پىششىقلاش زاۋۇتلىرى قاتارلىقلارغا پىششىقلاپ ئىشلەپچىقىرىشقا بۇيرۇپ بەرگەن، تېخى تەييار مەھسۇلاتنى قايتۇرۇۋالمىغان تاۋار، دۆلەت ماددى ئەشيا زاپاس ساقلاش تارماقلىرىغا ساقلاپ بېرىشنى ھاۋالە قىلغان تاۋار قاتارلىقلارنى ئۆز ئىچىگە ئالمايدۇ. مەزگىل ئاخىرىدىكى ئىسكىلات قالدۇقى ئومۇمىي سوممىسىنى ھېسابلاش ئۇسۇلى مۇنداق: يېزا ئىگىلىك ۋە قوشۇمچە مەھسۇلاتلىرىنى سېتىۋېلىش ئورۇنلىرى سېتىۋالغان باھا بويىچە ھېسابلايدۇ. توپ سودا ئورۇنلىرى مال كىرگۈزۈش باھاسى بويىچە ھېسابلايدۇ. پارچە سېتىش ئورۇنلىرى قانداق باھادا ھېسابات قىلسا شۇ باھادا ھېسابلايدۇ.

سودا ئاشلىقى ئاشلىقنىڭ سېتىۋېلىش مىقدارى ۋە پارچە سېتىش مىقدارى سودا ئاشلىقى بويىچە ھېسابلىنىدۇ. ئاشلىق تارماقلىرىنىڭ بەلگىلىمىسى بويىچە يىرىك ئاشلىق، پىششىقلانغان ئاشلىق سودا ئاشلىقىغا سۇندۇرۇپ ھېسابلىنىدۇ. بۇغداي، گۈرۈچ، كاماناش، كۆممەقوناق قاتارلىقلارنى ۋە ياڭيۇ تۈرىدىكىلەرنى ئۆز ئىچىگە ئالىدۇ.

شەھەر، يىغىلما بازار سوممىسىدا پۈتۈشۈلگەن سوما يېزا يىغىلما بازىرى ۋە شەھەر-بازارلاردىكى يىغىلما بازارلاردا سودا قىلغان ئىككى تەرەپ (دېھقانلار ۋە دېھقانلار ئوتتۇرىسىدىكى، غەيرى يېزا ئاھالىسى، ئورگان، گورۇھ، سودا-سانائەت كارخانىلىرى، يېمەك-ئىچمەك كەسپى، باشقا كارخانا، يەككە سودىگەرلەرنى ئۆز ئىچىگە ئالىدۇ) پۈتۈشكەن بارلىق تاۋار سوممىسىنى كۆرسىتىدۇ. ھازىر دېھقانلارنىڭ يىغىلما بازارنىڭ سىرتىدا غەيرى يېزا ئىگىلىك ئاھالىسىغا پارچە سېتىش سوممىسىنىمۇ مۇشۇنىڭغا ستاتىستىكىلاش تەلەپ قىلىنىۋاتىدۇ.

社会消费品零售额 指各种经济类型的批发零售贸易业、餐饮业、制造业和其他行业对城乡居民和社会集团的消费品零售额。这个指标反映通过各种商品流通渠道向居民和社会集团供应的生活消费品来满足他们生活需要，是研究人民生活，社会消费品购买力、货币流通等问题的重要指标。社会消费品零售额包括：(1)售给城乡居民作为生活用的商品和住房及修建房屋用的建筑材料；(2)售给机关、团体、学校、部队、企业、事业单位的职工食堂和旅店(招待所)附设专门供本店旅客食用，不对外营业的食堂的各种食品、燃料；企业、单位和国营农场直接售给本单位职工和职工食堂的自己生产的产品；(3)售给部队干部、战士生活用的粮食、副食品、衣着品、日用品、燃料；(4)售给来华的外国人、华侨、港澳台同胞的消费品；(5)居民自费购买的中、西药品、中药材及医疗用品；(6)报社、出版社直接售给居民和社会集团的报纸、图书、杂志、集邮公司出售的新、旧纪念邮票、特种邮票、首日封、集邮册、集邮工具等；(7)旧货寄售商店自购、自销部分的商品零售额；(8)煤气公司、液化石油气站售给居民和社会集团的煤气灶具和罐装液化石油气；(9)城市建设，房产管理等部门、企业、事业单位售给居民的商品房；(10)农民售给非农业居民和社会集团的商品。不包括售给国民经济各部门企业、事业单位(包括国有经济的农场)生产经营用的各种原材料、燃料、设备、工具等和售给批发零售贸易业、餐饮业作为转卖用的商品、旧货寄售商店受托寄售卖出的商品、服务业的营业收入、邮局出售邮票的收入、自来水、电力、煤气生产(供应)单位的产品供应收入，也不包括农民之间的商品销售。

批发零售贸易业商品购、销、存总额 指以各种经济类型的批发、零售贸易业(不包括个体)为总体的商品购、销、存。

商品购进总额 指从本企业(单位)以外的单位和个人购进(包括从国外直接进口)作为转卖或加工后转卖的商品。这个指标反映批发零售贸易业从国内、国外市场上购进商品的总量。商品购进总额包括：(1)从工农业生产者购进的商品；(2)从出版社、报社的出版发行部门购进的图书、杂志和报纸；(3)从各种经济类型的批发零售贸易企业(单位)购进的商品；(4)从其他单位购进的商品，如从机关、团体、企业、单位购进的剩余物资，从餐饮业、服务业购进的商品，从海关、市场管理部门购进的缉私和没收的商品，从居民收购的废旧商品等；(5)从国(境)外直接进口的商品。不包括企业(单位)为自身经营用，和未通过买卖行为而收入的商品以及销售退回、商品升溢等。

商品销售总额 指对本企业(单位)以外的单位和个人出售(包括对国(境)外直接出口)的商品。这个指标反映批发零售贸易业在国内市场上销售商品以及出口商品的总量。商品销售总额包括：(1)售给城乡居民和社会集团消费用的商品；(2)售给工业、农业、建筑业、运输邮电业、批发零售贸易业、餐饮业、服务业等作为生产、经营使用的商品；(3)售给批发零售贸易业作为转卖或加工后转卖的商品；(4)对国(境)外直接出口的商品。不包括：出售本企业(单位)自用的废旧包括用品，未通过买卖行为付出的商品，经本单位介绍，由买卖双方直接结算，本单位只收取手续费的业务，购货退出的商品以及商品损耗和损失等。

批发零售贸易业年末库存 指年末各种经济类型的批发零售贸易企业(单位)已取得所有权的商品。它反映各地区、各批发零售贸易企业(单位)的商品库存情况，和对市场商品供应的保证程度。期末库存包括：(1)存放在批发零售贸易业经营单位(如门市部、批发站、经营处)仓库、货场、货柜和货架中的商品；(2)挑选、整理、包括中的商品；(3)已记入购进而尚未运到本单位的商品，即发货单或银行承兑凭证已到而货未到部分；(4)寄放他处的商品，如因购货方拒绝承付而暂时存放在购货方的商品和已办完加工成品收回手续而未提回的商品；(5)委托其他单位代销(未作销售或调出)尚未售出的商品；(6)代其他单位购进尚未交付的商品。不包括所有权不属于本单位的商品、拨付除批发零售贸易业以外的其他行业所属独立核算加工厂等加工生产尚未收回成品的商品、代国家物资储备部门保管的商品等。期末库存总额计算方法是：农副产品采购单位按购进价计算，批发单位按进货价计算，零售单位按什么价格核算就按什么价格计算。

贸 易 粮 粮食的收购量和零售量都是按贸易粮计算的。贸易粮计算方法是按粮食部门的规定标准将原粮、成品粮折合成贸易粮，包括小麦、大米、大豆、玉米等和薯类。

城乡集市贸易成交额 指在农村集市和城镇集市上买卖双方(包括农民、农民之间、非农业居民、机关、团体、工商企业、饮食业、其他企业、个体商贩)成交的全部商品金额。目前农民在集市外对非农业居民的零售额也要求统计在内。

13

ئېنېرگىيە، ماددىي-ئەشيا

能源、物资

Energy and Material Supplies

ئېنېرگىيە ئىشلەپچىقىرىش ۋە ئىستېمال ئومۇمىي مىقدارى ھەم قۇرۇلمىسى

13—1 能源生产和消费总量及构成

يىللار 年份	ئېنېرگىيە ئىشلەپچىقىرىش ئومۇمىي مىقدارى (تۈمەن تونىنا ئۆلچەملىك كۆمۈر) 能源生产总量 (万吨标准煤)	ئېنېرگىيە ئىشلەپچىقىرىش ئومۇمىي مىقدارىدا ئىگىلىگەن نىسبىتى 占能源生产总量的%				ئېنېرگىيە ئىستېمال ئومۇمىي مىقدارى (تۈمەن تونىنا ئۆلچەملىك كۆمۈر) 能源消费总量 (万吨标准煤)	ئېنېرگىيە ئىستېمال ئومۇمىي مىقدارىدا ئىگىلىگەن نىسبىتى 占能源消费总量的%			
		كۆمۈر 原煤	نېفىت 原油	تەبىئىي گاز 天然气	سۇ توكى 水电		كۆمۈر 煤炭	نېفىت 石油	تەبىئىي گاز 天然气	سۇ توكى 水电
1950	16.85	100.0								
1952	41.78	82.2	17.8			39.27	82.1	17.9		
1957	101.82	86.1	13.4	0.2	0.3	96.03	75.3	24.2	0.2	0.3
1962	366.96	65.4	34.2	0.1	0.3	280.16	77.9	21.5	0.1	0.5
1965	445.90	68.1	31.2		0.7	352.71	74.9	24.2	0.1	0.8
1970	674.48	65.0	32.5	1.3	1.2	513.03	74.1	22.7	1.7	1.5
1975	1 053.02	53.4	40.7	4.8	1.1	761.93	68.6	23.2	6.6	1.6
1976	1 088.61	57.1	39.6	2.0	1.3	812.16	70.8	24.8	2.7	1.7
1977	1 255.97	61.6	34.9	2.2	1.3	951.17	70.7	24.6	2.9	1.8
1978	1 403.52	60.3	35.9	2.4	1.3	1 033.93	68.6	26.3	3.2	1.8
1979	1 408.69	57.2	38.6	2.7	1.5	1 038.70	67.3	27.0	3.7	2.0
1980	1 518.68	58.8	36.7	3.1	1.4	1 125.80	69.3	24.6	4.2	1.9
1981	1 518.17	59.0	36.1	3.2	1.6	1 103.40	69.4	23.8	4.5	2.2
1982	1 576.48	58.2	36.5	3.5	1.8	1 133.43	67.7	25.0	4.9	2.4
1983	1 709.90	59.0	35.7	3.5	1.8	1 242.60	68.6	24.1	4.8	2.5
1984	1 861.68	60.4	34.6	3.2	1.8	1 362.59	70.8	22.4	4.4	2.4
1985	2 092.25	60.0	34.1	3.5	2.4	1 535.61	71.0	21.0	4.7	3.3
1986	2 217.21	58.6	35.5	3.4	2.5	1 548.56	69.7	21.7	4.9	3.6
1987	2 179.81	56.8	37.7	2.7	2.8	1 568.89	68.7	23.7	3.7	3.9
1988	2 429.18	58.6	36.2	2.5	2.7	1 790.97	69.6	23.3	3.4	3.7
1989	2 643.55	60.0	34.8	2.5	2.7	1 871.80	70.1	22.5	3.6	3.8
1990	2 794.73	59.0	35.7	2.4	2.9	2 070.99	69.0	23.7	3.3	4.0
1991	2 928.43	56.6	38.2	2.5	2.7	2 191.94	68.1	24.9	3.4	3.6
1992	3 180.69	54.4	40.0	2.8	2.8	2 463.44	64.0	28.8	3.6	3.6
1993	3 631.19	51.7	41.9	3.3	3.1	2 603.41	64.4	26.7	4.6	4.3
1994	3 958.41	52.2	41.7	3.0	3.1	2 748.73	65.6	25.7	4.4	4.3
1995	4 266.96	50.1	43.5	3.6	2.8	2 829.12	67.3	23.0	5.4	4.3

ئىزاھات: (1) ئېنېرگىيە ئىستېمال ئومۇمىي مىقدارى بىرلەمچى ئېنېرگىيە ئىشلەپچىقىرىش ئومۇمىي مىقدارىنى كۆرسىتىدۇ. ئىستېمال مىقدارى ئىجتىمائىي ئىستېمال ئومۇمىي مىقدارىنى كۆرسىتىدۇ. تۈرلۈك زىيان مىقدارىنى ئۆز ئىچىگە ئالىدۇ.

(2) 1985-يىلدىن بۇرۇن سۇ توكىنى ئۆلچەملىك كۆمۈرگە سۇندۇرۇش كويفىتسىنتى تۈمەن كىلوۋات سائەت /4.04 توننا بويىچە سۇندۇرۇلغان. 1995-يىلدىن باشلاپ شۇ يىلقى ئوت توكىنىڭ ئۆلچەملىك كۆمۈر سەرپىياتى بويىچە سۇندۇرۇلدى. (تۈمەن كىلوۋات سائەت/5.5 توننائۆپچۆرىسىدە).

(3) بىرلەمچى ئېنېرگىيە ئىستېمالىدىن ئىككىلەمچى ئېنېرگىيە ۋە غەيرى ئېنېرگىيە مەھسۇلاتلىرىنىڭ يىل بېشى ئىسكىلات قالدۇقى بىلەن يىل ئاخىرىدىكى ئىسكىلات قالدۇقىنىڭ پەرقى ۋە كىرگۈزۈلگەن-چىقىرىلغان ئېنېرگىيىنىڭ پەرقى چىقىرىۋېتىلسە ئېنېرگىيە ئىستېمال ئومۇمىي مىقدارى بولىدۇ.

注：①能源生产总量为一次能源生产总量，消费量为社会消费总量，包括各种损失量；

②1985年以前水电折标系数按4.04吨/万千瓦小时，1995年起按当年火电平均耗标准煤折算（在5.5吨/万千瓦小时左右）；

③能源消费总量为一次能源消费减二次能源和非能源产品年初年末库存差和调出调入差所得总量。

ساھەلەرگە ئايرىلغان ئېنېرگىيە ئىستېمال مىقدارى ۋە قۇرۇلمىسى

13—2 分行业能源消费量和构成

ساھەلەر 行 业		1994年 -يىل ئىستېمال مىقدارى (تۈمەن توننا ئۆلچەملىك كۆمۈر) 消费量(万吨标准煤)	قۇرۇلمىسى 构成(%)	1995年 -يىل ئىستېمال مىقدارى (تۈمەن توننا ئۆلچەملىك كۆمۈر) 消费量(万吨标准煤)	قۇرۇلمىسى 构成(%)
消费总量	**ئىستېمال ئومۇمىي مىقدارى**	**2 657.00**	**100.00**	**2 754.27**	**100.00**
农、林、牧、渔业	**دېھقانچىلىق، ئورمانچىلىق، چارۋىچىلىق، بېلىقچىلىق**	**137.25**	**5.2**	**143.35**	**5.2**
工业	**سانائەت**	**1 542.00**	**58.0**	**1 607.28**	**58.4**
轻工业	يېنىك سانائەت	213.98	8.0	201.72	7.4
重工业	ئېغىر سانائەت	1 328.02	50.0	1 405.56	51.0
1.采掘业	1.قازمىچىلىق	600.42	22.6	538.27	19.6
煤炭采选业	كۆمۈر	76.59	2.9	91.73	3.4
石油和天然气开采业	نېفىت ۋە تەبىئىي گاز	502.89	18.9	429.97	15.7
黑色金属矿采选业	قارا مېتال كان	1.11		1.37	…
有色金属矿采选业	رەڭلىك مېتال كان	8.22	0.3	2.33	0.1
非金属矿采选业	غەيرى مېتال كان	10.96	0.5	12.33	0.4
木材及竹材采运业	ياغاچ كېسىش، توشۇش	0.65		0.55	…
2.制造业	2.ياساش كەسپى	646.85	24.3	751.23	27.3
食品加工业	يېمەكلىك پىششىقلاش	56.11	2.1	62.74	2.3
食品制造业	يېمەكلىك ياساش	8.83	0.3	12.41	0.5
饮料制造业	ئىچىملىك ياساش	15.47	0.6	14.58	0.5
烟草加工业	تاماكا پىششىقلاش	1.45	0.1	0.67	…
纺织业	توقۇمىچىلىق	71.22	2.6	66.19	2.4
服装及其他纤维制品制造业	كىيىم ھەم تالالىق بۇيۇم	1.60	0.1	1.69	0.1
皮革、毛皮、羽绒及其制品业	خۇرۇم، تېرە، ماملىق ھەم بۇيۇملار	4.24	0.2	4.32	0.2
木材加工及竹、藤、棕、草制品业	ياغاچ پىششىقلاش ھەم بامبۇك، پىلەك، پالما، سامان بۇيۇم	2.11	0.1	3.02	0.1
家具制造业	ئائىلە جابدۇقلىرى	0.70		0.72	…
造纸及纸制品业	قەغەز ھەم قەغەز بۇيۇم	24.57	0.9	20.72	0.8
印刷业	مەتبەئەچىلىك	2.39	0.1	2.02	0.1
文教体育用品制造业	مەدەنىيەت، مائارىپ، تەنتەربىيە بويۇملىرى ياساش كەسپى	0.05		0.06	…
石油加工及炼焦业	نېفىت پىششىقلاش ھەم كوكس تاۋلاش	96.43	3.6	116.57	4.2
化学原料及化学制品制造业	خىمىيە خامئەشيا ھەم خىمىيە بۇيۇم	64.09	2.4	118.70	4.3
医药制造业	تېببىي دورا	6.15	0.2	9.13	0.3
化学纤维制造业	خىمىيە تالا	0.10		0.64	…

13—2 续表 1 داۋامى

行业 ساھەلەر		1994年 -يىل ئىستىمال مىقدارى (تۈمەن توننا ئۆلچەملىك كۆمۈر) 消费量(万吨标准煤)	1994年 -يىل قۇرۇلمىسى 构成(%)	1995年 -يىل ئىستىمال مىقدارى (تۈمەن توننا ئۆلچەملىك كۆمۈر) 消费量(万吨标准煤)	1995年 -يىل قۇرۇلمىسى 构成(%)
橡胶制品业	كاۋچۇك بۇيۇم	4.49	0.2	5.65	0.2
塑料制品业	سۇلياۋ بۇيۇم	2.39	0.1	2.02	0.1
非金属矿物制品业	غەيرى مېتال كان بۇيۇم	126.37	4.7	137.19	5.0
黑色金属冶炼及压延加工业	قارا مېتال تاۋلاش-پىرسلاش	111.64	4.2	111.82	4.1
有色金属冶炼及压延加工业	رەڭلىك مېتال تاۋلاش ھەم پىرسلاش	14.43	0.5	25.57	0.9
金属制品业	مېتال بۇيۇم	6.73	0.3	6.47	0.2
普通机械制造业	ئادەتتىكى ماشىنىسازلىق	5.01	0.2	6.53	0.2
专用设备制造业	مەخسۇس ئۈسكۈنە	7.45	0.3	9.84	0.4
交通运输设备制造业	قاتناش-تىرانسپورت ئۈسكۈنىسى	7.11	0.3	6.14	0.2
电气机械及器材制造业	ئېلېكتر ماشىنا ھەم ماتېرىيال	4.44	0.2	4.39	0.2
电子及通信设备制造业	ئېلېكترون ھەم ئالاقىلىشىش ئۈسكۈنىسى	0.21		0.28	…
仪器仪表及文化、办公用机械制造业	ئەسۋاپ ھەم مەدەنىيەت، ئىشخانا ماشىنىلىرى	0.06		0.02	…
其他制造拥	باشقا ياساش كەسپى	1.01		1.13	…
3.电力、煤气及水的生产和供应业	3.ئېلېكتر، گاز، سۇ ئىشلەپچىقىرىش، تەمىنلەش	294.73	11.1	317.75	11.5
电力、蒸汽、热水的生产和供应业	ئېلېكتر، پار، ئىسسىق سۇ ئىشلەپچىقىرىش، تەمىنلەش	292.61	11.0	315.33	11.4
煤气生产和供应业	گاز ئىشلەپچىقىرىش ۋە تەمىنلەش	0.31		0.36	…
自来水的生产和供应业	تۇرۇبا سۇيى ئىشلەپچىقىرىش، تەمىنلەش	1.81	0.1	2.06	0.1
建筑业	**بىناكارلىق**	**49.48**	**1.9**	**50.08**	**1.8**
土木工程建筑业	ياغاچ، تاش قۇرۇلۇشى	47.40	1.8	40.38	1.8
线路管道和设备安装	تۇرۇبا يانقۇزۇش، ئۈسكۈنە ئورنىتىش	2.06	0.1	1.66	…
装修装饰业	بېزەش	0.02		0.02	…
运输邮电业	**تىرانسپورت، پوچتا-تېلېگراف**	**135.30**	**5.1**	**141.68**	**5.1**
铁路运输业	تۆمۈر يول	36.65	1.4	38.36	1.4
公路运输业	تاشيول	71.53	2.7	72.08	2.6
航空运输业	ئاۋىئاتسىيە	20.76	0.8	25.11	0.9
邮电通信业	پوچتا تېلېگراف ۋە ئالاقە	6.27	0.2	6.11	0.2
批发和零售贸易业、餐饮业	**توپ-پارچە سودا، يېمەك-ئىچمەك**	**39.13**	**1.5**	**42.20**	**1.5**
其他	**باشقا**	**177.39**	**6.7**	**177.18**	**6.4**
生活消费	**تۇرمۇش ئىستېمال**	**576.45**	**21.6**	**592.50**	**21.5**

注:煤炭折标系数为 0.785。

ئىزاھات: ئۆلچەملىك كۆمۈرگە سۇندۇرۇش كوئېففىتسېنتى 0.785.

ساھەلەرگە ئايرىلغان كۆمۈر ئىستېمال مىقدارى ۋە قۇرۇلمىسى

13—3 分行业煤炭消费量和构成

行业	ساھەلەر	1994 -يىل 1994 年 ئىستېمال مىقدارى (تۆمەن تونىا) 消费量(万吨)	1994 -يىل 1994 年 قۇرۇلمىسى 构成(%)	1995 -يىل 1995 年 ئىستېمال مىقدارى (تۆمەن تونىا) 消费量(万吨)	1995 -يىل 1995 年 قۇرۇلمىسى 构成(%)
消费总量	**ئىستېمال ئومۇمىي مىقدارى**	**2 309.59**	**100.0**	**2 436.51**	**100.0**
农、林、牧、渔业	**دېھقانچىلىق، ئورمانچىلىق، چارۋىچىلىق، بېلىقچىلىق**	**80.00**	**3.5**	**80.44**	**3.3**
工业	**سانائەت**	**1 236.41**	**53.5**	**1 395.49**	**57.3**
轻工业	يېنىك سانائەت	232.93	10.1	212.37	8.7
重工业	ئېغىر سانائەت	1 003.48	43.4	1 183.12	48.6
1. 采掘业	1. قازمىچىلىق	214.91	9.3	266.95	11.0
煤炭采选业	كۆمۈر	130.27	5.7	159.08	6.5
石油和天然气开采业	نېفىت ۋە تەبىئىي گاز	66.94	2.9	91.85	3.8
黑色金属矿采选业	قارا مېتال كان	1.05		1.02	
有色金属矿采选业	رەڭلىك مېتال كان	4.15	0.2	1.22	0.1
非金属矿采选业	غەيرى مېتال كان	12.06	0.5	13.46	0.6
木材及竹材采运业	ياغاچ كېسىش، توشۇش	0.44		0.32	
2. 制造业	2. ياساش كەسپى	560.52	24.2	616.08	25.3
食品加工业	يېمەكلىك پىششىقلاش	65.15	2.8	71.02	2.9
食品制造业	يېمەكلىك ياساش	8.07	0.3	10.36	0.4
饮料制造业	ئىچىملىك ياساش	17.99	0.8	16.79	0.7
烟草加工业	تاماكا پىششىقلاش	1.78	0.1	0.79	
纺织业	توقۇمىچىلىق	70.85	3.1	71.42	2.9
服装及其他纤维制品制造业	كىيىم ھەم باشقا تالالىق بۇيۇم	1.67	0.1	1.71	0.1
皮革、毛皮、羽绒及其制品业	خۇرۇم، تېرە، ماموق ھەم بۇيۇملار	4.05	0.2	4.28	0.2
木材加工及竹、藤、棕、草制品业	ياغاچ پىششىقلاش ھەم بامبۇك، پىلەك، پالما، سامان بۇيۇم	2.45	0.1	3.55	0.1
家具制造业	ئائىلە جابدۇقلىرى	0.75		0.69	
造纸及纸制品业	قەغەز ھەم قەغەز بۇيۇم	23.64	1.0	19.31	0.8
印刷业	مەتبەئەچىلىك	2.48	0.1	1.70	0.1
文教体育用品制造业	مەدەنىيەت، سەنئەت، تەنتەربىيە بۇيۇملىرى	0.04		0.06	
石油加工及炼焦业	نېفىت پىششىقلاش ھەم كوكس تاۋلاش	27.47	1.2	45.05	1.8
化学原料及化学制品制造业	نېفىت خامئەشيا ھەم خىمىيە بۇيۇم	53.10	2.3	67.12	2.8
医药制造业	تېببىي دورا	7.30	0.3	10.97	0.5
化学纤维制造业	خىمىيە تالا	0.13		0.60	

13－3续表 1 داۋامى

行业	ساھەلەر	1994年 -يىل 消费量（万吨） ئىستېمال مىقدارى (تۈمەن توننا)	1994年 -يىل 构成（%） قۇرۇلمىسى	1995年 -يىل 消费量（万吨） ئىستېمال مىقدارى (تۈمەن توننا)	1995年 -يىل 构成（%） قۇرۇلمىسى
橡胶制品业	كاۋچۇك بۇيۇم	5.02	0.2	6.54	0.3
塑料制品业	سۇلياۋ بۇيۇم	2.09	0.1	1.49	0.1
非金属矿物制品业	غەيرى مېتال كان بۇيۇم	140.86	6.1	153.71	6.3
黑色金属冶炼及压延加工业	قارا مېتال تاۋلاش-پىرسلاش	90.32	3.9	81.70	3.4
有色金属冶炼及压延加工业	رەڭلىك مېتال تاۋلاش-پىرسلاش	9.16	0.4	14.65	0.6
金属制品业	مېتال بۇيۇم	5.96	0.3	5.68	0.2
普通机械制造业	ئادەتتىكى ماشىنىسازلىق	4.30	0.2	5.83	0.2
专用设备制造业	مەخسۇس ئۈسكۈنە	5.54	0.2	9.11	0.4
交通运输设备制造业	قاتناش-ترانسپورت ئۈسكۈنىسى	5.16	0.2	5.51	0.2
电气机械及器材制造业	ئېلېكتر ماشىنا ھەم ماتېرىيال	3.82	0.2	4.83	0.2
电子及通信设备制造业	ئېلېكترون ۋە ئالاقىلىشىش ئۈسكۈنىسى	0.20		0.33	
仪器仪表及文化、办公用机械制造业	ئەسۋاپ ھەم مەدەنىيەت، ئىشخانا ماشىنىلىرى	0.02		0.01	
其他制造业	باشقا ياساش كەسپى	1.15		1.27	0.1
3. 电力、煤气及水的生产和供应业	(3) ئېلېكتر، گاز، سۇ ئىشلەپچىقىرىش، تەمىنلەش	460.98	20.0	512.46	21.0
电力、蒸汽、热水的生产和供应业	ئېلېكتر، پار، ئىسسىق سۇ ئىشلەپچىقىرىش، تەمىنلەش	458.67	19.9	510.73	20.9
煤气生产和供应业	گاز ئىشلەپچىقىرىش ۋە تەمىنلەش	0.27		0.33	
自来水的生产和供应业	تۇرۇبا سۈيى ئىشلەپچىقىرىش، تەمىنلەش	2.04	0.1	1.40	0.1
建筑业	**3. بىناكارلىق**	**25.79**	**1.1**	**26.02**	**1.1**
土木工程建筑业	ياغاچ-تاش قۇرۇلۇشى	24.21	1.0	24.77	1.0
线路管道和设备安装	تۇرۇبا ياتقۇزۇش، ئۈسكۈنە ئورنىتىش	1.57	0.1	1.24	0.1
装修装饰业	بېزەش	0.01		0.01	
运输邮电业	**4. ترانسپورت، پوچتا-تېلېگراف**	**32.72**	**1.4**	**32.56**	**1.3**
铁路运输业	تۆمۈر يول	16.70	0.8	12.87	0.5
公路运输业	تاشيول	7.98	0.3	11.48	0.5
航空运输业	ئاۋىئاتسىيە	2.49	0.1	2.83	0.1
邮电通信业	پوچتا تېلېگراف ۋە ئالاقە	5.55	0.2	5.38	0.2
批发和零售贸易业、餐饮业	**5. توپ-پارچە سودا، يېمەك-ئىچمەك**	**30.00**	**1.3**	**33.00**	**1.4**
其他	**6. باشقىلار**	**224.67**	**9.7**	**176.00**	**7.2**
生活消费	**تۇرمۇش ئىستېمالى**	**680.00**	**29.5**	**693.00**	**28.4**

ساھەلەرگە ئايرىلغان كوكس ئىستېمال مىقدارى ۋە قۇرۇلمىسى

13—4 分行业焦炭消费量和构成

行业	ساھەلەر	1994 年 -يىل ئىستېمال مىقدارى (تۈمەن توننا) 消费量(万吨)	1994 年 -يىل قۇرۇلمىسى 构成(%)	1995 年 -يىل ئىستېمال مىقدارى (تۈمەن توننا) 消费量(万吨)	1995 年 -يىل قۇرۇلمىسى 构成(%)
消费总量	**ئىستېمال مىقدارى**	**68.17**	**100.00**	**73.34**	**100.0**
农、林、牧、渔业	**دېھقانچىلىق، ئورمانچىلىق، چارۋىچىلىق، بېلىقچىلىق**	**1.00**	**1.5**	**1.06**	**1.4**
工业	**سانائەت**	**65.21**	**95.6**	**69.72**	**95.2**
轻工业	يېنىك سانائەت	2.55	3.7	3.29	4.6
重工业	ئېغىر سانائەت	62.66	91.9	66.43	90.6
1. 采掘业	1. قازمىچىلىق	3.76	5.5	0.52	0.8
煤炭采选业	كۆمۈر	1.58	2.3	0.18	0.2
石油和天然气开采业	نېفىت ۋە تەبىئىي گاز			0.02	0.1
黑色金属矿采选业	قارا مېتال كان			0.30	0.4
有色金属矿采选业	رەڭلىك مېتال كان	2.17	3.2		
非金属矿采选业	غەيرى مېتال كان	0.01		0.02	0.1
2. 制造业	2. ياساش كەسپى	61.44	90.1	69.19	94.4
食品加工业	يېمەكلىك پىششىقلاش	1.51	2.2	1.94	2.6
食品制造业	يېمەكلىك ياساش	0.04	0.1	0.02	0.1
纺织业	توقۇمىچىلىق	0.22	0.3	0.03	0.1
石油加工及炼焦业	نېفىت پىششىقلاش ھەم كوكس تاۋلاش	0.02			
化学原料及化学制品制造业	خىمىيە خامئەشيا ھەم خىمىيە بۇيۇم	2.77	4.1	2.74	3.7
塑料制品业	سۇلياۋ بۇيۇم	0.02			
非金属矿物制品业	غەيرى مېتال كان بۇيۇم	1.80	2.6	3.99	5.4
黑色金属冶炼及压延加工业	قارا مېتال تاۋلاش-پىرىسلاش	51.50	75.6	54.83	74.8
有色金属冶炼及压延加工业	رەڭلىك مېتال تاۋلاش-پىرىسلاش	0.08	0.1	2.54	3.5
金属制品业	مېتال بۇيۇم	1.11	1.6	1.41	1.9
普通机械制造业	ئادەتتىكى ماشىنىسازلىق	0.70	1.0	0.62	0.8
专用设备制造业	مەخسۇس ئۈسكۈنە	1.13	1.7	0.83	1.1
交通运输设备制造业	قاتناش، تىرانسپورت ئۈسكۈنىسى	0.32	0.5	0.19	0.3
电气机械及器材制造业	ئېلېكتر ماشىنا ھەم ماتېرىيال	0.22	0.3	0.05	0.1
3. 电力、煤气及水的生产和供应业	3. ئېلېكتر، گاز، سۇ ئىشلەپچىقىرش، تەمىنلەش	0.01		0.01	
电力、蒸汽、热水的生产和供应业	ئېلېكتر، پار، ئىسسىق سۇ ئىشلەپچىقىرش، تەمىنلەش	0.01		0.01	
建筑业	**بىناكارلىق**	**0.39**	**0.6**	**0.78**	**1.1**
土木工程建筑业	ياغاچ-تاش قۇرۇلۇشى	0.39	0.6	0.78	1.1
运输邮电业	**تىرانسپورت، پوچتا-تېلېگراف**	**0.07**	**0.1**	**0.08**	**0.1**
铁路运输业	تۆمۈر يول	0.01			
公路运输业	تاشيول	0.06	0.1	0.08	0.1
批发和零售贸易业、餐饮业	**توپ-پارچە سودا، يېمەك-ئىچمەك**	**0.02**		**0.40**	**0.5**
其他	**باشقا**	**0.58**	**0.9**	**0.40**	**0.5**
生活消费	**تۇرمۇش ئىستېمالى**	**0.90**	**1.3**	**0.90**	**1.2**

ساھەلەرگە ئايرىلغان نېفىت ئىستېمال مىقدارى ۋە قۇرۇلمىسى

13—5 分行业原油消费量和构成

行业	ساھەلەر	1994年 يىل. ئىستېمال مىقدارى (تۈمەن توننا) 消费量(万吨)	1994年 يىل. قۇرۇلمىسى 构成(%)	1995年 يىل. ئىستېمال مىقدارى (تۈمەن توننا) 消费量(万吨)	1995年 يىل. قۇرۇلمىسى 构成(%)
消费总量	**ئىستېمال ئومۇمىي مىقدارى**	**693.73**	**100.0**	**727.61**	**100.0**
农、林、牧、渔业	**دېھقانچىلىق، ئورمانچىلىق، چارۋىچىلىق، بېلىقچىلىق**			**0.20**	
工业	**سانائەت**	**693.73**	**100.0**	**727.41**	**100.0**
轻工业	يېنىك سانائەت	0.12		0.20	
重工业	ئېغىر سانائەت	693.61	100.0	727.21	100.0
1.采掘业	1. قازمىچىلىق	467.14	67.3	486.65	66.9
石油和天然气开采业	نېفىت ۋە تەبىئىي گاز	467.14	67.3	486.65	66.9
2.制造业	2. ياساش كەسپى	225.99	32.6	240.74	33.1
纺织业	توقۇمىچىلىق	0.01			
造纸及纸制品业	قەغەز ھەم قەغەز بويۇم	0.10		0.20	
石油加工及炼焦业	نېفىت پىششىقلاش، كوكس تاۋلاش	225.05	32.5	237.49	32.7
化学原料及化学制品制造业	خىمىيە خامئەشيا ھەم خىمىيە بويۇم			2.81	0.4
非金属矿物制品业	غەيرى مېتال كان بۇيۇمى	0.53	0.1	0.24	
电气机械及器材制造业	ئېلېكتر ماشىنا ھەم ئېلېكتر ماتېرىيالى	0.30			
3.电力、煤气及水的生产和供应业	3. ئېلېكتر، گاز، سۇ ئىشلەپچىقىرىش، تەمىنلەش	0.60	0.1	0.02	
电力、蒸汽、热水的生产和供应业	ئېلېكتر، پار، ئىسسىق سۇ ئىشلەپچىقىرىش، تەمىنلەش	0.60	0.1	0.02	

ساھەلەرگە ئايرىلغان يېقىلغۇ (ئېغىر ماي) ئىستېمال مىقدارى ۋە قۇرۇلمىسى

13—6 分行业燃料油(重油)消费量和构成

行业	ساھەلەر	1994年 يىل. ئىستېمال مىقدارى (تۈمەن توننا) 消费量(万吨)	1994年 يىل. قۇرۇلمىسى 构成(%)	1995年 يىل. ئىستېمال مىقدارى (تۈمەن توننا) 消费量(万吨)	1995年 يىل. قۇرۇلمىسى 构成(%)
消费总量	**ئىستېمال ئومۇمىي مىقدارى**	**122.94**	**100.0**	**117.03**	**100.0**
工业	**سانائەت**	**122.92**	**100.0**	**117.03**	**100.0**
轻工业	يېنىك سانائەت	1.05	0.9	0.80	0.7
重工业	ئېغىر سانائەت	121.88	99.1	116.23	99.3
1.采掘业	1. قازمىچىلىق	65.35	53.2	53.51	45.7
煤炭采选业	كۆمۈر قېزىش			0.01	
石油和天然气开采业	نېفىت، تەبىئىي گاز	65.35	53.2	53.50	45.7
2.制造业	2. ياساش كەسپى	57.57	46.8	63.52	54.3
石油加工及炼焦业	نېفىت پىششىقلاش، كوكس تاۋلاش	44.19	35.9	44.18	37.8
化学原料及化学制品制造业	خىمىيە خامئەشياسى ھەم خام ئەشيا بويۇم	6.88	5.6	12.16	10.4
非金属矿物制品业	غەيرى مېتال كان بۇيۇمى	0.98	0.8	0.81	0.7
黑色金属冶炼及压延加工业	قارا مېتال تاۋلاش، پىرسلاش	4.50	3.7	4.35	3.7
有色金属冶炼及压延加工业	رەڭلىك مېتال تاۋلاش، پىرسلاش	0.91	0.7	2.00	1.7
金属制品业	مېتال بويۇم			0.01	
交通运输设备制造业	قاتناش، تىرانسپورت ئۈسكۈنىسى	0.02			
电气机械及器材制造业	ئېلېكتر ماشىنا ھەم ماتېرىيال	0.09	0.1	0.01	
建筑业	**بىناكارلىق**	**0.02**			
线路管道和设备安装	تۇرۇبا ياتقۇزۇش، ئۈسكۈنە ئورنىتىش	0.02			

ساھەلەرگە ئايرىلغان بېنزىن ئىستېمال مىقدارى ۋە قۇرۇلمىسى

13—7 分行业汽油消费量和构成

行业	ساھەلەر	1994 يىل- 年 ئىستېمال مىقدارى (تۈمەن توننا) 消费量（万吨）	1994 يىل- 年 قۇرۇلمىسى 构成(%)	1995 يىل- 年 ئىستېمال مىقدارى (تۈمەن توننا) 消费量（万吨）	1995 يىل- 年 قۇرۇلمىسى 构成(%)
消费总量	**ئىستېمال ئومۇمىي مىقدارى**	**105.22**	**100.0**	**101.96**	**100.0**
农、林、牧、渔业	**دېھقانچىلىق، ئورمانچىلىق، چارۋىچىلىق، دېھقانچىلىق**	**7.00**	**6.7**	**7.24**	**7.1**
工业	**سانائەت**	**25.43**	**24.2**	**21.96**	**21.5**
轻工业	يېنىك سانائەت	3.98	3.8	4.77	4.6
重工业	ئېغىر سانائەت	21.45	20.4	17.19	16.9
1. 采掘业	1. قازمىچىلىق	9.37	8.9	8.74	8.6
煤炭采选业	كۆمۈر	2.83	2.7	1.27	1.3
石油和天然气开采业	نېفىت ۋە تەبىئىي گاز	5.72	5.4	6.63	6.5
黑色金属矿采选业	قارا مېتال كان	0.03		0.04	
有色金属矿采选业	رەڭلىك مېتال كان	0.33	0.3	0.23	0.2
非金属矿采选业	غەيرى مېتال كان	0.29	0.3	0.42	0.4
木材及竹材采运业	ياغاچ كېسىش، توشۇش	0.17	0.2	0.15	0.2
2. 制造业	2. ياساش كەسپىي	14.32	13.6	11.47	11.2
食品加工业	يېمەكلىك پىششىقلاش	1.04	1.0	1.02	1.0
食品制造业	يېمەكلىك ياساش	0.53	0.5	0.20	0.2
饮料制造业	ئىچىملىك ياساش كەسپىي	0.44	0.4	0.37	0.4
纺织业	توقۇمىچىلىق	2.09	2.0	1.55	1.5
服装及其他纤维制品制造业	كىيىم ھەم باشقا تالالىق بۇيۇم	0.04		0.03	
皮革、毛皮、羽绒及其制品业	خۇرۇم، تېرە، مامۇق ھەم بويۇملار	0.57	0.5	0.07	0.1
木材加工及竹、藤、棕、草制品业	ياغاچ پىششىقلاش ھەم بامبۇك، پىلەك، پالما، سامان بۇيۇم	0.05		0.03	
家具制造业	ئائىلە جابدۇقلىرى	0.03		0.04	
造纸及纸制品业	قەغەز ھەم قەغەز بويۇم	0.72	0.7	0.71	0.7
印刷业	مەتبەئەچىلىك	0.07	0.1	0.06	0.1
文教体育用品制造业	مەدەنىيەت، مائارىپ، تەنتەربىيە بويۇملىرى	0.01			
石油加工及炼焦业	نېفىت پىششىقلاش ھەم كوكۇس تاۋلاش	0.14	0.1	0.36	0.4
化学原料及化学制品制造业	خىمىيە خامئەشيا ھەم خىمىيە بۇيۇم	1.99	1.9	1.78	1.7
医药制造业	تىببى دورا	0.06	0.1	0.05	
化学纤维制造业	خىمىيە تالا			0.01	

13—7 续表 1 داۋامى

行 业 ساھەلەر		1994 年 -يىل		1995 年 -يىل	
		ئىستېمال مىقدارى (تۈمەن توننا) 消费量(万吨)	قۇرۇلمىسى 构成(%)	ئىستېمال مىقدارى (تۈمەن توننا) 消费量(万吨)	قۇرۇلمىسى 构成(%)
橡胶制品业	كاۋچۇك بۇيۇم	0.07	0.1	0.07	0.1
塑料制品业	سۇلياۋ بۇيۇم	0.10	0.1	0.09	0.1
非金属矿物制品业	غەيرى مېتال كان بۇيۇم	2.18	2.1	1.85	1.8
黑色金属冶炼及压延加工业	قارا مېتال تاۋلاش-پىرىسلاش	0.97	0.9	1.00	1.0
有色金属冶炼及压延加工业	رەڭلىك مېتال تاۋلاش-پىرىسلاش	0.13	0.1	0.22	0.2
金属制品业	مېتال بۇيۇم	0.20	0.2	0.16	0.2
普通机械制造业	ئادەتتىكى ماشىنىسازلىق	0.37	0.4	0.20	0.2
专用设备制造业	مەخسۇس ئۈسكۈنە	1.00	1.0	0.76	0.7
交通运输设备制造业	قاتناش، تىرانسپورت ئۈسكۈنىسى	1.27	1.2	0.69	0.7
电气机械及器材制造业	ئېلېكتر ماشىنا ھەم ماتېرىيال	0.22	0.2	0.11	0.1
电子及通信设备制造业	ئېلېكترون، ئالاقىلىشىش ئۈسكۈنىسى	0.01		0.01	
其他制造业	باشقا ياساش كەسپى	0.02		0.03	
3. 电力、煤气及水的生产和供应业	3. ئېلېكتر، گاز، سۇ ئىشلەپچىقىرىش، تەمىنلەش	1.74	1.7	1.75	1.7
电力、蒸汽、热水的生产和供应业	ئېلېكتر، پار، ئىسسىق سۇ ئىشلەپچىقىرىش، تەمىنلەش	1.66	1.7	1.70	1.7
煤气生产和供应业	گاز ئىشلەپچىقىرىش ۋە تەمىنلەش	0.03		0.02	
自来水的生产和供应业	تۇربا سۈيى ئىشلەپچىقىرىش، تەمىنلەش	0.05		0.03	
建筑业	**بىناكارلىق**	**13.90**	**13.2**	**13.50**	**13.2**
土木工程建筑业	ياغاچ، تاش قۇرۇلۇشى	13.62	12.9	13.31	13.0
线路管道和设备安装	تۇربا ياتقۇزۇش، ئۈسكۈنە ئورنىتىش	0.27	0.3	0.18	0.2
装修装饰业	بېزەش	0.01		0.01	
运输邮电业	**تىرانسپورت، پوچتا-تېلېگراف**	**30.89**	**29.4**	**30.66**	**30.1**
铁路运输业	تۆمۈر يول	0.35	0.3	0.28	0.3
公路运输业	تاشيول	29.79	28.4	29.74	29.2
航空运输业	ئاۋىئاتسىيە	0.04		0.11	0.1
邮电运输业	پوچتا-تېلېگراف ۋە تىرانسپورت	0.71	0.7	0.53	0.5
批发和零售贸易业、餐饮业	**توپ-پارچە سودا، يېمەك-ئىچمەك**	**5.00**	**4.8**	**5.00**	**4.9**
其他	**باشقا**	**18.00**	**17.0**	**18.00**	**17.7**
生活消费	**تۇرمۇش ئىستېمالى**	**5.00**	**4.7**	**5.60**	**5.5**

ساھەلەرگە ئايرىلغان دىزېل ئىستېمال مىقدارى ۋە قۇرۇلمىسى
13—8 分行业柴油消费量和构成

ساھەلەر 行业		يىل-1994 年		يىل-1995 年	
		ئىستېمال مىقدارى (تۆمەن توننا) 消费量(万吨)	قۇرۇلمىسى 构成(%)	ئىستېمال مىقدارى (تۆمەن توننا) 消费量(万吨)	قۇرۇلمىسى 构成(%)
消费总量	**ئىستېمال ئومۇمىي مىقدارى**	**116.28**	**100.00**	**121.20**	**100.0**
农、林、牧、渔业	**دېھقانچىلىق، ئورمانچىلىق، چارۋىچىلىق، بېلىقچىلىق**	**34.26**	**29.4**	**37.01**	**30.5**
工业	**سانائەت**	**42.54**	**36.6**	**43.42**	**35.8**
轻工业	يېنىك سانائەت	0.86	0.7	1.75	1.4
重工业	ئېغىر سانائەت	41.68	35.9	41.67	34.4
1. 采掘业	1. قازمىچىلىق	34.30	29.5	25.27	20.8
煤炭采选业	كۆمۈر	2.99	2.6	3.11	2.6
石油和天然气开采业	نېفىت ۋە تەبىئىي گاز	29.96	25.7	20.99	17.2
黑色金属矿采选业	قارا مېتال كان	0.09	0.1	0.08	0.1
有色金属矿采选业	رەڭلىك مېتال كان	0.66	0.6	0.49	0.4
非金属矿采选业	غەيرى مېتال كان	0.57	0.5	0.56	0.5
木材及竹材采运业	ياغاچ كېسىش، توشۇش	0.03		0.04	
2. 制造业	2. ياساش كەسپى	5.89	5.1	16.02	13.2
食品加工业	يېمەكلىك پىششىقلاش	0.26	0.2	0.33	0.4
食品制造业	يېمەكلىك ياساش	0.02		0.21	0.2
饮料制造业	ئىچىملىك ياساش	0.06	0.10	0.10	0.1
纺织业	توقۇمىچىلىق	1.16	1.0	0.66	0.5
服装及其他纤维制品制造业	كىيىم ھەم باشقا تالالىق بۇيۇم	0.01		0.01	
皮革、毛皮、羽绒及其制品业	خۇرۇم، تېرە، ماموق ھەم بۇيۇملار	0.01			
木材加工及竹、藤、棕、草制品业	ياغاچ پىششىقلاش ھەم بامبۇك، پىلەك، پالما، سامان بۇيۇم	0.01		0.01	
家具制造业	ئائىلە جابدۇقلىرى			0.01	
造纸及纸制品业	قەغەز ھەم قەغەز بۇيۇم	0.02		0.03	
石油加工及炼焦业	نېفىت پىششىقلاش ھەم كوكس تاۋلاش	0.57	0.5	0.60	0.5
化学原料及化学制品制造业	خىمىيە خامئەشيا ھەم خىمىيە بۇيۇم	0.37	0.3	10.75	8.9
医药制造业	تېببىي دورا	0.01		0.03	

13—8 续表 1 داۋامى

ساھەلەر 行　　业		يىل-1994 年 ئىستېمال مىقدارى (تۈمەن توننا) 消费量（万吨）	قۇرۇلمىسى 构成（%）	يىل-1995 年 ئىستېمال مىقدارى (تۈمەن توننا) 消费量（万吨）	قۇرۇلمىسى 构成（%）
橡胶制品业	كاۋچۇك بويۇم	0.01		0.01	
塑料制品业	سۇلياۋ بويۇم	0.01		0.01	
非金属矿物制品业	غەيرى مېتال كان بويۇم	2.02	1.8	1.50	1.2
黑色金属冶炼及压延加工业	قارا مېتال تاۋلاش، پىرىسلاش	1.04	1.0	1.08	0.9
有色金属冶炼及压延加工业	رەڭلىك مېتال تاۋلاش، پىرىسلاش	0.10	0.1	0.46	0.4
金属制品业	مېتال بويۇم	0.03		0.02	
普通机械制造业	ئادەتتىكى ماشىنىسازلىق	0.02		0.03	
专用设备制造业	مەخسۇس ئۈسكۈنە	0.09	0.01	0.12	0.1
交通运输设备制造业	قاتناش، تىرانسپورت ئۈسكۈنىسى	0.04		0.02	
电气机械及器材制造业	ئېلېكتر ماشىنا ھەم ماتېرىيال	0.02		0.02	
电子及通信设备制造业	ئېلېكترون، ئالاقىلىشىش ئۈسكۈنىسى	0.01			
其他制造业	باشقا ياساش كەسپى			0.01	
3. 电力、煤气及水的生产和供应业	3. ئېلېكتر، گاز، سۇ ئىشلەپچىقىرىش، تەمىنلەش	2.35	2.0	2.13	1.8
电力、蒸汽、热水的生产和供应业	ئېلېكتر، پار، ئىسسىق سۇ ئىشلەپچىقىرىش، تەمىنلەش	2.30	2.0	2.06	1.8
煤气生产和供应业	گاز ئىشلەپچىقىرىش ۋە تەمىنلەش	0.03		0.04	
自来水的生产和供应业	تۇربا سۈيى ئىشلەپچىقىرىش، تەمىنلەش	0.02		0.03	
建筑业	**بىناكارلىق**	**3.33**	**2.9**	**3.13**	**2.6**
土木工程建筑业	ياغاچ، تاش قۇرۇلۇشى	3.16	2.8	3.04	2.5
线路管道和设备安装	تۇربا ياتقۇزۇش، ئۈسكۈنە ئورنىتىش	0.17	0.1	0.09	0.1
运输邮电业	**تىرانسپورت، پوچتا-تېلېگراف**	**29.16**	**25.1**	**30.64**	**25.3**
铁路运输业	تۆمۈر يول	15.58	13.3	18.27	15.1
公路运输业	تاشيول	13.44	11.6	12.26	10.2
航空运输业	ئاۋىئاتسىيە	0.06	0.1	0.06	
邮电通信业	پوچتا-تېلېگراف ۋە ئالاقە	0.08	0.1	0.05	
批发和零售贸易业、餐饮业	**توپ-پارچە سودا، يېمەك-ئىچمەك**	**3.00**	**2.6**	**3.00**	**2.5**
其他	**باشقا**	**3.99**	**3.4**	**4.00**	**3.3**

ساھەلەرگە ئايرىلغان ئېلېكتركۈچى ئىستېمال مىقدارى ۋە قۇرۇلمىسى

13—9 分行业电力消费量和构成

行业	ساھەلەر	1994 年 -يىل		1995 年 -يىل	
		ئىستېمال مىقدارى (يۈز مىليون كىلوۋات سائەت) 消费量(亿千瓦时)	قۇرۇلمىسى 构成(%)	ئىستېمال مىقدارى (يۈز مىليون كىلوۋات سائەت) 消费量(亿千瓦时)	قۇرۇلمىسى 构成(%)
消费总量	**ئىستېمال ئومۇمىي مىقدارى**	**106.14**	**100.0**	**120.46**	**100.0**
农、林、牧、渔业	**دېھقانچىلىق، ئورمانچىلىق، چارۋىچىلىق، بېلىقچىلىق**	**10.55**	**9.9**	**11.50**	**9.5**
工业	**سانائەت**	**70.98**	**66.9**	**82.83**	**68.8**
轻工业	يېنىك سانائەت	11.63	11.0	16.57	13.8
重工业	ئېغىر سانائەت	59.35	55.9	66.26	55.0
1.采掘业	1. قازمىچىلىق	18.04	17.0	19.05	15.8
煤炭采选业	كۆمۈر	2.38	2.2	2.42	2.0
石油和天然气开采业	نېفىت ۋە تەبىئىي گاز	14.10	13.3	15.87	13.2
黑色金属矿采选业	قارا مېتال كان	0.10	0.1	0.06	
有色金属矿采选业	رەڭلىك مېتال كان	1.17	1.1	0.33	0.3
非金属矿采选业	غەيرى مېتال كان	0.28	0.3	0.35	0.3
木材及竹材采选业	ياغاچ كېسىش، توشۇش	0.01		0.02	
2.制造业	2. ياساش كەسپىي	36.74	34.64	46.64	38.8
食品加工业	يېمەكلىك پىششىقلاش	1.95	1.8	3.52	3.0
食品制造业	يېمەكلىك ياساش	0.49	0.5	0.64	0.5
饮料制造业	ئىچىملىك ياساش	0.54	0.5	0.57	0.5
烟草加工业	تاماكا پىششىقلاش	0.04		0.04	
纺织业	توقۇمىچىلىق	5.54	5.2	7.26	6.1
服装及其他纤维制品制造业	كىيىم ھەم باشقا تالالىق بۇيۇم	0.11	0.1	0.07	0.1
皮革、毛皮、羽绒及其制品业	خۇرۇم، تېرە، مامۇق ھەم بۇيۇملار	0.16	02	0.69	0.6
木材加工及竹、藤、棕、草制品业	ياغاچ پىششىقلاش ھەم بامبۇك، پىلەك، پالما، سامان بۇيۇم	0.09	0.1	0.15	0.1
家具制造业	ئائىلە جابدۇقلىرى	0.05		0.07	0.1
造纸及纸制品业	قەغەز ھەم قەغەز بۇيۇم	2.53	2.4	1.23	1.0
印刷业	مەتبەئەچىلىك	0.18	0.2	0.40	0.3
文教体育用品制造业	مەدەنىيەت، مائارىپ، تەنتەربىيە بۇيۇملىرى	0.01		0.01	
石油加工及炼焦业	نېفىت پىششىقلاش ھەم كوكس تاۋلاش	2.16	2.0	3.56	3.0
化学原料及化学制品制造业	خىمىيە خامئەشيا ھەم خىمىيە بۇيۇم	4.04	3.8	5.24	4.3
医药制造业	تېببى دورا	0.26	0.2	0.33	0.3
化学纤维制造业	خىمىيە تالا			0.13	0.1

13—9 续表 1 داۋامى 1

ساھەلەر 行业		1994 年 -يىل ئىستېمال مىقدارى (يۈز مىليون كىلوۋات سائەت) 消费量(亿千瓦时)	قۇرۇلمىسى 构成(%)	1995 年 -يىل ئىستېمال مىقدارى (يۈز مىليون كىلوۋات سائەت) 消费量(亿千瓦时)	قۇرۇلمىسى 构成(%)
橡胶制品业	كاۋچۇك بۇيۇم	0.33	0.3	0.33	0.3
塑料制品业	سۇلياۋ بۇيۇم	0.41	0.4	0.54	0.4
非金属矿物制品业	غەيرى مېتال كان بۇيۇم	5.33	5.0	6.65	5.5
黑色金属冶炼及压延加工业	قارا مېتال تاۋلاش، پەرسلاش	5.73	5.5	6.64	5.5
有色金属冶炼及压延加工业	رەڭلىك مېتال تاۋلاش، پەرسلاش	4.85	4.7	6.34	5.3
金属制品业	مېتال بۇيۇم	0.35	0.3	0.35	0.3
普通机械制造业	ئادەتتىكى ماشىنىسازلىق	0.27	0.3	0.76	0.6
专用设备制造业	مەخسۇس ئۈسكۈنە	0.42	0.4	0.44	0.4
交通运输设备制造业	قاتناش-تىرانسپورت ئۈسكۈنىسى	0.58	0.5	0.36	0.3
电气机械及器材制造业	ئېلېكتر ماشىنا ھەم ماتېرىيال	0.26	0.2	0.26	0.2
电子及通信设备制造业	ئېلېكترون، ئالاقىلىشىش ئۈسكۈنىسى	0.02		0.01	
仪器仪表及文化、办公用机械制造业	ئەسۋاپ ھەم مەدەنىيەت، ئىشخانا ماشىنىلىرى	0.01		0.01	
其他制造业	باشقا ياساش كەسپى	0.03		0.04	
3. 电力、煤气及水的生产和供应业	3. ئېلېكتر، گاز، سۇ ئىشلەپچىقىرىش، تەمىنلەش	16.20	15.3	17.14	14.2
电力、蒸汽、热水的生产和供应业	ئېلېكتر، پار، ئىسسىق سۇ ئىشلەپچىقىرىش، تەمىنلەش	15.75	14.8	16.41	13.6
煤气生产和供应业	گاز ئىشلەپچىقىرىش، تەمىنلەش	0.01		0.01	
自来水的生产和供应业	تۇرۇبا سۈيى ئىشلەپچىقىرىش، تەمىنلەش	0.44	0.5	0.72	0.6
建筑业	**بىناكارلىق**	**2.68**	**2.5**	**3.20**	**2.7**
土木工程建筑业	ياغاچ، تاش قۇرۇلۇشى	2.61	2.4	3.11	2.6
线路管道和设备安装	تۇربا ياتقۇزۇش، ئۈسكۈنە ئورنىتىش	0.07	0.1	0.09	0.1
运输邮电业	**تىرانسپورت، پوچتا-تېلېگراف**	**2.07**	**2.0**	**2.73**	**2.3**
铁路运输业	تۆمۈر يول	0.25	0.3	1.00	0.8
公路运输业	تاشيول	1.30	1.3	1.06	0.9
航空运输业	ئاۋىئاتسىيە	0.05		0.19	0.2
邮电通信业	پوچتا-تېلېگراف ۋە ئالاقە	0.47	0.4	0.48	0.4
批发和零售贸易业、餐饮业	**توپ-پارچە سودا، يېمەك-ئىچمەك**	**1.33**	**1.3**	**2.30**	**1.9**
其他	**باشقا**	**10.03**	**9.4**	**7.00**	**5.8**
生活消费	**تۇرمۇش ئىستېمالى**	**8.50**	**8.0**	**10.90**	**9.0**

ھەر تۈمەن يۈەن سانائەت ئومۇمىي مەھسۇلات قىممىتىنىڭ ئوتتۇرىچە ئېنېرگىيە ئىستېمال مىقدارى

13—10 平均每万元工业总产值能源消费量

(1991-يىللىق ئۆزگەرمەس باھادىكى سانائەت ئومۇمىي مەھسۇلات قىممىتى بويىچە)

(按 1990 年不变价格工业产值计算)　　单位:吨/万元 بىرلىكى: تۈمەن يۈەن/توننا

行业	ساھەلەر	ئېنېرگىيە ئىستېمال ئومۇمىي مىقدارى (توننا ئۆلچەملىك كۆمۈر) 能源消费总量(吨标准煤)		كۆمۈر 煤炭	
		1994-يىل 1994 年	1995-يىل 1995 年	1994-يىل 1994 年	1995-يىل 1995 年
工业	**سانائەت**	**4.44**	**4.15**	**3.56**	**3.60**
轻工业	يېنىك سانائەت	1.25	1.05	1.36	1.10
重工业	ئېغىر سانائەت	7.55	7.22	5.71	6.08
1. 采掘业	1. قازمىچىلىق	7.68	6.37	2.75	3.16
煤炭采选业	كۆمۈر	6.05	7.45	10.29	12.91
石油和天然气开采业	نېفىت ۋە تەبىئىي گاز	8.96	6.54	1.19	1.40
黑色金属矿采选业	قارا مېتال كان	1.32	2.00	1.25	1.52
有色金属矿采选业	رەڭلىك مېتال كان	2.33	1.64	1.18	0.86
非金属矿采选业	غەيرى مېتال كان	2.71	3.68	2.99	4.02
木材及竹材采运业	ياغاچ كېسىش، توشۇش	0.64	0.56	0.43	0.32
2. 制造业	2. ياساش كەسپى	2.50	2.58	2.16	2.11
食品加工业	يېمەكلىك پىششىقلاش	1.72	1.98	2.00	2.24
食品制造业	يېمەكلىك ياساش	1.31	1.74	1.20	1.45
饮料制造业	ئىچىملىك ياساش	2.02	1.79	2.35	2.07
烟草加工业	تاماكا پىششىقلاش	0.49	0.21	0.60	0.25
纺织业	توقۇمىچىلىق	0.78	0.60	0.78	0.64
服装及其他纤维制品制造业	كىيىم ھەم باشقا تالالىق بويۇم	0.83	0.96	0.87	0.97
皮革、毛皮、羽绒及其制品业	خۇرۇم، تېرە، مامۇق ھەم بويۇملار	1.40	1.28	1.34	1.27
木材加工及竹、藤、棕、草制品业	ياغاچ پىششىقلاش ھەم بامبۇك، پىلەك، پالما، سامان بۇيۇم	2.54	3.21	2.95	3.78
家具制造业	ئۆي جابدۇقلىرى	0.62	0.62	0.66	0.59
造纸及纸制品业	قەغەز ھەم قەغەز بويۇم	5.38	3.94	5.17	3.67
印刷业	مەتبەئەچىلىك	1.13	0.84	1.17	0.71
文教体育用品制造业	مەدەنىيەت، مائارىپ، تەنتەربىيە بويۇملىرى	0.31	0.46	0.25	0.46
石油加工及炼焦业	نېفىت پىششىقلاش ھەم كوكس تاۋلاش	5.45	5.62	1.55	2.17
化学原料及化学制品制造业	خىمىيە خام ئەشيا ھەم خىمىيە بويۇم	6.33	9.55	5.24	5.40
医药制造业	تىببىي دورا	1.89	2.44	2.25	2.93
化学纤维制造业	خىمىيە تالا	0.12	0.93	0.15	0.87
橡胶制品业	كاۋچۇك بويۇم	1.24	1.22	1.39	1.41
塑料制品业	سۇلياۋ بويۇم	0.39	0.26	0.34	0.19
非金属矿物制品业	غەيرى مېتال كان بويۇم	6.97	8.33	7.77	9.34
黑色金属冶炼及压延加工业	قارا مېتال تاۋلاش، پېرىسلاش	9.83	9.97	7.95	7.78
有色金属冶炼及压延加工业	رەڭلىك مېتال تاۋلاش ھەم پېرىسلاش	2.95	3.13	1.87	1.79
金属制品业	مېتال بويۇم	0.91	1.04	0.80	0.91
普通机械制造业	ئادەتتىكى ماشىنىسازلىق	1.27	1.42	1.09	1.27
专用设备制造业	مەخسۇس ئۈسكۈنە	1.11	1.31	0.82	1.21
交通运输设备制造业	قاتناش، ترانسپورت ئۈسكۈنىسى	1.39	1.23	1.01	1.10
电气机械及器材制造业	ئېلېكتر ماشىنا ھەم ماتېرىيال	1.33	0.93	1.15	1.03
电子及通信设备制造业	ئېلېكترون، ئالاقىلىشىش ئۈسكۈنىسى	0.31	0.67	0.29	0.79
仪器仪表及文化、办公用品机械制造业	ئەسۋاپ ھەم مەدەنىيەت، ئىشخانا ماشىنىلىرى	0.86	0.15	0.29	0.08
其他制造业	باشقا ياساش كەسپى	0.72	1.13	0.82	1.27
3. 电力、煤气及水的生产和供应业	3. ئېلېكتر، گاز، سۇ ئىشلەپچىقىرىش، تەمىنلەش	29.07	27.51	45.46	44.37
电力、蒸汽、热水的生产和供应业	ئېلېكتر، پار، ئىسسىق سۇ ئىشلەپچىقىرىش، تەمىنلەش	31.43	29.49	49.27	47.69
煤气生产和供应业	گاز ئىشلەپچىقىرىش ۋە تەمىنلەش	3.44	3.60	3.00	3.30
自来水的生产和供应业	تۇرۇبا سۇيى ئىشلەپچىقىرىش ھەم تەمىنلەش	2.45	2.78	2.76	1.89

13—10 续表 1 داۋامى

单位：吨/万元 بىرلىكى: تۈمەن يۈەن /توننا

行业 ساھەلەر		燃料油(重油)(吨/万元) يېقىلغۇ ماي (ئېغىر ماي) (تۈمەن يۈەن/توننا)		电力(千瓦小时/万元) ئېلېكتر كۈچى (تۈمەن يۈەن/كىلوۋات سائەت)	
		1994年 -يىل	1995年 -يىل	1994年 -يىل	1995年 -يىل
工业	**سانائەت**	**0.34**	**0.30**	**0.20**	**0.21**
轻工业	يېنىك سانائەت	0.01		0.07	0.09
重工业	ئېغىر سانائەت	0.66	0.60	0.34	0.34
1.采掘业	1.قازمىچىلىق	0.84	0.63	0.23	0.23
煤炭采选业	كۆمۈر			0.19	0.20
石油和天然气开采业	نېفىت ۋە تەبىئىي گاز	1.16	0.81	0.25	0.24
黑色金属矿采选业	قارا مېتال كان			0.12	0.09
有色金属矿采选业	رەڭلىك مېتال كان			0.33	0.23
非金属矿采选业	غەيرى مېتال كان			0.07	0.10
木材及竹材采运业	ياغاچ كېسىش، توشۇش			0.01	0.02
2.制造业	2.ياساش كەسپى	0.20	0.22	0.14	0.16
食品加工业	يېمەكلىك پىششىقلاش			0.06	0.11
食品制造业	يېمەكلىك ياساش			0.07	0.09
饮料制造业	ئىچىملىك ياساش			0.07	0.07
烟草加工业	تاماكا پىششىقلاش			0.01	0.01
纺织业	توقۇمىچىلىق			0.06	0.07
服装及其他纤维制品制造业	كىيىم ھەم باشقا تالالىق بۇيۇم			0.06	0.04
皮革、毛皮、羽绒及其制品业	خۇرۇم، تېرە، مامۇق ھەم بۇيۇملار			0.05	0.20
木材加工及竹、藤、棕、草制品业	ياغاچ پىششىقلاش ھەم بامبۇك، پىلەك، پالما، سامان بۇيۇم			0.11	0.16
家具制造业	ئائىلە جابدۇقلىرى			0.04	0.06
造纸及纸制品业	قەغەز ھەم قەغەز بۇيۇم			0.55	0.23
印刷业	مەتبەئەچىلىك			0.08	0.17
文教体育用品制造业	مەدەنىيەت، مائارىپ، تەنتەربىيە بۇيۇملىرى			0.06	0.08
石油加工及炼焦业	نېفىت پىششىقلاش ھەم كوكوس كۆيدۈرۈش	2.16	2.13	0.12	0.17
化学原料及化学制品制造业	خىمىيە خامئەشيا ھەم خىمىيە بۇيۇم	0.68	0.98	0.40	0.42
医药制造业	تېببىي دورا			0.08	0.09
化学纤维制造业	خىمىيە تالا				0.19
橡胶制品业	كاۋچۇك بۇيۇم			0.09	0.07
塑料制品业	سۇلياۋ بۇيۇم			0.07	0.07
非金属矿物制品业	غەيرى مېتال كان بۇيۇم	0.05	0.05	0.29	0.40
黑色金属冶炼及压延加工业	قارا مېتال تاۋلاش، پىرىسلاش	0.40	0.39	0.50	0.59
有色金属冶炼及压延加工业	رەڭلىك مېتال تاۋلاش، پىرىسلاش	0.19	0.24	0.99	0.78
金属制品业	مېتال بۇيۇم			0.05	0.06
普通机械制造业	ئادەتتىكى ماشىنىسازلىق			0.07	0.17
专用设备制造业	مەخسۇس ئۈسكۈنە			0.06	0.06
交通运输设备制造业	قاتناش، تىرانسپورت ئۈسكۈنىسى			0.11	0.07
电气机械及器材制造业	ئېلېكتر ماشىنا ھەم ماتېرىيال	0.03		0.08	0.06
电子及通信设备制造业	ئېلېكترون، ئالاقىلىشىش ئۈسكۈنىسى			0.03	0.02
仪器仪表及文化、办公用机械制造业	ئەسۋاپ ھەم مەدەنىيەت، ئىشخانا ماشىنىلىرى			0.14	0.08
其他制造业	باشقا ياساش كەسپى			0.02	0.04
3.电力、煤气及水的生产和供应业	3.ئېلېكتر، گاز، سۇ ئىشلەپچىقىرىش، تەمىنلەش			1.60	1.48
电力、蒸汽、热水的生产和供应业	ئېلېكتر، پار، ئىسسىق سۇ ئىشلەپچىقىرىش، تەمىنلەش			1.69	1.53
煤气生产和供应业	گاز ئىشلەپچىقىرىش، تەمىنلەش			0.11	0.10
自来水的生产和供应业	تۇرۇبا سۈيى ئىشلەپچىقىرىش، تەمىنلەش			0.59	0.97

13—10 续表 2 داۋامى 2

بىرلىكى: تۈمەن يۈەن/تونىنا 单位：吨/万元

ساھەلەر 行业	كوكس 焦炭		نېفىت 原油	
	-يىل 1994年	-يىل 1995年	-يىل 1994年	-يىل 1995年
工业 سانائەت	**0.19**	**0.18**	**2.00**	**1.88**
轻工业 يېنىك سانائەت	0.01	0.02		
重工业 ئېغىر سانائەت	0.36	0.34	3.94	3.74
1.采掘业 1.قازمىچىلىق	0.05	0.01	5.97	5.76
煤炭采选业 كۆمۈر قېزىش	0.12	0.01		
石油和天然气开采业 نېفىت ۋە تەبىئىي گاز			8.33	7.40
黑色金属矿采选业 قارا مېتال كان قېزىش		0.45		
有色金属矿采选业 رەڭلىك مېتال كان قېزىش	0.61			
非金属矿采选业 غەيرى مېتال كان قېزىش		0.01		
2.制造业 2.ياساش كەسپى	0.24	0.24	0.87	0.83
食品加工业 يېمەكلىك پىششىقلاش	0.05	0.06		
食品制造业 يېمەكلىك ياساش	0.01			
造纸及纸制品业 قەغەز ھەم قەغەز بويۇم			0.02	0.04
石油加工及炼焦业 نېفىت پىششىقلاش، كوكس تاۋلاش			12.71	11.46
化学原料及化学制品制造业 خىمىيە خام ئەشيا ھەم خىمىيە بويۇم	0.27	0.22		0.23
非金属矿物制品业 غەيرى مېتال كان بويۇمى	0.10	0.24	0.03	0.01
黑色金属冶炼及压延加工业 قارا مېتال تاۋلاش، پىرىسلاش	4.53	4.89		
有色金属冶炼及压延加工业 رەڭلىك مېتال تاۋلاش، پىرىسلاش	0.02	0.31		
金属制品业 مېتال بويۇم	0.15	0.23		
普通机械制造业 ئاددىي ماشىنىسازلىق	0.18	0.13		
专用设备制造业 مەخسۇس ئۈسكۈنە	0.17	0.11		
交通运输设备制造业 قاتناش، تىرانسپورت ئۈسكۈنىسى	0.06	0.04		
电气机械及器材制造业 ئېلېكتر ماشىنا ھەم ماتېرىيال	0.07	0.01	0.09	
3.电力、煤气及水的生产和供应业 3.ئېلېكتر، گاز، سۇ ئىشلەپچىقىرىش، تەمىنلەش			0.06	
电力、蒸汽、热水的生产和供应业 ئېلېكتر، پار، ئىسسىق سۇ ئىشلەپچىقىرىش، تەمىنلەش			0.06	

ساھەلەرگە ئايرىلغان كىرسىن ئىستېمال مىقدارى ۋە قۇرۇلمىسى
13—11 分行业煤油消费量和构成

行业	ساھەلەر	1994 -يىل 1994年		1995 -يىل 1995年	
		ئىستېمال مىقدارى (تۆمەن توننا) 消费量(万吨)	قۇرۇلمىسى 构成(%)	ئىستېمال مىقدارى (تۆمەن توننا) 消费量(万吨)	قۇرۇلمىسى 构成(%)
消费总量	**ئىستېمال ئومۇمىي مىقدارى**	**13.83**	**100.0**	**16.10**	**100.0**
农、林、牧、渔业	**دېھقانچىلىق، ئورمانچىلىق، چارۋىچىلىق، بېلىقچىلىق**	**0.20**	**1.4**	**0.06**	**0.4**
工业	**سانائەت**	**0.09**	**0.8**	**0.17**	**1.1**
轻工业	يېنىك سانائەت			0.02	0.1
重工业	ئېغىر سانائەت	0.09	0.8	0.15	1.0
1.采掘业	1.قازمىچىلىق			0.10	0.6
石油和天然气开采业	نېفىت ۋە تەبىئىي گاز			0.10	0.6
2.制造业	2.ياساش كەسپى	0.09	0.8	0.07	0.5
纺织业	توقۇمىچىلىق	0.01	0.1	0.01	0.1
化学原料及化学制品制造业	خىمىيە خامئەشيا ھەم خىمىيە بويۇم	0.04	0.4	0.01	0.1
非金属矿物制品业	غەيرى مېتال كان بويۇمى	0.03	0.2	0.01	0.1
黑色金属冶炼及压延加工业	قارا مېتال تاۋلاش، پىرسلاش			0.01	0.1
普通机械制造业	ئادەتتىكى ماشىنىسازلىق			0.01	
专用设备制造业	مەخسۇس ئۈسكۈنە			0.01	
交能运输设备制造业	قاتناش، ترانسپورت ئۈسكۈنىسى	0.01	0.1	0.01	0.1
建筑业	**بىناكارلىق**	**0.03**	**0.2**	**0.04**	**0.2**
土木工程建筑业	ياغاچ-تاش قۇرۇلۇشى	0.03	0.2	0.04	0.2
运输邮电业	**ترانسپورت، پوچتا تېلېگراف**	**12.71**	**91.9**	**15.23**	**94.6**
公路运输业	تاشيول ترانسپورت	0.02	0.1		
航空运输业	ئاۋىئاتسىيە	12.69	91.8	15.23	94.6
批发和零售贸易业、餐饮业	**توپ-پارچە سودا، يېمەك-ئىچمەك**	**0.10**	**0.7**	**0.10**	**0.6**
其他	**باشقا**	**0.10**	**0.7**		
生活消费	**تۇرمۇش ئىستېمالى**	**0.60**	**4.3**	**0.50**	**3.1**

ئېنېرگىيە ئىشلەپچىقىرىش ئېلاستىك كويفىتسىيېنتى

13—12 能源生产弹性系数

يىل 年份	ئېنېرگىيە ئىشلەپچىقىرىشنىڭ ئالدىنقى يىلدىن ئاشقىنى 能源生产比上年增长（%）	ئېلېكتر ئىشلەپچىقىرىشنىڭ ئالدىنقى يىلدىن ئاشقىنى 电力生产比上年增长（%）	ئىچكى ئىشلەپچىقىرىش ئومۇمىي قىممىتىنىڭ ئالدىنقى يىلدىن ئاشقىنى 国内生产总值比上年增长（%）	ئېنېرگىيە ئېلاستىك كويفىتسىيېنتى 能源生产弹性系数	ئېلېكتر ئېلاستىك كويفىتسىيېنتى 电力生产弹性系数
1994	9.1	10.8	10.9	0.8	1.0
1995	7.8	13.4	10.3	0.8	1.3

ئېنېرگىيە ئىستېمال ئېلاستىك كويفىتسىيېنتى

13—13 能源消费弹性系数

يىل 年份	ئېنېرگىيە ئىستېمالىنىڭ ئالدىنقى يىلدىن ئاشقىنى 能源消费比上年增长（%）	ئېلېكتر ئىستېمالىنىڭ ئالدىنقى يىلدىن ئاشقىنى 电力消费比上年增长（%）	ئىچكى ئىشلەپچىقىرىش ئومۇمىي قىممىتىنىڭ ئالدىنقى يىلدىن ئاشقىنى 国内生产总值比上年增长（%）	ئېنېرگىيە ئېلاستىك كويفىتسىيېنتى 能源消费弹性系数	ئېلېكتر ئېلاستىك كويفىتسىيېنتى 电力消费弹性系数
1994	5.5	11.3	10.9	0.5	1.0
1995	2.9	12.7	10.3	0.3	1.2

ئېنېرگىيە پىششىقلاپ ئالماشتۇرۇش ئۈنۈمى

13—14 能源加工转换效率

يىل 年份	ئومۇمىي ئۈنۈمى 总效率	توك تارقىتىش ھەم ئېلېكتر ئىستانسىسىنى تەمىنلىگەن ئىسسىقلىق 发电及电站供热	كوكسقا 炼焦	نېفىت چەكلەشكە 炼油
1994	66.4	22.6	61.9	88.5
1995	72.8	23.4	78.6	96.6

شىنجاڭ بويىچە تۈرلۈك ئېنېرگىيەنىڭ ئوتتۇرىچە كۈنلۈك ئىستېمالى

13—15 全疆每天平均各种能源消费量

يىل 年 份	جەمئىي (تۈمەن توننا ئۆلچەملىك كۆمۈر) 合计 (万吨标准煤)	كۆمۈر (تۈمەن توننا) 煤炭 (万吨)	كوكس (تۈمەن توننا) 焦炭 (万吨)	نېفىت (تۈمەن توننا) 原油 (万吨)	يېقىلغۇ ماي (تۈمەن توننا) 燃料油 (万吨)	بېنزىن (تۈمەن توننا) 汽油 (万吨)	كېرسىن (تۈمەن توننا) 煤油(万吨)	دىزېل (تۈمەن توننا) 柴油 (万吨)	تەبىئىي گاز (تۈمەن كۇب مېتىر) 天然气 (万立方米)	ئېلېكتر (100 مىليون كىلوۋات سائەت) 电力 (亿千瓦小时)
1994	7.28	6.33	0.19	1.90	0.34	0.29	0.04	0.32	248.22	0.29
1995	7.75	6.67	0.20	1.99	0.32	0.28	0.04	0.33	314.52	0.33

تۈرلەرگە ئايرىلغان تۇرمۇش ئېنېرگىيىسىنىڭ يىللىق ئىستېمال ئومۇمىي مىقدارى

13—16 分品种生活能源年消费总量

يىل 年 份	جەمئىي (تۈمەن توننا ئۆلچەملىك كۆمۈر) 合计 (万吨标准煤)	كۆمۈر (تۈمەن توننا) 煤炭(万吨)	كېرسىن (تۈمەن توننا) 煤油(万吨)	سۇيۇقلاندۇرۇلغان نېفىت گازى (تۈمەن توننا) 液化石油气(万吨)	ئىسسىقلىق (10 مىليارد كىلوجول) 热力 (万百万千焦)	ئېلېكتر (100 مىليون كىلوۋات سائەت) 电力 (亿千瓦小时)
1994	576.15	680.00	0.60	8.90	171.53	8.50
1995	592.20	693.00	0.50	8.94	177.29	10.90

شىنجاڭ بويىچە ھەر بىر كىشىنىڭ ئوتتۇرىچە يىللىق تۇرمۇش ئېنېرگىيە ئىستېمالى

13—17 全疆每人年平均生活用能源

يىل 年 份	ھەر بىر كىشىنىڭ ئوتتۇرىچە تۇرمۇش ئېنېرگىيە ئىستېمالى (ئادەم/كىلوگىرام ئۆلچەملىك كۆمۈر) 平均每人生活消费能源 (公斤标准煤/人)	كۆمۈر (كىلوگىرام) 煤炭(公斤)	ئېلېكتر (كىلوۋات سائەت) 电力(千瓦小时)	كېرسىن (كىلوگىرام) 煤油(公斤)	سۇيۇق نېفىت گازى (كىلوگىرام) 液化石油气(公斤)
1994	353	416	51.0	0.40	5.45
1995	357	417	65.6	0.30	5.38

خامئەشيا-ماتېرىيال، ئېنېرگىيە ئىستېمالىنىڭ ئومۇمىي قىممىتى ۋە تۈرلەرگە ئايرىلغان ئىستېمال مىقدارى

13—18 原材料、能源消费总值和品种消费量

(1995 年--يىل)

项目 تۈرلەر	原材料、能源消费总值（万元） جەمئىي خامئەشيا ماتېرىيال، ئېنېرگىيە ئىستېمالىنىڭ ئومۇمىي قىممىتى (تۈمەن يۈەن)	#工业企业 # سانائەت كارخانىسى	#建筑企业 # بىناكارلىق كارخانىسى	#运输邮电业 # ترانسپورت پوچتا-تېلېگراف	钢材（吨） پولات ماتېرىيالى (توننا)	木材（立方米） ياغاچ ماتېرىيالى (كۇپ مېتىر)
总计 جەمئىي	**4 029 736**	**2 988 366**	**416 483**	**166 733**	**971 072**	**261 773**
按隶属关系分组 تەۋەلىك مۇناسىۋىتى بويىچە						
1、中央 1. مەركەز	2 193 957	1 472 729	131 240	131 834		
2、省(自治区、直辖市) 2. (ئۆلكە) ئاپتونوم رايون، بىۋاسىتە قاراشلىق شەھەر	605 787	444 435	149 486	11 866		
3、地区(州、盟、省辖市) 3. ۋىلايەت، ئوبلاست، شەھەر	494 875	446 453	34 805	13 617		
4、县 4. ناھىيە	493 341	401 935	83 531	7 875		
5、街道 5. مەھەللە	15 407	11 362	4 045			
6、镇 6. بازار	4 956	3 746	1 210			
7、乡 7. يېزا	1 529	150	1 379			
8、其他 8. باشقا	219 884	207 556	10 787	1 541		
按经济类型分组 ئىقتىسادىي تىپى بويىچە						
1、国有经济 1. دۆلەت ئىگىلىكى	3 432 602	2 507 797	306 182	160 549		
2、集体经济 2. كوللېكتىپ ئىگىلىك	435 932	328 747	102 489	4 696		
3、私营经济 3. خۇسۇسىي ئىگىلىك	739	419	318	2		
4、联营经济 4. بىرلەشمە ئىگىلىك	16 481	16 433	42	6		
5、股份制经济 5. پاي تۈزۈمىدىكى ئىگىلىك	30 169	23 742	6 117	310		
6、外商投资经济 6. چەت ئەل سودىگەرلىرى سالغان مەبلەغ ئىگىلىك	38 496	37 164	534	798		
中外合资经营企业 جۇڭگو-چەت ئەل شېرىكچىلىكىدىكى	16 777	15 444	535	798		
中外合作经营企业 جۇڭگو-چەت ئەل شېرىكچىلىكىدىكى	21 419	21 419				
外资企业 جۇڭگو-چەت ئەل ھەمكارلىقىدىكى	301	301				
7、港、澳、台投资经济 7. شياڭگاڭ، ئاۋمېن، تەيۋەن مەبلىغى ئىگىلىكى	75 230	74 058	800	372		
与大陆合资经营企业 چوڭ قۇرۇقلۇق بىلەن شېرىكلەشكەن	75 020	73 848	800	372		
港、澳、台独资企业 شياڭگاڭ، ئاۋمېن، تەيۋەن مۇستەقىل مەبلەغ كارخانىسى	210	210				
8、其它经济 8. باشقا ئىگىلىك	6	6				
按行业分 ساھە بويىچە						
农业 دېھقانچىلىق	**458 154**				**46 834**	**28 897**
工业 سانائەت	**2 988 366**	**2 988 366**			**528 113**	**114 621**
1、采掘业 1. قازمىچىلىق	851 575	851 575			268 370	43 512
煤炭采选业 كۆمۈر قېزىش	35 663	35 663			8 819	32 069
石油和天然气开采业 نېفىت ۋە تەبىئىي گاز قىزىش	796 145	796 145			256 810	8 027
黑色金属矿采选业 قارا مېتال كان قىزىش	2 174	2 174			1 064	129
有色金属矿采选业 رەڭلىك مېتال كان قىزىش	7 754	7 754			1 097	271
非金属矿采选业 غەيرى مېتال كان قىزىش	7 622	7 622			548	52
木材及竹材采选业 ياغاچ كېسىش، توشۇش	2 217	2 217			32	2 965
2、制造业 2. ياساش كەسپى	2 054 850	2 054 850			251 249	70 071
食品加工业 يېمەكلىك پىششىقلاش	268 053	268 053			5 125	750
食品制造业 يېمەكلىك ياساش	43 587	43 587			4 717	190
饮料制造业 ئىچىملىك ياساش	61 472	61 472			305	400
烟草加工业 تاماكا پىششىقلاش	14 939	14 939			15	
纺织业 توقۇمىچىلىق	539 635	539 635			3 627	828
服装及其他纤维制品制造业 كىيىم ھەم باشقا تالالىق بويۇم	12 687	12 687			94	193

13—18 续表 1 داۋامى

项目	تۈرلەر	جەمئى خامئەشيا ماتېرىيال ئېنېرگىيە ئىستېمالىنىڭ ئومۇمىي قىممىتى (تۈمەن يۈەن) 原材料、能源消费总值合计(万元)	# سانائەت كارخانىسى #工业企业	# بىناكارلىق كارخانىسى #建筑企业	# تىرانسپورت پوچتا-تېلېگراف #运输邮电业	پولات ماتېرىيالى (توننا) 钢材(吨)	ياغاچ ماتېرىيالى (كۇب مېتىر) 木材(立方米)
皮革、毛皮、羽绒及其制品业	خۇرۇم، تېرە، مامۇق ھەم بۇيۇم	23 411	23 411			40	
木材加工及竹、藤、棕、草制品业	ياغاچ پىششىقلاش ھەم بامبۇك، پىلەك، پالما، سامان بۇيۇم	4 603	4 603			59	12 360
家具制造业	ئائىلە جابدۇقلىرى	8 915	8 915			1 802	38 377
造纸及纸制品业	قەغەز ھەم قەغەز بويۇم	34 301	34 301			1 048	104
印刷业	مەتبەئەچىلىك	14 202	14 202			29	545
文教体育用品制造业	مەدەنىيەت، مائارىپ، تەنتەربىيە بويۇملىرى	478	478			1	23
石油加工及炼焦业	نېفىت پىششىقلاش ھەم كوكس تاۋلاش	297 081	297 081			21 469	501
化学原料及化学制品制造业	خىمىيە خامئەشيا ھەم خىمىيە بويۇم	111 719	111 719			9 337	7 039
医药制造业	تېببىي دورا	23 105	23 105			198	
化学纤维制造业	خىمىيە تالا	5 249	5 249			36	
橡胶制品业	كاۋچۇك بويۇم	30 235	30 235			340	9
塑料制品业	سۇلياۋ بويۇم	59 397	59 397			1 531	31
非金属矿物制品业	غەيرى مېتال كان بويۇم	100 218	100 218			21 780	3 623
黑色金属冶炼及压延加工业	قارا مېتال تاۋلاش-پىرىسلاش	128 340	128 340			26 163	1 443
有色金属冶炼及压延加工业	رەڭلىك مېتال تاۋلاش-پىرىسلاش	72 379	72 379			1 792	904
金属制品业	مېتال بويۇم	29 373	29 373			50 718	723
普通机械制造业	ئادەتتىكى ماشىنىسازلىق	28 442	28 442			35 155	244
专用设备制造业	مەخسۇس ئۈسكۈنە	61 121	61 121			38 144	788
交通运输设备制造业	قاتناش-تىرانسپورت ئۈسكۈنىسى	39 947	39 947			14 994	382
电气机械及器材制造业	ئېلېكتر ماشىنا ھەم ماتېرىيال	32 993	32 993			7 381	414
电子及通信设备制造业	ئېلېكترون، ئالاقىلىشىش ئۈسكۈنىسى	3 671	3 671			620	1
仪器仪表及文化、办公用机械制造业	ئەسۋاپ ھەم مەدەنىيەت، ئىشخانا ماشىنىلىرى	709	709			480	
其他制造业	باشقا ياساش كەسپى	4 588	4 588			4 249	194
3、电力、煤气及水的生产和供应业	3. ئېلېكتر، گاز، سۇ ئىشلەپچىقىرىش، تەمىنلەش	81 941	81 941			8 494	1 037
电力、蒸汽、热水的生产和供应业	ئېلېكتر، پار، ئىسسىق سۇ ئىشلەپچىقىرىش، تەمىنلەش	75 593	75 593			7 268	952
煤气生产和供应业	گاز ئىشلەپچىقىرىش، تەمىنلەش	2 446	2 446			91	
自来水的生产和供应业	تۇربا سۈيى ئىشلەپچىقىرىش، تەمىنلەش	3 902	3 902			1 135	86
建筑业	**بىناكارلىق**	**416 483**		**416 483**		**371 890**	**111 344**
土木工程建筑业	ياغاچ-تاش قۇرۇلۇشى	371 592		371 592		331 613	105 484
线路管道和设备安装	تۇربا ياتقۇزۇش، ئۈسكۈنە ئورنىتىش	42 191		42 191		39 698	2 733
装修装饰业	بېزەش	2 700		2 700		579	3 127
运输邮电业	**تىرانسپورت، پوچتا-تېلېگراف**	**166 733**			**166 733**	**24 235**	**6 911**
铁路运输业	تۆمۈريول	59 229			59 229	20 153	4 175
公路运输业	تاشيول	58 647			58 647	2 749	182
航空运输业	ئاۋىئاتسىيە	39 518			39 518	823	
邮电通信业	پوچتا-تېلېگراف، ئالاقىلىشىش	9 339			9 339	510	2 551

ئىزاھات : بۇ يىلقى خامئەشيا-ماتېرىيالنى ستاتىستىكىلاش دائىرىسى ناھىيە ھەم ناھىيەدىن يۇقىرى سانائەت، بىناكارلىق، تىرانسپورت، پوچتا-تېلېگراف كارخانىلىرى ۋە بىڭتۇەننىڭ يېزا ئىگىلىك كارخانىسىنى ئۆز ئىچىگە ئالىدۇ (كېيىندىكى ئىككى جەدۋەلدىمۇ شۇنداق).

注：本年度原材料统计范围为县及县以上工业企业、建筑企业、运输邮电企业和兵团农业企业(后面两表同)。

ئاساسلىق خامئەشيا-ماتېرىيال، ئېنېرگىيەنىڭ ئىشلىتىش بويىچە ئىستېمال مىقدارى

13—19 分用途主要原材料、能源消费量

(1995年-يىل)

项目	تۈر	جەمئىي ئىستېمال مىقدارى 消费量合计	دېھقانچىلىق كارخانىسى 农业企业	سانائەت كارخانىسى 工业企业	بىناكارلىق كارخانىسى 建筑企业
生铁(吨)	چۆيۈن (توننا)	629 251	6 212	615 825	4 894
钢材(吨)	پولات ماتېرىيالى (توننا)	971 072	46 834	528 113	371 890
#铁道用钢材	ئىچىدە: تۆمۈر يول پولات ماتېرىيالى (توننا)	12 434	16	2 167	162
普通大型钢材	ئادەتتىكى شەكىللىك چوڭ پولات ماتېرىيالى (توننا)	8 864	174	5 813	2 731
普通中型钢材	ئادەتتىكى شەكىللىك ئوتتۇرا پولات ماتېرىيالى (توننا)	55 043	3 067	18 871	32 583
普通小型钢材	ئادەتتىكى شەكىللىك كىچىك پولات ماتېرىيالى (توننا)	234 163	11 966	63 600	152 685
钢带	پولات تاسما (توننا)	18 520	1 485	15 150	1 885
线材	سىم ماتېرىيال (توننا)	169 708	21 366	34 858	111 396
特厚钢板	ئالاھىدە قېلىن پولات تاختا (توننا)	559		145	414
中厚钢板	ئوتتۇرا پولات تاختا (توننا)	66 686	1 304	48 501	16 119
薄钢板	نېپىز پولات تاختا (توننا)	93 727	3 155	77 972	10 643
硅钢片	كىرېمنىيلىك پولات ياپراقچە (توننا)	3 868		3 781	87
优质型钢材	سۈپەتلىك شەكىللىك پولات ماتېرىيالى (توننا)	20 113	468	19 204	377
无缝钢管	ئۇلاقسىز پولات تۇرۇبا (توننا)	138 138	1 415	119 855	16 494
焊接钢管	ئۇلاقلىق پولات تۇرۇبا (توننا)	136 106	2 069	107 396	25 373
铜(吨)	مىس (توننا)	1 506	5	1 494	6
铝(吨)	ئاليۇمىن (توننا)	7 404	21	7 372	11
铅(吨)	قوغۇشۇن (توننا)	1 911	1	1 883	10
锌(吨)	سىنىك (توننا)	1 035	3	1 032	
锡(吨)	قەلەي (توننا)	69	8	60	
铜材(吨)	مىس ماتېرىيال (توننا)	1 938	40	1 821	71
铝材(吨)	ئاليۇمىن ماتېرىيال (توننا)	2 458	72	1 922	460
硫酸(吨)	سولفات كىسلاتا (توننا)	82 556	4 684	77 830	1
烧碱(吨)	ئويغۇچى ناترى (توننا)	30 269	3 127	27 055	9
纯碱(吨)	شۇلتا (توننا)	43 238	689	42 527	11
天然橡胶(吨)	تەبىئى كاۋچۇك (توننا)	3 703		3 694	
合成橡胶(吨)	بىرىكمە كاۋچۇك (توننا)	4 011	121	3 804	21
水泥(吨)	سېمونت (توننا)	2 512 520	224 733	503 699	1 755 944
平板玻璃(重量箱)	تاختا ئەينەك (ساندۇق)	350 165	42 481	118 817	184 697
原木(立方米)	ياغاچ (كۇب مېتر)	197 531	20 831	100 726	69 875
#原木直接消费	#ياغاچنىڭ بىۋاستە ئىستېمالى	102 565	16 626	44 830	38 609
锯材(立方米)	ھەرىدەلگەن ياغاچ (كۇب مېتر)	111 490	8 593	48 873	50 935
润滑油(吨)	سىلىقلاش مېيى (توننا)	33 506	6 203	21 227	716
煤炭(吨)	كۆمۈر (توننا)	14 634 028	724 363	13 433 046	190 163
焦炭(吨)	كوكس (توننا)	701 873	5 629	687 631	7 775
焦炉煤气(万立方米)	كوكس پىچىنىڭ گازى (تۈمەن كۇب مېتر)	15 918		15 918	
其他煤气(万立方米)	باشقا كۆمۈر گازى (تۈمەن كۇب مېتر)	92 950		92 950	
原油(吨)	نېفىت (توننا)	7 247 630	2 000	7 244 896	19
汽油(吨)	بېنزىن (توننا)	348 536	42 405	154 742	34 921
煤油(吨)	كىرسىن (توننا)	154 924	562	1 667	413
柴油(吨)	دىزېل (توننا)	755 157	123 966	345 676	19 267
燃料油(吨)	يېقىلغۇ ماي (توننا)	1 170 127		1 170 066	31
液化石油气(吨)	سۇيۇق نېفىت گازى (توننا)	68 847	517	68 104	3
炼厂干气(吨)	پولات تاۋلاش زاۋۇتىنىڭ قۇرۇق گازى (توننا)	149 609		149 609	
天然气(万立方米)	تەبىئىي گاز (تۈمەن كۇب مېتر)	114 842		114 842	
热力(百万千焦)	ئىسسىقلىق (مىليون جول)	13 305 568	898	13 018 127	139 879
电力(万千瓦时)	ئېلېكتر (تۈمەن كىلوۋات سائەت)	837 049	73 735	725 671	20 304

13—19 续表 1 داۋامى

项目	تۈر	ترانسپورت، پوچتا تېلېگراف 运输邮电企业	جەمئىي ئىچىدە 消费合计中		
			سانائەت 工业生产用	بىناكارلىق قۇرۇلۇش 建筑施工用	ترانسپورت، پوچتا-تېلېگراف 运输邮电用
生铁(吨)	چۆيۈن (توننا)	2 320	625 372	3 602	14
钢材(吨)	پولات ماتېرىيالى (توننا)	24 235	361 183	584 786	20 998
#铁道用钢材	ئىچىدە: تۆمۈر يول پولات ماتېرىيالى (توننا)	10 089	1 882	458	10 089
普通大型钢材	ئەدەتتىكى شەكىللىك چوڭ پولات ماتېرىيالى (توننا)	146	4 277	4 407	118
普通中型钢材	ئادەتتىكى شەكىللىك ئوتتۇرا پولات ماتېرىيالى (توننا)	522	17 699	36 208	499
普通小型钢材	ئادەتتىكى شەكىللىك كىچىك پولات ماتېرىيالى (توننا)	5 912	56 799	171 089	4 940
钢带	تاسما پولات (پولات)		17 439	1 080	
线材	سىم ماتېرىيال (توننا)	2 078	48 576	119 157	1 471
特厚钢板	ئالاھىدە قېلىن پولات تاختا (توننا)		148	411	
中厚钢板	ئوتتۇرا پولات تاختا (توننا)	762	39 405	26 352	679
薄钢板	نېپىز پولات تاختا (توننا)	1 957	83 946	7 620	851
硅钢片	كىرىمنىيلىك پولات ياپراقچە (توننا)		3 783	85	
优质型钢材	سۈپەتلىك شەكىللىك پولات ماتېرىيالى (توننا)	64	18 833	1 083	83
无缝钢管	ئۇلاقسىز پولات تۇرۇبا (توننا)	374	38 330	99 149	378
焊接钢管	ئۇلاقلىق پولات تۇرۇبا (توننا)	1 268	19 429	115 337	1 188
铜(吨)	مىس (توننا)	1	1 498	6	1
铝(吨)	ئاليۇمىن (توننا)		7 395	9	
铅(吨)	قوغۇشۇن (توننا)	17	1 882	12	17
锌(吨)	سىنىك (توننا)		1 034		
锡(吨)	قەلەي (توننا)	1	57	10	1
铜材(吨)	مىس ماتېرىيال (توننا)	6	1 812	101	8
铝材(吨)	ئاليۇمىن ماتېرىيال (توننا)	4	1 968	475	6
硫酸(吨)	سولفات كىسلاتا (توننا)	41	81 504	3	40
烧碱(吨)	ئويغۇچى ناترى (توننا)	78	29 533	365	78
纯碱(吨)	شۇلتا (توننا)	11	41 921	404	14
天然橡胶(吨)	تەبىئىي كاۋچۇك (توننا)	9	3 703		
合成橡胶(吨)	بىرىكمە كاۋچۇك (توننا)	65	3 920	22	69
水泥(吨)	سېمونت (توننا)	28 144	357 743	2 122 328	22 702
平板玻璃(重量箱)	تاختا ئەينەك (ساندۇق)	4 170	95 878	245 804	2 593
原木(立方米)	ياغاچ (كۇب مېتر)	6 099	107 443	79 727	6 103
#原木直接消费	ئىچىدە: ياغاچنىڭ بىۋاستە ئىستېمالى	2 500	49 266	48 908	2 504
锯材(立方米)	ھەرىدەلگەن ياغاچ (كۇب مېتر)	3 089	54 892	52 491	3 009
润滑油(吨)	سىلىقلاش مېيى (توننا)	5 360	17 374	3 966	7 922
煤炭(吨)	كۆمۈر (توننا)	285 656	13 272 192	240 897	289 106
焦炭(吨)	كوكىس (توننا)	838	696 233	4 540	746
焦炉煤气(万立方米)	كوكىس پىچىنىڭ گازى (تۈمەن كۇب مېتر)		15 918		
其他煤气(万立方米)	باشقا كۆمۈر گازى (تۈمەن كۇب مېتر)		92 950		
原油(吨)	نېفىت (توننا)	723	7 247 637	1	
汽油(吨)	بېنزىن (توننا)	116 468	109 125	34 796	192 187
煤油(吨)	كېروسىن (توننا)	152 282	2 089	287	152 238
柴油(吨)	دىزېل (توننا)	266 248	228 831	56 113	365 093
燃料油(吨)	يېقىلغۇ ماي (توننا)	30	1 169 954	25	37
液化石油气(吨)	سۇيۇق نېفىت گازى (توننا)	223	67 967	3	223
炼厂干气(吨)	پولات تاۋلاش زاۋۇتىنىڭ قۇرۇق گازى (توننا)		149 609		
天然气(万立方米)	تەبئىي گاز (تۈمەن كۇب مېتر)		114 842		
热力(百万千焦)	ئىسسىقلىق (مىليون جول)	146 664	12 307 393	132 499	184 705
电力(万千瓦时)	ئېلېكتر (تۈمەن كىلوۋات سائەت)	17 339	741 659	26 753	15 192

ئاساسلىق خامئەشيا-ماتېرىيال، ئېنېرگىيەنىڭ رايونلارغا ئايرىلغان ئىستېمال مىقدارى

13—20 分地区主要原材料、能源消费量

(1995-يىل 年)

项目	تۈر	ئۈرۈمچى شەھىرى 乌鲁木齐市	قاراماي شەھىرى 克拉玛依市	تۇرپان ۋىلايىتى 吐鲁番地区	قۇمۇل ۋىلايىتى 哈密地区
生铁(吨)	چۆيۈن (توننا)	585 677	752	851	2 810
钢材(吨)	پولات ماتېرىيالى (توننا)	353 213	135 316	38 877	18 320
#铁道用钢材	ئىچىدە: تۆمۈر يول پولات ماتېرىيالى (توننا)	7 578	116	39	3 940
普通大型钢材	ئادەتتىكى شەكىللىك چوڭ پولات ماتېرىيالى (توننا)	5 173	1 857	71	510
普通中型钢材	ئادەتتىكى شەكىللىك ئوتتۇرا پولات ماتېرىيالى (توننا)	28 889	411	598	826
普通小型钢材	ئادەتتىكى شەكىللىك كىچىك پولات ماتېرىيالى (توننا)	104 145	21 559	2 218	5 402
钢带	تاسما پولات (توننا)	8 087	20	68	1
线材	سىم ماتېرىيال (توننا)	52 446	9 093	1 572	3 360
特厚钢板	ئالاھىدە قېلىن پولات تاختا (توننا)	208	6	10	8
中厚钢板	ئوتتۇرا پولات تاختا (توننا)	38 786	8 966	1 365	713
薄钢板	نېپىز پولات تاختا (توننا)	45 595	9 221	1 199	835
硅钢片	كىرېمنىيلىق پولات تاختا (توننا)	649	1		
优质型钢材	سۈپەتلىك شەكىللىك پولات ماتېرىيال (توننا)	15 966	1 404	9	272
无缝钢管	ئۇلاقسىز پولات تۇرۇبا (توننا)	21 911	55 845	17 971	440
焊接钢管	ئۇلاقلىق پولات تۇرۇبا (توننا)	19 278	22 480	13 489	1 140
铜(吨)	مىس (توننا)	1 144	3		15
铝(吨)	ئاليۇمىن (توننا)	5 428	3		1
铅(吨)	قوغۇشۇن (توننا)	107	5		12
锌(吨)	سىنىك (توننا)	769			4
锡(吨)	قەلەي (توننا)	9	1		1
铜材(吨)	مىس ماتېرىيالى (توننا)	1 177	42	150	10
铝材(吨)	ئاليۇمىن ماتېرىيال (توننا)	2 074	71	3	
硫酸(吨)	سۇلفات كىسلاتا (توننا)	27 908	3 800	4 356	8 777
烧碱(吨)	ئويغۇچى ناترىي (توننا)	5 077	2 310	433	288
纯碱(吨)	شۇلتا (توننا)	22 151	420	8 028	100
天然橡胶(吨)	تەبىئىي كاۋچۇك (توننا)	3 680			
合成橡胶(吨)	بىرىكمە كاۋچۇك (توننا)	1 793			38
水泥(吨)	سېمونت (توننا)	741 200	215 812	84 490	35 844
平板玻璃(重量箱)	تاختا ئەينەك (ساندۇق)	140 056	34 933	1 494	6 959
原木(立方米)	ياغاچ (كۇپ مېتىر)	38 581	4 016	1 543	3 237
#原木直接消费	ئىچىدە: ياغاچنىڭ بىۋاستە ئىستېمالى	20 794	292	369	908
锯材(立方米)	ھەرىدەلگەن ياغاچ (كۇپ مېتىر)	41 519	6 793	970	5 695
润滑油(吨)	سىلىقلاش مېيى (توننا)	6 933	7 254	1 077	2 818
煤炭(吨)	كۆمۈر (توننا)	5 016 329	910 684	257 532	704 110
焦炭(吨)	كوكس (توننا)	441 304	4 220	10 970	33 926
原油(吨)	نېفىت (توننا)	2 357 102	4 657 127	81 852	1
汽油(吨)	بېنزىن (توننا)	74 563	62 988	8 773	6 693
煤油(吨)	كېرسىن (توننا)	152 474	998	21	10
柴油(吨)	دىزىل (توننا)	145 185	199 714	28 683	85 778
燃料油(吨)	يېقىلغۇ ماي (توننا)	565 735	603 834	47	21
液化石油气(吨)	سۇيۇق نېفىت گازى (توننا)	24 685	43 366	159	42
热力(百万千焦)	ئىسسىقلىق (مىليون جول)	396 205	4 335 959	273 088	
电力(万千瓦时)	ئېلېكتر (تۈمەن كىلوۋات سائەت)	275 593	157 410	15 347	22 458
原材料,能源消费总值(万元)	خامئەشيا-ماتېرىيال، ئېنېرگىيە ئىستېمالىنىڭ ئومۇمىي قىممىتى (تۈمەن يۈەن)	1 217 095	582 949	89 597	64 598

项目 تۈر		سانجى ئوبلاستى 昌吉州	شىخەنزە شەھىرى 石河子市	بۆرتالا ئوبلاستى 博州	ئىلى ئوبلاستى كۈيتۇن شەھىرى 伊犁州奎屯市	ئىلى ۋىلايىتى 伊犁地区
生铁(吨)	چۆيۈن (توننا)	10 499	45	251	1 044	1 266
钢材(吨)	پولات ماتېرىيالى (توننا)	42 885	2	2 323	6 557	9 624
#铁道用钢材	ئىچىدە: تۆمۈر يول پولات ماتېرىيالى (توننا)	128			3	117
普通大型钢材	ئادەتتىكى شەكىللىك چوڭ پولات ماتېرىيالى (توننا)	51			41	3
普通中型钢材	ئادەتتىكى شەكىللىك ئوتتۇرا پولات ماتېرىيالى (توننا)	1 519		58	260	583
普通小型钢材	ئادەتتىكى شەكىللىك كىچىك پولات ماتېرىيالى (توننا)	9 599		1 335	2 271	1 994
钢带	تاسما پولات (توننا)	1 746		10	26	967
线材	سىم ماتېرىيال (توننا)	11 189	2	466	336	3 583
特厚钢板	ئالاھىدە قېلىن پولات تاختا (توننا)			5		1
中厚钢板	ئوتتۇرا پولات تاختا (توننا)	2 884		30	235	455
薄钢板	نېپىز پولات تاختا (توننا)	8 801		31	2 571	406
硅钢片	كرېمنىيلىك پولات ياپراقچە (توننا)	2 678				
优质型钢材	سۈپەتلىك شەكىللىك پولات ماتېرىيال (توننا)	549			78	5
无缝钢管	ئۇلاقسىز پولات تۇرۇبا (توننا)	1 968		139	287	421
焊接钢管	ئۇلاقلىق پولات تۇرۇبا (توننا)	1 396		225	412	343
铜(吨)	مىس (توننا)	305				10
铝(吨)	ئاليومىن (توننا)	1 801		1		
铅(吨)	قوغۇشۇن (توننا)	1 735				9
锌(吨)	سىنك (توننا)	8				
锡(吨)	قەلەي (توننا)	2				10
铜材(吨)	مىس ماتېرىيالى (توننا)	386		3	11	7
铝材(吨)	ئاليومىن ماتېرىيال (توننا)	58			11	9
硫酸(吨)	سولفات كىسلاتا (توننا)	29 492		18	300	197
烧碱(吨)	ئويغۇچى ناترىي (توننا)	747			30	596
纯碱(吨)	شۇلتا (توننا)	1 122			290	721
天然橡胶(吨)	تەبىئىي كاۋچۇك (توننا)	23				
合成橡胶(吨)	بىرىكمە كاۋچۇك (توننا)	127			15	11
水泥(吨)	سېمونت (توننا)	141 900	150	17 498	20 114	30 271
平板玻璃(重量箱)	تاختا ئەينەك (ساندۇق)	10 022		818	4 814	716
原木(立方米)	ياغاچ (كۇب مېتر)	14 348	20	2 484	3 081	25 114
#原木直接消费	ئىچىدە: ياغاچنىڭ بىۋاستە ئىستېمالى	5 649	20	911	1 196	3 117
锯材(立方米)	ھەرىدەلگەن ياغاچ (كۇب مېتر)	9 008		1 305	1 149	3 401
润滑油(吨)	سىلىقلاش مېيى (توننا)	2 567	2	17	1 428	73
煤炭(吨)	كۆمۈر (توننا)	2 340 455	857	117 361	427 523	301 138
焦炭(吨)	كوكس (توننا)	67 399		821	35 769	5 104
原油(吨)	نېفت (توننا)	14 955				
汽油(吨)	بېنزىن (توننا)	19 151	193	3 390	4 823	8 419
煤油(吨)	كېرسىن (توننا)	216			20	3
柴油(吨)	دىزېل (توننا)	13 911	2	445	2 015	2 721
燃料油(吨)	يېقىلغۇ ماي (توننا)	294		15	1	52
液化石油气(吨)	سۇيۇق نېفت گازى (توننا)	2				
热力(百万千焦)	ئىسسىقلىق (مىليون جول)	3 527	49 254		664 516	280 355
电力(万千瓦时)	ئېلېكتر (تۈمەن كىلوۋات سائەت)	68 961	170	3 846	21 302	12 698
原材料,能源消费总值(万元)	خامئەشيا-ماتېرىيال، ئېنېرگىيە ئىستېمالىنىڭ ئومۇمىي قىممىتى (تۈمەن يۈەن)	239 489	1 745	31 774	72 559	71 903

ئىزاھات: بۇ يىللىق خامئەشيا ماتېرىيال، ئېنېرگىيەنى ستاتىستىكىلاش دائىرىسى سانائەت، بىناكارلىق، تىرانسپورت، پوچتا-تېلېگراف كارخانىسىنى ئۆز ئىچىگە ئالىدۇ.

注:本年度原材料、能源统计范围为工业企业、建筑企业、运输邮电企业。

13—20 续表 2 داۋامى

项目 تۈر	تارباغاتاي ۋىلايىتى 塔城地区	ئالتاي ۋىلايىتى 阿勒泰地区	بايىنغولىن ئوبلاستى 巴州	ئاقسۇ ۋىلايىتى 阿克苏地区
生铁(吨) چۆيۈن (تونن)	840	155	3 408	1 045
钢材(吨) پولات ماتېرىيالى (تونن)	10 818	6 120	131 013	14 531
#铁道用钢材 ئىچىدە: تۆمۈر يول پولات ماتېرىيالى (تونن)	102		243	40
普通大型钢材 ئادەتتىكى شەكىللىك چوڭ پولات ماتېرىيالى (تونن)	208	207	153	46
普通中型钢材 ئادەتتىكى شەكىللىك ئوتتۇرا پولات ماتېرىيالى (تونن)	1 701	482	3 704	1 147
普通小型钢材 ئادەتتىكى شەكىللىك كىچىك پولات ماتېرىيالى (تونن)	2 138	2 437	10 096	5 344
钢带 تاسما پولات (تونن)	2 435	133	11	102
线材 سىم ماتېرىيال (تونن)	2 639	1 677	9 308	5 451
特厚钢板 ئالاھىدە قېلىن پولات تاختا (تونن)	6		304	
中厚钢板 ئوتتۇرا پولات تاختا (تونن)	369	259	4 539	382
薄钢板 نېپىز پولات تاختا (تونن)	349	222	7 712	487
硅钢片 كىرېمنىيلىك پولات ياپراقچە (تونن)			19	32
优质型钢材 سۈپەتلىك شەكىللىك پولات ماتېرىيال (تونن)	41	3	239	18
无缝钢管 ئۇلاقسىز پولات تۇرۇبا (تونن)	280	266	31 574	246
焊接钢管 ئۇلاقلىق پولات تۇرۇبا (تونن)	485	354	62 925	757
铜(吨) مىس (تونن)	1		10	
铝(吨) ئاليۇمىن (تونن)	2	2		
铅(吨) قوغۇشۇن (تونن)	16		2	
锌(吨) سىنىك (تونن)	1		236	1
锡(吨) قەلەي (تونن)			3	25
铜材(吨) مىس ماتېرىيالى (تونن)	7		10	13
铝材(吨) ئاليۇمىن ماتېرىيال (تونن)	3	26	48	1
硫酸(吨) سولفات كىسلاتا (تونن)	223	140	125	302
烧碱(吨) ئويغۇچى ناترىي (تونن)	181	3 087	6 218	281
纯碱(吨) شۈلتا (تونن)	34	25	5 535	144
合成橡胶(吨) بىرىكمە كاۋچۇك (تونن)	66	20	1 802	2
水泥(吨) سېمونت (تونن)	47 187	29 836	212 590	61 437
平板玻璃(重量箱) تاختا ئەينەك (ساندۇق)	9 730	2 480	22 943	4 148
原木(立方米) ياغاچ (كۇپ مېتر)	8 602	3 981	15 101	8 896
#原木直接消费 ئىچىدە: ياغاچنىڭ بىۋاستە ئىستېمالى	4 973	2 178	10 743	5 710
锯材(立方米) ھەرىدەلگەن ياغاچ (كۇپ مېتر)	2 369	2 571	7 962	2 256
润滑油(吨) سىلىقلاش مېيى (تونن)	246	18	2 819	104
煤炭(吨) كۆمۈر (تونن)	423 621	235 599	671 430	316 802
焦炭(吨) كوكس (تونن)	2 453	6 265	39 907	1 984
原油(吨) نېفىت (تونن)			131 351	955
汽油(吨) بېنزىن (تونن)	8 096	7 058	19 765	9 452
煤油(吨) كىرسىن (تونن)	8	8	40	1
柴油(吨) دىزېل (تونن)	4 183	4 338	99 155	4 712
燃料油(吨) يېقىلغۇ ماي (تونن)	13	2	17	1
液化石油气(吨) سۇيۇق نېفىت گازى (تونن)	1			30
热力(百万千焦) ئىسسىقلىق (مىليون جول)	311 607		1 106 532	
电力(万千瓦时) ئېلېكتر (تۈمەن كىلوۋات سائەت)	16 649	8 051	35 442	15 513
原材料,能源消费总值(万元) خامئەشيا-ماتېرىيال، ئېنېرگىيە ئىستېمالىنىڭ ئومۇمىي قىممىتى (تۈمەن يۈەن)	92 266	40 831	322 641	61 772

13—20 续表 3 داۋامى

项目 تۈر		قىزىلسۇ ئوبلاستى 克州	قەشقەر ۋىلايىتى 喀什地区	خوتەن ۋىلايىتى 和田地区	بىڭتۇەن 兵团
生铁(吨)	چويۈن (توننا)	58	2 369	100	18 081
钢材(吨)	پولات ماتېرىيالى (توننا)	1 843	26 450	5 023	168 157
#铁道用钢材	ئىچىدە: تۆمۈر يول پولات ماتېرىيالى (توننا)			46	82
普通大型钢材	ئاددىي شەكىللىك چوڭ پولات ماتېرىيالى (توننا)	2	200	9	333
普通中型钢材	ئاددىي شەكىللىك ئوتتۇرا پولات ماتېرىيالى (توننا)	89	2 853	279	7 944
普通小型钢材	ئاددىي شەكىللىك كىچىك پولات ماتېرىيالى (توننا)	927	7 132	1 031	56 535
钢带	تاسما پولات (توننا)	1	788	30	4 095
线材	سىم ماتېرىيال (توننا)	546	11 164	696	56 180
特厚钢板	ئالاھىدە قېلىن پولات تاختا (توننا)		4		7
中厚钢板	ئوتتۇرا پولات تاختا (توننا)	33	1 134	83	6 453
薄钢板	نېپىز پولات تاختا (توننا)	133	589	434	15 142
硅钢片	كرېمنىيلىك پولات ياپراقچە (توننا)		9		480
优质型钢材	سۈپەتلىك شەكىللىك پولات ماتېرىيال (توننا)		89		1 440
无缝钢管	ئۇلاقسىز پولات تۇرۇبا (توننا)	30	562	177	6 021
焊接钢管	ئۇلاقلىق پولات تۇرۇبا (توننا)	72	1 090	158	11 502
铜(吨)	مىس (توننا)		1		17
铝(吨)	ئاليۇمىن (توننا)	1	4		161
铅(吨)	قوغۇشۇن (توننا)		8	5	12
锌(吨)	سىنك (توننا)				16
锡(吨)	قەلەي (توننا)				18
铜材(吨)	مىس ماتېرىيالى (توننا)		6	1	115
铝材(吨)	ئاليۇمىن ماتېرىيال (توننا)		32		122
硫酸(吨)	سۇلفات كىسلاتا (توننا)		161	1	6 756
烧碱(吨)	ئويغۇچى ناترىي (توننا)		253	16	10 752
纯碱(吨)	شۇلتا (توننا)			8	4 660
合成橡胶(吨)	بىرىكمە كاۋچۇك (توننا)		15		122
水泥(吨)	سېمونت (توننا)	12 636	126 410	19 175	715 970
平板玻璃(重量箱)	تاختا ئەينەك (ساندۇق)	154	14 357	1 348	95 193
原木(立方米)	ياغاچ (كۇب مېتر)	3 896	21 335	4 724	38 572
#原木直接消费	ئىچىدە: ياغاچنىڭ بىۋاستە ئىستېمالى (توننا)	2 154	8 610	2 709	32 232
锯材(立方米)	ھەرىدەلگەن ياغاچ (كۇب مېتر)	223	3 502	67	22 100
润滑油(吨)	سىلىقلاش مېيى (توننا)	7	117	10	8 016
煤炭(吨)	كۆمۈر (توننا)	63 323	119 028	156 584	2 571 652
焦炭(吨)	كوكس (توننا)	140	566	7	51 038
原油(吨)	نېفىت (توننا)				4 295
汽油(吨)	بېنزىن (توننا)	3 552	11 017	7 097	93 506
煤油(吨)	كېروسىن (توننا)	99	128	11	887
柴油(吨)	دىزىل (توننا)	1 575	9 673	2 898	150 169
燃料油(吨)	يېقىلغۇ ماي (توننا)	2	14	65	14
液化石油气(吨)	سۇيۇق نېفىت گازى (توننا)				562
热力(百万千焦)	ئىسسىقلىق (مىليون جول)			6	5 884 519
电力(万千瓦时)	ئېلېكتر (تۈمەن كىلوۋات سائەت)	2 105	20 666	8 722	152 116
原材料,能源消费总值(万元)	خامئەشيا، ماتېرىيال، ئېنېرگىيە ئىستېمالىنىڭ ئومۇمىي قىممىتى (تۈمەن يۈەن)	4 828	83 359	37 070	871 196

主要统计指标解释

ئاساسلىق ستاتىستىكا كۆرسەتكۈچلىرىنىڭ ئىزاھاتى

بىرلەمچى ئېنېرگىيە ئىشلەپچىقىرىش مىقدارى مەلۇم مەزگىلدە شۇ رايوندىكى بارلىق ئېنېرگىيە سانائەت كارخانىلىرىنىڭ بىرلەمچى ئېنېرگىيە ئىشلەپچىقىرىش مىقدارىنىڭ جەمئىيسىنى كۆرسىتىدۇ. كۆمۈر، نېفىت، تەبىئىي گازنى، سۇتوكىنى ھەم باشقا ھەرىكەت ئېنېرگىيىسىدىن (م : شامال ئېنېرگىيىسى، قۇياش ئېنېرگىيىسى، يەر ئىسسىقلىق ئېنېرگىيىسى قاتارلىق) ھاسىل قىلىنغان توك مىقدارىنى ئۆز ئىچىگە ئالىدۇ. پايدىلىنىدىغان بىئولوگىيىلىك ئېنېرگىيە ھەم بىرلەمچى ئېنېرگىيەدىن پىششىقلاپ ئىشلەنگەن ئىككىلەمچى ئېنېرگىيە مىقدارىنى ئۆز ئىچىگە ئالمايدۇ. ئۇ شۇ رايوننىڭ ئېنېرگىيە ئىشلەپچىقىرىش سەۋىيىسى، كۆلىمى، قۇرۇلمىسى ۋە تەرەققىيات سۈرئىتىنى كۆزىتىدىغان ئومۇمىي مىقدار كۆرسەتكۈچى.

ئېنېرگىيە ئىستېمالىنىڭ ئومۇمىي مىقدارى مەلۇم مەزگىلدە شۇ رايوندا ئىشلەپچىقىرىشقا، مۇقىم مۈلۈككە مەبلەغ سېلىشقا ۋە تۇرمۇشقا ئىشلىتىلگەن تۈرلۈك ئېنېرگىيە ئىستېمال مىقدارىنىڭ جەمئىيسىنى كۆرسىتىدۇ. ئۇ پايدىلىنىلغان بىئولوگىيىلىك ئېنېرگىيەنى ئۆز ئىچىگە ئالمايدۇ. ئېنېرگىيە ئىستېمالىنىڭ ئومۇمىي مىقدارى ئاخىرقى ئېنېرگىيە ئىستېمالى، ئېنېرگىيەنى پىششىقلاپ ئايلاندۇرۇشتىكى زىيان مىقدارى ۋە زىيان مىقدارى دەپ ئۈچكە ئايرىلىدۇ. ئۇ ئېنېرگىيە ئىستېمال سەۋىيىسى، قۇرۇلمىسى ۋە ئېشىش سۈرئىتىنى كۆزىتىدىغان ئومۇمىي مىقدار كۆرسەتكۈچى.

ئاخىرقى ئېنېرگىيە ئىستېمال مىقدارى مەلۇم مەزگىلدە شۇ رايوندىكى ماددىي ئىشلەپچىقىرىش تارماقلىرى، غەيرى ماددىي ئىشلەپچىقىرىش تارماقلىرى ۋە تۇرمۇش ئىستېمالىغا ئىشلىتىلگەن تۈرلۈك ئېنېرگىيە مىقدارىنى كۆرسىتىدۇ. پىششىقلاپ ئايلاندۇرۇشتىكى ئېنېرگىيە ئارىلىق ئىستېمالىنى، پىششىقلاپ ئايلاندۇرۇشتىكى زىيان ۋە زىياننى ئۆز ئىچىگە ئالمايدۇ.

ئېنېرگىيىنى پىششىقلاپ ئايلاندۇرۇشتىكى زىيان مەلۇم مەزگىلدە شۇ رايوندا پىششىقلاپ ئايلاندۇرۇشقا ئىشلىتىلگەن تۈرلۈك ئېنېرگىيە مىقدارىنىڭ يىغىندىسى بىلەن ئىشلەپچىقىرىلغان تۈرلۈك ئېنېرگىيە مەھسۇلاتلىرى ۋە باشقا نېفىت مەھسۇلاتلىرى، كوكس مەھسۇلاتلىرىنىڭ يىغىندىسىنىڭ ئايرىمىسىنى كۆرسىتىدۇ. ئۇ ئېنېرگىيەنى پىششىقلاپ ئايلاندۇرۇشتىكى زىيان مىقدارىنىڭ ئۆزگىرىشىنى كۆزىتىدىغان كۆرسەتكۈچ.

ئېنېرگىيە زىيان مىقدارى مەلۇم مەزگىلدە ئېنېرگىيە ئىشلەپچىقىرىش، توشۇش، ساقلاش جەريانىدا كۆرۈلگەن ئىگىلىك باشقۇرۇش زىيىنى ۋە ئوبيېكتىپ سەۋەبتىن كېلىپ چىققان تۈرلۈك زىيانلارنى كۆرسىتىدۇ. تۈرلۈك گاز ئېنېرگىيىلىرىنىڭ ئۇچۇپ كېتىش، پارلىنىش زىيىنىنى ئۆز ئىچىگە ئالمايدۇ.

ئېنېرگىيە ئىشلەپچىقىرىشنىڭ ئېشىش كوئېففىتسېنتى بۇ ئېنېرگىيە ئىشلەپچىقىرىشنىڭ ئېشىش سۈرئىتى بىلەن خەلق ئىگىلىكىنىڭ ئېشىش سۈرئىتى ئوتتۇرىسىدىكى نىسبەت مۇناسىۋىتىنى ئەكس ئەتتۈرىدىغان كۆرسەتكۈچ. فورمۇلاسى:

ئېنېرگىيە ئىشلەپچىقىرىشنىڭ ئېشىش كوئېففىتسېنتى=ئېنېرگىيە ئىشلەپچىقىرىش ئومۇمىي مىقدارىنىڭ يىللىق ئوتتۇرىچە ئېشىش سۈرئىتى ÷ خەلق ئىگىلىكىنىڭ يىللىق ئوتتۇرىچە ئېشىش سۈرئىتى

ئېلېكتر ئىشلەپچىقىرىشنىڭ ئېشىش كوئېففىتسېنتى بۇ ئېلېكتر ئىشلەپچىقىرىشنىڭ ئېشىش سۈرئىتى بىلەن خەلق ئىگىلىكىنىڭ ئېشىش سۈرئىتى ئوتتۇرىسىدىكى نىسبەت مۇناسىۋىتىنى ئەكس ئەتتۈرىدىغان كۆرسەتكۈچ. فورمۇلاسى:

ئېلېكتر ئىشلەپچىقىرىشنىڭ ئېشىش كوئېففىتسېنتى = ئېلېكتر ئىشلەپچىقىرىش مىقدارىنىڭ يىللىق ئوتتۇرىچە ئېشىش سۈرئىتى ÷ خەلق ئىگىلىكىنىڭ يىللىق ئوتتۇرىچە ئېشىش سۈرئىتى

ئېنېرگىيە ئىستېمالىنىڭ ئېلاستىك كوئېففىتسېنتى ئېنېرگىيە ئىستېمالىنىڭ ئېشىش سۈرئىتى بىلەن خەلق ئىگىلىكىنىڭ ئېشىش سۈرئىتىنىڭ نىسبەت مۇناسىۋىتىنى ئەكس ئەتتۈرىدىغان كۆرسەتكۈچ. فورمۇلاسى:

ئېنېرگىيە ئىستېمالىنىڭ ئېلاستىك كوئېففىتسېنتى= ئېنېرگىيە ئىستېمال مىقدارىنىڭ يىللىق ئوتتۇرىچە ئېشىش سۈرئىتى ÷ خەلق ئىگىلىكىنىڭ يىللىق ئوتتۇرىچە ئېشىش سۈرئىتى

ئېلېكتر ئىستېمالىنىڭ ئېلاستىك كوئېففىتسېنتى ئېلېكتر ئىستېمالىنىڭ ئېشىش سۈرئىتى بىلەن خەلق ئىگىلىكىنىڭ ئېشىش سۈرئىتىنىڭ نىسبەت مۇناسىۋىتىنى ئەكس ئەتتۈرىدىغان كۆرسەتكۈچ. ئومۇمەن ئېيتقاندا ئېلېكتر ئىشلەپچىقىرىشنىڭ تەرەققىياتى خەلق ئىگىلىكىنىڭ تەرەققىياتىدىن تېز بولىشى، يەنى ئېلېكتر ئىشلەپچىقىرىشى ئالدىن راۋاجلاندۇرۇلىشى كېرەك. فورمۇلاسى:

ئېلېكتر ئىستېمالىنىڭ ئېلاستىك كوئېففىتسېنتى =ئېلېكتر ئىستېمال مىقدارىنىڭ يىللىق ئوتتۇرىچە ئېشىش سۈرئىتى ÷ خەلق ئىگىلىكىنىڭ يىللىق ئوتتۇرىچە ئېشىش سۈرئىتى

一次能源生产量　指一定时期内地区全部能源工业企业一次能源生产量的总和。一次能源生产量包括原煤、原油、天然气、水电及其它动力能发电量(如风能、太阳能、地热能等)。不包括生物质能利用以及由一次能源加工转换产出的二次能源产量。一次能源生产总量是观察地区能源生产水平、规模、构成和发展速度的总量指标。

能源消费总量　指一定时期内地区用于生产、固定资产投资和生活的各种能源消费量的总和。能源消费总量不包括生物质能的利用。能源消费总量分为三部分,即终端能源消费量、能源加工转换损失量和损失量。它是观察能源消费水平、构成和增长速度的总量指标。

终端能源消费量　指一定时期内地区物质生产部门、非物质生产部门和生活消费的各种能源数量。不包括用于加工转换的中间能源消费量、加工转换损失量和损失量。

能源加工转换损失量　指一定时期内地区投入加工转换的各种能源数量之和与产出各种能源产品及其它石油制品和其它焦化产品之和的差额。它是观察能源在加工转换过程中损失量变化的指标。

能源损失量　一定时期内能源在生产、输送、储存过程中发生的经营管理损失和由于客观原因造成的各种损失量。不包括各种气体能源放空、放散量。

能源生产增长系数　是反映能源生产增长速度与国民经济增长速度之间比例关系的指标。其计算公式为:

$$\text{能源生产增长系数}=\frac{\text{能源生产总量年平均增长速度}}{\text{国民经济年平均增长速度}}$$

电力生产增长系数　是反映电力生产增长速度与国民经济增长速度之间比例关系的指标。其计算公式为:

$$\text{电力生产增长系数}=\frac{\text{电力生产量年平均增长速度}}{\text{国民经济年平均增长速度}}$$

能源消费弹性系数　是反映能源消费增长速度与国民经济增长速度之间比例关系的指标。其计算公式为:

$$\text{能源消费弹性系数}=\frac{\text{能源消费量年平均增长速度}}{\text{国民经济年平均增长速度}}$$

电力消费弹性系数　是反映电力消费增长速度与国民经济增长速度之间比例关系的指标。一般来说,电力的发展应快于国民经济的发展,也就是说电力应超前发展。其计算公式为

$$\text{电力消费弹性系数}=\frac{\text{电力消费量年平均增长速度}}{\text{国民经济年平均增长速度}}$$

14

تاشقى ئىقتىساد-سودا، ساياھەت

外贸、外经和旅游

Foreign Trade
and Economy, Tourism

ئىمپورت - ئېكسپورت سودىسى

14—1 进 出 口 贸 易

تۈرى 项 目	1995 年 -يىل		1995-يىل 1994-يىلدىن ئاشقىنى 1995 年比 1994 年增长％	
	مىقدارى 数 量	سوممىسى (تۈمەن دوللار) 金 额 (万美元)	مىقدارى 数 量	سوممىسى 金 额
总值(万美元) ئومۇمىي قىممىتى (تۈمەن دوللار)		**142 798**		**137.2**
出口总值 ئېكسپورت ئومۇمىي قىممىتى (تۈمەن دوللار)		76 880		133.4
进口总值 ئىمپورت ئومۇمىي قىممىتى (تۈمەن دوللار)		65 918		141.9
主要出口商品 ئاساسلىق ئېكسپورت تاۋارلىرى				
棉花(吨) پاختا(توننا)	66 960	15 098	88.4	145.3
棉纱(件) پاختا يىپ (دانە)	47 160	3 014	91.7	123.0
棉布(万米) پاختا رەخت (تۈمەن مېتر)	3 644	1 824	259.2	211.6
羊毛衫(含羊绒衫,件) يۇڭ فوفايكا(تىۋىت فوفايكىنىمۇ ئۆز ئىچىگە ئالىدۇ، دانە)	568 236	2 124	139.6	142.2
其他毛纱/线(公斤) باشقا يۇڭ يىپ (كىلوگرام)	39 010	441	44.8	58.3
呢绒(万米) يۇڭ توقۇلما(تۈمەن مېتر)	362	957	464.1	398.8
肠衣(桶) ئۈچەي (سوغا)	2 157	844	60.8	129.6
羊绒(吨) تىۋىت (توننا)				
啤酒花(吨) قۇلماق (توننا)	2 010	324	213.8	106.2
甘草(吨) چۈچۈكبۇيا(توننا)	1 956	121	51.6	51.7
鹿茸(公斤) بۇغا يۈمران مۈڭگۈزى (كىلوگرام)	2 580	152	25.8	26.3
甘草膏(吨) چۈچۈكبۇيا مەلھىمى (توننا)	147	29	17.2	14.5
地毯(平方米) گىلەم (كۋادرات مېتر)	20 714	90	18.5	25.9
元明粉(吨) سۇسىز ناترىي سۇلفات پاراشوگى (توننا)	26 555	237	95.7	128.1
碳酸锂(吨) لىتىي كاربونات (توننا)	1 656	555	193.0	192.0
氢氧化锂(吨) لىتىي گىدروكسىد (توننا)	874	337	184.4	184.2
主要进口商品 ئاساسلىق ئىمپورت تاۋارلىرى				
化工原料(吨) خىمىيە سانائەت خام ئەشياسى (توننا)	35 668	3 369	358.4	263.4
钢材(吨) پولات ماتېرىيالى (توننا)	356 869	12 364	106.4	134.5
汽车(辆) ئاپتوموبىل (دانە)	432	718	37.2	29.8
化肥(吨) خىمىيۋى ئوغۇت (توننا)	398 680	5 591	208.7	164.7
纸张(吨) قەغەز (توننا)	79	73	1.6	38.8
电视机及音响设备 تېلېۋىزور، ئاۋاز ياڭراتقۇ (تۈمەن دوللار)				
轻工机械 يېنىك سانائەت ماشىنىلىرى (تۈمەن دوللار)		6 053		461.4
医疗器械 داۋالاش ئۈسكۈنىلىرى (تۈمەن دوللار)		1 621		177.0
电子仪器类 ئېلېكترون ئەسۋابلار (تۈمەن دوللار)		1 351		96.5
物理化工仪器类 فىزىكا، خىمىيە سانائىتى ئەسۋابلىرى (تۈمەن دوللار)		15		214.3

چەتئەل ۋە شياڭگاڭ، ئاۋمېن، تەيۋەن رايونلىرىنىڭ جۇڭگوغا بىۋاستە مەبلەغ سېلىش ئەھۋالى

14—2 外国和港澳台地区在华直接投资情况

（ يىل -1995 年）

تۈر 项　　　目		كېلىشىم ئىمزالاش ئەھۋالى 签订协议情况		ئەمەلىي سېلىنغان مەبلەغ (تۈمەن دوللار) 客商实际投资额（万美元）	يىل ئاخىرىدىكى ئەمەلىي كارخانا سانى 年末实有企业个数（个）
		توختام (پارچە) 合同数（个）	سېلىنغان مەبلەغ (تۈمەن دوللار) 客商投资额（万美元）		
合　　计	**جەمئىي**	**114**	**9 245**	**6 678**	**665**
按投资方式分	**مەبلەغ سېلىش شەكلى بويىچە**				
#独资经营	مۇستەقىل مەبلەغ سالغان	15	3 456	1 617	85
合资经营	شېرىكلەشكەن	91	5 665	3 233	546
合作经营	ھەمكارلاشقان	8	124	1 828	34
按国民经济行业分	**خەلق ئىگىلىك ساھەسى بويىچە**				
农林牧渔业	دېھقانچىلىق، ئورمانچىلىق، چارۋىچىلىق، بېلىقچىلىق	3	187	70	13
采掘业	قازمىچىلىق				3
制造业	ياساش كەسپى	92	7 116	2 407	434
电力、煤气及水的生产和供应业	ئېلېكتر كۈچى، گاز، سۇ ئىشلەپچىقىرىش ۋە تەمىنلەش				1
建筑业	بىناكارلىق	1	588	69	39
交通运输、仓储及邮电通讯业	قاتناش، ترانسپورت، ساقلاش، پوچتا-تېلېگراف، ئالاقە			28	15
批发零售贸易、餐饮业	توپ-پارچە سودا، يېمەك-ئىچمەك	4	220	782	21
房地产业	ئۆي -زېمىن	2	230	935	48
社会服务业	ئىجتىمائىي مۇلازىمەت	11	884	2 368	83
其他行业	باشقا ساھە	1	20	19	8
按国别、地区分	**دۆلەت، رايون بويىچە**				
#香港地区	شياڭگاڭ	47	3 025	4 664	338
澳门地区	ئاۋمېن	2	81	30	18
台湾省	تەيۋەن	17	824	381	63
日本	ياپونىيە	2	64	61	16
美国	ئامېرىكا	18	1 885	730	61
加拿大	كانادا	2	166	110	10
德国	گېرمانىيە	2	124	10	4
土耳其	تۈركىيە	5	70	62	11
英国	ئەنگلىيە	1	2 500	290	2
泰国	تايلاند			13	3
新加坡	سىنگاپور	2	102	7	10
澳大利亚	ئاۋستىرالىيە	4	187	19	14
独联体	مۇستەقىل دۆلەتلەر بىرلەشمىسى	4	39	68	76
马来西亚	مالايسىيا	1	15	31	5

ئىقتىسادىي تېخنىكا ھەمكارلىقى

14—3 经济技术协作

(1995 -يىلى 年)

تۈر 项目	شۇ يىلى ئىمزالانغان توختام 当年签订合同		ئىجرا قىلىنغان توختام 执行合同	
	سانى (پارچە) 数量(个)	سوممىسى (تۈمەن يۈەن) 金额(万元)	سانى (پارچە) 数量(个)	سوممىسى (تۈمەن يۈەن) 金额(万元)
合计 جەمئىي	799	524 813	716	360 353
1、区内 ئاپتونوم رايون ئىچى	364	199 421	325	143 902
2、区外 ئاپتونوم رايون سىرتى	435	325 392	391	216 451
#引进外省资金 باشقا ئۆلكىدىن كىرگۈزۈلگەن مەبلەغ		226 043		139 080

ساياھەتچىلىك تەرەققىيات ئەھۋالى

14—4 旅游事业发展情况

تۈر 项目	1995 -يىلى 年	1995-يىلى 1994 -يىلدىكىنىڭ 1995年为1994年%
旅游人数合计(人) جەمئىي ساياھەتچى سانى(نەپەر)	**203 579**	**125.7**
(一)外国人 (1) چەتئەللىكلەر	185 514	121.5
#日本 ياپونىيە	43 983	113.8
新加坡 سىنگاپور	2 048	78.7
美国 ئامېرىكا	5 595	66.9
英国 ئەنگلىيە	2 422	78.9
法国 فرانسىيە	3 062	55.3
德国 گېرمانىيە	4 892	68.4
独联体 مۇستەقىل دۆلەتلەر بىرلەشمىسى	93 578	160.2
(二)华侨 (2) جۇڭگو مۇھاجىرلىرى	3 522	54.2
(三)港澳和台湾同胞 (3) شياڭگاڭ، ئاۋمېن، تەيۋەنلىك قېرىنداشلار	14 543	159.1
旅游外汇收入合计(万美元) جەمئىي ساياھەت تاشقى پېرېۋوت كىرىمى (تۈمەن دوللار)	**5 268**	**123.2**
(一)商品性收入 (1) تاۋار كىرىمى	3 119	102.0
1、商品销售收入 1. تاۋار سېتىش كىرىمى	2 802	97.5
2、饮食销售收入 2. يېمەكلىك سېتىش كىرىمى	317	171.4
(二)劳务性收入 (2) ئەمگەك كىرىمى	2 149	176.4
1、旅行社旅游业务费收入 1. ساياھەت شىركەتلىرىنىڭ كەسپىي كىرىمى	839	228.0
2、宿费 2. ياتاق خىراجىتى	703	170.2
3、长途交通费 3. ئۇزۇن يوللۇق قاتناش خىراجىتى	351	225.0
4、其他 4. باشقا	256	91.1

ئىقتىسادىي، تېخنىكا تەرەققىيات (ھەمكارلىق) رايونلىرىنىڭ ئاساسلىق ئەھۋالى

14—5 经济技术开发(合作)区主要情况

تۈر 项　目	-يىل 1995年	تۈر 项　目	-يىل 1995年
1. پىلاندىكى يەر كۆلىمى (گېكتار) **规划土地面积(公顷)**	**4 645**	1. ئىچكى ھەمكارلىق كارخانىسى (تۈمەن يۈەن) #1、内联企业(万元)	34 214
#已开发面积　ئىشلىتىلگەن كۆلىمى	204	2. ئۈچ خىل مەبلەغ كارخانىسى (تۈمەن دوللار) 2、三资企业(万美元)	2 774
ئاساسىي قۇرۇلۇشتا ئورۇنلانغان مەبلەغ سوممىسى (تۈمەن يۈەن) **基本建设完成投资额(万元)**	**53 380**	يىل ئاخىرىدا پۈتۈنلەي ئىشقا كىرىشتۈرۈلگەن، ئىش باشلىغان كارخانا (ئورۇن) **年末全部投产(开业)企业数(各)**	**195**
ئاساسىي مۇئەسسەلەرگە سېلىنغان مەبلەغ #基础设施投资	5 364	ئۈچ خىل مەبلەغ كارخانىسى (ئورۇن) #三资企业	14
#(1)水　(1) سۇ	2 169	سانائەت ئومۇمىي مەھسۇلات قىممىتى (ھازىرقى باھا. تۈمەن يۈەن) **工业总产值(现行价·万元)**	**50 800**
(2)电　توك	124	تاۋار ئېكسپورت ئومۇمىي سوممىسى (تۈمەن ئامېرىكا دوللىرى) **出口商品总额(万美元)**	**806**
(3)路　يول	1 237	كارخانا ئىشقا ئاشۇرغان پايدا، باج ئومۇمىي سوممىسى (تۈمەن يۈەن) **企业实现利税总额(万元)**	**5 066**
(4)通信　ئالاقە	1 066	ئەمەلىي تاپشۇرغان باج ئومۇمىي سوممىسى (تۈمەن يۈەن) #实缴税金总额	4 097
房屋建设投资额　ئۆي سېلىشقا سېلىنغان مەبلەغ	22 283	چەت ئەل سودىگەرلىرى بىلەن يېڭى ئىمزالىغان مەبلەغ سېلىش توختامى (پارچە) **新签外商投资合同数(个)**	**13**
房屋竣工面积(平方米)　پۈتكەن ئۆي (كۋادرات مېتىر)	**113 611**	چەت ئەل سودىگەرلىرى بىلەن يېڭى ئىمزالىغان مەبلەغ سېلىش توختامىدىكى سومما (تۈمەن دوللار) **新签外商投资合同金额(万美元)**	**1 010**
已注册登记企业数(个)　تىزىمغا ئالدۇرغان كارخانا (ئورۇن)	**373**	ئۆتۈنۈپ بەرگەن يەر كۆلىمى (گېكتار) **土地转让面积(公顷)**	**59**
#1、内联企业　1. ئىچكى ھەمكارلىق كارخانىسى	201	يەر ئۆتۈنۈپ بېرىپ ئالغان پۇل (تۈمەن يۈەن) **收取土地转让金额(万元)**	**3 177**
2、三资企业　2. ئۈچ خىل مەبلەغ كارخانىسى	15	ياتقۇزۇلغان تۇربا سۇيى تۇربىسى (مېتىر) **自来水管道铺设长度(米)**	**10 322**
已注册登记企业资本　تىزىمغا ئالدۇرغان كارخانا كاپىتالى		قاتتىقلاشتۇرۇلغان يول (كۋادرات مېتىر) **道路硬化面积(平方米)**	**54 501**

ئىزاھات: بۇ جەدۋەلدىكى ئۈرۈمچى شەھىرى، شىخەنزە شەھىرى، كۈيتۇن شەھىرى، غۇلجا شەھىرى، بۇرتالا شەھىرى، چۆچەك شەھىرى قاتارلىق ئالتە ئىقتىسادىي، تېخنىكا تەرەققىيات (ھەمكارلىق) رايونىنى ئۆز ئىچىگە ئالىدۇ.
注:本表包括乌鲁木齐市、石河子市、奎屯市、伊宁市、博乐市、塔城市六个经济技术开发(合作)区。

چېگرا رايونلاردىكى چېگرا ئاھالىسىنىڭ ئۆز- ئارا بازىرى ئەھۋالى

14—6 边境地区边民互市情况

تۈر 项　　目		يىل- 1994 年	يىل- 1995 年	1995-يىلى 1994-يىلدىن ئاشقىنى 1995 年比 1994 年增长(%)
交易总额(万元)	**سودا ئومۇمىي سوممىسى (تۈمەن يۈەن)**	**13 283**	**27 517**	**107.2**
#出口	ئېكسپورت (تۈمەن يۈەن)	10 612	25 072	136.3
进口	ئىمپورت (تۈمەن يۈەن)	2 671	2 445	—8.5
参市人数(人次)	**بازارغا كىرگەن ئادەم سانى (ئادەم قېتىم)**	**318 131**	**806 529**	**153.5**
#外国人	چەت ئەللىكلەر (ئادەم قېتىم)	35 684	77 946	118.4
税收总额(万元)	**ئېلىنغان باج سوممىسى (تۈمەن يۈەن)**	**283**	**1 111**	**292.6**

ئاپتونوم رايونىمىز چەتئەل ۋە شياڭگاڭ، ئاۋمېن، تەيۋەن رايونلىرىدا بىۋاستە سالغان مەبلەغ

14—7 我区在外国和港澳台地区直接投资

تۈر 项　　目		يىل- 1994 年			يىل- 1995 年		
		يېڭى كېلىشىم ئىمزالاش ئەھۋالى 新签订协议情况		بىز ئەمەلىي سالغان مەبلەغ (تۈمەن دوللار) 我方实际投资 (万美元)	يېڭى كېلىشىم ئىمزالاش ئەھۋالى 新签订协议情况		بىز ئەمەلىي سالغان مەبلەغ (تۈمەن دوللار) 我方实际投资 (万美元)
		توختام (پارچە) 合同数(个)	بىز سالغان مەبلەغ (تۈمەن دوللار) 我方投资额 (万美元)		توختام (پارچە) 合同数(个)	بىز سالغان مەبلەغ (تۈمەن دوللار) 我方投资额 (万美元)	
合计	**جەمئىي**	**84**	**729**	**47**	**50**	**535**	
#独资经营	مۇستەقىل مەبلەغ سالغان	15	183	5	18	254	
合资经营	شېرىكلەشكەن	69	546	42	32	281	

چەتئەل سودىگەرلىرىنىڭ باشقا شەكىللەر بىلەن مەبلەغ سېلىش ئەھۋالى

14—8 外商其他方式投资情况

(يىل- 1995 年)　　　　单位:万美元 بىرلىكى: تۈمەن دوللار

تۈر 项　　目		ئالدىنقى يىلىنىڭ ئاخىرىدا ھېساب ئاغدۇرغان بېرىش پۇل قالدۇقى 上年末结转应付款余额	يېڭىدىن كۆپەيگەن بېرىش پۇل 新增应付款	تۆلىگەن پۇل 已付款
合计	**جەمئىي**	**1 750**	**2 839.5**	
#补偿贸易中客商作价提供设备	تولۇقلىما سودىدا چەتئەل سودىگەرلىرى باھاغا سۇندۇرۇپ بەرگەن ئۈسكۈنە	793	2 839.5	
国际租赁	خەلقئارادىن ئىجارە ئالغان	957		

چەتئەلدىن قەرز ئالغان مەبلەغ
14—9 借用国外资金

(1995 年 -يىل)

单位:万美元 بىرلىكى:تۈمەن دوللار

项目 تۈر	ئالدىنقى يىل ئاخىرىدا ئاغدۇرۇلغان سوممىسى 上年末结转金额	يېڭىدىن قوشۇلغان قەرز پۇلنىڭ دىرى 新增借款本金	قايتۇرغان دىرى 偿还本金	چەت ئەل پۇلىنىڭ ئايرىۋېشلاش نىسبىتىنىڭ ئۆزگىرىش پەرق سوممىسى 外汇汇率变化差额	بۇ يىلنىڭ ئاخىرىدىكى قەرز پۇلنىڭ پەرق سوممىسى 本年末借款差额	قايتۇرۇلغان ئۆسۈم 偿还利息
合计 جەمئىي	70 124	25 181	3 001	+4 348	96 652	2 354
一、外国政府贷款 1. چەتئەل ھۆكۈمىتىدىن ئالغان قەرز پۇل	33 479	11 791	949	+228	44 549	512
二、国际金融组织贷款 2. خەلقئارا پۇل مۇئامىلە تەشكىلاتىدىن ئالغان قەرز پۇل	9 945	5 583	293	−3	15 232	429
#统借自还 بىر تۇتاش قەرز ئالغان، ئۆزى قايتۇرىدىغان						
三、外国银行商业贷款 3. چەتئەل بانكىسىنىڭ سودا قەرز پۇلى	12 469	1 600	1 023	+2 592	15 638	496
四、出口信贷 4. ئېكسپورت كرېدىتى	14 231	6 207	736	+1 531	21 233	917

ئىزاھات: بۇ جەدۋەلدىكى ماتېرىياللارنى ئاپتونوم رايونلۇق تاشقى پېرېۋوت باشقۇرۇش ئىدارىسى تەمىنلىگەن. چەت ئەل ھۆكۈمىتى ماددىي بويۇم شەكلىدە تەمىنلىگەن قەرز پۇل قىسمىنى ئۆز ئىچىگە ئالمايدۇ.

注:本表资料系自治区外汇管理局提供,未包括外国政府实物贷款部分。

چەتئەلدىن كۆتۈرە ئالغان قۇرۇلۇش ۋە ئەمگەك ھەمكارلىقى
14—10 对外承包工程和劳务合作

项目 تۈر	1994 年 -يىل	1995 年 -يىل
承包工程 كۆتۈرە ئالغان قۇرۇلۇش		
新签合同数(个) يېڭىدىن ئىمزالىغان توختام (پارچە)	3	4
新签合同金额(万美元) يېڭىدىن ئىمزالىغان توختامدىكى سومما(تۈمەن دوللار)	378	2 015
劳务合作 ئەمگەك ھەمكارلىقى		
新签合同数(个) يېڭىدىن ئىمزالىغان توختام (پارچە)	1	
新签合同金额(万美元) يېڭىدىن ئىمزالىغان توختامدىكى سومما(تۈمەن دوللار)	16	

پايدىلىنىلغان چەتئەل مەبلىغى

14—11 利用外资

单位：个、万美元 بىرلىكى : دانە، تۈمەن دوللار

项目 تۈرلەر	1994年 يىل-1994			1995年 يىل-1995		
	签订合同数 ئىمزالانغان توختام سانى	合同金额 توختام سوممىسى	实际投资 ئەمەلىي سالغان مەبلىغى	签订合同数 ئىمزالانغان توختام سانى	合同金额 توختام سوممىسى	实际投资 ئەمەلىي سالغان مەبلىغى
总计 جەمئىي	**172**	**19 122**	**14 543**	**140**	**42 039**	**54 699**
对外借款 1. سىرتتىن ئالغان قەرز	**14**	**10 549**	**9 713**	**13**	**29 402**	**45 181**
外国政府贷款 چەتئەل ھۆكۈمىتىدىن ئالغان قەرز پۇل	10	1 009	6 005	8	10 538	31 791
国际金融组织贷款 خەلقئارا پۇل مۇئامىلە تەشكىلاتىدىن ئالغان قەرز پۇل				5	18 864	5 583
外国商业银行贷款 چەتئەل سودا بانكىسىدىن ئالغان قەرز پۇل	3	400	400			1 600
出口信贷 ئېكسپورت كرېدىتى	1	140	3 308			6 207
对外发行债券 چەتئەلگە تارقىتىلغان زايوم						
外商直接投资 2. چەتئەل سودىگەرلىرى بىۋاستە سالغان مەبلەغ	**157**	**8 547**	**4 830**	**114**	**9 245**	**6 678**
独资经营 مۇستەقىل مەبلەغ سالغان	14	1 187	1 489	15	3 456	1 647
合资经营 شېرىكلەشكەن	138	6 949	3 314	91	5 665	3 233
合作经营 ھەمكارلاشقان	5	411	27	8	124	1 828
合作开发 ھەمكارلىشىپ تەرەققىي قىلدۇرغان						
外商其他投资 3. چەتئەل سودىگەرلىرىنىڭ سالغان باشقا مەبلىغى	**1**	**26**		**13**	**3 392**	**2 840**
补偿贸易 تولۇقلىما سودا	1	26		13	3 392	2 840
加工装配 پىششىقلاش-قۇراشتۇرۇش						
国际租赁 خەلقئارادىن ئىجارە ئالغان						

主要统计指标解释

ئاساسلىق ستاتىستىكا كۆرسەتكۈچلىرىنىڭ ئىزاھاتى

پايدىلىنىلغان چەتئەل مەبلىغى دۆلىتىمىزدىكى ھەر دەرىجىلىك ھۆكۈمەتلەر، تارماقلار، كارخانىلار ۋە باشقا ئىقتىسادىي تەشكىلاتلار چەتئەلدىن قەرز پۇل ئېلىش، چەتئەل سودىگەرلىرى بىۋاستە سالغان مەبلەغنى قوبۇل قىلىش ھەمدە باشقا شەكىللەر بىلەن توپلىغان چېگرا سىرتىدىكى نەق چەتئەل پۇلى، ئۈسكۈنە، تېخنىكا قاتارلىقلارنى كۆرسىتىدۇ.

چەتئەلدىن ئېلىنغان قەرز پۇل بۇ دۆلىتىمىز پايدىلانغان چەتئەل مەبلىغىنىڭ ئاساسلىق قىسمى بولۇپ، دۆلىتىمىز چەتئەل ھۆكۈمىتىدىن، خەلقئارا پۇل مۇئامىلە تەشكىلاتىدىن ئالغان قەرز پۇلنى، چەتئەل بانكىسىدىن ئالغان سودا قەرز پۇلى، ئېكسپورت كرېدىتىنى ھەمدە چەتئەلگە زايوم، پاي چېكى تارقىتىش قاتارلىق شەكىللەر بىلەن چېگرا سىرتىدىن توپلىغان مەبلەغنى ئۆز ئىچىگە ئالىدۇ.

چەتئەل سودىگەرلىرى بىۋاستە سالغان مەبلەغ چەتئەل كارخانىلىرى ۋە ئىقتىسادىي تەشكىلاتلار ياكى شەخسلەر (جۇڭگو مۇھاجىرلىرى، شياڭگاڭ، ئاۋمېن، تەيۋەنلىك قېرىنداشلار ھەمدە دۆلىتىمىزنىڭ چېگراسىرتىدىكى تىزىمغا ئالدۇرغان كارخانىلىرىنى ئۆز ئىچىگە ئالىدۇ)، دۆلىتىمىزنىڭ ئالاقىدار سىياسەت، قانۇن-نىزاملىرىغا ئاساسەن نەق چەتئەل پۇلى، ماددىي بۇيۇم، تېخنىكا قاتارلىقلار ئارقىلىق دۆلىتىمىز چېگرىسى ئىچىدە چەتئەل سودىگەرلىرى مۇستەقىل مەبلەغ سالغان كارخانا قۇرۇش، دۆلىتىمىز ئىچىدىكى كارخانا ياكى ئىقتىسادىي تەشكىلاتلار بىلەن بىرلىشىپ جۇڭگو-چەتئەل شېرىكلەشكەن كارخانا، جۇڭگو-چەتئەل ھەمكارلاشقان كارخانا قۇرۇش ياكى ھەمكارلىشىپ بايلىق ئېچىشقا مەبلەغ سېلىش (چەتئەل سودىگەرلىرى سالغان مەبلەغنىڭ پايدىسىنى قايتا مەبلەغ سېلىشنىمۇ ئۆز ئىچىگە ئالىدۇ) ھەمدە ھۆكۈمەتنىڭ ئالاقىدار تارماقلىرى تەستىقلىغان تۈرلەرگە سېلىنىدىغان مەبلەغ ئومۇمىي سوممىسى ئىچىدە كارخانا چېگرا سىرتىدىن قەرز ئالغان مەبلەغنى كۆرسىتىدۇ. چەتئەلدىن ھۆددىگە ئېلىش شىركەتلىرى خېرىدار چاقىرىش - خېرىدار تاللاش شەكلىدە ھۆددىگە ئالغان تۆۋەندىكى كەسپلەرنى ئۆز ئىچىگە ئالىدۇ: (1) ھۆددىگە ئالغان چەتئەل قۇرۇلۇش تۈرى؛ (2) ھۆددىگە ئالغان چەتئەلگە ياردەم بېرىش تۈرى؛ (3) ھۆددىگە ئالغان دۆلىتىمىزنىڭ چەتئەلدە تۇرۇشلۇق ئورگانلىرىنىڭ قۇرۇلۇش تۈرى؛ (4) ھۆددىگە ئالغان دۆلىتىمىز چېگرىسى ئىچىدىكى چەتئەل مەبلىغىدىن پايدىلىنىپ ئېلىپ بېرىلغان قۇرۇلۇش تۈرى؛ (5) چەتئەلدە ھۆددە شىركىتى بىلەن ھەمكارلىشىپ ياكى بىرلىشىپ ھۆددىگە ئالغان قۇرۇلۇش تۈرلىرىنىڭ دۆلىتىمىز شىركىتى ئايرىپ ھۆددىگە ئالغان قىسمى؛ مۇلازىمەت نەتىجىسى ئارقىلىق خوجايىنلاردىن ھەق ئالغان تېخنىكا مۇلازىمەت تۈرى (يەر شەكلىنى ئۆلچەپ سىزىش، گېئولوگىيىلىك بايلىقلارنى قىدىرىپ تەكشۈرۈش ۋە ئومۇمىيۈزلۈك تەكشۈرۈش، قۇرۇلۇش رايونلىرىنى پىلانلاش، لايىھەلەش ھۆججىتى، چىرتيوژ، ئىشلەپچىقىرىش ھۈنەر-سەنئىتى تېخنىكىسى ماتېرىيالى ۋە قۇرۇلۇش تېخنىكا، ئىقتىساد مۇلازىمىتى قىلىش، قۇرۇلۇش تۈرلىرىنىڭ مۇمكىنچىلىكىنى كۆزىتىش، تەتقىق قىلىش ۋە باھالاش، تېخنىكا جەھەتتىن يېتەكچىلىك قىلىش، خادىم تەربىيىلەش قاتارلىقلارنى ئۆز ئىچىگە ئالىدۇ)؛ (7) چەتئەلدىن ھۆددە ئېلىپ قوشۇمچە شۇغۇللانغان ئۆي تەرەققىيات كەسپى، چەتئەلدىن ھۆددىگە ئالغان قۇرۇلۇشنىڭ تىجارەت سوممىسى، پۇل بىلەن ئىپادىلەنگەن شۇ مەزگىلدە ئورۇنلانغان چەتئەلدىن ھۆددىگە ئالغان قۇرۇلۇشنىڭ خىزمەت مىقدارىنى كۆرسىتىدۇ. ئالدىنقى يىللاردا ئىمزالانغان ۋە شۇ يىلى ئىمزالانغان توختامدىكى دوكلات مەزگىلىدە تاماملانغان خىزمەت مىقدارىنى ئۆز ئىچىگە ئالىدۇ.

چەتئەل بىلەن بولغان ئەمگەك ھەمكارلىقى ئىش ھەققى ئېلىش شەكلى بىلەن خوجايىنغا ياكى ھۆددە سودىگىرىگە تېخنىكا ياكى ئەمگەك مۇلازىمىتى تەمىنلەپ بېرىش پائالىيىتىنى كۆرسىتىدۇ. دۆلىتىمىزنىڭ چەتئەلدىن ھۆددە ئېلىش شىركەتلىرى چېگرا سىرتىدا قۇرغان ھەمكارلىق كارخانىلىرىدا جۇڭگو شىركىتى يەنە ئەمگەك مۇلازىمىتى تەمىنلەپ بەرگەن بولسا، بۇ ئەمگەك مۇلازىمىتى قىسمىنى ئەمگەك ھەمكارلىقىغا كىرگۈزۈپ ستاتىستىكىلاش كېرەك. ئەمگەك ھەمكارلىق تىجارەت سوممىسى دوكلات مەزگىلىدە خوجايىن تاپشۇرغان راسچوت سانى (ئىش ھەققى، ئىش قوشۇپ ئىشلەش ھەققى ۋە مۇكاپات پۇلى قاتارلىقلارنى ئۆز ئىچىگە ئالىدۇ) بويىچە ستاتىستىكىلىنىدۇ.

ساياھەتچىلەر سانى دۆلىتىمىزگە ئېكسكۇرسىيە، زىيارەت، ساياھەت، تۇغقان يوقلاش، دوستلىرىنى يوقلاش، دەم ئېلىش، تەكشۈرۈش، يىغىنغا قاتنىشىش ۋە ئىقتىساد، پەن-تېخنىكا، مەدەنىيەت، مائارىپ، دىن قاتارلىق پائالىيەتلەرگە قاتنىشىشقا كەلگەن چەتئەللىكلەر، جۇڭگو مۇھاجىرلىرى، شاڭگاڭ، ئاۋمېن، تەيۋەنلىك قېرىنداشلارنىڭ سانىنى كۆرسىتىدۇ. چەتئەلنىڭ دۆلىتىمىزدىكى دائىملىق ئورگانلىرى، مەسىلەن: ئەلچىخانا، ئاگېنتلىقى، كارخانا ئىش بېجىرىش ئورنىنىڭ خىزمەتچىلىرى، دۆلىتىمىزدە دائىم تۇرىدىغان چەتئەل مۇتەخەسسىسلىرى، ئوقۇغۇچىلىرى ھەمدە ئېغىزلاردا قىسقا ۋاقىت توخ-

تاپ ئۆتىدىغان، قونىدىغان خادىملارنى ئۆز ئىچىگە ئالىدۇ.

ساياھەتچىلىك تاشقى پېرېۋوت كىرىمى دۆلىتىمىزدىكى ھەرقايسى تارماقلار، دۆلىتىمىزگە ساياھەتكە كەلگەن چەتئەللىكلەر، جۇڭگو مۇھاجىرلىرى، شاڭگاڭ، ئاۋمىن، تەيۋەنلىك قېرىنداشلارنى تاۋار ۋە ئەمگەك بىلەن تەمىنلەپ ئېرىشكەن تاشقى پېرېۋوت كىرىمىنى كۆرسىتىدۇ. تاۋار، يېمەكلىك ۋە تۇرالغۇ، قاتناش، پوچتا-تېلېگراف، مەدەنىي كۆڭۈل ئېچىش، ساياھەتچىلىككە باشچىلىق قىلىش قاتارلىق تۈرلۈك مۇلازىمەت بىلەن تەمىنلەپ ئېرىشكەن بارلىق تاشقى پېرېۋوت كىرىمىنى ئۆز ئىچىگە ئالىدۇ.

ئىمپورت-ئېكسپورت ئومۇمىي سوممىسى تاموژنىنىڭ ئىمپورت-ئېكسپورت ئومۇمىي سوممىسى دۆلىتىمىز چېگرىسىدىن ئەمەلىي ئىمپورت-ئېكسپورت قىلىنغان مالنىڭ ئومۇمىي سوممىسىنى كۆرسىتىدۇ. تاشقى سودىدا ئەمەلىي ئىمپورت-ئېكسپورت قىلىنغان مال، ئەكەلگەن ماتېرىيالدا پىششىقلاپ ئىشلەپ قوراشتۇرۇپ ئىمپورت-ئېكسپورت قىلىنغان مال، جۇڭگو-چەتئەل شېرىكچىلىكىدىكى كارخانا ۋە ھەمكارلىقىدىكى كارخانا ھەم چەتئەل سودىگەرلىرى مۇستەقىل مەبلەغ سالغان كارخانا ئىمپورت-ئېكسپورت قىلغان مال ۋە جامائەت بۇيۇملىرى ھەمدە دۆلەتلەر ئارا، ب د ت ۋە خەلقئارا تەشكىلاتلار ھەقسىز ياردەم قىلغان ماددىي-ئەشيا ۋە ھەدىيە بۇيۇملىرى، جۇڭگو مۇھاجىرلىرى، شاڭگاڭ، ئاۋمېنلىق قېرىنداشلار، چەتئەل تەۋەلىكىدىكى جۇڭگولۇقلار ئىئانە قىلغان بۇيۇملارنىڭ سوممىسىنى ئۆز ئىچىگە ئالىدۇ.

ئىمپورت ئېغىزغا كېلىش باھاسى بويىچە، ئېكسپورت ئېغىزدىن ئايرىلىش باھاسى بويىچە ھېسابلىنىدۇ.

利用外资 指我国各级政府、部门、企业和其他经济组织通过对外借款、吸收外商直接投资以及用其他方式筹措的境外现汇、设备、技术等。

对外借款 是我国利用外资的主要部分。包括我国通过外国政府贷款，国际金融组织贷款，外国银行商业贷款，出口信贷以及对外发行债券，股票等方式，从境外筹措的资金。

外商直接投资 是指外国企业和经济组织或个人(包括华侨、港澳台胞以及我国在境外注册的企业)按我国有关政策、法规，用现汇、实物、技术等在我国境内开办外商独资企业、与我国境内的企业或经济组织共同举办中外合资经营企业、合作经营企业或合作开发资源的投资(包括外商投资收益的再投资)以及经政府有关部门批准的项目投资总额内，企业从境外借入的资金。

对外承包工程 包括各对外承包公司以招标议标承包方式承揽的下列业务(1)承包国外工程建设项目；(2)承包我国对外经援项目；(3)承包我国驻外机构的工程建设项目；(4)承包我国境内利用外资进行建设的工程项目；(5)与外国承包公司合营或联合承包工程项目时我国公司分包部分；(6)以服务成果向业主收费的技术服务项目(包括承担地形地貌测绘；地质资源勘探与普查；建设区域规划；提供设计文件、图纸、生产工艺技术资料和工程技术经济咨询；工程项目的可行性考察、研究和评估；进行技术指导和培训人员等)；(7)对外承包兼营的房屋开发业务。对外承包工程的营业额是以货币表现的本期内完成的对外承包工程的工作量，包括以前年度签订的合同和本年度新签订的合同在报告期完成的工作量。

对外劳务合作 指以收取工资的形式向业主或承包商提供技术和劳动服务的活动。我国对外承包公司在境外开办的合营企业，中国公司同时又提供劳务的，其劳务部分也纳入劳务合作统计。劳务合作营业额按报告期内向雇主提交的结算数(包括工资、加班费和奖金等)统计。

旅游人数 指来我国参观、访问、旅行、探亲、访友、休养、考察、参加会议和从事经济、科技、文化、教育、宗教等活动的外国人、华侨、港澳和台湾同胞的人数。不包括外国在我国的常驻机构，如使领馆、通讯社、企业办事处的工作人员；来我国常住的外国专家、留学生以及在岸逗留不过夜人员。

旅游外汇收入 指国内各部门为来我国旅游的外国人、华侨、港澳和台湾同胞提供商品和劳务而获得的外汇收入。包括供应商品、饮食和提供住宿、交通、邮电、文化娱乐、导游等各项服务所得到的全部外汇收入。

进出口总额 海关进出口总额是指在实际进出我国国境的货物总金额。包括对外贸易实际进出口货物、来料加工装配进出口货物、中外合资企业、合作企业和外商独资企业进出口货物和公用物品，以及国家间、联合国及国际组织无偿援助的物资和赠送品，华侨、港澳同胞、外籍华人的捐赠品的金额。

进口按到岸价计算，出口按离岸价计算。

15

پۇل مۇئامىلە ۋە سۇغۇرتا

金融、保险

Banking and Insurance

بانكىنىڭ يىل ئاخىرىدىكى ئامانەت ۋە قەرز پۇل قالدۇقى
15—1 银行年末存、贷款余额

单位：万元 بىرلىكى: تۈمەن يۈەن

项目	تۈرلەر	1994年 -يىل	1995年 -يىل
各项存款	**ھەر تۈرلۈك بانكا ئامانەت قەرز پۇلى**	**5 555 977**	**7 146 440**
1、企业存款	1. كارخانىلارنىڭ ئامانەت پۇلى	1 921 945	2 456 730
2、财政性存款	2. مالىيە خاراكتېرىدىكى ئامانەت پۇلى	177 635	205 432
3、城镇储蓄存款	3. شەھەر-بازار خەلق پۇل ئامانىتى	3 066 648	4 180 983
4、农村存款	4. يېزىلاردىكى ئامانەت پۇل	384 970	235 332
5、信托及其他存款	5. ئىناۋەتلىك ھاۋالە ھېسابىدىكى ۋە باشقا ئامانەت پۇل	4 779	67 963
各项贷款	**ھەر تۈرلۈك قەرز پۇللار**	**5 739 201**	**7 670 604**
1、短期贷款	1. قىسقا مۇددەتلىك قەرز پۇل	4 084 043	5 497 876
工业贷款	سانائەت ھېسابىدىكى قەرز پۇل	1 222 895	1 531 533
商业贷款	سودا ھېسابىدىكى قەرز پۇل	2 222 229	3 149 596
建筑企业贷款	بىناكارلىق كارخانىلىرى ھېسابىدىكى قەرز پۇل	90 618	108 379
农业贷款	يېزا ئىگىلىك ھېسابىدىكى قەرز پۇل	284 371	349 023
个体工商业贷款	يەككە سودا-سانائەتچىلەر ھېسابىدىكى قەرز پۇل	23 173	18 038
乡镇企业贷款	يېزا-بازار كارخانىلىرى ھېسابىدىكى قەرز پۇل	95 126	125 038
其他短期贷款	باشقا قىسقا مۇددەتلىك قەرز پۇللار	145 631	216 269
2、中长期贷款	2. ئوتتۇرا ۋە ئۇزۇن مۇددەتلىك قەرز پۇل	1 506 723	1 815 430
技术改造贷款	تېخنىكا ئۆزگەرتىش ھېسابىدىكى قەرز پۇل	421 871	494 969
基本建设贷款	ئاساسىي قۇرۇلۇش قەرز پۇلى	691 710	861 078
老少边穷地区发展基金贷款	كونا، ئازسانلىق مىللەت، چېگرا ۋە نامرات رايونلارنىڭ تەرەققىيات فوندى ھېسابىدىكى قەرز پۇل	78 451	80 979
地方经济开发贷款	يەرلىكنىڭ ئىقتىسادىنى تەرەققى قىلدۇرۇش ھېسابىدىكى قەرز پۇل	90 254	91 975
其他中长期	باشقا ئوتتۇرا ۋە ئۇزۇن مۇددەتلىك قەرز پۇللار	224 437	286 429
3、信托贷款	ئىناۋەتلىك ھاۋالە ھېسابىدىكى قەرز پۇللار	3 401	380
4、其他类贷款	4. باشقا قەرز پۇللار	146 034	356 918

شەھەر، يېزىلاردىكى خەلق ئامانەتپۇلىنىڭ يىل ئاخىرىدىكى قالدۇقى
15—2 城乡储蓄存款年末余额

单位：万元 بىرلىكى: تۈمەن يۈەن

项目	تۈرلەر	1985年 -يىل	1990年 -يىل	1993年 -يىل	1994年 -يىل	1995年 -يىل
合计	**جەمئىي**	**335 058**	**1 284 175**	**2 441 249**	**3 477 112**	**4 771 810**
城镇储蓄存款	**شەھەر-بازار خەلق پۇل ئامانىتى**	**295 540**	**1 141 271**	**2 236 779**	**3 160 581**	**4 352 396**
定期	قەرەللىك	260 765	980 118	1 827 317	2 524 391	3 539 872
活期	قەرەلسىز	34 775	160 853	409 462	636 190	812 524
农民储蓄存款	**دېھقانلار خەلق پۇل ئامانىتى**	**39 518**	**142 904**	**204 470**	**316 531**	**419 414**

سۇغۇرتا ئىشلىرىنىڭ راۋاجلىنىش ئەھۋالى

15—3 保险事业发展情况

تۈرلەر 项目	يىل- 1980年	يىل- 1985年	يىل- 1990年	يىل- 1994年	يىل- 1995年
保险事业机构(个) سۇغۇرتا ئورگانلىرى (دانە)	**4**	**64**	**84**	**112**	**114**
省级 ئۆلكە دەرىجىلىك	1	1	1	1	1
地市级 ۋىلايەت، شەھەر دەرىجىلىك	3	16	16	16	16
县级 ناھىيە دەرىجىلىك		47	67	95	98
年末实有职工人数(人) يىل ئاخىرىدىكى ئەمەلىي بار ئىشچى-خىزمەتچىلەرنىڭ سانى (نەپەر)	**21**	**711**	**1 397**	**2 186**	**2 242**
国内保险业务 ئىچكى سوغۇرتا كەسپى (يۈز مىليون يۈەن)					
1、承保额(亿元) 1. خەۋپسىزلەندۈرۈشنى ھۆددىگە ئېلىش سوممىسى (تۈمەن يۈەن)	4	72	282	606	781
财产险 مال-مۈلۈك سوغۇرتىسى	4	70	241	511	613
人身险 جىسمانى سوغۇرتىسى		2	41	95	168
2、保费(万元) 2. خەۋپسىزلەندۈرۈش خىراجىتى (تۈمەن يۈەن)	93	4 077	15 662	51 629	66 482
财产险 مال-مۈلۈك سوغۇرتىسى	93	3 969	10 385	34 788	45 906
人身险 جىسمانى سوغۇرتىسى		108	5 277	16 841	20 576
3、已决赔款(万元) 3. تۆلەش قارار قىلىنغان تۆلەم پۇلى (تۈمەن يۈەن)		1 494	5 538	20 412	27 874
财产险 مال-مۈلۈك سوغۇرتىسى		1 475	4 702	17 663	23 761
人身险 جىسمانى سوغۇرتىسى		19	836	2 749	4 113
涉外保险业务 چەتئەللەرگە چېتىلىدىغان سوغۇرتا كەسپى					
1、承保额(万美元) خەۋپسىزلەندۈرۈشنى ھۆددىگە ئېلىش سوممىسى (تۈمەن ئامېرىكا دوللىرى)	415	6 940	139 162	346 863	398 950
运输险 تىرانسپورت سوغۇرتىسى			41 403	20 119	17 303
非水险 غەيرى سۇ تىرانسپورت سوغۇرتىسى			24 681	26 148	5 448
飞机险 ئايرۇپىلان سوغۇرتىسى			3 421	7 672	14 606
其它险 باشقا سوغۇرتىلار			69 657	292 924	361 593
2、保费(万美元) 2. سوغۇرتا خىراجىتى (تۈمەن ئامېرىكا دوللىرى)	4	75	222	257	272
运输险 تىرانسپورت سوغۇرتىسى	4	68	114	95	81
非水险 غەيرى سۇ تىرانسپورت سوغۇرتىسى		7	71	74	88
飞机险 ئايرۇپىلان سوغۇرتىسى			37	53	40
其它险 باشقا سوغۇرتىلار				35	63
3、已决赔款(万美元) 3. تۆلەش قارار قىلىنغان تۆلەم پۇلى (تۈمەن ئامېرىكا دوللىرى)		5	48	145	92
运输险 تىرانسپورت سوغۇرتىسى		5	43	74	47
非水险 غەيرى سۇ تىرانسپورت سوغۇرتىسى			1	71	43
飞机险 ئايرۇپىلان سوغۇرتىسى					2
其它险 باشقا سوغۇرتىلار			4		

ئاساسلىق ستاتىستىكا كۆرسەتكۈچلىرىنىڭ ئىزاھاتى

主要统计指标解释

ئامانەت پۇل: بۇ كارخانا، ئورگان، تەشكىلاتلار ياكى ئاھالىلار قايتۇرۇۋېلىشقا بولۇش پرىنسىپىغا ئاساسەن، پۇل مەبلىغىنى بانكا ياكى باشقا ئىناۋەتلىك ئامانەت-قەرز ئورگانلىرىنىڭ ساقلاپ بېرىشىگە ئامانەت قويىدىغان ھەم مەلۇم ئۆسۈم ئالىدىغان بىر خىل كرېدىت پائالىيىتى شەكلى بولۇپ، ئامانەت قويغان ئوبيېكتنىڭ ئوخشىماسلىقىغا ئاساسەن ئۇنى: كارخانا ئامانەت پۇلى، مالىيە ئامانەت پۇلى، ئورگان-تەشكىلاتلار ئامانەت پۇلى، تاشقى سودا ئامانەت پۇلى، شەھەر-يېزا ئاھالىلىرى خەلق ئامانەت پۇلى، يېزا ئامانەت پۇلى قاتارلىق ھېساب تۈرلىرىگە بۆلىنىدۇ.

قەرز پۇل: بانكا ياكى باشقا ئىناۋەتلىك ئامانەت قەرز ئورگانلىرى چوقۇم قايتۇرۇپ بېرىش پرىنسىپىغا ئاساسەن، مەلۇم ئۆسۈم نىسبىتى بويىچە كارخانا، شەخسلەرنى مەبلەغ بىلەن تەمىن ئېتىدىغان بىر خىل كرېدىت پائالىيىتى شەكلى بولۇپ، دۆلىتىمىزنىڭ بانكا قەرز پۇلى: كۆچمە مەبلەغ قەرز پۇلى، ئوتتۇرا ۋە قىسقا مەزگىللىك ئۈسكۈنە قەرز پۇلى ۋە دېھقان ئائىلىلىرىگە بېرىلىدىغان قەرز پۇل قاتارلىق ھېساب تۈرلىرىگە بۆلىنىدۇ.

شەھەر-يېزا ئاھالىلىرى خەلق پۇل ئامانىتىنىڭ يىل ئاخىرىدىكى قالدۇقى: بۇ شەھەر ، بازار ئاھالىلىرى خەلق پۇل ئامانىتى ۋە دېھقانلار خەلق پۇل ئامانىتىدىن ئىبارەت ئىككى قىسىم خەلق پۇل ئامانىتىنىڭ يىل ئاخىرىدىكى قالدۇقىنى ئۆز ئىچىگە ئالىدۇ. ۋاۋۇت، كان ، كارخانىلار، ھەربىي قىسىم، ئورگان، تەشكىلاتلار قاتارلىق گورۇھلارنىڭ ئامانەت پۇلىنى ئۆز ئىچىگە ئالمايدۇ.

شەھەر-بازار ئاھالىلىرى خەلق پۇل ئامانىتىنىڭ يىل ئاخىرىدىكى قالدۇقى سودا - سانائەت بانكىسىنىڭ شەھەر ئاھالىلىرى خەلق پۇل ئامانىتى، يېزا ئىگىلىك بانكىسىنىڭ بازار ئاھالىلىرى خەلق پۇل ئامانىتى ۋە جۇڭگو بانكىسىنىڭ مۇھاجىرلار خەلق پۇل ئامانىتىنىڭ يىغىندىسىنى كۆرسىتىدۇ. يېزا ئاھالىلىرى خەلق پۇل ئامانىتى ئىناۋەتلىك ئامانەت - قەرز كوپېراتىپلىرىنىڭ كوپېراتىپ ئەزالىرى خەلق پۇل ئامانىتىنى كۆرسىتىدۇ.

خەۋپسىزلەندۈرۈشنى ھۆددىگە ئېلىش پۇلى : ئۇ يەنە سۇغۇرتا پۇلى دەپ ئاتىلىدۇ. بۇ سۇغۇرتا قىلغۇچىنىڭ سۇغۇرتا قىلىنغۇچىغا قارىتا ئۈستىگە ئالغان زىياننى تۆلەپ بېرىش ياكى تۆلەشكە كېلىشكەن سوممىسى بولۇپ، ئۇ سۇغۇرتا توختامىدىكى ئەڭ يۇقىرى مەسئۇلىيەت سوممىسى، شۇنىڭدەك يەنە كاپالەت خىراجىتىنى ھېسابلاشنىڭ ئاساسىدۇر.

كاپالەت خىراجىتى: بۇ سۇغۇرتا قىلىنغۇچىنىڭ ئۆزى ئىگە بولىدىغان سۇغۇرتا مەنپەئەتىنىڭ كاپالەتكە ئىگە بولۇش دەرىجىسىنىڭ مەلۇم نىسبىتى بويىچە سۇغۇرتا قىلغۇچىغا تۆلىگەن خىراجىتىنى كۆرسىتىدۇ.

تۆلەم پۇلى: سۇغۇرتا قىلغۇچى مال - مۈلۈك سۇغۇرتىسىنىڭ ھادىسە سۇغۇرتىسى ئۈچۈن ئىقتىسادىي جەھەتتە تۆلەپ بەرگەن ياكى جىسمانىي سۇغۇرتىنىڭ ھادىسە سۇغۇرتىسى ئۈچۈن تۆلەپ بەرگەن سۇغۇرتا پۇلىنى كۆرسىتىدۇ. بۇ كېسىم قىلىنغان تۆلەم پۇلى ۋە كېسىم قىلىنمىغان تۆلەم پۇلى دەپ ئىككىگە ئايرىلىدۇ.

存　款　企业、机关、团体或居民根据可以收回的原则，把货币资金存入银行或其他信用机构保管并取得一定利息的一种信用活动形式。根据存款对象的不同可划分：企业存款、财政存款、机关团体存款、对外贸易存款、城乡居民储蓄存款、农村存款等科目。

贷　款　银行或其他信用机构根据必须归还的原则，按一定利率，为企业、个人等提供资金的一种信用活动形式。我国银行贷款分流动资金贷款、中短期设备贷款以及农户贷款等科目。

城乡居民储蓄年末余额　包括城镇居民储蓄和农民个人储蓄两部分的年末余额。不包括工矿企业、部队、机关团体等集团存款。

城镇居民储蓄年末余额是指工商银行的城市居民储蓄、农业银行的镇的居民储蓄和中国银行的华侨储蓄之和。农村居民储蓄是指信用社社员储蓄。

承保额　又叫保险金额。它是保险人对被保险人负担损失补偿或约定给付的金额。它是保险合同上的最高责任额，也是计算保费的依据。

保　费　被保险人按其得到保险利益的保障程度的一定比率向保险人缴付的费用。

赔　款　保险人对财产保险的保险事故给予的经济补偿或对人身保险的保险事故给付的保险金。分为已决赔款和未决赔款。

16

مائارىپ، پەن-تېخنىكا ۋە مەدەنىيەت

教育、科技和文化

Education, Science and Culture

هەر دەرىجىلىك ھەر تۈرلۈك مەكتەپلەرنىڭ سانى

16—1 各级各类学校数

单位：所 بىرلىكى: مەكتەپ

يىللار 年份	ئادەتتىكى ئالىي مەكتەپلەر 普通高等学校	ئوتتۇرا دەرىجىلىك مەكتەپلەر 中等学校	ئوتتۇرا تېخنىكوم مەكتەپلىرى 中等专业学校	ئادەتتىكى ئوتتۇرا مەكتەپلەر 普通中学	# تولۇق ئوتتۇرا مەكتەپلەر #高中	يېزا ئىگىلىك، كەسپىي ئوتتۇرا مەكتەپ 农、职中学	تېخنىك ئىشچىلار مەكتەپلىرى 技工学校	باشلانغۇچ مەكتەپ 小学	بالىلار باغچىسى 幼儿园	ئەما، گاس-گاچىلار مەكتىپى 盲、聋哑学校
1952	3	52	11	40	4	1		1 776	2	
1957	5	139	21	117	21	1		2 253	49	
1962	11	340	32	287	95	21		3 784	335	1
1965	10	798	57	339	97	398	4	7 015	187	1
1970	7	644	42	602	70			7 434		
1975	8	1 381	55	1 313	475		13	10 148	180	1
1978	10	2 078	78	1 997	673		10	9 891	255	1
1980	12	2 197	96	2 032	720	21	48	9 006	644	2
1981	12	2 201	99	2 037	689	13	52	8 753	504	2
1982	12	2 243	101	2 072	663	23	47	8 533	686	2
1983	13	2 333	104	2 133	744	47	49	8 261	385	2
1984	13	2 374	100	2 143	790	82	49	8 253	885	3
1985	14	2 360	97	2 147	794	65	51	8 104	901	3
1986	17	2 284	99	2 053	796	68	64	8 178	761	3
1987	20	2 284	100	2 052	819	68	64	7 813	1 119	5
1988	20	2 335	108	2 054	809	109	64	7 597	958	5
1989	20	2 301	112	2 008	797	119	62	7 494	1 127	5
1990	21	2 274	112	1 958	766	134	70	7 247	1 161	6
1991	21	2 229	112	1 915	752	140	62	7 132	1 153	6
1992	21	2 239	112	1 903	715	160	64	7 122	944	6
1993	21	2 206	113	1 851	650	170	72	7 088	902	6
1994	21	2 168	114	1 830	586	157	67	7 117	856	6
1995	21	2 121	115	1 792	554	145	69	7 086	880	6

هەر دەرىجىلىك ھەر تۈرلۈك مەكتەپلەردىكى ئوقۇتقۇچىلار سانى

16—2 各级各类学校教师数

单位：人 بىرلىكى: نەپەر

يىللار 年份	ئادەتتىكى ئالىي مەكتەپلەر 普通高等学校	ئوتتۇرا دەرىجىلىك مەكتەپلەر 中等学校	ئوتتۇرا تېخنىكوم مەكتەپلىرى 中等专业学校	ئادەتتىكى ئوتتۇرا مەكتەپلىرى 普通中学	# تولۇق ئوتتۇرا مەكتەپلەر #高中	يېزا ئىگىلىك، كەسپىي ئوتتۇرا مەكتەپلەر 农、职中学	تېخنىك ئىشچىلار مەكتەپلىرى 技工学校	باشلانغۇچ مەكتەپ 小学	بالىلار باغچىسى 幼儿园	ئەما، گاس، گاچىلار مەكتىپى 盲、聋哑学校
1952	204	933	251	673	16	9	1	9 052	12	
1957	945	3 208	831	2 367	231	10		14 143	91	
1962	1 572	7 033	1 230	5 777	1 051	26		26 598	498	4
1965	1 624	8 792	1 455	6 752	1 265	585		37 745	388	7
1970	1 294	13 513	1 472	12 041	972			45 462		
1975	1 670	26 802	1 631	25 171	5 423			76 563	400	
1978	2 458	44 417	2 543	41 661	8 064		213	82 616	718	28
1980	3 149	50 056	3 459	45 232	9 292	77	1 288	89 027	1 746	54
1981	3 377	55 547	3 808	50 143	10 341	62	1 534	94 966	2 781	58
1982	3 994	61 518	3 869	55 819	11 441	167	1 663	105 556	2 501	69
1983	4 724	65 096	4 140	58 591	12 567	663	1 702	104 536	2 886	64
1984	5 109	65 703	4 183	58 451	13 128	1 194	1 875	101 025	2 867	56
1985	5 473	69 185	4 554	60 942	15 059	1 567	2 122	98 294	3 504	67
1986	6 052	72 828	5 114	63 631	17 058	1 646	2 437	95 473	3 901	79
1987	6 789	76 680	5 162	66 395	18 510	2 215	2 908	93 910	4 535	104
1988	6 822	78 449	5 664	67 429	19 010	2 319	3 037	94 342	5 097	106
1989	6 898	77 756	5 989	65 833	19 149	2 680	3 254	94 397	5 500	111
1990	7 002	78 596	6 158	65 814	19 318	3 117	3 507	95 060	5 992	139
1991	7 269	78 339	6 134	64 023	19 488	3 580	3 702	95 565	6 412	145
1992	7 280	78 403	6 210	64 465	19 000	3 769	3 959	96 729	7 090	154
1993	7 158	77 200	6 271	63 448	17 142	3 853	3 628	99 297	7 659	129
1994	7 554	75 546	6 383	62 087	15 011	3 531	3 545	101 863	7 514	145
1995	7 687	76 584	6 540	62 934	14 434	3 494	3 616	106 001	7 983	162

ھەر دەرىجىلىك ھەر تۈرلۈك مەكتەپلەردە ئوقۇۋاتقان ئوقۇغۇچىلار سانى

16—3 各级各类学校在校学生数

بىرلىكى : نەپەر 单位：人

يىللار 年份	ئادەتتىكى ئالىي مەكتەپ 普通高等学校	ئوتتۇرا دەرىجىلىك مەكتەپ 中等学校	ئوتتۇرا تېخنىكوم مەكتەپلىرى 中等专业学校	ئادەتتىكى ئوتتۇرا مەكتەپلەر 普通中学	# تولۇق ئوتتۇرا مەكتەپ #高中	يېزا ئىگىلىك كەسپىي ئوتتۇرا مەكتەپ 农、职中学	تېخنىك ئىشچىلار مەكتىپى 技工学校	باشلانغۇچ مەكتەپ 小学	باللار باغچىسى 幼儿园	ئەما، گاس گاچىلار مەكتىپى 盲、聋哑学校
1952	1 582	20 578	6 152	14 317	440	109		333 765	215	
1957	3 909	72 727	11 733	60 858	4 776	136		492 260	2 740	
1962	6 512	115 364	9 345	105 107	14 427	912		745 768	14 990	40
1965	7 740	156 923	14 858	121 711	19 260	18 589	1 705	1 039 027	18 893	97
1970	331	173 829	32	173 797	3 273			1 131 440		
1975	5 209	480 186	19 871	457 315	97 074		3 000	1 861 263	13 084	157
1978	10 229	838 560	23 696	806 386	128 376		8 478	2 028 771	23 483	270
1980	14 308	886 740	42 362	823 161	147 446	1 416	19 801	2 055 513	55 520	371
1981	16 546	871 359	34 399	813 269	155 816	2 065	21 626	2 010 494	93 019	414
1982	16 235	894 831	24 881	842 757	165 619	6 236	20 957	1 985 976	79 377	464
1983	16 493	932 761	22 493	873 657	175 157	17 909	18 702	1 941 009	80 569	527
1984	19 689	994 078	28 150	906 862	192 914	38 563	20 503	1 962 981	76 738	688
1985	26 500	1 054 293	33 251	955 356	223 405	41 825	23 861	1 966 306	90 326	706
1986	29 928	1 134 562	36 231	1 023 533	261 191	47 149	27 649	1 948 151	106 321	737
1987	30 145	1 170 333	39 842	1 046 403	270 586	53 425	30 663	1 884 884	120 259	797
1988	30 747	1 128 662	42 524	993 674	265 301	57 180	35 284	1 847 160	130 176	745
1989	31 964	1 042 028	44 920	893 198	255 151	64 979	38 931	1 842 100	131 645	730
1990	31 271	1 015 214	45 985	863 118	251 067	65 862	40 249	1 857 246	144 164	610
1991	31 374	963 948	47 129	806 702	246 950	68 460	41 657	1 955 216	161 439	652
1992	33 857	941 656	52 102	783 130	212 942	65 330	41 094	1 980 686	177 961	624
1993	39 422	884 083	63 314	718 607	166 203	58 509	43 653	2 039 409	189 226	549
1994	43 687	892 041	73 922	723 596	137 870	50 894	43 629	2 105 911	192 115	590
1995	44 918	912 597	68 586	749 788	141 330	54 122	40 101	2 201 274	218 020	643

ھەر دەرىجىلىك ھەر تۈرلۈك مەكتەپلەرگە قوبۇل قىلىنغان ئوقۇغۇچى سانى

16—4 各级各类学校招生数

بىرلىكى: نەپەر 单位：人

يىللار 年份	ئادەتتىكى ئالىي مەكتەپ 普通高等学校	ئوتتۇرا دەرجىلىك مەكتەپ 中等学校	ئوتتۇرا تېخنىكوم مەكتەپلىرى 中等专业学校	ئادەتتىكى ئوتتۇرا مەكتەپ 普通中学	# تولۇق ئوتتۇرا مەكتەپ #高中	يېزا ئىگىلىك كەسپىي ئوتتۇرا مەكتەپ 农、职中学	تېخنىك ئىشچىلار مەكتەپ 技工学校	باشلانغۇچ مەكتەپ 小学	باللار باغچىسى 幼儿园	ئەما، گاس- گاچىلار مەكتىپى 盲、聋哑学校
1952	1 152	10 786	3 041	7 636	316	109		51 301		
1957	1 293	30 007	3 845	26 162	2 218			135 462		
1962	1 285	38 785	507	37 947	5 501	331		178 787		
1965	2 370	74 541	7 325	50 498	7 587	15 844	874	279 912		
1970		92 636		92 636	2 689			266 162		
1975	1 568	216 674	10 350	204 824	48 109		1 500	450 860		
1978	4 118	343 088	12 540	323 948	68 261		6 600	459 802		40
1980	3 767	336 402	14 688	310 391	73 959	792	10 531	433 089		90
1981	3 070	332 717	9 751	314 200	80 957	1 236	7 530	427 439		86
1982	3 809	343 283	7 946	323 580	81 738	4 401	7 356	435 334		181
1983	5 158	364 291	9 342	334 769	85 514	12 336	7 844	409 257		40
1984	6 527	377 785	13 433	332 093	91 060	23 020	9 239	415 792		235
1985	9 298	386 074	13 919	341 123	93 692	20 429	10 603	374 643	95	91
1986	7 941	406 625	14 428	358 590	96 858	21 454	12 153	359 007	61 046	105
1987	8 347	388 507	14 986	336 693	88 115	24 118	12 710	328 980	67 747	189
1988	8 557	358 913	15 067	305 074	87 698	23 849	14 923	334 031	67 934	117
1989	8 118	326 282	15 123	264 271	86 812	31 361	15 527	333 392	74 283	197
1990	8 034	356 615	15 586	297 641	84 567	27 968	15 420	335 552	78 037	103
1991	8 179	302 489	16 902	239 511	77 525	29 354	16 722	344 432	89 381	15
1992	10 985	334 705	20 611	269 859	61 673	27 041	17 194	359 302	107 069	119
1993	13 359	331 884	26 572	263 683	56 180	24 778	16 851	385 535	116 985	102
1994	12 099	326 160	29 248	259 237	44 552	21 350	16 325	400 700	110 623	102
1995	12 307	356 814	25 260	286 318	58 203	25 643	19 593	419 717	135 990	165

ھەر دەرىجىلىك ھەر تۈرلۈك مەكتەپلەرنى پۈتتۈرگەن ئوقۇغۇچىلار سانى

16—5 各级各类学校毕业生数

单位：人 بىرلىكى: نەپەر

يىللار 年份	ئادەتتىكى ئالىي مەكتەپلەر 普通高等学校	ئوتتۇرا دەرىجىلىك مەكتەپلەر 中等学校	ئوتتۇرا تېخنىكوم مەكتەپلىرى 中等专业学校	ئادەتتىكى ئوتتۇرا مەكتەپلەر 普通中学	# تولۇق ئوتتۇرا مەكتەپ #高中	يېزا ئىگىلىك كەسپىي ئوتتۇرا مەكتەپ 农、职中学	تېخنىك ئىشچىلار مەكتەپ 技工学校	باشلانغۇچ مەكتەپ 小学	بالىلار باغچىسى 幼儿园	ئەما، گاس گاچىلار مەكتىپى 盲、聋哑学校
1952		1 233	311	922	27			18 590		
1957	525	7 762	1 378	6 353	593	31		53 122		
1962	697	35 228	6 554	28 455	4 605	219		117 864		
1965	1 282	26 123	1 196	24 607	3 848	320		77 080		
1970	1 661	45 201	437	44 764	898			173 553		
1975	723	128 368	5 497	122 871	33 519			194 283		50
1978	1 509	205 862	8 801	195 542	53 970		1 519	288 359		195
1980	814	264 626	11 946	246 382	60 370	341	5 957	292 515		37
1981	779	280 171	17 039	257 478	67 114	367	5 287	297 524		37
1982	4 108	269 927	17 201	244 853	69 504	385	7 488	310 025		32
1983	4 823	283 120	11 584	260 906	77 546	1 144	9 486	317 227		27
1984	3 426	275 788	8 130	257 833	72 191	2 764	7 061	295 993		48
1985	3 511	290 077	8 097	267 302	68 096	7 424	7 254	289 045		73
1986	4 797	296 360	11 551	268 402	58 585	8 543	7 864	307 047	40 400	52
1987	8 001	321 981	10 623	289 556	73 947	12 280	9 522	317 820	44 729	101
1988	7 792	346 072	12 026	311 224	85 718	12 758	10 064	288 594	55 375	68
1989	6 900	347 719	12 441	308 467	86 489	14 650	12 161	249 888	59 036	57
1990	8 603	343 313	14 260	297 235	81 062	17 938	13 880	259 301	52 274	98
1991	7 919	324 031	15 571	274 913	79 664	17 505	16 042	183 350	67 539	159
1992	8 402	310 076	14 950	260 953	84 518	18 999	15 174	268 074	79 264	157
1993	7 741	312 284	16 760	261 502	78 675	18 558	15 464	259 468	92 529	104
1994	7 734	250 909	16 206	198 839	57 090	18 100	17 764	262 215	96 660	55
1995	10 505	271 992	18 981	215 756	44 589	16 490	20 765	271 227	96 812	57

ئاسپىرانتلار سانى

16－6 研究生数

单位：人 بىرلىكى: نەپەر

يىللار 年份	قوبۇل قىلىنغان ئوقۇغۇچى سانى 招生数	ئوقۇۋاتقان ئوقۇغۇچى سانى 在校学生数			پۈتتۈرگەن ئوقۇغۇچىلار سانى 毕业生数		
			ماگىستىرلىقنى ئوقۇۋاتقانلار 攻读硕士学位	دوكتورلۇقنى ئوقۇۋاتقانلار 攻读博士学位		ماگىستىرلىقنى ئوقۇغانلار 攻读硕士学位	دوكتورلۇقنى ئوقۇغانلار 攻读博士学位
1978	16	16	16				
1979	38	54	54				
1980	15	66	66				
1981	14	51	51		26	26	
1982	14	44	44		21	21	
1983	24	55	55		12	12	
1984	32	80	80		6	6	
1985	120	179	174		21	21	
1986	105	258	250		22	22	
1987	120	344	324		33	33	
1988	118	344	331	2	111	104	
1989	65	303	301	2	104	93	
1990	73	256	253	3	112	112	
1991	76	229	225	4	108	108	
1992	93	257	252	5	63	63	
1993	127	315	309	6	68	67	1
1994	166	421	412	9	89	88	1
1995	180	509	495	14	91	91	

هەر خىل ئالىي مەكتەپلەرنىڭ ئاساسىي ئەھۋالى

16－7 各类高等学校基本情况

（1995-يىل 1995年）

单位：人 بىرلىكى: نەپەر

تۈرلەر 项目	مەكتەپ سانى 学校数(所)	پۈتتۈرگەن ئوقۇغۇچىلار سانى 毕业生数	قوبۇل قىلىنغان ئوقۇغۇچى سانى 招生数	ئوقۇۋاتقان ئوقۇغۇچىلار سانى 在校学生数	ئوقۇتقۇچى ۋە ئىشچى-خىزمەتچىلەر سانى 教职工数	# مەخسۇس ئوقۇتقۇچىلار #专任教师
总计 جەمئىي	**21**	**10 505**	**12 307**	**44 918**	**18 556**	**7 687**
综合大学 ئونىۋېرسال داشۆ	1	1 242	1 479	6 369	2 712	1 217
理工院校 تەبىي پەن ۋە سانائەت شۆيۈەن مەكتەپلىرى	3	1 171	1 681	6 047	2 487	1 007
农业院校 يېزا ئىگىلىك شۆيۈەن مەكتەپلىرى	3	2 081	2 457	8 497	5 182	1 534
医药院校 تىببىي دورىگەرلىك شۆيۈەن مەكتەپلىرى	4	1 011	1 390	5 696	2 167	911
师范院校 سىفەن شۆيۈەن مەكتەپلىرى	6	3 339	3 410	11 648	4 027	1 964
财经学院 مالىيە شۆيۈەن مەكتەپلىرى	2	870	1 024	3 499	1 012	466
艺术院校 سەنئەت شۆيۈەن مەكتەپلىرى	1	91	106	443	344	201
短期职业大学 قىسقا مۇددەتلىك كەسپىي داشۆلەر	1	620	680	2 399	625	387
科研机构 پەن-تەتقىقات ئورگانلىرى						
大专班 ئالىي تېخنىكوم مەكتەپلەر	1	80	80	320		

ھەر خىل ئوتتۇرا تېخنىكوم مەكتەپلەرنىڭ ئاساسىي ئەھۋالى

16—8 各类中等专业学校基本情况

(1995-يىل 年)

بىرلىكى : نەپەر 单位:人

تۈرلەر 项目		مەكتەپ سانى 学校数(所)	پۈتتۈرگەن ئوقۇغۇچىلار سانى 毕业生数	قوبۇل قىلىنغان ئوقۇغۇچىلار سانى 招生数	ئوقۇۋاتقان ئوقۇغۇچىلار سانى 在校学生数	ئوقۇتقۇچى ۋە ئىشچى-خىزمەتچىلەر سانى 教职工数	# مەخسۇس ئوقۇتقۇچىلار # 专任教师
中等专业学校	ئوتتۇرا تېخنىكوم مەكتەپلىرى	115	18 981	25 260	68 586	13 520	6 540
中等技术学校	ئوتتۇرا دەرىجىلىك تېخنىك مەكتەپلەر	93	13 750	18 595	50 488	10 896	4 995
工业	سانائەت	19	4 248	5 548	15 671	3 331	1 488
农业	يېزا-ئىگىلىك	22	3 237	4 106	11 153	2 390	1 130
林业	ئورمانچىلىق	1	198	172	428	222	87
医药	تېببى دورىگەرلىك	19	1 250	2 188	7 629	1 687	739
财经	مالىيە-ئىقتىساد	18	3 369	4 871	11 165	1 963	927
政法	سىياسىي قانۇن	5	971	972	1 841	684	243
体育	تەنتەربىيە	6	183	411	1 387	377	241
艺术	سەنئەت	2	256	327	1 094	167	109
其他	باشقىلار	1	38		120	75	31
中等师范学校	ئوتتۇرا دەرىجىلىك سىفەن مەكتەپلەر	22	5 231	6 665	18 098	2 624	1 545
#幼儿师范	بالىلار سىفەن مەكتەپلىرى	1	217	339	968	101	77

ئادەتتىكى ئوتتۇرا مەكتەپلەر ۋە باشقا مەكتەپلەرنىڭ ئاساسىي ئەھۋالى

16—9 普通中学和其他学校基本情况

(1995-يىل 年)

بىرلىكى: نەپەر 单位:人

تۈرلەر 项目		مەكتەپ سانى 学校数(所)	پۈتتۈرگەن ئوقۇغۇچىلار سانى 毕业生数	قوبۇل قىلىنغان ئوقۇغۇچىلار سانى 招生数	ئوقۇۋاتقان ئوقۇغۇچىلار سانى 在校学生数	ئوقۇتقۇچى ۋە ئىشچى-خىزمەتچىلەر سانى 教职工数	# مەخسۇس ئوقۇتقۇچى # 专任教师
普通中学	ئادەتتىكى ئوتتۇرا مەكتەپ	1 792	215 756	286 318	749 788	84 168	62 934
高中	تولۇق ئوتتۇرا مەكتەپ	554	44 589	58 203	141 330		14 434
初中	تولۇقسىز ئوتتۇرا مەكتەپ	1 238	171 167	228 115	608 458		48 500
职业中学	كەسپىي ئوتتۇرا مەكتەپ	145	16 490	25 643	54 122	5 187	3 494
技工学校	تېخنىك ئىشچىلار مەكتىپى	69	20 765	19 593	40 101	8 247	3 616
小学	باشلانغۇچ مەكتەپ	7 086	271 227	419 717	2 201 274	124 508	106 001
盲聋哑学校	ئەما، گاس-گاچىلار مەكتىپى	6	57	165	643	281	162

هەر خىل چوڭلار مائارىپىنىڭ ئەھۋالى

16—10 各类成人教育情况

(1995 -يىل 年)　　　　单位：人 بىرلىكى : نەپەر

تۈرلەر 项目	مەكتەپ سانى 学校数(所)	پۈتتۈرگەن ئوقۇغۇچىلار سانى 毕业生数	قوبۇل قىلىنغان ئوقۇغۇچىلار سانى 招生数	ئوقۇۋاتقان ئوقۇغۇچىلار سانى 在校学生数	ئوقۇتقۇچى ۋە ئىشچى-خىزمەتچىلەر سانى 教职工数	مەخسۇس ئوقۇتقۇچىلار #专任教师
成人高等教育 چوڭلار ئالى مائارىپى		14 940	20 732	56 145		
广播电视大学 رادىئو، تېلېۋىزىيە داشۆسى	2	3 909	6 242	16 769	1 071	411
职工大学 ئىشچى-خىزمەتچىلەر داشۆسى	12	1 694	2 831	8 100	854	453
管理干部学院 باشقۇرۇش كادىرلىرى شۆيۈەنى	2	916	1 140	2 315	531	209
教育学院 مائارىپ شۆيۈەنى	12	3 051	3 258	9 358	2 011	894
普通高校办的成人班 ئادەتتىكى ئالى مەكتەپلەر باشقۇرغان چوڭلار سىنىپى	17	5 370	7 261	19 603		
成人中等教育 چوڭلار ئوتتۇرا مائارىپى		22 537	15 912	55 331		
中等专业学校 ئوتتۇرا تېخنىكوم مەكتەپلىرى	92	19 552	13 000	47 320	3 936	2 083
中学 ئوتتۇرا مەكتەپ	22	13 927	19 149	22 838	286	148
农职业技术学校 يېزا ئىگىلىك كەسپىي تېخنىكا مەكتەپلىرى	1 250	1 010 058	763 630	849 494	2 223	907
成人初等教育 چوڭلار باشلانغۇچ مائارىپى	338	178 699	93 132	188 498	736	224
扫盲班 ساۋاتسىزلىقنى تۈگىتىش سىنىپى		101 630	45 258	113 172	591	133

مائارىپنىڭ تەرەققىيات سەۋىيىسى

16—11 教育发展水平

يىللار 年份	هەر خىل مەكتەپلەردىكى ئوقۇغۇچىلارنىڭ ئاپتونوم رايون ئاھالىسىدە ئىگىلىگەن نىسبىتى 各类学校在校生占全区人口(%)	ئوتتۇرىچە هەر تۈمەن ئادەم ئىچىدە (نەپەر) 平均每万人口中有(人)			ئالى، ئوتتۇرا، باشلانغۇچ مەكتەپ ئوقۇغۇچىلىرىنىڭ ئوقۇغۇچىلار ئومۇمىي سانىدا ئىگىلىگەن نىسبىتى 大中小学生各占学生总数(%)		
		ئالى مەكتەپ ئوقۇغۇچىسى 大学生	ئوتتۇرا مەكتەپ ئوقۇغۇچىسى 中学生	باشلانغۇچ مەكتەپ ئوقۇغۇچىسى 小学生	ئالى مەكتەپ ئوقۇغۇچىسى 大学生	ئوتتۇرا مەكتەپ ئوقۇغۇچىسى 中学生	باشلانغۇچ مەكتەپ ئوقۇغۇچىسى 小学生
1952	7.65	3.40	30.78	717.45		0.04	0.94
1957	10.20	7.01	15.57	887.17		0.11	0.87
1965	15.26	9.81	154.24	1 316.72		0.10	0.86
1970	13.37	0.34	177.97	1 158.57		0.13	0.87
1975	20.33	4.51	396.11	1 612.94		0.20	0.79
1978	23.34	8.30	654.00	1 645.38		0.28	0.71
1980	23.04	11.15	641.47	1 601.82		0.28	0.70
1981	22.25	12.70	624.13	1 542.91		0.28	0.69
1982	22.02	12.34	640.44	1 509.22		0.29	0.69
1983	21.68	12.37	655.26	1 455.79		0.30	0.67
1984	22.15	14.65	674.71	1 460.46		0.31	0.66
1985	22.39	19.47	701.88	1 444.60		0.31	0.65
1986	22.50	21.63	739.74	1 407.99	0.01	0.33	0.63
1987	21.95	21.44	744.07	1 340.29	0.01	0.34	0.61
1988	21.08	21.56	696.62	1 294.96	0.01	0.33	0.61
1989	20.06	21.98	614.24	1 266.78	0.01	0.31	0.63
1990	18.99	20.45	564.44	1 208.01	0.01	0.30	0.64
1991	18.98	20.18	518.92	1 257.72	0.01	0.27	0.66
1992	18.71	21.42	495.45	1 253.10	0.01	0.27	0.67
1993	18.46	24.56	447.66	1 270.45	0.01	0.24	0.69
1994	18.63	26.76	443.19	1 289.83	0.01	0.24	0.69
1995	18.86	26.84	453.23	1 330.61	0.01	0.24	0.71

ھەر دەرىجىلىك مەكتەپلەردىكى ئوقۇتقۇچىلارنىڭ ئۈستىگە ئالغان ئوقۇغۇچى سانى

16—12 各级学校教师负担学生数

بىرلىكى : نەپەر 单位:人

يىللار 年份	ئالىي مەكتەپ 大学		ئوتتۇرا مەكتەپ 中学		باشلانغۇچ مەكتەپ 小学	
	ئوقۇتقۇچىلار سانى 教师数	ئوتتۇرچە ھەر بىر ئوقۇتقۇچى ئۈستىگە ئالغان ئوقۇغۇچى سانى 平均每个教师负担学生数	ئوقۇتقۇچىلار سانى 教师数	ئوتتۇرچە ھەر بىر ئوقۇتقۇچى ئۈستىگە ئالغان ئوقۇغۇچى سانى 平均每个教师负担学生数	ئوقۇتقۇچىلار سانى 教师数	ئوتتۇرچە ھەربىر ئوقۇتقۇچى ئۈستىگە ئالغان ئوقۇغۇچى سانى 平均每个教师负担学生数
1952	204	7.76	673	21.27	9 052	36.87
1957	945	4.14	2 367	25.71	14 143	34.81
1965	1 624	4.77	6 752	18.03	37 745	27.53
1978	2 458	4.16	41 661	19.36	82 616	24.56
1980	3 149	4.54	45 232	18.20	89 027	23.09
1985	5 473	4.84	60 942	15.68	98 294	20.00
1986	6 052	4.95	63 631	16.09	95 473	20.41
1987	6 789	4.44	66 395	15.76	93 910	20.07
1988	6 822	4.51	67 429	14.74	94 342	19.60
1989	6 898	4.63	65 833	13.57	94 397	19.51
1990	7 002	4.47	65 814	13.12	95 060	19.54
1991	7 269	4.32	64 923	12.43	95 565	20.46
1992	7 280	4.65	64 465	12.15	96 729	20.48
1993	7 158	5.51	63 448	11.33	99 297	20.54
1994	7 554	5.78	62 087	11.69	101 863	20.67
1995	7 687	5.78	62 934	11.91	106 001	20.77

ھەر دەرىجىلىك مەكتەپلەردىكى قىزئوقۇغۇچىلار ۋە ئايال ئوقۇتقۇچىلار سانى

16—13 各级学校女学生和女教师数

بىرلىكى : نەپەر 单位:人

项目 تۈرلەر	1990	1991	1992	1993	1994	1995
女学生数 قىزئوقۇغۇچىلار سانى	**1 411 440**	**1 427 837**	**1 436 927**	**1 448 328**	**1 485 382**	**1 553 655**
高等学校 ئالىي مەكتەپلەردىكى	14 038	13 576	15 021	18 070	20 558	21 268
中等专业学校 ئوتتۇرا تېخنىكوم مەكتەپلەردىكى	23 415	25 031	27 373	31 791	35 659	35 927
普通中学 ئادەتتىكى ئوتتۇرا مەكتەپلەردىكى	429 972	399 787	389 224	362 215	363 363	379 171
农业、职业中学 يېزائىگىلىك، كەسپىي ئوتتۇرا مەكتەپلەردىكى	33 779	31 868	32 776	28 601	24 403	28 495
技工学校 تېخنىك ئىشچىلار مەكتەپلىردىكى	14 087	14 580	13 677	15 278	14 508	12 191
小学 باشلانغۇچ مەكتەپلەردىكى	895 933	939 697	958 590	992 232	1 026 645	1 076 333
盲聋哑学校 ئەما، گاس-گاچىلار مەكتەپلىردىكى	216	298	266	240	246	270
قىز ئوقۇغۇچىلارنىڭ ئوقۇغۇچىلار ئومۇمىي سانىدائىگىلىگەن نىسبىتى(%) 女学生占学生总数(%)	**48.6**	**48.4**	**48.6**	**48.9**	**48.8**	**49.2**
女教师数 ئايال ئوقۇتقۇچىلار سانى	**95 039**	**97 672**	**98 651**	**100 242**	**102 617**	**106 877**
高等学校 ئالىي مەكتەپلەر	2 333	2 460	2 518	2 516	2 553	2 857
中等专业学校 ئوتتۇرا تېخنىكوملار	2 523	2 652	2 755	2 858	2 959	3 079
普通中学 ئادەتتىكى ئوتتۇرا مەكتەپلەر	27 789	29 530	29 657	29 292	29 624	30 508
农业、职业中学校 يېزا ئىگىلىك ئوتتۇرا مەكتەپلەر	1 241	1 453	1 558	1 725	1 540	1 613
技工学校 تېخنىك ئىشچىلار مەكتەپلىرى	1 052	1 111	1 188	1 088	1 064	1 085
小学 باشلانغۇچ مەكتەپلەر	60 001	60 346	60 846	62 651	64 754	67 617
盲、聋哑学校 ئەما، گاس-گاچىلار مەكتەپلىرى	100	120	129	112	123	118
ئايال ئوقۇتقۇچىلارنىڭ ئوقۇتقۇچىلار ئومۇمىي سانىدا ئىگىلىگەن نىسبىتى 女教师占教师总数(%)	**52.6**	**53.9**	**54.0**	**54.5**	**55.4**	**56.5**

ئادەتتىكى تولۇقسىز ئوتتۇرا مەكتەپ ۋە باشلانغۇچ مەكتەپلەرنى پۈتتۈرگەن ئوقۇغۇچىلارنىڭ مەكتەپ كۆچۈش نىسبىتى ۋە ئوقۇش يېشىدىكى بالىلارنىڭ مەكتەپكە كىرىش نىسبىتى

16—14 普通初中毕业生和小学毕业生升学率及小学学龄儿童入学率

يىللار 年份	ئادەتتىكى تولۇقسىز ئوتتۇرىنى پۈتتۈرگەن ئوقۇغۇچىلارنىڭ مەكتەپ كۆچۈش نىسبىتى 普通初中毕业生升学率			باشلانغۇچنى پۈتتۈرگەن ئوقۇغۇچىلارنىڭ مەكتەپ كۆچۈش نىسبىتى 小学毕业生升学率			ئوقۇش يېشىدىكى بالىلارنىڭ مەكتەپكە كىرىش نىسبىتى 小学学龄儿童入学率		
	ئادەتتىكى تولۇقسىز ئوتتۇرىنى پۈتتۈرگەن ئوقۇغۇچىلار سانى (نەپەر) 普通初中毕业生数(人)	ئادەتتىكى تولۇق ئوتتۇرىغا قوبۇل قىلىنغان ئوقۇغۇچى سانى (نەپەر) 普通高中招生数(人)	مەكتەپ كۆچۈش نىسبىتى 升学率(%)	باشلانغۇچنى پۈتتۈرگەن ئوقۇغۇچىلار سانى (نەپەر) 小学毕业生数(人)	ئادەتتىكى تولۇقسىز ئوتتۇرىغا قوبۇل قىلىنغان ئوقۇغۇچىلار سانى (نەپەر) 普通初中招生数(人)	مەكتەپ كۆچۈش نىسبىتى 升学率(%)	ئوقۇش يېشىدىكى بالىلار سانى (نەپەر) 学龄儿童数(人)	مەكتەپكە كىرگەن ئوقۇش يېشىدىكى بالىلار سانى (نەپەر) 已入学学龄儿童数(人)	مەكتەپكە كىرىش نىسبىتى 入学率(%)
1952	895	316	35.31	18 590	7 320	39.38			
1957	5 760	2 218	38.51	53 122	23 944	45.07			
1962	23 850	5 501	23.07	117 864	32 446	27.53			
1965	20 759	7 587	36.55	77 080	42 911	55.67			
1970	43 866	2 689	6.13	173 553	89 947	51.83			
1975	89 352	48 109	53.84	194 283	156 715	80.66			
1978	141 572	68 261	48.22	788 359	255 687	88.67	1 541 148	1 480 400	96.00
1980	186 012	73 989	39.76	292 515	236 432	80.83	1 637 610	1 548 653	94.57
1981	190 364	80 957	42.53	297 524	233 243	78.40	1 690 266	1 585 199	93.78
1982	175 349	81 738	46.62	310 025	241 842	78.01	1 664 714	1 556 141	93.50
1983	183 360	85 514	46.64	317 227	249 255	78.57	1 744 627	1 623 663	93.10
1984	185 642	91 060	49.05	295 993	241 033	81.43	1 612 671	1 519 458	94.21
1985	199 206	93 692	47.03	289 045	247 431	85.60	1 645 055	1 569 328	95.40
1986	209 817	96 858	46.16	307 047	261 732	85.24	1 561 050	1 516 922	97.20
1987	215 609	88 115	40.87	317 820	248 578	78.21	1 501 977	1 459 506	97.10
1988	225 506	87 698	38.89	288 594	217 376	75.32	1 479 761	1 436 737	97.10
1989	221 968	86 812	39.11	249 888	177 459	71.02	1 481 934	1 439 986	97.20
1990	216 173	84 567	39.12	259 301	213 074	82.17	1 502 163	1 465 325	97.50
1991	195 249	77 525	39.71	183 350	161 986	88.35	1 799 056	1 723 725	95.80
1992	176 435	61 673	34.96	268 074	208 186	77.66	1 819 546	1 747 470	96.00
1993	182 827	56 180	30.73	259 468	207 503	79.97	1 868 759	1 804 304	96.60
1994	141 749	44 552	31.43	262 215	214 685	81.87	1 943 216	1 886 075	97.06
1995	171 167	58 203	34.00	271 227	228 115	84.10	2 036 541	1 976 120	97.03

هەر دەرىجىلىك ھەر خىل مەكتەپلەردىكى ئازسانلىق مىللەت ئوقۇغۇچىلار سانى

16—15　各级各类学校少数民族在校学生数

单位：人 بىرلىكى : نەپەر

يىللار 年　份	ئالى مەكتەپلەر 高等院校	ئوتتۇرا دەرىجىلىك مەكتەپلەر 中等院校						باشلانغۇچ مەكتەپلەر (تۈمەن نەپەر) 小　学 （万人）
			ئوتتۇرا تېخنىكوم مەكتەپلىرى 中等专业学校	سانائەت يېزائىگىلىك، يېزا كەسپى ئوتتۇرا مەكتەپ 工农、农职中学	تېخنىك ئىشچىلار مەكتىپى 技工学校	ئادەتتىكى ئوتتۇرا مەكتەپ 普通中学	تۆلۇقسىز ئوتتۇرا 初　中	تۆلۇق ئوتتۇرا 高　中	
1952	808	16 850	4 857	41		12 222	11 977	245	29.98
1957	2 537	58 112	8 505	58		49 549	46 109	3 440	42.45
1962	2 271	80 605	5 407	699		74 499	65 430	9 069	54.97
1965	3 129	97 770	6 967	14 062	807	75 934	64 707	11 227	70.40
1970	258	61 291	32			61 259	59 593	1 666	62.44
1975	3 206	152 984	9 964		740	142 280	113 658	28 622	99.44
1978	4 890	310 987	10 807			300 180	261 343	38 837	106.58
1980	6 455	311 213	22 263	592	4 514	283 844	233 504	50 340	101.73
1981	7 965	291 110	20 101	309		270 700	214 854	55 846	99.38
1982	9 246	289 346	14 594	352	6 345	268 055	210 619	57 436	100.25
1983	9 382	293 202	12 851	940	6 111	273 300	215 911	57 389	101.33
1984	11 205	310 242	15 352	3 538	7 263	284 089	270 868	63 221	109.74
1985	13 996	346 833	17 888	4 915	7 649	316 381	245 182	71 199	116.43
1986	16 236	393 834	19 213	5 882	9 099	359 640	272 627	87 013	122.15
1987	16 948	426 855	20 723	7 059	10 399	388 674	293 296	95 378	122.75
1988	17 542	435 653	21 986	8 516	11 996	393 155	297 796	95 359	121.32
1989	18 097	437 588	22 914	13 755	13 237	387 682	295 276	92 406	120.56
1990	17 542	439 140	23 897	13 577	13 685	387 981	293 402	94 579	126.78
1991	17 694	406 750	24 433	14 465	14 163	353 689	254 326	99 363	138.80
1992	18 704	416 976	27 039	15 524	13 972	360 441	266 573	93 868	143.05
1993	21 045	409 016	31 696	18 094	14 842	344 384	270 213	74 171	147.54
1994	23 166	437 432	32 071	16 299	17 452	371 123	318 020	53 103	151.76
1995	24 125	477 379	33 264	20 013	16 040	408 062	355 492	52 570	157.84

رايونلاربويىچە ئايرىلغان ھەر دەرىجىلىك ھەر خىل مەكتەپلەرنىڭ سانى

16—16 按地区分的各级各类学校数

(1995 年 -يىل)

单位：所 بىرلىكى: مەكتەپ

رايونلار 地区	ئادەتتىكى ئالىي مەكتەپلەر 普通高等学校	ئوتتۇرا تېخنىكوم مەكتەپلىرى 中等专业学校	ئوتتۇرا تېخنىكوم سىفەن مەكتەپلىرى #中等师范学校	ئادەتتىكى ئوتتۇرا مەكتەپلەر 普通中学	يېزا ئىگىلىك، كەسپىي ئوتتۇرا مەكتەپلەر 农、职中学	باشلانغۇچ مەكتەپ 小学	ئانىلار باغچىسى 幼儿园	ئەما، گاس-گاچىلار مەكتىپى 盲、聋哑学校
全 区 پۈتۈن ئاپتونوم رايون	**21**	**115**	**21**	**1 792**	**145**	**7 086**	**880**	**6**
乌鲁木齐市 ئۈرۈمچى شەھىرى	11	38	3	120	15	191	136	1
克拉玛依市 قاراماي شەھىرى		3	1	22	3	39	46	1
石河子市 شىخەنزە شەھىرى		4	1	9	2	8	17	
吐鲁番地区 تۇرپان ۋىلايىتى		3	1	53	3	199	5	
哈密地区 قۇمۇل ۋىلايىتى		4	1	35	5	172	7	
昌吉州 سانجى ئوبلاستى	1	8	1	155	13	485	94	1
伊犁州 ئىلى ئوبلاستى		4		6	2	9	2	
伊犁地区 ئىلى ۋىلايىتى	1	6	2	168	10	777	94	
塔城地区 تارباغاتاي ۋىلايىتى		4	1	123	5	488	15	
阿勒泰地区 ئالتاي ۋىلايىتى		3	1	108	6	292	17	
博州 بۆرتالا ئوبلاستى		3	1	43	3	140	12	
巴州 بايىنغولىن ئوبلاستى		5	1	102	3	337	28	
阿克苏地区 ئاقسۇ ۋىلايىتى		8	1	125	5	1 070	18	1
克州 قىزىلسۇ ئوبلاستى		3	1	51	2	233	4	
喀什地区 قەشقەر ۋىلايىتى	1	9	2	210	12	1 180	138	1
和田地区 خوتەن ۋىلايىتى	2	5	1	116	9	902	10	
乌鲁木齐铁路局 ئۈرۈمچى تۆمۈر يول ئىدارىسى				16		23	21	
新疆生产建设兵团 شىنجاڭ ئىشلەپچىقىرىش-قۇرۇلۇش بىڭتۈەنى	**5**	**5**	**2**	**330**	**47**	**541**	**216**	**1**

注：伊犁州仅包括州直属和奎屯市。

ئىزاھات: ئىلى ۋىلايىتىنىڭ سانى ئوبلاستقا بىۋاستە قاراشلىق ئورۇنلار ۋە كۈيتۇن شەھىرىنىلا ئۆز ئىچىگە ئالىدۇ.

رايونلار بويىچە ئايرىلغان ھەر دەرىجىلىك ھەر خىل مەكتەپلەردىكى ئوقۇتقۇچى ۋە ئىشچى خىزمەتچىلەر سانى

16—17 按地区分的各级各类学校教职工数

(1995 年 -يىل)

单位：人 بىرلىكى: نەپەر

رايونلار 地区	ئادەتتىكى ئالىي مەكتەپلەر 普通高等学校	ئوتتۇرا تېخنىكوم مەكتەپلىرى 中等专业学校	ئوتتۇرا تېخنىكوم سىفەن مەكتەپلىرى #中等师范学校	ئادەتتىكى ئوتتۇرا مەكتەپلەر 普通中学	يېزا ئىگىلىك، كەسپىي ئوتتۇرا مەكتەپ 农、职中学	باشلانغۇچ مەكتەپ 小学	ئانىلار باغچىسى 幼儿园	ئەما، گاس گاچىلار مەكتىپى 盲、聋哑学校
全 区 پۈتۈن ئاپتونوم رايون	**18 556**	**13 520**	**2 624**	**84 168**	**5 187**	**124 508**	**15 640**	**281**
乌鲁木齐市 ئۈرۈمچى شەھىرى	11 675	4 940	286	7 386	675	7 421	3 907	127
克拉玛依市 قاراماي شەھىرى		683	57	2 360	240	2 428	2 045	19
石河子市 شىخەنزە شەھىرى		493	165	673	151	565	114	
吐鲁番地区 تۇرپان ۋىلايىتى		267	122	2 749	117	4 452	101	
哈密地区 قۇمۇل ۋىلايىتى		411	146	2 349	181	3 620	294	
昌吉州 سانجى ئوبلاستى	376	930	104	6 224	681	8 334	1 172	33
伊犁州 ئىلى ئوبلاستى		315		421	62	382	144	
伊犁地区 ئىلى ۋىلايىتى	654	936	243	8 883	256	13 942	660	
塔城地区 تارباغاتاي ۋىلايىتى		438	154	5 101	284	8 357	516	
阿勒泰地区 ئالتاي ۋىلايىتى		324	139	3 510	82	6 147	361	
博州 بۆرتالا ئوبلاستى		253	178	2 224	90	3 221	340	
巴州 بايىنغولىن ئوبلاستى		431	115	4 205	175	6 989	744	
阿克苏地区 ئاقسۇ ۋىلايىتى		890	191	5 499	79	12 781	428	25
克州 قىزىلسۇ ئوبلاستى		305	154	2 050	49	4 366	169	
喀什地区 قەشقەر ۋىلايىتى	876	1 142	300	8 831	351	17 009	709	56
和田地区 خوتەن ۋىلايىتى	496	402	154	4 501	205	9 419	136	
乌鲁木齐铁路局 ئۈرۈمچى تۆمۈر يول ئىدارىسى				1 249	29	953	604	
新疆生产建设兵团 شىنجاڭ ئىشلەپچىقىرىش-قۇرۇلۇش بىڭتۈەنى	**4 479**	**360**	**116**	**15 953**	**1 480**	**14 122**	**3 196**	**21**

注：伊犁州仅包括州直属和奎屯市。

ئىزاھات: ئىلى ۋىلايىتىنىڭ سانى ئوبلاستقا بىۋاستە قاراشلىق ئورۇنلار ۋە كۈيتۇن شەھىرىنىلا ئۆز ئىچىگە ئالىدۇ.

رايونلار بويىچە ئايرىلغان ھەر دەرىجىلىك ھەر خىل مەكتەپلەردىكى ئوقۇتقۇچىلار سانى

16—18 按地区分的各级各类学校教师数

(1995 -يىل 1995年)

بىرلىكى: نەپەر 单位:人

رايونلار 地 区	ئادەتتىكى ئالى مەكتەپلەر 普通高等学校	ئوتتۇرا تېخنىكوم مەكتەپلىرى 中等专业学校	ئوتتۇرا تېخنىكوم سىفەن مەكتەپلىرى #中等师范学校	ئادەتتىكى ئوتتۇرا مەكتەپ 普通中学	يېزا ئىگىلىك، كەسپى ئوتتۇرا مەكتەپ 农、职中学	باشلانغۇچ مەكتەپ 小 学	بالىلار باغچىسى 幼儿园	ئەما، گاس گاچىلار مەكتىپى 盲、聋哑学校
全 区 پۈتۈن ئاپتونوم رايون	**7 687**	**6 540**	**1 545**	**62 934**	**3 494**	**106 001**	**7 983**	**162**
乌鲁木齐市 ئۈرۈمچى شەھىرى	5 306	2 284	187	4 988	409	6 460	1 554	63
克拉玛依市 قاراماي شەھىرى		246	57	1 908	160	2 110	534	15
石河子市 شىخەنزە شەھىرى		197	69	445	101	466	68	
吐鲁番地区 تۇرپان ۋىلايىتى		123	79	2 302	97	4 098	60	
哈密地区 قۇمۇل ۋىلايىتى		228	75	1 934	150	3 090	176	
昌吉州 سانجى ئوبلاستى	171	442	63	5 051	509	7 814	822	19
伊犁州 ئىلى ئوبلاستى		173		300	46	297	62	
伊犁地区 ئىلى ۋىلايىتى	286	460	140	7 182	204	12 130	474	
塔城地区 تارباغاتاي ۋىلايىتى		223	85	3 951	187	6 590	312	
阿勒泰地区 ئالتاي ۋىلايىتى		141	65	2 659	61	4 847	225	
博州 بۆرتالا ئوبلاستى		126	99	1 734	68	2 914	248	
巴州 باينغولىن ئوبلاستى		217	69	3 297	123	6 228	551	
阿克苏地区 ئاقسۇ ۋىلايىتى		479	90	4 318	55	11 041	214	12
克州 قىزىلسۇ ئوبلاستى		177	86	1 581	36	3 342	120	
喀什地区 قەشقەر ۋىلايىتى	404	639	188	6 990	266	13 841	389	42
和田地区 خوتەن ۋىلايىتى	264	226	115	3 633	113	8 286	87	
乌鲁木齐铁路局 ئۈرۈمچى تۆمۈر يول ئىدارىسى				847	27	774	164	
شىنجاڭ ئىشلەپچىقىرىش-قۇرۇلۇش بىڭتۇەنى 新疆生产建设兵团	**1 256**	**159**	**7 814**	**9 814**	**882**	**11 673**	**1 923**	**11**

注:伊犁州仅包括州直属和奎屯市。

ئىزاھات: ئىلى ۋىلايىتىنىڭ سانى ئوبلاستقا بىۋاستە قاراشلىق ئورۇنلار ۋە كۈيتۇن شەھىرىنىلا ئۆز ئىچىگە ئالىدۇ.

رايونلار بويىچە ئايرىلغان ھەر دەرىجىلىك ھەر خىل مەكتەپلەردە ئوقۇۋاتقان ئوقۇغۇچىلار سانى

16—19 按地区分的各级各类学校在校学生数

(1995 -يىل 1995年)

بىرلىكى: نەپەر 单位:人

رايونلار 地 区	ئادەتتىكى ئالى مەكتەپلەر 普通高等学校	ئوتتۇرا تېخنىكوم مەكتەپلىرى 中等专业学校	ئوتتۇرا تېخنىكوم سىفەن مەكتەپلىرى #中等师范学校	ئادەتتىكى ئوتتۇرا مەكتەپ 普通中学	يېزا ئىگىلىك، كەسپى ئوتتۇرا مەكتەپ 农、职中学	باشلانغۇچ مەكتەپ 小 学	بالىلار باغچىسى 幼儿园	ئەما، گاس گاچىلار مەكتىپى 盲、聋哑学校
全 区 پۈتۈن ئاپتونوم رايون	**44 918**	**68 586**	**18 098**	**749 788**	**54 122**	**2 201 274**	**218 020**	**643**
乌鲁木齐市 ئۈرۈمچى شەھىرى	28 598	24 453	2 190	54 945	12 021	110 839	39 022	273
克拉玛依市 قاراماي شەھىرى		3 256	721	18 322	962	23 045	11 387	43
石河子市 شىخەنزە شەھىرى	47	2 816	1 115	6 621	1 022	8 264	3 495	
吐鲁番地区 تۇرپان ۋىلايىتى		1 046	776	27 584	670	75 302	834	
哈密地区 قۇمۇل ۋىلايىتى		1 848	701	18 331	1 236	37 152	5 192	
昌吉州 سانجى ئوبلاستى	1 021	5 516	842	60 389	5 631	123 448	21 313	84
伊犁州 ئىلى ئوبلاستى	320	1 458		3 549	356	5 214	1 706	
伊犁地区 ئىلى ۋىلايىتى	1 842	5 041	1 775	82 852	2 359	277 771	17 807	
塔城地区 تارباغاتاي ۋىلايىتى		2 249	1 075	43 756	2 777	103 204	10 750	
阿勒泰地区 ئالتاي ۋىلايىتى		1 441	817	28 117	757	76 663	6 346	
博州 بۆرتالا ئوبلاستى		1 035	854	18 765	1 234	41 699	5 256	
巴州 باينغولىن ئوبلاستى		2 744	1 136	37 992	1 105	100 580	9 065	
阿克苏地区 ئاقسۇ ۋىلايىتى		3 561	908	67 688	2 024	269 302	6 743	51
克州 قىزىلسۇ ئوبلاستى		1 232	572	17 605	201	70 684	2 114	
喀什地区 قەشقەر ۋىلايىتى	2 944	5 464	1 963	97 596	9 469	457 474	11 219	112
和田地区 خوتەن ۋىلايىتى	1 612	2 597	1 488	50 278	1 955	198 088	6 806	
乌鲁木齐铁路局 ئۈرۈمچى تۆمۈر يول ئىدارىسى				7 907	208	13 194	5 165	
شىنجاڭ ئىشلەپچىقىرىش-قۇرۇلۇش بىڭتۇەنى 新疆生产建设兵团	**8 534**	**2 829**	**1 165**	**107 491**	**10 135**	**209 351**	**53 800**	**80**

注:伊犁州仅包括州直属和奎屯市。

ئىزاھات: ئىلى ۋىلايىتىنىڭ سانى ئوبلاستقا بىۋاستە قاراشلىق ئورۇنلار ۋە كۈيتۇن شەھىرىنىلا ئۆز ئىچىگە ئالىدۇ.

رايونلار بويىچە ئايرىلغان ھەر دەرىجىلىك ھەر خىل مەكتەپلەرگە قوبۇل قىلىنغان ئوقۇغۇچى سانى

16—20 按地区分的各级各类学校招生数

(1995年 -يىل)

单位：人 بىرلىكى : نەپەر

رايونلار 地 区	ئادەتتىكى ئالىي مەكتەپلەر 普通高等学校	ئوتتۇرا تېخنىكوم مەكتەپلىرى 中等专业学校	ئوتتۇرا تېخنىكوم سىفەن مەكتەپلىرى #中等师范学校	ئادەتتىكى ئوتتۇرا مەكتەپ 普通中学	يېزا ئىگىلىك، كەسپىي ئوتتۇرا مەكتەپ 农、职中学	باشلانغۇچ مەكتەپ 小 学	بالىلار باغچىسى 幼儿园	ئەما، گاس-گاچىلار مەكتىپى 盲、聋哑学校
全 区 پۈتۈن ئاپتونوم رايون	**12 307**	**25 260**	**6 665**	**286 318**	**26 452**	**419 717**	**135 990**	**165**
乌鲁木齐市 ئۈرۈمچى شەھىرى	7 403	9 422	733	20 234	5 515	22 653	15 793	110
克拉玛依市 قاراماي شەھىرى		1 369	365	6 569	846	4 624	3 413	5
石河子市 شىخەنزە شەھىرى	12	965	370	2 153	480	1 532	2 377	
吐鲁番地区 تۇرپان ۋىلايىتى		400	290	10 973	318	13 451	407	
哈密地区 قۇمۇل ۋىلايىتى		662	220	6 757	639	6 333	4 298	
昌吉州 سانجى ئوبلاستى	360	1 791	277	21 148	2 475	21 674	13 844	10
伊犁州 ئىلى ئوبلاستى	80	539		1 163	201	1 062	1 065	
伊犁地区 ئىلى ۋىلايىتى	510	1 772	720	32 253	1 092	52 974	14 313	
塔城地区 تارباغاتاي ۋىلايىتى		674	348	15 805	1 897	18 183	9 441	
阿勒泰地区 ئالتاي ۋىلايىتى		400	220	10 773	559	13 247	5 359	
博州 بۆرتالا ئوبلاستى		330	252	6 697	694	7 450	4 485	
巴州 بايىنغولىن ئوبلاستى		828	386	14 776	705	18 717	5 714	
阿克苏地区 ئاقسۇ ۋىلايىتى		1 389	340	29 632	884	47 289	4 730	10
克州 قىزىلسۇ ئوبلاستى		441	200	7 155	140	17 483	1 964	
喀什地区 قەشقەر ۋىلايىتى	806	2 178	968	41 101	4 248	85 773	8 333	20
和田地区 خوتەن ۋىلايىتى	490	977	536	20 602	1 059	38 595	6 432	
乌鲁木齐铁路局 ئۈرۈمچى تۆمۈر يول ئىدارىسى				2 818	67	2 936	1 864	
شىنجاڭ ئىشلەپچىقىرىش-قۇرۇلۇش بىڭتۈەنى 新疆生产建设兵团	**2 646**	**1 123**	**440**	**35 709**	**4 633**	**45 741**	**32 158**	**10**

注：伊犁州仅包括州直属和奎屯市。

ئىزاھات: ئىلى ۋىلايىتىنىڭ سانى ئوبلاستقا بىۋاسىتە قاراشلىق ئورۇنلار ۋە كۈيتۇن شەھىرىنىلا ئۆز ئىچىگە ئالىدۇ.

رايونلار بويىچە ئايرىلغان ھەر دەرىجىلىك ھەر خىل مەكتەپلەرنى پۈتتۈرگەن ئوقۇغۇچىلار سانى

16—21 按地区分的各级各类学校毕业生数

(1995年 -يىل)

单位：人 بىرلىكى : نەپەر

رايونلار 地 区	ئادەتتىكى ئالىي مەكتەپلەر 普通高等学校	ئوتتۇرا تېخنىكوم مەكتەپلىرى 中等专业学校	ئوتتۇرا تېخنىكوم سىفەن مەكتەپلىرى #中等师范学校	ئادەتتىكى ئوتتۇرا مەكتەپ 普通中学	يېزا ئىگىلىك، كەسپىي ئوتتۇرا مەكتەپ 农、职中学	باشلانغۇچ مەكتەپ 小 学	بالىلار باغچىسى 幼儿园	ئەما، گاس-گاچىلار مەكتىپى 盲、聋哑学校
全 区 پۈتۈن ئاپتونوم رايون	**10 505**	**18 981**	**5 231**	**215 756**	**16 490**	**271 227**	**96 812**	**57**
乌鲁木齐市 ئۈرۈمچى شەھىرى	6 261	7 260	462	16 217	2 909	16 193	11 035	13
克拉玛依市 قاراماي شەھىرى		588	69	4 941	66	4 395	3 013	5
石河子市 شىخەنزە شەھىرى	6	774	363	2 152	331	1 235	1 691	
吐鲁番地区 تۇرپان ۋىلايىتى		199	159	8 032	118	9 376	404	
哈密地区 قۇمۇل ۋىلايىتى		393	119	6 287	242	5 541	3 705	
昌吉州 سانجى ئوبلاستى	245	1 151	243	20 160	1 403	16 964	9 814	
伊犁州 ئىلى ئوبلاستى	80	335		1 011	96	610	788	
伊犁地区 ئىلى ۋىلايىتى	608	1 815	663	24 992	829	29 114	8 458	
塔城地区 تارباغاتاي ۋىلايىتى		502	272	14 453	1 085	13 539	6 686	
阿勒泰地区 ئالتاي ۋىلايىتى		408	288	7 870	656	10 294	3 552	
博州 بۆرتالا ئوبلاستى		251	213	5 946	206	5 547	2 540	
巴州 بايىنغولىن ئوبلاستى		392	150	10 072	570	12 657	5 507	
阿克苏地区 ئاقسۇ ۋىلايىتى		1 125	382	14 951	226	31 483	3 306	16
克州 قىزىلسۇ ئوبلاستى		336	181	4 726	265	7 278	1 538	
喀什地区 قەشقەر ۋىلايىتى	833	2 129	982	23 005	2 359	50 238	4 942	8
和田地区 خوتەن ۋىلايىتى	286	629	352	13 866	941	31 272	3 946	
乌鲁木齐铁路局 ئۈرۈمچى تۆمۈر يول ئىدارىسى				2 186	124	1 651	1 952	
شىنجاڭ ئىشلەپچىقىرىش-قۇرۇلۇش بىڭتۈەنى 新疆生产建设兵团	**2 186**	**694**	**333**	**34 889**	**4 064**	**23 840**	**23 935**	**15**

注：伊犁州仅包括州直属和奎屯市。

ئىزاھات: ئىلى ۋىلايىتىنىڭ سانى ئوبلاستقا بىۋاسىتە قاراشلىق ئورۇنلار ۋە كۈيتۇن شەھىرىنىلا ئۆز ئىچىگە ئالىدۇ.

زور پەن-تېخنىكا نەتىجىلىرى ۋە مۇكاپاتلانغان سانى
16—22 重大科学技术研究成果及奖励数

بىرلىكى : تۈر 单位:项

يىللار 年份	زور پەن-تېخنىكا نەتىجىلىرى 重大科技成果		مۇكاپاتلىنىش ئەھۋالى 奖励情况					
	دۆلەت دەرىجىلىك 国家级	ئاپتونوم رايون دەرىجىلىك 自治区级	دۆلەت دەرىجىلىك 国家级	ئاپتونوم رايون دەرىجىلىك 自治区级	1-دەرىجىلىك 一等奖	2-دەرىجىلىك 二等奖	3-دەرىجىلىك 三等奖	4-دەرىجىلىك 四等奖
1979		270		117	13	35	69	
1980—83		738	3	181	4	21	55	101
1984—85		435	13	175	1	10	47	117
1986	10	266	6	103	2	16	31	54
1987		271	7	31		2	9	20
1988		288	7	277	3	48	88	138
1989		378	12	168	2	27	59	80
1990		444	3	129		18	56	55
1991		255	9	137	2	21	48	66
1992		172	9	140	3	24	57	56
1993		330	6	124	4	25	45	50
1994		296		177	1	31	67	78
1995		218	3	141	4	26	55	56

ئىجتىمائىي پەن مۇنەۋۋەر نەتىجىلىرىنىڭ مۇكاپاتقا ئېرىشىش ئەھۋالى
16—23 社会科学优秀成果获奖情况

(1995年 -يىل)

بىرلىكى : تۈر 单位:项

يىللار 年份	مۇكاپاتقا ئېرىشىش ئەھۋالى 获奖情况						
	جەمئىي 合计	شەرەپ مۇكاپاتى 荣誉奖	1-دەرىجىلىك 一等奖	2-دەرىجىلىك 二等奖	3-دەرىجىلىك 三等奖	رىغبەتلەندۈرۈش مۇكاپاتى 鼓励奖	ياشلارنىڭ ياخشى ئەسەر مۇكاپاتى 青年佳作奖
1979—1985.10	249	3	12	64	125	45	
1985.10—1990.8	384	2	37	105	175	65	
1990.9—1993.12	275	5	25	56	108	52	29

ئىلتىماس قىلىنغان پاتېنت ۋە تەستىقلانغان سانى

16—24 专利申请和批准数

يىللار 年 份	ئىلتىماس قىلىنغان سانى (پارچە) 申请数 (件)				تەستىقلانغان سانى (پارچە) 批准数 (件)				ۋاكالەت ئورگىنى 代理机构
	جەمئىي 合计	كەشپىيات 发明	ئەمەلىي ئىشلىتىلگەن يېڭى تىپ 实用新型	تاشقى كۆرۈنۈش لايىھەسى 外观设计	جەمئىي 合计	كەشپىيات 发明	ئەمەلىي ئىشلىتىلگەن يېڭى تىپ 实用新型	تاشقى كۆرۈنۈش لايىھەسى 外观设计	
1985	36								
1986	80	16	63	1	4	1	3		
1987	126	35	89	2	22		22		
1988	201	13	184	4	67	2	63	2	
1989	224	39	182	3	120	10	105	5	5
1990	250	38	203	9	139	3	135	1	5
1991	402	64	302	36	135	2	124	9	5
1992	502	91	374	37	196	6	180	10	5
1993	642	144	467	31	454	22	398	34	5
1994	608	104	479	25	358	9	326	23	6
1995	609	92	467	50	312	11	285	16	6

پەن-تېخنىكا نەتىجىسى ۋە ئەسەر ئەھۋالى

16—25 科技成果与著作情况

(1995 年 -يىل)

كۆرسەتكۈچلەر 指 标	ئېلان قىلىنغان پەن-تېخنىكا ئىلمىي ماقالىلىرى 发表科技论文(篇)	نەشىر قىلىنغان پەن-تېخنىكا ئەسەرلىرى 出版科技著作(种)	مۇكاپاتقا ئېرىشكەن نەتىجىلەر سانى (تۈر) 获奖成果数(项)	دۆلەت دەرىجىلىك 国家级奖	ئۆلكە مىنىستىر دەرىجىلىك 省部级奖	ۋىلايەت، شەھەر دەرىجىلىك 地市级奖
总 计 ئومۇمىي جەمئىي	6 081	250	730	15	262	453
按单位类型分 ئورۇنلارنىڭ تۈرى بويىچە ئايرىلغاندا						
科学研究与技术开发机构 پەن-تەتقىقات ۋە تېخنىكا ئۆزلەشتۈرۈش ئورگانلىرى	1 486	50	162	4	83	75
科技情报与文献机构 پەن-تېخنىكا ئاخباراتى ۋە ماتېرىياللىرى ئورگانلىرى	47	1	33		5	28
全日制普通高等学校 پۈتۈن كۈنلۈك ئادەتتىكى ئالىي مەكتەپلەر	3 700	192	195		83	112
大中型工业企业 چوڭ، ئوتتۇرا سانائەت كارخانىلىرى	784	7	331	11	90	230
大中型建筑企业 چوڭ، ئوتتۇرا قۇرۇلۇش كارخانىلىرى	64		9		1	8
按学科领域分 پەن ساھەسى بويىچە ئايرىلغاندا						
自然科学 تەبىئىي پەن	939	26	45		25	20
农业科学 يېزا ئىگىلىك پېنى	1 178	59	117	3	54	60
医学科学 تىببىي دورىگەرلىك پېنى	872	11	51	1	33	17
工程与技术科学 قۇرۇلۇش ۋە تېخنىكا پېنى	1 317	15	368	11	112	245
人文与社会科学 گۇمانىتارلىق ۋە ئىجتىمائىي پەن	1 775	139	149		38	111

پەن-تېخنىكا پائالىيىتى خىراجىتىنى توپلاش ۋە ئىشلىتىش ئەھۋالى

16—26 科技活动经费筹集与使用情况

（1995 -يىل 年）

单位：万元 بىرلىكى：تۈمەن يۈەن

تۈرلەر 项 目	پەن-تېخنىكا پائالىيىتى خىراجىتىنىڭ توپلانغان ئومۇمىي سوممىسى 活动经费筹集总额	ھۆكۈمەتتىن ئاجرىتىپ بېرىلگىنى 政府拨款	ئۆزى توپلىغان مەبلەغ 自筹资金	بانكا قەرز پۇلى 银行贷款	باشقا ئورۇنلار ھاۋالە قىلغان 外单位委托	باشقا كىرىم 其他收入	پائالىيەت خىراجىتى ئىچكى چىقىمى 活动经费内部支出	پائالىيەت خىراجىتى سىرتقى چىقىمى 活动经费外部支出
总 计 جەمئىي	**71 705**	**14 989**	**40 995**	**4 171**	**1 330**	**10 220**	**66 221**	**3 661**
按单位类型分： ئورۇنلارنىڭ تۈرى بويىچە ئايرىلغاندا								
پەن-تەتقىقات ۋە تېخنىكا ئۆزلەشتۈرۈش ئورگانلىرى 科学研究和技术开发机构	20 721	12 427	5 177	399	1 092	1 626	19 823	288
پەن-تېخنىكا ئاخباراتى ۋە ماتېرىياللىرى ئورگانلىرى 科技情报与文献机构	499	385	87		17	10	428	
پۈتۈن كۈنلۈك ئادەتتىكى ئالىي مەكتەپلەر 全日制高等院校	849	597	76	35	118	23	643	23
چوڭ، ئوتتۇرا سانائەت كارخانىلىرى 大中型工业企业	48 538	1 517	34 640	3 717	103	8 561	44 290	3 300
چوڭ، ئوتتۇرا قۇرۇلۇش كارخانىلىرى 大中型建筑企业	1 098	63	1 015	20			1 037	50

پەن-تېخنىكا پائالىيىتى ئورگانلىرىنىڭ ئومۇمىي ئەھۋالى

16—27 科技活动机构概况

（1995 -يىل 年）

تۈرلەر 项 目	ئورگانلار سانى 机构数（个）	ئىشچى-خىزمەتچىلەر سانى（نەپەر） 职工总数（人）	پەن-تېخنىكا پائالىيىتى بىلەن شۇغۇللىنىدىغان خادىملار 从事科技活动人员	ئالىم ۋە ئىنژېنېرلار 科学家和工程师	پەن-تېخنىكا ئورگانلىرى خىراجىتى چىقىمى（تۈمەن يۈەن） 科技机构经费总支出（万元）
ئالىي مەكتەپلەر قارمىقىدىكى تەتقىق قىلىش ۋە راۋاجلاندۇرۇش ئورگانلىرى 高等学校属研究与发展机构	54	480	285	283	
چوڭ، ئوتتۇرا سانائەت كارخانىلىرى قارمىقىدىكى تېخنىكا ئۆزلەشتۈرۈش ئورگانلىرى 大中型工业企业技术开发机构	72	4 959	4 959	2 016	36 029
چوڭ، ئوتتۇرا قۇرۇلۇش كارخانىلىرى قارمىقىدىكى تېخنىكا ئۆزلەشتۈرۈش ئورگانلىرى 大中型建筑企业技术开发机构	3	38	38	27	

پەن-تېخنىكا پائالىيىتى بىلەن شۇغۇللىنىدىغان خادىملار ئەھۋالى

16—28 从事科技活动人员情况

(1995 -يىل 年)　　　　单位:人 بىرلىكى: نەپەر

تۈرلەر 项目	پەن-تېخنىكا پائالىيىتى بىلەن شۇغۇللىنىدىغان خادىملار سانى 从事科技活动人员数	ئالىم، ئىنژېنېرلار 科学家工程师	تېخنىكلار 技术员	ياردەمچى خادىملار 辅助人员
总计 جەمئىي	**34 914**	**23 470**	**7 616**	**3 828**
按单位类型分 ئورۇنلار تۈرى بويىچە ئايرىلغاندا				
科学研究和技术开发机构 پەن-تەتقىقات ۋە تېخنىكا ئۆزلەشتۈرۈش ئورگانلىرى	6 209	3 843	1 711	655
科技情报与文献机构 پەن-تېخنىكا ئاخباراتى ۋە ماتېرىيال ئورگىنى	194	119	74	1
全日制普通高等院校 پۈتۈن كۈنلۈك ئادەتتىكى ئالىي مەكتەپلەر	17 182	15 356	1 344	482
大中型工业企业 چوڭ، ئوتتۇرا سانائەت كارخانىلىرى	11 051	3 999	4 487	2 565
大中型建筑企业 چوڭ، ئوتتۇرا قۇرۇلۇش كارخانىلىرى	278	153		125
按单位隶属关系分 ئورۇنلارنىڭ تەۋەلىك مۇناسىۋىتى بويىچە ئايرىلغاندا				
中央 مەركەزنىڭ	13 944	7 793	4 108	2 043
地方 يەرلىكنىڭ	20 970	15 677	3 508	1 785
按经济类型分 ئىقتىسادىي تىپى بويىچە ئايرىلغاندا				
国有 دۆلەت ئىگىلىكىدىكى	34 762	23 370	7 572	3 820
集体 كوللېكتىپ ئىگىلىكىدىكى	35	16	19	
其他 باشقىلار	117	84	25	8
按学科领域分 پەن ساھەسى بويىچە ئايرىلغاندا				
自然科学 تەبىئىي پەن	2 805	2 592	200	13
农业科学 يېزا ئىگىلىك پېنى	3 802	2 506	972	324
医药科学 تېببىي پەن	4 723	3 855	863	5
工程与技术科学 قۇرۇلۇش ۋە تېخنىكا پېنى	14 543	6 539	5 004	3 000
人文与社会科学 گۇمانىتار ۋە ئىجتىمائىي پەنلەر	8 308	7 592	458	258
未分科学 تېخى ئايرىلمىغان پەنلەر	733	386	119	228

پەن-تېخنىكىنى تەتقىق قىلىش ۋە راۋاجلاندۇرۇش پائالىيىتى تەتقىقات تېمىسى (تۈرى) ئەھۋالى

16—29 研究与发展科技活动课题(项目)情况

(1995 -يىل 年)

تۈرلەر 项目	تەتقىقات تېمىسى (تۈرى) سانى (تۈر) 课题(项目)个数(项)	تەتقىقات تېمىسى (تۈرى) گە ئىشلىتىلگەن خادىملار (نەپەر/يىل) 课题(项目)投入人员(人年)	تەتقىقات تېمىسى (تۈرى) گە سەرپ قىلىنغان خىراجەت (تۈمەن يۈەن) 课题(项目)投入经费(万元)
总计 جەمئىي	**1 678**	**6 087**	**32 113**
按单位类型分 ئورۇن تۈر بويىچە ئايرىلغاندا			
پەن تەتقىقات ۋە تېخنىكا ئۆزلەشتۈرۈش ئورگانلىرى 科学研究和技术开发机构	694	1 539	2 441
پەن-تېخنىكا ئاخباراتى ۋە ماتېرىيالى ئورگانلىرى 科技情报与文献机构			
پۈتۈن كۈنلۈك ئادەتتىكى ئالىي مەكتەپلەر 全日制普通高等院校	580	1 007	474
چوڭ، ئوتتۇرا سانائەت كارخانىلىرى 大中型工业企业	404	3 541	29 198
چوڭ، ئوتتۇرا قۇرۇلۇش كارخانىلىرى 大中型建筑企业			
پەن-تېخنىكا پائالىيەتلىرى تىپى بويىچە ئايرىلغاندا 按科技活动类型分			
基础研究 ئاساسىي تەتقىقات	173	368	360
应用研究 قوللىنىش تەتقىقاتى	652	1 579	3 361
试验发展 تەجرىبە قىلىش ۋە راۋاجلاندۇرۇش	853	4 140	28 392

تارماقلار قارمىقىدىكى دۆلەت ئىگىلىكىدىكى ئورۇنلارغا تەۋە بولغان مۇستەقىل تەتقىق قىلىش ۋە ئۆزلەشتۈرۈش ئورگانلىرى
16—30 部门属国有单位独立研究与开发机构

（1995 年 - يىل）

تۈرلەر 项目	ئورگان سانى 机构数（个）	ئىشچى-خىزمەتچىلەر ئومۇمىي سانى（نەپەر）职工总数（人）	ئالىم ۋە ئىنژېنېرلار 科学家工程师	باشقا پەن-تېخنىكا خادىملىرى 其他科技人员	كىرىم ئومۇمىي سوممىسى（تۈمەن يۈەن）收入总额（万元）	ھۆكۈمەت ئاجرىتىپ بەرگەن پۇل 政府拨款	چىقىم ئومۇمىي سوممىسى（تۈمەن يۈەن）支出总额（万元）	ئەمگەك ئىشلىرى خىراجىتى 劳务费
جەمئىي 合计	**133**	**9 256**	**4 639**	**2 262**	**21 583**	**12 659**	**21 574**	**8 885**
ناھىيەدىن يۇقىرى تارماقلار قارمىقىدىكى ئورگانلار 县以上部门属机构	129	9 172	4 614	2 233	21 475	12 565	21 455	8 790
تەبىئىي پەن تېخنىكا ساھەسى تەتقىقات ۋە ئۆزلەشتۈرۈش ئورگانلىرى 自然科学技术领域研究与开发机构	115	8 519	4 224	2 058	20 145	11 486	19 923	8 152
ئىجتىمائىي ۋە گۇمانىتار پەن ساھەسى تەتقىقاتى ۋە ئۆزلەشتۈرۈش ئورگانلىرى 社会人文科学领域研究与开发机构	5	377	234	81	831	694	1 103	395
پەن تېخنىكا ئاخباراتى ۋە ماتېرىيالى ئورگانلىرى 科技情报文献机构	9	276	156	94	499	385	429	243
ناھىيە دەرىجىلىك تارماقلار قارمىقىدىكى ئورگانلار 县级部门属机构	4	84	25	29	108	94	119	95

ئاساسلىق يىللاردىكى تەبىئىي پەن تەتقىقات ئورگانلىرىنىڭ ئاساسىي ئەھۋالى
16—31 主要年份自然科学研究机构基本情况

يىللار 年份	ئورگان سانى 机构数（个）	مۇقىم ئىشچى-خىزمەتچىلەر سانى 固定职工人数	پەن-تېخنىكا پائالىيىتى بىلەن شۇغۇللىنىدىغان خادىملار 从事科技活动人员	ئالىي دەرىجىلىك 高级	ئوتتۇرا دەرىجىلىك 中级	تۆۋەن دەرىجىلىك 初级	ئاز سانلىق مىللەت پەن تېخنىكا خادىملىرى 少数民族科技人员	# ئايال پەن-تېخنىكا خادىملىرى #女性科技人员
1954	1	17	5					
1957	2	214	131				5	27
1962	29	2 405	1 352				101	330
1965	34	3 217	2 069				151	455
1970	26	2 569	1 895				145	423
1975	45	4 757	1 927				216	551
1978	70	7 344	2 451				250	821
1979	99	6 587	2 534	41	333	1 728	263	750
1980	143	9 445	3 580	31	1 012	1 672	348	918
1981	150	9 294	3 918	54	1 414	1 422	409	1 098
1982	152	10 500	4 493	113	1 662	1 707	511	1 349
1983	151	11 263	5 190	149	1 832	2 239	567	1 482
1984	162	13 013	6 078	149	1 771	2 364	579	1 792
1985	117	11 388	8 448	121	1 529	2 206	926	3 171
1986	119	11 568	6 300	327	1 507	2 716	1 121	3 735
1987	118	11 692	7 030	532	1 485	2 232	1 315	4 299
1988	110	9 231	6 202	882	1 734	2 653	1 354	3 384
1989	111	8 702	7 051	892	1 628	2 487	1 385	3 303
1990	114	8 994	6 158	866	1 668	2 601	1 415	3 473
1991	115	9 086	7 295	970	1 911	2 570	1 396	3 449
1992	115	8 921	6 581	969	1 902	2 605	1 593	3 340
1993	114	8 848	6 277	1 090	2 071	2 507	1 567	3 329
1994	115	8 684	5 953	1 105	2 099	2 253	1 595	3 229
1995	115	8 519	5 904	1 119	2 160	2 110	1 622	3 239

ئەسكەرتىش: 1. 1985-يىلدىن باشلاپ تەبىئىي پەن تەتقىقات ئورگانلىرى، خادىملىرى بىردەك ناھىيەدىن يۇقىرى تارماقلار قارمىقىدىكى مۇستەقىل ئورگانلار بولۇپ، غەيرى مۇستەقىل ئورگانلارستاتىستىكا قىلىش دائىرىسى ئىچىگە كىرمەيدۇ. 2. 1985-يىلدىن كېيىن مۇقىم ئىشچى-خىزمەتچىلەر سانى، ئومۇمىي ئىشچى-خىزمەتچىلەر سانىغا ئۆزگەرتىلدى. 3. 1988-يىلدىن كېيىن، تەبىئىي پەن تەتقىقات ئورگانلىرى پەن-تېخنىكا ئاخبارات ئورگانلىرىنى ئۆز ئىچىگە ئالمايدۇ.

1、1985 年始自然科学研究机构、人员情况均为县以上部门属独立机构，而非独立机构不在统计之内。
2、1985 年以后，固定职工人数为职工总人数。
3、1988 年以后，自然科学研究机构中不包括科技情报机构。

چوڭ، ئوتتۇرا سانائەت كارخانىلىرىنىڭ تېخنىكا ئۆزلەشتۈرۈش ئومۇمىي ئەھۋالى

16—32 大中型工业企业技术开发概况

(1995年 -يىل)

تۈرلەر 项　　目	كارخانا سانى 企业数(个)	تېخنىكا ئۆزلەشتۈرۈش ئورگانلىرى بار كارخانىلار 有技术开发机构的企业	تېخنىكا ئۆزلەشتۈرۈش ئورگانلىرى سانى 技术开发机构数(个)
总　计 جەمئىي	**196**	**57**	**72**
按企业所属行业大类分组 سانائەت ساھەلىرىدىكى چوڭ، ئوتتۇرا تۈرلەر بويىچە گۇرۇپپىغا ئايرىلغاندا			
煤炭采选业 كۆمۈر قېزىش ۋە تاللاش كەسپى	4	1	1
石油和天然气开采业 نېفىت ۋە تەبىئى گاز ئېچىش كەسپى	3	3	13
黑色金属矿采选业 قارا مېتال كانلىرىنى قېزىش، تاللاش كەسپى	1		
有色金属矿采选 رەڭلىك مېتال كانلىرىنى قېزىش، تاللاش كەسپى	3		
非金属矿采选业 غەيرى مېتال كانلىرىنى قېزىش، تاللاش كەسپى	6		
食品加工业 يېمەكلىك پىششىقلاش كەسپى	16	4	4
食品制造业 يېمەكلىك ئىشلەش كەسپى	10	2	2
饮料制造业 ئىچىملىك ياساش كەسپى	10	3	3
烟草加工业 كۆك تاماكا پىششىقلاش كەسپى	1		
纺织业 توقۇمىچىلىق	29	11	12
皮革毛皮羽绒及其制品业 كۆن-خۇرۇم، موينىلىق تېرە، ماموق ۋە ئۇنىڭدىن ئىشلەنگەن بۇيۇملار	5	3	3
木材加工及竹藤棕草制品业 ياغاچ ماتېرىياللىرىنى پىششىقلاش ۋە بامبۇك، پىلەك، پالما تالاسى، شال پاخىلىدىن ئىشلەنگەن بۇيۇملارنى ئىشلەش كەسپى	2		
造纸及纸制品业 قەغەز ۋە قەغەزدىن ئىشلەنگەن بۇيۇملارنى ئىشلەش كەسپى	6		
印刷业、记录媒介的复制 مەتبەئەچىلىك، خاتىرلەش ۋاستىلىرىنى قايتا ياساش كەسپى	1		
石油加工及炼焦业 نېفىت چېكىنىش ۋە كوكس كۆيدۈرۈش كەسپى	1	1	1
化学原料及化学制品制造业 خىمىيە خام ئەشياسى ۋە خىمىيە بۇيۇملىرىنى ئىشلەش كەسپى	12	5	7
医药制造业 تېببى دورا ياساش كەسپى	3	1	1
橡胶制品业 كاۋچۇك بۇيۇملىرىنى ئىشلەش كەسپى	3		
塑料制品业 سۇلياۋ بۇيۇملىرىنى ئىشلەش كەسپى	4	2	2
非金属矿物制品业 غەيرى مېتال مىنېرال ماددىلىرىنى ئىشلەش كەسپى	15	3	3
黑色金属冶炼及压延加工业 قارا مېتاللارنى تاۋلاش ۋە يېيسلاپ پىششىقلاش كەسپى	6	1	1
有色金属冶炼及压延加工业 رەڭلىك مېتال تاۋلاش ۋە يېيسلاپ پىششىقلاش كەسپى	3	1	1
金属制品业 مېتالدىن ئىشلەنگەن بۇيۇملارنى ئىشلەش كەسپى	3	2	2
普通机械制造业 ئادەتتىكى ماشىنسازلىق كەسپى	11	4	5
专用设备制造业 مەخسۇس ئۈسكۈنىلەرنى ياساش كەسپى	6	4	4
交通运输设备制造业 قاتناش-ترانسپورت ئۈسكۈنىلىرىنى ياساش كەسپى	9	5	5
电气机械及器材制造业 ئېلېكتر ماشىنسازلىق ۋە ئەسۋاپلار ياساش كەسپى	6		
电子及通信设备制造业 ئېلېكترون ۋە خەت ئالاقە ئۈسكۈنىلىرىنى ياساش كەسپى	2		
电力蒸汽热水的生产和供应业 ئېلېكتر ئېنېرگىيە، پار، ئىسسىق سۇ ئىشلەپچىقىرىش ۋە تەمىنلەش كەسپى	13	1	2
煤气生产和供应业 كۆمۈر گازى ئىشلەپچىقىرىش ۋە تەمىنلەش كەسپى	1		
自来水的生产和供应业 تۇربا سۈيى ئىشلەپچىقىرىش ۋە تەمىنلەش كەسپى	1		

16—32 续表 1 داۋامى

项目 تۈرلەر		كارخانا سانى 企业数(个)	تېخنىكا ئۆزلەشتۈرۈش ئورگانلىرى بار كارخانىلار 有技术开发机构的企业	تېخنىكا ئۆزلەشتۈرۈش ئورگانلىرى سانى 技术开发机构数(个)
按企业经济类型分组	**كارخانىلارنىڭ ئىقتىسادىي تۈرى بويىچە ئايرىلغاندا**			
国有经济	دۆلەت ئىگىلىكى	184	56	71
集体经济	كوللېكتىپ ئىگىلىكى	5		
股份制经济	پاي تۈزۈمىدىكى ئىگىلىك	2		
中外合资经营企业	جۇڭگو-چەتئەل ھەمكارلاشقان كارخانا	3		
港澳台与大陆合资经营企业	شاڭگاڭ، ئاۋمېن، تەيۋەن بىلەن ھەمكارلاشقان	1	1	1
港澳台独资企业	شاڭگاڭ، ئاۋمېن، تەيۋەن مۇستەقىل مەبلەغ سالغان	1		
按企业规模分组	**كارخانا كۆلىمى بويىچە ئايرىلغاندا**			
大型	چوڭ	40	20	32
中型	ئوتتۇرا	155	37	40
按企业隶属关系分组	**كارخانىلارنىڭ تەۋەلىك مۇناسىۋىتى بويىچە گۇرۇپپىغا ئايرىلغاندا**			
中央	مەركەزنىڭ	77	26	37
地方	يەرلىكنىڭ	119	31	35
按企业所在地区分组	**كارخانىلار تۇرۇشلۇق رايونلار بويىچە گۇرۇپپىغا ئايرىلغاندا**			
乌鲁木齐市	ئۈرۈمچى شەھىرى	81	23	25
克拉玛依市	قاراماي شەھىرى	3	1	6
石河子市	شىخەنزە شەھىرى	13	6	6
吐鲁番地区	تۇرپان ۋىلايىتى	2	1	3
哈密地区	قۇمۇل ۋىلايىتى	6		
昌吉州	سانجى ئوبلاستى	28	9	11
博州	بۆرتالا ئوبلاستى	1		
巴州	بايىنغولىن ئوبلاستى	22	6	10
阿克苏地区	ئاقسۇ ۋىلايىتى	5	4	4
喀什地区	قەشقەر ۋىلايىتى	1		
和田地区	خوتەن ۋىلايىتى	2	1	1
伊犁州	ئىلى ئوبلاستى	15	2	2
#奎屯市	#كۈيتۇن شەھىرى	9	1	1
伊犁地区	ئىلى ۋىلايىتى	9	3	3
塔城地区	تارباغاتاي ۋىلايىتى	4		
阿勒泰地区	ئالتاي ۋىلايىتى	4	1	1

16－32 续表 2 داۋامى

项目	تۈرلەر	كارخانىلاردىكى تېخنىكا ئۆزلەشتۈرۈش خادىملىرىنىڭ جەمئىيسى (نەپەر) 企业技术开发人员总计(人)	ئالىم، ئىنژېنېرلار 科学家工程师	تېخنىكا ئۆزلەشتۈرۈش ئورگانلىرىدىكى ئادەم سانى (نەپەر) 技术开发机构中的人员数	ئالىم، ئىنژېنېرلار 科学家工程师
总 计	**جەمئىي**	**11 051**	**3 999**	**4 959**	**2 016**
按企业所属行业大类分组	**كارخانا تەۋە بولغان ساھەلەردىكى چوڭ تۈرلەر بويىچە گۇرۇپپىغا ئايرىلغاندا**				
煤炭采选业	كۆمۈر قېزىش، تاللاش كەسپى	120	16	10	6
石油和天然气开采业	نېفىت ۋە تەبىئىي گاز ئېچىش كەسپى	6 889	2 635	3 745	1 415
黑色金属矿采选业	قارا مېتال كانلىرىنى قېزىش، تاللاش كەسپى				
有色金属矿采选	رەڭلىك مېتال كانلىرىنى قېزىش، تاللاش كەسپى				
非金属矿采选业	غەيرىي مېتال كانلىرىنى قېزىش، تاللاش كەسپى	26	3		
食品加工业	يېمەكلىك پىششىقلاش كەسپى	68	21	13	10
食品制造业	يېمەكلىك ئىشلەش كەسپى	116	40	17	9
饮料制造业	ئىچىملىك ياساش كەسپى	105	29	21	8
烟草加工业	كۆك تاماكا پىششىقلاش كەسپى				
纺织业	توقۇمىچىلىق	908	175	143	70
皮革毛皮羽绒及其制品业	كۆن-خۇرۇم، مويلۇق تېرە، ماموق ۋە ئۇنىڭدىن ئىشلەنگەن بۇيۇملار	71	20	28	10
木材加工及竹藤棕草制品业	ياغاچ ماتېرىياللارنى پىششىقلاش ۋە بامبۇك، پىلەك، پالما تالاسى، شال پاخىلىدىن ئىشلەنگەن بۇيۇملارنى ئىشلەش كەسپى				
造纸及纸制品业	قەغەز ۋە قەغەزدىن ئىشلەنگەن بۇيۇملارنى ئىشلەش كەسپى	13	3		
印刷业、记录媒介的复制	مەتبەئەچىلىك، خاتىرىلەش ۋاستىلىرىنى قايتا ئىشلەش كەسپى				
石油加工及炼焦业	نېفىت چېكىلەش ۋە كوكس كۆيدۈرۈش كەسپى	319	217	280	215
化学原料及化学制品制造业	خىمىيە خام ئەشياسى ۋە خىمىيە بۇيۇملىرىنى ئىشلەش كەسپى	408	146	61	27
医药制造业	تېببىي دورا ياساش كەسپى	15	8	12	6
橡胶制品业	كاۋچۇك بۇيۇملىرىنى ئىشلەش كەسپى	20	8		
塑料制品业	سۇلياۋ بۇيۇملىرىنى ئىشلەش كەسپى	52	28	17	6
非金属矿物制品业	غەيرىي مېتال مىنېرال ماددىلىرىنى ئىشلەش كەسپى	346	53	21	8
黑色金属冶炼及压延加工业	قارا مېتاللارنى تاۋلاش ۋە يېسىلاپ پىششىقلاش كەسپى	297	135	164	47
有色金属冶炼及压延加工业	رەڭلىك مېتال تاۋلاش ۋە يېسىلاپ پىششىقلاش كەسپى	12	10	2	2
金属制品业	مېتالدىن ئىشلەنگەن بۇيۇملارنى ئىشلەش كەسپى	56	24	16	6
普通机械制造业	ئادەتتىكى ماشىنىسازلىق كەسپى	420	164	182	67
专用设备制造业	مەخسۇس ئۈسكۈنىلەرنى ياساش كەسپى	317	97	145	56
交通运输设备制造业	قاتناش-ترانسپورت ئۈسكۈنىلىرىنى ياساش كەسپى	164	104	65	33
电气机械及器材制造业	ئېلېكتر ماشىنىسازلىق ۋە ئەسۋاپلار ياساش كەسپى	225	32		
电子及通信设备制造业	ئېلېكترون ۋە خەت ئالاقە ئۈسكۈنىلىرىنى ياساش كەسپى	30	6		
电力蒸汽热水的生产和供应业	ئېلېكتر ئېنېرگىيە، پار، ئىسسىق سۇ ئىشلەپچىقىرىش ۋە تەمىنلەش كەسپى	54	25	17	15
煤气生产和供应业	كۆمۈر گازى ئىشلەپچىقىرىش ۋە تەمىنلەش كەسپى				
自来水的生产和供应业	تۇرۇبا سۈيى ئىشلەپچىقىرىش ۋە تەمىنلەش كەسپى				

16－32 续表 3 داۋامى 3

项目	تۈرلەر	كارخانىلاردىكى تېخنىكا ئۆزلەشتۈرۈش خادىملىرىنىڭ جەمئىيسى (نەپەر) 企业技术开发人员总计(人)	ئالىم، ئىنژېنېرلار 科学家工程师	تېخنىكا ئۆزلەشتۈرۈش ئورگانلىرىدىكى ئادەم سانى (نەپەر) 技术开发机构中的人员数	ئالىم، ئىنژېنېرلار 科学家工程师
按企业经济类型分组	**كارخانىلارنىڭ ئىقتىسادىي تۈرلىرى بويىچە گۇرۇپپىغا ئايرىلغاندا**				
国有经济	دۆلەت ئىگىلىكى	10 899	3 899	4 921	1 981
集体经济	كوللېكتىپ ئىگىلىكى	35	16		
股份制经济	پاي تۈزۈمىدىكى ئىگىلىك	30	5		
中外合资经营企业	جۇڭگو-چەتئەل ھەمكارلاشقان كارخانا				
港澳台与大陆合资经营企业	شياڭگاڭ، ئاۋمېن، تەيۋەن بىلەن ھەمكارلاشقان	87	79	38	35
港澳台独资企业	شياڭگاڭ، ئاۋمېن، تەيۋەن مۇستەقىل مەبلەغ سالغان				
按企业规模分组	**كارخانىلارنىڭ كۆلىمى بويىچە گۇرۇپپىغا ئايرىلغاندا**				
大型	چوڭ	8 899	3 367	4 550	1 856
中型	ئوتتۇرا	2 152	632	409	160
按企业隶属关系分组	**كارخانىلارنىڭ تەۋەلىك مۇناسىۋىتى بويىچە گۇرۇپپىغا ئايرىلغاندا**				
中央	مەركەزنىڭ	8 259	3 143	4 240	1 723
地方	يەرلىكنىڭ	2 792	856	719	293
按企业所在地区分组	**كارخانىلار تۇرۇشلۇق رايونلار بويىچە گۇرۇپپىغا ئايرىلغاندا**				
乌鲁木齐市	ئۈرۈمچى شەھىرى	2 189	973	919	477
克拉玛依市	قاراماي شەھىرى	4 828	1 648	3 142	895
石河子市	شىخەنزە شەھىرى	191	53	64	24
吐鲁番地区	تۇرپان ۋىلايىتى	1 604	710	520	455
哈密地区	قۇمۇل ۋىلايىتى				
昌吉州	سانجى ئوبلاستى	1 098	185	118	45
博州	بۆرتالا ئوبلاستى				
巴州	بايىنغولىن ئوبلاستى	710	349	123	88
阿克苏地区	ئاقسۇ ۋىلايىتى	283	36	18	12
喀什地区	قەشقەر ۋىلايىتى				
和田地区	خوتەن ۋىلايىتى	29	4	4	4
伊犁州	ئىلى ئوبلاستى	52	20	17	4
#奎屯市	#كۈيتۇن شەھىرى	47	19	12	3
伊犁地区	ئىلى ۋىلايىتى	64	21	32	12
塔城地区	تارباغاتاي ۋىلايىتى				
阿勒泰地区	ئالتاي ۋىلايىتى	3		2	

16—32 续表 4 داۋامى

项 目 تۈرلەر		经费筹集总额（万元） توپلانغان خىراجەتنىڭ ئومۇمىي سوممىسى (تۈمەن يۈەن)	企业自筹 كارخانا ئۆزى توپلىغان
总 计	ئومۇمىي جەمئىي	**48 538.3**	**34 640.7**
按企业所属行业大类分组	كارخانا تەۋە بولغان ساھەدىكى چوڭ تۈرلەر بويىچە گۇرۇپپىغا ئايرىلغاندا		
煤炭采选业	كۆمۈر قېزىش، تاللاش كەسپى	162.0	162.0
石油和天然气开采业	نېفىت ۋە تەبىئىي گاز ئېچىش كەسپى	37 963.1	27 350.0
黑色金属矿采选业	قارامېتال كانلىرىنى قېزىش، تاللاش كەسپى		
有色金属矿采选	رەڭلىك مېتال كانلىرىنى قېزىش، تاللاش كەسپى		
非金属矿采选业	غەيرى مېتال كانلىرىنى قېزىش، تاللاش كەسپى	30.0	15.0
食品加工业	يېمەكلىك پىششىقلاش كەسپى	110.6	110.5
食品制造业	يېمەكلىك ئىشلەش كەسپى	41.6	40.2
饮料制造业	ئىچىملىك ياساش كەسپى	104.9	104.4
烟草加工业	كۆك تاماكا پىششىقلاش كەسپى		
纺织业	توقۇمىچىلىق	2 009.4	1 852.1
皮革毛皮羽绒及其制品业	كۆن-خۇرۇم، مويلۇق تېرە، ماملۇق ۋە ئۇنىڭدىن ئىشلەنگەن بۇيۇملار	91.9	29.9
木材加工及竹藤棕草制品业	ياغاچ ماتېرىياللىرىنى پىششىقلاش ۋە بامبۇك، پىلەك، پالما تالاسى، شال پاخلىدىن ئىشلەنگەن بۇيۇملارنى ئىشلەش كەسپى		
造纸及纸制品业	قەغەز ۋە قەغەزدىن ئىشلەنگەن بۇيۇملارنى ئىشلەش كەسپى	8.9	8.9
印刷业、记录媒介的复制	مەتبەچىلىك، خاتىرلەش ۋاستىلىرىنى قايتا ئىشلەش كەسپى		
石油加工及炼焦业	نېفىت چېكىلەش ۋە كوكس كۆيدۈرۈش كەسپى	799.4	752.4
化学原料及化学制品制造业	خىمىيە خام ئەشياسى ۋە خىمىيە بۇيۇملارنى ئىشلەش كەسپى	390.4	223.4
医药制造业	تېببى دورا ياساش كەسپى	43.1	43.1
橡胶制品业	كاۋچۇك بۇيۇملارنى ئىشلەش كەسپى	60.9	50.9
塑料制品业	سۇلياۋ بۇيۇملارنى ئىشلەش كەسپى	749.3	373.3
非金属矿物制品业	غەيرى مېتال مىنېرال ماددىلىرىنى ئىشلەش كەسپى	469.4	168.9
黑色金属冶炼及压延加工业	قارا مېتاللارنى تاۋلاش ۋە يېسىلاپ پىششىقلاش كەسپى	750.3	598.3
有色金属冶炼及压延加工业	رەڭلىك مېتال تاۋلاش ۋە يېسىلاپ پىششىقلاش كەسپى	357.5	357.5
金属制品业	مېتالدىن ئىشلەنگەن بۇيۇملارنى ئىشلەش كەسپى	166.8	136.8
普通机械制造业	ئادەتتىكى ماشىنىسازلىق كەسپى	543.2	516.2
专用设备制造业	مەخسۇس ئۈسكۈنىلەرنى ياساش كەسپى	902.9	156.9
交通运输设备制造业	قاتناش-تىرانسپورت ئۈسكۈنىلىرىنى ياساش كەسپى	865.7	491.7
电气机械及器材制造业	ئېلېكتىر ماشىنىسازلىق ۋە ئەسۋابلارنى ياساش كەسپى	1 736.3	993.3
电子及通信设备制造业	ئېلېكترون ۋە خەت ئالاقە ئۈسكۈنىلىرىنى ياساش كەسپى	106.1	71.1
电力蒸汽热水的生产和供应业	ئېلېكتىر ئېنېرگىيە، پار، ئىسسىق سۇ ئىشلەپچىقىرىش ۋە تەمىنلەش كەسپى	74.6	33.9
煤气生产和供应业	كۆمۈر گازى ئىشلەپچىقىرىش ۋە تەمىنلەش كەسپى		
自来水的生产和供应业	تۇربا سۈيى ئىشلەپچىقىرىش ۋە تەمىنلەش كەسپى		

16－32 续表 5 داۋامى

تۈرلەر 项　　目		توپلانغان خىراجەتنىڭ ئومۇمىي سوممىسى (تۈمەن يۈەن) 经费筹集总额 (万元)	كارخانا ئۆزى توپلىغان 企业自筹
按企业经济类型分组	**كارخانىلارنىڭ ئىقتىسادىي تۈرلىرى بويىچە گۇرۇپپىغا ئايرىلغاندا**		
国有经济	دۆلەت ئىگىلىكى	48 261.9	34 364.3
集体经济	كوللېكتىپ ئىگىلىكى	15.0	15.0
股份制经济	پاي تۈزۈمىدىكى ئىگىلىك	117.0	117.0
中外合资经营企业	جۇڭگو-چەتئەل ھەمكارلاشقان كارخانا		
港澳台与大陆合资经营企业	شاڭگاڭ، ئاۋمېن، تەيۋەن بىلەن ھەمكارلاشقان	144.4	144.4
港澳台独资企业	شاڭگاڭ، ئاۋمېن، تەيۋەن مۇستەقىل مەبلەغ سالغان		
按企业规模分组	**كارخانىلارنىڭ كۆلىمى بويىچە گۇرۇپپىغا ئايرىلغاندا**		
大型	چوڭ	42 779.8	30 820.2
中型	ئوتتۇرا	5 758.5	3 820.5
按企业隶属关系分组	**كارخانىلارنىڭ تەۋەلىك مۇناسىۋىتى بويىچە گۇرۇپپىغا ئايرىلغاندا**		
中央	مەركەزنىڭ	41 822.6	30 287.6
地方	يەرلىكنىڭ	6 715.7	4 353.1
按企业所在地区分组	**كارخانىلار تۇرۇشلۇق رايونلار بويىچە گۇرۇپپىغا ئايرىلغاندا**		
乌鲁木齐市	ئۈرۈمچى شەھىرى	7 643.9	4 877.7
克拉玛依市	قاراماي شەھىرى	19 889.0	10 879.7
石河子市	شىخەنزە شەھىرى	1 108.4	996.4
吐鲁番地区	تۇرپان ۋىلايىتى	7 629.1	7 330.3
哈密地区	قۇمۇل ۋىلايىتى		
昌吉州	سانجى ئوبلاستى	753.8	731.8
博州	بۆرتالا ئوبلاستى		
巴州	بايىنغولىن ئوبلاستى	10 890.5	9 517.4
阿克苏地区	ئاقسۇ ۋىلايىتى	395.8	196.8
喀什地区	قەشقەر ۋىلايىتى		
和田地区	خوتەن ۋىلايىتى	35.0	25.0
伊犁州	ئىلى ئوبلاستى	48.3	18.3
#奎屯市	#كۈيتۇن شەھىرى	45.0	15.0
伊犁地区	ئىلى ۋىلايىتى	144.0	66.8
塔城地区	تارباغاتاي ۋىلايىتى		
阿勒泰地区	ئالتاي ۋىلايىتى	0.5	0.5

16－32 续表 6 داۋامى

项目	تۈرلەر	经费支出总额（万元） خىراجەت چىقىمى ئومۇمىي سوممىسى (تۈمەن يۈەن)	开发新产品用款 يېڭى مەھسۇلات ئېچىشقا ئىشلىتىلگەن پۇل	开发项目数合计（项） ئاچقان تۈرلەر سانى جەمئىي	研究与发展项目 تەتقىق قىلغان ۋە راۋاجلاندۇرۇلغان تۈرلەر
总　计	**جەمئىي**	**47 589.9**	**7 542.0**	**1 128**	**404**
按企业所属行业大类分组	**كارخانا تەۋە بولغان ساھەدىكى چوڭ تۈرلەر بويىچە گۇرۇپپىغا ئايرىلغاندا**				
煤炭采选业	كۆمۈر قېزىش، تاللاش كەسپى	134.0		39	1
石油和天然气开采业	نېفىت ۋە تەبىئىي گاز ئېچىش كەسپى	37 967.4	2 121.0	597	372
黑色金属矿采选业	قارا مېتال كانلىرىنى قېزىش، تاللاش كەسپى				
有色金属矿采选	رەڭلىك مېتال كانلىرىنى قېزىش، تاللاش كەسپى				
非金属矿采选业	غەيرىي مېتال كانلىرىنى قېزىش، تاللاش كەسپى	30.0	20.0	4	
食品加工业	يېمەكلىك پىششىقلاش كەسپى	78.5	51.8	13	1
食品制造业	يېمەكلىك ئىشلەش كەسپى	29.3	11.4	30	
饮料制造业	ئىچىملىك ياساش كەسپى	107.1	17.4	22	
烟草加工业	كۆك تاماكا پىششىقلاش كەسپى				
纺织业	توقۇمىچىلىق	1 879.9	1 448.0	96	3
皮革毛皮羽绒及其制品业	كۆن-خۇرۇم، مويلۇق تېرە، مامۇق ۋە ئۇنىڭدىن ئىشلەنگەن بۇيۇملار	93.1	85.5	9	
木材加工及竹藤棕草制品业	ياغاچ ماتېرىياللىرىنى پىششىقلاش ۋە بامبۇك، پىلەك، پالماتالاسى، شال پاخىلىدىن ئىشلەنگەن بۇيۇملارنى ئىشلەش كەسپى				
造纸及纸制品业	قەغەز ۋە قەغەزدىن ئىشلەنگەن بۇيۇملارنى ياساش كەسپى	8.9	8.9	4	
印刷业、记录媒介的复制	مەتبەچىلىك، خاتىرىلەش ۋاستىلىرىنى قايتا ئىشلەش كەسپى				
石油加工及炼焦业	نېفىت پىششىقلاش ، كوكس كۆيدۈرۈش كەسپى	1 081.7	117.7	51	
化学原料及化学制品制造业	خىمىيە خام ئەشيا ۋە خىمىيە بۇيۇملارنى ئىشلەش كەسپى	334.0	130.1	36	4
医药制造业	تېببىي دورا ياساش كەسپى	43.1	17.0	6	3
橡胶制品业	كاۋچۇك بۇيۇملارنى ئىشلەش كەسپى	58.4	30.0	13	
塑料制品业	سۇلياۋ بۇيۇملارنى ئىشلەش كەسپى	375.9	340.0	10	
非金属矿物制品业	غەيرىي مېتال مىنېرال ماددىلىرىنى ئىشلەش كەسپى	425.7	230.6	15	1
黑色金属冶炼及压延加工业	قارا مېتاللارنى تاۋلاش ۋە يېسىلاپ پىششىقلاش كەسپى	760.7	173.3	32	19
有色金属冶炼及压延加工业	رەڭلىك مېتال تاۋلاش ۋە يېسىلاپ پىششىقلاش كەسپى	357.5	129.5	1	
金属制品业	مېتالدىن ئىشلەنگەن بۇيۇملارنى ئىشلەش كەسپى	167.6	144.5	14	
普通机械制造业	ئادەتتىكى ماشىنىسازلىق كەسپى	359.9	398.8	58	
专用设备制造业	مەخسۇس ئۈسكۈنىلەرنى ياساش كەسپى	328.6	164.1	13	
交通运输设备制造业	قاتناش ترانسپورت ئۈسكۈنىلىرىنى ياساش كەسپى	865.7	208.2	25	
电气机械及器材制造业	ئېلېكتر ماشىنىسازلىق ۋە ئەسۋاپلار ياساش كەسپى	1 738.4	1 673.3	13	
电子及通信设备制造业	ئېلېكترون ۋە خەت ئالاقە ئۈسكۈنىلىرىنى ياساش كەسپى	106.1	15.7	2	
电力蒸汽热水的生产和供应业	ئېلېكتر كۈچى، پار، ئىسسىق سۇ ئىشلەپچىقىرىش ۋە تەمىنلەش كەسپى	78.4	5.2	25	
煤气生产和供应业	كۆمۈر گازى ئىشلەپچىقىرىش ۋە تەمىنلەش كەسپى				
自来水的生产和供应业	تۇربا سۈيى ئىشلەپچىقىرىش ۋە تەمىنلەش كەسپى				

16—32 续表 7 داۋامى

تۈرلەر 项　　目		خىراجەت چىقىمى ئومۇمىي سوممىسى (تۈمەن يۈەن) 经费支出总额（万元）	يېڭى مەھسۇلات ئېچىشقا ئىشلىتىلگەن پۇل 开发新产品用款	ئاچقان تۈرلەر سانى جەمئىي 开发项目数合计（项）	تەتقىق قىلغان ۋە راۋاجلاندۇرۇلغان تۈرلەر 研究与发展项目
按企业经济类型分组	**كارخانىلارنىڭ ئىقتىسادىي تۈرلىرى بويىچە گۇرۇپپىغا ئايرىلغاندا**				
国有经济	دۆلەت ئىگىلىكى	47 318.5	7 445.0	1 115	404
集体经济	كوللېكتىپ ئىگىلىكى	10.0	10.0	2	
股份制经济	پاي تۈزۈمىدىكى ئىگىلىك	117.0	87.0	5	
中外合资经营企业	جۇڭگو-چەتئەل ھەمكارلاشقان كارخانا				
港澳台与大陆合资经营企业	شاڭگاڭ، ئاۋمېن، تەيۋەن بىلەن ھەمكارلاشقان	144.4		6	
港澳台独资企业	شاڭگاڭ، ئاۋمېن، تەيۋەن مۇستەقىل مەبلەغ سالغان				
按企业规模分组	**كارخانىلارنىڭ كۆلىمى بويىچە گۇرۇپپىغا ئايرىلغاندا**				
大型	چوڭ	42 363.2	3 614.3	792	395
中型	ئوتتۇرا	5 226.7	3 927.7	336	9
按企业隶属关系分组	**كارخانىلارنىڭ تەۋەلىك مۇناسىۋىتى بويىچە گۇرۇپپىغا ئايرىلغاندا**				
中央	مەركەزنىڭ	41 796.5	3 835.7	826	373
地方	يەرلىكنىڭ	5 793.4	3 706.3	302	31
按企业所在地区分组	**كارخانىلار تۇرۇشلۇق رايونلار بويىچە گۇرۇپپىغا ئايرىلغاندا**				
乌鲁木齐市	ئۈرۈمچى شەھىرى	6 754.5	3 457.6	302	23
克拉玛依市	قاراماي شەھىرى	19 967.0	1 789.7	269	180
石河子市	شىخەنزە شەھىرى	1 038.1	389.0	29	
吐鲁番地区	تۇرپان ۋىلايىتى	7 652.4	57.0	146	63
哈密地区	قۇمۇل ۋىلايىتى				
昌吉州	سانجى ئوبلاستى	759.5	649.6	53	5
博州	بۆرتالا ئوبلاستى				
巴州	بايىنغولىن ئوبلاستى	10 770.5	400.6	280	129
阿克苏地区	ئاقسۇ ۋىلايىتى	450.4	222.9	12	1
喀什地区	قەشقەر ۋىلايىتى				
和田地区	خوتەن ۋىلايىتى	35.0	25.0	3	3
伊犁州	ئىلى ئوبلاستى	43.3	40.0	7	
＃奎屯市	＃كۈيتۇن شەھىرى	40.0	40.0	6	
伊犁地区	ئىلى ۋىلايىتى	118.9	60.4	24	
塔城地区	تارباغاتاي ۋىلايىتى				
阿勒泰地区	ئالتاي ۋىلايىتى	0.3	0.2	3	

ئاپتونوم رايون بويىچە كارخانا، كەسپىي ئورۇنلاردىكى كەسپىي تېخنىك خادىملار سانى

16—33　全区企事业单位专业技术人员数

单位：人　بىرلىكى: نەپەر

يىللار 年　份	تېخنىك خادىملار جەمئىسى 技术人员总计	قۇرۇلۇش تېخنىك خادىملىرى 工程技术人员	يېزا ئىگىلىك تېخنىك خادىملىرى 农业技术人员	سەھىيە تېخنىك خادىملىرى 卫生技术人员	پەن-تەتقىقات خادىملىرى 科学研究人员	ئوقۇتۇش خادىملىرى 教学人员	ئوتتۇرىچە ھەر تۈمەن ئىشچى-خىزمەتچى ئىچىدىكى پەن-تېخنىكا خادىملىرى 平均每万职工中科技人员	ئوتتۇرىچە ھەر تۈمەن ئادەم ئىچىدىكى پەن-تېخنىكا خادىملىرى 平均每万人口中科技人员
1952	3 308	1 508	578	641		572	224	7
1955	11 981	5 739	1 818	3 205	52	1 167	501	24
1960.11 — ئاينىڭ ئاخىرى 1960.11 月末	41 571	19 054	6 010	9 308	1 284	5 915	319	62
1978.6 — ئاينىڭ ئاخىرى 1978.6 月末	85 063	22 198	13 141	31 741	3 042	14 941	408	70
1981	120 277	31 669	15 370	44 840	3 816	24 582	532	93
1982	134 320	36 878	16 508	49 273	3 633	28 028	582	103
1983	153 887	44 515	19 526	55 159	3 317	31 370	659	116
1984	161 306	48 292	20 236	57 045	3 307	32 723	696	121
1985	158 709	51 636	20 730	57 559	3 416	25 368	680	117
1986	173 904	55 385	20 908	59 283	3 556	34 772	726	126
1987	188 330	63 145	21 779	61 033	3 681	38 692	773	134
1988	201 597	74 187	22 882	63 201	4 104	46 223	848	148
1989	219 850	80 862	22 853	65 431	3 895	46 809	873	151
1990	241 524	92 383	25 089	71 906	4 326	47 820	923	158
1991	394 931	91 438	24 106	72 435	5 016	201 936	1 298	261
1992	404 540	95 814	25 432	74 149	5 094	204 051	1 296	263
1993	411 073	100 105	24 668	75 377	5 090	205 833	1 299	256
1994	424 318	104 209	26 709	78 466	5 051	209 883	1 364	260
1995	437 209	109 463	28 096	79 014	4 825	215 811	1 402	263

ئەسكەرتىش: 1991-يىلدىن باشلاپ كەسپىي تېخنىك خادىملار كارخانا كەسپىي ئورۇنلاردىكى (مەمۇرىي ئورۇنلارنى ئۆز ئىچىگە ئالمايدۇ) خادىملارنىڭ سانىنى ئۆز ئىچىگە ئالىدۇ. ئوقۇتۇش خادىملىرى ئىجتىمائىي ۋە تەبىئىي پەن تېخنىكا ساھەسى ۋە باشلانغۇچ مەكتەپ ئوقۇتقۇچىلىرىنىڭ سانىنى ئۆز ئىچىگە ئالىدۇ.

注：1991 年起专业技术人员包括企事业单位（不含行政机关）人员数，教学人员包括社会和自然科技领域及小学教师人数。

ئاپتونوم رايون بويىچە كارخانا كەسپى ئورۇنلاردىكى كەسپى تېخنىك خادىملارنىڭ سالمىقى

16—34 全区企事业单位专业技术人员比重

单位:% : بىرلىكى

يىللار 年 份	تېخنىك خادىملارنىڭ جەمئىسى 技术人员总计	قۇرۇلۇش تېخنىك خادىملىرى 工程技术人员	يېزائىگىلىك تېخنىك خادىملىرى 农业技术人员	سەھىيە تېخنىك خادىملىرى 卫生技术人员	پەن-تەتقىقات خادىملىرى 科学研究人员	ئوقۇتۇش خادىملىرى 教学人员
1952	100	45.59	17.74	19.38		17.29
1955	100	47.90	15.17	26.75	0.44	9.74
1960.11 ئاينىڭ ئاخىرى 1960.11月末	100	45.83	14.46	22.39	3.09	14.23
1978.6 ئاينىڭ ئاخىرى 1978.6月末	100	26.10	15.45	37.31	3.58	17.56
1981	100	26.33	12.78	37.28	3.17	20.44
1982	100	27.46	12.29	36.68	2.70	20.87
1983	100	28.93	12.69	35.84	2.16	20.38
1984	100	29.88	12.52	35.40	2.05	20.25
1985	100	32.54	13.06	36.27	2.15	15.98
1986	100	31.85	12.02	34.09	2.04	20.00
1987	100	33.53	11.56	32.41	1.95	20.55
1988	100	35.23	10.87	30.01	1.95	21.94
1989	100	36.79	10.39	29.76	1.77	21.29
1990	100	38.25	10.39	29.77	1.79	19.80
1991	100	23.16	6.10	18.34	1.27	51.13
1992	100	23.68	6.29	18.33	1.26	50.44
1993	100	24.35	6.00	18.34	1.24	50.07
1994	100	24.56	6.30	18.49	1.19	49.46
1995	100	25.04	6.43	18.07	1.10	49.36

هەر خىل تېخنىكا توختاملىرىنىڭ ئىمزالىنىش ۋە ئىجرا قىلىنىش ئەھۋالى
16—35 各类技术合同签订及执行情况

توختام تۈرى 合同类别	توختام سانى (تۈر) 合同数(项)		توختام قىلىنغان سومما (تۈمەن يۈەن) 合同金额(万元)		تېخنىكا سودىسى سوممىسى 其中技术交易额		ئەمەلگە ئاشۇرغان سوممىسى (تۈمەن يۈەن) 实现金额(万元)		تېخنىكا سودىسى سوممىسى 其中技术交易额	
	1994 -يىل 1994年	1995 -يىل 1995年	1994 -يىل 1994年	1995 -يىل 1995年	1994 -يىل 1994年	1995 -يىل 1995年	1994 -يىل 1994年	1995 -يىل 1995年	1994 -يىل 1994年	1995 -يىل 1995年
合 计 جەمئىي	**799**	**807**	**18 251.91**	**20 073.91**	**9 799.58**	**11 866.03**	**7 615.70**		**4 066.40**	
تېخنىكا ئېچىش توختامى 技术开发合同	73	231	8 267.98	10 394.61	3 019.66	6 223.18	3 123.55		1 075.22	
تېخنىكا ئۆتۈنۈپ بېرىش توختامى 技术转让合同	109	137	1 910.41	3 398.77	1 553.62	1 829.66	1 501.82		1 021.87	
تېخنىكىلىق مەس-لىھەت بېرىش توختامى 技术咨询合同	169	87	1 801.69	589.25	952.27	431.73	1 179.69		648.69	
تېخنىكىلىق مۇلا-زىمەت توختامى 技术服务合同	448	352	6 271.83	5 691.28	4 274.03	3 381.46	1 810.64		1 320.62	

هەر دەرىجىلىك تېخنىكا پىلانى تۈرلىرىنىڭ تېخنىكا بازارلىرىغا كىرىش ئەھۋالى
16—36 各级技术计划项目进入技术市场情况

(1995 -يىل 1995年)

单位:项、万元 بىرلىكى : تۈر، تۈمەن يۈەن

ساتقان تەرەپ تۈرى 卖方类别	جەمئىي 合计		دۆلەت، تارماقلار پىلانلىغان 国家、部门计划		ئۆلكە، ئاپتونوم رايون، پىلانى ئايرىم كۆرسىتىلگەن شەھەرلەر پىلانلىغان 省、自治区计划 单列市计划		ۋىلايەت، شەھەر، ناھىيەلەر پىلانلىغان 地、市、县计划	
	تۈر سانى 项数	سوممىسى 金额	تۈر سانى 项数	سوممىسى 金额	تۈر سانى 项数	سوممىسى 金额	تۈر سانى 项数	سوممىسى 金额
合 计 جەمئىي	**245**	**10 206.67**	**34**	**2 853.09**	**100**	**4 749.75**	**111**	**2 603.83**
科研机构 پەن-تەتقىقات ئورگانلىرى	77	4 086.07	6	73.70	55	3 927.85	16	84.52
大中专院校 ئالى، ئوتتۇرا تېخنىكوم مەكتەپلىرى	14	1 392.60	4	1 071.00	10	321.60	0	
工业企业 سانائەت كارخانىلىرى	38	419.75	3	71.50	18	253.80	17	94.45
技术贸易机构 تېخنىكا سودا ئورگانلىرى	59	2 016.95	18	926.39	14	241.50	27	849.06
个人及个人合伙 شەخسلەر ۋە شەخسلەر شېرىكلەشكەن	2	710.00	2	710.00				
其他 باشقىلار	55	1 581.30	1	0.50	3	5.00	51	1 575.80

تېخنىكا ئىقتىسادىي توختاملىرىنىڭ پۈتۈشىش ئەھۋالى

16—37 技术经济合同成交情况

(يىل- 1995 年)　　单位:项:万元 يۈەن تۈمەن، تۈر : بىرلىكى

ساتقان تەرەپ تۈرى 卖方类别	جەمئىي 合 计		سانائەت كارخانىلىرى 工业企业						پەن-تەتقىقات ئورگانلىرى 科研机构	
			چوڭ، ئوتتۇرا 大、中型		كىچىك 小 型		يېزا بازارلار 乡 镇			
	تۈر سانى 项数	سوممىسى 金额	تۈر سانى 项数	سوممىسى 金额	تۈر سانى 项数	سوممىسى 金额	تۈر سانى 项数	سوممىسى 金额	تۈر سانى 项数	سوممىسى 金额
合 计 جەمئىي	**807**	**20 073.91**	**263**	**7 877.41**	**127**	**2 207.22**	**37**	**944.18**	**68**	**3 126.71**
科研机构 پەن-تەتقىقات ئورگانلىرى	288	7 089.67	112	4 253.80	65	724.41	10	157.40	21	223.92
大中专院校 ئالى، ئوتتۇرا تېخنىكوم مەكتەپلىرى	17	1 810.60	4	83.10	5	89.50	1	12.00	1	1 000.00
工业企业 سانائەت كارخانىلىرى	66	1 216.60	14	182.35	13	613.10	2	61.00		
技术贸易机构 تېخنىكا سودا ئورگانلىرى	366	7 591.42	132	3 333.16	37	659.21	17	637.39	29	577.29
个人及个人合计 شەخسلەر ۋە شەخسلەر شېرىكلەشكەن	6	736.95					2	67.00		
其他 باشقىلار	64	1 628.67	1	25.00	7	121.00	5	9.39	17	1 325.5

تېخنىكىنىڭ ئېقىش رايونى ئەھۋالى

16—38 技术流向地域情况

(يىل- 1995 年)　　单位:项、万元 يۈەن تۈمەن، تۈر : بىرلىكى

رايونلار 地 区	توختام تۈرلىرىنىڭ جەمئىسى 合同类别合计		تېخنىكا ئۆزلەشتۈرۈش 技术开发		تېخنىكا ئۆتۈنۈپ بېرىش 技术转让		تېخنىكىلىق مەسلىھەت بېرىش 技术咨询		تېخنىكا مۇلازىمىتى 技术服务	
	تۈر سانى 项数	سوممىسى 金额	تۈر سانى 项数	سوممىسى 金额	تۈر سانى 项数	سوممىسى 金额	تۈر سانى 项数	سوممىسى 金额	تۈر سانى 项数	سوممىسى 金额
合 计 جەمئىي	**807**	**20 073.91**	**231**	**10 394.61**	**137**	**3 398.77**	**87**	**589.25**	**352**	**5 691.20**
北京市 بېيجىڭ شەھىرى	2	24.50							2	24.50
河北省 خېبېي ئۆلكىسى	1	63.50							1	63.50
山西省 شەنشى ئۆلكىسى	2	9.80							2	9.80
辽宁省 لياۋنىڭ ئۆلكىسى	1	10.00			1	10.00				
吉林省 جىلىن ئۆلكىسى	2	10.99	2	10.99						
黑龙江省 خېيلۇڭجياڭ ئۆلكىسى	3	12.15			3	12.15				
江苏省 جياڭسۇ ئۆلكىسى	1	60.00							1	60.00
福建省 فۇجيەن ئۆلكىسى	7	143.40			5	29.40	1	14.00	1	100.00
四川省 سىچۈەن ئۆلكىسى	1	2.00					1	2.00		
云南省 يۈننەن ئۆلكىسى	1	3.60			1	3.60				
甘肃省 گەنسۇ ئۆلكىسى	3	118.80	1	5.00	2	113.80				
宁夏自治区 نىڭشيا ئاپتونوم رايونى	1	110.00			1	110.00				
新疆自治区 شىنجاڭ ئۇيغۇر ئاپتونوم رايونى	782	19 505.17	228	10 378.62	124	3 119.82	85	573.25	345	5 433.48

شىنجاڭدىكى ئالى مەكتەپلەرنىڭ پەن-تېخنىكا پائالىيەت ئەھۋالى جەدۋىلى

16—39 新疆高等院校科技活动情况一览表

（1995 年 -يىل）

تۈرلەر 项目	پەن-تېخنىكا پائالىيىتى بىلەن شۇغۇللىنىدىغان خادىملار (نەپەر) 从事科技活动人员（人）	ئالى، ئوتتۇرا ئۇنۋان 高中级职称	تەتقىقاتۇە راۋاجلاندۇرۇش خادىملىرى (نەپەر، يىل) 研究与发展人员（人年）	شۇ يىلقى پەن-تېخنىكا پائالىيىتى خىراجىتى ئۈچۈن توپلانغان ئومۇمىي سومما (مىڭ يۈەن) 当年科技活动经费筹集总额（千元）	شۇيىللىق پەن-تېخنىكا پائالىيىتى خىراجىتى چىقىمى ئومۇمىي سوممىسى (مىڭ يۈەن) 当年科技活动经费支出总额（千元）	پەن تېخنىكا مەخسۇس ئەسىرى (خىل) 科技专著（种）	پەن-تېخنىكا ئىلمى ماقالىسى (پارچە) 科技论文（篇）	نەتىجە مۇكاپاتى (تۈر) 成果奖励（项）
新疆大学 شىنجاڭ داشۆ	2 177	1 557	342	1 400	726	14	857	36
新疆工学院 شىنجاڭ سانائەت شۆيۈەنى	1 264	807	52	534	392	3	181	4
塔里木农垦大学 تارىم يېزائىگىلىك داشۆسى	700	285	33	271	220	3	113	38
新疆农业大学 شىنجاڭ يېزائىگىلىك داشۆسى	1 070	801	116	1 350	1 313	12	410	9
石河子农学院 شىخەنزەيېزائىگىلىك شۆيۈەنى	1 011	628	267	1 520	1 485	1	311	5
新疆医学院 شىنجاڭ تىببى شۆيۈەنى	3 293	1 663	152	1 076	406	1	527	28
石河子医学院 شىخەنزە تىببى شۆيۈەنى	1 292	605	44	322	307		255	15
新疆师范大学 شىنجاڭ سىفەن داشۆسى	1 165	806	73	121	137	15	267	
喀什师范学院 قەشقەر سىفەن شۆيۈەنى	908	488	10	16	16	7	104	1
伊犁师范学院 ئىلى سىفەن شۆيۈەنى	827	490	17	20	12		148	
和田师范专科学校 خوتەن سىفەن مەخسۇس كورس مەكتىپى	391	200					8	
新疆财经学院 شىنجاڭ مالىيە-ئىقتىساد شۆيۈەنى	594	399	70	89	9	1	260	6
新疆石油学院 شىنجاڭ نېفىت شۆيۈەنى	342	252	26	867	862			
新疆艺术学院 شىنجاڭ سەنئەت شۆيۈەنى	190	115						
新疆工业高等学校 شىنجاڭ سانائەت ئالىي مەخسۇس كورس مەكتىپى	262	141	6	320	320		26	
昌吉师范专科学校 سانجى سىفەن مەخسۇس كورسى مەكىپى	435	198	3		1	2	51	
新疆中医学院 شىنجاڭ جۇڭيى شۆيۈەنى	757	366	18	260	117	1	71	1
乌鲁木齐职业大学 ئۈرۈمچى كەسپى داشۆسى								
新疆兵团经济专科 شىنجاڭ بىڭتۇەن ئىقتىساد مەخسۇس كورسى	134	80	11	18	32		14	14
新疆兵团师专 شىنجاڭ بىڭتۇەن سىفەن تېخنىكوم	370	209	28	306	306		97	38
新疆维吾尔医专 شىنجاڭ ئۇيغۇر تىبابەتچىلىك تېخنىكوم								

نەشر قىلىنغان كىتاپ، ژۇرنال، گېزىت مىقدارى

16—40 图书、杂志、报纸出版数量

项目 تۈرلەر	1985	1990	1994	1995
图书 **كىتاپ**				
种数(种) خىل سانى (خىل)	1 153	1 587	1 920	1 881
#新出版(种) #يېڭىدىن نەشر قىلىنغىنى (خىل)		1 032	1 130	870
总印数(万册) ئومۇمىي بېسىلغان سانى (تۈمەن نۇسخا)	4 976.0	4 794.0	5 636.5	5 653
总印张(万印张) ئومۇمىي بېسىلغان بەت(تۈمەن تاۋاق)	20 475.5	22 279.0	27 215.1	25 800.0
杂志 **ژۇرنال**				
种数(种) خىل سانى (خىل)	70	112	145	154
平均每期印数(万册) ئوتتۇرىچە ھەر سانغا بېسىلغان سانى (تۈمەن سان)		70.8	100.0	94.06
总印数(万册) ئومۇمىي بېسىلغان سانى (تۈمەن سان)	537.5	667.0	1 010.5	972
总印张(万印张) بېسىلغان ئومۇمىي بەت سانى (تۈمەن تاۋاق)	2 430.9	2 816.3	3 567.0	3 500
报纸 **گېزىت**				
种数(种) خىل سانى (خىل)	26	56	84	87
平均每期印数(万份) ئوتتۇرىچە ھەر سانىنىڭ بېسىلغان سانى (تۈمەن نۇسخا)		85.1	116.3	115.5
总印数(万份) ئومۇمىي بېسىلغان سانى (تۈمەن نۇسخا)	11 328.6	14 048.0	19 667.0	18 700
总印张(万印张) بېسىلغان ئومۇمىي بەت سانى (تۈمەن تاۋاق)	10 689.8	11 664.0	17 506.0	18 900

مەدەنىيەت ئىشلىرىنىڭ ئاساسىي ئەھۋالى

16—41 文化事业基本情况

项目 تۈرلەر	1985	1990	1994	1995
文化事业机构数(个) **مەدەنىيەت ئىشلىرى ئورگانلىرى سانى**				
文化部门 مەدەنىيەت تارماقلىرى		354	366	366
其他部门 باشقا تارماقلار		729	826	808
文化事业人员数(人) **مەدەنىيەت ئىشلىرى خادىملىرى سانى (نەپەر)**				
文化部门 مەدەنىيەت تارماقلىرى		7 430	7 453	7 372
其他部门 باشقا تارماقلار		1 501	993	976
各类文化艺术事业单位数(个) **ھەر خىل مەدەنىيەت، سەنئەت ئورگانلىرى سانى**				
文化馆、艺术馆 مەدەنىيەت سارايلىرى، سەنئەت سارايلىرى	104	107	107	107
公共图书馆 جامائەت كۇتۇپخانىسى	58	62	64	66
博物馆 موزېي	3	8	10	12
电影院 كىنوخانا		203		140
艺术表演场所 ئويۇن قويۇش سورۇنلىرى	13	29	24	26
艺术表演团体 سەنئەت ئۆمەكلىرى	106	95	89	87
电影放映单位 كىنو قويۇش ئورۇنلىرى	3 039	2 226	2 123	560
戏剧、电影观众(万人次) **تىياتىر، كىنو تاماشىبىنلىرى (تۈمەن ئادەم قېتىم)**				
戏剧 تىياتىر		37	21	20
电影 كىنو		12 887		319
按总人口平均每人观看(次) **ئومۇمىي ئاھالە بويىچە ئوتتۇرىچە ھەر بىر ئادەمنىڭ كۆرۈش قېتىمى (قېتىم)**				
戏剧 تىياتىر		0.02	0.01	0.01
电影 كىنو		8.60		0.20

كىنو، تېلېۋىزور، رادىئو ئىشلىرى ئاساسىي ئەھۋالى

16—42 电影、电视、广播事业基本情况

（ 1995 -يىل 年）

项目	تۈرلەر	1995 -يىل 年
电影制片厂(个)	**كىنو ستۇدىيە**	**1**
电影发行放映管理机构(个)	كىنو تارقىتىش قويۇشنى باشقۇرۇش ئورگىنى	17
电影放映单位(个)	كىنو قويۇش ئورنى	560
#电影院(个)	#كىنوخانا	140
#影剧院(个)	#تىياتىرخانا	13
#开放礼堂、俱乐部(个)	#ئېچىۋېتىلگەن زال، كۇلۇپ	40
#放映队(个)	#كىنو قويۇش ئەترىتى	
#对内俱乐部(个)	#ئىچكى كۇلۇپ	100
电影放映场次(场)	كىنو قويۇش قېتىمى (مەيدان)	39 911
观众人数(万人次)	تاماشىبىنلار سانى(تۈمەن ئادەم قېتىم)	319
平均每人每年看电影次数(次)	ھەر يىلى ئوتتۇرچە ھەر بىر ئادەمنىڭ كىنو كۆرۈش قېتىمى(قېتىم)	0.2
广播电台(座)	**رادىئو ئىستانسىسى**	**30**
发射台及转播台(座)	تارقىتىش ھەم ئۇلاپ تارقىتىش ئىستانسىسى	38
发射机功率(架/千瓦)	تارقىتىش ئاپاراتىنىڭ قۇۋۋىتى (دانە/كىلوۋات)	1 102.50
节目(套)	پىروگىراما(يۈرۈش)	59
平均每日播出时间(时:分)	ئوتتۇرچە ھەر كۈنى تارقىتىش ۋاقتى (سائەت: مىنۇت)	441 : 13
制作广播节目(时:分)	تەييارلىغان رادىئو پىروگىراممىسى(سائەت: مىنۇت)	86315 : 05
新闻节目(时:分)	خەۋەر(سائەت: مىنۇت)	11368 : 40
专题节目(时:分)	مەخسۇس پىروگىراما(سائەت: مىنۇت)	20613 : 08
教育节目(时:分)	مائارىپ پىروگىراممىسى(سائەت: مىنۇت)	1990 : 10
文艺节目(时:分)	سەنئەت پىروگىراممىسى(سائەت : مىنۇت)	36909 : 30
服务节目(时:分)	مۇلازىمەت پىروگىراممىسى (سائەت : مىنۇت)	15433 : 37
市县区有线广播站(个)	شەھەر، ناھىيە رايونىنىڭ سىملىق رادىئو ئۇزېلى	89
乡广播站(个)	يېزا رادىئو ئۇزېلى	801
农村广播喇叭数(万只)	يېزىلاردىكى رادىئو كارناي سانى (تۈمەن دانە)	42.72
#入农户喇叭(万只)	#دېھقان ئائىلىسىگە ئۇلانغان رادىئو كارناي سانى(تۈمەن دانە)	38.64
广播人口覆盖率(%)	رادىئونىڭ ئاھالىنى قاپلاش نىسبىتى	78.40
电视台(座)	**تېلېۋىزىيە ئىستانسىسى**	**26**
发射台及转播台(座)	تارقىتىش ھەم ئۇلاپ تارقىتىش ئىستانسىسى	391
发射机功率(架/千瓦)	تارقىتىش ئاپاراتىنىڭ قۇۋۋىتى (دانە / كىلوۋات)	231.86
节目(套)	پىروگىراما (يۈرۈش)	55
平均每周播出时间(时:分)	ئوتتۇرچە ھەر ھەپتىدە تارقىتىش ۋاقتى(سائەت: مىنۇت)	2656 : 42
制作电视节目(时:分)	تەييارلىغان تېلېۋىزىيە پىروگىراممىسى(سائەت: مىنۇت)	9764 : 32
#新闻节目(时:分)	خەۋەر(سائەت: مىنۇت)	3347 : 27
#专题节目(时:分)	مەخسۇس پىروگىراما(سائەت : مىنۇت)	1096 : 23
#文艺节目(时:分)	سەنئەت پىروگىراممىسى(سائەت مىنۇت)	1561 : 09
教育节目(时:分)	مائارىپ پىروگىراممىسى (سائەت : مىنۇت)	52 : 16
服务节目(时:分)	مۇلازىمەت پىروگىراممىسى(سائەت: مىنۇت)	3707 : 17
电视人口覆盖率(%)	تېلېۋىزىيەنىڭ ئاھالىنى قاپلاش نىسبىتى(%)	80.48

主要统计指标解释

ئاساسلىق ستاتىستىكا كۆرسەتكۈچلىرىنىڭ ئىزاھاتى

ئوقۇتۇش خادىملىرى: بۇ خەلق ئىگىلىكى ھەر قايسى ساھەلىرىدە تەبىئىي پەن، تېخنىكا جەھەتتىكى ئوقۇتۇش پائالىيىتى بىلەن شۇغۇللىنىدىغان كەسپىي خادىملارنى كۆرسىتىدۇ. ئۇ پىروفېسسور، دوتسېنت، لېكتور، ئاسسىستېنت، ئوقۇتقۇچى ۋە ئوتتۇرا مەكتەپلەردە تەبىئىي پەن، تېخنىكا جەھەتتىكى ئوقۇتۇش پائالىيەتلىرى بىلەن شۇغۇللىنىدىغان خادىملارنى ئۆز ئىچىگە ئالىدۇ.

ئادەتتىكى ئالىي مەكتەپلەر: بۇ دۆلەت بەلگىلىگەن تەستىقلاش تەرتىپى بويىچە تەستىقلانغان، دۆلەتنىڭ بىر تۇتاش ئىمتاھانى ئارقىلىق ئالىي، ئوتتۇرا دەرىجىلىك مەكتەپلەرنى پۈتتۈرگەن ۋەشۇنىڭغا تەڭ ئوقۇش تارىخىنى ھازىرلىغانلارنى قوبۇل قىلىپ، ئالىي مائارىپ بويىچە ئالىي دەرىجىلىك مەخسۇس ئىقتىساس ئىگىلىرىنى تەربىيىلەيدىغان مەكتەپلەرنى كۆرسىتىدۇ. ئۇ داشۆ، مەخسۇس شۆيۈەن، مەخسۇس كۇرس مەكتەپلىرى ۋە قىسقا مۇددەتلىك كەسپىي داشۆلەرنى ئۆز ئىچىگە ئالىدۇ.

چوڭلارئالىي مەكتەپلىرى: بۇ دۆلەت بەلگىلىگەن تەستىقلاش تەرتىپى بويىچە تەستىقلانغان، تولۇق ئوتتۇرىنى پۈتتۈرگەن ياكى شۇنىڭغا تەڭ ئوقۇش تارىخى بارلارنى قوبۇل قىلىپ، ھەرخىل شەكىللەردىن پايدىلىنىپ چوڭلار ئالىي مائارىپ تەربىيىسى ئېلىپ بېرىپ، ئادەتتىكى مەكتەپلەرنىڭ مەخسۇس كۇرس ياكى تولۇق كۇرسنى پۈتتۈرگەنگە تەڭ سەۋىيىگە ئىگە مەخسۇس ئىقتىساس ئىگىلىرىنى تەربىيىلەيدىغان مەكتەپلەرنى كۆرسىتىدۇ. ئۇ رادىئو-تېلېۋىزىيە داشۆسى، ئىشچى-خىزمەتچىلەر ئالىي مەكتەپلىرى، دېھقانلار ئالىي مەكتەپلىرى، كادىرلار باشقۇرۇش شۆيۈەنلىرى، مائارىپ شۆيۈەنلىرى، مۇستەقىل سىرتتىن ئوقۇتۇش شۆيۈەنلىرى ۋە ئادەتتىكى ئالىي مەكتەپلەر ئۇيۇشتۇرغان سىرتتىن ئوقۇش، كەچلىك داشۆ قاتارلىقلارنى ئۆز ئىچىگە ئالىدۇ.

باشلانغۇچ مەكتەپ يېشىدىكى بالىلارنىڭ مەكتەپكە كىرىش نىسبىتى: بۇ تەكشۈرۈش دائىرى ئىچىدىكى باشلانغۇچ مەكتەپكە كىرىپ ئوقۇۋاتقان مەكتەپ يېشىدىكى بالىلارنىڭ مەكتەپ ئىچى ۋە سىرتىدىكى ئوقۇش يېشىدىكى بالىلار ئومۇمىي سانىدا ئىگىلىگەن سالمىقىنى (زېھنى ئاجىز بالىلارنىمۇ ئۆز ئىچىگە ئالىدۇ، ئەما، گاس، گاچا، بالىلارنى ئۆز ئىچىگە ئالمايدۇ) كۆرسىتىدۇ. ئۇنىڭ ھېسابلاش فورمۇلاسى:

مەكتەپ يېشىدىكى بالىلارنىڭ مەكتەپكە كىرىش نىسبىتى = مەكتەپكە كىرگەن باشلانغۇچ مەكتەپ يېشىدىكى بالىلارنىڭ سانى ÷ مەكتەپ ئىچى ۋە سىرتىدىكى مەكتەپ يېشىدىكى بالىلانىڭ ئومۇمىي سانى × 100%

تەبىئىي پەن-تېخنىكائۇنۋانىنى ئالغان ياكى داشۆ، ئالىي تېخنىكوملارنىڭ تەبىئىي پەن، سانائەت، يېزائىگىلىك، تىببى پەنلەرنى پۈتتۈرگەن، شۇنىڭدەك خەلق ئىگىلىكى ھەرقايسى تارماقلىرىدىن خىزمەت ئەمەلىيىتىدە تاللاپ ئۆستۈرگەن، تەبىئىي پەن، سانائەت، يېزائىگىلىكى، تىببى پەن قاتارلىق تەبىئىي پەن-تېخنىكا تەتقىقاتى، ئوقۇتۇش، ئىشلەپچىقىرىش (كەسپىي) تېخنىكا جەھەتتىكى خىزمەتلەر بىلەن شۇغۇللىنىدىغان كەسپىي خادىملار ۋە ئورگان، كارخانا، كەسپىي ئورۇنلاردا پەن-تېخنىكا كەسپىي باشقۇرۇش خىزمىتى بىلەن شۇغۇللىنىدىغان كەسپىي خادىملارنى كۆرسىتىدۇ.

قۇرۇلۇش تېخنىك خادىملار: بۇ خەلق ئىگىلىكىنىڭ ھەر قايسى ساھەلىرىدە قۇرۇلۇش تېخنىكا خىزمىتى بىلەن شۇغۇللىنىدىغان تەبىئىي پەن تېخنىكا كەسپىي خادىملىرىنى كۆرسىتىدۇ، ئۇ ئالىي ئىنژېنېر، ئىنژېنېر، ياردەمچى ئىنژېنېر، تېخنىك ۋە ئۇنۋان باھالانمىغان تېخنىك خادىملارنى ئۆز ئىچىگە ئالىدۇ.

يېزائىگىلىك تېخنىك خادىملىرى : بۇ خەلق ئىگىلىكىنىڭ ھەر قايسى ساھەلىرىدە يېزا ئىگىلىك تېخنىكا خىزمىتى بىلەن شۇغۇللىنىدىغان تەبىئىي پەن تېخنىكا كەسپىي خادىملىرىنى كۆرسىتىدۇ. ئۇ ئالىي ئاگرونوم، ئاگرونوم، ياردەمچى ئاگرونوم، تېخنىك ۋەئۇنۋانى باھالانمىغان تېخنىك خادىملارنى ئۆز ئىچىگەئالىدۇ.

سەھىيەتېخنىك خادىملار: بۇ خەلق ئىگىلىكىنىڭ ھەر قايسى ساھەلىرىدە سەھىيە، تىببى خىزمەتلەر بىلەن شۇغۇللىنىدىغان تەبىئىي پەن تېخنىكا كەسپىي خادىملىرىنى كۆرسىتىدۇ. ئۇمۇدىر ۋىراچ، مۇئاۋىن مۇدىر ۋىراچ، باش ۋىراچ، ۋىراچ، سېستىرا ۋە ئۇنۋان باھالانمىغان تېخنىك خادىملارنى ئۆز ئىچىگەئالىدۇ.

پەن-تەتقىقات خادىملىرى: بۇ خەلق ئىگىلىكىنىڭ ھەر قايسى ساھەلىرىدە پەن -تېخنىكا پائالىيىتى بىلەن شۇغۇللىنىدىغان تەبىئىي پەنتېخنىكا كەسپىي خادىملىرىنى كۆرسىتىدۇ. ئۇ تەتقىقاتچى، مۇئاۋىن تەتقىقاتچى، ياردەمچى تەتقىقاتچى، پىراكتىكانت تەتقىقاتچى ۋە تېخنىك ئۇنۋانى باھالانمىغان تېخنىك خادىملارنى ئۆز ئىچىگە ئالىدۇ.

مەدەنىيەت ئىشلىرى ئورگانلىرى: بۇكەسپىي مەدەنىيەت ئىشلىرى بىلەن شۇغۇللىنىدىغان ۋەكەسپىي مەدەنىيەت خىزمىتىگەمۇلازىمەت قىلىدىغان مۇستەقىل ھېسابات قىلىدىغان، مۇستەقىل تۈزۈلمىسى بولغان ئورۇنلارنى كۆرسىتىدۇ. ئۇ شۇ ئورۇنلار ئايرىم قۇرغان مۇستەقىل ھېسابات قىلىدىغان باشقا ئورگانلار ۋە ھەر قايسى تارماقلارنىڭ ئىشتىن سىرتقى مەدەنىيەت تەشكىلاتلىرىنى ئۆز ئىچىگە ئالمايدۇ، ئەمما سەنئەت ئۆمەكلىرى قارمىقىدىكى ئويۇن قويۇش سورۇنلىرى يەنىلا«مەدەنىيەت ئىشلىرى ئورگانلىرى»قاتارىدا ستاتىستىكا قىلىنىدۇ.

سەنئەت ئۆمەكلىرى : بۇ چاڭچىلە، مۇزىكا، ئۇسۇل، سېرىك قاتارلىق كەسپىي ئويۇن قويىدىغان مۇستەقىل ھېسابات ئېچىپ مۇستەقىل ھېسابات قىلىشنى يولغا قويغان سەنئەت ئۆمەكلىرىنى كۆرسىتىدۇ. سانائەت، دېھقانچىلىق بىلەنمۇ شۇغۇللىنىدىغان، سەنئەت بىلەنمۇ شۇغۇللىنىدىغان ئىشتىن سىرتقى تىياتىر ئۆمەكلىرىنى ئۆز ئىچىگە ئالمايدۇ.

كىنو قويۇش ئورۇنلىرى : بۇ كىنو قويۇش ئاپپارات ئۈسكۈنىلىرى بار بولغان، مۇقىم ياكى مۇقىم بولمىغان كىنو قويۇش سورۇنلىرى ۋە مەخسۇس ياكى قوشۇمچە ۋەزىپىدىكى كىنوقويۇش تېخنىك خادىملىرى بولغان، مەدەنىيەت مەمۇرى تارماقلىرى تىزىمغا ئېلىپ تەستىقلىغان، دائىم مەلۇم تاماشىبىن ئوبيېكتىلارغا كىنو قويۇپ بېرىدىغان ئورگانلارنى كۆرسىتىدۇ. ئۇ تەستىقلاش ئارقىلىق سىرتقا ئىچىۋەتكەن تىجارەت قىلىدىغان ھەم كىنو تارقىتىش، قويۇشنى باشقۇرىدىغان ئورگانلىرىدا تارماق ھېساب ئاچقان مەخسۇس كىنو قويۇش ئورۇنلىرى ياكىھەربى كومىتېت سېستىمىسىدىكى كىنو-فىلىم ئىجارىگە ئالىدىغان ئورۇنلارنى ئۆز ئىچىگە ئالىدۇ.

教学人员 指在国民经济各行业从事自然科学技术方面的教学活动的专业人员，包括：正副教授、讲师、助教、教师和在中学从事自然科学技术方面的教学活动的人员。

普通高等学校 指按照国家规定的审批程序批准举办，通过全国统一招生考试，招收高级中等学校毕业生和具有同等学历者，实施高等教育，培养高等专门人才的学校。包括大学、专门学院、专科学校和短期职业大学。

成人高等学校 指按照国家规定的审批程序批准举办，招收高中毕业或同等学历者，利用多种形式对成人实施高等教育，培养相当普通高等学校专科或本科毕业水平的专门人才的学校包括广播电视大学、职工高等学校、农民高等学校、干部管理学院、教育学院、独立函授学院以及普通高等学校举办的函授、夜大学等。

小学学龄儿童入学率 指调查范围内已入小学学习的学龄儿童占校内外学龄儿童总数（包括弱智儿童在内，但不包括盲聋哑儿童）的比重。计算公式是：

$$小学学龄儿童入学率=\frac{已入学的小学学龄儿童数}{校内外小学学龄儿童总数}\times 100\%$$

自然科学技术人员 指已取得科学技术职称，或大学、中专的理、工、农、医科系毕业，以及国民经济各部门从工作实践中提拔，从事理、工、农、医等自然科学技术的研究、教学、生产（事业）技术方面工作的专业人员和在机关、企业、事业中从事科学技术业务管理工作的专业人员。

工程技术人员 指在国民经济各行业从事工程技术工作的自然科学技术的专业人员，包括：高级工程师、工程师、助理工程师、技术员和未评定职称的技术人员。

农业技术人员 指在国民经济各行业从事农业技术工作的自然科学技术的专业人员，包括：高级农艺师、农艺师、助理农艺师、技术员和未评定职称的技术人员。

卫生技术人员 指在国民经济各行业从事卫生医务工作的自然科学技术的专业人员：正副主任医师、主治医师、医师、医（护）士和未评定职称的技术人员。

科学研究人员 指在国民经济各行业从事科学技术活动的自然科学技术的专业人员，包括：正副研究员、助理研究员、研究实习员、技术员和未评定职称的技术人员。

文化事业机构 指从事专业文化和为专业文化工作服务的单独核算、独立建制的单位。不包括这些单位另外举办独立核算的其他机构和各部门的业余文化组织，但艺术表演团体附属的艺术表演场所仍应做为“文化事业机构”进行统计。

艺术表演团体 指从事戏曲、音乐、舞蹈、杂技等专业艺术表演，有独立帐户，实行单独核算的团体。不包括半工半艺、半农半艺的业余剧团。

电影放映单位 指具有放映机器设备、固定或不固定的放映场所与专职或兼职的放映技术人员，经文化行政部门登记批准，经常为一定的观众对象映出电影的机构。包括经批准对外开放进行营业，并与电影发行放映管理机构分帐的专用放映单位或军委系统租片单位在内。

17

تەنتەربىيە، سەھىيە ۋە باشقىلار

体育、卫生及其他

Sports, Health Care and Others

تەنتەربىيە سىستېمىسىدىكى ئىشچى-خىزمەتچىلەر سانى

17—1 体委系统职工人数

(1995-يىل 年)　　　　　　　　　　　　　　　　　　　　　　　　　　　　　　　　　　　　　　单位:人 بىرلىكى: نەپەر

خادىملارنىڭ تۈرگە ئايرىلىشى 人员分类	ئومۇمىي جەمئىي 总计	ھەر دەرىجىلىك تەنتەربىيە كومىتېت ئورگانلىرى 各级体委机关				ھەر دەرىجىلىك تەنتەربىيە كومىتېتلىرىغا بىۋاسىتە قاراشلىق ئورۇنلار 各级体委直属单位										
		جەمئىي 合计	ئۆلكە دەرىجىلىك 省级	ۋىلايەت دەرىجىلىك 地级	ناھىيە دەرىجىلىك 县级	جەمئىي 合计	مۇنەۋۋەر تەنھەرىكەتچى 优秀运动员	تەنتەربىيە مەكتىپى 体育运动学校	ئۇقتىلىق ئىشتىن سىرتقى تەنتەربىيە مەكتىپى 重点业余体校	ئادەتتىكى ئىشتىن سىرتقى تەنتەربىيە مەكتىپى 普通业余体校	تەنتەربىيە پەن-تەتقىقات ئورنى 体育科研所	تەشۋىقات، نەشرىيات تارماقلىرى 宣传出版部门	جامائەت تەنتەربىيە سورۇنلىرى 公共体育场所	مۇلازىمەت شىركەتلىرى 服务公司	ئەمەلىي گەۋدە جەمئىيەتلىرى 实体协会	باشقىلار 其他
总计 جەمئىي	**2 791**	**759**	**84**	**293**	**382**	**2 032**	**688**	**520**	**83**	**501**	**21**	**18**	**19**	**27**	**48**	**107**
运动员 تەنھەرىكەتچى	367					367	367									
专职教练员 مەخسۇس ۋەزىپىدىكى تىرېنېر	596					596	69	120	52	355						
专职文化教师 مەخسۇس مەدەنىيەت دەرسلىرى ئوقۇتقۇچىسى	205					205		199	1	5						
科技人员 پەن-تېخنىكا خادىملىرى	22					22		3			19					
宣传出版人员 تەشۋىقات، نەشرىيات خادىملىرى	18					18						18				
医务人员 تىببىي خادىملار	34	2		1	1	32	17	8	1	4	2					
管理人员 باشقۇرغۇچى خادىملار	729	386	50	141	195	343	158	66	15	49			5	12	20	18
其它人员 باشقا خادىملار	820	371	34	151	186	449	77	124	14	88			14	15	28	89

تۈرگە ئايرىلغان دەرىجىلىك تەنھەرىكەتچىلەر، رېپىرلارنىڭ راۋاجلاندۇرۇلغان ئادەم سانى

17—2 分项目等级运动员、裁判员发展人数

(1995-يىل 年)　　　　　　　　　　　　　　　　　　　　　　　　　　　　　　　　　　　　　　单位:人 بىرلىكى: نەپەر

تەنھەرىكەت تۈرلىرى 运动项目	دەرىجىلىك تەنھەرىكەتچىلەر 等级运动员	# ئاياللار # 女性	تەنھەرىكەت ماھىرى 运动健将	1-دەرىجىلىك 一级	2-دەرىجىلىك 二级	3-دەرىجىلىك 三级	ئۆسمۈرلەر دەرىجىلىك 少年级	دەرىجىلىك رېپىرلار 等级裁判员
总计 جەمئىي	**1 486**	**582**	**2**	**50**	**295**	**568**	**571**	**975**
田径 يېنىك ئاتلېتىكا	989	459		22	134	386	447	281
射击 قارىغا ئېتىش	39	22		1	9	21	8	1
射箭 ئوقيا ئېتىش	12	6		2	4	6		
国际式摔跤 خەلقئارا چېلىشىش	21				1	20		12
中国式摔跤 جۇڭگوچە چېلىشىش								2
柔道 رۇداۋ چېلىشىش	10	3			5	5		1
自行车 ۋېلسىپېت	3	1		3				
速滑 تېز تېيىلىش	33	12		10	19	4		
篮球 ۋاسكېتبول	125	30			72	23	30	277
排球 ۋالېبول	48	13			6	12	30	61
足球 پۇتبول	58			4	6	34	14	23
乒乓球 تېنىس توپ	31	12		7	12	12		29
国际象棋 خەلقئارا شاھمات								10
中国象棋 جۇڭگوچە شاھمات								24
航空模型 ئاۋىئامودېل								
拳击 بوكس	39			1	7	16	15	9
武术 چامباش								8
门球 ۋاراتا توپى	12				12			143
游泳 سۇ ئۈزۈش	61	22			6	28	27	8
围棋 قورشاۋ شاھمات								8
桥牌 چاۋ پەي (قارتا ئويۇنى)								27
台球 بىليارت								
马术 چەۋەندازلىق	2		1		1			
短道速滑 قىسقا مۇساپىلىق تېز تېيىلىش	2	2			1	1		
高山滑雪 ئېگىز تاغدا چاڭغا تېيىلىش	1		1					
羽毛球 پەي توپ								31
健美 بەدەن گۈزەللىك								20

مۇنەۋۋەر تەنھەرىكەتچى، تەنتەربىيە مەكتەپلىرىنىڭ ئەھۋالى

17—3 优秀运动员、体育运动学校情况

（يىل-1995 年）　　　　单位：人　بىرلىكى：نەپەر

تەنھەرىكەت تۈرلىرى 运动项目		مۇنەۋۋەر تەنھەرىكەتچى 优秀运动员				تەنتەربىيە مەكتەپلىرى 体育运动学校	
		ئەترەتتىكى تەنھەرىكەتچىلەر 在队运动员	#ئاياللار #女	مەخسۇس تىرنىرلار 专职教练员	#ئاياللار #女	تەنتەربىيە سىنىپلىرىدا ئوقۇۋاتقان ئوقۇغۇچىلار 运动班在校学生	مەخسۇس تىرنىرلار 专职教练员
总计	جەمئىي	**207**	**49**	**69**	**12**	**1 220**	**120**
田径	يىنىك ئاتلىتكا	24	7	11	3	507	46
体操	گىمناستىكا			2	1		
射击	قارىغا ئېتىش	20	8	7	3	133	11
射箭	ئوقيائېتىش	12	6	2	2	24	4
国际式摔跤	خەلقئارا چە چېلىشىش	23		8		100	8
中国式摔跤	جۇڭگوچە چېلىشىش	1		1		36	2
柔道	رۇۋداۋ چېلىشىش	11	8	2		79	6
自行车	ۋېلسىپىت	6		1			1
高山滑雪	ئېگىز تاغدا چاڭغا تېيىلىش	2		1		1	
越野滑雪	دالادا چاڭغا تېيىلىش			2			
跳台滑雪	سۇپىدىن سەكرەپ چاڭغا تېيىلىش	1		1			
速滑	تېز تېيىلىش	17	2	6		74	4
花滑	پىگورا چىقىرىپ تېيىلىش			1	1		
篮球	ۋاسكىتبول	17	7	7	1	96	13
排球	ۋالىبول	22	8	5		77	12
足球	پۇتبول	22		4		65	9
乒乓球	تېنىس تاك توپ			1			1
无线电测	رادىئولۇق ئۆلچەش			1	1		
摩托车	موتوسىكلىت	10	1	1			
航空模型	ئاۋىئامودىل	6		2			1
举重	شتانگا كۆتىرىش			1			
马术	چەۋەندازلىق	8	2				
拳击	بوكس	5		2		25	1
游泳	سۇ ئۈزۈش					3	1

‹‹دۆلەت تەنتەربىيە كومىتېتىنىڭ چېنىقىش ئۆلچىمى›› نىڭ يولغا قويۇلۇش ئەھۋالى

17—4 《国家体委锻炼标准》施行情况

（يىل-1995 年）　　　　单位：万人、所　مەكتەپ ، ئادەم تۈمەن：بىرلىكى

	مەكتەپ ئومۇمىي سانى 学校总数	مەكتەپتىكى ئوقۇغۇچىلار سانى 在校学生数	چېنىقىش ئۆلچىمىنى يولغا قويغان مەكتەپ 施行锻炼标准学校数	چېنىقىش ئۆلچىمىنى يولغا قويغان ئوقۇغۇچى سانى 施行锻炼标准学生数	ئۆلچەمگە يېتىش پائالىيىتىگە قاتنىشىشقا تېگىشلىك ئوقۇغۇچى سانى 应参加达标活动的学生数	ئۆلچەمگە يېتىش پائالىيىتىگە ئەمەلىي قاتناشقان ئوقۇغۇچى سانى 实际参加达标活动的学生数	ئۆلچەمگە يەتكەن ئادەم سانى 达标人数			
							جەمئىي 合计	لاياقەتلىك 及格级	ياخشى 良好级	مۇنەۋۋەر 优秀级
合计 جەمئىي	5 791	2 125 650	3 909	1 395 086	1 232 739	1 153 536	996 914	542 624	323 201	131 089

ئەنتەربىيە سىستېمىسىدىكى ئۆسمۈر باللار ئۆشتىن سىرتقى تەنتەربىيە مەكتەپلىرىدىكى ئوقۇغۇچىلارنىڭ تۈرگە ئايرىلغان ئادەم سانى

17—5 体委系统少年儿童业余体育学校学生分项人数

(1995年-يىل)

بىرلىكى: نەپەر 单位:人

تەنھەرىكەت تۈرلىرى 运动项目	1994年 -يىل: مەكتەپتىكى ئوقۇغۇچىلار سانى جەمئىسى 在校学生数合计	1994年: نۇقتىلىق ئىشتىن سىرتقى تەنتەربىيە مەكتەپلىرى 重点业余体校	1994年: ئادەتتىكى ئىشتىن سىرتقى تەنتەربىيە مەكتەپلىرى 普通业余体校	1995年 -يىل: مەكتەپتىكى ئوقۇغۇچىلار سانىنىڭ جەمئىسى 在校学生数合计	1995年: نۇقتىلىق ئىشتىن سىرتقى تەنتەربىيە مەكتەپلىرى 重点业余体校	1995年: ئادەتتىكى ئىشتىن سىرتقى تەنتەربىيە مەكتەپلىرى 普通业余体校
总计 جەمئىي	**5 759**	**699**	**5 060**	**5 703**	**673**	**5 030**
田径 يېنىك ئاتلېتكا	1 988	170	1 818	2 150	216	1 934
射击 قارىغا ئېتىش	347	12	335	326	18	308
射箭 ئوقيا ئېتىش	91	8	83	101	3	97
国际式摔跤 خەلقئارا چېلىشىش	729	70	659	707	60	647
中国式摔跤 جۇڭگوچە چېلىشىش	132	10	122	94		94
柔道 رۇۋداۋ چېلىشىش	125	24	101	111	4	106
自行车 ۋېلىسىپىت	24		24	24		24
高山滑雪 ئېگىز تاغدا چاڭغا تېيىلىش	29		29	25	15	10
越野滑雪 دالادا چاڭغا تېيىلىش	18		18	10		10
速滑 تېز تېيىلىش	210	12	198	220	46	174
篮球 ۋاسكېتبول	323	119	204	397	104	293
排球 ۋالىبول	466	88	378	439	78	361
足球 پۇتبول	702	82	620	619	61	558
乒乓球 تېنىس-تاك توپ	152	40	112	155	30	125
武术 چامباشچىلىق	77	40	37	72	35	37
拳击 بوكس	150	12	138	177	3	174
游泳 سۇ ئۈزۈش	132	12	120	73		73
航空模型 ئاۋىئا مودېل	30		30			
国际象棋 جۇڭگوچە شاھمات				5		5

تەنتەربىيە سىستېمىسىدىكى ئۆسمۈر باللار ئىشتىن سىرتقى تەنتەربىيە مەكتەپلىرىدىكى مەخسۇس تېرېنېرلارنىڭ ئاساسىي ئەھۋالى

17—6 体委系统少年儿童业余体育学校专职教练员基本情况

(1995年-يىل)

بىرلىكى: نەپەر 单位:人

تەنھەرىكەت تۈرلىرى 运动项目	مەخسۇس تېرېنېر 专职教练员	ئاز سانلىق مىللەت 少数民族	مەدەنىيەت سەۋىيىسى 文化程度: ئالىي تېخنىكومدىن يۇقىرى 大专以上	文化程度: ئوتتۇرا تېخنىكوم، تېخنىك مەكتەپلەر 中专中技	文化程度: تولۇق ئوتتۇرا 高中	文化程度: تولۇقسىزدىن تۆۋەن 初中以下	سىياسىي قىياپىتى 政治面貌: پارتىيە ئەزاسى 共产党员	政治面貌: ئىتتىپاق ئەزاسى 共青团员
总计 جەمئىي	**407**	**233**	**187**	**156**	**33**	**31**	**80**	**109**
田径 يېنىك ئاتلېتكا	140	58	84	54	2		27	44
射击 قارىغا ئېتىش	35	12	13	12	4	6	6	11
射箭 ئوقيا ئېتىش	9	7	1	5		3	1	4
国际式摔跤 خەلقئارا چېلىشىش	55	49	7	20	14	14	8	14
中国式摔跤 جۇڭگوچە چېلىشىش	3	3		1	1	1	1	
柔道 رۇۋداۋ چېلىشىش	4	1	2	1		1	1	
自行车 ۋېلىسىپىت	3	2		3			1	1
高山滑雪 ئېگىز تاغدا چاڭغا تېيىلىش	3	2	2	1				
越野滑雪 دالادا چاڭغا تېيىلىش	2	2		2				
速滑 تېز تېيىلىش	18	9	9	7	1	1	1	1
篮球 ۋاسكېتبول	22	5	13	4	4	1	10	5
排球 ۋالىبول	44	40	20	22	2		9	6
足球 پۇتبول	44	37	19	22	2	1	10	17
乒乓球 تېنىس-تاك توپ	11	1	8	1	1	1	4	2
武术 چامباشچىلىق	1		1					
冰球 خاككى	1	1				1		
拳击 بوكس	7	3	5		1	1		4
游泳 سۇ ئۈزۈش	5	1	3	1	1		1	

ئەنئەنىۋى تەنتەربىيە تۈرلىرىنىڭ ئورۇنلاشتۇرۇلۇش ئاساسىي ئەھۋالى

17—7 传统体育项目布局基本情况

(يىل-1995 年)　　　　بىرلىكى: ئادەم، دانە 单位:个、人

تەنھەرىكەت تۈرلىرى 运动项目	يىل- 1994 年			يىل- 1995 年		
	ئەنئەنىۋى تۈرلەرنىڭ ئورۇنلاشتۇرۇلۇش سانى 传统项目布局个数	ئەنئەنىۋى تۈرلەرگە قاتناشقان ئوقۇغۇچىلار سانى 参加传统项目活动学生数	ھەرخىل ئىشتىن سىرتقى تەنتەربىيە مەكتەپلىرىگە ئەۋەتىپ بېرىلگەن ئوقۇغۇچىلار سانى 输送到各类业余体校学生数	ئەنئەنىۋى تۈرلەرنىڭ ئورۇنلاشتۇرۇلۇش سانى 传统项目布局个数	ئەنئەنىۋى تۈرلەرگە قاتناشقان ئوقۇغۇچىلار سانى 参加传统项目活动学生数	ئىشتىن سىرتقى ھەر خىل تەنتەربىيە مەكتەپلىرىگە ئەۋەتىپ بېرىلگەن ئوقۇغۇچىلارسانى 输送到各类业余体校学生数
总计 جەمئىي	**344**	**17 538**	**321**	**336**	**21 152**	**1 284**
田径 يېنىك ئاتلېتىكا	156	11 168	169	127	8 747	585
射击 قارىغا ئېتىش	3	32		10	126	48
射箭 ئوقيا ئېتىش	3	67	6	3	23	13
国际式摔跤 خەلقئاراچە چېلىشىش	33	799	17	32	833	141
中国式摔跤 جۇڭگوچە چېلىشىش	13	203	10	12	252	28
速滑 تېز تېيىلىش	11	410	7	15	538	62
篮球 ۋاسكېتبول	12	367		15	1 377	16
排球 ۋالىبول	20	475	15	19	2 383	87
足球 پۇتبول	55	3 072	82	80	5 924	212
乒乓球 تېك-تاك توپ	9	199	15	8	625	55
拳击 بوكس	1	15		4	85	19
柔道 روۋداۋ چېلىشىش	1	4		2	32	18
自行车 ۋېلسىپىت	2	40				
航空模型 ئاۋىئامودېل						
国际象棋 خەلقئارا شاھمات						
赛艇 مۇسابىقە قېيىقى	1	60				
帆板 يەلكەنلىك تاختا	23	600				
高山滑雪 ئېگىز تاغدا چاڭغا تېيىلىش				5	50	
越野滑雪 دالادا چاڭغا تېيىلىش				1	10	
武术 چامباشچىلىق				3	147	

تەنھەرىكەت يىغىنلىرىنى ئېچىش ئەھۋالى

17—8 举办运动会情况

(يىل-1995 年)　　　　بىرلىكى: قېتىم، ئادەم 单位:次、人

كۆرسەتكۈچلەر 指　标	تەنھەرىكەت يىغىنلىرىنىڭ قېتىم سانى 运动会次数			تەنھەرىكەت يىغىنىغا قاتناشقان تەنھەرىكەتچىلەر سانى 参加运动会的运动员人数		
	جەمئىي 合　计	تەنتەربىيە سىستېمىسى 体委系统	باشقا سىستېمىلار 其它系统	جەمئىي 合　计	تەنتەربىيە سىستېمىسى 体委系统	باشقا سىستېمىلار 其它系统
总计 ئومۇمىي جەمئىي	**3 321**	**809**	**748**	**1 508 290**	**249 405**	**717 822**
区级 ئاپتونوم رايون دەرىجىلىك	172	167	5	502 176	1 653	500 523
地市级 ۋىلايەت، شەھەر دەرىجىلىك	597	175	422	212 178	100 216	111 962
县级 ناھىيە دەرىجىلىك	788	467	321	252 873	147 536	105 337
乡镇级 يېزا-بازار دەرىجىلىك	1 764			541 063		

ئاساسىي يىللاردىكى سەھىيە ئورگانلىرى سانى

17—9 主要年份卫生机构数

بىرلىكى: دانە 单位：个

يىللار 年份	جەمئىي 合计	دوختۇرخانا 医院	ساناتورىيە 疗养院、所	ئامبولاتورىيە 门诊部、所	مەخسۇس كېسەللىكلەرنىڭ ئالدىنى ئېلىش داۋالاش ئورۇنلىرى 专科防治所、站	سەھىيە كېسەللىكلەرنىڭ ئالدىنى ئېلىش ئورۇنلىرى 卫生防疫站	ئانا-بالىلارنىڭ ساقلىقىنى ساقلاش ئورۇنلىرى 妇幼保健所、站	دورىلارنى تەكشۈرۈپ ئۆتكۈزۈۋېلىش ئورۇنلىرى 药品检验所、室	تىببىي پەن تەتقىقات ئورگانلىرى 医学科学研究机构	باشقا سەھىيە ئورگانلىرى 其他卫生机构
1949	54	48		6						
1952	150	89		47	1	2	9			2
1957	853	113	4	607	9	53	64			3
1962	1 863	633	7	1 186	14	11	4		1	7
1965	2 189	665	7	1 456	12	30	3	2		14
1970	1 960	691	4	1 219	11	18	3	2	1	11
1975	2 263	761	4	1 367		102	4	4	1	20
1978	2 581	806	2	1 609	1	104	12	13	1	33
1980	2 818	884	4	1 756	4	102	12	16	1	39
1985	3 320	947	5	2 125	2	139	27	16	2	57
1986	3 460	967	5	2 201	5	164	37	17	2	62
1987	3 589	981	6	2 292	11	169	44	18	2	66
1988	3 680	994	6	2 365	12	170	47	18	3	65
1989	3 773	1 033	6	2 391	13	186	54	18	3	69
1990	3 945	1 049	6	2 536	13	191	59	18	3	70
1991	3 937	1 073	5	2 499	14	194	64	18	4	39
1992	3 985	1 109	6	2 501	14	199	68	18	4	66
1993	3 894	1 146	9	2 372	15	202	66	18	6	60
1994	3 907	1 273	9	2 256	15	204	67	18	6	59
1995	3 932	1 292	8	2 247	16	216	69	18	6	60

ئاساسىي يىللاردىكى سەھىيە خادىملىرىنىڭ سانى

17—10 主要年份卫生人员数

بىرلىكى: نەپەر 单位：人

يىللار 年份	جەمئىي 合计	سەھىيە، تېخنىك خادىملار 卫生技术人员	دوختۇر 医生	تېۋىپ 中医	ۋىراچ 西医师	فېلشىر 西医士	مەسئۇل سېستىرا، سېستىرا 护师护士	شەخسىي دوختۇرخانا ئاچقان خادىملار 私人开业人员	ئوتتۇرىچە ھەر تۈمەن ئادەمگە توغرا كېلىدىغان دوختۇر سانى 平均每万人口医生数
1949	534	348	82		18	64	116	40	
1952	1 644	114	245	7	54	184	345	100	1.0
1957	11 466	9 455	2 691	298	627	1 766	2 201	414	5.0
1962	24 997	20 156	6 436	651	1 837	3 948	4 725	17	9.0
1965	32 009	25 401	9 171	681	2 893	5 597	5 270	13	12.0
1970	33 008	28 298	9 165	630	2 224	6 311	9 124		9.0
1975	53 698	41 438	13 117	934	5 082	7 101	9 685		11.0
1978	66 252	51 050	16 898	1 269	6 099	9 530	10 765		14.0
1980	74 627	57 949	20 614	1 502	8 590	10 522	12 077		16.0
1985	88 460	68 961	25 721	2 199	11 131	12 391	17 136	188	19.0
1986	91 448	70 797	26 181	2 438	11 144	12 599	17 490	903	19.0
1987	93 164	72 244	26 489	2 303	11 172	13 014	17 835	845	19.0
1988	95 826	75 045	31 392	3 107	19 510	8 775	21 226	1 524	22.0
1989	98 120	76 704	32 797	2 992	21 758	8 047	22 446	1 762	23.0
1990	102 053	79 853	33 683	3 095	21 872	8 716	23 386	2 034	22.0
1991	105 396	82 528	34 788	3 182	22 905	8 701	24 126	2 036	23.0
1992	109 886	86 310	35 849	3 480	23 060	9 309	24 612	2 696	23.0
1993	112 231	87 777	36 892	3 624	24 333	8 935	25 128	3 530	23.0
1994	115 114	90 439	38 675	3 837	25 882	8 956	25 722	4 252	23.7
1995	116 856	92 028	39 636	3 889	26 149	9 598	26 350	4 252	23.9

سەھىيە ئورگانلىرىدىكى كارۋات سانى

17—11 卫生机构床位数

بىرلىكى: دانە 单位：张

يىللار 年份	جەمئىي 总计	دوختۇرخانا 医院	# ناھىيە ۋە ناھىيىدىن يۇقىرى دوختۇرخانىلار #县及县以上医院	ساناتورىيە 疗养院、所	باشقا سەھىيە ئورگانلىرى 其他卫生机构	ھەر ئونمىڭ ئادەمگە توغرا كېلىدىغان دوختۇرخانا كارۋات سانى 每万人口医院床位数
1949	696	696				1.6
1952	985	905			80	1.9
1957	8 358	8 013		150	195	14.4
1962	22 795	17 354		752	4 689	24.8
1965	28 731	18 846		571	9 314	23.9
1970	37 135	25 162		400	11 573	25.8
1975	47 408	30 903	21 539	450	16 055	26.8
1978	57 647	39 179		108	18 360	31.8
1980	61 075	47 236		682	13 157	36.8
1985	60 930	55 298		870	4 762	40.6
1986	60 793	55 388		854	4 551	40.0
1987	63 122	56 971	44 613	950	5 201	40.5
1988	64 523	58 074		944	5 505	40.7
1989	66 983	60 112	47 202	1 010	5 861	41.3
1990	67 414	60 707	47 924	1 010	5 697	40.5
1991	68 504	62 363	49 211	918	5 223	40.8
1992	70 382	63 935	50 792	1 118	5 329	40.4
1993	72 397	66 289	52 649	1 291	4 817	41.3
1994	72 474	66 727	53 516	1 333	4 414	40.9
1995	72 955	66 696	53 336	1 233	5 026	40.1

ھەر قايسى جايلاردىكى سەھىيە ئورگانلىرى، كارۋات ۋە خادىملار سانى

17—12 各地区卫生机构、床位、人员数

(1995-يىل 1995年)

地区	رايونلار	ئورگان جەمئىسى 机构合计(个)	# دوختۇرخانا #医院	كارۋات جەمئىسى (دانە) 床位合计(张)	# دوختۇرخانا #医院	خادىملار جەمئىسى (نەپەر) 人员合计(人)	# سەھىيە تېخنىك خادىملار #卫生技术人员
全区	**ئاپتونوم رايون بويىچە**	**3 932**	**1 292**	**72 955**	**66 696**	**116 856**	**92 028**
乌鲁木齐市	ئۈرۈمچى شەھىرى	694	80	13 587	11 173	24 373	18 378
克拉玛依市	قاراماي شەھىرى	15	7	1 502	1 350	3 219	2 304
石河子市	شىخەنزە شەھىرى	140	34	4 927	4 511	8 324	6 208
吐鲁番地区	تۇرپان ۋىلايىتى	96	38	1 763	1 693	2 696	2 235
哈密地区	قۇمۇل ۋىلايىتى	180	46	2 298	2 120	4 110	3 280
昌吉州	سانجى ئوبلاستى	331	121	4 877	4 743	9 273	7 483
伊犁州	ئىلى ئوبلاستى	978	331	14 860	13 772	24 385	19 622
奎屯市	كۈيتۇن شەھىرى	90	20	2 052	2 052	3 395	2 798
伊犁地区	ئىلى ۋىلايىتى	401	150	7 048	6 559	10 368	8 339
塔城地区	تارباغاتاي ۋىلايىتى	281	88	3 336	2 913	5 929	4 752
阿勒泰地区	ئالتاي ۋىلايىتى	206	73	2 424	2 248	4 693	3 733
博州	بۆرتالا ئوبلاستى	114	30	1 683	1 583	2 952	2 331
巴州	بايىنغولىن ئوبلاستى	304	130	5 067	4 960	8 222	6 800
阿克苏地区	ئاقسۇ ۋىلايىتى	364	118	7 195	6 449	9 916	8 024
克州	قىزىلسۇ ئوبلاستى	93	44	1 511	1 479	2 308	1 819
喀什地区	قەشقەر ۋىلايىتى	428	205	9 119	8 647	11 861	9 294
和田地区	خوتەن ۋىلايىتى	195	108	4 566	4 216	5 217	4 250

注：伊犁州包括奎屯市、伊犁地区、塔城地区、阿勒泰地区。

ئەسكەرتىش: ئىلى ئوبلاستى كۈيتۇن شەھىرى، ئىلى ۋىلايىتى، تارباغاتاي ۋىلايىتى، ئالتاي ۋىلايىتىنى ئۆز ئىچىگە ئالىدۇ.

سەھىيە ئورگانلىرى، كارۋات، خادىملارنىڭ سانى

17—13 卫生机构、床位、人员数

(1995-يىل 年)

项目 تۈرلەر	ئورگان سانى 机构数（个）	كارۋات سانى (دانە) 床位数（张）	خادىملار جەمئىسى 人员合计（人）	سەھىيە تېخنىك خادىملار 卫生技术人员	باشقا تېخنىك خادىملار 其他技术人员	باشقۇرۇش خادىملىرى 管理人员	قارا خىزمەتچى خادىملار 工勤人员
总计 ئومۇمىي جەمئى	**3 932**	**72 955**	**116 856**	**92 028**	**2 140**	**9 772**	**12 916**
市 شەھەرلەردىكى	1 749	32 995	60 034	45 267	1 755	5 465	7 547
县 ناھىيەلەردىكى	2 183	39 960	56 822	46 761	385	4 307	5 369
医院合计 دوختۇرخانا جەمئىسى	**1 292**	**66 696**	**87 468**	**69 318**	**677**	**7 246**	**10 227**
县及县以上医院小计 ناھىيە ۋە ناھىيىدىن يۇقىرى دوختۇرخانىلار جەمئىسى	501	53 336	72 196	56 398	605	5 923	9 270
综合医院 ئۇنۋېرسال دوختۇرخانا	427	45 436	61 497	48 453	557	4 864	7 623
中医医院 جۇڭيى دوختۇرخانىسى	53	2 909	4 117	3 101	27	430	559
医学院校附属医院 تىببى شۆيۈەن مەكتەپلەر قارمىقىدىكى دوختۇرخانىلار	5	3 016	4 714	3 543	10	396	765
传染病院 يۇقۇملۇق كېسەللىكلەر دوختۇرخانىسى	1	50	63	49		4	10
精神病院 روھى كېسەللىكلەر دوختۇرخانىسى	9	1 494	1 021	675	10	125	211
口腔医院 ئېغىز بوشلۇقى كېسەللىكلىرى دوختۇرخانىسى	1	35	162	130		16	16
眼科医院 كۆز دوختۇرخانىسى	1·	34	94	70		13	11
妇幼保健医院 ئانا-بالىلار ساقلىقىنى ساقلاش دوختۇرخانىسى	3	107	254	189		46	19
农村乡卫生院 يېزىلاردىكى يېزىلىق شىپاخانا	785	13 204	15 142	12 803	72	1 313	954
中心卫生院 مەركىزى شىپاخانا	72	2 143	1 981	1 647	28	163	143
乡卫生院 يېزىلىق شىپاخانا	713	11 061	13 161	11 158	44	1 150	811
其他医院 باشقا دوختۇرخانىلار	6	156	130	117		10	3
疗养院 ساناتورىيە	**8**	**1 233**	**657**	**356**	**11**	**107**	**183**
门诊部、所 ئامبولاتورىيە	**2 247**	**3 588**	**10 374**	**9 390**	**70**	**481**	**433**
专科防治所、站 مەخسۇس كېسەللىكلەرنى ئالدىنى ئېلىپ داۋالاش ئورۇنلىرى	**16**	**400**	**479**	**358**	**14**	**47**	**60**
卫生防疫站 سەھىيە كېسەللىكلەرنىڭ ئالدىنى ئېلىش پونكىتلىرى	**216**	**100**	**6 690**	**5 139**	**135**	**681**	**735**
妇幼保健所、站 ئانا-بالىلار ساقلىقىنى ساقلاش ئورۇنلىرى	**69**	**106**	**1 535**	**1 211**	**29**	**174**	**121**
药品检验所、室 دورا لابوراتورىيىسى	**18**		**308**	**202**	**17**	**50**	**39**
其他卫生事业机构 باشقا سەھىيە ئىشلىرى ئورگانلىرى	**27**	**700**	**625**	**369**	**37**	**77**	**142**
急救站 جىددى قۇتقۇزۇش پونكىتلىرى	1		4	2			2
输血站 قان بېرىش پونكىتلىرى	7		192	127	7	27	31
精神病收容所 روھى كېسەللىكلەرنى يىغىۋېلىش ئورنى	2	300	128	95	4	10	19
卫生宣教所 سەھىيە تەشۋىقات تەربىيە ئورۇنلىرى	3		23	19		4	
消毒站 دېزىنفېكسىيە قىلىش پونكىتلىرى	1		6	4		2	
计划生育指导所、站 پىلانلىق تۇغۇتقا يېتەكچىلىك قىلىش ئورۇنلىرى	1		16	11	2	1	2
医学科研机构 تىببى پەن-تەتقىقات ئورگانلىرى	**6**	**100**	**499**	**279**	**78**	**73**	**69**
高等医药院校 ئالىي تىببى دورىگەرلىك شۆيۈەنى مەكتەپلىرى	**5**		**2 213**	**593**	**587**	**476**	**557**
中等医药学校 ئوتتۇرا دەرىجىلىك تىببى دورا مەكتەپلىرى	**28**		**1 745**	**579**	**481**	**338**	**347**
个体开业 شەخسلەر ئاچقان دوختۇرخانىلار		**32**	**4 263**	**4 234**	**4**	**22**	**3**

ئەسكەرتىش: موخو كېسەللىكلىرى دوختۇرخانىسى تېرە كېسەللىكلىرىنىڭ ئالدىنى ئېلىش-داۋالاش ئورنىغا ئۆزگەرتىلدى، ئۇ مەخسۇس كېسەللىكلەرنىڭ ئالدىنى ئېلىش-داۋالاشداۋالاش ئورۇنلىرىنىڭ سانىنى ئۆز ئىچىگە ئالىدۇ.

注：麻风病院改为皮肤病防治所，数据包括在专科防治所、站。

سەھىيە ئورگانلىرىدىكى ھەر تۈرلۈك خادىملارنىڭ سالمىقى ۋە تۈرلەرگە ئايرىلىش ئەھۋالى

17—14 卫生机构各类人员比重、分类情况

(1995年-يىل)

单位:人 بىرلىكى:نەپەر

خادىملارنىڭ تۈرگە ئايرىلىشى 人员分类	ئومۇمىي جەمئىي 总计	شەھەر، ناھىيە بويىچە ئايرىلغاندا، 按市、县分 شەھەر 市	ناھىيە 县	تارماقلار بويىچە ئايرىلغاندا 按部门分 سەھىيە تارماقلىرى 卫生部门	دۆلەت ئىگىدارچىلىكىدىكى سانائەت ۋە باشقا تارماقلار 国有工业及其他部门	كوللېكتىپ ئىگىدارچىلىكىدىكى 集体所有制	شەخسىلەر ئاچقان 私人开业	باشقىلار 其它
总计 ئومۇمىي جەمئىي	116 856	60 034	56 822	43 384	52 086	16 952	4 263	171
各类人员比重% ھەرتۈرلۈك خادىملارنىڭ سالمىقى%								
卫生技术人员数 سەھىيە تېخنىك خادىملارنىڭ سانى	92 028	45 267	46 761	32 283	41 106	14 259	4 234	146
占总计% ئومۇمىي جەمئىسىدە ئىگىلىگىنى %	78.7	75.4	82.3	74.4	78.9	84.1	99.3	85.4
其他技术人员数 باشقا تېخنىك خادىملار	2 140	1 755	385	1 137	917	81	4	1
占总计% ئومۇمىي جەمئىسىدە ئىگىلىگىنى %	1.8	2.9	0.7	2.6	1.8	0.5	0.1	0.5
管理人员数 باشقۇرۇش خادىملىرى سانى	9 772	5 465	4 307	4 316	3 956	1 462	22	16
占总计% ئومۇمىي جەمئىسىدە ئىگىلىگىنى %	8.4	9.1	7.6	9.9	7.6	8.6	0.5	9.4
工勤人员数 قارا خىزمەتچى خادىملار سانى	12 916	7 547	5 369	5 648	6 107	1 150	3	8
占总计% ئومۇمىي جەمئىسىدە ئىگىلىگىنى %	11.1	12.6	9.4	13.1	11.7	6.8	0.1	4.7
卫生技术人员分类 سەھىيە تېخنىك خادىملىرىنىڭ تۈرلەرگە ئايرىلىشى								
中医师 تىۋىپ	2 697	1 798	899	1 121	669	351	533	23
西医师 ۋىراچ	25 952	15 034	10 918	9 594	12 298	2 690	1 338	32
中西医结合高级医师 جۇڭگوچە داۋالاش بىلەن غەربچە داۋالاش بىرلەشتۈرۈلگەن ئالىي ۋىراچ	197	176	21	81	31	24	52	9
护师 مەسئۇل سېستىرا	14 426	9 240	5 186	6 007	7 178	1 182	53	6
中药师 جۇڭيىچە مەسئۇل دورىگەر	1 030	688	342	498	333	169	22	8
西药师 غەربچە مەسئۇل دورىگەر	3 200	2 000	1 200	1 243	1 706	218	26	7
检验师 لابورانت ۋىراچ	2 444	1 525	919	1 271	1 027	128	15	3
其他技师 باشقا تېخنىكلار	1 912	1 237	675	1 040	669	163	36	4
中医士 جۇڭيى فىلىشىر	778	224	554	157	151	99	370	1
西医士 فىلىشىر	9 598	2 398	7 200	2 111	4 326	2 774	382	5
护士 سېستىرا	11 924	5 622	6 302	4 296	5 396	2 160	41	31
助产士 ئاكوشېركا	748	201	547	252	201	293	2	
中药剂士 جۇڭيىچە دورىگەر	367	139	228	154	73	64	74	2
西药剂士 غەربچە دورىگەر	1 304	514	790	441	551	229	81	2
检验士 لابورانت	1 281	550	731	649	418	209	3	2
其他技士 باشقا تېخنىكلار	1 018	471	547	458	301	132	127	
其他中医 باشقا تىۋىپلار	414	190	224	76	32	39	266	1
护理员 كېسەل كۈتكۈچى	4 769	1 099	3 670	910	2 573	1 272	14	
中药剂员 جۇڭيىچە دورىگەر	204	52	152	75	45	58	25	1
西药剂员 دورىگەر	578	120	458	155	186	215	21	1
检验员 لابورانت	495	132	363	146	172	160	16	1
其他初级卫生技术人员 باشقا تۆۋەن دەرىجىلىك سەھىيە تېخنىك خادىملىرى	6 691	1 857	4 834	1 548	2 770	1 629	737	7
平均每万人有卫生技术人员 ئوتتۇرىچە ھەر ئونمىڭ ئادەمگە توغرا كېلىدىغان سەھىيە تېخنىك خادىملار	55.4	55.0	55.8					
# 医生 # دوختۇرلار	23.9	24.1	23.6					

هەر قايسى جايلاردىكى سەھىيە ئورگانلىرى ۋە كارۋات سانى

17—15 各地区卫生机构和床位数

(يىل-1995 年)

رايونلار 地　区		ئورگان جەمئىسى (دانە) 机构合计(个)	دوختۇرخانا #医院	كارۋات جەمئىسى (دانە) 床位合计(张)	دوختۇرخانا #医院	# ناھىيە ۋە ناھىيە دەرىجىلىكتىن يۇقىرى #县及县以上	ئوتتۇرىچە ھەر ئونمىڭ ئادەمگە توغرا كېلىدىغان كارۋات سانى (دانە) 每万人口平均床位数(张)
全区	**ئاپتونوم رايون بويىچە**	**3 932**	**1 292**	**72 955**	**66 696**	**53 336**	**43.9**
乌鲁木齐市	ئۈرۈمچى شەھىرى	694	80	13 587	11 173	11 073	94.3
克拉玛依市	قاراماي شەھىرى	15	7	1 502	1 350	1 335	64.2
石河子市	شىخەنزە شەھىرى	140	34	4 927	4 511	4 491	89.2
吐鲁番地区	تۇرپان ۋىلايىتى	96	38	1 763	1 693	1 101	33.6
哈密地区	قۇمۇل ۋىلايىتى	180	46	2 298	2 120	1 785	51.5
昌吉州	سانجى ئوبلاستى	331	121	4 877	4 743	4 211	35.0
伊犁州	ئىلى ئوبلاستى	978	331	14 860	13 772	11 382	41.0
奎屯市	كۈيتۇن شەھىرى	90	20	2 052	2 052	2 052	82.6
伊犁地区	ئىلى ۋىلايىتى	401	150	7 048	6 559	5 018	35.9
塔城地区	تارباغاتاي ۋىلايىتى	281	88	3 336	2 913	2 445	38.9
阿勒泰地区	ئالتاي ۋىلايىتى	206	73	2 424	2 248	1 867	44.1
博州	بۆرتالا ئوبلاستى	114	30	1 683	1 583	1 368	44.9
巴州	بايىنغولىن ئوبلاستى	304	130	5 067	4 960	4 228	54.4
阿克苏地区	ئاقسۇ ۋىلايىتى	364	118	7 195	6 449	4 687	38.7
克州	قىزىلسۇ ئوبلاستى	93	44	1 511	1 479	900	37.0
喀什地区	قەشقەر ۋىلايىتى	428	205	9 119	8 647	4 812	29.6
和田地区	خوتەن ۋىلايىتى	195	108	4 566	4 216	1 963	30.3

注:伊犁州包括奎屯市、伊犁地区、塔城地区、阿勒泰地区。 ئەسكەرتىش: ئىلى ئوبلاستى كۈيتۇن شەھىرى، ئىلى ۋىلايىتى، تارباغاتاي ۋىلايىتى، ئالتاي ۋىلايىتىنى ئۆز ئىچىگە ئالىدۇ.

هەر قايسى جايلاردىكى سەھىيە تېخنىك خادىملىرىنىڭ سانى

17—16 各地区卫生技术人员数

(يىل-1995 年)

رايونلار 地　区		سەھىيە تېخنىك خادىملار جەمئىسى (نەپەر) 卫生技术人员合计(人)	# دوختۇر #医生	تېۋىپ 中　医	ۋىراچ 西医师	فېلىشىر 西医士	سېستىرا (نەپەر) 护师(士)	ئوتتۇرىچە ھەر ئونمىڭ ئادەمگە توغرا كېلىدىغان دوختۇر سانى 每万人口平均医生数(人)
全区	**ئاپتونوم رايون بويىچە**	**92 028**	**39 636**	**3 889**	**26 149**	**9 598**	**26 350**	**23.9**
乌鲁木齐市	ئۈرۈمچى شەھىرى	18 378	8 085	1 065	6 391	629	6 189	56.1
克拉玛依市	قاراماي شەھىرى	2 304	841	42	674	125	969	36.0
石河子市	شىخەنزە شەھىرى	6 208	2 851	153	2 153	545	1 878	51.6
吐鲁番地区	تۇرپان ۋىلايىتى	2 235	1 080	117	649	314	656	20.6
哈密地区	قۇمۇل ۋىلايىتى	3 280	1 495	160	1 005	330	973	33.5
昌吉州	سانجى ئوبلاستى	7 483	3 219	475	1 972	772	2 138	23.1
伊犁州	ئىلى ئوبلاستى	19 622	8 680	672	5 423	2 585	5 034	24.0
奎屯市	كۈيتۇن شەھىرى	2 798	1 398	54	888	456	695	56.3
伊犁地区	ئىلى ۋىلايىتى	8 339	3 321	361	2 238	722	2 124	16.9
塔城地区	تارباغاتاي ۋىلايىتى	4 752	2 132	162	1 284	686	1 217	24.9
阿勒泰地区	ئالتاي ۋىلايىتى	3 733	1 829	95	1 013	721	998	33.3
博州	بۆرتالا ئوبلاستى	2 331	1 009	83	618	308	522	26.9
巴州	بايىنغولىن ئوبلاستى	6 800	3 093	204	1 990	899	1 735	33.2
阿克苏地区	ئاقسۇ ۋىلايىتى	8 024	3 224	229	1 871	1 124	2 191	17.4
克州	قىزىلسۇ ئوبلاستى	1 819	831	46	472	313	483	20.4
喀什地区	قەشقەر ۋىلايىتى	9 294	3 407	296	2 106	1 005	2 648	11.1
和田地区	خوتەن ۋىلايىتى	4 250	1 821	347	825	649	934	12.1

注:伊犁州包括奎屯市、伊犁地区、塔城地区、阿勒泰地区。 ئەسكەرتىش: ئىلى ئوبلاستى كۈيتۇن شەھىرى، ئىلى ۋىلايىتى، تارباغاتاي ۋىلايىتى، ئالتاي ۋىلايىتىنى ئۆز ئىچىگە ئالىدۇ.

سەھىيە ئورگانلىرىدىكى دۆلەت ئىگىلىكىدىكى، كوللىكتىپ ئىگىلىكىدىكى ۋە شەخسلەر ئاچقان ئورۇنلاردىكى خادىملارنىڭ سانى

17—17 卫生机构国家、集体、私人开业人员数

(يىل-1995 年)　　　　单位：人 بىرلىكى：نەپەر

تۈرلەر 项目	ئومۇمىي جەمئىي 总计	شەھەر ناھىيەلەرگە ئايرىلغان 按市、县分		تارماقلار بويىچە ئايرىلغاندا 按部门分				
		شەھەر 市	ناھىيە 县	سەھىيە تارماقلىرى 卫生部门	دۆلەت ئىگىلىكىدىكى سانائەت ۋە باشقا تارماقلار 国有工业及其他部门	كوللىكتىپ ئىگىلىكىدىكى 集体所有制	شەخسلەر ئاچقان 私人开业	باشقىلار 其它
总计 ئومۇمىي جەمئىي	**116 586**	**60 034**	**56 822**	**43 384**	**52 086**	**16 952**	**4 263**	**171**
国家人员 دۆلەت خادىملىرى	109 497	57 175	52 322	42 955	51 617	14 780		145
集体人员 كوللىكتىپ ئىگىلىكىدىكى خادىملار	3 096	656	2 440	429	469	2 172		26
私人开业人员 شەخسلەر ئاچقان ئورۇنلاردىكى خادىملار	4 263	2 203	2 060				4 263	
总计中： ئومۇمىي جەمئىي ئىچىدە								
乡卫生院、所人员 يېزىلىق شىپاخانا ئورۇنلىرىدىكى خادىملار	15 283	688	14 595	9		15 274		
国家人员 دۆلەت خادىملىرى	13 308	663	12 645	9		13 299		
集体人员 كوللىكتىپ ئىگىلىكتىكى خادىملار	1 975	25	1 950			1 975		

يېزىلاردىكى كەنت دەرىجىلىك سەھىيە تەشكىلاتلىرى ئەھۋالى

17—18 农村村级卫生组织情况

تۈرلەر 项目		يىل-1995 年
村数(个)	**كەنت سانى (دانە)**	**8 792**
#医疗费实行减免的村数(个)	#داۋالاش خىراجىتىنى ئازايتىش، كەچۈرۈم قىلىشنى يولغا قويغان كەنت سانى (دانە)	759
无医疗点的村数(个)	داۋالاش نۇقتىسى يوق كەنت سانى (دانە)	1 318
村设置医疗点数(个)	**كەنت تەسىس قىلغان داۋالاش نۇقتىلىرى سانى (دانە)**	**7 913**
#村或群众集体办(个)	#كەنت ياكى ئامما كوللىكتىپ قۇرغان (دانە)	2 939
村医生或卫生员联合办(个)	كەنت دوختۇرى ياكى سانىتار بىرلىشىپ قۇرغان (دانە)	1 814
乡卫生院设点(个)	يېزىلىق شىپاخانا قۇرغان نۇقتىلار (دانە)	1 292
个体办(个)	شەخسلەر قۇرغان نۇقتىلار	1 344
其他(个)	باشقىلار (دانە)	524
村医生和卫生员人数(人)	**كەنت دوختۇرلىرى ۋە سانىتارلار سانى (نەپەر)**	**11 775**
#村医生(人)	#كەنت دوختۇرلىرى (نەپەر)	7 265
卫生员(人)	سانىتار (نەپەر)	4 510
女性(人)	ئاياللار (نەپەر)	
#会接生(人)	#تۇغۇت قوبۇل قىلىشنى بىلىدىغانلار (نەپەر)	2 037
村接生员人数(人)	**كەنتتىكى تۇغۇت قوبۇل قىلغۇچىلار سانى (نەپەر)**	**3 912**

ئاز سانلىق مىللەت كەسپى سەھىيەخىزمەتچى خادىملىرىنىڭ سانى ۋە سالمىقى

17—19 少数民族专业卫生工作人员数和比重

(يىل-1995 年)

خادىملارنىڭ تۈر ئايرىمىسى 人员类别		سەھىيە خىزمەتچى خادىملىرىنىڭ ئومۇمىي جەمئىسى (نەپەر) 卫生工作人员总计(人)	# ئاز سانلىق مىللەت #少数民族	ئاز سانلىق مىللەت خادىملىرىنىڭ ئومۇمىي ساندا ئىگىلىگەن نىسبەت 少数民族占总数的%
专业卫生工作人员总计	**مەخسۇس سەھىيە خىزمەتچى خادىملىرىنىڭ ئومۇمىي جەمئىسى**	**116 856**	**36 886**	**31.6**
#卫生技术人员数	#سەھىيە تېخنىك خادىملىرى سانى	92 028	30 746	33.4
中医	تىۋىپ	3 889	1 120	28.8
西医师	ۋىراچ	25 952	8 147	31.4
西医士	فىلىشىر	9 598	3 803	39.6
中西医结合高级医师	جۇڭگوچە غەربچە بىرلەشتۈرۈلگەن ئالى ۋىراچ	197	18	9.1
乡村医生和卫生员数	يېزا، كەنت دوختۇرلىرى، سانتالار سانى	11 775	9 051	76.9

دوختۇرخانىلاردا داۋالانغان ئادەم قېتىمى ۋە دوختۇرخانىدا ياتقان ئادەم سانى

17—20 医院诊疗人次及入院人数

(يىل-1995 年)

تۈرلەر 项目		داۋالانغان ئادەم/قېتىم (تۈمەن ئادەم قېتىم) 诊疗人次(万人次)	# ئامبولاتورىيە، جىددى قۇتقۇزۇش #门、急诊	دوختۇرخانىدا ياتقان ئادەم سانى 入院人数(万人)	ھەريۈز قېتىمدا دوختۇرخانىدا ياتقان ئادەم سانى (نەپەر) 每百诊次的住院人数(人)	# ئامبولاتورىيە، جىددى قۇتقۇزۇش #门、急诊
县及县以上医院合计	**ناھىيە ۋە ناھىيىدىن يۇقىرى دوختۇرخانىلارنىڭ جەمئىسى**	**2 283.26**	**2 150.45**	**85.07**	**3.7**	**4.0**
卫生部门	سەھىيە تارماقلىرى	921.44	900.71	44.74	4.9	5.0
工业及其他部门	سانائەت ۋە باشقا تارماقلار	1 281.93	1 170.72	39.66	3.1	3.4
集体所有制	كوللېكتىپ ئىگىلىكتىكى	79.90	79.02	0.67	0.8	0.8
农村乡卫生院	يېزىلاردىكى يېزىلىق شىپاخانا	907.21	866.48	29.05	3.2	3.4

ناھىيە ۋە ناھىيىدىن يۇقىرى دوختۇرخانىلارنىڭ كېسەل كارۋىتىنى ئىشلىتىش ئەھۋالى

17—21 县及县以上医院病床使用情况

(يىل-1995 年)

تۈرلەر 项目		كېسەل كارۋىتىنىڭ ئوبوروت قىلىش قېتىم سانى (قېتىم) 病床周转次数(次)	كېسەل كارۋىتىنىڭ خىزمەت كۈنى (كۈن) 病床工作日(日)	كېسەل كارۋىتىنىڭ ئىشلىتىش نىسبىتى (%) 病床使用率(%)	دوختۇرخانىدىن چىققانلارنىڭ ئوتتۇرىچە دوختۇرخانىدا ياتقان كۈن سانى (كۈن) 出院者平均住院日(日)
县及县以上医院合计	**ناھىيە ۋە ناھىيىدىن يۇقىرى دوختۇرخانىلارنىڭ جەمئىسى**	**17.3**	**244.4**	**66.8**	**13.6**
卫生部门	سەھىيە تارماقلىرى	19.7	283.4	77.4	14.0
工业及其他部门	سانائەت ۋە باشقا تارماقلار	15.3	210.5	57.5	13.0
集体所有制	كوللېكتىپ ئىگىلىكىدىكى ئورۇنلار	11.0	211.6	57.8	19.1

سەھىيە ئورگانلىرىدىكى مەسئۇل ۋىراچ ۋە ئۇنىڭدىن يۇقىرى خادىملارنىڭ سانى

17—22 卫生机构主治医师及以上人员数

(1995-يىل 1995年)

بىرلىكى: نەپەر 单位:人

项 目 تۈرلەر		卫生技术人员中获得技术职务人员 سەھىيە تېخنىك خادىملىرى ئىچىدە تېخنىكا ئۇنۋانى ئېرىشكەن خادىملار	主任、医、药、护、技师 مۇدىر ۋىراچ، دورىگەر، سېستىرا، تېخنىكلار	副主任、医、药、护、技师 مۇئاۋىن مۇدىر ۋىراچ، دورىگەر، سېستىرا، تېخنىكلار	主治(主管)医、药、护、技师 مەسئۇل ۋىراچ، دورىگەر، سېستىرا، تېخنىكلار
总计	**ئومۇمىي جەمئىي**	**19 332**	**528**	**2 463**	**16 341**
卫生部门	سەھىيە تارماقلىرى	8 459	337	1 249	6 873
#医院	#دوختۇرخانا	6 363	282	984	5 097
卫生防疫机构	سەھىيە كېسەللىكلەرنىڭ ئالدىنى ئېلىش ئورگانلىرى	1 106	13	110	983
医学科学研究机构	تېببى پەن تەتقىقات ئورگانلىرى	159	16	27	116
高、中等医药院校	ئالىي، ئوتتۇرا دەرىجىلىك تېببىي دورىگەرلىك شۆيۈەن، مەكتەپلىرى	275	19	65	191
工业及其他部门	سانائەت ۋە باشقا تارماقلار	8 882	133	966	7 783
#高、中等医药院校	#ئالىي، ئوتتۇرا دەرىجىلىك تېببى دورىگەرلىك شۆيۈەن، مەكتەپلىرى	366	40	94	212
集体所有制	كوللېكتىپ ئىگىلىكىدىكى ئورۇنلار	1 139	13	66	1 060
私人开业	شەخسلەر ئاچقان	792	34	158	600
其他卫生机构	باشقا سەھىيە ئورگانلىرى	60	11	24	25

项 目 تۈرلەر		其他技术人员及管理人员中获得技术职务人员 باشقا تېخنىك خادىملار ۋە باشقۇرۇش خادىملىرى ئىچىدە تېخنىكا ئۇنۋانى ئېرىشكەن خادىملار	主任、医、药师、技师 مۇدىر ۋىراچ، دورىگەر، سېستىرا تېخنىكلار	副主任、医、药、护、技师 مۇئاۋىن مۇدىر ۋىراچ، دورىگەر، سېستىرا تېخنىكلار	主治(主管)医、药、护、技师 مەسئۇل ۋىراچ دورىگەر، سېستىرا، تېخنىكلار	高级会计、统计、经济师及其他 ئالىي بوغالتىر، ستاتىستىكچى، ئىقتىسادچى ۋە باشقىلار	会计、统计、经济师及其他 بوغالتىر، ستاتىستىكچى ئىقتىسادچى ۋە باشقىلار
总计	**ئومۇمىي جەمئىي**	**2 789**	**87**	**470**	**1 411**	**71**	**750**
卫生部门	سەھىيە تارماقلىرى	1 293	52	257	617	28	339
#医院	#دوختۇرخانا	681	43	166	260	19	193
卫生防疫机构	سەھىيە كېسەللىكلەرنىڭ ئالدىنى ئېلىش ئورگانلىرى	180	2	13	119	1	45
医学科学研究机构	تېببى پەن-تەتقىقات ئورگانلىرى	93	3	12	70	2	6
高、中等医药院校	ئالىي، ئوتتۇرا دەرىجىلىك تېببى دورىگەرلىك شۆيۈەن مەكتەپلىرى	232	1	52	109	6	64
工业及其他部门	سانائەت ۋە باشقا تارماقلار	1 260	34	208	612	41	365
#高、中等医药院校	#ئالىي ئوتتۇرا دەرىجىلىك تېببى دورىگەرلىك شۆيۈەن مەكتەپلىرى	311	10	49	184	8	60
集体所有制	كوللېكتىپ ئىگىلىكىدىكى ئورۇنلار	224	1	5	179	1	38
私人开业	شەخسلەر ئاچقان						
其他卫生机构	باشقا سەھىيە ئورگانلىرى	12			3	1	8

نىكاھلىنىشقا تىزىملىتىش ئەھۋالى

17—23 婚姻登记情况

项目	تۈرلەر	1995年 -يىل	项目	تۈرلەر	1995年 -يىل
申请婚姻登记(对)	**نىكاھلىنىشقا تىزىملىتىشكە ئىلتىماس قىلغانلار (جۈپ)**	**182 309**	**海外及华侨、港澳同胞婚姻**	**چەتئەللىكلەر، مۇھاجىرلار ۋە شياڭگاڭ، ئاۋمېنلىق قېرىنداشلار بىلەن نىكاھلانغانلار**	
#准予登记结婚(对)	#تىزىملىتىپ توي قىلىشقا رۇخسەت قىلغانلار (جۈپ)	166 363	准予登记结婚(对)	توي قىلىشقا رۇخسەت قىلىنغانلار (جۈپ)	136
初婚(人)	دەسلەپكى نىكاھلانغان (نەپەر)	249 428	#初婚(人)	#دەسلەپكى نىكاھلانغان (نەپەر)	202
再婚(人)	قايتا نىكاھلانغان (نەپەر)	83 298	再婚(人)	قايتا نىكاھلانغان (نەپەر)	70
#男(人)	ئەرلەر (نەپەر)	46 996	#国内公民(人)	#دۆلەت ئىچىدىكى پۇقرالار (نەپەر)	136
女(人)	ئاياللار (نەپەر)	36 302	港澳台同胞(人)	شياڭگاڭ، ئاۋمېن، تەيۋەنلىك قېرىنداشلار (نەپەر)	70
再婚中恢复结婚(对)	قايتا نىكاھلانغانلار ئىچىدە ئەسلىدىكى بىلەن يېنىشىۋالغانلار (نەپەر)	5 194	华侨(人)	مۇھاجىرلار (نەپەر)	33
申请离婚(对)	**ئاجرىشىشنى تەلەپ قىلغانلار (جۈپ)**	79 576	外籍华人(人)	چەتئەل تەۋەلىكىدىكى جۇڭگولۇقلار (نەپەر)	7
#准予登记离婚(对)	#ئاجرىشىشقا رۇخسەت قىلىنغانلار (جۈپ)	53 517	外国人(人)	چەتئەللىكلەر (نەپەر)	26
			准予登记离婚(对)	ئاجرىشىشقا رۇخسەت قىلىنغانلار (جۈپ)	1

يېزىلاردىكى تەبىئى ئاپەت ئەھۋالى

17—24 农村自然灾害情况

项目	تۈرلەر	1995年 -يىل	项目	تۈرلەر	1995年 -يىل
受灾面积合计(公顷)	**ئاپەتكە ئۇچرىغان كۆلىمى جەمئىيسى (گېكتار)**	665 580	经济作物减产(公顷)	مەھسۇلاتى كېمەيگەن ئىقتىسادى زىرائەتلەر (گېكتار)	211 543
旱灾	قۇرغاقچىلىق ئاپىتى	210 422	3—5成	30-50پىرسەنت	100 775
水灾	كەلكۈن ئاپىتى	49 812	5—8成	50-80پىرسەنت	52 240
风雹灾	بوران ئاپىتى	221 132	8成以上至绝收	80پىرسەنتتىن يۇقىرى ۋە پۈتۈنلەي هوسۇل ئېلىنمىغان	58 528
霜冻灾	ئۈششۈك ئاپىتى	**33 472**	**成灾人口合计(人)**	**ئاپەتكە ئۇچرىغان ئاھالە جەمئىيسى (نەپەر)**	**2 401 924**
病虫灾	هاشارەت، كېسەللىك ئاپىتى	140 145	特重灾民	پەۋقۇلاددە ئېغىر ئاپەتكە ئۇچرىغان ئاھالە	425 149
其他灾	باشقا ئاپەتلەر	10 597	重灾民	ئېغىر ئاپەتكە ئۇچرىغان ئاھالە	753 718
成灾面积合计(公顷)	**ئاپەتكە ئايلانغان كۆلەم جەمئىيسى (گېكتار)**	**448 657**	轻灾民	يېنىك ئاپەتكە ئۇچرىغان ئاھالە	1 223 057
旱灾	قۇرغاقچىلىق ئاپىتى	150 708	**得到国家救济人数(人次数)**	**دۆلەتنىڭ قۇتقۇزۇشىغا ئېرىشكەن ئاھالە سانى (ئادەم، قېتىم)**	**785 679**
水灾	كەلكۈن ئاپىتى	32 478	因灾损失	ئاپەت تۈپەيلىدىن زىيانغا ئۇچرىغان	
风雹灾	بوران ئاپىتى	145 702	减产粮食(吨)	كېمەيگە ئاشلىق مەھسۇلاتى (توننا)	333 314
霜冻灾	ئۈششۈك ئاپىتى	25 298	减产棉花(吨)	كېمەيگەن پاختا (توننا)	89 171
病虫灾	كېسەللىك، هاشارەت ئاپىتى	87 959	减产油料(吨)	كېمەيگەن مايلىق دان (توننا)	50 443
其他灾	باشقا ئاپەتلەر	6 512	死亡人口(人)	ئۆلگەن ئاھالە (نەپەر)	129
成灾面积中	**ئاپەتكە ئايلانغان كۆلىمى ئىچىدە**		死亡大牲畜(头)	ئۆلگەن چوڭ چارۋا (باش)	57 140
粮食作物减产(公顷)	مەھسۇلاتى كېمەيگەن ئاشلىق زىرائەتلىرى (گېكتار)	223 974	死亡羊数(只)	ئۆلگەن قوي سانى (تۇياق)	276 800
3—5成	30-50پىرسەنت	97 503	倒塌民房(间)	ئۆرۈلگەن خەلق ئۆيلىرى (ئېغىز)	10 170
5—8成	50-80پىرسەنت	75 950	损坏民房(间)	بۇزۇلغان خەلق ئۆيلىرى (ئېغىز)	22 164
8成以上至绝收	80پىرسەنتتىن ئارتۇق ۋە پەقەت هوسۇل ئېلىنمىغان	50 521			

ئىشچى-خىزمەتچىلەرنىڭ سۇغۇرتا پاراۋانلىق خىراجىتى ئومۇمىي سوممىسى

17—25 职工保险福利费用总额

بىرلىكى: تۈمەن يۈەن 单位:万元

يىللار 年份	جەمئى 合计	دۆلەت ئىگىلىكىدىكى ئورۇنلار 国有经济单位	شەھەر-بازارلاردىكى كوللىكتىپ ئىگىلىك ئورۇنلىرى 城镇集体经济单位	باشقا ئىگىلىك تىپىدىكى ئورۇنلار 其他经济类型单位	سۇغۇرتا پاراۋانلىق خىراجىتى ئومۇمىي سوممىسى ئىش ھەققى ئومۇمىي سوممىسىنىڭ (%) گە تەڭ 保险福利费用总额相当于工资总额的(%)
1986	37 091.5	35 059.1	2 032.4	94.2	9.21
1987	42 110.2	39 702.0	2 301.5	106.7	9.31
1988	49 314.1	46 493.8	2 695.4	124.9	9.48
1989	58 507.0	55 161.1	3 197.7	148.2	10.26
1990	70 823.8	66 773.3	3 871.1	179.4	10.59
1991	86 353.8	82 102.3	4 047.0	204.5	11.56
1992	104 663.1	100 090.1	4 377.6	195.4	12.23
1993	119 061.4	113 823.8	4 920.9	316.7	11.58
1994	135 321.1	130 739.8	3 885.6	695.7	10.19
1995	158 800.6	152 229.7	5 672.7	898.2	9.47

دۆلەت ئىگىلىكىدىكى ئورۇنلاردىكى غەيرى خىزمەتتىكى ئىشچى-خىزمەتچىلەرنىڭ سۇغۇرتا، پاراۋانلىق خىراجىتى

17—26 国有单位非在职职工保险福利费

بىرلىكى: تۈمەن يۈەن 单位:万元

项目	تۈرلەر	1990年 -يىل	1991年 -يىل	1992年 -يىل	1993年 -يىل	1994年 -يىل	1995年 -يىل
总计	**ئومۇمىي جەمئى**	**113 217.2**	**130 520.3**	**160 582.5**	**191 886.4**	**299 318.8**	**38 158.6**
离休金	دەم ئېلىشقا چىقىش پۇلى	16 177.0	16 783.1	18 927.3	26 172.9	33 841.4	39 853.3
退休金	پىنسىيە پۇلى	72 591.6	82 834.9	97 666.9	113 091.3	210 842.1	276 621.4
退职生活费	خىزمەتتىن چېكىنىش تۇرمۇش خىراجىتى	1 572.5	1 595.5	2 321.0	2 716.8	3 936.2	4 724.4
医疗卫生费	داۋالىنىش، سەھىيە خىراجىتى	9 109.5	11 023.5	13 766.0	15 681.8	29 330.3	37 968.6
护理费	خەۋەر ئېلىپ كۈتۈش خىراجىتى	272.0	255.1	401.2	982.3		
生活补贴	تۇرمۇش قوشۇمچە ياردەم پۇلى	4 841.1	5 721.1	7 299.8	8 797.8		
交通费补贴	قاتناش خىراجىتى قوشۇمچە ياردەم پۇلى	303.4	389.4	593.1	1 060.0	3 976.2	2 505.3
丧葬抚恤救济费	دەپنە قىلىش، نەپىقە، قۇتقۇزۇش خىراجىتى	1 873.6	1 521.8	2 335.3	3 251.0	1 442.6	3 849.0
冬季取暖补贴	قىشلىق ئىسسىنىش قوشۇمچە ياردەم پۇلى		1 306.1	3 192.1	3 782.8	6 942.0	8 714.1
其他	باشقىلار	6 476.5	9 089.8	14 079.8	16 350.3	9 008.0	7 344.5

دۆلەت ئىگىلىكى ئورۇنلىرىدىكى خىزمەتتىكى ئىشچى-خىزمەتچىلەرنىڭ ساھەگە ئايرىلغان سوغۇرتا، پاراۋانلىق خىراجىتى

17—27 国有单位在职职工分行业保险福利费

(1995-يىل 1995年) 单位:万元 بىرلىكى: تۈمەن يۈەن

行业 ساھەلەر	费用总额 خىراجەت ئومۇمىي سوممىسى	医疗卫生费 داۋالىنىش سەھىيە خىراجىتى	职工死亡丧葬费及抚恤费 دەپنە خىراجىتى، نەپىقە	职工生活困难补助 تۇرمۇش قوشۇمچە ياردىمى	文化、体育宣传费 مەدەنىيەت، تەنتەربىيە، تەشۋىقات خىراجىتى
总计 ئومۇمىي جەمئى	**152 229.7**	**72 538.8**	**2 678.8**	**2 394.0**	**5 133.2**
农、林、牧、渔业 دېھقانچىلىق، ئورمانچىلىق، چارۋىچىلىق، بېلىقچىلىق	35 268.6	15 806.8	586.9	987.0	1 563.6
采掘业 قېزىش كەسپى	9 026.0	5 152.3	182.3	133.7	262.0
制造业 ياساش كەسپى	23 439.7	11 542.9	298.7	192.3	642.4
电力、煤气及水的生产和供应业 كۆمۈر گازى ۋە سۇ ئىشلەپچىقىرىش ۋە تەمىنلەش	1 960.2	989.5	22.2	14.8	50.1
建筑业 بىناكارلىق كەسپى	8 934.8	4 006.4	186.0	182.6	208.6
地质勘查、水利业 گېئولوگىيىلىك قىدىرىپ تەكشۈرۈش، سۇ ئىنشائاتى كەسپى	5 424.9	2 916.3	94.8	59.2	145.0
交通运输、仓储及邮电通信业 قاتناش-ترانسپورت، ئىسكىلاتتا ساقلاش ۋە پوچتا-تېلېگراف، خەۋەرلىشىش كەسپى	14 078.3	6 226.5	268.6	170.5	479.1
批发、零售贸易及餐饮业 توپ پارچە سېتىش، يېمەك-ئىچمەك كەسپى	9 673.1	4 477.9	100.9	64.0	269.0
金融、保险业 پۇل مۇئامىلە، سوغۇرتا كەسپى	6 858.7	4 172.9	83.1	23.6	182.5
房地产业 ئۆي-جاي تەرەققىيات كەسپى	276.5	160.4	7.6	1.5	6.2
社会服务业 ئىجتىمائىي مۇلازىمەت كەسپى	1 937.6	938.4	29.1	10.5	175.1
卫生、体育和社会福利业 سەھىيە، تەنتەربىيە ۋە ئىجتىمائىي پاراۋانلىق كەسپى	5 350.7	2 804.6	83.6	42.6	178.1
教育、文化艺术和广播电影电视业 مائارىپ، مەدەنىيەت-سەنئەت ۋە رادىئو، كىنو، تېلېۋىزىيە كەسپى	12 249.7	5 030.8	252.7	172.1	360.3
科学研究和综合技术服务业 پەن-تەتقىقات ۋە ئۇنىۋېرسال تېخنىكا مۇلازىمىتى كەسپى	2 271.9	1 002.6	43.8	14.4	49.0
国家机关、政党机关和社会团体 دۆلەت ئورگانلىرى، سىياسىي پارتىيە ئورگانلىرى ۋە ئىجتىمائىي تەشكىلاتلار	14 414.9	6 882.1	400.2	239.3	533.2
其他 باشقىلار	1 064.1	428.6	20.3	17.0	29.0

行业 ساھەلەر	集体福利事业及集体福利设施补贴费 كوللېكتىپ پاراۋانلىق ئىشلىرى ۋە پاراۋانلىق ئەسلىھەلىرى قوشۇمچە ياردەم پۇلى	计划生育补贴 پىلانلىق تۇغۇت قوشۇمچە ياردەم پۇلى	冬季取暖补贴 قىشلىق ئىسسىنىش قوشۇمچە ياردەم پۇلى	其他 باشقىلار
总计 ئومۇمىي جەمئى	**29 105.4**	**4 464.3**	**24 404.5**	**6 429**
农、林、牧、渔业 دېھقانچىلىق، ئورمانچىلىق، چارۋىچىلىق بېلىقچىلىق	5 895.0	1 230.8	7 580.3	861.2
采掘业 قېزىش كەسپى	1 875.9	218.9	778.8	209.2
制造业 ياساش كەسپى	5 736.9	785.7	2 781.8	682.8
电力、煤气及水的生产和供应业 ئېلېكتر ئېنېرگىيە، كۆمۈر گازى ۋە سۇ ئىشلەپچىقىرىش ۋە تەمىنلەش	406.2	43.4	303.6	82.9
建筑业 بىناكارلىق	2 128.0	256.0	1 177.5	190.0
地质勘查、水利业 گېئولوگىيىلىك قىدىرىپ تەكشۈرۈش، سۇ ئىنشائاتى كەسپى	1 071.1	197.8	482.6	141.9
交通运输、仓储及邮电通信业 قاتناش ترانسپورت، ئىسكىلاتتا ساقلاش ۋە پوچتا-تېلېگراف، خەۋەرلىشىش كەسپى	2 162.1	331.9	1 536.2	2 432.6
批发、零售贸易及餐饮业 توپ ۋە پارچە سېتىش، يېمەك-ئىچمەك كەسپى	2 501.1	237.8	1 521.0	195.6
金融、保险业 پۇل مۇئامىلە، سوغۇرتا كەسپى	972.3	183.9	762.2	277.3
房地产业 ئۆي-جاي تەرەققىيات كەسپى	38.7	4.8	36.2	11.3
社会服务业 ئىجتىمائىي مۇلازىمەت كەسپى	372.1	58.8	229.4	38.0
卫生、体育和社会福利业 سەھىيە، تەنتەربىيە ۋە ئىجتىمائىي پاراۋانلىق كەسپى	824.2	126.6	909.9	181.8
教育、文化艺术和广播电影电视业 مائارىپ، مەدەنىيەت-سەنئەت ۋە رادىئو، كىنو، تېلېۋىزىيە كەسپى	2 040.0	352.1	3 036.3	458.0
科学研究和综合技术服务业 پەن تەتقىقات ۋە ئۇنىۋېرسال تېخنىكا مۇلازىمەت كەسپى	681.6	78.0	182.8	91.0
国家机关、政党机关和社会团体 دۆلەت ئورگانلىرى، سىياسىي پارتىيە ئورگانلىرى ۋە ئىجتىمائىي تەشكىلاتلار	2 195.7	315.9	2 892.2	483.0
其他 باشقىلار	194.5	41.9	193.7	93.3

ئىجتىمائى پاراۋانلىق كەسپى، كارخانا ئورۇنلىرى ۋە خادىملىرىنىڭ سانى

17—28 社会福利事业、企业单位数和人员数

كۆرسەتكۈچلەر 指标		ئورگانلارنىڭ سانى (دانە) 机构数(个)		خىزمەتچى خادىملارنىڭ سانى (نەپەر) 工作人员数(人)	
		-يىل 1994年	-يىل 1995年	-يىل 1994年	-يىل 1995年
总计	**ئومۇمىي جەمئىي**	**989**	**991**	**14 446**	**14 709**
社会福利事业单位	**ئىجتىمائى پاراۋانلىق كەسپى ئورۇنلار**	**480**	**565**	**2 120**	**3 167**
民政部门办	خەلق ئىشلىرى تارماقلىرى باشقۇرغان	61	61	1 238	818
社会集体办	ئىجتىمائى كوللىكتىپلار باشقۇرغان	419	504	882	2 349
社会福利企业单位	**ئىجتىمائى پاراۋانلىق كارخانا ئورۇنلىرى**	**466**	**426**	**11 760**	**11 542**
民政部门办	خەلق ئىشلىرى تارماقلىرى باشقۇرغان	273	259	7 681	7 488
社会集体办	ئىجتىمائى كوللىكتىپلار باشقۇرغان	193	167	4 079	4 054
烈士纪念建筑物管理单位	**ئىنقىلابىي قۇربانلارنى خاتىرىلەش قۇرۇلۇشىنى باشقۇرۇش ئورۇنلىرى**	**5**	**5**	**62**	**61**
收容遣送单位	**يىغىۋېلىش، ئۆز جايىغا قايتۇرۇش ئورۇنلىرى**	**15**	**16**	**245**	**239**
殡葬管理单位	**دەپنە ئىشلىرىنى باشقۇرۇش ئورۇنلىرى**	**23**	**17**	**259**	**188**

ئىجتىمائى پاراۋانلىق كەسپى ئورۇنلىرىنىڭ ئاساسىي ئەھۋالى

17—29 社会福利事业单位基本情况

(-يىل-1995年)

كۆرسەتكۈچلەر 指标		ئورۇن سانى (دانە) 院数(个)	خىزمەتچى خادىملار سانى (نەپەر) 工作人员数(人)	كارۋات سانى (دانە) 床位数(张)	يىل ئاخىرىدىكى قوبۇل قىلىنغان ئادەم سانى (نەپەر) 年末收养人数(人)	كوللىكتىپ تەمىنلىگەن پۇل سوممىسى (تۈمەن يۈەن) 集体供给金额(万元)
社会福利事业单位	ئىجتىمائى پاراۋانلىق كەسپى ئورۇنلىرى					
收养性单位	يىغىپ بېقىش خاراكتېرىدىكى ئورۇنلار	469				
#城镇社会办敬老院	#شەھەر-بازارلاردىكى جەمئىيەت باشقۇرغان ياشانغانلار ساناتورىيىسى	63	134	928	578	64.4
农村社会办敬老院	يېزىلاردىكى جەمئىيەت باشقۇرغان ياشانغانلار ساناتورىيىسى	384	790	5 061	3 361	302.7
非收养性单位	غەيرى يىغىپ بېقىش خاراكتېرىدىكى ئورۇنلار	61	818			

ئىجتىمائى قۇتقۇزۇش ئورۇنلىرى

17—30 社会救济情况

بىرلىكى: نەپەر 单位:人

كۆرسەتكۈچلەر 指标		-يىل 1994年	-يىل 1995年
困难户人数	قىيىنچىلىقى بار ئائىلىلەردىكى ئادەم سانى	777 489	775 109
#困难户得到救济人次	#قىيىنچىلىقى بار ئائىلىلەر ئېرىشكەن قۇتقۇزۇش ئادەم قېتىمى	255 194	285 840
国家定期定量救济人数	#دۆلەت قەرەللىك ۋە بەلگىلىك مىقدار بويىچە قۇتقۇزۇش ياردىمى بەرگەن ئادەم سانى	3 361	4 816
精减退职老职工得到救济人数	قىسقارتىلغان، خىزمەتتىن چېكىنگەن پېشقەدەم ئىشچى-خىزمەتچىلەردىن قۇتقۇزۇش ياردىمىگە ئېرىشكەن ئادەم سانى	2 065	2 039
#享受原工资40%救济人数	#ئەسلى مۇئاشىنىڭ 40پىرسەنتى بويىچە قۇتقۇزۇش ياردىمىدىن بەھرىمەن بولىدىغان ئادەم سانى	1 284	1 296
享受定期定量救济人数	قەرەللىك ۋە بەلگىلىك مىقداردا قۇتقۇزۇش ياردىمىدىن بەھرىمەن بولىدىغان ئادەم سانى	781	743
社会散居孤老残幼人数	جەمئىيەتتىكى تارقاق ئولتۇراقلاشقان يالغۇز، ياشانغان، مېيىپ ۋە بالىلار سانى	48 790	43 449
#集体供养人数	كوللىكتىپ بېقىۋاتقان ئادەم سانى	17 917	21 075
国家给予定期定量救济人数	دۆلەت قەرەللىك ۋە بەلگىلىك مىقدار بويىچە قۇتقۇزۇش ياردىمى بېرىۋاتقان ئادەم سانى	3 766	4 809

«ئۈچ كېرەكسىز»نى قويۇپ بېرىش، بىر تەرەپ قىلىش ۋە تىزگىنلەش ئەھۋالى

17—31 “三废”排放、处理及治理情况

指 标	كۆرسەتكۈچلەر	1994年 -يىل	1995年 -يىل
废水	كېرەكسىز سۇ		
废水排放总量(万吨)	كېرەكسىز سۇنىڭ چىقىرىۋېتىلگەن ئومۇمىي مىقدارى (تۈمەن توننا)	35 741	39 827
#工业废水	#سانائەتتىكى كېرەكسىز سۇ	17 943	19 001
工业废水处理量	سانائەتتىكى كېرەكسىز سۇنى بىر تەرەپ قىلىش مىقدارى	11 305	13 001
工业废水达标量	سانائەتتىكى كېرەكسىز سۇنىڭ ئۆلچەمگە يېتىش مىقدارى	5 796	6 663
工业废水排放达标率(%)	سانائەتتىكى كېرەكسىز سۇنى چىقىرىۋېتىشنىڭ ئۆلچەمگە يېتىش مىقدارى(%)	32.3	35.1
废气	كېرەكسىز گاز		
工业废气排放总量(亿标立方米)	سانائەتتىكى كېرەكسىز گازنىڭ قويۇپ بېرىلىش مىقدارى (يۈز مىليون ئۆلچەملىك كۇپ مېتىر)	1 583.55	1 734.58
#燃料燃烧过程中废气排放量	#يېقىلغۇ كۆيۈش جەريانىدا قويۇپ بېرىلگەن كېرەكسىز گاز	1 156.79	1 304.83
#经过消烟除尘的	#ئىس ۋە توزان تۈگىتىلگەندىن كېيىنكى	981.36	1 109.33
#生产工艺过程中废气排放量	#ئىشلەپچىقىرىش ھۈنەرسەنئىتى جەريانىدا قويۇپ بېرىلگە كېرەكسىز گاز مىقدارى	426.76	429.75
#经过净化处理的	#ساپلاشتۇرۇپ بىر تەرەپ قىلىنغاندىن كېيىن	286.75	303.08
二氧化硫排放量(万吨)	#ئىككى ئوكسىدلىق گۈڭگۈرت قويۇپ بېرىش مىقدارى (تۈمەن توننا)	18.2	22.2
烟尘排放量(万吨)	ئىس توزانلارنىڭ قويۇپ بېرىلىش مىقدارى (تۈمەن توننا)	14.84	17.22
工业粉尘排放量(万吨)	سانائەت چاڭ-توزانلىرىنىڭ قويۇپ بېرىلىش مىقدارى (تۈمەن توننا)	12.51	13.23
工业粉尘回收量(万吨)	سانائەت چاڭ-توزانلىرىنى يىغىۋېلىش مىقدارى (تۈمەن توننا)	15.94	18.02
废物	كېرەكسىز نەرسىلەر		
工业固体废物产生量(万吨)	سانائەتتىكى كېرەكسىز قاتتىق جىسىملارنىڭ پەيدا بولۇش مىقدارى (تۈمەن توننا)	495.24	602.15
工业固体废物排放量(万吨)	سانائەتتىكى كېرەكسىز قاتتىق جىسىملارنىڭ چىقىرىلىش مىقدارى (تۈمەن توننا)	146.24	88.57
历年工业固体废物堆存总量(万吨)	سانائەتتىكى قاتتىق جىسىملارنىڭ ئۆتكەن يىللاردىن يىغىلىپ قالغان ئومۇمىي مىقدارى (تۈمەن توننا)	1 941.70	2 762.02
工业固体废物占地面积(万平方米)	سانائەتتىكى كېرەكسىز قاتتىق جىسىملارنىڭ ئىگىلىگەن يەر كۆلىمى (تۈمەن كىۋادرات مېتىر)	931.11	987.81
#占农田面积	#ئىگىلىگەن دېھقانچىلىق ئېتىز كۆلىمى	0.14	0.08
工业固体废物处理量(万吨)	سانائەتتىكى كېرەكسىز قاتتىق جىسىملارنىڭ بىر ياقلىق قىلىنىش مىقدارى (تۈمەن توننا)		
工业固体废物处置量(万吨)	سانائەتتىكى كېرەكسىز قاتتىق جىسىملارنىڭ بىر تەرەپ قىلىنغان مىقدارى (تۈمەن توننا)	94.38	151.79
工业固体废物贮存量(万吨)	سانائەتتىكى كېرەكسىز قاتتىق جىسىملارنىڭ ساقلانغان مىقدارى(تۈمەن توننا)	85.90	135.73
工业固体废物综合利用量(万吨)	سانائەتتىكى كېرەكسىز قاتتىق جىسىملاردىن ئۈنۈملۈك پايدىلىنىش مىقدارى (تۈمەن توننا)	172.12	244.97
“三废”综合利用产品产值(万元)	«ئۈچ كېرەكسىز»دىن ئۈنۈملۈك پايدىلىنىلغان مەھسۇلاتلار قىممىتى (تۈمەن يۈەن)	19 318.6	32 046.7
“三废”综合利用产品利润(万元)	«ئۈچ كېرەكسىز» دىن ئۈنۈملۈك پايدىلىنىلغان مەھسۇلاتلارنىڭ پايدىسى (تۈمەن يۈەن)	4 659.9	6 642.3
污染治理	بۇلغىنىشنى تىزگىنلەش		
#资金来源合计(万元)	مەبلەغنىڭ كېلىش مەنبىي جەمئىسى (تۈمەن يۈەن)	13 704.9	23 934.3
基建资金	ئاساسىي قۇرۇلۇش مەبلىغى	5 805.4	13 332.4
更改资金	ئۆزگەرتىش مەبلىغى	3 038.8	3 342.9
综合利用利润留成	ئۈنۈملۈك پايدىلىنىلغان پايدىدىن ئۆزىگە قالدۇرغىنى	1 087.2	345.3
环保补助资金	مۇھىتنى ئاسراش قوشۇمچە ياردەم مەبلىغى	1 326.0	1 936.8
贷款	قەرز پۇل	495.8	1 021.3
其他	باشقىلار	1 951.7	4 976.9
#资金使用合计(万元)	ئىشلىتىلگەن مەبلەغ جەمئىسى (تۈمەن يۈەن)	13 704.9	23 934.3
治理废水	كېرەكسىز سۇنى تىزگىنلەش	5 992.8	13 037.6
治理废气	كېرەكسىز گازنى تىزگىنلەش	7 073.4	7 111.3
治理固体废物	كېرەكسىز قاتتىق جىسىملارنى تىزگىنلەش	232.0	3 352.5
治理噪声	شاۋقۇنلارنى تىزگىنلەش	200.1	114.5
其他	باشقىلار	206.6	318.4
排污收费和污染赔(罚)数(万元)	كېرەكسىز سۇلارنى چىقىرىش خىراجىتى ۋە بۇلغىنىش ئۈچۈن تۆلىگەن(جەرىمانە)تۆلەم سانى (تۈمەن يۈەن)		
排污费交纳单位(个)	كېرەكسىز سۇلارنى چىقىرىش خىراجىتى تاپشۇرغان ئورۇنلار	3 653	3 770
排污费征收额(万元)	يىغىۋېلىنغان كېرەكسىز سۇ، گازلارنى چىقىرىش خىراجىتى سوممىسى (تۈمەن يۈەن)	3 350.1	4 716
排污费支出额(万元)	كېرەكسىز سۇ گازلارنى چىقىرىش خىراجىتى چىقىمى (تۈمەن يۈەن)	2 505.9	2 260
污染事故(次)	بۇلغىنىش ھادىسلىرى (قېتىم)	15	14

سانائەت ھەر قايسى ساھەلىرىنىڭ كىرەكسىز سۇلارنى قويۇپ بېرىش ئەھۋالى

17—32 工业各行业废水排放情况

(1995-يىل 年)

行业 ساھەلەر		سانائەت- كارخانىلىرى سانى (دانە) 工业企业数(个)	سانائەتتىكى كىرەكسىز سۇلارنى قويۇپ بېرىش ئومۇمىي مىقدارى (تۈمەن توننا) 工业废水排放总量(万吨)	# كىرەكسىز سۇلارنى يىغىپ بىرتەرەپ قىلىش زاۋۇتلىرىغا بىۋاسىتە چىقارغىنى # 直接排入污水集中处理厂的	قويۇپ بېرىلگەن سانائەتتىكى كىرەكسىز سۇلارنىڭ چىقىرىشنىڭ ئۆلچەمگە يېتىش ئەھۋالى (تۈمەن توننا) 工业废水排放达标量(万吨)
工业合计	**سانائەت جەمئىسى**	**884**	**19 000.88**	**2 060.79**	**6 662.61**
矿业	كانچىلىق	52	2 132.41		408.75
食品、饮料和烟草制造业	يېمەك-ئىچمەك ۋە كۆك تاماكا ياساش كەسىپى	214	2 701.76	265.48	375.12
纺织业	توقۇمىچىلىق	88	2 219.85	248.82	943.3
皮革、毛皮及其制品业	كۆن-خۇرۇم، موي تېرە ۋە ئۇنىڭدىن ئىشلەنگەن بۇيۇملار كەسىپى	30	69.09	4.54	1.03
造纸及纸制品业	قەغەزچىلىك ۋە قەغەزدىن ئىشلەنگەن بۇيۇملارنى ياساش كەسىپى	30	2 603.13	195.34	118.91
印刷业	مەتبەئەچىلىك	7	5.86	0.65	1.42
电力、蒸汽、热水生产和供应业	توك، پار، ئىسسىق سۇ ئىشلەپچىقىرىش ۋە تەمىنلەش كەسىپى	45	1 565.98		818.29
石油加工业	نېفىت پىششىقلاش	6	1 476.69	542.75	1 144.19
炼焦、煤气及煤制品业	كوكس كۆيدۈرۈش، كۆمۈر گازى ۋە كۆمۈردىن ئىشلەنگەن نەرسىلەرنى ئىشلەش كەسىپى	3	17.24		
化学工业	خىمىيە سانائىتى	42	1 281.60	6.40	439.64
医药工业	تېبابەت دورىگەرلىك سانائىتى	25	139.35	5.50	3.40
化学纤维工业	خىمىيۋى تالا سانائىتى	1	14.80		14.80
橡胶制品业	كاۋچۇك بۇيۇملىرىنى ئىشلەش كەسىپى	8	48.73		12.00
塑料制品业	سۇلياۋ بۇيۇملىرىنى ئىشلەش كەسىپى	12	27.02	7.12	16.37
建筑材料及其他非金属矿物制品业	قۇرۇلۇش ماتېرىياللىرىنى ۋە باشقا غەيرى مېتال مىنېرال بۇيۇملىرىنى ئىشلەش كەسىپى	149	484.43	31.71	195.68
#水泥制造业	#سېمونت ئىشلەش كەسىپى	80	286.46	16.48	146.66
黑色金属冶炼及压延加工业	قارا ماتېرىياللارنى تاۋلاش ۋە پىرىسلاپ پىششىقلاش كەسىپى	17	2 836.84	0.2	1 177.87
有色金属冶炼及压延加工业	رەڭلىك مېتاللارنى تاۋلاش ۋە پىرىسلاپ پىششىقلاش كەسىپى	11	141.13		97.28
金属制品业	مېتال بۇيۇملارنى ئىشلەش كەسىپى	16	46.22	17.00	18.66
机械、电气、电子设备制造业	ماشىنىسازلىق، ئېلېكترۇ ئېلېكترون ئۈسكۈنىلىرىنى ياساش كەسىپى	64	376.04	13.41	162.57
其他	باشقىلار	64	812.73	721.86	713.32

سانائەت ھەر قايسى ساھەلىرىنىڭ كىرەكسىز گاز قويۇپ بەرگەندىن كېيىنكى بىر تەرەپ قىلىش ئەھۋالى

17—33 工业各行业废气排放后处理情况

(1995-يىل 年)

ساھەلەر 行业	سانائەتتىكى قويۇپ بېرىلگەن كېرەكسىز گازنىڭ ئومۇمىي مىقدارى (يۈز مىليون ئۆلچەملىك كۇپ مېتىر) 工业废气排放总量(亿标立方米)	يېقىلغۇلارنىڭ كۆيۈش جەريانىدا چىقارغان كېرەكسىز گاز مىقدارى 燃料燃烧过程中废气排放量	# ئىس توزانتوگۇتۇلگەندىن كېيىنكى #经过消烟除尘的	ئىشلەپچىقىرىش ھۈنەر سەنئىتى جەريانىدا چىقارغان كېرەكسىز گاز مىقدارى 生产工艺过程中废气排放量	# ساپلاشتۇرۇپ بىر تەرەپ قىلىنغانلىغى #经过净化处理的	سانائەتتىكى ئىككى ئوكسىدلىق گۈڭگۈرت قويۇپ بېرىلگەن مىقدارى (توننا) 工业二氧化硫排放量(吨)
工业合计 سانائەت جەمئىسى	**1 734.58**	**1 304.83**	**1 109.33**	**429.75**	**303.08**	**221 999.97**
矿业 كانچىلىق	241.36	207.42	203.01	33.94	14.46	26 988.05
食品、饮料和烟草制造业 يېمەك-ئىچمەك ۋە كۆك تاماكا ياساش كەسپى	81.44	73.47	68.45	7.96	7.85	13 467.54
纺织业 توقۇمىچىلىق	52.09	52.06	44.13	0.03		11 039.05
皮革、毛皮及其制品业 كۆن-خۇرۇم، موي تېرە ۋە ئۇنىڭدىن ئىشلەنگەن بويۇملارنى ياساش كەسپي	3.26	3.26	2.60			580.43
造纸及纸制品业 قەغەزچىلىك ۋە قەغەزدىن ئىشلەنگەن بويۇملارنى ياساش كەسپى	28.08	18.73	17.92	9.34	2.23	3 155.13
印刷业 مەتبەئەچىلىك	0.29	0.29	0.26			46.93
电力、蒸汽、热水生产和供应业 توك، پار، ئىسسىق سۇ ئىشلەپچىقىرىش ۋە تەمىنلەش كەسپى	549.10	549.10	431.75			80 839.44
石油加工业 نېفىت چېكىلەش	235.47	156.95	156.68	78.52	77.66	4 388.63
炼焦、煤气及煤制品业 كوكس كۆيدۈرۈش، كۆمۈر گازى ۋە كۆمۈردىن ئىشلەنگەن نەرسىلەرنى ئىشلەش كەسپى	3.67	2.63	0.05	1.03		713.6
化学工业 خىمىيە سانائىتى	44.10	36.00	30.52	8.11	0.95	8 622.64
医药工业 تىبابى دورىگەرلىك سانائىتى	7.21	7.21	6.21			1 244.80
化学纤维工业 خىمىيۋى تالا سانائىتى	0.5	0.5	0.5			72.0
橡胶制品业 كاۋچۇك بويۇملىرىنى ياساش كەسپى	4.63	4.63	4.63			823.53
塑料制品业 سۇلياۋ بويۇملىرىنى ئىشلەش كەسپى	0.5	0.5	0.4	0.01		107.42
建筑材料及其他非金属矿物制品业 قۇرۇلۇش ماتېرىياللىرىنى ۋە باشقا غەيرى مېتال مىنرال بويۇملىرىنى ئىشلەش كەسپى	230.42	77.40	58.58	153.02	99.59	23 918.56
#水泥制造业 # سېمونت ئىشلەش كەسپى	187.66	49.13	41.09	138.54	93.08	17 172.09
黑色金属冶炼及压延加工业 قارامېتاللارنى تاۋلاش ۋە پىرىسلاپ پىششىقلاش كەسپى	161.12	56.44	31.03	104.68	92.97	22 703.86
有色金属冶炼及压延加工业 رەڭلىك مېتاللارنى تاۋلاش ۋە پىرىسلاپ پىششىقلاش كەسپى	47.91	15.46	14.76	32.46	6.93	2 168.72
金属制品业 مېتال بويۇملارنى ئىشلەش كەسپى	4.55	4.55	3.07			2 100.97
机械、电气、电子设备制造业 ماشىنسازلىق، ئېلېكتر ۋە ئېلېكترون ئۈسكۈنىلەرنى ياساش كەسپى	25.06	24.53	23.38	0.53	0.33	5 989.61
其他 باشقىلار	13.90	13.79	11.44	0.11	0.10	13 029.06

17—33 续表 1 داۋامى

行业	ساھەلەر	سانائەتتىكى ئىككى ئوكسىدلىق گۆڭگۈرتنى يوقىتىش مىقدارى (توننا) 工业二氧化硫去除量(吨)	سانائەتتىكى ئىس توزانلارنى قويۇپ بېرىش مىقدارى (توننا) 工业烟尘排放量(吨)	سانائەتتىكى ئىس، توزانلارنى تۈگىتىش مىقدارى (توننا) 工业烟尘去除量(吨)	سانائەتتىكى چاڭ توزانلارنى قويۇپبېرىش مىقدارى (توننا) 工业粉尘排放量(吨)	سانائەتتىكى چاڭ توزانلارنى يىغىۋېلىش مىقدارى (توننا) 工业粉尘回收量(吨)
工业合计	**سانائەت جەمئىسى**	**16 519.97**	**172 194.73**	**324 518.50**	**132 255.95**	**180 215.64**
矿业	كانچىلىق	1 462.84	12 751.26	11 199.61	619.44	1 718.68
食品、饮料和烟草制造业	يېمەك-ئىچمەك ۋە كۆك تاماكا ياساش كەسپى	153.15	8 330.51	22 045.46	158.13	104.20
纺织业	توقۇمىچىلىق	9.87	5 400.53	16 649.55	0.75	
皮革、毛皮及其制品业	كۆن-خۇرۇم، موي تېرە ۋە ئۇنىڭ ئىشلەنگەن بويۇملىرى كەسپى		302.23	632.23		
造纸及纸制品业	قەغەزچىلىك ۋە قەغەزدىن ئىشلەنگەن بويۇملارنى ياساش كەسپى	4.80	3 107.13	8 825.29	1 764.00	1 764.00
印刷业	مەتبەئەچىلىك		30.48	144.47		
电力、蒸汽、热水生产和供应业	توك، پار، ئىسسىق سۇ ئىشلەپچىقىرىش ۋە تەمىنلەش كەسپى	114.89	71 409.52	132 714.36		
石油加工业	نېفىت پىششىقلاش كەسپى	529.06	17 898.11	32 343.79	2 046.27	30.36
炼焦、煤气及煤制品业	كوكس كۆيدۈرۈش، كۆمۈر گازى ۋە كۆمۈردىن ئىشلەنگەن نەرسىلەرنى ئىشلەش كەسپى		2.60	0.84	1 731.99	
化学工业	خىمىيە سانائىتى	712.90	9 591.66	26 126.18	538.71	56.06
医药工业	تېببى دورىگەرلىك سانائىتى		1 166.75	2 258.22		
化学纤维工业	خىمىيۋى تالا سانائىتى		20.00	180.00		
橡胶制品业	كاۋچۇك بويۇملىرىنى ئىشلەش كەسپى		368.55	1 553.56	0.06	12.00
塑料制品业	سۇلياۋ بويۇملىرىنى ئىشلەش كەسپى	9.20	792.90	309.88		
建筑材料及其他非金属矿物制品业	قۇرۇلۇش ماتېرىياللىرىنى ۋە باشقا غەيرى مېتال مىنرال بويۇملىرىنى ئىشلەش كەسپى	64.00	23 765.20	41 609.08	95 154.00	94 084.46
#水泥制造业	#سېمونت ئىشلەش كەسپى	64.00	8 659.33	29 254.33	77 715.11	92 184.96
黑色金属冶炼及压延加工业	قارا مېتاللارنى تاۋلاش ۋە يېسىلاپ پىششىقلاش كەسپى	13 380.53	8 624.75	5 576.97	30 028.17	81 746.49
有色金属冶炼及压延加工业	رەڭلىك مېتاللارنى تاۋلاش ۋە يېسىلاپ پىششىقلاش كەسپى		519.98	1 977.27	192.04	583.46
金属制品业	مېتال بويۇملارنى ئىشلەش كەسپى		480.85	1 265.53		
机械、电气、电子设备制造业	ماشىنسازلىق، ئېلېكتر ۋە ئېلېكترون ئۈسكۈنىلەرنى ياساش كەسپى	78.74	2 743.94	8 892.14	22.38	20.00
其他	باشقىلار		4 887.78	10 214.05		95.93

主要统计指标解释

ئاساسلىق ستاتىستىكا كۆرسەتكۈچلىرىنىڭ ئىزاھاتى

دەرىجىلىك تەنھەرىكەتچىلەر سانى : بۇ تەكشۈرۈپ سىناش ئارقىلىق رەسمى تەستىقلىنىپ، دەرىجىلىك تەنھەرىكەتچى نامى بېرىلگەنلەرنىڭ سانىنى كۆرسىتىدۇ. تەنھەرىكەتچىلەرنىڭ دەرىجىسى، خەلقئارا دەرىجىلىك تەنھەرىكەت ماھىرى، تەنھەرىكەت ماھىرى، 1-دەرىجىلىك تەنھەرىكەتچى، 2-دەرىجىلىك تەنھەرىكەتچى، 3-دەرىجىلىك تەنھەرىكەتچى، ئۆسمۈرلەر دەرىجىلىك تەنھەرىكەتچى دەپ ئايرىلىدۇ.

دەرىجىلىك رېپېرلارنىڭ سانى: بۇ تەكشۈرۈپ سىناش ئارقىلىق رەسمى تەستىقلىنىپ، دەرىجىلىك رېپېر نامى بېرىلگەن خادىملارنىڭ سانىنى كۆرسىتىدۇ. رېپېرلارنىڭ دەرىجىسى خەلقئارالىق رېپېر، دۆلەت دەرىجىلىك رېپېر، 1-دەرىجىلىك رېپېر، 2-دەرىجىلىك رېپېر، 3-دەرىجىلىك رېپېر دەپ ئايرىلىدۇ.

دوختۇرخانا: بۇ دوختۇرخانا نامى بار نامى، مۇقىم كارۋات تەسىس قىلىپ، كېسەللەرنى ياتاققا قوبۇل قىلالايدىغان ۋە كېسەللەرنى داۋالاش، كۈتۈش مۇلازىمىتى بىلەن تەمىن ئېتەلەيدىغان داۋالاش ئورگانلىرىنى كۆرسىتىدۇ. بۇ ناھىيە ۋە ناھىيەدىن يۇقىرى دوختۇرخانا، يېزىلاردىكى يېزىلىق شىپاخانا ۋە باشقا دوختۇرخانىلاردىن ئىبارەت ئۈچ قىسىمنى ئۆز ئىچىگە ئالىدۇ. تەۋەلىك خاراكتېرى بويىچە سەھىيە تارماقلىرى، سانائەت ۋە باشقا تارماقلار، كوللېكتىپ ئىگىلىكىدىكى ئورۇنلاردىن ئىبارەت ئۈچ تۈرگە بۆلۈنىدۇ. بۇنىڭ ئىچىدە ناھىيە ۋە ناھىيەدىن يۇقىرى دوختۇرخانىلار كەسپىي خاراكتېرى بويىچە ئۇنىۋېرسال دوختۇرخانا ۋە مەخسۇس دوختۇرخانا دەپ ئىككىگە ئايرىلىدۇ.

سەھىيە تېخنىك خادىملىرى: سەھىيە كەسپىي ئورگانلىرى ئىش ھەققى بېرىدىغان بارلىق مۇقىم ئىشچى-خىزمەتچىلەر بىلەن توختام تۈزۈمىدىكى ئىشچى-خىزمەتچىلەر ئىچىدە ھازىر سەھىيە تېخنىكا خىزمىتى ئۆتەۋاتقان كەسپىي خادىملارنى ئۆز ئىچىگە ئالىدۇ.

بۇ تېۋىپ، ۋىراچ، جۇڭيىچە بىلەن غەربىيچە بىرلەشتۈرۈلگەن ئالىي ۋىراچ، مەسئۇل سېستىرا، جۇڭيىچە مەسئۇل دورىگەر، غەربىيچە مەسئۇل دورىگەر، لابورانت ۋىراچ، باشقا تېخنىكلار، تېۋىپ، ۋىراچ، سېستىرا، ئاكۇشېركا، جۇڭيىچە دورىگەر، غەربىيچە دورىگەر، لابورانت، باشقا تۆۋەن دەرىجىلىك تېخنىك خادىملىرىنى ئۆز ئىچىگە ئالىدۇ.

دوختۇر: بۇ سەھىيە تارماقلىرى سالاھىيىتىنى تەكشۈرۈپ بېكىتكەن، تېببى داۋالاش خىزمىتى بىلەن شۇغۇللىنىدىغان كەسپىي خادىملارنى كۆرسىتىدۇ. ئۇ تېۋىپ ۋە ۋىراچ دەپ ئايرىلىدۇ. بۇ سەھىيە تېخنىك خادىملىرى ئىچىدىكى تېۋىپ، ۋىراچ، جۇڭيىچە بىلەن غەربىيچە بىرلەشتۈرۈلگەن ئالىي ۋىراچ، جۇڭيىچە فېلىدشېر ۋە باشقا تېۋىپلارنى ئۆز ئىچىگە ئالىدۇ.

ئىجتىمائى پاراۋانلىق ئىشلىرى ئورۇنلىرى: بۇ جەمئىيەتتىكى ئىگە چاقىسىز ياشانغان قېرىلارنى، ئاجىز مېيىپلارنى، باللارنى يىغىۋېلىپ باقىدىغان ئورگانلارنى كۆرسىتىدۇ. ئۇ خەلق ئىشلىرى تارماقلىرى باشقۇرغان ئىجتىمائى پاراۋانلىق ئورۇنلىرى، باللار پاراۋانلىق ئورۇنلىرى، روھى كېسەللەر پاراۋانلىق ئورۇنلىرى ۋە شەھەر، بازارلاردىكى كوللېكتىپ قۇرغان پاراۋانلىق ئورۇنلىرى، شۇنىڭدەك يېزىلاردىكى كوللېكتىپ باشقۇرغان ياشانغانلار ساناتورىيىسى قاتارلىقلارنى ئۆز ئىچىگە ئالىدۇ.

ئىجتىمائى پاراۋانلىق كارخانا ئورۇنلىرى: بۇ شەھەر بازارلاردىكى مەلۇم ئەمگەك ئىقتىدارىغا ئىگە ئەما، گاس، گاچىلار ۋە مېيىپلارنى ئىشقا ئورۇنلاشتۇرۇشنى مەقسەت قىلغان، دۆلەتنىڭ باجىنى كېمەيتىش، كېچىرىم قىلىش ئىمتىيازىدىن بەھرىمەن بولىدىغان دۆلەت ئىگىلىكىدىكى ياكى كوللېكتىپ ئىگىلىك خاراكتېرىدىكى كارخانىلارنى كۆرسىتىدۇ. ئۇ پاراۋانلىق زاۋۇتى، پاراۋانلىق سودا مۇلازىمەت كەسپى، يالغان پۇت-قول ياساش زاۋۇتى ۋە ئورۇنلاشتۇرۇش دېھقانچىلىق مەيدانلىرى قاتارلىقلارنى ئۆز ئىچىگە ئالىدۇ.

ئادۋوكات: بۇ قانۇن مەسلىھەتچىلىرى باشقارمىسىغا خىزمەتكە تەكلىپ قىلىنىپ، قانۇنىي مەسلىھەتچىسى، جىنايى (ھەق تەلەپ) ئىشلىرى ۋاكالەتچىسى، جىنايى ئىشلار ئاقلىغۇچىسى ۋەزىپىلىرىنى ئۈستىگە ئېلىپ، غەيرى دەۋا ئىشلىرىنى بېجىرىش، قانۇن جەھەتتە سوئاللارغا جاۋاب بېرىش، قانۇن ئىشلىرى ھۆججەت ماتېرىياللىرىنى ۋاكالىتەن يېزىپ بېرىش قاتارلىق ئاساسلىق ئادۋوكاتلىق كەسپى بىلەن شۇغۇللىنىدىغان مەخسۇس قانۇن خىزمەتچىلىرى ۋە قوشۇمچە ۋەزىپىدىكى ئادۋوكاتلارنى كۆرسىتىدۇ.

گۇۋاھلىق بەرگۈچى خادىملار: بۇ دۆلەتنىڭ گۇۋاھلىق بېرىش ئورگانلىرىدا گۇۋاھلىق بېرىش ئىشلىرىنى بېجىرگۈچى ئەدلىيە خادىملىرىنى كۆرسىتىدۇ. ئۇ گۇۋاھلىق بەرگۈچى خادىملار، ياردەمچى گۇۋاھلىق بەرگۈچى خادىملار، گۇۋاھلىق بېرىش باشقارمىسىدا خىزمەت قىلىدىغان باشقا خادىملارنى ئۆز ئىچىگە ئالىدۇ.

بېجىرىلگەن گۇۋاھلىق بېرىش ھۆججەتلىرى : بۇ گۇۋاھلىق بېرىش باشقارمىسى مەلۇم مەزگىل ئىچىدە بېجىرىپ تۈگەتكەن گۇۋاھلىق بېرىش ھۆججەتلىرىنىڭ سانىنى كۆرسىتىدۇ. گۇۋاھلىق بېرىش ھۆججەتلىرى ئەدلىيە مىنىستىرلىكى بەلگىلىگەن ياكى تەستىقلىغان شەكىل بويىچە تۈزىلىدۇ. ئۇ ئىچكى گۇۋاھلىق بېرىش بىلەن چەتئەللەرگە چېتىلىدىغان گۇۋاھلىق بېرىشتىن ئىبارەت ئىككى قىسىمنى ئۆز ئىچىگە ئالىدۇ. بۇنىڭ ئىچىدە ئىچكى گۇۋاھلىق بېرىش ئىقتىسادىي توختاملارغا گۇۋاھلىق بېرىش ۋە ھەق تەلەپ دەۋا قانۇنىغا مۇناسىۋەتلىك گۇۋاھلىق بېرىشتىن ئىبارەت ئىككى چوڭ تۈرگە بۆلۈنىدۇ.

مۇرەسسە خادىملىرى: بۇ خەلق مۇرەسسە كومىتېتلىرىدا خەلق ئارىسىدىكى ئادەتتىكى ھەق تەلەپ تالاش-تارتىشلىرى ۋە يېنىك بولغان قانۇنغا خىلاپلىق قىلىش قىلمىشلىرى كەلتۈرۈپ چىقارغان تالاش-تارتىشلارنى مۇرەسسە قىلىشنى ئۈستىگە ئالغان خىزمەتچى خادىملارنى كۆرسىتىدۇ. ئۇ مۇرەسسە كومىتېتلىرىنىڭ ئەزالىرى ۋە مۇرەسسە گۇرۇپپىلىرىدىكى مۇرەسسە خادىملىرىنى ئۆز ئىچىگە ئالىدۇ.

مۇرەسسە قىلىنغان خەلق ئارىسىدىكى تالاش-تارتىشلار: بۇ مۇرەسسە كومىتېتلىرى قانۇن بەلگىلىمىلەرگە ئاساسەن، ئۆز ئىختىيارلىقى پرىنسىپى بويىچە تەربىيە بېرىپ قايىل قىلىش ئۇسۇلىنى قوللىنىپ، خەلق ئارىسىدا يۈز بەرگەن ھەق تەلەپ ھوقۇقى ۋە مەجبۇرىيىتىگە مۇناسىۋەتلىك تالاش-تارتىشلارنى مۇرەسسە قىلىپ، ئىككى تەرەپنى كېلىشتۈرگەن، چۈشۈنۈش ھاسىل قىلغان ۋە ھەل قىلغان تالاش-تارتىشلارنى كۆرسىتىدۇ. ئۇ نىكاھ، ئائىلە ئىشلىرى تالاش-تارتىشلىرى، مال-مۈلۈك ھوقۇق مەنپەئەتى تالاش-تارتىشى قاتارلىقلارنى ئۆز ئىچىگە ئالىدۇ. سوت مەھكىمىسى قوبۇل قىلىپ، مۇرەسسە قىلغان ھەق تەلەپ ئەنزىلىرىنىڭ سانىنى ئۆز ئىچىگە ئالمايدۇ.

سوغۇرتا ۋە پاراۋانلىق خىراجىتى: بۇ كارخانا كەسپىي ئورۇنلار ۋە ئورگانلار ئىش ھەققىدىن سىرت ئىشچى-خىزمەتچىلەرگە ۋە دەم ئېلىشقا، پېنسىيەگە چىققان، خىزمەتتىن چېكىنگەن خادىملارغا ئەمەلىي تۆلىگەن ۋە كوللېكتىپقا ئىشلەتكەن ئەمگەك سوغۇرتا ۋە پاراۋانلىق خىراجىتىنى كۆرسىتىدۇ.

1. ئىشچى-خىزمەتچىلەرنىڭ سوغۇرتا، پاراۋانلىق خىراجىتى كونكرېت مۇنۇلارنى ئۆز ئىچىگە ئالىدۇ:

1) داۋالىنىش خىراجىتى: بۇ ھۆكۈمەت پۇلىغا داۋالىنىشنى يولغا قويغان كارخانىلاردىكى ئىشچى-خىزمەتچىلەر ۋە ئۇلار بېقىۋاتقان بىۋاسىتە تۇغقانلىرىنىڭ داۋالىنىش خىراجىتى، ئىشچى-خىزمەتچىلەرنىڭ ئىش ئۈستىدە يارىلىنىپ داۋالىنىش جەريانىدىكى يول خىراجىتى، دوختۇرخانىدا ياتقان تاماق قوشۇمچە ياردەم پۇلى قاتارلىقلارنى، سەھىيە تارماقلىرى چىقىم قىلىدىغان كەسپىي ئورۇنلار ۋە ئورگانلاردىكى

ئىشچى-خىزمەتچىلەرنىڭ ھۆكۈمەت پۇلىغا داۋالىنىش خىراجىتىنى، ھۆكۈمەت پۇلىغا داۋالىنىشقا قاتناشمىغان كارخانا، كەسپىي ئورۇنلار ۋە ئورگانلاردىكى ئىشچى-خىزمەتچىلەرنىڭ تىببىي دورا خىراجىتىنى كۆرسىتىدۇ.

2) دەپىن، نەپىقە ۋە قۇتقۇزۇش خىراجىتى: بۇ ئۆلۈپ كەتكەن ئىشچى-خىزمەتچىلەرنىڭ دەپىن خىراجىتى، دەپىن قوشۇمچە ياردەم پۇلى ۋە ئۇلاردىن قالغان بىۋاستە تۇققانلىرىنى بېقىش نەپىقە پۇلى، قۇتقۇزۇش پۇلى، تۇرمۇش قوشۇمچە ياردەم پۇلى شۇنىڭدەك ئىشچى-خىزمەتچىلەر بېقىۋاتقان بىۋاستە تۇققانلىرى ئۆلۈپ كەتكەن ۋاقىتتىكى دەپىن قوشۇمچە ياردەم پۇلى قاتارلىقلارنى كۆرسىتىدۇ.

3) تۇرمۇش قىيىنچىلىق قوشۇمچەياردەم پۇلى: بۇ تۇرمۇشتا قىيىنچىلىقى بار ئىشچى-خىزمەتچىلەرگە قەرەللىك بەرگەن قوشۇمچە ياردەم پۇلى ۋە ۋاقىتلىق قوشۇمچە ياردەم پۇلىنى كۆرسىتىدۇ.

4) مەدەنىيەت، تەنتەربىيە، تەشۋىقات خىراجىتى: بۇ كارخانا، كەسپىي ئورۇنلار ۋە ئورگانلار ئەمەلىي تۆلىگەن مەدەنىيەت، تەنتەربىيە تەشۋىقات خىراجىتىنى كۆرسىتىدۇ. ئۆگىنىش خىراجىتىنى ئۆز ئىچىگە ئالمايدۇ.

5) كوللېكتىپ پاراۋانلىق ئىشلىرى قوشۇمچە ياردەم خىراجىتى: بۇ ئىشچى-خىزمەتچىلەرنىڭ مۇنچا، ساتىراچخانا، كىرخانا، ئېمىتىش ئۆيى، يەسلى قاتارلىق كوللېكتىپ پاراۋانلىق ئەسلىھەلىرىگە قىلىنغان ھەرتۈرلۈك چىقىم بىلەن، كىرىم ئۆز ئارا بالانىس بولغاندىن كېيىنكى پەرق سوممىسى قوشۇمچە ياردەم خىراجىتىنى كۆرسىتىدۇ.

6) كوللېكتىپ پاراۋانلىق ئەسلىھەلىرى خىراجىتى: بۇ دۆلەتنىڭ بەلگىلىمىسى بويىچە چىقىم قىلىنغان كوللېكتىپ پاراۋانلىق ئەسلىھەلىرى خىراجىتىنى كۆرسىتىدۇ. مەسىلەن: ئىشچى-خىزمەتچىلەر ئاشخانىسىغا قاچا-قۇچىلارنى سېتىۋېلىش خىراجىتى، رېمونت خىراجىتى، ئىشچى -خىزمەتچىلەر ياتاقلىرىنى رېمونت قىلىش ۋە تۈزەش خىراجىتى قاتارلىقلار. ئۇ كارخانا، كەسپىي ئورۇنلار ۋە ئورگانلار ئۆزى توپلىغان خىراجەتتىن چىقىم قىلغان ئىشچى-خىزمەتچىلەرپاراۋانلىق ئەسلىھەلىرى ئاساسىي قۇرۇلۇش خىراجىتىنى ئۆز ئىچىگە ئالمايدۇ.

7) پىلانلىق تۇغۇت قوشۇمچە ياردەم پۇلى: بۇ ئىشچى -خىزمەتچىلەرگە بېرىلگەن يالغۇز پەرزەنت قوشۇمچە ياردەم پۇلى ۋە ساقلىقنى ساقلاش خىراجىتىنى كۆرسىتىدۇ.

8) باشقا خىراجەتلەر: بۇ يۇقىرىدا ئېيتىلغان خىراجەتلەردىن باشقا، ئورۇنلار ئىشچى -خىزمەتچىلەرگەبەرگەن سوغۇرتا پاراۋانلىق خىراجەتلىرىنى كۆرسىتىدۇ.

2. دەم ئېلىشقا، پېنسىيەگە چىققان، خىزمەتتىن چېكىنگەن خادىملارنىڭ سوغۇرتا، پاراۋانلىق خىراجىتى كونكرېت مۇنۇلارنى ئۆز ئىچىگە ئالىدۇ:

1) خىزمەتتىن ئايرىلىپ دەم ئېلىشقا چىقىش پۇلى: بۇ خىزمەتتىن ئايرىلىپ دەم ئېلىشقا چىققان خادىملارغا تارقاتقان ئىش ھەققى ۋە 1982-يىلى گوۋۇيۈەن تارقاتقان" پېشقەدەم كادىرلارنىڭ خىزمەتتىن ئايرىلىپ دەم ئېلىشقا چىقىش تۈزۈمى توغرىسىدىكى بىر نەچچە بەلگىلىمە" بويىچە، مۇشۇ بەلگىلىمىلەرگە ئۇيغۇنكېلىدىغان خىزمەتتىن ئايرىلىپ دەم ئېلىشقا چىققان كادىرلارغا بەرگەن 1-2ئايلىق ئۆلچەملىك ئىش ھەققىگەتەڭ بولغان تۇرمۇش قوشۇمچە ياردەم پۇلى ۋە گوۋۇيۈەننىڭ (1989) 82-، 83-نومۇرلۇق ھۆججەتلىرىدىكى بەلگىلىمىلەر بويىچە دەم ئېلىشقا چىققان خادىملارنىڭ تەمىناتىنى ئۆستۈرۈش يۈزىسىدىن كۆپەيتىلگەن خىراجەت ۋە ئاشلىق -ماي باھاسى قوشۇمچە ياردەم پۇلى قاتارلىقلارنى كۆرسىتىدۇ.

2) پېنسىيە پۇلى: بۇ دۆلەتنىڭ مۇناسىۋەتلىك بەلگىلىمىلىرى بويىچە پېنسىيەگەچىققان خادىملارغا بېرىلگەن پېنسىيە پۇلى ۋە گوۋۇيۈەننىڭ (1989) 82-، 83-نومۇرلۇق ھۆججەتلىرىدىكى بەلگىلىمە بويىچەپېنسىيەگە چىققانلارنىڭ تەمىناتىنى ئۆستۈرگەنلىكتىن كۆپەيتىلگەن خىراجەت ۋە ئاشلىق- ماي باھاسى قوشۇمچە ياردەم پۇلى قاتارلىقلارنى كۆرسىتىدۇ.

3) خىزمەتتىن چېكىنىش تۇرمۇش خىراجىتى: 1978-يىل گوۋۇيۈەننىڭ ئىشچىلارنىڭ پېنسىيەگەچىقىش، خىزمەتتىن چېكىنىش توغرىسىدىكى ۋاقىتلىق يولغا قويۇش چارىسى" دىكى بەلگىلىمە بويىچە خىزمەتتىن چېكىنگەن خادىملارغا قەرەللىك تارقاتقان تۇرمۇش خىراجىتى ۋە گوۋۇيۈەننىڭ (1989) 82-، 83-نومۇرلۇق ھۆججەتلىرىدىكى بەلگىلىمە بويىچە خىزمەتتىن چېكىنگەن خادىملارنىڭ تەمىناتىنى ئۆستۈرگەنلىكتىن كۆپەيتىلگەن خىراجەت ۋە ئاشلىق- ماي باھاسى قوشۇمچە ياردەم پۇلى قاتارلىقلارنى كۆرسىتىدۇ.

4) داۋالىنىش خىراجىتى: بۇ دەم ئېلىشقا، پېنسىيەگە چىققان، خىزمەتتىن چېكىنگەن خادىملارنىڭ داۋالىنىش، دوختۇرخانىدا يېتىش خىراجىتى ۋە دوختۇرخانىدا ياتقاندىكى تاماق قوشۇمچە ياردەم پۇلى قاتارلىقلارنى كۆرسىتىدۇ.

5) كۈتۈش خىراجىتى : بۇ ئىش ئۈستىدە يارىلىنىپ مېيىپ بولۇپ قالغان، يېمەك -ئىچمەكتە، يېتىپ- قوپۇشتا باشقىلارنىڭ ياردىمىگە تايىنىدىغان، دەم ئېلىشقا پېنسىيەگە چىققان خادىملارنى كۈتۈش خىراجىتى، شۇنىڭدەك كېسەل سەۋەبىدىن ئۆز ئىشلىرىنىڭ ھۆددىسىدىن چىقالمايدىغان دەم ئېلىشقا، پېنسىيەگە چىققان خادىملارنى كۈتۈش خىراجىتىنى كۆرسىتىدۇ.

6) تۇرمۇش قوشۇمچە ياردەم پۇلى: بۇگوۋۇيۈەننىڭ 1985-يىلى تارقاتقان "دەم ئېلىشقا، پېنسىيەگە چىققان خادىملارغا تۇرمۇش قوشۇمچە ياردەم پۇلى بېرىش توغرىسىدىكى ئۇقتۇرۇش" دىكى بەلگىلىمە بويىچە دەم ئېلىشقا چىققان، پېنسىيە چىققان خادىملارغا بېرىلگەن تۇرمۇش قوشۇمچە ياردەم پۇلى قاتارلىقلارنى كۆرسىتىدۇ.

7) قاتناش خىراجىتى قوشۇمچە ياردەم پۇلى : بۇ دەم ئېلىشقا، پېنسىيەگە خادىملارغا ئاي بويىچە تارقىتىپ بېرىلگەن قاتناش خىراجىتى قوشۇمچە ياردەم پۇلىنى كۆرسىتىدۇ.

8) دەپىن، نەپىقە ۋە قۇتقۇزۇش خىراجىتى: بۇ دەم ئېلىشقا، پېنسىيەگە چىققان، خىزمەتتىن چېكىنگەن خادىملاردىن ئۆلۈپ كەتكەنلەرنىڭ دەپىن خىراجىتى، دەپنە ئىشلىرى قوشۇمچە ياردەم پۇلى ۋە ئۇلار باقىدىغان بىۋاستە تۇققانلىرىغا بېرىلىدىغان نەپىقە پۇلى، قۇتقۇزۇش پۇلى، تۇرمۇش قوشۇمچە ياردەم پۇلى شۇنىڭدەك بېقىۋاتقان تۇققانلىرى ئۆلگەندە بېرىلىدىغان دەپنە قوشۇمچە ياردەم پۇلى قاتارلىقلارنى كۆرسىتىدۇ.

9) باشقىلار: بۇ شۇ جاينىڭ ئۆزىگە ئورۇنلاشتۇرۇلغان دەم ئېلىشقا، پېنسىيەگەچىققان، خىزمەتتىن چېكىنگەن خادىملارنىڭ تۇرمۇش قىيىنچىلىق قوشۇمچە ياردەم پۇلى، كىتاب-گېزىت پۇلى، يۇيۇنۇش چاچ ئالدۇرۇش خىراجىتى، قوشۇمچە يېمەكلىكلەر باھا قوشۇمچە ياردەم پۇلى، ئۆي ئىجارىسى باھاقوشۇمچە ياردەم پۇلى، سۇ، توك قوشۇمچە ياردەم پۇلى، ئاز سانلىق مىللەتلەر قوشۇمچە ياردەم پۇلى شۇنىڭدەك پېشقەدەم كادىرلارنىڭ پائالىيەت خىراجىتىدىن چىقىم قىلىنغان ساياھەت قىلىش خىراجىتى قاتارلىقلارنى ئۆز ئىچىگە ئالىدۇ.

كىرەكسىز سۇلارنىڭ قويۇپ بېرىلىش ئومۇمىي مىقدارى: بۇ ئىشلەپچىقىرىشتىكى كىرەكسىز سۇ بىلەن تۇرمۇشتىكى كىرەكسىز سۇنى ئۆز ئىچىگە ئالىدۇ. ئىشلەپچىقىرىشتىكى كىرەكسىز سۇ، كارخانا، كەسپىي ئورۇنلار ئىشلەپچىقىرىش -تەتقىقات جەريانىدا سىرتقى مۇھىتقا قويۇپ بەرگەن بارلىق كىرەكسىز سۇ مىقدارىنىڭ جەمئىيسىنى كۆرسىتىدۇ. تۇرمۇشتىكى كىرەكسىز سۇ، شەھەر-بازارلاردىكى ئولتۇراق ئاھالىلار رايونلىرى ۋە كارخانا، كەسپىي ئورۇنلاردىكى ئىشچى-خىزمەتچىلەر توپلىشىپ ئولتۇراقلاشقان رايونلاردىن چىقىرىلغان كىرەكسىز سۇ مىقدارىنى كۆرسىتىدۇ.

سانائەتتىكى كىرەكسىز سۇلارنىڭ قويۇپ بېرىلىش ئومۇمىي مىقدارى: بۇ سانائەت كارخانىلىرىنىڭ زاۋۇت رايونىدىكى بارلىق قويۇپ بېرىش ئېغىزلىرىدىن كارخانا سىرتىغا قويۇپ بېرىلگەن سانائەتتىكى كىرەكسىز سۇ مىقدارىنى كۆرسىتىدۇ. ئۇ سىرتقا قويۇپ بېرىلگەن بىۋاستە سوۋۇتۇش سۈيى، ئۆلچەمدىن ئارتۇق قويۇپ بېرىلگەن كان قۇدۇق ئاستى سۇلىرى ۋەسانائەتتىكى كىرەكسىز سۇ بىلەن ئارىلاش قويۇپ بېرىلگەن زاۋۇت رايونىدىكى تۇرمۇشتىن چىققان كىرەكسىز سۇلارنى ئۆز ئىچىگە ئالىدۇ. سىرتقا قويۇپ بېرىلگەن ۋاستىلىق سوۋۇ-

تۇش سۈيى (سۇزۇك ۋە پاسكىنا ئارىلىشىپ بىر ئاقىدىغان ۋاستىلىق سوۋۇتۇش سۈيىنىمۇ بۇنىڭغا ھېسابلاش كېرەك) نى ئۆز ئىچىگە ئالمايدۇ.

سانائەتتىكى كېرەكسىز سۇلارنىڭ قويۇپ بېرىش ئۆلچىمىگە يەتكەن مىقدارى : بۇ ئومۇمىيۈزلۈك دۆلەت ۋە يەرلىكنىڭ قويۇپ بېرىش ئۆلچىمىگە يەتكەن، سىرتقا قويۇپ بېرىلگەن سانائەتتىكى كېرەكسىز سۇ مىقدارىنى كۆرسىتىدۇ. ئۇ بىر تەرەپ قىلىنغاندىن كېيىن ئۆلچەمگە يېتىپ قويۇپ بېرىلگەن ۋە بىر تەرەپ قىلىنمايلا ئۆلچەمگە يېتىپ قويۇپ بېرىلگەن ئىككى قىسىم سانائەتتىكى كېرەكسىز سۇنى ئۆز ئىچىگە ئالىدۇ. دۆلەتنىڭ كېرەكسىز سۇلارنى قويۇپ بېرىش ئۆلچىمىدە دۆلەت ئۆلچىمى (BG8978.88) غا قارالسۇن.

سانائەتتىكى كېرەكسىز سۇلارنى بىر تەرەپ قىلىش مىقدارى: بۇ ھەرخىل سۇلارنى بىر تەرەپ قىلىش ئۈسكۈنىسى ئارقىلىق تازىلاپ بىر تەرەپ قىلىنغاندىن كېيىن سىرتقا قويۇپ بېرىلگەن سانائەتتىكى كېرەكسىز سۇلارنىڭ مىقدارىنىمۇ كۆرسىتىدۇ. (ئۇ بىر تەرەپ قىلىنغان بولسىمۇ يەنىلا دۆلەت ۋە يەرلىكنىڭ ئۆلچىمىگەيەتمىگەن سىرتقا قويۇپ بېرىلگەن سانائەتتىكى كېرەكسىز سۇلارنىڭ مىقدارىنىمۇ ئۆز ئىچىگە ئالىدۇ).

كېرەكسىز گازنىڭ قويۇپ بېرىلگەن ئومۇمىي مىقدارى : بۇ يېقىلغۇ كۆيگەندىن كېيىن ۋە ئىشلەپچىقىرىش ھۈنەر-سەنئىتى جەريانىدا قويۇپ بېرىلگەن ھەرخىل كېرەكسىز گازلارنىڭ ئومۇمىي مىقدارىنى كۆرسىتىدۇ، ئۇ ئۆلچەملىك ھالەت ئاستىداھەريىلى تۆمەن ئۆلچەملىك كۇپ مېتىر بويىچە ئىپادىلىنىدۇ.

يېقىلغۇ كۆيۈش جەريانىدا قويۇپ بېرىلگەن كېرەكسىز گاز مىقدارى: بۇ كۆمۈر، ماي، گاز كۆيدۈرۈلىدىغان پار قازان، قورۇتۇش ئوچىقى، بازغانلاشتىكى قىزدۇرۇش ئوچۇقى، سۈيىنى ياندۇرۇش پېچى ۋە باشقا سانائەتتىكى پېچ-خۇمدانلاردائوت كۆيۈش جەريانىدا (يېقىلغۇ بىلەن ماددى ماتېرىياللار ئارىلاشمىغان ساپ قىزدۇرۇش جەريانىدا) قويۇپ بېرىلگەن كېرەكسىز گازنىڭ ئومۇمىي مىقدارىنى كۆرسىتىدۇ. ئۇنىڭغا ئىس- گازنى ھېسابلاش فورمۇلاسى ياكى تەجرىبە بويىچە ھېسابلاش فورمۇلاسى ئارقىلىق ئېرىشكىلى بولىدۇ.

ئىس - توزانلار بىر تەرەپ قىلىنغان يېقىلغۇ كۆيگەندىن كېيىن قويۇپ بېرىلگەن كېرەكسىز گاز مىقدارى: بۇ يېقىلغۇ كۆيۈش جەريانىدا چىقارغان كېرەكسىز گازنىڭ ئىس-توزانلارنى تۈگىتىش ئۈسكۈنىلىرىدە بىر تەرەپ قىلىنغاندىن كېيىنكى مىقدارىنى كۆرسىتىدۇ.

تازىلاپ بىر تەرەپ قىلىنغاندىن كېيىنكى ئىشلەپچىقىرىش ھۈنەر-سەنئىتىدىكى كېرەكسىز گاز مىقدارى: بۇ ئىشلەپچىقىرىش ھۈنەر-سەنئىتى جەريانىدا قويۇپ بېرىلگەن قاتتىق جىسىملىق مىكرودانىچىلارنىڭ ئومۇمىي ئېغىرلىق مىقدارىنى كۆرسىتىدۇ. مەسىلەن: پولات - تۆمۈر كارخانىلىرىنىڭ ئوتقا چىدامىلىق ماتېرىياللىرىنىڭ چاڭ-توزانلىرى، كوكسلاشقان كارخانىلارنىڭ كوكس تاسقاش سىستېمىسىدىكى چاڭ - توزان، ئېرىتىپ ئۇلاش ماشىنىسىدىن چىققان چاڭ - توزان، ھاك كۆيدۈرۈش خۇمدانلىرىدىكى چاڭ - توزان، قۇرۇلۇش ماتېرىياللىرى كارخانىلىرىدىكى سېمونت چاڭ-توزانلىرى قاتارلىقلار. ئۇ ئېلېكتىر ئىستانسىسىلىرى ھاۋاغا قويۇپ بەرگەن چاڭ-توزانلارنى ئۆز ئىچىگە ئالمايدۇ.

سانائەتتىكى چاڭ-توزانلارنى يىغىۋېلىش مىقدارى: بۇ ئىشلەپچىقىرىش ھۈنەر- سەنئىتىدىكى كېرەكسىز گازلارنى تازىلاپ بىر تەرەپ قىلىش ئۈسكۈنىسىدە بىر تەرەپ قىلىپ يىغىۋېلىنغان چاڭ-توزان ۋە توپا مىقدارىنى (قۇرغاق ئۇسۇل ۋە ھۆللەش ئۇسۇلىنى ئۆز ئىچىگە ئالىدۇ) كۆرسىتىدۇ. ئېلېكتىر ئىستانسىسىنىڭ ئىش توزانلىرىنى ئۆز ئىچىگە ئالىدۇ. ئادەتتىكى ئەھۋال ئاستىدا:

سانائەتتىكى چاڭ-توزان چىقىرىش مىقدارى = سانائەتنىڭ چاڭ-توزان چىقىرىش مىقدارى + سانائەت چاڭ-توزانلىرىنى يىغىۋېلىش مىقدارى بولىدۇ.

سانائەتتىكى قاتتىق جىسىملىق كېرەكسىز ماددىلارنى بىر تەرەپ قىلىش مىقدارى : بۇ مۇھىتنى ئاسراش تەلىپىگەئۇيغۇن كېلىدىغان شەكىل بويىچە، قاتتىق جىسىملىق كېرەكسىز ماددىلارنى بىر تەرەپ قىلىش ئۇسۇلى ئوخشاشمىغان مەيدان-ئورۇنلارغا قويۇپ بىر تەرەپ قىلىش مىقدارىنى كۆرسىتىدۇ. مەسىلەن كۆمۈش، كۆيدۈرۈش، چوڭقۇر قاتلاملارغاچىڭداش، كان قۇدۇقلىرىنى تىندۇرۇش قاتارلىقلار (شۇ يىلى بىر تەرەپ قىلىنغان ئۆتكەنكى يىللاردىن توپلىنىپ قالغان مىقدارىنى ئۆز ئىچىگە ئالىدۇ).

سانائەتتىكى قاتتىق جىسىملىق كېرەكسىز ماددىلاردىن ئۈنۈۋېرسال پايدىلىنىش مىقدارى: بۇ دېھقانچىلىقتا ئوغۇت قىلىشقا، ئېتىز ياساشقا، ئىشلەپچىقىرىش-بىناكارلىق ماتېرىياللىرى قىلىش، يول ياساشقا ئىشلىتىدىغان ۋە باشقا شەكىللەر ئارقىلىق ئۈنۈۋېرسال پايدىلىنىدىغان قاتتىق جىسىملىق كېرەكسىز ماددا مىقدارى (شۇ يىلى پايدىلىنىلغان ئۆتكەنكى يىللاردىكى سانائەتتىكى قاتتىق جىسىملىق كېرەكسىز ماددىلارنىڭ دۆۋىلىنىپ ساقلانغان مىقدارىنى ئۆز ئىچىگە ئالىدۇ) نى كۆرسىتىدۇ. ئۈنۈۋېرسال پايدىلىنىش مىقدارىنى، قاتتىق جىسىملىق كېرەكسىز ماددىلارنى ئەسلىدىكى ئىشلەپچىقارغان ئورۇن ستاتىستىكا قىلىدۇ.

«ئۈچ كېرەكسىز» دىن ئۈنۈۋېرسال پايدىلىنىدىغان مەھسۇلاتلارنىڭ مەھسۇلات قىممىتى: بۇ سانائەت كارخانىلىرى يىغىۋېلىنىپ پايدىلىنىدىغان «ئۈچ كېرەكسىز» نى ئاساسىي خام ئەشيا قىلىپ ئىشلەپچىقارغان مەھسۇلاتلارنىڭ مەھسۇلات قىممىتىنى كۆرسىتىدۇ. بۇ گ ت (1985) 117-نومۇرلۇق ھۆججەتتىكى بەلگىلىمە بويىچەئىجرا قىلىنىدۇ.

«ئۈچ كېرەكسىز» دىن ئۈنۈۋېرسال پايدىلانغان مەھسۇلات پايدىسى: بۇ سانائەت كارخانىلىرى يىغىۋېلىپ پايدىلانغان «ئۈچ كېرەكسىز» نى ئاساسىي خام ئەشيا قىلىپ ئىشلەپچىقارغان مەھسۇلاتلاردىن ئۆزى پايدىلانغان ياكى ساتقاندىن كېيىنكى ئېگەبولغان پايدا سوممىسىنى كۆرسىتىدۇ.

等级运动员人数 指经考核正式批准授予等级运动员称号的人数。运动员等级分为国际级运动健将、运动健将、一级运动员、二级运动员、三级运动员、少年级运动员。

等级裁判员人数 指经考核正式批准授予等级裁判员称号的人数。裁判员等级分为国际裁判、国家级裁判、一级裁判、二级裁判、三级裁判。

医 院 指名称为医院，设有固定床位能收容病人住院并能为病人提供医疗、护理服务的医疗、护理服务的医疗机构。包括县及县以上医院、农村乡卫生院、其他医院三部分。按所属性质分为卫生部门、工业及其他部门、集体经济单位三类。其中县及县以上医院按业务性质分为综合医院和专科医院。

卫生技术人员 指卫生事业机构支付工资的全部固定职工和合同制职工中现任职务为卫生技术工作的专业人员。包括中医师、西医师、中西医结合高级医师、护师、中药师、西药师、检验师、其他技师、中医士、西医士、护士、助产士、中药剂士、西药剂士、检验士、其他技士、其他中医、护理员、中药剂员、西药剂员、检验员、其他初级卫生技术人员。

医 生 指经卫生部门审查合格，从事医疗工作的专业人员。分为中医医生和西医医生。包括卫生技术人员中的中医师、西医师、中西结合高级医师、中医士、西医士和其他中医。

社会福利事业单位 指集中收养社会孤老、残、幼的机构。包括由民政部门管理的社会福利院、儿童福利院、精神病人福利院和城镇集体办的福利院，以及农村集体举办的敬老院。

社会福利企业单位 指以安置城镇有一定劳动能力的盲、聋、哑和肢体残疾人员就业为目的、享受国家减免税待遇的国有或集体经济性质的企业。包括福利工厂、福利商业服务业、假肢厂和安置农场等单位。

律 师 指受聘参加法律顾问处工作，提任法律顾问、刑(民)事代理人、刑事辩护人、办理非诉讼事件、解答法律询问，代写法律事务文书等主要从事律师业务的专职法律工作者和兼职律师。

公证人员 指在国家公证机关依法办理公证事务的司法人员。包括公证员、助理公证员和在公证处工作的其他人员。

办理公证文书 指公证处在一定时期内办结的公证文书件数。公证文书系按司法部规定或批准的格式制作。包括国内公证和涉外公证两部分。其中国内公证分为经济合同公证和民事法律关系公证两大类。

调解人员 在人民调解委员会担负调解民间一般民事纠纷和轻微违法行为所引起的纠纷的工作人员。包括调解委员会的委员和调解小组的调解员。

调解民间纠纷 指调解委员会依照法律规定，根据自愿原则，用说服教育的方法调解民间发生的有关民事权利和义务的争执，促成当事双方达到协议和谅解，解决纠纷。包括婚姻家庭纠纷，财产权益纠纷等。不包括法院受理调解的民事案件数。

保险福利费用 指企业、事业、机关单位在工资以外实际支付给职工和离休、退休、退职人员个人以及用于集体的劳动保险和福利费用。

(1)职工保险福利费用具体包括：

①**医疗卫生费** 指实行公费医疗企业的职工及其供养的直系亲属的医疗费、医务经费、职工因工负伤就医路费以及住院伙食补助费等；卫生部门开支的事业及机关单位职工的公费医疗经费；未参加公费医疗的企业、事业和机关单位职工的医药费。

②**丧葬抚恤救济费** 指职工死亡的丧葬费、丧葬补助费和所遗供养直系亲属的抚恤费、救济费、生活补助费以及职工供养直系亲属死亡时的丧葬补助费等。

③**生活困难补助** 指对生活困难的职工实际支付的定期补助和临时性补助。

④**文体宣传费** 指企业、事业和机关单位实际支付的文体宣传费。不包括学习费。

⑤**集体福利事业补贴费** 指对职工浴室、理发室、洗衣房、哺乳室、托儿所等集体福利设施各项支出与收入相抵后的差额补助费。

⑥**集体福利设施费** 指按照国家规定开支的集体福利设施费用。如职工食堂炊事用具的购置费、修理费、职工宿舍的修缮费用。不包括由企业、事业、机关单位自筹经费开支的职工福利设施的基本建设费用。

⑦**计划生育补贴** 指发给职工独生子女的补贴费和保健费。

⑧**其 他** 指上述费用以外，单位支付给职工的保险福利费。

(2)离休、退休、退职人员保险福利费用具体包括：

①**离休金** 指发给离休人员的工资和按1982年国务院发布的"关于老干部离职休养制度的几项规定"发给符合规定的离休干部相当于1—2个月标准工资的生活补贴和国务院[1989]82、83号文件规定提高离休人员的待遇所增加的费用及粮油价格补贴等。

②**退休金** 指按照国家有关规定发给退休人员的退休费和国务院[1989]82、83号文件规定提高退休人员的待遇所增加的费用及粮油价格补贴等。

③**退职生活费** 指按照1978年国务院《关于工人退休、退职的暂行办法》规定定期发给退职人员的生活费用和国务院[1989]82、83号文件规定提高退职人员的待遇所增加的费用及粮油价格补贴等。

④**医疗卫生费** 指离休、退休、退职人员的医疗费、住院费以及住院伙食补助等费用。

⑤**护理费** 指因工致残、饮食起居需人扶助的离休、退休人员的护理费以及因病不能自理的离退人员的护理费。

⑥**生活补贴** 指按照1985年国务院《关于发给离休退休人员生活补贴费的通知》规定，发给离休、退休人员的生活补贴费。

⑦**交通费补贴** 指按月发给离休人员的交通费补贴。

⑧**丧葬抚恤救济费** 指离休、退休、退职人员死亡的丧葬费、丧葬补助费和所遗供养直系亲属的抚恤费、救济费、生活补助费以及供养直系亲属死亡时的丧葬补助费等。

⑨**其他** 包括易地安置的离休、退休、退职人员的安家补助费；离休、退休、退职人员的生活困难补助费、书报费、洗理费、副食品价格补贴、房租价格补贴、水电补贴、少数民族补贴以及老干部活动经费开支的旅游费用等。

废水排放总量 包括生产废水和生活污水。生产废水指企、事业单位在生产、科研过程中向外环境排放的所有排放口的废水量总和。生活污水指城镇居民区和企、事业单位职工集中居住区排放的污水量。

工业废水排放总量 指经过工业企业厂区所有排放口排到企业外部的工业废水量。包括外排的直接冷却水、超标排放的矿井地下水和与工业废水混排的厂区生活污水，不包括外排的间接冷却水(清污不分流的间接冷却水应计算在内)。

工业废水排放达标量 指全面达到国家、地方排放标准的外排工业废水量，包括经过处理后达标外排的和未经处理达标外排的两部分工业废水。国家排放标准见国标(GB8978—88)。

工业废水处理量 指经过各种水处理装置净化处理后的外排工业废水量(包括虽经处理仍未达到国家或地方标准的外排工业废水量)。

废气排放总量 指燃料燃烧和生产工艺过程中排放的各种废气总量，以标准状态下每年万标立方米表示。

燃料燃烧过程废气排放量 指燃煤、燃油、燃气锅炉、烘干炉、锻造加热炉、退火炉和其它工业炉窑在燃烧过程(燃料和物料不混合的纯加热过程)中所排废气的总量。它可以根据烟气计算公式或经验计算公式求得。

经过消烟除尘的燃料燃烧废气量 指燃料燃烧过程中排放的废气经过消烟除尘装置处理的量。

经过净化处理的生产工艺废气量 指生产工艺过程中排放的固体微粒总重量，如钢铁企业的耐火材料粉尘、焦化企业的筛焦系统粉尘、烧结机的粉尘、石灰窑的粉尘、建材企业的水泥粉尘等。不包括电厂排入大气的烟尘。

工业粉尘回收量 指经生产工艺废气净化处理装置处理回民的粉尘和尘泥量(包括干法和湿法)。不包括电厂的烟尘。通常情况下：

工业粉尘产生量＝工业粉尘排放量＋工业粉尘回收量

工业固体废物处置量 指以符合环境保护要求的方式将固体废物放置在不同回取的场所的固体废物量，发填埋、焚烧、经封场处理的专业贮存场(库)、深层灌注、回填矿井等(包括当年处置往年的堆存量)。

工业固体废物综合利用量 指已用作农业肥料、造田、生产建筑材料、筑路以及其它方式综合利用的固体废物量(包括当年利用往年的工业固体废物堆存量)。综合利用量由原产固体废物的单位统计。

"三废"综合利用产品产值 指工业企业回收利用"三废"作为主要原料生产的产品产值。按国发(1985)117号文规定执行。

"三废"综合利用产品利润 指工业企业回民利用"三废"作为主要原料生产的产品自用或出售后所得的利润额。

18

شەھەرلەرنىڭ ئومۇمىي ئەھۋالى

城市概况

General Survey of Cities

شەھەرلەردىكى جامائەت ئىشلىرىنىڭ ئاساسىي ئەھۋالى

18—1 城市公用事业基本情况

كۆرسەتكۈچلەر 指　　标	-يىل 1978年	-يىل 1980年	-يىل 1985年	-يىل 1990年	-يىل 1994年	-يىل 1995年
يىللىق تەمىنلىگەن تۇربا سۇيى ئومۇمىي مىقدارى (يۈز مىليون تونىا) 自来水全年供水总量(亿吨)	0.4	0.5	0.8	1.6	4.4	4.4
#تۇرمۇشقا ئىشلىتىلگەن سۇ مىقدارى (يۈز مىليون تونىا) #生活用水量(亿吨)	0.1	0.2	0.4	0.9	1.8	2.0
ئوتتۇرىچە ھەر كىشىنىڭ ھەر كۈنلۈك تۇرمۇشقا ئىشلەتكەن سۇ مىقدارى (لىتىر) 平均每人每天生活用水量(升)	54	67.1	80	130.6	154.8	158.3
سۇ ئىشلىتىشنىڭ ئومۇملىشىش نىسبىتى (%) 用水普及率(%)	59	73	62	80.9	94	97.1
جامائەت ئاپتوموبىللىرى (ئاپتوبۇس، تىرالليبۇس، تىراۋاي) سانى (دانە) 公共车辆(汽、电车)数(辆)	357	443	611	788	2 389	3 324
ئوتتۇرىچە ھەر ئونمىڭ ئادەمگە توغرا كېلىدىغىنى (ئۆلچەملىك دانە) 平均每万人拥有(标台)	3.1	3.6	3.0	3.5	8.6	10.8
ئاسفالىت ياتقۇزۇلغان ۋە قوراشتۇرۇلغان يول ئۇزۇنلۇقى (كىلومېتىر) 铺装道路长度(公里)	346.6	450.1	779	970	1 928	2 896
ئوتتۇرىچە ھەر ئونمىڭ ئادەمگە توغرا كېلىدىغىنى (كىلومېتىر) 平均每万人拥有(公里)	1.6	1.8	1.8	2.0	4.0	5.8
ئاسفالىت ياتقۇزۇلغان ۋە قوراشتۇرۇلغان يول كۆلىمى (تۈمەن كۇۋادىرات مېتىر) 铺装道路面积(万平米)	340	462	972	1 126	2 147	2 855
ئوتتۇرىچە ھەر ئونمىڭ ئادەمگە توغرا كېلىدىغىنى (تۈمەن كۇۋادىرات مېتىر) 平均每万人拥有(万平米)	1.6	1.8	2.3	2.4	4.4	5.7
كىرەكسىز سۇلارنى چىقىرىش تۇربا يولى ئۇزۇنلۇقى (كىلومېتىر) 下水道长度(公里)	110.9	181	352	533	1 318	1 557
ئوتتۇرىچە ھەر ئونمىڭ ئادەمگە توغرا كېلىدىغىنى (كىلومېتىر) 平均每万人拥有(公里)	1.0	1.5	1.8	1.8	4.2	4.8
تەبىئىي گازنىڭ پۈتۈن يىللىق تەمىنلەش مىقدارى (يۈز مىليون كۇپ مېتىر) 天然气全年供气量(亿立米)					3.9	0.2
سۇيۇقلاندۇرۇلغان گازنىڭ ئائىلىدە ئىشلىتىش مىقدارى (تۈمەن تونىا) 液化气家庭用量(万吨)	0.2	0.5	2.0	2.7	7.1	8.4
گاز ئىشلىتىشنىڭ ئومۇملىشىش نىسبىتى (%) 用气普及率(%)	11	21	36	49.8	78.7	81.0
شەھەرلەرنىڭ كۆكەرتىلگەن ۋە باغ-راۋانلاشتۇرغان كۆلىمى (گېكتار) 城市绿化绿地面积(公顷)	1 241.3	1 700	4 287	6 397	9 548	13 481
ئوتتۇرىچە ھەر ئونمىڭ ئادەمگە توغرا كېلىدىغان باغ-راۋان كۆلىمى (گېكتار) 平均每万人绿地面积(公顷)	10.6	13.9	21.3	21.6	30.2	41.5
باغچا، ھايۋاناتلار باغچىسى سانى (دانە) 公园、动物园个数(个)	3	4	17	26	39	55
باغچا، ھايۋاناتلار باغچىلىرىنىڭ كۆلىمى (گېكتار) 公园、动物园面积(公顷)	77.7	106.6	449	640.2	869	1 331
تازىلانغان ۋە توشۇلغان ئەخلەت (تۈمەن تونىا) 清洁卫生清运垃圾(万吨)		23	46	115.4	156	198
تازىلانغان ۋە توشۇلغان گەندە-سۈيدۈك (تۈمەن تونىا) 清运粪便(万吨)		0.1	3	12.0	28	26
ھەر ئونمىڭ ئادەمگە توغرا كېلىدىغان جامائەت ھاجەتخانىلىرى (دانە) 每万人拥有公共厕所(座)			0.7	2.5	3.9	3.5

ھەر قايسى شەھەر رايونلىرىنىڭ شەھەر ئەسلىھەلىرى سەۋىيىسى

18—2 各市区城市设施水平

(يىل-1995 年)

شەھەر نامى 市名称		كىشى بېشىغا توغرا كېلىدىغان تۇرالغۇ كۆلىمى (كۋادرات مېتىر) 人均居住面积（平方米）	شەھەر ئاھالىلىرىنىڭ سۇ ئىشلىتىشىنىڭ ئومۇملىشىش نىسبىتى (%) 城市人口用水普及率（%）	شەھەرلەرنىڭ گاز ئىشلىتىشىنىڭ ئومۇملىشىش نىسبىتى (%) 城市用气普及率（%）	ھەر ئونمىڭ ئادەمگە توغرا كېلىدىغان ئاپتوبوس (تىرولېيبۇس) ئۆلچەملىك دانە 每万人拥用公共汽（电）车辆（标台）	كىشى بېشىغا توغرا كېلىدىغان ئاسفالىت ياتقۇزۇلۇپ ياسالغان يول كۆلىمى (كۋادرات مېتىر) 人均拥有铺装道路面积（平方米）	كىشى بېشىغا توغرا كېلىدىغان باغ-ۋاران كۆلىمى (كۋادرات مېتىر) 人均公共绿地面积（平方米）	ھەر ئونمىڭ ئادەمگە توغرا كېلىدىغان جامائەت ھاجەتخانىسى (دانە) 每万人拥用公用厕所（座）
总　计	**ئومۇمىي جەمئىي**	**8.1**	**97.1**	**81.0**	**10.8**	**8.4**	**5.1**	**3.5**
乌鲁木齐市	ئۈرۈمچى شەھىرى	8.1	100.0	100.0	17.3	8.0	4.0	4.0
克拉玛依市	قاراماي شەھىرى	8.7	100.0	100.0	7.8	14.4	3.7	7.4
石河子市	شىخەنزە شەھىرى	8.3	100.0	88.9	7.4	6.6	4.8	4.7
吐鲁番地区	تۇرپان ۋىلايىتى	8.3	100.0	50.0	44.7	10.8	1.6	1.9
哈密市	قۇمۇل شەھىرى	8.8	96.0	55.0	7.0	10.0	12.3	3.9
昌吉市	سانجى شەھىرى	9.2	100.0	88.8	11.1	7.4	6.8	3.4
奎屯市	كۈيتۇن شەھىرى	8.5	98.8	80.0	1.8	13.7	10.2	2.8
伊宁市	غۇلجا شەھىرى	7.1	99.5	51.9	5.2	6.7	8.1	1.0
塔城市	چۆچەك شەھىرى	10.2	72.2	48.2	3.1	11.9	3.9	0.7
阿勒泰市	ئالتاي شەھىرى	10.8	64.1	31.2	3.1	5.0	7.2	7.0
博乐市	بۆرتالا شەھىرى	8.7	90.0	58.6	1.4	13.8	6.4	3.1
库尔勒市	كورلا شەھىرى	7.9	100.0	100.0	9.8	9.8	2.4	2.3
阿克苏市	ئاقسۇ شەھىرى	7.7	94.7	38.0	2.1	6.6	2.3	2.2
阿图什市	ئاتۇش شەھىرى	7.0	95.5	100.0		7.0	0.2	1.5
喀什市	قەشقەر شەھىرى	6.8	100.0	67.4	5.4	4.6	6.3	2.8
和田市	خوتەن شەھىرى	8.4	71.8	75.0	5.0	7.3	12.1	0.9
阜康市	فۇكاڭ شەھىرى	9.0	100.0	33.1		10.8		2.7

شەھەرلەردىكى ئۆي-ئىمارەت قۇرۇلۇشى ۋە تۇرالغۇ ئۆي ئەھۋالى

18－3　城市房屋建筑及住房情况

كۆرسەتكۈچلەر 指　　标	يىل- 1978年	يىل- 1980年	يىل- 1985年	يىل- 1990年	يىل- 1994年	يىل- 1995年
قۇرۇلغان شەھەر رايونى كۆلىمى (كۋادرات كىلومېتر) 建成区面积(平方公里)			248.4	298.7	362.9	435.0
دۆلەت قۇرۇلۇشى ئۈچۈن ئېلىپ ئىشلەتكەن يەر كۆلىمى (كۋادرات كىلومېتر) 国家建设征用土地(平方公里)					1.5	3.6
شەھەر رايونىنىڭ ئاھالە زىچلىقى (ئادەم/كۋادرات كىلو-مېتر) 市区人口密度(人/平方公里)				26	26	25
يىل ئاخىرىدىكى ئەمەلى بار ئۆي-ئىمارەت قۇرۇلۇش كۆلىمى (تۈمەن كۋادرات مېتر) 年末实有房屋建筑面积(万平方米)	1 483.5	2 488.5	4 371	6 844	8 485	8 818
يىل ئاخىرىدىكى ئەمەلى بار تۇرالغۇ ئۆي قۇرۇلۇش كۆلىمى (تۈمەن كۋادرات مېتر) 年末实有住宅建筑面积(万平方米)	801.6	1 131.1	2 170	3 500	4 417	4 706
يىل ئاخىرىدىكى تۇرالغۇ ئۆي كۆلىمى (تۈمەن كۋادرات مېتر) 年末住房居住面积(万平方米)	473.8	634.1	1 164.5	1 829.5	2 273.4	2 431
ئۆي ھەل قىلىپ بېرىلگەن ئۆي قىيىنچىلىقى بار ئائىلىلەر (ئائىلە) 解决缺房户(户)					20 009	66 502

شەھەرلەردىكى تۇربا سۈيى ئەھۋالى

18－4　城市自来水情况

كۆرسەتكۈلەر 指　　标	يىل- 1978年	يىل- 1980年	يىل- 1985年	يىل- 1990年	يىل- 1994年	يىل- 1995年
يىل ئاخىرىدىكى سۇ زاۋۇتلىرىنىڭ سانى (دانە) 年末水厂个数(个)	8	8	15	21	24	27
يىل ئاخىرىدىكى سۇ زاۋۇتلىرىنىڭ ئىشلەپچىقىرىش ئىقتىدا-رى (تۈمەن توننا/كۈن) 年末水厂生产能力(万吨/日)	16.5	19.1	25.2	49.9	68.8	69.3
يىل ئاخىرىدىكى سۇ بىلەن تەمىنلەش تۇربا يوللىرىنىڭ ئومۇ-مي ئۇزۇنلىقى (كىلومېتر) 年末供水管道总长度(公里)	301	444.0	725	1 227	1 244	1 032
پۈتۈن يىلدىكى سۇ بىلەن تەمىنلەش ئومۇمىي مىقدارى (يۈز مىليون توننا) 全年供水总量(亿吨)	0.4	0.5	0.8	1.6	1.9	2.1
#تۇرمۇشقا ئىشلىتىلگەن سۇ (يۈز مىليون توننا) #生活用水(亿吨)	0.1	0.2	0.4	0.9	1.2	1.4
ئوتتۇرىچە ھەر بىر كىشىنىڭ كۈندىلىك تۇرمۇشقا ئىشلىتىل-گەن سۇ مىقدارى (لىتر) 平均每人日生活用水量(升)	54	67.1	80	130.6	154.8	158.3
سۇ ئىشلىتىدىغان ئاھالە(تۈمەن ئادەم) 用水人口(万人)	69.1	89	124.2	197.8	217.8	231.0

شەھەرلەرنىڭ جامائەت قاتنىشى ئەھۋالى

18—5　城市公用交通情况

كۆرسەتكۈچلەر 指　标	-يىل 1978年	-يىل 1980年	-يىل 1985年	-يىل 1990年	-يىل 1994年	-يىل 1995年
يىل ئاخىرىدىكى تىجارەت ترانسپورتىقا ماڭغان ئاپتوموبىل سانى (دانە) 年末营运车辆(辆)	357	443	611	788	3 289	3 324
ئوتتۇرىچە ھەر ئونمىڭ ئادەمگە توغرا كېلىدىغىنى (ئۆلچەملىك دانە) 平均每万人拥有(标台)	3.1	3.6	3.0	3.5	8.6	10.8
ئاپتوبۇس (دانە) 公共汽车(辆)						
قوشۇمچە: كىرا ئاپتوموبىلى (دانە) 附:出租汽车(辆)		35	168	290	8 968	11 762
يىل ئاخىرىدىكى ترانسپورت يوللىرىنىڭ ئۇزۇنلۇقى (كىلومېتىر) 年末营运线路长度(公里)	879.1	1 118	2 297	2 789	2 780	3 203
توشۇغان يولۇچى ئومۇمىي سانى (يۈز مىليون ئادەم قېتىم) 运客总数(亿人次)	1.2	2.1	4.6	7.4	6.3	6.7
ئوتتۇرىچە ھەر كۈنلۈكى توشۇغان يولۇچى سانى (تۈمەن ئادەم قېتىم) 平均每日运客数(万人次)	32.1	56.7	126.21	176.1	172.6	183.1

شەھەر مەمۇرىيىتى قۇرۇلۇش ئەھۋالى

18—6　城市市政建设情况

كۆرسەتكۈچلەر 指　标	-يىل 1978年	-يىل 1980年	-يىل 1985年	-يىل 1990年	-يىل 1994年	-يىل 1995年
ئەمەلىي بار يول ئۇزۇنلۇقى (كىلومېتىر) 实有道路长度(公里)	346.6	450.4	779	970	1 928	2 403
# ئالىي دەرىجىلىك، ئادەتتىكى ئالىي دەرىجىلىك يول (كىلومېتىر) # 高级次高级道路(公里)	218.2	196	405	668	1 554	1 983
ئەمەلىي بار يول كۆلىمى (تۈمەن كۋادرات مېتىر) 实有道路面积(万平方米)	340	462	972	1 126	2 147	2 589
ئالىي دەرىجىلىك، ئادەتتىكى ئالىي دەرىجىلىك يول (تۈمەن كۋادرات مېتىر) # 高级次高级道路(万平方米)	230.7	235	491	810	1 830	2 251
ئۇزۇن ۋاقىتلىق كۆۋرۈك سانى (دانە) 永久性桥梁数(座)	34	52	84	124	163	165
كەلكۈندىن مۇداپىئە كۆرۈش توغىنى (كىلومېتىر) 防洪堤长度(公里)	11.1	15	36	39	118	112
شەھەرلەردىكى كىرەكسىز سۇ تۇربا يولىنىڭ ئومۇمىي ئۇزۇنلۇقى (كىلومېتىر) 城市下水道总长度(公里)	110.9	181	352	533	1 318	1 557
شەھەرلەردىكى يول چىراقلىرىنىڭ سانى (مىڭ دانە) 城市路灯盏数(千盏)		5.2	9.5	12.3	22.3	28.8

شەھەرلەرنى باغ-ئورمان قىلىش، كۆكەرتىش ئەھۋالى

18—7 城市园林绿化情况

كۆرسەتكۈچلەر 指 标	-يىل 1978年	-يىل 1980年	-يىل 1985年	-يىل 1990年	-يىل 1994年	-يىل 1995年
شەھەرلەرنىڭ باغ-ئورمان قىلىنغان، كۆكەرتكەن يەر كۆلىمى (گېكتار) 城市园林绿地面积(公顷)	1 241.3	1 700	4 287	6 397	9 548	13 481
#جامائەت باغ ۋارانلىرى (گېكتار) #公共绿地(公顷)			970	1 257	1 763	1 576
ئوتتۇرىچە ھەر تۈمەن ئادەمگە توغرا كېلىدىغان باغ-ۋاران كۆلىمى (گېكتار) 平均每万人绿地面积(公顷)	10.6	13.9	21.3	21.6	30.2	41.5
شەھەر رايونىنىڭ دەل-دەرەخ بىلەن قاپلىنىش نىسبىتى (%) 市区绿化覆盖率(%)			17.3	26.0	26.5	24.2
كىشى بېشىغا توغرا كېلىدىغان جامائەت باغ-ۋاران كۆلىمى (كوۋادىرات مېتر) 人均占有的公共绿地面积(平方米)			4.4	4.4	5.9	5.1
باغچا، ھايۋاناتلار باغچىسى سانى (دانە) 公园、动物园数(个)	3	4	17	26	39	55
باغچا، ھايۋاناتلار باغچىسى كۆلىمى (گېكتار) 公园、动物园面积(公顷)	77.7	106.6	449	640.2	869	1 331
يىللىق باغچىدا ساياھەت قىلىدىغان ئادەم سانى (تۈمەن ئادەم قېتىم) 年游园人数(万人次)					843	895
پۈتۈن يىللىق دەرەخ تىكىش مىقدارى (تۈمەن تۈپ) 全年植树量(万株)	107.3	152.7	605	418.6	519	130
كۆچەتزار كۆلىمى (گېكتار) 苗圃面积(公顷)	132.4	175.8	349	587.7	715	548

شەھەرلەرنىڭ مۇھىت تازىلىقى ئەھۋالى

18—8 城市环境卫生情况

كۆرسەتكۈچلەر 指 标	-يىل 1980年	-يىل 1985年	-يىل 1990年	-يىل 1994年	-يىل 1995年
يىل ئاخىرىدىكى ئىشچى-خىزمەتچى سانى (نەپەر) 年末职工人数(人)	1 310		2 184	2 891	3 340
مۇھىت تازىلىقى ماشىنىلىرىنىڭ سانى (دانە) 环卫机械数量(辆)	93	143	311	486	566
مۇھىت تازىلىقى ئەسلىھەلىرى 环卫设施					
جامائەت ھاجەتخانىلىرى (دانە) 公共厕所(座)		140	726	1 231	1 147
ھەر تۈمەن ئادەمگەتوغرا كېلىدىغان جامائەت ھاجەتخانىسى (دانە) 每万人拥有公共厕所(座)		0.7	2.5	3.9	3.5
خىزمەت مىقدارى 工作量					
سۈپۈرۈپ تازىلاش كۆلىمى (تۈمەن كوۋادىرات مېتر) 清扫面积(万平方米)	189	290	821	1 525	1 743
تۇرمۇشتىن چىققان ئەخلەتلەرنى تازىلاپ توشۇش مىقدارى (تۈمەن توننا) 生活垃圾清运量(万吨)	23	46	115.4	156	198
گەندە-سۈيدۈكلەرنى تازىلاپ توشۇش مىقدارى (تۈمەن توننا) 粪便清运量(万吨)	0.1	3	12.0	28	26

主要统计指标解释

ئاساسلىق ستاتىستىكا كۆرسەتكۈچلىرىنىڭ ئىزاھاتى

يىل ئاخىرىدىكى تۇرۇبا سۇيى ئىشلەپچىقىرىش ئىقتىدارى: بۇيىل ئاخىرىدىكى شەھەر قۇرۇلۇش تارماقلىرى باشقۇرغان تۇرۇبا سۇيى زاۋۇتلىرى ۋە ئۆزى تەمىن ئېتىدىغان سۇ مەنبىيى بولغان ئىجتىمائى ئورۇنلارنىڭ سۇ چىقىرىش، تازىلاش، يەتكۈزۈپ بېرىش، زاۋۇتتىن سۇ ئاققۇزۇش غول تورۇبىسى قاتارلىق ھالقىلارنىڭ ئەمەلى ئىشلەپچىقىرىش ئىقتىدارىنى كۆرسىتىدۇ.

يىل ئاخىرىدىكى سۇ بىلەن تەمىنلەش تۇربا يولىنىڭ ئۇزۇنلۇقى: بۇ سۇيەتكۈزۈپ بېرىش پومپىسىدىن تارتىپ سۇ ئىشلەتكۈچىلەرنىڭ سۇ سائىتىگىچە بولغان ئارىلىقتىكى بارلىق تۇرۇبا يوللىرىنىڭ ئۇزۇنلۇقىنى كۆرسىتىدۇ.

پۈتۈن يىلدا تەمىنلەنگەن سۇ ئومۇمىي مىقدارى: بۇ جامائەت ئىشلىتىدىغان تورۇبا سۇيى ۋەئۆزىنى تەمىن ئېتىدىغان سۇ مەنبىيى بولغان ئىجتىمائىي ئورۇنلارنىڭ پۈتۈن يىلدا تەمىنلىگەن سۇ ئومۇمىي مىقدارىنى كۆرسىتىدۇ. ئۇ ئۇنۇملۈك تەمىنلىگەن سۇ مىقدارى ۋە زىيان بولغان سۇ مىقدارىنى ئۆز ئىچىگە ئالىدۇ.

تۇرمۇشقا ئىشلىتىلگەن سۇ مىقدارى: بۇ ئائىلىلەرنىڭ كۈندىلىك تۇرمۇشتا ۋە جامائەت پاراۋانلىق ئەسلىھەلىرىنىڭ ئىشلەتكەن سۇ مىقدارىنى كۆرسىتىدۇ. ئۇ ئاھالىلەر، يېمەك-ئىچمەك دۇكانلىرى، مېھمانخانا، دوختۇرخانا، ساتراشخانا، مۇنچا، كىر يۇيۇش دۇكانلىرى، سۇ ئۈزۈش كۆللىرى، ماگازىن، مەكتەپ، ئورگان ۋە ھەربى قىسىم قاتارلىق ئورۇنلارنىڭ ئىشلەتكەن سۇ مىقدارىنى ئۆز ئىچىگە ئالىدۇ.

شەھەر ئاھالىلىرىنىڭ تۇربا سۇيى ئىشلىتىشىنىڭ ئومۇملىشىش نىسبىتى: بۇ شەھەرلەردە سۇ ئىشلىتىدىغان غەيرى يېزا ئىگىلىك ئاھالىلىرى سانى (ۋاقىتلىق ۋە كۆچۈپ يۈرۈيدىغان ئاھالىلارنى ئۆز ئىچىگە ئالمايدۇ.) بىلەن شەھەرلەردىكى غەيرى يېزا ئىگىلىك ئاھالىلەر ئومۇمىي سانىنىڭ سېلىشتۇرمىسىنى كۆرسىتىدۇ. ھېسابلاش فورمىلىسى مۇنداق:

تۇرباسۇيى ئىشلىتىشنىڭ ئومۇملىشىش نىسبىتى=شەھەرلەردىكى تۇرباسۇيى ئىشلىتىدىغان غەيرى يېزا ئىگىلىك ئاھالىلىرى سانى÷ غەيرى يېزا ئىگىلىك ئاھالىلىرى سانى×% 100

سۇنئى كۆمۈرگازى ئىشلەپچىقىرىش ئىقتىدارى: بۇ شەھەرلەردىكى كۆمۈر گازى زاۋۇتلىرىنىڭ گازئىشلەش، تازىلاش ۋە يەتكۈزۈپ بېرىش قاتارلىق ھالقىلارنىڭ ئۇنۋېرسال ئەمەلى ئىشلەپچىقىرىش ئىقتىدارىنى كۆرسىتىدۇ.

گاز ئاققۇزۇش تۇرۇبا يولى ئۇزۇنلىقى: بۇ كوپىرېسسور، شامالدۇرغۇچ ۋە گاز ساقلاش باكىنىڭ ئېغىزىدىن باشلاپ، ئىشلەتكۈچىلەرنىڭ تىك تۇرۇبىسىغىچە بولغان ئارىلىقتىكى بارلىق تۇرۇبا يولىنىڭ ئۇزۇنلىقىنى كۆرسىتىدۇ.

پۈتۈن يىلدا تەمىنلىگەن گاز ئومۇمىي مىقدارى: بۇ پۈتۈن يىلدا ھەرخىل ئىشلەتكۈچىلەر گە سېتىپ بەرگەن بارلىق كۆمۈر گازى مىقدارىنى كۆرسىتىدۇ. ئۇ سانائەتكە ئىشلىتىلگەن ، ئائىلىگە ئىشلىتىلگەن ۋە باشقا ئىشلىتىلگەن مىقدارىنى ئۆز ئىچىگە ئالىدۇ.

شەھەرلەردىكى گاز ئىشلىتىشنىڭ ئومۇملىشىش نىسبىتى: بۇ شەھەرلەردىكى كۆمۈر گازى ئىشلىتىدىغان (سۇنئى كۆمۈر گازى، سۇيۇقلاندۇرۇلغان نېفىت گازى، تەبىئى گازنى ئۆز ئىچىگە ئالىدۇ) . غەيرى يېزا ئىگىلىك ئاھالىلىرىنىڭ سانى (ۋاقىتلىق ياكى كۆچۈپ يۈرىدىغان ئاھالىنى ئۆز ئىچىگە ئالمايدۇ) بىلەن شەھەرلەردىكى غەيرى يېزا ئىگىلىك ئاھالىلىرى ئومۇمىي سانىنىڭ سېلىشتۇرمىسىنى كۆرسىتىدۇ. بۇنى ھېسابلاش فورمۇلاسى مۇنداق:

شەھەرلەردە گاز ئىشلىتىشنىڭ ئومۇملىشىش نىسبىتى =شەھەرلەردە گاز ئىشلىتىدىغان غەيرى يېزا ئىگىلىك ئاھالىلىرى سانى÷شەھەرلەردىكى غەيرى يېزائىگىلىك ئاھالىلىرى ئومۇمىي سانى ×100%

شەھەرلەرنىڭ ئىسسىقلىق بىلەن تەمىنلەش ئىقتىدارى: بۇ تېرمو ئېلېكتىر ئىستانسىسى، ئىسسىقلىق ئېنېرگىيە شىركىتى ۋە ئۆلچەمگە يېتىدىغان، مەركەزلەشتۈرۈپ پار بىلەن تەمىنلەيدىغان پار قازان ئۆيلىرىنىڭ شەھەرلەرنى ئىسسىقلىق بىلەن تەمىنلەيدىغان ئىسسىقلىق مەنبەيىنىڭ لايىھەلەنگەن ئىقتىدارىنى ۋە ھەر سائەتتە شەھەرگە يەتكۈزۈپ بېرىدىغان پار ۋە ئىسسىق سۇ ئىقتىدارىنى كۆرسىتىدۇ.

شەھەرلەرنى تەمىنلىگەن ئىسسىقلىق ئومۇمىي مىقدارى: بۇ تېرمو ئېلېكتىر ئىستانسى، ئىسسىقلىق ئېنېرگىيە شىركىتى ۋە ئۆلچەمگە يېتىدىغان مەركەزلەشتۈرۈپ پار بىلەن تەمىنلەيدىغان پار قازان ئۆيلىرىنىڭ پۈتۈن يىلدا شەھەرگە يەتكۈزۈپ بەرگەن بارلىق پار ۋە ئىسسىق سۇ مىقدارىنى كۆرسىتىدۇ.

شەھەرلەرنىڭ ئىسسىقلىق بىلەن تەمىنلەش تۇتبا يوللىرىنىڭ ئۇزۇنلۇقى: بۇ تېرمو ئېلېكتىر ئىستانسى، ئىسسىقلىق ئېنېرگىيە شىركىتى ۋە ئۆلچەمگە يېتىدىغان مەركەزلەشتۈرۈپ پار بىلەن تەمىنلەيدىغان پار قازان ئۆيلىرى باشقۇرغان مەركەزلەشتۈرۈپ ئىسسىقلىق بىلەن تەمىنلەش مەنبەيىدىن ئىشلەتكۈچىلەرگىچە بولغان ئارىلىقتىكى بارلىق پار ۋە ئىسسىق سۇ تۇرۇبا يوللىرىنىڭ ئۇزۇنلۇقىنى كۆرسىتىدۇ.

يىل ئاخىرىدىكى ئاسفالىت ياتقۇزۇلۇپ ياسالغان يوللارنىڭ ئۇزۇنلۇقى: بۇ توپا يوللاردىن باشقا، ئاسفالىت ياتقۇزۇلغان، كەڭلىكى 3.5 مېتىردىن ئاشىدىغان يوللارنى كۆرسىتىدۇ، ئۇ ئالىي دەرىجىلىك، ئادەتتىكى ئالىي دەرىجىلىك يوللار ۋە ئادەتتىكى يوللارنى ئۆز ئىچىگە ئالىدۇ.

شەھەرلەردىكى كۆۋرۈكلەر: بۇ شەھەر دائىرىسى ئىچىدىكى، دەريا، ئۆستەڭلەرگە سېلىنغان كۆۋرۈك ۋە ئۆتۈشمە يول كۆۋرۈكلىرى، يوللاردىن كېسىپ ئۆتىدىغان تۆمۈر يول ئۆتۈشمە كۆۋرۈكلىرىنى، شۇنىڭدەك پىيادىلەر ماڭىدىغان ئاسما كۆۋرۈكلەرنى كۆرسىتىدۇ، ئۇ ئۇزۇن ۋاقىتلىق ۋە ئوتتۇرا ئۇزۇن ۋاقىتلىق كۆۋرۈكلەرنى ئۆز ئىچىگە ئالىدۇ. ۋاقىتلىق كۆۋرۈكلەر، تۆمۈر يول كۆۋرۈكلىرى ۋە تونىل-سۇڭگۈچلەرنى ئۆز ئىچىگە ئالمايدۇ.

شەھەرلەرنىڭ كېرەكسىز سۇ تۇرۇبا يوللىرىنىڭ ئومۇمىي ئۇزۇنلۇقى: بۇ بارلىق كېرەكسىز سۇ چىقىرىش باش تۇرۇبىسى، غول تۇرۇبىسى، تارماق تۇرۇبىسى ۋەيېپىق ئۆستەڭ، تەكشۈرۈش قۇدۇقى، تۇتاشتۇرۇش قۇدۇقىنىڭ سۇ كىرىش ۋە چىقىش ئېغىزى قاتارلىقلارنىڭ ئۇزۇنلىقىنىڭ جەمئىسىنى كۆرسىتىدۇ.

شەھەرلەنىڭ كېرەكسىز پاسكىناسۇلارنى كۈنلۈك بىر تەرەپ قىلىش ئىقتىدارى: بۇ كېرەكسىز پاسكىنا سۇلارنى بىر تەرەپ قىلىش زاۋۇتلىرىنىڭ ھەر سوتكىسىغا بىر تەرەپ قىلىدىغان كېرەكسىز پاسكىنا سۇ مىقدارىنىڭ لاھىيەلەنگەن ئىقتىدارىنى كۆرسىتىدۇ.

يىل ئاخىرىدىكى ئەمەلىي بار بولغان جامائەت ئاپتوبۇس (تىراللىبوس، تىرامۋاي) لىرى: بۇ يىل ئاخىرىدىكى تىجارەتكە قاتنىشالايدىغان بارلىق ئاپتوۋۇز : (تىراللىبۇس، تىرامۋاي) لارنىڭ سانىنى كۆرسىتىدۇ. ئۇ يىل ئاخىرىدىكى تىجارەت قىلىۋاتقان ئاپتوۋۇز (تىراللىبوس، تىرامۋاي) سانى ۋە ئىسكىلاتتا تەكشۈرۈپىچەتلەپ قويۇلغان ئاپتوۋۇز (تىراللىبوس، تىرامۋاي) لارنىڭ سانىنى ئۆز ئىچىگە ئالىدۇ، تىجارەت قىلمايدىغان ئاپتوۋۇزلارنى، مەسىلەن : سىم تارتىش ئاپتوموبىلى، ماي باكى ئاپتوموبىلى، قۇرۇلۇش ئاپتوموبىلى، يۈك ئاپتوموبىللىرى ۋە باشقا مەخسۇس ئاپتوموبىللار، شۇنىڭدەك ئادەم توشۇيدىغان ئاپتوموبىللارنى ئۆز ئىچىگەئالمايدۇ.

تىرانسپورت تىجارىتى قىلىدىغان يول ئۇزۇنلىقى: بۇ تەسىس قىلىنغان مۇقىم تىرانسپورت تىجارىتى قىلىنىدىغان يولىنىڭ ئۇزۇنلىقىنى كۆرسىتىدۇ. ئۇ شەھەر ئەتراپى رايونلىرىدىكى تىرانسپورت تىجارەت يولىنىڭ ئۇزۇنلىقىنى ئۆز ئىچىگەئالىدۇ. ۋاقىتلىق قاتنىغان يوللارنىڭ ئۇزۇنلىقىنى ئۆز ئىچىگە ئالمايدۇ.

شەھەرلەردىكى باغ ئورمان كۆلىمى : بۇ شەھەرلەردىكى جامائەت باغ-ۋارانلىرى، مەخسۇس باغ-ۋاران، ئىشلەپچىقىرىش باغ ۋارانلىرى، قوغدۇنۇش ئورمانلىرى، شەھەر ئەتراپى رايونلىرىدىكى مەشھور مەنزىرەرايونلىرىنىڭ بارلىق كۆلىمىنى كۆرسىتىدۇ.

جامائەت باغ-ۋارانلىرى: بۇ ساياھەت قىلىپ دەم ئالىدىغان ھەرخىل باغچىلار، ھايۋاناتلار باغچىسى، بوتانىكىلىق باغ، قەۋرىستانلىق ۋە گۈلزارلىق، سەيلىگاھ ۋە تاماشا قىلىپ دەم ئالىدىغان دەرەخزارلىق يوللار، مەيداندىكى دەرەخزارلىق يوللارنى كۆرسىتىدۇ. ئۇ ئادەتتىكى يول ياقىلىرىغا تىكىلگەن دەرەخ ۋە دەرەخلىك يوللارنىڭ ئومۇمىي كۆلىمىنى ئۆز ئىچىگە ئالمايدۇ.

年底自来水生产能力 指年底城建部门管理的自来水厂和自备水源的社会单位取水、净化、送水、出厂输水干管等环节的实际生产能力。

年底供水管道长度 指从送水泵到用户水表之间所有管道的长度。

全年供水总量 指公用自来水厂和自备水源的社会单位全年的供水总量，包括有效供水量及损失水量。

生活用水量 指居民日常生活与公共福利设施的用水量。包括居民、饮食店、旅馆、医院、理发店、浴池、洗衣店、游泳池、商店、学校、机关、部队等单位的用水量。

城市人口用水普及率 指城市用水的非农业人口数（不包括临时人口和流动人口）与城市非农业人口总数之比。计算公式：

$$用水普及率=\frac{城市用水的非农业人口数}{城市非农业人口数}\times 100\%$$

人工煤气生产能力 指城市煤气厂制气、净化、输送等环节的综合实际生产能力。

输气管道长度 指由压缩机、鼓风机、储气罐的出口到用户立管之间的全部管道长度。

全年供气总量 指全年售给各类用户的全部煤气量。包括工业用量、家庭用量和其他用量。

城市用气普及率 指使用煤气（包括人工煤气、液化石油气、天然气）的城市非农业人口数（不包括临时人口和流动人口）与城市非农业人口总数之比。计算公式：

$$城市煤气普及率=\frac{城市用气的非农业人口数}{城市非农业人口总数}\times 100\%$$

城市供热能力 指热电厂、热力公司和达到标准的集中采暖锅炉房向城市输送的供热源的设计能力。每小时向城市输送的蒸汽、热水能力。

城市供热总量 指热电厂、热力公司和达到标准的集中采暖锅炉房全年向城市输送的全部蒸汽、热水量。

城市供热管道长度 指热电厂、热力公司和达到标准的集中采暖锅炉房管理的集中供热热源到用户之间的全部供气、供热水的管道长度。

年底实有铺装道路长度 指除土路外，路面经过铺装宽度在3.5米以上的道路，包括高级、次高级道路和普通道路。

城市桥梁 指城市范围内，修建在河道上的桥梁和道路与道路立交、道路跨越铁路的立交桥，以及人行天桥，包括永久性桥和半永久性桥，不包括临时性桥、铁路桥、涵洞。

城市下水道总长度 指所有排水总管、干管、支管及暗渠、检查井、连接井进出水口等长度之和。

城市污水日处理能力 指污水处理厂每昼夜处理污水量的设计能力。

年末实有公共汽（电）车 指年底可参加营运的全部车辆数，包括年底营运车辆数和库存查封未参加营运的车辆，不包括非营运车辆，如架线车、油罐车、工程车、货车及其他专用车辆和借人的客运车辆。

营运线路长度 指设置的固定营运线路长度，包括郊区营运线路长度，不包括临时行驶的线路长度。

城市园林绿地面积 指城市公共绿地、专用绿地、生产绿地、防护绿地、郊区风景名胜区的全部面积。

公共绿地 指供游览休息的各种公园、动物园、植物园、陵园以及花园、游园和供游览休息用的林荫道绿地、广场绿地。不包括一般栽植的行道树及林荫道的面积。